ISBN 978-0-364-66872-6
PIBN 11046490

FB &c Ltd, Dalton House, 60 Windsor Avenue, London, SW19 2RR.
Company number 08720141. Registered in England and Wales.

For support please visit www.forgottenbooks.com

Magazin

für

die neueste Geschichte

der evangelischen

Missions- und Bibel-Gesellschaften.

Jahrgang

1851.

Basel.
Im Verlag des Missions-Instituts.
Druck von Felix Schneider.

Jahrgang

1851.

Erstes Quartalheft.

Die Noth Africas; ein Ruf an Christenherzen.

Schilderung des africanischen Lebens.

(Mit einer Abbildung von Regentstown in Sierra Leone.)

Einleitung.

Es gibt gewisse Zeitabschnitte in der Völker- wie in der Kirchen-Geschichte, da Gott sich für sie zu erheben und die Zeit ihrer Heimsuchung gekommen scheint. Da treten die Ereignisse zusammen, um ihr Wohl zu fördern; da sehen wir, wenn auch bisher noch so finstere Nacht auf ihnen lag, die Glanzfarben der Morgenröthe den baldigen Anbruch eines glücklichen und herrlichen Tages verkünden. So scheint es jetzt mit dem weithingestreckten Festland von Africa zu stehen.

Die älteste Geschichte dieses unglücklichen Landes bildet ein geheimnißvolles Blatt im Buche der Vorsehung. Die Jahrhunderte haben in ihrer Folge den Samen gesellschaftlicher Veredlung fast in jeden andern größern Theil der Erdoberfläche getragen. Nur Africa, das unselige Africa, die Wiege alter Kunst und Wissenschaft, die Schatzkammer alter Größe ist nicht vorangekommen; ja es ist, wenn auch eine hingeschwundene Gesittung noch an seinen Ost- und Nordgränzen wie ein Schatten schwebt, in seiner Mitte, im Westen und Süden seit undenklicher Zeit in Barbarei versunken geblieben.

Das ist wirklich geheimnißvoll; und man denkt wohl etwa an Einen Weg, das Geheimniß zu entschleiern. Der Bibelgläubige sieht in dem Zustande Africa's die Erfüllung eines göttlichen Wortes (1 Mos. 9, 25—27), die Vollziehung eines Fluches, der von dem Allmächtigen vor bald viertausend Jahren ausgesprochen wurde, und der noch in seinem heiligen Buche aufgezeichnet ist. Allein er weiß auch, daß dasselbe Gotteswort alle Geschlechter der Erde gesegnet wissen will im Samen Abrahams; daß dieser Fürst Gottes mit seinen nächsten Nachbarn unter den Kanaanitern wohnen mußte zweihundert Jahre, um ihnen den Segen des lebendigen Gottes vor Augen zu stellen, sein Wort zu sprechen, seine Altäre vor die Augen zu pflanzen; und daß bis dahin noch immer Geduldzeit für die Kanaaniter war, ehe ihr Gericht kam. Sie ließen die edle Zeit verfließen, und die Predigt in Wort und That verstummte. Noch flossen 500 Jahre dahin, in welchen etwa noch spät der gestreute Same dem harten Boden entsprießen und die Lichtfunken von Melchisedeks Priesteraltar zur Flamme werden konnten; aber Kanaan sank in Nacht des Götzendienstes und grauenhafter Fleischeslust zu der Knechtschaft Sems herab und ward zur Ausrottung reif. Als der inzwischen mitten in Hams Geschlecht, in Aegypten herangewachsene Rächer mit gezogenem Schwerdt vor dem Thore stand, als Bileam segnete, statt zu fluchen, auch da war es noch Zeit, sich Jehovah demüthig zu Füßen zu werfen und die Knechtschaft in geistlichen, segensreichen Dienst umzuwandeln. Es geschah nicht, und Kanaan erfüllte sein selbstverdientes Loos des Untergangs, langsam genug, um reiche Zeit zur Umkehr vom Götzendienst zu lassen. Aber Hams Geschlecht wucherte fort und wuchs in die Millionen im weiten Erdtheil Africa, und Gottes Gnade ließ ihm abermals Zeit zur Erkenntniß des Heils, wozu schon die Zeichen und Wunder in Aegypten geschehen mächtigen Aufruf schallen ließen. Umsonst, der Hamite blieb starr und stumm und der Wahrheit verschlossen. Eine lange Zeit verfloß, und kaum tönte eine Stimme des Heils hinüber in das weite Land des Fluches, bis unter Salomo und den nachfolgenden Königen neue vielfache Berührung Aegyptens mit Palästina sich ergab, und auch die Prophetenstimmen ihm nicht fremd blieben; bis in Jeremia einer dieser Fürsten des Geistes in der alten

Zeit selbst auf hamitischem Boden seine von Gott gezählten Thränen weinte. Tausende und Zehntausende von Israeliten siedelten sich dort an, und als das Morgenland mit dem Abendland sich mischte, wurde Aegypten, wurde das Land von Cyrene der Feuerheerd, von dem die Wahrheit tief hinein hätte zünden können in das Herz des Erdtheils. Aber auch da gefiel dem Geschlechte Hams die heidnische Weisheit besser, als die das natürliche Herz zerbrechende des Alten Bundes; und selbst die Israeliten in Aegypten erlebten an sich gräßlich den Fluch Hams, indem sie ihre reine Lehre mit heidnischer Zuthat vergiftend mischten und einen Becher bereiteten, dessen Trunk betäubend und verwirrend fortgereicht wurde, weit herab in die christliche Gemeinde. Auf ägyptischem Boden war das Alte Testament (die Uebersetzung der Siebenzig) in die griechische Sprache übertragen worden; auf ägyptischen Boden floh sogar des Menschen Sohn als verfolgtes Kindlein; auf ägyptischem Boden erwuchs der, wenn die Sage recht erzählt, von dem Evangelisten Markus gepflanzte Baum des Evangeliums zu weitschattigen Zweigen. Hinauf nach dem nubischen Lande, in die Alpenlande von Habesch und südlicher noch nach Gurague und Kaffa drang die Lehre des Heils. In Cyrenaica lebte die Kirche eine schöne Jugend. In Carthago, in Hippo glänzten Sterne am christlichen Himmel von herrlicher Größe. Der Fluch Hams war in dem Samen Abrahams, dem wahren Sohn der Verheißung, in der zahllosen Nachkommenschaft des Glaubensvaters, im geistlichen Israel gebrochen. Ham war gesegnet und segnete in Christo. Da ging wieder im Osten, in Ismaels Volk, in Abrahams anderm Geschlecht, die schwarze Wetterwolke des Fluches auf und wälzte sich schwer, verheerend, tödtend über die Pflanzungen der Kirche dahin; der Muhammedanismus vernichtete die Kirche. Ham lag von Neuem als winselnder Sclave zu den Füßen Sems. Und nun begann diese Knechtschaft ein Jahrtausend ihre Verbreitung. Die Sclaverei wurde in Africa durch die Muhammedaner drückender als je; der Sclavenhandel begann; aus dem tiefsten Innern, dem fernsten Westen wurden seine schwarzen Kinder nach dem Norden, dem Osten geschleppt, und auf zahlreichen Land- und Meerstraßen nach Asien, nach Europa hinüber in die Ketten Sems und Japhets geführt. Der gebrochene Fluch schloß wieder seine harten Fesseln um die Glieder Hams, weil er nicht in der Kraft des ihm mit seinen Brüdern geschenkten Segens bestand. Auch Sem erlag mit Abrahams Söhnen nach dem Fleische, um die er sich hätte schaaren sollen, die sich aber selbst zum Priestergeschlecht unfähig gemacht und ihre heilige Berufung verloren hatten, dem Fluche. Knecht ward er nicht, aber er hatte keinen Frieden. Endlich trat Japhets Geschlecht in seinen Antheil der Strafvollstreckung an Ham. Der Sclavenhandel, der Gelddurst, der Africas Stämme knechtete, bei dem unzureichenden Trost, den die mittelalterliche Mission brachte, sind die Zeugnisse davon. Der Fluch tobte und tobt noch um Africas Gestade, und nur vereinzelt bricht ein Segenslicht durch seine den Erdtheil stets umlagernden Gerichtswolken. Nur vom Süden leuchtet heller der im Evangelium und edleren Herrschaft Englands gebrachte Segen herauf. Im Westen fängt der Lichtschimmer an von einzelnen Puncten her sich auszubreiten.

Das ist der Fluch Hams, der auf Africa ruht, das zur Umwandlung desselben in Segen eben so berechtigt ist, wie irgend ein anderes Land und Volk, auf dem der urälteste Fluch des Sündentodes lastet. Es soll wie jedes Land der Erde, nach den hundertfältigen Verheißungen des göttlichen Wortes, nach dem allumfassenden Befehl Christi an seine Apostel, nach dem vorausgeschauten Jubel im Himmel aus allen Nationen und Zungen, so gut als jede andere Nation, Gottes und seines Gesalbten werden, und der Bibelgläubige muß ein schlechter Bibelforscher, ja am Ende auch ein schwachmüthiger Gläubiger seyn, um vor dem Fluche Hams seine Hände erschreckt zurückzuziehen. Je mehr das Reich Christi unter den wimmelnden Millionen seiner Bevölkerung sich erweitert, desto mehr wird der Fluch Jehovahs schwinden, und ein goldenes Zeitalter wird den Jahrtausenden des Elendes folgen.

Nicht ferne weg liegt diese schöne Zukunft. Das Werk der sittlichen und geistlichen Neugestaltung Africas hat schon angefangen. Seine Gestade haben schon die Triumphe des Erlösers gesehen. Die neuere Entdeckung hat den Zugang zum Herzen des Landes geöffnet, und der Weg ist, wo nicht dem Weißen, doch dem Schwarzen betretbar. Aus Africas Söhnen und Töchtern, die so lange auf den westlichen Inseln die Sclavenkette schleppten, zieht Gott sich Arbeiter heran, die in jeder Hinsicht geeignet sind, das Werk seiner Gnade in ihrem Vaterland auszuführen. Die frohesten Hoffnungen darf man hegen, die Ueberzeugung festhalten, daß die Stunde der Freiheit hereinbricht.

Mögen alle christlichen Herzen überlegen, was ihnen obliegt; mögen sie erwachen, um ihre Pflicht gegen Africa zu thun. Es ist unendlich viel zu thun, um entschlossen zu vollführen, was Gott verlangt. Aber erst muß die Christenheit wissen, wie es in dem unglückseligen Lande aussieht. Das sollen diese Blätter in einem Gemälde des sittlichen, gesellschaftlichen und religiösen Zustandes Africas vor dem deutschen Theile derselben entrollen und nachweisen, daß nur im Evangelium Christi die Kraft liegt, diese Masse von Uebeln zu bewältigen.

Erster Abschnitt.

Despotismus und Sclaverei.

Africas Kräfte und Schätze. — Sein Zustand. — Unterdrückung der absoluten Herrscher. — Beispiele. — Der Matrose Kaffer. — Dahomi. — Markttyrannei in Loggun. — Verkauf der Unterthanen. — Sclaverei nach Umfang, Erblichkeit, Verbreitung, Quellen. — Die Mutter, die ihr Kind verkauft. — Gebrauch der Sclaven. — Zustand der Sclaven. — Wirkungen des Sclavenhandels. — Krieg und Verheerung. — Furchtbares Elend. — Schlechter Ackerbau. — Vernichtung ehrlichen Handels. — Die Barbarei. — Entsittlichung und Hinderniß christlichen Unterrichts.

An Africas Namen knüpfen sich alle Schauder des empörten Menschengefühls, alle Schmachgefühle der erniedrigten Menschennatur. Seine Geschichte ist mit Blut geschrieben und entfaltet ein Gemälde von Unterdrückung, Grausamkeit und Mißhandlung, wie sonst die Jahrbücher menschlicher Verbrechen es nirgends darbieten.

Es ist einer der schönsten, reizendsten, fruchtbarsten Erdtheile. Seine natürlichen Schätze sind unvergleichlich. Was die Tropenzone hervorbringt, das wuchert reich auf seinen heißen Flächen. Tausende von Meilen decken seine Wälder mit den edelsten Hölzern. Sein Thierreich umfaßt neben den wilden Bestien, deren Felle gesuchte Handelsartikel sind, unberechenbar zahlreiche Viehheerden. Sein Mineralreichthum ist unermeßlich. Es gibt Gegenden, die mit edlen Erzen, besonders mit Gold, völlig durchädert sind. Seine Ströme gehören zu den herrlichsten der Erde. Der Niger, der seine gewaltigen Wassermassen in mehr als zwanzig Mündungsarmen dem Ocean zuführt, zweihundert Stunden weit hinein schiffbar, durchströmt in weiten Bogen, auf mehrern Stufen herab, eine Strecke von wohl dreizehnhundert Wegstunden.

Das sind Vortheile, die einem Volke eine edle Stellung in der Reihe der Nationen geben, und es äußerlich glücklich, ja zu einem Segen für die übrige Menschheit machen sollten. Aber wie steht es wirklich? — Africa ist eine sittliche Wildniß, seine Bewohner sind gegen einander reißende Wölfe. Dieser traurige Zustand soll unsern Augen näher gerückt werden. Wir können dem Leser nicht ersparen, auf ein niederschlagendes, ja schreckliches und empörendes Gesammtbild zu schauen. Möge er nicht davor zurückschaudern. „Kaum," sagt einer der edelsten Negerfreunde in seiner beredten Sprache, „ist für Africa etwas so sehr zu fürchten, als daß man zu „sehr vom Zartgefühle sich beherrschen läßt. Die beste Hoff„nung Africas schwindet, wenn die christlichen Menschen„freunde gerne zugeben, daß viel Elend in Africa zu haben „seyn möge, sich aber die schauderhaften Einzelheiten dessel„ben gerne ersparen möchten. Soll der entschlossene, uner„müdbare, vor nichts weichende Wille hervorgerufen werden, „ohne den nimmermehr die Berge von Schwierigkeiten, die „sich seiner Befreiung entgegenthürmen, zu heben sind — so „gilt es nicht blos Ueberzeugung des Verstandes, sondern „auch Erschütterung der Herzen."

Africa seufzt unter der rohesten Unterdrückung. Fast alle Herrschaften des Erdtheils sind despotisch im höchsten Grade. Einige Ausnahmen gibt es. Mungo Park beschreibt Mandingo als eine Art von Republik oder vielmehr Oligarchie (Herrschaft Weniger), worin jede Stadt ihren Mansa (König) hat, und deren höchste Gewalt die Versammlung dieser Könige ist. Aehnliches meldet Major Gray von den Fulahs in Futa Dschallon. In den Mandingo-Staaten am Gambia ist die Verfassung monarchisch, aber der Herrscher nicht unumschränkt. Er beruft in allen wichtigen Fällen die Hauptleute oder Aeltesten zusammen, die ihn berathen und ohne die er nichts über Krieg und Frieden beschließen kann. Selbst in den Fällen, wo der König ganz allein zu schalten hat, geschieht dies mit aller Mäßigung. In dem großen Aschante-Reiche zieht der König, nach dem Reisenden Bowdich, so oft er als Richter auftritt, seine vier höchsten Häuptlinge zu Rath. Zwar soll er, wenn er ein neues Gesetz geben will, ihnen sehr zureden, das alte mit aller Kraft zu vertheidigen. In muhammedanischen Staaten ist der König ohnedies durch die Lehren des Korans beschränkt, denen er nicht widersprechen darf. In Darfur soll, nach Browne's Angabe, der Fürst zwar gehalten seyn, nichts gegen den Koran zu thun; aber was in diesem nicht verboten ist, das kann er nach Belieben behandeln. Allein das ist oft bloßer Schein; in Bondu, bemerkt Gray, werden die Gesetze des Koran durch die Imams (Priester) fast immer im Einklang mit Wunsch oder Interesse des Königs ausgelegt.

Trotz all dieser günstigen Ausnahmen aber seufzt Africa im Ganzen unter der rohesten Unterdrückung. Auch wo Mehrere sich ins Regiment theilen, hat die Masse des Volks davon keinen Vortheil. Der einzige Unterschied ist, daß die Ruthe der Tyrannei, statt nur von Einem, von Mehreren geschwungen wird. In den zahlreichen Ländchen um den Senegal und Gambia, wo vielleicht die Herrschaft die mildeste und unbestimmteste, aber auch beständigen Schwankungen ausgesetzt ist, können die herrschenden Häuptlinge fast unbedingt mit ihren Unterthanen schalten.

Eben so ist es auf der Körnerküste. Das Zeugniß des Matrosen Tom (Thomas) Kaffer vor dem westafricanischen Ausschuß des englischen Parlaments (1842) lautet so:

Frage. Wenn ein englisches Schiff in euer Land käme, und der Capitän sagte: Du sollst gehen und dein Weib und deine Kinder holen, und ein, zwei, drei Jahre bei mir bleiben, und dann will ich euch wieder zurückbringen, würdest du dann mit deinem Weibe gehen?

Antwort. Ja, Einige würden gehen und Andere nicht.

Fr. Müßtest du deinen Vater (Häuptling) fragen, daß er dich gehen ließe? Müßtest du dem Vater Geld geben, daß er dich fortließe?

A. Ja.

Fr. Wenn ein Schiff käme und du sagtest: ich will gehen! und dein Vater sagt: ich lasse dich nicht gehen, bis du mir Geld gibst; müßtest du ihm dann vorher Geld geben?

A. Ich kann ohne den Vater nicht gehen.

Fr. Wenn du auf ein Schiff gehest und bekömmst Kleider und Sachen, und du kommst wieder ans Land, müßtest du deinem Vater Alles geben?

A. Ja.

Fr. Wenn du am Land bleiben willst, nimmt er dir Alles ab?

A. Ja.

Fr. Wenn du mit dem Schiff die Fahrt gemacht hast und kommst wieder heim und wirst in Waaren bezahlt, was thust du mit den Waaren, die du als Lohn heimbringst?

A. Ich bringe sie ans Land und gebe sie meinem Vater.

Fr. Wenn du sie ihm bringst, gibt er dir etwas dafür?

A. Nein, er behält sie; und wenn ich etwas brauche, so bitte ich ihn, und er gibt mir etwas.

Mehr oder weniger gleich groß ist am Bony und am Calabar das Recht der Häuptlinge auf die Arbeit ihrer Untergebenen und deren Ertrag. König Bell gab seinen Leuten Erlaubniß, nach Fernando Po zu gehen und dort um Lohn zu arbeiten. Wenn sie heim kamen, begnügte er sich mit dem, was sie freiwillig brachten, und dieß galt als ein Muster von edler Mäßigung. König Agua erlaubte seinen Leuten auch einmal, nach Fernando Po zu gehen, und als sie wieder kamen, mußten sie ihm den größesten

Theil des Erworbenen abgeben. Dagegen König William von Limbia duldete nicht einmal, daß seine Unterthanen sich selbst vermietheten, sondern er that es und schickte seinen Sohn mit ihnen, um den Lohn einzunehmen, ehe die Arbeit nur angefangen hatte.

Die Regierung von Dahomi soll der ärgste Despotismus auf Erden seyn. Es gibt da keine Zwischenstufen der Unterordnung zwischen dem König und dem Sclaven. Vor dem Könige ist Jeder ein Sclave, über dessen Leben und Eigenthum jener nach Gefallen verfügt. Selbst der erste Staatsminister muß, um zum Könige zu gelangen, vom Palastthore bis in des Königs Gemach auf Händen und Knieen kriechen. Da legt er sich platt auf den Boden, reibt seinen Kopf im Staube und gebraucht die demüthigendsten Ausdrücke. Nur auf Befehl kriecht er vorwärts, und Alles, was er in Geschäften zu melden hat, thut er, alle Weisungen empfängt er liegend; denn Niemand darf vor dem König auch nur auf dem Boden sitzen, außer die Weiber, die aber auch, wenn sie Befehle empfangen oder Nachrichten überbringen, vorher die Erde küssen müssen. So ist's auch im Innern in der Hauptsache. Der König von Darfur spricht vom Lande und dessen Ertrag als von seinem Eigenthum, von den Leuten als Sclaven. Nur seine Truppen sind die Stütze seiner Macht, und nur ihre Untreue hat er zu fürchten.

Unter solchen Umständen wäre es sehr zu verwundern, wenn der Fürst nicht manchmal zum launenhaften Tyrannen würde; wenn die Unterthanen nicht manchmal unsägliche Bedrückungen zu leiden hätten. Lassen wir Major Denham erzählen, wie es da oft hergeht:

„In der Provinz Loggun gibt es ein Geld von dünnen Eisenplättchen. Sein Werth steigt und fällt nach dem „Belieben des Sultans, und wird von ihm jeden Mittwoch „am Wochenmarkte bestimmt. Wenn er Tribut oder Zoll „von den verkauften Waaren zu empfangen hat, so wird „plötzlich von den Beamten der Werth des Geldes herabge-

„setzt; will aber der Sultan für Festlichkeiten einkaufen, so „muß er jedesmal steigen."

Mollien sagt: „Ich sah einmal die ganze Familie „eines Ministers eines der kleinern Tyrannen auf den Bissago-Inseln, dreizehn Seelen stark, in Bissago ankommen, „um nach einer der grausamen Launen des Herrschers in „der europäischen Factorei als Sclaven verkauft zu werden."

Noch schlimmer ist, was Sir Thomas Jowell Burton meldet: „Im Januar 1830 sandte der König von „Apollonia, ein Verbündeter Englands, Boten nach „Cape Coast, um anzuzeigen, daß ein spanisches Sclavenschiff vor Apollonia vor Anker liege, dessen Capitän „vorgebe, vom Präsidenten (dem englischen Beamten zu „Cape Coast) die Erlaubniß zum Ankauf einer Ladung von „Sclaven zu haben, wozu er auch schon seine Waaren lande. „Der König wünschte zu wissen, ob des Capitäns Vorgeben „wahr sey, weil er sonst ihm durchaus keine Sclaven geben könne. Der Präsident lobte den König sehr für dieses gute Benehmen und sandte ihm ein schönes Geschenk, „verbot aber aufs Strengste, die Ausfuhr auch nur Eines „Sclaven zu gestatten oder gar dazu zu helfen, wobei er „ihm die brittischen Gesetze hierüber darlegte. Inzwischen „war es dem Könige gelungen, durch schöne Versprechungen „die ganze spanische Waarenladung in seine Hände zu bekommen. Als seine Boten von Cape Coast ankamen, weigerte er sich rund, auch nur Einen Sclaven zu liefern oder „die Waaren zurückzugeben. Der Capitän wußte nun etliche „Familienglieder des Königs an Bord zu locken und erklärte, wenn er nicht augenblicklich die verabredete Zahl „von Sclaven erhalte, würde er diese als Geiseln mit fortnehmen. Darauf bewaffnete der König seine nächsten Diener und Anhänger, machte in der Nacht einen Einfall in „die Stadt, griff ohne Unterschied auf, wen er finden konnte, „und sandte sie bei Tagesanbruch, 360 an der Zahl, in „Ketten aufs Schiff, um seine Geiseln wieder zu erhalten. „Sie alle waren im tiefsten Frieden aus den eigenen Wohnungen gerissen, und zwar von dem Tyrannen, den sie als

„Vater und Beschützer zu betrachten gewohnt waren. Ein „Mulattenmädchen von 16 Jahren, das auch darunter war „und losgekauft wurde, beschrieb nachher die Bestürzung und „das Entsetzen der Armen, als sie gekettet im Hohlraum „des Sclavenschiffes lagen.“

So wirkt die erbarmungslose Gewaltherrschaft in Africa. Sie erstickt die edleren Menschengefühle und wirft das arme Volk, wenn es etwa zu höherer Einsicht emporklimmen möchte, mit gewaltiger Schreckenshand immer wieder zurück. So empört unsere Herzen über solche grauenvolle Thaten seyn müssen, unser christliches Mitleiden muß doch noch größer seyn bei dem Gedanken, in welch jammervollem Gesammtzustand ein Volk sich befinden muß, bei dem Solches geschehen kann.

Africa ist ein Sclavenland. Das ist eine unläugbare Thatsache, die Niemand wird entkräften wollen, der nur ein wenig vom dortigen Leben weiß. Auch bei diesem Zuge von Africas Elend haben die christlichen Menschenfreunde wohl mehr ans Allgemeine sich gehalten, als daß sie forschend ins Einzelne gegangen sind. Wir wollen es anders machen.

Nach der Berechnung Parks, die bis heute noch feststeht, leben drei Viertheile der ganzen Bevölkerung Africas in der Sclaverei. Zu hoch ist der Anschlag auf keinen Fall, eher zu niedrig. Capitän Clapperton fand bei seiner ersten Reise nach Kanu im Innern (Bornu) von 30—40,000 Einwohnern dieser Stadt über die Hälfte als Sclaven. Aber bei seinem zweiten Besuche dort gingen ihm die Augen weiter auf, als er erfuhr, daß auf 30 Sclaven nur Ein Freier komme. Bei Sakatu fand er sogar ein Dorf, wo auf siebenzig Sclaven Ein Freier kam. Major Denham sagt von Barka Gana, dem General und Günstling des Scheikhs von Bornu, der selbst ein Sclave war, er besitze 50 weibliche und 100 männliche Sclaven. Auch meldet er, daß vor der Eroberung der Felata (eines muhammedanischen Volkes, das seine Herrschaft vom Tschad-See bis an den Niger ausgedehnt hat) der Sultan von

Bornu 30,000 bewaffnete Sclaven hatte. Das sind Muhammedanerländer. Welche grauenvolle Geschichte von Mord, Grausamkeit und Verwüstung in den heidnischen Nachbarländern, wo diese Sclaven geholt wurden, liegt hinter diesen Zahlen verborgen! Der Muhammedaner darf ja den Kafir (Ungläubigen) zum Sclaven machen; nur dem Moslem muß er, nach dem Koran, seine Freiheit lassen.

Uebrigens ist es in den Heidengebieten noch ärger. — Nach Clapperton darf man die ganze Bevölkerung von Joruba als Sclaven, entweder des Königs oder der Cabusire (Häuptlinge) betrachten. In Ashante hat jeder Edle (Cabusir) Tausende von Sclaven, die untergeordneten Häuptlinge nach Verhältniß.

Bedenkt man im Angesichte dieser sichern Thatsachen die Erblichkeit dieses fluchwürdigen Systems, seine allgemeine Herrschaft, die vielen Quellen, woraus es Nahrung zieht, die zahlreichen Zwecke, denen es dient, so wird der stärkste Zweifler Park's Schätzung nicht mehr zu hoch finden. Ueber die Erblichkeit der Sclaverei brauche ich nichts zu sagen, denn sie ist überall, wo dieser Krebsschaden besteht, dieselbe; sie ist von seiner Fortdauer unzertrennlich. Jedenfalls haben die Reisenden in Nord-, Mittel- und West-Africa es überall so gefunden.

Was die Verbreitung der Sclaverei betrifft, so haben Europäer keine Gegend dieses Erdtheils betreten, wo sie dieselbe nicht antrafen. Wenn man ihnen durch die vielen Königreiche und Herrschaftsgebiete folgt, so fühlt man sich stets im Sclavenlande. In Stadt und Dorf, in jedem Hause, im Fürstenpalast und in des Aermsten Hütte, starrt uns dieses Entsetzensbild an. „Ich kenne," sagte Obrist Nickols vor der Parlaments-Commission, „in Africa nur „Ein Verhältniß: das von Herr und Sclave." Und Mac Queen sagt: „Sclaverei und Sclavenhandel sind das Ge„setz Africas."

Die Quellen der Sclaverei sind hauptsächlich vierfach: Krieg, Hunger, Zahlungsunfähigkeit und Verbrechen.

Nach dem Herkommen in Africa kann jeder Freie, wenn er im Kriege gefangen wird, Sclave werden. Die Sclaverei war immer einer der furchtbarsten Begleiter des Krieges. Wenn in Africa der schwächere oder unglückliche Krieger unter dem gehobenen Speer seines Besiegers um Gnade fleht, so gibt er damit jeden Anspruch an Freiheit auf und erkauft um sie sein Leben.

Der Hunger ist in Africa, trotz des üppigen Reichthums seines Bodens, nicht unbekannt. Dürre oder Mangel an Anbau bringen ihn. Noch häufiger aber ist er wieder Folge des Kriegs, der die reifen Saaten in Brand steckt und niederbrennt.

Nach Park kommt es oft vor, daß freie Neger sich zu Sclaven hergeben, um dem Hungertod zu entgehen. Eine Menge Menschen geriethen auf diese Weise in Sclaverei in einer Hungersnoth, die in den Gambia-Ländern drei Jahre währte. Ebenfalls sehr oft verkaufen Eltern, die hier unbedingte Gewalt über ihre Kinder haben, dieselben, um für sich und den Rest ihrer Familie Lebensmittel zu bekommen. Ein solcher Fall kam in der kleinen Mandingo-Stadt Wonda vor. „Jeden Abend," sagt Mungo Park, „sah „ich während der Theurungszeit dort fünf oder sechs Wei„ber in des Mansa's Haus gehen, um ein wenig Korn zu „holen. Da ich wußte, wie theuer dieses Nahrungsmittel „gerade war, so fragte ich den Mansa, ob er aus bloßer „Wohlthätigkeit die armen Weiber erhalte, oder ob er nach „der Erndte eine Erstattung bekommen werde? — Da sieh „diesen Knaben, sagte er, und deutete auf ein hübsches, etwa „fünfjähriges Kind. Seine Mutter hat ihn mir für Nah„rung auf vierzig Tage verkauft. Ich habe noch so einen „bekommen. Dieser Vorfall lag mir immer drückend auf „dem Gemüthe, und ich bat den Knaben, mir am nächsten „Abend seine Mutter zu zeigen, was er auch that. Sie war „sehr abgemagert, und als sie kam, sprach sie mit ihrem „Kinde so vergnügt, als wäre es noch das ihre."

Also Hunger in einem gränzenlos reichen Lande, wo die Pflanzenwelt wuchert, als wollte sie ohne Anbau dem

Menschen seine Nahrung bieten! Wo sind aber auch die Hände zum Anbau? und wie muß es sonst aussehen, wo solche Dinge nicht selten sind? Kann auch eine Mutter ihres Kindleins vergessen, daß sie sich nicht erbarme über den Sohn ihres Leibes? In Africa kann sie es.

Lander erzählt noch einen traurigeren Fall. „Die „Bautschi-Neger," sagt er, „lieben ihre Kinder nicht; der „sanfte Zug der Natur ist ihnen unbekannt. Mütterliche „Zärtlichkeit wohnt nicht in ihren Herzen. Sie verkaufen „ihre Kinder an wildfremde Menschen, ohne sich mehr Kummer „um sie zu machen, als um jede andere Waare. Ein „reisender Sclavenhändler ging durch den Ort und kaufte „von den Einwohnern fünf oder sechs Kinder, Knaben und „Mädchen; eine Frau in mittlerem Alter gab um ein Hals„band von Glasperlen ihre einzige Tochter hin. Das un„glückliche Kind, etwa dreizehn- oder vierzehnjährig, klammerte „sich, als man es von der väterlichen Hütte wegschleppen „wollte, im größten Jammer an die Kniee der gefühllosen „Mutter, wie ein schiffbrüchiger Matrose an einen schwim„menden Mast, sah jammernd zu ihrem Angesicht auf und „schrie unter einer Thränenfluth in leidenschaftlicher Heftig„keit: „O Mutter, verkaufe mich nicht! was soll aus mir „werden? was wird aus dir in deinem Alter werden, wenn „du mich fortschickst? wer wird dir Korn und Milch holen? „wer wird um dich weinen, wenn du stirbst? Bin ich denn „unartig gewesen? o Mutter, verkaufe deine einzige Tochter „nicht! Ich will dich in die Arme nehmen, wenn du schwach „wirst, und dich unter den Schatten der Bäume tragen. „Wie eine Henne über ihre Küchlein wacht, so will ich über „dich wachen, liebe Mutter! Ich will dir bezahlen, was du „an mir gethan hast, da ich noch klein war. Wenn du „müde bist, will ich dich in Schlaf fächeln; wenn du schläfst, „will ich dir die Fliegen wegjagen. Ich will dich pflegen, „wenn du Schmerzen hast, und wenn du stirbst, will ich „einen Strom von Thränen auf dein Grab gießen! O Mut„ter, liebe Mutter! stoße mich nicht von dir! verkaufe dein „einziges Kind nicht als Sclavin des Fremdlings!" Nutzlose

„Thränen! Die herzlose Mutter schüttelte die Perlenschnur „ins Gesicht ihres einzigen Kindes, warf es von sich, und „der Sclavenhändler trieb das unglückliche Mädchen aus „der Heimath, die es nie wieder sehen sollte.“

Die dritte Quelle der Sclaverei ist Zahlungsunfähigkeit. Und zwar ist sie eine der reichlichsten. Ein Negerkaufmann macht Schulden, um ein Handelsgeschäft zu unternehmen, entweder bei seinem Nachbar, um Waaren zu kaufen, die auf einem entferntern Markte gut gehen, oder bei den europäischen Handelsleuten an der Küste, und verspricht Zahlung auf bestimmte Zeit. Die Bedingung ist immer dieselbe. Gelingt sein Unternehmen, so kann er vielleicht fortan auf eigenen Füßen stehen; wo nicht, so ist er der Sclave seines Gläubigers, natürlich mit Allem, was er hat. Dieß fand auch auf den brittischen Niederlassungen statt, erregte daher die Aufmerksamkeit des westafricanischen Parlaments-Ausschusses. Aus seiner Untersuchung ergab sich, daß es unter dem Namen „Pfand“ eine Art von Sclaverei auf den brittisch-africanischen Colonieen gab. „Ein Pfand,“ sagte einer der Zeugen, „ist ein Mann, der Schulden hat „und sie nicht zahlen kann. Er gibt sich selbst zum Pfand „und bleibt Sclave, bis er sich loskaufen kann.“ Der englische Statthalter Maclean zu Cape Coast sagte, man könne dieses Pfandwesen als freiwilligen Dienst auf unbestimmte Zeit betrachten; die Leute können ihre Herren verlassen, wenn sie selbst ihre Schulden zahlen, oder sich andere Gebieter verschaffen, wenn diese für sie zahlen. Aber Sclaven sind sie doch in jeder Hinsicht, und es kommt sehr häufig vor, daß auch solche Pfandsclaven öffentlich versteigert werden. Ueberdies sind sie meist ohne Hoffnung, frei zu werden. Nur wenn sie zahlen, ist ihre Freiheit erreichbar; ohne dieses bleiben sie Sclaven bis zum Tode. Aber wo sollen sie das Geld zum Zahlen hernehmen? was sie erwerben gehört ihrem Herrn. Es wurde daher erklärt, daß Maclean's Unterscheidung nicht statthaft, und der Besitz eines Pfandsclaven eben so sehr durch das brittische Gesetz verboten sey, als der eines andern. Dieß erklärte der brittische

Beamte Sir John Jeremie, worauf die Engländer ihre Pfandsclaven freiließen. Aber unter den Negern ist die Einrichtung nichts weniger als abgeschafft.

Endlich gibt es Verbrechen, die in Africa mit Sclaverei bestraft werden, und zwar gehören unter diese Classe fast alle Verbrechen. Zauberei, Ehebruch, Mord werden so bestraft, und nicht selten liegt es im Willen des Klägers, ob er den Beklagten als Sclaven haben oder eine Lösung annehmen will. Bei Mord ist es übrigens den Verwandten des Ermordeten auch gestattet, den Mörder zu tödten, wenn sie ihn nicht als Sclaven haben wollen.

Außer diesen Hauptquellen der Sclaverei sind noch andere zu nennen. Der Muhammedanismus ist eine, weil er die Sclaverei durch die göttliche Ordnung heiligt und den Glauben einflößt, daß alle Nichtmuhammedaner von Gott und seinem Propheten dazu erschaffen und bestimmt sind, Sclaven der Rechtgläubigen zu seyn. Und diese Religion hat sich in Africa weit verbreitet. Auch die Furcht der Landesfürsten, die sonst ihre Untergebenen nicht in Unterwürfigkeit halten zu können fürchten, führt, wie Major Gray meint, zur Erhaltung des Sclavenwesens.

Noch eine Quelle muß genannt werden, die allerdings nur vorzugsweise bei den Mandingos besteht. Da sind die Schulmeister meist nur muhammedanische Priester, und Heiden und Moslemen wünschen sehr, ihnen ihre Kinder zum Unterrichte zu geben. Während sie diesen genießen, sind sie die Haussclaven des Lehrers, die ihm Korn pflanzen, Holz holen und dergleichen Dienste thun. Ist der Unterricht zu Ende, so haben die Eltern dem Lehrer einen Sclaven oder den Werth eines solchen zur Loskaufung des Schülers zu liefern. Können sie das nicht, so bleibt der Schüler sein Sclave, bis er sich loszukaufen vermag, was sehr häufig nie möglich wird.

Der Gebrauch der Sclaven ist äußerst mannigfaltig. Sie sind der beste Tauschartikel im Handel. Zu Angornu in Bornu fand Denham, daß viele Waaren nur mit Sclaven bezahlt wurden, und daß der Sultan von

Sakatu seinen Tribut von mehreren Provinzen immer in Sclaven erhält. Capitän Beaver, der Geschäftsführer der Bulama- (Bullom-) Handelsgesellschaft, der auf der Insel Bulama wohnte, versichert: „Sclaven sind das Geld „im africanischen Handel.“ Aus der Erzählung eines Sclaven, der seine Herren öfters wechselte, bis er endlich an Bord eines portugiesischen Sclavenschiffes kam, das aber mit seiner Ladung von einem brittischen Kreuzerschiff weggenommen wurde, der dann nach Sierra Leone kam und also frei wurde, hört man, daß er zuerst um eine einzige eiserne Hacke, dann für ein Bischen Salz, dann wieder um ein Stückchen Tuch verkauft wurde, bis er in die Hände des europäischen Sclavenhändlers fiel. Was man in Africa braucht, ist man sicher, gegen Sclaven eintauschen zu können.

Die Sclaven sind in Africa bei Weitem überwiegend die Handwerker und Ackerbauer. Von gemietheten Arbeitern weiß man nichts, und Gray sagt, das africanische Vorurtheil erlaube nicht, daß Jemand, der auf höhere Stellung Anspruch machen könne, irgend eine der Arbeiten thue, die in civilisirten Ländern der Gebildetste verrichten kann. Die Handarbeit gehört den Sclaven und — den Weibern. Viehzucht und Ackerbau sind ganz in den Händen der Haus- und Feldsclaven; wer mehr hat als diese, der läßt sie als Weber, Bauleute, Schuhmacher, Schmiede u. A. für seinen Vortheil arbeiten. Ihr einziger Gewinn ist dann, daß sie in eigenen Hütten wohnen dürfen.

Die Sclaven sind ferner der wichtigste Besitz, das Hauptunterhaltungsmittel der Freien in Africa. Die Bewohner des großen Bornureiches sind sehr wohlhabend. Ihr Reichthum besteht „in Sclaven, Vieh und Pferden.“ Der Sclave baut das tägliche Brod seines Gebieters, er webt dessen Kleider. Um Sclaven kauft der Schwarze sein Weib. Sclaven hinterläßt er seinen Kindern als Erbe.

Der Zustand der Sclaven ist eine weitere wichtige Frage. Sie ist nicht sehr leicht zu beantworten, weil solche Quellen spärlich fließen, in welchen nicht entweder Zuneigung zu dem Sclavenwesen, oder wenigstens gleichgültige

Betrachtung und Verkennung seiner fluchwürdigen Natur, zu Grunde liegt.

Sicher ist aber vor Allem, daß die Sclaven in Africa, wie überall, kein Eigenthum besitzen können. Ihr Gebein, Blut, ihre Muskeln, sind nicht ihr Eigenthum. Sie leben, athmen, bewegen sich für einen Andern, und zwar nicht für Gott, der sie erschaffen hat, sondern für einen sterblichen Menschen. Die Haussclaven, solche, die in ihres Gebieters Hause geboren sind, sollen es nicht übel haben. Die Felatas wenigstens behandeln sie sehr gut, und in Ashante haben sie sogar einen gesetzlichen Schutz dadurch, daß sie sich einen andern Herrn wählen können, der sie übernehmen muß, wenn sie ihm drohen, ihm den Tod zu wünschen, wenn er es nicht thut. Auch bei den Mandingos nahm Park etwas Aehnliches wahr. Dort darf der Sclavenbesitzer nur leichtere Strafen gegen den Haussclaven anwenden. Auch Dr. Maddens Zeugniß spricht günstig für die Sclavenbehandlung in Cape Coast. Er erklärte sie, außer bei den Muhammedanern, für die mildeste, die er kenne. Im Ganzen behandeln Heiden und Moslemen dort ihre Sclaven viel besser, als an andern Orten die Christen. Sclaven können sogar durch die Gunst africanischer Fürsten zu hohen Ehrenposten gelangen, wie der oben genannte Barka Gana. Freilich aber machte auch dieser die Erfahrung, daß dieselbe Gewalt, die ihn an die Spitze von Armeen stellen, zum Statthalter von Städten machen konnte, ihn auch in einem Augenblick in seine vorige Stellung zurückzuschleudern vermochte. Der Sclave auf seinem africanischen Heimathsboden befindet sich also wirklich besser, als der, den sein Unglück nach den blutbefleckten Gestaden Americas oder auf die Colonieen europäischer Christen wirft. Allein Sclave bleibt er doch, und nach Belieben kann man wenigstens mit der großen Menge der Erkauften oder Kriegsgefangenen verfahren. Barbarische Grausamkeiten kommen nicht selten vor. Ein Neger erzählt: „Als wir hier ankamen, war ich „fast unmächtig, denn ich hatte lange nichts zu essen bekommen. Ich fing an zu weinen und fiel zu Boden. Mein

„Herr schlug mich mit der Faust auf den Kopf und sagte, „er wolle mich tödten und essen. Jetzt glaubte ich, es sey „Alles vorbei. Ich erwartete jeden Augenblick den Dolch„stoß. Ich war so hungrig, daß ich zu sterben glaubte.“ In Ashante kann der Besitzer seinen Sclaven tödten, und es hat Niemand darnach zu fragen; bei den jährlichen Costümen (Opfern und Schmausereien) geschieht es schaarenweise. Von der Abscheulichkeit gar nicht zu reden, daß das weibliche Schamgefühl das Empörendste von den Herren zu tragen hat, und daß Mancher seine Sclavinnen als Werkzeuge der rohesten Lust vermiethet.

Der Sclavenhandel Africas mit fremden Völkern, christlichen Nationen, ist vor dem öffentlichen Gewissen schon hinlänglich bloßgelegt worden. Ebenso weiß man, daß er sich durch die bisher dagegen ergriffenen Maßregeln nicht vermindert hat, ja, daß er noch im Wachsen begriffen ist. Zweimal hundert tausend Neger werden alljährlich aus ihrer Heimath weggerissen, und weitere drei mal hundert tausend fallen noch in anderer Weise als Opfer dieses grauenvollen Ungeheuers. Damit ist aber nicht Alles gesagt; denn welche Masse von leiblichem und geistigem Elend an diesen Verlust von einer halben Million Menschen sich sonst noch anknüpft, läßt sich wohl ahnen.

Gewiß ist so viel, daß die Hauptursache der beständigen Kriege im innern Africa in dem Begehren liegt, Sclaven für den Handel zu bekommen, und daß man zu diesem Zwecke jede Gewaltthat von dem Raub des einzelnen Menschen bis zum Einfall einer Armee begeht. Ein englischer Geistlicher, Herr Fox, schrieb von St. Mary am Gambia-Flusse (1841) an einen Freund: „Den Tag nach Ihrer „Abreise schiffte ich auf die Mac Carthys-Insel (in „Gambia) hinüber, und während ich dort war, erhob sich „der Lärm, die Insel werde angegriffen. Sogleich rückten „die Soldaten mit zwei Kanonen nach dem Puncte aus, „wo der Angriff stattgefunden haben sollte, indeß die Miliz „die Caserne bewachte; aber es zeigte sich, wie ich erwartete. „Einige Krieger hatten ein paar kleine Städte überfallen,

„die nahe am südöstlichen Ende der Insel liegen, und wer „fliehen konnte, der hatte sich auf die Insel geflüchtet. Dies „ist nur Ein Beispiel aus den vielen, die ich kenne, von „diesen verzweifelten, herumziehenden Banditen. Diesmal „waren es etliche Futa Fulas und Cabu Mandingos, die „Bacsansang und Bruko, zwei kleine Negerstädte, über„fielen und sehr viel Vieh nebst 200 Sclaven wegschlepp„ten. Einige Wenige werden vielleicht im doppelten Werthe „losgekauft, die andern aber an die Küste in die Hände der „verruchten Sclavenhändler geliefert werden." Wahrhaft teuflisch ist das Verfahren bei diesen Raubzügen. Major Denham sagt: „Wenn man einen Ort angreift, so wird „er sogleich in Brand gesteckt, und weil Alles aus Stroh„hütten besteht, so steht er gleich in Flammen und liegt bald „in Asche. Die unglücklichen Bewohner fliehen eilends vor „dem verheerenden Element, und fallen sicher in die Hände „ihrer eben so erbarmungslosen Feinde, die das Dorf um„ringen. Die Männer metzelt man gleich nieder, Frauen „und Kinder bindet man zusammen und schleppt sie als „Sclaven fort." — Einen solchen Zug machte der Major selbst mit und meldet: „Darkalla und eine andere kleine „Stadt nahe dabei wurden schnell niedergebrannt, und die „wenigen Einwohner, die man da fand, meist Kinder und „alte Leute, ohne Erbarmen getödtet und ins Feuer ge„worfen."

Aehnlich lauten die Nachrichten Laird's von seiner Reise (1832) den Niger und seinen Nebenfluß, den Tschadda, hinauf, über die Raubzüge der Felata: „Kaum ging eine „Nacht vorüber, ohne daß wir das Jammergeschrei einiger „Unglücklichen hörten, die von diesen schändlichen Räubern „in die Sclaverei fortgeschleppt wurden. Die Bewohner der „Städte auf ihrem Weg flohen bei ihrer Annäherung über „den Fluß. — Einige Tage nach der Ankunft der Flüchtigen „erhob sich eine Rauchwolke etwa zwei Stunden über der „Mündung des Tschadda, und verkündete das Heranziehen „der Felata. Zwei Tage nachher standen alle Städte in „Flammen. Das Geschrei der Unglücklichen, die nicht ent-

„rinnen konnten, dem das Geheul und der Jammer ihrer „Freunde und Verwandten antwortete, wenn sie von ihrem „Lager jenseits des Flusses zusehen mußten, wie ihre Woh„nungen vernichtet und die Ihrigen fortgeschleppt wurden, „bildete ein Schauspiel, das, so häufig es im Lande „ist, doch noch wenig oder nie von europäischen Augen ge„sehen wurde, und mir den Gräuel, der das Sclavenwesen „umgibt, in schärferer Beleuchtung zeigte, als in der ich ihn „bisher gesehen hatte."

Möge der Leser ein wenig ruhen und überlegen. Ein weit ausgedehnter Erdtheil liegt vor ihm, herrlich in der Schöpferpracht seines Gottes glänzend; das Land der Sonne, unerschöpflich in Fruchtbarkeit; ein Paradies des Friedens, wenn er an einem seiner klaren Sonnenmorgen darüber hinblicken könnte, an dem gerade die Kriegsfackel ruhte. Er ist der Wohnplatz vieler Millionen, in Hunderte kleiner Königreiche und Fürstenthümer vertheilt. Was könnte dieser Erdtheil seyn! welche Fülle von frohem Leben und gegenseitiger freundlicher Hülfleistung, welche Summe von Erdenglück könnte er umfassen, welche selige Herzen in Christo zählen, welche Lobgesänge zum Throne des Schöpfers und Erlösers aufsteigen lassen! Aber ach! er raucht von zerstörten Menschenwohnungen; er dampft von wild vergossenem Bruderblut; er hallt wieder vom Schrei der Verzweiflung unglückseliger Sclaven; er ist die Heimath des Elendes, die nicht an den Altären ihrer scheußlichen Götzen, nicht unter den Klauen ihrer reißenden Bestien nur den hundertsten Theil der Menschenleben ausathmen sieht, die hier dem Götzen der Christen — der Sclaverei, zum Opfer fallen. Seine Völker sind einander todtfeind; nicht weil sie wirklich einander Leides gethan hätten, sondern weil jedes von dem Sclavenhunger der Christenheit gereizt wird, um dafür den giftigen Branntwein, das Zerstörungsmittel des Pulvers und der Schießgewehre zu erhalten. — Wie furchtbar wirkt der Krieg oft noch Generationen lang nach geschlossenem Frieden fort! welche von ihm geschlagenen Wunden bluten auch da selbst nach Jahrhunderten noch, wo alle

Mittel zu ihrer Heilung bereit liegen, wo das Christenthum, eine geordnete Staatseinheit, der Sinn der Menschenliebe wetteifern, sie zu schließen. Aber dort! Niemand heilt, Niemand vermag es. Und der Krieg rast nicht ein Jahr, er ist nicht ein siebenjähriger, nicht ein dreißigjähriger, dessen die Völker Mitteleuropas noch jetzt nach zwei Jahrhunderten mit Schauer gedenken, sondern ein hundertjähriger, ja ein nie endender, bis Niemand mehr lebt, der die Mordwaffen erheben kann. Man sage nicht, das sey Uebertreibung, weil ja sonst Africa längst müßte menschenleer geworden seyn. Nein! es ist leidige Wahrheit, daß auch wirklich seine Volkszahl in raschem Abnehmen begriffen ist, weite Strecken öde liegen, von Urwald überwuchert sind, die sonst von Dörfern und Menschen wimmelten. Dieses Gräuelwesen ist neu. Vormals bot der reich bevölkerte Erdtheil die 10 bis 50,000 Sclaven, die alljährlich nach America gingen, reichlich dar. Jetzt aber reicht nur Gewaltthat hin, um den so viel höheren Bedarf der westlichen Welt zu liefern; und jetzt allerdings, da nun der Krieg noch dazu dient, die Sclaven zu schaffen, der mehr als eben so viele tödtet, um sie zu bekommen, muß es rasch gehen mit dem Aussterben seiner schwarzen Bevölkerung. Das ist der größeste Gesammtmord, nichts gegen die Blutbäder der alten Nationen, wenn sie einander um ihre Wohnsitze vertilgten. Und das Alles, damit wir in Europa Zucker, Kaffee, Baumwolle um geringere Preise beziehen, als es sonst möglich wäre. Und auch dieses wäre noch überdies erreichbar ohne das furchtbare Mittel. Dies führt uns zum

A c k e r b a u, dem die Sclaverei ein Hinderniß ist, wie einem e h r l i c h e n H a n d e l. Dies sind die beiden großen Quellen, woraus die Völker ihren Lebensunterhalt schöpfen, und ohne die ihnen die Voraussetzung fehlt, ohne die sie weder das gehörige Maaß geordneten Lebensgenusses, noch die Mittel besitzen, um auf der Stufenleiter gesellschaftlicher Veredlung hinaufzurücken. Alles, was ihnen im Wege steht, ist daher ein wahrer Fluch für das gesammte Volksleben. Dieser Fluch ist für Africa der Sclavenhandel.

Daß es sich so verhält, ergibt sich von selbst. Wer kann denn noch Lust und Muth haben zu pflügen und zu säen, wenn ihm beständiger Krieg fast jede Aussicht raubt, die Frucht seiner Arbeit zu ernten. Ein mit Sclaven handelnder Häuptling duldet es überdies nicht, daß seine Unterthanen auf eigene Hand sich Wohlstand erwerben, und beschränkt daher in seinem Lande den Anbau des Bodens. An der Küste sieht es in dieser Hinsicht am schlimmsten aus, weil hier der Sclavenhandel natürlich seinen Hauptsitz hat. Je weiter ins Innere, desto besser wird es. An einigen Orten bietet das mit Korn bedeckte Land einen lachenden Anblick dar. Sobald irgendwo der Sclavenhandel aufgegeben wird, so erscheint auch die Neigung zu fleißigem Ackerbau bei den Eingebornen und Wildnisse werden fruchtbar. Ein Herr Rendall, der von 1813 bis 1817 in der französischen Colonie St. Louis am Senegal sich befand, die damals durch den Krieg in englischem Besitz war, bezeugt, daß die Eingebornen nicht sobald sich überzeugt hatten, daß der Sclavenhandel ganz und für immer abgeschafft sey, als sie sich auf den Landbau warfen und jedes Fleckchen Land bearbeiteten. Ohne Furcht und unbewaffnet gingen sie von einem Dorfe zum andern, und Alles war in einen Anblick heiterer Zufriedenheit umgewandelt. Derselbe Herr Rendall kam wieder hin, als die Colonie an Frankreich zurückgegeben war, und fand den Sclavenhandel mit all seinen Schrecken wieder aufgelebt: Schiffe lagen im Flusse, um ihre Ladungen an Menschenfleisch zu fassen; das Land lag wüste, keine Spur von Ackerbau war zu erspähen, und Niemand durfte über sein Dorf hinaus gehen, ohne sich gehörig bewaffnet zu haben.

Was den andern Punct, den rechtmäßigen Handel betrifft, so hat Sir Jowell Burton unwidersprechlich dargethan, daß Africa die Mittel zum ausgedehntesten und vortheilhaftesten Handel mit England und der ganzen Welt in sich schließt. Er hat gezeigt, daß die Africaner nach den Waaren, die ihre civilisirteren Nachbarn geben können, wahrhaft dürsten und mit Vergnügen ihre Roherzeugnisse dagegen austauschen würden. Bis jetzt aber ist der Ausfuhrhandel Africas noch unbedeutend. Nur der Sclavenhandel erklärt es, der die Kräfte des Landes abschwächt und verschlingt. Africa hat fast keine Handwerke, von Fabriken nicht zu reden. Wenn es also nur Rohproducte liefern kann, so ist mit dem Ackerbau auch dem Handel der Lebensnerv abgeschnitten. Ueberdies ist für den Handel nichts unentbehrlicher, als ein Gefühl der Sicherheit. Wie kann aber dieses da seyn, wo Plünderung und Mord im Großen im Schwange gehen?

An der Küste hin kann der ehrliche Kaufmann Wochen lang vergeblich warten, bis er ein Geschäft macht, während der Menschenverkäufer seine Waare immer anbringt. Laird sagt: „Es wird Palmöl genug bereitet, und die „englischen Schiffe kommen, es zu kaufen. Aber da müssen „sie oft zum großen Schaden und zum Nachtheil der Ge„sundheit ihrer Mannschaft liegen bleiben, weil ein schmugg„lerischer Sclavenhändler alle Leute in Anspruch nimmt, „um seine Ladung fertig zu bringen.“ — Ueberdies müssen die englischen Handelsschiffe auch deswegen zurückstehen, weil, so lange die Sclavenschiffe laden, die Eingebornen kein anderes Geschäft für wichtig genug halten. Lassen sie doch ihre Felder und Bäume liegen und stehen, die ausgewachsenen Bäume verderben, und vergessen junge nachzupflanzen. An einigen Orten, wo brittische Kaufleute sonst viel Palmöl kauften, haben die Spanier und Portugiesen in neuester Zeit den Sclavenhandel so vermehrt, daß nicht nur das Pflanzen der Oelpalme, das Tausende ernährt hatte, sehr zurückkam, sondern die bethörten Häuptlinge, aus blinder Wuth gegen den Einfluß Englands, zu der sie gestachelt wurden, 30,000 Palmbäume niederbrannten. Capitän Denman machte vor dem Parlaments-Ausschuß folgende Angaben:

Frage: Glauben Sie nicht, daß spanische Sclavenhändler den brittischen Kaufleuten in der Niederlassung am Gallinas zum Handel zuvorgekommen sind, weil man sie vorzog?

Antwort: In meinem gedruckten Berichte an den Statthalter von Sierra Leone über den Handel in Gallinas sagte ich: Als der englische Sclavenhandel dort abgeschafft wurde, entstand bald ein lebhafter Handel. Aber die Spanier knüpften 1817 wieder mit dem Sclavenhandel an. Da ließ der rechtmäßige Handel nach und verschwand endlich ganz, als vor 15 Jahren Pedro Blamo, der auf einem Sclavenschiff diente, eine Factorei für den Sclavenhandel errichtete. Seitdem ist nicht so viel Anderes von dort ausgeführt worden, als zur Ladung des kleinsten Küstenfahrzeuges hinreichte.

Der Sclavenhandel nährt die Barbarei. Man kann freilich auch sagen, diese sey in Africa älter, als der Sclavenhandel, und habe vielmehr ihn erst möglich gemacht. Dann hat er aber wenigstens das Emportauchen dieses Erdtheils aus seiner langen Barbarei gehindert und hindert ihn noch. Man darf ihm nur genau ins Gesicht sehen, um diese Behauptung unwiderleglich zu finden. Wer sich mit ihm einläßt, muß ja ein Ungeheuer von Hartherzigkeit werden. Denken wir an den Barbaren, selbst von den gebildetsten Nationen, der seine Ladung von unglückseligen Opfern über den atlantischen Ocean schleppt und gar nicht ansteht, wenn er fürchtet gefangen zu werden, um den Rest seines Eigenthums zu retten, alle zu morden, indem er sie ins Meer wirft. Und doch kommt dies nicht so ganz selten vor. Solche Mörder sind aber diese Elenden erst durch die verhärtende Wirkung des Sclavenhandels geworden. Wirkt er so auf den Europäer, was muß vollends aus dem africanischen Halbbarbaren durch ihn werden? Die mit Sclaven handelnden Häuptlinge an der Küste sind fast immer betrunken, weil die Sclavenschiffe ihnen Branntwein genug bringen; in ihren Herzen zittert meist keine menschliche Regung mehr. Und wie viel weiter noch in der Entmenschung muß der Sclavenhändler im Innern seyn, der einen Haufen der Unglücklichen zusammenbringt und sie wie eine Viehheerde nach den europäischen Märkten, oft unter den empörendsten Grausamkeiten, treibt. Noch einen Schritt weiter vorwärts: wie muß es um den Fürsten und sein Volk aussehen, die alljährlich auf die Sclavenjagd gehen, um schutzlose, unschuldige Menschen zu ängsten, zu fangen, zu morden? Allerdings muß man schon barbarisch seyn, um solche Sitten sich zu eigen zu machen; aber wie viel mehr muß man es durch sie noch werden? — Wie locker müssen alle Bande der Familie, diese Grundlage aller Menschengemeinschaft, werden, wenn jeden Augenblick ihre Zerreißung droht? Wenn der arme Neger sich mit Weib und Kindern zur Ruhe legt, weiß nicht, ob ihn nicht die Faust des Sclavenjägers weckt, ihn aus der Heimath seiner Kindheit und von seinen Lieben reißt und mit Allem, was ihnen theuer ist, in lebenslängliche Knechtschaft führt. Ist es zu wundern, wenn da die Mutter ihres Kindleins vergißt und sich nicht erbarmt über den Sohn ihres Leibes.

Endlich entsittlicht er die Gemüther und wird eines der Haupthindernisse christlichen Unterrichts. Man kann sich den Seelenzustand eines Menschen kaum schrecklich genug denken, der mit dem Kriegsgeheul vertrauter ist, als mit dem Sausen des Windes; der immer herumschweift, um unglückliche Menschenopfer zusammenzuschleppen. — Wo immer man mit dem Evangelium in Africa eintrat, da begegnete man diesem unversöhnlichen Feinde. Als man früher unter den freien Negern sich damit niederließ, wie unter den Susu, da wurde die Missionsstelle überfallen, vernichtet, die Missionare ermordet oder vertrieben. Nur unter dem Schutze brittischer Kanonen kann der Missionar wirken.

Zweiter Abschnitt.

Vielweiberei und häusliche Sitte.

Die Bedeutung der Ehe. — Islam. — Zahl der Weiber. — Wirkungen der Vielweiberei im Familien- und Staatsleben. — Die Unzucht. — Besitzlosigkeit der Frau. — Willenlose Heirathen. — Das Weib eine Sclavin. — Sie muß den Mann ernähren. — Kriechende Unterwürfigkeit. — Willkührliche Scheidung. — Harte Arbeit der Frauen. — Ihre sittliche Versunkenheit. — Ihr schädlicher Einfluß. — Entehrung. — Trunksucht. — Der Branntwein und die Europäer. — Trunksucht allgemein. — In allen Clässen und Geschlechtern. — Diebstahl und Lüge. — Die jungen königlichen Diebe in Ashante.

Der von Gott geordnete Ehestand ist in richtigem Verlauf eine reiche Segensquelle. Er ist durch die Bande, die er schlingt, durch die Lebensbeziehungen, die er trägt, durch die zarte Liebe, die er in alle Gebiete des geselligen Lebens gießt, der Halt der Gesellschaft, die sichere Unterlage des Staates. Wo aber Vielweiberei herrscht und der Mensch ihn zum bloßen Mittel seiner Fleischeslust herabwürdigt, da schwinden alle seine glücklichen Wirkungen und die unseligsten Störungen folgen ihm. Dieß zeigt am schlagendsten der jetzige Zustand Africas. Die Vielweiberei herrscht dort, wie in den meisten Heidenländern, unumschränkt und allgemein. Schon die weite Herrschaft des Islam, dieses Begünstigers der Polygamie, läßt dies erwarten, da diese falsche Religion sogar die böse Neigung des verkehrten Menschen noch mit ihrem Siegel heiligt. Zwar legt der Koran noch Beschränkungen hinsichtlich der Zahl der Ehefrauen auf: es dürfen deren nicht mehr als fünf seyn, und dieses Gebot wird da, wo der Muhammedanismus im Ernste gehalten wird, streng beobachtet. Allein im Innern Africas kümmert man sich wenig darum. Von

Darfur meldet Browne, daß der Sultan wohl hundert freie Frauen hat, jeder Melek (Häuptling) aber zwanzig bis dreißig. Auch in heidnischen Ländern, wo kein religiöses Gesetz Beschränkungen auflegt, thut es hie und da die Sitte. Robertson fand in Cap Lahu, daß vornehme Leute nur 6—8 Frauen hatten, und zu Awane an der Beninküste gestattet die Sitte nur 3—4; dafür aber ist bei den Camerun-Negern nach demselben Zeugen die Zahl der Weiber desselben Mannes unmäßig groß. Cuna, ein Kru-Neger aus Westafrica, sagte vor dem englischen Parlamentsausschuß, der schon öfter genannt wurde, auf die Frage: wie viel Weiber ein Mann in seinem Lande gewöhnlich habe? — „Zwanzig oder mehr.“ In Kaarta fand Major Gray, daß Viele zehn eigentliche Frauen und noch eben so viele Kebsweiber haben. „Die Fürsten aber,“ sagt er, „haben deren wenigstens dreißig, und der König Mo„diba besitzt 100 Frauen und zweihundert Kebsweiber.“ Auch der König von Bambarra soll ihrer ein paar Hunderte haben, und dem Major Denham sagte man in Begharma, daß der dortige Sultan ein von Eunuchen bewachtes Harem von 1000 Weibern besitze. Laird und Oldfield haben von den 2000 Frauen des Königs von Attah selbst 500 gesehen. Noch viel gewaltiger ist das Uebel in den großen Reichen, wie Ashante, Dahomi und Joruba. Nach dem Gesetze darf der Ashantekönig 3333 Frauen haben, eine Zahl, die nicht überschritten werden darf, die aber auch, weil sie als heilige Zahl gilt, stets eingehalten wird. Das königliche Harem in Dahomi zählt 3—4000 Frauen. Der Reisende Norris sah ihrer 730, die in Reihen daherzogen und Lebensmittel und Getränke auf dem Kopfe trugen; es folgten ihnen noch viele Hunderte in Abtheilungen von je siebenzig, die schöner gekleidet waren. Auch die Häuptlinge ahmen dem König nach, indem sie Hunderte von Frauen halten. In Joruba hatte selbst ein einzelner Kabusir (Häuptling) 2000, und der König des Landes versicherte Clapperton, er wisse weder die Zahl seiner Frauen noch seiner Kinder anzugeben, aber er glaube, wenn seine Weiber sich die Hand geben würden, so könnten sie eine Kette von der Hauptstadt Katunga bis in die Stadt Dschinah bilden. Der König besuchte einmal den Reisenden von 500 derselben umgeben.

Was ist nun die Wirkung hievon? Nicht ein geringer Theil des Elends Africas kommt aus dieser Quelle. Eine unvermeidliche Folge davon ist, daß die gewaltigste Leidenschaft der Menschennatur unbeschränkt waltet, daß das ganze Leben fast nur ihr dient. Major Denham sagt von Bornu: „Fleischeslust und Krieg sind hier die Angelpuncte des Le„bens, das Geschäft des Daseyns; die unbegränzte Befrie„digung der erstern ist ein Hauptreiz zum letztern.“ Aber das ist nur eins. Major Gray nennt die Vielweiberei die schreiende Sünde Africas und die Hauptspringfeder des verderblichen Einflusses des Muhammedanismus, und fährt fort: „Sie ist die unerschöpfliche Quelle von Mistrauen „und Eifersucht, sie verringert die Liebe zwischen Kindern „und Eltern, sie schwächt und zerreißt die Bande der Ver„wandtschaft, ja sie würde ohne den unbegränzten Einfluß „der Marabus (muhammedanischen Heiligen und Priester) „und ohne die Furcht vor der Hölle das ganze Gebäude „der Gesellschaft aus der Angel heben. Der Vater hat „viele Weiber, das Weib hat viele Kinder; Lieblingswesen „und Willkührgunst brechen in ihren gehässigsten Formen „ein; die Eifersucht erwacht, und Rache reißt das Mord„schwert aus der Scheide. Aber,“ fährt er fort, „nicht „der häusliche Kreis, nicht das Familienleben, die Ver„heerungen in der geselligen Welt ist's allein, was ich im „Auge habe; es ist die Zerstückelung des Bodens, die Ver„stümmelung der Staaten, das Schlimmste, was einem „Lande vom Schlimmen widerfahren kann. Die Eifersucht „der Mütter führt zum Haß in den Familien, und von da „zum Bürgerkrieg. Mit wahrhaft harlekinischer Leichtigkeit „entstehen Königreiche und sinken dahin, daß man nicht „ein Trümmersteinchen davon mehr findet, so sehr man „suchen mag. Die Folge dieser Kriege ist, daß die Ein„tagsherrscher nur plündern und rauben, so lange sie gelten,

„und wo es keine Güter gibt, da geht der Raub an die „Menschen. Ordnung und Sittlichkeit sind umgeworfen, „das Recht ist unbekannt; so bröckelt alle Herrschaft zusam„men und die Gesellschaft ist in beständiger Auflösung be„griffen." Das Alles hat der Reisende nicht aus Mittheilungen Anderer durch Nachsinnen erschlossen, er hat es gesehen. Aber auch das ist nicht Alles. Bowdich bemerkt noch: „Daß ein Mann so viele Weiber hat, führt „bei diesen zur Untreue, und zwar unter Umständen, die „zu empörend sind, um geschildert, fast sogar, nur geglaubt „zu werden." Noch weiter: die schmachvollste Versunkenheit, die schändlichsten Unthaten gehen im Gefolge der Vielweiberei. Man sollte etwa denken, die Verhältnißzahlen der Geschlechter müssen sehr ungleich seyn, es müsse viel mehr Weiber geben, als Männer. So ist's aber nicht. Wenigstens fand Bowdich in Ashante trotz der maßlosesten Vielweiberei nicht, daß die Zahl der Weiber auch nur die der Männer ums Doppelte übertreffe. Daher muß es viele Männer geben, die keine Frauen finden können, und daher die gränzenlose Unkeuschheit. In den Reichen Ashante und Dahomi sorgt die Regierung selbst, daß es Dirnen der elendesten Art in Menge gibt.

Mit der Vielweiberei hängt aufs Genaueste zusammen, ist sogar theilweise ihr Werk, die Erniedrigung des weiblichen Geschlechts in Africa. Es ist eine oft wiederholte Bemerkung, daß die gesellige Stellung des Weibes die Höhe der Stellung eines Volkes in der Gesittung anzeigt, und daß diese nur bei christlichen Völkern hoch genug ist. Nur bei diesen, wohl auch noch nicht überall genug, ist das Weib die Gefährtin des Mannes, die Pflegerin seiner Kinder, die Gebieterin seines Hauses. Ganz anders in Africa.

Da kann die Frau nie in ihrem Leben eigenen Besitz haben. Das Recht der Eltern über die Kinder ist schrankenlos: sie können mit ihnen thun, was sie wollen. Vor der Heirath ist also die Tochter das Eigenthum ihrer Eltern. Sie verfügen nach Belieben über dieselbe und können sie selbst in manchen Gegenden an einen wildfremden Menschen verkaufen. Heirathet sie, so wird sie an den Meistbietenden verkauft. Mungo Park sagt von den Mandingo-Negern: „Gefällt einem Manne ein Mädchen, so braucht er ihr selbst „davon gar nichts zu sagen, er muß nur mit den Eltern „über den Preis übereinkommen, um welchen sie die Gesell„schaft und die Dienste ihrer Tochter hingeben wollen. Ge„wöhnlich ist der Preis zwei Sclaven, außer das Mädchen „wäre ungewöhnlich schön, dann steigt er. Erst wenn das „im Reinen ist, hört das Mädchen davon; aber nach ihrem „Jawort fragt Niemand. Hat einmal der Werber einige „Kola-Nüsse, die er mitbringt, mit den Eltern gegessen, so „muß sie ihn haben, oder sie kann überhaupt nicht heira„then; denn ein Anderer darf sie nachher nicht haben, sonst „wird nach den Landesgesetzen der erste Bewerber sie ein„fangen und zur Sclavin machen dürfen."

Von den Timneh-Negern meldet Laing: „Hat ein „Mann Neigung zu einem Mädchen, so braucht er sich gar „nicht darum zu kümmern, ob sie erwiedert wird. Er kommt „mit einem Gefäße Palmweins oder etwas Rum zu den „Eltern und sagt sein Anliegen; hat er etwas, so fehlt es „nicht leicht an deren Jawort; sie laden ihn ein, wieder zu kom„men; er bringt wieder ein Gefäß Palmwein, einige Kola„Nüsse, einige Ellen Zeug, etliche Glasperlen, und das „Geschäft ist abgemacht. Der Hochzeittag wird bestimmt, „und nun erst erfährt die Braut, wen sie heirathen soll. „Genügt den Eltern nicht, was der Werber anbietet, so kann „er gehen und arbeiten, bis er die Summe zusammenbringt. „Kommt aber in der Zwischenzeit ein reicherer Freier, so „gehört sie diesem." Auch bei den Sulima- und Karanku-Negern hat der Meistbietende die Frau; nur daß hier noch der weitere Uebelstand hinzukommt, daß auf das Alter gar keine Rücksicht genommen wird, sondern die Aeltesten, weil sie meist die Reichsten sind, die unbedingte Wahl haben. Nach einer Aeußerung von Bowdich sollte es scheinen, als ob in Ashante kein Vater seine Tochter zwinge, einen Mann zu heirathen, der ihr zuwider ist; aber sonderbar genug fügt er sogleich hinzu, wenn sich die Tochter in solchem Falle weigere, zu gehorchen, so entziehe ihr der Vater seinen Schutz, den Unterhalt, und auch die Mutter dürfe sich ihrer nicht weiter annehmen. Das ist wenigstens eine seltsame Freiheit der Wahl. Denn was bleibt der auf diese Art aus der Heimath verstoßenen Tochter anders übrig, als dem abgewiesenen Freier zu folgen, oder dem Nächsten Besten als Sclavin zum Raube zu werden? Noch überdies werden in diesem Lande schon Kinder an Kinder, ja wohl gar Kinder an Erwachsene, selbst an alte Männer, verheirathet. Dem Kind schickt der Bräutigam dann ein Tuch, wie man es um die Mitte des Leibes trägt, der Mutter ein wenig Geld. Damit ist das arme Kind verkauft. In Timbuktu werden nach Schabini's Bericht wenigstens ein paar Zeugen herbeigerufen, wenn ein weibliches Wesen so verhandelt wird. Die Schilderung aus dem Reisewerk des Majors Gray von der Gambia-Gegend läßt noch einen tiefern Blick in die Lage des weiblichen Geschlechtes in Africa thun. „Ich wurde," sagte er, „auch „Zeuge von der Art, wie junge Männer hier zu Lande zu „Weibern kommen. Einer der Bewohner eines nahen Dor„fes hatte sein Auge auf ein Mädchen zu Kajaja gewor„fen; er machte das übliche Geschenk von etlichen Kola„Nüssen an die Mutter, die ohne irgend eine Rücksprache „mit der Tochter ihn befugte, sich ihrer zu bemächtigen, wenn „er könne. Wirklich wurde das arme Mädchen, während „sie den Reis zum Abendessen bereitete, von dem feinen „Brautwerber mit einigen seiner Freunde überfallen und trotz „ihres heftigsten Widerstandes mit Gewalt fortgeschleppt." — Das nennt man in Africa Heirathen.

Ist aber das arme Weib einmal verehlicht, so wird ihre Lage nicht besser; sie ist nur aus dem Besitzthum der Eltern zum Besitzthum des Mannes geworden, hat nur den Eigenthümer gewechselt, ihre Ketten sind nur fester geworden. Park sagt von den Mandingos: „Weil sie für „ihre Weiber bezahlt haben, so erwarten sie von denselben „die unbedingteste Unterwürfigkeit, und behandeln sie mehr

„wie gedungene Mägde, als wie freie Genossinnen.“ Mollien meldet von den Joloff-Negern dasselbe; er zählt das Weib zu den Sclaven. Vor dem westafricanischen Parlamentsausschuß versicherte einer der Zeugen, er habe manchmal gesehen, daß ein Mann eine seiner Frauen mit ihren Kindern verkauft habe. Robertson erzählt von den Camerun-Negern, wie gänzlich die Männer ihre Weiber in demüthigster Sclavenstellung halten. Er schildert die Hochzeitsitten von Cap Lahu und fügt bei: „Am Abend geht „die Braut heim und ist nun des Mannes Eigenthum, wie „irgend einer seiner Sclaven.“ Er erwähnt auch der höchst barbarischen Sitte aus der Gegend von Cap Palmas, daß nach dem Tode des Vaters der Sohn dessen Sclaven erbt und so auch seiner eigenen Mutter zum Gebieter wird. Auch bei den Camerun-Negern ist es so. König Bell hatte beim Tode seines Vaters nur zwei Frauen; nach demselben wählte er sich sieben und zwanzig von den Weibern desselben, die jetzt seinen Harem bilden. Einer der englisch-kirchlichen Missionare sagte: „Die arme Frau hat in ihrem „Hause wenig zu bedeuten. Man darf nur eine der Neger„hütten betreten, um sogleich wahrzunehmen, daß sie als ein „geringeres Wesen betrachtet wird. Selten sieht man sie, „als wenn sie Morgens mit einem großen Wassergefäß auf „dem Kopfe sich durch die Straße schleppt, oder wenn sie, „ihr Kind auf dem Rücken, Korn mahlt. Sie selbst weiß „es nicht anders, als daß sie blos ein Geschöpf der Launen „des Mannes sey, und das bringt sie auch ihrer Toch„ter bei.“

Aber auch mit diesen Thatsachen ist nicht Alles gesagt. Das Weib hat kein Eigenthum; sie ist nicht frei; sie ist selbst ein Eigenthum; kein Mann denkt daran, ihr, dem schwächern Gefäß, seine Ehre zu geben, wie das Christenthum gebietet; sie muß auch oft noch den Mann durch ihre Arbeit unterhalten. Der Mann lebt von seinen Weibern, wie man etwa in Europa von seinen Zinsen lebt. Er arbeitet selbst, bis er sich eine gehörige Zahl von Frauen kaufen kann; hat er diese, so läßt er sie für sich arbeiten, und er selbst lebt im trägsten Müssiggange und in der üppigsten Liederlichkeit. So machen es nach Laird und Oldfield die Kru-Neger, dieser merkwürdige Menschenstamm der Palmas-Küste, den man auf allen europäischen Fahrzeugen an der africanischen Küste als Matrosen findet. Jene Reisenden sagen: „Der Lebenszweck des Kru-Negers ist „einzig der, eine gehörige Zahl von Weibern zu erwerben, „um nachher daheim müssig zu gehen. Im Augenblicke, „wenn er Geld genug erarbeitet oder gestohlen hat, um ein „Weib zu kaufen, setzt er sich mit einigen seiner Stammge„nossen in ein Kanoe und rudert nach der Kru-Küste. Nach „seiner Ankunft zeigt er dem Vater des Mädchens, das er „haben will, sein Geld, und wenn es diesem genug ist, so „bleibt er eine Woche da und lebt mit ihr. Dann läßt er „sie bei ihren Eltern und sucht sein Schiff wieder auf. Das „treibt er nun, so oft er kann, bis er endlich von Sierra „Leone, wo er im Schiffsdienst steht, Abschied nehmen kann, „weil er eine ordentliche Weibercolonie beisammen hat; dann „geht er heim nach dem Palmencap, läßt seine Weiber für „sich arbeiten und lebt in stolzem Müssiggang."

Das Weib muß sich auch dasselbe gebieterische Benehmen des Mannes gefallen lassen, wie die Sclavin, und muß ihm dieselbe kriechende Unterwürfigkeit bezeigen. In den meisten Ländern Africas darf die Frau mit ihrem Manne nicht unter Einem Dache wohnen. „In Sulima," sagt Major Laing, „müssen die Weiber, wenn sie in Gegen„wart des Mannes essen, ihre Gesichter verbergen." — „In „Bornu," meldet Denham, „darf das Weib nicht an„ders als auf den Knieen sich dem Manne nähern, über„haupt nicht anders mit einer männlichen Person reden, als „knieend und mit bedecktem Haupt und Gesicht." Auch von Darfur, im Osten des innern Africas, lautet es in Browne's Berichten ähnlich: „Männliche und weibliche „Sclaven nähern sich selten ihrem sitzenden Gebieter anders, „als auf Händen und Knieen kriechend. Wer mehrere Frauen „besitzt, betritt selten das Gemach einer derselben, sondern er „läßt eine oder mehrere derselben zu sich holen, die sodann,

„ob Freie oder Sclavinnen, auf den Knieen in der schüchternsten Ehrfurcht hereinrutschen. Die Sclaven dürfen nicht „leicht eine Fußbedeckung tragen; freie Weiber aber zeichnen „sich gemeiniglich durch eine Art von Sandalen aus, die sie „aber sogleich abnehmen, wenn sie mit einer männlichen Person von einiger Bedeutung verkehren, oder auch nur an „ihr vorbeigehen.“

Ferner ist in manchen Gegenden Africas die Frau der Ehescheidung nach der Laune des Mannes ausgesetzt. Denham hatte auf seiner Reise in Mittelafrica mehrmals Gelegenheit Wahrnehmungen darüber zu machen, und fand, daß die häufigen Verstoßungen die Ursache seyen, warum in Kuka so viele unverehlichte Frauen wohnen. Nach Laird und Oldfield ist unter den Felata die Ehe blos ein bürgerlicher Vertrag, den der Mann nach Gefallen lösen kann. Wirbt ein Heide (die Felatah sind Muhammedaner) um ein Mädchen, so schickt er nach einiger Zeit den Eltern ein Geschenk an Zeugen u. drgl. Wird es angenommen, so verläßt die Tochter das Elternhaus. War sie bisher noch Jungfrau, so wird ein von dem Bräutigam geschenktes Tuch ihr um die Mitte des Leibes gebunden, während sie sonst da nur ein Stück Leder oder ein paar Schnüre Müschelchen (Kauris) trug. Man tanzt, trinkt Palmwein und Bier, und Alles ist fröhlich. Oft schon bald nachher schickt der Mann die Frau mit einem Geschenke wieder heim. In Bussa kann sogar der Mann seine Gattin den Eltern zurücksenden, ohne auch nur einen Grund dafür anzugeben. Er beginnt damit, sie unfreundlich und verächtlich zu behandeln, wovon sie gewöhnlich bald weiß, worauf es abzielt, und dann selbst zu ihren Eltern zurückkehrt, um das Geschehene zu erzählen. Diese erscheinen dann mit ihrer ganzen Familie bei dem Manne und fragen ihn, ob er wünsche, daß sein Weib hinfort bei ihren Eltern bliebe? Sagt er ja, so ist die Ehe aufgelöst und die Entlassene gilt wieder als unverehlicht. Capitän Bailey versicherte vor dem westafricanischen Ausschusse des englischen Parlaments, die Neger der Braß- und Bony-Flüsse hätten gewöhnlich an vierzig Frauen; wenn ihnen aber eine nicht mehr gefalle, so verkaufen sie sie.

Die Beschäftigungen africanischer Weiber sind gewöhnlich niedriger und sclavischer Art. In Darfur thun sie nach Browne die härtesten Dienste. Sie hacken den Boden, säen und erndten; sie allein mahlen das Getraide und backen das Brot. Sie bereiten die Speisen, holen das Wasser, waschen die Kleider, reinigen die Gemächer; sie bauen sogar fast allein die Lehmhütten. Nicht selten sieht man da auf Reisen den Mann träge auf seinem Esel sitzen und das Weib sich müde hinter ihm herschleppen, wobei sie oft erst noch die Lebensmittel oder das Küchengeschirr tragen muß. Clapperton fand auf der Reise von Jariba nach Katungo an jedem Ort einige Weiber, selbst vom Könige, die für ihre Männer Handel trieben und schwere Lasten auf dem Kopfe von einer Stadt in die andere trugen. Auch bei den Sulima-Negern fand Laing in Hinsicht der Arbeit einen Rollentausch der Männer und Frauen. Außer dem Säen und Erndten ist dort alles Feldgeschäft den Weibern überlassen, indeß die Männer nur das Vieh besorgen. Die Weiber sind Maurer, Tüncher und dergleichen; die Männer streuen nur die Saat aus, ja sie waschen sogar die Kleider.

Auch von Ashante heißt es: „Die beschwerlichsten „Aufgaben liegen auf dem Weibe; es treibt die Mühle, be„sorgt das Marktgeschäft, pflanzt den Acker. Die vorneh„men Frauen machen von dieser Regel eine Ausnahme; aber „im Fanteland (an der Küste, südlich von Ashante) geht „es ziemlich gerade so zu, wie Clapperton es in Jariba „fand.“ Deshalb bemerkt auch Hutton: „Die Frauen „werden dort mehr wie Lastthiere, als wie Menschen behan„delt; sie schleppen alle Lasten für ihre Männer, und gelten „ganz für deren Sclavinnen.“ Man kann wohl behaupten, es gehöre diese Ueberbürdung des schwachen Geschlechts zu den fast durchgängigen Grundzügen der geselligen Unsitte Africas, wo die Frauenarbeit und der Sclavendienst sich nur etwa dadurch unterscheidet, daß der letztere mehr unter herrischer Aufsicht steht.

Die sittlichen Folgen dieser Stellung und Behandlung des weiblichen Geschlechts sind leicht zu ermessen. Die Frau ist ein moralisch elendes Wesen und wirkt auf das Ganze nur schädlich und verderblich. Von den Frauen in Darfur sagt Browne: „Sie gelten für äußerst verführ„bar;“ und dasselbe ungünstige Zeugniß finden wir bei den schon oft genannten Reisenden über die Sulimas, die Jaribas, die Cameruns- und andere Negerstämme; ja gewisse Reisende schämen sich nicht, die traurigsten Gemälde von der Sittenlosigkeit africanischer Frauen zu entwerfen, indem sie zugleich ihr eigenes Leben in das schlechteste Licht setzen. Alles, was es in der Geschichte weiblicher Versunkenheit in andern Ländern Schwarzes und Schmachvolles gibt, vergiftet alle Tage die geistige Atmosphäre, worin das africanische Weib lebt.

Wie muß es da mit dem Manne, wie mit den Kindern, wie mit dem ganzen geselligen Leben stehen? Wo die Frau ihre richtige Stellung in der Gesellschaft hat, wo sie ist, was sie seyn soll, da ist ihr Einfluß gewaltig, und jedes edle Herz freut sich desselben. Ihr ist die hohe und heilige Pflicht gegeben, im Kleinen und Feinen das sittliche Leben zu pflegen und zu schützen, diesen heimischen Heerd, von dem alles Erhabene und Glorreiche in Gesinnung und That kommt; und wenn gleich der Kreis ihres persönlichen Einflusses dem Mittelpunct näher, daher ein enger Kreis ist, so wirkt er doch zuletzt so weit hinaus, als der Wogenschlag menschlichen Gefühles reicht. — Davon weiß man in Africa nichts; der Name des Weibes hat dort nicht den zauberhaften Klang, wie in den edelsten Ländern der Christenheit; tief, tief hinabgesunken in äußerste Erniedrigung des Herzens wie des Geistes wirkt sie fast nichts; und selbst das Wenige, was ihr noch gelassen ist, möchte man nicht, so lange ihr Charakter und die Ursache desselben, ihre gesellschaftliche Stellung, dieselben bleiben, es aufs allerdringendste aus ihren Händen genommen wünschen? Sie übt einen Einfluß; aber, wie Alles, was in Africa wirkt, einen, der nur das arme Land noch tiefer hinabdrückt und den Anstrengungen der Menschenliebe zu seinem Heil feindselig entgegentritt. Selbst verschlechtert pflegt das Weib in Africa nur die arge Art des Mannes und durchdringt mit ihrer lasterhaften Weise vergiftend schon in den frühesten Jahren das aufwachsende Geschlecht. Bebt nicht schon vor den bisherigen Sündentiefen Africas jedes edlere Gemüth erschreckt zurück? Und doch müssen wir es noch weiter führen, um dem Elend scharf und klar ins grauenvolle Auge zu sehen. Wir gehen an dem schändlichsten Pfuhle vorüber, wo uns die entsetzliche Kunde von der kein heiliges Verhältniß der Natur, nicht das des Vaters, der Mutter, der Geschwister kennenden, sondern alle auch im Heidenthum von Gott aufgerichteten Wehrmauern überfluthenden Wollust begegnet. Ganz Darfur und Kordofan sind von diesem Laster zerfressen; das letzte Band, das der Scheu vor dem uralt heiligen Familienrecht, ist dort längst gebrochen. Im Westen sind Brüder nicht selten, die ihre Schwestern, ja Väter, selbst Könige, die ihre Töchter um schändlichen Gewinn jeglicher Entehrung preisgeben, und in manchen Negerlanden ist die schmachvolle Ausgeburt lasterhafter Auswurfs-Phantasien, wie sie in Europa sich hören lassen, die Weibergemeinschaft, in gräulicher Wirklichkeit zu finden.

Trunksucht ist noch einer der Dämonen, die über das Land der Schwarzen ihre Geißel schwingen. Man hat verschiedene Arten starker Getränke dort. Eines beschreibt Major Gray: „Aus Honig und Hirsen bereiten sie einen „dem Meth ähnlichen Trank, der aber durch seine saure „Gährung und weil nichts Bitteres dazu kommt, dem Magen widerlich ist." Ein anderes schildert Mungo Park: „Die Afrikaner machen und lieben ein Getränk, das ziemlich unserm Bier gleichkommt. Man bereitet es auch ähnlich aus gemalztem Korn, eine bittere Wurzel dient statt „der Hopfen." Die dritte Art heißt Busa und wird von

Capitän Clapperton geschildert: „Es ist eine Mischung „von Dhura (Korn), Honig, Tschilli, Pfeffer, einer Gras„wurzel und Wasser. Man läßt sie in großen Krügen an „langsamem Feuer 4—5 Tage gähren, dann wird sie in „andere Krüge gegossen und ist sehr berauschend.“ Das vierte endlich ist der Palmwein, der, so weit in Afrika der Palmbaum wächst, seine Einwohner berauscht.

Damit ist aber leider! die Liste dieser Gifte nicht erschöpft. Das schlimmste von allen, der Branntwein, wird von europäischen Schiffen an Africas Küsten getragen, und hat Verbrechen und Elend noch wesentlich vermehrt, als ob Europa sich nicht hätte begnügen können, die kräftigsten seiner Söhne fortzuschleppen, sondern auch noch das Gift hätte hinterlassen müssen, das am sichersten das geistige und physische Leben seiner Völker vernichtet. In allen Sclavenschiffen kommen Branntweinfässer. Rum und Branntwein sind sogar die Hauptartikel des Tausches in diesem schändlichen Betrieb. Man kann nicht klarer reden, als ein afrikanischer Häuptling selbst vor dem Parlamentsausschuß gethan hat: „Wir brauchen dreierlei: Pulver, Kugeln „und Branntwein; und wir haben dreierlei zu verkaufen: „Männer, Weiber und Kinder.“ Und in der That, Waffen, Schießpulver und Branntwein sind auch ein ganzes Drittheil der Waaren, die in Africa eingeführt werden. Nach amtlichen Erhebungen wurden im Jahr 1841 nur allein aus England und nur nach den Ländern Senegal und Gambia, nach Sierra Leone und der Goldküste über eine Million Quart (Schoppen) gebrannte Wasser ausgeführt.

Hier hilft auch der Kaufmann mit, der den Sclavenhandel verabscheut. Nicht leicht geht ein Handelsschiff nach Westafrica, ohne eine tüchtige Ladung dieses Giftes mitzunehmen. Ja gewöhnlich fangen die Handelnden aus Europa ihr Geschäfte mit einem Geschenke von Branntwein an. Kommt man an einem Handelsplatz an, so wird ein Tag festgesetzt, an welchem die Ladung kann in Augenschein genommen und über den Preis derselben verhandelt werden.

Die schwarzen Händler kommen dann an Bord und bringen gleich ihre Kalabeschen (Trinkgefäße aus Kokosschalen) mit, um „ein bischen" Branntwein zu erhalten, ehe man ans Geschäft geht. Diese üble Sitte ist so eingewurzelt, und der Durst der Neger nach Branntwein so stark, daß die europäischen Kaufleute behaupten, es sey unmöglich zu einem Handelsgeschäft an der Küste zu kommen, ohne sich ihr zu unterziehen.

Es ist wenigstens so viel gewiß, daß unmäßiger, ja auch nur täglicher Genuß dieses Getränks, in physischer, geistiger und sittlicher Hinsicht höchst nachtheilig wirkt. Die Geschichte und die Gegenwart Europas zeigt, daß weder die Civilisation noch die augenfälligen Schadenwirkungen des Giftes hinreichen, um seinen unmäßigen Genuß zu beseitigen. Wo soll bei einem halbbarbarischen Volke die rettende Schranke gesucht werden, dem alle Einsicht in die furchtbaren Folgen seiner Unmäßigkeit fehlt, dem der wilde Rausch die höchste Glückseligkeit ist? Es wird eher sich durch das Gift tödten lassen, als sich dessen enthalten. Und soll die Christenheit, soll England, von dessen Handel die Edelsten eine allmählige Ausrottung eines furchtbaren an Africas Leben nagenden Wurmes erwarten, das die größesten Anstrengungen gegen denselben schon wirklich gemacht hat, am Ende nur einen andern, langsamer schleichenden, aber eben so tödtlichen, an das Herz des unglücklichen Landes legen?

Gehen wir auch in Hinsicht dieses Lasters die Zeugnisse durch. Man sagt uns von Barbara und Darfur: „Ihren berauschenden Trank können sie nicht lassen; und da „alle Trinkenden forttrinken, bis sie ganz berauscht sind, so „werden die von Natur heftigen Menschen noch wilder: es „kommt zu Streit, und der endet selten ohne Schläge und „oft auch nicht ohne Blutvergießen." „Die Darfur-Neger," sagt Browne, „sind der Trunkenheit sehr ergeben. Oft sitzt „eine Gesellschaft vom Abend bis Sonnenaufgang trinkend „und plaudernd, so daß ein Mann es auf zwei Gallonen „(5 Maaß oder 20 Quart) Busa bringt." Auch die Rufi-

Neger stehen, nach Clapperton, im Rufe „großer Trunkenbolde“. Das Haus, worin er zu Kulfu, ihrer Hauptstadt, wohnte, gehörte einer Wittwe, die dafür galt, vortrefflichen Busa zu haben; und hier war eine Nebenhütte gewöhnlich in der Nacht voll von Trinkern, die es bis zur Morgendämmerung mit Musik und Trinken forttrieben. Von Jariba sagt Clapperton, er habe noch nie einen Ort besucht, wo die Trunkenheit so sehr allgemeine Regel sey. Von den Benin-Negern berichtet Robertson, daß sie „bei ihren Schmausereien und Tänzen viel Narrenspiel treiben, wobei es höchst unanständig hergehe. Sie lieben „starke Getränke und trinken sie, wie auch den Palmwein „und Bambussaft, der Zumbo bei ihnen heißt, bis sie berauscht und dann zu allen Gewaltthaten aufgelegt sind.“ Lander gibt einem Häuptling in Badagry das Zeugniß: „Wir gaben ihm Branntwein zum Geschenk, der so „stark wie Weingeist war; er trank ihn aber mit der höchsten Gier.“ Und Major Laing meldet von den Timmani- (Timneh-) Negern: „Die Lust, sich im Palmwein „zu berauschen, ist einer ihrer hervorstechendsten Züge, und „das treiben sie bei allen Gelegenheiten so stark, daß es an „den stärksten Männern bald seine Wirkung thut, und viele „schon früh an Uebeln erkranken, die davon herrühren.“ Fügen wir noch Bowdichs Gemälde von den schmählichen Scenen bei den Jahresfesten (Costümen) in Ashante an: „Am nächsten Morgen befahl der König, große Massen von „Rum in Metallpfannen in verschiedenen Stadttheilen aufzustellen, zu denen sich die Einwohner in Masse herzudrängten und wie Schweine tranken. Freie und Sclaven, „Weiber und Kinder schlugen, stießen, traten sich unter die „Füße, drängten sich mit aller Kraft an die Pfannen, wodurch sie mehr ausgossen als zu trinken bekamen. In „weniger als einer Stunde sah man, außer den Häuptlingen, „keine nüchterne Seele mehr. Parthieen von Vieren, die „einen Fünften heimtragen wollten, rollten mit ihrer Last „am Boden; ganze Reihen von rothbemalten Weibern fielen „wie Kartenhäuser übereinander; die gemeinsten Handwerker

„und Sclaven schrieen Palawer in Staatssachen, die gräu„lichste Musik dazu, unzüchtige Gesänge, sinnlos am Boden „liegende Kinder. Alle trugen ihre schönsten Kleider, die „sie im trunkenen Wetteifer von Tollheit und Schmutz hinter „sich herschleppten.“

Dieses Laster des Trunks ist in Africa weder auf eine Volksclasse, noch auf eine Rangstufe, nicht einmal auf das männliche Geschlecht beschränkt. Der Muhammedaner, dem seine Religion starke Getränke verbietet, hält darin gleichen Schritt mit den Heiden. Wenigstens trinken in Nusi, nach Clapperton, die Moslemen eben so viel Busa wie die Heiden, während nach Parks Zeugniß es unter den Mandingo Leute gibt, die vom Islam die Ceremonien beobachten, dabei aber sich an ihre alten Heidensitten halten und starke Getränke lieben. Man nennt sie Dschobar oder Dschowar, und sie bilden einen starken Stamm. Fürsten sind so arge Trunkenbolde wie Unterthanen. Laing sagt über einen Besuch, den er mit seinen Begleitern von einem der Fulah-Könige erhielt: „Er war betrunken und schrie gewaltig. „Er ist ein unerträglicher Rumsäufer und wäre immer „im Rausche, wenn er die Mittel dazu hätte. Seine letzte „Bitte an uns“ war die um zwei Flaschen Rum, die ich „ihm gab. Er verließ uns im höchsten Grade der Berau„schung, mit ihm auch sein ganzes Gefolge.“ An einem andern Ort sagt er vom Könige von Wulli: „Gleich „bei unserer Ankunft ließen wir ihm die Anzeige von unse„rem Hierseyn machen und fragten, um welche Zeit es „ihm gefällig seyn würde unseren Besuch zu empfangen. „Wir erhielten aber die Antwort, daß er gerade betrunken „sey und man in Geschäften nichts mit ihm machen könne.“ Noch von einem africanischen Fürsten, der ihn besuchte, erzählt er: „Er brachte eine große Kalabesche voll Bier mit, „und schwatzte und trank bei uns so lange, bis er nicht „mehr konnte und auch nicht mehr ohne Hülfe vom Boden „aufzustehen vermochte.“ — „In Nusi,“ sagt Clapperton, „waren die Weiber in all ihrem Putz bei den Männern, „tanzten, sangen und tranken mit den stärksten der Männer

„um die Wette." Wir überlassen es den Gedanken unsrer Leser, zu ermessen, ob eine solche Verbreitung des Trunklasters bei Völkern, denen so wenig sittliche Gegengewichte gegeben sind, weniger schlimme Folgen haben werden, als es in der christlichen Heimath an seinen Sclaven übt? Wir fügen dagegen noch einige andere Uebelstände hier bei, um das Bild des sittlichen Privatlebens in Africa, oder vielmehr seiner Schattenseiten, zu vollenden.

„Stehlen, Lügen und Betrügen," sagt Browne von den Einwohnern Darfurs, „mit Allem, was damit zusam„menhängt, sind fast allgemein. Kein Eigenthum ist sicher, „sobald es aus den Augen des Besitzers ist, und auch un„ter seinen Augen nicht, wenn der Dieb stärker ist als er. „Bei Kauf und Verkauf rühmt sich der Vater seinen Sohn „und der Sohn seinen Vater zu übervortheilen, und Gott „und der Prophet werden jede Stunde zu Zeugen gerufen, „um die handgreiflichsten Betrügereien und Lügen zu decken." Clapperton berichtet von den Nufi-Leuten, daß sie „zwar „höflich, aber ohne alle Ehrlichkeit seyen. Auf einer Lüge „ertappt zu werden, bringt nicht die mindeste Schande, son„dern erregt blos Lachen." Die Kru-Neger, diese nützlichen Gehülfen der Europäer im Handel an der westafrikanischen Küste, haben den „gemeinen Fehler der Neger" (nach Laird und Oldfield), daß sie „lügen und stehlen", und Major Laing erzählt: „Der Name eines Timneh ist in West„africa fast sprüchwörtlich für Schurkerei und Arbeitsscheu, „und der eines Timneh-Weibes für Unehrlichkeit. Sie sind „schlecht, üppig, faul und habsüchtig." Und wie weit hierin etwa das große Ashante-Reich höher steht, mag uns Bowdich sagen: „Der König hat eine Truppe kleiner „Knaben, deren Bogen und Pfeile Fetisch sind, und die als „privilegirte Diebe gelten. Sie sind so schlau und gewandt, „daß es sehr unterhaltend ist, ihnen auf dem Markte zuzu„sehen, den sie täglich überfallen. Was sie fortnehmen „können, ist gute Prise und nicht wieder zu bekommen. Der „Eigenthümer darf sie aber, wenn er sie erwischt, ehe sie „den Palast erreicht haben, schlagen, so stark er will, nur

„nicht auf den Tod. Das ertragen sie dann so hartnäckig „als junge Spartaner. Manchmal wirft ein Haufe dieser „Bursche eine Person mit einer Last von Lebensmitteln zu „Boden, indeß andre das Gut davon tragen." Wenn so die Regierung selbst den Diebstahl schützt, und die Diebe auferzogen werden, so kann man von der Ehrlichkeit des Volks nicht viel erwarten. Deshalb sagt auch Hutton von den Ashanteern: „Sie sind die größesten Diebe, die ich „je kennen lernte. Das ist ihr Ruf überall; aber ich rede „aus Erfahrung. Meine eigenen Knechte haben mir oft „mein Weißzeug und Anderes, besonders Desertmesser, ge„stohlen, die sie gebrauchen, um sich die Köpfe zu scheeren."

„Gleich wie sie nicht geachtet haben, daß sie Gott er„kenneten, hat sie Gott auch dahin gegeben in verkehrten „Sinn, zu thun das nicht taugt, voll alles Ungerechten, „Hurerei, Schalkheit, Geizes, Bosheit; voll Hasses, Mords, „Haders, List; giftig, Ohrenbläser, Verläumder, Gottes„verächter, Frevler, Hoffärtige, Ruhmredige, Schädliche, „den Eltern Ungehorsame, Unvernünftige, Treulose, Stör„rige, Unversöhnliche, Unbarmherzige." (Röm. 1, 28—31.)

Dritter Abschnitt.

Physische und geistige Lebensquellen in Africa.

Lichtpunkte. — Ackerbau. — Handwerker. — Handel. — Häuser. — Geräthe. — Städte. — Charakter der Neger. — Großmuth. — Weibliches Mitgefühl. — Elternliebe. — Vaterlandsliebe. — Lebhafte Gemüthsart. — Unterhaltungslust. — Liebe zur Poesie. — Geistige Errungenschaften. — Mangel der Erfindungskraft. — Nachahmungsgabe.. — Gelehrigkeit. — Schmiegsamkeit. — Bestimmung.

Nach der bisherigen Schilderung der dunklen Seiten des afrikanischen Lebens dürfte in manchem unserer Leser die Frage entstanden seyn: wie kommt es aber, daß ein

Volk, eine Völkermasse, an der so viele Uebel seit Jahrhunderten zehren, noch nicht untergegangen, in sich selbst aufgerieben, aus dem Daseyn verschwunden ist? Wir beeilen uns daher, ehe wir auf noch andere Lebensgebiete des Africaners übergehen, die uns gleichfalls mit den dunkelsten Regionen des Menschenlebens bekannt machen, auch die Lichtpunkte aufzusuchen, die denn doch auch das africanische Leben noch darbietet, und ohne deren Daseyn ja eine Arbeit für die Erhebung Africas aus seinem Elende ein hoffnungsloses Unternehmen seyn müßte. Wäre nicht noch aus alter Zeit her eine erhaltende und zusammenhaltende Lebenskraft wirksam, längst hätte allerdings Africas Bevölkerung den Uebeln, die auf sie beständig anstürmen, auch physisch unterliegen müssen. Beginnen wir bei dem, was Africa in äußern Dingen leistet, um wenigstens zu sehen, daß wir es nicht mit thierisch stumpfen Nationen da zu thun haben, so viel auch noch des Guten mangelt, das christliche Gesittung dem Lande bringen würde.

Der Ackerbau, diese Grundquelle des Bestandes und der Erhaltung menschlicher Gemeinschaft, könnte kaum irgendwo mehr Erfolge versprechen als in Africa. Es ist das Urtheil Mungo Parks, von jedem der ihm folgenden Reisenden bestätigt, daß alles Herrliche, was Ost- und Westindien erzeugt, in den tropischen Gebieten dieses Erdtheils in höchster Vollkommenheit erzielt werden könnte. Für jetzt ist nur noch wenig geschehen.

Die Körnerarten, welche man in Africa baut, sind Reis, Mais, Guineakorn (Hirse), Waizen und Dhura; die Wurzeln Maniok, Jams, Pfeilwurz (Arrowroot) und Ingwer; im Innern findet man stattliche Baumwollen-, Tabak- und Indigopflanzungen. Sonst liefert das Land noch Orangen, Lemonen, Guaven, Ananas, Citronen, Papaw, Bananen, Plantanen, Datteln, die süße Patate; es hat Tikholz, Ebenholz und viele andere Arten harter, feiner, edler Hölzer; es liefert die Palmnuß, Kokusnuß, Schi- oder Butternuß, die Kolanuß, Erdnuß, Castornuß u. a.; reiche Farbstoffe aller Art, den Copalgummi, Mastir, die

Aloe, Cassia, Senna, den Weihrauch, den Zucker; es ist die Heimath des Kaffees u. s. w.

Wie reich der Boden ist, zeigt schon der Umstand, daß der Neger ein halbes Jahrhundert lang alljährlich sein Korn auf derselben Stelle pflanzt, ohne dem Boden nur Nahrung zu geben. Das einzige, was in manchen Gegenden geschieht, ist, daß man das dürre Gras abbrennt, worauf rasch ein frisches, jugendliches Grün aufschießt und das Land an gesunder Luft gewinnt. Park fand dieses Grasbrennen ein herrlich-furchtbares Schauspiel. So weit das Auge reicht sieht man bei Nacht Berge und Ebenen mit Feuerlinien durchzogen, und der Himmel, der den Brand wiederstrahlt, wird glutroth. Bei Tage dagegen sieht man da und dort mächtige Rauchsäulen emporsteigen, von zahlreichen Raubvögeln umkreist, die dann plötzlich auf die armen Eidechsen, Schlangen und anderes Gewürm niederschießen, das dem Brand zu entrinnen sucht.

Der Ackerbau ist äußerst einfach. Thierarbeit und Pflug sind unbekannt. Mit einer in jeder Gegend etwas anders gestalteten Hacke wird Alles gethan. Sie besteht nicht einmal immer aus Eisen, sondern meist nur aus hartem Holze. Das Korn wird in gleichlaufenden, geradlinigten Rinnen gepflanzt. Der Boden wird mit der Hacke geöffnet, das Korn mit der Hand eingelegt, die Erde mit den Füßen darauf geworfen. Manchmal wird die Arbeit leichter, indem das ganze Dorf zugleich es thut. Dann ist's mehr ein fröhlicher Festtag, als mühsame Arbeit. Der Dorfmusicant spielt seine fröhlichsten Weisen dazu, und ein Zuschauer würde von ferne eher einen Tanz, als eine Arbeit zu sehen meinen.

Der Pflanzenwuchs geht reißend schnell. Man fängt nach der Regenzeit im April an zu säen. In wenigen Tagen sind die Felder mit Grün bedeckt. Die Ernte beginnt gewöhnlich im Juli, ist aber natürlich nach den Getraidearten und den Theilen des Continents verschiedenartig. Ist das Korn reif, so brechen Weiber und Sclaven die Aehren mit den Händen ab, sammeln sie in Körbe und tragen sie auf dem Kopf nach Hause. Man drischt sie mit einem krummen Knittel, was natürlich nur sehr unvollkommen wirkt. Dann trocknet man die Körner an der Sonne und bewahrt sie in Gruben auf, die man in den Boden gräbt, und deckt sie mit Spreu zu.

Dieser unvollkommene Ackerbau ist noch überdies gar nicht weit verbreitet. Noch gibt es nirgens ein Privateigenthum in Ländereien. Jede Stadt, jedes Dorf hat seine Feldungen um sich her, die dem König oder dem Lande gehören, und von denen Jeder die Erlaubniß haben kann, anzubauen, was er will. Was übrig bleibt, ist gemeinsames Weideland. — Africa führt etwa in einem Jahr (abgesehen vom Goldstaub) für 5—6 Millionen Gulden Waaren, Palmöl, Tik- und anderes Bauholz, Gummi, Elfenbein, Wachs, lauter Dinge, die man nur sammeln darf, aus.

Man wird nicht erwarten, daß Handwerk und Manufaktur einen hohen Schwung haben, wo der Ackerbau so in seiner Kindheit ist. Was jeder africanische Sclave machen kann und man überall in Africa antrifft, das ist ein grobes Gewebe von Baumwolle. Man versteht den Zeug recht hübsch in Roth und ausgezeichnetem Blau zu färben, und in Ashante malt man ihn mit Vogelfedern als Pinsel bunt, und zwar oft gar nicht geschmacklos. Ein Mann kann diese regelmäßigen Figuren eben so rasch malen, als wir schreiben können. Fast in ganz Africa versteht man die Lederbereitung. Fast in jeder Stadt trifft man die besondere Classe der Lederarbeiter; sie reisen auch auf ihrem Beruf im Lande umher. Sie gerben und bereiten das Leder sehr schnell, indem die Haut zuerst in einer Mischung von Holzasche und Wasser enthaart, dann mit den scharfen Blättern des Gu-Baumes eingerieben wird. Die Haut wird durch Reiben mit den Händen und Schlagen auf einem Stein sehr weich und biegsam. Aus Ochsenhäuten macht man Sandalen; sie brauchen daher nicht so viel Arbeit, als Schaf- und Ziegenfelle, die man zu Körben, Schwert- und Messerscheiden, Gürteln, Taschen und allerlei Putz braucht, und sie dazu gewöhnlich roth oder gelb färbt. In Kano macht man über thönerne Formen sehr hübsche lederne Krüge, die zur Aufbewahrung von Fett, Butter, Honig oder Wachs dienen. Rohe Töpferwaaren werden gleichfalls bereitet; bei den Fulah-Negern auf sehr einfache Weise, indem man sie mit der Hand formt, dann im Freien auf einander stellt, mit Stroh bedeckt und dieses anzündet, was sie gehörig härtet. In Ashante werden aber aus feinem Thon sehr schöne Sachen gemacht, die man hübsch malt und polirt. Besonders sollen die schwarzen Gefässe sehr feine Politur haben. Sitz- und Schlafmatten sind ein Hauptproduct africanischer Handarbeit. In Bambarra, Kaasta und an anderen Orten verfertigt man schöne Körbe und Hüte aus bunt gefärbten Binsen, wie man auch die Kalabaschen mit buntem Geflechte dieser Art überzieht. Auch mit Metallarbeit weiss der Neger umzugehen. Eisen gibt es vielfach, und im Innern weiss man es zu schmelzen und daraus Ackerbauwerkzeuge, Waffen, Schmucksachen und hundert andere Artikel zu schmieden. Die geharnischten Pferde und Reiter, letztere mit hübschen Ringpanzern, sind durch Clapperton und Denham bekannt. Africa ist ein Goldland. In seinen Strömen setzt sich der Goldsand ab; in seinen Bergen liegt das Metall reichlich; in manchen Gegenden ist der Boden damit gesättigt. Der Grobschmied ist daher auch Goldarbeiter; er macht Golddraht und zierliche Schmucksachen daraus. In Ashante gibt es sogar getriebene Goldarbeit.*) Salz gewinnt man an der Seeküste überall aus Meerwasser, und sogar Schiesspulver soll in Africa bereitet werden.

Der Handel Africas ist jetzt sehr beschränkt. Natürlich gibt hier England den Maßstab, sofern man nämlich vom Sclavenhandel absieht. Im Jahr 1827 wurde nach Africa ausgeführt ein Werth von über 1,300,000 Gulden; im Jahr 1834 nicht ganz das Doppelte; 1838 war die

*) In dem kleinen ethnographischen Museum des Missionshauses in Basel finden sich goldene Ringe von feiner Arbeit, mit Knöpfen fast wie Bischofsmützen geschmückt; silberne Schlüssel, die als Zeichen der Häuptlingschaft (Kammerherrenschlüssel) vom Könige gegeben werden; hübsche Mosaiken, feine Flechtarbeiten.

Ausfuhr auf 3 Millionen gestiegen, worüber sie inzwischen wenigstens sicher nicht weit hinausgekommen ist. Doch hat sie allmählig zugenommen, und es hat sich gezeigt, daß auch in steigendem Maaße Artikel vorkommen, die ein Fortrücken der Civilisation in Africa andeuten.

Der Binnenhandel Africas wird durch Karawanen (Kafila, Koffel) geführt, das heißt durch eine Zusammenschaarung von Reisenden, um eher den Gefahren und Schwierigkeiten des Weges begegnen zu können. Sie gebrauchen aber nicht das Kameel, wie es im Norden von Fremden (Arabern) eingeführt wurde und auch dort für die Wüstenreise äußerst geeignet ist. Der Wagen, wie er in Südafrica gebräuchlich ist, wäre für die Wege in Mittelafrica gar nicht passend, denn hier gibt es nur schmale, durch dicht verwachsene Urwälder gehauene Fußpfade. In den Berggegenden dient der Rücken des Esels oder der Kopf des Sclaven zum Tragen. Ein Hauptbedürfniß ist in den Südgegenden der Wüste das Salz. Man bringt es von der Küste, von großen Gruben im Westen, von den Seen und Teichen im Lande Tibbu; auch das abessinische Steinsalz, in der Form einer Schuhsohle zugeschnitten und häßlich grau, kommt weit ins Herz von Africa hinein und gilt in der östlichen Hälfte des Erdtheils wie baares Geld im Handel. Ebenso werden die kleinen Müschelchen (Kauris), die im Innern das Hauptverkehrsmittel sind, die aber auch dorthin von Ceylon, den Lakkadiwen, den Seychellen, und zwar meist über England, gebracht werden, und die Guranüsse von den atlantischen Küsten, weithin versendet. Letztere sind ein Hauptgenußmittel wegen des angenehmen Geschmackes, den sie dem ihnen nachgetrunkenen Wasser geben, und wurden daher auch schon africanischer Kaffee genannt. Dafür holt man Gold, Elfenbein, feine Zeuge und leider auch Sclaven.

So gering noch der Handel Africas ist, so groß ist die Lust seiner Bewohner dazu. Laird sagt in einem Briefe an Sir Thomas Fowell Burton: „Ein hervorstechender Zug der Africaner ist ihre Liebe zum Handelsverkehr. Männer, Weiber, Kinder handeln nach allen Sei-

„ten. Ueberall gibt es regelmäßige Märkte, wo sie ihren „Feldertrag, ihre Handwerksarbeiten, ihr Elfenbein hinbrin„gen. Auf dem Elfenbeinmarkt sah ich über hundert große „Kanos, jedes von 10—40 Mann besetzt, die alle friedlich „zusammen handeln. Der Handel ist neutraler Boden, und „die Bewohner mit einander im Krieg liegender Städte be„suchen ungefährdet die beiderseitigen Märkte.“ Ein africanischer Markt ist eine bunte, lebensvolle Scene. Denham erzählt: „Auf dem Markte zu Kuka kommen we„nigstens 15,000 Personen von 2—3 Tagereisen weit her „jedesmal zusammen. Sclaven, Schafe, Ochsen, Waizen, „Reis, Indigo, Leder werden in Menge gegen Ambra, „Glasperlen, Zeuge umgetauscht. Zu Angornu, der „größesten Stadt des Bornu-Reichs, zählt der Markt in „Friedenszeit 80—100,000 Besucher und bietet das stärkste „Handelsgewühl dar.“ Oldfield schildert den Elfenbeinmarkt: „Der Europäer, der an der Sandbank landet, „erstaunt über die merkwürdige Erscheinung und Kleidung „der Händler und ihrer Begleiter und wird von allen „Seiten begrüßt: Senu, Senu — lori la sere (guten Mor„gen! guten Morgen! — ich hoffe, ihr seyd wohl!). Die „Eingebornen jedes Landes nehmen je ihren besonderen „Platz ein, und unter Mattendecken auf Stangen geht der „Handel vor sich, wo alle möglichen Artikel zum Verkauf „ausgeboten werden, und der Ruf: Gewa, Gewa! (ein „Zahn, ein Zahn!) aus dem Munde hübscher Sclaven „dazwischen tönt, die 50—100pfündige Elephantenzähne auf „dem Kopfe tragen. Unter den Matten und in den Um„zäunungen sieht man Sclaven und Sclavinnen vom 5ten „bis 30sten Lebensjahre; 11,000 dieser armen Geschöpfe, „nach der geringsten Schätzung, werden hier alljährlich zum „Verkauf ausgestellt. Geht man weiter, so trifft man „Gruppen von Handelsleuten, die beim Bier über ihren „Handel plaudern und ihre Kauri-Beutel, deren jeder 30 „bis 60,000 der kleinen Müschelchen enthält, zählen. Klei„dung und Putz aller Völkerschaften und Städte von Ibu „bis nach Egga, und alle Abschattungen von dunkelschwarz

„und braun bieten sich dem Auge in buntem Wechsel dar. „Der Ibu-Kaufmann hebt sich durch seine halbeuropäische „Kleidung hervor; zwischen Ibu und dem Tschaddefluß „trägt man blaues, africanisches Tuch und englische Baum„wolle; Mützen und Turbane tragen die anständigen Be„wohner von Iddah."

Wir sehen, wie weit Africa noch zurück ist: kaum ein Anfang gemacht im Ackerbau, Gewerbe und Handel. Aber wir nehmen auch wahr, daß nur das Freiheitswort des Evangeliums in die gebundenen Seelen schallen darf, um mit dem Reichthum der Gnade auch den Reichthum eines unerschöpflichen Bodens in Bewegung zu setzen. Die ersten Anfänge sind da, um den Menschenverkauf aus Africas Leben zu entfernen und heilsamen Völkerverkehr an seine Stelle zu setzen. Laßt mit den entbundenen Seelen die entbundenen Hände sich regen, und mit Sicherheit, Frieden, Wetteifer und sicherm Gewinn des Kunstfleißes wird das herrliche Schauspiel einer aus Nacht und Tod zu Licht und Leben emporsteigenden Völkerfamilie sich unsern Augen darstellen.

Die häusliche Einrichtung des Africaners ist meist armselig. Die Wohnungen sind je nach Rang und Lage der Besitzer verschiedenartig gebaut. Das Schloß, wie es heißt, die königliche Residenz zu Kumase, der Hauptstadt Aschantes, ist aus Stein gebaut. Die Wohnung des Königs von Bondu und einiger Mitglieder seiner Familie hat wirklich das Aussehen eines Schlosses; es ist von starkem Zimmerholz mit Thonmauern und großen Säulen im Innern gebaut und hat ein flaches Dach. Es hat eine Umfangsmauer mit drei kleinen Kanonen. Die Mauern sind 15 Fuß hoch, ungeheuer dick und mit starken Bastionen versehen. Der Palast des Sultans von Mobba soll ein gewaltiges Backsteingebäude seyn.

In den größern africanischen Reichen und mehr im Innern sind die Häuser sorgfältiger und schöner gebaut, als in den kleinen Herrschaften und an der Küste. In Bornu zum Beispiel sind die Häuser gar nicht übel. Sie haben gewöhnlich einen innern unbedeckten Hof. Es werden vier Mauern gemacht, die ein Viereck einschließen; innerhalb derselben baut man vier gleichlaufende Mauern und theilt dann den Raum zwischen ihnen in Gemächer, macht ein Dach darauf, so daß der Raum, der zwischen den innern Mauern noch übrig bleibt, den Hof bildet. In stattlichen Häusern sind die Gemächer 20 Fuß lang, 11 hoch und eben so breit. Dann wird noch ein Raum rings um das Gebäude ummauert, innerhalb dessen sich das Vieh aufhält. Die Mauern alle werden auf ein in Gräben gelegtes Fundament fest aufgeführt, oft mit Wasser begossen und wieder trocknen gelassen, zuletzt mit Lehm oder Thon bestrichen. Die Dächer bestehen aus Palmblättern und Binsen, sind wasserdicht, halten aber nur zwei Jahre aus.

Im bei weitem größern Theil Africas dagegen sind die Wohnhäuser sehr armselig, meist bienenkorbförmig aus ein paar in den Boden geschlagenen Pfählen gefertigt, die dann in die Quere mit Baumzweigen verbunden und zuletzt mit Lehm beworfen werden. Kaum kann man darin aufrecht stehen. Sie taugen blos, um darin zu schlafen und Schutz vor dem Regen zu suchen, wie denn auch der Hof vor dem Hause mit dem schattigen Familienbaume der wahre Versammlungsort ist. Eine Anzahl solcher Hütten in einem Hofe von unregelmäßiger Form bilden meist die Wohnung des wohlhabendern Africaners. Jede seiner Frauen hat eine solche Hütte, und er selbst auch eine. Könige und andere Vornehme haben dann noch Vorrathshäuser, Küchen und dergleichen.

Das Hausgeräthe ist so einfach wie die Wohnung selbst. In Bornu, wo die Häuser stattlicher sind, hat man bei den niedern Volksklassen Matten mit darauf gebreiteten Schaffellen als Schlafstätten, einen irdenen Topf, eine Pfanne, zwei oder drei hölzerne Schüsseln, etliche hölzerne Schalen, einen alten Teppich, eine Oellampe und vielleicht einen Kupferkessel. Vornehmere besitzen ein paar mit Wolle gefüllte Lederkissen, metallene Gefäße, einen hübschen Teppich und einige Leuchter. Denn sie brennen Kerzen statt des

Pflanzenöls, die sie aus Wachs oder Talg von Schafen machen. Aber in vielen Ländern Africas geht es noch viel einfacher zu. Der Sitz eines Fürsten ist nicht selten eine Erhöhung von Lehm in einem Theil seiner Hütte, worauf das roh gegerbte Fell eines Raubthiers gelegt wird. An der Küste haben die Häuptlinge oft ein paar Stücke europäischen Hausraths, die sich hie und da ins Innere verirren. Wenigstens erhielt Clapperton in Sakkatu seine Nahrung von des Sultans Tisch in Zinnschüsseln mit dem Fabrikzeichen von London. Einmal wurde ihm ein Stück Fleisch in einem englischen weißen Waschbecken vorgesetzt. So kann man es auch neuestens in den größern Reichen von Dahomi und Aschante finden. Aber im Volke geht es damit gar armselig zu.

Ein Haufe von den eben beschriebenen Wohnungen bildet eine africanische Stadt, die dann eine halbe Stunde und mehr im Umfange hat. Die Häuser bilden keine Gassen und liegen oft weit auseinander. Um das Ganze läuft eine Lehmmauer oder Hecke von 10—15 Fuß Höhe. Manchmal findet man auch noch vor der Mauer einen Graben. Die meisten Städte haben ein bequemes Palawerhaus, wo öffentliche Geschäfte abgemacht werden, das aber nur aus eingeschlagenen Pfosten besteht, über welche schief gelegte Bretter ein Dach bilden. Nach allen Seiten ist es offen. Den Schatten gewinnt es meist durch einen großen Baum, unter dem es steht. In Mittelafrica umschließen die Städte auch noch große Fruchtfelder, so daß der Bewohner nur auf Handelsreisen die Umschließungsmauer seines Wohnorts zu verlassen hat. Diese Städte sind dann Mittelpuncte durch Ackerbau und Handel; draußen aber ist die weite Wüste oder der Urwald den wilden Thieren überlassen. Richard Hill sagt: „Die gesellschaftliche Erdkunde Africas hat hierin „einen ihrer wichtigsten Züge. So groß Africa ist, es bie„tet dennoch die leichtesten Verbreitungswege für Kenntnisse „und Gesittung dar. Eine Stadt ist ein kleiner Staat, wo „der Bauer mit dem Handwerker und Handelsmann ge„mischt lebt, es ist rus in urbe (Land in der Stadt). Der

„Missionar, der sich an einem dieser Plätze niederläßt, findet „sich inmitten einer abgeschlossenen Volksmenge, auf die er „rasch Einfluß gewinnen kann."

Das Dunkelste im Menschenleben hat noch einen, wenn auch noch so schwachen Lichtfunken, und die schlechtesten Gestaltungen der Menschennatur sind nicht ohne einige mildernde Züge. So beklagenswerth die bereits gemeldeten Thatsachen sind, so elend im Ganzen der gesellige Zustand Africas erscheint, so ist doch der Negercharakter nicht gänzlich ohne versöhnende Eigenschaften, und unsere geringe Kenntniß von der Geschichte dieser Kinder Aethiopiens meldet doch auch etliche Thatsachen, die unsere Bewunderung herausfordern und die herrlichsten Hoffnungen von dem geben, was die Africaner unter der umschaffenden Kraft des Evangeliums werden können.

Sogar bei den africanischen Despoten findet man Züge von Großmuth, wie Mungo Park einen erzählt, wenn er sagt: „Der König von Futa Torra, vom Eifer für die „Ausbreitung seiner Religion beseelt, hatte an Damel, den „Joloffenkönig, eine Gesandtschaft geschickt und ihm erklären „lassen, wenn er nicht alsobald mit seinem Volke den Mu„hammedanismus ergreifen und zum Beweise wahrer Be„kehrung elf öffentliche Gebete anstellen würde, so müßte er, „der König von Futa Torra, unfehlbar die Waffen gegen „ihn ergreifen. Der Gesandte war von zwei Männern be„gleitet, deren jeder ein großes Messer auf einer langen „Stange trug. Sobald der Gesandte seine Botschaft aus„gesprochen hatte, hieß er die Männer das Sinnbild der „Sendung übergeben. Die zwei Messer wurden unverzüg„lich vor Damel niedergelegt, und der Gesandte erklärte sie „folgendermaßen: „Mit diesem Messer wird Abdulkader sich „herablassen, das Haupt Damels zu scheeren, sobald er ein „Muhammedaner wird; mit dem andern wird Abdulkader „dem Damel die Kehle abschneiden, wenn er sich weigert. „Wählet also!" Damel erwiederte kaltblütig, es sey hier „nichts zu wählen; er wolle weder sein Haupt geschoren, „noch seine Kehle abgeschnitten haben. Damit entließ er den

„Gesandten höflich. Abdulkader nahm also seine Maßregeln „und fiel mit einem großen Heere in Damels Land ein. „Die Bewohner der Städte und Dörfer verschütteten ihre „Brunnen, vernichteten ihre Mundvorräthe und zogen mit „ihren Geräthschaften fort, indem sie das Land, wo er „heranzog, öde liegen ließen. So lockte man ihn von Ort „zu Ort, bis er drei Tagereisen ins Joloffen-Land hinein- „gerückt war. Er hatte zwar keinen Widerstand gefunden; „aber sein Heer hatte so sehr durch Wassermangel gelitten, „daß Viele seiner Leute verschmachtet waren. Dies bewog „ihn, an einen Wasserplatz im Walde zu ziehen, wo seine „Leute ihren glühenden Durst stillten und dann, von Mü- „digkeit erschöpft, sich ins Gras legten und dem Schlafe „überließen. Dort griff sie Damel vor Tagesanbruch an „und brachte ihnen eine vollkommene Niederlage bei. Viele „wurden von den Pferden der Joloffen noch liegend zertre- „ten, Andere auf der Flucht getödtet, die Meisten aber ge- „fangen genommen. Unter den Letztern war Abdulkader „selbst. Dieser ehrgeizige oder vielmehr tolle Herrscher, der „vor einem Monat die drohende Botschaft an Damel ge- „sendet hatte, wurde nun als ein unglücklicher Gefangener „ihm vorgeführt. Das Benehmen Damels bei diesem An- „laß wurde von den Negersängern stets mit dem höchsten „Lobe genannt, und es ist auch in der That an einem afri- „canischen Herrscher fast unglaublich. Als sein königlicher „Gefangener in Eisenbanden vor ihn geführt und auf den „Boden niedergeworfen wurde, sprach Damel, statt nach der „in solchen Fällen üblichen Weise ihm auf den Hals zu tre- „ten und ihn mit seinem Speer zu erstechen: „Abdulkader, „beantworte mir eine Frage. Wenn das Kriegsglück dich „in meine und mich in deine Lage versetzt hätte, was hät- „test du mit mir angefangen?“ — „Ich hätte dir meinen „Speer in die Brust gestoßen,“ erwiederte Abdulkader fest, „„und ich erwarte dieses Schicksal jetzt auch.“ — „Nein,“ „sagte Damel, „mein Speer ist roth von dem Blut deiner „Unterthanen, die ich in der Schlacht getödtet, und ich könnte „ihn noch röther färben, wenn ich ihn jetzt in dein Blut

„tauchte. Aber das würde meine Städte nicht wieder bauen „und den Tausenden das Leben nicht wieder geben, die im „Walde fielen. Ich will dich daher nicht mit kaltem Blute „tödten, sondern dich als meinen Sclaven so lange behalten, „bis ich sehe, daß deine Rückkehr in dein Land deinen Nach„barn nicht mehr gefährlich ist; dann will ich sehen, was „ich mache.“ Abdulkader blieb also als arbeitender Sclave „drei Monate lang, bis Damel auf das dringende Bitten „der Leute von Futa Torra ihnen ihren König zurückgab. „Diese Geschichte, so unglaublich sie in Africa klingt, wurde „mir von den Negern in Malacotta, nachher von den Eu„ropäern am Gambia, erzählt; zu Grace auch noch von „Franzosen; sie wurde mir von neun Sclaven bestätigt, die „mit Abdulkader in den Wäldern gefangen und mit mir auf „Einem Schiff nach Westindien gebracht wurden.“

Wir sahen, wie tief herab gesunken das weibliche Geschlecht in Africa ist. Aber in aller Verdorbenheit, in aller Schlechtigkeit, die das weibliche Geschlecht dort selbst in sich trägt und so sehr weiter verbreitet, gibt es doch auch noch einige edlere Züge, die da zeigen, daß das Weib auch in Africa noch das Weib ist, und welch edles Wesen unter richtiger Pflege aus ihr werden könnte. Hier gibt uns Park etwas selbst Erlebtes. Er befand sich in einem Dörfchen bei Sego, der Hauptstadt von Bambarra. „Hier,“ sagt er, „wurde ich mit Erstaunen und Furcht betrachtet und „genöthigt, den ganzen Tag im Schatten eines Baumes „ohne Nahrung zu sitzen. Die Nacht drohte schlimm zu wer„den, denn es erhob sich ein Wind, und starker Regen schien „im Anzuge. Die wilden Thiere sind hier so zahlreich, daß „ich auf den Baum hätte klettern und auf seinen Aesten „mein Nachtlager suchen müssen. Um Sonnenuntergang „aber, als ich mich dazu anschickte und mein Pferd losband, „damit es frei waiden könnte, kam ein Weib, von der Feld„arbeit heimkehrend, vorüber, hielt an, nahm wahr wie müde „und traurig ich war und fragte, was mir fehle, worauf „ich ihr meine Lage schilderte; sie sah mich sehr mitleidig „an, nahm meinen Sattel und Zaum und hieß mich ihr

„folgen. Sie führte mich in ihre Hütte, zündete eine Lampe „an, breitete eine Matte an den Boden und sagte mir, ich „könne die Nacht hier bleiben. Da sie merkte, wie hungrig „ich war, sagte sie: „ich muß dir etwas zu essen holen." „Sie ging, kam aber bald wieder mit einem schönen Fisch, „den sie auf der Asche halb briet und mir zum Abendessen „gab. Nachdem so die Pflichten der Gastlichkeit gegen den „unglücklichen Fremdling vollzogen waren, wies meine wür„dige Wohlthäterin auf die Matte und sagte mir, ich könne „hier ohne alle Besorgniß schlafen; dann rief sie ihrem „weiblichen Hausgesinde, das bisher in starrem Erstaunen „mich angegafft hatte, zu, an ihrem Geschäft, Baumwolle „zu spinnen, fortzumachen; das geschah denn auch den grö„ßern Theil der Nacht hindurch. Sie förderten ihre Arbeit „mit Liedersingen. Eines der Lieder war eine Dichtung aus „dem Stegreife, denn es handelte von mir. Eines der jun„gen Weiber sang dasselbe und die andern bildeten eine Art „von Chor. Die Melodie war sanft und klagend, und es „lautete wörtlich so: „Die Winde tobten, der Regen fiel; „der arme Weiße, schwach und müde, kam und saß unter „unserm Baum. Er hat keine Mutter ihm Milch zu brin„gen, keine Gattin ihm Korn zu mahlen. Chor: erbarmet „euch des weißen Mannes; keine Mutter hat er u. s. w." Eine edle Dichterin hat die Worte so eingekleidet:

Es brüllt der Wind, der Regen rauscht,
Der weiße Mann voll Aengsten lauscht;
Er setzt sich unter unsern Baum,
So traurig, müd, er athmet kaum.
Ach! keine Mutter und kein Weib
Bringt Milch und Korn dem matten Leib.

Chor.

Erbarmen mit dem weißen Mann,
Der Milch und Korn nicht haben kann!
Nicht Weib noch Mutter kommt heran!

Der Sturm ist hin, das Wetter schweigt,
Des Mitleids Trost sich zu ihm neigt.

Es flüstert leise nur der Wind,
Der Weiße reiset fort geschwind;
Doch ruft sein Herz ihm allezeit
Zurück des Negers Freundlichkeit.

Chor.

Geh, weißer Mann, mit dir soll gehn
Des Negers Wunsch, des Negers Flehn;
Du hast sein freundlich Herz gesehn.

Herzogin von Devonshire.

Haben wir hier nicht den barmherzigen Samariter in Negergestalt?

Noch eine Thatsache aus Mungo Parks Munde. Diesmal ist es ein Gegenbild zu jener Mutter, die uns schaudern machte, weil sie ihr eigenes Kind um eine Schnur Glasperlen erbarmungslos verhandelte. Der Reisende zog eine Zeitlang seines Weges mit einem Neger, Namens Tami, einem Grobschmied von Kasson, der mit dem Ertrag seiner Arbeit in seine Heimath zurückkehrte. „Nachdem wir „eine große Stadt, Namens Madina, passirt hatten," sind Parks Worte, „bekamen wir die Heimathsstadt des Schmie„des zu Gesichte, wo er seit mehr als vier Jahren nicht „mehr gewesen war. Bald kam sein Bruder, der in irgend „einer Weise von seiner Heimkehr gewußt hatte, ihm mit „einem singenden Manne entgegen. Er brachte ein Pferd „für den Schmied, damit er in würdiger Weise in den Hei„mathsort einziehen möge, und bat uns Alle, unsre Flinten „gut zu laden. Der Singende ging nun voran, ihm folg„ten die beiden Brüder, und bald stieß zu uns eine Schaar „von Leuten aus der Stadt, die durch die wunderlichsten „Sprünge und Gesänge ihre höchste Freude über das Wie„dersehen ihres alten Bekannten, des Schmieds, an den „Tag legten. Als man die Stadt betrat, begannen die „Sänger ein Loblied zu Ehren des Schmieds, priesen seinen „Muth in Ueberwindung so vieler Schwierigkeiten, und „schlossen mit einer dringenden Aufforderung an seine Freunde, „ihm viele Lebensmittel zum Geschenke zu bringen. Als wir

„beim Elternhause des Schmieds anlangten, stiegen wir von „den Pferden und schossen unsere Flinten los. Das Zu„sammentreffen des Heimgekehrten mit seinen Verwandten „war eine Scene der Zärtlichkeit; denn diese rohen Natur„kinder drücken rückhaltslos ihre Gemüthsbewegungen auf „die stärkste und bezeichnendste Weise aus. Mitten in diesem „Entzücken wankte die alte Mutter des Schmieds, auf einen „Stab gelehnt und noch von Leuten geführt, heran. Jeder„mann wich ihr aus, und sie streckte dem Sohn ihre Hand „zum Willkommen entgegen. Da sie völlig blind war, so „betastete sie sorgfältig seine Hände, Arme und sein Gesicht „und schien hoch entzückt, daß sie in ihrem hohen Alter noch „die Freude seiner Heimkehr erlebte und noch einmal die „Musik seiner Stimme hören durfte. Seit ich dies gesehen „habe, bin ich fest überzeugt, daß, welcher Unterschied auch „in der Nasenbildung und Hautfarbe zwischen dem Neger „und Europäer stattfinde, ihre innersten Herzensgefühle ganz „dieselben sind." Der Baptisten-Missionar John Clarke von Fernando Po erzählt etwas Aehnliches. Auf dem Schiffe, das ihn mit seinem Mitarbeiter Dr. Prince nach Africa brachte, befand sich ein Kru-Neger, der als Matrose in England gewesen war. Er war mehrere Monate von seiner Heimath entfernt gewesen. Als er an dem Theil der Küste ankam, wo es nicht mehr weit in sein Geburtsdorf war, erwartete ihn sein alter Vater am Strande. Der alte Neger fiel dem jungen um den Hals und zeigte auf jede mögliche Weise, wie zärtlich und hoch er erfreut war, seinen Sohn gesund wieder zu sehen. Im Angesicht dieser Thatsachen müßte die schändliche Theorie verstummen, die früher zu Gunsten der Sclaverei ersonnen wurde, daß der Neger keinen Anspruch an den Menschennamen habe, wenn sie auch nicht schon längst von der gesitteten Welt verworfen wäre.

Vaterlandsliebe ist ein Hauptzug des africanischen Gemüths. Ungleich dem streifenden Indianer Nordamericas, oder dem wandernden Araber, genießt der Neger gern ein kleines Fleckchen Heimath und knüpft sich an die Stelle, wo er geboren ward, mit den stärksten Gemüthsbanden. Dies geht so weit, daß, wenn er in einem der so häufigen Vertilgungskriege bei der Annäherung des Feindes sich geflüchtet hat, der Feind nicht so bald das verheerte Land verläßt, er auch schon, wenn er dem Schwert und der Sclavenkette entronnen ist, mit vorsichtigen Schritten dem Plätzchen wieder zuschleicht, wo seine Hütte stand. Mungo Park spricht von dem natürlichen Sehnen des Menschen, den Abend seines Lebens da zu verleben, wo er seine Kindheit zugebracht hat, und fährt fort: „Der arme Neger fühlt diese Sehnsucht „in voller Stärke. Ihm ist kein Wasser süß, das nicht aus „seinem Brunnen geschöpft ist; kein Baum hat ihm so hol„den und so kühlen Schatten, als der Tabba-Baum seines „Geburtsdorfs. Zwingt ihn der Krieg, die liebe Stelle zu „verlassen, wo er seinen ersten Athemzug gethan hat, und „Schutz in einem andern Königreich zu suchen, so bringt er „seine Zeit mit Reden vom Lande seiner Väter zu, und „kaum ist der Friede hergestellt, so kehrt er der Fremde den „Rücken, baut eilig seine zerfallenen Lehmwände wieder auf „und freut sich, den Rauch aus seinem Geburtsdorfe wieder „aufsteigen zu sehen.“ Also Eine Schwierigkeit wirft wenigstens Africa der Mission und Gesittung nicht in den Weg, die so stark bei den schweifenden Jägervölkern und Nomaden wirkt.

Ein anderer Negerzug ist die Munterkeit, die Lust an Unterhaltung und Gepränge. Der ganze Erdtheil ist mit einem Sängerschwarm bedeckt. Wie manche Stunde seines Daseyns verplaudert der Neger in angenehmer Unterhaltung! So wie die Sonne hinuntersinkt, fängt seine Belustigung an und dauert oft, bis sie wieder aufsteigt. Tanzen ist eine Hauptlust, bald von beiden Geschlechtern gemeinsam, bald nur von den Frauen vor den Männern geübt. Freilich reißt da die Leidenschaft und die Zuchtlosigkeit von der Kette. Die Musik, die den Tanz begleitet, ist für ein europäisches Ohr nicht entzückend. Die Trommel, das Horn, die Flöte, ein paar rohe Saiteninstrumente, die menschliche Stimme, das Händeklatschen helfen zusammen, um das

Schauspiel zu beleben. Wie der Neger Schaugepränge liebt, hat Freemans Reise nach Kumasse, der Ashante-Hauptstadt, gezeigt. Da zog eine Procession von 40,000, die anderthalb Stunden brauchte, an ihm vorbei; zahllose farbige Regenschirme, massiver Goldschmuck, oft zu schwer, um ohne Unterstützung getragen zu werden; Silbergeräthe, Goldschnüre, goldbedeckte Stöcke und Stühle, Tabakspfeifen mit Gold und Silber überreichlich verziert — das Alles, um einem geringen Missionar aus England feierlichen Empfang zu bereiten. — Man sieht diese Neigung auch den westindischen Negern an; nur ist sie bei ihnen durch das Christenthum jetzt schön gemildert. Die Munterkeit des Africaners schmückt jetzt den Neger der Karaibeninseln doppelt schön, da sie zur edlern Anmuth durch die bildende Kraft des Evangeliums geworden ist. Sie zeigt sich in der Leidenschaft für Musik und Gesang, die unter der Negerbevölkerung Jamaicas herrscht; in ihren öffentlichen Reden voll Feuer und Leben; in dem funkelnden Witz, der trotz des gebrochenen Englisch noch dieselben schmückt. Dann die schönen Gotteshäuser, die der christliche Neger baut, prächtig an Größe und in edlem Geschmack und schöner Verzierung. Die Baupläne hat zwar der Europäer gemacht; aber so will sie der Neger; dazu bringt er die Geldmittel zusammen, um eine schöne Kirche zu haben.

Poesie ist ein Lieblingsgenuß in Africa. Sobald der kühlere Abendwind zu wehen anfängt, erschallt Africa von Gesang, der den entmuthigten Wanderer in der Wüste erfrischt, die gesellige Zusammenkunft belebt, den Tanz beflügelt; selbst die Klage des Trauernden bewegt sich in gemessenem Takt. Die Negerpoesie besteht aber nicht in studirten und ausgearbeiteten Stücken, wie man sie bei uns abliest, hersagt, wiedergibt; sie entströmt plötzlich und frisch, als Aeußerung all seiner Hoffnung und Furcht, seiner Lust und seines Leidens, dem Gemüthe des Dichters. Alle Herrscher umgibt eine Schaar von Sängern und Sängerinnen, die Alles in Liedern preisen, was sich ereignet, und diese dann auch dem Volke wieder singen. Sie sind bei demselben in hohem Ansehen. Diese Lieder sind gar nicht ohne Poesie. Wie wenige von unsern Landleuten wären einer poetischen Darstellung fähig, wie die obige der Bambarra-Negerinnen! Leider haben wir nur wenige dieser Lieder; aber diese wenigen flößen Achtung ein. Eines davon, ein Kriegslied, ließ Missionar Clarke einem Sänger auf Fernando Po nachschreiben. Es stehen zwei Heerestheile zur Musterung auf zwei Hügeln sich gegenüber; der Sänger der Einen Partei tritt so weit vor, daß der andere ihn hören kann, und singt langsam und jeden Vers vier- bis fünfmal wiederholend:

Schön sind wir, wie die roth gefleckte Schlange,
Und unsern Putz beneidet Jedermann.
Stark sind wir, wie der Strom, der sich ins Meer stürzt;
Nach unserm Lande lüstet's Jedermann.
Süß ist der Krieg uns und gerüstet sind wir,
Und große Männer gibt's in unserm Lande.
Stark sind wir; was wir wollen, das ist unser.
Wir stehen aufrecht da, stolz wie die Palme,
Und alles Volk erschrickt vor unsrer Macht;
Unsre Kinder sind geboren zum Krieg.
Wer will mit uns streiten, wir rücken ihm aus zum Kampfe.
Wer kommt wider uns? wir treiben ihn fort in die Waldung.
Stark sind wir — da sehet, sie fliehen vor uns.

(Pause.)

Einst mordeten wir, jetzt thun wir Keinem Leid;
Wer uns will schaden, der bitt' uns lieber, von ihm abzustehen.
Wir trennen die, so mit einander kriegen wollen.
Der Krieg hat Viele hingerafft — der Krieg ist schlecht!

Als Denham und Clapperton einen Heereszug von Kuka nach Murmur mitmachten, war das Heer, wie gewöhnlich, von Sängern begleitet, und zwei derselben sangen einen Theil des Tages hindurch das Lied:

Gebt den Hyänen Fleisch beim Morgengrauen.
O große Speere!

Des Sultans Speer der größte unter allen.
O große Speere!
Ich sehe dich, will keinen andern sehen.
O große Speere!
Mein Roß ist hoch, wie eine hohe Mauer.
O große Speere!
Er kämpft mit Zehn, er fürchtet nichts im Streite.
O große Speere!
Er mordet Zehn — dann kommen erst die Flinten.
O große Speere!
Des Waldes Elephant bringt, was ich brauche.
O große Speere!
So herrlich wie das Thier ist unser Sultan.
O große Speere!
Seyd tapfer, tapfer, Freunde, meine Vettern!
O große Speere!
O! groß ist Gott! ich werd' ein wildes Raubthier.
O große Speere!
O! groß ist Gott! sie kommen, die ich wünsche.

Eine Schaar africanischer Banden sang zu Ehren Major Denhams, als er den Kriegszug gegen Mandara mitmachte:

Der Christenmann ist da,
Der Freund von Scheikobi!
Der Weiße hört mein Lied,
Schenkt mir ein neues Kleid!

Der Christenmann ganz weiß
Bringt weiße Thaler her;
Kanuri kommt mit ihm
Und liebt den Schwarzen sehr.

Barke Gana schwingt den Speer!
Sieh, wie der Felata flieht!
Weißer bringt ein Doppelgewehr,
Das ist's, was Felata flieht.

Die geistige Errungenschaft der Neger ist sehr beschränkt. Außer Haußa, Mandingo, Bornu gibt es keine Schriftsprache. Nur durch mündliche Ueberlieferungen geht der Gedanke von Volk zu Volk, von Zeitalter zu Zeitalter fort. Die Lehren der Zeit, die Erfahrungen der Jahrhunderte sind für diesen gewaltigen Erdtheil nicht vorhanden. Dennoch ist der Africaner nicht in gänzliche Geistesstumpfheit hinabgesunken. Davon geben die öffentlichen Palawer Zeugniß. Es sind dies Zusammenkünfte, worin bald die Angelegenheiten des Volkes, Stammes, Dorfes, bald Rechtssachen, bald aber auch blos gesellige Dinge besprochen werden, und zwar nicht selten mit fließender natürlicher Beredtsamkeit, mit viel Verstand und Klugheit. „In den Palawer der „Sulima-Neger,“ sagt Laing, „kann ein Redner von Sonnenaufgang bis Sonnenuntergang ohne die geringste Einrede von denen, die verschiedener Meinung sind, eine „Versammlung anreden, und sein Gegner wird am andern „Tage auf jeden Theil seiner Rede mit einer Genauigkeit „antworten, als hätte er ihm nachgeschrieben.“ Park berichtet einen Fall, da ein africanischer Advocat, wie er ihn nennt, eine bewunderswerthe Gelegenheit fand, seine Kunstgewandtheit an den Tag zu legen. „Ein Esel, der einem „Neger von Serawuli gehörte, war in ein einem Mandingo gehöriges Kornfeld eingebrochen und hatte einen „großen Theil davon zerstört. Der Mandingo fing das „Thier auf seinem Acker, zog gleich das Messer und schnitt „ihm die Kehle ab. Der Serawuli berief ein Palawer „und verlangte Schadenersatz für den Esel zu hohem Preise. „Der Angeklagte gestand zu, daß er den Esel getödtet habe, „machte aber Gegenforderung und suchte zu beweisen, daß „sein Verlust am Acker sich so hoch belaufe als der Werth „des Thiers. Auf den Beweis hiefür kam es an, und die „gelehrten Advocaten hielten sich so meisterlich im Schach, „daß nach dreitägiger Verhandlung der Gerichtshof auseinander gehen mußte, ohne zu einem Spruche gelangt zu seyn.“

Viel hat man von der mangelnden Erfindungsgabe der Neger gesprochen; aber das Wenige, was wir von africanischen

Handwerksarbeiten gesagt haben, reicht schon hin, um diesen Vorwurf abzuweisen. Das einzige Gegründete daran ist, daß der Neger noch so wenig Gelegenheit hatte, diese Anlage weiter zu entwickeln. Ein Besuch auf Jamaica im jetzigen verbesserten Zustande der Neger wird wohl zu einem ganz andern Urtheil führen. Was dagegen die Fähigkeit zum Nachahmen betrifft, die Tauglichkeit zu Erwerbung von Kenntnissen, so hält der Neger gewiß darin die Vergleichung mit dem Europäer jedes Jahrhunderts, jedes Landes aus. Allerdings waren die Neger in der Sclavenzeit das dummste Volk der Erde. Aber welchen Raum bot denn die Sclaverei für geistige Entwicklung und Wachsthum? Welchen Trieb konnte der hoffnungslose Gefangene zum Lernen haben, wenn sein grausamer Zuchtmeister alle Frucht seines Fleißes erndtete? und dennoch kam der Neger auch unter diesen Umständen vorwärts. In Africa sind die Sclaven nicht blos Feldarbeiter, sondern auch, wenn noch so armselig, Weber, Zimmerleute, Schmiede; während in Jamaica die meisten Wohnhäuser, öffentlichen Gebäude, Kirchen, Capellen, Gerichtshäuser, hauptsächlich von Sclaven erbaut sind, und die weißen Bewohner den Sclaven, freien Schwarzen und Farbigen fast alle Handwerksarbeit, fast jeden Artikel selbst von künstlicherer Bereitung zu danken haben. Mag alle Erfindung dabei den Weißen angehören, die Thatsache steht wenigstens fest, daß die Nachahmungsfähigkeit im Neger lebt, und daß derselbe, wo immer er unter dem Einfluß des Christenthums mit europäischer Gesittung in Berührung gesetzt wird, leicht dieselbe Höhe ersteigt, auf der der Weiße steht.

In der Leichtigkeit, Kenntnisse aufzunehmen, ist das Negerkind unübertrefflich. Davon liefern die Missionsschulen in Westafrica den unwiderleglichen Beweis. In der kurzen Zeit von 10 Monaten lernten etliche Timneh-Knaben, die zuvor nie ein Buch gesehen hatten, schreiben und fließend lesen. Ja, man darf kühn behaupten, daß es keine tüchtig betriebene Mission dort gibt, deren Schüler nicht einige ähnliche Beispiele darbieten. Diese Lernfähigkeit bezieht sich auch nicht blos auf die ersten Anfangsgründe. Einige der Negerschulen in Jamaica umfassen den Unterricht in römischer, griechischer und englischer Geschichte, in Erdkunde und Astronomie, in Arithmetik und Naturwissenschaften. Die Kinder machen darin die erstaunlichsten Fortschritte; sie sind für manche dieser Fächer wahrhaft begeistert. Doch, es ist kaum nöthig, hievon in weitern Beispielen zu reden. Der Tag ist offenbar nicht mehr fern, da die westindischen Neger mit den Männern der Wissenschaft in Europa wetteifern und ihnen die Palme litterarischen Ruhmes streitig machen werden. Dieselbe Geisteskraft wohnt im Neger Africas; gebt ihr dieselbe Entwicklung, so wird sie in einigen Generationen dieselben Früchte tragen.

Noch andere Eigenschaften gibt es aber, die den Africaner besonders auszeichnen, ja, in denen er fast unvergleichlich ist. Der Europäer ist heftig, energisch, stolz, zäh und rachsüchtig; der Africaner gelehrig, geschmeidig, demüthig, dankbar und meist zum Verzeihen geneigt. Jener ist ehrgeizig und aufbrausend; dieser sanft, leicht zu befriedigen und zu beherrschen.

Die Geschichte der westindischen Inseln ist nur Ein Beweis für diese Vergleichung. Wann wurde je ein Volk so furchtbar gereizt als dort die Neger? Behandelt wie Lastthiere, mit dem Vieh des Gebieters verkauft, mit der Knotenpeitsche zur täglichen Arbeit gegeißelt, ihre Keuschheit verletzt und alle zartesten Gefühle des Menschenherzens entehrt, zu Boden getreten, um ihres Glaubens willen verhöhnt, verfolgt — ich frage, welches andere an Zahl seinen Bedrückern so überlegene Volk würde nicht wenigstens Rachegelüste genährt, den bittersten Haß gegen sie gepflegt haben? — Unter dem heiligenden Einwirken des Evangeliums auf die sanftgeschmeidige Gemüthsart des Negers hat gerade das Gegentheil stattgefunden. Selbst in der Sclavenzeit stiegen die Gebete der Armen für ihre Herren gen Himmel auf, und die kleinste Freundlichkeit von denen, die sie täglich der gemeinsten, unveräußerlichsten Menschenrechte beraubten, wurde mit dankbarem Herzen aufgenommen. Am Befreiungstage war alles voll Dank und Friedenssinn, und Viele, statt sich für frühere Beleidigungen zu rächen, boten ihren bösen bisherigen Herren ihre erste Woche freier Arbeit als ein Geschenk an. Vor dem Gnadenthrone versammelten sie sich zu Tausenden, um im Geiste ihres sterbenden Heilandes vereint die herrlichsten Segnungen auf diejenigen herabzuflehen, die sie zu Boden getreten hatten.

Dies sind einige der africanischen Characterzüge. Welchen Einfluß kann solch eine Völkerfamilie fähig werden, einst noch auf das Schicksal der Welt zu üben? Bisher lebten sie abgeschlossen, von dem hochmüthigen Europäer kaum als menschliche Wesen anerkannt; jede Spur gesellschaftlichen Fortschritts wurde bis ins letzte Halbjahrhundert zurückgedrängt statt zu fördern. Aber ein heller Tag leuchtet im Anbruch über Africa auf. Noch hat es seine Rolle im großen Drama der Menschengeschichte erst zu spielen.

Die vergangene Weltgeschichte hat die Menschennatur von verschiedenen Seiten, je nach den Umständen, unter denen sie sich befand, kennen gelehrt. Das scheint die Absicht Gottes gewesen zu seyn. Eine Reihe von Jahrtausenden sollte zeigen, was der Mensch in seinem gefallenen Leben ist. In den Nationen, die bald nach der großen Fluth sich entwickelten, liegt vor, was der Mensch ohne göttlichen Unterricht, blos mit seinen Naturgaben ist. Gewaltige Reiche, colossale Städte und Bauwerke, deren Häupter gen Himmel aufstiegen, waren ihre Herrlichkeit. In Sachen der Religion war tiefe Finsterniß, mit Ausnahme der kleinen Familie Abrahams. Die Erkenntniß des wahren Gottes war verloren; das Heidenthum herrschte unbeschränkt.

Im Fortgange der Zeit erschien die Menschennatur wieder anders. Die finsterste Nacht war dahin. Die Welt schien den Tagesanbruch zu ahnen. Der Mensch erschien in der höchsten Kraft natürlicher Gaben, immer noch aber ohne göttliche Hülfe. Die Weltweisen erstanden in langer Reihe; Riesen am Verstande, den sie in voller Kraft gebrauchten. Sie suchten die Wahrheit, aber sie fanden sie nicht. Mit all ihrer Weisheit erkannten sie Gott nicht.

Ihre Geschichte hat gezeigt, was der Mensch mit den stolzesten Geisteskräften, aber ohne das Licht vom Himmel, seyn kann.

Ein neues Zeitalter kam. Die Erfüllung der Zeiten war da für die Haushaltung des Evangeliums. Das ewige Wort ward Fleisch und wurde das Licht der Welt. In neuem Licht erschien die Menschheit, gesegnet mit klarer und reicher Offenbarung aus Gottes Herzen. Aber noch ist das Ende nicht da. Das Christenthum ist zur Herrschaft bestimmt; es hat dieselbe bisher nur sehr im Kleinen erlangt, nicht in großen Völkermassen. Nie ist noch seine Herrschergewalt über die Menschennatur im universalen Maaßstabe dargestellt worden. Es trat immer nur, neben andern mächtigen Einflüssen, in beständigem Kampfe mit ihnen auf. Völker wurden in sich gespalten durch die verschiedene Ansicht von seinen Forderungen; Familien befeindeten sich deshalb. So ist es noch bis zu dieser Stunde. Hier also erblicken wir den Menschen unter getheiltem Einfluß der göttlichen Wahrheit.

Aber das Christenthum schreitet seinem universellen Triumph, seiner Weltherrschaft entgegen. Christus muß herrschen. Die Stunde wird kommen, da Alle sich vor seinem Scepter beugen. Noch also steht der Welt ein neues Zeitalter bevor: der Mensch muß auch noch unter der unbestrittenen Herrschaft der Wahrheit in Christo Jesu über sein ganzes Geschlecht erscheinen.

In allen bisherigen Erscheinungen der Menschennatur waren nur zwei der bedeutendsten Völkerkreise der Erde hervorragend betheiligt: die Asiaten und Europäer; die Kinder Sems und die Nachkommen Japhets. Ein anderer Nationenkreis, das Geschlecht Hams, die Africaner, fast eben so zahlreich und Bewohner eines mächtigen Erdtheils, ist noch kaum auf dem Weltschauplatz erschienen. Seine Völker lebten in ferner Abgeschiedenheit dahin, niedergetreten und barbarisch. Aber soll der Tag des bisher so unglücklichen Africaners nie kommen? Er nahet schon. Der Neger wurde unterdrückt, aber er blieb am Leben. Andere Nationen sind verschwunden; der africanische Völkerkreis ist so zahlreich und fruchtbar als zu irgend einer Weltzeit. Alle Ereignisse treten zusammen um anzuzeigen, daß Gott ihn aus seiner Erniedrigung erheben will. Was kann denn seine Bestimmung seyn? Wenn er einmal in den Vordergrund der christlich-gesitteten Welt tritt, wer kann sagen, worin seine besondere Aufgabe liegen wird? Asien und Europa haben den Menschen in sehr verschiedener Stellung gezeigt, aber noch ist er nicht unter dem vollständigen und durchgängigen Einfluß des Evangeliums da gewesen. Könnte nicht dem armen und verachteten Africa gerade diese herrlichste Bestimmung vorbehalten seyn? Wenn es das Christenthum aus unsern Händen empfängt, so wird es nach Generationen dasselbe herrlich zu uns rückstrahlen lassen, wie es ganze Stämme und Völker beherrscht. Europäer und Asiaten werden noch etwas zu lernen haben, und die Zeit kann bald nachfolgen, daß, was jetzt Ausnahme ist, die Regel wird; daß Friede, Sanftmuth, Wohlwollen allgemein verbreitete Tugenden sind; daß kein Volk mehr das Schwert erhebt wider das andere, noch sie den Krieg lernen; daß man nicht letzt und zerstört auf der ganzen Erde; daß Jedermann unter seinem Weinstock und Feigenbaum sitzt, und Keiner den Andern mehr fürchtet.

Aber noch haben wir erst diese Lichtscenen der Hoffnung zu verlassen und uns dunkleren Gebieten der Wirklichkeit zuzuwenden.

Vierter Abschnitt.

Africas Religionen.

Einfluß der Religion. — Der Zustand Africas, wie ihn seine Religion zeigt. — Muhammedanismus. — Ausdehnung. — Lehrer. — Zahlen. — Ruf. — Beschäftigungen. — Unwissenheit. — Zunehmen des Islams in Africa. — Ausbreitung und Mittel derselben. — Schulen. — Sein Charakter. — Form ohne Geist. — Verbindung mit dem Heidenthum. — Unduldsamkeit. — Einfluß.

Was unsre Leser bisher schon von Africas tiefer Versunkenheit gehört haben, ruft doch wohl schon laut genug der Kirche Christi zu, sich aufzumachen und mit der Heilsbotschaft, dem allein ausreichenden Mittel, so schwarzen Verbrechen und so grauenvollem Elend ein Ende zu machen. Und doch ist noch nicht die Hälfte des Gemäldes der Wirklichkeit gegeben worden.

Von allen beherrschenden Einflüssen auf das Menschenherz ist unstreitig der religiöse der stärkste. Wo er herrscht, da meistert er die gewaltigsten Leidenschaften; er nimmt seine Triebkräfte aus der unsichtbaren Welt und unterwirft sich das ganze Seelenleben; er herrscht darin mit einer Allgewalt, die keine andere Potenz ansprechen kann: er wirkt durchdringend. Er gestaltet nicht blos die äußere Haltung des Menschen nach sich, nein, er formt das Herz und leitet viele der verborgensten und geheimsten Thätigkeiten des Geistes. Darum drückt die Religion ein unaustilgbares Siegel auf den Charakter der Personen und macht die Gesellschaft in hohem Maaße zu ihrem Abdrucke. Das gilt nicht blos von der Religion, die auf Gottes Wahrheit ruht, sondern auch von den verkehrten und unheilsvollen Erscheinungen derselben, die von Geschlecht zu Geschlecht die Welt in Sclavenketten halten. Vor Allem gilt das Gesagte von Africas religiösen Zuständen. Der Zustand seiner dicht gedrängten Millionen ist nur der Rückstrahl ihrer Religionen; diese hinwieder sind nur ein Spiegel, worin man das Elend des armen Volks schaut. Um daher Africa recht kennen zu lernen, muß man seine Religionen mit ihren abergläubischen Thorheiten, ihren entsittlichenden Uebungen, ihren empörenden Grausamkeiten scharf ins Auge sehen.

Africa theilt sich zwischen dem Heidenthum und Islam. Fassen wir zuerst diesen ins Auge, nicht in seinen Grundansichten, sondern in seiner lebendigen Wirklichkeit, wie er in Africa herrscht.

Er hat einen weiten Umfang in dem Erdtheile. Zwar ist das schmählichste Heidenthum noch weit überwiegend; aber die Religion des Propheten von Mekka reicht doch von einem Ende desselben zum andern. In den Hauptländern des nördlichen Mittelafrika darf er als die ausschließlich herrschende Religion betrachtet werden. Zwischen ihnen und der Küste liegen noch viele einzelne muhammedanische Herrschaften inmitten heidnischer Königreiche, oft mit sehr vielen heidnischen Unterthanen. Im Reste Africas herrscht das Heidenthum, aber die Moslemen sind geduldet. Der Islam ist im Wesentlichen derselbe, der er stets war: mild und einschmeichelnd, wo er die weltliche Gewalt nicht hat, blos von Duldung lebt; anmaßend, bitter und rachsüchtig gegen Alle, die sich ihm zu widersetzen wagen, sobald er zur Herrschaft gelangt ist.

Die Mittel seiner Verbreitung und die Lehrer verdienen einige Aufmerksamkeit. Ueber das ganze Festland von Africa sind die letztern zerstreut. Eine große Zahl derselben kommt aus dem Mandingo-Land, reist auf Proselyten durch die vielen kleinen und großen Königreiche, und kehrt zuletzt in die Heimath zurück. Andere lassen sich fest unter den Stämmen nieder, denen sie das Heil in Muhammed bieten wollen. Sie gelten sehr viel. Unter den Fai- und Dai-Stämmen hat jedes Dorf ein Gemach für sie bereit; überall begegnet ihnen die größeste Hochachtung. In Darfur hat der Priester oder Fagi (Gelehrter) den nächsten Rang nach den Staatsbeamten; bei den Mandingos folgt er sogar in Würde gleich nach dem Könige oder Provinzstatthalter; die kleinern Häuptlinge aber sind unter ihm in Würde. Diese Lehrer sind so heilige Personen, daß sie ungehindert durch die Länder feindlicher Fürsten reisen, sogar während dieselben im Kriege mit einander liegen. An Unterhalt läßt man es ihnen nirgends fehlen. Sie lehren den Koran lesen, erklären ihn und weihen die Leute in die mancherlei religiösen Gebräuche ein, die er auferlegt. Wo der Koran auch als bürgerliches Gesetzbuch herrscht, da ist der Priester stets nöthig, um ihn auszulegen. Diese Muhammedaner sind auch die einzigen eigenen Schullehrer Africas; von ihnen geht alle Bildung des nachwachsenden Geschlechtes aus. Nicht selten sind sie die angestellten Sänger der Großen, die mit ihren Liedern bei Festlichkeiten die Gäste unterhalten und den Wirth hoch preisen. In dieser Eigenschaft haben sie ganz die Stellung der alten Sänger an den Höfen Europas im Mittelalter. Sie begleiten oft die Heere ins Feld und begeistern sie mit den Lobgesängen aus der Heldengeschichte des Landes.

Eine Haupterwerbsquelle ist für sie der Verkauf der Grigri (Amulette), die wie Sprüche aus dem Koran ihren Zauber haben. Oft treiben sie dabei noch die Arzneikunde, worüber uns Major Denham des Nähern belehrt:

„Tamarinde und Salpeter sind ihre Hauptmittel; doch „hält man auf Amulette noch viel mehr. Sie besitzen un„fehlbare Mittel nicht blos zur Heilung aller Wunden, son„dern auch zur Erlangung von Beredtsamkeit und Ueberre„dungsgabe, ja sogar zur Stillung aller Traurigkeit und „Gemüthsunruhe. Ein Figi oder Schreiber (von Amulet„ten) mit schlauem Kopf und Achtung gebietendem Wesen „darf um Kundschaft nicht bange seyn. Seine Apotheke be„steht in ein paar Kräutern und einer Kalabasche mit Din„tenfaß und einer Rohrfeder. Mit ekelhaften Pillen und „Mixturen wird man da nicht geplagt. Der Rath ist wohl„feil, und das Heilmittel wird gewöhnlich äußerlich ange„wendet, statt in den Magen des Kranken gehen zu müssen. „Es kann daher nicht leicht etwas schaden. Es wird auf „die Einbildungskraft gewirkt, und das ist mehr als die „halbe Cur; die große Mäßigkeit und der Glaube thun das „Weitere."

Reiche Leute halten sich solche Lehrer als ihre Priester und Gewissensräthe. Als solche wirken sie sehr beherrschend und stiften viel Unheil, sind auch eines der mächtigsten Hindernisse gegen das Evangelium Christi.

Je mehr diese Diener des falschen Propheten mit geheimem Wissen prahlen, desto unwissender sind sie gewöhnlich; sie können sehr oft das Buch nicht lesen, aus welchem sie die Leute zu unterrichten vorgeben. Hören wir den wesleyanischen Missionar Macbriar: „Ich setzte mich auf

„einen Auswuchs des Baumstammes; John Cupido und „unser Junge standen neben mir, und die Eingebornen bil- „deten, auf ihre Spieße gelehnt, einen Kreis. John Cupido „sagte ihnen, ich sey ein englischer Fodery (Priester, der den „Koran versteht), der mit ihnen über Religion sprechen wolle. „Ich zog dabei das Alte Testament heraus und wollte es „ihnen vorlesen. Ein Marabu bemerkte mir, sie seyen Mu- „selmanen, die nur den Koran annehmen. Ich sagte, der „Koran erkenne die Wahrheit des Gesetzes und des Evan- „geliums an, und jeder rechte Moslem sollte daher diese „Bücher lesen. Dann suchte ich ihnen die herrliche Segens- „kraft des Christenthums darzulegen. Die Marabus flüch- „teten sich sogleich zu der göttlichen Vorherbestimmung, ga- „ben die höhere Geltung und Kraft des Christenthums zu, „erklärten aber, man müsse eben bei der Weise beharren und „fortfahren, in der man geboren und aufgewachsen sey. Ich „zeigte darauf, wie nothwendig es sey, nicht zu schnell mit „dem Urtheil abzuschließen, sondern erst gründlich die Frage „nach allen Seiten zu untersuchen, um den bessern Weg „wählen zu können. Einer von ihnen schilderte nun rasch „die Herrlichkeit Muhammeds, und wir unterbrachen ihn „nicht, bis er so weit ging, zu behaupten, die Welt sey für „Muhammed erschaffen. „Halt!" rief ich, „woher wißt Ihr „das? ich weiß gewiß, daß es weder im Gesetz noch im „Evangelium steht; denn ich habe beide ganz gelesen und „nichts davon gefunden." „Nein," sagte er, indem er in „die Falle ging, „es steht freilich nicht im Gesetze und nicht „im Evangelium, aber im Koran." Ich versicherte ihn, „auch im Koran nichts davon gefunden zu haben, und for- „derte ihn auf, es zu beweisen, indem ich nach einem Exem- „plar fragte. Die Leute umher waren in sichtbarer Span- „nung, die sich in ihren Blicken malte, während ein Marabu „einen zerrissenen Band herholte und darin blätterte, um „eine Beweisstelle zu finden. Er gab sich den Anschein, als „hätte er jetzt gefunden, was er suchte, deutete darauf und „las laut; in Mienen und Geberden seiner Genossen sprach „sich die Siegeshoffnung aus. Ich sagte ihm, er könne ja

„sein eigenes Buch nicht recht lesen, nahm es, las die Stelle „deutlich vor und fragte ihn nach dem Sinn derselben. Er „behauptete, sie sage, daß Gott die Welt für Muhammed „geschaffen habe. — Ich sagte: er sey ein Lügner, denn es „stehe nicht ein Wort davon hier. Sie baten mich sodann, „die Stelle zu übersetzen, die von der Belohnung der Rechtschaf„fenen und Bestrafung der Bösen sprach. Ich that es und sagte „den Leuten: „Sehet, was für eine Bande von Lügnern, „und Betrügern eure Marabus sind.“ — Sie sahen unbe„schreiblich drein, und der Mann schien ganz vernichtet. „Aber nochmals faßte er sich und warf eine andere kecke „Behauptung hin, für die er sich auch auf den Koran be„rief. Ich erörterte auch diese und bemerkte ihm noch, daß „sein Koran-Exemplar durch und durch verfälscht sey, denn „er fange mit den Worten an: „im Namen Gottes und „des Herrn Muhammed,“ während es ursprünglich ganz „anders laute. Ich führte dann den richtigen Text an. — „Die Marabus waren in der äußersten Noth und entfern„ten sich mit ihren eifrigsten Anhängern unter der Erklä„rung, „es sey nicht erlaubt, mit einem christlichen Priester „zu sprechen“, worauf wir lachten und sagten, so bleibe der „Sieg unser.“

Die Unwissenheit und den Betrug dieser africanischen Lehrer zeichnet Capitän Beawer noch ferner, indem er von dem Amulettenhandel spricht: „Der Grigri-Handel ist „so einträglich, daß man sich nicht zu wundern hat, wenn „einige, wo nicht gar lauter Betrüger ihn treiben, Leute, die „zwar Arabisch sprechen, aber nicht schreiben können, die da„her nicht im Stande sind, ihren Grigri die Form zu geben, „worin allein ihre Kraft liegen soll: die von Koransprü„chen. Daß es sich so verhält, zweifle ich nicht, denn ich „bin im Besitze von einem halben Dutzend Amuletten, die „von einem Mandingo-Priester erkauft wurden, und die in „gar keiner Sprache der Welt geschrieben sind. Wunderliche „Zeichen und Schriftzüge sind es, mit denen der Papierstrei„fen bedeckt ist; aber es ist kein arabisches Wort, nicht ein-

„mal ein arabischer Buchstabe dabei." — Das sind die Missionare des Islam in Africa.

Zeit und Umstände der Einführung dieser Religion in Mittel- und Westafrica liegen ziemlich im Dunkeln. Nach Leo, dem Africaner, wäre der Islam von Marokko aus nach Westafrica gekommen, in Folge gewaltsamer Unterwerfung seiner Stämme durch die Marokkaner. Dies wäre dann etwa im elften Jahrhundert geschehen, denn so viel steht fest, daß in Bambuk der Islam etwa ums Jahr 1100 durch einen Krieger vom Mandingo-Stamm eingeführt wurde.

Daß der Muhammedanismus dort immer im Wachsen ist, läßt sich nicht bezweifeln. „Unter den Gambia-Völkern," sagt Park, „ist der Islam noch immer sehr im Zunehmen." Major Gray meldet von Galam: „Diese Leute wenden „sich immer mehr vom Heidenthum zum muhammedanischen „Glauben. Einige Städte sind schon ganz von Priestern „bevölkert, die überhaupt bei weitem die reichsten und vornehmsten Landeseinwohner sind." Fast gleich lautet das Zeugniß Molliens über Cayor: „Der Islam schreitet „hier täglich fort und wird bald die ausschließliche Landes„religion seyn. Nur der Hof hängt noch an dem Heiden„thum, das seinen Neigungen mehr zusagt."

Die Beweggründe und Triebkräfte, welche nach dieser Richtung hin wirken, sind von der mächtigsten Art. Die maurischen Händler sind sämmtlich Muhammedaner und arbeiten beständig für die Ausbreitung ihres Glaubens. Auch die angesehensten muhammedanischen Neger sind Kaufleute und reisen Hunderte von Meilen von Land zu Land, wobei sie den Islam ausbreiten. Dann ist der Schutz nicht zu übersehen, den das Bekenntniß zum Islam verleiht. Major Gray versichert von den Mandingos und ihrer Anhänglichkeit an den Muhammedanismus: „Ich glaube, die „Meisten thun dies nicht aus religiösen Gründen, sondern „um sich den Schutz zu sichern, den die Anhänger Mu„hammeds stets auf ihren Handelsreisen aller Orten finden."

Der Muhammedanismus verdankt ferner nicht in geringem Maaße seine Ausbreitung dem weltlichen Einflusse der Marabu (Priester). Diese lassen sich zuerst als Religionslehrer nieder und mühen sich aufs eifrigste um Bekehrte. Endlich wird etwa der König oder sein Minister ein Muselman, während die Heiden und Moslemen noch immer friedlich zusammen wohnen, bis zuletzt ein Scheikh oder Marabu sein geistliches Gewicht zu Zwecken des Ehrgeizes mißbraucht und sich zum Haupt und Führer seines Volkes erklärt, und mit leichter Mühe die schwachen, barbarischen Despoten der kleinen Negerstaaten unter sich bringt. Ein Beispiel davon berichtet Gray: „Die Jalonki wurden „von den Fulah unter der Führung einer Familie von Massina, Vater, zwei Söhnen und einigen Anhängern, unterjocht. Er sagt: einer der Söhne war muhammedanischer „Priester und gewann allmählig solchen Einfluß auf die „Jalonki, daß er Viele von ihnen zu seinem Glauben bekehrte und vermittelst seines Reichthums, der sehr groß gewesen seyn soll, sie fest an sich kettete. Wenige Jahre „reichten hin, um so viele Proselyten zu machen, und ihr „Reichthum gewann ihnen so große Gunst, daß sie die Unterjochung der Jalonki, wenigstens derer, die nicht zum „Islam sich bekennen wollten, beschließen und durchführen „konnten." Auch hier wieder ein Beispiel, daß der Islam, wenn er auch nicht blos durch das Schwert seine Ausbreitung fand, doch wenigstens in hohem Maaße durch Gewaltmittel seinen Weg machte. Park erzählt einen Fall, da der König von Futa Torra eine Gesandtschaft nach Teessa im Reiche Kasson schickte, um zu erklären, er könne, sofern die Bewohner von Kasson sich nicht bekehren und diese Bekehrung durch öffentliche Gebete beweisen wollen, in einem Streite zwischen ihnen und dem König von Kajunga nicht neutral bleiben, sondern werde sich auf des Letztern Seite schlagen.

Doch verdankt der Islam seine rasche Ausbreitung in Africa überwiegend feindlichen Mitteln. Die Gewaltmaaßregeln haben mehr nur zur Vernichtung der Gegner, die friedlichen Mittel aber zur Gewinnung der Anhänger gedient. Einige der letztern sind schon genannt; aber ein sehr wichtiges bedarf noch der Anführung — die Schulen. Viele muhammedanische Priester leben von denselben. Die Schüler sind heidnische Negerkinder; aber die Eltern wünschen so sehr die Bildung ihrer Kinder, daß die Frauen ihre mächtigen religiösen Vorurtheile überwinden und unbedenklich sie einem muhammedanischen Lehrer anvertrauen, wenn sie nur etwas lernen. Die Mädchen werden bei Tage, die Knaben vor Tagesanbruch und am späten Abend bei einem großen Feuer geschult. Dafür müssen die Letztern bei Tage als Haussclaven des Schulmeisters Korn bauen, Feuerung herschaffen und andere Sclavendienste verrichten. So sehr gelten die Kinder für die Schulzeit als des Lehrers Eigenthum, daß nach deren Beendigung den Eltern angezeigt wird, sie haben nun das Kind um einen Sclaven oder dessen Werth loszukaufen. Dies geschieht auch unfehlbar, wenn die Eltern es erschwingen können; wo nicht, so bleibt der Knabe so lange der Haussclave des Schulmeisters, bis er sich durch eigenen Erwerb lösen kann.

Sobald das Kind den Koran lesen und eine Anzahl üblicher Gebete hersagen kann, ist die Aufgabe der Schule vollendet. Dann bereitet der Lehrer ein Mahl und die Schüler werden geprüft. Dabei muß der Schüler die letzte Seite des Korans laut ablesen. Wenn es geschehen ist, drückt der Knabe das Buch an die Stirn und spricht: Amen! worauf alle Buschrins aufstehen, ihm die Hand geben und ihm den Ehrennamen eines Buschrin ertheilen. Damit wird jedes Schulkind zum Muhammedaner. Diese Thatsachen meldet größtentheils Mungo Park. Sie werden durch das bestätigt, was Gray von Bondu sagt: „Fast in jeder „Stadt sind Schulen, worin die Kinder zum Islam über„geleitet werden. Daher lernt man darin auch nur das „Koranlesen und die Grundsätze und Uebungen der mosle„mischen Religion. Der Schüler ist ganz Sclave des Leh„rers; sie gehen auf Bettel aus oder nähen Tuch zusammen, „ums Geld; der Ertrag ihres Bettels oder ihrer Arbeit ge„hört dem schulmeisterlichen Herrn, der immer ein Priester

„ist.“ — Von der Stadt Counting im Lande des Königs von Katoba sagt derselbe: „Der Hauptpriester der Stadt „besuchte uns und schenkte uns ein Huhn und zwei Flaschen „Milch. Es war ein Rerue, d. h. ein feierlicher Besuch, „den wir am Abend erwiederten. Wir fanden ihn in einer „Lehmhütte sitzen, von 25 Knaben von 7 bis 14 Jahren „im Kreise umgeben, die er Arabisch lesen und schreiben „lehrte. Der Koran war das einzige Schulbuch, und wenn „sie ihn lesen und verstehen können, so ist ihr Unterricht „vollendet.

Die gewaltige Wirkung dieses Mittels schildert am besten der Augenzeuge Park: „Durch diese kleinen Schulen „an allen Orten gewinnen die Priester eine Macht über die „Gemüther ihrer Schüler, und bilden ihren Charakter so, „daß kein späteres Lebensereigniß die Spuren wieder ver„löschen kann. Ich sah viele dieser kleinen Schulen, sah „mit Vergnügen die Lernbegier und Willigkeit der Kinder, „und bedauerte nur, daß sie nicht bessere Lehrer hatten und „einen reinern Glauben von ihnen empfingen.“

Einen Muhammedaner nennt man in Africa Jeden, der die oberflächlichste Kenntniß der moslemischen Lehren hat und ganz äußerlich, ohne alle Herzenstheilnahme, seine Gebräuche vollzieht. Der heidnische Aberglaube mischt sich damit in verschiedenen Graden. Er ist sehr mild und duldsam in Ländern, wo die Mächtigsten seine Gegner sind; aber so unduldsam, wie in der übrigen Welt, sobald er herrscht. Clapperton sagt von den Felata: „Sie tragen „den Aushängeschild der Religion, beten täglich fünfmal, „nehmen sich aber selten, außer Morgens, die Mühe, sich „vorher zu waschen; aber sie machen dafür die Bewegungen „des Waschens, schlagen mit den Händen auf den Boden, wie „wenn es Wasser wäre, und murmeln ein Gebet dazu. Alle „Gebete und religiösen Formeln sind arabisch, und ich darf „wohl sagen, daß unter Felata oder Negern kaum Einer „von Tausend weiß, was er sagt. In dem Hersagen der „arabischen Gebete besteht die ganze Religion. Etwa Einer „von den Felata auf zehn kann lesen und schreiben. Sie

„behaupten an göttliche Vorherbestimmung zu glauben, aber „es ist alles nur Possenspiel." Ganz ähnlich sagt Gray von Bondu: „Die Religion ist die muhammedanische; „aber man hält sich nicht so streng daran, wie sonst in „Westafrica. In jedem Dorf gibt es eine Art Moschee, „deren manche aber nur viereckige, mit Pfählen umsteckte „Räume sind, die man ziemlich rein hält. Die fünfmaligen „Tagesgebete und Waschungen werden beobachtet. Aber „nie sah ich ein Volk, das mehr äußerlichen Schein von „Frömmigkeit ohne innerliche Kraft hatte."

Park erwähnt eines großen und mächtigen Stammes Dschowar, der mit dem ganzen alten heidnischen Aberglauben die Gebräuche des Islam verbindet. Doch werden gewöhnlich Götzen-Opfer und besonders Menschen-Opfer bei Annahme des Islam aufgegeben. Andere heidnische Ansichten und Bräuche haften freilich fester.

Träume und Vorzeichen gelten sehr viel. So erzählt Clapperton von den Felata: „Diesen Morgen besuchte „ich den Gadado und fand ihn am Lesen eines der wenigen „arabischen Bücher, die er besitzt. „Abdallah," sagte er „zu mir, „ich hatte diese Nacht einen Traum und suche „nun in dem Buche, was er bedeutet. Glaubst du daran?" „— Nein, mein Herr Gadado, ich glaube vielmehr, daß „die Traumbücher voll Lügen sind. Gott gibt dem Men„schen Verstand, um sein Leben zu regieren; die Träume „aber rühren von den Zufälligkeiten her, ob man im Schlafe „den Kopf niedrig legt, oder viel gegessen hat, oder unru„higen Gemüths ist." „Abdallah," sagte er lächelnd, „dieses „Buch lehrt mich's anders." — Auch der Glaube an Zaubermittel herrscht bei dem Moslem wie bei dem Heiden. Der Muhammedaner trägt sie, und sogar sein Pferd ist damit geschmückt. Wie Heidnisches mit Muhammedanischem in wunderlicher Mischung vorkommt, darüber gibt ein wesleyanischer Missionar am Gambia interessante Mittheilungen: „Heute Abend war ich mit dem Goldschmied Dschagger zu„sammen, einem rechtschaffenen Neger und geschickten Hand„werker, der aber sehr am muhammedanischen Aberglauben

„hängt. In seinem Hofe steht ein großer Baum, der ihm „sehr unbequem ist, den er daher längst gern umgehauen „hätte; aber er hat den Muth nicht, es zu thun, weil er „meint, er müsse dann bald sterben.“ Es gibt aber noch schlimmere Wirkungen des Aberglaubens, wie bei der Mutter, die in der Zauberangst ihr armes Kind in den Fluß warf, weil es nicht so frühe gehen lernte wie andere Kinder, und sie es deßhalb von einem bösen Geiste besessen glaubte. — Denham erzählt: „Ein starkes, kräftiges „Negerweib, die Mutter von Capitän Clappertons Knecht, „hatte von ihrem Sohn das Fieber geerbt. Sie war eine „Kuri von einem der östlichen Inselchen des Tschad-See's; „sie sandte nach mehreren Figi's (Amuletschreiber), die ei„nige geheimnißvolle Worte schrieben und sie dann für un„heilbar erklärten. Endlich wurde ein alter, mehr als sie„benzigjähriger Hadschi (der die Wallfahrt nach Mekka „gemacht hat) zu ihr berufen, ein armseliger Alter, der nichts „als einen Dintenkrug und ein paar Rohrfedern hatte. Er „machte sich mit der wichtigen Miene eines Meisters an sein „Geschäft, und am Abend kam Tirega, meines Negers Weib, „ganz außer sich vor Entzücken, zu mir, und erzählte mir „die folgende Wundergeschichte: „Der Hadschi hatte erklärt, „das Weib sey allerdings bezaubert, und zwar wahrschein„lich von den Kafirs (Ungläubigen), d. h. von uns Eng„ländern; aber „beim Haupte des Propheten“, er wolle den „Teufel schon austreiben. Er überschrieb ein neues Gidder „(Trinkschale) ganz mit Koransprüchen, wusch die Schrift „ab und gab dann das Wasser der Kranken zu trinken. Er „sagte dann etwa vierzigmal Bismullah (im Namen Got„tes) und noch etliche andere Worte, worauf die Kranke „aufschrie und er plötzlich zwei kleine roth und weiße Vögel „vorzeigte, die er aus ihr herausgezogen zu haben behaup„tete. „Was habt ihr in dem armen Weibe gethan? was „plaget ihr sie? warum seyd ihr nicht früher ausgefahren?“ „— „Wir wollten ihr nicht viel zu Leide thun,“ sagten die „Vögel, „aber sie hat gekaffert (mit den Kafirs verkehrt), „so alt sie auch ist, und sind noch andere in ihr, die nicht

„so leicht heraus gehen; aber jetzt, weil du gekommen bist, „muß sie nicht sterben; sie soll sich aber für die Zukunft in „Acht nehmen. Wir sprangen in sie hinein, als sie auf „den Markt ging, und sie wird wissen, was sie dort that." „Das arme Weib vergoß eine Thränenfluth und gestand, „daß sie am Markttag etwas leichtsinnig gewesen. Der „Figi wurde reichlich bezahlt, und Alles war froh, daß sie „genesen sey."

Es ist bemerkt worden, daß, wo immer die Mehrzahl des Volks oder die Mächtigen noch Heiden sind, der Muhammedanismus sehr duldsam ist. So werden die Muhammedaner bei den Joloff-Negern sehr wegen ihres sanften, duldsamen Wesens geschätzt. Aber da überwiegen eben die Heiden. Auch die Fortdauer des heidnischen Aberglaubens bei den Ihrigen lassen sich die moslemischen Priester gefallen, und Religionsverfolgung ist selten. Dagegen lassen sich Beispiele von muhammedanischer Unduldsamkeit auch leicht aufweisen; es versteht sich aber dies von selbst, da ja der Koran den „wahren Gläubigen" die Erlaubniß gibt, die Ungläubigen zu Sclaven zu machen, ja sogar himmlische Belohnung für ihre Ausrottung anbietet. Die Vertilgungskriege der Muhammedanerstaaten Westafricas gegen die Kafirs reden laut genug. Wie sehr dieselben mit der Religion des arabischen Propheten zusammenhängen, hören wir am besten aus dem Munde eines moslemischen Fürsten. Als man dem Almunry (Häuptling) zu Bulibani, der Hauptstadt Bondus, wegen eines Krieges, den er anfangen wollte, Vorstellungen machte, da gab er die Antwort: „Nicht „die guten Leute will ich tödten, nur diejenigen, welche nicht „zu Gott beten, und dafür wird der Allmächtige mir gnädig „seyn und mich belohnen. Wenn ich selbst umkäme, so wäre „der Himmel mein Theil und meine Glückseligkeit nur um „so größer."

Der Gesammteinfluß des Islam, so viele Lobredner er auch schon gefunden hat, geht dahin, alle Hauptzüge von Elend und Verderben in Africa nur noch fester einzugraben, statt sie auszulöschen. Der wesleyanische Missionar Baker

am Gambia sagt: „Der Islam hat die Leute hier in ho-
„hem Grade verschlechtert.“ Und Robertson bemerkt:
„Die Erfahrung hat gezeigt, daß so weit der Islam zur
„eigentlichen Herrschaft kommt, Barbarei oder noch etwas
„Schlimmeres zur allgemeinen Regel wird. Die Wirkungen
„dieser Glaubensweise auf ihre Anhänger und Neubekehrte
„ist der Art, daß sie alle Hoffnung auf sichern Handels-
„schutz oder auf Einführung von Handwerken oder andern
„Veredlungsmitteln der Gesellschaft vereitelt.“

Major Gray sagt von den Eingebornen auf den Ebenen von Haurey: „Ihre niederträchtige Habsucht und „Falschheit hat nicht selten die Ermordung des Capitäns „eines kleinen Schiffs oder die Plünderung seiner Ladung zur Folge. Da zeigt sich wieder der verderbliche Einfluß „des Islam; denn die Leute lernen von ihren Priestern den „Mord an einem Ungläubigen, oder den Raub seines Ei-„genthums als eine verdienstliche That in den Augen ihres „Propheten betrachten.“ Am Schlusse seines Werks bemerkt er noch: „Die Hauptschwierigkeit gegen unsere wohlwollen-„den Absichten für Africa liegt entschieden in dem Umfang „und der Macht des Islam. Seit seiner Einführung als „einer auf die africanische Gesetzgebung wirkenden Macht, „d. h. seit etwa hundert Jahren, haben die Neger, besonders „die Häuptlinge, vollends den letzten Rest von Redlichkeit „und natürlichem Gefühl, der noch in ihnen war, verloren. „Seine Lehren widersprechen geradezu allen Lehren des Chri-„stenthums; wenigstens, wenn auch die Lehren nicht so weit „von einander abstehen sollten, ist ihre Wirkung geradezu „die entgegengesetzte. Der Islam mag die Erfüllung sittli-„cher Pflichten gebieten; seine Theologie mag richtig, (?) „seine Moral gesund (?) seyn; aber was helfen die besten „und heilsamsten (?) allgemeinen Regeln, wenn die Interes-„sen der Diener der Religion im offenen Kriege mit ihnen „stehen? Was also immerhin das geschriebene muhamme-„danische Gesetzbuch lehren mag, in der Wirklichkeit des „Lebens fand ich immer und überall, daß er Falschheit, „Verrath, unauslöschliche Streit- und Rachsucht nährt, wo

„nicht gar erst erzeugt. Gutes wirkt er nur durch die Triebfeder der Furcht, und sein Bekenntniß an sich schon gilt „für Lossprechung von allen Verbrechen, die zur Vermehrung seiner Anhänger begangen werden. Sein verderblicher Einfluß liegt in Africa offen zu Tage, gerade da, „wo er am üppigsten geblüht hat. Die Africaner waren „als Heiden dem Aberglauben nicht so hingegeben, wie sie „es erst als muhammedanische Proselyten wurden. Denn „ihre Religion war nicht so mit Ceremonien überladen, und „ihre Priester hatten nur sehr schwachen und nicht weit „reichenden Einfluß. Der Islam hat sie zu Heuchlern gemacht, wie er sie in Sclaverei erhält, und so wird es bleiben, so lange er herrscht, wie jetzt. Ueber der genauen „Beobachtung armseliger Förmlichkeiten wird die Hauptsache „vergessen; die Wahrheit verliert allen Werth und Glanz, „wenn man sie nur durch den fälschenden Unterricht habsüchtiger Marabus erblickt. Diese moralischen Gaukler „machen mit den Opfern ihrer Zauberei, was sie wollen, „und wer einmal in ihre Schlingen gefallen ist, der kommt „nicht mehr los."

Fünfter Abschnitt.

Africas Religionen.

Das Heidenthum. — Höchstes Wesen. — Untergötter. — Fetisch. — Charakter der Negergötter. — Seeen. — Flüsse. — Felsen. — Berge. — Wälder. — Thiere. — Bilder. — Hidon. — Schangu. Orchund. — Der Teufel. — Abgeschiedene Geister. — Zukünftiges Leben. — Bemerkungen.

Wenn wir das Heidenthum Africas ins Auge fassen wollen, so gehört der erste Blick den Gegenständen der göttlichen Verehrung. Es ist dabei nicht zu vergessen, daß das wirreste Getrümmer des elendesten Aberglaubens oft noch wichtige religiöse Wahrheiten birgt. So verhält es sich in Africa mit der Grundanschauung des menschlichen Geistes hinsichtlich des Daseyns Gottes. Man kann wohl sagen, ganz Africa glaubt einen Gott. Park versichert, nachdem er unzählige Mal mit Menschen der verschiedensten Stämme, gesellschaftlichen Stellungen und Verhältnissen über Glaubenssachen gesprochen habe, ohne einen Schatten von Zweifel aussprechen zu können, daß der Glaube von Einem Gott durchgängig herrsche. Alle Reiseberichte sind nur Bestätigungen dieses Zeugnisses. Bosman sagt von den Weidah-Negern: „sie haben eine dunkle Vorstellung „vom wahren Gott"; und William Smith versichert: „alle Neger an der Küste von Guinea glauben, daß es Einen wahren Gott gebe, der sie selbst und alle Dinge erschaffen habe." Damit ist aber nun auch Alles gesagt. Hie und da stößt man auch noch auf etliche unbestimmte Vorstellungen von Gottes Wesen und Eigenschaften, wie zum Beispiel die Weidah-Neger von der Allmacht und Allgegenwart Gottes zu sprechen wissen. Auch die Fantes und Odschis (Ashantes, was eine über Akim, Aquapim u. A. sich erstreckende Nation, nicht blos ein Volk im politischen Sinne ist) nennen Gott „Njangkupong", von „Janku, d. h. Freund, Pon, d. h. der Höchste", und die erstern schicken oft noch „Nanah, d. h. Großvater, Allvater" voraus. Wenn sie Gott „Jehini", von „Jeh, machen," und „ini, mich" nennen, so bezeichnen sie ihn klar als den Schöpfer.* Die Ashantes aber reden von Gott, nach der Aussage eines der in England erzogenen dortigen Königssöhne, des Prinzen William Quantamissa, gern als dem „Titiquarframua", d. h. dem immer Vorhandenen, und verrathen damit eine Ahnung der Ewigkeit Gottes.

So werthvoll auch diese Goldkörner im Schutte des Volksglaubens sind, dieser Schutt bedeckt dennoch weit und breit die Lande. Die Vorstellung von Gott, wie sie in der Masse der Neger herrscht, ist so armselig, als ihr geistiger Gesammtzustand es erwarten läßt. Park macht die treffende Bemerkung: „Sie sind sehr verwandt mit denen, welche „in der Christenheit bei Allen gelten, welche von göttlicher

* Hinsichtlich dieser Ableitung siehe Missions-Magazin Jahrg. 1847, H. IV, S. 244.

„Offenbarung nichts wissen wollen." Robertson sagt von den Fante-Negern: „So viel sie auch von Suman „(Gott) reden, so habe ich doch nie ihre Ideen von Ihm „weiter als bis zu der Vorstellung vom Daseyn eines We- „sens verfolgen können, das im Stande sey, ihnen zu schaden."

Aber nicht blos dunkel, unbestimmt ist die Lehre der Neger von Gott; sie ist sogar der Anhaltspunct des gesammten Aberglaubens. Das göttliche Wesen ist ihnen so erhaben, so fern von uns armseligen Geschöpfen, daß es nimmermehr sich weit genug herablassen kann, um sich persönlich um unsere Angelegenheiten zu bekümmern. Die Weltregierung hat es in die Hände der Untergötter gelegt, und sie allein sind daher Gegenstände der Verehrung. Es ist dies nach Park, Bosman und Andern ein durchgängiger Lehrsatz des Neger-Heidenthums: „Gott kann sich mit dem „Menschen nicht einlassen; dafür sind die Geister da." Es ist jedoch derselbe nicht ein ausschließliches Eigenthum Africas, sondern er kehrt auch in Indien und China, ja überall wieder, wo der Heide zum Bewußtseyn des Unterschiedes zwischen Geist und Materie gekommen ist und den geistigen, absoluten Gott ins unendliche Jenseits versetzt, die Welt aber mit materiellem oder halbgeistigem Götterwesen bevölkert.

„Am besten," sagt Beecham, „sieht man dies aus der „bei ihnen uralten Schöpfungslehre. Im Anfang der Welt „habe Gott drei weiße und drei schwarze Menschenpaare ge- „schaffen, und um ihnen jedes Recht zur Klage über ihren „Zustand zu benehmen, sie ihr Schicksal selbst bestimmen las- „sen, indem er ihnen gestattete, zwischen Gutem und Bösem „zu wählen. Es wurde deshalb eine große Kalabasche „(Trinkgeschirr) und ein versiegelter Brief auf den Boden „gelegt. Die Schwarzen durften zuerst wählen und griffen „nach der Kalabasche, in der sie alles Wünschenswerthe zu „finden hofften. Als sie sie öffneten fanden sie nur ein Stück „Gold, ein wenig Eisen und andere Geräthe, deren Gebrauch „sie nicht verstanden. Die Weißen öffneten den Brief, und „der sagte ihnen Alles. Alles dies geschah in Africa, wo

„nun die Schwarzen, weil sie die Habsucht zu ihrer Wahl „getrieben hatte, unter der Aufsicht von geringeren Unter„göttern bleiben mußten, während er die Weißen ans Meer „führte, jede Nacht dort mit ihnen sprach und sie ein kleines „Schiff bauen lehrte, das sie in ein anderes Land trug, von „wo sie nach langer Zeit mit allerlei Waaren zurückkehrten, „um mit jenen zu handeln, die, weil sie thörichter Weise „das Gold vorgezogen, nun in steter Unterwürfigkeit bleiben müssen."

Die Europäer pflegen durch Verwechslung diese Untergötter als Fetische zu bezeichnen. Allein Fetisch ist jedes Ding, das durch den Zauber der Priester und den Willen der Götter übernatürliche Kräfte besitzt. Alle Zaubermittel, alle heiligen Geräthe und Personen, alle geweihten Orte und Zeiten sind daher Fetisch, und nur durch eine begriffswidrige Uebertragung können auch die Götter selbst so heißen. Auch Handlungen, die sich auf die Götter beziehen, tragen den Namen. Erst müssen wir uns mit den Göttern selbst näher beschäftigen. Sie gelten für Geister, die in verschiedenen Naturstoffen, an besondern Orten ihre Wohnung nehmen. Sie sind am Ende die Naturgeister, die Naturkräfte, daher sehr zahlreich und manigfaltiger Art. Es kann Alles in der Welt durch eine solche Einwohnung der Götter Fetisch werden; aber die Zahl der Fetische wird noch unendlich durch die künstlichen Anordnungen der Priester vermehrt, die damit das leichtgläubige Volk täuschen.

Seeen und Flüsse sind ganz gewöhnlich Fetische, d. h. Göttersitze. Im Ashanteland gibt es deren mehrere, denen man nur mit andachtsvoller Ehrfurcht nahet. Selbst auf Cape Coast gibt es nach Beecham zwei göttliche Teiche, Papeata und Bikahun. Der erstere ist besonders verehrt, weil er in einer Belagerung nicht aufhörte, die Einwohner mit Wasser zu versehen. „Die Quelle des Gambia," sagt Laing, „ist ein Götterhaus. Nie hat Jemand gewagt, „die Axt in den dichten Wäldern schallen zu lassen, welche „diese Doppelquelle umschatten; denn hier wohnen die Gei„ster. So weit geht die Ehrfurcht vor diesem Orte, daß

„ihn nicht leicht ein Eingeborner betritt, und wenn man „gesehen hätte, daß ich in dieses Heiligthum eindrang, so „wäre ich ohne Zweifel getödtet worden. Auch die Niger„quelle wird eben so betrachtet. Der Volksglaube sagt, wenn „Jemand es wagen würde, über dieses nur eine halbe Elle „breite Quellbächlein zu springen, so würde er unfehlbar „hineinfallen und die Tiefe ihn verschlingen; mit langsamem „Schritt aber könne man es gefahrlos überschreiten. Auch „darf man kein Wasser daraus schöpfen; und es wird be„hauptet, wer die Frechheit hätte, dies zu versuchen, dem „würde eine unsichtbare Macht das Gefäß aus den Händen „ringen, und er würde wohl darüber den Arm verlieren."

Ist es in dem heißen Sonnenlande zu wundern, wenn die Ströme, diese herrlichen Lebensquellen und Pulsadern, als vom Himmel gekommene Geschenke der Götter erscheinen? und wenn in dem melancholisch-majestätischen Dunkel africanischer Urwälder der kalte Schauer der Ehrfurcht den Wanderer beschleicht? oder wenn, da den heißen Neger die kalte, feuchte Wälderluft und der Trunk aus der unter schwarzen Baumschatten sprudelnden, ungewohnt frischen Quelle plötzlich tödtet, die Rache der Gottheit darin gesucht wird, die den Einbruch in ihre feierliche Einsamkeit nicht duldet? Knieet doch auch der rothe Indianer Südamericas staunend an den gewaltigen Strömen Marannon und Orinoko; badet sich der heilsdurstige Hindu verlangend in dem prächtigen Ganges, oder wallfahrtet fern hinauf ins Alpenland zu seinen geheimnißvollen Gletscherquellen oder an die heiligen Seeen des Hochgebirges; ja selbst der Grieche war im Walddunkel und an der Quellfrische von Ahnungen einer Götterwelt gefesselt, die ihm seine Dichter als die Najaden und Dryaden, die Nymphen des Quelles und des Baumes, ausmalten. An einigen Orten Africas sind merkwürdige Felsen und Berge als Götterwohnungen Fetische. Dafür gilt ein Felsenriff im Flusse Drory, über welches mit dem Kahn wegzufahren etliche englische Missionare die Ruderer kaum bereden konnten, die es auch nicht eher wagten, als bis sie etwas Wasser in die Luft gesprengt hatten, um den

Zorn der Ortsgötter zu beschwichtigen. Die Klippe, auf der das Schloß von Cape Coast steht, wird für eine sehr heilige Wohnung des Gottes Tahbil gehalten, und wenn die Brandung recht gewaltig an dieselbe schlägt, so sagen die Neger: „Der Gott schießt.“ Waldgebüsche sind sehr häufig Fetisch und man nähert sich ihnen nur in schaudernder Ehrfurcht; sie zu betreten aber könnte dem Reisenden, wie Laing versichert, theuer zu stehen kommen, indem das seltsame, geheimnißvolle Gericht Parrah die furchtbarsten Strafen gegen den Uebelthäter verhängen würde.

Thiere gibt es ohnedies eine Menge, die als Fetische gelten. Norris erzählt, daß man in Dahomi den Tiger verehre. In Krepo ist der Hauptfetisch nach Robertson eine vier Fuß lange Schlange, die aber ein ganz unschädliches Thier ist. Sie ist häufig gezähmt und kriecht in Dörfern und Städten von Haus zu Haus, wo man ihr Alles zu lieb thut. Ein Besuch der Schlange ist ein Glückszeichen. Besonders fromme Leute tragen sie auf dem Arme, um die Schultern, oder spielen sonst mit ihr, und die Schlange hat diese Aufmerksamkeit gern. Zu Dircove empfängt gar das Krokodil göttliche Ehre. Es wird in einem großen Teiche beim Fort gehalten, und wer dort landet, kann es für ein weißes Huhn und eine Flasche Branntwein sehen. Der Fetischmann nimmt Huhn und Flasche, macht mit dem Munde einen eigenthümlichen Ton, worauf das Krokodil heraus kommt und das Huhn als seinen Theil des Geschenkes in Empfang nimmt. Als William de Graft, der schwarze Missionar, zu Dircove wohnte, war er oft Zeuge davon, wie der Fetischmann das Unthier herauslockte, um es neugierigen Europäern zu zeigen. So wie es das Wasser verließ, ging es auf den Fetischmann los, der es bis auf einige Fuß herankommen ließ, dann ihm das weiße Huhn in den Rachen warf und etwas von dem Branntwein auf den Boden goß. Wenn er damit nur einen Augenblick zögerte, so wollte sich das Krokodil an den Nächsten Besten machen, der etwas Weißes als Kleidung trug. Vor einigen Jahren kamen Herr Hutchinson und Capitän Leawens in große Gefahr; denn das Huhn flog aus der Hand des Fetischmannes ins Gebüsch, und das Krokodil ging so schnell auf die beiden Herren los, daß, wäre nicht ein Hund über den Weg gelaufen, den es faßte und auffraß, einer von ihnen beiden ein Opfer seiner Gefräßigkeit geworden wäre. Das Unthier schleppt oft Hunde und Schafe aus der Nähe des Teiches, manchmal sogar Kinder, fort. Als William de Graft nach Dircove kam, warnte ihn ein Negerkaufmann, dem Krokodil nicht zu nahe zu kommen, dessen Tochter es schon gefaßt hatte und ohne Zweifel gefressen haben würde, hätte man sie nicht noch zu retten vermocht. Der frühere Krokodilfetisch in Dircove war viel größer als der jetzige, war aber so zahm, daß er selber aus dem Teiche ging und im Hause des Fetischmannes oder des Königs sich einfand, um sein Huhn zu holen. Robertson, den die Neugierde auch zu diesem seltsamen Gott führte, sagt: „Ich „sah der Fütterung zu und wurde überrascht, wie es zu den „Füßen des Fetischmannes lag und mit ernsthaftem Blick „auf das Huhn in seiner Hand wartete, bis er sein Gebet „gesprochen hatte. Als er das Huhn herabwarf, fing es „dasselbe so rasch und gewandt, wie ich es von einer solchen „Bestie nicht erwartet hätte."

Es gibt aber auch künstliche Fetische in Menge. Hölzerne Bilder von der rohesten Schnitzarbeit, in gräßlicher Verzerrung der Menschengestalt, nichts als Kopf und Füße, jener bald roth bald weiß beschmiert, oft mit großen, scheußlich gemalten Augen; Steinmassen; Bündel von Stäben; Maiskolben mit rother Erde bestrichen, oft mit kleinen Müschelchen (Kauris) geschmückt; Haarbündel, Glasscherben, alte Töpfe und Trinkschalen: Alles kann Fetisch seyn, wenn der Fetischmann es weihet, d. h. die Gottheit in dasselbe hineinbannt.

Es läßt sich eine ordentliche Eintheilung dieser göttlichen Dinge machen. Einige sind Nationalgötter, wie der große Fetisch zu Abruh im Brassolande, der seit undenklicher Zeit in hohen Ehren steht. Andere sind nur örtliche Schutzherren, deren nur allein die Stadt Cape Coast sieben und siebenzig zählt. Jede Stadt hat ein Fetischhaus (Tempel), oft mehrere, die aber nur viereckige oder längliche, bedeckte Lehmhütten sind, oder auch kreisrunde Gebäude aus Stangen und Stäben, die oben zusammenlaufen und dann bedeckt sind, ziemlich in der Form eines Bienenkorbs. Gewöhnlich sind mehrere Bilder darin. Immer pflanzen die Neger einen schattigen Hain herum, wie die Kanaaniter, in dessen Dunkel die Gottesdienste vollzogen werden. Dann hat aber auch der Fetischmann (Priester) noch eigene Fetische in seinem Hause. Eine dieser Privatsammlungen hat W. de Graft untersucht und beschrieben. Sie bestand aus Menschenbildern, einem Vogelbild, mit Schnüren umwundenen Steinen, großen Stücken Kohle aus einem eisernen Ofen, Kalabaschen und mit Schnüren zusammengebundenen Stäben. Alles war mit rothem Ocker beschmiert und mit Eiern gerieben. Die ganze Sammlung stand auf einer viereckigen Erhöhung, die ein Vorhang bedeckte. Endlich gibt es noch Hausfetische, ähnlich den römischen Hausgöttern (Penalen); bald kleine Bilderchen; bald ein viereckiger Stein, mit einer Bambusschnur umwunden; bald eine Kalabasche mit einer Schnur Glasperlen. Aus was immer der Fetisch bestehen mag, immer ist er mit rothem Ocker und Eiern bedeckt. Sie stehen bald außen an der Thür, bald aber und meistens in einem Winkel des Gemachs hinter einem Vorhang.

Man könnte aber diese Götter auch nach ihren Eigenschaften eintheilen. Ein englischer Missionar in Sierra Leone sagt: „Der Fetisch Hidon ist eine rohe Holzfigur, deren „ganzer Kopf tättowirt (mit Linien oder Puncten gezeichnet) „ist, die Hände an der Seite befestigt, achtzehn Zoll hoch; „er gilt als Tröster in Noth. Gebiert ein Weib Zwillinge „und eines der Kinder stirbt, so geht sie zum Grigri- (Fe„tisch-) Mann und holt sich diesen Fetisch, der dann statt „des todten Kindes gilt und das noch lebende erhält. Wird „das Kind krank, so beten die Eltern zum Hidon um seine „Genesung. Um seine Antwort auf ihr Gebet zu wissen, „theilt der Neger eine Kola-Nuß in vier Theile und wirft „sie vor den Hidon auf den Boden. Wenn der runde Theil

„der meisten Stücke aufwärts zu liegen kommt, so ist die „Antwort gut. — Ein anderer Götze heißt Schangu, der „Donnergott, einem kleinen Mörser ähnlich, aus Holz ge„hauen. So oft es donnert, beten seine Verehrer zu ihm „um Schutz vor Gefahr, und wenn der Blitz einen Men„schen beschädigt oder in ein Haus schlägt, so wird Jener „oder der Eigenthümer als Thäter eines Vergehens betrach„tet, das den Schangu erzürnt habe. — Ein dritter Gott „heißt Ellibar, das ist der Teufel. Er wird aus Lehm und „Thon gebildet, eine kleine, sehr häßliche Person. Ihm „schreibt man die Kraft zu, die Menschen zum Bösen zu „treiben, und alle seine besondern Verehrer rufen ihn um „Kraft und Klugheit zum Bösen an und um Schutz, daß „es nicht an den Tag komme, wenn sie es thun. — Dann „gibt es noch einen Orchund oder Wassergott. Man hält „ein wenig Wasser in einem Gefäße und besprützt damit „Erwachsene und Kinder. Die Hauptperson bei der Cere„monie taucht den Finger in das Gefäß und benetzt Jeden, „der die Feierlichkeit mitmacht, an Haupt, Brust und Rücken. „Wenn irgend Jemand, der diese Weihe erhalten hat, krank „wird, so schickt er zum Orchund, um ihn zu fragen, ob er „oder irgend ein anderer Gott zornig sey, um ihn durch ein „Opfer zu versöhnen und der Krankheit los zu werden."

Die Bewohner von Cap Palmas verehren noch einen besondern Gott, der Krankheiten heilen soll. Robertson sagt: „Wenn sie an chronischen Uebeln leiden, die meist von „Erkältung herrühren, so schreiben sie sie immer der Zau„berkraft eines Menschen zu; ein Wahn, an dem sie sehr „festhalten und der durch keine Vernunftgründe zu überwin„den ist. Glücklicherweise für die Kranken gilt das nahe „Cawally als der Sitz des Großteufels, dessen Gunst man „daher leicht an Ort und Stelle gewinnen kann. Und „merkwürdig ist, daß sie oft auch von sehr eingewurzelten „und mit ihren Leidenschaften zusammenhängenden Uebeln „genesen."

Ueber den bösen Geist oder Teufel der Africaner bedarf es aber noch einiger Worte. Von den Vorstellungen über ihn in Dahomy sagt Robertson: „So sehr die Daho-„mier ein kriegsmuthiges Volk, der Schrecken des Landes „umher, sind, so stecken sie dennoch voll Aberglaubens und „fürchten sich sogar, bei Nacht allein zu reisen. Anfangs „glaubte ich, es seyen die Raubthiere, denen ihre Furcht „gelte; aber nein, sie sagten mir, die Leoparden könne man „leicht mit Feuer verjagen, aber den Leiba (Teufel) nicht. „Sie sind der Meinung, der böse Geist nehme allerlei Ge-„stalten an und fliege oft in der Gestalt einer kleinen Schlange „umher, deren Berührung Tod oder langes, elendes Hinsie-„chen oder großes Unglück bringe. Oft in der Nacht setzen „die Zauberer die Leute durch die Erklärung in Schrecken, „der Teufel sey im Winde, wodurch jedesmal Aufruhr und „Verwirrung in furchtbarem Grade unter sie kommt." — Wie die Ashante-Neger davon denken, sagt uns Beecham: „Der Teufel, glauben sie, sey immer um den Weg, um Un-„heil zu stiften. Wenn Jemand nur von seinem Sitze auf-„steht, so legen sich gleich seine Diener darauf, damit der „Teufel nicht an ihres Herrn Platz schlüpfe. Auf der Gold-„küste wird er alljährlich mit großer Förmlichkeit und Feier-„lichkeit vertrieben." Diese Festlichkeit fällt auf Cape Coast ans Ende August. Einen Tag lang werden Vorbereitungen dazu gemacht. Sobald es aber gegen acht Uhr Abends geht, sieht man die Eingebornen in Haufen auf der Straße mit Stöcken, Musketen und andern Waffen. Sobald vom Schlosse die Abendkanone (um 8 Uhr) abgefeuert wird, so bricht von allen Gassen der Stadt ein furchtbares Geschrei mit Flintenschießen los; die Leute rennen in ihre Häuser, schlagen mit Stöcken in alle Winkel derselben und schreien dazu, so laut sie können. Schon oft sind neu angekommene Europäer über diesen plötzlichen Lärm in jähen Schrecken gerathen, weil sie meinten, es habe ein Feind die Stadt angegriffen. Wenn man denkt, der Teufel sey jetzt aus allen Häusern fortgescheucht, so rennt Alles aus der Stadt, um den unsichtbaren Feind mit brennenden Fackeln, Geschrei und Flintenschüssen zu verjagen, bis man überzeugt ist, er sey jetzt völlig geschlagen und in die Flucht gejagt. Dann geht man vergnügt nach Hause, und die Weiber scheuern ihr hölzernes und irdenes Geschirr, damit der verjagte Teufel nicht wieder hereinkomme.

In Ashante und Dahomy gibt es für den Teufel keine eigentliche Verehrung wie in andern Gegenden. Die Dschollars am Gambia sollen dagegen sogar nur ihn anbeten und ihm ein Götterhaus weihen. Als die Missionare ihnen dies vorhielten, war ihre Antwort: „Niemand kann uns Schaden zufügen als der große böse Geist. Wir müssen mit dem Teufel in Freundschaft leben, daß er uns nichts zu leide thut.“ So glauben nach Capitän Beaver auch die Bulama-Neger, „daß ein einziger Geist alles Gute, aber ein viel thätigerer alles Böse in der Welt thut;“ und auch sie wenden sich mit Opfern und Gebeten nur an diesen Letzteren. In dem so berühmten goldreichen Bambuk betet man gleichfalls den Teufel an. Mollien meldet von einem seltsamen damit zusammenhängenden Aberglauben. Durch Nachlässigkeit geschieht es oft, daß die Goldgruben einfallen und die Arbeiter verschütten. Gleichwohl denkt man nicht an die geringsten Vorkehrungen dagegen. Die Neger glauben nämlich, der Teufel sey der Eigenthümer und Schöpfer des Goldes, das er vermittelst seiner Sclaven in Höhlen von unbekannter Tiefe im Schooß der Erde bereite. Da von seinen Sclaven alljährlich einige sterben, so verschütte er die Gruben, um sich wieder neue Arbeiter herbei zu ziehen. Wenn sie ihm nun durch Rettung der Verschütteten diese entzögen, so würde er seine Goldwerkstätte in ein anderes Land verlegen.

Noch gibt es aber einen Gegenstand abergläubischer Verehrung, nämlich die abgeschiedenen Geister. An das Daseyn der Seele und ihre Fortdauer nach dem Tode glaubt nämlich in Africa Jedermann. Park versichert, daß der Glaube an Strafe und Lohn nach dem Tode eben so allgemein sey, wie der an einen Gott. Capitän Beaver sagt dasselbe, nur findet er die Strafen blos negativer Art, indem er nur von einem Mangel an Wohlseyn, nie von eigentlichen Leiden der Verstorbenen gehört habe. — Sehr verworren sind übrigens die Negeransichten über diesen Punct. Die Seele ist ihnen etwas wie der Wind; also immer noch etwas Stoffliches; aber sie kann, wie jener, ohne sichtbare Oeffnung in ein Gemach eindringen. Nach Bowdich soll in Ashante die Vorstellung herrschen, daß die Könige, Kabusire (Häuptlinge) und andere vornehme Leute nach dem Tode bei den obern Göttern seyen und denselben Staat um sich haben, wie auf Erden. Deshalb tödten sie bei den Leichenbegängnissen eine Anzahl Sclaven beider Geschlechter, damit sie in der andern Welt gleich ihrem Range gemäß auftreten und bedient werden. Die Geister geringer Leute dagegen wohnen in den Fetischhäusern in träger Behaglichkeit, in der sie von der Mühe des Lebens ausruhen. Die aber, welche so schlecht im Leben waren, daß durch die Leichenopfer ihre Schuld nicht gesühnt wird, müssen in den finstern Wäldern herumirren, und besuchen, wiewohl selten, ihre alten Wohnplätze, von denen sie dann nicht wieder fort wollen. Ein ähnlicher Aberglaube ist auch bei andern Stämmen zu finden. Die Quoja-Neger bringen dreimal im Jahre Lebensmittel in diese geweihten Wohnungen, um die Janaanin (Geister) zu speisen. Die Timneh-Neger werfen, nach Laing, von Allem, was sie essen, zuerst etwas auf den Boden, was für die Geister bestimmt ist. Die Todtenhäuschen, worin man die Leichname der Könige oder Häuptlinge bestattet, haben kleine Oeffnungen in den Wänden, durch die man gekochte Speisen und Palmwein zum Gebrauche der Verstorbenen schiebt. Auch Laird und Oldfield erzählen, daß bei dem Begräbniß eines alten Mannes in Braß-Town am Nun-Flusse (einem der Mündungsarme des Niger), beim Kopf des Todten eine Flasche Rum, eine Trinkschale voll Palmwein, zwei lebendige Hühner und einige Bananen zu sehen gewesen, was man Alles mit ihm begrub, damit er in der andern Welt nicht hungern müsse.

Die Verstorbenen betrachtet man in manchen Gegenden als die Schutzgeister ihrer Hinterlassenen. In jeder Noth wendet man sich zu den Gräbern der Ahnen oder in die heiligen Wälder und bringt Reis, Palmwein und Thierblut mit lauter Anrufung ihrer Hülfe dar. Auch die Fanta beten häufig in diesem Sinne an den Gräbern. Aber auch allerlei Uebel schreibt man ihnen zu. Ist ein Kind krank, dessen Mutter gestorben ist, so hat diese es umarmt. Alte Weiber beten oft zu dem abgeschiedenen Geiste der Mutter oder des Vaters eines Kindes und rufen ihn an, entweder zu seiner Ruhe zu gehen oder die Familie vor den bösen Geistern zu schützen, statt den Kindern oder andern Familiengliedern durch ihre Berührung zu schaden. Die Geister verstorbener Feinde sind natürlich immer böse Geister, vor denen man sich fürchtet. Wenn Europäer ins Innere reisten und von der Nacht überfallen wurden, so waren ihre eingebornen Begleiter voll Angst und ließen von ihrem Geschrei die Wälder wiederhallen, um die bösen Geister zu verjagen.

Dieser Ueberblick zeigt uns Africa zwar nicht als ein Götzenland mit einer reichen, bildlich dargestellten Götterwelt, aber als das Land des Priesterglaubens, das jeden noch so armseligen Gegenstand zum Anbetung fordernden Heiligthum zu erheben vermag; als das Land unseliger Furcht und beständiger Sclaverei des Geistes, das Leben des Africaners als ein ruheloses Leben angstvoller Qual. Jeder Todesfall vermehrt dem Neger die schauerliche Schaar der finstern Gewalten, die sein Leben und Wohlseyn beständig bedrohen. Sind auch diese Verstorbenen nicht so mächtig als die Götter, so sind sie dafür unzählbar, und wie wollte man es auch nur darauf anlegen, alle diese eingebildeten Geistermächte zu versöhnen und sein armes Leben vor ihnen sicher zu stellen. Ist der Gott, den man anbetet, ein böses, finsteres Wesen, wie will Licht und Friede in das Herz des Anbeters Eingang finden? Sie sind aufs Wenigste „in Furcht des Todes ihr ganzes Leben lang Knechte.“

Sechster Abschnitt.

Religiöse Gebräuche Africas.

Zaubermittel. — Fetischceremonien. — Zauberkräfte. — Die tiefe Wurzel des Aberglaubens an sie. — Wirkungsart der Zaubermittel.

Gerade der böse Wille und schlimme Charakter der meisten Untergötter hat von jeher die Africaner auf Schutzmittel gegen sie hingewiesen. Damit aber war man einmal auf dem Wege, und bald waren diese Schutzmittel die Nothhelfer in jeder Gefahr, in jedem Unglück, dem wirklichen wie dem eingebildeten. Dies sind die schon oben geschilderten Grigris, die nicht, wie sie fälschlich dafür gehalten wurden, die Götter der Neger sind. Allerdings ist die Gränze zwischen dem Fetisch und dem Gotte, dem er heilig ist, wie zwischen dem Fetisch und dem Amulet, keine strenge, und in der Praxis geschieht gewiß unzählige Mal, was dem Africaner im Nachdenken als unmöglich erscheint, daß nämlich der Gott vergessen und nur der Grigri wirklich in Betracht gezogen wird. An die Wirksamkeit dieser Dinge aber, und an ihre Heilsamkeit unter allen möglichen Umständen glaubt der heidnische Neger eben so sehr, wie der Muhammedaner an die Amulette seiner Priester. Die Benennungen Grigri, Saphi, Qui und Fetisch sagen in der Hauptsache dasselbe und sind nur verschiedenen Sprachen entnommen, oder sie bezeichnen feinere Unterschiede, die der Wahrnehmung des Fremden bis jetzt entgangen sind. Ueber den Stoff dieser Zaubermittel gibt es keine Regel. Sie können alles Mögliche seyn: ein Stock, ein Stein, ein Stückchen Schnur, jede Kleinigkeit. Wo Muhammedaner wohnen, allerdings, da sind auch bei den Heiden die Grigri aus Koransprüchen in Uebung. Von Mungo Park forderte einmal ein Neger, bei dem er übernachtet hatte, als er abreiste, eine seiner Haarlocken, weil dieselbe ihm als Saphi die Einsicht eines Weißen geben sollte. „Nie," sagt Park, „hatte ich noch von einer so bequemen Schulbildung „gehört; ich gab ihm daher sogleich, was er begehrte, und „sein Durst nach Einsicht war so groß, daß er mir mit „Schneiden und Zerren die eine Seite des Kopfes glatt ab„schor und mit der andern Seite auch so gemacht haben „würde, hätte ich nicht zum Zeichen meiner Mißbilligung „den Hut aufgesetzt." Geschriebene Saphis wurden ihm oft abgefordert. Ein Neger sagte ihm einmal: „Wenn eines „Mohren Saphi gut ist, so muß eines Weißen Saphi noch „viel besser seyn." Er gab ihm eines, indem er ihm das Gebet des HErrn aufschrieb. Ein andermal erhielt er nur gegen ein Saphi ein Abendessen, und nicht so bald hatte man in der Gegend erfahren, daß er Saphis schreiben könne, so hatte er Kunden genug, um seine nächsten Bedürfnisse zu decken. Uebrigens sind diese Zaubermittel nicht immer so unschuldiger Art. Bei den Ashantes werden die kleinern Knochen, Gelenke und Zähne der Tapfersten, die sie im Kriege erschlagen, von den Siegern als Amulette getragen, und ein Häuptling am Rio Pongas verbrannte sogar einen Mann lebendig, um seine Asche als Grigri zu brauchen. Man trägt diese abergläubischen Reliquien entweder nach vorgeschriebener Weise oder nach Belieben, gewöhnlich in einem Futterale. In Widderhörnern werden sie am liebsten verwahrt, oft auch nur in ein Stückchen rothes Tuch gewickelt. Wenn sie einen hohen Zweck haben, so werden sie oft sehr kostbar umhüllt, bei vornehmen Leuten oft in goldene Kapseln gelegt. Man hängt sie entweder um den Hals oder befestigt sie mit andern, theils Schmuck-, theils Gebrauchsartikeln, am Gürtel. Manchmal aber birgt man ihrer unzählige an allen Theilen des Leibes. So sind nach Golberry die sonst nackt gehenden Felup-Neger mit Grigris fast bedeckt, und Mollien fand es eben so bei den Biafra-Negern, die übrigens weite Beinkleider und ein Oberhemd mit weiten Aermeln tragen. In Bornu haben nicht blos die Menschen, sondern auch die Pferde diese schützenden Anhängsel.

Es gibt auch noch andere Zaubermittel, die in der Vollziehung mystischer Ceremonien bestehen. Wenn z. B. eine Karawane (Koffel) abreist, so scheint es üblich, daß am Ende der Stadt Alles Halt macht und sich niedersetzt. Auch die Freunde und Verwandten, die sich herbeigefunden haben, um noch einmal Abschied zu nehmen, müssen es thun. Ein Schulmeister oder einer der Slati (Kaufleute) stellt sich dann zwischen die Gruppe der Reisenden und die der Abschiednehmenden und spricht ein langes, feierliches Gebet, worauf er dreimal um die Karawane herumgeht, mit dem Spieß Figuren in den Boden macht und Worte dabei murmelt. Park, der dies erzählt, sagt auch, seine Begleiter haben ihn einmal aufgefordert, Halt zu machen, damit sie eine Ceremonie vollziehen könnten, die ihnen eine glückliche Reise sichere. Sie bestand darin, daß sie einige Koransprüche murmelten und auf einen vor sie hingeworfenen Stein spuckten. Dies geschah dreimal, worauf dann die Neger mit großer Zuversicht weiter gingen, festen Glaubens, daß der Stein als Sündenbock alles Schlimme an sich ziehen werde, was etwa die Geister ihnen zugedacht hätten. Ein andermal hatten sie kaum einen finstern, einsamen Waldort betreten, als einer seiner Führer das Zeichen zum Stillstehen gab, ein hohles Bambusstück nahm, das ihm als Amulet um den Hals hing, und dreimal laut pfiff. Er stieg dann vom Pferde, legte seinen Spieß über den Weg, sprach etliche kurze Gebete und schloß mit dreimaligem Pfeifen, worauf er eine Weile scharf hinhorchte, als müßte eine Antwort kommen, und als keine kam, sagte, man könne ohne Furcht weiter gehen, es sey keine Gefahr. In Ashante sucht man sich, nach Beecham, Morgens vor der Abreise durch Fetisch-Gebräuche zu sichern. Eines Morgens, als Herr Hutchinson den ausgezeichneten Kabusir Apoko besuchte, fing dieser an, seinen Fetisch zu fragen, und zwar vermittelst einer Anzahl Schnüre, an deren einem Ende verschiedene Zierrathen hingen, die Gutes und Schlimmes bedeuten sollten.

Sie waren ganz unter einander gemischt. Er nahm sie in die rechte Hand, hielt sie hinter den Rücken und zog nun eine nach der andern mit der Linken her; das that er wohl zwanzigmal. Dann brachte man einen Weidenkorb auf einem kleinen Stuhl, mit einem seidenen Tuche bedeckt. Es lagen darin zwei Nähkissen ähnliche Klumpen aus Eiern, Palmöl und andern Dingen. Er nahm den Stuhl, drehte ihn um, machte mit einem Werkzeug, wie eine Schusterahle, drei Löcher hinein, schlug in dieselben mit einem Stein kleine Zapfen, während er etwas murmelte, und wickelte sich die Schnur ums rechte Ohr. Dann wurde ein an einem Ende gebrochenes Ei gebracht, das er abwechselnd auf die Nähkissen legte und dann an dem Stuhl da, wo die Zapfen waren, zerdrückte. Diese ganze Ceremonie machte er jeden Morgen, um sich vor schlimmen Palawern am Tage sicher zu stellen.

Während des Kriegs sind bei den Aschante-Negern Fetischgebräuche üblich, mit denen schauerlich-wilde und grausame Dinge zusammenhängen, um sich zu schirmen und neue Kraft und neuen Muth sich einzuflößen. Mehreren der Erschlagenen reißt der Fetischmann (Priester) des Heeres das Herz aus, schneidet es in Stücke, mischt es mit Blut und geweiheten Kräutern, und spricht dazu die herkömmlichen Beschwörungen. Wer je einen Feind getödtet hat, ißt von der gräßlichen Mischung, weil sonst, nach dem Volksglauben, die umherspuckenden Geister der Gefallenen alle ihre Kraft heimlich verzehren würden. Dies war auch das Schicksal des unglücklichen Statthalters Sir Charles Mac Carley, der im Kriege der Engländer gegen die Aschante-Neger fiel. Sein Herz wurde von den Feinden verzehrt, um seine Tapferkeit zu erlangen, und sein getrocknetes Fleisch, wie seine Gebeine, wurden unter die Sieger vertheilt, um sie als Amulette zu tragen.

Dem Neger-Amulet werden die abenteuerlichsten Wirkungen zugeschrieben. Park sagt, man trage sie, um sich vor dem Biß der Schlangen und Alligatoren zu schützen, und in diesem Falle wird das Amulet in Schlangen- oder

Alligatorshaut um den Knöchel getragen. Im Krieg sollen sie unverwundbar machen, gewöhnlich aber vor Krankheit schützen, Hunger und Durst vertreiben und für alle Fälle des Lebens die Gunst höherer Mächte gewinnen. Zu diesem Ende wird vor dem Hause des Negers an manchen Orten ein langer Stab aufgepflanzt, an dessen oberm Ende ein Stück Schnur und ein Papier festgemacht sind; dieser Stab steht nach der Ansicht der Neger zwischen dem Hause und den Göttern. Ein Missionar erzählt, er sey einmal einem alten Mann begegnet, der viele kleine Talismane um sich hängen hatte, von denen er einen zeigte, der ihn gegen jeden Messer- und Schwertstich sichere, einen andern, der ihn kugelfest mache. Die Ashantes glauben, nach Bowdich, fest daran, daß ihre Fetische sie unverwundbar und unüberwindlich im Kriege machen, die Hand des Feindes lähmen, ihre Waffen zerbrechen, Kugeln von ihrem Ziel ablenken, beide Geschlechter fruchtbar machen, und alle Uebel, außer Krankheit und natürlichen Tod, abwenden.

Können die Zaubermittel Böses abwenden, so gebraucht man sie auch, um Gutes zu verschaffen. Ein Mandingo-Neger, der durch Lugury ging, soll dort eine kleine, ganz mit arabischer Schrift überdeckte Holztrommel zurückgelassen haben, welcher man die sonderbare Kraft zuschrieb, ein Handelsschiff an die Küste herzuziehen, wenn der Häuptling sie gehörig schlage und zugleich bete.

Allein man braucht diese mächtigen Amulette nicht blos, um Uebel von sich selbst abzuwenden, sondern auch, um sie Andern zuzufügen. Beecham sagt darüber: „So oft es „einen feindseligen Racheplan gilt, wendet man sich um „seine Vollziehung zum Fetisch. Während Hutchinson „zu Kumasse, der Hauptstadt der Ashante, sich befand, „wurde ein Mann wegen Anschlags auf das Leben seines „Bruders, eines Kabusir (Edelmann), hingerichtet. Der „Verbrecher war der nächste Erbe seines Bruders, deshalb „wollte er ihn wegschaffen, um früher in den Besitz seines „Vermögens zu gelangen. Zu diesem Ende überfiel er ihn „aber nicht, sondern gebrauchte blos die Fetischbeschwörung."

— Das unbedingte Vertrauen zu der Kraft der Fetische, wie es die Neger hegen, ist fast noch seltsamer, als die Kraft selbst, die sie ihnen zuschreiben. Als ein Missionar einem mit Fetischen bedeckten Häuptling die Albernheit dieser Dinge klar machen wollte, sagte dieser ganz ruhig: „Gott „schützt die Weißen, aber die Neger können ohne Grigri „nicht leben, das ihn vor Schaden und Gefahr schützt, „gerade wie der Zaun den Garten vor wilden Thieren.“ Mehrere Ashante-Häuptlinge, mit ihren Schutzamuletten bewaffnet, forderten den Reisenden Bowdich geradezu auf, nach ihnen zu schießen, und das Vertrauen auf ihre Unverwundbarkeit macht, daß sie im Kriege ganz furchtlos und kopfüber sich in alle Gefahr hineinstürzen. In dem Loblied auf einen großen Häuptling, das die Barden bei einer öffentlichen Gelegenheit sangen, bildeten die Spitze des Preises die Worte: „Er ist unverwundbar, Niemand blickt seinen „Fetisch an und bleibt am Leben.“ Oldfield erzählt sogar den Fall, daß ein thörichtes Weib wirklich in blindem Fetischglauben es mit Lebensgefahr auf die Probe ankommen ließ, ob ihr Fetisch sie schütze. Sie glaubte gegen alle spitzen und scharfen Werkzeuge fest zu seyn, und war ihrer Sache so gewiß, daß sie sich anbot, ihr Bein hinzulegen, damit man es mit der Axt abzuhauen versuche. Der König ihrer Stadt hörte davon und wollte die Probe machen. Er hieß einen Mann die Axt nehmen und versuchen, ob dieses wunderbare Maghony sie davor schütze, denn in diesem Fall mußte es für den Krieg unschätzbar seyn. Ihr Bein wurde auf einen Block gelegt, und ein gewaltiger Hieb auf die Stelle unter dem Knie geführt. Der Erfolg war, wie zu erwarten stand: zum größesten Entsetzen der armen Frau und zum Schrecken aller Zuschauer flog das Bein an die andere Wand des Gemaches. Das Wunderbarste davon war, daß das Weib diese furchtbare Amputation überlebte, und Oldfield sah sie auf dem Knie herumkriechen.

Dieser Fetischaberglaube ist wohl der wurzelfesteste in Africa. Alle Thatsachen, alle Gründe, seyen sie auch noch so geeignet, die Augen aufzuthun, bleiben wirkungslos. Ein

Schiffsofficier auf einem Handelsfahrzeug machte einen Versuch mit dem Grigri eines Kru-Negers, das nur aus einer um die Brust gebundenen Schnur bestand. Der Neger behauptete fest, so lange er sie trage, komme ihm nichts Böses zu, und wer sie verletze, der sterbe sogleich. Der Officier zog sein Taschenmesser und zerschnitt die Schnur. Der arme Krumann war fast außer sich, und versicherte wiederholt, der Thäter müsse unfehlbar sterben. Obgleich nun dieser ganz wohl blieb, so ließ sich der Neger in seinem Fetischglauben doch nicht irre machen, er fing blos an, sich für betrogen zu erklären, so fern der Fetisch schlecht gewesen, und drohte, wie er beim Nachhausekommen den Fetischmann verklagen werde, weil er ihm einen schlechten Fetisch verkauft habe. — Die Wirkungsart der Fetische weiß der Neger selbst nicht genauer anzugeben; er denkt darüber wohl kaum nach, wie denn der Neger, laut Mungo Parks Zeugniß, „überhaupt nicht leicht über seine religiösen Vor„stellungen sich anders äußert, als: „so ist es herkömmlich!““ Er betet, opfert, thut dieses, läßt jenes, weil es seine Väter und Vorväter so gehalten haben.

Doch gibt es auch Beispiele von Nachdenken. Da heißt es denn, die Fetische wirken auf die die Welt regierenden Untergötter und werden dadurch den Menschen dienstbar. Diese Zauber nämlich sollen die Götter freundlich stimmen, daß sie Gutes gewähren, Böses verhindern. Da aber die meisten Götter selbst böse Wesen sind, so wirken in der Regel die Zaubermittel so, daß sie dieselben von Ausübung ihres bösen Willens zurückhalten, oder dieser Lust der Götter, den Menschen Schaden zu thun, eine Richtung geben, die der Rachsucht oder Bosheit des Betenden entspricht. Genug, dieses Grigri-Wesen läßt die africanische Götterverehrung in einem sittlich-abscheulichen Lichte erscheinen. Wie muß es in den Herzen einer Nation aussehen, bei der solcher Aberglaube herrscht, die solche Wesen anbetet. Die Untergötter rücken dem Neger den Schöpfer ferne; noch weit ferner aber tritt er durch die Grigri. In Wahrheit setzt er sein Vertrauen vielmehr auf die eitlen und albernen Amulette, die er trägt, auf die dummen, sinnlosen Ceremonien, die er vollzieht, als auf die Götter, die ihm als Stellvertreter der Gottheit auf Erden gelten. Kaum dürfte es ein Land der Erde geben, in dem der Allmächtige völliger von der Regierung seiner Geschöpfe ausgeschlossen wird, als dieses unglückliche Africa.

Siebenter Abschnitt.

Religiöse Gebräuche Africas.

Opfer. — Thiere. — Andere Opfer. — Veranlassungen derselben. Handel. — Krankheit. — Jahresfeste. — Teufelsopfer. — Menschenopfer. — Verbreitung der Menschenopfer. — Ihr Ursprung. — Anlässe zu Krieg. — Sieg. — Tod bedeutender Personen. — Krankheit. — Herrscherlaune. — Heilige Tage. — Handel. — Wichtige Unternehmungen. — Hohe Feste. — Grausamkeiten. Fetischbaum.

Fast jede bekannte Religion hat Opfergebräuche. Sie sind der heiligen, von Gott gegründeten Religion eigen; sie haben sich in jeder Gestalt der falschen Religion erhalten, und werden in dieser nur statt dem HErrn Himmels und der Erde, den an seine Stelle getretenen Geschöpfen dargebracht. Die Thierwelt ist es nicht allein, die dazu das Material geliefert hat, auch Männer, Weiber, Kinder haben auf den Altären grausamer und rachelustiger Götzen geblutet, und diese Bluthaten sind oft von der schauderhaftesten Art, wahrhaft teuflisch. Dies gilt vom Heidenthum der alten wie der neuen Welt. Africa liefert zur Stunde noch das abschreckendste Bild davon. Denn hier sind die Menschenopfer unglaublich und beispiellos zahlreich. Die Verheerungen des Sclavenhandels und der Mord im Großen der abergläubischen Grausamkeit verwandelt den Erdtheil in ein großes Blutfeld.

Sehen wir aber zuerst nach den harmloseren Opfern uns um. Sie sind sehr manchfacher Art: Hühner, Ochsen,

Schafe, Ziegen, Hunde — Alles wird den Götzen dargebracht. Die Rufi-Neger bringen Hundeopfer; bei den Timneh-Negern gelten weiße Hühner, Schafe oder Ziegen als Gutes bedeutende Thiere, und werden daher zur Besänftigung der bösen Geister geopfert. Die Ashantes haben große Schafheerden, die aber fast ganz nur zu Fetischopfern dienen. Die Papels, deren Hauptreichthum große Ochsenheerden sind, opfern diese Thiere. Doch ist das Huhn das gewöhnlichste Opferthier. „Da (laut Park) die Wälder, „nach der Ansicht der Africaner, von sehr mächtigen Gei„stern bewohnt sind, die sie sich weiß vorstellen, so trachten „sie besonders diese bei guter Laune zu halten und opfern „ihnen meist weiße Hühner, die sie mit den Beinen an die „Zweige gewisser Bäume binden.“ Dupuis, auf seiner Reise nach Kumase, war Zeuge eines solchen Opfers. Er wurde aus seinem Nachtlager früh Morgens durch den Eintritt eines Mannes aufgeschreckt, in dem er sogleich den Besitzer der Hütte erkannte. Der Mann wollte seinem Schutzgott ein Geschenk bringen, und das war unglücklicher Weise ein Baum, der gerade an der Thür des Gemaches wuchs, worin der Reisende schlief. Die Opfergabe, ein weißes, geflecktes Huhn und eine Kalabasche mit etwas Korn, Plantane und einer Flüssigkeit, die wie Blut aussah, wurde zuerst ganz nahe an den Baum auf den Boden gelegt; nachher aber wurde das Huhn zerschnitten und seine Glieder wurden an den niedersten Zweigen des Baumes aufgehängt. Eine schwärzliche Flüssigkeit wurde dann aus einer andern Schale als Trankopfer an der Wurzel des Baumes ausgegossen und ein Gebet dazu gesprochen, das Dupuis nicht verstand. Zuletzt kam noch eine Waschung des Baumstammes mit einer Farbe aus weißem und grauem Thon.

Eier, Plantanen und andere Früchte werden gleichfalls den Fetischen dargebracht. In Dahomy werden, nach Hutton, die Eier auf dem heiligen Boden des Fetisch nur zerbrochen und bleiben so liegen. In Ashante hält man eine Menge Hühner blos um der Opfereier willen. Als Freeman nach Fomunna reiste, sah er den Boden mit gesottenen Eiern, Glasperlen, Plantanen u. A. als Fetischopfer ganz bedeckt.

Es gibt verschiedene Opferanlässe. In Nufi opfert man jährlich einen schwarzen Stier, ein schwarzes Schaf und einen schwarzen Hund. Die Bijuga-Neger bringen, ehe sie etwas Wichtiges unternehmen oder beschließen, z. B. einen Raubzug, den Verkauf eines Inselchens, oder auch nur irgend einen Handel, immer erst einen Hahn dar. Kommt ein weißer Fremdling auf ihre Inseln, um Verbindungen mit ihnen anzuknüpfen, so müssen immer zuerst ein paar Hähne geopfert werden. Die Untersuchung des Kropfes des geopferten Vogels sagt dann, ob der Besuch Gutes oder Schlimmes bringt. In Ashante opfert man in gefährlichen Krankheiten. Manchmal bindet der Priester ein Huhn oder eine Katze an einen Stab und drückt so das Thier jämmerlich zu Tode; dann wird der Stab auf den Weg nach dem Hause des Kranken gelegt, um die bösen Geister davon abzuschneiden. Ist der Kranke reich, so muß Goldstaub und ein Schaf geopfert werden. Bowdich erzählt, es seyen während der Krankheit seines Führers in Kumasse mehrere Schafe geopfert und derselbe bis in den letzten Hauch gefetischt worden, so daß er unter dem Geheul etlicher alter Fetischweiber starb, die nicht abließen, die Wände, Thürpfosten und Alles ringsumher mit Eiern und andern Dingen zu beschmieren, bis sein Athem stillstand.

Die Opferthiere werden oft von den Opferern gegessen. So hält man es in Joruba. Clapperton sagt: „Die „Religion des Jorubavolkes besteht in der Verehrung des „Einen Gottes, dem man Pferde, Kühe, Schafe, Ziegen „und Hühner opfert. Bei einem Jahresfeste werden alle „diese Thiere bei dem Fetischhause geschlachtet, worein dann „ein wenig Blut auf den Boden gegossen wird. Dann „kocht man das Opferthier, und der König mit seinem „Volke, Männer und Weiber, verzehren es und trinken viel „Pitto (eine Art Bier) dazu.“

Der Teufel erhält natürlich seine Opfergaben auch. Wenn in den Goldgruben von Bambuk einem Arbeiter ein Unglück geschieht, so opfern seine Verwandten dem Fürsten der Finsterniß eine schwarze Kuh, um ihn dem Verstorbenen freundlich zu stimmen. Ein Missionar erzählt: „Diesen Morgen „fuhren wir an der sogenannten „Teufelsspitze" vorbei, und „der Lootse warf zu Ehren seiner satanischen Majestät ein „wenig von jeder Art von Eßwaaren an Bord ins Meer. „Vergeblich suchte ich ihn daran zu hindern; „denn," sagte „er, „des Weißen Weg und des Schwarzen Weg sind sehr „verschieden." Ich stellte ihm vor, daß er durch solche „Opfer und das Tragen der Grigri sich für einen Knecht „des Teufels erkläre. Allein er blieb dabei, daß die Grigri „zwar vor den Weißen nicht schützen, aber oft dem Schwar„zen im Krieg mit andern Schwarzen sehr viel nützen, und „daß, wenn er dem Teufel auf dem Wege, den Fluß (Gam„bia) hinauf, nichts gäbe, dieser ihm gewiß Schaden thäte, „daß er nicht mehr nach Hause käme. Denn unter dieser „Landspitze wohne der Teufel und strecke seine langen Arme „unter dem Wasser aus (der Fluß ist hier fast ¾ Stunden „breit), um die Opfer seiner Verehrer zu empfangen."

Neben diesen gewöhnlichen Opfern gibt es aber auch Menschenopfer. Gern würde man an dem Schauergemälde mit geschlossenen Augen vorübergehen, das hier sich entrollt. Allein nicht das weichliche Zurückbeben vor dem Elend, sondern die Willigkeit zu helfen, ist der Maaßstab der wahren Erbarmung: man muß dem grauenhaften Elend in die Augen sehen, den Zustand in seiner nackten Wirklichkeit erkennen, um zu den Mitteln der Rettung zu greifen, die Gott darreicht; wir dürfen also die Augen nicht schließen, sondern offenen Blicks, aber auch erbarmungsvollen Herzens in die Scenen hineintreten, die uns allerdings Africa in seiner tiefen Entmenschung darstellen. Mac Queen sagt uns: „Die Menschenopfer werden in Ashante, „Dahomy, Banin und überhaupt in jedem Lande dieses „Theils von Africa verübt, wo der Muhammedanismus „nicht die herrschende Macht ist (man darf hinzusetzen: und

„wo europäischer Einfluß sie nicht zu hindern vermag); und „zwar sind sie zahlreicher je nach der Größe und Macht„stärke des einzelnen Herrschergebietes.“ Es ist daher nicht ein einzelner Stamm, eine Nation, der diese Gräuel angehören, sondern es ist ein ganzes weites Land, worin sie im Schwange gehen. Je höher die Leute in weltlicher Größe und Würde stehen, desto tiefer sind sie in diese grausamen Netze verstrickt.

Es ist grausenhaft, wie zahlreich diese gräßlichen Opfer sind. Beim Tode Abahunzans, des Königs von Dahomy, fielen 280 seiner Weiber als Opfer des blutbefleckten Aberglaubens. Zur Strafe für eine Verschwörung gegen den König von Ashante wurden einmal nicht weniger als 700 Personen am Grabe der Mutter des Königs geschlachtet. In demselben Lande wurden nach dem gamanischen Kriege, der selbst voll schauerlichen Blutvergießens war, 2000 arme Opfer aus den Kriegsgefangenen herausgewählt und auf dem königlichen Todesstuhl zu Ehren verstorbener Könige und Helden hingemordet. Als Osai Quamina starb, wiederholte man drei Monate lang jede Woche die Todten-Costüme, und alle Mal wurden 200 Sclaven geopfert und 25 Fäßchen Pulver verschossen; aber als des Königs Bruder während des Einfalls der Fante-Neger starb, wählte der König 3000 Opfer, worunter 2000 gefangene Fantes, aus seinen Sclaven 1000; dann wurden noch von verschiedenen Städten geliefert, so daß 4000 Menschenleben am Grabe dieses Prinzen verbluteten. Der Ursprung dieses Barbarengebrauchs ist ziemlich in Dunkel gehüllt. Nur wenige der Eingeborenen wissen darüber etwas Verständiges zu sagen. „Viele,“ versichert Freeman, „haben einen entschiedenen Widerwillen gegen diese grau„same Sitte, Andere sind stumpf und fühlen das Gräßliche „derselben nicht mehr, wenn gleich ihr Leben so gut wie „das der Andern in beständiger Gefahr schwebt.“ Gewiß aber ist, daß eine Hauptwurzel dieser Grausamkeit in der Vorstellung dieser Völker von ihren Göttern liegt. Der König von Ashante sagte einmal im Gespräch: „Der

„Fetisch führt Krieg um starke Männer, weil sie viel Gold „zahlen und gute Opfer abgeben." Nach einem großen Sieg, mit dem ein blutiger Krieg endete, sangen die Nationalbarden von Aschante jubelnd: „Ein Strom von Verrätherblut versöhnt den Zorn des Flußgottes." Die Götter dürsten also nach Thier- und Menschenblut; und Beecham hat ganz recht, wenn er sagt: „Hauptsächlich um Opfer für „ihre Altäre zu bekommen, reizen die Volksgötter zum Krieg; „die Opferung der Gefangenen ist daher eine dem Volke „obliegende Verbindlichkeit. Das ist der Volksglaube."

Eine zweite Wurzel dieser Unsitte ist die armselige Vorstellung der Neger vom künftigen Leben. Es ist schon bemerkt worden, daß Könige, Kabustrs und andere Große nach dem Tode zu den Göttern gehen, um dort in africanischer Pracht ein üppiges Leben zu führen. Dafür brauchen sie, um standesgemäß aufzutreten und zu leben, eine Anzahl Sclaven, die sie begleiten. Je höher der Verstorbene im Leben stand, desto größer muß sein Gefolge im Jenseits seyn. Daher tödtet man Sclaven und Sclavinnen in Menge an den Gräbern. Dazu kommt noch die Furcht, es möchte der Abgeschiedene, wenn man nicht durch die Todtencostüme gehörig für ihn sorgt, an seinem irdischen Wohnplatze spucken und den Hinterlassenen alles Böse anthun. Die Anläße der Menschenopfer sind sehr zahlreich. Außer den schon genannten: Anfang eines Kriegs, Feier eines Sieges, Tod einer wichtigen Person, werden auch noch die Gräber der Verstorbenen alljährlich mit Menschenblut „begossen". Krankheiten, sonst außerordentliche Ereignisse, Zeiten besonderer Gebete und Feste, oder auch nur die Barbarenlaune eines grausamen Tyrannen, der seine brutale Größe damit zeigen will, rufen diese Gräuelthaten hervor. Ein Krieg wird selten ohne Menschenopfer eröffnet. „Als der König von „Aschante," sagt Dupuis, „den Feldzug gegen Gamam „eröffnen wollte, rief er seine Priester zusammen, um den „königlichen Fetisch anzuflehen und die nöthigen Orgien zur „Sicherung des Sieges abzuhalten. Sie opferten 32 Sclaven und 18 Sclavinnen; aber die Antworten der Götter

„waren dem Kriegsrath noch nicht begeisternd genug, „weshalb der König neue Costümen an den Gräbern seiner „Vorfahren anstellte, wobei Hunderte von Menschenopfern „bluteten. Dieß stillte den Grimm der feindlichen Götter."

Ein Sieg bringt dieselben Gräuel, nur in größerem Maaßstabe. In Dahomy hatte einer der königlichen Prinzen einen Nachbarkönig besiegt; die nächste Folge waren nicht blos große Geschenke an seine Kriegsführer und Häuptlinge, sondern auch eine wahre Ueberschwemmung der Götteraltäre und Ahnengräber mit dem Blute der unglücklichen Gefangenen. Bei einem solchen Anlasse wurden einmal 1800, ein andermal sogar 4000 Menschenopfer geschlachtet. Noch häufigere Gelegenheiten bietet der Tod hoher Personen. Die Todtencostüme, wie man es nennt, wird zuweilen etwas verschoben, und dann schlachtet man in der Zwischenzeit nur etliche Wenige, die inzwischen den Verstorbenen bedienen sollen, bis die Hauptschaar nachfolgt. Meredith sagt, im Jahr 1800 seyen nach dem Tode des Königs von Apollonia nur jeden Sonnabend zwei Menschen geopfert worden, bis erst nach sechs Monaten die große Costüme stattfand. Einige Sclaven werden gewöhnlich in dem Augenblicke geschlachtet, da der Sterbende den letzten Athem aushaucht. Der König von Ashante ließ in seiner letzten Schlacht gegen die Engländer bei Dodowah, so oft ihm gemeldet wurde, daß einer seiner Kriegsführer gefallen sey, jedesmal sogleich etliche Sclaven abschlachten, um ihnen in die andere Welt zu folgen. Die Könige von Quatschi, Quosi und Adumata ließen, sobald die sterbende Mutter des Königs den letzten Athemzug that, ein junges Mädchen opfern. Sobald die Flintenschüsse knallen, die den Tod einer hohen Person verkündigen, beginnt auch das Morden, und eine Menge Sclaven brechen dann aus den Häusern und rennen in den Wald, in der Hoffnung, die Hintersten oder die noch im Hause Gefundenen werden erst als Opfer bluten, und sie selbst werden entrinnen, wenn es ihnen nur gelinge, sich zu verstecken, bis die Costüme vorüber sey.

Der Begräbnisstag und mit ihm die grosse Costüme bricht endlich an, und jetzt beginnt eine barbarische Mordscene, die kaum zu beschreiben ist. Bowdich war Zeuge des Leichenbegängnisses der Mutter eines grossen Kabüsir. Er ging um Mittag aus und sah mit seinen Begleitern die Geier über den noch warmen Leichen Enthaupteter schweben, während ihm verschiedene Weibertruppen je von 50 bis 100 begegneten, die in schleifender Bewegung tanzten und dabei in gräßlichen Tönen die Verstorbene beklagten. Andere Weiber trugen schöne Kleider und Seidentücher auf dem Kopfe, die ihr gehört hatten. Sie alle waren mit rothem Thon überschmiert, womit sie diejenigen nachahmten, die mit Blut bedeckt waren. Die Menge stürzte sich wild daher; das Getöse von Pferden, Trommeln, Flintenschüssen, das Geschrei, Geächze und Gekreische von allen Seiten machte einen gräßlichen Eindruck. Alle Augenblicke wurde ein Opfer in größester Eile von Leuten vorübergeschleppt, deren wilde Mordlust aus den Gesichtern sprach und ihnen ein teuflisches Aussehen gab. Dann kamen die Häuptlinge, durch Flintenschüsse angekündigt. Jetzt wurde des Königs Eintreffen auf dem Marktplatze verkündet, und Alles drängte sich in wildem Schwalle dorthin; aber die Säbel der Soldaten hieben dem Leichenzuge eine Bahn durchs Gedränge. Der Sohn der Verstorbenen ging voran und tanzte herüber und hinüber wie ein ganz Betrunkener. Die armen Opfer, denen ein Messer durch beide Wangen gesteckt war, sah er mit einer der Tollwuth nahen Barbarenlust an; sie blickten ihm mit stumpfer Gleichgültigkeit entgegen. Die andern Häuptlinge in ihrem Fetischputz folgten im Zuge. Auf dem Marktplatze angelangt, sah man den König, von seinem Prunke und seinem Gefolge umgeben, schon da sitzen. Dreizehn Opfer, von ihren Henkern in schwarzen Mützen und Westen umgeben, wurden durch die Volksmasse zu seiner Linken zusammengedrängt. Nun lärmte das Geschrei der Klageweiber, es gellten die Hörner, es dröhnten die Trommeln, das Getöse war über alle Beschreibung. Nahe beim König fing man an Flinten loszuschießen, was sich fortpflanzte und eine ganze Stunde lang im Kreise herum ging. Die Soldaten blieben dabei stehen; aber die Häuptlinge sprangen, so oft sie geschossen hatten, wie Tolle in dem Kreise herum, während ihre Schmeichler ihnen folgten, Flaggen über ihren Köpfen schwenkten und mit Gebrüll ihre „starken Namen" ausriefen. Die Hauptfetischschreiber der Familie stürzten sich beim Schießen durch die Reihen mit einem schauerlichen Angstgeheul. Als das Schießen stiller wurde, trank man eine Masse Rum und Palmwein, und die vornehmsten Frauen der Familie, zum Theil schöne Gestalten, traten vor und tanzten.

Nachdem noch ein Geschenk an Schafen und Rum zwischen dem König und dem Sohn der Verstorbenen gewechselt war, verkündeten die Trommeln die Schlachtung der Opfer, die von den Häuptlingen der Reihe nach untersucht wurden. Die Henker stritten sich um den blutigen Dienst, und die armen Opfer sahen mit verwundernswerther Stumpfheit drein. Endlich riß einer von jenen ein Schwert heraus, hieb einem der Opfer die rechte Hand ab, warf ihn nieder und sägte ihm den Kopf ab; denn schneiden konnte man das nicht nennen. Auf dieselbe Weise wurden die andern Zwölfe auf dem Platze verstümmelt und geschlachtet, und Andere, hauptsächlich Sclavinnen, wurden geholt, um im Walde, wo der Leichnam begraben wurde, getödtet zu werden. Nachdem die Köpfe all der gemordeten Sclaven ins Grab gelegt waren, mußten schnell einige der Vasallen der Familie den Sarg herablassen. Eben als er die Köpfe unten berührte, erhielt plötzlich einer der freien Leute, die diesen Dienst thaten, einen betäubenden Schlag; ein tiefer Schnitt ward ihm von hinten in den Hals gemacht, sein Leichnam auf den des Verstorbenen gewälzt und nun hurtig das Grab mit Erde bedeckt.

Dieß sind die Leichenfeierlichkeiten bei den Großen in Aschante, die natürlich nach dem Range des Todten größer oder kleiner werden. Stirbt der König, so übertrifft nicht blos die Costüme für ihn alle andern, sondern es müssen auch die Unterthanen alle Todtencostüme, die sie während seiner ganzen Regierung gemacht, mit allen Menschenopfern und Schmausereien noch einmal machen, um den Monarchen würdig feiern zu helfen. Die Brüder, Söhne und Neffen des Verstorbenen müssen sich wahnsinnig stellen; sie springen aus den Häusern und schießen unter die Volksmenge hinein. Auch ein Mann von Rang, wenn er das Unglück hat ihnen zu begegnen, wird niedergeschossen. Diese Mordthaten dürfen weder verhindert noch gestraft werden. Des Königs Okras oder Leibsclaven, die sich durch einen großen goldenen Halsring auszeichnen, und deren mehr als hundert sind, werden alle mit vielen Weibern an seinem Grabe geopfert. Noch oft und lange nach dem Tode werden diese Costüme erneuert, und das Bantama (Königsgrab) muß immer wieder vom Menschenblut rauchen.

In mehreren Gegenden Africas wird eine oder werden mehrere Frauen eines Verstorbenen geopfert und zwar auf verschiedene Weise. Am einen Orte muß sie sich neben den verstorbenen Mann legen und wird lebendig begraben, am andern ertränkt man sie im Flusse; zu Dschenna muß sie an Hunger oder Gift sterben. Lander erzählt: „Die „Frau des verstorbenen Statthalters von Dschenna wurde „in ihrem Verstecke gefunden und ihr zwischen dem Giftbecher oder Zerschmetterung des Kopfes mit der Keule „des Fetischpriesters die Wahl gelassen. Sie wählte die „erstere Todesart, weil sie weniger schrecklich schien, und „kam in unsern Hof, um ihre letzten Stunden unter ihren „treuen Sclavinnen zuzubringen. Den ganzen Tag kamen „Frauen zu ihr, um ihre Theilnahme zu bezeugen. Die „vornehmsten Männer der Stadt erschienen auch, um der „Gebieterin die letzte Huldigung darzubringen. Auch ihr „Todtengräber kam und warf sich vor ihr auf den Boden „nieder. Trotz aller Zureden der Priester und alles Flehens des ehrwürdigen Opfers zu ihren Göttern um Kraft „zu dieser letzten Aufgabe, wurde doch ihr Muth mehr als „einmal erschüttert. Sie kam zweimal in unsern Hof, um „in den Armen der treuen Sclavinnen zu sterben, und „zweimal stellte sie das tödtliche Gift wieder weg, um noch

„einmal umherzugehen, die Sonne und den herrlich blauen „Himmel anzuschauen; denn sie konnte den Gedanken nicht „ertragen, sie nie wieder zu sehen. Sie war voll Unruhe „und Angst, und mochte gar zu gern dem Tode entrinnen, „wenn sie nur dürfte. Ihr Grab ward inzwischen gemacht. „Das Gift, welches zu diesem Zwecke gebraucht wird, tödtet „in fünfzehn Minuten."

Krankheitsfälle sind auch oft Anlässe zu Menschenopfern. Als Osai Quamina, König von Ashante, krank lag, wurden an bestimmten Wochentagen Jungfrauen für seine Wiedergenesung geopfert. Endlich aber opfert die wilde Laune der Herrscher Hunderte armer Neger. Dies zeigt folgende Thatsache: Nach einem großen Siege der Armee von Dahomy wurden Officiere und Soldaten mit Kauri (Muschelgeld) und Tuch reichlich belohnt, und die Schädel der Gefallenen an den Wänden des Königspalastes zur Verzierung aufgestellt. Als die Leute damit zu Ende waren, zeigte sich's, daß die Schädel nicht ganz herumreichten. Man maß den leeren Raum und überschlug, wie viele Köpfe noch zu der barbarischen Verzierung erfordert würden. Es waren 127 Köpfe. Ohne alles Bedenken schickte man in die Gefängnisse und ließ 127 Gefangene herschleppen und ihnen unter allgemeinem Beifall die Köpfe abschneiden.

Es gibt besonders geweihte Tage, an denen Menschenopfer fallen. Dupuis sagt: „Der Montag ist ein heiliger „Tag; der König brachte den Vormittag mit Fetischceremonien zu, und drei Menschen wurden nebst mehreren Thieren „geopfert."

Sogar ganz weltliche Dinge können Menschenopfer fordern. Robertson sagt von Awane: „Hier wird öfters „eine heilige Jungfrau gepfählt, ein Opfer, das die Schifffahrt auf dem Flusse verbessern und den Handel erweitern „soll. Es geschieht auf die gräßlichste Weise, indem man „Hände und Füße an Pfosten bindet, und dann den Leib „in einen im Boden steckenden spitzen Pfahl hineindrückt, „und die Arme so elendiglich sterben läßt. Die hier häufi-

„gen Trappen fressen oft schon an dem Fleische der noch „Lebenden.“

Auch bei wichtigen Berathungen oder Unternehmungen fehlen die gräßlichen Opfer nicht. Dupuis Einzug in Kumasse war der Anlaß zur Schlachtung einer Anzahl von Sclaven und Verbrechern, die der König seit längerer Zeit dazu hatte aufbewahren lassen. Im Palaste wurden ihrer neun geschlachtet, und jeder Häuptling mußte auch noch einige liefern.

Endlich sind die großen Nationalfeste in Ashante und Dahomy Gelegenheiten, Blut in Strömen zu vergießen. Am Ende Augusts feiert man in Ashante die Jams-Costüme, wenn die Jamswurzel reif ist. Es ist ein öffentliches Dankfest für die Erhaltung des Volks im letzten Jahre durch die Güte der Fetische. Weder Diebstahl noch Gewaltthat noch Hinterlist werden während dieser Festtage gestraft; die schändlichste Frechheit waltet und beide Geschlechter überlassen sich den gemeinsten Ausschweifungen. Die barbarischsten Scenen sind an der Tagesordnung. Jeder Kabusir, der sich nach der Hauptstadt begibt, opfert einen Sclaven am Thore, durch das er sie betritt. In dem Festzuge des ersten Tages werden die Köpfe aller besiegten Könige und Kabusire seit der Zeit Osai Futas bis auf diesen Tag, mit denen aller hingerichteten Rebellen, durch die Scharfrichter in zwei Abtheilungen, deren jede mehr als 100 Mann stark ist, umhergetragen. In die Schädel sind Thimianzweige gesteckt, damit die Geister der Verstorbenen den König nicht plagen. Die Träger derselben springen in wildem Tanze und klopfen mit ihren Messern an die Schädel, wobei sie das schauderhafteste Geberdenspiel, oder Züge unaussprechlichen Hohnes gegen die Todten sehen lassen. In verschiedenen Theilen der Stadt werden etwa hundert Leute, meist Verbrecher, geschlachtet. Mehrere Sclaven werden am Bantama (Königsgrab) über der großen ehernen Pfanne geschlachtet, damit ihr Blut sich mit den vielerlei thierischen und Pflanzenstoffen darin mische. Diese ekelhafte Mischung der halb verfaulten Dinge mit Opferblut ist unüberwindlicher Fetisch. Da, wo der neue

Jams herausgezogen wird, schlachten die Häuptlinge wieder Sclaven und lassen ihr Blut in die Höhlung laufen, worin die Pflanze steckte. Wer keinen Sclaven opfern kann, der nimmt den abgeschnittenen Kopf eines Geopferten und stellt ihn auf die Höhlung.

Die Adai-Costüme bietet nicht selten ähnliche Scenen dar. Die Zeit wird im Ashantelande in Abschnitte von je drei Wochen getheilt, und die erste dieser Wochen ist die „gute Zeit des Adai." In sie fällt die genannte Festlichkeit. Bei Sonnenuntergang des Tages vor dem Feste wird die große Todestrommel, die am Thor des Palastes steht, laut geschlagen. Alle dem königlichen Haushalt Angehörigen erheben bei diesem Signal ein Jauchzen, und dieses hallt in wenigen Augenblicken die ganze Hauptstadt nach. Die ganze Nacht hindurch erschallt Musik und knallen die Flinten. Am andern Morgen geht der König in das Fetischhaus, gegenüber dem Palaste, und opfert etliche Schafe, deren Blut auf den als Palladium des Reiches betrachteten goldenen Stuhl gegossen wird. Es versammeln sich dann alle Großen im Palasthofe; alle Pracht dieser Barbaren wird entfaltet, und der König vertheilt Geschenke an die Häuptlinge und Kriegsführer, die jedesmal zusammen etwa 5000 Gulden werth seyn sollen.

Hutchinson erzählt: „Das größeste Menschenopfer, „das während meines Besuchs in Kumasse gebracht wurde, „fand am Tage vor dem Adai statt. Es war Anfangs „Januars. Ich hatte zwei Tage vorher einen geheimniß„vollen Wink darüber erhalten, darf aber nicht sagen von „wem. Als meine Knechte weg waren, sagte Jemand zu „mir: „Christ, nimm dich in Acht und habe ein Auge über „deine Familie. Der Engel des Todes hat sein Schwert „gezogen und wird den Hals manches Ashante treffen. „Wenn die Todestrommel schallt am Tage vor Adai, wird „es für Viele das Todeszeichen seyn. Meide den König, „wenn du kannst; aber fürchte nichts." Als die Zeit zum „Schlagen der Trommel herannahte, und Hutchinson eben „in trauerndem Nachdenken über die Schauer der einbrechen-

„den Nacht saß, erhielt er plötzlich Botschaft vom König, „zu ihm zu kommen, was er sogleich that. Während dieser „Audienz traten die Beamten, die den König zum Opfer „begleiten sollten, mit ihren Messern und andern Mordwaf- „fen herein.

„Die ganze Nacht durchstreiften die königlichen Scharf- „richter die Straßen, und schleppten wen sie fanden in den „Palast, wo sie in Eisen gelegt wurden. Aber es hatte „Jemand das Geheimniß verrathen, und Alles war ent- „flohen. Dem König waren die besten der erwählten Opfer „entschlüpft. Am nächsten Morgen, dem Adaifest, da sonst „eine ungeheure Menge Volks in den Gassen wogt, war „Alles still und öde; auf dem Markte ganz leer. Der Kö- „nig ging, nur von seinen Vertrauten und seiner Familie „begleitet, zu dem gewöhnlichen Adai-Opfer. Als ich zur „gewohnten Zeit erschien, war er sichtlich über meine Furcht- „losigkeit erfreut und bemerkte, wie mir die kleine Zahl der „anwesenden Häuptlinge auffiel. Er war aufgeregt und „müde und blieb nur ganz kurz sitzen.

„Sobald es Nacht war fingen die Menschenopfer wie- „der an, und die Gebeine der königlichen Verstorbenen wur- „den in das heilige Grab Bantama gebracht, um bei den „Resten ehemaliger Könige beigesetzt zu werden. Der Zug „war glänzend, aber nicht zahlreich. Alles war im Kriegs- „gewande, mit der Flinte; Fackeln wurden vorangetragen. „Die heiligen Stühle und aller hohe Schmuck wurde mit- „getragen. Die Opfer, mit auf den Rücken gebundenen „Händen und in Ketten, gingen vor den Gebeinen. Von „Zeit zu Zeit ließen Todes- und Siegesgesänge den Wunsch „laut werden, Krieg anzufangen. Der Zug kam Montags, „etwa um drei Uhr Nachmittags, zurück; der König setzte „sich mit seiner kleinen Musikbande auf dem Marktplatze, „und „Tod! Tod! Tod!" schollen seine Hörner. Er saß da, „einen silbernen Becher mit Palmwein in der Hand, und „so oft ein Kopf abgeschnitten wurde, machte er eine tan- „zende Bewegung auf seinem Sessel. Etwas vor Nacht „endeten die Schrecken dieses Tages, indem er sich in den

„Palast zurückzog. Kurz darauf kamen die Häuptlinge zum „Vorschein, ließen sich auf den Straßen sehen und waren „froh dem Tode entronnen zu seyn, obgleich nach wenigen „Tagen dasselbe Schicksal sie wieder treffen konnte. Ich „wage nicht meine Leute auszuschicken, um etwas zu holen, „damit sie nicht gemordet werden. Es gab aber auch nichts „auf dem Markte, und im Hause hatten wir nicht einen „Tropfen Wasser. Das Opfer wurde bis zum nächsten „Adai, siebenzehn Tage lang, fortgesetzt."

Die Jahresfeste von Dahomy sind nicht minder blutig. — Mit diesen Opfern hängen abscheuliche Barbareien und Martern zusammen, die so stark jedes menschliche Gefühl empören, wie die Opfer selbst. Als Bowdich mit seinen Begleitern in Kumasse anlangte, waren sie einen Augenblick Zeugen eines gräßlichen Schauspiels. „Ein Mann wurde „gefoltert ehe man ihn opferte. Die Hände waren ihm auf „dem Rücken zusammengeschnürt; ein Messer stak ihm durch „die Wangen; der Mund war auch von demselben durch„bohrt, daß es ganz wie die Zahlfigur 8 aussah; ein Ohr „war ihm abgeschnitten und wurde vor ihm hergetragen, „das andere hing nur an einem Stückchen Haut auf die „Schulter herab; im Rücken hatte er mehrere Schnitte; un„ter jedem Schulterblatt stak ein Messer. An einem durch „die Nase gezogenen Strick führten ihn ein paar Männer „mit häßlichen schwarzen Pelzmützen; Trommeln wurden „vor ihm her geschlagen." — Der General des Heeres von Dahomy gab einmal Befehl, die Alten und Schwächlichen unter den Kriegsgefangenen zu opfern, und wollte diese Blutthat durch Grausamkeiten erhöhen. Er vertraute ihre Tödtung den Knaben der Soldaten an, die dadurch sich frühe an Erbarmungslosigkeit gewöhnen sollten. Man gab ihnen Schwerter, um den Gefangenen die Köpfe abzuschneiden. Da einige der Knaben nur sieben oder acht Jahre alt waren, so konnten sie die Waffe kaum handhaben, und man kann sich leichter vorstellen als beschreiben, welche Qualen die armen Opfer von ihrem Ungeschicke ausstehen mußten.

Leicht könnten wir noch lange so forterzählen. Aber es ist genug, um den blutigen Charakter des africanischen Aberglaubens zu bezeichnen und das Gefühl in dem Leser zu wecken, daß der religiöse Zustand dieser armen Völker über alle Begriffe finster und traurig ist. Wir schließen daher nur noch mit kurzen Mittheilungen des Reisenden Lander über Badagri. Nach der Meldung von der barbarischen Hinschlachtung zweier junger Frauen des Häuptlings, blos weil sie sich über Hergänge im Palaste offen ausgesprochen hatten, fährt er fort: „Die Ermordung eines Sclaven wird „nicht einmal als leichteres Vergehen betrachtet, und die „Häufigkeit dieses Verbrechens hat nicht nur alles Gefühl „für seine Schändlichkeit weggenommen, sondern auch die „Brust der Meisten gegen jedes Mitleidsgefühl gestählt, „während König und Häuptlinge durch ihr Beispiel die „mordlustige Rohheit nur verstärken. Badagri ist ein Haupt„stapelplatz für den Sclavenhandel mit Europäern, meist „Portugiesen, und es kommt öfters vor, daß der Markt über„führt ist; die Nachfrage stockt; wo dann die Regierung die „unglückseligen Sclaven erhalten soll. Die Ausgaben, die „dies verursacht, bringen Klagen zu den Ohren des Königs, „der dann eine Untersuchung anstellen und die Alten und „Schwachen aus einer der Factoreien (es gibt deren fünf, „mit wenigstens 1000 Sclaven beiderlei Geschlechts) zusam„menketten läßt. Am folgenden Tage werden sie geknebelt „und an das Ufer eines Flusses geführt, der an der Küste „hinfließt. Dort werden sie von der Kette gelöst, jedem „einige schwere Steine um den Hals gehängt, ein Kanoe „rudert ihrer Etliche in den Strom; dort schleudert man sie „ins Wasser und läßt sie ertrinken. Sclaven, die aus irgend „einem Grunde keinen Käufer finden, haben entweder das„selbe Schicksal, oder sie werden zu Menschenopfern gebraucht „und sterben dann eines noch qualvolleren Todes. In der „Fetischhütte des Königs von Adoili zu Badagri wird in „einem irdenen Gefäße, in den Boden gegraben, der Schä„del seines Vaters aufbewahrt und oft mit Menschen- oder „Thierblut bespritzt. Geht der König in den Krieg, so

„nimmt er den Schädel mit und redet oft mit ihm; ja er „macht ihm Vorwürfe, wenn es nicht so gut geht, als er „erwartete. Es befindet sich zu Badagri noch ein anderes „Fetischhaus, das mit von der Zeit gebleichten Schädeln und „Menschengebeinen ausgeziert ist. Nicht weit davon steht „ein Fetischbaum, an welchem man die Rümpfe der gemor„deten Menschen aufhängt.

„Diebe und andere Verbrecher, nebst den unverkauften „Sclaven, die nicht mit ihren Elendsgefährten ertränkt „wurden, werden allmonatlich den Göttern geopfert. Kriegs„gefangene schlachtet man, um die Geister der gefallenen „Soldaten von Adoili zu versöhnen, und zwar geschieht es „auf die gräßlichste Art. Man bringt den Unglücklichen „zu einem Fetischbaum und gibt ihm eine Flasche Rum zu „trinken. Während er damit beschäftigt ist, schleicht sich „Einer mit einer schweren Keule oder einem Knittel hinter „ihn und führt einen so gewaltigen Schlag auf sein Hin„terhaupt, daß meist das Gehirn davon spritzt und ein „zweiter Streich überflüssig wird. Dann schleppt man den „Zerschmetterten in die Fetischhütte, hält eine Kalabasche „bereit, haut mit der Axt den Kopf vom Rumpfe und „läßt das rauchende Blut in die Schale strömen. Zu glei„cher Zeit machen sich Andere mit Messern über den Ster„benden her, schneiden ihm die Brust auf, um wo möglich „sein Herz noch warm und klopfend zu bekommen. Das „Herz wird dann dem König, seinen Frauen und Kriegs„führern gereicht, die sämmtlich bei diesen Opfern anwesend „sind; Jedes beißt hinein und trinkt ein wenig von dem „schäumenden Blut aus der Kalabasche, worauf dann das „Herz dem anwesenden Volk gezeigt wird, indem man es „auf einen langen Spieß steckt und nebst der Blutschale „und dem Leichnam durch die Stadt trägt, von einem Ge„folge von Hunderten mit Lanzen oder ohne solche begleitet. „Die Volksmenge drängt herzu, um in das Herz zu beißen „und das Blut zu kosten; die Meisten tanzen und singen. „Der Rest des Herzens wird den Hunden hingeworfen, der „Leichnam zerstückelt und am Fetischbaum aufgehängt, wo

„ihn die Raubvögel verzehren. Außer diesen Schlächtereien „gibt es ein jährliches Hauptopfer unter dem heiligen Fe„tischbaum, der etwa einige Stunden weit von der Stadt „im Walde steht. Es gilt dem bösen Geiste, dem alljährlich „Hunderte von Menschenleben zur Ehre fallen, mit welchen „sämmtlich dieselbe gräßliche Procedur stattfindet, wie wir „sie beschrieben haben, nur daß der Leichnam gleich zerhackt „und auf den gewaltigen Aesten des Baumes umhergelegt „wird, während die Schädel an seinem Fuße in der Sonne „bleichen. Zufällig sah ich diesen berühmten Baum, von „dem man so viel hört, und zwar gleich nach der Bege„hung eines der größesten Opfer. Es war der scheußlichste „Anblick meines Lebens. Wir waren etwa anderthalb „Stunden von Badagri, als der furchtbare Fetischbaum „plötzlich vor uns stand, seine ungeheuren Aeste im wörtli„chen Sinne mit Stücken von Menschenleichnamen bedeckt, „und sein majestätischer Stamm mit unregelmäßigen Haufen „häßlicher Todtenköpfe umthürmt, die seit ungezählten Jah„ren sich da ansammelten. Tausende von Geiern, durch „unsern unwillkommenen Besuch aufgescheucht, wiegten sich „ringsum über ihrem ekelhaften Mahle, und schossen hie „und da furchtlos auf ein halbverzehrtes Bein oder einen „Arm nieder. Ich stand wie angezaubert und erstarrt von „dem Schauer und blickte entsetzt auf die gräßliche Scene. „Die Riesenäste ächzten unter ihrer Last von Menschenfleisch „und Menschengebein; sie waren in langsamen Schwingun„gen von dem plötzlichen Auffliegen der vielen großen Raub„vögel. Dazu die unerträgliche Gluthitze der Tropensonne, „der unausstehlich massenhafte Verwesungsgeruch, die Hau„fen von Menschenköpfen, die mit ihren Höhlen, worin „einst lebendige Augen geleuchtet, mich graß anstierten; die „furchtbare Stille und Oede des Orts, nur von dem „Seufzen des bewußtlosen Windes im dunkeln Laube, oder „durch das Gekreische gefräßiger Geier unterbrochen, wenn „sie mit ihren schwarzen Flügeln mich fast ins Gesicht „schlugen — es überwältigte mich, das Herz sank mir im „Busen; Dunkel umfing meine Augen, die Füße trugen

„mich nicht mehr, ich drehte den Kopf und fiel bewußtlos „in die Arme Jowdies, meines treuen Sclaven."

Achter Abschnitt.

Religiöse Gebräuche Africas.

Gottesgerichte durch Gift. — Art der Vollziehung. — Anlässe dazu. Lander trinkt Fetisch. — Zauberei. — Mordverdacht. — Grausamkeiten. — Africanische Ansichten über den Fetischtrunk. — Verbreitung der Sitte. — Das Purrah, nach Golbury, Laing und Winterbottom. — Mumbo Dschumbo. — Priesterzahl. — Charakter. — Classen. — Priesterinnen. — Priesterkleidung. — Weihung. — Einfluß. — Unterhaltsmittel. — Einkünfte. — Schluß.

Alle Heidenvölker Africas halten sich an die Gottesgerichte durch Gift. Dasselbe besteht aus dem Absud einer Baumrinde, die fast überall im Lande wächst. Der Baum hat aber fast in jedem kleinen Gebiete einen andern Namen. Er ist so giftig, daß dem Major Gray einmal vier Pferde und sechs Schafe wegstarben, weil sie von seinen Blättern gefressen hatten. Doch wird der Fetischtrank auch von einer Nuß gemacht, die ein eben so rasch tödtendes Gift enthält.

Man behandelt diese furchtbare Ceremonie verschieden. Es bringt immer nach dem Genuß Uebelseyn, Erbrechen, Schmerz im Magen und Unterleib und sehr häufig den Tod. Dann ist der Angeklagte, der es genommen hat, unzweifelhaft schuldig. Kommt er davon, was leicht geschieht, wenn man ihm wenig genug gibt, welches wiederum von dem Geschenk an den Fetischmann abhängt, oder auch bei starken Naturen ohne diese Bestechung möglich ist, oder durch geeignete Gegenmittel herbeigeführt wird; dann ist er unschuldig. Manchmal aber gibt man gleich nach der Rinde ein Brechmittel, wie Hutton von Dahomy erzählt: „Ist „Jemand eines Diebstahls oder sonstigen Verbrechens ver-

„dächtig, so muß er sich dem Dun-Essen unterwerfen. Am „Abend vor dem Tage desselben geht der Angeklagte früh „zu Bette, wäscht sich am folgenden Morgen um 5 Uhr, „worauf er ein Achtel-Unze der Dun-Rinde kaut. Gleich „darauf trinkt er frisches Wasser, und zwar mehrere Kala-„baschen. Bricht er das Gift aus, so ist er unschuldig; „wo nicht, so gilt er für schuldig, muß noch ein stärkeres „Brechmittel nehmen, und erhält nun erst seine Strafe vom „Häuptling."

Alle möglichen Anlässe können den Neger zu dem furchtbaren Versuche nöthigen. Es bedarf ja nur des Verdachts irgend eines Verbrechens. Das hat der kühne Reisende Lander fast auf Kosten seines Lebens erfahren. Wir haben oben seine Worte angeführt von der Fetischhütte in Badagri, die mit Menschenköpfen geziert ist. Er fährt fort: „In diesem Heiligthum der Heiden muß jeder Verdächtige „das bittere (giftige) Wasser trinken, um seine Schuld oder „Unschuld darzuthun.

„Ich ahnte nicht, als ich eines Tages den Ort besuchte, „um das Aeußere der Hütte zu beschauen, daß ich selbst „bald ihr Inneres betreten und von den unerbittlichen Prie-„stern gezwungen werden sollte, das bittere Wasser zu ver-„suchen, damit man wisse, ob ich ein guter oder böser „Mensch, ein Freund oder Feind ihrer Nation sey.

„Die heimlichen Einflüsterungen der Portugiesen hatten „angefangen sehr starke Wirkung zu thun. Eines Morgens, „als ich mein einsames Frühstück von Palmöl und Mais „nahm, wurde ich durch eine Botschaft vom Könige erschreckt, „der mir befahl, mich um Mittag in die Fetischhütte zu be-„geben, um den dort versammelten Priestern über gewisse „gegen mich vorgebrachte Anklagen Rede zu stehen. Ich „wußte wohl was das zu bedeuten hatte und konnte nicht „umhin, in Aussicht auf das furchtbare Schicksal, das ich „vor mir sah, mir selbst zu sagen: „Also das ist das Ende „meiner Wanderungen und meines Lebens! So vielen Ge-„fahren bin ich entronnen, so mancher Noth glücklich ent-„hoben worden, um hier mein Leben früh zu endigen. Es

„ist hart, so nahe bei meinen Landsleuten, daß sie mich fast „hören können, gemordet zu werden; es ist ein schauerlicher „Gedanke, daß herzlose Barbaren meinen Schädel als Sie„geszeichen aufbewahren und gierige Raubvögel meinen „Leichnam fressen sollen.“ In diesem traurigen und viel„leicht unmännlichen Selbstgespräch, worin ich versunken „war, trat eine Thräne mir in die Augen; aber ich wischte „sie schnell ab und wandte die kurze Zeit an, um mit Gott „im Frieden zu seyn, so daß ich, als die Leute kamen, mich „in das Fetischhaus zu führen, ganz gefaßt und ruhig der „furchtbarsten Strafe, die Menschen verhängen können, ent„gegenschritt.

„Natürlich ging die Kunde von der Verhaftung und „bevorstehenden Prüfung des Weißen wie ein Lauffeuer durch „die Stadt, und Schaaren mit Aexten, Spießen, Keulen, „Bogen und Pfeilen Bewaffneter schlossen sich an den trau„rigen Zug an. Im Fetischhaus angelangt, fand ich Prie„ster und Aelteste im Kreise sitzen, die mich in die Mitte „hereintreten hießen. Als ich es gethan, stand einer der „Priester auf, bot mir eine Schaale mit einer von Wasser „kaum zu unterscheidenden klaren Flüssigkeit, und sprach laut „und mit großem Nachdruck: „Du bist angeklagt, weißer „Mann, gegen unsern König und seine Regierung böse Plane „zu hegen, und sollst daher dieses Gefäß austrinken, an dem „du sicher sterben wirst, wenn du schuldig bist. Sind die „Anklagen grundlos, so darfst du dich nicht fürchten, Christ; „der Fetisch wird dir nichts thun, denn unsere Götter thun „nur was recht ist.

„Ich faßte die Schaale mit zitternder Hand und schaute „einen Augenblick in die schwarzen Gesichter meiner Richter; „aber nicht Ein Blick des Mitleids leuchtete mir entgegen. „Tiefes, feierliches Schweigen herrschte in dem düstern Schä„delhause. Jedes Auge haftete an mir; und da ich keine „Möglichkeit der Rettung sah, und mich den bohrenden „Blicken der Priester und Aeltesten nicht entziehen konnte, so „schickte ich innerlich ein kurzes Gebet zum Throne der Gnade „empor, leerte schnell den Fetischtrank und warf die Schale

„heftig zu Boden. Ein dumpfes Murmeln lief durch die „Versammlung. Sie dachten Alle, ich müßte augenblicklich „sterben, oder doch die furchtbarsten Schmerzen empfinden. „Aber da nichts von dem Allem geschah, so standen sie Alle „zugleich auf und bahnten mir den Weg, um die Hütte zu „verlassen. Draußen fand ich meine armen Sclaven in „Thränen. Sie waren gekommen, mich zum letzten Mal zu „sehen; aber da sie mich lebend und frei erblickten, hüpften „und tanzten sie vor Freude und machten mir Weg durch „die dichte, bewaffnete Menge. Diese erhob ein betäubendes „Jubelgeschrei, als sie mich erblickte, und schien sich sehr zu „freuen, daß ich der Macht ihrer furchtbaren Fetische nicht „zum Opfer geworden sey. Zu Hause nahm ich sogleich „starke Brechmittel, um das Gift aus dem Magen zu schaf„fen, was mir auch gelang."

Am häufigsten wird der Fetischtrunk wegen Zauberei gereicht. Auch wegen Diebstahls, Ehebruchs und Mordes kommt er vor. Der schnelle Tod irgend eines Menschen bringt fast immer auf Einen oder Mehrere den Verdacht, ihn vergiftet zu haben. Der Beschuldigte hat nur Einen Weg der Rechtfertigung: den Fetischtrunk.

Browne sagt von den Quoi-Negern: „Stirbt Jemand „und man hat Verdacht von Mord oder Gift, so wird der „Leichnam gefragt. Am Begräbnißorte nämlich stellt sich „ein Freund oder Verwandter des Todten fünf oder sechs „Schritte vom Sarge auf und redet ihn an: „Du bist jetzt „todt; du weißest, daß du nicht mehr lebst und wie Einer „von uns bist; sage also die Wahrheit." Er fragt ihn „dann nach seiner Todesursache, ob er um sein Sterben ge„wußt, ob es durch Gift oder Zauberei herbeigeführt wor„den? Denn die Neger glauben, es sterbe Niemand, ohne „den Tod vorher zu wissen, außer die Vergifteten und Ver„zauberten. Will der Leichnam die Frage bejahen, so ver„spüren die Träger nach ihrer Aussage eine Bewegung „desselben, die sie unwiderstehlich einige Schritte vorwärts „treibt; will er verneinen, so geht die Bewegung zur Seite. „Dann wird er über die Mörder gefragt, indem man ihre

„Namen nennt und mit seinen nächsten Verwandten an„fängt. Den Mörder bezeichnet der Todte dann eben so. „Der Angeschuldigte darf dann fliehen, geht in das nächste „Dorf und unterwirft sich der Probe des Fetischtrunkes.

„Der Angeklagte setzt sich auf einen erhöhten Stuhl; „er wird seiner gewöhnlichen Kleider beraubt und erhält „dafür eine Schürze von Platanenblättern, worauf er in „Gegenwart aller Dorfbewohner ein wenig Reis ißt und „dann den Gifttrank in großer Quantität zu sich nimmt. „Kommt er unbeschädigt davon, so wird er zur selbigen „Stunde des nächsten Tages unschuldig erklärt."

Die Grausamkeiten, die sehr oft mit diesem Gebrauche zusammenhängen, sind schrecklicher Art. So erzählt Missionar Wenzel: „Es fiel einmal ein Kanoe um, das einem „Zimmermann gehörte und in dem eine Anzahl Neger, die „es gemiethet hatten, fuhr. Gleich sollte der Erbauer und „Besitzer des Bootes mit seinem Weibe dasselbe bezaubert haben. „Man fing sie in der Nacht und ließ sie das rothe Wasser „trinken. Der arme alte Mann, ein Sechziger, starb so„gleich. Als er sterbend da lag, schlugen ihm die Barbaren „den Topf, worin das Giftwasser gewesen, an den Kopf, „traten ihn in den Boden hinein und warfen Steine auf „seinen verstümmelten Leib. Die alte Frau wurde, nachdem „sie das Giftwasser getrunken, in ein Nachbardorf geschleppt. „Als man sie dort mit dem Tode ringen sah, wurden die „Leute wüthend, nahmen Prügel und Steine und zerfetzten „sie fürchterlich, machten ein Loch in den Boden, warfen sie „nackt hinein und stießen und schlugen mit Steinen und „Füßen die Todte so in den Boden, daß dieser sich mit „ihrem Fleisch vermischte." Wie manches Menschenleben geht durch diesen grauenhaften Gebrauch zu Grunde! Das gilt aber freilich in dem Todeslande Africa nur wenig. Zu Idda sah Herr Oldfield einen Aufzug der Weiber des eben gestorbenen Königssohns, die alle hingeführt wurden um Gift zu trinken, damit klar werde, ob sie an seinem Tode schuldig waren. „Es blieben einunddreißig derselben, „so unschuldig wie die andern, todt auf dem Platze."

Beecham sagt über die Volksansichten in Betreff dieses mörderischen Aberglaubens: „Man glaubt, der Fetisch „gehe mit dem Trank in den Magen des Angeschuldigten „und sehe sich in seinem Herzen nach der geheimen Schuld „um. Findet er nichts, so kehret er mit dem Tranke wieder „um; findet er etwas, so bleibt er mit dem Trank im „Magen, um die verdiente Strafe zu verhängen."

Man könnte freilich oft leicht zu einer Abhör von Zeugen schreiten und dadurch die Wahrheit oder Unwahrheit einer Anklage erhärten. Aber man findet das langweilig und mühselig. Das Adumtrinken ist der kürzeste Weg. Der Fetisch wird dann schon die Sache selber am besten finden.

Eine andere Sitte in Africa ist das Purrah, bald religiös, bald bürgerlich genannt, in Wahrheit aber ein rein politischer Brauch mit aller Weise des Aberglaubens umgeben. Er ist ein gewaltiges Mittel, das den Africaner mit der größesten Angst erfüllt und ihn in sclavischer Unterwürfigkeit unter eine geheimnißvolle Macht erhält. Näher hat man es bei den Susu-Timneh (Timani)- und Bullom-Negern kennen gelernt, aber es sprechen starke Gründe für die Verbreitung ähnlicher Brüderschaften über fast ganz Westafrica.

Wesen, Ursprung und Hergang des Purrah sind in tiefes Dunkel gehüllt. Golbury hat es beschrieben, wie es bei den Susu ist; Major Laing, wie es bei den Timneh-Negern herrscht; Dr. Winterbottom, wie es die Bullom haben. Geben wir, der größern Deutlichkeit wegen, alle drei Berichte, die noch durch andere Zeugnisse Bestätigung finden. Diese letztern gehen hauptsächlich von den Missionaren der englisch-kirchlichen Mission unter diesen Völkerschaften aus.

Golbury sagt: „Zwischen dem Sierra Leone-Fluß „und Cap Monte gibt es fünf Susu-Stämme, die unter sich „eine Bundesrepublik bilden. Jede Colonie hat ihre Obrig„keiten, ihre Regierung; aber sie sind sämmtlich dem so„genannten Purrah untergeben. Jede Colonie hat ihr „eigenes Purrah, die aber wieder zusammen kommen und

„in dieser Vereinigung die höchste und unbedingte Staats„gewalt bilden.

„Um in den Purrah-Bund eines der Cantone auf„genommen zu werden, muß man dreißig Jahre alt seyn; „in das oberste Purrah können aus den niedern nur die „Fünfzigjährigen treten. Das älteste Mitglied jedes Unter„Purrah wählt die Mitglieder des obersten Bundes aus „seinem Kreise. Niemand kann auch nur zur Probe für „die Aufnahme ins Unter-Purrah zugelassen werden, wenn „nicht alle seine Freunde, die bereits Mitglieder sind, für „ihn einstehen und seinen Tod schwören, wenn er bei der „Ceremonie zurückbebt oder nach seiner Aufnahme die Bundes„geheimnisse verräth. In jedem Purrah-Bezirk ist ein hei„liger Wald, worein der Bewerber um die Aufnahme ge„führt wird. Da wird ihm eine einsame Hütte angewiesen, „worin er mehrere Monate zu wohnen hat. Er wird von „maskirten Männern mit Nahrung versehen; er darf kein „Wort sprechen und die Hütte nicht verlassen. Versucht er „es, durch den Wald zu dringen, der ihn umgibt, so wird „er augenblicklich todt niedergestreckt.

„Nach dieser Vorbereitungszeit kommen dann erst die „Prüfungen, von welchen die letzte furchtbar seyn soll, in„dem alle Elemente angewendet werden, um seinen Muth „und seine Entschlossenheit zu erproben. Sogar gefesselte „Löwen und Leoparden sollen dabei eine Rolle spielen; man „spricht von furchtbarem Geheul in dem Walde während „dieser Proben; bei Nacht sieht man ungeheure Feuer, als „wäre es ein Waldbrand; manchmal verbreiten sich wirklich „die Flammen weit umher in dem heiligen Walde; alle „Ungeweihten, die Neugier etwa in den Wald lockt, werden „ohne Erbarmung geopfert; etliche Unbesonnene, die es „wagten sich zu nähern, verschwanden auf immer. — Nach „allen Proben wird der Bewerber eingeweiht, nachdem er „erst geschworen hat, alle Geheimnisse zu bewahren und „ohne alle Umstände jeden Befehl seines Purrah und alle „Gebote des obersten Purrah zu vollziehen. Verräth ein „Mitglied die Geheimnisse oder ist ungehorsam, so ist Tod

„sein sicheres Loos und der Mörder ereilt ihn oft in der „Mitte seiner Familie. Zu einer Zeit, da der unglückliche „Verbrecher es am wenigsten denkt, erscheint ein Krieger, „verkleidet, verlarvt und bewaffnet, und ruft: „Das große „Purrah sendet dir den Tod." Bei diesen Worten tritt „Jedermann entsetzt weg; Niemand wagt den geringsten „Widerstand, und das Opfer wird geschlachtet.

„Der Gerichtshof jedes Stamm-Purrahs zählt 25 Mit„glieder, und aus jedem derselben werden fünf zu dem „obersten Purrah gestellt, der also auch wieder aus 25 „besteht und sich sein Haupt aus seiner Mitte erwählt. „Das Purrah jedes Stammes richtet alle Verbrechen des„selben und vollstreckt seine Urtheile. Es schlichtet aber auch „Streit und Zwietracht zwischen mächtigen Familien. Das „oberste Purrah kommt nur bei außerordentlichen Anlässen „zusammen. Es richtet die Verräther der Ordensgeheimnisse „und die Verächter der Befehle; es schließt Frieden zwischen „den verbündeten Stämmen.

„Sind zwei Stämme in Krieg miteinander und haben „einige Monate lang sich genug Schaden gethan, daß sie „beide gern Frieden hätten, so bitten sie heimlich den obersten „Purrah um Friedensstiftung. Dieser versammelt sich dann „in einem unbetheiligten Canton und läßt nach gehöriger „Berathung den kriegführenden Parteien wissen, daß Leute, „die als Brüder, Freunde und gute Nachbarn mit einander „leben sollten, nicht länger einander bekriegen, aufreiben, „plündern und abbrennen dürfen; daß der Gerichtshof die „Ursachen des Kriegs untersuchen werde und daher die „Feindseligkeiten auf der Stelle aufhören müssen. So wie „das Purrah sich versammelt hat, darf bei Todesstrafe „keiner der Krieger beider Parteien auch nur einen Tropfen „Blut vergießen, und dieß wird gewissenhaft befolgt. Einen „Monat lang dauert die Sitzung des Purrah, um genau „zu erfahren, welche der Parteien die angreifende war. Zu„gleich zieht das Purrah ein Heer aus den unbetheiligten „Stämmen zusammen, um nöthigenfalls seinem Spruche „Nachdruck zu geben.

„Endlich, wenn die Untersuchung geschlossen ist, wird „der schuldige Theil zu viertägiger Plünderung verurtheilt. „Die Krieger, die sie vollziehen, müssen aus den neutralen „Stämmen seyn und rücken um Mitternacht vom Sitzungs„platze des Purrah aus. Sie sind sämmtlich verkleidet, „tragen scheußliche Masken, sind mit brennenden Fackeln „und Dolchen bewaffnet. In Abtheilungen von 40, 50 „bis 60 Mann kommen sie unerwartet vor Tagesgrauen „in dem zu plündernden Gebiete an und rufen mit furcht„barer Stimme den Beschluß des Tribunals aus. Männer, „Weiber, Kinder und selbst die Greise fliehen vor ihnen „und verschließen sich in die Wohnungen. Wen man auf „Feld, Straße oder Weg findet, der wird gemordet oder „fortgeschleppt, und man hört hernach nichts mehr von „ihnen. Die Beute der Plünderer wird in zwei Hälften „getheilt; die eine gibt das Purrah dem beschädigten Stamme, „die andere vertheilt es unter die plündernden Krieger als „Lohn für Treue und Gehorsam.

„Wird eine Familie unter den von Purrahs ab„hängigen Völkerschaften zu mächtig oder furchtbar, so pflegt „sie das Ober-Purrah zu einer plötzlichen, auch durch „nächtlichen Ueberfall von Verkleideten und Maskirten zu „vollziehenden Plünderung zu verurtheilen. Widersetzen sich „die Familienhäupter, so werden sie entweder sogleich nieder„gemetzelt oder in die geheimen Orte der heiligen Wälder „geschleppt, dort von Purrahs als Rebellen gerichtet und „verschwinden dann für immer.

„Das ist das africanische Vehmgericht. Man ist seines „Daseyns gewiß, man fühlt seine Macht, man fürchtet es, „aber das Geheimniß seiner Berathungen und Beschlüsse ist „undurchdringlich. Der Verbrecher weiß erst daß er ver„urtheilt ist wenn der Todesstreich ihn trifft. Der Schrecken „und Schauder, den dieser Geheimbund in den Ländern, „wo er besteht und selbst in den benachbarten, Jedermann „einflößt, geht über alle Beschreibung. Die Neger der „Sierra Leone-Bay sprechen nur mit Furcht und ängstlicher „Zurückhaltung davon. Sie halten alle seine Mitglieder

„für Zauberer, die Umgang mit dem Teufel pflegen, die „thun und fordern können was sie wollen, ohne daß man „ihnen beikomme. Das Purrah hält gern diese Vorurtheile „aufrecht, weil sie sein Ansehen erhöhen und ihm eine un„widerstehliche Macht geben, die es allerdings selten miß„braucht, sondern nur auf eine Achtung gebietende Weise „anwendet. Man glaubt es gebe wenigstens 6000 ein„geweihte Krieger in dem Bunde, und doch werden alle „Gesetze und Ordensgeheimnisse aufs gewissenhafteste ge„heim gehalten und die erstern vollzogen, indem die Glieder „sich durch gewisse Losungsworte und Zeichen erkennen.“

Hören wir nun auch Major Laing:

„Besondere Landstücke, vorzüglich dickbewaldete Höhen, „gelten als heilig, den Grigri (Fetischen) geweiht. Ich sah „immer, daß man sich ihnen mit ehrfurchtsvollem Schauer „näherte; ich hörte, daß der kleinste Schritt in sie den „furchtbarsten Strafen vom Purrah aussetzen würde, eine „Anstalt, die in diesem unglücklichen Lande in sehr hohem „Ansehen steht. Die Macht des Purrah steht hoch über „der der Häuptlinge, und seine geheimen, finstern Thaten „werden eben so wenig beurtheilt oder untersucht als früher „in Europa das Thun der Inquisition.

„Ich suchte umsonst dem Ursprung dieses merkwürdigen „Instituts auf die Spur zu kommen. Ich mußte mich über„zeugen, daß darüber die meisten Timmanis nichts zu sagen „wissen, und vielleicht wäre es bei den Purrah-Männern „derselbe Fall, da es hier zu Lande weder schriftliche Auf„zeichnung, noch mündliche Ueberlieferung in Liedern gibt.

„Das Hauptquartier der Purrah sind umzäunte Wald„plätze, wo immer einige von ihnen sich befinden. Jeder „Uneingeweihte, der ihnen nahe kommt, wird sogleich er„griffen und man hört nichts mehr von ihm. Die Wenigen, „die je, aber nach mehreren Jahren, wieder zum Vorschein „kamen, waren inzwischen selbst in den Orden getreten und „verriethen nichts mehr. Man glaubt, daß die Andern in „ferne Länder geschleppt und dort verkauft wurden.

„Uebrigens beschränkt sich das Purrah nicht auf die „Verletzer seines heiligen Waldgebietes, sondern es verschwin„den auch einzelne Reisende oder ganze Karawanen, die es „wagen in gewissen Gegenden von einer Stadt nach der „andern zu ziehen, ohne sich Schutz vom Purrah zu erwerben. „Ein Purrahmann ist hinreichende Schutzwache. Er geht „mit den Reisenden und pfeift mit einer kleinen Rohrpfeife, „die ihm am Halse hängt. Im Walde gibt das Purrah „seine Nähe durch Heulen und Kreischen zu erkennen; aber „man sieht Niemanden.

„Die Purrahs machen oft nächtliche Raubeinfälle in „die Dörfer und holen, was sie finden: Ziegen, Hühner, „Zeuge, Mundvorräthe, Männer, Weiber und Kinder. Die „Einwohner schließen sich dabei in ihre Hütten ein, bis die „Räuber längst wieder fort sind. Während ich im Innern „war, stellte ich in der Nacht stets einen Posten aus, um „mein Gepäck zu bewachen. Einmal wurde die Stadt, wo „ich übernachtete, vom Purrah überfallen, und meine Schild„wache blieb fest auf ihrem Posten. Man griff sie an, aber „das Bajonett hielt die Angreifer so lange ihr vom Leibe, „bis ich herbei kam, worauf die Purrah-Leute, nicht gewiß, „ob sie über einen Weißen etwas vermögen, sich davon mach„ten. Sie waren meist nackt und ohne Waffen, nur mit „ein paar Messern.

„Das äußere Zeichen eines Purrahmannes sind zwei „in die Haut geätzte Parallellinien um die Mitte des Leibes, „die sich vorn aufwärts biegen und in der Magengrube zu„sammentreffen. Es gibt mehrere Rangstufen unter ihnen; „es gelang mir aber nicht, sie näher kennen zu lernen.

„Sie verlassen oft ihre Einöde, leben unter den Dorf„leuten und treiben allerlei Geschäfte. Aber kein Häuptling „kann ein Palawer gegen einen Purrahmann anzunehmen „wagen, weil er sonst einen Besuch von der ganzen Bande „zu fürchten hätte, um Rache zu nehmen.

„Zu bestimmten Zeiten halten sie Versammlungen, und „dann ist das ganze Land in Verwirrung und Schrecken. „Es wird kein Aufruf dazu erlassen, sondern der Vorsteher

„des Purrah hängt an verschiedenen Orten gewisse von den „Ordensgliedern wohl verstandene Zeichen auf, die ihnen „sagen, daß sie an einem bestimmten Tage an einem gewis„sen Orte zu erscheinen haben.

„Palawers von großer Wichtigkeit, wie Streit zwischen „eifersüchtigen Städten (Dörfern) oder Todesverbrechen, da „die Häuptlinge kein Recht über Leben und Tod ihrer Un„terthanen haben, kommen vor das Purrah. Es ist daher „in gewissem Sinne die oberste Landesregierung, und würde „ohne Zweifel vermöge seiner besondern Gewalt und der „Art ihres Gebrauchs ein Hauptbollwerk gegen die Einfüh„rung christlicher Gesittung seyn.“

Endlich gibt Dr. Winterbottom folgende Nachricht über das Purrah, wie es bei den Bullom-Negern im Scherbro-Lande besteht:

„Es ist theils religiöser, theils aber und hauptsächlich „politischer Natur. Es hat Aehnlichkeit mit dem Freimau„rerorden, sofern es Frauen ausschließt und jedem Mitglied „einen feierlichen, selten verletzten Eid auferlegt, nichts von „den heiligen Geheimnissen auszusagen und den Befehlen „der Obern unbedingten Gehorsam zu leisten. Knaben von „sieben bis acht Jahren werden als Novizen aufgenommen, „bis sie das gehörige Alter haben. Genauer konnte ich die „Sache nicht erheben, da Nachfragen hierüber sogar nicht „ohne Gefahr sind. Der Eintretende gibt seinen alten Na„men auf und erhält einen neuen. Würde man ihn mit „dem alten nennen, er würde sich beleidigt fühlen. An der „Spitze des Purrah steht ein Vorsteher, der von einem „Rathe umgeben ist, und dessen Befehle von den unterge„ordneten Räthen, sowie den einzelnen Mitgliedern, mit tief„ster Ehrfurcht aufgenommen werden. Die Zusammenkünfte „werden an den abgelegensten Orten im Dunkel der Nacht „gehalten und sind vom tiefsten Geheimnisse umgeben. Kommt „das Purrah in eine Stadt, was immer nur bei Nacht ge„schieht, so kündigt es sich durch das furchtbarste Geheul, „Gekreische und andere schauerliche Töne an. Wer kein „Mitglied ist, flüchtet sich dann ins Haus. Wer sich aus

„seiner Hütte wagen oder auch nur neugierig herausschauen „wollte, um zu sehen, was da vorgeht, der würde unrettbar „dem Tode verfallen. Um die Neugier der Weiber zu zü„geln, werden sie gezwungen in den Wohnungen zu bleiben „und mit den Händen zu klatschen, so lange das Purrah „da ist. Wie das alte Vehmgericht in Deutschland richtet „es große Verbrechen, wie Zauberei und Mord, besonders „aber Ungehorsam seiner Ordensglieder; Tod trifft den „Schuldigen immer, und zwar so geheim und schnell, daß „Niemand erfährt wer die Strafvollzieher waren. Man „fürchtet dieses Gericht so, daß man darnach nicht einmal „zu fragen wagt. Oft tritt es ein, um Kriege zwischen „Nachbarstämmen zu endigen oder Familienstreite beizulegen, „indem es mit seiner Rache droht, wenn die Betreffenden „nicht sogleich auf seinen Befehl die Feindseligkeiten einstel„len. Niemand wird in den Orden aufgenommen, ehe ihm „befreundete Mitglieder geschworen haben, ihn augenblicklich „zu tödten, wenn er die Geheimnisse verrathen oder wäh„rend der Einweihung zurücktreten würde. In jedem Pur„rahbezirk gibt es einen heiligen Wald, wohin der Einzu„weihende geführt wird, und wo er bleiben muß, bis er „förmlich aufgenommen ist. Dorthin dringt Niemand, ohne „für immer zu verschwinden."

Ein Correspondent der Zeitung von Sierra Leone im Jahr 1834 fügt dieser Beschreibung bei: „Während eines „Ausflugs ins Scherbro-Land konnte ich mich von der voll„kommenen Richtigkeit der Angaben Winterbottoms überzeu„gen; besonders von der Abneigung selbst derer, die nicht „in die Geheimnisse des furchtbaren Ordens eingeweiht sind, „von ihm zu sprechen. So sehr ich darauf ausging Meh„reres zu erfahren, es gelang mir nicht."

Der Mumbo Dschumbo, dieses berühmte Schreckbild Africas, ist in einigen Gegenden offenbar im Zusammenhange mit dem Purrah. Dieser seltsame Diener der Justiz wird von Mungo Park so beschrieben: „Er ist „den Mandingo-Städten gemein und wird von den heidni„schen Eingebornen viel gebraucht, um ihre Weiber in Un-

„terordnung zu erhalten und häusliche Zwiste in Ordnung „zu bringen, zu deren Beilegung die hausväterliche Gewalt „nicht ausreicht. Er erscheint in einer Art von Maskenkleid „aus Baumrinde, das außer Gebrauchs vor der Stadt an „einem Baume aufgehängt wird. In diesem wunderlichen „Anzug und mit dem Gerichtsstab in der Hand kündigt er „sein Erscheinen durch gräßliches Geschrei in den nahen „Wäldern an. Dies geschieht vor Einbruch der Nacht, und „sobald es finster ist, kommt er herein und geht auf den „Markt, wo sich dann alle Einwohner versammeln. Man „kann sich leicht denken, daß die Weiber keine Freude an sei„ner Erscheinung haben; denn da der Mann ganz verklei„det und völlig unbekannt ist, so kann jede Ehefrau denken, „der Besuch gelte ihr; aber keine wagt wegzubleiben, wenn „sie den Aufruf erhält. Die Ceremonie beginnt mit Gesang „und Tanz und dauert so bis Mitternacht, um welche Zeit „der Mumbo dann sein Opfer bezeichnet. Das arme Weib „wird dann ergriffen, nackt ausgezogen, an einen Pfosten „gebunden und unter dem Jubelgeschrei und Hohngelächter „der ganzen Versammlung mit des Mumbos Stab tüchtig „geschlagen. Die andern Weiber schreien und jubeln dabei „am lautesten über die Mißhandlung ihrer Schwester, die „fortdauert, bis der Tag anbricht.“

Der Mumbo Dschumbo wird aber auch in Fällen aufgerufen, die nicht den Hausfrieden anbetreffen. So ist es wenigstens nach Major Laings Schilderung bei den Timneh-Negern. Es war dem Reisenden eine Flinte abhanden gekommen und sein Führer bestand darauf, daß man den Grigri-Mann, wie der Mumbo auch heißt, frage. „Zuerst „wollte man nicht, aber endlich kam es doch dazu und er „erschien. Auf dem Kopf trug er einen ganzen Thurm von „Schädeln, Menschenknochen und Federn, worunter sein in „schlangenartige Zöpfe geflochtenes Haar zum Vorschein „kam. Auch der Bart war so geflochten. Sein Heranna„hen wurde durch Glöckchen und klirrende Eisenstücke verkün„det, die er an den Gelenken trug und die bei jedem Schritte „erklangen. Er ging einige Mal im Kreise um die Ver-

„sammelten und trat dann in ihre Mitte mit der Frage, „was man von ihm wolle? Man sagte es ihm; er machte „mit seinem Stabe mehrere Zeichen in die Luft und ging „dann in den Wald, wo er eine Viertelstunde blieb. Nach „seiner Rückkehr sprach er viel und nannte zuletzt den Dieb, „der aber, wie er bedauerte, schon halbwegs nach Dahomy „mit seinem Raube sey, weshalb dieser nicht sogleich herbei„geschafft werden könne. Ich gab dem Grigri-Mann ein „Stück Tabak für seine Kunst, und als ich aus dem Innern „zurück kam, fand ich wirklich meine Flinte, die er herbeizu„schaffen gewußt hatte."

Die abergläubischen Vorstellungen, worauf diese Sitte ruht, bestehen in Folgendem. Das Maskenkleid des Grigri-Mannes stellt den großen Schutzgeist des Ortes dar, mit dem der Mann in beständigem Umgang stehen soll. Er gibt daher vor, alle Verbrechen und Verbrecher zu kennen, und Jedermann beugt sich unter seine Gewalt.

Auch diese Thatsachen geben wieder einen Blick in den religiösen und gesellschaftlichen Zustand dieser unglücklichen Völkerschaften. Es gibt eine unbedingte, Niemandem verantwortliche Herrschermacht, durch ein geheimes Band, das nur der Eingeweihete kennt, zusammengehalten. Ihre Verhandlungen deckt das Grauen der Wälder, der dunkle Schleier der Mitternacht. Sie schleppt in ihren grauenhaften Bezirken den unglücklichen Wanderer, der sich arglos nähert, in Sclaverei oder Tod. In ihren Händen liegt das Leben von Tausenden, sie „schickt den Tod"; der Mörder bringt die Botschaft und streckt sogleich sein Opfer nieder. Nur ihres Winkes bedarf es für wilde Kriegerschaaren, und sie stürzen zu Raub und Mord heran; der Unschuldige und Wehrlose ist ohne allen Schutz ihrer grausamen Tyrannei preisgegeben. Nur schreckenvoller, blinder Aberglaube hält diese furchtbare Macht aufrecht. Wie elend, wie unsicher des Daseyns, wie abgestumpft oder von Todesangst durchschauert, wie ganz bei der Ungewißheit des nächsten Augenblicks, der von Menschenlaune nur sein Daseyn fristet, dem Genuß der Sinne hingegeben, muß der Neger leben; wie wird die Furcht das durchherrschende Gefühl seiner Seele, und es gibt keinen heiligen Ort, wohin der Geist in eigener Schwungkraft in Glauben und Hoffnung sich heben, wo er von allen Aengsten, Mühen und Sorgen des Lebens stärkende Ruhe, sichern Schutz genießt. Wenn das Letzte, das einzige Gebiet geistiger Freiheit, die Religion, nur Fesseln und Sclavengeißeln für den Menschen hat, so muß er eine Sclavenseele werden; eine übermüthig grausame, wenn er herrscht; eine feige, tückische, wenn er beherrscht wird. Sclavenseelen sind daher die Africaner, ob sie auf dem Thron, an der Spitze der Kriegsheere, oder an der Kette und unter der Peitsche leben. Und in welch entehrend armseligem Zustande wird das zartere Geschlecht gehalten; wie dem gemeinsten Hohne preisgegeben; wie in kindisch-niedriger Furcht vor dem Stabe des Mumbo Dschumbo zitternd!

Noch bleibt uns schließlich zur Vollendung unsers Bildes Ein Punct zu betrachten übrig, der uns im Bisherigen so oft entgegen getreten ist. Wir haben es mit den Priestern oder Fetischmännern zu thun. Einen Uebergang zu ihnen von den geheimen Gesellschaften bietet uns die Notiz von Martin: „Es gibt einen Priesterorden Namens „Belli in Guinea, der mit dem Purrah sehr verwandt ist. „Hier werden vorzüglich Jünglinge durch eine lange Weihe„zeit vorbereitet und aufgenommen, die sie in einem heiligen „Walde, ganz nackt, zubringen müssen. Da lernt er die „unzüchtigen, wilden Tänze und Gesänge; da wird er über „den geheimnißvollen Umgang mit den Geistern belehrt; und „wer einmal diesen Lehrcurs durchgemacht hat und ein „Ge„zeichneter des Belli“ heißt, der sieht auf alle Andern als „Unwissende hoch herab. Sie sind dann die Priester, die „Richter des Volkes.“

Wie zahlreich die Priester seyn müssen, läßt sich schon aus dem Bisherigen abnehmen. Im kleinsten Dorfe ist wenigstens Einer zu finden. Auch hier ist die Priesterschaft, was sie in aller Welt und immer war, ein schlau lügnerisches, auf Trug und List, auf blutige Gewaltherrschaft und Tyrannei ausgehendes, der Menschheit unwürdiges Treiben.

Die Priester in Africa können ja anders nichts seyn, als die geizigsten, heimtückischsten, arglistigsten, ausschweifendsten und grausamsten Menschen. Robertson sagt von den Priestern von Avane: „Sie begehen jedes Verbrechen ungestraft und unter den armseligsten Vorwänden.“ Das gilt von ganz West- und Mittelafrica fast ohne Ausnahme.

In Ashante gibt es zwei Classen von Fetischmännern. Die Eine gehört zu den öffentlichen Fetischhäusern (Tempeln), die gewöhnlich außerhalb des Dorfes oder der Stadt stehen. Sie fragen das Orakel über die Zukunft Einzelner und des ganzen Landes und verkünden seine Sprüche. Sie gehen mit den Geistern der Verstorbenen um, und geben nach ihrer Befragung den Hinterbliebenen Auskunft über alle häuslichen und Besitzfragen, in denen man sich an sie wendet. Es sind ihrer sehr viele. Zu dem Tempel des Hauptfetisches in Ashante gehören nur allein fünfzig Oberpriester. Die zweite Classe steht niedriger; sie treibt sonst noch ein Geschäft, hilft aber bei Costümen und andern abergläubischen Gebräuchen; ihr bester Erwerb ist aber das Geschäft des Wahrsagers und Diebsbeschwörers. Sie reisen oft im Lande umher und bleiben ein halbes oder ganzes Jahr an einem Orte, je nachdem sie viele Kundschaft finden.

Es gibt auch Priesterinnen. „Weiber,“ sagt Robertson, „werden oft geweiht, und sie sind dann gewöhnlich „die begeistertsten Personen, ganz der wahnsinnigen Täuschung hingegeben, fest im Glauben an die Wirklichkeit des „Umgangs, in welchem sie mit den Geistern zu stehen vor„geben. Sie werden gewöhnlich in der That halb wahn„sinnig, und erst spät im Leben, wenn ihr Blut kühler wird, „kommen sie von den ärgsten der Ausschweifungen zurück, „die ihr Beruf von ihnen zu eigenem und Anderer Verder„ben fordert.“

Die Kleidung, worin in verschiedenen Gegenden Africas diese Diener des Aberglaubens auftreten, ist so lächerlich als möglich, paßt aber nicht übel für ihren Zweck, den armen, blinden Negern Eindruck zu machen. Der Reisende

Lander beschreibt den Putz eines Priesters in Dschenna am obern Niger, wie folgt:

„Gestalt und Putz des Mannes waren vorzüglich ge„eignet, auf die Leichtgläubigkeit und den Aberglauben seiner „Volksgenossen zu wirken. Auf der Schulter trug er eine „große Keule, die am einen Ende zu der Figur eines Manns„kopfes geschnitzt war. Eine ungeheure Menge von Kauri„(Muschel-) Schnüren hing mit Glöckchen, zerbrochenen „Kämmen, kleinen Holzstücken, worauf Menschengesichter ge„schnitten waren, Seemuscheln, Eisen- und Broncestückchen, „Nußschaalen u. A. untermischt, von der Waffe herab. Er „mochte wohl zwanzigtausend Stück Kauris an sich tragen, „und das Gewicht all seines Putzes drückte ihn fast zu „Boden.“

Es gibt zweierlei Arten der Aufnahme in die Priesterclasse. Die Eine geschieht durch eine Art besonderer Inspiration. Der Candidat erklärt, der Fetisch habe ihn ganz plötzlich überwältigt, und beweist die Aechtheit seiner Angabe durch eine Reihe von Convulsionen und unnatürlichen Verdrehungen des Leibes. Die Andere, gewöhnlichere, ist eine eigentliche Priesterweihe. Eltern, die ihre Kinder gern diesem geachteten und einträglichen Geschäfte widmen möchten, übergeben sie einem Fetischmann, dem sie ein Lehrgeld bezahlen. Robertson sagt, man gebe den begabtesten Kindern diese Bestimmung, und es sey erstaunlich, wie schnell diese kleinen Bürschchen all die schlauen Künste lernen, womit man den Pöbel beherrsche. Dazu seyen sie dann gewöhnlich gewandt genug, um ihre Verwandten vor all der Tücke zu schützen, die man gegen alle Andern anwende.

Der africanische Priester macht nicht weniger Ansprüche als sein Bruder in Europa oder sonst in der Welt. Er weiß Alles und kann Alles machen. Er kann die Zukunft vorhersagen, Verbrechen entdecken, Krankheiten heilen. Jegliche Wohlthat kann er erweisen, aber auch jeglichen Schaden zufügen.

Natürlich muß unter diesen Umständen, bei unbedingtem Glauben an solche Ansprüche der Einfluß der Fetischmänner unbegränzt seyn. „Es ruht hier," sagt Beecham, „Alles auf dem nirgends bezweifelten Grundsatz, daß alles „Uebel, was den Menschen befällt, von übernatürlichen Mächten herrührt, denen man nur mit übernatürlichen Kräften „begegnen könne. Nur die Fetische können Schaden thun „oder Wohlthaten erweisen. Ihre Gunst aber ist nur vermittelst ihrer Diener zu erlangen." — Besonders mächtig wird die Priestergewalt durch ihre Fähigkeit, Böses zuzufügen. Vermöge der Geister können sie Jedem, der ihnen sich nicht ergibt, nach Belieben Schaden thun. Mit solchem Glauben muß ein Volk ganz und gar zu den Füßen seiner raubsüchtigen Pfaffen liegen.

Die Mittel, wodurch die Priestergewalt erhalten wird, sind schlau angelegt und eingreifend. Selbst das Geringste entgeht ihrer Einmischung nicht. In Cap Palmas gibt es gewisse Lebensmittel, die der gemeine Mann nicht essen darf, wie einst auf den Südsee-Inseln. Der Eine darf keine Hühner essen, der Andere keine Enten, der Dritte kein Schaffleisch u. s. w. So gibt es kaum einen Augenblick im Leben, da der Neger nicht seine Abhängigkeit vom Priester zu fühlen hat und sich um denselben bekümmern muß. Ueberdies wenden diese geistlichen Führer noch die feinste Schlauheit an, um das Volk in ihren Netzen zu behalten. Fragt man sie um Rath, so erhält man gewöhnlich die Weisung, gewisse Fetischceremonien zu vollziehen, mit dem Versprechen, Alles wohl zu leiten. Gelingt es nicht, so muß der arme Neger seinen Götzendienst von Neuem vornehmen, und wenn auch das nicht den gewünschten Erfolg hat, so ist der Priester nie verlegen, die Schuld des Mißlingens von sich ab und auf den Bittenden zu wälzen. Er hat entweder die Bedingungen nicht gehörig erfüllt, oder den Fetisch besonders beleidigt. Der Fetischmann ist an Allem unschuldig. Geschieht auch gerade das Gegentheil von dem, was er mit Zuversicht vorhergesagt hat, das erschüttert nicht im Mindesten den Glauben an seine Macht. Das zeigt der Fall mit einem Fetischmanne am Gabru-Flusse, der sich für unverwundbar erklärte. Ein bethörter junger Mann bat ihn, diese wunderbare Eigenschaft auf ihn überzutragen, was der Priester, weil die Bitte ein schönes Geschenk zum Begleiter hatte, unbedenklich versprach. Der arme Betrogene machte sorgfältig alle vorgeschriebenen Ceremonien durch; aber als er zur ersten Probe kam, zerschmetterte ihm eine Flintenkugel den Arm. Der Fetischmann erklärte, er sey selbst Schuld an dem Unfall; denn in dem Augenblick, als das Gewehr losgegangen, habe ihm der Fetisch geoffenbart, der junge Mann habe früher einmal ein Fetischgesetz gröblich verletzt. Der Verwundete hatte jetzt keine Lust, sich für seine Unschuld zu wehren und das blinde Volk glaubte an seinen Priester wie zuvor.

Dann aber wissen die Priester noch andere Wege. Sie liegen beständig auf der Lauer, um zu erfahren, was vorgeht; sie haben bezahlte Späher da und dort, um ihnen Alles zu berichten; auf ihren Wanderzügen wissen sie sich von Allem Kunde zu verschaffen; sie theilen sich gegenseitig alles Wissenswerthe mit und verbinden sich über ein zusammenstimmendes Benehmen. Man hat sie schon belauscht, wenn sie zusammen Plane schmiedeten und einander aufs furchtbarste bedrohten, wenn Einer das Geheimniß breche.

Ihre ärztliche Praxis ist ferner ein starkes Mittel zur Erhaltung ihres Einflusses. Hier sind sie nicht ganz ohne Kenntnisse, denn sie sind mit den Rinden, Kräutern, Pflanzen ihres Landes bekannt. Davon wird aber freilich nie die Rede, sondern Alles, was sie wissen, hat ihnen der Fetisch gesagt. Auch hiebei sind sie klug genug, Ceremonien, die der Kranke oder seine Familie zu vollziehen hat, zur Bedingung der glücklichen Cur zu machen. Daß unter diesen Umständen die Einkünfte der africanischen Priester nicht schlecht bestellt seyn können, ist leicht zu ermessen. Die Hälfte der Fetischopfer gehört dem Priester und man kann wohl sagen, daß von den zahllosen Opfern und Costümen nicht eins vollzogen wird, wofür der Fetischmann nicht reichliche Bezahlung empfängt. In sehr vielen Fällen aber werden die unverschämtesten Erpressungen geübt. Das große Orakel zu Abeah soll nur den Reichen zugänglich seyn;

weil die Opfer sehr kostspielig sind. Der Reichthum, den diese Priester sammeln, ist dann selbst wieder ein mächtiges Werkzeug, um ihre Macht zu verstärken.

Das Gemälde der geistigen, religiösen, geselligen Zustände Africas, das wir vor den Augen unserer Leser hiermit entrollt haben, ist dunkel und traurig, aber es ist wahr. Alles ist durch Augen- und Ohrenzeugen bestätigt. Und was wir gesagt haben, bezieht sich zwar zunächst nur auf Theile im West- und Mittelafrica, die von unsern forschenden Reisenden haben erreicht werden können; aber in Wahrheit gilt das Gesagte von dem ganzen Erdtheil, von nahe an hundert und fünfzig Millionen Menschen. Wir wollen nur noch in kurzem die schwarzen Fäden, aus welchem die jammervolle Wirklichkeit unser Gewebe bestehen läßt, zusammenziehen, um einen raschern Ueberblick über das Ganze zu haben.

Der wildeste Despotismus herrscht in Africa. Selbst seine Freien seufzen unter der mitleidlosesten Tyrannei. Africa ist ein Sclavenland. Drei Viertheile seiner Kinder sind wirkliche Sclaven, an manchen Orten gibt es auf siebenzig Sclaven nur Einen freien Menschen.

Africa handelt im Innern und nach Außen mit dem Fleisch und Blut seiner Bevölkerung. Die untern Classen können nicht heirathen. Dieser schändliche Zwang hat die abscheulichste Unzucht zur öffentlichen Sitte gemacht. Die schwärzesten Verbrechen werden in Folge davon ohne Scham begangen.

Das Weib lebt in der tiefsten Erniedrigung und Verworfenheit in Africa. Ohne Eigenthumsrecht an sich selbst von Geburt bis zum Grabe wird es von den Eltern an den Meistbietenden verhandelt, lebt in der Ehe von den Tyrannenlaunen eines rohen Mannes als Sclavin, versieht die härtesten Geschäfte oder ernährt ihren faullenzenden üppigen Gebieter mit der Arbeit ihrer Hände. Africas Aberglaube stößt es in jeder sittlichen und geistigen Beziehung noch weiter hinab in die bodenlose Tiefe des Elends. Der

Muhammedanismus theilt die Herrschaft mit rohem Heidenthum; er selbst, in der schlimmsten Gestalt, strebt nach Alleingewalt, entblödet sich nicht, vom Heidenthum seine finstern Bräuche und Vorstellungen zu entlehnen und stellt, nur mit Ausnahme der Menschenopfer, die er abschafft, allem Guten in Africa nur unübersteiglichere Hindernisse entgegen. — Das Heidenthum Africas ist grauenhaft, ohne einen Zug von edlem Wesen, barbarisch, gemein, grausam und bluttriefend. Zahllose Götter treten an die Stelle des Schöpfergottes; zahllose Geister der Abgeschiedenen nehmen die Verehrung in Anspruch. Amulette und Ceremonien dienen ihnen, und an sie hängt der Neger seine Seele, mehr als an die Götter selbst. Die Götter dürsten nach Blut, nach Menschenblut; die Abgeschiedenen begehren von Sclaven umringt zu leben, und Tausende, Zehntausende von Menschen verbluten an den Altären und Gräbern. Der Gifttrank mordet alljährlich Schaaren von Schuldigen und Unschuldigen, und aller Grimm der Rachsucht, alle Tücke der Feindschaft hat offen Spiel in diesem fälschlich sogenannten Gottesurtheil. Die halbreligiösen Geheim-Orden vollenden die zitternde Knechtschaft des Negers, und der schlau betrügende Priester entringt schon den letzten Rest der persönlichen Freiheit. — Das ist Africa.

Wären seine Bewohner nicht Fleisch von unserm Fleisch und Bein von unserm Bein, so daß sein Sündenzustand blos in ungehemmter, voller Entwicklung die Früchte der Saat darlegt, die auch in unsern Herzen ausgestreuet ist und da und dort auch in der Christenheit aufkommt, — wäre nicht die Theilnahme an den Sclavenhandel wenigstens durch den Mitgenuß seiner Früchte eine Mitschuld auf uns, — hätten wir nicht ein sicheres Mittel in Händen, um die Todeskrankheit dieses Erdtheiles ganz und gründlich zu heilen, wir würden eher geneigt seyn, an einem solchen Schauergemälde menschlicher Verworfenheit und Verkommenheit etwa mit Thränen über den tiefen Fall unsers Geschlechts uns abzuwenden. — Aber wir können, wir sollen, wir müssen helfen. Auch an unsern Händen klebt Brüderblut, so lange wir sie gleichgültig in den Schooß legen. Und das Wort schallt mit dem nach Süden gerichteten Gottesfinger in unsere Herzen:

„Gehet hin in alle Welt und predigt das Evangelium aller Creatur!“

Missions - Zeitung.

Die den Gesellschaften beigesetzten Jahreszahlen zeigen das Jahr ihrer Entstehung oder des Anfangs ihrer Missionsthätigkeit an.

Die Zahlen zur Seite der Namen der Missionare oder Stationen u. s. w. in der Missions-Zeitung deuten auf die Gesellschaft zurück, welcher dieselben angehören. Die mit * bezeichneten Missionare sind Zöglinge der Basler-Anstalt.

Abkürzungen: M. (Missionar), K. (Katechet), m. F. (mit Familie), m. G. (mit Gattin), † (gestorben).

Evangelische Missionsgesellschaften im Jahr 1850.

Deutschland & Schweiz.

1. **Brüdergemeinde.** 1732.

Arbeiter und Arbeiterinnen: 282

Stationen:		
	Grönland	4
	Labrador	4
	Nordamerica	3
	Westindien	38
	Guiana	9
	Mosquitoküste	1
	Südafrica	9
	Neuholland	1
		69

Einnahmen im Jahr 1849:	128,839 fl.
Ausgaben	126,646 fl.
Rückstand	11,988 fl.

2. **Ostindische Missions-Anstalt zu Halle.** 1705.

3. **Evangelische Missionsgesellschaft zu Basel.** 1816.

Arbeiter und Arbeiterinnen: 51
Katechisten 23

Stationen:		
	Südwest-Ostindien	11
	China	1
	Westafrica	3
		15

Einnahmen im J. 1849:	114,451 fl.
Ausgaben	121,752 fl.
Rückstand	73,004 fl.

Zöglinge in der Missionsanstalt: 31
Zöglinge in der Voranstalt: 22

4. **Rheinische Missionsgesellschaft zu Barmen.** 1828. *

Arbeiter und Arbeiterinnen: 63
Nationalgehülfen: 23

Anmerkung. Von den mit * bezeichneten Gesellschaften ist Mangels neuen Berichtes der vom vorigen Jahr wieder aufgenommen worden.

Stationen: Südafrica 14
Borneo 4
China 7
25

Einnahmen im J. 1848: 63,529 fl.
Ausgaben 77,850 fl.

5. Gesellschaft zur Beförderung der evangelischen Missionen unter den Heiden, in Berlin. 1824.

Arbeiter und Arbeiterinnen: 27
Stationen: Südafrica 9
Einnahmen im J. 1850: 42,868 fl.
Ausgaben 43,283 fl

Frauen-Verein für christliche Bildung des weiblichen Geschlechts im Morgenlande, in Berlin.

6. Gesellschaft zur Beförderung des Christenthums unter den Juden, in Berlin. 1822.

Kein Bericht.

7. Evangelischer Missionsverein zur Ausbreitung des Christenthums unter den Eingebornen der Heidenländer (sonst Pred. Goßner's) in Berlin. 1836.

Arbeiter: 46
Stationen: Ostindien 7
Neuholland 1
Tschathaminsel 1
Nordamerica 3
12

Einnahmen im J. 1850: 12,383 fl.
Ausgaben 11,926 fl.

8. Lutherische Missionsgesellschaft in Leipzig. 1836.

Arbeiter: 9
Stationen: Ostindien 5
Nordamerica 1
6

Einnahmen i. J. 1849/50: 28,852 fl.
Ausgaben 22,099 fl.
Ueberschuß 5222 fl.

9. Norddeutsche Missionsgesellschaft in Bremen. 1836.

Arbeiter: 9
Stationen: Neuseeland 3
Westafrica 1
4

10. Chinesische Stiftung in Cassel. 1849.

Arbeiter: 1
Station: China 1
Einnahmen im J. 1850: 1481 fl.
Ausgaben 1145 fl.

Niederlande.

11. Niederländische Missionsgesellschaft zu Rotterdam. 1797.

Arbeiter: 21
Stationen: Molukken 4
Celebes 8
Java 3
15

Einnahmen: 72,057 fl.
Ausgaben: 96,156 fl.
Rückstand: 24,099 fl.

England.

12. Gesellschaft für Verbreitung christlicher Erkenntniß. 1647.

Kein Bericht.

13. Gesellschaft für Verbreitung des Evangeliums. 1701. *

Arbeiter (ein großer Theil Prediger an christlichen Gemeinden): 423
Stationen (zum großen Theil Pfarreien):
Britisch Nordamerica 260
Westindien 30
Guiana 10
Ostindien 38
Australien 43
Neuseeland 3
Südafrica 4
Seychelles 1
389

Einnahmen i. J. 1848: 1,141,896 fl.
Ausgaben 952,224 fl.

14. Baptisten-Missionsgesellschaft. 1792.

Europäische Arbeiter: 54
Eingeborne Prediger und Katechisten: 121

Stationen:		
	Ostindien	40
	Indischer Archipel	2
	Westindien	22
	Westafrica	3
		67

Einnahmen im J. 1849: 237,320 fl.
Ausgaben 235,592 fl.
Einnahmen im J. 1850: 228,780 fl.
Ausgaben 221,508 fl.
Schuld 69,012 fl.

15. Allgemeine Baptisten-Missionen. (General Baptists.) 1816.

Europäische Arbeiter: 9
Eingeborne Prediger: 12

Stationen:		
	Ostindien	6
	China	1
		7

Einnahmen: 22,649 fl.
Ausgaben: 20,033 fl.
Schuld: 3072 fl.

16. Wesley-Methodisten-Missionsgesellschaft. 1786.

Missionare und Hülfsmiss.: 432
Stationen: im Ganzen 322. (Ueber ihre Vertheilung nach den Missionsgebieten fehlt der letzte Bericht.)
Einnahmen i. J. 1850: 1,255,941 fl.
Ausgaben: 1,365,206 fl.

17. Londoner Missionsgesellschaft. 1795.

Arbeiter: 168

Stationen:		
	Südseeinseln	26
	China	4
	Ostindien	20
	Südafrica	31
	Westindien und Guiana	27
		108

Einnahmen v. 1849—50: 750,540 fl.
Ausgaben: 773,874 fl.
Einnahmen v. 1850—51: 816,345 fl.
Ausgaben: 787,508 fl.

18. Kirchliche Missionsgesellschaft. 1799.

Europäische Missionare 132, eingeborne 15.
Sonstige europäische und eingeborne Arbeiter und Arbeiterinnen 1592.

Stationen:		
	Westafrica	17
	Ostafrica	1
	Mittelmeer	3
	Ostindien	51
	China	3
	Neuseeland	23
	Westindien	1
	Guiana	1
	Nordamerica	6
		106

Einnahmen von 1849 auf 1850: 1,251,280 fl.
Ausgaben: 1,123,250 fl.
Einnahmen von 1850 auf 1851: 1,347,035 fl.
Ausgaben: 1,256,818 fl.

19. Londoner Juden-Missionsgesellschaft. 1808.

Arbeiter 78, worunter 41 gläubige Israeliten.

Stationen:		
	England u. Irland	5
	Palästina und Aegypten	5
	Asiatische Türkei	2
	Europäische Türkei	2
	Oestreich	2
	Deutschland und Frankreich	8
	Posen und Polen	6

Schweden	1
Holland	2
	33

Einnahmen von 1849 auf 1850: 339,339 fl.
Ausgaben: 317,817 fl.
Einnahmen von 1850 auf 1851: 386,812 fl.
Ausgaben: 352,538 fl.

20. Brittische Gesellschaft für Verbreitung des Evangeliums unter den Juden. 1843.

Kein Bericht.

21. Kirchliche Mission für Borneo. 1848.

Arbeiter: 1
Station: Borneo 1

22. Patagonische Missionsgesellschaft. 1850.

Arbeiter: 2
Station: Feuerland 1

23. Schottische Missionsgesellschaft. 1796.

Kein Bericht.

24. Mission der vereinigten presbyterianischen Kirche Schottlands. 1847.

Kein Bericht.

25. Mission der schottischen Staats-Kirche. 1830.

Kein Bericht.

26. Mission der freien schottischen Kirche. 1843.

Missionare: 25; eingeborne Prediger: 11.

Stationen:	
Ostindien	5
Südafrica	3
	8

Einnahmen von 1850 auf 1851: 147,936 fl.

Judenmission:

Arbeiter: 18

Stationen:	
Pesth	
Lemberg	1
Amsterdam	1
Constantinopel	1
	4

Einnahmen v. 1850—51: 52,200 fl.

27. Missionen der reformirten presbyterianischen Kirche Schottlands. 1845.

Kein Bericht.

28. Welsche und ausländische Missionsgesellschaft. 1840.

Kein Bericht.

29. Mission der irländischen presbyterianischen Kirche. 1840.

Kein Bericht.

30. Frauengesellschaft für weibliche Erziehung im Auslande. 1834. *

Arbeiterinnen: 13

Stationen:	
China	1
Hinterindien	1
Ostindien	4
Südafrica	1
Jerusalem	1
	8

Einnahmen: 23,750 fl.
Ausgaben: 17,560 fl.

Frankreich.

31. Missionsgesellschaft zu Paris. 1824. *

Arbeiter: 19
Stationen: Südafrica 13
Einnahmen von 1850: 50,583 fl.
Ausgaben: 66,107 fl.

Dänemark.

32. Dänische Missionsgesellschaft. 1821.

Kein Bericht.

Schweden.

33. **Schwedische Missionsgesellschaft in Stockholm.** 1835.

Arbeiter: 7 (5 Schullehrer und 2 Reisekatecheten.)
Stationen (Schulen): in Lappland 5
Einnahmen: 9717 fl.
Ausgaben: 5373 fl.
An andere Missionsgesellschaften abgegeben: 3668 fl.
Cassabestand: 10,761 fl.

34. **Missionsgesellschaft in Lund.** 1846. *

Arbeiter: 2
Station: China 1
Einnahmen: 10,398 fl.

Norwegen.

35. **Norwegische Missionsgesellschaft in Stavanger.** 1842. *

Arbeiter: 4
Station: Südafrica 1
Einnahmen v. 1848–49: 8084 fl.
Ausgaben für eigene Rechnung: 7590 fl.
An andere Gesellschaften abgegeben: 2134 fl.
Vermögen: 26,248 fl.

Nordamerica.

36. **Baptisten-Missionsgesellschaft.** 1814.

Europäische Arbeiter und Arbeiterinnen: 111
Nationalprediger u. Gehülfen: 195
Stationen: China 2
(Nebenstat. 4)
Hinterindien 9
(Nebenstat. 60)
Vorderindien 4
Westafrica 1
(Nebenstat. 2)
Europa 46
(Nebenstat. 8)
Nordamerica 11
(Nebenstat. 8)
(Nebenstat. 82) 73
Einnahmen: 218,843 fl.
Ausgaben: 210,368 fl.

37. **Americanische Missionsgesellschaft.** 1810.
(Board of Foreign Miss.)

Arbeiter und Arbeiterinnen ausgesandt: 396
Nationalprediger u. Gehülfen: 122
Stationen: Südafrica 12
(Nebenstat. 6)
Westafrica 3
Griechenland 1
Juden 2
Armenier 7
(Nebenstat. 6)
Syrien
(Nebenstat. 3)
Nestorianer 2
Ostindien 26
(Nebenstat. 10)
Borneo 1
China 3
Sandwichsinseln 19
Nordamerica 24
(Nebenstat. 3)
(Nebenstat. 28) 105
Einnahmen von 1849 bis 1850: 629,655 fl.
Ausgaben: 635,823 fl.

38. **Bischöfliche Methodisten-Missionsgesellschaft.** 1819.

Missionare: 92
Stationen: Westafrica 10
Nordamerica 4
Südamerica 1
China 1
16
Ausgaben: 249,088 fl.

39. **Mission der bischöflichen Kirche in Nordamerica.** 1830. *

Arbeiter und Arbeiterinnen: 20, worunter zwei Missionsbischöfe, nebst einer Anzahl Nationalgehülfen.

Stationen:	Griechenland	1
	Türkei	1
	Westafrica	5
	China	1
		8

Einnahmen: 103,633 fl.
Ausgaben: 102,084 fl.

40. **Mission der presbyterianischen Kirche.** 1802.

Arbeiter und Arbeiterinnen: 108, außer einer Anzahl Nationalgehülfen (etwa 20).

Stationen:	Ostindien	9
	China	2
	Hinterindien	1
	Westafrica	4
	Nordamerica	7
	Juden in New-York	1
		24

Einnahmen: 347,711 fl.

41. **Freiwillens-Baptisten-Mission.**

Arbeiter und Arbeiterinnen: 4
Stationen: Ostindien 2
Einnahmen i. J. 1850: 11,083 fl.

---

1. Nachrichten aus der Heimath.

England. Vom 25. April bis 27. Mai in London Jahresfeste der englischen Missions- und Bibel-Gesellschaften, nebst andern Gesellschaften des Reiches Gottes, im Ganzen 54.

Frankreich. Vom 27. April bis 6. Mai in Paris Jahresfeste der französischen Missions-, Bibel- und anderer evangelischen Gesellschaften, im Ganzen 13.

---

2. Nachrichten aus den Missionsgebieten.

Indischer Archipel.

Celebes. (11) Miss. Herrmann in Amurang schreibt in seinem letzten Brief: „Seit einiger Zeit wird unter den Alfuren in dem zu Amurang gehörigen Dorfe Tombassian viel Lebensregung wahrgenommen. Mit herzlicher Freude sah ich, wie mehrere Kinder die gesegneten Werkzeuge zur Bekehrung ihrer Eltern wurden. Dies war sowohl bei einigen Bürgern von Amurang, als in genanntem Dorf der Fall. In Folge hievon sind selbst einige der ältesten Christen von 65—75 Jahren, die bisher ihre Herzen stets dem Evangelio verschlossen und fast nie zur Kirche kamen, mit gepreßtem Herzen mit der Bitte zu mir gekommen, an dem Taufunterricht, den ich Taufcandidaten gab, Antheil nehmen zu dürfen. Wie junge Christen auf ihre alfurischen Eltern wirken, davon unter vielen nur Ein Beispiel: Ein vor einiger Zeit von mir getaufter Jüngling wurde von seinen Eltern, bei denen er schon lange nicht mehr wohnte, zu einem Fest eingeladen. Er wußte nicht zu was für einem Fest, und ging hin. Er wurde zur Tafel geladen, hatte aber unterdessen gemerkt, daß dies zur Ehre ihrer Götzen gemeint sey.

Mit Thränen in den Augen trat er vor seine Eltern und sprach: „Liebe Eltern, Gott weiß, wie herzlich ich euch liebe, und zwar vornehmlich seit ich mich zum HErrn Jesu bekehrt habe; aber ach, an euerm Götzenmahl kann und darf ich keinen Theil nehmen. Gott erbarme sich über euch, auf daß ihr lernet eure Götzen verabscheuen und euch zum HErrn Jesu bekehren. Seyd doch nicht böse, ich kann nicht mit euch essen;" — und weinend verließ er das Haus. Dies machte einen solchen Eindruck auf die Eltern, daß der Vater sich erhob und feierlich erklärte, von nun an seinen Götzen den Abschied zu geben. Seine Frau warf sodann mit ihm Alles, was den Götzen geweiht war, aus dem Hause, und beide sind jetzt eifrige Jünger. Unaussprechlich groß ist jetzt auch die Freude des Sohnes." — Noch eine andere Freude machte Br. Hermann die Taufe des Oberhauptes von Tonsawan. Der Missionar hatte ihm die Taufe versprochen — aber in seinem eigenen Hause, in Gegenwart seiner Unterhäuptlinge. Er wohnt auf einem Hügel, wo man bis dahin den Götzen zu opfern pflegte. Dort hielt er am 9. Dec. 1849 zum ersten Mal christlichen Gottesdienst, wozu er die Häuptlinge eingeladen hatte, Zeugen dieser Feier zu seyn. Sie kamen ihrer etwa 20; ihre Frauen aber durften nicht mitkommen. Er beantwortete vor ihnen die Frage: „Hat euer Oberhaupt Recht, daß er euern Götzen den Abschied gibt und sich taufen läßt?" Das machte tiefen Eindruck, wie auch der Uebertritt des Oberhauptes zum Christenthum selbst.

Miss. Ulfers in Kumelembuai erzählt von einem alten Manne unter den von ihm Getauften, die ihm besonders viel Freude machen: „Dieser Mann ist einer der heitersten Christen, die ich je kennen gelernt. Wo man diesen 70jährigen Greisen auch findet, da verherrlicht er immer laut seinen HErrn. Ist er in seinem Garten, so singt er Loblieder und Psalmen, oder sucht seine Mitsünder, die bei ihm sind, durch allerlei Bilder aus der Natur zum Schöpfer der Natur zu leiten. Ist er in seinem Dorf (er ist ein Dorfvorsteher, der wegen seines hohen Alters der Ruhe genießt), so setzt er sich in die Hütten der Einwohner und verkündigt seinen frühern Unterthanen Christum, den Gekreuzigten." — Eine ungemeine Freude hatte Ulfers, als er eines Tages nach Mataling, dem Dorfe dieses Mannes, kam, um Abends zu katechisiren und des andern Tages zu predigen. Sie wurde ihm durch diesen Alten, der in der Taufe den Namen Paulus erhalten hatte, und den eben so alten Oberpriester des Ortes, der von je her sein Freund war, bereitet. Ulfers erzählt: „Des Abends, nach der Katechisation, ging Paulus eilig weg, kam aber gleich darauf mit dem alten Priester zurück. Er weinte vor Freude und konnte bei fünf Minuten lang kein Wort reden. Endlich faltete er seine Hände und rief: „ach HErr Jesus Christus, mein Heiland, wie groß ist doch Deine Liebe und Dein Segen über uns arme und durchaus sündige Menschen!" Darauf erzählte er mir, dieser alte Oberpriester habe sich zu Gott bekehrt und wolle jetzt seinen Sündenweg verlassen. Dieser Priester legte dann auch in Gegenwart vieler Alfuren und aller Getauften des Ortes ein sehr treffliches Sündenbekenntniß ab und schloß mit den Worten: „Und jetzt, ehe ich sterbe, will ich zu Christo fliehen, auf daß auch meine Seele durch Christi Blut von Sünden gewaschen und gereinigt werde." Aber ich erstaunte noch mehr, als ich bemerkte, daß er bereits so viel Erkenntniß vom Evangelio besaß. Der alte Paulus hatte ihn schon lange unterrichtet, ohne mir ein Wort davon zu sagen, so daß dieser alte Lügenpriester durch die kräftige Mitwirkung des heiligen Geistes in einen wahren Priester des lebendigen Gottes umgewandelt wurde. — Den andern Morgen war der alte Oberpriester auch in der Kirche, und als diese aus war, zertrümmerte er in Gegenwart Aller die drei rohen Steine, die, wer weiß wie lange schon, als Götzen mitten im Dorfe stunden. Seitdem empfängt der alte Priester sowohl durch den Schulmeister in Malaling, als durch mich, regelmäßigen Unterricht. Den alten Paulus hoffe ich bald nebst seiner Tochter, einer etwa vierzigjährigen Wittwe, die eine wahre Maria ist und immerdar zu den Füßen ihres HErrn sitzt, als Glieder der Gemeinde einzusegnen. Der Alte sagt immer von seiner Tochter, sie habe mehr Liebe zum HErrn, als er." —„ Etwas Aehnliches ereignete sich unlängst auch in Pondas. Als ich die 7 oder 8 Personen versammelt hatte, die ich schon seit einiger Zeit unterrichtete, kamen auf einmal elf Andere und brachten ihre drei steinernen Götzen, warfen sie mir zu Füßen und zertrümmerten sie. Hierauf erklärte der Vornehmste, ein Oberpriester von etwa 40 Jahren, er habe mit den zehn Andern schon vor einigen Tagen den Götzendienst verlassen, und bat mich daher, ihn zu unterrichten und zu taufen. Auch sagte er mir, er habe schon seit einigen Jahren in seinem Herzen öfters Unruhe darüber empfunden, daß er seine Landsleute immer noch den Lügendienst lehre und ins Verderben führe; er habe jetzt seinem Gewissen nicht länger widerstehen können und wünsche fortan seine Mitsünder zu Christo zu führen. Hier in Kumelembuai habe ich den zweiten Priester auch im Unterricht."

Borneo. Bethabara. Miss. van Höfen (4) schreibt in seinem Tagebuch: „Am 4. August 1850 hatte ich die Freude, wieder 5 Personen taufen zu können, nachdem sie mehrere Wochen hinter einander regelmäßigen Religionsunterricht empfangen hatten." — Es waren dies 3 Dajackenknaben von 9, 12 und 20 Jahren, und 2 Mädchen von 15 und 20 Jahren.

Miss. Dr. Mac Dougall (21) schreibt im October 1850 von seiner Station Sarawak: „Während der 2½jährigen Wirksamkeit unserer Mission dahier hat es Gott gefallen, die Umstände für den Anfang und Fortgang des unternommenen Werkes aufs Günstigste zu ordnen. Nach allen Seiten eröffnen sich die vielversprechendsten Aussichten, und es bedarf nur der Arbeiter, um die zur Ernte schon weißen Felder in Besitz zu nehmen. Von hier bis Bruria und bis zu den Quellen der großen Ströme hin ist kein bedeutenderer Stamm, der nicht gerne Missionare aufnähme; und manche Häuptlinge, mit denen ich mich persönlich unterhielt, baten mich, in ihre Gegenden zu kommen, um sie und ihr Volk zu unterweisen. Täglich vorkommende Ereignisse beweisen, was der Zustand des Landes vor zwei Jahren uns kaum hoffen ließ, daß Missionare unter den wildesten und entferntesten Stämmen, von welchen wir gehört, mit Sicherheit und Vertrauen in die gute Gesinnung der Eingebornen arbeiten können."

Bisher hat die Mission hauptsächlich nach einer centralen Lage getrachtet und das Vertrauen und die Zuneigung der Eingebornen zu gewinnen gesucht, und es ist ihr zu einem ziemlichen Grade damit gelungen. Die Missions-Schulen werden gerne gesehen, und die durch die Apotheke erwiesenen Wohlthaten haben weit und breit Herzen geöffnet und willig gemacht, nun auch zu hören, was zum Heil ihrer Seelen dient. — In der Missions-Schule sind jetzt 20 Kinder, einige Waisen, Andere uns von ihren Eltern übergeben, um getauft und als Christen auferzogen zu werden. Sieben sind bereits getauft."

Indien. Eines der größten Hindernisse gegen die Einführung des Christenthums in Indien war bisher das vor Kurzem noch gültige, von der englischen Regierung geduldete und anerkannte Hindugesetz, daß jeder Eingeborne, dessen Vater noch lebt, dadurch daß er Christ wird, sein väterliches Erbe verwirkt. Nun hat aber die englische Regierung in Indien dieses Gesetz unlängst abgeschafft, und darob sind die einflußreichen Hindus in Calcutta so sehr erschrocken, daß sie in ihrer Verlegenheit einen Rath hielten und beschlossen, eine Bittschrift an die Regierung in England zu schicken und sie um Rückgängigmachung dieses Aufhebungsbeschlusses anzugehen. In dieser Bittschrift heißt es unter Anderm: „Wenn dieses verderbliche Gesetz (der Abschaffung jenes indischen Erbgesetzes) in Kraft bleibt, so ist das Mißgeschick, das unser Land und die Hindubevölkerung trifft, über alle Beschreibung groß. Diejenigen, welche, weit entfernt, das Christenthum anzunehmen, sich jetzt nicht einmal günstig über dasselbe äußern können, aus Furcht, ihr väterliches Erbe einzubüßen, werden dann furchtlos und mit lachendem Munde zur Kirche gehen, um sich taufen — d. h. in der christlichen Lehre unterweisen zu lassen. In gegenwärtiger Zeit ist religiöse Furcht und Scham aus dem Herzen des Volkes beinahe verschwunden. Kein geistlicher Beweggrund, wie religiöse Furcht und Schrecken vor der zukünftigen Welt, kann mehr von Verlassung unserer Religion abhalten. Unter diesen Umständen würde, wenn kein Gedanke an zeitlichen Vortheil oder Verlust Zwang ausgeübt hätte, das Feuer des Christenthum bereits in jedem Hause gezündet und ohne Zweifel die Hindu-Religion und das zeitliche Wohl der Hindu in Asche verwandelt haben. Jetzt hören wir jährlich von drei bis vier Knaben, die sich zum Christenthum bekehren; nächstens werden wir jeden Monat und jede Woche von Leuten hören, die sich zum Christenthum bekehren, und zuletzt alle Tage. Die Religionsgebräuche der Hindus werden in Kurzem abgeschafft und die christliche Religion dafür eingeführt werden. Es wird mit allem Familienglück aus seyn. Man mag das verderbliche Gesetz, das unlängst verkündet worden, ansehen von welcher Seite man will, man wird finden, daß es die Erhaltung der Hindureligion unmöglich macht. Bedenken wir, was für ein Unglück so über uns gebracht worden ist, so möchten wir wahnsinnig werden." -- „Die Missionare haben nie unterlassen, uns entgegen zu handeln; sie haben getrachtet und trachten noch unsere Religion durch Betrug, Gewalt oder List auszurotten und die christliche zur herrschenden zu machen. Durch ihren zauberhaften Einfluß flohen Kinder vom Schooße ihrer Mutter — Eltern wurden ihrer Söhne, Brüder ihrer Brüder, Frauen ihrer Männer beraubt Nach allen vier Weltgegenden hört man nichts als Klagen über die Gewaltthätigkeiten der Missionare; alle Städte und Dörfer sind voll davon. Wie viele Hunderte von Hindus, durch ihre grausamen Pfeile verwundet, verbringen nicht ihre Zeit in endloser Trauer!"

Ober- und Niederindien.

Nach der letzten Angabe von Miss. Mackay (26) vom 6. Januar 1851 war der Stand ihrer Schulen folgender: In der Anstalt zu Calcutta 1328 Zöglinge; in Tschinsura 740; in Bansberia 204; in Kulna 200. Zusammen 2472.

Ranschi. Miss. Fr. Batsch (7) berichtet, nachdem er den Tod des Miss. Mathias und die Krankheit mehrerer Brüder erwähnt, von zwei neuen Stationen und ihrer Besetzung. Für Goolndpore, 12 Stunden südlich von Ranschi, wurden die Brüder Brandt, Behrends, Konrad und Herzog bestimmt; für Lohardeka die Brüder H. Gernih, H. Batsch, Börner und R. Gernih; für Ranschi Br. Schatz, Fr. Batsch, Lohr, Sieck und Müller. — Hierauf fährt er fort: „Nun mag uns der HErr weiter helfen und uns Alle wieder gesund machen, denn mehr als 400 Seelen verlangen nach dem Brode des Lebens, und wir sind zu Boden geschlagen. Es sind Sonntag vor acht Wochen wieder drei Familien getauft worden, und Frau und Kind des getauften Neumann, Besitzers des Dorfes Kotie, wo mehr als 30 Familien Christen werden wollen. Im Ganzen diesen Sonntag 7 Erwachsene und 4 kleine Kinder; die älteren Kinder werden erst unterrichtet. — Gegen 50 Dörfer im Westen haben sich geöffnet. Im Süden erwarten wir auch etwas; denn da haben 9 Mundahäuptlinge uns sagen lassen, daß sie auch kommen wollten, mit allen ihren Leuten."

Armenier. (37) Miss. Dwight in Constantinopel schreibt unterm

4. December 1850: „Es freut mich, Ihnen melden zu können, daß Sir Stratfort Canning (der englische Gesandte am türkischen Hofe) so eben einen Schutzbrief ausgewirkt hat, nach welchem die Protestanten der Türkei hinfort eine eigene Körperschaft bilden. Dies ist ein wichtiger Fortschritt in Betreff ihrer bürgerlichen Stellung im Reiche. Zwar waren sie schon seit drei Jahren als eine besondere Gemeinschaft anerkannt, und ihre Klagen fanden bei der Pforte allezeit Gehör; noch bestand aber kein eigentliches kaiserliches Corporationsgesetz, und unsere Brüder hatten von der Regierung immer noch keine Versicherung ihres fortwährenden Schutzes in Händen. Durch diesen Ferman sind ihnen nun dieselben Rechte zugesichert, welche die andern christlichen Gemeinschaften genießen. Sie haben das Recht Kirchen zu bauen, Gottesäcker zu besitzen ꝛc., wie die andern Christen. Ein türkischer Pascha ist ernannt, um sich ihrer Sachen anzunehmen, und sie haben aus ihrer eigenen Mitte einen Agenten zu ernennen, um mit der Regierung zu unterhandeln, sowie einen Rath, um über die bürgerlichen Angelegenheiten der Gemeinschaft zu entscheiden."

Miss. Hamlin in Constantinopel schreibt im Januar 1851 von dem Prediger-Seminar in Balbeck: „Diese Anstalt ist aus sehr interessanten Bestandtheilen zusammengesetzt, und der jetzt herrschende religiöse Sinn ermuthigt uns zu der Hoffnung eines besondern Segens. Ich meine, es sey mehr Gebetstrieb vorhanden, als ich seit langem wahrgenommen." Und unter dem 4. März schreibt Miss. Goodell von demselben Seminar: „Die Herzen fast Aller sind zartfühlend; und die Stimme des Gebets wird von früh bis spät gehört. Vier freuen sich des ihnen unlängst widerfahrenen Heils."

Aintab. In Miss. Schneider's Tagebuch heißt es am 26. August des vorigen Jahres: „Sonntag. Unsere heutigen Gottesdienste waren sehr ergreifend. Der für Zuhörer bestimmte Platz war bald angefüllt, und Viele gingen wieder weg, weil kein Platz mehr da war. Die Zahl der Zuhörer stieg auf 400, die größte Versammlung, die wir bis jetzt noch hatten. Fünf neue Mitglieder wurden aufgenommen. Die von diesen abgegebenen und von der ganzen Gemeinde erneuerten Gelübde machten auf einige unserer besten und stärksten Männer einen solchen Eindruck, daß sie vom Gefühl überwältigt, in lautes Schluchzen und Weinen ausbrachen." — Das Umsichgreifen des Protestantismus unter den Armeniern dieser Gegend veranlaßte den Patriarchen von Constantinopel, den Bischof von Diarbekr als Erzbischof nach Aintab zu beordern. Er kam mit großem Gepränge nach Aintab und begann gleich mit großer Macht aufzuräumen. Allein er mußte bald einsehen, daß er nicht schalten und walten konnte wie er wollte, und als er damit nichts ausrichtete, fing er an die Protestanten mit großer Dreistigkeit anzugreifen und zum Lehrstreit herauszufordern. Einige nahmen die

Herausforderung an. Sie kamen mit dem Erzbischof zusammen, und eine Anzahl der verständigsten und angesehensten Armenier der Stadt fanden sich dabei als Zuhörer ein. Der Erzbischof forderte nun stolz die Protestanten zur ersten Fragstellung auf, und der Erfolg war, daß der Bischof die Antwort auf ihre erste Frage schuldig blieb, und die ganze Stadt seine Niederlage erkannte. — Unterm 26. Nov. heißt es in Miss. Schneider's Tagebuch: „Sobald wir hier das Evangelium zu predigen anfingen, arbeiteten wir auch auf Förderung der Mäßigkeit hin. Bald bildete sich ein kleiner Mäßigkeitsverein, und Ansprachen wurden von Zeit zu Zeit in dieser Absicht gehalten. Unlängst bildete sich nun auch ein Jugend-Mäßigkeitsverein von 89 Mitgliedern von 5 bis 15 Jahren, deren Eltern zum großen Theil unserer Gemeine nicht angehören. Der schon früher bestandene Verein der Erwachsenen ist auf 170 Mitglieder angewachsen, so daß die ganze Zahl der Armenier, die sich zur Mäßigkeit verpflichteten, 259 beträgt. Dies ist ein sehr großer Theil unsrer Gemeinde, ja fast Alle, welche die Jahre des Selbstdenkens erreicht haben, sind eingeschrieben."

West-Africa. Sierra-Leone. Eine Uebersicht der Mission (18) von 1848—1850 enthält folgende Angaben: „Es sind 15 Haupt- und 12 kleinere Stationen, wo Unterricht in der christlichen Lehre ertheilt wird. Die Kirchen sind jeden Sonntag voll aufmerksamer Zuhörer. Die Zahl der monatlichen Communicanten war auf 2051 gestiegen, und die Zahl der Taufcandidaten war bedeutend. In allen Städten und Dörfern waren Sonntagsschulen eingerichtet. Jedes Dorf hat seine Tagschule, die von eingeborenen Schulmeistern und Meisterinnen gehalten werden. Es sind im Ganzen 45 Schulen mit 6111 Schülern. Außer den Dorfmädchenschulen sind in Kissey und Freetown 2 höhere Mädchenschulen errichtet worden, die unter erfahrenen europäischen Frauenzimmern stehen. — In der Furah-Bay Anstalt für Bildung von eingebornen Predigern und Schullehrern waren zu Ende 1850 zehn Zöglinge, worunter drei Prinzen der Gallinas-Neger.

Süd-Africa. Silo. Diese Station der Brüdergemeine (Miss. Zeit. 1850. H. 4. S. 128) ist durch den Krieg der Kaffern mit der englischen Regierung am Cap in Schutt gelegt worden. Die Missionare mit ihren Familien haben sich noch flüchten können und sind nach andern Stationen gezogen.

Miss. Kölbing (1) schreibt unterm 20. Febr. aus Gnadenthal: „Von unsern Gnadenthaler Hottentotten sind 360, von Gnunekloof 280, und von Elim 170 Freiwillige in Folge der Aufforderung der Regierung in den Krieg ausgezogen und auch bereits im Lager des Statthalters angekommen."

Saron. (4) In Miss. Budler's Tagebuch von 1850 heißt es unterm 7. Juli: „Ein festlicher Tag! Der Herr war uns nahe im hörbaren und sichtbaren Evangelium. — Nach der Predigt taufte ich die mehrerwähnten zehn Personen (4 Männer und 6 Frauen) in dem Namen des dreieinigen Bundesgottes, worauf ihnen und den andern Gliedern der Gemeine (41) das hl. Abendmahl gereicht wurde." — Miss. Jufferubruch erzählt in seinem Tagebuch vom Juli und August 1850 mehrere Beispiele von Eingebornen die in dieser Zeit selig im HErrn entschlafen sind und als reife Früchte der Mission in seine Scheunen gesammelt wurden.

Worcester. (4) Miss. Esselin schreibt unterm 7. December 1850: „Beim letzten Abendmahl waren 93 Gemeindeglieder gegenwärtig. Die Zahl der Adhärenten ist wohl mehr denn sechs Mal größer als die Zahl der Gemeindeglieder in Summa. Ich verstehe unter Adhärenten die noch Ungetauften aus den Heiden, welche sich zu der Gemeinde halten. Von ihnen füllt sich die Katechisation größtentheils, von ihnen füllt sich die Capelle, von ihnen laufen die meisten Beiträge ein, von ihnen beschämen Viele manchen der Getauften, ihre Kinder füllen die Schulen, von ihnen stehen gewiß Viele dem Reiche Gottes nicht fern — und doch werden sie nicht getauft? Diese Frage bringt mich auf die Katechumenen und Taufpräparanden. Der Erstern sind an die 300; von Letztern mehr denn 60. Von diesen hoffe ich zu Weihnachten oder Ostern diejenigen zu taufen, welche mir angewiesen werden."

Natal-Colonie. Neu-Deutschland. (S. Miss. Zeit. 1849. H. 3. S. 209.) In einer Nachricht von Miss. Posselt (5) vom Sept. 1850 heißt es: „Auf die sonntäglichen Predigten, verbunden mit Schulhalten, war in der letzten Zeit meine Thätigkeit unter den Eingebornen beschränkt, bis vor nicht langer Zeit mir von meiner Wirthschafterin erzählt wurde, daß unter den bei ihrer Schwester dienenden Kaffern sich einer befinde, der des Abends die andern zum Gebete vereine. Ich ließ ihn bald zu mir kommen, erkannte in ihm einen meiner ältesten Zuhörer, wußte jedoch nicht, daß er das Wort des Lebens liebte. Ich lud ihn ein, recht oft zu mir zu kommen; er kam und brachte noch andere mit. Es schloß sich Einer nach dem Andern an, und so sind es denn jetzt zwanzig Zulu-Jünglinge und Knaben, welche fast ganz regelmäßig jeden Abend zu mir ins Haus kommen. Mehrere beten, drei aber befinden sich so entschieden auf gutem Wege, daß ich sie bereits zur Taufe vorbereite. Ihre Aufrichtigkeit und Herzenserfahrung, ihre Gebetsgabe und Bekenntniß machten sie dazu bereits geschickt; doch um sie noch mehr zu prüfen und wegen der Schwachheit der Erkenntniß, will ich sie noch etliche Zeit erst unterrichten."

Von der Station Emmaus (5): Mit dem holländischen Gottesdienst bei den Bauern (holländischen Colonisten) geht's gut. Der HErr segnet sein Wort. Kann auch noch nicht von Bekehrungen gesprochen werden, so zeigt sich doch eine heilsame Veränderung in allen Lebensverhältnissen; Liebe und Eintracht kehrt zurück; das Urtheil über die Mission und die Missionare ist schon ein ganz anderes geworden;

die Missionare sind keine „Landplage“ mehr, sondern ein Segen.“

Zoar. (5) Miss. Brietsch sagt in seinem Brief vom 8. Sept. 1850, er möchte die Frage, welche Früchte das Wort Gottes bei den Leuten hervorgebracht, am liebsten erst nach dem Tode seiner Zuhörer und Pflegbefohlenen beantworten. Hierauf erzählt er dann einige erfreuliche Beispiele von Todesfällen: „Josias Kaffer, meinen alten Schafwächter, verließ ich krank, als ich im Mai nach der Capstadt reiste. Seine Krankheit nahm zu, so daß er in den letzten Wochen fast beständig eine Art Starrkrampf hatte und nichts sprach. Als die Diakonissen sahen, daß es mit ihm wohl vor meiner Zurückkunft, nach welcher er sehr verlangte, zu Ende gehen würde, hielten sie bei ihm an, ihnen doch zu sagen, wie es mit seinem Herzen stände, damit sie mir doch etwas über ihn mitzutheilen hätten, wenn ich zurück kehrte. „Nicht gesehen — doch lieb!“ — dies war seine Antwort und letztes Wort. — Der Name der andern ist Hanna, eine der Stillen im Lande, die ihrem Gott in Einfalt des Herzens diente, ohne die Aufmerksamkeit der Nachbarn auf sich zu ziehen. Jetzt ist sie, wie ich zuversichtlich hoffe, bei ihrem einzigen Freunde, um Ihm für sein getreues „Aufpassen“, wie sie sich ausdrückte, ewig zu danken.“ — „Gestern, 1. September, waren wieder einmal die Säulen der Gemeinde in der Kirche bei einander; ich meine die alten Frauen und Männer. Es war Abendmahl. Der alte Nimrod, die alte Rosly, Katharine, Gertruide, und wie sie noch heißen, können schon seit längerer Zeit aus Altersschwäche fast gar nicht mehr zur Kirche kommen. Ich denke, daß Rosly schon an oder über hundert Jahre alt ist, und daß Gertruide nicht viel jünger ist, denn die Tochter der letzteren, die erst das vierte Kind ist, ist schon in den siebziger Jahren. Doch zum Abendmahl kommen sie, und müßten sie zur Kirche kriechen.“

Saron. (5) Laut Brief von Miss. Schmid war diese Station seit einem halben Jahr in beständiger Aufregung und Erwartung eines feindlichen Ueberfalls vom Fettfluß her. Viele hatten sich deßhalb bereits von der Station entfernt, und die meisten drohten ebenfalls wegzuziehen und suchten auch den Missionar zum Mitziehen zu veranlassen; allein er harrte aus, und am Ende hatte es den Anschein, als wollte Ruhe und Sicherheit auch wiederkehren. Natürlich war dies eine für die Mission sehr unfruchtbare Zeit. —

Wellington (31). Miss. Bisseux meldet in seinem Brief vom 7. Januar 1851 die Taufe von 6 Erwachsenen, während etwa 15 noch im Vorbereitungsunterricht waren. Einen andern Fortschritt in der Mission beschreibt er in Folgendem: „Sie werden mit Vergnügen hören, daß die Vorurtheile der Weißen gegen die Schwarzen sich immer mehr verlieren. Der Gottesdienst wird von jenen jetzt viel stärker besucht, als früher. Mancher Colonist, der sonst in der Capelle nie neben Sclaven sitzen wollte, genießt jetzt das Abendmahl in Gemeinschaft mit Schwarzen, die er früher gern aus den religiösen Versammlungen ausgeschlossen gesehen hätte. Andere, welche den Missionaren fluchten, weil sie die Heiden unterrichteten, unterzeichnen sich jetzt für Beiträge an die Gesellschaft und würden in keiner Missionsstunde fehlen." — Die Station zählte zu der Zeit 44 Gemeindeglieder, 50 getaufte Kinder und 300 Zuhörer.

Von Carmel (31) schreibt M. Lemne unt. 17. December 1850: „Wir zählen zu Carmel nicht weniger als 40 Communicanten und eine entsprechende Zuhörerschaft. Ueberdies hat uns der HErr mit einer Erweckung unter der Jugend erfreut; ihrer 16 haben sich um die Taufe beworben, außer denjenigen, die schon seit einem Jahr Vorbereitungsunterricht empfangen. Die Meisten geben sich Mühe, lesen zu lernen. Aus ihren Ersparnissen schaffen sie sich Kleider an, und am Ende des Jahres bleibt ihnen noch etwas zu einem Opfer für die Mission übrig."

Morija (31). Miss. Dyke meldet die Taufe, am 22. December 1850, von 23 Eingebornen, 6 männlichen und 17 weiblichen, vom Jugend- bis ins Greisenalter. Die Meisten hatten schon seit mehr als zwei Jahren den Vorbereitungsunterricht genossen, und Niemand wurde ohne gehörige Prüfung zur Taufe gelassen.

Nord-America. Die meist so ungedeihlichen Missionen unter den rothen Indianern geben doch hie und da noch einzelne Früchte ab. So meldet Miss. Bischof (1) in New-Spring-Place (Neu-Quell-Ort) unter den Tscherokesen, daß im Jahr 1849 daselbst 6 erwachsene Indianer getauft worden sind, und am Schlusse desselben die Gemeine 72 Personen, darunter 31 Communicanten, zählte. — Von Canaan und Mount Zion berichtet M. Mack, (1) daß das Weihnachtsfest 1849 zu besonderem Segen daselbst gefeiert wurde. Es waren 300 Personen in der Predigt, und in der Kinderversammlung 130 Kinder, eine ungewöhnlich große Zahl. Im Jahr 1849 waren 5 Erwachsene getauft worden, und die Gemeine bestand am Schlusse desselben aus 75 Seelen, darunter 21 Communicanten.

Miss. Baierlein (8) in Bethanien schreibt unterm 25. October 1850: „Die kleine Gemeinde, welche uns Gott, damit wir nicht muthlos werden, geschenkt und bisher mit starkem Arm bei sich behalten hat, ist durch seine Gnade in den letzten Monaten wieder um 11 Seelen (7 Erwachsene und 4 Kinder) vermehrt worden, und diesen Allen muß ich das Zeugniß geben, daß sie willig und fleißig sind, das Wort Gottes zu hören."

Tschokta-Indianer. Nach einem Schreiben von Miss. Copeland (37) vom 22. Januar 1851 sind im westlichen Theil der Tschokta-Indianer zwei neue Nebenstationen errichtet worden. Ferner sagt er: „Die Nebenstation zwischen hier und dem Boggy ist in sehr blühendem Zustande; 'wir haben letztes Jahr 17 Mitglieder aus dieser Gegend in die Kirche aufgenommen, und 8 weitere sind zur Aufnahme vorgeschlagen." — Von Gutland schreibt Miss. Stark (37) unterm 31. Januar: „Die hiesige Gemeinde ist immer noch in einem blühenden Zustande; und nach dem, was wir um uns her wahrnehmen, sind uns noch größere Segnungen aufbehalten. Die Wahrheit wird selten in irgend einer Form gepredigt, ohne sichtliche tiefe Eindrücke hervorzubringen."

Westindien. Jamaica. Der Todesengel, die Cholera, hat im letzten Winter unter den Bewohnern dieser Insel ein unerhörtes Vertilgungswerk ausgerichtet. Man rechnet, daß wenigstens der zehnte Theil der ganzen Bevölkerung davon weggerafft wurde. An manchen Orten traf es von einem Fünftheil bis zur Hälfte der Einwohner. Merkwürdig und dankenswerth ist, daß die Missionsfamilien beinahe, wenn nicht ganz, davon verschont blieben.

St. Croix. (1) Nachdem Miss. Endermann in seinem Brief vom 28. Januar 1840 angeführt, mit welchen Schwierigkeiten die Mission auf den dänischen Inseln in Folge des Drucks zu kämpfen habe, unter welchem die Neger, ungeachtet der Aufhebung der Sclaverei, von Seiten der Regierung und der Pflanzer immer noch seufzen, fährt er fort: „Aber doch zeigt uns der HErr, der das zerstoßene Rohr nicht zerbricht, daß Er sich noch zu seinem Werke bekennt. Gerade im vorigen Jahre sind mehr junge Leute zur Confirmation gelangt und in die Gemeine aufgenommen, als seit zehn Jahren der Fall war. Es wurden 190 Personen in die Gemeine aufgenommen, und 213 nach vollendetem Unterrichte confirmirt." — „Ein erfreuliches Zeichen des zunehmenden Lebens aus Gott ist auch das erwachende Interesse an dem Werke der Ausbreitung des Evangeliums unter solchen Völkern, die dasselbe noch nicht gehört haben. Zu Ende des vorigen Jahres hatten wir die Freude, zu erfahren, daß die jungen Leute hier in Friedensthal schon im October unaufgefordert eine kleine Missionsgesellschaft unter sich gegründet hatten. Sie versammeln sich alle Freitag Abend, singen und lesen mit einander, und dann gibt Jeder sein Schärflein in die Missionsbüchse."

Süd-America. Feuerland. (22) (S. Miss.-Zeit. 1849, H. 3, S. 199. — 1850, H. 2, S. 293.) Die erste Missionsendung nach diesem Lande hat am 5. December 1850 ihre Bestimmung erreicht. Sie landeten auf einer kleinen Insel, Garteninsel genannt, und schlugen einstweilen Zelte auf, um sich darin aufzuhalten, bis sie eine festere Wohnung aufzurichten im Stande wären. Allein sie hatten vor der diebischen Zudringlichkeit der Eingebornen keine Ruhe und sahen sich genöthigt, ihr Quartier wieder auf dem Schiff zu nehmen, mit dem sie gekommen waren. Einstweilen wurden zwei Boote oder kleine Schiffe gebaut, die für den Anfang den Dienst eines Missions- und Vorrathshauses leisten sollen.

Neuseeland. Nachrichten vom August 1850 melden die Ankunft in Wellington eines römischen Bischofs nebst 16 Priestern vom Maria-Orden.

Ruapuki. (9) In den letzten Berichten von der norddeutschen Missionsgesellschaft heißt es von dieser Station: „Bei Weitem der größte Theil der dortigen Maori (so nennen sich die Eingebornen) ist unter des HErrn Segen durch unsers Wohlers treue Arbeit zum Christenthum bekehrt und getauft, und unter den Uebrigen ist, wie uns geschrieben wird, gleichsam ein Laufen um die Wette, der Gnade Gottes theilhaft zu werden. Nicht allein junge Leute und Mütter mit ihren Säuglingen, auch Alte und Greise verlangen die Taufe von Herzen und mit Sehnsucht. — Auch in der Umgegend, auf den benachbarten Küsten, wächst das Reich Gottes mit Macht." — Aber dieselben Briefe, die solche frohe Nachrichten brachten, enthielten auch eine sehr traurige Kunde, nämlich die Zerstörung sämmtlichen Missionseigenthums durch einen Brand.

Inseln der Südsee.

Sandwichs-Inseln. (37) Am 25. September 1850 wurde der Eingeborne Stephan Waimalu zum Pastoren der Gemeinde zu Waianau, auf der Insel Oahu, geweiht. Er hatte bereits gegen 3 Jahre daselbst gepredigt, und da die Gemeinde sich seiner Dienste für beständig zu versichern wünschte, so baten sie ihn, das Pastoralamt bei ihnen zu übernehmen, und verpflichteten sich zu einem Gehalt von 150 Thalern jährlich.

Freundschafts-Inseln. M. P. Turner (16) schreibt unterm 11. Juni 1850: „Sie haben von einem großen Häuptling, Namens Tugi, Sohn des Häuptlings Fatu von Mua, gehört, bei welchem M. Lawry vormals wohnte. Es war schon lange ersichtlich, daß er der Religion seiner Väter entsagte. Er pflegte in die Predigten zu kommen, besuchte die Missionare, um sie zu befragen, und hörte die evangelischen Ermahnungen, die ihm ans Herz gelegt wurden, geduldig an. Seit einiger Zeit drangen die Heiden sehr mit der Bitte in ihn, sie doch ja nicht zu verlassen. Er aber hat endlich eine kecke, feste Stellung dem Heidenthum gegenüber angenommen. Als es bekannt wurde, daß er entschlossen sey, das Christenthum anzunehmen, wurde er sowohl von Heiden als römischen Priestern bestürmt; aber er war entschlossen und trat mit nahe an 200 seiner Leute zum Christenthum über, hat sich auch seitdem fest gezeigt. Er hat von seinem Einfluß unter seinen Leuten schon Gebrauch gemacht, und sie treten nun zu Hunderten aus dem Heidenthum herüber. — Es sind jetzt vier römische Priester auf Tonga, aber sie verlieren ihren Einfluß unter dem Volke, und mit allen ihren Rück- und Nachsichten und frommen Täuschungen werden sie in den Hintergrund geworfen."

Inhalt

des ersten Heftes 1851.

In diesen Uebersichten wird über die Geographie, das Natur- und Völkerleben, die Religion, Sprache u. s. w. der betreffenden Gebiete meist aus Originalquellen Mittheilung gemacht, hauptsächlich aber der Gang des Reiches Christi in denselben, die Art und der Erfolg der evangelischen Predigt unter ihren Völkern dargestellt. Auch Lebensbeschreibungen ausgezeichneter Missionarien finden dann eine Stelle, wenn sich an sie die ganze Entwicklung des Missionswerkes in den Ländern wo sie wirkten, anknüpfen läßt. Sonst werden solche hie und da besonders herausgegeben.

II. Die Missions-Zeitung.

In dieser kürzeren Abtheilung werden die neuesten Begebenheiten in der Missionswelt, sowohl die der christlichen Heimath, als die der Missionsstationen aller Gesellschaften kurz mitgetheilt, um die Leser des Magazins mit dem Gang der Missionssache stets auf dem Laufenden zu erhalten. Auch literarische Notizen werden zuweilen am Schlusse angehängt.

III. Neueste Geschichte der Bibelverbreitung.

Es werden die monatlichen Auszüge aus dem Briefwechsel und den Berichten der brittischen und ausländischen Bibelgesellschaft jedem Hefte des Magazins mitgegeben. Sie sind in die angegebene Bogenzahl nicht mit eingerechnet, werden somit auch nicht mitbezahlt, sondern sind ein Geschenk der brittischen und ausländischen Bibelgesellschaft an die Leser des Magazins.

Der ganze Jahrgang, den wir beiläufig auf 40—42 Bogen in groß Octav berechnen, wird in vier in saubern Umschlag gebundenen Quartalheften erscheinen, denen von Zeit zu Zeit entweder Special-Karten über bisher unbekannte Missionsgegenden außereuropäischer Länder, oder Bildnisse ausgezeichneter Missionarien, oder Zeichnungen anderer allgemein interessanter Denkwürdigkeiten beigeheftet werden.

Die Subscriptionen auf das Magazin werden, wie bisher, entweder beim Herausgeber, oder unter der Adresse des „Herrn Bernhard Socin-Heußler“ oder des Hrn. C. F. Spittler in Basel gemacht, und mit möglichster Schnelligkeit besorgt werden. Zur Erleichterung der Transportkosten, welche auf die Abnehmer fallen, würde es sehr zweckmäßig seyn, wenn die einzelnen Subscribenten mit ihren Subscriptionen immer sich zunächst an diejenigen Freunde ihrer Gegend wenden wollten, welche die Sammlung der Subscriptionen auf sich zu nehmen die Güte haben. Wer auf das Magazin subscribirte, wird, wenn er nicht vor dem letzten Quartal des laufenden Jahres dasselbe ausdrücklich abbestellt, stillschweigend als Fortsetzer des nächsten Jahrgangs angesehen und behandelt.

Freunde, die sich mit Subscribenten-Sammlung und Versendung des Magazins zu beschäftigen die Güte haben, werden höflich ersucht, sich ihre etwaigen Auslagen an Briefporto und Versendungskosten von den Abnehmern bei der Bezahlung der Subscription gefälligst vergüten zu lassen.

Auswärtige Buchhandlungen, die mit dem Verkaufe des Magazins sich Commissionsweise beschäftigen wollen, sind berechtigt, nach dem Verhältniß der Entfernung, für den Transport und andere Provisionskosten den Käufern etwas Mehreres als den Subscriptionspreis (welcher in 2 fl. 45 kr. rhein. oder 4 Schweizerfranken besteht) nach Billigkeit anzurechnen.

Wir wiederholen den theuern Missionsfreunden die brüderliche Versicherung, daß durch die gütige Bemühung, womit sie sich bisher mit so viel uneigennütziger Liebe um die Verbreitung des Magazins verdient gemacht haben, der gedoppelte wohlthätige Zweck befördert wird, daß einerseits die Bekanntschaft mit der großen Missionssache und das Interesse für dieselbe immer mehr verbreitet und geweckt und andererseits unsrer Missions-Casse eine sehr wichtige und je länger, je schwerer auf ihr lastende Sorge erleichtert wird, indem der Ertrag des Missions-Magazins mit dem des Evangel. Heidenboten zu Bildung einer Noth-Casse für kranke Missionarien und für die Wittwen und Waisen der Missionarien bestimmt ist.

Die Herausgabe des Magazins wird auch in Zukunft, wenigstens für die nächste Zeit, der frühere Inspector der Missions-Anstalt und nunmehrige Ephorus des evangelisch-theologischen Seminars in Tübingen, Hr. Dr. W. Hoffmann, zu besorgen die Güte haben. Der Jahresbericht dagegen wird jedes Mal von dem nunmehrigen Inspector der Missions-Anstalt, J. Josenhans, bearbeitet werden.

Basel,
den 1. October 1850.

Im Namen
der Committee der evangelischen Missionsgesellschaft
J. Josenhans, Inspector.

Magazin

für

die neueste Geschichte

der evangelischen

Missions- und Bibel-Gesellschaften.

Jahrgang

1851.

Zweites Quartalheft.

Sechs und dreißigster Jahresbericht

der

evangelischen Missions-Gesellschaft

zu Basel.

Basel.
Im Verlag des Missions-Institutes.
Druck von Felix Schneider.

☛ *Man bittet die Bemerkung auf dem Umschlag am Schlusse zu beachten.*

Anzeige.

Das Magazin für die neueste Geschichte der Missions- und Bibelgesellschaften wird in Quartalheften im Verlag unserer Missions-Anstalt und zum Besten derselben herausgegeben. Es enthält folgende Abtheilungen:

I. Übersichten zur Missionsgeschichte.

Aus den Quellen selbst geschöpfte Nachrichten über Alles, was im Gebiete der Ausbreitung des Reiches Jesu Christi unter den nichtchristlichen Völkern der Erde von sämmtlichen christlichen Missionsgesellschaften geschieht. Und zwar wird von jedem einzelnen Missionsgebiete jedesmal eine fünf bis sechs Jahre umfassende Übersicht gegeben. Trifft es sich hie und da, daß ein solches Gebiet nach dieser Zahl von Jahren noch nicht den gehörigen Reichthum des Stoffes darbietet, so wird es übergangen und an einer spätern Stelle ausnahmsweise eingeschaltet. Sämmtliche dasselbe Gebiet behandelnde Hefte bilden eine fortlaufende Missionsgeschichte desselben. Die Reihenfolge der Gebiete, wie sie mit möglichster Strenge befolgt wird, ist:

1) China mit Japan und Hochasien, 2) Hinterindien, 3) die Inseln des indischen Archipelagus und chinesischen Meeres, 4) Oberindien und Niederindien, 5) Vorderindien mit Ceylon, 6) Persien, Armenien und Kaukasien, 7) Kleinasien, Syrien, Palästina und Griechenland, 8) Egypten mit Nordafrica und Abessinien, 9) Westafrica, 10) Südafrica mit Madagascar und den Mascarenen-Inseln, 11) Nordamerica, 12) Westindien und Südamerica, 13) das Festland von Australien mit den umliegenden Inseln, 14) die Inseln des großen Oceans, 15) die Missionen unter Israel in allen Gegenden der Erde, 16) Übersicht über die innere Entwicklung sämmtlicher Missionsgesellschaften.

Wo mehrere Länder in einem Missionsgebiete enthalten sind, wird, wenn der Stoff für die Behandlung beider in einem Hefte zu reich ist, bald das eine bald das andere berücksichtigt. Von jedem Jahrgange enthält ein Heft den Jahresbericht der evangelischen Missionsgesellschaft zu Basel mit ausführlichern Nachrichten von den eigenen Missionsstationen derselben.

Jahrgang
1851.

Zweites Quartalheft.

Sechs und dreißigster

Jahresbericht

der

evangelischen Missions-Gesellschaft zu Basel.

Einleitung.

Ein Weib, wenn sie gebieret, so hat sie Traurigkeit, denn ihre Stunde ist kommen; wenn sie aber das Kind geboren hat, denkt sie nicht mehr an die Angst um der Freude willen, daß der Mensch zur Welt geboren ist. Und ihr habt nun auch Traurigkeit; aber ich will euch wieder sehen, und euer Herz soll sich freuen, und eure Freude soll Niemand von euch nehmen. (Joh. 16, 21. 22.)

Dieses Wort des HErrn möchten wir an die Spitze unseres 36sten Jahresberichtes stellen; nicht allein, weil es eine köstliche Verheißung enthält, welche die Missions-Gemeinde zu jeder Zeit sich zueignen darf, sondern auch darum, weil es den besonderen Charakter des Entwicklungsstadiums bezeichnet, in welchem unsere Mission uns zu stehen scheint.

Die Mission ist einem Weibe zu vergleichen, das in tausendfachen Wehen die Wiedergeburt der Welt vollbringt. So oft eine Seele sich bekehrt von den Götzen zum lebendigen Gott, und insbesondere, wo die Erstlinge einer neuen Gemeinde aus den Heiden den Entschluß fassen, dem gekreuzigten Weltheilande sich als Eigenthum zu übergeben und durch die enge Pforte hindurch zu brechen, die zum Leben führt, da muß die Kirche Christi in ihren Gliedern und Dienern ohne Zaudern und ohne Wanken, ohne Rückhalt und Schonung ihrer selbst mithineintreten in die Angst und Noth, welche die Stunde der neuen Geburt bezeichnen.

Thut sie das nicht, so sterben ihre Kinder unter der Geburt, und sie selbst ist in Gefahr, ihr eigen Leben zu verlieren. Hier gerade gilt im vollen Sinn das Wort: Wer die Hand an den Pflug legt und siehet zurück, der ist nicht geschickt zum Reiche Gottes. Und fürwahr, es kann uns nicht Wunder nehmen, wenn in diesen Aengsten und Nöthen, in welchen eine neue Gemeinde geboren werden soll, Mancher die Hände sinken läßt, zumal wenn ihm die treuen Brüder fehlen, die seine Arme unterstützen, wie Aaron und Hur einst thaten, als Mose wider Amalek stritt. (2 Mos. 17, 12.) Um so größer ist dann aber auch die Freude, wenn die Bollwerke des Feindes zusammenstürzen und der neue Mensch des Geistes, oder gar eine neue Gemeinde, geschmückt mit dem Brautgewand der Liebe Christi, hervortritt in Jugendschöne; da freut sich nicht allein der Himmel, der sich jeder Seele freut, die Buße thut; da vergißt man auch auf Erden gerne der Angst um der Freude willen, daß der Mensch zur Welt geboren ist. Ja, wer wollte nicht um dieser Freude willen, die unvergänglich und unverwelklich ist, und in immer reinerer und herrlicherer Klarheit sich über das ganze Leben der Kirche Christi ausbreiten soll, gerne der Todesweihe sich unterziehen, welche der Preis ist, um den sie immer aufs Neue erkauft werden muß.

Wie aber jene Worte des HErrn nicht auf die Geburtswehen sich beziehen, in welchen den Jüngern ihre Glaubenskinder geboren werden sollten, sondern auf die Stunde, in welcher ihr eigenes Geistesleben erst ausgeboren werden sollte, so deuten wir sie auch jetzt nicht blos auf die neue Gemeinde aus den Heiden, welche durch unsere Missionsarbeit gegründet werden soll, sondern auch auf uns, auf die Missionsfreunde und Missionsarbeiter.

Als der HErr jene Worte sprach, da hatten die Jünger Traurigkeit. Es waren nicht mehr die Tage des ersten Zusammentreffens mit dem HErrn, wo sie einander so freudig zuriefen: Wir haben den Messiam gefunden. Es war nicht mehr die Zeit der ersten Aussendung, von der sie mit einem Herzen voll Verwunderung über das, was sie im

Namen Jesu zu thun vermochten, zu dem Meister zurückkehrten. Sollten sie nun aufs Neue sich freuen, sollten sie einen neuen und zwar den größesten Schritt weiter geführt werden, so mußten sie durch eine Zeit tiefer, schmerzlicher Trauer hindurch gehen. Sie hatten jetzt Traurigkeit; oder wenn die Traurigkeit in jenem Augenblick mehr nur ein noch unklares Vorgefühl war der furchtbar ernsten und schweren Stunde, der sie entgegen gingen, so sollten sie doch bald beinahe vergehen in Traurigkeit. Dann aber will sie Jesus wieder sehen, lebend und herrschend will Er sich ihnen darstellen und ihr Herz soll sich freuen, und dann, dann soll die Freudigkeit des neuen Lebens nimmer ersterben.

Aehnlich jener Stunde ist der Stand der Missions-Gemeinde der gegenwärtigen Zeit.

Die Freude, mit der unsere Väter das Missionswerk begannen, nachdem ein Gnadenregen von Oben die erstorbene Christenheit zu neuem Leben und zu neuer Thätigkeit angeregt hatte, diese Zeit der ersten Liebe ist vorübergegangen. Die erste Verwunderung über das, was der HErr den ersten Sendboten unseres Jahrhunderts gelingen ließ, hat sich gelegt. Nun haben wir Traurigkeit; nicht als ob Viele jetzt schon eine klare Einsicht davon hätten; kaum durchzieht eine Ahnung davon den Verständigen, daß der Weg zu einer neuen Lebensentfaltung der Mission, durch eine Stunde tiefen Wehes hindurch gehen muß. Und dennoch ist es so. Man hat Jesum nicht verlassen, Er ist nicht ferne getreten, hat auch sein Angesicht vor uns nicht verborgen; noch ist er bei uns und offenbart sich in Thaten der Liebe und des Erbarmens und erhebt uns zu froher, großer Hoffnung. Aber es bedarf einer tiefgehenden, umfassenden, einer noch viel größeren Erneuerung der Missionsgemeinde, als im Anfang unseres Jahrhunderts, wenn die Mission ihr Ziel erreichen soll. Da muß eine Zeit der Traurigkeit kommen, und sie ist schon da. Wer sich dem Missionsdienst widmen will, wer als Missionar den Heiden das Leben bringen will, die Missions-Vereine und Missions-Gesellschaften, der ganze Missionskörper in Haupt und

Gliedern, sie müssen eine Stunde der Erneuerung, sie müssen abermals eine Stunde der Buße und der gläubigen Hingabe an den Gekreuzigten durchleben. Dann wird Er in verklärter Herrlichkeit, in neuer Kraft sich sehen lassen, und dann wird unser Herz sich freuen, und unsere Freude wird Niemand von uns nehmen. Denn die Tage der letzten, großen Erfüllung sind gekommen.

Dies sind die Gedanken, auf welche eine Vergleichung des Standes unserer Missions-Angelegenheiten mit dem Worte Gottes am Schlusse dieses Gesellschaftsjahres uns führt. Denn es ist eine doppelte Wahrnehmung, welche sich uns beim Blick auf die uns umgebende Missionswelt aufdrängt. Die Heidenländer drängen sich herbei zum Reiche Gottes; allenthalben beweist sich das Wort Gottes als eine Kraft, welche die Todten lebendig macht; die Geburtsstunde für eine neue Gemeinde aus den Heiden naht. Der Missions-Gemeinde aber, den Missionaren draußen nicht minder, als den Missions-Freunden in der Heimath, fehlt es an der Kraft, die große Arbeit zu vollbringen, die geschehen muß. Neue Geisteskräfte aus der Höhe! Neue Opfer der Gläubigen! dies ist die Loosung, welche zur Anerkennung kommen muß, soll der Tag der Erlösung kommen, deß wir warten.

Wollen Sie nun, geliebte Freunde! mit freundlicher Theilnahme unserer Darstellung der Geschichte des verflossenen Jahres folgen.

I.

In Beziehung auf die heimathlichen Verhältnisse ist das hinter uns liegende Jahr ziemlich stille und ruhig dahin geflossen, und es ist fast nur die Eile, die große, mächtige Eile, mit welcher in unserem vielgestaltigen Leben die Tage vergehen, was uns in unserem Zusammenleben einen tieferen Eindruck zurückgelassen hat.

Im Kreise unserer Committee sowohl, als in dem Personal der an unseren Anstalten angestellten Personen, hat sich keine Veränderung ergeben.

Die älteren Mitglieder der Committee, welche schon im vorigen Jahr in Folge ihres weit vorgerückten Alters sich genöthigt sahen, von den Arbeiten der Gesellschaft sich mehr zurückzuziehen, haben zwar auch im verflossenen Jahr, namentlich in den Wintermonaten, sich oft verhindert gesehen, den Sitzungen beizuwohnen. Ueberdies sind im Lauf des Frühjahrs zwei weitere Mitglieder, Hr. C. F. Spittler und Hr. Ryhiner-Christ, die bisher trotz ihres Alters mit immer noch großer Rüstigkeit dem Geschäftsgang vollständig und ununterbrochen zu folgen im Stande gewesen waren, zu unserem großen Schmerz stark an die Hinfälligkeit der gebrechlichen Hütte unseres Leibes erinnert worden. Doch ist durch des HErrn Gnade nicht Eine Lücke in unserem Kreise entstanden. Ja der HErr machte es selbst den alternden Mitgliedern der Committee möglich, immer noch von allen einlaufenden Briefen und Berichten Kenntniß zu nehmen, und bei allen wichtigen Vorgängen und entscheidenden Verhandlungen ihre Stimme abzugeben.

Unter den Berathungsgegenständen, welche der Committee vorlagen und für unsere Freunde von besonderem Interesse seyn mögen, nennen wir hauptsächlich folgende drei. Den ersten bildet eine Reihe von Fragen, welche die englisch-kirchliche Missions-Gesellschaft in London durch eine im September 1850 in Basel eintreffende Deputation aus ihrer Mitte unserer Committee vorlegte. Sie betrafen theils das Werk jener Gesellschaft allein, namentlich die Erweiterung ihrer ostafricanischen Mission, und die Aussendung mehrerer deutscher Brüder, unter Anführung des Missionars Dr. Krapf, nach Ostafrica, sowie die Ermöglichung von Ersparnissen in ihrer Missionsverwaltung; theils die vieljährige Verbindung der beiden Gesellschaften unter einander. In allen diesen Beziehungen wurde unserer Committee auf eine sehr zuvorkommende und vertrauensvolle Weise Gelegenheit gegeben, ihre Ansichten und Wünsche auszusprechen, und wir haben allen Grund zu glauben, daß diese Verhandlungen von höchst segensreichen Wirkungen seyn werden.

Ein zweiter Gegenstand von Wichtigkeit war der Wunsch der Committee der norddeutschen Missions-Gesellschaft, welche sich in Bremen neu constituirte, mit uns in nähere Verbindung zu treten. Nachdem schon im Frühjahr dieses Jahres auf schriftlichem Wege eine Uebereinkunft zu Stande gekommen war, zu Folge welcher unsere Anstalt im Allgemeinen sich bereit erklärt, der norddeutschen Missions-Gesellschaft, so lange sie nicht wieder eine eigene Missionsschule besitzt, die nöthigen Missionare aus unseren Anstalten zuzusenden, traf im verflossenen Monat Mai eine Deputation der Bremer Committee in Basel ein, um uns den Plan zu einer näheren Verbindung und einem innigeren Zusammenwirken der beiderseitigen Missionsstationen in Westafrica vorzulegen. Diese Vorschläge erhielten zwar noch verschiedene Modificationen, wurden aber im Wesentlichen mit Freuden angenommen. Sofort wird die Basler Station Ussu die Spedition für die Bremer Station Peki übernehmen, Bremen unsere Stationen mit Lebensmitteln versorgen, und wir, wenn es gewünscht wird, an Bremen außer unserem Zögling Däuble, der bereits für Peki designirt ist, die erforderlichen weiteren Missionare abtreten.

Es ist dieß ein in hohem Grade erfreuliches Ereigniß in der deutschen Missionswelt; möge das Haupt der Gemeinde seinen reichsten Segen auf diese brüderliche Verbindung unserer Gesellschaften legen.

Als Drittes bezeichnen wir die schon im Herbst vorigen Jahres in Anregung gekommene und im März 1851 definitiv beschlossene Visitation unserer ostindischen Stationen durch eine Abordnung aus der Mitte der Committee.

Es sind bereits mehr als 17 Jahre verflossen, seitdem unsere ersten Missionare nach Ostindien ausgesandt wurden. Mittlerweile ist die Zahl unserer dortigen Stationen auf 10 angewachsen und sind es 27 Missionare und Missionsarbeiter geworden, welche dort in Arbeit stehen. An mehreren Orten sind größere Gemeinlein entstanden; verschiedene Institute, zwei Katechisten- und ein Schullehrerseminar, mehrere größere englische Schulen, einige Knaben- und Mädchenerziehungsanstalten, Waisenhäuser und Werkstätten für verschiedene Handwerker sind gegründet worden. Es gestalten sich allmählig festere Ordnungen und verwickeltere Beziehungen theils zu den Eingebornen, theils zu der englischen Gesetzgebung und den englischen Kirchengemeinschaften. Unter diesen Umständen stellte sich, abgesehen von den Vortheilen, welche eigene Anschauung der Verhältnisse und persönliche Bekanntschaft mit den unter seiner Leitung stehenden Missionaren für den neu eingetretenen Inspector versprechen, immer mehr das Bedürfniß einer mündlichen Erörterung der vielen obschwebenden Fragen mit den Missionaren heraus. Außerdem wurde mit Recht bemerkt, daß es nach 17jährigem Bestand unserer ostindischen Mission nicht mehr zu frühe sey, eine Visitation der Stationen vorzunehmen, um so mehr, als bis vor zwei Jahren das gegenseitige Verhältniß der Missionare zu einander ein durchaus freies und unabhängiges, der Zusammenhang der verschiedenen Districte und Stationen ein ziemlich loser und keinerlei officielle Aufsicht und Leitung der Einzelnen an Ort und Stelle vorhanden war. Endlich gab man sich auch der Hoffnung hin, daß sich ein solcher Besuch aus der Heimath stärkend und belebend für die Missionare selbst erweisen werde, ein Segen, den man nicht hoch genug anschlagen kann, wenn man bedenkt, wie viele Versuchungen verschiedener Art die kampfvolle Stellung der Missionare inmitten der heidnischen Umgebung mit sich bringt, und wie in solcher Isolirung auch ein stärkerer Geist und gegründeterer Christ mehr als sonst der Kräftigung von außen bedarf.

Dieß sind die Gründe, welche die Committee zu dem einstimmig gefaßten Beschluß bestimmten, die Stationen in Indien durch Abgeordnete aus der Mitte der Committee besuchen zu lassen. Zuerst schien es wünschenswerth, daß zwei Mitglieder der Committee die Reise unternehmen. Da sich aber im Verlauf der Berathung der Absendung zweier Mitglieder unüberwindliche Schwierigkeiten entgegenstellten, ersuchte die Committee den Inspector Josenhans, dieses Geschäft allein zu übernehmen. So wird nun derselbe im Anfang des Septembers, mit den nöthigen Vollmachten versehen, in Begleitung von vier nach Indien bestimmten Brüdern und der Braut des Missionars Hoch, so der HErr will, sich auf die Reise dahin begeben. Der ihm gegebenen Instruction zu Folge wird er sämmtliche Stationen unserer Gesellschaft, sowie einige bedeutendere Stationen anderer Gesellschaften im südlichen Indien besuchen, überall die nöthigen Erkundigungen an Ort und Stelle einziehen, die in unserer Mission vorliegenden Fragen mit unseren einzelnen Missionaren sowohl als mit den Districtsconferenzen und der Generalconferenz besprechen und theils die gewünschten Berichte erstatten, theils die nöthigen Anordnungen treffen. Bis zum Spätsommer des nächsten Jahrs wird derselbe sodann wieder in Basel eintreffen. Das Jahresfest wird eben deswegen um einige Monate verschoben werden, weil es wünschenswerth erscheint, daß er unseren Freunden und Mitverbundenen auf dem Feste mündlichen Bericht über den Erfolg seiner Visitationsreise erstatte. Mögen alle unsere Freunde des Reisenden vor dem HErrn eingedenk seyn und ihn mit ihren Gebeten behufs einer gesegneten Erledigung seiner großen und schwierigen Aufgabe unterstützen.

Unser Anstaltsleben bietet uns dieß Mal wenig Stoff für unsern Bericht. Wollten wir freilich unsere Erfahrungen zusammenstellen mit dem, was in einigen christlichen Blättern über die Erziehung der Missionare in Missionsanstalten in den letzten Jahren behauptet worden ist, so würde es uns nicht an Thatsachen fehlen, welche manchen sehr zuversichtlich ausgesprochenen Satz entschieden widerlegten. Gerade aber, weil viele der Voraussetzungen, von welchen man bei jenen Kritiken und Rathschlägen ausging, theils unter unseren Verhältnissen ganz nicht zutreffen, theils oft deutlich genug die Unbekanntschaft der Kritiker und Rathgeber mit der Sache selbst kund thun, so würde es uns hier zu weit führen, wollten wir die verschiedenen hier in Betracht kommenden Verhältnisse gründlich beleuchten.

Dagegen können wir eine doppelte Bemerkung nicht unterdrücken: die erste die, daß man bei den Missionsbestrebungen unserer Tage überhaupt und so auch bei der Beurtheilung der Leistungen der Missionsanstalten und der Missionare, die aus ihnen hervorgehen, sehr häufig einen so idealen Standpunct eingenommen hat, daß sich nothwendig Viele getäuscht sehen müssen, wenn sie die Sache dann in der Nähe betrachten. Da redet man von apostolischen Männern, die man in die Heidenwelt senden wolle oder müsse, während die ganze europäische Christenheit über die Lauheit und Kraftlosigkeit, die Oberflächlichkeit und Verweltlichung ihres Lebens tausendstimmige Klage führt. Da fordert man Heldenthaten von den Missionaren, während zu Hause der Glaube, der auch Berge versetzt, und die

Liebe, die ihr Leben nicht lieb hat bis in den Tod, wenn wir die Kirchen im Großen überblicken, fast nur als eine große Erinnerung vergangener Zeiten noch fortlebt.

Die andere Bemerkung ist die, daß uns viele Christen unserer Tage weit mehr auf das Critisiren und Planemachen in Sachen der Mission sich zu legen scheinen, als auf das Handeln und Dulden. Möge man doch statt des vielen Redens zu Thaten und Opfern sich entschließen, damit es einmal Ernst werde mit dem Missionseifer und etwas geschehe für die verlorene Welt zur Ehre Gottes und Jesu Christi. Dann wird die Praxis zeigen, daß das Missionsleben so gut, als das Leben überhaupt, die menschlichen Theorieen hundertfach durchbricht, und bald weit, weit hinter sich läßt, bald wiederum als unerreichbare Ziele darstellt.

Wir in unserem Theile haben, Gott sey Dank! weder über Mangel an Jünglingen zu klagen, welche ein gottgewirktes Verlangen in sich tragen, dem HErrn in der Mission zu dienen, noch sind wir bis jetzt irgend einmal verlegen gewesen, einem unserer Zöglinge ein Arbeitsfeld zu finden. Aus allen Gauen Deutschlands und der Schweiz, selbst aus den Reihen der dänischen Armee heraus haben sich unsere Zöglinge zusammen gefunden, und wenn wir noch einmal so viele derselben hätten, würden sie alle ihren Wirkungskreis finden. Von Australien, vom Cap der guten Hoffnung, von Rußland und America laufen die dringendsten Bitten ein, die uns bald um Prediger, bald um Lehrer für unsere dort wohnenden Landsleute ersuchen. Was die Fortschritte unserer Zöglinge betrifft, so haben wir uns mehr darüber zu freuen, was der HErr denselben schenkt und gelingen läßt, als über das zu klagen, daß sie nicht mehr zu erreichen im Stande sind. Die Arbeit des göttlichen Geistes an den Herzen und Gemüthern und das Wachsthum der Einzelnen in der Gnade entzieht sich zwar oft unsern Blicken; dennoch fehlt es nicht an Beispielen von solchen, an welchen es recht augenscheinlich offenbar wird, daß der HErr, der in ihnen lebt, eine Gestalt gewinnt in ihrem ganzen Wesen und Leben. Allerdings ist es eine Erfahrung, die sich öfters wiederholt, daß diejenigen, welche in unseren Anstalten schöne Hoffnungen erweckten, draußen auf dem Missionsgebiet weniger tüchtig und zuverlässig sich beweisen, während hinwiederum andere zu Hause weniger vielversprechende Jünglinge auf practischem Gebiet alle Erwartungen übertreffen. Allein dies ist nicht blos natürlich zu erklären, sondern auch vollkommen naturgemäß. Auch in dieser Beziehung muß es so gehen, daß kein Fleisch sich rühmen kann.

Der Gesundheitszustand unseres Hauses war im Ganzen sehr befriedigend. Selbst Bruder Irion, der längere Zeit sehr leidend gewesen war, erholte sich zu unserer großen Freude wieder ziemlich. Der Unterricht erlitt im verflossenen Jahr keine Unterbrechungen. Nur Pfr. Geß nöthigte ein mehrwöchentliches Unwohlseyn, seine Lectionen während der Dauer desselben auszusetzen.

Die Zahl der Zöglinge des Missionshauses betrug am letzten Jahresfeste 26, dazu kamen nach der Vacanz 9 Brüder aus der Voranstalt. Im jetzigen Augenblicke dagegen ist die Zahl derselben 28. Wie schon im letzten Jahresberichte erwähnt wurde, traten nämlich die Brüder Dehlmann und Pfefferle im Herbst vorigen Jahres in den Dienst der englisch-kirchlichen Missionsgesellschaft, und bereits ums Neujahr 1851 sind dieselben von London unter der Anführung Dr. Krapf's nach Ostafrica abgereist, um in Verbindung mit den in Rabbai-Mpia zurückgebliebenen Brüdern und 3 ihnen beigegebenen Handwerkern, gleichfalls Deutschen, zwei neue Missionsstationen in Uniamesi und Usambara zu beginnen. Zu gleicher Zeit verließ Bruder Krug, durch Jahre lange Schwächlichkeit genöthigt, die Missionslaufbahn aufzugeben, unser Haus. Im October vorigen Jahres nahmen ferner die Brüder Steimle und Süß Abschied von uns. Sie waren für Akropong in Westafrica bestimmt. Leider sah sich aber die Committee genöthigt, den ersteren in der Stunde des Abschieds, statt ihn mit ihren Segenswünschen nach Afrika zu entsenden, aus ihrem Dienste zu entlassen, weil er noch während seines Aufenthaltes im Missionshause, den Hausgesetzen zuwider und trotz mehrfacher Warnung, ein Eheverlöbniß eingegangen hatte. Br. Süß mußte also die Reise nach Africa allein antreten; dennoch landete er am 31. Januar glücklich und freudig in Ussu. Steimle begab sich, unterstützt von Freunden in Württemberg, nach Nordamerika, wo er nach stürmischer Seefahrt glücklich landete und eine Pfarre fand.

An seiner Stelle wurde sodann im Februar dieses Jahres unser Zögling Johann A. Mader aus Mägerkingen in Württemberg nach Westafrica gesendet. Ernst, aber getrost in dem HErrn ging er seinen einsamen Weg. Wir hoffen, er sey wohlbehalten in Ussu angekommen, haben indessen noch keine Nachricht von seiner Landung. Außer diesen trat endlich schon im Herbst vorigen Jahres Br. Georg Plebst von Lauffen am Neckar, durch länger dauerndes Unwohlseyn genöthigt, aus der Zahl der für den Missionsdienst im engern Sinne sich vorbereitenden Zöglinge aus. Zu unserer großen Freude beharrte er aber dennoch standhaft bei dem Entschluß, auch so noch dem Missionsberuf treu zu bleiben, und erstarkte er wieder, sobald er zur Handarbeit zurückkehrte, welche seiner Natur mehr zuzusagen scheint, als die sitzende Lebensweise und geistige Anstrengung. Da es der Committee schon längere Zeit trotz mannigfacher Nachfragen nicht gelungen war, einen tüchtigen Factor für die lithographische und die Buchdruckerpresse in Mangalur zu finden, entschloß er sich, die Buchdruckerei zu erlernen; und wirklich wurde es ihm als früherem Mechanikus möglich, in verhältnißmäßig sehr kurzer Zeit diese Kunst vollständig und vollkommen genügend zu erlernen, so daß er nun, so der HErr Gnade gibt, im Herbste dieses Jahres nach seiner Bestimmung in Indien wird abgehen können.

So blieben also nur 28 Zöglinge in der Vorbereitung; dagegen trat Theol. Cand. Kullen von Kornthal in Württemberg im Mai dieses Jahres bei uns ein, um sich für seine

Bestimmung in Indien vorzubereiten. Früher schon war er mit dem Gedanken umgegangen, sich dem Missionsdienst zu widmen; seine nicht gerade kräftige Constitution und Familienverhältnisse hatten ihn aber abgehalten, sich einer Gesellschaft anzubieten. Dagegen nahm er den Ruf unserer Committee auf die Stelle eines Vorstehers unseres Katechisten-Seminars in Mangalur, auf welcher bisher Missionar H. Mögling im Segen arbeitete, die dieser aber seiner sehr angegriffenen Gesundheit wegen abgeben muß, mit Freuden an. Er widmet sich nun den nöthigen Sprachstudien und wird im September dieses Jahres mit dem Inspector der Anstalt nach Indien sich begeben.

Mit Candidat Kullen wurden am heurigen Jahresfeste auch sämmtliche Brüder unserer ersten Classe verabschiedet. Der älteste derselben, W. Däuble von Gerlingen in Württemberg, wird in den Dienst der norddeutschen Missionsgesellschaft treten und nach Peki im Crepe-Lande auf der Goldküste Westafricas ausgehen. Hermann Anandrao Kaundanja aus Mangalur in Ostindien, im Jahr 1844 getauft, 1846 hier eingetreten, wird, nachdem er seinen Cursus in unserer Anstalt vollendet und dann zu Leonberg in Württemberg mit den anderen Brüdern seiner Jahresklasse die Ordination erhalten hat, begleitet von unseren brünstigsten Gebeten als Erstling unter den eingebornen Predigern unserer Mission in sein Vaterland zurückkehren, um theils als Lehrer am Katechisten-Seminar in Mangulur, theils als Prediger des Evangeliums an der Wiedergeburt seines Vaterlandes mitzuarbeiten. Br. Carl Aug. Ernst Diez, aus Heilbronn in Württemberg gebürtig, wird dem vielbeschäftigten Senior unserer ostindischen Mission, Missionar Hebich in Cannanur, zu Hülfe eilen. Br. Andreas Irion aus Thuningen in Württemberg ist von der Colonialsynode zu Tiflis in Rußland zum Pastor der Gemeinde Elisabeththal in Grusien berufen worden und wird, sobald die kaiserliche Bestätigung dieser Wahl erfolgt ist, seine Reise nach dem Kaukasus antreten. Br. Gantenbein aus Grabs in der Schweiz wird auf den dringenden Wunsch eines ehemaligen Zöglings unsers Hauses, des Pastor Zahner in Shanesville in Nordamerika, eben dahin sich begeben, um eine seiner Gemeinden ihm abzunehmen.

Die Zahl der Zöglinge des Missionshauses schmilzt demnach auf 23 zusammen. Diese wird sich indessen sogleich wieder auf 35 heben, da 12 Zöglinge der Voranstalt in das Missionshaus vorrücken werden.

Von denjenigen Jünglingen, welche sich in der Vorbereitung für gewerbliche Fächer befanden, um als Missionsgehülfen auszugehen, wird, wie bereits berichtet ist, G. Plebst nach Mangalur in Ostindien ziehen. Johannes Haller, Weber, ist im Januar 1851 gleichfalls dahin abgesendet worden und daselbst glücklich angelangt. Georg Pfaff mußte auf den Wunsch seines Vaters von der Missionslaufbahn zurücktreten, weil sein jüngerer Bruder, die einzige Stütze des Vaters, den Seinigen unerwartet durch den Tod entrissen wurde. In Folge davon wurde auch Johannes Lehmann seinen früheren Verhältnissen zurückgegeben, weil er nur zum Gehülfen Pfaff's bestimmt und für diesen kein Ersatzmann zu finden war.

Die Voranstalt bezog, wie bereits gemeldet, kurz vor dem Feste von 1850 das neue Haus, in welchem sie jetzt eingemiethet ist. Diese Veränderung wirkte augenscheinlich wohlthätig auf den Gesundheitszustand der Zöglinge.

Obgleich auch jetzt noch die Neueintretenden bisweilen von leichterem Unwohlseyn heimgesucht wurden, bis sie in Basel acclimatisirt und in die neue Lebensweise eingewöhnt sind, so ist doch die Zahl der Kranken im verflossenen Jahr weit geringer und der Verlauf der Krankheiten ein weit schnellerer und leichterer geworden.

Die geliebten Hauseltern der Voranstalt dagegen hatten im Laufe dieses Jahres mehr als eine schwere Prüfung zu bestehen. Ihr ältester Knabe wurde durch das Nervenfieber an den Rand des Grabes gebracht; ihr jüngstes Kind erlag den Folgen einer heftigen Kinderkrankheit; zuletzt bedrohte eine gefährliche Gesichtsrose die Mutter des Hauses selbst. Zum Preise des HErrn sind indeß diese

Leiden alle jetzt nicht allein überstanden, sondern auch zu reichem Segen geworden.

Die Zahl der Zöglinge der Voranstalt beträgt im gegenwärtigen Augenblick 18. Unmittelbar nach der Aufnahme neuer Zöglinge im August vorigen Jahres belief sich die Zahl auf 24, indem zu den 8 in der Voranstalt zurückgebliebenen 16 neue Zöglinge aufgenommen wurden. Allein schon in den ersten Wochen des neuen Anstaltsjahres wurde einer der Neueingetretenen als frecher Betrüger entlarvt und ausgestoßen. Der Geistliche seines Ortes, auf dessen Empfehlung hin er aufgenommen worden war, entdeckte selbst zuerst, daß er betrogen war und gab uns die Mittel an die Hand, den Schändlichkeiten dieses Jünglings auf die Spur zu kommen. Natürlicher Weise hat dieses Ereigniß sehr schmerzliche Eindrücke in unserem Lehrer- und Bruderkreise zurückgelassen, und unsere geliebten Freunde werden daher begreiflich finden, wenn wir dieselben bei dieser Gelegenheit dringend ersuchen, uns nur solche Jünglinge zu empfehlen, deren Redlichkeit ihnen vollkommen verbürgt ist. Um Weihnachten baten drei weitere Zöglinge der zweiten Classe um ihre Entlassung, weil sie erkannten, daß sie keinen Beruf zum Missionsdienst haben, und weitere drei wurden wegen Mangels an Gaben von der Committee entlassen. Dagegen traten ausnahmsweise im Frühjahr 1851 zwei neue Zöglinge ein, von denen der eine schon vor mehreren Jahren aufgenommen, aber durch den Ausbruch des dänischen Krieges vom Eintritt abgehalten worden war, der andere aber schon länger in genauer Verbindung mit unserer Gesellschaft stand. Somit werden nach der Promotion der aus 12 Brüdern bestehenden ersten Classe in das Missionshaus, immer noch 6 Zöglinge in der Voranstalt verbleiben, und zu diesen werden nach der Vacanz 15 neu aufgenommene Jünglinge hinzukommen, deren Namen in der beifolgenden Uebersicht verzeichnet sind.

Unser geliebter Missionsprediger Zaremba hat im letzten Jahr seine Besuchsreisen in der Schweiz vollendet und ist da an vielen Orten Zeuge des mehr und mehr erwachenden und immer noch im Wachsen begriffenen Missionseifers gewesen. Seit Februar dieses Jahres hat er sich nach Württemberg gewendet, wo Hunderte von Missionsfreunden sich freuen, sein Angesicht wieder zu sehen. Außer ihm haben auch die Lehrer des Missionshauses und die von der Heidenwelt heimgekehrten Missionare je und je ein Missionsfest in der Nähe oder Ferne besucht. Es ist uns dieß in neuerer Zeit von einem ehemaligen Freund der Basler Missionsgesellschaft, wie er sich selbst nennt, in vollem, wenn wir nicht sagen sollen, bitterem Ernste zum Vorwurf gemacht worden. Es ist deshalb unsere Pflicht, an diesem Orte die bestimmte Erklärung abzugeben, daß wir niemals unaufgefordert eine solche Reise unternommen haben, im Gegentheil meist nur um der dringenden Bitten der Missionsfreunde willen und oft nicht ohne wirkliches Opfer bei solchen Missionsfesten erschienen sind.

Von unseren aus der Heidenwelt zurückgekehrten Brüdern hat sich Missionar Lehner wieder so weit von seiner Krankheit erholt, daß er, wenn auch nicht in einem tropischen, so doch in einem gemäßigten Klima eine geregelte Thätigkeit wieder aufzunehmen sich getrauen konnte. Gerne hätte die Committee ihn als Reiseprediger verwendet, um so mehr, als Missionar Zaremba eine allmählige Abnahme seiner Kräfte zu verspüren meint. Aber auch dem geliebten Bruder Lehner wäre dieser Beruf wohl zu anstrengend gewesen. So erschien es ihm und der Committee als das Zweckmäßigste, wenn er irgendwo ein ordentliches Pfarramt suche. Zunächst waren seine Blicke auf seine Heimath gerichtet, später aber entschloß er sich, unter den deutschen Gemeinden Nordamericas sich einen Wirkungskreis zu suchen. Unter unseren herzlichsten Segenswünschen reiste er in den letzten Tagen des Juli dahin ab. Sein Weg ging zunächst nach England, der Heimath seiner Gattin. Dort aber wurde ihm ohne sein Zuthun der Antrag gestellt, in die Dienste der Kirche Schottlands zu treten, um auf dem europäischen Continent für die Bekehrung Israels thätig zu seyn. Diesem Rufe folgend, erhielt er dann später die

Weisung, nach Hessen-Darmstadt, seinem Vaterlande, sich zu begeben, wo er denn nun auch seither im Segen arbeitet.

Missionar Layer von Dharwar in Ostindien lebt mit seiner Frau und Kindern immer noch in Stuttgart in der Nähe der Verwandten seiner Frau. Seine Gesundheit, obgleich neuerdings wieder etwas besser, ist doch immer noch so leidend, daß bis jetzt nicht einmal von anhaltender Thätigkeit, viel weniger von der Rückkehr auf das ostindische Arbeitsfeld bei ihm die Rede seyn kann. Um so dankbarer sind wir dafür, daß dieser geliebte Bruder jede leidensfreiere Zeit gern und freudig dazu anwendet, ebensowohl in weiteren, als engeren Kreisen für die Sache des HErrn thätig zu seyn und aus dem reichen Schatz seiner Missionserfahrungen heraus Anderen mitzutheilen, was ihnen frommen kann.

. Missionar Meischel, der nach dreijährigem Aufenthalt in Africa im Juni 1850 mit seiner Frau zurückkehrte, brachte so lange hier in Basel zu, bis, nach dem Urtheil der Aerzte, seine Krankheit der Hauptsache nach gehoben war und über seine Zukunft entschieden werden konnte. Er selbst wünschte, nicht mehr nach Africa zurückzukehren; deshalb wurde an eine Pfarrstelle im südlichen Rußland oder America gedacht, und, da diese beiden Auswege ihm seinen Bedürfnissen weniger angemessen zu seyn schienen, auf sein Verlangen die Stelle eines Stadtmissionars in London für ihn gesucht. Allein dieser Versuch schlug fehl und so reiste er ohne bestimmte Aussicht für die Zukunft nach seiner Vaterstadt Augsburg ab, nachdem ihm die Committee eine entsprechende Pension auf 6 Monate verwilligt hatte. In Baiern fand er jedoch bald eine Anstellung im Dienste der innern Mission, welche seine Wünsche vollkommen befriedigte und ihn in den Stand setzte, auf seine Pension freiwillig zu verzichten.

Missionar H. N. Riis, den ein Leberleiden nöthigte, Africa zum zweiten Mal zu verlassen, lebt seit seiner Ankunft in Europa in unserem Hause in Basel, bald mehr, bald weniger von Krankheit heimgesucht, nie ganz frei von

Leiden, einmal von einem schweren Anfall darniedergeworfen, nichtsdestoweniger unablässig thätig in seinem Berufe. Seinem Talent und seinem Fleiß verdanken wir die Abfassung des ersten Wörterbuchs und der ersten Grammatik der Odji-Sprache, welche nach mehrfacher Ueberarbeitung im Laufe des nächsten Jahres im Druck erscheinen werden. Außerdem bearbeitete derselbe das erste Schulbuch für die Odji-Sprache, eine Fibel mit einer kleinen Sammlung auserlesener Bibelsprüche, welche nun bereits in der Schule zu Akropong ihre guten Dienste leistet; auch ertheilte er nebenher den für Africa bestimmten Brüdern unseres Hauses täglichen Unterricht in der Odji-Sprache. Möge der treue Gott und Vater unseres HErrn Jesu Christi dem geliebten Bruder diese treuen und unbezahlbaren Dienste hier und dort reichlich vergelten.

Missionar Widmann, ebensowohl durch eigene Leiden (er war in Folge öfterer Anfälle des Klimafiebers in Gefahr zu erblinden), als durch die Krankheit seiner Gattin auf eine Erholungsreise nach der Heimath angewiesen, hatte bald nach den beiden zuletzt genannten Brüdern mit seiner Frau und seinem Kinde die africanische Küste verlassen und ist wenige Wochen nach dem letzten Jahresfeste in Kornthal bei den Seinigen angelangt. Jetzt ist sowohl er als seine Gattin wieder hergestellt, und bereits haben diese Missionsgeschwister der Committee den Wunsch ausgesprochen, im October dieses Jahres nach Africa zurückkehren zu dürfen, ein Wunsch, dessen Erfüllung die Committee, wenn die Gesundheit der beiden Geschwister sich bewährt, mit Freude und Dank gegen den HErrn und sie, beschließen wird. Mittlerweile besucht der liebe Bruder von Kornthal aus die Missionsfreunde der Umgegend, und wir zweifeln nicht, daß es seinen auf eigener Anschauung und Erfahrung beruhenden, einfachen und ungekünstelten Berichten gelingen wird, manches Vorurtheil gegen die westafricanische Mission zu zerstreuen und in manchem Herzen die Liebe zu den Schwarzen Africas aufs Neue und für die Dauer anzufachen.

Dies führt uns einen Schritt weiter, nämlich auf unsere Verbindung mit den vielen theuern Missionsvereinen und Hülfsgesellschaften des In- und Auslandes, welche uns unterstützen. In dieser Beziehung können wir nicht genug die Barmherzigkeit und Treue unseres Gottes rühmen, der bis auf diese Stunde uns hundert und tausend Herzen geneigt erhalten und durch alte und neue Freunde ohne all unser Verdienst und über Bitten und Verstehen uns gesegnet hat, so daß wir sagen konnten, wir haben niemals Mangel gehabt, und haben oftmals in schweren Stunden uns mächtig gehoben gefühlt und getragen gesehen von den Gebeten der Gläubigen, die mit uns um die Zukunft des HErrn und seines Reiches bitten.

Es ist auch in denjenigen Kreisen, mit welchen unsere Gesellschaft verflochten ist und in welchen ihr Daseyn, Bestehen und Wachsthum wurzelt, nicht alles Harmonie und Zusammenklang. Deßhalb machen sich auch in den Missionsbestrebungen oft sehr verschiedene, sogar ganz widersprechende Ansichten geltend, und es ist daher weder so leicht, wie Manche glauben, noch überhaupt in allen Fällen möglich, Allen Genüge zu thun. Ja, es kommt sogar hie und da vor, daß einer und der andere sich von uns trennt. Auf der andern Seite geschieht es aber eben so gut, daß neue Freunde sich an uns anschließen oder solche, die sich eine Weile getrennt hatten, wieder zu uns zurückkehren. Auch auf dem Missionsgebiet tauchen oft Plane auf und machen sich Lieblingsideen und Zeitmeinungen geltend, welche die Geschichte und Erfahrung als unbrauchbar erweist. Ueberdies durften wir es bisher klar und deutlich erkennen, daß das Haupt der Gemeinde um uns und unsere Freunde in der Heimath ein, wenn gleich unsichtbares und weder in Satzungen noch Verträgen gestelltes, doch festes und unzerreißbares Band geschlungen hat. Es ist dies die Wiedergeburt aus dem Geist, der wir alle theilhaftig geworden sind, und die persönliche Gemeinschaft mit dem gekreuzigten und auf den Thron der Herrlichkeit erhöhten Heiland, aus welcher allein erst das rechte Verständniß der Kirchenlehre und die rechte gottgefällige Anhänglichkeit an den Glauben und die Weise der Väter, wie auf der andern Seite die ächte von aller Eitelkeit und von allem Egoismus, von aller Herrschsucht und Menschenknechtschaft befreite Liebe zu den Brüdern, beides zu den Christen und zu den Heiden stammt. Und weil wir diese Gewißheit in uns tragen, halten wir uns denn auch dessen freudig überzeugt, daß, wenn wir nur an dem HErrn bleiben, das Missionswerk, das unsere Väter in schwerer Zeit in seinem Namen (deß sind wir trotz aller Verachtung ihres sogenannten subjectiv pietistischen Standpunktes unumstößlich gewiß) begonnen haben und zu dem der HErr sich bisher in Gnaden bekannt hat, auch fernerhin fortgehen und bestehen wird. Es hat zwar eine Stimme in neuerer Zeit dem Basler Missionswerk bereits ganz zuversichtlich den Untergang prophezeit und mit vieler Befriedigung laut verkündet, daß wir in den letzten Zügen liegen. Wir hoffen aber zu dem HErrn, daß auch an uns die Wahrheit des alten Glaubens sich bestätige, daß der, welchen man todt sagt, noch lange zu leben habe. Es ist nicht die Sprache des Uebermuths und des Selbstvertrauens, wenn wir dies hier aussprechen, aber der Ausdruck der uns inne wohnenden Gewißheit, daß wir ein auf Gottes Wort und die reine Lehre der evangelischen Kirche gegründetes Recht haben, als evangelische Missionsgesellschaft zu eristiren, und daß eine Orthodorie und Bekenntnißtreue, welche die Auflösung der Basler Missionsgesellschaft wünschen und den Untergang des Basler Missionswerks freudig begrüßen könnte, schlechthin unfähig wäre zum Werk der wahren Mission.

Obgleich wir aber in Beziehung auf die Angriffe unserer Gegner getrosten Muthes sind, können wir im Blick auf die Aufgabe, welche der Mission gestellt ist und auf die Verantwortung, die auch wir auf uns haben, dennoch nicht verhehlen, daß wir ein großes Anliegen auf unserem Herzen haben, das wir nicht unterlassen dürfen, vor unseren Freunden auszuschütten.

Wir haben im Laufe des Jahres mit vieler Freude wahrgenommen, daß nicht allein unsere württembergischen, sondern auch die elsässischen Hülfsvereine hin und her, insbesondere aber die schweizerischen immer noch mehr für uns thun, als früher. Es ist dies für uns ein großer Trost. So lange wir so stehen, werden wir nicht versucht seyn, zu fragen, was wir essen und trinken werden. Es ist uns dies ein Beweis, daß der HErr unser Gebet erhört. Wir stehen staunend da, so oft wir überlegen, daß alle Tage die 500 Franken, die wir bedürfen, um bestehen und unser Werk in der bisherigen Ausdehnung fortführen zu können, ohne Noth und Treiberei zusammengebracht werden. Werfen wir aber einen Blick hinaus auf die Heidenwelt und es stehen da vor unserem Geiste alle die dicht bevölkerten Städte und Länder Indiens und Chinas; gedenken wir an die tausend Stämme Africas und pilgern auf unseren Stationen umher, die alle, ach nur zu bald, überzählt sind, und hören die immer wiederholten, immer dringender ausgesprochenen Bitten unserer Missionare, und schauen dann wieder auf die Hunderttausende und Millionen, welche die Christen der Heimath oft besitzen, wandeln an den Palästen und Wohnungen der Geldfürsten vorüber, sehen die reichbesetzten Tafeln der Städter an, mustern die Bedürfnisse der Gebildeten unseres Volks und finden, wie behaglich sie oft sich ergehen im Genusse aller dieser irdischen Güter und Herrlichkeiten, — ach, da schwindet wiederum unsere Freude über das, was wir um uns her für die Mission geschehen sehen und wir möchten in die Posaune stoßen, daß es in allen Gemeinden des Vaterlandes, in allen Häusern und Gassen unserer Städte, in allen Kaufläden und Werkstätten, in allen Bureau's und Studierstuben, in allen Schulen, in allen Cirkeln, in den Herzen aller dieser Millionen wiederhallte. Rufen möchten wir und predigen lassen mit aller Macht und bitten Jedermänniglich: Gehet hin in alle Welt, prediget das Evangelium aller Creatur; hebet Eure Hände auf zum HErrn Groß und Klein, daß der HErr erscheinen möge mit seiner

Hülfe, und alle Heiden herzurufen zur Theilnahme an den großen Schätzen seiner Gnade. Wir möchten rufen und sagen: Opfert Gott Dank und bezahlet Eure Gelübde.

Daß dies Noth thue, daß es bald geschehen müsse, davon werden die Berichte unserer Stationen zeugen, die wir Ihnen, geliebte Freunde, in Folgendem vorlegen.

II.

A. Die Mission im westlichen Ostindien.

Im westlichen Ostindien hat uns der HErr eine reiche Erndte geschenkt.

In Mangalur und Cannanur, wo bereits seit längerer Zeit größere Gemeinlein sich befinden, ist im verflossenen Jahr eine so ansehnliche Zahl Hindus zum Christenthum übergetreten, daß wir die bestimmte Hoffnung hegen dürfen, die Zahl der Getauften werde in steigender Progression von Jahr zu Jahr sich mehren. Auf keiner unserer Stationen war die Predigt wirkungslos; jede Station, auch die jüngste nicht ausgenommen, hat Getaufte oder Taufcandidaten aufzuweisen. Selbst auf denjenigen Stationen, wo bisher nur wenige Einzelne Christen geworden sind und es noch nicht zur Gründung einer Gemeinde gekommen ist, naht sich eine Stunde der Entscheidung für einen größeren Kreis von solchen, die vom Evangelium berührt und innerlich ergriffen sind. Die Missionare dieser bisher noch weniger sichtbar gesegneten Stationen wachsen an Ernst und Eifer; sie erkennen, daß sie selbst hinein müssen in den geistlichen Kampf und dringen, gekräftigt durch die Ueberzeugung, daß der Glaube und das Gebet durch das Wort vom Kreuz auch hier ein Neues hervorführen wird, wie an anderen Orten, kräftiger ein auf die trägen Massen der Bevölkerung.

Die bestehenden Gemeinlein organisiren sich mehr und mehr, ordnen ihren äußeren wie ihren geistlichen Haushalt und greifen selbst das Werk der Mission mit an.

Unsere Heidenschulen, so unvollkommen und mangelhaft sie sind, heben sich theilweise doch allmählig. Bereits können Jünglinge, die in unseren Schulen gebildet und obgleich noch Heiden, von dem Geist des Evangeliums angehaucht und dem Wort in Etwas geneigter sind, an die Stelle der alten verdorbenen und untüchtigen Heidenschullehrer gesetzt werden. Ja, wir haben bereits die Freude erlebt, christliche Gemeindeschulen mit christlichen Lehrern einrichten zu können. Unsere Erziehungsanstalten für Knaben und Mädchen liefern zum größeren Theil befriedigende Resultate. Der erste Cursus unserer Katechistenschulen naht sich seinem Ende. Unsere jungen Katechisten haben bereits die ersten kleinen Missionsreisen mit ihren Lehrern unternommen und bewähren sich auf eine erfreuliche Weise.

Die alten, ohne schulmäßige Vorbereitung unmittelbar aus den Gemeinden ausgewählten Katechisten haben um Mangalur und Cannanur und Tellitscherry her ein großes Werk. Kurz, das Feld reift immer mehr der Erndte entgegen; wie dies auch der Umstand andeutet, daß der Widerspruch der Heiden selbst immer mehr verstummt, dagegen zum Theil gewaltsamer Widerstand an seine Stelle tritt.

Dies ist die Lichtseite unseres ostindischen Missionswerks. Dasselbe bietet aber auch eine weniger erfreuliche Seite dar.

In dieser Beziehung war es für uns eine oft schwere Gedulds- und Glaubensprobe, daß wir nicht in dem Grad, wie es wünschenswerth und nothwendig gewesen wäre, unser Werk in Indien erweitern und unseren Brüdern Hülfe senden konnten.

Die Brüder in Tellitscherry baten um Zusendung eines dritten Missionars, weil der Arbeit für sie zuviel ist. In Palghat, im Süden von Malajalam, bietet ein englischer Freund 2000 Rupies und mehrere hundert Rupies jährlicher Beisteuer für die Zeit seines Aufenthalts in Indien, wenn dort eine Missionsstation errichtet werde. 300,000 Hindus in den umwohnenden Städten und Dörfern, deren bisher keine Missionsgesellschaft sich angenommen hat, könnten von dort aus mit der Botschaft des Heils bekannt gemacht werden.

Br. Hebich in Cannanur, allmählig den Fünfzigen nahe gekommen, bedarf kräftiger Hülfe, wenn er nicht mit seinem Amt als Präses unserer General-Conferenz und General-Cassier neben den Ansprüchen, welche die europäische und die Hindu-Gemeinde an ihn machen, erliegen soll. In Mangalur ist Br. Mögling bereits unter der zu großen Arbeitslast zusammengebrochen, und bei Br. Greiner war es aus demselben Grunde mehrere Male nahe daran, daß seine bereits auch erschütterte Gesundheit erlegen wäre. Im Oberlande steht Honor noch immer unbesetzt. Br. Layer's Stelle in Dharwar konnte noch nicht definitiv wieder besetzt werden. Von Hubli mußte Br. Würth weggenommen werden, um Br. Mögling Unterstützung zu gewähren; die Bettigherry-Brüder aber bitten in Gulladagudda eine Nebenstation errichten zu dürfen, um sich in der Mitte der für das Evangelium in hohem Grade vorbereiteten und sehr empfänglichen Nudi-Leute niederzulassen. Wir aber konnten so wenig an eine Erweiterung unserer ostindischen Mission und an eine bedeutende Vermehrung der Arbeitskräfte denken, daß nicht einmal das Allernothwendigste geschehen ist. Außer Br. Lehmann, der aus eigenem Antrieb von Ostbengalen nach Mangalur ging, und dem Weber Johannes Haller, ist kein neuer Missionar auf dem indischen Arbeitsfeld angelangt. Es wird zwar, wie oben schon gesagt wurde, eine Aussendung im Laufe des Herbstes nach Indien erfolgen. Cand. Kullen wird als Vorsteher des Katechisten-Seminars an die Stelle des kranken Br. Mögling in Mangalur treten und Hermann Anandrao Kaundanja ihm ohne Zweifel an die Seite gestellt werden. Br. Diez ist zum Gehülfen für Br. Hebich in Cannanur bestimmt. Die übrigen Wünsche und Bitten aber blieben unerfüllt und müssen auch noch länger unerfüllt bleiben.

Möge der große Erzhirte der Schafe vielen unserer Freunde und Brüder in der Heimath Herz und Mund und Hand bewegen und uns aus großer Gnade durch sie die Mittel verschaffen, die dringenden Bedürfnisse unseres indischen Missionsgebiets zu befriedigen.

Ein dunkles Blatt in der Geschichte des verflossenen Jahres bildet ferner die im Laufe desselben hervorgetretene Unzufriedenheit einiger unserer Brüder im Südmahrattenland mit ihren beruflichen Verhältnissen. Schon im vorigen Jahresbericht meldeten wir von einer Opposition jener Brüder gegen die neue Conferenz-Ordnung. Wir sprachen aber zugleich die Hoffnung aus, daß dieselbe bald verschwinden werde. Dies war nun zwar wirklich der Fall; sie warf sich dagegen später nur auf andere Gegenstände, so daß die Committee, um den Frieden und die Eintracht wieder herzustellen, im April dieses Jahres entschieden einzuschreiten sich genöthigt sah.

Es ist dieß eine in hohem Grade schmerzliche Erfahrung sowohl für die Gesammtheit unserer Missionare, als auch für die Committee, die bei aller Entschiedenheit des ihr anvertrauten Regiments doch sämmtliche Brüder mit väterlicher Liebe umfaßt. Indessen geben wir uns immer noch der Hoffnung hin, der HErr werde des Feindes List und Gewalt ferne von uns treiben und unsere Brüder auf den Weg des Friedens leiten. Wo nicht, so kann diese Sichtung und Läuterung unserer ostindischen Mission nur segensreich endigen; denn bereits hat diese Trübsalszeit die übrigen Brüder alle um so inniger und herzlicher unter sich und mit der Committee verbunden. Die Protokolle der General-Conferenz legen davon ein höchst erfreuliches Zeugniß ab.

Dieselbe Ueberzeugung werden unsere geliebten Leser gewinnen, wenn wir nun die ostindischen Zustände im Einzelnen vor ihnen entfalten.

a) Mission in Canara.

I. Station Mangalur.

(Angefangen im Jahr 1834.)

a) Stadtmission.

Missionare: C. L. Greiner mit Gattin. A. Bührer mit Gattin. B. Deggeller. Fr. Lehmann.
Katechisten: Simeon, Andreas, Enos, Titus, Isaak.
Schulmeister am Waisenhaus und dem Mädchen-Institut: Elieser.
" an den 2 Heidenschulen 2 heidnische Schullehrer.
Hausvater am Waisenhaus: Daniel.
Vorsteherin des Mädchen-Instituts: Frau Greiner.

Br. Greiner's halbjähriger Bericht der Station Mangalur vom Januar bis Juli 1850 lautet folgendermaßen:

„Bis hieher hat der HErr geholfen. Gebt unserm Gott die Ehre.

„In den verflossenen sechs Monaten hat der HErr aufs Neue einen Riß in unsern Kreis gemacht, indem er unsern l. Br. Bührer, der schon längere Zeit leidend war, so darnieder legte, daß er ungesäumt auf den Rath des Arztes sich nach den Hills begeben mußte. Die Nachrichten, die wir von seinem Befinden haben, lauten, Gott sey Dank, günstig, doch kann von einer baldigen Rückkehr noch nicht die Rede seyn. Br. Deggeller hingegen ist gestärkt von seiner Erholungsreise nach Dharwar zurückgekehrt und in seine Arbeit eingetreten. — Unsere Gehülfen sind Gott Lob gesund geblieben, und haben in ihren Kreisen für den Bau Zions zu arbeiten gesucht, bedürfen aber beständiger Aufmunterung und Trostes, wie wir selbst auch bei den betrübenden Erfahrungen, die wir zu machen haben, bald in Muthlosigkeit fallen, und daher stets den HErrn nöthig haben, unsern Glauben zu stärken, uns zu ermuntern und zu erhalten. — Aus Mangel an Arbeitern in dem großen Arbeitsfeld und aus einem Verlangen, mehr für die Bekehrung der armen Heiden zu thun, haben wir eines unserer älteren Gemeindeglieder, Andreas, der dem Christenthum durch seinen Wandel Ehre machte, im Namen des HErrn zu unserm Gehülfen erwählt. Er hat keine glänzenden Talente, aber ein aufrichtiges und demüthiges Herz, und wir flehen, der treue Erzhirte wolle in Gnaden ihn mit seinem Geiste ausrüsten und zu einem Segen für recht Viele setzen.

„Der Zuwachs der Gemeinde besteht aus 48 Seelen, von denen 37 den 24. März durch die heilige Taufe in die Gemeine aufgenommen wurden und eine Tamulin den 14. April. Die übrigen sind Kinder aus der Gemeine. Während des Unterrichts und der Vorbereitung auf die Taufe, in der mehrere seit geraumer Zeit standen, war bald Furcht und Sorge, bald Freudigkeit und Dank da, bald war Ernst und Strenge, bald Nachsicht und Geduld nöthig. Ach, möge nur keines von ihnen dem HErrn fehlen an seinem großen und herrlichen Tag; dies ist unser Wunsch für diese theuren miterlösten Seelen.

„Ein anderes Häuflein genießt den vorbereitenden Unterricht auf die heilige Taufe. Ob alle werden zugelassen werden können, muß noch die Zeit lehren. Wir unterrichten hier, Enos einige Seelen in Bolma, Titus in Utschilla, und Simeon und Andreas in der Woche zwei oder drei Mal in Urva, wo nun auch Pernu's Weib sich zum HErrn gewendet hat. Hingegen Mallu's Weib, als sie sah, daß sein Christwerdenwollen bestimmt war, verließ ihn mit ihren Kindern. Auch sein jüngerer Bruder, der früher dem Christenthum geneigt war, verließ Mallu's Haus und ließ ihn mit der Arbeit ganz im Stich. Für sein Weib ist keine Hoffnung, daß sie wieder kommt; denn wir versuchten Alles, sie zu bewegen, zu ihrem Mann zurückzukehren; aber ihre Mutter war das Haupthinderniß. Sie geht nun ihre eigenen Wege. Veranlaßt durch die Noth, in die er kam, indem er den ganzen Tag arbeiten muß und

Niemand hat, sein Haus zu besorgen und auf zwei kleine Kinder seiner Schwester Acht zu haben, suchte er sich selbst zu helfen und gerieth auf einen kräftigen Irrweg (und das noch auf Zurathen eines unserer Christen) dadurch, daß er ein Weib zu sich nahm. Er war sogleich Willens, sobald er hörte, daß er Unrecht gethan, sie fortzuschicken, und hat es noch an demselben Tage gethan. Mehrere sind gekommen, und da sie nicht fanden, was sie suchten, so sind sie wieder weggegangen. So kommen gegenwärtig zwei Konkani-Braminen, um, wie sie sagen, den Heilsweg kennen zu lernen; aber bei dem Einen sind es Kinder, bei dem andern Weib und Mutter, die ihn noch bedenklich machen. Sie sagen, sie würden Mörder derselben werden, denn durch ihren Uebertritt würden sie von denselben abgeschnitten und jene dann brodlos. Wir fürchten aber, es sind noch andere Sachen im Hinterhalt, und wenn sie für diese keine Aussicht finden, werden sie wohl wegbleiben. Auch eine römische Familie, die zu unserer Gemeine übergetreten war, nachher aber wieder durch Drohen und Versprechungen des römischen Padre und Verwandter abfiel, bat sehr um Wiederaufnahme; diese mußte ihr aber wegen früherer Unaufrichtigkeit auf so lange versagt werden, bis sie rechtschaffene Früchte der Buße zeigte.

„In Utschilla hat der Arge einen scheinbaren Sieg über uns davon getragen. Der Puchari Corage und Titus Schwester stehen noch fest; aber außer ihnen waren drei Familienväter zum Uebertritt geneigt, die schon längst das Wort gehört und seit 1½ Jahren auch Neigung, aber nie Muth und Freudigkeit genug gehabt hatten, herauszutreten, bis zu Anfang dieses Jahres. Da kam zuerst der Eine, dann der Andere. Ihre Weiber mit den Kindern (hier gehören alle Kinder den Müttern) waren nicht abgeneigt, zu folgen. Das Abreden der Eltern, Verwandten und des ganzen Dorfes (Ajda, im Osten von Utschilla) jedoch erzeugte zuerst bei diesen Zweifel und dann Abneigung. Sie waren gerade am völligen Austritt; ihre Kaste hatten zwei von ihnen schon gebrochen; da verließ die eine Frau ihren

Mann und floh zu ihren Eltern. Dieser trug dies standhaft und ließ sich in Utschilla nieder. Wir sandten sogleich Titus, zu dem sie immer ein Zutrauen hatte, nach ihrer Eltern Haus, um sie von ihrem Schritt abzubringen, aber umsonst. Dieses, vielmehr aber noch das Einstürmen der Leute auf das Weib des andern bewirkte auch in dieser eine Veränderung, und sie brachte mit Hülfe der andern Leute auch ihren Mann von seinem Entschluß ab, so daß er zurücktrat, nachdem das Hausgeräthe dieser beiden Männer schon nach Utschilla, behufs ihrer Niederlassung dort, gebracht war. Es wurde Alles versucht, den Wankenden dem Trug und der List zu entreißen, aber er weinte und sagte immer und immer wieder: er wolle nicht. Dies brachte auch die andern zurück, und bis jetzt ist ihr Herz immer noch so gestellt. Wir verzweifeln aber deshalb doch nicht, daß der HErr etwas Gutes aus der Geschichte hervorgehen läßt. Andere sind in Utschilla, die immer noch zwischen Thür und Angel schweben. Wir warten und flehen, bis ihre Befreiungsstunde schlägt; ja nicht blos ihre, sondern des ganzen Landes.

„Die Predigt des Evangeliums ist zwar in den Häusern und auch auf öffentlichen Plätzen hier und in der Umgegend von uns und unsern Gehülfen getrieben worden, aber leider nicht genug. Es sollte keine Straße, kein Haus, keine Ecke seyn, wo nicht die herrliche Botschaft von unserer Erlösung reichlich gehört und erkannt würde, und doch, nachdem wir schon so lange hier sind, welche Finsterniß, welcher Tod! Es ist, als ob gar nichts in der Masse gethan wäre.

„Reisen wurden keine gemacht, außer mehrere Mal nach Utschilla und Cap. An letzterm Ort ist ein Mann, der schon seit Jahren mit uns und unserer Botschaft bekannt ist; der kam expreß und bat uns sehr, zu kommen und in seinem Hause den Teufelstempel zu zerstören und dann in seinem Hause vor dem lebendigen Gott niederzufallen und ihn anzubeten. Wir eilten dahin. Er war Anfangs fest; als dann aber zwei Verwandte kamen und sein Weib anfing zu weinen und heimlich mit ihm zu reden, wurde er selbst wankelmüthig und wollte noch einige Tage zusehen, bis er Alles werde in Ordnung gebracht haben. Wir baten ihn, sein Heil um seines Weibes, seiner Kaste und der Schande willen nicht zu verscherzen und treu zu bleiben; welches er versprach, wie es jetzt aber scheint, nicht hält.

„Unsere Waisenknabenschule geht ihren geregelten Gang fort; sie ist um einen Knaben, Kodi von Santuru, östlich von Utschilla, der schon 15 Jahr alt ist, vermehrt worden. Dadurch daß die Weberei ins Stocken gerathen ist, waren wir genöthigt, uns nach einem andern Arbeitszweig umzusehen, und haben deshalb das Verfertigen von Matten zu Zimmer-Belegen angefangen. Zu dem Ende haben wir mit vieler Mühe einen Lehrmeister für sechs Wochen ins Haus genommen, und es geht nun seinen geregelten Gang. Eliefer besorgt diese und die Gemeindeschule, die Eine ist.

„Die Mädchenschule wird wie früher fortgeführt. Fünf Mädchen, die am Anfang dieses Jahres an Gemeindeglieder verheirathet wurden, sind ausgetreten und vier andere eingetreten.

„Gestorben sind sechs Mitglieder. Der alte Simeon, der im März getauft wurde, durfte bald zu seiner Ruhe eingehen, nachdem er vorher mit heißem Verlangen das heilige Abendmahl empfangen hatte.

„Nun, gelobet sey der Name des HErrn für alles Gute, so Er uns Geringen und seinem Werke allhier in diesem halben Jahre in Gnaden erzeigt hat. Er lasse ferner sein Gnadenangesicht über uns leuchten.

„Ihre im HErrn Verbundene C. L. Greiner.
B. Deggeller."

Bruder Deggeller's halbjähriger Bericht vom August bis December 1850 lautet folgendermaßen:

„Mein Herz ist fröhlich in dem HErrn, denn ich freue mich deines Heils!" Dies ist der Ausdruck unserer Herzen am Ende dieses Jahres. Seine Gnade hat reichlich über uns gewaltet und ist nicht vergeblich an uns gewesen. Wenn wir auch nicht von glänzenden Erfolgen erzählen können, so dürfen wir doch sagen, daß Er das Werk unserer Hände gesegnet hat.

„Was das Personal betrifft, so ist die Zahl der in diesem Theil hiesiger Mission arbeitenden Geschwister auch jetzt noch klein, da unser l. Br. Bührer mit seiner Familie noch immer durch anhaltendes Unwohlsein auf den Nilgherris festgehalten ist und Br. Lehmann sich fürs Erste noch mit Erlernung der Tulu-Sprache beschäftigen muß. Wir haben deshalb auch den Mangel nie so stark gefühlt, als in diesen letztverflossenen Monaten, wo der HErr an einigen Stellen neue Thüren geöffnet und seinem Worte Bahn gemacht hat. Wir hoffen nach der nächsten Monsun unsern kranken Bruder wieder hergestellt in unserer Mitte begrüßen zu dürfen.

„In der Gemeinde gibt sich bei Manchen, bei denen es durch Fallen und Aufstehen hindurchgeht, die heilsame Gnade kund, die uns züchtigt, daß wir sollen verleugnen das ungöttliche Wesen und die weltlichen Lüste, und züchtig, gerecht und gottselig leben in dieser Welt; die Andern dagegen sind, wenn auch äußerlich zugezählt, eine todte Masse, die noch der Auferstehungskraft Jesu entgegensieht. Einige mußten wegen Trinkens ausgeschlossen werden. Unter den Mädchen sind einige der älteren beunruhigt und zerschlagen gekommen und haben ihre Sünden mit Thränen bekannt; sie geben auch wirklich Hoffnung, daß ein neues Leben in ihnen begonnen hat. Auch Alte bleiben nicht unberührt; so Jacob, einer der ältesten Gemeindeglieder, und Elisa, das Weib Paul's, eines Ausgeschlossenen, die tiefe Reue über ihre Sünden bezeugten. Auch bei Abraham in Utschilla, der wieder einmal dem Teufel durch sein Trachten nach dem Irdischen und seine Heftigkeit Raum gab und sich und uns Noth machte, hat die Gnade Gottes wieder gesiegt; er erkannte sein Unrecht und zeigt mehr Ernst in der Sorge für das Eine Nothwendige. Erfreuliche Nachrichten haben wir auch öfter von Lydia, dem Tamulmädchen, deren Taufe früher berichtet wurde, die nun in Honor verheirathet und bei einer englischen Dame im Dienste ist. Sie nimmt zu am innern Menschen und genießt die Liebe ihrer Herren und derer, die hinkommen. Das Abendmahl brachte uns immer eine gesegnete Zeit, wo der HErr erfrischend, heilend und züchtigend einkehrte. Es wird jedes Mal die Woche vorher, theils mit Einzelnen, theils mit Mehreren zusammen, wo nichts besonderes vorliegt, gesprochen, Beichte gehalten, gebetet. Am Neujahrstage wurden acht Gemeindeglieder, nach vorherigem Unterricht, zum ersten Male zum Tische des HErrn hinzugelassen. Der Gottesdienst wird sonntäglich zwei Mal gehalten, Morgens von 11 bis halb 1 Uhr in Tulu, indem beinahe die ganze Gemeinde Tulu ist, während zu gleicher Zeit in einem andern Local den Tamul-Christen vermittelst Dolmetscher gepredigt wird. Oft hält in Abwesenheit eines Bruders Eliezer diesen Gottesdienst. Beim Tulu-Gottesdienst wird nach dem Eingangssegen gesungen, dann ein Gebet extempore gesprochen (bei Taufen, Abendmahl, Hochzeiten wird seit Jahren die alte württembergische Liturgie gebraucht), hernach ein Capitel aus dem Alten Testament gelesen und darauf wieder gesungen. Während dieses zweiten Gesanges wird die Armensteuer von einem Aeltesten eingesammelt. Den Schluß bildet das Vaterunser und eine Doxologie. Die Nachmittagspredigt findet zwischen 4 bis 5 Uhr statt. Dieser Gottesdienst wird in Tulu gehalten, wenn Brüder der Gemeinde ihn verrichten, kanaresisch, wenn andere Brüder, was gewöhnlich der Fall ist, predigen. Das Lesen des Alten Testamentes wird Nachmittags unterlassen. Die Wochengottesdienste finden Mittwoch Abends von halb 7 Uhr bis 8 Uhr statt; in ihnen wird gewöhnlich ein ganzes Buch heil. Schrift fortgehend behandelt; die Sprache dabei ist Tulu. Freitag Mittag um 12 Uhr ist die Versammlung der Weiber und Abends 7 Uhr die der Männer, ebenfalls in Tulu. In jener wurde der Katechismus erklärt, in dieser wird gegenwärtig das Evangelium Johannis gelesen. Jeden ersten Montag im Monat ist Missionsstunde, die jeder Bruder der Station ein halbes Jahr hindurch hält. Tägliche Morgen- und Abendandachten werden im Mädchen-Institut und im Waisenhaus gehalten, Morgens von 7 bis drei Viertel auf 8 Uhr. Der Andacht mit den Mädchen wohnen auch die um das Missionshaus her wohnenden Erwachsenen bei. Ist nur Ein Bruder auf der Station, so hält er zuerst Morgenandacht bei den Knaben und dann die andere. Das Lesen ist mit practischer Erklärung, wobei gefragt wird, verbunden. Bei den Abendandachten sind die Erwachsenen nicht gegenwärtig. Im Waisenhaus hält diese meist der Hausvater. Außer den Andachten halten die Mädchen noch Betstunde unter sich.

„Bei den Gottesdiensten am Sonntag Morgen, wo sich so ziemlich die ganze Gemeinde versammelt, spricht sich das Bedürfniß einer Kirche stets lauter aus, indem der Raum nicht mehr hinreichen will. Wir möchten daher die Aufmerksamkeit der theuern Committee darauf wenden und sie bitten, vorläufig die Schritte in Erwägung zu ziehen, die zu thun nöthig sind, wenn wir in Stand gesetzt werden sollen, dem HErrn in dieser Wildniß ein Haus zu bauen. Wir haben einen passenden Platz im Auge, den aber der Eigenthümer nicht gerne läßt und deshalb die übermäßige Summe von 8—9000 Rp. fordert. Der Platz trägt jedoch, das darauf stehende Bangalow aus der Rechnung gelassen, einen jährlichen Zins von 2—300 Rp. ein.

„Wir dürfen auch in diesem Bericht von Zuwachs der Gemeinde berichten. Der dritte Advents-Sonntag war ein besonderer Gnadentag für uns, indem 34 Seelen durch die heilige Taufe der Gemeinde einverleibt wurden. Möchten nur alle ihre Namen im Buche des Lebens stehen und sie ein wahres Eigenthum seyn und bleiben dessen, der sie so theuer erkauft hat. Er leite und weide sie selbst auf rechter Bahn zum ewigen Leben. Mehrere der Neugetauften sind schon länger in Verbindung mit uns, Andere sind neu herbei gekommen. Ihre Namen sind wie folgt:

Nathanael von Urva, ein Dorf in der Nähe von hier, Birwe, früher Pernu genannt, etliche 30 Jahre alt. Er ist ein aufrichtiger Mann. Vor einem Jahre zerstörte er seine Haus-Teufels-Capelle. Als der

Erste in seinem Dorfe, der Christ wurde, hatte er von Verwandten, Nachbarn und Kastengenossen manche harte Anfechtung zu erleiden. Er blieb aber, obgleich sein Muth hie und da schwankte, standhaft.

Martha (früher Balu), dessen Weib. Sie machte dem Manne anfangs durch Feindschaft gegen das Evangelium viel Noth, wurde aber gewonnen.

Markus, Maria, Susanna, Michael und Peter, ihre Kinder, sämmtlich noch unerwachsen.

Joseph, ein schon länger im Krankenhaus lebender Mann; er hieß als Heide Tjampe.

Daniel von Bokapatna (ein an Mangalur stoßendes Dorf) früher Krischna, ein Wirwe von 30 Jahren. Schon seit mehr als einem Jahre genoß er Unterricht, wurde aber eine Zeitlang von seiner frühern Spielsucht innerlich wieder dem Evangelium entfremdet, doch nur für kurze Zeit. Er lebte seither mit einer Person, die er nicht rechtmäßig geheirathet hat, die er aber als sein Weib betrachtet und der er sein Wort gegeben habe, weshalb er erklärte, sie nicht entlassen zu können, da sie jetzt in glücklichen Umständen ist. Sie will auch Christin werden, und deswegen haben wir damit Geduld getragen. Nach ihrer Taufe sollen sie ordentlich getraut werden.

Thomas, früher Basave, ein Weber von Bolma, schon ein älterer Mann, und Lea, sein Weib, früher Meire.

Christian, der Sohn der obigen, etliche zwanzig Jahre alt, früher Aigu. Der Sohn kam zuerst, um Christ zu werden und brachte die Eltern mit. Er ist ein empfänglicher ordentlicher junger Mensch und erhält jetzt sich und seine Leute mit Weben in unserm Gehöfte.

Stephan, früher Susa, jüngerer Sohn von Thomas, im Alter von 13 Jahren, der um der Armuth seiner Eltern willen ins Waisenhaus aufgenommen wurde.

Philipp von Utschilla, ein Bokilme von etlichen zwanzig Jahren, früher Monappe, Bruder des an der Cholera dieses Jahres gestorbenen Samuel's. Er ist ein aufrichtiger junger Mann, in dem der Geist Gottes sein Werk angefangen hat, und der, wie wir hoffen, seinem Bruder nachahmen wird.

Matthäus, Johannes, Jacob, drei Brüder, Thiers, von Calicut gebürtig, aber schon länger in Mangalur wohnhaft, wo sie unsere Schule besuchten, weshalb sie eine ordentliche Erkenntniß haben, und es scheint, daß der lange in ihnen todtgelegene Same der Wahrheit nun zu wirken anfing. Die zwei jüngern sind im Zuchthaus als Peons angestellt. Der Aelteste arbeitete früher an unserer Presse, mußte dann wegen schlechter Aufführung entlassen werden; später jedoch wurde eine Krankheit das Mittel, ihn an die Umkehr zu mahnen. Ihre heidnischen Namen waren: Chiranda, Ramundi, Tschatu.

Isaak von Balma, Birwe von etlichen zwanzig Jahren. Er ist im frühern Bericht unter dem Namen Fakir erwähnt.

Samuel von Kadike, Bruder von Joschua dort. Er war früher ein arger Sünder, bekannte seine Sünden nun aber reumüthig. Als Heide hieß er Appaja.

Mose, ein 17jähriger Knabe von Santura. Er entlief von dort und kam zu unserm Joschua, wo er Hirtenknabe war, bis dieser nach Utschilla übersiedelte. Wir nahmen ihn dann ins Waisenhaus auf, weil er Christ zu werden wünschte. Sein heidnischer Name ist Kott.

Jonas, ein junger Mann, von der Oelmacherkaste, schon lange Wasserträger auf Balmattha, früher Korage.

Simeon, ein Sohn von einem alten Mitglied der Gemeinde, Amos. Er hielt sich bis auf neuere Zeit bei seiner heidnischen Mutter auf, die aber nun auch herzugeführt wurde. Sein früherer Name ist Timme.

Gegenwärtig ist er in der Weberei angestellt. Die Mutter heißt nun

Eva, und macht uns Freude durch die Begierde, mit der sie das Wort annahm. Früher hieß sie Timmu.

Sophia, ihre Tochter, früher verheirathet, dann geschieden. Sie brachte ihren kleinen Knaben mit, der in der Taufe den Namen

Nathan erhielt. Beide wohnen bei Simeon im Krankenhause. Auch sie scheint aufrichtig um ihr Seelenheil besorgt zu seyn. Ihr Name war Tankaru.

Hannah, als Heidin Dei, eine ältere Frau. Sie ist die Wittwe eines hiesigen Mannes, der früher bei uns Wasserträger war. Alle seine Kinder, zwei Knaben und zwei Mädchen, wurden in die Anstalten aufgenommen. Die Mutter lebt bei einer jetzt erwachsenen und verheiratheten Tochter.

Rahel, früher Antu, ein 7jähriges stilles unverdorbenes Mädchen, Schwester der Sophia. Sie ist jetzt in der Mädchenanstalt.

Elisabeth, das Weib Pineha's, die bis jetzt, obwohl sie mit ihrem Manne lebte, nicht Christin wurde. Leider ist sie ganz ohne inneres Leben. Nur ihr Bitten um die Taufe und der Umstand, daß sie eines Christen Weib ist, bewog uns, sie zu taufen. Sie hieß Antu.

Rhoda, Priscilla, Mirjam. Weiber, die schon lange im Krankenhause waren. Ihre früheren Namen waren Dumal, Kunji, Tirmale.

Hagar, ein noch nicht lange zu uns gekommenes 16jähriges Mädchen aus der Nähe von Bolma, von der Vokilmekaste. Sie diente bei fremden Leuten, wo sie einige unsrer Leute reden hörte, was sie bewog, ihren Herrn zu verlassen und hieher zu kommen. Sie hieß Mundi.

Christiana, ein Mädchen von 13 Jahren, früher Pu. Sie ist Schwester eines neugekommenen und nun zur Taufe sich vorbereitenden jungen Mannes von der Billawerkaste in Bokapatna daheim. Er und sein Bruder arbeiten bei Obadja, und sie ist nun in der Mädchenanstalt.

Judith, ein 8jähriges Mädchen. Früher wurde sie von ihrer Mutter um 16 Rup. an einen Birwe verkauft. Er behandelte sie schlecht, weshalb ein Tamul-Mann sie dort wegnahm und zu uns brachte. Auf die Anklage des Birwes entschied der Richter zu Gunsten des Tamul-Mannes und sandte sie uns zurück. Ihr erster Name war Abaku.

„Ein Tamulmädchen von etwa 16 Jahren, die Herr Anderson aufnahm, in dessen Hause sie ist, wurde früher als diese Leute unterrichtet und getauft. Sie heißt Lydia. Da sie in früherer Zeit in einer Missionsschule in Madras war und nachher auch bei christlichen Engländern, so brachte sie eine befriedigende Kenntniß der Heilswahrheiten mit. Wie weit ihr Herz davon ergriffen worden, ist schwer zu sagen. Ihre Aufführung ist gut.

„Kindertaufen fanden im Laufe des Jahres 18 statt. Ein kleines Häufchen Knaben und Mädchen genießen jetzt in zwei Abtheilungen Confirmanden-Unterricht.

„Neue Taufcandidaten sind hier nur wenige herausgetreten, mit denen noch kein Unterricht angefangen werden konnte. Mallu von Urva, der nach dem letzten Bericht wieder einige Hoffnung der Umkehr gab, hat sich nun doch als unredlich erwiesen und ist ganz wieder Heide. Vor einigen Tagen ließ er sich neue Teufel machen und feierlich in seinem Hause aufstellen. Noch ein anderer Mann, der erwähnt wurde, von Kauru, mit seiner Familie, ist wieder zurückgegangen. Er hat den Willen, aber keine Kraft, durchzubrechen. — Dagegen steht in Utschilla unserer Außenstation, bei Cap und in Gudde, 1½ Stunden von ersterem Orte entfernt, ein ordentliches Häufchen bereit, um die heilige Taufe zu empfangen. Dort hat der HErr die Arbeit gesegnet und führt trotz allen Widerstandes der Feinde sein Werk dennoch zum Siege.

„Unter den Taufcandidaten in Utschilla ist.

Appana, die Tochter von Joschua und Schwester des Katechisten Titus, die Erste und war vor einem halben Jahre noch die Einzige. Jetzt sind es, ihre 3 Kinder mitgerechnet, 8 Personen. Sie allein unter Joschua's Kindern blieb bis jetzt Heidin, obgleich sie meist bei den Eltern wohnte. Ihr Mann nämlich, Mudare von Santura bei Utschilla, aus großer und wohlhabender Familie, deren Haupt, sein Bruder, einer der angesehensten Putcharis der Gegend ist, war seit einigen Jahren dem Christenthum nicht abgeneigt, aber Hab und Gut und Verwandtschaft ließen ihn nicht zum Durchbruch kommen. Sie entschloß sich endlich vor einem Jahre, ohne ihn Christin zu werden, koste es, was es wolle. Sie gibt uns Ursache, uns zu freuen, nicht zwar durch eine entschiedene Bekehrung, aber durch aufrichtigen Ernst in ihrem Uebertritt, und es ist nicht zu verkennen, daß sie das Wort in ihr Herz aufnimmt.

„Dagegen ist der Putschari Korage leider nicht mehr zu den Unsern zu rechnen. Während des Septembers wich er zurück und fiel endlich ganz ab; er ist nun wieder ein Teufelsdiener, obwohl nicht mit Herzensüberzeugung. Die Anhänglichkeit an sein Vermögen und die Liebe zu seinen Verwandten war die Schlinge, in der ihn der Feind fing. Aus Furcht, sie möchten ihn alle verlassen, gestattete er ihnen, im Hause Teufelsdienst zu treiben. Ohne lebendigen Glauben und daher ohne Halt, vermochte er nicht mit Entschiedenheit zu handeln und wurde endlich von dem Zureden und den Verläumdungen seiner Leute über uns ganz umgarnt, so daß er, ganz in ihrer Macht, kraftlos that, was sie ihn hießen. Sein Teufelspriesterschmuck, im Werth von einigen 100 Rps., den er bei uns deponirt hatte, hielt ihn noch einige Zeit vom gänzlichen Bruche ab, endlich zerriß er auch dieses Band und ließ sich zur erbärmlichsten Heuchelei und Lüge herab, um diesen Schmuck uns abzufordern, den wir ihm auch so gegeben hätten. Alle

Zusprüche vor und nachher blieben fruchtlos an ihm. Der Teufelstempel in seinem Hause, den er voriges Jahr zerstörte, ist wieder im Aufbau begriffen.

„Der Erste, der in diesem halben Jahre herausgetreten, ist

Duggane, ein stiller, vergleichungsweise unverdorbener Jüngling. Er ist der zweitjüngste von vier Brüdern und zwei Schwestern Birwes. Ihr Vater starb vor zwei Jahren und die Mutter lebt bei den Kindern, unter denen Duggane ihr Liebling war. Diese Leute sind unsere Nachbarn, und die zwei älteren Brüder wurden früher durch das Wort Gottes nahe gebracht; aber beide zogen sich wieder zurück; der zweitälteste wurde sogar feindselig. Er ist dieser Tage an der Auszehrung gestorben, und die letzten Bemühungen, ihn zum Glauben an den HErrn Jesu zu bringen, blieben fruchtlos. Der Aelteste gerieth auf schlechte Wege und hält sich jetzt ferne. Diese Wahrnehmungen brachte den seit einiger Zeit in Duggane erwachten Zug zur Wahrheit zur Reife; er sah wohin seines Bruders Wege führen und beschloß, nicht länger auf ihn zu warten, sondern sogleich herauszutreten. Korage's Rückfall, der gerade in diesen Tagen geschah, hinderte ihn nicht. Sonntags den 22. September erklärte er den Seinen seinen festen Entschluß, Christ zu werden, und weder der Jammer und die Liebkosungen von Mutter und Schwestern, noch die Zusprüche eines Onkels machten ihn wankend; er riß sich los und kam zum Morgengottesdienst. Er ist nun einstweilen bei Abraham, dessen Frau die Schwester ist von Duggane's Mutter; er wurde da mit Freuden aufgenommen. Neben der Arbeit lernt er mit Fleiß und Eifer lesen. Das Wort Gottes findet einen weichen Boden bei ihm, und manche Aeußerungen zeigen, daß er damit im Herzen umgeht. Auf ihn folgte

Kampu, der früher mit Duggane's Bruder sich genähert hatte, aber wieder zurückging. Auch er ist von der

Birwekaste. Es war in neuerer Zeit bemerkbar, daß er sich wieder näherte. Was ihn aber so schnell zum entscheidenden Schritt des Uebertritts bewog, ob Duggane's Beispiel, oder ein Streit, in den er verwickelt wurde, wagen wir nicht zu entscheiden. Am 17. October wohnte er dem Gebete bei und erklärte sich vor seinen Nachbarn als Christ. In Folge dessen wurde er aus seinem Hause gestoßen und der Mittel zu seinem Unterhalt beraubt, so daß wir nun ein Häuschen für ihn in unserem Gehöfte in Utschilla bauen mußten. Seine Frau, eine Nichte von Abraham, folgte ihm einige Tage nachher, erklärend, sie wolle ihres Mannes Theil erwählen.

Momme, ein jüngerer Bruder des vor einem Jahre getauften Barnabas, auch Birwe. Er hegte schon länger den Wunsch, Christ zu werden, und nun ermuthigte ihn das Beispiel Duggane's und Kampu's, herauszutreten. Auch er wurde ausgestoßen von den Seinen, obgleich er fast allein die ganze Familie mit seiner Arbeit ernährte. Der ältere Bruder ist verheirathet und dient uns als Knecht; wir gedenken aber beide Brüder in ihrer alten Heimath sich setzen und ein gemeinsames Hauswesen führen zu lassen.

„Während dieses in Utschilla selbst vor sich ging, fing der Sauerteig des Evangeliums in Gudde an zu wirken, und es entstand durch eines Mannes Uebertritt, der schon seit drei Jahren Christ zu werden im Sinne hatte, eine Bewegung dort, die noch jetzt fortgeht. Dieser Mann heißt

Mani, ein Birwe; er ist zwar arm; aber durch seinen kühnen Sinn genoß er Ansehen unter den Leuten. Nach langem Kampf schlug seine Stunde. Der Widerstand und die Aufregung war nicht geringe, als er heraustrat und wir mit ihm seinen Teufelstempel zerstörten und die Teufel dem Untergange weihten. Er ist entschieden und fest und nimmt das Wort Gottes

mit Aufmerksamkeit an. Sein Uebertritt rief indeß noch andere hervor. Ihm folgte sein Schwager
Meinde, Haupt einer zahlreichen Familie, einen Monat später nach. Er war mit Mani seit einiger Zeit gleichen Sinnes und wartete nur, um zu sehen, was diesem begegnen würde, wenn er die Teufel hinauswerfe. Da nichts erfolgte, faßte er Muth. Er ist ein gutmüthiger, ehrbarer Mann, aber schwach, und es brauchte Mani's beherrschenden Einfluß über ihn, um ihn zum Entschluß zu bringen. Ihm folgte
Tukre, sein Schwager, ein junger Mann; er wollte schon am gleichen Tage mit Mani heraustreten; wir hatten aber noch einige Zweifel über die Lauterkeit seiner Absichten und ließen es daher geschehen, daß seine Herren, bei denen er sich für eine Schuld von 4 Rup. auf ein Jahr verdingt hatte, ihn mit fortnahmen. Bald aber kam er dennoch; wir lösten ihn aus und er ist nun bei Mani.

„Mani's und Meinde's Weiber hatten sie bei ihrem Uebertritt verlassen, kehrten nun aber wieder zurück, ohne jedoch Christen zu werden. Lange noch hielten sich diese beiden Familien vom Worte Gottes und Gebet ferne. Zuerst endlich ließ sich Mani's Weib herzu, hörte gelegentlich mit an und sprach sich bald dahin aus, daß sie bestimmt Christin werden wolle, für jetzt aber halte sie noch die Scham vor den Leuten ab, vor denen sie nicht ohne Ohr- und Armringe erscheinen könne. Zuletzt brach auch dieses letzte äußere Band des Heidenthums, und sie vereinigte sich mit ihrem Mann und Kindern sammt den Anwesenden den lebendigen Gott anzubeten. Durch diesen Schritt bewogen schloß auch Meinde's ganzes Haus sich dem kleinen Häuflein an, das nun so zu etlichen zwanzig Seelen anwuchs.

„Es sind Mani mit Weib und 4 Kindern sammt seiner alten Mutter: 7 Personen; Meinde mit Weib, Kinder und andern Hausgenossen: 12; Tukre, dem nun auch sein Onkel mit sammt seinem Weib folgen wollen: 3; zusammen 22 Seelen.

„Mehrere Andere tragen den Wunsch im Herzen, Christen zu werden, selbst eine Familie, die noch 4 Stunden nördlicher wohnt, haben aber bis jetzt nicht den Muth gehabt hervorzutreten, besonders da sich die Feindschaft seither so gewaltig regt. Nur ein ganz junger Mann, Namens Korage, der schon von Anfang dieser Bewegung davon angeregt wurde, ließ sich nicht abhalten und hat sich neulich als Christ erklärt. Als er dies seiner Mutter vorläufig kund that, bewog diese die Verwandten, ihn mit Gewalt und Drohungen zurückzuhalten. Er entwich aber bald und suchte Zuflucht bei Mani. Dorthin kamen seine Verwandten mit Stricken, um ihn fortzuschleppen, wobei sie die Mutter aufforderten, sich vor seinen Augen zu erhängen und fest erklärten, wenn er nicht mitgehe, entweder ihm oder sich selbst das Leben zu nehmen. Er hatte sich während des ganzen Auftritts nicht aus dem Hause herauslocken lassen und blieb standhaft, so daß sie doch unverrichteter Sache abziehen mußten, natürlich ohne ihren gedrohten Selbstmord auszuführen. Aber nun wurde ihm täglich aufgelauert, und als er sich einmal vom Hause entfernte, führten seine Leute mit Hülfe der Vokilmes einen Handstreich aus, der ihnen gelang. Sie entführten ihn und brachten ihn in ein anderes Dorf, wo sie ihn Tag und Nacht bewachten. Mit Gewalt brachten sie ihn dazu, dem Bhuten Dämon seine Verehrung zu bezeugen. Von Kummer und Unruhe umgetrieben, suchte er zu entwischen und entkam glücklich nach Utschilla. Der Bhute wurde um Rath gefragt; der aber erklärte, er habe ihn einmal in ihre Hände gebracht und durch Nachlässigkeit sey er entkommen, er wolle nichts mehr von der Sache. Seine Verwandten haben deshalb die Hoffnung aufgegeben und seine Todtenfeier begangen. Er selbst ist einstweilen wieder bei Mani.

„Die Vokilmes, die eigentlichen Landbesitzer neben den Braminen, welche die armen Birwes bedrücken und aussaugen, sehen, je mehr das Evangelium unter diesen Eingang findet, ihre Macht und Ansehen schwinden und sind deshalb die ärgsten Feinde desselben. Sie stifteten die Leute unaufhörlich auf, unsere Leute und besonders die Katechisten zu schlagen, und da die Birwes doch nicht recht anbeißen wollten, weil sie wohl sahen, daß jene sie im Stiche lassen und sie die Folgen auf sich nehmen müßten, so wollten die Bokilmes selbst Hand ans Werk legen, und versuchten es durch muthwillige Beschädigung von Meinde's Kokosnußbäumen Händel zu erregen. Es ist ihnen aber bis heute nicht gelungen. Der HErr hat bisher ihre Anschläge und Gedanken vereitelt.

„Durch die geöffnete Thüre in Gudde veranlaßt, hielten wir es für ganz nothwendig, einen Mann von hier in ihre Mitte zu senden. Denn die Entfernung von Utschilla und der Anwuchs der Arbeit dort macht es unmöglich, diesen Neulingen von dort aus die tägliche nöthige Pflege und Aufsicht zukommen zu lassen. Wir dachten an Simeon; allein wir können das Krankenhaus seiner nicht berauben, und so blieb nur übrig, Isaak, der seit zwei Jahren beim Unterricht in der Katechistenschule hospitirte, dort wegzunehmen und ihn einstweilen provisorisch als Leser und Katechist dorthin zu setzen. Seine Familie ist noch hier. Dies geschah vor zwei Monaten. Dieser Schritt erfordert nothwendig einen zweiten, den Ankauf eines Platzes, wo möglich in der Mitte der ganzen Gegend, und den Bau eines Hauses für einen Katechisten, verbunden mit einem offenen Versammlungszimmer und einem Wohnzimmer für den besuchenden Missionar, in der Weise, wie das in Utschilla ist. Es ist schwer, einen Platz zu bekommen, da die ganze Genossenschaft sich verbindet, um uns den Eingang in ihr Dorf unmöglich zu machen und unsere Niederlassung zu hindern. Zwei Plätze sind jedoch gerade jetzt in Aussicht. Herr Anderson erbietet sich, das Geld zu leihen.

„Die Gemeindejugend wächst beträchtlich. Die für sie bestehenden Schulen sind die Waisenhausschule für die Knaben und die Mädchenanstaltsschule für Mädchen; sie zählt 43 Schüler, davon sind 36 in der Anstalt wohnende und 7 bei ihren Eltern. Vom 6. Altersjahre an haben sie die Schule zu besuchen. Die Knabenschule zählt gegenwärtig 30 Schüler, wovon 15 bei ihren Eltern und 15 im Waisenhaus wohnen. Unterricht wird von Elieser ertheilt von Morgens 8—1 Uhr. (Nachmittags von 3—6 Uhr hat er die Mädchenschule zu halten.) Er umfaßt Lesen, Schreiben, Rechnen, biblische Geschichte, erklärendes und katechisirendes Lesen der Evangelien, Auswendiglernen. Als Schulbücher sind das Neue Testament, einzelne Bücher des Alten Testaments, Barth's biblische Geschichten, Bunian's Pilgrimsreise und Traktate gebraucht. Seit Elieser's Anstellung ist nun die Schule in geordnetem Gang und die Knaben mit Ausnahme einzelner Fauler und Unachtsamer machen befriedigende Fortschritte.

Das Waisenhaus zählt gegenwärtig 23 Knaben, von denen 14 Christen angehören. Die Uebrigen sind heimathlose oder von heidnischen Eltern abgetretene. Diese Knaben werden da erzogen bis ins 14te Altersjahr, worauf sie einen Beruf zu erlernen haben. Die älteren acht schon lange geschulten Knaben sind den ganzen Tag mit Mattenweben beschäftigt. Nach der Morgenandacht, die um 7 Uhr und dem Frühstück, das um ¾ auf 8 Uhr stattfindet, beginnt die Schule und die Arbeit. Die Knaben schneiden selbst im Lande draußen das hohe Sumpfgras, bereiten es zu und verweben es zu Matten. Sie haben sich darin eine ordentliche Fertigkeit erworben und Bestellungen von Engländern für ihre Bangalows sind fast immer vorhanden. Um 1 Uhr ist Mittagessen und um 2 Uhr gehen Alle an die Arbeit, die entweder in Garnwinden oder Schnüremachen für die Mattenweber besteht. Das Nachtessen ist um 7 Uhr und um 8 Uhr die Abendandacht, die von Daniel, dem Hausvater, gehalten wird. Er hat die Beaufsichtigung der Knaben, leitet und ordnet ihre Arbeit an, besorgt die Kleider und kauft ein für das Essen. Wir haben in ihm einen passenden Mann für diese Stelle gefunden. Der Stand der Knaben ist schwer zu beurtheilen. Ihre Aufführung, so weit wir sie mit unserer Beobachtung verfolgen können, gibt wenig Ursache zu Klage und Strafe. Sie sind heiter und fröhlich in der Schule und bei der Arbeit. Wirklich erweckte Knaben sind nicht wahrzunehmen; doch ist Grund da, zu glauben, daß das Wort Gottes und Gebet nicht ohne Eindruck und Wirkung bei Einzelnen der größeren bleibt.

„Die Mädchenanstalt geht ihren geregelten Gang fort. Die Mädchen arbeiten bei Frau Greiner von 8—1 Uhr und seit neuerer Zeit bis 2 Uhr. Außerdem hält sie mit 15 der älteren Mädchen drei Mal wöchentlich eine Betstunde. Nachmittags haben sie Schule bei Eliefer bis 6 Uhr. Er verrichtet mit Treue seine Arbeit; es liegt aber gegenwärtig zu viel auf seinen Schultern, da er auch die Knabenschule hat. Sein Lohn ist für beide Schulen zusammen 12 Rup. Die Anzahl der Mädchen ist gerade jetzt 40. Obwohl die bei ihren Eltern wohnenden Mädchen der Gemeinde zum großen Theil die Schule auch besuchen, so wird es doch nothwendig werden, alle Mädchen in die Anstalt aufzunehmen, indem durch die Umgebung, in der sie draußen sind, die Gefahr für sie zu groß ist. Von den Neuhinzugekommenen haben wir 4 bereits oben bei den Neugetauften erwähnt. Seither kam noch ein Mädchen zu uns, das Herr Onslow von Shemoga sandte. Ihre Mutter, eine aus der Kaste gestoßene Konkani-Braminin, starb als Magd bei einem Braminen, der hernach das Mädchen mehrere Jahre aufzog, sie aber dann an einen Waffenschmied um 28 Rup. verkaufte. Dieser versorgte sie nicht recht und behandelte sie übel, weshalb der Magistrat, zu dessen Kenntniß die Sache gelangte, Käufer und Verkäufer strafte und das Mädchen uns zusandte. Sie ist etwa 10 Jahr alt, kindlich und mit scharfem Verstand begabt. Im Allgemeinen können wir über unsere Mädchen nicht klagen. Besonders erfrischend und ermuthigend ist aber zu sehen, daß der Geist Gottes an den Herzen Einiger kräftig arbeitet.

„Aus der Gemeinde ausgetreten sind Einige. Der Weber Varid siedelte mit seinem Weib nach Tellitscherri über, nachdem er hier das Weben erlernt hatte, zu welchem Zweck er von dort hierher gesandt worden ist. Elise, die oben erwähnt wurde, zog mit ihrem Manne nach Dharwar. Maria, ein Anstaltsmädchen, wurde auf die Hills an Hans den Schneider verheirathet. Ausgeschlossen ist noch Lydia, das Weib des Fischers Martin, wegen Trinken. Andere sind in Untersuchung. — Gestorben sind 6 Gemeindeglieder: 2 an der Cholera, die zuletzt auch noch Samuel ergriff, nachdem er Vielen in der Zeit der Noth beigesprungen war. Er starb in dem HErrn. Durch seinen Sinn und Wandel war er eine Zierde der Gemeinde gewesen. Verehlicht wurden 6 Paare im Laufe des Jahres.

„Die öffentliche Predigt konnte aus Mangel an Arbeitern auch in diesem halben Jahre nicht recht betrieben werden, indem die meiste Zeit nur Einer auf der Station anwesend war, und auf ihm lag die ganze Last der anderen Arbeit. Beim Ausgehen wurden die Gelegenheiten benützt, Einzelnen und Mehreren das Wort vom Kreuze zu verkündigen; ebenso den Besuchenden, die hauptsächlich vom Lande her sind; sie werden immer auch mit Traktaten versehen. Unsere Gehülfen verkündeten das Evangelium fleißig in ihren Kreisen. Eigentliche Missionsreisen konnten wir auch nicht machen, da, wie Sie aus Obigem ersehen werden, fast immer abwechselnd Einer in Utschilla beschäftigt war. Simeon und Andreas machten mehrmals kürzere Reisen nach Utschilla, Gudde, Kalianapur, Adya, wo sie vielfache Gelegenheiten fanden, den Samen auszustreuen und Verbindungen mit Leuten anzuknüpfen, von denen wir hoffen, daß diese und jene ins ewige Leben reichen werden. Enos ist in Bolma und unterrichtet einige Taufcandidaten, geht auch unter die Leute; wir können aber nicht mit Befriedigung von seiner Arbeit sprechen. Es gehört dorthin ein anderer Mann, und wir dachten schon an Elieser; wenn wir nur Leute hätten, seinen Platz an den zwei Schulen auszufüllen. Titus in Utschilla und Isaak in Gudde haben des Vormittags Schule mit den Kindern der dortigen Christenfamilien und Nachmittags gehen sie unter das Volk.

Außerdem lesen sie das Wort Gottes mit den Katechumenen und gehen die Hauptwahrheiten des Christenthums mit ihnen durch. Der Katechistenlohn ist 6 und 8 Rp.

„Schulen für Heidenknaben haben wir zwei in der Nähe der Stadt. Die Schulmeister sind Heiden. Der Besuch dieser Schulen ist sehr schwankend, meist zwischen 20 und 30 Schüler in jeder. In der einen sind meist Ksatria- und Birwe-Knaben, und diese ist in weniger gutem Stand. Der Schulmeister mußte wegen Nachlässigkeit und weil er heidnische Bücher insgeheim lesen ließ entlassen werden, und ein jüngerer Bruder von Jacob Kamsika, noch Heide, wurde an dessen Stelle gesetzt. Noch kann nichts über ihn gesagt werden. Eine Methode einzuführen oder einen Schulplan einzuhalten ist nicht möglich, da diese Schulmeister sich nur in ihrer eigenen althergebrachten Weise zu bewegen verstehen. Doch sind von Missionaren verfertigte ABC- und Lesebüchlein eingeführt. Andere als christliche Bücher werden nicht geduldet. Aus Barth's biblischen Geschichten wird wöchentlich ein Abschnitt auswendig gelernt und ein anderer mit ihnen durchgegangen. Von Eindruck auf ihr Herz ist leider nichts zu bemerken; die Schulen sind aber auch zu jung und die Schüler wechseln zu oft. Die andere Schule enthält meist Muselman-Knaben und einige Birwes, auch ein paar Katholiken, die aber von ihren Padres nur ungern da gelitten werden. Der Schulmeister ist hier fleißiger. Die Knaben sind munter und frisch und antworten besser. Die Schulmeister erhalten 5 Rp. pr. Monat, und zeigen sie Fleiß und wächst die Schülerzahl, so wird ihnen aufgeschlagen.

„Das Krankenhaus ist seit 14 Jahren unter unserer Pflege. Es wird von den hiesigen Engländern unterhalten. Ihre monatlichen Subscriptionen belaufen sich auf von 70 bis 90 Rps; davon werden die Kranken und Angestellten erhalten, und außerdem erhalten etwa 300 bis 400 Arme wöchentlich einmal ihren Umständen angemessen Reis, nach dem sie begieriger greifen, als nach der geistlichen Speise, die ihnen jedes Mal vorher gereicht wird. Die Zahl der da wohnenden Kranken ist wechselnd von 20 bis 30. Simeon, ihr Pfleger und Aufseher, hält Morgens und Abends Andacht mit ihnen, auch Mittags mit solchen, die ein Verlangen nach dem Worte Gottes zeigen.

„Damit schließen wir denn diesen Bericht und empfehlen uns und unser wachsendes Werk Ihrer liebenden Sorge und fortwährenden Fürbitte.

„Mangalur, den 25. Januar 1851.

B. Deggeller."

Census.

Missionare mit ihren Frauen zusammen	6
Katechisten	5
Christliche Schulmeister	1

Gemeinde.

Erwachsene:	Communicanten .	153		
	Nichtcommunicanten	26		
			179	
Kinder:	daheim	119		
	Waisenhaus rc. . .	30		
	Mädchenanstalt . .	36		
			185	
				364

Katechumenen.

Erwachsene mit Kinder	35
Christen zusammen:	411

Schulbestand.

Christenschulen:	Gemeindeschule . . .	30
	Mädchenschule . . .	43
	Englische Schule . .	11
	Schulkinder	84
Heidenschulen:	Schulmeister	2
	Schüler (Durchschnitt)	40

b) Englische und canaresische Schule sammt der Erziehungsanstalt für Indobritten.

Missionar: Hoch.
Lehrer der englischen Schule: Herr May. Eingeborne: Mandschunatha, Menazes, Jonathan, Dasappa.
Lehrer der canaresischen Schule: Rangappa.

Schulbericht des Missionars Hoch.

Miss. Hoch schreibt:

„Meine Gesundheit seit der Rückkehr von der Vacanzreise auf die Nilgherris im Anfang dieses Jahres war, Gott sey Dank, recht gut, einige unbedeutende Unterbrechungen abgerechnet. Hingegen gab es mehrere andere Störungen in meinem Geschäftsgang, wie die schon vor einem Vierteljahr berichtete unerwartete Auflösung meiner bisherigen ersten Classe und Br. Mögling's Krankheit Anfangs Mai. — Seitdem ich wieder auf Balmattha lebe und zu meiner Schularbeit einen Ochsenwagen zur Disposition habe, kann ich mit größerer Regelmäßigkeit meinen Geschäften obliegen. Meine Arbeit ist gegenwärtig folgendermaßen vertheilt:

A. Werktage.

6— 7: Unterricht in der ersten englischen Classe.
7— 8: Unterricht abwechselnd in der ersten, zweiten und dritten englischen Classe.
8— 9: Unterricht in der canaresischen Schule.
9—10: Unterricht in der zweiten englischen Classe.
10—11: Vorbereitung der canaresischen Schulaufgaben mit Schulmeister Rangappa.
11—12: Zwei Mal Unterricht in der englischen Mittagsschule; vier Mal Bearbeitung der englischen Schulcurse mit dem englischen Schulmeister Herrn May.
4 — 5: Mathematik mit der Katechistenclasse auf Balmattha.
5—½6: (außer Mittwochs und Samstag) Singübung auf Balmattha.
Mittwoch Abends 6—8: Abendschule in der englischen Schule für die vorgerückteren englischen Schüler.

B. Sonntage.

9—10: Kinderlehre auf Balmattha mit den daselbst wohnenden Knaben.

3— 5: Sonntagsschule auf Balmattha für die vorgerückteren engl. Schüler.

„Somit verbringe ich jetzt gewöhnlich die Zeit von 6—12 Uhr (Sonntags ausgenommen) in der englischen Schule, die übrige Zeit auf Balmattha, wo unmittelbar neben mir die in die englische Schule gehenden Balmatthaknaben wohnen und während ihrer Arbeitszeit von mir beaufsichtigt werden.

„Schulmeister. Folgende Schulmeister und Schulgehülfen stehen unter meiner Leitung:

A. Englische Schule.

1) Herr Georg May, der englische Hauptlehrer, ein junger gebildeter Indobritte. Er ist verheirathet und wohnt hinter der englischen Schule. Er unterrichtet täglich von 6—10 und 12—2 Uhr; hat nicht viel Energie; ist etwas schläfrig, langsam und trocken, aber treu und fleißig. Beinahe ohne Unterbrechung hat er seit August 1843 in unserer englischen Schule gearbeitet, und zwar mehrere Jahre lang fast ganz sich selbst überlassen und unter entmuthigenden Umständen.

2) Mandschunatha (einer der beiden wieder zurückgetretenen Braminenjünglinge von 1843) unterrichtet in der englischen Schule täglich von 6—9 Uhr. (Von 10 Uhr an hat er als Schreiber in einem der Gerichtshöfe zu arbeiten. Er hat seine engl. Bildung in der engl. Schule erhalten. In seiner Arbeit hält er sich wacker.

3) Menazes, ein junger Katholik von hier. (Seine zwei jüngern Brüder sind als Handwerkslehrlinge auf Balmattha.) Nachdem er während meiner Abwesenheit auf den Nilgherris einige Monate auf Probe in der Schule gearbeitet hatte, stellte ich ihn nach meiner Rückkehr definitiv an. Er unterrichtet in der Morgen-

schule täglich von 8—10 und in der Mittagsschule von 11—1 und 3—5 Uhr. Er bedarf noch sehr der Dressur, sonst aber verspricht er Gutes.

4) Jonathan, der Sohn unsers Kirchenältesten Andreas, ein Schüler der ersten englischen Classe, ein fleißiger, treuer und fähiger Knabe. Er unterrichtet Nachmittags als Schulgehülfe die unterste Classe von 1—2 und 3—5 Uhr.

Anmerkung. Ramatschandra (Mandschunatha's Genosse 1843) besorgte bis Ende Mai dieses Jahres die Uebungen im Uebersetzen von canaresischen Gerichtspapieren in der ersten und zweiten Classe täglich von 7—8. Da er aber sehr unregelmäßig kam und sich je länger je unzuverlässiger zeigte, sah ich mich genöthigt, ihn zu entlassen und sein Fach Mandschunatha zu übergeben, der freilich bis jetzt noch nicht die Fertigkeit im Uebersetzen solcher Papiere besitzt, die Ramatschandra durch mehrjährige Uebung sich angeeignet hat.

B. Canaresische Schule.

„Der einzige in dieser Schule arbeitende Lehrer ist Rangappa, ein etwa 35 Jahr alter Sarasvata-Bramine, der jetzt seit etwa 6 Jahren als canaresischer Schulmeister bei uns angestellt ist. In seiner Arbeit mechanisch, ohne viel Sinn und Verstand für dieselbe; er macht nach, was man ihm zeigt, arbeitet ums Brot. — Mangels eines bessern, muß ich mich mit ihm behelfen, so gut ich kann, und mich damit trösten, daß ich wohl einen schlechtern, aber kaum einen bessern Schulmeister als ihn bekommen könnte.

„Anstalts-Gottesdienste. Seit ich wieder auf Balmattha wohne, habe ich mit der Sonntagskinderlehre über das Evangelium des Matthäus fortgefahren. Sie wurde auf Balmattha gehalten, Morgens von 9—10 Uhr, und nur von den daselbst wohnenden Knaben besucht, so daß sie eigentlich noch nicht zu den regelmäßigen Gemeindegottesdiensten gehört. Die Kinderlehre besteht in Gesang, Gebet (wozu ich die Uebersetzung des würtembergischen Kinderlehrgebetes benütze), in der Katechese über einen Abschnitt des Matthäus (gegenwärtig Cap. 16), dessen wichtigste Stellen, sowie auch andere, den vorliegenden Abschnitt erläuternde Bibelsprüche während der Woche von den Knaben auswendig gelernt worden sind. Mit dem Vaterunser, dem Segen und Schlußvers wird geschlossen.

„Erziehungs-Anstalt für Indobritten. Folgende indobrittische Knaben erhalten bei uns eine einfache Erziehung und englischen Schulunterricht:

1) George Woodfall, Sohn von Major Woodfall, 17 Jahr alt, körperlich sehr stark entwickelt, zeigt auch gute Gaben, ist in der ersten englischen Classe.
2) Charles Whish, Sohn eines früher verstorbenen Richters von Calicut, 16 Jahr alt, brav, lenksam, gute Gaben, körperlich schwächlich; ebenfalls in der ersten Classe und noch vorgerückter als George Woodfall.
3) Robert Gordon, Sohn eines Offiziers, 15 Jahre alt, gute Gaben, träge; in der zweiten Classe.
4) John Chalon von Cannanur, Sohn eines Obersten, 12 Jahr alt, ein verwilderter ungezogener Knabe; in der dritten Classe.
5) James Woodfall (George's Bruder), 11 Jahr alt, gute Gaben, fleißig; in der dritten Classe.
6) Ebenezer Blandford, ein englischer Waisenknabe, 9 Jahr alt, gute Gaben, brav; in der dritten Classe.

„Dazu kommt noch:

7) Eduard Brennen, Sohn des Hafenaufsehers von Tellitscherri; er ist noch viel zu klein und schwächlich um die Schule zu besuchen und wird daher von Christian Kamsika's Frau (George Woodfall's Schwester) verpflegt.

„Dazu kommen folgende Knaben, die bis jetzt noch bei keinem Handwerker haben können untergebracht werden und deshalb interimistisch die englische Schule besuchen:

1) Israel Aaron, 17 Jahr alt, gute Gaben, fleißig, eingebildet; war längere Zeit als Schreiber bei Br. Weigle

auf den Nilgherris. Nimmt Theil an den Lectionen der ersten Classe und dient in der Nebenzeit als mein Abschreiber und Monitor.

2) Titus, 17 Jahr alt, gute Gaben, ungezogen; zweite Classe.

3) Peter, 16 Jahr alt, mittelmäßige Gaben, dritte Classe. (Beide arbeiteten einige Monate ebenfalls als Schreiber auf den Hills.)

4) David, 15 Jahr alt, ein von Br. Bösinger zurückgegebener Lehrknabe; hat wenig Gaben, dazu träg, wird niemals Englisch lernen.

„Diese Knaben haben folgende Tagesordnung:

½6: Morgenandacht mit den Katechistenzöglingen.
6—10: Englische Schule (8—8¼: Frühstück.)
11—12: Die Größeren eine passende Lection mit den Katechistenzöglingen auf Balmattha; die Kleineren englische Leseübung bei Israel.
12—1: Arbeitszeit.
2—4: Arbeitszeit.
4—5: Die Größern Mathematik mit den Katechistenzöglingen. Die Kleinern englische Schreibübungen bei Israel.
5—5½: Alle Singen mit den Katechistenzöglingen.
8—8½: Abendandacht „ „ „ „

„Da sie in ihren Arbeitszeiten neben meinem Zimmer bei offener Thüre arbeiten, so sind sie während derselben immer unter meiner Aufsicht.

„Englische Schule. Seit 29. Januar wurden keine neuen Schüler aufgenommen, hingegen von Monat zu Monat eine ziemliche Anzahl Schüler, weil sie wegblieben oder zu unregelmäßig kamen, von der Tabelle gestrichen.

„Im März befanden sich

in Cl. I.: 27, in Cl. II.: 33, in Cl. III.: 30, in Cl. IV.: 33, in Cl. V.: 21; zusammen 144 Schüler.

„Somit sind jetzt in der Schule:

Cl. I.: 22, Cl. II.: 23, Cl. III.: 22, Cl. IV.: 22, Cl. V.: 12; zusammen 101 Schüler.

„Zwei Knaben aus Cl. IV. wurden in Cl. III. versetzt; somit zählt jetzt Cl. III. 24 und Cl. IV. 20 Schüler. Vor dem bevorstehenden Examen (in der letzten Woche Augusts) würde ich wieder eine Anzahl neuer Schüler aufnehmen, und ich glaube mich nicht zu verrechnen, wenn ich nach künftigem Examen hoffe 150 englische Schüler in der Schule zu haben.

„Noch füge ich gegenwärtigen Lectionsplan bei:

Zeit.	Classe I.	Classe II.	Classe III.
6—7	3 Mal: Ev. Marcus (Hoch) 3 „ Geographie (H.)	3 Mal: Engl. Lesebuch (May) 3 „ Memoriren u. Aufsätze (M.)	3 Mal: Uebersetz.-übungen (Mandschunatha.) 3 „ Geographie (Mdsch.)
7—8	2 „ Memoriren u. Aufsätze (M.) 2 „ Grammatik (H.) 2 „ Geometrie (M.)	4 „ Uebersetzen d. canaref. bibl. Geschichten ins Englische (Mdsch.) 2 „ Grammatik (H.)	2 „ bibl. Geschichte (H.) 2 „ Memoriren (M.) 2 „ Lesen (Mdsch.)
8—9	3 „ Uebersetzen v. Gerichtsacten (Mdsch.) 3 „ Uebers. eines canaref. Lesebuchs (M.)	3 „ Rechnen (M.) 3 „ Gerichtsacten übersetzen (Mdsch.)	3 „ Lesen und Uebersetzen (Menazes) 3 „ Uebersetzen engl. Gerichtsacten (Mz.)
9—10	3 „ Weltgeschichte (M.) 3 „ Rechnen (M.)	3 „ Evang. Lukas (H.) 3 „ Geographie (H.)	3 „ Rechnen (Mz.) 3 „ Schreiben (Mz.)

Zeit.	Cl. IV. und V.	
11—12	2 Mal: Erklärung biblischer Bilder (H.) 4 „ Sprechübungen (Mz.)	
	Cl. IV.	Cl. V.
12— 1	täglich: Lesen (Mz.)	täglich: Memorirübung (M.)
1— 2	„ Memorirübung	„ Lesen (Jonathan)
3— 4	„ Schreiben (Mz.)	„ Schreiben (J.)
4— 5	„ Rechnen (Mz.)	„ Rechnen (J.)

„Mittwoch Abends von ½6—½8 halte ich seit neuerer Zeit eine wöchentliche Abendschule im englischen Schulhause für die Schüler der Classen 1 und 2 und solche junge Leute, die früher Englisch gelernt haben. Bis jetzt wird sie nur von Schülern der Classen 1 und 2 besucht. Im Durchschnitt sind etwa 12 Schüler anwesend, unter ihnen jedoch keine, die zu unserer Gemeine gehören. — Die Lectionen bestehen:

½6—½7: Uebersetzen des Vicar of Wakefield.

½7—½8: Vorlesen und Erklärungen von Lesebüchern wissenschaftlichen Inhalts.

„Sonntag Nachmittags von ½4—½6 habe ich seit neuerer Zeit eine Sonntagsschule auf Balmattha für dieselben Schüler begonnen. Im Durchschnitt sind etwa 10 Schüler anwesend. Die Lectionen sind:

½4—½5: Uebersetzen von Bunyans Pilgerreise aus dem Canaresischen.

½5—½6: Vorlesen und Erklären von Lesebüchern, mehr religiösen Inhalts.

½6—6: Auswechseln und Ausgeben von Lesebüchern aus der kleinen Leihbibliothek der englischen Schule.

„Canaresische Schule. Die canaresische Schülerzahl ist durch eine kürzliche Aufnahme auf 42 gestiegen.

„Der canaresische Lectionsplan enthält folgende Lectionen, die von mir besorgt werden:

Montag: 8—9: Biblische Geschichte.
Dienstag: 8—9: Sprachübung.
Mittwoch: 8—9: Geographie.
Donnerstag: 8—9: Biblische Geschichte.
Freitag: 8—9: Rechnen.
Samstag: 8—9: Geographie.

„Stimmung gegen die Mission und namentlich gegen die Missionsschulen. Daraus, daß die englische Schule im Ganzen weit mehr in Aufnahme kommt, darf noch nicht geschlossen werden, als ob die Furcht und der Widerstand, die früher so nachtheilig auf die Frequenz der Schule wirkten, aufgehört hätten. Im Gegentheil glaube ich, daß der Widerstand immer noch in voller Kraft da ist wie vordem, und hie und da meine ich oft sogar wahrzunehmen, wie der häusliche Einfluß zu Grunde richtet was etwa zu keimen anfängt, oder gar schon vorweg die jungen Leute verhärtet gegen alle tiefer eingehenden Eindrücke. Die Leute sind gegen die englische Schule als eine Missionsschule gerade so gestimmt wie vormals; aber da unsere Schule ihren jungen Leuten die Gelegenheit zum unentgeltlichen Erlernen des Englischen bietet und damit den Weg zu einer guten und einträglichen Anstellung bahnt, sind sie eben genöthigt sich dieser Gelegenheit zu bedienen, wenden aber, wie mir vorkommt, nur um so mehr allen ihren Einfluß an, den gefürchteten Folgen, die aus dem Besuch einer Missionsschule entspringen könnten, vorzubeugen. Wenigstens glaube ich das aus einer größern Unempfänglichkeit, die sich zwar öfters mit schlangenartiger Gewandtheit unter anscheinendem Beifall versteckt, schließen zu müssen. Daß solche, welche Englisch gelernt haben, die Aussicht auf eine einträgliche Anstellung erhalten, ist wohl ein wirksamer Hebel gegen schlechten Schulbesuch; aber ich spüre gar wohl, daß noch ein weiterer Hebel gefunden werden muß gegen den Widerstand gegen das Evangelium, wenn die Schule als eine Missionsschule, als ein ausgeworfenes Netz sich bewähren soll.

„Damit schließe ich meinen diesmaligen Bericht, mit dem sehnlichen Wunsche, daß der Hirte dieser vielen verlornen Schafe bald einige auf seine Achseln laden und in seine Hürden bringen wolle.

Mangalur, 5. Juli 1850. W. Hoch."

Miss. Hoch berichtet ferner unterm 5. Jan. 1851:

„Während der Monate October und November konnte ich ungestört in gewohnter Weise meiner Arbeit nachgehen, und ich durfte dabei wieder recht fühlbar der Gnade und Treue unsers HErrn inne werden, der die Schwachen stärkt, den Verzagten Muth gibt und sich zu denen bekennt, die auf Ihn trauen. Während des Novembers fielen meine Nachmittagslectionen weg, weil die Katechistenzöglinge mit Br. Würth sich auf einer kleinen Missionsreise befanden. Ich benutzte die dadurch mir zu Theil gewordene freie Zeit hauptsächlich zu den nöthigen Zurichtungen für den Bau des zweistöckigen Hauses neben der englischen Schule, indem der Entwurf des Bauplans mehrmals revidirt und umgearbeitet werden mußte. Im December war ich genöthigt eine Schulvacanz auf unbestimmte Zeit eintreten zu lassen, um des Hausbaues willen, da ein Theil des Daches und eine Wand der englischen Schule abgebrochen werden mußten. Ich benutzte diese Vacanz im Dezember zu einer Reise auf unsere Malajalam-Stationen, weil ich erstlich meine englischen Anstaltsknaben während der Vacanz nach Tellitscherry — auf die gütige Erlaubniß der dortigen Brüder hin — abzugeben wünschte, indem ich sie hier ohne Schule und bei dem meine Zeit namentlich Anfangs sehr in Anspruch nehmenden Bauen nicht gehörig hätte beaufsichtigen und beschäftigen können, und weil ich zweitens in Calicut Verschiedenes für den Hausbau zu besorgen hatte. Von dieser Reise kam ich wenige Tage nach Weihnachten wohlbehalten und reich gesegnet und erfrischt zurück. Und wenn ich nun auf das verflossene Jahr nochmals zurückblicke, so kann ich nicht anders als dem HErrn für dieses, für mein inneres und äußeres Leben so entscheidende Jahr, das so reich war an prüfungsvollen aber auch an freudenreichen Tagen, in dem mir so manche unvergeßliche Lection von meinem treuen Himmelslehrer ins Herz geschrieben wurde, herzlichen und gerührten Dank zu sagen.

„Meine Schulgehülfen. Die im ersten Semesterbericht erwähnten 4 engl. Schulgehülfen, sowie der canaresische Schulmeister, sind mit mehr oder weniger befriedigendem Fleiße ihrer Arbeit nachgekommen. Ich spürte wohl, daß hier noch viel zu wünschen übrig bleibt, und daß manche der vorhandenen Mängel mir zur Last fallen, indem ich mich meiner Leute nicht genug annehme und nicht mit hinreichender Anweisung ihnen in ihrer Arbeit an die Hand gehe. Ich hege jedoch die Hoffnung, daß ich namentlich auch in dieser Beziehung mehr zu leisten im Stande seyn werde wenn ich einmal ganz bei der Schule wohne.

„In dem Verzeichniß meiner englischen Schulgehülfen bitte ich nachzutragen: 5) Dasappa, ein Sarasvata-Braminen-Jüngling, der seit 1847 die Schule besucht und immer durch Fleiß sich ausgezeichnet, auch mehrere Preise an Examen erhalten hatte, aber im Lauf des letzten Schuljahrs genöthigt worden war die Schule zu verlassen, weil seine nächsten Verwandten sich seinem Schulgehen widersetzten und ihn auf verschiedene, zum Theil hinterlistige Weise davon zurück zu halten wußten. Da ich wußte, daß sein Herz von der Wahrheit des Evangeliums nicht unberührt geblieben war, und ich gerade eines weitern Monitors bedurfte, versuchte ich ihn wieder in die Schule zu bekommen, indem ich ihn seit dem Examen zum Monitoren ernannte. Anfangs gab er täglich zwei Lectionen; später aber entschloß ich mich, um ihm mehr Gelegenheit zu bieten an den Lectionen der ersten Classe Antheil zu nehmen, ihm eine tägliche Lection abzunehmen, und selber statt nur 3—4 Stunden, 4—5 Stunden lang in der englischen Schule zu unterrichten. — Dasappa ist ein aufgeweckter, begabter und geschickter Jüngling, dabei aber sehr empfindlich und daher nicht ganz leicht zu behandeln. Ich habe gute Hoffnungen für ihn. Er ist es auch, von dem ich in meinem letzten Quartalbrief erzählte, daß er einmal zu mir gesagt hat: Ich hoffe, es werden noch Manche kommen, um Christen zu werden.

„In den letzten Monaten war die Stimmung gegen die Schulen, besonders die englischen, widriger als früher. Es ist auffallend, daß immer, wenn die Schule sich einer außergewöhnlichen Schülerzahl erfreuen darf, oder wenn ein gutes Examen stattgefunden hat, auch der Widerspruch gegen die Schule heftiger wird. Diesmal ging er nicht, wie es früher meist der Fall war, von den angesehenern Katholiken aus, die es mit Neid ansehen, daß ihre Rivalen in der Bewerbung um obrigkeitliche Anstellungen, nämlich die Sarasvata-Braminen, durch den Besuch der den Katholiken von ihren Priestern verbotenen englischen Schule, einen Vorsprung abgewinnen, — sondern unter den angesehenen Braminen waren dieses Mal Mehrere, die all ihren Einfluß aufboten Schüler vom Schulbesuch zurück zu halten. So habe ich gehört, daß ein einflußreicher Bramine, der mir seine beiden höchst begabten und aufgeweckten Knaben von 8—10 Jahren wieder aus der Schule nahm, manche seiner Untergebenen habe schwören lassen, ihre Kinder nicht in die Schule zu senden. Es macht mir aber Freude zu bemerken, daß namentlich die vorgerücktern Schüler nicht viel auf diesen Widerspruch hielten, so wehe ihnen auch Spottreden thaten, wie: wann werdet ihr Christen? — nicht wahr, nächstens kommt ein Schiff voll Frauen für euch aus Europa an? u. s. w. — (Ich erwähne diese Worte, um Ihnen zu zeigen, welche Lockungen diesen Leuten am reizendsten erscheinen!) — Unter den obwaltenden Umständen war es mir aber begreiflich doppelt erwünscht, daß der würdige, der Mission äußerst gewogene, evangelisch gesinnte Bischof von Madras die Güte hatte die Schule zu besuchen und seine Freude an derselben öffentlich vor den Schülern auszusprechen, und ihnen namentlich den Bibelunterricht recht eindrücklich ans Herz zu legen. — Uebrigens schlägt mich all dieser Widerspruch der Leute nicht im Mindesten nieder; im Gegentheil, er muntert mich auf treu fortzuarbeiten, weil er deutlicher als früher zu erkennen gibt, daß die Macht des Wortes Gottes empfunden und gefürchtet wird.

„— Es thut mir herzlich leid, daß es unter den obwaltenden Verhältnissen so schwer hält den Herzen all dieser jungen Leute näher zu kommen. Gerade der Widerspruch gegen die Schule hat die natürliche Folge, daß sie, wie vor andern Leuten, so auch vor mir ihre wahre Gesinnung zu verbergen suchen. Von Manchem habe ich den Eindruck, daß er innere Regungen fühlt, aber sich fürchtet dieselben kund werden zu lassen. Da ich hoffte die Knaben würden sich vielleicht eher schriftlich aussprechen, versuchte ich im November bei den ältesten Schülern das Halten von englischen Tagebüchern einzuführen. Aber bis zur Vacanz ist es mir nicht gelungen sie zu einem ordentlichen und regelmäßigen Führen von Tagebüchern zu bringen; und während der Vacanz denkt vollends Keiner daran etwas niederzuschreiben. — Gerade um dieser Verschlossenheit der Knaben willen bin ich desto mehr darauf angewiesen im Glauben zu arbeiten ohne sehen zu wollen. Und es ist mein tägliches Bemühen, ohne alles Argumentiren, ohne mich viel auf das Heidenthum einzulassen, mit vollster Herzensüberzeugung, in aller Einfalt, klar und einfach die seligen Wahrheiten des Evangeliums, und namentlich das köstliche Wort vom Kreuz, vor ihnen zu entfalten, ohne mich, wie ich früher eine Zeit lang bemüht war, den wie ich nun einsehe feindlichen und verderblichen und im Grunde unmöglichen Versuch machen zu wollen, das der Welt so anstößige und thöricht erscheinende Wort vom Kreuz weniger thöricht und weniger anstößig erscheinen zu lassen. Seit ich mehr in dieser Weise das Evangelium unter meinen Schülern lehre, habe ich weit mehr innerlich gesegnete Stunden unter ihnen, so wenig ich auch zu sehen bekomme, ob und wie weit dieses Wort vom Kreuz Aufnahme findet.

„Von den frühern Schülern, von denen ich in meinem letzten Quartalbrief schrieb, habe ich seitdem fast nichts mehr gehört. — Mangeschja, der auf hinterlistige Weise von seinen Verwandten im September von hier weggelockt und nach Sirsi gebracht worden war, hat von dort aus verstohlener Weise mehrmals theils an Hrn. May, theils an mich geschrieben, und sein heißes Verlangen nach englischem Unterricht ausgesprochen. Aber von einem weitern Verlangen ließ er nichts vermerken. — Leider war ihm nicht zu helfen, weil er den Zorn seiner Verwandten fürchtete. Ich durfte es nicht wagen ihm durch die Post zu schreiben, da ein Brief von mir an ihn geöffnet und gelesen worden wäre, was für Mangeschja der Anlaß zu noch weitern Unannehmlichkeiten geworden wäre. — Da ich keine andere Gelegenheit wußte, mit ihm in Verkehr zu kommen, dachte ich Anfangs daran, statt die Malajalam-Stationen zu besuchen nach Honor und Sirsi zu reisen, um Mangeschja und die übrigen an den beiden genannten Plätzen befindlichen frühern englischen Schüler der ersten Classe aufzusuchen. Diese Reise wurde aber unnöthig, weil Br. Mögling versprach, auf seiner Rückreise von Dharwar im Januar nach diesen jungen Leuten zu sehen. — Ach hätten diese Jünglinge ein eben so großes Verlangen nach Erlösung, als nach englischem Unterricht! — Da fehlt es aber: sie fühlen kein Bedürfniß nach einem Heiland! Ach, wann kommt die Stunde, in der sich jenes Wort auch an diesen Seelen erfüllt: Ich werde gesucht von denen, die nicht nach mir fragten! Ich werde gefunden von denen, die nicht nach mir suchten! — Doch getrost, die Stunde wird kommen, denn die Schrift muß erfüllet werden!

Wilhelm Hoch."

c) Balmattha.

aa) Katechistenschule.

Vorsteher: Miss. H. Mögling. Lehrer: Miss. G. Würth.

Bericht über die Katechisten-Schule in Mangalur.

(Vom 1. Juli 1850 bis 31. Dec. 1851.)

1. Tabelle, welche die Zahl der Schüler u. s. w. angibt.

Namen der Schüler.	Welchem Volke sie angehören.	Alter.	Eintritt in die Schule.	Bemerkungen.
1. Christ. Kamsika.	Konkani	36 Jahre	Mai 1849	Früher Konkani-Braminen.
2. Jak. Kamsika.	Konkani	32 „	„ „	
3. Georg Kolb.	Indo-Germane	22 „	1847	
4. Daniel Aaron.	Tamule	22 „	„	
5. Sam. Michael.	Taulawa	22 „	„	Früher Heiden, wurden mit ihren Eltern hier getauft.
6. Leonard Jakob.	Taulawa	22 „	„	
7. Diego Fernandez.	Konkani	20 „	„	Früher römischer Katholik.
8. Nahasson Mordecai.	Portugiese - Tamule	22 „	„	
9. Sebastian Pudtas.	Konkani	22 „	„	Früher römischer Katholik.

2. Lections-Plan.

Jeder der 6 Wochentage wurde so eingetheilt.

Vormittags.			
7 — 8	8 — 9	11 — 12	12 — 1
Erklärung N. Test. Bücher. (Apostelgeschichte.)	Erklärung A. T. Bücher. (Kleine Propheten.)	Allgemeine Geschichte. (Alte Geschichte.)	Erklärung N. T. Bücher. (Apostelgeschichte.)

Nachmittags.	
4 — 5	5 — 1/2 6
Algebra.	Singübung.

„Dies sind die Lectionen, die in diesem letzten Halbjahr gegeben wurden. Der liebe Br. Hoch hat den Unterricht in der Algebra ertheilt und die Singübungen geleitet, in denen meistens unsere schönen deutschen Choralmelodieen eingeübt wurden. Durch die Krankheit des l. Br. Mögling, der die Schule beinahe vier Jahre lang fortgeführt hatte hat diese Abtheilung unserer Arbeit eine Unterbrechung erleiden müssen. Ist überhaupt schon all unser Thun Stückwerk, so muß ich um so mehr meine Arbeit so bezeichnen, da sie mein erster Versuch war, mich auf diesem Arbeitsfelde zu bewegen. Es gereicht mir zur großen Freude, Br. Mögling wieder so weit hergestellt zu sehen, daß er wohl einen großen Theil der Arbeiten an dieser Pflanzschule für Diener des Wortes Gottes wird übernehmen können.

„In dem verflossenen Zeit-Abschnitte ist in der Erklärung neutestamentlicher Bücher hauptsächlich die Erklärung der Apostelgeschichte vorgenommen worden. Nachdem eine kurze Einleitung und die Eintheilung des ganzen Buches vorausgeschickt worden war, gingen wir an den Text selbst, wobei wir die revidirte canaresische Uebersetzung zu Grunde legten. Wo es nöthig schien wurde diese nach dem Grundtext weiter berichtigt und erläutert. Es war mein Hauptbestreben, diese jungen Männer anzuleiten, wie man den Geist Gottes zu sich reden lassen und Ihn verstehen müsse aus seinem Worte; ich suchte ihnen das Bild recht lebendig und anschaulich vor die Augen zu stellen, das herrliche Bild eines Lebens im Dienste Jesu Christi, welches uns die Apostelgeschichte in so einfachen aber klaren Zügen zeichnet. Ich darf hoffen, daß sie manches für ihren künftigen Beruf aus der Erklärung dieses Buches gelernt haben. Manchen Wink und manchen Aufschluß verdanke ich dem Gnomon Bengels, und ich habe mich bemüht, solche oft nur kurz angedeutete Winke weiter auszuführen und auf das Herz, Leben und die Bedürfnisse meiner Schüler anzuwenden.

„In der Erklärung alttestamentlicher Bücher sind die Propheten Obadja, Jona, Micha, Nahum,

Habakuk, Zephanjah vorgekommen. Zuerst bereite ich eine Uebersetzung aus dem Grundtexte in das Canaresische vor, lasse diese die Schüler abschreiben und lege sie dann bei der Erklärung zu Grunde. Nachdem wir uns über die Zeitverhältnisse, in denen jeder Prophet lebte, in den Einleitungen zurecht gefunden, und durch die Eintheilungen einen übersichtlichen Blick auf das Ganze jedes Buches geworfen haben, suchen wir in den Text des prophetischen Wortes selbst einzudringen. Wir haben aus diesen Büchern zu lernen gesucht an dem leiblichen Israel, das ein Vorbild des geistlichen ist, wie die ins Verderben stürzende Strafe, die in Gerechtigkeit von Gott über uns verhängt wird, denen, die ihre Sünden erkennen, die sich beugen unter seine gewaltige Hand und sich zu Ihm kehren, in eine heilsame Züchtigung umgewandelt wird, die zum Leben führt; wir haben unsern Glauben zu stärken gesucht an den herrlichen Verheißungen, die dem Gesalbten Gottes und seiner Gemeine gegeben sind und erfüllt werden müssen trotz des Tobens der Heiden.

„So habe ich gestrebt diese Stunden auch dazu zu benützen, daß die Schüler das Wort Gottes auf ihr eigenes Leben anzuwenden lernen; und ich habe in meinen Erklärungen immer wieder auf die Erfahrung des täglichen Lebens hingewiesen, die uns das Verständniß der Schrift öffnen müsse; denn ohne lebendige Herzens-Erfahrung und tiefere Selbsterkenntniß bleibt uns dieselbe bei allem Wissen doch nur ein dunkles Buch. Solche weitläufige Erörterungen und Anwendungen spreche ich gewöhnlich mit ihnen durch, und dann, das Gesagte kurz zusammenfassend, dictire ich ihnen die in wenige Worte zusammengedrängte Erklärung.

„In der allgemeinen Geschichte ist mit dem Abschluß dieses Halbjahres die alte Geschichte geschlossen worden. Es wird ein Leitfaden dictirt, nachdem jeder Gegenstand erst ausführlicher durchgesprochen worden ist. Derjenige Theil der Geschichte vor Christus, der von den alten Völkern handelt, durch die Gott seine Gerichte an seinem Volke vollzog — Assyrer, Babylonier, Meder, Perser — ist eingehender behandelt worden, weil es zugleich für das Verständniß der prophetischen Bücher vorbereitete. Den Schlüssel zum Verständniß der großen Welt-Ereignisse gab uns die Heilige Schrift, die uns lehrt, daß Gott die Welt und also auch jedes einzelne Volk so regiert, daß sein Rathschluß zum Heil der Welt zugleich mit ausgeführt wird. Gott offenbarte sich in der alten Geschichte durch Gericht und Gnade, ob sie Ihn suchen und finden möchten.

„Alle diese Lectionen wurden in der canaresischen Sprache gegeben, welche gewiß für diese Leute die passendste und für ihren Beruf wohl die angemessenste ist. Es hat dies auch bei Manchen die Rückwirkung auf ihr Gemüth und ihren Sinn, daß sie ihrem Lande und ihren Landsleuten nicht entfremdet werden.

„Am 9ten November 1850 trat ich mit die Katechistenclasse eine Missionsreise an. Wir nahmen die Richtung nach Mercara, das südöstlich von Mangalur auf den Ghat-Gebirgen liegt. Den 9. November Morgens brachen wir nach Feringabad, 9 englische Meilen von Mangalur, auf. Einige Kaufleute des Ortes besuchten uns. Mehrere der Schüler redeten lange mit ihnen; zuletzt rief ich jene zu mir und hielt ihnen Christum als den Hohenpriester vor, der sich selbst für unsere Sünden geopfert hat. Abends gingen wir in den kleinen Bazaar. Wir stellten uns vor einem Krämerladen auf. Einer von uns las aus dem Neuen Testamente einige Kapitel vor. Das waren unsere Glocken, mit denen wir zusammenläuteten. Nachdem sich die Leute versammelt hatten, sprach ich zu ihnen über den Spruch: Gehet ein durch die enge Pforte u. s. w. Euer Weg ist breit und dem Fleische angenehm, aber er führt zum ewigen Verderben. Der Weg, den wir euch verkündigen, ist schmal und leuchtet dem natürlichen Menschen nicht ein; gleichwohl ist er der wahre, denn er führt zum Leben.

„10. November. 24ster Sonntag nach Trinit. Wir feierten einen gesegneten Sonntag in dem Bangalo (Herberge für Reisende). Predigten über das sonntägliche Evangelium und über die Epistel.

„12. November. Abends kamen wir nach Puttur. Morgens den 13. Nov. thaten wir unsern Gang in die Marktstraße, wo viele Muhammedaner sind, denen die Predigt von Christus, mehr als den Heiden, ein Dorn im Auge ist. Vor einem Krämerladen nahmen wir unsere Stellung als Botschafter an Christi Statt, und ließen inzwischen im Rücken einige Kaufleute auf uns schimpfen. Ich sprach zu den versammelten Leuten: Ich verkündige euch einen Gott, der euch mit unendlicher Liebe erhält und trägt, euch Leben und Athem gibt; ja einen Gott, der seinen Sohn gesandt hat in die Welt, um euch selig zu machen.

„14. November. Morgens früh brachen wir auf und mehrere Tage zogen wir durch nur spärlich bewohnte Waldgegenden, wo wir, wenn wir Halt machten, nur mit Einzelnen reden konnten. Da und dort stellte sich einer unserer Leute vor einen einsam stehenden Krämerladen, um einigen Wenigen die Seligkeit in Christo anzupreisen. Hingenommen von dem Eindrucke der Größe Gottes in der sichtbaren Schöpfung stimmten wir dann und wann auf dem Wege ein Lied zur Ehre unsers Gottes an. So kamen wir endlich am Abend des 18. Novembers in Mercara (Maddekerri) an. Den nächsten Morgen besuchten wir das Grabmal der kodegischen Königsfamilie. Denn Mercara war die Residenz der Könige des Kodega-Volkes (Coorg), dessen letzter Fürst von den Engländern gefangen genommen und nach Benares, wo er noch jetzt lebt, verwiesen wurde, weil er feindselig in die Ländereien der ostindischen Compagnie einfiel. Ein alter Linga-Priester zeigte uns einen horizontal liegenden Grabstein, unter dem das Haar liegen soll, das sich der König abscheeren ließ, als er Gefangener wurde, um anzuzeigen, daß das Reich Wittwe geworden sey. Wittwen nämlich müssen gewöhnlich als äußeres Zeichen ihrer Trauer sich die Haare abscheeren lassen. — Am 22. Nov. traten wir unsere Rückreise nach Mangalur hinab wieder an, wo wir am 29. Nov. wohl behalten eintrafen.

„Das Werk, das der Geist Gottes im Herzen eines Menschen hat, ist oft ein so in der Stille und Verborgenheit vor sich gehendes, daß man wenig davon sagen möchte. In diesem Sinne habe ich im Allgemeinen die freudige Wahrnehmung gemacht, daß der Geist Jesu sich nicht unbezeugt an den Herzen dieser Jünglinge gelassen hat. Es bleibt eine wichtige Aufgabe für sie, bei dem Lernen die wahre Demüth und Einfalt nicht zu verlieren, und so, wie sie wachsen in Erkenntniß, abzunehmen in Bezug auf sich selbst und immer ärmer im Geiste zu werden. Denn das wird sie schützen und bewahren in der Stunde der Versuchung. Auch haben sie stets zu lernen, sich dem Worte Gottes unbedingt zu unterwerfen und hinzugeben, damit sie nicht eingebildetes Wissen verleite dasselbe meistern zu wollen, was einer wahren und innigen Frömmigkeit sehr im Wege steht. Der HErr bilde sie durch seinen Geist zu seinen wahren Jüngern und Dienern! Um zu sehen ob sie das die Woche hindurch Gelehrte richtig begreifen und auffassen, wird jeden Samstag das in der Woche Vorgekommene repetirt, und dann gibt uns das monatliche Examen hinreichende Gelegenheit zu beobachten, ob sie das Gehörte und Geschriebene verarbeitet und ihren Privatstudien obgelegen haben. Es macht mir Freude, ihnen das Zeugniß fleißiger Schüler geben zu können, und mein Wunsch ist nur, daß die Bibelerklärungen namentlich mehr innerlich aufgenommen und selbst erlebt werden möchten! G. Würth."

Miss. H. Mögling meldet als Anhang zu Br. Würths Bericht über die Katechistenschule zu Mangalur Folgendes:

„Außer den von Br. Würth aufgeführten 9 Schülern sind noch 2 andere nachzuholen. 1) Silas, vom Stamm der Tulukokosbauern, im Jahr 1845 von Br. Greiner getauft. Er ist schon lange, oft gefährlich, krank gewesen und hat sich schon über ein Jahr von der Schule zurückziehen müssen. Er hat auch gemüthlich sehr gelitten. Der HErr wolle ihn in Gnaden zu rechter Zeit genesen lassen nach Leib und Seele. — 2) Isaak, von demselben Stamm. Er trat anderthalb Jahre später, als die Andern, in die Schule ein, war schon verheirathet und wohnte im Missionsgarten bei der Stadt. Er steht den Uebrigen an Schulkenntnissen nach, indem er früher wenig Unterricht gehabt hat. Seit geraumer Zeit hat er die Schule verlassen, weil er als Gehülfe des Katechisten Titus in Utschilla hat verwendet werden müssen, worüber Br. Greiner berichten wird.

„Weitere Nachbemerkungen. Georg Kolb's Großvater war ein östreichischer Soldat, aus dem Anspachischen gebürtig. Georg's Mutter und Großmutter waren katholische Tamulinnen. Sein Vater starb im Jahr 1849 zu Madikeri, Mercara, als Trommler im 2ten Regiment, indische Infanterie. — Christian Kamsika, von Geburt ein Konkan-Bramane, wurde getauft am Erscheinungsfest 1844. Er that einige Zeit Schulmeister- und Katechisten-Dienste, hier und in Honor, und wurde erst vor bald zwei Jahren auf dringende Bitte in die Katechistenclasse aufgenommen. Seit einem Jahre ist er verheirathet an Maria, die Tochter unseres Freundes Major Chr. Woodfall, welcher seinen Unterhalt seitdem bestreitet. — Jacob Kamsika, gleichfalls ein Konkan-Bramane, dessen Familie aber schon seit einigen Geschlechtern aus der Kaste gestoßen, sich nur dadurch, daß sie sich Anstellungen bei der Regierung zu verschaffen wußten, einigermaßen in Ehren zu erhalten vermocht hat. Mit Christian getauft und darauf anderweitig beschäftigt, trat er auch erst im Mai 1849 in die Katechistenschule ein. Er wird, wenn es dem HErrn gefällt, seiner Zeit Agnes, die zweite Tochter des Major Woodfall, heirathen. — Daniel Aaron, ein Bruder des im Sept. 1845 entschlafenen Stephan, und ein Sohn des in Cannanur bei Br. Hebich angestellt gewesenen Katechisten Aaron, welcher vor vielen Jahren zu Bangalur von dem vor zwei Jahren in Bellary zu seiner Ruhe eingegangenen Missionar Samuel Flavel (einem gebornen Tamulen) getauft worden war. — Samuel Michael, von demselben Stamme, wie Silas und Isaak; sein Vater ist eines der ältesten Gemeindeglieder. — Leonhard Jacob; sein Stamm: Oelmacher, Tulu. Sein Vater ist einer der fünf ersten Täuflinge des Jahres 1839. — Diego und Sebastian sind, wie ihre Namen zeigen, ihrer Abstammung nach konkanisprechende, vielleicht portugiesische Katholiken. — Nahassons Vater, früher Katholik, trat zur protestantischen Kirche über in der Zeit von Samuel Flavel's erster Wirksamkeit im Mysore-Lande. Er ist bei etlichen Missionen als Katechist oder Schulmeister angestellt gewesen; zuletzt auf den Nilgherries.

Lectionsplan (bis zu meiner Krankheit) vom Ende Januars bis Ende Aprils 1850.

5¼— 5¾	Morgengebet.
6 — 7	Altes Testament. Jesaias Cap. 1—14.
7 — 8	Neues Testament. 1. und 2. Thess. — 1. Tim. Cap. 1 und 2.
8 — 9	Butler's Analogy und Paley's Horae Paulinae abwechslungsweise. Von beiden Schriften wurde eine canaresische Uebersetzung dictirt und sorgfältig erklärt. Die fünf ersten Capitel von Butler's Analogy sind absolvirt worden. In Paley's Horae sind wir bis zum Galaterbriefe gekommen.
11 —12	Canaresische Lectüre: Sprüchwörter, Dasarapada Jaimini's Bharata. In dieser haben wir exponirt Cap. 7—17.

„Die drei ersten Stunden jedes Montag Morgens wurden zu Vorlesung und Correctur meiner Sonntag Nachmittags gehaltenen Predigt und zum Dictiren einer vollständigen Disposition verwendet. Ein paar Versuche, die ganze Predigt von den Schülern auf der Grundlage dieser Disposition nachschreiben zu lassen, sind gemacht worden, als Vorbereitung auf die Uebungen des letzten Jahres.

„Die ganze Samstagsschule ist auf Wiederholung der Lectionen der vergangenen Woche verwendet worden. Beim Examen des letzten Samstags in jedem Monate waren in der Regel einige andere Brüder, hie und da auch Hr. Anderson, anwesend.

„Mit Br. Würth's Zeugniß stimme ich vollkommen überein. Nur möchte ich beisetzen, daß ich, ohne Uebertreibung und Verletzung der Wahrheit, aus meiner vertrauteren Bekanntschaft mit diesen Schülern, auch über ihr Wachsthum am innern Menschen guten Bericht geben kann. Ich hoffe, im Vertrauen auf die bisherige Gnadenführung des HErrn, daß diese Jünglinge, auf welche unsere Mission so manche Zeit, Kraft, Sorge und Fürbitte verwendet hat, das angelegte Kapital einmal im Dienste der Mission reichlich verzinsen, vielleicht, wenn es der HErr schenkt, vielfältig heimzahlen werden.

Mit dem Anfang des 5ten und letzten Jahrescurses hoffe ich auch wieder ganz in Reih und Glied treten zu können, nach meiner Rückkehr von der Bibel-Revisionscommittee, welche im März und April auf den Nilgherries gehalten werden wird.

Mangalur, 23. Januar 1851. H. Mögling."

bb) Schullehrercurs.

Lehrer: Miss. Hoch.

Schon im Jahr 1847 ist von der Committee angeordnet worden, daß von den Schülern der Katechistenschule diejenigen, welche sich nach Ablauf der ersten Jahrescurse als weniger begabt erweisen, vom Katechistenseminar in die Schullehrerbildungsanstalt, deren Leitung Miss. Hoch anvertraut wurde, übergehen sollen. Aus Mangel an einem tüchtigen Musterlehrer für die canaresische Schule war es dem l. Bruder aber bis jetzt noch nicht möglich, für die Erziehung von Schullehrern mehr zu thun, als daß er die Katechistenzöglinge mit den allernöthigsten Realkenntnissen für den Lehrerberuf auszustatten suchte. Zu diesem Zweck ertheilte er den Zöglingen der Katechistenschule auf Balmattha in der letzten Zeit täglich eine Lection in der Mathematik und vier Mal wöchentlich Gesangunterricht. Während der Krankheit Br. Mögling's besuchten ferner sieben derselben von 6—9 Uhr seine englische Schule und haben sich, nach seinen Berichten, während dieser Zeit fleißig bewiesen. Sie nahmen Alle Theil an dem Unterricht der ersten Classe.

Dieses Provisorium hörte jedoch mit dem Eintritt Bruder Würth's auf.

cc) Industriewerkstätten.

Handwerker: Jacob Bösinger und Seb. Müller (seit dem Anfang des Jahres 1851 Joh. Haller).

Auf Balmattha befinden sich ferner, außer dem Katechistenseminar, fünf verschiedene Werkstätten: eine Buchbinderwerkstätte mit drei Lehrlingen, eine Weberei mit zwei Lehrlingen, eine Schneiderei mit zwei Lehrjungen, eine Uhrmacherei mit zwei, eine Schreiner- und Schlosserwerkstätte mit 3 Lehrlingen. Die beiden letztern stehen unter der Leitung des Uhrenmachers Seb. Müller und des Mechanikus Jac. Bösinger. Die Weberei wird B. Haller übernehmen.

Die Einrichtung und weitere Ausbildung dieser gewerblichen Anstalt hat sowohl den Missionaren als der Committee im verflossenen Jahr, wegen der großen Schwierigkeiten, welche sich dem Werke entgegenstellten, vielfachen Stoff zu den mannigfachsten Erwägungen und Verhandlungen gegeben, und noch sind die Fragen nicht gelöst, welche die feste Organisation dieses eigenthümlichen Missionszweigs bedingen. Indessen glauben wir doch bereits den Weg klarer zu erkennen, den uns der HErr in dieser Beziehung gehen heißt. Wir hoffen unsern geliebten Freunden im nächsten Jahr solche Mittheilungen machen zu können, welche sie in den Stand setzen werden, sich mit voller Freudigkeit für diese Bildungsschule eines christlichen Handwerkerstandes zu interessiren.

dd) Lithographische Presse.

Die unter der Leitung Miss. Möglings stehende lithographische Presse hat zwei neue Traktate geliefert. Einige alte wurden neu aufgelegt. Der Druck der canaresischen Bibliothek wurde wieder aufgenommen. Die hohe Madras-Regierung hat Miss. Mögling zu diesem Zweck auf eine sehr dankenswerthe Weise eine große Anzahl Manuscripte aus der Bibliothek des dortigen Collegiums anvertraut.

Im Auftrag des Board of Education zu Bombay wurde ferner ein Schulbuch für canaresische Schulen bearbeitet, von welchem der zweite Band unter der Presse sich befindet. Die religiöse Tractatgesellschaft hat auch in diesem Jahr wieder den beiden Pressen in Mangalur und Tellitscherry einen beträchtlichen Papiervorrath unentgeldlich zukommen lassen. Natürlicherweise war Br. Möglings Krankheit für die Arbeiten der Mangalur-Presse in mehr als einer Beziehung hemmend. Demungeachtet wurden folgende Schriften zu Stande gebracht:

		Seiten	Exempl.
Neue Traktate:	Hridaya Darpana	74	1480
	Irarupatrike	150	2000
Uebersetzung:	Schoolbook from M. Culloch's series	74	900
	Erstes Buch Mosis	130	125
Canaresische Bibliothek:	Basawa Purana	760	220
	Dasawa Pada	60	100
Neu aufgelegt:	Gnanasutschana	40	1500
	Sanmargawitschara	66	1000
	Henry and his Bearer	102	1000
		1356	8325

Großen Gewinn versprechen wir uns von der Aufrichtung einer Buchdruckerpresse auf Balmattha, welche schon längere Zeit vorbereitet wird; wegen Mangels an einem sachverständigen Factor aber bisher nicht ins Werk gesetzt werden konnte, nun aber, so der HErr will, bald in Gang kommen wird. Mit großer Anstrengung und vielem Aufwand wurden ganz neue brauchbare canaresische Typen in Basel zu Stande gebracht. Auch ist der Committee endlich gelungen, einen Drucker zu finden. Unser Zögling Plebst aus Lauffen am Neckar, früher Mechanikus, durch Angegriffenheit der Nerven am Weiterstudiren gehindert, hat sich entschlossen, die Buchdruckerei zu erlernen. Nach längerer Lehrzeit in einer Buchdruckerei in Stuttgart ist es ihm auch durch den Zutritt, welchen ihm Freiherr von Cotta mit edler Uneigennützigkeit zu seiner Stereotypen-Werkstätte verstattete, möglich geworden, das Stereotypiren zu erlernen. Dieser geliebte Bruder wird im Lauf dieses Sommers nun nach Indien gehen und eine englische und canaresische Presse daselbst einrichten, einige canaresische Jünglinge im Drucken unterrichten und die beiden Pressen sammt dem Versendungsgeschäft in Zukunft beaufsichtigen.

2. Station Mulki.

(Angefangen im Jahr 1845.)

Missionar: J. J. Ammann mit Gattin.

Statistische Bemerkungen.

„Mulki liegt etwa 6 Stunden nördlich von Mangalur, von der Meeresküste nur durch einen derselben entlang laufenden Fluß getrennt. An der Südseite Mulkis liegt das Missionshaus auf einem Hügel in einem alten Fort, das unter Heider Ali erbaut wurde, nahe an der Straße von Mangalur. Mulki selbst ist ein kleiner Ort mit nur einer oder zwei Hauptstraßen, eine von Süd nach Nord und die andere von West nach Ost, jede etwa 8 Minuten lang. Die Einwohnerzahl mag etwa 1500 seyn. Dagegen ist es ganz von Dörfern umgeben, so daß der Missionar in Mulki eine beträchtliche Anzahl von Leuten in seiner Nachbarschaft hat. Außer dem für den täglichen Gebrauch der Bevölkerung nöthigen, unbedeutenden Handel wird hier in der trockenen Jahreszeit ein nicht unbeträchtlicher Reishandel mit Arabien getrieben. Die Mulki-Leute haben sprichwörtlich den Namen Betrüger. Die Mehrzahl der Einwohner sind Konkanerü; ihr ursprüngliches Land ist Konkan, wie ihr Name zeigt. Sie verließen dasselbe, als die Portugiesen in Goa sie zu Christen machen wollten. Sie halten sich für Braminen, werden aber von andern Braminen nicht als solche anerkannt. Ihr ganzes Leben geht fast völlig im Handel auf, so daß sie wenig geneigt sind, sich um Religion, am wenigsten um die einer andern Kaste (wie das Evangelium angesehen wird) zu bekümmern. Sie haben zwar weniger eigentlichen Braminenstolz, sind aber gewöhnlich desto unvernünftiger in der Opposition gegen das Wort Gottes. Doch hat meine Bekanntschaft mit den hiesigen schon ziemlich die Schwierigkeit im Umgang mit dieser Kaste gehoben. In einer besondern Straße von Mulki befinden sich einige Tulu-Braminen-Familien, meistens solche, die in der Pagoda der Parameschwari (Parwati) der Hauptgöttin für den Mulki-District angestellt sind; diese sind in ihre Braminen-Gerechtigkeit verschanzt. Es sind auch einige Saraswata-Braminen hier, die großentheils obrigkeitliche Aemter versehen; sie disputiren im Allgemeinen weniger in den Tag hinein und sind geneigter zum Hören. In einem andern Theil Mulkis wohnen die Gold- und Silberarbeiter; diese lassen leicht mit sich reden und sind freundlich, sind aber nichts desto weniger gleichgültig gegen das Evangelium. Außer diesen Kasten sind noch wenige Vokelakulu (eigentliche Bauern), welche die anliegenden Felder bebauen, und Biruwaru * (Palmweinzieher), welche die Fischerleute, die Bauernweiber (Männer trinken selten), die Katholiken, Oelmacher, die Manusseru (Erdleute, d. h. Bauernknechtekaste) mit Palmwein und daraus verfertigtem Branntwein versehen. Auch sind zehn bis zwölf Maplä-Familien hier wohnhaft, die aus frühern Zeiten von arabischen Vätern und Hindu-Müttern abstammen; sie sind meistens gegen mich freundlich, sonst aber dem Evangelium verschlossen. In ihrem Wandel gleichen sie viel den Juden in unserer Gegend; Handel ist auch ihr Hauptgewerbszweig. — Der Mulki-District hat eine Ausdehnung von circa 4 Stunden von West nach Ost und 3 — 4 Stunden von Nord nach Süd; er gehörte

* Birawaru, kanaresisch Billawaru — Bogenleute — ist der Name der Kokosbauern. Die Erklärung des Namens, die gewöhnlich gegeben wird, ist: die Kokosbauern fangen Ratten oder Mäuse, welche die Bäume zerstören, in einer Falle, welche durch einen gespannten Bogen zusammengezogen wird. Es ist aber wohl wahrscheinlicher, daß die Männer dieses Namens in alten Zeiten als Bogenschützen zu Felde ziehen mußten. H. M.

früher einem besondern Mulki-Könige, dessen Nachkomme aber jetzt von der englischen Regierung mit Rp. 300 jährlich pensionirt ist. — Die Dörfer bestehen hier nicht aus nahe aneinander gebauten Häusern, sondern aus Abtheilungen fruchtbarer Gegenden, in denen die Häuser auf den verschiedenen Gütern zerstreut sind. Die meisten Bewohner derselben sind Bokelakulu und Biruwaru, welche beide Kasten hauptsächlich die Felder bebauen. Erstere rühmen sich selbst ihres Bauernstolzes, der sich nichts sagen lassen wolle, und sind sehr auf Ehre versessen; Letztere werden von den Bokelakulu zwar sehr in Subordination gehalten, sind aber oft sehr unverschämt und lärmend gegen solche, von denen sie nichts zu erwarten haben, und es ist daher oft schwer, sie zum ordentlichen Anhören des Wortes zu bringen; auf der andern Seite aber scheinen es doch Manche zu fühlen, daß in ihrer Kaste hauptsächlich dem Evangelium bisher Thor' geöffnet wurde. Nebst diesen sind auch in den Dörfern Braminen, Konkanerü, Gold- und Silberarbeiter, Schreiner, Schlosser, Hafner, Barbirer &c., meist vereinzelt, wohnhaft, und beschäftigen sich ebenfalls theilweise mit Ackerbau. — Oestlich von Mulki sind 2 katholische Kirchen, zu denen circa 900 Familien gehören sollen; die Katholiken haben den Ruhm des Arbeitsfleißes; sehr Viele wissen fast nichts vom Heiland; doch traf ich auch schon Manche, die wenigstens mit dem Munde Jesum als ihren Heiland bekennen.— Außer den Katholiken und Muselmanen stehen alle diese Kasten unter dem Einfluß des Bramanismus, und sind somit Anbeter oder vielmehr Fürchter sowohl der braminischen Götzen als der das Heer des Rudra ausmachenden Bhuten (Demonen). Furcht vor diesen und das Herkömmliche ihres bisherigen Treibens, welches zu prüfen sie sich für unfähig vorgeben, sind daher die dem Evangelisten am häufigsten in den Dörfern entgegengehaltenen Ausreden. — Eine andere Secte bilden die Dschains; deren sind aber im Mulki-District wenige; ihr Hauptsitz ist Mudabidri (welchen Ort ich jedoch auch schon mehrere Male für einige Zeit besuchte und als zu meinem Missions-District gehörig betrachtend noch ferner zu besuchen gedenke). Die Hauptlehre der Dschains ist Anfangs- und Endelosigkeit der Welt, die von sich selbst besteht und sich entwickelt, weswegen sie von keinem Schöpfer, Regierer und Richter der Welt wissen wollen, wohl aber von einem reinen Leben, das sie Gott nennen, und das zu werden sich Jeder zu bestreben hat durch Nachdenken über die frühern Heiligen, deren Bilder sie in ihren Tempeln zur Verehrung 2c. aufstellen. Sie sind gewöhnlich freundlich im Umgang und lassen mit sich reden; aber der Einfluß ihrer Lehre auf sie ist oft zu spüren, obgleich sie selbst in ihren Reden derselben unbewußt widersprechen."

Der halbjährliche Bericht des Miss. Ammann (vom 1. Januar bis 30. Juni 1850) lautet:

„Von unserm persönlichen Befinden kann ich mit Dank gegen den HErrn berichten, daß wir, vorübergehende leichte Unpäßlichkeiten abgerechnet, in dieser Zeit immer gesünd waren. Zudem hat uns der liebe Gott am 27. April ein drittes Kind, einen Knaben bescheert (Hermann Friedrich ist sein Name). Nach dem Rath des Doctors begaben wir uns kurz vor der Niederkunft meiner lieben Frau nach Mangalur und blieben über ihr Wochenbett für zwanzig Tage dort. Es wurde mir dadurch zugleich die Freude zu Theil, in der Mangalur-Kirche wieder mehrere Male das theure Evangelium von der freien Gnade und unserer völligen Erlösung zu verkündigen.

„In der hiesigen Gemeinde zeigt sich seit einiger Zeit wieder ein Geist der Schläfrigkeit, weniger im Besuch des Gottesdienstes, als in der innigen Theilnahme daran. — Das Abendmahl wurde mehrere Male unter dem Segen des HErrn ausgetheilt. Kürzlich fing ich an, im zweiten Gottesdienst des Sonntags Luther's kleinen Katechismus zu erklären; doch beschränke ich die Katechisation und das Auswendiglernen nicht blos auf die Kinder, deren sehr wenige sind, sondern ziehe auch die Alten dazu. — Zu meiner Freude konnte eine Familie ein Landgut in Mula-Geni (unaufheblicher, vererblicher Pacht) erhalten, und ist dadurch wie auf eigenem Land etablirt (nur mit dem Unterschied, daß der Pacht höher ist, als die auf das Land gelegte Regierungsabgabe). Eine andere Familie erhielt ein kleines Gut für acht Jahre. Es ist mein Wunsch, daß alle unsere Bauern-Christen Ländereien in Mula-Geni bekommen möchten. Sie werden dadurch unabhängig, haben Mittel, sich ihr Brod zu erwerben, wenn sie schaffen wollen; Alles was sie verbessern am Land, haben sie zu genießen, ohne befürchten zu müssen, daß der Pacht erhöht oder das Land einem Andern verpachtet werde. Eben dieses macht ihnen auch Muth zum Arbeiten. —

„Die wenigen Schulkinder erfreuen ihre Lehrerin durch ihren Gehorsam, wenn auch in Beziehung auf Fleiß Manches zu wünschen übrig bleibt. Seit der Niederkunft meiner lieben Frau ist die Schule eingestellt, da die Kinder nach unserer Zurückkunft von Mangalur zur Feldarbeit genommen wurden; nach 10 Tagen aber werden sie wieder zur Schule kommen.

„Es ist betrübend, unter dem hiesigen Volk eine gänzliche Abgestumpftheit und Gleichgültigkeit gegen das Sünderevangelium zu bemerken, welche die Leute nicht zu dem geringsten Nachfragen nach der Wahrheit kommen läßt, so daß ich mich nicht erinnern kann, seit langer Zeit Einen im Suchen nach Wahrheit in mein Haus kommen zu sehen; höchstens mögen Einige da gewesen seyn, um ihre Disputirkunst zu üben.

„Im Lauf dieses halben Jahres war ich mit der Predigt des Wortes für 13 Tage in Kackale und auf dem Wege dahin, 11 Tage in Kadendally, 12 Tage in Case, 20 Tage in Mangalur; zwischenhinein machte ich auch Besuche in Mulki. In Mangalur traf ich Manche, die einige Bekanntschaft mit dem Evangelium hatten, darunter aber auch Solche, die sich geradezu erfrechten zu sagen: „es ist Alles Lüge!“ oder: „es ist Alles umsonst!“ — hatte daher das eine Mal eine ordentlich aufmerksame Zuhörerschaft, ein ander Mal wieder Verächter, die davon gingen und mich allein sitzen ließen; auch das Nachschreien der Buben beim Weggehen nach beendigter Predigt hat noch nicht überall aufgehört.

„Seit dem Beginn des Monsuns beschäftige ich mich fast einzig (außer der Arbeit an der Gemeinde) mit der Revision des Tulu Neuen Testaments, eine Arbeit, deren rechte Ausführung mir am Herzen liegt. Ich bin damit bis zum zweiten Brief Petri gekommen und hoffe bis Ende August die noch übrigen Bücher zu revidiren. Mit steter Berücksichtigung der neuen canaresischen und unserer Tulu-Uebersetzung dictire ich das Ergebniß der Vergleichung unter beständiger Befragung eines Tulu-Braminen und anderer Leute über zweifelhafte Ausdrücke; vergleiche nach Beendigung eines Buches das Geschriebene nochmals mit dem Griechischen, lese es darauf selbst im Tulu allein durch, und nachdem ich so mit allen Büchern zu Ende bin, gedenke ich nochmals das Ganze mit einem andern Braminen und im Beiseyn von einem oder zwei unserer Christen, mit dem Grundtext zusammenhaltend, durchzugehen. Außerdem gebe ich das Uebersetzte einem Christen, der einen Sinn hat für das Auffinden von fehlerhaften Ausdrücken, zum Durchsehen und lasse ihn seine Bemerkungen niederschreiben. Ich bin auf diesem Wege schon zu mancher Entdeckung eines Fehlers gekommen."

Bruder Ammann schreibt ferner unter dem 31. Decbr.:

„Auch dies Mal kann ich dem HErrn dankend, sagen, daß wir im Ganzen während dieses halben Jahres wohl waren, und von dieser Seite ungehindert unsere Arbeit fortführen konnten.

„Die Gemeinde im Allgemeinen ging ihren gewöhnlichen, leider ziemlich schläfrigen Gang. Dagegen fiel namentlich ein Knabe, ein Confirmand, der unser Wasserträger war, samt seinem älteren Bruder in den Verdacht, an einem Diebstahl, der in unserem Hause während meiner Abwesenheit im October begangen wurde, betheiligt gewesen zu seyn; es wurden deshalb beide obrigkeitlich und nachher privatim von mir ernstlich untersucht, aber ohne den Erfolg eines Geständnisses oder der Vergewisserung über die Thäter (es wurden Rp. 32 und zwei goldene Ringe gestohlen). Darüber trotzend verließ nun Ersterer sogar sein elterliches Haus und hält sich wieder zu den Heiden, besucht ihre Feste und verlangt wieder in die Kaste aufgenommen zu werden. Sein Vater gleichfalls trotzte mir und andern Gemeindegliedern, um dieser Verdächtigung seiner Kinder willen, und überdies mußte auch er wegen Grasstehlen, das er durchaus läugnete, bestraft werden. Der HErr erbarme sich dieser armen Familie! — Der vor zwei Jahren erwähnte junge Mensch, der sich seit jener Zeit eine Hure hielt, hat so weit Buße gethan, daß er diese verließ und wieder in die Gemeinde aufgenommen zu werden wünscht. Um der Versuchung in seinem Dorfe, wo das Weib noch ist, nicht etwa wieder zu unterliegen, ist er jetzt bei Br. Bühler auf den Hills in Dienst getreten. — Joschua, der ehemalige Teufelspriester, wurde durch eine Züchtigung vom HErrn geübt, die in ihm eine friedsame Frucht der Gerechtigkeit zu haben scheint; er lag seit anderthalb Monaten hart am Fieber darnieder, und man glaubte ihn dem Tode nahe; endlich entschloß er sich, die Wassercur sich gefallen zu lassen, ließ sich daher in unser Haus bringen, und der HErr segnete diese Cur so, daß er bald von seinem Fieber befreit wurde und sich nur noch von seiner großen Schwäche zu erholen hat. — Die Krankheit eines kleinen Kindes, das durch die Ruhr ebenfalls an den Rand des Grabes gebracht wurde, scheint gleichfalls seine Eltern näher zu dem HErrn gezogen zu haben.

„Der Gottesdienst in der Gemeinde wird Sonntags um halb 12 Uhr mit Singen von Tulu- oder canaresischen Liedern begonnen, darauf folgt Gebet (entweder freies oder festgesetztes) Lesen eines Bibelabschnittes, wieder Gesang, dann Predigt und zum Schluß abermals Gebet und Segen. — Der zweite Gottesdienst wird bald nach dem ersten gehalten, da die Leute um der Entfernung ihrer Häuser willen (Kadike ist eine Stunde von Mulki) nicht zwischen hinein nach

Hause gehen; die Einrichtung ist dieselbe, nur wird statt der Predigt Luther's kleiner Katechismus katechetisch erklärt.

„Die Gemeindeschule wurde durch vier kleine Anfänger vermehrt, so daß nun acht Schüler und Schülerinnen in derselben sind. Die neu Hinzugekommenen verursachen ziemliche Mühe durch ihre Unaufmerksamkeit &c., während sich die früheren leichter ziehen und unterrichten lassen.

„Ein Taufcandidat ging von hier weg nach Mangalur, weil das ihm angewiesene Geschäft des Wassertragens &c. ihm zu mühsam wurde. — Ein kleines anderthalbjähriges Kind starb an der Ruhr.

„Außer dem Gehöfte des Missionshauses, das einstweilen nur Gras für die Häuser abgibt, besitzt die Mission in Kadike ein dem Fluß abgewonnenes Stück Land, wovon circa 11 Mudi (1 Mudi 36 Quadratketten, à 33 Fuß) Reisfeld sind und dessen Uebriges theils mit 2000 Kokosbäumen besetzt, theils unfruchtbar ist. Das Reisfeld ist theilweise an Peter und Jacob, theilweise an Christian verpachtet, dieses Jahr zu Rp. 76; von den Bäumen fangen erst einzelne zu tragen an. Der Pacht wird für Begießen der Bäume sowohl als für andere Arbeit an denselben verwendet. Ein drittes Grundstück der Mission ist der kürzlich von der Regierung erhaltene Todtenacker (4 Mudi Land).

„Bis Mitte October machte ich meine Hausbesuche in und um Mulki; darnach begab ich mich auf eine Reise der Küste entlang bis Honor, um in Bazar-Orten zu predigen. Ich wählte diese Richtung, weil ich um der damaligen Ernte willen in den Dörfern wenig Zuhörer gefunden hätte. So weit als Honor zu gehen, bestimmte mich theils die dortige kleine Christengemeinde (unter der Leitung und Pflege der Frau Lacelles, deren Mann Richter ist), theils das Verlangen, den Honor-Leuten das ihnen von andern Brüdern Gepredigte wieder in Erinnerung zu rufen. Auf dieser Reise predigte ich 7 Tage in Bramhawara, 5 Tage in Kundapur und 5 Tage in Honor; die dazwischen liegenden Orte durchreiste ich nur schnell theils zu Fuß, theils in einem Manjed (einem Tragbette), da ich nicht viel auf blos ein- oder zweimaliges Predigen in einem Orte halte. In den Monaten November und December arbeitete ich 8 Tage in und um Kadike, 3 Tage in Ajaru und 6 Tage in Riddodi. Auf der Reise nach Honor hatte ich es hauptsächlich mit Braminen zu thun und diese mehr vom Disputiren ab- und auf mein Zeugniß von Jesu, ihrem Heilande, hinzulenken; in den Dörfern kam ich mehr in Berührung mit Bauern, bei denen ich mehr gegen gleichgültiges bloßes Anhören des Wortes zu kämpfen habe.

Suratkall, den 10. Januar 1851.

J. J. Ammann."

3. Station Honor.

(Angefangen im Jahr 1845.)

Immer noch unbesetzt.

b) Mission im Süd-Mahratta-Lande.

4. Station Dharwar.

(Angefangen im Jahr 1837.)

Missionar: G. Weigle mit Gattin. Fr. Albrecht mit Gattin.
Katechist: Johann.
Schulmeister 2.
Vorsteherin des Mädcheninstituts: Fr. Albrecht.

Bericht vom ersten Halbjahr 1850.

Missionar Weigle schreibt:

„Personale der Station. Br. Weigle mit Frau ist am 2. April auf der Station eingetroffen. Beide sind, dem HErrn sey Dank, bisher im Ganzen gesund und im Stande gewesen, ihrer Arbeit nachzukommen. Br. Albrecht dagegen ist am 1. Juni gefährlich erkrankt, jedoch nach

6*

dreimonatlicher Krankheit (Leber) durch des HErrn Gnade allmählig wieder so erstarkt, daß er im Hause etwas arbeiten kann.

„Katechist: Keiner; der bisher von Herrn Reade unterhaltene frühere Lingaite Johann (ein lieber, stiller, einfältiger Christ) thut in mancher Beziehung Katechistendienste.

„Schulmeister sind fünf, von welchem einer erst am 1. Juli angestellt worden ist; die andern besorgen schon länger bestehende Schulen in Dharwar; der letzte ist zugleich Munschi und besorgt das Mädcheninstitut.

„Gemeine. Leider besteht eben immer noch die große Mehrzahl aus Tamulischen Christen. Der frühere Tamil-Vorleser ist um grober Sünden willen seines Dienstes entlassen worden; auch einige andere Glieder der Gemeinde sind gar sehr dem Trunk ergeben und haben uns in neuester Zeit viel Kummer gemacht. Die Verbindung der Meisten mit der Gemeinde ist eine sehr lose, was sich namentlich auch in der Unregelmäßigkeit des Besuchs des Wochengottesdienstes zeigt. Nur zwei Gemeindeglieder geben deutlichere Zeichen eines wahren Lebens aus Gott.

„Die einzige Gemeindeschule ist das Mädcheninstitut, welches uns fortwährend mehr Sorge als Freude macht. Es besteht gegenwärtig aus 11 Mädchen, von welchen vier erwachsen sind, die andern sieben 4 — 11jährig. Sie werden, wie gewöhnlich, in Lesen, Schreiben und Rechnen unterrichtet und in der übrigen Zeit des Tages mit weiblichen Arbeiten beschäftigt.

„Die Stimmung der Heiden im Allgemeinen ist eine geneigte, aber leider in der Art, daß Gleichgültigkeit wohl der Hauptgrund der äußerlichen Friedlichkeit ist.

„Br. Albrecht hat bis zu seinem Erkranken täglich die Dörfer (aus welchen Dharwar besteht) besucht und meist an mehrern Orten an jedem Morgen gepredigt. Nicht selten ist er mit willigen und aufmerksamen Hörern zusammengetroffen. Möge der HErr das gepredigte Wort segnen!

„Br. Albrecht hat vom 15. Januar bis 2. Februar eine Reise gemacht, in Begleitung von Johann, nach Linganakoppe, Bidi, Kittur u. s. w. Die Runde, die er gemacht, beträgt 30 Stunden. Er hatte hiebei vielfache Gelegenheit, das Wort zu verkündigen, wie aus seinem bereits eingesandten besondern Bericht erhellt.

„Zu Unterredungen mit Besuchenden im Missionshaus bietet sich fortwährend manche Gelegenheit, namentlich an heidnischen Festtagen.

„Die drei Schulen Br. Albrecht's sind ihren gewöhnlichen Gang fortgegangen. Sie werden jeden Dienstag im Missionsgehöfte examinirt, und außerdem besucht sie Br. Albrecht auf seinen Gängen ins Dorf. — Br. Würth hatte auch zwei Schulen, welche aber bei seinem Abgang von der Station hauptsächlich um der Untüchtigkeit der Lehrer willen aufgegeben wurden. Br. Weigle hat eine derselben mit einem neuen Lehrer am 1. Juli wieder angefangen.

„Es gibt hier kein Armenhaus, aber es kommen wöchentlich gegen 200 Arme in das Missionsgehöfte, welche nach einer Ansprache von uns oder Johann eine Portion Chola (indisches Korn) und von Zeit zu Zeit auch von Engländern zu diesem Zweck geschenkte Kleidungsstücke erhalten.

„Literarische Arbeiten. Br. Weigle fährt fort an seiner Bibelrevision. Er steht jetzt am fünften Buch Mosis.

„Hiemit schließen wir für diesmal unsern freilich etwas magern Bericht mit der Bitte um Ihr fortwährend fürbittendes Liebesandenken.

„Ihre im HErrn ergebenen F. H. F. Albrecht.
G. H. Weigle."

Bericht vom zweiten Halbjahr 1850.

Miss. Weigle schreibt:

„Die regelmäßigen öffentlichen Gottesdienste gehen ihren gewohnten Gang fort. Das Wort Gottes wird an Sonntagen zweimal in der canaresischen Sprache verkündigt, das eine Mal in der Kirche, das andere Mal in dem Schulzimmer oder einem andern geeigneten Zimmer des Missionshauses. Beide Gottesdienste werden hie und da auch von den Heiden besucht, namentlich der letztere hin und wieder von solchen, die ernstlicher nach der Wahrheit fragen und doch noch nicht die Freiheit haben, sich an öffentlicheren Plätzen dafür ansehen zu lassen. Gebe Gott, daß hin und wieder auch ein Nikodemus unter ihnen sich finde! Vormittags um 11 Uhr ist englische Predigt, welche auch ziemlich stark von den indobrittischen Musikanten des Regiments und Schreibern der hiesigen Amtshäuser besucht wird.

„Am Mittwoch ist ein canaresischer Wochengottesdienst, in welchem neuerdings die biblische Geschichte nach Barth's Schulbüchlein fortlaufend erzählt und erklärt wird. Wir stehen an der Geschichte Joseph's.

„Am Donnerstag ist englischer Abendgottesdienst, in welchem gegenwärtig der Galaterbrief erklärt wird. Die Zuhörerschaft ist jetzt ziemlich klein, da die meisten Engländer im Districte abwesend sind; doch kommen immer noch Viele, namentlich auch Indobritten.

„Regelmäßige Morgen- und Abendandachten werden in unserm Hause (von einem der Brüder) im Canaresischen und im Dorf in einem kleinen Bethause in der Nähe unserer Christenhäuser (von Johann), derzeit auch im Canaresischen, aber für die Tamilgemeinde gehalten. Sobald wir wieder einen geeigneten Tamilmann bekommen, sollen die Andachten in Tamil gehalten werden.

„Am 25. December wurde ein heidnisches Weib getauft, in Folge ihres schon länger hier ausgedrückten Verlangens. Sie hatte in wilder Ehe mit einem römischen Christen gelebt, mit dem sie nun am Tage der Taufe förmlich getraut wurde. Vier Mädchen, ein ehemaliges Institutsmädchen, welches jetzt verheirathet ist, und drei römisch-katholische Mädchen wurden am Christtage confirmirt. Diesen heiligen Handlungen ging ein Unterricht voraus, in welchem wir viele Wochen lang die Grundwahrheiten der christlichen Lehre nach der württembergischen Kinderlehre in möglichster Einfachheit den Leuten ans Herz zu legen suchten. Wir konnten mit der hiebei an den Tag gelegten Aufmerksamkeit im Ganzen zufrieden seyn; aber von tieferem Ergriffenseyn durch das Wort Gottes können wir leider nichts berichten. Zu diesem Unterricht wurden auch mehrere unserer älteren Christen beigezogen und wir hoffen, daß er auch für diese nicht ohne Nutzen gewesen ist.

„Wir haben gegenwärtig zwei canaresische Männer mit ihren Weibern bei uns im Gehöfte. Der eine, ein arbeitsamer, stiller, ernsthaft aussehender Mann, gibt uns viel Hoffnung ein solider Christ zu werden; von dem andern haben wir wenig Hoffnung, doch können wir ihm auch nichts Böses nachsagen.

„Die Mädchenschule ist nun auf 6 Mädchen herabgesunken, von welchen 3 noch zu jung für Arbeit und Unterricht sind. Wir fahren an dieser unerfreulichen Arbeit in Gottes Namen fort, haben aber die verehrte Committee um Verpflanzung des Instituts auf einen entsprechendern Boden gebeten.

„Auf dem Bazar wird regelmäßig gepredigt. Bruder Albrecht hat eine kleine Reise gemacht zu Anfang Decembers und würde sie gerne weiter ausgedehnt haben, wenn nicht der Eintritt der Taufcandidaten ihn zur Rückkehr veranlaßt hätte. Er hofft einen Reisebericht einzusenden.

„Wir haben gegenwärtig nur noch zwei heidnische Schulen wegen Mangels an guten Lehrern. Eine Schule mußte im letzten Monat aufgehoben werden, weil wir den Lehrer über dem Abschreiben und Lehren unzüchtiger heidnischer Lieder ertappten. Die heidnischen Schulknaben fahren fort regelmäßig christliche Tractate auswendig zu lernen, wodurch, wie wir hoffen, doch hie und da ein Saatkorn auf den rechten Boden fallen wird. Die Schulen werden regelmäßig jede Woche examinirt und sonst noch, soweit unsere Kraft und Zeit reicht, zu unvorhergesehenen Stunden besucht und geprüft.

„Br. Weigle ist gegenwärtig mit der Uebersetzung des fünften Buchs Mosis und der kleinen Propheten beschäftigt.

„Hiemit schließen wir diesen Bericht mit der ernstlichen Bitte zum HErrn, daß Er selbst aus der Finsterniß Licht und aus dem Tod Leben schaffen möge. Amen.

G. H. Weigle.“

Nachträglicher Bericht von Miss. Albrecht.

Zuerst eine längere Krankheit, dann eine Reise zur Generalconferenz verhinderte Br. Albrecht, seine Beiträge zum Stationsbericht von Dharwar zu geben. Er sandte uns deshalb am 24. Februar d. J. folgenden Nachtrag.

„Es ist Ihnen aus den fortlaufenden Stationsberichten bekannt, daß nach dem Rückfall Petri und seiner frühern Sündengefährtin Christine, die er Mutter zu nennen pflegte, nur noch zwei Canaresen in unserer Gemeinde sind, deren Gliederzahl sich dato auf 63 beläuft. Alle übrigen Mitglieder sind Tamulen, mit denen wir nur sehr kümmerlich verkehren könnten, wenn auch die Ihnen früher berichteten Schwierigkeiten nicht vorlägen. Der Unterricht ist deshalb eine doppelt schwierige Aufgabe, und es lag mir viel daran, nicht nur das in den Unterrichtsstunden Vorgetragene in den Häusern der Taufaspiranten nochmals durch Dolmetscher ans Herz legen zu lassen, sondern auch alte Gemeindeglieder daran Theil nehmen zu lassen, damit zuerst ihnen und durch sie den Neuherzugekommenen die Grundlagen unseres allerheiligsten Glaubens klarer und eindrücklicher würden. Der zweite Theil des Württemberger Spruchbuchs, „Kinderlehre“ genannt, schien mir am geeignetsten dazu, nahm aber um seines Umfanges willen drei ganze Monate in Anspruch, so daß für die ersten zwei Monate je drei Mal und im dritten Monat sechs Mal in der Woche Unterricht ertheilt ward. Dieser galt zunächst einer etwa funfzigjährigen Heidin und vier Confirmantinnen. Die Erstere hieß vordem Kupadschi ward in Adrianpatara, im Süden von Tanjoa geboren, lebte nach dem Tode ihres Mannes sechszehn Jahre in wilder Ehe, in der sie jedoch kinderlos blieb, mit einem römischen Katholiken, Namens Tschuramuttu, der als sechszigjähriger aber noch sehr rüstiger Mann vor etwa einem Jahr von Nagpur nach Dharwar kam. Durch unsere alte Christina lernte Kupadschi nach dem Einen Nothwendigen fragen, und entschloß sich protestantische Christin zu werden, gleichviel was ihr Mann dazu sage oder thue. Dieser hatte in seiner Gleichgültigkeit und vielleicht auch, weil er äußeren Gewinn hoffte, nichts dagegen einzuwenden und setzte während jener Zeit und auch jetzt noch seine Botengänge, wodurch er seinen Lebensunterhalt verdient, fort, weshalb er nur selten und für kurze Zeit in Dharwar anwesend ist. Am Christtag Vormittag durfte ich Kupadschi, die der Gnade Gottes nicht unzugänglich zu seyn scheint, und bisher, unseres Wissens, des Evangelii würdiglich wandelte, durch die heilige Taufe der Gemeinde Christi hinzufügen, wobei sie, ihrem Wunsche gemäß, den Namen Maria erhielt. Möge derselbe nicht nur im Dharwar Taufregister, sondern auch im Buche des Lebens eingeschrieben seyn! Am Abend nahm sie sammt den nachher zu nennenden Confirmantinnen und der ganzen Gemeinde am heiligen Abendmahl Theil, und am nächsten Vormittag traute ich sie im Stillen in der Kirche in Gegenwart einiger Zeugen. Ihr Mann ist bis jetzt noch in keinerlei Verbindung mit uns, sondern gehört dem Namen nach noch zur römischen Kirche, besucht jedoch, wenn er hier ist, regelmäßig unsere Gottesdienste. Mit vorgenannter Maria durfte ich zu gleicher Zeit noch einem einjährigen Kinde die Privilegien der christlichen Kirche durch das Bad der Wiedergeburt zugänglich machen. Auch dieses erhielt den Namen Maria. — Die hierauf confirmirten 4 Mädchen sind von 12—20 Jahre alt. Drei derselben sind die Töchter des in einem früheren Schreiben erwähnten Katholiken Arokam von Gulur, der, während noch jetzt seine rechtmäßige Frau in Madras lebt, mit der Mutter vorgenannter 3 Töchter nun über 30 Jahre in wilder Ehe steht, so daß wir sie natürlich weder verheirathen, noch als Gemeindeglieder, wie sie wünschten, zu uns übertreten lassen können. Die älteste Tochter ist Mutter obgenannten unehelichen Kindes. Außer einigen Rührungen beim Unterricht und besonders beim Confirmationsact selbst, habe ich nicht gesehen, daß das Wort und der Geist des lebendigen Gottes mehr als einen äußerlichen ordentlichen Wandel bisher bewirkt hätte. Zwei von ihnen standen nur erst nach längerem Unterrichte von der früheren Bitte ab, sie nochmals zu taufen, weil römische Taufe keine rechte sey. Das Versprechen, ihnen bei der Confirmation neue Namen anstatt der hier häufig von den Papisten beibehaltenen heidnischen Namen zu geben, stellte sie zufrieden, und so erhielt die frühere „Dnyanepu" den Namen „Magdalene"; „Chintatry" ward „Johanna" und „Prakashi" „Elisabeth" genannt. Die vierte Confirmation betraf die kürzlich an den früheren Mangalur-Institutsknaben Philipp verheirathete Susanna, die bis zur Verheirathung in der hiesigen Mädchenschule erzogen ward. — Gedenken Sie, theure Vorsteher, dieser neu Herzugekommenen um so mehr, als die tamulische Gemeinde des Lebens aus Gott und der äußeren und inneren Zucht so sehr bedarf. Sie ist ein ausländisch Gewächs, das bei aller Pflege doch nur sehr kümmerlich gedeihen wird, und wir sehen desto sehnsüchtiger der Zeit entgegen, da es dem HErrn der Ernte gefallen wird, uns Garben in Seine Scheuern sammeln zu lassen, die auf heimathlichem Boden, unter den Canaresen erwachsen sind. Diese Zeit dürfte jetzt nahe herbeigekommen seyn. Wie es in Dharwars Umgebung unter den Todtengebeinen sich zu regen anfängt, dafür hat meine letzte kurze Reise im November und Anfang December vergangenen Jahres deutliche Beweise gegeben. Am 27. November vor Tagesanbruch verließ ich mit Johann, der sich sehr freute, wieder vom Heiland, den er herzlich liebt, zeugen zu können, Dharwar, um nach dem drei kleine Stunden entfernten Hebaly zu gehen. Der sich östlich durch üppige von der Wucht der Aehren bedeckte Saatfelder hinschlängelnde Weg war noch vor Anbruch der größten Hitze zurückgelegt, und ein von früheren Besuchen mir wohlbekannter Basawatempel als Wohnplatz aufgesucht. In einer der kreuz und quer nach jenem Tempel führenden Gassen erfaßte Jemand, während ich langsam neben den müden Trägern einherschlich, von hinten meine rechte Hand; — es war der alte Weber Nagappa, der sich uns durch seine jeweiligen Besuche im Missionshause bekannt gemacht hatte. Da ich nach der anstrengenden Arbeit des vorhergehenden Tages und wegen Mangel an Nachtruhe mich nicht so frisch und munter fühlte, als es zum Predigen vor großen Haufen erforderlich ist, so hatte ich mehr Einzelgespräche und Anreden, widmete dagegen meine meiste Zeit und Kraft genanntem Nagappa, der mir denn auch in aller Einfalt seine Erlebnisse und Entschlüsse mittheilte. Diese lassen sich kurz so zusammenfassen. Seine von Kusugal gebürtige Frau mit ihrem einzigen zweijährigen Söhnchen, den er auf Br. Layers Vorschlag hin Kartadasa („Knecht" oder „Sclave des HErrn") nannte, wollte ihn überweisen, daß seit er nicht mehr den Götzen diene, er und sie immer krank seyen. Er solle deshalb wieder in seinen alten Weg zurückkehren. Da er dies nicht einging und der Frau fortwährende Kränklichkeit sich nicht legen wollte, ging sie mit ihrem Kinde in ihr elterliches Haus zurück, und vertröstet seit einem halben Jahre ihren Mann, nach dem Neujahr wiederkommen zu wollen; das Factum scheint aber zu seyn, daß sie ihn gänzlich verlassen hat. Der arme Mann glaubt nun, er müsse warten bis auch sie zurückgekommen und zum Christwerden reif geworden sey; zum wenigsten aber, bis „der Heiland" (der ihm Br. Layer ist) von Europa zurückkehre; dieser habe ihm gesagt, er wolle in zwei Jahren wieder in Dharwar seyn; dies könne nicht fehlen, und bis dahin wolle er aber beten und sich vorlesen lassen. Ich suchte ihm natürlich seinen Irrthum zu benehmen, und daß dies in Etwas gelungen, erhellt daraus, daß er mir seinen schon seit zwei Jahren bezweifelten, hernach weggelegten, aber immer noch sorgfältig im Haus aufbewahrten Götzen (Linga) übergab. Einige Andere gesellten sich dazu, die mindestens die Kopfüberzeugung haben, Christus sey ein Heiland wie ihn Sünder brauchen, und daß sie Seines Gleichen bisher nirgends fanden. — In dem kleinen Kanakur wunderte ich mich nicht wenig, einen nicht geringen Haufen aufmerksamer Zuhörer sich einfinden zu sehen, um nach der Tageshitze und Arbeit auf den Feldern noch Nachts von 9 bis halb 11 Uhr die bereits früher von mir einige Mal gehörte Botschaft vom Kreuze zu hören; auch gab es Tags darauf immer ab- und zugehende Hörer, bis wir nach Aheda, einem ziemlich großen Dorfe, aufbrachen. Dort hatte ich Leute vor mir, denen weder der Name noch die Bedeutung Christi etwas Neues ist, und wählte deshalb das Gleichniß von der königlichen Hochzeit, ihnen die unaussprechliche Liebe Gottes in Christo Jesu anpreisend, und dann den Nachdruck darauf legend, daß die göttliche Berufung ihre Grenzen hat, daß die Gnadenzeit schneller für Einen vorbei seyn könne, als er meine; daß der jetzige Augenblick unser, der nächste aber vielleicht nicht mehr für uns sey, und daß sie deshalb in dem von Gott verordneten Wege der Buße und des Glaubens wandeln sollten, ehe es von ihnen heiße, wie von jenen Geladenen: Sie waren es nicht werth! Ich sagte ihnen dann, wie ich nun zum vierten Male zu ihnen gekommen sey, um sie an das früher Gehörte zu erinnern und sie an Christi Statt zu bitten, sich versöhnen zu lassen mit Gott. Es war mir eine neue und nicht unwichtige Entdeckung, daß die praktische aber weitläufige Beschreibung von wahrer Buße und lebendigem Glauben, als die ersten Erfordernisse zur Seligkeit, die Aufmerksamkeit dieser so gemischten Zuhörerschaft gefesselt haben sollte, wie ich zu meiner Freude sah, daß es bei der Mehrzahl der Fall war. Obschon ich auch früher, bei irgend welcher Predigt vor einem Haufen Heiden diese Hauptpunkte gottseligen Lebens und Wandels nie fehlen ließ, so war ich doch bisher in dem Wahne befangen, als sey ein tieferes Eingehen auf das Wesen der rechten Gott wohlgefälligen Buße und des alleinseligmachenden Glaubens unbelesenen heidnischen Bauersleuten, denen man erst sagen muß, was das im Canaresischen für Buße gebrauchte Wort bedeutet, eine so trockene und uninteressante Sache, daß man, bis die Leutlein mehr durch den Geist von Oben zum Forschen geschickt gemacht, solche wichtige Sachen auf sich beruhen lassen müsse. Dieser Wahn ward mir dort factisch benommen. Einer, der bei Besprechung zu einer andern Zeit die Auferstehung des Fleisches und ein ewig persönliches Leben als grundlose Hypothese hinstellen wollte, erzählte ein unter ihnen gäng und gäbes Geschichtchen, wie die Hindus deren zahllose haben, und von denen man oft nicht weiß was sie eigentlich damit sagen wollen. So dieser sonst verständige Mann. Die Ausschmückung, die jeder gemeine Hindu meist so gut los hat, daß mancher deutsche Novellenschreiber oder Theaterheld ihn darum beneiden würde, — ich sage, diese Ausschmückung abgerechnet, war jenes Geschichtchen fad und unbedeutend genug. Ein Fuchs kommt zu einem reißenden Strom, will hindurchschwimmen, wird aber durch des Stromes Gewalt hinabgeschwemmt und ist nahe am Ertrinken. Da sieht er Jemand am Ufer stehen, dem ruft er zu: Die sieben Welten gehen zu Grunde. Der am Ufer Stehende fragt: Wie so? Der Fuchs antwortet: er wolle ihm Alles offenbaren, wenn er ihn ans Ufer rette, — und als dies nun wirklich geschehen und der versprochene Aufschluß verlangt wurde, sagt der Gerettete kurz: Ha, wäre ich untergegangen, so wäre Alles für mich aus gewesen! — Als ich den Umstehenden gesagt, daß dies eine nichtssagende Fabel, in ihrem Gewissen aber und in diesem Buche (Neuen Testament) Haltbareres geschrieben stehe, stimmten Alle bei.

„In Sirur, welchen Ort ich früher schon öfter mit dem Gesetz und Evangelium besucht, war es nicht mehr nöthig gegen Götzen zu predigen, indem es Viele von selbst sagten, ehe ich den Mund geöffnet hatte, daß die von Menschenhand gemachten Götter nichts seyen, und daß der Eine, Schöpfer des Himmels und der Erde, der allein wahre Gott sey. Christum ihren HErrn zu heißen, können wir freilich noch nicht von ihnen verlangen, dieweil dies Niemand kann ohne den Heiligen Geist. Aber Bemerkungen, die nicht für mein Ohr berechnet waren, die ich aber an einem Orte hörte, wo der Redner mich nicht sehen oder vermuthen konnte, — Bemerkungen (wie: „das hab' ich bisher noch nie gehört; solchem Worte kann man nicht widersprechen; mein Inneres sagt zu dem Gehörten: Ja!") zeugten, daß Einige nicht träg und faul beim Hören des Wortes gewesen waren. Aber so viel auch die Leute williglich hören und äußerlich und innerlich beistimmen mögen, wir werden nicht eher reiche Früchte sehen, bis der HErr in Einigen ein gutes Werk angefangen und sie seiner streitenden Gemeinde als lebendige Glieder eingefügt haben wird. Wenn schon das Hören von Thatsachen tieferen Eindruck macht, als sonst Tausende von Worten; — wenn sie staunen, daß in Mangalur mehrere Hundert Leute aller Kasten sich Christo übergeben und ihre Kasten und Götzen verlassen haben; — wenn sich ihre Verwunderung schon steigert zu hören, daß auch kleine Anfänge in Dharwar und Hubli sind; — wenn sie es kaum begreifen können, was sie doch mit ihren Augen sehen, wenn ich ihnen ein paar Lingas zeige, die mir ihre Landsleute und Zunftgenossen gegeben, weil sie gesehen, daß hiedurch ihre Sünden nicht vergeben werden und kein Friede ins Gebein kommt —: wie stark wird erst der Eindruck und dessen Folgen seyn, wenn sie sehen, daß ein Dutzend ächte und ehrbare Canaresen herausgetreten sind, an denen sich das Wort Gottes als seligmachende Kraft erwiesen hat! Ich lebe der festen Zuversicht, daß diese Zeit nicht mehr ferne ist. Ob wir's sehen oder nicht, darauf kommt wenig an. Der alte Zinzendorf sang: „Viel Leiber wurden ausgesät, wir hielten sie verloren; auf ihren Gräbern aber steht: das ist die Saat der Mohren!" Ich glaube aber nicht einmal, daß viele Missionare „ihre Kraft vergeblich und unnütz zubringen" müssen und von hinnen gehen, ohne mit Freuden ihre Garben in die ewigen Scheunen bringen zu dürfen; vielmehr ist's mir, als sollten wir bald noch größere Veränderungen sehen, als bisher. Vier Leute waren mit ihren Kindern nach Dharwar gekommen, während ich auf der Reise war. Dies bewog mich, weil ich die Leute schon länger kannte, schleunigst zurück zu kehren. Zwei mit ihren drei Kindern sind noch da und berechtigen zu guten Hoffnungen; Andere kommen, fragen, hören, reden, gehen. Kurz, was ich in vorgenannten Orten und in Harabidi und Kongala sah und hörte, stimmte mich zu Dank, zu Freude; und der HErr wird gewiß sein angefangenes Werk zum Preis seines Namens hinausführen. — Schulen haben wir gegenwärtig blos zwei; die Ursachen sind bereits geschrieben. Ich glaubte vielleicht ein paar gute Schullehrer mit von Mangalur bringen zu können; dort sind sie aber in derselben Noth um gute Lehrer.

„Schließlich nur die traurige Nachricht, daß letzten Sonntag vor 8 Tagen, während ich Englisch predigte, für 60 Rps. Gras, was gerade erst fürs ganze Jahr gekauft worden war, verbraunte.

„Inzwischen empfangen Sie herzinnige Grüße von meiner lieben Frau und Ihrem ergebenen

F. U. F. Albrecht."

Dharwar, 24. Februar 1851.

5. Station Hubli.

(Angefangen im Jahr 1839.)

Arbeiter: Geschwister Müller.
Schulmeister: 6.

Bericht des Miss. Müller vom ersten Halbjahr 1850:

„Durch des HErrn Gnade durften wir im verflossenen halben Jahr unser Glaubenswerk ungestört forttreiben, wofür dem HErrn Lob und Dank gesagt sey.

„Unsere kleine Gemeinde, bestehend aus Isaak und Paul, hat im letzten halben Jahr keinen Zuwachs erhalten. Dagegen durften wir uns über Beider christlichen Wandel freuen und manchmal dem HErrn im Stillen dafür danken.

„Unsere sonntäglichen Gottesdienste, sowie Morgen- und Abendandachten wurden regelmäßig gehalten; ebenso auch das heilige Abendmahl gefeiert. An unsern öffentlichen Gottesdiensten nahmen, wie auch früher, immer einige Heiden regelmäßigen Antheil; bis jetzt scheint aber das Wort Gottes bei ihnen noch keinen bleibenden Eindruck gemacht zu haben. Außer diesen waren immer hie und da einige Heiden anwesend. — Im Monat April schien es, als ob wir die Freude hätten Pauls vier alte Freunde, drei Weber und ein Färber, alle von Hubli gebürtig, ohne Rückhalt zum HErrn übertreten zu sehen; allein blos bei Einem war dies der Fall. Die andern drei, obwohl sie ihre Kaste verloren haben, scheinen noch nicht Muth und Glauben genug zu haben, den HErrn entschieden und öffentlich zu bekennen. Ersterer, der Färber, mit Namen Ischwara, wohnt seit 2 Monaten bei uns. Ueber seinen Herzenszustand können wir so viel sagen, daß er es mit dem HErrn und seiner Sache redlich zu meinen scheint; auch kommt er uns mit Zutrauen und Offenheit entgegen. Möge der HErr ihn mit seinem Licht erleuchten und mit seinem Leben beleben, damit alle noch übrigen falschen Vorstellungen und Erwartungen ausgetilgt werden mögen. Seine Eltern und Verwandten sind mit ihm über den Schritt, den er gethan, so ziemlich ausgesöhnt, ja seine Mutter scheint nicht ganz abgeneigt zu seyn, ihrem Sohn mit der Zeit folgen zu wollen. — Bis wir für ihn (Ischwara) ein passendes Geschäft ausgefunden haben werden, beschäftigt er sich einstweilen mit Nähen, und so viel wir bis jetzt wahrnehmen konnten, können wir ihm das Zeugniß geben, daß er fleißig ist. Im Allgemeinen haben wir die Hoffnung, daß er ein aufrichtiger Jünger des HErrn werde.

„Die übrigen drei, Gangappa, Tschinappa und Schiwajogi, die mit Ischwara in Mangalur ihre Kaste verloren haben, arbeiten und wohnen mit einander in einem Haus außerhalb Hubli, eine Viertelstunde von unserm Hause entfernt. Obwohl wir durchaus nicht der Ansicht sind, daß Alle, welche hier Christen werden, bei uns in unserm Gehöfte wohnen müßten, so macht uns doch, da sie noch junge, unerfahrene Leute sind, ihr Alleinstehen in mancher Beziehung bange. Es wäre zwar in unserm Gehöfte ein gutes und zur Treibung ihres Berufes vollkommen geeignetes Haus da, aber sie wollen, wir wissen nicht aus welchen Gründen, von unserm Anerbieten, dasselbe zu beziehen, durchaus keinen Gebrauch machen. Ist es, daß sie sich schämen, durch solchen Schritt Christum öffentlich zu bekennen, oder ist es aus

Furcht, von ihren Freunden und Verwandten völlig abgeschnitten zu seyn? wir wissen nicht gewiß, ob es eines von diesen beiden, oder beides zusammen, oder gar noch mehr Gründe sind, die sie abhalten. Aber so viel ist gewiß, sie wollen nicht zu uns kommen! Ob sie in jenem Haus, ganz in der Nähe ihrer heidnischen Verwandten und Nachbarn, als wahre und aufrichtige Jünger Jesu es werden lange aushalten können, muß die Zeit lehren; aber wir bezweifeln es. Und werden diese Zweifel zu Schanden, d. h. können sie es dort aushalten, so ist die gegründete Furcht da, daß sie es mehr mit den Ihrigen, als mit uns, mehr mit Belial als mit Christus halten, oder am Ende Beide zu vereinigen suchen werden. — Bis jetzt haben sie unsere sonntäglichen Gottesdienste und bis auf wenige Tage her auch unsere Morgen- und Abendandachten besucht. — Der HErr, welcher der Durchbrecher aller Bande ist, gebe ihnen Muth und Kraft, in seiner Stärke alle Bande des Teufels, besonders das der falschen Furcht und Scham zu durchbrechen; denn durch ihr ernstes und festes Auftreten für den HErrn würde vielleicht noch manche Seele aus der Finsterniß zum Licht gezogen werden; wo hingegen auf der andern Seite ihr unentschiedenes Wesen nur Nachtheil für die Sache des HErrn nach sich ziehen würde. Der HErr erbarme sich ihrer und mache sie los von aller falschen Furcht und falschen fleischlichen Erwartungen.

„Zu unserer großen Freude durften wir vorige Woche erleben, wie die junge Frau des Tschinnappa, die bis jetzt unter ihren heidnischen Verwandten lebte, Vater und Mutter und 8 Geschwister verließ und zu ihrem Manne ging, um mit ihm das gleiche Loos zu theilen. Sie wurde einige Stunden, nachdem sie zu ihrem Manne gekommen war, von den Ihrigen in Liebe und Zorn hart angegangen, doch ja wieder zurückzukehren, und, wie ihr Vater sich ausdrückte, ihm in seinem Alter doch ja nicht diesen Schandfleck anzuhängen. Allein sie blieb bei allen Aeußerungen der Liebe und des Zornes unbeweglich. Ob solch Betragen bloße Wirkung der natürlichen Liebe zu ihrem Manne, oder auch

Wirkung des Geistes Gottes war, können wir noch nicht sagen; doch so viel wir vor einigen Tagen, als sie uns besuchte, wahrnehmen konnten, will es uns erscheinen, als ob nicht nur Natur, sondern auch der Zug des Vaters zum Sohne dabei wirksam gewesen sey. — Unser tägliches Flehen ist, daß der lebendige Gott und starke Heiland diese von seinem Licht — die eine mehr, die andere weniger — erleuchteten Seelen völlig erleuchten, mit seinem Leben durchdringen und zu seiner Heerde bringen wolle.

„Wenige Tage nach Ischwara bat ein anderer junger Mann mit Namen Lingappa, ein Weber, 25—30 Stunden östlich von Hubli gebürtig, um Aufnahme bei uns. Wir mußten uns über den Entschluß dieses jungen Mannes — erst ungefähr 24 Jahre alt — um so mehr wundern, da er vor diesem uns blos 3—4 Mal besucht hatte. Wir willfahrten seiner Bitte natürlich nicht sogleich, sondern nachdem wir mit ihm über den zu thuenden Schritt ausführlich geredet und ihn Alles wohl zu überlegen ermahnt hatten, gaben wir ihm noch einen Tag zur weitern Erwägung und Ueberlegung dieses Schrittes. Allein kaum war die Hälfte der bestimmten Zeit verflossen, als er mit seinen wenigen Habseligkeiten kam und erklärte, daß er nicht mehr fort gehe. Obwohl wir nicht ganz willig waren ihn so schnell aufzunehmen, so konnten wir doch auf der andern Seite ihn nicht hinwegsenden. Auf unsere Vorstellung, daß er in Hubli wie bis jetzt im Tagelohn weben und in der Woche, wenn es ihm die Zeit erlaube, zur Anhörung des Wortes Gottes und Sonntags zu unsern Gottesdiensten kommen solle, erwiederte er, daß das nicht gehe; wenn er Christ werden und seyn wolle, müsse er bei uns seyn; im Dorf bei den Leuten zu seyn gehe nicht, sie würden ihn hinauswerfen. Als wir ihm zu verstehen gaben, daß er so lange bleiben soll, bis sie ihn hinauswerfen würden, erwiederte er blos: ich gehe nicht mehr. Auf diese Weise waren wir fast gegen unsere Ueberzeugung genöthigt ihn aufzunehmen. Um in seinem Beruf fortarbeiten zu können, richteten wir einen Webestuhl für ihn ein. Allein obwohl er bei seiner Aufnahme sich zur Arbeit ganz bereit und sich unter unsere Leitung zu stellen ganz willig zeigte, so mußten wir doch gleich in den ersten Tagen, nachdem er zu weben angefangen hatte, sehen, daß ihm die Arbeit nicht so lieb sey als er uns Anfangs sagte. Und als er deshalb in Liebe ermahnt und zurechtgewiesen wurde, äußerte er sich dahin, daß er nicht arbeiten möge und daß er gesonnen sey zu Gangappa, Tschinnappa und Schiwagogi zu gehen. Auch nach zwei weitern mit Liebe und Ernst gepaarten Unterredungen sehen wir nicht die geringste Spur von Besserung, und so wird uns am Ende nichts übrig bleiben, als daß wir ihn wieder entlassen; denn wer essen will soll arbeiten, und wer nicht arbeiten will, soll auch nicht essen. Er will zwar wohl arbeiten, aber eher um sich die Zeit zu vertreiben, als sich von seiner Arbeit zu nähren; und doch könnte er, wenn er wollte, sich seinen Unterhalt gut verdienen. Diese nämliche Gesinnung legte der im letzten Bericht genannte Mann zu Tage; dieser wollte auch arbeiten, aber mit der Bedingung, monatlich 4 Rp. zu erhalten. Als wir ihm aber erklärten, daß sich seine Einnahme nach seiner Arbeit richten werde, war es ihm zu hart und er lief davon. Wir können nicht helfen, wir müssen sie laufen lassen; denn der Same des Reiches Gottes darf nicht äußerlich, sondern derselbe muß innerlich Wurzel fassen.

„Vor einigen Wochen hatten wir die Freude, den im letzten Bericht genannten Mann von Ranebednore wieder für einige Tage bei uns zu sehen. Er ist, dem HErrn sey Dank, noch eben so innerlich angefaßt wie das letzte Mal, als wir ihn sahen. Als er uns wieder verließ, versprach er, bis August oder September wieder zu kommen und bei uns zu bleiben. Er sagte, ob sein Weib mit ihm komme, wisse er noch nicht, aber wenn sie auch nicht komme, er wolle dennoch kommen und nicht mit ihr verloren gehen. Der starke Heiland wolle durch die Macht seiner Liebe beider Herzen schmelzen und sie zu seinen Schafen sammeln.

„Mit der Predigt unter dem Volk konnten wir in den letzten sechs Monaten ungestört fortfahren, und wir durften mit Freuden wahrnehmen, daß wenn auch des Widerspruchs, ja der Feindschaft noch viel ist, die Predigt sich doch an vieler Herzen als Wahrheit beurkundet. Wie oft hören wir, selbst nach geendetem heftigen Widerstand und Streit, das Bekenntniß: „Euer Wort ist Wahrheit". Daß mit Streiten und Disputiren nicht viel geholfen ist, ist wahr, besonders bei den Hindus; denn meistens ist es ihnen nicht darum zu thun, die Wahrheit zu lernen, sondern mit ihrer Lehre über unsere Predigt den Sieg davon zu tragen. Aber bisweilen kann man nicht anders, als sich mit ihnen etwas herum zu schlagen, was, wenn es in der Ordnung geschieht, doch immer zu unserm Vortheil gereicht, weil die Wahrheit, die sich als solche auch am Hindu-Herzen bezeugt, ja doch auf unserer Seite ist; denn je tiefer es in die Untersuchung ihrer Religionsbücher und Götter hineingeht, je mehr erscheint die Falschheit und Sündhaftigkeit derselben auf der einen Seite und die Wahrheit und Reinheit der Bibel und des Bibelgottes auf der andern. Ein alter immer wieder vorgebrachter Beweis für ihre Sache ist die: Wie Jesus Christus euch Erlöser und Gott ist, so ist es für uns Schiwa. Fragt man aber: Wenn Schiwa von Sünden zu erlösen so mächtig ist wie Jesus Christus, so zeigt uns doch auch Einen, der durch den Glauben an Schiwa Erlösung von und Vergebung der Sünden gefunden hat, so bleiben sie die Antwort schuldig. Kommt man dann mit der positiven Wahrheit und zeigt, daß wenn Einer ein wahrer Jünger des Schiwa seyn wolle, derselbe nothwendigerweise lügen und betrügen, huren und ehebrechen, stehlen und umbringen, kurz, alle Sünden verüben müsse, aus dem einfachen Grund, weil Schiwa diese Sünden alle selbst verübt habe, so wissen sie gemeiniglich nichts zu sagen, als: Der weiß unsere Schastras, oder: Der hat Recht; oder ein Anderer zürnt, so geschlagen zu seyn und sagt: Euer Jesus Christus ist auch ein Sünder. Dieser Vorwurf gibt dann gemeiniglich Gelegenheit von der Person und dem Wesen Jesu Christi, von dem Glauben an Ihn und den nothwendigen Früchten dieses Glaubens zu reden, was oft mit sichtbarem Eindruck verbunden ist. Wenn dann solch ein Gespräch noch mit Worten des HErrn Jesu beschlossen wird, so heißt es nicht selten: Das sind sehr große Worte. Im Allgemeinen können wir sagen, daß die Leute weniger feindselig sind, als dies früher der Fall war; es ist ein Gefühl unter ihnen, nicht nur, daß unsere Lehre Wahrheit und ihr Glaube falsch sey, sondern auch, daß ihr Weg und Glaube dem unsrigen Platz machen müsse. So sagte mir kürzlich ein Mann in der Schule, als ich mit den Knaben den Traktat: „Der gute Weg" las und erklärte: „Wir sollten eigentlich unsere Kinder nicht in eure Schulen senden, denn da lernen sie unsern Weg verlassen und den Eurigen annehmen." Der HErr gebe, daß dieses bald wahr werde.

„In unsern Schulen ist im letzten halben Jahr nichts von Bedeutung vorgekommen; sie gehen ihren alten stillen Gang dahin. Nur eine Veränderung hat sich zugetragen, nämlich die, daß die Mädchenschule aufgegeben werden mußte, weil der Schulmeister derselben starb. Dieser Mann war ungefähr acht Jahre in unsern Diensten und hörte manches Wort der Wahrheit, aber so weit wir sehen und urtheilen konnten, nicht zu seinem Nutzen. Er starb als ein selbstgerechter Mann, der Jesu Gerechtigkeit nicht zu bedürfen glaubte. Man meint oft es sollte möglich seyn, solchen Blinden die Decke von den Augen wegreißen zu können; aber mit unserer Macht ist nichts gethan, und der natürliche Mensch vernimmt nichts vom Geiste Gottes. — Wir haben demnach noch zwei Mädchenschulen, die von ungefähr 30 Schülerinnen — und fünf Knabenschulen, die von 270 bis 300 Schülern besucht werden. Alle, sowohl Mädchen als Knaben, welche lesen können, lernen wöchentlich einen Abschnitt aus Traktaten und Theilen der heil. Schrift auswendig, welchen wir den Mädchen am Donnerstag und den Knaben am Samstag bei uns im Hause abhören. Diese Schulen besuchen wir regelmäßig wöchentlich zwei bis drei Mal, und das eine Mal dictiren wir denen, welche schreiben können, einen Abschnitt aus den neu-testamentlichen Geschichten, worauf jeder Knabe sein Geschriebenes zu lesen hat. Nachdem dies geschehen, werden die Schreibfehler nachgesehen und verbessert. Ein anderes Mal lesen wir mit ihnen, sey es Traktate oder Theile der heil. Schrift, mit faßlicher praktischer Erklärung. Diese Stunden geben uns vielfache Gelegenheit, das Wort Gottes nicht nur an die Jungen, sondern auch an die Alten, von denen öfters welche anwesend sind, zu bringen, und schon manche gesegnete und fröhliche Stunden durften wir in dieser Arbeit verleben; doch muß noch gesagt werden, daß solche Stunden die Minderzahl bilden.

„Zu unserer Freude hat sich vor ungefähr 1½ Monat wieder eine Nachtschule gebildet, welche von 12—16 Jünglingen, meistens Webern, besucht wird; 6—10 von ihnen können bereits lesen. Sie kommen alle 14 Tage für eine Stunde zu uns ins Haus, während welcher Zeit sie im Lesen und Rechnen geprüft und das letztere ihnen erklärt wird. Der sie unterrichtende Schulmeister — ihre Schulzeit ist von Abends 7—9 Uhr — ist einer unserer Mädchenschulmeister. Wenn wir auch wohl wissen, daß diese Schule mehr deswegen ins Leben getreten ist, damit der Schulmeister einen höhern Lohn erhalte, so ist uns doch auf diese Weise zu diesen jungen Leuten ein Zugang eröffnet, der uns sonst vielleicht verschlossen wäre. Bis jetzt haben sie sich aufmerksam und fleißig gezeigt. Wir leben eben noch in den Tagen, wo das Christenthum nicht ein gesuchter, sondern ein gefürchteter Schatz ist, und dies um so mehr, wenn es den Anschein hat, daß hie und da sich eine Seele aufmacht diesen Schatz zu suchen und in den Besitz desselben zu kommen. Aber so gering die Tage und die Dinge derselben auch seyn mögen, so sind sie nicht zu verachten, und der HErr hat uns verheißen, daß wir, wenn wir Glauben haben, noch größere Dinge sehen werden.

Joh. Müller. G. Würth."

Bericht vom zweiten Halbjahr 1850.

„Durch den Beistand des HErrn haben wir wieder ein neues Jahr erleben dürfen, nachdem er uns im Alten mit viel Langmuth, Geduld und Liebe geleitet und geführt, und uns nach Leib und Seele viel Gutes gethan, uns Speise und Trank, Kleidung und Gesundheit bescheert, und auch in unserm Werke, das ja sein ist, hat verspüren lassen, daß Er mit uns ist und daß Er im Stande ist Seelen zu ziehen, zu erleuchten und zu beleben und sie umzuschaffen für sein herrliches Gnadenreich. Zwar können wir nicht von vielen und auffallenden Bekehrungen berichten, aber doch davon, daß der Geist des HErrn in manchen Seelen geschäftig war und noch ist, und daß seine Lichtstrahlen in mancher Seelen Finsterniß gefallen und Verlangen nach mehr Licht erweckt haben. Freilich will es oft hinterdrein scheinen, als ob das Licht in der Finsterniß untergegangen, oder als ob die Macht der Finsterniß im Stande sey, das ewige Geisteslicht auszulöschen. Doch das ist nur Schein. Der Glaube an das ewige Reich Gottes und an den König desselben, der Glaube an die mächtige unüberwindliche, demselben innewohnende Macht sieht und erkennt die Sache anders. Der Glaube weiß, daß das Licht scheint in die Finsterniß, und die Finsterniß hat es nicht begriffen; denn die Menschen lieben die Finsterniß mehr als das Licht, weil ihre Werke böse sind; der Glaube weiß aber auch auf der andern Seite, daß, obwohl im Anfang die Erde finster und leer war, dieselbe am Ende, nach Erfüllung des Reichsplans Gottes, voll sein wird von Licht und Herrlichkeit des HErrn. Und die Heiden werden in diesem Lichte wandeln.

„In diesem Glauben haben wir auch im letzten halben Jahre an unserer nur aus 3 Seelen bestehenden Gemeinde und einigen Taufbewerbern insbesondere, sowie im Allgemeinen an den Heiden, unter Jungen und Alten, zu arbeiten die Gnade gehabt. Der Zuwachs, den unsere kleine Gemeinde, bestehend aus Isaak und Paul, im letzten halben Jahre erhielt, entstand dadurch, daß sich Isaak Ausgangs Juli mit einem Institutsmädchen von Dharwar, mit Namen Ruth, verheirathete. Schon Jahre her war uns die Verheirathung Isaak's ein Anliegen, aber trotz alles Suchens und Bemühens wurden wir dieser Sorge nicht enthoben. Er selbst trug, obwohl er dem Wunsche eine Gehülfin zu haben durchaus nicht fremd war, diese Prüfung mit stillem Warten und Ergebung in den Willen des HErrn, öfters die Ueberzeugung aussprechend, daß ihm um seiner frühern Sünden willen diese Prüfung gebühre. Mit Freuden dürfen wir sehen, daß sie miteinander im Frieden leben, obwohl es der gegenseitigen Prüfungen und Uebungen auch schon gegeben hat. Doch wir hoffen und beten, daß diese Schule beiden zu ewigem Gewinn gereichen möge. Ihr christlicher Wandel hat uns, so viel man von ihnen erwarten kann, Befriedigung gegeben. Es braucht aber immer des Ermahnens, des Ermunterns, des Belehrens.

„Auch Paul hat uns im letzten Jahr durch seinen stillen Wandel Freude gemacht, und es gereicht uns zu großer Aufmunterung, die Zucht des Geistes Gottes an ihm wahrnehmen zu dürfen. Möge der HErr ihn mehr und mehr tüchtig machen, ein Licht zu seyn in seiner nähern und fernern Umgebung, und das Wort, das er fast täglich Besuchenden verkündigt, versiegeln durch einen Wandel in der Demuth und Kraft des heiligen Geistes. — Vor einigen Monaten schien es, als ob seine Verlobte sich entschließen wolle, zu ihm zu kommen, um mit ihm zu leben; aber diese Hoffnung ist nun, wie es scheint, auf immer zu Nichts geworden. Wie wir gehört haben, soll Paul's eigene Mutter die Ursache ihres Nichtkommens gewesen seyn und noch seyn. Uebrigens wünschen wir nicht besonders, daß sie kommen möchte, weil diese Verbindung, da sie seiner Schwester Tochter ist, uns nicht ganz in der Ordnung zu seyn scheint. Der HErr thue hierin was Ihm wohlgefällt. Paul selbst scheint kein besonderes Verlangen zu haben mit ihr verbunden zu seyn, was uns in diesem Falle nur eine Erleichterung ist.

„Unsere Hoffnung, daß Paul's alte Freunde Gangappa, Tschinnappa und Schiwagogi sich öffentlich für den HErrn bekennen würden, hat sich im Lauf der letzten Monate verwirklicht. Schiwagogi kam am 8. August, Gangappa am

21. September und Tschinnappa mit seinem Weibe am 17. November zu uns. Bei allen Dreien, namentlich aber bei Tschinnappa und seinem Weibe kostete es einen großen Kampf, bis sie sich zu dem gethanen Schritte entschließen konnten. Der äußere Schritt vom Heidenthum heraus zum Christenthum ist nun bei diesen Dreien, wie auch bei Ischwara, der ja schon im April zu uns kam, gethan, aber dessen ungeachtet bleibt uns noch Manches für sie zu wünschen übrig; namentlich, daß die feineren und engeren Bande vom Alten alle gelöst, und sie in der That und in der Wahrheit die Freiheit erlangen möchten, die der Sohn Gottes allein geben kann. Die Finsterniß der Heidenwelt ist so dick und die Bande derselben so stark und mannigfaltig, daß man von vorn herein nicht erwarten darf, diese Finsterniß und diese unzähligen Bande in einem Tage weichen und zerreißen zu sehen. Das vermag nur der heilige Geist mit seinem alles durchdringenden Licht und seiner allmächtig überzeugenden Kraft. Ihr Uebertritt ging in aller Stille ohne den geringsten Lärm, sowohl bei den Einwohnern in Hubli, als auch bei den Ihrigen vor sich, was uns wirklich zum Wunder wurde. Der Grund hievon ist mir heute noch nicht bekannt.

„Am nämlichen Tage, als Tschinnappa mit seinem Weibe bei uns einzog, hatten wir die Freude, einen andern jungen Menschen, Genappa genannt, ebenfalls ein Weber, zu uns kommen zu sehen, mit dem Wunsch und der Bitte, Christ zu werden und bei uns bleiben zu dürfen. Jedoch unsere Freude währte nicht lange, denn schon nach 9 Tagen verließ er uns wieder, ohne daß er Jemand vorher etwas davon gesagt hätte. Seine noch geringe Bekanntschaft mit dem HErrn und dem Worte Gottes vermochte, wie es uns scheinen wollte, den Einflüssen der Seinigen noch nicht zu widerstehen. Er hat kürzlich an Paul geschrieben und gesagt, daß er zwar zu den Seinigen wieder zurückgegangen sey, aber dessen ungeachtet noch Verlangen habe, wieder zu uns zu kommen. — Einige Tage nachher, nachdem dieser junge Mensch uns verlassen hatte, kam ein Lingapriester zu uns, mit dem Wunsch, Christ zu werden. Da er sich allen Bedingungen, die ich ihm stellte, gutwillig unterwarf, so erlaubte ich ihm zu bleiben. Allein nach 10 Tagen gefiel es ihm schon nicht mehr. So viel ich in Erfahrung bringen konnte, war ihm Fleischessen und Branntweintrinken ein größeres Anliegen, als Jesu Jünger zu werden. Er verließ uns mit dem Versprechen, nach 10 Tagen wieder zu kommen; allein obgleich bald zwanzig verflossen sind, hat er sich bis jetzt noch nicht gezeigt, und es ist zu zweifeln, ob er je wieder kommen wird.

„Der Predigt unter dem Volk widmete ich so viel Zeit, als mir übrig war, aber leider nicht so viel, als ich wünschte. Dessen ungeachtet habe ich aber öfters Gelegenheit gefunden, Einzelnen oder Mehreren das Wort vom Leben zu verkündigen. Dieses Wort des Lebens ist aber noch Vielen ein Geruch nicht des Lebens zum Leben, sondern des Todes zum Tode, und dieses ist besonders unter den Reichen der Fall. So sagte mir kürzlich ein Kaufmann, ohne mir vorher auch nur im Geringsten zu widersprechen, ja mich als Christ preisend: es ist alles vergeblich und die Zeit verloren, die ihr mit uns redet. Als ich ihm und denen, die mit ihm waren, bedeutete, daß der Grund dieses Vergeblich- und Verlorenseyns darin liege, daß sie schon zum Voraus in ihren Herzen beschlossen hätten, von diesem Wort und Weg ganz und gar nichts zu wollen, erwiederte ein Anderer in aller Ruhe und Freundlichkeit: Ja, wir wollen nichts von eurem Wort und Weg, denn es ist eitel und nichts. Andere, und selbst nicht blos arme Leute, hören das Wort mit einem anscheinenden Verlangen und mit einer Art innerem Gefühl, daß das verkündigte Wort und der bezeichnete Weg zum Leben doch Wahrheit seyn könnte; ja sie wünschen vielleicht auch im Verlauf der Rede auf einmal im Nu, in solchen seligen Zustand, wie das Wort Gottes denselben für die Gläubigen beschreibt, versetzt zu werden; aber sie lieben auf der einen Seite die Ruhe des Fleisches und den Wandel und die Sitten von den Vätern her zu sehr; auf der andern Seite fürchten sie sich vor dem Kampf und Streit, der, um ins Himmelreich und ins Leben einzudringen, unvermeidlich ist, noch viel mehr, als daß sie es zu einem ernstlichen Nachdenken oder gar Entscheid kommen ließen; sie erwarten, daß das, wozu sie sich zu träg und leidensscheu finden, Andere thun werden und hoffen sich dann an dieselbigen anzuschließen. Im Ganzen glaube ich sagen zu dürfen, daß des Widersprechens weit weniger ist, als früher; ob aber dieses ein Zeichen davon ist, daß der Feind zum Stillschweigen gebracht und seine Waffen stumpf und untauglich geworden und vielleicht bald eine große Bresche in der feindlichen Mauer zu sehen ist, oder davon, daß sich der Feind mit seinem Geschoß und Geschütz und seiner Macht nur noch mehr nach Innen zurückgezogen hat, das muß die Zukunft lehren. Doch in jedem Fall hat es der Feind verloren; und dieses fühlt und sieht er auch kräftiger und klarer als ehedem; denn der Name Jesu, des großen allmächtigen Siegers, der in des Feindes Festung überall herum erschallt, macht ihn fürchten und zittern für seine Herrschaft, und dies um so mehr, wenn er sieht und sehen muß, wie ihm hie und da ein Gefangener entrinnen will, oder auch wirklich entrinnt. — Paul hat auch oft Gelegenheit, das Wort Gottes zu verkündigen; denn er hat häufige Besuche sowohl von solchen, die blos aus Neugierde kommen, um zu sehen, als auch von solchen, die mit der Absicht kommen, das Wort Gottes zu hören. Möge der HErr in der Zeit, die er für gut findet, solchen unter denselben, für die wir einige Hoffnung haben, Kraft und Muth schenken, herauszutreten aus der Finsterniß ans Licht und sich zu bekehren von der Gewalt des Satans zu dem lebendigen Gott.

J. Müller."

6. Station Bettigherry.

(Angefangen im Jahr 1841.)

Missionare: J. C. Hiller mit Gattin. — G. Kies.

Katechist: Christian.

Schulmeister: Linga, Badawa, Siane, Dola, Razeia, Bhaskara, Siweia, Dchinawireia, Razeia.

Der Stationsbericht vom 1. Januar bis 1. Juli 1850 lautet folgendermaßen:

„Wir danken unserm treuen HErrn und Heiland von ganzem Herzen, daß Er uns die verflossenen 6 Monate gesund erhalten und nach allen unsern Bedürfnissen sich väterlich und huldreich unsrer angenommen hat.

„Unsere Gemeinde besteht gegenwärtig noch aus Christian und Maria. Die drei Malasamudra-Christen waren etliche Monate hier. Die Vorbereitung zum Zuckermachen machte es nöthig, daß gegen Ende Januars Samuel und Daniel wieder ganz nach Malasamudra gingen.

„An den Sonntagen haben wir zwei regelmäßige Gottesdienste, in welche auch die Schulmeister von Gadag und Bettigherry und etliche andere junge und erwachsene Leute von Bettigherry kommen.

„In den Wochentagen ist regelmäßige Abendandacht, in welche etliche Leute vom Dorf und drei unserer Bettigherry-Schulmeister ziemlich regelmäßig kommen.

„Br. Hiller hatte im Januar Taufunterricht mit des Swamis Familie angefangen; allein durch seine Arbeit in Malasamudra wurde dieser im Februar unterbrochen, und der Umstand, daß der Alte außerordentlich langsam etwas faßt, noch ziemlichen Einsiedlersstolz hat, in Erzählungen es mit der Wahrheit nicht genau genug nimmt, auch sein Weib an letzterem Uebel leidet, die Kinder aber in Beziehung auf das Geistliche noch unwissend und unzuverlässig sind, hat es uns als gut erscheinen lassen, sie zwar täglich zu unterrichten und wo es Noth thut und Gelegenheit dazu ist practisch einzugreifen, aber den eigentlichen Taufunterricht aufzuschieben, bis sie selbst noch mehr dazu vorbereitet und wir über sie außer allem Zweifel sind. Sonst ist der ganzen Familie Betragen ordentlich. Sie sind fügsam, die Kinder lernbegierig und der Mann, der mit ihnen gekommen, ist ordentlich und arbeitsam, so daß wir einstweilen nicht ohne gute Hoffnung für sie sind.

„Die zweite Familie war für einige Zeit nach Malasamudra zurück versetzt, ist aber hauptsächlich ihres Mädchens wegen wieder hier. Der Mann, Phakier, ist einfältig und gutwillig; was dagegen mit seinem Weib zu machen, wissen wir selbst noch nicht; sie ist ein wunderliches Weib.

„Das Mädchen und die vier Kinder des Swamis haben Schule im Haus unter der Aufsicht der Schw. Hiller und eines Schulknaben aus dem Dorf. Vormittags sind sie mit Lesen, Schreiben, Rechnen und Auswendiglernen beschäftigt; Nachmittags mit Nähen, und das Mädchen auch mit Stricken. Die zwei Kleinen des Swamis haben Nachmittags frei.

„Von Gulladagudda erwarteten wir zwei Familien. Wenn sie nicht gekommen sind, so scheint ihr Kommen darum nicht aufgehoben, sondern nur aufgeschoben. Die beiden Männer waren im April auf Besuch bei uns.

„Vor etlichen Wochen kam ein Bruder und eine Schwester Maria's auf Besuch hierher; sie hatten einen Weg von 40 Stunden zu machen. Durch sie erfuhren wir die Nachricht, daß Lingappa, ein Verwandter Maria's, seinem, Br. Kies im letzten December gegebenen Versprechen gemäß sich bereit mache, mit seiner Familie hierher (d. h. nach Malasamudra) zu kommen. Er ist jedoch bis jetzt noch nicht gekommen, obgleich wir ihn seit einem Monat zuversichtlich erwarten. Wir wissen nicht, was ihn aufgehalten haben mag. Maria's Schwester wäre mit ihrem Töchterlein (Maria's Schwester ist eine Wittwe) sehr gern bei uns hier geblieben, sagte aber, daß sie bei ihrer alten Mutter bleiben wolle, bis dieselbe gestorben sey, dann wolle sie zu uns kommen.

„Br. Hiller's Thätigkeit bestand auch in dem verflossenen halben Jahr hauptsächlich in Hausbesuchen im Dorf, und im Reden mit Besuchenden im Missionshause. Zu einem vertraulicheren Umgang mit den Leuten und Zutritt in ihre Häuser trägt besonders auch unser Medicinieren bei. So wenig auch unsere Praxis dem Fach gemäß ist, so machen wir doch viele glückliche Kuren mit unseren Hausmitteln; und nicht nur aus unserer nächsten Umgebung, sondern aus einer Entfernung von 10—20 Stunden kommen oft Leute um ärztliche Hülfe zu uns. Der Samstag (Markttag) ist ein Tag, an dem immer besonders viele Leute kommen. — Auch in sonstigen Angelegenheiten suchen die Leute vielfältig Rath und Hülfe bei uns. Dabei gibt es manche Gelegenheit, mit der furchtbaren Finsterniß des Aberglaubens und der Gedankenverwirrung dieser armen Götzendiener immer bekannter zu werden. Hievon nur einige kurze Beispiele. Ein Kaufmann behauptete steif und fest, wenn Einer mit unbezahlten Geldschulden sterbe, so werde derselbe in dem Hause des Gläubigers als Kind oder als Hausthier geboren, um seine Schuld ins Reine zu bringen. Als Beleg hiefür führte er ein Pferd an, das er gehabt habe und das ihm in kurzer Zeit 200 Rp. eingetragen habe. — Dieser Glaube ist sehr allgemein unter den Leuten, und es ist auffallend, wie sich die Leute davor fürchten, mit Geldschulden sterben zu müssen.

„Ein Lingapriester, um die Naturverschiedenheiten der verschiedenen Lebensalter zu erklären, gab folgenden Aufschluß: Als Tschiwa die lebenden Wesen schuf, wollte er dem Affen, dem Ochsen, dem Hund und dem Menschen je 40 Jahre Lebenszeit zutheilen. Da dieses den drei Erstern zu viel vorkam, baten sie Tschiwa, ihnen 20 Jahre zu erlassen. Er gewährte ihnen ihre Bitte und legte die erübrigten 60 Jahre dem Menschen bei; so ist des Menschen Lebenszeit auf 100 Jahre gekommen. Daher kommt es, daß die Menschen bis zum 20sten Jahre Affenstreiche machen, bis zum 40sten sich mühen und arbeiten wie ein Ochse, bis zum 60sten gewöhnlich streitsüchtig und mürrisch sind. Erst wenn sich diese Unarten verloren haben, könne man wissen, ob Einer ein Mensch sey oder nicht.

„Unser Mamledar in Gadag erzählte, was er von seinem Guru neulich gehört hatte (wahrscheinlich nicht, ohne eine Hand voll Geld dafür zu geben, denn den Guru-Unterricht muß man hier zu Lande theuer bezahlen). Wie das Weltall, so der Mensch. Im Weltall ist Erde, Wasser, Licht, Luft, Aether. Vom 1sten bis 20sten Jahr wächst der Mensch vorherrschend aus Erdtheilen; vom 20sten bis 40sten vorherrschend aus dem Wasser, darum wird er dick und fett. Vom 40sten bis 60sten herrscht das Licht vor; da fülle das Licht die Augen von innen heraus so sehr an, daß sie das äußere Licht nicht wohl ertragen können, weswegen man gewöhnlich in dieser Lebensperiode sich um eine Brille umsehen müsse. Vom 60sten bis 80sten Jahr herrscht die Luft vor; daher das Gehör in dieser Periode oft vergeht. Vom 80sten bis 100sten herrscht der Aether vor; denn in dieser Periode verlieren die Menschen gewöhnlich den Verstand und das Bewußtseyn.

„Doch auch an manchen lieblichen und den Glaubensmuth auffrischendeu Erfahrungen ließ es uns der HErr nicht fehlen. Der im letzten Bericht erwähnte Sankappa ist in letzter Zeit um ein Bedeutendes entschiedener geworden. Er kommt fleißig ins Missionshaus und steht mit Christian auf freundschaftlich vertrautem Fuße. Sein Suchen wird zu unserer großen Freude immer mehr Herzenssache.

„Schon längst war er in einer Familienangelegenheit auf Besuch in seinem Geburtsorte und einigen andern Dörfern des nahen Nizam-Landes. Er hatte von unsern Tractaten mit sich genommen und las seinen Bekannten daraus vor, was dieselben nicht wenig befremdete. Einer seiner Jugendgenossen, ein Bramine, bejammerte laut, daß alle seine Schastra-Gelehrsamkeit unnütz geworden sey, und lief im Aerger und schimpfend davon, Fluch und Unglück prophezeihend, daß er sich mit den Franken-Schastra's eingelassen habe. Sankappa lachte ihn aus mit seinem Fluche.

„Christian, der fleißig Besuche im Dorfe macht und gewöhnlich Abends mittheilt wo er gewesen und was zur Sprache gekommen, erzählte kürzlich, wie er vor einem Kaufladen unter einem Haufen Braminen und Lingaiten über allerlei Punkte lange gestritten habe. Sankappa war auch zugegen, und als endlich ein Bramine die Frage aufwarf: Wer nach den Engländern sich dieses Landes bemächtigen werde, nahm Sankappa das Wort und wies in gewandter Rede nach, daß eine neue Periode im Anzug sey, daß von nun an das Wort Gottes und der Wandel nach demselben immer mehr in Gang kommen werde und keine Macht existire, die dieses wieder vertreiben könne; daß die Weissagungen dieses Wort thatsächlich erfüllt sehen. Die Könige, das alte Geld, sey abgethan, aus den Schwertern mache man nun Sicheln und aus den alten Flinten mache man Röhren zum Feueranblasen, und nirgends werden mehr neue Waffen verfertigt. Bald sey es daran, daß die Schastra's zum Verbrauch in die Kaufläden wandern; die „Götter" seyen Lüge, es sey nur Ein wahrer Gott ꝛc. Nach diesem richtete Christian noch eine Ermahnung an sie, sich zu besinnen, Buße zu thun, weil die Auferstehung und der Gerichtstag in Aussicht stehe.

„Noch ein anderer Mann macht uns seit etlichen Wochen herzliche Freude. Sein Name ist Barmappa. Er pflegte die Schastra's zu erklären, die Sankappa vorlas. Bis neulich kannten wir ihn immer als einen leichtsinnigen Spaßvogel und hatten die Hoffnung, einen Eindruck auf ihn zu machen, fast aufgegeben. Sankappa aber scheint viel Einfluß auf ihn zu haben. Vor zwei Monaten war er auf einer Götzen-Wallfahrt in Nampi; bis er wieder heim kam waren unter den Seinigen zwei Todesfälle vorgekommen: unter seinem Vieh hatte sich Unglück eingestellt und auf der Wallfahrt wurde er mit seinen Leuten geplündert. Dieses war ihm scheint's zu viel von seinem Gott Wirtoba; es erweckte ernstliches und tieferes Nachdenken in ihm, und das Vertrauen zu seinen bisherigen Götzen ist geschwunden. Sankappa benutzte diese Gelegenheit, auf ihn einzuwirken, und Christian hat ihn in letzter Zeit oft in seinem Hause besucht und ernste und interessante Unterredungen mit ihm gehabt. Bei unsern Besuchen in ihrer Versammlung, in der wir sehr willkommen waren und die wir seit einiger Zeit fleißig besuchen, nehmen wir mit Freuden an Barmappa eine große Veränderung wahr. Sein Leichtsinn hat sich in Ernst verwandelt, und er sucht Etwas, das ihm in seinem Innern Halt und Frieden geben kann.

„Die 3 obersten Classen der drei Knabenschulen in Gadag und Bettigherry kommen seit einigen Monaten wieder regelmäßig jede Woche ein Mal ins Missionshaus. Ihr Fleiß und ihre Zutraulichkeit macht uns Freude.

„Die 5te Classe kommt am Dienstag Vormittag, um ihre Schreibhefte der Ev. Harmonie (nach Zahn) mit ihnen zu lesen, zu corrigiren und zu erklären. Diese Classe hat in den drei Schulen 26 Knaben. Einer hat die 200 Paragraphe der Ev. Harmonie bereits ganz abgeschrieben, und wir hoffen, die Meisten werden es beendigen, ehe sie die Schule verlassen.

„Die 4te Classe kommt am Mittwoch Vormittag, Dr. Barth's alt- und neutestamentliche Geschichte zu lesen und zu erklären. Diese Classe besteht ebenfalls aus 26 Knaben.

„Die 3te Classe Donnerstag Vormittags, Lesen und Erklären der verschiedenen Tractate und Br. Kies Schulbüchlein. Diese besteht aus 30 Knaben.

„In Gulladagudda in beiden Schulen:		183 Knb.
In der alten Schule in Bettigherry	57 Knb.	
In der neuen „ „ „	48 „	
In der Gadag-Schule	54 „	
		159 „
		342 Knb.

„Die Mädchenschulen sind leider nicht so regelmäßig besucht, als wir wünschten. Sie setzen so viel aus und sehr oft haben sie viel vergessen, wenn sie wieder in die Schule kommen. Sie brauchen deshalb gewöhnlich bedeutend längere Zeit, bis sie zu etwas Ordentlichem kommen. In Bettigherry sind sie jedoch regelmäßiger als in Gadag, und im Laufe der letzten 6 Monate haben etliche die Schule verlassen, die nun ihrer Väter Rechnungsführer und Schreiber sind. Dieser Arbeitszweig kostet besonders viel Geduld und Ausdauer. Doch ist's hie und da auch schön und lustig anzusehen, wenn ein Schulmädchen unter einem Haufen Männer nach dem Tractat greift, den man einem derselben geben will, und vor sie hinsteht und vorliest, daß sich Alle schämen müssen, die das Lesen nicht gelernt haben. Die Mädchen der 3 Schulen kommen in jeder Woche ein Mal zu Schw. Hiller ins Missionshaus.

In die Schule in Gadag kommen gegenwärtig	16	Mädchen.
In die alte Schule in Bettigherry	20	"
In die neue " " "	17	"
	53	Mädchen.

„Zum Schluß empfehlen wir uns und unser Werk unserm HErrn und Heiland und der Liebe und Fürbitte unserer theuren Vorsteher.

Bettigherry, 5. Juli 1850. J. C. Hiller.
G. Kies."

Bericht vom 1. Juli bis 31. December 1850:

„Missionsgeschwister. Am 19. Juli wurde Frau Hiller von einer epidemischen Augenentzündung befallen, die im Dorfe und der Umgegend sehr häufig war und schon vorher ihre 3 Kinder befallen hatte. Das Uebel wiederholte sich drei Mal, weil die nöthige Schonung unmöglich war; nach und nach verlor es sich aber durch Gottes Hülfe; doch ist jetzt noch Spannung und Trockenheit der Augen während der Nacht als schwacher Ueberrest davon zu verspüren.

„Während eines längeren Besuches in Malasamudra sammt Familie (Anfangs September) bekam Br. Hiller einen Fieberanfall, dessen Nachwirkungen, Rheumatismen im Rücken und Seiten sich erst am 22. Sept. vollends verloren.

„Br. Kies durfte sich immer guter Gesundheit erfreuen, zu Haus und auf Reisen; nur während der Monate Juni bis September hatte das Unterlassen des kurzen Mittagschlafes seine Gangliennerven so aus der Ordnung gebracht, daß nicht nur auch der Nachtschlaf sehr unruhig und unerquicklich wurde, sondern besonders seelische Depression sich einstellte und Mitanlaß zu schweren Gemüthsanfechtungen wurde. Allein treueres Aufmerken auf die Stimme und Forderung der Natur und geistliches Aufraffen in kindlichem Glauben an das Wort Gottes, besonders die herrliche Hoffnung und Aussicht der Gläubigen, segnete der barmherzige Gott so, daß Leib und Seele nun wieder in der Ordnung sind und der Glaube sich seines Gottes freut.

„Arbeit im Allgemeinen. Bis zum 1. September wohnte und war Br. Kies in Malasamudra, von wo er uns zeitweise Besuche in Bettigherry machte. Dann begab er sich auf die Missionsreise, von der er erst am 14. December wieder zurück kam. Während dieser Zeit hatte Br. Hiller außer der Station Bettigherry auch noch die geistlichen Bedürfnisse der Malasamudra-Christen zu besorgen.

„Der Katechist Christian, über dessen Geschichte und Character frühere Berichte das Nöthige sagen, hat auch in dem Zeitraum dieses Berichtes, so lange er auf der Station war, seine im vorigen Semesterbericht erwähnten Hausbesuche fortgesetzt und sogleich nach seiner Rückkunft von der Reise wieder aufgenommen.

„Die heidnischen Schulmeister sind:

1. Linga, Bauernkaste, etwa 18 Jahre alt, früher Schulknabe; mit wenig Scharfsinn aber gutem Willen und einfältigem, wahrheitsliebendem Gemüth. Wurde vor etwa 4 Jahren in einer der hiesigen Mädchenschulen angestellt

und genoß da als Lehrer allgemeines Zutrauen und offenen Zutritt in die Häuser. Er besucht mit seinem Kameraden Rama, einem jungen Weber, regelmäßig die Abendandachten und Sonntagsgottesdienste, und schloß sich innig an Christian und Maria an. Als die Gulladagudda-Freunde dringend um eine Missionsschule baten, zeigte er sich willig dorthin versetzt zu werden, was unter den Leuten unserer Gegend viel ist. Er übernahm die schon vorher in einem noch ungeweihten Tempel eröffnete Schule vorigen April. Bei den auf unsern Besuchen in Gulladagudda unternommenen Prüfungen waren über 100 Knaben anwesend, und es zeigte sich, daß Linga in Einfalt mit seinem Erlernten treulich haushält. Besonders aber freut uns seine Einfalt, in der er jeden Abend den Angezogenen in Gulladagudda in einem ihrer Wohnhäuser aus unsern Missionsschriften vorliest, wobei ihm nach unserer eigenen Beobachtung und Anderer Zeugniß leicht abzufühlen ist, daß er selbst Antheil daran nimmt. Wir haben wenig Zweifel darüber, daß er so bald als möglich losbrechen und Christ werden werde. Er hat 6 Rup. Monatslohn, theils seiner großen Schülerzahl wegen, theils weil er auswärtig leben und seine alte Mutter hier unterstützen muß. Vielleicht müssen wir ihm noch 1 Rp. Zulage machen.

2. Badawa, Weberkaste, etwa 16 Jahre alt; früher theilweise in unsern Schulen geschult. Er eröffnete vor 3½ Jahren die neue Knabenschule hier, nachdem ihn die Seinigen schon einigermaßen ans Weben angespannt hatten, wovon ihn aber ein Verlangen nach Schastra-Gelehrsamkeit loszog. Er war schon stark auf dem Weg, ein Wedantist zu werden. Seine Schule führt er zu unserer Zufriedenheit, und nach und nach bekam er auch mehr Lust und Geschmack an christlichen Schriften; besonders sprachen ihn Br. Kies Aufsätze an. — Ein Onkel, 12 Stunden von hier in dem im Nizamo-Land gelegenen Dorf Katrigi hat ihn zu seinem Adoptivsohne und Erben gemacht. Vor einem halben Jahr rief ihn dieser zu sich, damit er ihn in seinem Alter im

Geschäfte unterstütze. Badawa reiste Mitte September dorthin ab, jedoch äußerst ungern. Noch beim Abschied fragte er Br. Hiller, ob man auch selig werden könne, ohne Christ zu seyn? Hiller antwortete: Nein! Aber mach du nur fort mit dem, was du bereits hast, dann wirst du noch mehr bekommen und der HErr wird dir seiner Zeit einen Weg machen; wuchere auch mit dem, was du hast, in deiner dortigen Umgebung. Er nahm alle unsere brauchbarern Missionsschriften mit, um sie dort vorzulesen, fand aber nicht viel Gehör, sondern viel Feindschaft gegen die Pharängi-Schastra. Seine Verwandten drohten ihm, dieselben zu zerstören, deshalb sandte er sie bald wieder nach Bettigherry zurück, was ihn den unseligen Wechsel nur um so mehr fühlen ließ. Im October schrieb er uns, daß seine Gedanken immer bei uns seyen und daß er bald wieder komme. Nach 1½ Monat dortigen Aufenthalts brach er los und kam wieder zurück. Da seine Schule indeß von einem Andern (Dota) besetzt worden war, behielt ihn Br. Hiller im Missionshaus, theils zum Abschreiben, theils aus weitern Absichten. Er hält nun mit Christian die Schulen in besserer Aufsicht, als mir allein zu thun möglich war. Es ist dieses eine Arbeit, zu der er sehr gut paßt und einigermaßen eine Lücke ausfüllt. Unlängst redete er in Christians Zimmer mit seinen Genossen, den Schulmeistern der hiesigen Schulen, über das Losbrechen und Sichtaufenlassen. Er ist ein scharfsinniger und energischer Junge, und könnte mit der Zeit ein tüchtiger Gehülfe werden. Sein Monatslohn ist gegenwärtig 4 Rp.

3. Eiane, Oelmacherkaste, etwa 16 Jahre alt. Früher ein sehr fleißiger Schulknabe, der sich immer in der Schule finden ließ, auch wenn sonst alle Andern heidnischen Umzügen, Festen 2c. nachliefen. Er war schon in einem Kaufladen beschäftigt, von wo wir ihn als Mädchen-Schulmeister in unsere Dienste nahmen. Als solcher hielt er sich gut. Als wir vor 1½ Jahren genöthigt waren einen unserer Schulknaben von Gadag, der in Bettigherry als Schul-

meister angestellt war, des Lügens und Betrügens wegen zu entlassen, setzten wir Eiane in seine Schule (die untere oder alte Knabenschule). In derselben hat er sich seither fleißig und eifrig finden lassen. Seit einem halben Jahr ist er auch für sich aus seiner frühern gutmüthigen Unbesorgtheit aufgewacht und ist im Suchen und Forschen der Nächste an Badawa, an den er sich seither als Kamerad enger angeschlossen hat. Sein Lohn ist seiner Schülerzahl entsprechend 5 Rp.

4. Dola, Oelmacherkaste, etwa 14 Jahre alt, früher unser Schulknabe; seit Eiane's Versetzung wurde er an dessen Statt Mädchen-Schulmeister. Nach Badawa's Abzug nach Katrigi wurde er in desselben Schule versetzt. Er ist ein gutmüthiger Knabe, ohne jedoch besondere Gaben zu zeigen. Die Abendandachten und Sonntagsgottesdienste besucht er regelmäßig, ist aber noch nicht am Puncte der Entscheidung angelangt, Sein Lohn ist 4 Rp.

5. Razeia, Dschangama-Priesterkaste, etwa 15 Jahre alt. Als Knabe nicht in unsern Schulen, sondern im Dschangama-Kloster und nachher bei einem Braminen geschult, wurde uns von Sankappa empfohlen. Er schrieb mehrere Monate im Missionshause, was zu näherer Bekanntschaft Gelegenheit gab. Als Linga nach Gulladagudda zog, wurde er an Jenes Statt Mädchenschulmeister. Er ist ein ruhiger, stiller, fleißiger Junge, der regelmäßig mit Rama (nun dessen Kamerad an Linga's Statt) in die Abendandachten und Sonntagsgottesdienste kommt; bis jetzt aber noch nicht zu den eigentlich Forschenden gerechnet werden kann. Sein Lohn ist 4 Rp.

6. Bhaskara, Goldschmidskaste, etwa 12 Jahre alt, früher Badawa's Schüler, nachher um seiner schönen Handschrift willen etliche Monate Abschreiber im Missionshaus und zugleich Schulmeister für des Swami's Kinder. Seit Dola in Badawa's Schule versetzt wurde, ist er als Mädchen-Schulmeister in Dota's Schule angestellt. Als solcher ist er fleißig und genießt — aus der ver-

mehrten Zahl seiner Kinder zu schließen — das Zutrauen der Eltern. Er kommt gleichfalls in die Abendandachten und Gottesdienste, ist aber noch ein unentschiedener Knabe. Lohn 3½ Rp.

7. Siweia, Dehangama-Priester, etwa 55 Jahr alt. Früher war er etliche Jahre im Dienst der Br. Hiller und Hall. Allein die Absicht, die Missionsschulen mit selbst erzogenen Lehrern zu besetzen, bestimmten die Brüder, ihn zu entlassen. In letzterer Zeit scheint er durch den Einfluß unserer Schulen ins Gedränge gekommen zu seyn, und bat wiederholt und dringend, ihn mit seiner Schule wieder in unsern Dienst aufzunehmen. Da die Lingaiten in Bettigherry gerade in letzter Zeit sich gegen uns zu verwahren anfingen (s. weiter unten) erschien Siweia's Schule, von 60—70 meist Lingaiten-Knaben besucht, desto erwünschter und in Folge davon wurde er vor 2½ Monaten wieder aufgenommen. Sein Lohn ist 5 Rp. Er ist ein praktischer Schulmann alten Schlages, sonst ein gutmüthiger Hindu.

Gadag-Schulen.

8. Dschinawireya, Dschangama-Priester, etwa 50 Jahr alt, derselbe, von dem Br. Hiller Anno 1845 schrieb, er habe ein schafledernes Herz. Er dient ganz nur ums Brod, und als solcher sucht er es nach beiden Seiten so gut als möglich zu machen. Auf der einen Seite hat er die zahlreichen stolzen Banadschiger (Lingaiten-Kaufleute) Gadags auf dem Rücken, sobald er öffentlich für den Christenweg sprechen will; auf der andern Seite dagegen findet er in den 4 Rp. Monatslohn, mit denen er für immer zufrieden seyn will, einen sicheren und ehrenhafteren Broderwerb, als im Betteln im Dorf umher, mit dem Priesterschellenriemen um das Knie gebunden und Mehlsack oder Oeltopf an der Hand hangen. Er thut deshalb Alles, was er kann, um uns zu befriedigen. Practisch ist er ein ordentlicher Schulmann und hat das Erklären der biblischen Geschichten u. s. w. ziemlich im Griff. Nach

mehreren Versuchen, während welchen er abgedankt war, sind wir zu der Einsicht gekommen, daß er unter den derzeitigen eigenthümlichen Verhältnissen der Bevölkerung von Gadag von allen probirten noch der Beste ist für den Posten.

9. Razeia, Dschangama-Priester, etwa 45 Jahr alt, ist noch hoffnungsloser, als der vorige. Nach mehrjährigem Zusehen und Tragen sind wir auf den Punct gekommen, die Mädchenschule in Gadag aufzugeben; nicht blos um des Lehrers willen, sondern auch und hauptsächlich, weil die Stimmung der Bevölkerung Gadags fast ganz aus stolzen Banadschiger, Braminen, Muselmanen und früher vom Mahrattenland eingewanderten und meist dem Trunk ergebenen Webern (eine andere Kaste und anderer Stamm von Webern, schon dem Aeußern nach sehr verschieden von denen in Bettigherry) bestehend, sehr ungünstig für eine Mädchenschule ist, so daß der Schulmeister beinahe keine neuen Schülerinnen zusammenbringen kann, nachdem die früheren die Schule verlassen haben und zu ihren Männern weggegangen sind.

„Neuherzugetretene oder herzutretende Gemeindeglieder. Es ist im letzten Semesterbericht von zwei Familien die Rede, der des Swamis und der des Knechts Thakier. Dem dort Gesagten ist nun Folgendes beizufügen: Bei des Swamis hat sich leider die bedenkliche Seite, an dem damals noch zweideutig dastehenden Character, als die wahre herausgestellt. Hinsichtlich der andern Familie, des Knechtes Takier mit Weib und Tochter, hatten wir zu Zeiten bessere Hoffnung. Besonders als Br. Kies von der Reise zurückkam lautete das Zeugniß von ihnen so, daß er daran dachte, sie nach seiner Rückkehr von der Generalconferenz für Ostern auf die Taufe vorzubereiten. Leider aber haben sich seither etliche Sächlein und Spuren gezeigt, die zwar an sich unter Hindus nicht gerade viel besagen, jedoch gewichtig genug sind, uns bedenklich und vorsichtig zu machen.

„Missionsarbeit im weitern Sinn. Am 16. Juli besuchten wir Beide mit einander den Wirtawa-Tempel, wo seit zwei Monaten alle Abende nach Sonnenuntergang bis etwa 9 Uhr zwei auswärtige Dewangeia (Weberpriester) Purana vorlesen und erklären vor einer gemischten Versammlung von 60—80 Personen. Die Leute machten uns sogleich Platz, und nachdem wir nach Landessitte die Schuhe ausgezogen hatten, setzten wir uns in ihre Mitte. Wir hörten einige Zeit zu, sahen aber bald ein, daß dies nicht der Ort und Zeitpunct war, mit unserer Verkündigung anzukommen, und gingen deshalb bald wieder, von aller Salams begleitet. Einige Tage darauf erfuhren wir, die die Governements-Pfründe von 300 Rp. verschmausenden Braminen haben unsern Besuch für den Tempel verunreinigend erklärt, und dafür, daß der Tütchari (Küster) uns das Hereinkommen nicht verwehrte, ihm den Schnurrbart abrasirt, d. h. ihn damit aus der Kaste gestoßen, jedoch nachdem er ihnen durch ein Mahl den Bauch gefüllt hatte, aus Erbarmen wieder aufgenommen. Nachher mißbrauchte der bigotte Mamledor (Oberamtmann) sein obrigkeitliches Ansehen dazu, den Sudras den Zutritt zum Tempel zu verweisen und die Dewangeias mit ihrer Purana aus demselben hinauszujagen. Obgleich ursprünglich die Weber, von einem Reiseprediger angefaßt, den Tempel dem Panderpur Wirtoba zu Ehren erbaut hatten. Die Braminen fingen erst an, sich um Wirtaba und dessen Herrlichkeit zu bekümmern, nachdem der Tempel obige Pfründe erhalten hatte. Auch die Lingaiten in Bettigherry, besonders die reicheren Krämer unter denselben, zogen sich in letzterer Zeit mehr von uns zurück. Es bestand nämlich seit alter Zeit eine alte hartnäckige Eifersucht zwischen den Webern, die dem Braminenthum und den Lingaiten, die dem Schiwaismus angehören, wer im Dorfe das Vorrecht haben soll. Diese Eifersucht hat öfters zu furchtbaren Schlägereien und manchem Mord auf der Straße am hellen Tag Anlaß gegeben. In Bettigherry durfte seit undenklichen Zeiten kein Lingaite und zu Gadag kein Weber durch das Dorf reiten, sondern vor dem Dorf mußte er absteigen und das Pferd an der Hand durch das Dorf führen bei Lebensgefahr. Vor einigen Jahren (August 1847) war der christliche Collector hier. Er wohnte hier im Missionshause. Die Weber machten eine Petition, daß sie in Gadag und andern Orten, wo viele Lingaiten sind, ohne Gefahr durchzureiten und auch mit Processionen durchzuziehen, Erlaubniß erhalten möchten; die Lingaiten dagegen baten um dasselbe Recht in Bettigherry. Die Lingaiten hatten fast alle Dörfer in solchem Bann gegen die Weber und hätten gern Bettigherry auch gehabt. Es war nicht ihre Meinung, daß wenn sie in Bettigherry mit den Webern gleiche Rechte erhalten, die Weber überall in allen Orten gleiche Rechte mit den Lingaiten haben sollen. Herr Shaw entschied dahin, daß alle Straßen der Regierung gehören, und auf allen Straßen alle Kasten und alle Leute gleiches Recht haben. Durch dieses hat die Ehre der Lingaiten im ganzen Land, wie sie meinen, ein großes Loch bekommen, und sie scheinen jetzt noch nicht alle Hoffnung verloren zu haben, daß es sich wieder hintertreiben lasse. Seit einem Jahr versuchen die Bettigherry-Weber in Procession durch Mundergi (9 St. südlich) zu ziehen. Da führt aber die Landstraße an einem großen Kloster vorbei, worin seiner Ansicht nach ein sehr großer Swami sitzt. Dieser kann diese Schmach, daß eine Weberprocession vor seinem Kloster vorbei zieht, nicht verschmerzen. Er verschmiert etliche 100 Rp. an Braminen-Beamte, hat aber die Sache damit nicht aufgehoben, sondern nur aufgeschoben, denn die Collectors führen es im ganzen Dharwar- und Belgaum-District durch, was Herr Shaw damals hier anfing. Weil es von hier ausging, kommt ein Theil davon, nicht mit Unrecht, uns auf die Rechnung, und es scheint, der Swami in Mundergi habe sich in seiner Verlegenheit dafür an uns rächen wollen, daß er seinen Lingaiten in Bettigherry streng verbot, sich irgendwie mit uns einzulassen, und für solche, die sein Gebot übertreten, strenge

Zucht, d. h. Verlust der Kaste in Aussicht stellte. Es hat Jemand hierüber richtig bemerkt, er habe eine zerrissene Wand wieder verkleibt und angestrichen, unter der Decke aber werden die Risse nach und nach weiter, bis sie seiner Zeit zusammen fällt. — Auf der andern Seite werden besonders die Weber, aber nicht blos diese, immer offener und freundlicher gegen uns, wozu die durch unsere Nachhülfe ermöglichte Erweiterung des Dorfes, welche bei der Uebervölkerung des alten Dorftheiles allgemein als eine große Wohlthat gefühlt und anerkannt wird, nicht wenig beitrug.

Arbeit unter den Heiden. Br. Kies ging an den Abenden, an welchen er auf seinen zeitweisen Besuchen von Malasumadra in Bettigherry war, in das Weberhaus, in welchem, wie in früheren Berichten bereits mehrmals erwähnt worden, eine Anzahl Weber, von Sonnenuntergang bis das Nachtessen fertig ist, sich ihre Zeit durch Schastralesen vertreiben. Er durfte bei diesen Besuchen, bei welchen sie gewöhnlich aus freien Stücken ihre Schastras auf die Seite legen und sich in vertrauliche Unterredungen mit uns einlassen, allerhand erfreuliche Erfahrungen machen. Einmal sprach es der Vorleser, Sankappa, offen aus, er sehe nun, durch unsere Unterweisung angeleitet, ein, daß es mit der Wedanta-Philosophie nichts sey. Der noch auf halbem Wege stehende meine Wunder was er gefunden habe; allein am hintersten Ausgang angekommen, stehe Parabramka (der Urgroße) als eine eigenschaft- und namenlose unfaßbare Leere da. Das befriedige das Gemüth nicht. Ganz anders verhalte es sich dagegen nach unsern Worten in der christlichen Offenbarung: da habe Gott doch auch einen Namen, an welchem man Ihn erkennen und im Gemüth festhalten könne. Ein anderes Mal erzählten sie, wie sie zuerst durch einen von Panderpur, bei Satara im Mahrattalande, wo der Haupttempel Wirtobas ist und von wo sich eine eigenthümliche Combination von Wedanta und Morallehren verbreitet, gekommenen reisenden Guru vom Puranaglauben und Sorglosigkeit zu einem etwas ernsteren Sinn und Forschen gebracht worden seyen. Von dort an seyen sie besonders der Wedanta zugethan gewesen, bis endlich durch unsere Unterredungen ein Verlangen nach etwas noch besserem in ihnen geweckt worden sey. Sie sprachen dann noch den Wunsch aus, wir möchten ihnen doch bald regelmäßig christliche Abendunterhaltungen verschaffen, was wir ihnen natürlich zusagten und nun bald ins Werk zu setzen Aussicht haben. Wieder einmal sprach sich Sankappa dahin aus, was uns fehle und Noth thue, um recht auf das Volk einwirken zu können. Bessere Geläufigkeit in der Sprache und mehr Bekanntschaft mit dem Volk, seinen Sitten, Aberglauben u. s. w. Tüchtige Nationalgehülfen, hinter denen wir stehen sollen, um ihnen den Stoff und richtige Belehrung zu geben, während sie selbst die Allen faßliche Erklärung und auf einzelne Seiten des Hinduleben eingehende Anwendung zu geben haben. Eine Gemeinde, die ihr eigen Brod ißt und so das Vorurtheil abschneidet, die Leute kommen blos um des Bauchs willen zu uns. Einmal, nachdem Br. Kies zuvor schon in seinem Zimmer allein mit Sankappa gebetet hatte, forderte ihn dieser auch in der Versammlung dazu auf, da sie unsern wiederholten Vorstellungen gemäß die an Gamiescha gerichteten Bittgesänge, mit denen sie früher ihre Versammlungen eröffneten und schlossen, aufgegeben haben. Mit Herzensfreude wurde der Bitte entsprochen, wobei sie auf dem Boden sitzend mehrmals das Haupt tief zur Erde neigten. Nach dem Schluß bemerkte einer der sieben Anwesenden, so etwas sey nicht unter ihnen, da sey keine Yoga-Uebung, nichts Mysteriöses, sondern ungekünstelter Zutritt zu Gott wie ein Kind zu seinem Vater! — Sankappa kommt mit Herz und Mund immer näher und zögert, nach seiner Erklärung und unserer Ueberzeugung, mit dem wirklichen Heraustritt durch die Taufe nur deshalb noch, um unter der Decke auch noch mehrere Andere vorzubereiten und dann mit sich ziehen zu können, und dadurch für sich und Andere den Schritt leichter und den Riß größer zu machen. Dagegen scheint leider Paramappa, über den wir im letzten Semesterbericht so hoffnungsvoll schreiben konnten, sich in letzter Zeit wieder in elende Streitigkeiten verwickelt zu haben, durch die unsere Hoffnung für ihn sehr gedämpft wurde.

„Br. Hiller suchte auch in diesem Halbjahr seine ihm bei Besorgung der Station, besonders der Schüler, sowie Malasamudra-Christen u. s. w. in Br. Kies Abwesenheit, neben öfterem Unwohlseyn u. s. w. übrige Zeit und Kraft auf die im vorigen Semesterbericht beschriebene Weise für das Kommen des Reiches Gottes unter den Besuchenden und Besuchten anzuwenden. Von seinen Erfahrungen dabei hier nur einige Beispiele. Bei einer Unterredung mit zwei Dewanga-Priestern kam das Gespräch auf die Dscheimini-Purana, die sie auswendig können und ihren Weberjüngern vorlesen und erklären. Hiller bemerkte, er habe auch ein in Mangalur gedrucktes Exemplar derselben, das er ihnen zeigte. Sie äußerten ihren Wunsch, auch ein solches Exemplar zu kaufen. Hiller aber lachte sie aus und sagte, das sey blos für die Padres zum Nachspüren und Untergraben. „Untergrabet nur," entgegneten sie, „bis sie mit allen andern Puranas zu Boden fällt, es ist nichts verloren." Im weitern Gespräch sagten sie, der Verfasser der Dscheimini habe viel Verstand und Kunst darauf verwendet und Alles prächtig ausgemalt. Wozu Hiller bemerkte: aber Weisheit sey keine darin. Dies verstanden sie sogleich und fügten selbst hinzu: „Ja! Ueber Sünde und Gutes, über Seligkeit oder Verlorengehen ist nichts darin."

„Einmal fragte ein gelehrter Priester, mit dem Hiller die Bergpredigt zu lesen angefangen und die acht Seligkeiten durchgesprochen hatte, über den Grund der ungleichen Menschenloose in dieser Welt, Reichthum und Armuth. Nachdem er hierüber Bescheid erhalten hatte, und auf das Böse im Menschen als den tiefsten Grund hingewiesen ward, wollte derselbe wissen, warum Gott das Böse zugelassen habe, wenn er gut und liebend sey, und in welchem

Verhältniß der Satan zu Gott stehe? Diese Frage in einem Gleichniß zu beantworten, wies Br. Hiller auf seinen Oberknecht, Bassappa, hin und bemerkte: „Ihn habe ich über meine ganze Oeconomie gesetzt; er schaltet und waltet mit dem Ganzen und Einzelnen nach seinem Gutdünken. Aber dieses Gutdünken muß stets meinem Willen und Wohlgefallen gemäß seyn. So lange er dies beobachtet, ist er in dem ihm Anvertrauten so frei, als in seinem Eigenthum. Sollte es ihm dagegen in den Sinn kommen, zu denken: „Ich bin eigentlich der Mann, was frage ich viel nach meinem Herrn, er muß mich doch haben und kann nicht ohne mich fortkommen mit seiner Oeconomie", und würde er aus dieser Gesinnung heraus handeln, so wäre es auf einmal um seine Freiheit geschehen, sobald diese offenbar würde, würden wir auch äußerlich in ein anderes Verhältniß zu einander treten, ich würde ihn abdanken. In dem Verhältniß, in dem er zuvor bei mir gegolten hatte, stünde es freilich nachher in seiner Macht, mir allerlei Torten zu thun, Knechte zu verderben u. s. w., aber je mehr ich mir meiner Macht und Mittel bewußt bin, ihn unschädlich zu machen, je weniger würde ich mich directe mit ihm einlassen, könnte ihm soweit mit Ruhe, wenn gleich mit Mißfallen zusehen. Denn wie könnte es mir einfallen zu glauben, daß er seine böse Absicht hinausführe, wohl aber, daß er sich selbst verderbe, und endlich zu einem Punkt kommen müsse, wo meine Nachsicht und seine Bosheit vor Jedermann an den Tag kommen würde. So der HErr mit dem Satan. Alles dringt und treibt auf den großen Gerichtstag hin." Diese Erklärung war ihm befriedigend.

„An dem Divalige-Fest, den Ahnen gewidmet, sollte der Landessitte gemäß in dem neuanzulegenden Dorftheile die Fahne aufgesteckt werden. Statt des Paniers der Weber und der Chasawa-Fahne der Lingaiten wurde nach Hiller's Rath die englische Unionsflagge dazu bestimmt. Mit Musik begleitet wurde sie in feierlicher Procession durch das Dorf getragen und dann aufgepflanzt; wozu Br. Hiller eingeladen war und wohin ihn Br. Leonberger begleitete. Nachdem das große Geschäft vorüber war, wurden Teppiche auf dem Boden gespreitet und für die Brüder Stühle herbeigebracht. Auf die Teppiche setzten sich die Vornehmsten des Dorfes, während die Menge in dichtem Kreise sich um sie her drängten. Zuerst wurden Kaublätter und Drekannüsse umhergeboten, welche die Brüder in der Hand behielten, die andern aber in den Mund steckten. Dann baten die Aeltesten Br. Hiller um eine Prasanga (Unterredung), worauf er ihnen die Bedeutung der Feste und den Unterschied der heidnischen und christlichen Feste auseinandersetzte, und die Armseligkeit und sogar Abscheulichkeit der heidnischen Feste nachwies. Auf der andern Seite aber, daß Feste den Menschen unter allen Genüssen die höchsten Genüsse gewähren sollen, namentlich sollen sie dem Geiste Nahrung gewähren, weil sie, wenn es wahre Feste sind, irgend eine große That Gottes in Erinnerung bringen, wie wir Christen an der Geburt, dem Leidens-, Auferstehungs-, Himmelfahrts- und Pfingsttag solche große Thaten Gottes haben und feiern, und wie wir uns dieselben zu Nutze machen. Letzteres wiederum im Abstich mit ihnen und ihren persönlichen Festgenüssen. Das Gesagte war den Zuhörern faßlich und ging ihnen offenbar zu Gemüth, denn sie entschuldigten sich damit, es sey eben Niemand unter ihnen, der sie solche Dinge lehre. Br. Hiller entgegnete: „Sagt nicht so, denn eben dazu, um Euch diese Dinge zu lehren, sind wir unter Euch gekommen; sondern hört unsere Worte und werdet anders." Hierzu war ihre Erwiederung: „Es ist schon viel geschehen, aber bis es so Zeit kommt, daß es unter uns aussieht, wie ihr sagt — da ist noch viel zu thun übrig.

Br. Kies Reisebericht:

„Den 2. September brach ich in Gottes Namen von Bettigherry auf und erreichte Gulladagudda am 5ten. Daselbst logirte ich in dem Hause eines reichen Webers. Zuerst hatte ich mehreren der Unsrigen allerlei Scrupel und Zweifel zu lösen, die ihnen beim Lesen der Heil. Schrift gekommen waren. Z. B.: Warum die Christen die Beschneidung nicht mehr haben? Ob Jakob, da er den Stein zu Bethel salbte, nicht Götzendienst getrieben habe ꝛc. Dann galt es auch wieder Argumenten gegen das Rudi, wobei ich diesmal besonders die dogmatische und ethische Seite hervorhob; denn einige, besonders die jüngeren, waren in der langen Zwischenzeit seit unserem letzten Besuch in dem Conflicte zwischen alt und neu fast irre geworden und nahe daran, sich wieder dem Rudi zuzuwenden. Durch Gottes Gnade aber gelang es, nicht nur das Matte wieder aufzurichten, sondern ihnen vollends zum entscheidenden Ausschlag für das Wort Gottes dadurch zu verhelfen, daß ich ihnen das Mark desselben vorsetzte.

„An den Sonntagen hatte ich regelmäßige Gottesdienste, und die Abendvorlesungen und Erklärungen eröffnete ich mit Gebet. Es kam so weit, daß sich 5 Personen bestimmt erklärten, getauft werden zu wollen sobald wir unter ihnen eine Missions-Niederlassung oder doch eine Nebenstation errichten würden. Mehrere junge Männer und Familienväter waren gleichfalls bereit, sahen aber unter ihren häuslichen Verhältnissen noch nicht so weit durch, um eine ähnliche Erklärung zu geben.

„Am 26. Sept. brach ich von Gulladagudda auf und kam am 1. Oct. nach Dambati, 14 Stunden nördlich vom Krishnafluß. Ich suchte die Spuren auf, welche noch von unserem Besuche vor 2 Jahren vorhanden seyn möchten. Christian erklärte seinen ehemaligen Jüngern daselbst, all sein früherer Unterricht sey, wie er nun durch Gottes Gnade wohl einsehe, Lüge und forderte sie auf, seinem Beispiel zu folgen und Jünger Jesu Christi und Schüler des Wortes Gottes zu werden. „Damit,“ setzte er hinzu, „bin ich der Verpflichtung und Verantwortlichkeit, die ich als euer ehemaliger Guru vor Gott für euch hatte, los, und ihr habt nun für euch selbst zu sehen." — Mehrere schienen gerührt, aber sagten es gerade heraus, Kasten und Familienbande seyen ihnen noch zu stark, als daß sie losbrechen und durchdringen könnten. Ein Dschangama-Priester von einfältiger und aufrichtiger Gemüthsart erklärte, mit Seufzen der Zeit entgegen zu sehen, wo ihm der ersehnte Schritt noch möglich werde.

„Am 8. Oct. kamen wir nach Tschabbanur, dem Dorfe Singappa's, der uns voriges Jahr versprochen hatte, nach Bettigherry zu ziehen, uns aber vergeblich auf sich warten ließ. Er kam sogleich, als er von unserer Ankunft hörte, und es stellte sich heraus, daß sein Weib, die nichts von dem Worte Gottes und dem neuen Wege will, und der es sehr schwer fällt den Ort ihrer Jugend zu verlassen, die Ursache des Nichtkommens war. Singappa war ihretwegen innerlich in großem Gedränge und bezeugte abermals, entschieden mit uns und dem Worte Gottes zu seyn, erklärte auch, wenn ich ihn allein kommen heiße, wolle er Weib und Kind verlassen und in Bettigherry Christ werden. So viel konnte ich ihm nicht zumuthen, sondern ermahnte ihn, fleißig für sein Weib zu beten und in Liebe mit ihr zu reden, so werde Gott ganz gewiß seiner Zeit ihr Gemüth umstimmen. Unterdessen aber soll er nach der Ernte wieder einen Besuch in Bettigherry machen. Er versprach solches zu thun.

„Ein Jüngling, der auf Singappa wie auf seinen Vater sieht, und ein armer Lingaiten-Krämer, der in seiner Einfalt Frieden des Herzens sucht, kamen gleichfalls in unser Logis, wo wir mit ihnen beteten und aus dem Wort Gottes ihnen ans Herz redeten. — Dann gab es in einigen Dörfern wieder Unterredungen und Disputationen mit Wedantisten. Was ich ihnen in der gegebenen kurzen Zeit und bei den Gelegenheiten, wie sie sich darboten, von der biblischen Lehre und christlichen Weltanschauung vortragen konnte, wollte in den meisten Fällen ihrem stolzen Dünkel nicht einleuchten. Meine Worte erschienen ihnen, wie einst die des Apostels Paulus den Philosophen und Sophisten auf dem Areopag als σπερμολογια, und was ich ihnen von der Gerechtigkeit, von der Keuschheit und dem zukünftigen Gericht sagte, das erklärten sie als die ersten Anfangsgründe, welche sie, nachdem sie die höhere Stufe der Gnosis erreicht haben, als unreal und aus unwissender Befangenheit entsprungen, verachten gelernt haben. — Weiter kam ich dagegen im Surapur-Lande mit einem Glasringhändler, den ich schon vor zwei Jahren als einen wahrheitsuchenden und verständigen Wedantisten kennen gelernt hatte. Ich blieb 8 Tage in seinem Dorf, während welchen wir alle Vormittage und Abende Unterredungen mit einander hatten. Bei denselben gingen wir weiter ein auf die Wedantalehre einerseits und die Offenbarungslehre andererseits, wobei ich in regelmäßiger Aufeinanderfolge über die Wichtigkeit der Puncte, wie: Gottes Wesen, Welt, Schöpfung, Menschennatur, Sünde, Erlösung, Endlichkeit der Welt rc. zuerst die Fragen vorlegte, Kantappa darauf aus seinem seit 20 Jahren angesammelten Wedantaschatz die einschlagenden Citate und Erklärungen gab, und ich sodann meine Einwendungen dagegen vorbrachte und dem Irrthum die biblische Wahrheit gegenüberstellte. In Kantappa wurde dadurch, wie er sich äußerte, ein tiefes Verlangen angeregt, mit der christlichen Wahrheit genau bekannt zu werden; für mich selbst aber hatten diese Unterhaltungen den Nutzen, daß ich dadurch Vieles profitirte für künftige gründlichere Arbeiten und über alle wesentlichen Puncte der Wedanta viele zu eingehenderem Studium und gründlicher Widerlegung derselben nöthige Fingerzeige und practische Anweisungen erhielt. Denn daß ein weiteres Eingehen nöthig ist, um auch den Wedantisten zu werden, wozu wir gesandt sind, und wo möglich Etliche für Christum zu gewinnen, und daß wir ihnen die Widerlegung des Irrthums und Darlegung der Wahrheit in einer ihren Bedürfnissen entsprechenden Schrift in die Hand geben müssen, um unserer mündlichen Verkündigung Raum und Nachdruck zu verschaffen — das wurde mir bei diesen Gelegenheiten klarer und eindringlicher als je.

„In Surapur machte ich auch dieses Jahr wieder einen dreiwöchentlichen Besuch bei Capitän Taylor, engl. Commissär des Landes, und benützte nicht nur die mir dort gegebene seltene Gelegenheit für mich zur weiteren Ausbildung für meinen Missionsberuf, sondern suchte auch den vielen Besuchenden mit der Verkündigung der Wahrheit nützlich zu werden.

„Von Surapur durchzog ich das Land zwischen dem Krischna und Tungabuada, um in Korigy, 25 Stunden nordöstlich von Bellary, die dortigen Rudileute zu besuchen, von denen Christian früher mehrere Jahre ein Mitglied war, und die er eben deshalb besonders gern mit dem Evangelium bekannt zu machen wünschte. Wir kamen am 23. Nov. daselbst an. In den ersten Tagen suchte ich ihr Vertrauen zu gewinnen, wozu außer meinen eigenen Unterredungen die Besuche Christians in ihren Häusern nicht wenig beitrugen. Auch hatte ich zu diesem Zwecke ihren eigenen Guru von Codacal, den ehrenhaftesten und einfältigsten unter den dortigen Rudipriestern, mit mir gebracht. Nachdem ich ihr Zutrauen gewonnen hatte, deutete ich in Privat-Unterredungen mit Einigen und in der Versammlung im Hause des Aeltesten unter ihnen meine Zweifel an der Richtigkeit und dem göttlichen Ursprung des Rudi an, und ermahnte sie, ihr Haus nicht auf den Sand zu bauen, sondern auf den Felsen. Sie verstanden meine Andeutungen so weit, daß sie bedenklich wurden und mich ersuchten, mit der Sprache heraus zu rücken, wozu ich auf ihre Aufforderung hin auf der Stelle bereit war. In einer dreistündigen Versammlung las Christian die Critic des Rudi vor, die ich ihm in Gulladagudda dictirt hatte; ich selbst half da und dort weiter erklärend nach. Die vorgebrachten Beweise gegen den göttlichen Character des Kalljawa Basawa's und gegen den himmlischen Ursprung des Rudi schlugen ein, und der Eindruck war allen Anwesenden auf den bestürzten und traurigen Gesichtern abzulesen. Sie mußten die Richtigkeit der Ausstellungen anerkennen, und fast ohne ein Wort zu reden gingen sie auseinander. Nachmittags besuchte sie Christian in ihren

Häusern und nahm noch mehr von dem Eindruck wahr. Des andern Tages kamen einige von ihnen zu mir und baten mich, nachdem ich ihnen nachgewiesen hatte, daß sie bisher auf Sand gebaut hätten, soll ich ihnen nun auch sagen, was der Fels sey und wie man darauf bauen müsse. Ich ging sogleich mit ihnen, und in fünf je 2—3stündigen Versammlungen legte ich ihnen in kurzen Umrissen den Hauptinhalt der ganzen Bibel, von Satans Fall bis zum neuen Jerusalem vor. Während dieser Darlegung, bei welcher sie, wie ihre dazwischen hinein gemachten Fragen und ihre ganze Haltung zeigte, mit ganzer Seele zugegen waren, konnten sie sich nicht enthalten, wiederholt auszudrücken, wie sehr sie dieselbe anspreche. Allein — wie der Schluß zeigte — bei allem Eindruck von beiden Seiten vermochten sie es nicht über sich, den gewaltigen Sprung auf einmal zu thun, den Bankerot ihres Rudiglaubens vor sich selbst, vor einander und vor uns anzuerkennen und offen auszusprechen, und sich von Basawa hinweg Jesu Christo zuzuwenden. Sie kamen daher auf den Ausweg, anzunehmen oder wenigstens vor mir zu behaupten, Christus und Basawa seyen nur zwei verschiedene Incarnationen desselben Gottes, der Erstere für uns, der Andere für sie, und in dem vom Himmel zu kommenden Guru werden wir und sie beiderseits unsere Hoffnung erfüllt sehen. — Darauf führte ich practische Argumente aus dem Leben und Thun beider Personen und den Früchten des Glaubens an Jesu einerseits, und ihrer eigenen geistlichen Kraft- und Muthlosigkeit andrerseits an und bat sie nochmals, doch ja nicht durch Selbstbetrug und falschen Rudiglauben verloren zu gehen. Hierauf entgegnete einer der Sprecher: „Laßt uns verloren gehen." Als ich dieses hörte stand ich auf, und in feierlicher Rede erklärte ich ihnen: „Im Auftrag des Guru, der künftig kommen wird, zu richten Todte und Lebendige, bin ich zu euch gekommen und habe euch als sein Bote von euerm falschen Vertrauen hinweg zu Ihm, euerm Heiland, eingeladen. Verschmäht ihr diese Einladung, so ist es eure Schuld und ich bin künftig nicht mehr euer Schuldner. Ihr sprecht jetzt zwar trotzig und wie solche, die sich in der Verzweiflung des Ertrinkens noch an den letzten Balken anklammernd halten wollen; dennoch bin ich gewiß, daß ihr das Gehörte nicht sogleich wieder aus euerm Sinne herausbringen werdet, und deshalb gebe ich noch nicht alle Hoffnung für euch auf. Aber nochmals und zum letzten Mal sage ich euch: Euer Verlangen ist gut, aber euer Vertrauen grund- und haltlos." — Mit diesen Worten machte ich meinen Salam und ging zur Thüre hinaus.

„Als ich durch sie hinging ergriffen Einige meine Hände und drückten sie auf ihre Brust; über Alle aber war ein Schrecken gefallen; denn einen solchen Auftritt hatten sie noch nie gesehen, und einen solchen Schluß hatten sie nicht erwartet. — Des andern Tages brachen wir dann auf und zogen über Hampy, wo ich mich einige Tage aufhielt, um die Ruinen von Vizanajagar zu besehen, über Anegandi und Kopala nach Haus, da und dort predigend und Tractate vertheilend. Am 14. Dec. erreichten wir wohlbehalten Bettigherry. —

„Unserem HErrn und Heiland Jesu Christo, und durch Ihn dem Vater sey Lob und Dank für die auch in diesem Halbjahr uns erzeigten leiblichen und geistl. Wohlthaten.

J. C. Hiller. G. Kies."

7. Station Malasamudra.

Missionar: J. Leonberger (und Kies).
Schulmeister in Asunti: Basappa.

Der erste Semesterbericht 1850 lautet also:

„Den 23. Januar kam Br. Leonberger durch Gottes Gnade wohlbehalten in Bombay an. Ein Brief von ihm kam in Bettigherry an, gerade als Br. Kies am 1. Febr. von seiner Missionsreise zurück gekommen war. Kies hielt es fürs Beste, Leonberger bis Kingorla entgegen zu gehen. Am 9. Febr. traf er den l. Bruder daselbst und am 23ten langten sie mit einander wohlbehalten in Malasamudra an. Seit der Zeit wohnt Br. Kies hier, steht Br. Leonberger in Besorgung des Zucker-, Garten- und Feldgeschäftes rc. bei und gibt ihm Unterricht im Canaresischen, sowie er auch die Gottesdienste, Andachten, Schule rc. besorgt. Wir Beide hatten uns bis jetzt Gottlob immer einer guten Gesundheit zu erfreuen.

„Die kleine Gemeinde hier besteht aus den Christen Abraham, Samuel und Daniel. Außer ihnen besuchen die Sonntagsgottesdienste mehrere der Knechte, die um das Missionshaus her wohnen, die Colonisten und zufällig Besuchenden aus der Umgegend. Jeden andern Sonntag kommt auch der Asunti-Schulmeister mit den ältesten Knaben in den Vormittagsgottesdienst. — Abraham war längere Zeit in Bettigherry; aber nachdem wir am Pfingstfest das heilige Abendmahl mit einander genossen hatten, kehrte er wieder hieher zurück.

„Am 2. April hatten wir die Gnade, einen armen Sünder durch die heil. Taufe in die Gemeinde des HErrn aufzunehmen. Er war mehrere Wochen zuvor von Kukanur im Nizams-Lande hieher gekommen, um ärztliche Pflege und Obdach zu finden. Anfangs schien sich durch die angewandten Mittel sein Zustand zu bessern; bald aber nahm's wieder eine Wendung zum Schlimmern und sichtbar dem Grabe zu. So lange er auf seyn konnte wohnte er regelmäßig den Gottesdiensten und Andachten bei, wobei er sich frei und offen äußerte. Er versprach im Falle der Wiedergenesung bei uns zu bleiben und Christ zu werden. Als er sein Ende herannahen sah bat er um die Taufe. Br. Kies sprach mit ihm über die Bedeutung derselben, und da er alle Fragen auf eine befriedigende Weise beantwortete, so wurde ihm die Erfüllung seines Wunsches zugesagt. Da es sich hiemit einen Tag verzog, so jammerte er sehr und bat inständig, ihn doch ja nicht abzuweisen, sonst werde er auch bei seiner baldigen Ankunft in der andern Welt nicht angenommen, sondern in die Wildniß hinausgewiesen; das wolle er nicht, sondern Christus, der Sünderheiland, soll seine einzige

Zuflucht seyn, nachdem Er ihn aus Gnaden durch seine Krankheit hieher gebracht habe, um ihn noch mit dem Evangelium bekannt zu machen. Als er nochmals gefragt wurde, ob ihm sein früheres gottloses Leben von Herzen leid sey, antwortete er: „Ja, ich bin ein großer Sünder; besonders aber drückt mich jene große Sünde in Bagalkote.“ Darüber gab er dann folgende Auskunft: er habe sein Eheweib in Bagalkote verlassen und sey mit einer Hure nach Kukanur gezogen; dort habe dieselbe, als sie seiner satt und überdrüssig war, sich an einen andern Mann gehängt, und um seiner los zu werden, ihm ein langsam tödtendes Gift beigebracht, an dessen Folgen er nun schon 2 Jahre leide zur gerechten Strafe für seine Sünde. Außer diesem bezeugte er nochmals seinen rückhaltslosen Glauben an Christum. Tags darauf empfing er die heil. Taufe und erhielt den Namen Dewa prija (Gottlieb). Aus der Anrede vor der Taufhandlung machte besonders Eindruck auf ihn was ihm aus dem Worte Gottes über seine Aussicht in der nahen Ewigkeit mitgetheilt wurde. Seine Seele wurde ganz Aug und Ohr dabei und verschlang die Trostworte mit wahrer Gier. Nachher dankte er sehr für diese geistliche Wohlthat und schickte sich ruhig an zum Abschied, der dann auch am folgenden Morgen erfolgte. Wir begruben ihn neben Br. Hall, mit dem er nun als der erste Eingeborne auf dem christlichen Gottesacker der Auferstehung entgegensieht. An seinem Kranken- und Sterbelager bethätigten sich die Christen sehr, und seine Aeußerungen sowie die Taufe gereichten uns Allen zu reichem Segen.

„Der im letzten Jahresbericht erwähnte unverheirathete Jüngling, den Br. Hiller, so lange Niemand in Malasamudra war, mit nach Bettigherry genommen hatte und dort auf sein Verlangen am Katechumen-Unterricht Theil nehmen ließ, ist seit Februar wieder hier. Br. Kies wollte ihn zuvor genauer kennen lernen, ehe er den eigentlichen Taufunterricht mit ihm beginne, und ließ solchen daher einige Monate anstehen, da der Jüngling ja ganz mit den Christen zusammen lebt und allen Gottesdiensten und Andachten mitanwohnt. Die Probe fiel gut aus. Früher war er als Viehhüter ein lästiger und dummer Junge; seit er dagegen ganz mit den Christen zusammenlebt und am regelmäßigen Garten- und Feld-Geschäft Theil nimmt, hat sich's sichtbar mit ihm gebessert: er ist still und arbeitsam und beträgt sich zu Aller Zufriedenheit, und auch für Göttliches und Geistliches zeigt er einen offenen Sinn, so daß Br. Kies Freudigkeit hat, ihn zu taufen und vorigen Monat den Vorbereitungsunterricht mit ihm begann.

„Als Colonisten wurde in der verflossenen Zeit eine Bauernfamilie aufgenommen, die früher schon längere Zeit in der Colonie gewesen, aber wegen Hoffnungslosigkeit und Unarten weggeschickt worden war. Da der Vater mit seinem Weib und erwachsenen Sohn das Frühere zu bereuen vorgab und ein neues Leben versprach, hielten wir es fürs Sicherste, es nochmals für kürzere Zeit mit ihnen zu probiren. Bis jetzt war ihr Betragen ordentlich; sie besuchen regelmäßig die Gottesdienste, scheinen auch aufzupassen; aber über ihren Herzenszustand haben wir noch keine Gewißheit. — Noch ein Anderer, früher Knecht, wollte aufgenommen seyn. Wir bezeugten ihm unsere Zweifel an seiner Aufrichtigkeit; da er jedoch fortfuhr dringend um Aufnahme zu bitten, so sagten wir ihm solche auf kürzere Probezeit zu. Er hat jedoch bis jetzt noch keinen Gebrauch davon gemacht. — Ein Dritter kam von Banabednor und wollte Colonist und Christ werden. Nachdem wir ihm aber gesagt hatten, was das auf sich habe, und daß wir wenig Zutrauen in die Redlichkeit seiner Absichten haben, hielt er es für gerathener, lieber das gewagte Experiment gar nicht zu probiren.

„Da seit Br. Kies auf der Station ist das Zucker-, Garten- und Feldgeschäft stark umgetrieben wurde und ihn vielfach in Anspruch nahm, so konnte er der auswärtigen Predigt nicht die erwünschte Hingabe widmen. Dagegen suchte er die durch Besuche rc. dargebotenen Gelegenheiten zu benützen. Eine solche bot sich unlängst bei einem Kranken dar. Derselbe war ein Jüngling, welcher mit einer durch Gift ruinirten Lunge zu mir kam; versuchsweise hatte ich ihm einigemal Arznei gegeben; da es aber nicht besser wurde, sondern zusehends dem Tode entgegen ging, so sagte ich ihm solches letzthin im Beiseyn seiner Mutter und ermahnte ihn, sich auf den ihm nahe bevorstehenden Uebergang in die Ewigkeit vorzubereiten; er solle sein Leben prüfend durchgehen, seine Sünden Gott bekennen und die Gnade erflehen, welche Gott den Sündern durch Christum mittheile, von dem er hienieden zwar noch wenig gehört habe, aber dort sicherlich alles Nöthige erfahren werde, wenn er auf das jetzt Gehörte hin im Verlangen nach Ihm, dem Sünderheiland, aus der Zeit gehe rc. Die arme Mutter wurde durch diese Worte sehr gerührt, so daß sie anfing mit Thränen mir ihre Sünden zu bekennen, besonders die Sünden ihrer Jugend, in denen sie diesen einigen Sohn geboren habe, dessen baldiges Dahinwelken sie als eine Gotteszüchtigung betrachte. Dieses Bekenntniß einer Heidin freute mich sehr, denn es kam aus dem regen Gewissen, welches auch in mancher Heidenseele ein Verlangen nach Gnade erwecket, das der barmherzige Gott gewiß nicht ungestillt lassen wird.

„Einen Eindruck ganz entgegengesetzter Art gab mir eine Unterredung mit Bhima, dem Ventur-Waschermann, Bruder des weggeschickten Simon, der einst Br. Frei viel Hoffnung gemacht hatte, Christ zu werden. Daran erinnerte ich ihn, als er uns eines Tages Wäsche brachte, und fragte ihn, wie es jetzt um ihn stehe. Er sagte frei heraus, daß er Alles wisse, was er thun sollte und was seiner als Ungehorsamen warte; aber ob er gleich die Hölle zu beiden Seiten neben sich offen sehe, so könne er doch nicht entfliehen, weil ihn Weib und Familie zurückhalte. Mit fast unglaublicher Gleichgültigkeit fügte er dann noch hinzu, Gott möge ihn einst am Gerichtstag unter die Füße treten, er könne nichts machen.

„Besser steht es noch mit den Leuten in Schagati und Dundar, welche seit einigen Jahren mit der hiesigen Station in Verbindung stehen und von Zeit zu Zeit Besuche hier machen. Aber leider fehlt es nicht an Anzeigen, die auch für sie ein ähnliches Wiederabstehen befürchten lassen. Als

Br. Kies sie einmal in ihrem Dorfe besuchte, bekannten sie offen, daß sie zwar das Wort Gottes noch in dem zur Schule verwandelten Tempel sowohl, als auch in ihren Häusern lesen, demselben innerlich völlig zustimmen und auch zu dem wahren Gott beten, aber noch nicht Muth und Kraft genug haben, um Christi willen Kasten- und Familienbande zu zerreißen. Br. Kies stellte ihnen abermals, wie schon öfter, die große Gefahr solchen Zauderns und halben Wesens vor die Seele. Sie gaben solches zu, aber weiter kam es bis jetzt noch nicht bei ihnen.

„Die Schule in Asunti, von 18 Knaben und einem Mädchen besucht, geht ihren regelmäßigen Gang. Die Schüler machen befriedigende Fortschritte im Lesen, Schreiben, Rechnen, lernen Theile der Tractate und bibl. Geschichten auswendig 2c. Jeden Dienstag kommen sie ins Missionshaus, um ihre Aufgaben vorzuzeigen und aufzusagen, welche Gelegenheit dann besonders zu Katechisationen in der bibl. Geschichte benützt wird. So lange Br. Leonberger der canaresischen Sprache nicht mächtig ist, halten wir Eröffnung weiterer Schulen in entfernteren Dörfern nicht für ersprießlich.

„Dem gnädigen HErrn und Heiland, deß wir sind und dem wir dienen, sey Lob und Ehre für Alles, was Er uns in seiner seligen Gemeinschaft erfahren und thun läßt. Amen!

Malasamudra, 4. Juli 1850. J. Leonberger."
G. Kies."

Der Bericht vom 2ten Halbjahr 1850 lautet:

„Arbeiter-Personal: Br. J. Leonberger und bis 1. September Br. Kies; ein heidnischer Schulmeister und ein Munschi.

„Characteristic des heidn. Schulmeisters und Munschi. — Der Schulmeister Basappa ist ein Lingaite, etwa 22 Jahre alt, früher in den Gadag-Nachtschulen geschult, von stiller Gemüthsart; in seiner Arbeit pünktlich und besorgt und derselben soweit gewachsen; er kommt mit seinen Knaben in die Sonntagsgottesdienste, zeigt aber sonst keinen Sinn für die christliche Wahrheit. Sein Monatslohn ist 4 Rp.

„Der Munschi Gurusidda, Lingaitenschneiderkaste, gegen 20 Jahre alt, war früher in Bettigherry angestellt; seit dem 13. Mai war er meist in Malasamudra und las mit Br. Leonberger Canaresisch, während er die übrige Zeit für Bettigherry schrieb. Jede der zwei Stationen zahlte die Hälfte seines Monatslohnes, der aus 8 Rp. besteht. Mit dem 1. Januar hat ihn aber Br. Leonberger zum Sprachstudium und Nachhelfen beim Auszahlen &c. für ein Jahr ganz in seine Dienste genommen. Er ist eifrig in seiner Arbeit und derselben ganz gewachsen, übersetzte unter Anderem Dr. Wilson's Critic der Bhagawatgita aus dem Mahratti zur Freude und zu sichtbarem Nutzen der jungen Leute in Bettigherry &c. Sein früheres Angezogenseyn hatte voriges Jahr nachgelassen, da er, wie fast alle jungen Hindus, in Stricke der Fleischeslust gerathen war; gründliche Nachfrage und ernstes Auftreten und Ansgewissenreden hatte jedoch gute Wirkung, so daß er sich, so weit wir erfahren und urtheilen können, wieder losgemacht hat. Gegen Christian sey er offen und zutraulich. Er habe die Absicht, mit seinem Christwerden noch einige Jahre zu warten, um seine altersschwachen Eltern nicht mit Herzeleid in die Grube zu schicken, und um zuvor seine Verlobte hier zu bekommen.

„Gemeinde. — Den geistlichen Zustand der 3 alten Christen, Abraham, Samuel und Daniel, bezeichnen am besten ihre eigenen Bekenntnisse, die sie bei der Vorbereitung auf den Genuß des heil. Abendmahls (25. Aug.) in der Unterredung mit jedem Einzelnen vor Br. Kies ablegten. Samuel kam zuerst; seiner Worte Inhalt war: „Ich bin von Natur sehr fleischlich und irdisch, aber der HErr hat mir ein neues Licht und Leben gegeben; außer der Wirkung seiner Gnade versinkt mein Gemüth und Gedankenleben immer wieder in Unachtsamkeit und irdische Gesinnung. In Bezug auf Abraham meine und sage ich oft, er solle nicht so kurz angebunden seyn, sondern die Knechte mehr in Liebe ermahnen, was er mir jedoch manchmal als Parteilichkeit oder Herrschsucht übel nimmt." Daniel kam nachher und sagte: „Ich bin ein großer Sünder und erkenne Andere als besser denn mich. Durch Euern Unterricht ist mir die Wahrheit Gottes erst recht klar und nahe geworden; der Unterricht den ich früher erhalten hatte war sehr unvollständig. Meine ganze Hoffnung ruht auf Christo." Dann kam auch Abraham und sprach sich dahin aus: er erkenne, daß er sehr zum Zorn geneigt sey und oft darein falle, wenn er sehe wie die Knechte das Geschäft so schlecht thun. Er sage seine Meinung darüber und was er fürs Beste halte Samuel, und damit überlasse er die Sache ihm. Samuel sehe manchmal nicht genug auf den Nutzen. Durch Br. Kies Hierseyn sey ihm Malasamudra wieder lieb geworden, das ihm vorher sehr verleidet gewesen sey.

„Die Sonntagsgottesdienste werden regelmäßig, der erste von 11—½1 Uhr, der zweite von 4—5 Uhr gehalten; dabei wird zuerst gesungen, dann aus dem Herzen gebetet, darauf der Text vorgelesen und über denselben Vormittags eine ungezwungene Ansprache gehalten, Nachmittags mehr katechisirt. Nach dem Vortrag wird wieder ein Vers gesungen und mit abermaligem freiem Gebete geschlossen. Zu Vormittagstexten hatte sich Br. Kies im verflossenen Jahre die Episteln gewählt, wobei er aus den zwei Jahrgängen je die passendste auslas. Nachmittags wurden der Ordnung nach mehrere Briefe erklärt: 1 Joh., Eph., Phil. ꝛc. Als Tauf- und Abendmahl-Liturgie benützen wir eine Uebersetzung aus der würtembergischen Agende. Kindergottesdienst haben wir keinen. Während Br. Kies Abwesenheit sorgte Br. Hiller für die Erbauung der Malasamudra-Christen dadurch, daß er, wenn es ihm immer möglich war, am Sonntag einen Gottesdienst in Malasamudra hielt, andernfalls aber sie nach Bettigherry kommen ließ. Bei Gelegenheit der durch die Oeconomie nöthig gewordenen häufigen Wochenbesuchen wurde mit ihnen Andacht gehalten.

„Neuherzugetretene Gemeindeglieder. Taufe. Im vorigen Semesterbericht war vom Vorbereitungsunterricht eines Jünglings zur Taufe die Rede. Derselbe war so eingerichtet, daß immer auch die Christen mit anwohnen konnten, nicht blos weil ihnen selbst eine solche zusammenhängende Darstellung und Erklärung der ganzen Offenbarungswahrheit nützlich werden mußte, sondern besonders auch deshalb, damit sie nachher unter sich mit dem neuen Bruder über das Gehörte reden und ihm so bei seiner schwachen Fassungskraft in ihrer einfältigen Weise manches Wort noch klarer und eindrücklicher machen möchten. Des HErrn Segen war spürbar auf diesen Unterrichtsstunden. Am 17. August legte der Taufcandidat bei der Prüfung seines Herzenszustandes und seiner Erkenntniß ein einfältiges aber befriedigendes Bekenntniß ab, und am darauf folgenden Sonntag wurde er durch die heil. Taufe der Gemeinde des HErrn einverleibt und erhielt den Namen David. Außer den Malasamudra-Christen und einer Anzahl Knechte mit ihren Weibern waren auch Christian und Maria von Bettigherry und ein Besuch von Gulladagudda zugegen. Es wurde Vormittags auf Grundlage von Apost. 2, 37—41, über die Frucht der Taufe, und Nachmittags über Römer 6, 3—14 von der Verpflichtung der Taufe gesprochen. — Am Christfeste genoß dann der Neugetaufte in Bettigherry mit uns und den Bettigherry- und Malasamudra-Christen zum ersten Mal das heil. Abendmahl. Seither macht er uns Freude.

„Am 7. Juli zeigte auch der verlorene Jacob sein Angesicht wieder einmal in Malasamudra. Seit der Zeit, seit welcher er um seiner Händeleien und Hurereien willen von den frühern Brüdern aus der Gemeinde und Colonie hinausgestoßen ward, hatte er Allerlei durchzumachen. Vor etwa 1½ Jahr drohte er einmal in Magadi, seinem Geburtsort, 4 Stunden von hier, wo er sich meist aufhielt, seiner Obrigkeit, dem Fürsten von Schiratti, ihn bei der englischen Regierung verklagen zu wollen. Da sagte dieser: „Gut, so will ich dir zuvor auch eine Ursache geben", und steckte ihn unter die Gallioten, wo er den Tag über auf den Straßen arbeiten und des Abends sich sein Brod selbst erbetteln mußte. Das hat scheint's seinen Hochmuth ein wenig gedämpft. Ein Verwandter löste ihn aus, und um der Noth und Schmach zu entgehen, suchte er Malasamudra wieder auf. In den Unterredungen, die Br. Kies mit ihm hatte, suchte er alles Frühere Verläumdungen zuzuschreiben und sich selbst schuldlos darzustellen. Nachher brachte er auch seinen 9—10jährigen Knaben, Johann, mit. Bei allem Läugnen und Verdecken stellte es sich doch auch mit heraus, daß er bis heute noch mit jenen Weibsleuten zu thun hatte, um deren willen er damals fortgejagt wurde. Wir zeigten deshalb gar keine Lust ihn wieder aufzunehmen, stellten es aber den Christen anheim, durch die er uns erbitten wollte, ob sie es mit ihm nochmals probiren wollten oder nicht. Sie nahmen es auf sich, und so wurde ihm gestattet wieder in die Colonie zu kommen, hauptsächlich um seines netten Knaben willen. Er war noch keinen Monat da, so kam er schon mit Schulden, die wir für ihn bezahlen sollen; auch schwatzte er drum herum, es würden wohl auch jene Weiber wieder in die Colonie zu kommen wünschen. Damit kam er aber schlecht an. Bei der nächsten Gelegenheit (am 25. August) wollte er auch mit zum heil. Abendmahl zugelassen werden; denn, meinte er, es wäre doch eine große Schande für ihn vor den Christen, wenn er nicht theilnehmen dürfte. Dafür wurde er auf seine großen Sünden und auf die große Schmach hingewiesen, die er durch seinen schlechten Wandel vor den Heiden auf den Namen Christi gebracht habe. Kaum war Br. Kies auf die Reise, so fing er bereits an, über Abraham vor Knechten und Munschi u. s. w. zu schimpfen. Abraham sey kein Abraham, sondern noch ein Jellappa (Abrahams früherer heidnischer Name), er wolle es dahin bringen, daß Abraham fortgejagt werde u. s. w. Sobald die Brüder solches erfuhren, verwiesen sie ihn aus der Colonie; umsonst suchten sie den Knaben zurückzubehalten, der Vater nahm ihn auch mit. Doch kehrten sie beide bald wieder zurück. Jacob machte von der ihm noch einzig gebliebenen Zuflucht Gebrauch und stellte sich unter Br. Hiller in Bettigherry, während Br. Leonberger den Sohn in Malasamudra behielt, ihm einige Anleitung zum Kochen gab und dafür sorgte, daß er vollends geschult werde. Dabei benimmt sich Johann recht ordentlich und läßt uns nicht ohne Hoffnung für die Zukunft. Nicht so dagegen sein Vater in Bettigherry. Nicht nur will sich derselbe nicht recht zum Geschäft anlassen, sondern er hält auch seinen Groll gegen Abraham fest und hat sich, wie in letzter Zeit verlautete, auch gegen die andern Malasamudra- und Bettigherry-Christen feindlich ausgesprochen, ja sogar gegen das Wort Gottes selbst zu reden angefangen. Es bleibt uns deshalb nichts anders übrig, als ihn nächster Tage für immer aus beiden Stationen zu verweisen. Dabei ist es uns nur für Johann bange; denn er ist wirklich ein lieber Knabe. Br. Kies ließ ihn deshalb gestern zuerst durch Daniel vorbereiten und redete dann selbst mit ihm. Johann versicherte mit Thränen bleiben zu wollen, worauf wir mit ihm beteten und ihn den Liebesarmen des Heilandes empfahlen. Jacob soll unter anderem auch im Schilde führen, seinen älteren Sohn Peter aus dem Mangalur-Institut wegzubekommen, um ihn dann durch eine Verheirathung mit einem heidnischen Mädchen in Schiratti für immer Christo und den Missionarien zu entfremden. Wir setzen diese Dinge schon in diesen Bericht, obgleich damit der Zeit nach vorgegriffen ist, um nicht den nächsten Bericht auch noch mit dieser traurigen Geschichte entstellen zu müssen.

„Colonisten konnten in diesem Halbjahr keine aufgenommen werden, da sich keine meldeten. Vielmehr sah sich Br. Leonberger genöthigt, auch die im Laufe des vorigen Semesters aufgenommene Bauernfamilie wieder wegzuschicken, da sich dieser dritte oder gar vierte Versuch mit ihr eben so hoffnungslos erwies als die vorigen. Auch mit den meisten der alten Knechte räumte er auf. Von 10 wurden nur 3 behalten. Mehrere der Weggeschickten waren seit 9 Jahren da, einige Söhne früherer Colonisten. Faullenzerei durchs Fernrohr beobachtet, Dieberei durch den Wallegara (Wächter und Briefträger) entdeckt, besonders aber furchtbare Schlägereien in Folge von Branntwein- und Palmweinsaufen und Hurengeschichten waren die Ursachen ihrer Entfernung.

Neben der Colonie hatten sich auch seit Jahren eine Anzahl Worder (in Strohhütten wohnende, umherziehende Erd- und Steinarbeiter) angesiedelt, die jedoch nie die Gottesdienste besuchten; ihnen ist schon längst aufgeboten, allein ihre Hartnäckigkeit macht es nothwendig, sie am Ende durch den Oberamtmann entfernen zu lassen. Aehnlich ist es mit ihren Nachbarn, einer Sippschaft Korer, die sich von Mattenflechten und Stehlen nähren und wie die Andern allgemein dem Trunke ergeben sind.

O, wann bricht der Frühling an
Nach den langen Wintertagen?
HErr, Du bist es, der da kann
Zu den Todtenbeinen sagen:
„Rauschet, regt und füget Euch,
Seyd ein Leib für Gottes Reich!“

Malasamudra, den 12. Februar 1851.

J. Leonberger.
G. Kies.“

c) Mission auf den Nilgherries.

8. Station Käty (Kotagherry).

(Angefangen im Jahr 1846.)

Missionare: M. Bühler mit Gattin. J. F. Metz. L. Mörike.
Katechist: Satjanaden.

Bericht vom 1. Januar bis 1. Juli 1850.

„Beim Rückblick auf den verflossenen Zeitabschnitt der letzten Monate gibt uns die erste Hälfte neben den täglichen Erfahrungen der alle Tage neu werdenden Gnade einige besonders gnädige Beweise von der Freundlichkeit unseres Gottes, wogegen die zweite Hälfte: „Unser Gott ist ein eifriger Gott“ sehr leserlich an der Stirne trägt.

„Was seit beinahe zwei Jahren nicht der Fall gewesen war, daß alle Missionsgeschwister der Station unter Einem Dache zusammenleben durften, ist uns in diesem Jahre in

Käty zu Theil geworden. Mit der Ankunft von Geschwister Bühler, der wir in unserem letzten Berichte noch entgegengesehen, wurde unsere Zahl wieder vollständig (drei Brüder, eine Schwester). Aber nicht blos für den Aufenthalt der activen Missionsgeschwister der Station, sondern auch dem weitern von der verehrten Committee für die Nilagiris-Station im Auge behaltenen Zweck, ein Sanatarium für unsere Mission zu seyn, entsprach das geräumige Käty-Haus. Kurze Zeit nämlich nach der Ankunft von Geschwister Bühler langten Geschwister Bührer mit ihren zwei Kindern von Mangalur, um Br. Bührer's leidender Gesundheit willen, bei uns an.

„Nachdem wir nicht ganz zwei Monate gesegnet zusammengelebt und gearbeitet hatten, gefiel es dem HErrn, Br. Bühler aufs Krankenlager zu legen. Er wurde wahrscheinlich in Folge von allzugroßer Anstrengung auf einem Predigtausflug, den er mit Br. Mörike in den von uns noch wenig besuchten Todanadu gemacht, vom Fieber befallen, und die letzte Woche war nun die neunte, daß er nach eingetretener Besserung durch mehrere Rückfälle geschwächt, in der Genesung noch weit zurück, wohl noch für längere Zeit der eigentlichen Arbeit sich wird enthalten müssen. Mehrere Male glaubten wir Br. Bühler werde von uns scheiden, und jedes Mal erhörte der HErr über Leben und Tod unsere Gebete und gab ihn uns wieder. Diese für seine liebe Frau, wie für uns Alle besonders schwere Nothzeit kam über uns als eine Züchtigung vom HErrn, der nicht will, daß Seine Kinder mit der Welt verdammt werden. Möge sie die von ihm beabsichtigten Früchte der Buße an uns und in unserem Berufe für jetzt und für die Ewigkeit tragen!

„Kurz nach Br. Bühler's Ankunft vereinigten wir uns in der Conferenz dahin, dem länger als ein Jahr bei uns gewesenen und von Br. Mörike unterrichteten Sanjasi die heil. Taufe zu ertheilen. Dies geschah am 24. Februar in der Anwesenheit von vielen Zeugen, wie wir der verehrten Committee ausführlich berichteten. Der Neugetaufte hat uns zwar seitdem wieder einige Male Noth gemacht; doch trauen wir's der Treue dessen, der von Seinen Schafen gesagt hat: „Niemand wird sie aus meiner Hand reißen," zu, daß er immer mehr Seinem HErrn zur Ehre und uns eine Freude und Stütze werden wird. Er war in der letzten Zeit viel mit dem canaresischen Pilgrimsprogreß beschäftigt, und wird, so Gott will, bald in einer Schule angestellt werden. Schon mehrmals wurde er in verschiedenen Badaga-Dörfern eingeladen, sich in ihrer Mitte als Lehrer für Alt und Jung niederzulassen.

„Einer unserer Schulmeister, Jesaja, den wir, an der hiesigen Schule angestellt, von Herrn Casamajor übernommen hatten, dem aber das hiesige Klima nicht zusagte, verließ uns mit seiner Familie im Februar, um ins wärmere Unterland zu gehen. Ein Zimmermann, Elieser, der ursprünglich von Herrn Groves getauft, mehrere Jahre lang mit uns in Verbindung gestanden war, und sonntäglich die hiesige Predigt von dem benachbarten Cunur aus, wo er auf seinem Handwerke arbeitete, besucht hatte, starb am 14. Mai schnell an einer Lungenentzündung und hinterließ eine junge Wittwe und drei Kinder. Br. Mörike sah ihn noch den Tag vor seinem Ende, als die Krankheit schon weit vorgerückt war, und wies ihn, da er kaum mehr reden konnte, auf die Todesschmerzen des HErrn Jesu, die auch ihm gegolten, hin. Kurz vor seinem Abscheiden ließ er sich von seinem Weibe 1 Cor. 15 vorlesen, verwies ihr ihr Jammern, rieth ihr an, zu uns nach Kâty zu gehen, sprach viel von seinen Sünden, sagte, er werde jetzt gehen, und starb darauf ruhig und, wie wir hoffen, im Frieden. Ein eingeborner Gehülfe des Arztes in Cunur, ein Baptist, der mit ihm in Einem Hause wohnte, hatte sich des Entschlafenen leiblich und geistlich sehr angenommen. Der HErr vergelte ihm seinen Liebesdienst!

„Die regelmäßigen Gottesdienste und Andachten wurden von uns abwechselnd gehalten und von der kleinen Gemeinde besucht.

„Unsere Stellung zu dem uns umgebenden Heidenthum hat sich im großen Ganzen wenig verändert. Einige erfreuliche Annäherungen von Einzelnen haben stattgefunden. Wir sind mit zwei neuen Gebieten, deren Bewohner mit unserer Nilagiri-Bevölkerung, hauptsächlich den Badagas, in sehr enger Bluts- und Sprachverwandtschaft stehen, am Südwest- und Nordwestfuße der Nilagiris, bereits zum Malajalim-Lande gehörig, in Berührung gekommen. Mit den beinahe zu den wildesten Stämmen gehörigen, in der Fieberregion am Rande der Hills wohnenden Irulern wurden wir auch näher bekannt. Sie baten sogar um eine Schule, wozu uns aber bis jetzt noch der Schulmeister fehlt. Ihr Vorsteher, den wir bei einem Badaga-Fest kennen lernten, ist ein verständiger Mann, und soviel wir aus einigen Unterredungen sehen konnten, für die Wahrheit nicht unempfänglich. Er wohnt in einem Dorfe am südwestlichen Fuße der Hills.

„Eine auf den Nilagiris weit berühmte Feier zu Ehren des Gottes Mahalinga in Melur (das Kohlenfest genannt) wurde von uns Dreien besucht. Als wir uns dem Festplatze näherten, ersuchte uns der Hauptgauda des Meka-Nadu, von den Braminen aufgestachelt, wir sollten unsere Schuhe in der Nähe des Tempels ausziehen. Als ihm Einer von uns auf sein Ansuchen die Gegenfrage machte, wessen die Erde sey, auf der wir stehen, ob des Götzen Mahalinga, oder des HErrn, der Himmel und Erde gemacht hat, antwortete er: „Ihr bleibt uns nie eine Antwort schuldig,“ gab sein Ansinnen auf, und auch die Braminen gaben sich zufrieden. Der Culminationspunct des Festes ist die feierliche Procession von einer Anzahl Braminen um den Tempel her, wobei sie, den fast nackten Körper bemalt, von Salben duftend und mit Blumen geschmückt, ein Schilfrohr über dem Kopf gebogen haltend, über eine 6—8 Fuß lange, mit halb glühenden Kohlen gefüllte Grube hinwegzuschreiten oder zu tanzen haben, ohne daß dabei, nach dem Glauben der Leute an ihre Unverletzlichkeit, der Fuß im mindesten verletzt, oder auch nur ein

Haar am Körper versengt würde. Da diese vermeintliche Unantastbarkeit der Braminen (unter den Badagas Haroaru genannt), die sogar dem Feuer Trotz bieten kann, den armen Badagas als ein Hauptbeweis dient für die Wahrheit ihres Götzendienstes, so baten wir den HErrn flehentlich, mit Seinem starken Arm darein zu greifen und thatsächlich Seine Ehre und Seine Rechte zu wahren. Und was geschah? Einer der unantastbaren Braminen verbrannte seinen Fuß dergestalt, daß er bei uns Hülfe und Pflaster zu suchen genöthigt war. Diese Thatsache machte großes Aufsehen unter den Leuten, und die Braminen waren nicht wenig verlegen. Wir benutzten diese Stimmung seitdem, so viel wir konnten, und predigten das wirklich unfehlbare Wort von der Wahrheit in Christo. Aber noch schlug es nicht durch. Nun heißt es: der Fußverbrannte müsse eine besonders schwere Sünde begangen haben, sonst wäre ihm dies nicht passirt, und damit sey er nun vom Götzen bestraft. So sucht der Gott dieser Welt seine Ehre zu retten, indem er die Sinne der Ungläubigen verblendet, daß sie nicht sehen das helle Licht des Evangeliums von der Klarheit Christi, welcher ist das Ebenbild Gottes.

„Unsere Schulen in Käty und Kotagherry sind in gutem Fortgange begriffen, die Schülerzahl so ziemlich dieselbe wie vor 5 Monaten (50—60). Die Schule in Kugaldorre, ein ziemlich fieberischer Platz, wo Br. Bühler wahrscheinlich seinen Fieberanfall durch ein einmaliges Uebernachten (wozu die Anstrengung auf der Reise kam) geholt hat, ist durch die Krankheit des Schulmeisters gerade jetzt seit einiger Zeit unterbrochen, wird aber, so Gott will, bald wieder in den frühern Gang kommen. Wenn wir nur Schulmeister hätten, so könnten wir noch mehrere Schulen errichten.

Käty, den 2. Juni 1850. C. Mörike.

J. F. Metz."

Bericht vom zweiten Halbjahr 1850.

Geschwister Bühler, Br. Metz und Br. Mörike.

„Als wir am Ende der ersten Hälfte des Jahres einen Rückblick auf jene 6 Monate warfen, mußten wir von Leiden und Züchtigungen reden, die uns getroffen und tief bewegt hatten; es war eine aufgeregte, erfahrungsreiche Zeit. — Am Ende der zweiten Hälfte aber dürfen wir mehr von einem ruhigen Leben und Arbeiten reden. Es war uns vergönnt, in der Stille unserer Arbeit nachzugehen, wo und wie der HErr gerade eine Thüre öffnete.

„Was unsere persönlichen Erfahrungen betrifft, so durften wir auch hierin des HErrn Gnade und Hülfe erfahren. Br. Bühler erholte sich, ohne daß von seiner Krankheit etwas zurückgeblieben wäre, wieder gänzlich.

„Die Geschw. Bührer verließen uns Ende Juni und zogen in das vielleicht etwas wärmere Kotagherry. Auch er, scheint's, erholt sich so ziemlich von seinen langen Leiden.

„Katechist. Unser Katechist Satjanaden besorgt in Ermanglung eines andern passenden Schulmeisters die Käty-Schule, die vom sel. Hrn. Casamajor gestiftet wurde. Er gibt sich Mühe die Schüler zu fördern.

„Schulen. — a) In Käty. Die Schule in Käty ging ihren ordentlichen Gang fort. Die Schüleranzahl beläuft sich auf 18. Einige von ihnen machen uns viele Freude durch ihr Betragen und ihre Talente; wir hoffen, daß dieselben nach einiger Zeit als Schulmeister unter den Badagas benützt werden können. Die Knaben lernen nicht bloß lesen und schreiben, unsere Hoffnung geht weiter, daß auch ein Schatz in ihnen gesammelt wird, der ins ewige Leben bleibt. Einer wurde geschlagen wegen seiner Narrheit, „daß er zum Vater im Himmel bete, da ja sein Vater nicht dort droben, sondern im Haus drinnen sey.“ Man achtet auch sonst auf die „Predigtmacher“, wie man Einzelne nennt, weil sie im Verdacht stehen, daß sie Christen werden möchten. Ein kleiner, sehr aufgeweckter Knabe sagte einmal, als er ganz traulich mit Bühler sprach: „Ach, wenn sich doch die Badagas zum HErrn Jesu bekehrten, das wäre gut." — Möge der HErr sich eine Macht und Lob bereiten aus dem Munde der Kleinen.

„b) In Kotagherry. Weniger Erfreuliches bietet die Kotagherry-Schule dar. Die Schüler kommen zwar ziemlich regelmäßig — meist Tamilleute, aber auch einige Badagas; — allein der Ort selber ist ein grundverdorbener und deswegen für jede religiöse Erregung höchst ungünstiger. Der Schulmeister steckt ebenfalls zwischen Thür und Angel, immer bereit sich an uns anzuschließen, und doch ist nie ein ernstliches Aufraffen wahrzunehmen.

„c) In Kugeltore. Die dritte Schule in Kugeltore, die Mardochai leitete, hat aufgehört. Unser Julibericht erwähnte die Krankheit Mardochais, und wie er nur vom Unterlande eine Erholung erwartete. Wir boten ihm die Hand zu einer Reise nach Meisore, wo er bei Bekannten zu wohnen hoffte. Dort blieb er bis October, wurde ganz gesund, laut eines Briefes von ihm und des Zeugnisses von Miss. Sanderson. Im October schrieb er um 20 Rp. für Extraausgaben, die wir ihm unmöglich bewilligen konnten, nachdem wir früher ihm so viel, als wir nur mit gutem Gewissen verantworten können, gegeben hatten. Auf dieses hin kam er im November nicht, wie er versprochen, und ließ auch bis jetzt nichts Weiteres von sich hören. Wahrscheinlich hat er in Hunsur Arbeit gefunden; er war früher schon dort und hatte einen kleinen Laden. — Seit etwa 2 Jahren war ihm überhaupt nicht mehr ganz wohl bei uns, wegen eines traurigen Falles, der sich damals ereignete. Er verging sich mit einer Weibsperson. Bühler, der damals in Kotagherry war, erfuhr es bald nachher durch Mardochai's Weib. Er bekannte es auch sogleich und drückte seine Reue in starken Worten aus, versicherte auch wiederholt, daß er unter viel Thränen und Flehen Vergebung gefunden habe. Da aber das Gerücht in Kotagherry laut wurde, so konnten wir ihn unmöglich als Schulmeister dort lassen, damit wir nicht den Schein auf uns brächten, wir machen aus Ehebruch auch nicht mehr als die römischen Padris (die meisten Kotagherry-Leute sind Katholiken) und als die heidnischen Gurus. Wir schickten ihn nach Kateri und endlich nach Kugeltore, wo er die Schule gründete und eine Zeit lang, so weit seine Kräfte gingen, ordentlich besorgte. Allein das Abgelegene des Ortes und wohl das Andenken an jenen Fall, das ihm den Umgang mit uns nie recht heimelig machte, obgleich wir es ihn nie fühlen ließen, mochten hauptsächlich dazu mitwirken, seine wirkliche Krankheit und die Reise zu einer anderweitigen Versorgung zu benützen. Sein früherer Lauf, besonders das oftmalige Wandern von einer Mission zur andern, dessen er sich rühmte, läßt uns das vermuthen. — Merkwürdig ist, daß frühere römische Katholiken, auch wenn sie von der bessern Art sind, wie Mardochai unstreitig ist, doch immer etwas von dem Character an sich tragen, den ihnen Dubois beilegte, daß er keinen wahrhaft ehrlichen Christen unter ihnen gefunden habe. Dieser heidnische Zug ist ein gewaltiger Ueberrest des Kasten- und andern heidnischen Unwesens, das man ließ und gewissermaßen christianisirte. Die Katholiken könnten Einem eigentlich die beste Lehre geben, was von Beibehaltung oder von Christianisirung der Kaste zu halten ist. Christus und Belial kämen zusammen, und das taugt nicht, selbst wenn sich der Satan in einen Engel des Lichts verstellt oder sich in etwas christianisirt.

„Gemeinde. Glieder unserer kleinen Gemeinde 25.

„Erfahrungen in diesem unserm kleinen Kreis sind oben bereits einige angegeben. Mehr Sorgen und Gedanken in jeder Beziehung verursachte uns der am 24. Februar getaufte Sanjasi David. — Frühere Berichte haben ausführlich angezeigt, unter welchen Umständen er zu uns kam; wie er unter Fallen und Aufstehen im Lauf von 1½ Jahren Br. Mörike viel Sorge und Noth bereitete; wie Mörike aber doch, nach dem was er gesehen und gehört, unter Zustimmung der Stations-Conferenz Freudigkeit hatte ihn zu taufen. Die Taufe, sowie der 8 Tage darauf erfolgte erste Genuß des heil. Abendmahls, machte sichtlich Eindruck auf ihn, aber nicht so, daß sein natürliches aufbrausendes und jähzorniges Wesen sich vermindert hätte. Im März, April und Mai verfiel er öfters wieder in seine alte Sünde, die der Trunkenheit, was um so betrübter war, als er vor uns versteckter damit umging, während er vor unsern Leuten sich gar nicht genirte, also aus der Sünde selber sich wenig machte. Er ging in das Katechisten- und Knechtshaus und schimpfte Beider Weiber mit gemeinen Ausdrücken, ohne daß er besondere Veranlassung gehabt hätte. — Als Br. Mögling an Mörike schrieb, im Mai und Juni ihn nach Cannanur und Mangalur zu schicken, so willigten wir in der Hoffnung ein, es könnte diese Reise nach genannten Orten einen Ausschlag bei ihm geben. Allerdings war nach obigem Vorfall und bei so entschiedener Abneigung gegen jede Handarbeit der Gedanke nahe gelegt, daß er auf dem Wege, wo er für 14 Tage ganz sich selbst überlassen und noch mit Geld versehen war, nicht nur mit Opium und geistigen Getränken sich aufs Neue verderben, sondern auch sein altes Sanjasileben, das des Müssiggangs, der Bettelei und des Umherwanderns wieder lieb gewinnen möchte.

„Unsere Furcht traf leider in größerem Umfang ein, als wir erwarteten. Er kam schon mit Opium in Cannanur an. Br. Hebich gewann ihn zwar auch lieb und schickte ihn sogar mit einem seiner Katechisten auf eine Missionsreise; allein schon auf der ersten Station betrank er sich so sehr, daß der Katechist mit ihm umkehren mußte. Als ihn nun Br. Hebich von der Gemeinde ausschloß und ihn zu denjenigen sitzen hieß, die noch nicht zur Gemeinde gehörten, so empörte es seinen Stolz so sehr, daß er am gleichen Abend sich erhob und von Cannanur fortlief. Seitdem haben wir keinen Laut mehr von ihm gehört. Daß von Anfang an alles Betrug bei ihm war — daß eine gewisse Anhänglichkeit an Mörike, der ihn immer bei sich hatte, nur scheinbar war, — daß sein Ringen mit dem Opiumlaster keine Bedeutung hatte, — daß sein Lesenlernen und seine Theilnahme an dem Worte Gottes, auf verschiedene Weise sich kund gebend, nur zur Täuschung berechnet war, — und daß von einer Arbeit des heil. Geistes an seinem Herzen nicht geredet werden kann: — dieses Alles können wir unmöglich glauben. Aber an einem scheiterte er: er wollte sich nicht zum Sünder machen lassen; deswegen rühmte er sich so gerne seiner Sanjasiunbescholtenheit, um so mehr, als andere Sanjasi allen Lastern fröhnen, und konnte andere Fehler nicht als solche und als Sünde anerkennen. Zeitweilige wahre Reue und Leid ging nicht so weit, daß er hätte hintreten und bekennen können:

O ich Sünder, ich Verdammter,
Ich von Sündern Abgestammter,
Was wollt ich vom Troste wissen,
Wäre dieses weggerissen,
Daß ich einen Heiland habe.

Deshalb wurde Scham über sein oftmaliges Fallen keine Herzenszerknirschung und Beugung. — Kleine Mahnungen an Arbeit in der letzten Zeit seines hiesigen Aufenthalts auf Grund des apostolischen Worts: wer nicht arbeiten will, soll auch nicht essen — wohl aber am meisten eine ernstlichere Zucht, die ihm nach neuem Fallen in Cannanur zugemuthet wurde, brachten das herbei was der HErr sagt: Die auf dem Fels sind die, wenn sie das Wort hören, nehmen sie es mit Freuden an und haben nicht Wurzel; eine Zeitlang glauben sie und zur Zeit der Anfechtung fallen sie ab. Möge der HErr dem verlornen Schäflein nachgehen und es auf seinen Irrwegen suchen, bis es sich finden läßt.

„Taufcandidaten. Im Anfang des Jahres meldete sich ein Tamil-Mann Naga mit seinem Weibe und vier Kindern um Aufnahme in die Gemeinde. Lange konnten wir uns nicht entschließen sie in Unterricht zu nehmen, weil wir eben gar keinen geistigen Zug in dem Manne erkennen konnten. Der ganze Grund, den er früher wie später angab, war der: Bei den Heiden mögen wir nicht bleiben; wir wollen auch nicht römisch werden, da sie auch Götzen anbeten; und doch wollen wir Christen werden, denn Euer Gott ist der wahre und einzige Gott. Zudem bin ich alt; wenn ich sterbe so weiß ich, daß Ihr meine Kinder nicht verlasset, sondern für sie sorget.

„Endlich fing Bühler Unterricht mit ihm an in der Hoffnung, der HErr könne ja doch durch seinen Geist und sein Wort noch etwas in ihm erwecken. Gelegenheit den Samen zu säen sey da, und da sey es Pflicht dieselbe zu benützen. Unter nicht viel Ermuthigung ging's einige Monate fort. Vor etwa 4 Wochen wurde aber Naga und seinem Weib zur Last gelegt, daß sie zur Verführung eines Mädchens, das in ihrem Haus war und das ihren zwei von Utacamund aus unsere Schule besuchenden Brüdern kochen mußte, die Hand geboten haben. Ehe sie sich nun von dem Verdachte gereinigt haben, können wir nicht mit dem Unterricht fortfahren.

„Predigt unter den Heiden. Ueber unsere weitere und eigentliche Missionsarbeit wollen wir uns diesmal ganz kurz fassen. Wir stehen noch auf unserer Warte und fragen: Hüter, ist die Nacht schier hin? Sind die einzelnen Lichterscheinungen in der dunkeln Nacht gehaltlose und täuschende Irrlichter? oder sind sie ein Zeichen des Geistes, der auch in der Nacht wirkt, wenn gleich die Finsterniß es nicht begreift? — Von Herzensbekehrung, von einem Suchen nach Gnade, von einem Aufraffen und bekennen: ich habe gesündigt! was muß ich thun, daß ich selig werde? ist in der That noch nicht die Rede, obgleich wir geringe Anzeigen des Tagesanbruchs mit Freuden begrüßen; denn daß es Tag werden wird, versichert des HErrn Wort und versiegelt sein Geist auch unsern Herzen, wenn auch gar oft kleinmüthige Gedanken und Gefühle uns bewegen. Wenn Einzelne christliche Gedanken richtig auffassen, — wenn Andere stets gerne hören und fragen, — wenn das Anerkenntniß, daß unser Weg eben doch der richtige ist, stets allgemeiner wird, — wenn um unsertwillen alte heidnische Gebräuche unterbleiben, wie z. B. die Feier der Flußgöttin Gangammi an 2 Orten, — wenn ein Anderer sich den Bart, den er wegen eines Götzengelübdes wachsen ließ, vorher abschneiden will, ohne mehr den Zorn der Götter zu fürchten: — so sind das erfreuliche Thatsachen, aber keine Bekehrungen. Ja, jeder nähere Umgang mit den Heiden läßt uns tiefer in den Abgrund ihrer Herzen hineinblicken, wie sie sich hassen und neiden und wie sie von mancherlei Lüsten umgetrieben werden, daß wir oft zweifelnd fragen: Meinest du auch, daß diese wieder lebendig werden, und daß diese Tempel des heil. Geistes werden?

„Ehe wir schließen, dürfen wir noch mit Dank und Freude erwähnen, daß die Hill-Mission endlich eine bleibendere Gestaltung bekommen hat, sofern Käti von der verehrten Committee in Basel zur eigentlichen Station erklärt worden ist.

„Dem HErrn sey Lob und Dank für die vielen Gnaden des Jahres. Er bleibe ferner bei uns und verherrliche seinen großen Namen unter uns. Amen.

Käty, 31. December 1850."

d) Mission im Malajalim-Lande.

9. Station Cannanur (Tschirakal.)

(Angefangen im Jahr 1841.)

Missionare: Sam. Hebich und H. Gundert mit Gattin.
Lehrerin: Jgfr. Kegel.
Katechisten: Timotheus, Jacob, Searle.
Schulmeister: 3.

Bericht vom ersten Halbjahr 1850.

„Arbeiter-Personal. — Br. Hebich's Gesundheit ist auch unter der wachsenden Arbeitslast vom lieben Gott erhalten worden. Die Schwestern sind gleichfalls in ihrer Arbeit unter Mädchen und Weibern unbehindert geblieben. Br. Gundert's Leiden ist nach anfänglicher Besserung in der heißen Zeit stationär geworden, erst seit der Regenzeit läßt es sich wieder zur Heilung an. Seit Ende Mai hat er sich einer von dem nach Mangalur durchreisenden Dr. Foulis verordneten Kur unterworfen. Vor Reden hat er sich sehr in Acht zu nehmen, daher von Missionsarbeit bei ihm kaum die Rede seyn kann.

„Ueber die Katechisten läßt sich nach dem zuletzt von Br. Hebich Berichteten nichts Neues sagen. Sie kommen mit Gottes Gnade vorwärts und sind unter den Seuchen trotz aller Anstrengung gesund erhalten worden.

„Der Zustand der Gemeinde ist befriedigend. Der sonntägliche Morgengottesdienst ist nun immer aus Englisch und Malajalam (oder Tamil) zusammengesetzt, da die Soldaten, der Zeit 42, die ihre Namen dazu angegeben haben, jedesmal in die Capelle gehen. Dieser Theil der Gemeinde ist gerade im Wachsen. Auch die Seelsorge vervielfältigt sich. Vor dem Abendmahl hat Br. Hebich eine Zusammenkunft, erst mit den weißen Ledigen, dann mit den Verheiratheten, endlich mit den Herren und Damen; eben so werden alle schwarzen Glieder der Gemeinde in Gruppen vorgenommen. Vor jedem Abendmahl besucht er die Anjarcandy-Gemeinde, die sich dann gewöhnlich in großen Schaaren nach Cannanur begibt. Dort regt es sich eben unter den Weibern, unter denen viele bisher wegen des herrschenden Lustteufels von der heiligen Taufe Zurückgehaltene sich nun ernstlich nach derselben sehnen. Timotheus, der seit dem Charfreitag dort in Arbeit steht, hat einen Kreuzzug besonders gegen das Taddytrinken unternommen, und beim letzten Besuch seine Trophäen, bestehend in einem Korb voll Kokosbecher, Bambusröhren (die als Schoppengläser dienen), irdenen Trinkgefäßen u. s. w. vorgezeigt. In der schwarzen Gemeinde zu Cannanur hat von Ostern bis Pfingsten die Cholera bei Manchen angeklopft und Viele hinweggenommen. Leider scheint das Alles größtentheils aus dem Gedächtniß geschwunden zu seyn, so herb die Heimsuchung war. Die Erziehung und Natur des Volkes bringt es so mit sich, daß auch die Nachdenklicheren sich wenig an der Vergangenheit aufhalten.

„Die heil. Taufe ist im ganzen Halbjahr an 16 Unmündigen, 15 Schulkindern und 4 Erwachsenen vollzogen worden. Die Letztern sind: 2 Wittwen (früher Tier) Eunike und Claudia, an welchen sich seither (seit dem 3. Feb.) kein besonderes Wachsthum bemerklich macht; im Gegentheil scheinen sie wenig Sünde mehr an sich zu finden und wissen darum nichts von göttlicher Freude; sodann ein Mann und ein Jüngling von Tschirakal: jener ein Rajer, der an einem aussätzigen Fußübel litt, der schon lange christlichen Unterricht genoß, aber jetzt erst sein Sündenelend erkennen und zu Jesu schreien lernte; — dieser der letzte von 3 Weberbrüdern, die der HErr uns im vergangenen Jahr zuführte. Diese Drei, und auch den getauften Rajer David Kannen hat Er in diesem Halbjahr schnell genug eingeheimst.

„Zwei früher katholisch getaufte Schulmädchen sind in die Gemeinde aufgenommen, 4 zum heil. Abendmahl zugelassen worden. Henri, ein sehr lieber Jüngling, ist durch Ehrgeiz 3 Monate lang verführt gewesen und blieb so lange vom heil. Abendmahl ausgeschlossen. Er hatte im Sinne in Madras ein größeres Amt zu suchen. Er hat sich nun gedemüthigt und wird, hoffe ich, mir meinen treuen Knecht Peter ersetzen.

„Von Sterbebett-Erfahrungen hätte ich allerdings viel zu berichten, wenn ich nur an meinen Peter denke. Dieser Tier war vor 10 Jahren ein wahres Thier, bärenartig in seinem Aeußern, ein liederlicher Trinker und Hurer, so daß ich ihn einigemal aus dem Gefängniß lösen mußte und oft daran war ihn fortzuschicken. Aber Gnade hat ihn umgewandelt. Er konnte nicht lesen und hatte wenig Erkenntniß, hat mir aber mit unsäglicher Treue gedient, wenn ich unwohl war, und mich wie eine Mutter verpflegt, ohne Worte Alles gemerkt was zu thun sey; er hat sich noch am Ende, von einem Lungenübel befallen, lange angestrengt seine Arbeit zu thun, und beim letzten Dachdecken ungeheißen die Culis beaufsichtigt, mit heiserer Stimme angetrieben und dergleichen, bis er nicht mehr konnte. Ein berstendes Lungengeschwür raffte ihn schnell weg (26. April), so daß er nur noch den Namen Jesu ausrufen konnte. Ich weiß nun die besondere Gnade zu schätzen, wenn Einem der HErr einen treuen Knecht gibt.

„An einer Lungenentzündung, die er allein alsbald für tödtlich hielt, starb jener Najer David Kannan am 11. April, nachdem er noch seine Sünden bekannt und Gott in Christo gepriesen hatte.

„Kannan, der älteste der drei Weberbrüder, starb auf einem Besuch in Anjarcandy an der Cholera, zwar ungetauft, indem Katechist Searle an seiner Befugniß zu dieser Amtsverrichtung zweifelte, aber so, daß er Alle durch seinen Heimgang erbaute. Er hatte sich nur wenig Monate zuvor in ein weit unter ihm stehendes Weib, eine Taufcandidatin aus seiner Kaste, verliebt, und das Losreißen war ihm schwer geworden als er hörte daß sie einem Andern bestimmt sey. Als es aber zum Sterben kam, sprach er noch mit Nachdruck einen Vers, ähnlich dem: „Liebe, die für mich gelitten, und gestritten 2c.“ — Die Kleinen, die an der Cholera starben, hatten alle große Zuversicht, daß sie jetzt zum Heiland gehen.

„Auch die Angst vor dem Tod haben wir erlebt. In Anjarcandy wurde Elisabeth, die junge Tochter des alten treuen Nicodemus von der Krankheit zum zweiten Mal befallen und schien dem Tode nahe. Der Vater war auf dem Felde, als der Arzt (von einer niedern, der Zauberei ergebenen Kaste) eintrat und alsbald ein Huhn forderte. Elisabeths Bruder fragte, was er damit wolle, ob Teufeleien treiben? das sey hier nicht erlaubt. Nein, war die Antwort, er brauche es zu einer Medicin. Der Bruder gab ein Huhn, ging aber gleich zum Katechisten, nicht ohne den stillen Gedanken, wenn was Unrechtes vorfalle, so sey er doch nicht dabei gewesen. Timotheus, selbst unwohl und noch nicht recht einheimisch in Anjarcandy, wurde durch diese Nachricht aufgeschreckt und eilte hin. Als er eintrat war schon Alles vorbei; zornig von ihm angefahren machte sich der Arzt aus dem Staube. Die Kranke lag wie in einer Ohnmacht. Nach einigem Suchen fand Timotheus das versteckte geschlachtete Huhn, trug's fort und begrub es. Darauf hatte die Kranke, welche nichts von Allem bemerkt hatte, einen höchst unruhigen Schlaf, fuhr oft auf und sagte einmal mit fremdartiger Stimme: meinen Leib habt ihr wohl begraben, aber den Kopf mir nicht bedeckt. Timotheus suchte darauf nach dem Kopf des Huhnes, der sich in einem Versteck vorfand und alsbald begraben wurde. Er betete mit der Familie in großer Bewegung, und Gott gab der Tochter durch ruhigen Schlaf die Gesundheit, und den mehr oder minder betheiligten Gliedern der Familie ernstliche Buße. Der Bruder fand sie in einer gefährlichen Krankheit, die ihn bald darauf befiel.

„Das Knabenhaus in Tahe ist durch die Cholera sehr gelichtet worden. Die Krankheit kam mit solcher Macht, daß zu befürchten war die Mehrzahl sterbe weg, daher Br. Hebich, sie vor dem Zorn der über Tahe kam zu retten, sie zu sich nahm. Dies hatte auch eine Gefahr, sofern die Krankheit dadurch ins Militärquartier verlegt wurde. Doch half der HErr durch, und die offizielle Anfrage nach der Krankheit kam erst, nachdem sie im Missionshaus zu Ende gegangen war. Sie blieb nämlich unter den von Tahe Heraufgenommenen. Als die Todesfälle aufhörten wurden die Knaben leichtsinnig; sie waren dann einige Zeit bei George und kehrten erst nach Eintritt des Monsuns in ihr Haus in Tahe zurück. Ihre jetzige Zahl ist 18. Auf Fortschritt im Lernen konnte in diesen drei Monaten nur wenig gesehen werden.

„Das Mädcheninstitut ist von der Seuche verschont geblieben. Lernen und Arbeiten ging ununterbrochen fort. Zeller's Katechismus ist das Spruchbuch, aus dem jeden Tag auswendig gelernt wird. Nach Abhörung der Aufgaben gibt Jgfr. Kegel jeden Morgen eine Stunde Rechnen oder Schreiben; darauf folgt Unterricht in der Hl. Schrift und andern nützlichen Schriften. Der Nachmittag ist besonders der Arbeit (Spitzen, Stricken, Filetstricken oder Crotchetwirken, Nähen) gewidmet; viele häusliche Geschäfte laufen nebenher.

„An der öffentlichen Predigt unter den Heiden hat es diese 3 Monate ziemlich gemangelt. Br. Hebich suchte seit Anfang der Regenzeit die Morgen zur Straßenpredigt zu benützen, kam aber bis jetzt nicht dazu; der Abhaltungen scheinen immer mehr zu kommen. Dagegen ist Searle Morgens und Abends regelmäßig auf seinem Posten am Eck der Schule des Missionshauses, und hat Gelegenheit zu längeren Ansprachen und Unterredungen in Englisch und Malajalam. Obrien geht zu diesem Zweck fleißig hinaus in die Straßen und an die Hecken, und Paul, der jetzt bei ihm ist, besorgt den Schulbesuch auf befriedigende Weise. Von den Schulen war die in Tahe zwei Monate lang durch die Krankheit unterbrochen; auch die Visitation der Attadappa-Schule litt Noth, da sie von Cannanur ziemlich entfernt ist, das nähere Tahe aber so lange ohne Leute gelassen wurde.

„Br. Gundert hat nach und nach vom Neuen Testament übersetzt: die katholischen Briefe (ausgenommen 1—3 Joh.), Ebräer, die Pastoralbriefe, und steht im ersten Corintherbrief. Das Meiste dieser Arbeit fällt in dies letzte Halbjahr. Revidirt und vermehrt wurden die Gesang- und Melodieenbüchlein.

„In der Arbeit ist eine Malajalam-Grammatik in Malajalam, als Auszug aus einer seit Jahren in Englisch abgefaßten ausführlichen Grammatik der Sprache. Diese Arbeit wird auch für die Bibelrevision ihren Werth haben, sofern alle Regeln und Beispiele darin aus einheimischen Schriftstellern geschöpft sind. Die bisher unter Europäern übliche Syntax beschränkte sich meist auf den abgehörten provinciellen Sprachgebrauch.

„Eine Sammlung von 1000 Malajalam-Sprüchwörtern ist auf den Wunsch des Collectors zum Druck befördert worden. Die Ordnung ist alphabetisch, eine kleine Vorrede aus Salomo's Sprüchen, Cap. 8, genommen.

Samuel Hebich.
H. Gundert."

Bericht vom zweiten Halbjahr 1850.

„Mit Dank gegen den HErrn schließen wir das Jahr 1850, das zehnte seit dem Bestehen dieser Station. Noch ist Br. Hebich wohl auf unter vermehrter Arbeitslast und bekennt zur Ehre seines Gottes, daß Er innerlich und äußerlich Großes an ihm thut. Seine Arbeit ist besonders die Seelsorge an der schwarzen und weißen Gemeinde und die eigentliche Missionspredigt. Br. Gundert leidet noch an den Folgen der schleichenden Brustentzündung (das eigentliche Leiden ist gehoben, aber die Schleimhaut scheint verdickt zu seyn). Er kann daher nicht anhaltend reden und dient einstweilen mit der Feder sowohl der Malajalim-Mission mit Abfassen von Schriften, als auch Br. Hebich in seiner Correspondenz. Schw. Gundert ist wohl (sie hat am 9. October einen Knaben geboren, der in der h. Taufe den Namen David erhielt) und zugleich mit Schw. Kegel, die manchmal angegriffen ist, in der Mädchenanstalt beschäftigt. Die Katechisten haben sich gut gehalten und im Kampf gegen die Sünde von innen und außen sich im Ganzen als wiedergeborne Menschen gezeigt, wenn auch mit mancher Schwachheit behaftet.

„In der Gemeinde herrscht ein guter Geist. Die sechs Gottesdienste (drei englische Abendgottesdienste, zwei malabarische Morgengottesdienste, Dienstag und Freitag, der sonntägliche Frühdienst malabarisch und englisch zugleich) wurden regelmäßig eingehalten, ebenso die monatliche Spendung des h. Abendmahls und die englische Missionsstunde am ersten Montag des Monats. Namentlich bei der Vorbereitung aufs h. Abendmahl, in welcher die Gemeindeglieder classenweise und einzeln vorgenommen wurden, hat sich die Arbeit des h. Geistes an den Herzen vielfach gezeigt. Die englische ist voll Leben; es werden immer neue hinzugethan: ein Grenadier wurde durch zufälliges (?) Beiwohnen bei der Taufe einer Heidin gewonnen. Daher ist viel Missionsgeist unter den lieben Leuten: besonders beteten sie inständig während Br. Hebich's Missionsreise nach Palghat und wurden dadurch in herzlicher Eintracht bewahrt. Je schwerer das Casernenleben den Meisten wird, desto erklärlicher ist auch ein gewisser Drang nach dem Missionsleben, das für diese Brüder, trotz der Nähe, einen idealischen Schimmer behält; daher einer und der andere, wenn verabschiedet, in der Nähe oder Ferne Verbindung mit dem Missionswerk sucht. — Die Anjarcandy-Gemeinde hat verhältnißmäßig am meisten gewonnen; es waren von dort 103 beim feierlichen Jahresschluß in Cannanur gegenwärtig, außer den Alten, die in Anjarcandy bleiben und dort gewöhnlich (12—20 an der Zahl) das Abendmahl in einem besondern Gottesdienst erhalten. Die größte Noth macht noch das Zanken, zu welchem diese niederen Kasten einen außerordentlichen Hang haben (daher Ishandalas genannt, „die Leidenschaftlichen"). Wenn erzürnt, verlieren sie allen Halt und führen schauerliche Reden. Am meisten ist darüber bei den noch nicht Aufgenommenen zu klagen. Als erfreulicher Fortschritt muß angeführt werden, daß sie nach vielen vergeblichen Versuchen endlich einige unserer Kirchenmelodien ordentlich singen gelernt haben. Diese üben sie nun mit großer Lust auch unter der Feldarbeit, zum Verdruß der Aufseher und höhern Kasten, welche diese weiland Sclaven nur immer zum Boden gedrückt sehen möchten. „Aus meines Herzens Grunde", „Freu dich sehr o meine Seele", „Allein Gott in der Höh' sey Ehr", „Das ist unbeschreiblich": die vier ungefähr sind's, welche nun täglich in jenen Zimmetwäldern erschallen.

„Taufen. Am 6. October wurden 43 Anjarcandy-Leute, die schon länger das dortige Kirchlein regelmäßig besuchten, durch die heil. Taufe zur Gemeinde hinzugethan (darunter 29 Erwachsene, 12 Kinder). Außer diesen: Simeon, ein alter Nayer, der von Obrien und Paul auf der Pilgerreise von Palghat nach Benares war angefaßt worden. Er ist leidend am Körper, wird aber allmählig heiter im Geist. Ferner 3 Weber: der blinde Barnabas, der schon lange aus den Tschirakal-Webern dem Reich Gottes zunächst stand, allem beistimmte und nur die Trennung von der Familie fürchtete; die kräftigen Jünglinge Jacob und

Marcus, die jetzt große Freude im HErrn zeigen und in Tahe das Weben angefangen haben (mit ihnen noch ein Weber von Cudali, der Taufcandidat Nambi); sodann Martha, die Schwester unsers seligen Tellitscherry-Thomas, die, obwohl schwach an Verstand, großen Ernst in der Nachfolge Jesu zeigt; Israel, der erste von den Anjarcandy-Tiere, mit seiner Tochter, wegen denen ein Auflauf entstand (doch ist Israel keine gar sichere Eroberung, da er sich ziemlich arbeitsscheu und also undankbar zeigt) u. s. w.: im Ganzen 11, welche zur Cannanur-Gemeinde gefügt wurden. — Unter den Taufcandidaten mag erwähnt werden jener Weber Nambi und der schon lange im Tschirakal-Missionshaus dienende Weituwer Cugnen mit seiner Frau und Mutter; letztere, obgleich von ihm an Kopfkenntniß übertroffen, sind ihm in Einfalt des Strebens voran. Ueber mehrere andere ist weniger Gewißheit vorhanden.

„Von den Mädchen ist eine, Ellen, von ihrer Mutter nach Bombay genommen worden, woher wir sie nicht zurückerwarten; doch ist Aussicht da, daß sie von ihrem protestantischen Vater (unehelich) werde christlich erzogen werden. Statt ihr sind fünf neue aufgenommen worden: die ziemlich verwahrloste Ruth aus dem Tellitscherry-Armenhaus, Israel's träge Tochter Naomi — beide Tierkaste —, sodann drei Mogajerkinder aus der Tschombala-Gemeinde.

„Mit dem 12ten Hindu-Inf.-Regiment sind im September 28 Seelen aus der englischen und nationalen Gemeinde nach den french rocks bei Sirangapatnam gezogen. Capitän Halliday sucht sie, da keine geistliche Hülfe an Ort und Stelle ist, soviel möglich zusammenzuhalten, berichtet über sie regelmäßig und nimmt sich ihres Seelenheils an. Er wünscht einen Katechisten für sie; — aber wie auf solche Entfernung es wagen? Doch bezeugen sie, daß Gott bei ihren anspruchslosen Zusammenkünften schon recht fühlbar in ihrer Mitte war. Dafür ist nun das 16te Hindu-Inf.-Regiment von Quilon gekommen, aus welchem bis jetzt noch Niemand entschieden beigetreten ist, doch einige wiederholt dem Gottesdienst beiwohnten. — Ausgeschlossen wurden zwei Personen; darunter eine Frau, welche in Abwesenheit ihres Mannes ein nächtliches Heidenfest zu sehen ging und sich nicht dafür beugte, vielmehr ihren Mann bewog, lieber Cannanur zu verlassen und nach Calicut zu ziehen. Es ist dies der ehemalige Missionsschulmeister Tschinnappa, der jetzt ein gutes Einkommen von der Regierung hat, aber leider, trotz guten Benehmens, heimlich trinkt, wie erst seit seinem Abzug an den Tag kam. Die Fälle sind selten, daß die, welche durch ihre Schuld aus dem Dienste der Mission fielen, wieder ganz zurecht kamen. Dagegen ist der lange zweifelhafte Thomas (einst im Mangalur-Institut) auf seine Bitte in die Gemeinde aufgenommen worden; nicht wegen gründlicher Besserung, sondern um auch Ermuthigung bei ihm zu versuchen.

„In einer großen Station, wie Cannanur, wird die Stimmung der Heiden um uns her auch durch die der englischen Gesellschaft bedingt. Durch den puseyitischen Einfluß der letzten Jahre ermuthigt, haben z. B. (irländische) römische Soldaten auf offener Straße die deutschen Missionare verhöhnt, die von keinem Bischof oder Mann in Autorität gesandt seyen. Den Katechisten und Christen wird dergleichen noch viel plumper vorgeworfen, und so wissen auch viele Heiden, daß wir eine wenigstens von der Masse der europäischen Soldaten streng geschiedene Gemeinschaft sind. — Von den Heiden haben wir großen Aerger über den Zuwachs vom 6. October zu empfinden gehabt. Man fragte z. B. Bruder Gundert auf der Straße, wie viel wir den Leuten gegeben haben. Die Anjarcandy-Tier wurden sehr böse über die Taufe Israel's, des Rajas Leute über die der Tschirakal-Weber. Man warnte Br. Gundert nicht allein auszugehen. Israel hatte die Tochter von einer entlassenen Frau behalten, aufgezogen und nahm sie nicht ohne eine Art von bösem Gewissen mit sich nach Cannanur, wo sie der Kaste verlustig ging. Da Kinder hie zu Land von der Mutter angesprochen werden können, kamen bald Verwandte sie von Tschirakal abzuholen, wurden aber nicht zugelassen. Sie versuchten sie durch Nachbarn zu locken, was keinen Erfolg hatte. — Am 14. October endlich, als am Navaratrifest, da auch die eingebornen Behörden Feiertag hatten, kam ein Haufe Tier von Anjarcandy, Tellitscherry, Cannanur u. s. w., etwa 50 an der Zahl, forderte mit Heftigkeit das Mädchen und drohte mit Gewalt. Es war gesorgt, daß unsere Leute nirgends Polizei antrafen. So wurden unsere Knechte, welche die Eindringlinge zur Rückkehr ans Hofthor bewegen wollten, geschlagen und wir 5 Stunden lang von einem tobenden Haufen belagert, der mit weitern Gewaltthaten für die Nacht drohte und durch Zuschauer u. s. w. auf 200 stieg. Endlich nach Einbruch der Nacht kamen Polizeidiener, welche die Lärmer gehen hießen. Wir sandten Tags darauf das Mädchen nach Cannanur und klagten bei Robinson, der eben erst durch die Predigt des Wortes in Cannanur ganz gewonnen und für den Tellitscherry-Beamten gerade Verweser in Nordmalabar war. In seiner Gegenwart wurde das erschreckte Mädchen, das nun nichts mehr von Tiern wollte, am 18ten getauft. Robinson hatte nur Zeit die Untersuchung einzuleiten, that es aber so kräftig, daß Herr Chatfield (ein Socinianer) bei seiner Rückkehr wenigstens einige leichte Geldstrafen (von 5 und 10 Rup.) über die Anstifter verhängen mußte. Unser geringer Erfolg machte die Feinde eine Weile triumphiren: wir mußten aber froh seyn, daß wir nicht unterlagen. Doch da wir geblieben sind und unserm Umsichgreifen nicht, wie gedroht war, Einhalt gethan ist, hat sich seither eher mehr als weniger Achtung für uns vernehmen lassen.

„Reisen wurden zuerst von den Katechisten in der Regenzeit gemacht. Obrien und Paul gingen zweimal auf der Mangalur-Straße gegen Norden, und einmal besuchten sie Pauls Heimath am Ponnani-Fluß. Von ihrem Ergehen haben wir aus ihren Tagebüchern eine Skizze zu liefern versucht. Eine größere Reise machte Br. Hebich mit mehreren von ihnen (2.—20. December) auf die Einladung des C. Robinson nach Palghat, auf welcher das Wort reichlich gepredigt und in Tamil- und Malajalim-

Schriften vertheilt wurde (s. App.). — Ferner machte Hebich am 2. Januar einen Ausflug ins nahe Cudali (auf der Curg-Straße), ein Weberdorf, wohin die Schwestern Jacob's seit seiner Bekehrung geflüchtet waren. Die ganze Schaar frühstückte im Hause eines angesehenen Tiers, auf dessen Wort früher einmal eine Schule dort war eingerichtet worden. Hebich schickte von dort die drei Weber mit Paul ins Dorf. Sowie die Schwester sie erblickt, weint sie laut: „Hättest du mich nicht gleich mitnehmen können?“ Aber auch die Männer kamen herdu und zückten das Messer gegen sie, daher die Christen umkehrten. Ein gutherziger Trinker folgt ihnen nach und verspricht zu gelegener Zeit die Mädchen nachzuliefern. Nun beschloß Hebich noch zwei englische Meilen weiter zu der l. Frau Francis (deren Mann den Straßenbau nach Curg leitet) zu gehen, und fing auf dem Wege an zu den Webern zu reden; da sie sehr zornig wurden, ritt er weiter, gerieth aber in die Nebengasse, wo Jacob's Schwester wohnt und stieg ab, um zu predigen. Unter einem schattigen Baume stand die Schaar, sang und betete, als der Dorfhauptmann wie besessen herbeilief und auf seinen Wink Alles Steine, Kuhmist, Erde, was eben Jedem in die Hand kommt, auf Hebich wirft. Die Christen eilten weg, Jacob am Fuß verwundet; sobald sie den Rücken kehrten, wurden auch die Heiden ruhig. Wir konnten uns nicht ohne Lachen ansehen; Marcus aber, als er mein Gesicht mit Kuhmist bedeckt sah, konnte sich des Weinens nicht enthalten. Ich ritt weiter. Frau Francis gab mir Waschwasser und erfrischte uns über Mittag. Um 4 Uhr beteten wir zusammen und kehrten um. Da wurde Nambi von Heiden und Mapillas im Dorf, wegen einer halben Rupie, die er ihnen schuldig war, gepackt und sollte unter diesem Vorwand festgehalten werden. Ueber 200 kamen zu Hausen; sie drängten uns so, daß mein Pferdknecht, ein Madras Porier und Heide, ganz wild darauf losschlug (er wünschte nur etwas getrunken zu haben, so würde er's mit der ganzen Welt aufnehmen). Ich ritt unter sie hinein; das half nichts; so stieg ich ab, nahm einem den Stecken, mit dem er auf mich losging, und machte mir damit Raum; und eben kam auch der oben erwähnte Tier, bei dem wir gefrühstückt, und erlöste den Nambi. So entrannen wir; auch der Gaul, den sie eine Zeitlang behielten, kam nach, und mit Freude und Dank für den glücklichen Ausgang erreichten wir Abends Cannanur.

„Von Unterredungen ließe sich viel sagen, wenn dem vielbeschäftigten Br. Hebich die Zeit dazu reichte. Nicht nur kommen häufig Einzelne ins Haus, denen er, wenn sie sich willig zeigen, zuerst mit dem Herzbüchlein zusetzt, sondern es gibt auch hie und da Besuche in Haufen. So kamen neulich 20 heidnische Tänzer und Schauspieler von Anjarcandy nach Cannanur und besuchten Israel, den sie von früher her kannten, im Missionsgehöfte. Gerade waren dort viele der bekehrten Soldaten nach ihrer Gewohnheit eingekehrt. Da predigte nicht blos Br. Hebich im Hof, sondern auch diese Engländer redeten ihnen über eine Stunde mit großem Eifer zu (Kat. Jacob mußte dollmetschen), „der Sünde alsbald den Abschied zu geben." Sie wollten sich einmal pfiffig ausreden: ob denn nicht zuerst der Glaube nöthig sey? so wie sie zu diesem gebracht seyen, wollen sie auch die Sünde aufgeben. Ein Soldat antwortete aber, das sey bloße Ausrede, sie müssen zuerst die nächst erkannte Sünde aufgeben, wenn sie je zum Glauben gelangen wollen; er selbst habe das an sich erfahren; 30 Jahre habe er dem Teufel gedient u. s. w. Dies setzte die armen Leute in nicht geringe Verwunderung. — Der Raja kommt seit den Taufen der Tschirakal-Leute kaum mehr zu Br. Gundert. In einer seiner letzten Unterredungen konnte er nicht einmal anerkennen, daß europäisches Wissen und andere mittlere Beweggründe Heiden zu uns locken können; nein, es mußten die niedrigsten seyn: Bestechung durch Geld, Weiber und dergl., wodurch sein Aerger recht an den Tag kam; und einen Augenblick nachher bat er, ein Buch für ihn zu bestellen; wenn er's durch Eingeborne thue, werde er betrogen; so traute er also doch den Europäern mehr Wahrheit zu. Wenn übrigens ein alter ganz gelehrter Benares-Pandit bekehrt werde, wolle er glauben, daß unsere Sache richtig sey. — Einmal besuchten zwei Bramanen Br. Gundert. Es waren sehr unwissende Leute, die sich hoch verwunderten, den Rigreda gedruckt in seinen Händen zu sehen. Doch trauten sie nicht recht, ob wir unsere Veda nicht irgendwie damit verbunden haben. Sie wünschten, daß er ihnen dies Buch regelmäßig erkläre; daß die Company es drucken lasse, schien ihnen sehr natürlich. Sie werden eben die Göttlichkeit des Werks einsehen. „Ja, ja, lachen Sie nur; Sie wollen's nur nicht merken lassen, aber doch weiß alle Welt, daß Ramas Bogen in Euerm Haupttempel — wo der nun seyn mag — niedergelegt ist, und daß durch dessen Kraft allein Ihr überall Sieg habt." Dabei blieben sie auch, trotz aller Einwendungen.

„Literarische Arbeiten. Br. Gundert fährt fort die kleinen Propheten aus dem Grundtext zu übersetzen, so wie eine erste Grammatik der Malajalam-Sprache für die hiesigen Schulen anzufertigen. Doch hat er darin nicht viel Fortschritte gemacht, und war mehr mit Revision älterer Tractate, und besonders der neuern Weltgeschichte, die bald gedruckt werden soll, so wie mit Artikeln für die Malajalam-Zeitung beschäftigt."

10. Station Tellitscherry nebst Tschombala.

(Angefangen im Jahr 1839.)

Missionare: Chr. Irion mit Gattin und G. Fr. Müller mit Gattin.
Katechisten: Mattai, Mattu, Gabriel.
Schullehrer: Taddai. Heidnische Lehrer 8.

Der Bericht der Missionsstation Tellitscherry über die erste Hälfte des Jahres 1850 lautet:

„Die erste Hälfte des Jahres 1850 ist nicht besonders reich gewesen an erfreulichen Erfahrungen für unsere Station; doch liegt Stoff genug vor für einen Bericht, der ja nicht nur das Erfreuliche, sondern auch das Betrübende enthalten muß.

„Das Personal ist auf unserer Station noch dasselbe wie vor einem halben Jahr, nämlich: die beiden unterzeichneten Missionare mit ihren Familien. Diese sind, Frau Irion ausgenommen, die vergangenen März dem Tode nahe war, sich aber, dem HErrn sey Dank! nun wieder ziemlich erholt hat, soweit gesund gewesen, daß sie den verschiedenen Zweigen ihrer Arbeit vorstehen konnten. An die Stelle des im HErrn entschlafenen Katecheten Thomas ist Mattai von Wadakara getreten. Mattu, ehemaliger Lehrer an unserm Institute, wurde nach Edakadu versetzt und ihm Gabriel, der sich den 10. Februar mit Isabella Pacheko aus der Cannanur-Mädchenschule verheirathete, ältester Schüler unseres Institutes, beigegeben. Lehrer am Institut ist noch Taddai. Mit diesen unsern Helfern haben wir so weit Ursache zufrieden zu seyn; doch können wir nicht sagen, daß irgend einer derselben im Privatleben oder im Amt dem verstorbenen Thomas gleich komme, dessen Tod für unser Werk, nach menschlichem Dafürhalten, ein großer Verlust genannt werden muß.

„Der Zustand unserer Gemeinde ist noch so ziemlich derselbe wie er im letzten Berichte geschildert wurde. Wir können von keinen besonders betrübenden Erfahrungen reden, wissen aber auch keine besonders erfreulichen mitzutheilen. Die regelmäßigen Gottesdienste an den Sonntagen, so wie auch die Morgen- und Abendandachten und Gebetsstunden, werden von Allen, so weit es möglich ist, besucht; zuweilen dürfen wir auch sehen, daß das Wort an Einzelnen seine Kraft beweist, während Andere eben einfach hören, ohne in ihrem Wandel Zeugniß von einer wahren Hingabe des Herzens an Gott abzulegen. An Kenntniß des Evangeliums fehlt es ihnen nicht, wohl aber an wahrhafter Erkenntniß sowohl ihrer eigenen Herzen, als auch der Liebe Gottes und Christi, und diese können wir ihnen eben nicht geben. Der weibliche Theil der Gemeinde, wenigstens der Mehrzahl nach, ist täglich um unsere Frauen versammelt und verfertigt allerlei weibliche Arbeiten, während aus einem nützlichen Buche vorgelesen wird. Wöchentlich ein Mal haben sie gemeinschaftliche Gebetsstunde mit Lesen eines Abschnitts aus dem Worte Gottes verbunden. Das heilige Abendmahl feierten wir im letzten halben Jahr vier Mal mit mehr oder wenigerem Segen.

„In unserm Taufregister finden wir seit dem vergangenen Januar 10 Taufen aufgezeichnet. Die heilige Handlung wurde nämlich an 2 Kindern von Gemeindegliedern und an 8 Taufcandidaten, deren 7 schon im letzten Berichte erwähnt sind, vollzogen. Die Letztern sind sämmtlich Jünglinge und Knaben unsers Instituts, und variren im Alter zwischen 8 und 20 Jahren. Ihre Namen sind: David, (früher Unniri), etwa 20 Jahre alt; Michael (Ramen), 17 Jahre alt; Silvan (Kanaren), 15 Jahre; Tychikus (Ramen), 13 Jahre; Andreas (Achmed), 12 Jahre; Hiob (Poken), 9 Jahre; Gerson (Kunger), 8 Jahre; Kaleb (Kotschen), etwa 10 Jahre alt. Sie genossen natürlich einen Taufunterricht, obwohl sie, David und Silvan ausgenommen, täglich in der Schule Unterricht haben und Alle mehr oder weniger mit dem Evangelium bekannt sind. Ob Aller Namen in das Buch des Lebens eingeschrieben sind, wagen wir nicht zu behaupten. Möge der HErr es so weit mit ihnen Allen bringen! Michael ist besonders ein ordentlicher Jüngling; er ist ein Glied der gesegneten Familie unsers Paul von Tschombala.

„Taufcandidaten haben wir gegenwärtig nur 4, nämlich: zwei junge Männer, die schon im letzten Berichte erwähnt sind; ihre Namen sind: Unnikutti, der Scheerenschleifer, und Ittiappen von Kotschin. Es will nicht recht vorwärts mit ihnen; besonders ist der Erstere nicht viel versprechend, ja sogar so, daß wir oft fast meinen, er sey nicht recht beim Verstande, obwohl er alle seine freien Stunden mit Bibellesen zubringt. Die beiden andern Taufcandidaten sind zwei Weiber im Armenhaus, Tschoitschi und Pirgatschi. Von der Letzteren haben wir gute Hoffnung, während die Erstere um ihres Alters und sehr beschränkten Verstandes willen mehr ein Gegenstand des Glaubens als der Zuversicht für uns ist.

„Unsere Gemeindejugend besteht noch wie vor einem halben Jahre, einige kleine Kinder, die noch keine Schule besuchen können, ausgenommen, nur aus unsern Instituts-Knaben. Unter diesen hat es keine großen Veränderungen gegeben. Fünf sind in die Gewerbsschule übergegangen: Esra wird Buchbinder, Paskal, Silvan, Manuel und Abel werden Weber; Gabriel ist bei Mattu in Edakadu, und der kleine Tobia wurde von der Calicutstation zurückgefordert. Eingetreten sind drei Knaben, nämlich: Michael von Tschombala, Kanaren und Warid von Calicut. Die Unterrichtsgegenstände sind dieselben geblieben, mit der Ausnahme, daß wir Eliefer, Abraham, Benjamin und Michael aussonderten und einen eigenen Bibelcursus mit ihnen angefangen haben, der darin besteht, daß wir sie mit aller Macht in die Bibel hinein treiben; sie müssen uns über das, was sie in den Unterrichtsstunden hören, kleine Aufsätze machen, bei denen wir besonders darauf sehen, daß sie ihre Aufgaben hinreichend mit Bibelwort belegen. Auch der Katechet Mattai bat, an diesen Unterrichtsstunden Theil nehmen zu dürfen. Wir haben Hoffnung, daß wenn nicht Alle, doch der Eine oder Andere von ihnen etwas für das Werk werden dürfte. Es ist dieses ein kleiner Anfang für die Katechetenschule, wenn man so will.

„Die Weberei hat nun ihren Anfang genommen; sie weben gegenwärtig das erste Stück, und der Webermeister Warid scheint fleißig zu seyn, nur ist die gegenwärtige Regenzeit ungünstig für diese Arbeit.

„Unser schon mehr erwähnter Thomas ging den 2ten Mai in die ewige Ruhe ein. Die Cholera endete nach wenigen Stunden sein theures Leben, nachdem er kurze Zeit zuvor die abscheuliche Pockenkrankheit glücklich durchgemacht hatte. Er starb selig; dies ist das beste Zeugniß, das wir ihm geben können. Anfangs 1846 kam er als Sanjasi von Tamratscheri, nordöstlich von Calicut, auf seiner Reise nach Gocarnam hieher zu betteln. Wir sprachen mit ihm und er erklärte: er habe, wie wir Alle, viele Sünden und gehe sie abzuwaschen. Wir erklärten ihm, daß wir ein sicheres Mittel wissen, wenn er da bleiben wolle. Er willigte ein 30 Tage hier zu bleiben, um zu untersuchen, was an der Sache sey. Die 30 Tage vergingen; er hatte aber schon so viel von dem gütigen Worte Gottes geschmeckt, daß an ein Gehen nicht mehr zu denken war. Er lernte nun fleißig und that willig jede Arbeit, die wir, seine Redlichkeit zu prüfen, ihn thun hießen. Schon den 31. Mai konnte er getauft werden. Er wurde nun in der Druckerei angestellt und hielt sich musterhaft, las das Wort Gottes mit großer Begierde und hatte, so oft er zu uns kam, neue Fragen uns vorzulegen über diesen oder jenen religiösen Gegenstand. Nach und nach wurde er für fähig erklärt, dem HErrn als Katechet zu dienen, und zeigte in diesem Amte bis zu seinem Ende viel Eifer und Geduld, eine Liebe zu den Sündern und eine Bereitwilligkeit, um des HErrn willen Schmach und Schande zu leiden, daß er uns oft beschämte. Sein Lauf war kurz, und bald vollendete der HErr diesen lieben Bruder und nahm ihn zu sich, dem wir gerne eine Thräne zollen und vor aller Welt das Zeugniß geben, daß er uns, so lange wir ihn haben durften, nur Freude machte.

„Nach all diesen Veränderungen beläuft sich die Zahl unserer Gemeindeglieder gegenwärtig auf 80; darunter sind 27 Abendmahlsgenossen.

„Der Zweig unserer Arbeit, welcher es besonders mit der Verkündigung des Evangeliums unter dem Volke zu thun hat, ist in mancher Hinsicht ein schwerer und viel Geduld und Glauben fordernder; denn blicken wir auf das uns umgebende Heidenthum und die Bollwerke, welche der Fürst der Finsterniß dem Baue des Reiches Gottes entgegengestellt hat, so erscheint uns das, was durch des HErrn Gnade schon geschehen ist, als ein sehr kleiner und fast unscheinbarer Anfang. Beobachtet man die langsamen Fortschritte und die Aufgabe, welche noch zu lösen ist, so könnte man leicht muthlos werden und sich dem Gedanken hingeben, als bringe man die Kraft umsonst zu. Solchen Anfechtungen darf aber auf keinerlei Weise Raum gegeben werden; denn daß die Arbeit nicht vergeblich ist, dafür bürgt uns nicht nur das Wort des HErrn, sondern auch der Anfang christlicher Gemeinden, wenn diese auch noch so arm und mangelhaft aussehen. Es ist nicht sowohl öffentliche Feindschaft, welche von Seiten der hiesigen Bewohner dem Evangelium entgegengesetzt wird, als vielmehr innere Abneigung und grenzenlose Gleichgültigkeit, welche wie ein Fluch auf der Masse des Volkes liegen. Ein auf verschiedene Weise sich ausdrückender Hunger oder ein Verlangen nach Wahrheit, wie solches an andern Orten schon beobachtet worden ist, haben wir hier noch nicht bemerken können. Dagegen findet man da und dort Einzelne, welche mit ihrer alten Lage und Verhältnissen unzufrieden sind, sey es, daß sie in der Religion ihrer Väter die Bedürfnisse des Herzens unbefriedigt finden, oder weil sie in Beziehung auf Religion überhaupt gleichgültig sind, und um etwaige Verbesserung ihrer äußern Lage wohl den Glauben ihrer Väter gegen die neue Religion, die ihnen als eine moralisch gute vorkommt, vertauschen würden. Aber den Erstern ist der Verlust der Kaste und was damit zusammenhängt ein unübersteigbarer Berg; im Herzen, wie sie sagen, wollten sie schon dem HErrn dienen; aber auf Dinge wie Taufe und Abschneiden des Zopfes können sie jetzt nicht eingehen. Dem Bedürfniß der Letztern zu entsprechen, nämlich ihren Bauch zu füllen, dazu kann sich der Missionar nicht verstehen; denn erstens hat er die Mittel nicht, und zweitens würden solche Christen der Kirche Christi nie viel Ehre machen.

„An außerordentlichen Stimmen zur Buße hat es in letzter Zeit unter dem Volke nicht gefehlt. Nachdem die abscheuliche Krankheit, die Pocken, in vielen Häusern eingekehrt und viele Opfer gefordert hatte, kam die Cholera und wüthete mehr als 2 Monate lang sehr stark. In einigen Quartieren ließ sie oft in einem Hause Niemand mehr übrig.

Der Krankheit konnte durch keine Mittel gesteuert werden. Die davon Befallenen waren zuweilen in einer oder zwei Stunden schon eine Leiche. In der Zeit der Angst und im Angesicht des Todes haben Einige unsern Kornelius, der sie bediente, gebeten, für sie zu seinem Gott zu schreien, aber natürlich ohne Glauben und ohne Hoffnung. Nachdem unser Thomas der Krankheit erlegen war, freuten sich Viele und sagten: nun ist doch dieser auch gestorben und er kann uns nicht weiter mit seinem Predigen belästigen. Kaum war seine Stelle durch Mattai ausgefüllt, so fingen sie zu lästern an, sagend: bei den Patiris helfe Alles nichts; gehe Einer, so bringen sie sogleich wieder einen Andern. Das sind im Allgemeinen die Früchte, welche die ernsten Mahnungen Gottes bei dem verkehrten und unbußfertigen Geschlechte hatten.

„Wir haben schon oft bedauert, daß das öffentliche Predigen hier mit so vielen Schwierigkeiten verbunden ist, welche an andern Orten, wo die Leute beisammen wohnen und wo man freien Schritt zu ihren Häusern hat, in weit geringerem Grade erscheinen. Der Bazaar ist fast ausschließlich von Maplas bewohnt, und wo sich diese finden, da ist es eine reine Unmöglichkeit öffentlich zu reden, denn sie schreien, lärmen, werfen mit Steinen und suchen auf jegliche Weise Unordnung und Verwirrung anzurichten. Es ist unumgänglich nothwendig, daß man da und dort kleine Anhaltspuncte hat, wie etwa die Schulen, oder was noch versprechender ist, Außenstationen, welche man regelmäßig besucht, wo man dann die, welche sich an solchen Plätzen theils aus Neugierde, theils aus andern Gründen sammeln, zum Reiche Gottes einladet. Dem Katechisten, wenn er sich ordentlich zu benehmen weiß, gelingt es zuweilen, sich da und dort einigen Eingang zu verschaffen; aber nicht immer wird er gerne gehört, und nur Wenige wünschen etwas von dem einigen Nothwendigen zu vernehmen; irgend eine Unterhaltung über zeitliche Dinge ist ihnen interessanter. Knüpft man mit Einzelnen Unterredungen an, so weiß der Ungebildete oft nichts zu sagen, als: er habe für sich und seine Kinder zu sorgen und könne sich mit nichts Weiterem abgeben; oder auch: wenn es Gott einmal gefalle, daß er die christliche Religion annehme, so werde Er ihm schon den nöthigen Willen dazu geben. Andere, die die Weisheit ihrer Bücher eingesogen haben und sich für gelehrt halten, geben die Verdorbenheit des menschlichen Herzens zu, halten dieselbe aber für ein unabänderliches Fatum, welches das gegenwärtige schlechte Zeitalter über Jeden ohne Unterschied verhänge; der Versuch, gegen diesen Strom zu schwimmen, sey vergebliche Mühe. So lebt man nach der Väter Weise, ist dabei aber ungewiß, ob die Reise nach dem Tode ab- oder aufwärts geht.

„Auswärtige Schulen, welche von heidnischen Lehrern bedient werden, haben wir gegenwärtig acht. Wir besuchen dieselben regelmäßig und befleißen uns, den Schülern so viel wie möglich von biblischen Wahrheiten in Kopf und Herz zu bringen. So sehr diese Schüler an Gebrechen leiden, so sind sie doch immerhin ein vortheilhaftes Mittel, das Evangelium unter das Volk zu bringen. Von schnellen Früchten, die diese Aussaat bringt, können wir freilich nicht reden; doch so viel wissen wir, daß manche der Kinder eine Liebe zum Worte Gottes haben, dasselbe auch zu Hause vor ihren Eltern lesen und lernen, und oft lieber Schläge aushalten, als dasselbe nach ihrem Wunsche und Gebot ferne von sich zu halten. Es wäre freilich sehr zu wünschen, daß die Lehrer statt Heiden Christen wären; aber so weit sind wir noch nicht gekommen; denn nicht nur fehlt es an christlichen Lehrern, sondern im Falle wir auch einige hätten, so bekämen sie keine Schüler; es wurden wiederholt Versuche gemacht. Die Sache ist aber bis jetzt noch nicht gelungen.

„Die Schülerzahl in den verschiedenen Schulen ist folgende:

	Schüler.		Schüler.
Cheracara	40	Dharmapatnam	30
Erinnoli	30	Schule in der Nähe des Gerichtshofes	30
Mangadamwidil	30	Edacaad	45
Fortschule	40		
Fischersdorf	40		

„Im Krankenhause wird täglich eine Morgen- und Abendandacht gehalten; theils von dem Katechisten Mattai, theils von dem Krankenhausverwalter Kornelius. Diesen Andachten wohnen nicht nur die dort befindlichen Christen bei, sondern auch Heiden, welche sich für kürzere oder längere Zeit im Krankenhause aufhalten.

„Die Arbeiten in der Druckerei und Binderei sind im letzten halben Jahre ohne Unterbrechung fortgegangen. Da die alte Presse sehr ausgearbeitet und für manche Arbeiten zu klein war, so waren wir endlich genöthigt eine neue anzuschaffen; sie wurde von Bombai verschrieben. Wir freuen uns, daß wir nun in den Stand gesetzt sind, die Arbeiten auf eine bequemere und angemessenere Weise zu treiben und fortzuführen. Die biblischen Geschichten von Dr. Barth wurden neu aufgelegt, ein weiterer Theil der Weltgeschichte gedruckt, und die Malajalim-Lieder in verbesserter und stark vermehrter Auflage verfertigt. Unser Gesangbuch zählt nun 175 Lieder, eine schöne Sammlung für angehende Christengemeinden. Der Anfang mit einer christlichen Litteratur ist bereits gemacht, und die wenigen Bücher, die wir besitzen, können Christen und Heiden von großem Werthe und bedeutender Hülfe seyn, wofür wir sammt ihnen dem HErrn unsern Dank darzubringen haben.

„Das Buchbindergeschäft ist im Beginne, läßt aber noch Manches zu wünschen übrig.

„So haben wir Ihnen, verehrteste Committee, über die Erlebnisse des letzten halben Jahres Bericht erstattet. Es ist noch wie vor Alters. Nicht durch Heer oder Kraft, sondern durch den Geist des HErrn muß das Reich Gottes, der geistliche Tempel gebauet werden. Jetzt ist die Zeit der Arbeit, und unter derselben bedarf es der gegenseitigen Ermunterung und Stärkung. Werden Sie nicht müde, uns und das Werk auf betendem Herzen zu tragen. Der HErr selber aber sey unsere Hülfe und unser Trost.

Christian Irion.
G. Fr. Müller."

Bericht der Missionsstation Tellitscherry über die zweite Hälfte des Jahres 1850.

„In dem Personale der Arbeiter hat es seit der Absendung des letzten Berichtes keine Veränderung gegeben. Da wir Missionare nur zwei sind, so hatten wir stets die Hände voll zu thun. Wenn wir zuweilen auch über körperliche Abgespanntheit und geringe Unpäßlichkeiten zu klagen hatten, so waren wir doch in den Stand gesetzt, der Arbeit ohne Unterbrechung nachzugehen. Dagegen gefiel es dem HErrn, die Schwester Irion abermals aufs Krankenlager zu legen. Ihre Leibeskraft ist noch gebrochen und es ist unumgänglich nöthig, daß sie zu neuer Erstarkung und Wiederherstellung ihrer gebrochenen Gesundheit das Klima auf den Nilagiries versucht.

„Die Sonntagsgottesdienste, sowie die Morgen- und Abendandachten an den Werktagen werden fast ohne Ausnahme regelmäßig besucht. Auch dürfen wir zuweilen erfahren, daß das Wort Gottes nicht nur ins Ohr, sondern auch ins Herz dringt, und als Nahrung für den inwendigen Menschen aufgenommen wird. Die Gebetsstunde, welche die Männer mit einander haben, scheint segensreich für sie zu wirken. Auch die Frauen finden sich wöchentlich einmal bei einer unserer Frauen ein; ein Abschnitt aus der Heil. Schrift wird mit ihnen gelesen und sie werden ermahnt, den Namen Christi mit einem Gott wohlgefälligen Wandel zu zieren. Das heil. Abendmahl wurde drei Mal gefeiert. Wenn wir uns oft niedergeschlagen zur Vorbereitung auf dasselbe anschicken, so erfahren wir doch meistens während derselben die freundliche Nähe des HErrn und haben Gelegenheit, die Arbeit des Geistes in den Einzelnen wahrzunehmen, und fühlen, daß neben vielen Unvollkommenheiten dennoch etwas von der Gemeinschaft der Heiligen vorhanden ist.

„Die Zahl der in dem letzten halben Jahre durch die heil. Taufe in die christliche Kirche Aufgenommenen beläuft sich auf vier: zwei Kinder, welche Gemeindegliedern gehören, und zwei Erwachsene. Letztere sind Bewohner des Armenhauses. — Eine dieser Getauften, Pirkatschi, jetzt Helena, ungefähr 55 Jahre alt, hörte seit einem Jahre das Evangelium. Im Auffassen der Heilswahrheiten war sie schnell; bei regelmäßigem Unterricht, von welchem sie guten Gebrauch machte, hatte sie bald eine ordentliche Kenntniß der Hauptlehren des Evangeliums gesammelt. Ihr stilles und eingezogenes Leben und ihre Freude am HErrn zeigten deutlich an, daß sie vom Geiste Gottes bearbeitet werde. Ihren öfteren Bitten um die heil. Taufe konnte nicht länger widerstanden werden, und seit sie den Namen Christi trägt, wandelt sie demselben würdiglich. Die andere Getaufte ist Tirumala, jetzt Thirza, etwa 22 Jahre alt. Sie kam vor 10 Monaten mit sehr zerrüttetem Körper ins Armenhaus und bat dringend um Aufnahme. Ihre Krankheit wurde nach und nach geheilt, und die Arzenei, welche ihrer Seele geboten wurde, war auch nicht fruchtlos. Sie hatte große Freude am Worte Gottes, und es war nicht schwer, ihr die Lehren des Evangeliums beizubringen. Die Augen gingen ihr auf, sie fing an ihr Sündenelend einzusehen, Buße zu thun und den Heiland der Sünder zu ergreifen. Bei ihrem Ernst und Eifer, ein Eigenthum des HErrn zu werden, konnte ihre Bitte um die Taufe nicht länger abgewiesen werden; sie wurde mit Freuden der Gemeinde Christi einverleibt. — Der HErr setze seine Gnadenarbeit in Beiden zu seinem Preise fort.

„Taufcandidaten haben wir gegenwärtig fünf: nämlich den im letzten Berichte erwähnten Ittiappen und den frühern Schulknaben Kanaren; diese beiden wohnen hier. Drei Andere, zwei Frauen und ein Mann, befinden sich im Armenhaus. Es geht nur langsam voran mit ihnen; sie haben zwar schon oft um die Taufe gebeten, aber sie konnte ihnen bis jetzt nicht mit Freudigkeit ertheilt werden. Den früher erwähnten Unikutti mußten wir noch als Heiden wegschicken. Nicht nur wollte er seinen Reis ohne Arbeit essen, sondern er war auch beständig im Streite mit seiner Umgebung.

Alles Ermahnen blieb fruchtlos. Sein sündliches Leben war Andern zum Aergerniß. Wir konnten endlich nicht anders, als ihn entfernen.

„Die Gemeindejugend theilt sich in zwei Classen: Kinder, welche den Christen angehören, und die Knaben im Institute. Erstere sind meist unter 6 Jahren; nur einige von ihnen haben angefangen, hier in der Schule lesen und schreiben zu lernen. Unter Letztern hat es einige Veränderungen gegeben. Abraham, von dem wir zu einer Zeit Hoffnung für etwas Besseres hatten, wollte sein eigener Meister seyn. Gehorsam und die ihm angewiesene Arbeit waren ihm eine Last, von welcher er enthoben seyn wollte. Er klagte sein Anliegen seinem Vater und bat denselben, ihn von hier zu entfernen. Dieser kam. Wir sprachen ernstlich mit Beiden; aber es war fruchtlos. Er nahm den Knaben nach Cannanur zurück, und derselbe ist nun seit jener Zeit in Br. Hebich's Institut. Ein Anderer, Sacharja, wurde von seiner Mutter Sarah nach Calicut zurückverlangt. Da wir nichts Besonderes von ihm hoffen konnten, und weil die Brüder in Calicut sagten, die Mutter könne für den Knaben sorgen, so entsprachen wir mit Freuden ihrer Bitte und sandten ihn zurück. Ein Dritter, Michael von Tschombala, hatte weder zum Lernen noch zur Arbeit große Lust; er fühlte sich hier auch nicht recht zu Hause und war von Zeit zu Zeit etwas unpäßlich; er ging daher auf unser Anrathen wieder in seine Heimath zurück und ist nun unter der Aufsicht von Br. Ch. Müller. Ein Vierter, Veitschen, der gegen 10 Jahre hier war und im Garten arbeiten sollte, lebte längere Zeit in geheimen Sünden und wurde wahrscheinlich in Folge davon von der Epilepsie befallen. Es wurde Manches versucht, um seine geistliche und leibliche Krankheit zu heben; die Bemühungen blieben aber fruchtlos. Wir hatten Mitleiden mit ihm und meinten, sein Zustand werde sich vielleicht mit den fortschreitenden Jahren etwas bessern; es trat aber das Gegentheil ein: es wurde je länger je ärger mit ihm; er verlor allmählig seinen Verstand, und es blieb uns nichts übrig, als ihn in seine Heimath

12*

zurück zu schicken. Eingetreten sind nur zwei. Beide gehören Gemeindegliedern. Einer derselben, Samuel, ist 10 Jahre alt. Seine Eltern konnten ihn weder beaufsichtigen, noch auch erziehen; wir hielten es daher für besser, denselben auf ihre Bitten in die Schule aufzunehmen. Der Andere gehört dem Armenhausvater Kornelius. Da in seinem Hause außer ihm Niemand an den HErrn glaubt, und der Knabe beständig unter seinen heidnischen Verwandten war, so bat der Vater, wir möchten ihn ins Institut aufnehmen und auf diese Weise allem heidnischen Einflusse entziehen. Dieser Bitte zu entsprechen hielten wir für unsere Pflicht.

„In der Gewerbsschule finden sich sieben Knaben: nämlich drei in der Weberei, drei in der Buchbinderei und einer in der Druckerei. Paskal mußte von der Weberei in die Buchbinderei verpflanzt werden, denn seine Gesundheit vertrug sich nicht mit dem Weben. Abel, der beständig an den Augen und an andern Gebrechlichkeiten litt, konnte das Geschäft auch nicht forttreiben, und hat dasselbe mit Gartenarbeit vertauscht. An ihre Stelle traten Ittiappen und Kanaren; beide hatten von ihrer Heimath aus einige Weberkenntnisse. In der Buchbinderei befinden sich Varid, Esra und Paskal. In der Druckerei ist David. Sämmtliche Knaben zeigen Lust und Freude an der Arbeit, und wir hoffen, daß das Unternehmen durch den Segen des HErrn nach und nach gedeihe.

„Wir haben nur Einen Todesfall zu berichten. Der Weberlehrjunge Silvan war vom Anfange seines hiesigen Aufenthalts immer schwächlich und zuweilen leidend. Sein Unwohlseyn schlug nach und nach in eine auszehrende Krankheit um, welche seinem Leben schnell ein Ende machte. Obwohl er von jeher ein stiller und eingezogener Knabe war, hatten wir doch nie Gelegenheit, eine Arbeit des Geistes Gottes in seinem Herzen wahrzunehmen. In seinen Krankheits- und Leidenstagen, in welchen er viel Geduld und Ergebung an den Tag legte, zeigte sich's aber, daß das Evangelium Wurzel in seinem Innern gefaßt hatte, und daß er den Heiland liebe und eine Sehnsucht in sich trug, bei

Ihm zu seyn. Er betete viel und bat auch Andere, für ihn zu beten. So oft wir zu ihm kamen, freute er sich und beantwortete gerne alle ihm vorgelegten Fragen. Er erkannte sich als Sünder und wollte nur im Blute Jesu Vergebung und Reinigung erlangen. Mit den Umstehenden sprach er oft über das Eine Nothwendige. Den Abend vor seinem Verscheiden rief er alle Knaben zu sich, ermahnte sie, den Heiland von Herzen zu lieben und nur Ihm zu dienen und nach himmlischen Dingen zu trachten. Sie sangen einige Verse, und nachher nahm er feierlich Abschied von Allen. Als sein Ende nahte, sammelten sie sich noch einmal um ihn; er konnte nicht mehr viel reden, sehnte sich aber aufgelöst zu werden, und flehte den HErrn darum an. Die Knaben sangen und beteten. Während des Gebetes verschied er sanft, und wir dürfen die Hoffnung hegen, daß er selig im HErrn entschlafen sey. Von der Bitterkeit des Todes hatte er nicht viel geschmeckt, und Alle, die ihn auf seinem Kranken- und Sterbelager sahen, konnten deutlich merken, daß es die Macht der Gnade war, welche ihm durchs finstere Thal hindurchhalf. Der HErr sey gelobt für diese stärkende und ermunternde Erfahrung.

„In unsern 8 Heidenschulen lernen gegenwärtig etwa 330 Knaben. Wir haben auch im letzten Halbjahr keinen Grund gefunden, unsern zeitherigen Schulplan zu ändern. Sobald es die Schüler zum Lesen gebracht haben, steuern wir darauf los, ihnen Bibelgeschichte und Lehre so viel als möglich beizubringen, sey es auch auf Kosten secundärer Dinge. Die kurze Zeit, welche sie dem Schulbesuche widmen, ist zu kostbar, als daß wir sie mit vielerlei vergeuden dürften. Rechnen und Schreiben lernen die Knaben auf ihre Weise, ohne daß wir uns viel damit zu bemühen haben; wir müssen sie im Gegentheil oft davon zurückhalten, indem das Verlangen, einst eine Schreiberstelle irgendwo zu erhalten, sie in diesem Fache fast zu emsig macht. Die Bibelgeschichte vom Calwer Verlagsverein ist gegenwärtig unser Hauptbuch. Dieses macht bei allen Knaben die Runde, und wir sind es gewiß, daß die meisten der jährlich Austretenden dasselbe auswendig wissen und zwar nicht nur daß es in kurzer Zeit vergessen wäre. Als Beispiel möge Folgendes hier stehen: Unser Gabriel besuchte früher eine Schule in Calicut, wo er einen Theil der evangelischen Geschichte in Versen lernte. Nach Jahren, als er schon ziemlich lange in unserm Institut war, hatten wir Gelegenheit ihn zu fragen, indem wir ein Stück jener Verse wünschten, es aber nicht gedruckt besaßen; da konnte er das Ganze wie am Schnürlein hersingen. In jeder Schule haben wir wenigstens einige verständige und lernbegierige Knaben, deren Fortschritte uns wirklich Freude machen. Unsere Schulbesuche sind so eingerichtet, daß wir wenigstens einmal wöchentlich in jede Schule kommen; außerdem geht unser Mattai täglich auch in eine, so daß wir den Lehrern immer ziemlich nahe auf der Ferse sind und sie nichts lehren können, das wir nicht wüßten oder erlaubten. Die Unterrichtsstunden jeden Donnerstag im Missionshause mit den Lehrern und einer Anzahl Knaben aus jeder Schule dauern fort, und wir hoffen, sie seyen nicht umsonst. Ein Uebelstand bleibt es freilich immerhin, daß wir heidnische Lehrer haben müssen. Allein auf der andern Seite ist die Schule eine fortwährende Predigt, die gewiß nachhaltiger wirkt, als jede vorübergehende an die Erwachsenen; es ist eine Aussaat im Glauben, die früher oder später aufgehen und nicht nur Einzelne, sondern die Masse des Volks vorbereiten wird zur Annahme des Evangeliums. Und der HErr ermuthigt uns je und je, in dieser Arbeit die Hände nicht sinken zu lassen, indem Er uns einzelne Früchte derselben zu genießen gibt. Paul in Tschombala, Jakob in Wadagery und Kornelius in Tellitscherry waren Schullehrer in solchen Schulen. Das herrliche Werk in Tschombala mit seinen Anhängseln, wie es jetzt ist, nahm also seinen Anfang in der Heidenschule. Und hier in Tellitscherry haben wir wenigstens Kornelius und nun auch einen seiner Söhne nebst unserm Gabriel. So viel über Resultate der Arbeit an Heidenschulen.

„Die Geschichte unserer Druckerei vom vergangenen Jahre geben wir am kürzesten und klarsten in folgender Liste von Schriften, die in diesem Zeitraume gedruckt wurden. Es wird daraus wenigstens so viel hervorleuchten, daß sie nicht müssig stand und daß die neue Presse schon wackere Dienste leistete. Das Verzeichniß von gedruckten Büchern und Tractaten ist, wie folgt:

	Seiten	Exempl.	Tot.-S.
Neue Auflage der neutestamentlichen Geschichten des Calwer Verlagsvereins	84	500	42,000
Weltgeschichte von Christi Geburt bis zur Reformation	112	300	33,600
Stark verm. Auflage des Mal. Gesangbuchs	208	500	104,000
Choralbuch zum Malajalim-Gesangbuch .	50	500	25,000
Neue Auflage des Tractats „der gute Hirte"	20	1000	20,000
dito „die Kunst selig zu sterben" . .	30	1000	30,000
dito „die Menschwerdung Christi" . .	16	1000	16,000
dito „Unterweisung in der Wahrheit" .	17	1000	17,000
dito „Ueber Religion"	58	1000	58,000
Eine Sammlung von tausend Malajalim-Sprüchwörtern	81	500	40,500
Monatsblatt „Pastschimodayam" . . .	6	130	9360
dito „Radschja Samatscharam" . . .	6	120	8640
Total	688	7550	404,100

„Wir stehen nun am Ende des Jahres und ein Rückblick in dasselbe nöthigt uns, beim Bewußtseyn unserer vielfachen Sünden freilich die Bitte ab: HErr, gehe nicht mit uns ins Gericht! Ein Ausblick aber ins neue Jahr gibt uns auch Muth zu der Bitte Mosis des Knechts des HErrn: HErr unser Gott, sey uns gnädig und fördere Du das Werk unserer Hände.

Tellitscherry, den 31. December 1850.

Christian Irion.
G. Friedrich Müller."

Nebenstation Tschombala.

Miss. Ch. Müller mit Gattin.

Katechisten: Paul und Daniel.

Schullehrer: Lucas und Jacob.

Bericht vom ersten Halbjahr 1850.

„Mit dankerfülltem Herzen dürfen wir auf den Zeitraum zurückblicken, welchen dieser Bericht umfassen soll, denn der HErr hat uns mannigfach und auf allerlei Weise gesegnet und überall durchgeholfen; Er hat uns Kraft und Gesundheit geschenkt, das Werk, an das Er uns aus Gnaden gestellt hat, mit frohem Muthe zu treiben. Möge Er nach seiner reichen Barmherzigkeit alle unsere Sünden, Schwachheiten, Versäumnisse und Uebereilungen uns verzeihen und vergeben, und uns und unsere Werke reinigen in seinem heiligen Blut, damit wir rein und untadelig erfunden werden, wenn Er kommt, um den Arbeitern einem Jeglichen seinen Groschen zu geben.

„Der Zustand der Gemeinde war im Allgemeinen befriedigend. Die Sonntag-Morgen- und Nachmittags-Gottesdienste, sowie die Dienstag- und Freitag-Abend-Gottesdienste nebst der monatlichen Missionsbetstunde am ersten Montagabend jedes Monats wurden regelmäßig besucht; die Morgenandachten hingegen mußten Einige, z. B. die Fischer, ihrer Geschäfte halber, täglich versäumen; ein Uebelstand, dem eben nicht abzuhelfen ist, da sie mit Tagesanbruch auf ihren Posten seyn müssen; doch haben sie unter sich ein kurzes Gebet, ehe sie an die Arbeit gehen. Es sind jedoch diese Gemeindlein gar zarte und leicht verletzbare Sprossen an dem großen Baume der Kirche Christi, welche zu warten und pflegen viel Geduld und Liebe erfordert. O, daß es immer bei uns heißen möchte: wer ist schwach und ich werde nicht schwach, wer wird geärgert und ich brenne nicht! Aber unsere Geduld, herzliches Mitleiden und Erbarmen ist oft so gar gering und vor allem unsere Fürbitte so schwach und wenig umfassend.

„Den 18. Mai kamen Ramotti, Bruder von Paul's Weib, und Catschen, Neffe dieser beiden Geschwister, von Mahe nach Tschombala mit dem Vorsatz, Christen zu werden. Als sie aber den 19ten, als am heil. Pfingstfest, aus der Morgenpredigt nach Paul's Haus, wo sie indessen wohnten, zurückkehrten, gellten ihnen die Klagetöne von Ramotti's Tante und der Mutter des Catschen, sowie einiger anderer verwandter heidnischer Frauen so gewaltsam in die Ohren, daß Ramotti wieder mit ihnen davon ging; hingegen Catschen erklärte ihnen klar und bestimmt, daß er für seine Seele einen Erlöser haben müsse, welchen er in Jesu Christo zu finden glaube; er könnte also nur auf die Gefahr hin, seine Seele zu verlieren, wieder mit ihnen gehen, was er aber nie zu thun gesonnen sey. Nach dem Nachmittagsgottesdienste, in welchem man es ihm ansah, daß er einen Sieg erkämpft hatte, wartete eine weitere Prüfung auf ihn; denn Paul's und Micha's ältere Brüder hatten die Absicht, ihn mit Gewalt wegzuführen; als wir ihnen aber bedeuteten, daß auf unserm Eigenthum keine Gewaltthätigkeiten ungestraft verübt werden dürfen, begnügten sie sich damit, den Catschen und die Christen überhaupt mit allen möglichen Schimpfnamen zu belegen, welche jedoch noch weniger geeignet waren, ihn in seinem Entschluß wankend zu machen, als das Jammergeschrei der untröstlichen Weiber. Als sie wieder weg waren, langte die Nachricht an, daß sein Vater von Cannanur, wo er Geschäfte halber war, in Mahe angekommen sey, und daß er entschlossen sey, ihn Morgen unter jeglicher Bedingung wieder in den Schooß seiner Familie zurückzuführen. Da sagte Catschen: so schneidet mir den Zopf, das Zeichen der Kaste, vom Kopf, dann werden sie mich wohl im Frieden lassen. Gesagt, gethan! und seit dem Tage lebt er froh und vergnügt in unserer Mitte, und genießt täglich eine Stunde Taufunterricht, und wir hoffen, daß er bald so weit sey, daß wir ihn in die Gemeinde Christi aufnehmen können. Er ist ein Mann von etwa 24 Jahren, kam schon vor drei Jahren einmal nach Tellitscherry mit dem Entschluß, Christ zu werden; allein sein Vater,

Mutter und sonstige Anverwandten folgten ihm auf dem Fuße nach, und ihre Thränen bewogen ihn, wieder mit ihnen zurückzukehren. Damit ihm nun solche Grillen für immer vergehen sollten, verheirathete ihn sein Vater vor 1½ Jahren mit dem schönsten Weibe, das in der Magier-Kaste zu finden seyn soll. An einem Feste jedoch, Onem genannt, welches etwa vor 6 Monaten statt hatte, veranlaßte ihn seine junge Frau, mit ihr ihre Verwandten in Calicut zu besuchen, was er auch that. Als er aber nach beendigter Festzeit wieder nach Mahe zurückkehren wollte, erklärten ihm seine Schwäger, daß sie ihre Schwester nicht mehr von hier fortziehen lassen; er möge sich deshalb in Calicut niederlassen und sein Geschäft, Heilkunde, daselbst treiben, welche Zumuthung er aber abwies und ohne sein Weib in seine Heimath zurückkehrte. So geschah es denn, daß es ihm um so leichter wurde, am Samstag vor Pfingsten, dem Drang seines Herzens folgend, sich der Gemeinde Christi anzuschließen. Wunderbarer Weise kamen am Pfingstmontag seine Schwäger vom Süden herauf, um das gestörte Verhältniß wieder herzustellen. Als sie aber hörten, daß er sich der verachteten Secte der fünften Wedams angeschlossen habe, beriefen sie einige Zeugen und hoben nach Landessitte die Ehe zwischen Catschen und ihrer Schwester förmlich auf. Die Magier sind überhaupt sehr erbittert über diesen neuen Verlust. Catschen's Mutter aß 3 Tage nichts; Paul's Bruder verbot Allen, die in irgend einem Zusammenhange mit ihm stehen, den Hügel, auf welchem die Missionsstation erbaut ist, zu betreten. Auch sagten sie: wenn Ramotti Christ geworden wäre, so wäre nicht viel hin gewesen; aber daß es Catschen seyn mußte! — Möge ihn nun der HErr segnen und etwas aus ihm machen zum Lobe seiner herrlichen Gnade. Da er von seinem Vater zum Arzte bestimmt war, so durfte er natürlich nie Handarbeit verrichten; doch läßt er es sich gerne gefallen, mit Johann und einigen Andern Feldarbeit zu versehen. Ich hoffe und glaube aber, daß er der Mission noch andere Dienste, als den mit Hacke und Spate, von dem HErrn zu thun gewürdigt werden wird.

„Die zu dieser Station gehörige Jugend besteht gegenwärtig aus 12 Kindern, von welchen 8 schulfähig sind und unter dem Lehrer Lucas im Lesen, Schreiben, biblischer Geschichte, Katechismus und Rechnen Unterricht empfangen. Auch lernen sie gemeinschaftlich mit ihren Müttern allerhand Handarbeit bei Schw. Müller. Möge sich der HErr auch dieser Lämmer in Gnaden annehmen, sie vor dem Verderben, das sie allenthalben umgibt, bewahren und sie an seinen Busen sammeln.

„Den 12. Februar starb der 80jährige Abraham müde und lebenssatt; sein Ende war voll Frieden. Abends 6 Uhr wurde er dann als der Erstling auf dem hiesigen neu angelegten Begräbnißplatz beigesetzt. Den 19. April wurde Sara, welche wir vor einigen Monaten wegen verschiedenen Streitigkeiten vom heiligen Abendmahl ausschließen mußten, von der Cholera befallen, welche ihrem Leben innerhalb 10 Stunden ein Ende machte. Leider war ich, als sie von der Krankheit ergriffen wurde, abwesend und kam erst nach Hause, als sie schon eine Leiche war. Paul aber und seine Mutter, welche sie verpflegten, bezeugen, daß sie im Glauben an das Verdienst Christi gestorben sey. Einigemal habe sie ausgerufen: Satan, hebe dich von mir und laß mich in Frieden. Zu Paul's Mutter sagte sie: Schwester! ich gehe jetzt zu Jesu; ja, ich gehe zu Jesu! Die Ausschließung vom heil. Abendmahl brachte eine wohlthätige Wirkung bei ihr hervor. Ich hatte mir auch vorgenommen, sie das nächste Mal wieder in die Gemeinschaft aufzunehmen. Mögen wir sie dereinst bei dem Abendmahl des Lammes wieder finden!

„Auf die bis jetzt noch größtentheils wüste liegenden Grundstücke, welche der Mission gehören, haben wir im Laufe dieses Monats etwas über 500 Kokosnußsetzlinge gesetzt, so daß unser Feld nun volle 700 junge Kokosnußbäume enthält, welche nach etwa 8 Jahren der Mission eine ordentliche Stütze seyn werden. Freilich kosten die jungen Pflanzen viel Arbeit und Mühe, bis sie groß gezogen seyn werden.

„Die Fischerei hat uns im verflossenen halben Jahr viele Mühe und Sorgen verursacht. Das Meer wimmelte von einer Art kleiner Fische, Matti genannt, so daß die Fischer bei allem Fischreichthum beinahe zu Grunde gingen. Wir mußten deshalb, theils um unsere Leute vor dem bittersten Mangel zu schützen, theils um Boot und Netze im Stande zu erhalten, eine Schuld von nahe an 50 Rup. machen, welche wir jedoch durch Gottes Gnade aus der Fischerei selbst wieder zu erledigen hoffen.

„Unsere heidnische Umgebung, die hauptsächlich aus Najern, Tiern und Mukwern (Fischern) besteht, ist im Ganzen mehr gleichgültig als feindselig gesinnt; ja man darf sagen, daß die Arbeitsamkeit und Betriebsamkeit, welche sich in unseren Gemeinden allmählig zu entfalten beginnt, unsern Nachbarn einen gewissen Respect abnöthigt. Ein Christ gilt nicht mehr, wie vormals, als der elende Taugenichts, der, um gute, ruhige Tage zu haben, die Religion seiner Väter verlassen hat. Sein bestimmter ehrlicher Rang wird ihm immer mehr in der Gesellschaft angewiesen, und die Schande, Christ zu werden, verliert sich je mehr und mehr.

„Volksschulen konnten wir leider hier in Tschombala noch keine errichten, was uns oft recht betrübt und ins Gebet treibt, besonders wenn wir die vielen nackten Kinder ansehen, welche beinahe wie die Thiere des Feldes aufwachsen. Aber was können wir thun? die Najer wollen eben von unsern Schulen nichts, und die Tier dürfen nichts wollen!

„Mit der Predigt des Wortes sind wir ebenfalls auf die Straße und an die Zäune gewiesen, allwo wir solchen, die sich willig zeigen, uns ein Viertel- oder ein Halbstündchen ein williges Ohr zu leihen, von der Hochzeit des großen Königssohnes erzählen und sie einladen, daran Antheil zu nehmen. Wir gehen bei dieser Arbeit höchst einfach zu Werk. Sünde und Gnade, ewiger Tod und ewiges Leben; — Jesus Christus, der Sohn des lebendigen Gottes, seine heilige Geburt, sündloses Leben, verdienstliches Leiden, Sterben, Auferstehen von den Todten, Himmelfahrt, Sitzen zur

Rechten seines Vaters im Himmel und Wiederkunft zum Gericht suchen wir in kurzen Zügen den Zuhörern eindringlich zu machen. Wohl wissend, daß die Hindus ihre Götter am besten selbst verspotten können, befassen wir uns damit nicht. Das einfache Zeugniß, daß sie nichts sind, und daß die, welche sie machen und anbeten, vor Gott ihnen gleich geachtet werden, genügt uns in den meisten Fällen.

Wadagerry.

Arbeiter: Daniel, Katechist, und Jacob, Schullehrer.

„Das frühe Hinscheiden des verewigten Katechisten Thomas in Tellitscherry wurde Veranlassung, den bisher im Segen hier arbeitenden Mattai am 24. Mai nach Tellitscherry abgehen zu lassen, um die Arbeit des entschlafenen Bruders zu übernehmen. Der HErr gab uns jedoch in der Person des Daniel, welcher sich bisher hauptsächlich der Feldarbeit in Tschombala gewidmet hatte, einen Mann, mit dem wir jene Lücke einigermaßen ausfüllen konnten. Möge ihn der HErr segnen und zum Segen setzen für Viele. Er ist von der Najerkaste, etwa 25 Jahre alt, hat sich in seiner bisherigen geringen Stellung als treu bewiesen und besitzt gute Kenntnisse des Wortes Gottes. In einer wöchentlichen Unterrichtsstunde mit Paul in Tschombala zusammen wird er näher in das Verständniß der Heiligen Schrift eingeleitet, und Aufsätze, deren er monatlich zwei zu liefern hat, sollen ihn an selbstständiges Denken und Betrachten des Wortes der Wahrheit gewöhnen.

„Wir besorgten sehr, daß die in unsern Berichten schon mehrfach erwähnten Tierfamilien durch Mattai's Abgang sich weiter entfernen würden; nun scheint aber durch Gottes Gnade das Umgekehrte geschehen zu wollen. Es ist dies eine merkwürdige Erscheinung. Etwa 30 Leute versammeln sich täglich in einem von ihnen selbst eingerichteten Local, wo sie das Wort Gottes lesen und mit einander beten; sie vermeiden und verbitten sich alles heidnische Wesen und strengen sich an, nach den Geboten und Vorschriften des HErrn einher zu gehen; und doch fühlen sie sich zu schwach, völlig mit der Kaste zu brechen. Der HErr hat aber in der letzten Zeit gewaltig an ihnen gerüttelt und ihnen gezeigt, daß Er Gott und Erlöser ist, und sonst keiner mehr. Die Cholera kam, raffte zu ihrer Rechten und Linken Viele dahin, durfte sich aber Keinem unter ihnen nahen. Curumben, der einer der Eifrigsten unter ihnen ist, hat einen Bruder, der ihnen bisher mehr entgegen als geneigt war, und siehe da! er wurde von der entsetzlichen Pestilenz befallen; Curumben aber schrie zum HErrn und erhielt seinen Bruder gesund wieder, der nun auch mit ihnen betet. Tschaji ist der Name eines Anderen; dieser hat einen Neffen, welcher kürzlich zu einem Götzenfest ging, wovon ihn Tschaji mit vielen Worten und Vorstellungen abhalten wollte. Kaum war er zurückgekehrt, so wurde sein Weib ein Raub der Cholera. Da kam er und sagte: ich habe gesündigt, daß ich ging und dem Götzen opferte; ich will's nimmer thun; und seit dem Tage hält er sich auch zu den Betern. — Der Vater von Jacob's Weib, so wie ein anderer Aeltester der Tierkaste, begaben sich in einen Götzentempel, um den Gott zu vermögen, der Pestilenz ein Ziel zu setzen. Und was geschah? Gerade als sie die Zeremonien verrichteten, wurde jener Aelteste von der Cholera befallen und war in wenigen Stunden ein Raub des Todes. So offenbarte der HErr seine Herrlichkeit und machte die falschen Götzen zu Schanden. Ihm seyen alle jene Seelen auf sein treues Herz gelegt; möge Er ihnen Gnade geben, sich Ihm ganz zu überlassen und seine wahrhaftigen Jünger zu werden. Etwas Großes wäre es, wenn es auf einmal eine solche Lücke in diese zahlreiche Kaste hinein gäbe, weßhalb wir uns mit Furcht und Zittern freuen.

„Die Tierschule, deren Lehrer ein Heide ist, und die von etwa 30 Kindern besucht wird, befindet sich fortwährend in einem erfreulichen Zustande. Lesen, Schreiben, Rechnen, neutestamentliche Geschichte nebst Katechismus sind die verschiedenen Gegenstände, in welchen die Kinder unterrichtet werden.

„In der Fischerschule ließ sich der HErr nicht unbezeuget. Ein Schulknabe nämlich hatte die Cholera in einem solchen Grade, daß ihn seine Eltern eine geraume Zeit für todt hielten; als sie aber einmal nach dem Leichnam schauen wollten, sahen sie, daß er noch lebte, und zwar, daß er seine Hände und Augen zum Himmel aufgehoben hatte; und in der That, er wurde wieder gesund und bekannte es, daß ihn Gott, zu dem er gebetet habe, gesund machte. Die Schule ist nun wieder im Gange; es wird aber Zeit brauchen, bis sie sich wieder ganz erholt hat, indem viele von den Fischerleuten geflohen sind.

Mahe.

„Da diese Station keinen eigenen Katechisten hat, so muß sie von Tschombala aus besorgt werden, was um der Nähe willen zwar wohl thunlich, aber doch mit viel Nachtheil verbunden ist; wir würden deshalb sehr dankbar seyn, wenn uns der liebe Gott einen geeigneten Mann für diesen Posten geben wollte. Zu thun hätte er die Hände voll, denn die Bevölkerung von Mahe ist durchaus nicht feindselig gesinnt. Vor Allem aber sollten die paar Christenseelen dort, von denen keine selbst lesen kann, Jemanden haben, der jeden Morgen und Abend mit ihnen das Wort Gottes läse und betete.

„Nachdem Sara von Mahe weggezogen war, lebte Lois für einige Zeit allein mit ihrem Manne Koren in Timotheus Haus; als aber Thomas in Tellitscherry gestorben war, so wurde auch Hawa, seine Wittwe, dorthin gebracht, um mit ihrer Mutter nicht nur in demselbem Hause zu wohnen, sondern auch dasselbe Schicksal zu theilen; denn auch der Mann der Letztern, Koren, starb am 1. Mai an der Cholera, so daß die Mutter mit ihren zwei Töchtern Eunike und Hawa innerhalb 3 Monaten Wittwen wurden. Ach Gott! wie ist dieses Lebens Noth und Elend so groß! Wohl dem, der Den kennt und liebt, der dem Tode die Macht genommen hat. Koren bat uns oft um die heil.

Taufe; aber wir konnten so wenig eine Herzenserneuerung oder Veränderung wahrnehmen, daß wir ihn von einer Zeit auf die andere vertrösteten. So lange Sara bei ihm lebte, war vielfacher Streit zwischen den Beiden, und als ich ihm einmal Vorstellungen darüber machte und ihn einen zornigen Mann nannte, sagte er: ja, ich bin ein zorniger Mann; es wird sich aber mein Zorn nicht eher legen, bis dies Weib fort ist. Sie verließ das Haus, kam nach Tschombala und starb gerade 2 Tage vor ihm.

„Den 19. Mai, als am heil. Pfingstfest, wurde ein Bruder von Lois durch die heilige Taufe in die Gemeinde Christi aufgenommen; sein Name ist Noah. Aus seiner früheren Lebensgeschichte läßt sich nicht viel Besonderes mittheilen. Er ist etwa 55 Jahre alt; sein früherer Name ist Corden, und er ernährte sich durch Fischfang. Im Uebrigen war er ein gewaltiger Trinker und führte überhaupt ein rohes Leben. Lesen und Schreiben hat er nie gelernt. Seit zwei Jahren aber hat er je und je das Wort Gottes gehört, es lieb gewonnen und sich ernstlich bemüht, sein Leben darnach einzurichten. Der Säufer wurde nüchtern und mäßig, und der Zänker friedfertig und demüthig, und deshalb konnten wir seinen wiederholten Bitten um die heil. Taufe nicht länger widerstehen.

„Schulen können auch in Mahe keine errichtet werden, indem die liberale französische Regierung ihre Gewissensfreiheit noch nicht bis nach Indien ausgedehnt hat. — Nun, der HErr sey mit uns Allen und mache uns je mehr und mehr tüchtig, sein Werk zu treiben mit Freuden.

„In herzlicher Liebe und Hochachtung Ihr:

C. Müller."

Census der Station Tschombala.

Stationen.	Christen.		Communicanten.	Zuhörer aus den Heiden.	Schülerzahl.	
	Erwachsene.	Kinder.			Christliche.	Heidnische.
Tschombala	16	12	16	3	8	—
Wadagerry	3	4	3	30	2	50
Mahe	3	1	3	—	—	—
Summa	22	17	22	33	10	50

Bericht der Station Tschombala vom zweiten Halbjahr 1850:

„Während des ganzen Zeitraumes, den dieser Bericht zu umfassen hat, durfte sich die geringe Zahl der Arbeiter auf dieser Station ununterbrochen guter Gesundheit erfreuen, so daß wir Alle auf unseren Posten stehen und dem uns anvertrauten Werke obliegen konnten. Die Katechisten Paul und Daniel, Ersterer hier in Tschombala, Letzterer auf der Nebenstation Wadagerry, halfen uns treulich die Botschaft des Heils Allen, die nur willig sind zu hören, bekannt zu machen; während die Schullehrer, Jacob und Lucas, Ersterer etwa 20 Fischerknaben in Wadagerry, Letzterer die Kinder unserer Gemeinde hier in Tschombala im Worte Gottes unterrichteten.

„Der Zustand unserer Gemeinde war im Allgemeinen befriedigend; wir können den meisten unserer Leute das Zeugniß geben, daß sie sich bemühen dem Wort des HErrn gemäß zu wandeln und dem Namen Christi wenigstens keine Schande zu machen.

„Der am schwierigsten zu behandelnde Theil der Gemeinde sind immer die Frauen, und unter diesen hinwiederum solche, welche keine Männer haben. So machte uns des seligen Timotheus Wittwe in Verbindung mit ihrer Mutter, so wie auch Priska, durch störriges, zänkisches Wesen einigemal viel Noth; doch gewannen sie es immer wieder über sich, der Zucht des Wortes und Geistes Gottes Raum zu geben.

„Taufen fanden seit dem 5. Juli vier statt. Der junge Magier Catschen, dessen Kommen und frühere Geschichte schon im ersten Bericht dieses Jahres erwähnt wurde, erhielt dieses heilige Sacrament den 14. Juli, wobei ihm der Name Timotheus ertheilt wurde. Seither ist sein Betragen immer befriedigend gewesen; zu jeglicher Handarbeit ist er willig, und überhaupt macht sein ganzes Wesen einen günstigen Eindruck auf uns und macht uns Hoffnung, daß wenn er eine Zeitlang im Kleinen Treue bewiesen hat, ihm auch Größeres werde anvertraut werden können. Jakob's Weib in Wadagerry, von der Tierkaste, welche bis vor etwa 8 Monaten äußerst feindselig gesinnt war und sowohl ihrem Manne als auch uns viele Noth bereitete, wurde durch die Cholera, von der sie im Monat Mai befallen aber glücklich wieder errettet wurde, aus ihrem Sündenschlaf aufgeweckt, so daß sie anfing das Heil in Christo zu suchen. Sie hatte eine Reihe von Jahren das Wort Gottes fortwährend, obwohl mit Widerwillen, gehört, und brachte also eine ziemliche Bekanntschaft mit den Heilswahrheiten des Christenthums mit. Auch war an ihrer Aufrichtigkeit nicht zu zweifeln, denn sie mußte sich durch ihren Uebertritt der Feindschaft ihres Vaters, welcher in der letzten Zeit durch ein Erbe ein reicher Mann geworden ist, und der Verachtung ihrer ganzen Verwandtschaft aussetzen. Sie sah die Sündhaftigkeit ihres bisherigen Betragens klar ein und gab Zeichen der Reue und wahren Buße, so daß wir volle Freiheit hatten, sie am 28. Juli mit einem Säugling von 6 Monaten in die Gemeinde Christi aufzunehmen. Die Mutter erhielt den Namen Rahel, das Kind wurde Joseph genannt. Ihr seitheriges Betragen berechtigt uns zu der Hoffnung, daß der HErr sein gutes Werk in ihr angefangen hat;

möge Er es auch vollenden zu seines Namens Preis. Der vierte Täufling war ein neugebornes Kind des Johann, welches den 29. September getauft wurde und den Namen Benjamin erhielt. Gering ist die Zahl derer, die hinzugethan wurden zu der Gemeinde des HErrn, und man möchte sich fast zu der Frage versucht fühlen: lohnt es sich auch der Mühe und des Kostenaufwandes, wenn die Resultate so geringfügig und unscheinbar sind? Ist aber der Werth Einer Seele unendlich größer als die ganze Welt, so hat unser Pfund doch mehr als vier Welten getragen, und wir haben Ursache genug, fröhlich und guten Muthes zu seyn.

„Sonntags den 10. November kam Kunden, ein Magier und Fischer von Mahe mit seinem Weibe Atscha und einem 8jährigen Töchterlein Kunji Pennu und erklärte, daß er nicht mehr von hier weichen, sondern bei der Gemeinde des HErrn leben und sterben wolle, denn er sey voller Sünde und Unreinigkeit, und nur Jesus könne ihn vom ewigen Verderben erretten. Natürlich stand ihm Herz und Haus offen. Schon am folgenden Tage gab es dann einige Auftritte, welche, obwohl sie nicht wünschenswerth sind, doch auch ihre gute Seite haben. Zuerst kamen einige Frauen aus ihrer Verwandtschaft, welche durch Schreien und Bitten ihre Herzen erweichen zu können glaubten; allein sie mußten leer abziehen. Dann kamen Männer und setzten dem guten Kunden gewaltig zu; allein er war unbeweglich. Endlich wandten sie sich an seine Frau und sagten: „komme du mit uns, wir wollen bestens für dich sorgen." „Ganz recht," erwiederte sie, „ich will mit euch gehen; doch muß ich vorher noch eine Frage an euch richten: könnt ihr mich auch von meinen Sünden erlösen?" und da sie dies natürlich verneinen mußten, sagte sie: „nun, dann lasset mich im Frieden; ich suche Erlösung von meinen Sünden." Nach einigen Tagen kam dann auch noch ein Bruder der Atscha, um den letzten Versuch zu machen; aber auch der mißlang, und seither wohnen sie nun ruhig bei uns hier in Tschombala, Sie genießen nun alle Tage eine Stunde Taufunterricht, woran auch Micha's Schwester, Pennutti, die aber schon mehrere Jahre hier wohnt, Antheil nimmt. Die guten Leute gingen durch eine schwere Leidensschule, ehe sie zu uns kamen: ihr zweijähriger Knabe nämlich fiel ins Feuer und verbrannte sich dergestalt, daß er nach einigen Wochen unsäglichen Leidens starb. Sie begruben ihn am Mittwoch, und am Sonntag kamen sie zu uns.

„Im Lauf des Monats August fanden wir uns veranlaßt, unsere Fischerei um die Hälfte zu erweitern, und durch die Gnade des HErrn ist die Ausgabe, welche sich auf 184 Rup. belief, bis auf 34 Rup. herunter gedeckt. Ein lieber Freund in Basel nämlich, dessen Namen uns aber unbekannt geblieben ist, stellte uns eine Gabe von 100 Rp. zu, welche Summe durch eine andere Gabe eines werthen Freundes hier in Indien, dessen Namen wir aber in unseren Berichten nicht zu nennen die Freiheit haben, um 50 Rup. erhöht wurde. Möge der HErr diesen seinen Kindern, deren Namen Ihm wohl bekannt sind, mit zeitlichem und ewigem Segen hundertfältig lohnen für das, was sie an uns gethan haben.

„Nach Verfluß des Monsuns machten der Katechist Paul und der Schullehrer Jacob eine kleine Reise im Lande herum. Ueberall, wo sie sich hinwandten, fanden sie immer wenigstens einige, welche willig waren, das Wort des Lebens anzuhören, und machten auch zugleich die Erfahrung, daß der Name Christi viel bekannter ist als wir je zu hoffen wagten. O daß ein Feuer vom Allmächtigen herunterführe und diesen Brennstoff anzündete; gewiß das ganze Land geriethe in lichte Flammen.

„Seit der bereits erwähnten Taufe der Rahel besteht die kleine Gemeinde in Wadagerry aus 4 Erwachsenen und 6 Kindern, die, wenn es die Umstände immer nur erlauben, wöchentlich einmal besucht werden. Im Hause des Katechisten Daniel wird täglich zweimal Andacht gehalten, und das Wort Gottes auf offener Straße, auf Fußpfaden und auch in einigen Häusern, zu welchen der Zutritt erlaubt ist, verkündigt. Als wir unsern Juliberich abfaßten, glaubten wir uns zu der Hoffnung berechtigt, daß vielleicht bald eine bedeutende Schaar Tierleute heraustreten und sich Christo ergeben dürften, und wirklich kamen an einem Samstag Abend des Monats October zwei junge Tier, Bruder und Schwager des schon vor einigen Jahren in Br. Gundert's Kirur-Festbericht erwähnten und als dem Reiche Gottes nahe stehend betrachteten Tschaten zu uns nach Tschombala. Sie erklärten, sie hätten sich ihren Verwandten entwunden und seyen entschlossen um jeglichen Preis Christen zu werden, und wollen zu diesem Zweck am liebsten hier in der Gemeinde selbst wohnen. Wir nahmen sie natürlich mit Freuden auf und hegten noch überdies die stille Hoffnung, daß dies nur die Vorläufer einer noch größeren Anzahl seyn dürften. Allein schon am Sonntag Morgen, ehe noch der Tag graute, waren ihre Verwandten, 8 Mann an der Zahl, hinter ihnen her, welche, angeführt von jenem Tschaten, alle Mittel in Anwendung brachten, sie wieder in den Schooß ihrer Familien zurückzuführen, was ihnen auch nur zu gut gelang. So wurde unsere Freude in Traurigkeit und Herzeleid verwandelt, und seither herrscht eine wahre Todtenstille unter allen jenen Leuten. Möge der Wind des HErrn in die Todtengebeine blasen, damit sie aufstehen und leben!

„Ein großer Uebelstand ist der, daß in Mahe bis jetzt noch kein eigener Katechist hat stationirt werden können; denn meine und des Katechisten Paul wöchentlichen Besuche reichen bei weitem nicht hin, das Bedürfniß zu befriedigen. Die wenigen Christen, 3 Erwachsene und ein Kind, welche daselbst wohnen, sollten nothwendig Jemand haben, der täglich mit ihnen das Wort Gottes lesen und beten würde, denn keines von ihnen kann selbst lesen. Vor Allem aber sollte besser und nachhaltiger auf die Bevölkerung eingewirkt werden, was nur geschehen kann, wenn sich ein Katechist bleibend da niederläßt. Wir hoffen daher, der HErr werde uns nach nicht gar langer Zeit in den Stand setzen diesem Mangel Abhülfe zu thun. Daß auf dieser Station ein Fischer, Namens Kunden, mit seiner Familie herausgetreten ist und sich in Tschombala niedergelassen hat, ist bereits erwähnt worden. Bemerkenswerth dürfte vielleicht auch der Umstand seyn, daß sich in den letzten Monaten ein europäischer katholischer Priester in Mahe niedergelassen hat. Nun dem HErrn, der unsere Zuflucht ist für und für, empfehlen wir uns und unser Werk auch für die Tage, die da kommen sollen. Er, der uns im alten Jahr behütet, bewahret und gesegnet hat, wird uns auch im neuen mit seiner ewigen Güte und Treue stets nahe seyn. Ihm sey Lob und Ehre und Preis in der Gemeinde und unter allen Heiden, jetzt und in alle Ewigkeit.

„Mit vielen Grüßen, herzlicher Liebe und Hochachtung Ihr ergebener C. Müller.

Tschombala, den 31. December 1850."

11. Station Calicut.

(Angefangen im Jahr 1842.)

Missionare: J. M. Fritz mit Gattin. J. J. Huber mit Gattin.

Katechisten: Jacob, Esau, Christian, Paulus.

Schullehrer: Christlich 1. Heidnische 10.

Bericht vom ersten Halbjahr 1850:

„Wiederum ist es uns durch die Gnade des HErrn gestattet einen prüfenden Rückblick zu thun auf ein verflossenes halbes Jahr, darin Gottes Gnade und Treue sich nicht unbezeugt gelassen hat unter uns. Möge das Wenige, das sich in dieser Zeit Bemerkenswerthes zugetragen hat, dazu dienen, daß der Name unsers HErrn gepriesen werde.

„Mit besonderm Dank gegen den HErrn rühmen wir es, daß Er in den verflossenen 6 Monaten seine Knechte und Mägde in Gnaden angesehen und vor besondern Krankheiten bewahret hat. Von Cholera und Masern waren wir umgeben; aber der HErr hat uns gegen dieselben beschirmet. Seinem Namen sey Ehre!

„Unter unsern Nationalgehülfen hat im Laufe dieses halben Jahres eine Veränderung stattgefunden, indem es nämlich dem HErrn gefallen hat, unsern Abraham in die himmlischen Wohnungen einzuführen. Er hatte, wenn auch nicht ein besonders langes, doch sehr schmerzliches Krankenlager, bis ihn der HErr am 27. Februar zu sich rief. Abraham gehörte der Curuppu-Kaste an. Er ward 1807 in Ellattur, 5 engl. Meilen von hier, geboren. Er erhielt eine ordentliche National-Erziehung mit besonderm Blick auf seinen künftigen, als Kastenprivilegium betrachteten Beruf zum Schulmeister und Arzt. Als Letzterer hatte er bei gewöhnlichen Krankheiten, besonders bei Kindern, einiges Geschick, und als Schulmeister trat er im Jahr 1843 in den Dienst der Mission und eröffnete eine Schule in Ellattur, die bis auf die Zeit seiner Bekehrung gut besucht ward. In der letzten Hälfte von 1846 bekannte er sich frei zum Evangelium, mit dessen Wahrheit er durch die Schulbücher, Unterredungen mit uns und Theilnahme an den sonntäglichen Gottesdiensten bekannt geworden war. Am Weihnachtsfeste desselben Jahres wurde er nebst einigen andern Seelen durch die heil. Taufe in die Gemeinde Christi aufgenommen. Von seiner Familie und seinen Schülern ward er nun verlassen; aber er hatte den HErrn gefunden. Nachdem der erste Sturm vorüber war, eröffnete er aufs neue die Schule und erhielt auch wieder einige Kinder, was zeigt, daß er nicht ohne Achtung in seinem Dorfe war. Dennoch wollte sich die Schule nie wieder recht heben, und wir ließen ihn daselbst wohnen, weil wir Ursache hatten zu glauben, daß sein Wohnen unter seinen Bekannten und sein Wandel in der Wahrheit nicht ohne einen gesegneten Einfluß auf jene bleiben könne. Nach den schmerzlichen Erfahrungen mit Titus beriefen wir ihn an dessen Stelle hieher. Auch in dieser neuen Stellung bewies er sich bis zu seiner Krankheit mit der Treue, wofür wir ihn früher schon schätzten, und genoß die Achtung und Liebe Aller, mit denen er in Berührung kam. Seine Krankheit fing mit einem uns unbedeutend scheinenden Geschwür auf der Hüfte an. Alle angewandten Mittel waren fruchtlos. Der ganze Theil von der Hüfte bis ans Knie verwandelte sich in eine Eitermasse.

Mit Bewilligung des Arztes brachten wir ihn in das Spital, wo der Doctor sein Möglichstes that sein Leben zu retten; allein seine Lebenskräfte sanken unter unbeschreiblichen Leiden. Nicht ein Wort der Klage oder Unzufriedenheit wurde während der ganzen Zeit von ihm gehört. Er scheint von Anfang an ein Vorgefühl seiner nahen Auflösung gehabt zu haben, und als wir ihn von hier in das Spital brachten, nahm er von dem Mädchenschullehrer Abschied „bis wir uns im neuen Jerusalem wiederfinden." Als wir ihn seiner Leiden wegen zu trösten versuchten, sagte er: „Ach, was sind meine Leiden, verglichen mit denen, die der HErr für uns erduldete." Im Blick auf das Spital theilte er die den meisten Nationen einwohnende Abneigung gegen die europäische Behandlungsweise. „Es ist nicht der Mühe werth," sagte er, „mich in das Spital zu bringen; ich werde von dieser Krankheit nicht wieder genesen; weil es aber meine Vorgesetzten so wünschen, so gehe ich gerne, obwohl ich es vorgezogen haben würde, in meinem Hause unter dem Gebete meiner Brüder heimgehen zu dürfen." Dies Letztere wurde ihm auch im Spital gewährt, da in den letzten Tagen seiner Krankheit immer einige unserer Christen um ihn waren. Am letzten Abend, da er noch bei vollem Bewußtseyn war, seine Schmerzen aber sich aufs Höchste gesteigert hatten, fragte ihn Br. Fritz: ob er sich im Glauben an Jesum halten könne; worauf er laut und fest antwortete: „Ja, ich glaube, ich glaube!" Dies waren die letzten Worte, die wir aus seinem Munde hörten. Er verfiel bald darauf in eine Betäubung, aus der er nicht wieder erwachte. Der HErr sey gepriesen, daß er diese Seele aus heidnischer Finsterniß errettet und zum Glauben an sein Wort und den selig machenden Namen Jesu geleitet hat.

„Ein anderer Unfall begegnete unserm Nationalgehülfen Jacob, der sammt einem kleinen Knaben am 16. März von einem tollen Hund gebissen wurde. Das arme Kind starb am 40sten Tage. Drei Monate lang schwebte Jacob in beständiger Gefahr, und mehrmals glaubten wir Spuren von Hundswuth, wie starke Träume, Zuckungen rc. zu bemerken. Doch gefiel es dem HErrn sein Leben zu fristen, und wir dürfen glauben, daß diese Zeit beständiger Todesnähe ihm in seinem Innern Vorschub gethan hat. Er sieht es selbst als ein Wunder göttlicher Barmherzigkeit an und hat sich mit neuem Eifer seiner Arbeit hingegeben.

„Paulus, Esau und Christian sind wohl und haben sich, jeder in seinem Theile, zu unserer Zufriedenheit in den ihnen anvertrauten Arbeitskreisen bewegt. Die Geduld des Ersteren ist in Codacal durch die Undankbarkeit und Unzuverlässigkeit der Najadis auf starke Probe gesetzt worden. In Abraham und Johanan glaubte er und wir den seit Jahren in Geduld und Hoffnung ausgestreuten Samen lieblich emporsprossen zu sehen, als diese Hoffnung durch das Weglaufen derselben mit ihren Weibern und einem verlängerten Aufenthalt in den Wäldern, wenn auch nicht gänzlich zerstört, doch tief erschüttert wurden. Letztere ist vor etlichen Tagen als ein wahres Skelett zurückgekehrt. Mangel an Lebensmitteln und Krankheit waren die Ursache. Wahrlich, der Teufel ist nicht nur ein Mörder der Seele, sondern auch des Leibes!

„Ueber unsere kleine Gemeinde haben wir diesmal nichts Besonderes zu bemerken. Das Wort ist reichlich ausgetheilt worden. Möge der HErr es lebendig und kräftig machen und erhalten. Die Vorbereitung zum heil. Abendmahl gibt jedesmal Gelegenheit, den Seelen näher zu treten und sie auf das Eine, das Noth thut, aufmerksam zu machen. — Titus ist immer noch hier; er spricht sich sehr bußfertig über Vergangenes aus, bittet dringend um Wiederaufnahme und verspricht Besserung. Es fehlen uns aber die Mittel, einen weitern Versuch mit ihm zu machen. Er hat bis jetzt keine Arbeit finden können und ernährt sich kümmerlich durch einen kleinen Verdienst seiner Frau.

„Taufen von Erwachsenen haben keine stattgefunden; dagegen hat Br. Fritz mit Einigen Taufunterricht begonnen. Ein römisch-katholischer Jüngling ist uns näher getreten und dürfte bald in die Gemeinde aufgenommen werden. Er legt einen Hunger und Durst nach der Wahrheit an den Tag, wie solches selten angetroffen wird. Möge der HErr ihm und uns zeigen, was sein guter und wohlgefälliger Gotteswille ist.

„Reisen sind außer den monatlichen nach Codacal und Coilandy keine gemacht worden. Dagegen beabsichtigt Br. Fritz nach der Regenzeit eine größere Reise zur Predigt des Evangeliums zu machen. Auch auf diesen monatlichen Wanderungen bleibt es immer unser Hauptaugenmerk, solchen mit dem Worte nahe zu kommen, die bis jetzt noch nichts davon gehört haben. So hatten wir Hoffnung, in einem großen Wawerdorfe zwischen Cannanur und Codacal Eingang finden und vielleicht eine Schule beginnen zu können. Dies wurde für jetzt zwar wieder vereitelt; wenn es aber also des HErrn Wille ist, so müssen auch dort die Hindernisse weichen.

„Schließlich empfehlen wir uns und unser Werk Ihrer fortwährenden Liebe und Fürbitte vor dem Gnadenthron. Der HErr, der uns zu seinem Dienste berufen, sey mit Ihnen und uns, und lasse unter all den verschiedenen Umständen, Prüfungen, Leiden und Freuden es uns unverrückt feststehen, daß es Sein Werk ist, das wir treiben, und daß es deswegen auch unter Widerwärtigkeiten von Innen und Außen, unter guten und bösen Gerüchten, doch seinen Bestand hat und behalten muß. Ihm, dem HErrn, sey alle Ehre und Preis in Ewigkeit.

Calicut, den 20. Juli 1850. J. M. Fritz.
J. J. Huber."

Bericht vom zweiten Halbjahr 1850:

„Durch die Gnade unsers dreieinigen Bundesgottes sind wir wieder an dem Schlusse eines weitern Arbeitsjahres angekommen, und beim Rückblick auf dasselbe, wie viel bietet sich nicht da dem Auge dar, das zur Demüthigung, Lob und Anbetung auffordert und antreibt! Wer kann erzählen die Wunder der Barmherzigkeit, die Beweisungen göttlichen Ernstes und heiliger Liebe, mit denen auch das verflossene Jahr wieder gekrönt war, ohne beim Rückblick auf all das Gute sich im Staube zu beugen und denselben treuen Händen auch für das kommende Jahr sich anzuvertrauen; ist ja doch Jesus derselbe, gestern, heute und in alle Ewigkeit, und hat Er doch verheißen: „Ich bin bei Euch alle Tage, bis an der Welt Ende!"

„Beginnen wir unsern Bericht mit der Gemeinde im Allgemeinen, so müssen wir uns damit getrösten, daß uns der HErr berufen hat seine „Zeugen" zu seyn, zu säen den Samen seines Wortes, und das Fernere seiner treuen Fürsorge und Liebe zu überlassen. Sollte uns dies schwer fallen, die wir aus Erfahrung wissen, wie sehr Er verlangt, daß Allen geholfen werde und daß Alle zur Erkenntniß seiner Wahrheit kommen möchten? Im Einzelnen jedoch durften wir sehen, daß das Evangelium eine Gotteskraft ist, selig zu machen Alle, die daran glauben, und daß der HErr nicht die Person ansieht, sondern sich von Allen finden läßt, die Ihn mit Ernst suchen. Nicht nur ward es uns gestattet, die für längere Zeit aus der Gemeinde ausgeschlossenen Benjamin und Daniel wieder aufzunehmen, sondern der HErr schenkte uns auch noch die besondere Gnade, am Neujahrstage 12 Erwachsene und 10 Kinder (worunter 3 Waisen aus der Mädchenschule) durch die heil. Taufe in den Schooß der christlichen Kirche aufzunehmen.

„Die älteste von den 4 neugetauften Familien gehörte der Nairkaste an. Der Mann stand schon seit Jahren im Dienste der Mission, und hat sich von Anfang an als eifrig und treu erwiesen. Er kam regelmäßig in die Gottesdienste, gab die Kaste auf, hatte Morgens und Abends Gebet in seinem Hause; aber von einem tieferen Verlangen nach Gnade konnten wir keine Spur wahrnehmen. Seine Frau schien durch die vielen Hinduweibern eigenthümliche Stumpfheit für die Auffassung geistiger Dinge in einem noch hoffnungslosern Zustand als ihr Mann. Allein dem HErrn ist kein Ding unmöglich, und wir hatten die Freude, in dieser Frau ein Verlangen nach Gnade und Vergebung ihrer Sünden geweckt zu sehen. Oft, wie uns der neben ihnen wohnende Katechist Jacob versicherte, wurde die Stille der Nacht durch ihr mit Thränen vermischtes Gebet unterbrochen, und ihr Eifer faßte auch ihren sonst kaltblütigen Mann so an, daß wir nach verlängertem Unterricht zur Freudigkeit gelangten, ihnen ihre Bitte zu gewähren und sie zu taufen. Ihre Namen sind Aaron und Rebecca. Ihr 10jähriger Knabe heißt Samuel. Rebecca lernt nun auch nebst einigen andern Weibern lesen. In der Erkenntniß steht sie noch weit zurück; aber wir hoffen, der HErr werde ihr Verständniß noch aufschließen und sie weise machen zur Seligkeit.

„Esra und sein Weib Rahel gehörten der Tier- (Palmweinzieher-) Kaste an. Ihre Kinder sind: Salome, Elisa, Maria, Susanna und Josua. Der Vater ist ein Holzsäger und erwirbt sich sein spärliches Auskommen durch Handarbeit. Seine 3 ältesten Töchter, welche er schon früher der Mission übergeben hatte, wurden in der Mädchenschule erzogen und sind schon früher getauft worden. Salome ist an Andreas in Codacal verheirathet und ist bereits Mutter von zwei Kindern. Die übrigen 3 Mädchen sind noch in der Schule und machen durch ihren stillen Wandel Freude. Auch von den Eltern haben wir Ursache zu glauben, daß es ihnen ein Ernst ist um das Heil ihrer Seele.

„Mark und Anna wurden im eigentlichen Sinne durch die Sünde in Berührung mit der Mission gebracht. Sie sind nicht, wie die beiden ersten Familien, von Calicut selbst, sondern wohnten etwa 20 engl. Meilen im Süden von Codacal im Cotschin-Gebiet. Mark gehörte zur Tier-, Anna dagegen zur Schreiner-Kaste. Da Kastenunterschied eine erlaubte Ehe unmöglich macht, so verließen sie gemeinschaftlich ihre Heimath, um in weiter Welt ihr Glück zu versuchen. Im größten Elend, nachdem sie bereits mit einander davon redeten Maplas zu werden (ein unter dergleichen Umständen sehr oft vorkommendes Ereigniß), kamen sie zu Abraham, unserem damaligen Schullehrer in Codacal, der aus ihrer Gegend war und sie kannte. Auf dringendes Bitten hin erlaubten wir ihnen daselbst zu wohnen und als Taglöhner auf dem Felde zu arbeiten. Allein dieser Versuch sowohl als ein weiterer in Quilandy mißglückte, und wir sahen uns genöthigt unsere Verbindung mit ihnen abzubrechen. Trägheit war die Hauptursache hievon. Mark suchte und fand Arbeit auswärts, und von dieser Zeit an ging eine Veränderung in ihnen vor. Der HErr zeigte ihnen die Gefahr, in der sie schwebten, und sie eilten zu Jesu, dem Heiland der Sünder. Hievon zeigten sich namentlich während des Taufunterrichts liebliche Proben. Auch sie wurden nebst ihren zwei Kindern, Susanna und Theophil, am 1. Januar getauft. Wir hegen die stille Hoffnung, daß sie den Heiland, der ihnen viel vergeben, auch viel lieben werden.

„Eva, ein Weib von der Tier-Kaste, wurde ebenfalls nebst ihren 2 Kindern Mose und Martha getauft. Ihr Mann dagegen konnte nicht getauft werden, da auch nicht die geringsten Spuren von einem durch den Heil. Geist gewirkten Verlangen nach dem Heil seiner Seele bemerkbar waren. Wir beten, daß seine Zurücksetzung, worüber er sehr betrübt scheint, ein Sporn werden möge, mit mehr Ernst und Eifer das Eine, das Noth ist, zu suchen.

„Johanan und sein Weib Theresa und ihr Neffe Jona sind die Erstlinge von den Najadis, die uns der HErr nach langer und sorgenvoller Arbeit geschenkt hat. Sein Name sey gepriesen. (Mehreres über sie bei Codacal.)

„Thomas, ein Jüngling von etwa 22 Jahren, der Tier-Kaste angehörig, ist ebenfalls eine Frucht unserer Arbeit in Codacal, wo er zuerst vom Evangelium hörte. Er hielt sich eine Zeitlang zu einem unserer Christen daselbst; allein es zeigte sich, daß der Einfluß seiner heidnischen Verwandten nachtheilig für ihn war. Wir gaben seiner Bitte nach und nahmen ihn nach Calicut. Seitdem wir das Land in Quilandy haben, arbeitet er stille und fleißig daselbst. Wir gedenken aber, da sich die Verhältnisse in Codacal neu gestalten werden, einen weitern Versuch zu machen, ihn daselbst anzusiedeln.

„Lucas, von der Tscherumer-Kaste, etwa 20 Jahre alt, ist ebenfalls aus dem Cotschin-Gebiet. Vor zwei Jahren verlor er alle seine nächsten Verwandten, welche theils von den Masern, theils von der Cholera hinweggerafft wurden. Dadurch der Heimath entfremdet und von einem unbestimmten Verlangen nach Kenntnissen angetrieben, kam er nach Cotschin, wo er hörte, daß in Calicut Lehrer seyen, welche auch ihn unterrichten würden. Er faßte den Entschluß nach Calicut zu gehen. Wie aber soll er, ein armer Tscherumer, in der Monsun, wo das Reisen nicht nur beschwerlich, sondern auch der vielen Ueberfahrtsgelder wegen theuer ist, nach Calicut gelangen? Er arbeitet einige Tage als Taglöhner in Cotschin, und dann tritt er mit dem erhaltenen Lohn, wovon ihm aber noch einiges gestohlen wurde, die Reise an, und steht so eines Tages fast ausgehungert und nur mit einem schmutzigen Lappen um die Lenden gebunden, vor der Thüre des Missionshauses und bittet um Unterricht. Wäre er einige Monate früher gekommen, so hätten wir ihm wahrscheinlich sagen müssen: „Unterricht sollst du haben, für Weiteres aber siehe du zu;" und da er als ein Fremder nicht leicht eine Arbeit hätte finden können, so wäre wahrscheinlich der nächste Schritt der gewesen, Mapla zu werden; so aber konnten wir ihm sagen: „Gut, wir wollen dich unterrichten; aber für dein tägliches Brod mußt du arbeiten und dabei erweisen, ob du ein Müssiggänger bist und unter dem Vorwand von Unterricht im Christenthum nur gute Tage suchst, oder ob es dir ein Ernst ist, das Heil deiner Seele zu suchen. In diesem Fall wird dir auch die Arbeit nicht unwillkommen sein." Er zeigte sich zu Allem bereit, und wir schickten ihn ebenfalls nach Quilandy, wo es sich dann auch bald zeigte, daß er nicht um vergänglichen Brotes willen zu uns kam. Schon nach kurzem Aufenthalt daselbst konnte der Katechist über ihn berichten, daß er eine heilsbegierige Seele sey und Sorge trage, daß ja nichts von dem, was er gehört, verloren gehe. Da er schon in seiner Jugend lesen gelernt hatte, so gaben wir ihm alsobald das Wort Gottes in die Hände, und man kann sich nur wundern über die Fortschritte, die er schon in der Erkenntniß gemacht hat. Die Arbeit beim Umbruch des Pflanz-Landes war hart; aber er that sie mit Freuden; denn er hatte daselbst den Heiland kennen gelernt. Unter diesen Umständen konnten wir seiner Bitte um die Taufe nicht widersprechen, und wir erlaubten ihm und Thomas, für einige Wochen hieher zu kommen, um mit den andern Taufcandidaten dem Taufunterricht beizuwohnen, während welcher Zeit es uns aufs Neue bestätigt wurde, daß der HErr ein Gnadenwerk in seiner Seele begonnen habe. — Im Namen dieser Seele möchten wir den theuern Freunden danken, die uns die Mittel an die Hand gaben, auf jenem Stück Land dergleichen Leuten neben dem Unterricht eine zweckmäßige Beschäftigung zu geben. Soll uns nicht das, was der HErr an Lucas gethan, ein Angeld seyn, daß Er auch jenes Unternehmen gebilligt und zu segnen begonnen hat? Lucas wurde am 1. Januar durch die heil. Taufe in den Bund des dreieinigen Gottes aufgenommen, und ist seitdem wieder nach Quilandy zurückgekehrt. Möge der HErr ihm Gnade schenken, treu zu seyn bis ans Ende.

„Martha, Klaudia und Milca, welche ebenfalls getauft wurden, sind in unserer Mädchenschule. Die beiden Ersteren sind von der Tier-, Letztere von der Tschetty-Kaste. Klaudia's Mutter starb im hiesigen Armenhaus. Kurz vor ihrem Tode übergab sie ihr Kind der Mission. Milca hat keine Eltern mehr. Ihre Verwandten verkauften sie zu schlechten Zwecken an einen Tempel. Die Regierung kam der Sache auf die Spur, nahm das Kind unter besondere Aufsicht, und da sich Niemand weiter um dasselbe bekümmerte, so wurde es der Mission übergeben. Wir hoffen, daß auch an diesen Kindern der Liebeszweck unseres HErrn erreicht werde, und daß sie sich freuen lernen, Schafe seiner Heerde geworden zu seyn.

„Die öffentlichen Gottesdienste in der Gemeinde, in deren Leitung wir uns theilen, sind mit ganz wenigen Ausnahmen von allen Mitgliedern der Gemeinde regelmäßig besucht worden. Auch die Feier des heil. Abendmahles ist uns jedesmal recht zum Segen geworden, obgleich wir gerade in diesen Zeiten besondere Anläufe des Teufels zu bestehen haben. Der HErr aber ist treu, und denen, die Ihn suchen, muß Alles zum Besten dienen.

„Auch im Englischen haben wir, wie bisher, die sonntäglichen Gottesdienste geleitet. Der Caplan, ein Puseyite, hat seine Feindschaft gegen uns bei seinen Besuchen aufs Deutlichste kund gegeben. Er ging so weit, das Kind eines Portugiesen, das Br. Fritz getauft hatte, wieder zu taufen, „im Fall es nicht schon getauft sey," obgleich ihm der Vater sagte, daß er keinen Zweifel an der Gültigkeit unserer Taufe habe, und in der öffentlichen Versammlung sagte, daß sein Kind im Namen Gottes des Vaters, des Sohnes und des Heiligen Geistes getauft wurde. Wir brachten dieses zur Kenntniß des Bischofs, welcher die Sache untersuchte und mündlich und schriftlich sein Bedauern über das Vorgefallene bezeugte, aber offenbar es nicht in seiner Gewalt hat, etwas Entschiedenes in der Sache zu thun. Wir freuen uns, daß wir auch im Blick auf diese Arbeit es uns sagen dürfen, daß wir hierin dem HErrn und nicht Menschen dienen.

„In Elladur ist jetzt der Katechist Esau David stationirt. Er beaufsichtigt die Schulen in Elladur, Budur und Budiangady, und trägt die Botschaft eines Erlösers von Sünde und Tod von Haus zu Haus. Wir wagen nicht, jetzt schon etwas Weiteres zu sagen; wir glauben es aber zuversichtlich, daß der HErr auch dort seinem Wort den Sieg verleihen werde, trotz aller Opposition, die der Teufel und die Welt dort machen mögen. Zauberei ist eines der Hauptmittel, womit Satan dort die Leute gefangen hält. Jeder District hat gleichsam seine eigenen Sündenbollwerke, welche dem Evangelium hindernd in den Weg treten: in Elladur Zauberei, in Quilandy Trunksucht, in Calicut Maplas rc.; aber wir wissen, daß Jesus den Sieg davontragen wird. Ist Ihm ja doch alle Gewalt im Himmel und auf Erden übergeben; wo Er aufschließet, da kann Niemand zuschließen.

„In Quilandy steht Christian, der neben der Beaufsichtigung der Schulen auch noch die Leitung der

Gottesdienste und Beaufsichtigung der auf dortigem Lande arbeitenden Leute hat, wobei ihm der etwas ältere Petrus helfend zur Seite steht. Christian gibt sich von ganzem Herzen an die ihm befohlene Arbeit hin. Unter den dortigen Arbeitern sind zwei Jünglinge von der Nair-Kaste, welche das Sanjasi-Kleid angelegt hatten, um nach Ramischwara und Benares zu pilgern. Sie ließen sich von der Nutzlosigkeit ihres Unternehmens überzeugen und versprachen, den Müssiggang (denn das ist eigentlich die Hauptsache bei vielen dieser Pilger) aufzugeben und nach Gottes Ordnung im Schweiß des Angesichtes ihr Brod zu essen, wenn wir ihnen dazu verhelfen wollten. Sie sind jetzt seit einigen Monaten dort, und von dem Einen glauben wir hoffen zu dürfen, daß der Versuch mit ihm nicht vergeblich seyn wird.

„In Codacal steht Paulus in voller Arbeit. — Nach dem, was wir Ihnen in unserm letzten Stationsbrief über die Rajadis in den Codacal benachbarten Districten mitgetheilt haben, wird es Sie wohl kaum überraschen zu hören, daß sich dieselbe Bewegung auch dem Codacaldistrict mittheilte, und daß mit nur ganz geringer Ausnahme alle Rajadis dieses Districtes Maplas geworden sind. Unter diese geringen Ausnahmen gehören die drei jungen Leute, welche wir am Neujahrstag zu taufen die Freude hatten. Johanan, Theresa und Jona waren von Anfang an in Codacal, lernten daselbst lesen und waren offen für die Wahrheit; sie bekannten den Glauben an den Heiland und sprachen (besonders Johanan) ein Verlangen aus getauft zu werden. Allein das Unbeständige ihres Characters, der nachtheilige Einfluß, den die Erwachsenen auf sie ausübten, machten uns vorsichtig in der Gewährung ihrer Bitte. Auch hatten wir aus Erfahrung die Ueberzeugung gewonnen, daß wenn etwas aus ihnen werden sollte, sie auf andern Boden versetzt und unter günstigere Einflüsse als die ihrer Verwandten gebracht werden müßten. Wir sahen aber auch ein, daß ein Vorschlag dieser Art bei so leichtgläubigen Leuten etwas Gewagtes sey und ließen es deswegen damit anstehen, da es sich ohnedies immer mehr herausstellte, daß der ursprüngliche Plan nicht gelingen werde, indem jeder Tag neue Beweise lieferte für ihre gänzliche Abneigung gegen regelmäßige Arbeit und Lebensweise. In dieser Zeit nun fing die Bekehrung oder Verkehrung in der Umgegend an. Einige von den früher mit uns in Verbindung gestandenen Najadis folgten jener Beispiel; andere verschoben den eigentlichen Schritt auf einige Zeit in der Hoffnung, auch die der Wahrheit näher Getretenen durch List mit sich in gleiches Verderben zu ziehen. Johanan, der solches merkte und für seine Frau besorgt war, bat den Katechisten, ihn und Theresa hieher zu senden, was ihnen auch gewährt wurde, da sie einstimmig und aus freiem Antrieb darum baten. Zu unserm großen Erstaunen folgten ihre Eltern mit ihren 3 Kindern ihnen den nächsten Tag hieher nach. Da sie nicht getrennt von ihren Kindern leben zu können vorgaben, so erlaubten wir ihnen, unter gewissen Bedingungen auf Probe für einige Zeit hier bleiben zu dürfen. Dies entschied bei den Uebrigen das Loos, und nur noch eine Familie traf ich bei meinem vorletzten Besuche daselbst, und diese nur, weil sie noch hofften den 12jährigen Jona mit sich fortschleppen zu können. Der Junge blieb aber fest, und da er bei meinem letzten Besuch dringend bat, mit nach Calicut gehen zu dürfen, so gewährte ich ihm seine Bitte, und er wurde mit den Uebrigen durch die heil. Taufe in die Gemeinschaft der Kirche Christi aufgenommen, während seine Eltern etwa 2 Monate vorher sich beschneiden ließen. Einer unserer Christen hat sich bis jetzt seiner angenommen und für seine Bedürfnisse Sorge getragen. Die Maplas machten großes Wesen über die Bekehrung dieser Najadis zum Muhammedanismus. Sie hielten in Ponany und Puddiangady Fackel-Umzüge, wobei sie die Najadikinder im Palanquin herumtrugen, Feuerwerk abbrannten u. s. w. Natürlich, daß dieses bereits Alles aufgehört hat. Die bis zur Beschneidung auf Kosten der Moschee wohlgefütterten Najadis laufen bereits als Maplabettler von einem Dorf zum andern, denn arbeiten wollen sie auch als Maplas nicht.

Ueber den eigentlichen Beweggrund zu diesem Schritt läßt sich wohl nichts mit Bestimmtheit sagen; Geldversprechungen mögen viel dazu beigetragen haben. Auch stehen die Maplapriester in dem District, wo die ersten Bekehrungen stattfanden, in sehr großem Ansehen bei den Hindus, so daß sie z. B. bei Betheurungen derselben Namen oder Stand gebrauchen. Vielleicht wollte uns aber der HErr auf diese Weise von einer bis jetzt beinahe fruchtlosen Arbeit entledigen. An Gelegenheit mit der Wahrheit bekannt zu werden, an Aufforderungen zur Buße und zum Glauben an den HErrn Jesum hat es ihnen nicht gefehlt. Sie liebten aber die Wahrheit nicht, sondern die Lüge und Finsterniß, denn ihre Werke waren böse. — Was war aber nun mit dem Land, Ochsen rc. zu thun? Herr Conolly erbot sich, dasselbe uns zu überlassen zum Besten einiger Hindu-Christen. Er versprach zu gleicher Zeit, da das Land nicht sehr fruchtbar ist, dasselbe auf 10—12 Jahre von Abgaben freizustellen. Unter diesen Umständen und in der Hoffnung, auf diese Weise für einige unserer Leute einen bleibenden Unterhalt zu finden, nahmen wir den Antrag zur Probe für ein Jahr an, ohne jedoch in irgend welche Verbindlichkeit von unserer Seite für die Zukunft zu treten. Es würde uns sehr leid thun, den Leuchter des Evangeliums jetzt schon aus jener Gegend gerückt zu sehen; denn jetzt erst gewinnt der Katechist mehr Zeit, sich auch der übrigen Heiden in der Umgegend anzunehmen, und das Hinderniß, das die höhern Kasten bis jetzt von uns ferne hielt, nämlich die Najadis, ist nun auch gehoben. Auch haben sich aus der ziemlich zahlreichen Tscherumer-Bevölkerung zwei Familien an uns angeschlossen, die im Taufunterricht stehen, und wodurch uns vielleicht der HErr eine neue Thüre öffnen will.

„Somit haben wir Ihnen wieder einen kurzen Ueberblick über unsere Arbeit und die unserer Pflege befohlenen Seelen gegeben. Wir fühlen, daß sich Manches auf dem Papier viel lieblicher liest, als es sich in der Wirklichkeit darstellt. Ach! es ist viel Schwachheit und viel Gebrechen unter uns, die nur der HErr heilen und hinwegnehmen kann. Ihn bitten wir, solches zu thun, und uns und unsere Gemeindeglieder und noch Viele, die noch in Finsterniß und Todesschatten sitzen, näher in seine Gemeinschaft zu ziehen und aus Gnaden zu Erben seines Reiches und seiner Herrlichkeit zu machen. Gewiß vereinigen Sie oft Ihre Bitte mit der unsrigen: Dein Reich komme! Ja, Dein Reich komme, o HErr Jesu!

Calicut im Januar 1851. J. M. Fritz.
J. J. Huber."

B. Die Mission in Westafrica.

Unsere westafricanische Mission hat sich im verflossenen Jahr von den schweren Schlägen, welche sie in den letztvergangenen Jahren betroffen hatten, zu unserer großen Freude sichtbar erholt. Nicht allein die im Januar 1850 nach unseren Stationen auf der Goldküste abgegangenen 5 Geschwister, sondern auch die beiden Brüder Süß und Mader, von welchen der Erstere am 30. Januar, der Andere am 25. Juni 1851 in Ussu landete, haben das Klimafieber glücklich überstanden und ihre Missionslaufbahn mit Freudigkeit und Kraft begonnen. Ebenso konnten die schon seit Jahren an der Küste verweilenden Brüder ihre Arbeiten ununterbrochen fortführen. Zwar schwebte Miss. Zimmermann 9 Monate lang öfters in Todesgefahr, so daß seine Rückkehr bereits beschlossen war; allein ein Brief aus der Heimath, in welchem ihm gemeldet wurde, daß die Versammlung der Abgeordneten unserer verschiedenen Hülfsvereine auf dem Fest 1850 einstimmig sich dahin ausgesprochen haben, ein Missionar dürfe auch wegen Krankheit ohne Erlaubniß nicht nach Hause zurückkehren, sondern müsse auf seinem Posten bleiben, auch auf die Gefahr hin, daß es ihn das Leben koste, obgleich dies sich nicht schlechthin befehlen lasse, — dieser Brief bestimmte ihn, im Glauben auszuharren, ob er gleich nichts anderes vor sich sah, als den Tod. Und der HErr krönte diesen Glauben und Gehorsam, indem dieser

Bruder von dem Tage jenes Entschlusses an zu genesen anfing und nach 4 Monaten völlig hergestellt war. Wir haben also diesmal keine Trauerbotschaft zu berichten. Nicht allein aber das; sondern wir dürfen auch die Kunde von der Genesung Miss. Zimmermanns einer Siegesbotschaft gleich achten. Unser Gebet ist erhört; die Entmuthigung, welche sich unserer Missionare in den letzten Jahren bemächtigen wollte, hat sich in freudigen Glaubensmuth verkehrt; der HErr hat uns die Gewißheit, daß das africanische Missionsgebiet uns von Ihm angewiesen sey, aufs Neue versiegelt. Davon werden sich unsere geliebten Freunde selbst überzeugen, wenn sie zu den eben mitgetheilten Nachrichten die nachfolgenden Berichte hinzunehmen, die uns auch in Beziehung auf den Erfolg unserer Missionsarbeit in Africa viel Ermuthigendes bringen.

I. Station Akropong.

(Angefangen im Jahr 1835, erneuert im Jahr 1844.)

Missionare: J. C. Dieterle mit Frau. J. Mohr mit Frau. S. Süß. J. A. Mader.
Gehülfe: Alex. Clerk.

Der Bericht von Miss. Dieterle lautet:

„Ein Jahr großer Veränderungen in unserer hiesigen Missionsfamilie liegt hinter uns. — Es war, als im Anfang des Jahres, wo ich noch dazu bei Br. Stanger in Ussu zur Aushülfe war, und wir noch nicht einmal Hoffnung auf Verstärkung hatten, uns sehr schwer, die Nothwendigkeit der Heimreise nicht nur von Br. Riis, sondern auch der Geschwister Widmann vor uns und dann die Last der Arbeit und der Sorge auf uns allein gelegt zu sehen. H. N. Riis verließ Akropong am 15. Februar, weil ihn sein Leiden an der Leber schon seit einiger Zeit zu aller Arbeit unfähig gemacht, während er doch noch gehofft hatte, daß ihm die trockene Harmattanzeit Erleichterung für sein

Leiden bringen würde, und er, wenn auch leidend, doch noch einige Zeit werde hier bleiben und wenigstens seine Arbeiten in der Landessprache mehr vervollkommnen können. Allein in der Harmattanzeit wurde sein Leiden immer größer; es war also, nach menschlicher Ansicht, keine Hoffnung mehr vorhanden, daß sein Leiden, da es selbst in der gesundesten Jahreszeit größer wurde, sich vermindern und er hier je wieder zur Arbeit tüchtig werden würde. Es war mir daher sehr schmerzlich, als am 1. März Stanger und ich die Geschwister Meischel und Riis an die See begleiteten, um auf immer von uns zu scheiden, und ich mich noch dazu sogleich anzuschicken hatte, um am nächsten Tage nach Akropong zu gehen, damit auch die Geschw. Widmann, welche durch viele Fieberanfälle sehr geschwächt waren, weggehen könnten. Doch ehe diese am 7. März Akropong verließen, durften sie noch mit uns die frohe Nachricht vernehmen, daß nicht nur Stanger in Ussu Hülfe erhalten werde, sondern daß auch wir nicht mehr lange unser Werk allein treiben sollen; denn am 9. Mai, nachdem Zimmermann zuerst eine deutsche und Locher eine englische Predigt, welche letztere ins Odschi übersetzt wurde, in unserer kleinen Capelle gehalten hatten, durfte uns Locher mit den Gefährtinnen unseres Lebens, welche mit diesen neu angelangten Brüdern gekommen waren, trauen.

„Unsere Gesundheit ist Gott Lob immer so, daß wir unsere Arbeit, die freilich in diesem Jahr für zwei Brüder zu viel war, kräftig betreiben konnten; aber doch fühlten wir auch, daß wir nicht mehr unsere volle europäische Kraft haben und eben im africanischen Klima arbeiten; denn Br. Mohr bekam mehrmals heftiges Fieber, das aber, Gott sey Dank, nie länger als ein paar Tage anhielt. Auch ich hatte im Anfang vom December zwei Tage sehr starkes Fieber, nach welchem ich mehrere Tage auch nicht das Geringste arbeiten konnte, und gerade vor Weihnachten fühlte ich mich wieder mehrere Tage fieberisch; doch brach die Krankheit nicht aus, so daß ich ungehindert über die Festzeit die Gottesdienste halten konnte.

„Besuche hatten wir in diesem Jahr verschiedene; zuerst vom 13—15. März von Henry Wharton (wesleyanischer Missionar in Ober-Accra, früher nur Brittisch-Accra genannt). Er kam von Prampram und Kropo, wohin er eine Missionsreise machte, hieher.

„Am 20. März, Morgens 8 Uhr, kamen Se. Excellenz Hr. Statthalter Winniet, Se. Exc. Hr. Statthalter Carstensen (dänischer Statthalter), Miss. Freeman und Hr. Dr. Dulgen zu uns, um von den Eingebornen der neuen englischen Regierung huldigen zu lassen. Die beiden Herren Statthalter freuten sich sehr über unsere Station; besonders war Hr. Statth. Carstensen, der früher schon hier gewesen war, erfreut über die Veränderungen und Verschönerungen durch ordentliche Wohnungen sowohl für die Westindier, als auch für uns selbst. Auch freuten sich die Herren sehr über den schönen Anfang zu einer Kaffeepflanzung. Sie reisten schon am Nachmittag desselben Tages wieder ab.

„Vom 28. März bis 2. April waren die Hamburger Missionare Wolf und Groth bei uns. Erstern traute ich am 31. März mit seiner Braut, die gerade von Europa gekommen war. — Vom 24. Juli bis 2. August war Frau Mulgrave auch hier, indem sie ihr Töchterlein, das im Februar 7 Jahre alt wird, zu uns brachte, welches nun seither bei uns ist. — Am 29. August kam Miss. Quinius auf seiner Durchreise von Ussu nach Peki zu uns, und verweilte hier bis zum 2. September.

„Unsere kleine Gemeinde, aus den Westindiern und Eingebornen bestehend, machte uns auch in dem verflossenen Jahr viel Sorge und Kummer durch ihren Wandel, der leider nicht immer ein Licht unter den Heiden ist; denn es mußte nicht nur Moses von Ussu, der vor 3½ Jahren hier getauft wurde und schon seit vielen Jahren als Schreiner im Dienste der Mission war, weil er sein erstes Weib ohne gegründete und genügende Ursache wegschicken will und schon längst ein zweites Weib, für das er ohne unser Vorwissen Ende März dieses Jahres nach Landessitte bezahlt hat, sich erworben hat, und auch nach allen möglichen, oftmalig wiederholten Vorstellungen und Ermahnungen dieselbe nicht aufgeben will, von unserer Gemeinde ausgeschlossen werden; sondern auch der Westindier Joseph Miller mußte wegen schrecklichen Verwünschungen, die er gegen Aler. Clerk auf der Straße ausstieß, wegen wiederholtem Lügen und hartnäckiger Unbußfertigkeit von dem Abendmahl ausgeschlossen werden. Moses ist nun seit einiger Zeit in Ussu, und Stanger hat mir seither berichtet, daß er ihm besser gefalle als früher; aber die Sitten und Gebräuche des Landes sind eben zu tief in den Herzen. Gott gebe doch den so öffentlich und gröblich Gefallenen Buße, daß sie sich rein waschen lassen im Blute des Lammes, und in der Kraft unsers HErrn ein neues Leben führen mögen!

„Dies sind freilich nur die gröbsten Sachen, die ich hier erwähnte; aber da gibt es noch Manches, das gerade nicht so offen heraustritt, aber unsern Herzen doch viel Kummer und Sorge macht. Dennoch ist auch unser Gemeindlein gewiß nicht ohne Segen für die Heiden, und nicht ohne alle Zucht des Geistes Gottes; und wir müssen nur nicht vergessen, daß eben unsere Christen noch Kinder in der Gnade sind. Deshalb gerade ist es auch, weil selbst unsere Christen zuweilen ein Aergerniß und also auch ein Hinderniß für die Heiden sind, daß ich sie auch ganz besonders den Christen in der Heimath in ihr Gebet empfehlen möchte, daß doch der HErr ganz besonders auch seinen Geist über uns, die wir durch die Taufe in seinen Gnadenbund aufgenommen sind, ausgießen und neues Leben schenken möchte, damit wir nicht nur durch Wort, sondern daß wir auch Alle, die wir seinen Namen tragen, durch einen heiligen Wandel unsern Gott und Heiland den Heiden anpreisen mögen!

„Unser Gemeindlein zählt gegenwärtig 25 Westindier; unter diesen sind zwei in diesem Jahre geborene Kinder, 1) Francis Rochester und 2) Timothy Mullings. Dem Westindier Hall starb am 23. März ein Knäblein, Simon Hall, das 8 Monate alt war. — Von Akropong sind 6 Knaben getauft, von welchen 4 Schullehrerzöglinge sind; der fünfte ist Daniel, unser Schuhmacher; der sechste geht noch in die Schule. Dann sind noch getauft: John (von Ussu), welcher schon lange hier in unserem Dienst ist, und Fredrick (von Abude), der auch seit Meischel's Abreise bei uns ist, so daß also unser ganzes Gemeindlein aus 33 Seelen besteht, von welchen 12 Westindier und 6 Eingeborne Communicanten sind.

„Aus den Heiden haben wir auch in diesem Jahr keinen Zuwachs für unsere Gemeinde gehabt; aber es empfangen seit einiger Zeit 4 junge Leute Taufunterricht. Einen von diesen, Adongko von Abude, welcher seit Meischel's Abreise bei uns war, mußten wir aber wieder wegen Ungehorsam und überhaupt wegen seinem schlechten Betragen wegschicken. Doch an der Stelle von diesem hat sich ein Schulknabe um die Taufe beworben, welcher mir gute Hoffnung macht. Ob aber diese vier jungen Leute werden getauft werden, kann noch nicht mit Gewißheit gesagt werden. Der HErr helfe dazu, daß sie Jünger Jesu Christi werden möchten!

„Die sonntäglichen Vor- und Nachmittags-Gottesdienste konnte ich Gott Lob immer halten; sie wurden aber leider, wie früher, von nicht sehr vielen Heiden besucht; es waren meistens nur etliche, manchmal auch 16 bis 20, sehr selten aber bis 30 Heiden anwesend. Die Schulkinder jedoch, welche natürlich dazu angehalten werden, kommen so ziemlich regelmäßig in die Gottesdienste. Die wöchentlichen Abendgottesdienste, weil sie früher selbst von den Westindiern nur sehr wenig besucht wurden, und ich ohnedies sehr in Anspruch genommen war, unterließ ich ganz. Dafür aber machte ich eine Veränderung in den täglichen Morgenandachten, indem ich nicht, wie früher, nur einen Abschnitt in der Bibel lese, sondern denselben auch kurz erkläre; denn unsere Leute verstehen oft das Gelesene gar nicht, wenn es ihnen nicht noch besonders ans Herz gelegt und erklärt wird.

„Confirmations-Unterricht gab ich seit einem halben Jahre dem John Rochester und der Rosa Anna Miller, woran aber auch die andern Getauften aus den Heiden

Theil nahmen, und am vierten Advent-Sonntag wurden Erstere nach der Vormittagspredigt confirmirt, worauf dann am Abend nicht nur die Confirmirten, sondern auch fünf der an Weihnachten 1847 und am 9. Juli 1848 getauften Knaben zum erstmaligen Genuß des heil. Abendmahls zugelassen wurden. Es war ein gesegneter Tag. Der HErr möge nur auch den empfangenen Segen bewahren!

„Unser Verkehr mit den erwachsenen Eingebornen ist bis jetzt immer noch nicht der erfreulichste; denn obwohl Manche uns öfters besuchen und wir dasselbe thun, wobei ihnen dann immer das Heil in Christo angepriesen wird, so hat das Wort Gottes, so viel wir wissen, doch noch keinen so tiefen Eindruck auf sie gemacht, daß sie fragen würden: „Was sollen wir thun, daß wir selig werden?“ Wenn sie einem lange genug zugehört haben, so ist immer das Ende davon, daß sie etwas betteln. Dasselbe ist der Fall, wenn Fremde, die hier durchreisen, zu uns kommen; da ist Alles recht und sehr gut, was wir ihnen sagen, bis sie ihre Bitten angebracht haben, und wenn die nicht erfüllt werden, so wollen sie auch sonst nichts mehr hören. Widerspruch erfährt man aber von den Leuten nicht; es kam mir, seit ich hier bin, nur erst einmal und zwar erst kürzlich vor, daß mir von Jemand widersprochen wurde. Es besuchte mich nämlich ein Fetischpriester, die sich sonst sehr vor uns hüten und uns aus dem Wege gehen. Als ich nun diesem sagte, daß wir Alle Sünder seyen und nur durch einen Erlöser, Jesum Christum, mit Gott versöhnt werden können, und daß wir, weil Ein Gott, von dem die Neger wohl auch wissen, Alles geschaffen habe, auch nur Einem Gott dienen dürfen, so wurde der Fetischpriester ganz zornig und sagte: er sey kein Sünder, auch diene er nur Einem Gott und der Erde, die die Mutter von Allem sey. So sehr ich mich auch bemühte, den Mann wieder etwas zu besänftigen, um länger mit ihm sprechen zu können, so wurde er immer zorniger und rannte unter großem Schreien weg, worüber ihn die umstehenden Neger nur auslachten. Ach! daß der HErr bald seinen Geist auch über die armen Söhne und Töchter Hams ausgießen und ihnen Buße zum Leben geben möchte! Dies ist ein zweiter Punct, den wir den lieben Freunden in der Heimath auf ihr Herz legen möchten. — Unter solchen Umständen seufzen wir manchmal: „Ach! wer glaubet unserer Predigt, und wem wird der Arm des HErrn offenbar?"

„Die Schullehrer-Zöglinge bereiteten mir viel Freude; aber es fehlte auch nicht an Sorge und Schmerz. Die Lectionen konnte ich ihnen wegen meinen vielen andern Geschäften nicht so regelmäßig geben, wie ich gewünscht hätte; denn wenn man so allein ist, so kommen eben oft Sachen störend dazwischen, die doch auch besorgt seyn müssen, wenn das Ganze nicht leiden soll. Ich suchte daher, weil ich den Unterricht nicht ganz regelmäßig ertheilen konnte, sie durch Aufgaben und Lesen immer in Beschäftigung zu erhalten. So lasen sie z. B. Hrn. Dr. Barth's Weltgeschichte, welche ins Englische übersetzt ist, mehreremal durch, so daß sie mir ziemlich gute Antworten geben können, wenn ich sie aus derselben etwas frage. Auch stellte ich ihnen schon einigemal Fragen aus der Weltgeschichte auf, welche sie mir dann schriftlich zu beantworten hatten, was die Meisten zu meiner Zufriedenheit thaten. Die Lectionen, die ich ihnen gab, bestanden im Bibellesen mit Uebersetzung des Gelesenen ins Odschi, Catechismusunterricht, Rechnen, Schön- und Rechtschreiben, englische Grammatik, verglichen mit der Odschi-Sprache, und Geographie. An den Sonntagen lasse ich sie auch nach jeder Predigt niederschreiben was sie von derselben behalten haben. Ich kann nicht anders sagen (freilich kommen auch Bubenstreiche dazwischen), als daß sie lernbegierig sind; wenn sie nur immer auch so heilsbegierig wären! Es erfordert auch für diesen Zweig meiner Arbeit viel Geduld, Wachsamkeit und Beharrlichkeit zu ihrer Erziehung und Bildung; denn man darf nicht vergessen, daß sie nicht nur junge Leute sind, sondern daß von den 5 Zöglingen 4 auch Heiden waren, von wo her es auch noch manches Unkraut auszurotten gibt; aber dennoch machen sie mir manche Freude; nicht gerade, daß ich mich über ihren

Wandel immer als einen ächt christlichen freuen dürfte, sondern vielmehr durch ihre Aufrichtigkeit, mit der sie auch ihre Fehler gestehen. Freilich habe ich auch schon über Lügen, woran hauptsächlich einer derselben krank ist, zu klagen gehabt. Wir flehen zum HErrn, daß sie ein Licht und Salz für ihr Volk werden möchten, und das ist der dritte Punct, den ich in die Fürbitte empfehlen möchte: daß der HErr doch ganz besonders diese Zöglinge in die Zucht seines Geistes nehmen, und Pflanzen der Gerechtigkeit, die vom himmlischen Vater gepflanzt sind, nicht nur zu ihrem eigenen, sondern auch zu ihres armen Volkes ewigem Heil aus ihnen machen möge!

„Die Schule, welche im Anfang dieses Jahres sehr gelitten hatte, so daß z. B. im März nur noch 28 bis 36 Kinder dieselbe täglich besuchten, wurde in dem letzten halben Jahr wieder besser besucht, indem täglich 50 bis 58 Kinder kamen. Auf der Liste sind 70 Kinder; aber da die Leute ihre Pflanzungen oft mehrere Stunden weit weg haben, so bringt schon dies, wenn die Eltern ihre Kinder nur zuweilen auf dieselben schicken, Störungen in den Schulbesuch. Der Unterricht, den Alex. Clerk mit Treue und Fleiß ertheilt, wobei ihn auch abwechslungsweise die Schullehrerzöglinge unterstützen, indem je zwei von ihnen in die Schule gehen, besteht im Lesen, seit einiger Zeit nur Englisch, weil die Odschi-Schulbücher, welche bis jetzt vorhanden waren, nicht gut Odschi sind, und das Lesen derselben den Kindern die Schule nur entleidete, indem sie oft nicht verstehen, was sie darin lesen. Mit dem Englischen ist immer die Uebersetzung ins Odschi verbunden, und es sind einige Knaben, wie auch etliche Mädchen in der ersten Classe, welche geschichtliche Sachen in der Bibel recht ordentlich übersetzen. Ferner wird im Rechnen, Recht- und Schönschreiben und in der biblischen Geschichte Unterricht ertheilt; letztere wird von mir in der Landessprache gegeben, indem ich die Geschichten zuvor zu Haus mit einem der Zöglinge übersetze, niederschreibe und dann in der Schule vorlese. Im Ganzen kann ich von den Kindern sagen, daß sie recht ordentlich lernen, und wir hofsen und flehen zum HErrn — und das ist der vierte Punct, für welchen auch in der Heimath heilige Hände und Herzen zum HErrn aufgehoben werden möchten — daß das Wort Gottes auch in diesen jungen Herzen Früchte des ewigen Lebens tragen möge! Die Nähschule für die Mädchen wird Mittwoch und Freitag, und für die Knaben am Samstag Nachmittag von unsern lieben Frauen gehalten. Seit etlichen Monaten begann auch die Nachtschule wieder; es sind 19 Jünglinge, welche dieselbe so ziemlich regelmäßig besuchen. Dem HErrn sey Dank, daß Er so weit geholfen hat! Mich, uns Alle, sammt unsern Christen und Heiden in Ihre fernere Liebe und Fürbitte empfehlend, grüßt Sie herzlich Ihr dankbarer

J. Chr. Dieterle. J. Mohr.

Akropong, den 16. Januar 1851."

2. Station Ussu oder Christiansburg (früher Dänisch-Accra).

!(Angefangen im Jahr 1845.)

Missionare: J. Stanger mit Frau. W. Locher. J. Zimmermann.

Lehrerin: Frau Kath. Mulgrave.

Miss. Locher schreibt:

„Die Station Ussu oder Christiansburg, angefangen im Jahr 1845, liegt ungefähr in der Mitte des Accra-Landes, das 4—5 Stunden weit sich der See entlang hinzieht, und ebenfalls 4—5 Stunden breit ist. Es bildet eine wellenförmige Ebene, deren südliches Ende die See, das nördliche die Aquapimberge, das östliche das Adampe-Land (es wird in demselben ein Dialect der Accrasprache gesprochen), und das westliche das Fantiland ist. Die Dörfer und Städte desselben liegen alle an der See, haben aber alle wieder ihre Töchter auf den 3 bis 5 Stunden vom Gestade entfernten, sich den Aquapimbergen entlang hinziehenden

Plantagen, d. h. die Plantagendörfer. Die Einwohnerzahl ist nach ungefährer Berechnung 30,000 Seelen.

„Unsere Station besitzt ein Wohnhaus, das früher von einem dänischen Statthalter (Brock) gebaut wurde, aber nach dessen Tode veräußert und von A. Riis sehr billig gekauft wurde. Es besteht aus einem Hauptgebäude von etwa 60 Fuß Länge, und zwei Flügeln von 36 Fuß. Die Stellung des ersteren ist von Süd nach Nord. Es liegt mitten in den Negerhütten der Stadt, aber nahe an der See, deren kühler Wind des Tages dem der See zugekehrten Flügel sehr willkommen ist.

„Die Wohnhäuser der Europäer an der hiesigen Küste bestehen meistens in einem Erdgeschoß, das bei Kaufleuten zu Magazinen ꝛc. benützt wird, und aus einem obern Stockwerk. Unser Erdgeschoß enthält Schulzimmer, Zimmer für die Zöglinge und Dienstboten, Vorrathskammern und Küche. Im obern Stockwerk befindet sich die Wohnung für einen verheiratheten und für einen, im Nothfall auch für zwei ledige Missionare; ferner eine Wohnung für die Lehrerin (Frau Mulgrave) und ein Schulzimmer für die Mädchenschule. Die Dächer sind flach und mit einer anderthalb Fuß hohen Brustwehr versehen; sie bestehen aus einer Lage Brettchen, die auf Kokosbalken befestigt sind. Auf denselben liegt eine Lage flacher, in Kalk gelegter Steine, und auf das Ganze kommt ein Kalkguß. In der letzten Zeit wurde Asphalt angewendet und sehr vortheilhaft gefunden, theils wegen der leichtern Construction der Balkenlage, theils weil dieses Material viel besser gegen Regen schützt und während der Regenzeit im Nothfall leicht und schnell reparirt werden kann.

„Im Jahr 1848—49 wurde etwa 200 Schritte vom Missionshaus entfernt, aber durch ein Negergehöfte von diesem getrennt, die Capelle erbaut und den 1. Januar 1850 eingeweiht. Sie ist circa 55 Fuß lang und 44 Fuß breit (engl. Maaß), hoch und geräumig, mit Bogenfenstern an den beiden Langseiten. Ihre Stellung ist von Ost nach West, welches unstreitig die beste Stellung hier ist. Das

Dach ist flach und mit Asphalt belegt, und hat sich in der letzten Regenzeit mit unbedeutender Ausnahme gut bewährt.

„Ein Stück Land von circa 125 Fuß Länge und 120 Fuß Breite umgibt die Capelle von drei Seiten; es wurde durch Br. Zimmermann zu einem Garten angelegt und theilweise angepflanzt. Mais, Stockjams, Erdnüsse ꝛc. gedeihen; auch die Ananas, die Aloe, die Ricinusstaude (Ricinus communis) wuchsen bis jetzt ordentlich. Doch da Alles erst Versuche sind, so kann diesmal noch nicht viel gesagt werden.

„Ein ziemlich großer Platz zwischen der Capelle und der See ist zum Theil mit der hier oft statt Zaun angewandten Cactus (Cactus opuntia), theils mit einem Stück Mauer eingefaßt und zu einem Kuhstall, oder besser Kuhhof bestimmt. An der Mauer sollen 5—6 Stück Vieh angebunden werden.

„Wie hier Alles schnell wächst, aber bald verblüht, so ist es auch mit den Gebäulichkeiten. Sie bedürfen vieler Reparatur. Das Eisenwerk, das dem Seewind ausgesetzt ist, verrostet durch Abblättern in 2—3 Jahren. Fichtenholz, das, weil es vom Erbauer billig aus Dänemark bezogen wird, größtentheils zu Thüren, Fensterladen, Fußboden ꝛc. gebraucht wird, hält gar nicht lange. So muß man beständig flicken. Sollen hier 3 Missionare stationirt seyn, so wird wohl der Ankauf oder Bau einer Wohnung für eine Familie nöthig werden. Letzteres, nämlich das Bauen, werden wir aber wo möglich zu vermeiden suchen, da hier der Missionar Maurer, Zimmerleute, Schreiner, Schlosser u. s. w. aufs Genaueste beaufsichtigen muß, soll nur irgend etwas Erträgliches geschehen, und dadurch seine besten Kräfte braucht, ja in dieser Zeit kaum von Missionsarbeit die Rede seyn kann.

„In Betreff unseres Missionspersonals hat Stanger den letzten Jahresbericht im Blick auf die damals neu angekommenen Brüder Locher und Zimmermann und seiner eigenen Frau mit dem Seufzer geschlossen: „Das walte Gott der HErr!" Mit Recht können und sollen wir den diesjährigen Bericht über das Missionspersonal beginnen mit einem: „Lobe den HErrn, meine Seele!“ Denn Er hat uns viel Gutes gethan. Locher, Zimmermann und Frau Stanger haben das Klimafieber bald überstanden gehabt, und obgleich es an Krankheiten und Leiden nicht fehlte, so sind wir doch noch Alle am Leben. Die Zahl der Missionare auf der hiesigen Station ist also drei, nämlich J. Stanger sammt Frau, W. Locher und J. Zimmermann. — Lehrer haben wir zwei: der erste, Peter Johnson, hat 6 Dollars Besoldung monatlich, und der zweite, Nicolaus Smied, hat 2 Dollars. Lehrerinen haben wir ebenfalls zwei, nämlich: Frau Kath. Mulgrave und Jgfr. Regina Hesse; erstere hat 18 Dollars fire Besoldung, letztere 4½ Dollars. Katechisten haben wir keine, weil bis jetzt kein auch nur erträglicher zu finden war.

„Was unser häusliches Leben betrifft, so haben wir, wie oben schon angezeigt, auch in diesem Jahr nicht über Mangel an Leiden zu klagen gehabt. Es war eine sehr ungesunde und ungewöhnliche Regenzeit, was mehrere Fieberanfälle bei uns Allen zur Folge hatte. Viele Eingeborne und schon länger an der Küste wohnende Europäer bekamen die Dysenterie. Auch Stanger wurde sehr hart davon befallen und seine Wiedergenesung war sehr zweifelhaft. Der HErr war ihm jedoch in den schwersten Stunden, als seine Kräfte schwanden, ihm die kranken Organe vorkamen als wollten sie alle Augenblicke zerbersten, und er bereits einer Leiche ähnlich sah, kräftig nahe; und als er kaum mehr über etwas denken konnte, kam es ihm vor, als wären die Worte: „Es sollen wohl Berge weichen und Hügel hinfallen, aber meine Gnade soll nicht von dir weichen, und der Bund meines Friedens soll nicht hinfallen, spricht der HErr, dein Erbarmer,“ für ihn an die Wand seiner Leidensstätte geschrieben. Er konnte auch nicht mehr weiter bei dem Anblick seiner geliebten und damals trauernden Gattin, als sie auf diesen HErrn, den Erbarmer, hinweisen. Er erholte sich, wie es bei dieser Krankheit gewöhnlich ist, sehr langsam, und mußte sich darein schicken lernen, wenn Andere das

Haus Gottes besuchen und predigen durften, zu Hause bleiben zu müssen.

„Weniger stark aber langwierig traf dieses Uebel Zimmermann, der bis auf die heutige Stunde nicht davon befreit ist. Es ging bei ihm einigemal durch starke Krisen durch, welche auch ihn dem Ende nahe brachten; das Leiden wurde jedoch immer wieder gemildert, aber nie gehoben, und seine Lage ist so eine sehr bedauernswürdige und schwere. Doch stillt und tröstet ihn im Blick auf Leben und Beruf des Propheten Wort: „Alles Fleisch ist Heu, aber das Wort unsers Gottes bleibet in Ewigkeit." Es wird auch in Africa mitten unter dem Verwelken und Sterben des Fleisches bleiben, und durch den Tod geht's ja in Christi Reich zum Leben.

„Die äußern Arbeiten der Missionare sind: 1) Besorgung des Cassen- und Speditionswesens für unsere ganze africanische Mission; 2) Besorgung der Bauten und Reparaturen, und endlich 3) des Culturwesens. Frau Stanger besorgt die Haushaltung für das Ganze. Treten Krankheitsfälle ein, so müssen die Gesunden die Lücken ausfüllen, was dann oft gewaltige Pausen in dem Sprachstudium u. s. w. gibt. Das Studium der Landessprache aber sollte das erste Geschäft seyn. Wollen wir nun diesem gehörig nachkommen, so bleibt uns fast keine Zeit zu anderweitigen Studien, was oft eine nicht geringe Selbstverläugnung für uns ist.

„Der öffentliche Gottesdienst in der Capelle wird des Sonntags zwei Mal gehalten: ein Mal predigt Stanger, und das andere Mal Locher und Zimmermann abwechselnd; auch hier haben wegen Krankheiten viele Ausnahmen von der Regel stattgefunden, sie konnten jedoch immer gehalten werden.

„Reisen für unmittelbare Missionszwecke wurden gemacht nach Tessing, nach Labodai und auf die zu Ussu, Labodai und Tessing gehörigen Plantagendörfer. Wir werden gewöhnlich freundlich aufgenommen und unsere Predigt wird willig angehört.

„Ueber den religiösen Zustand der Neger ist es schwer ein richtiges Urtheil abzugeben. Der Umgang mit nihilistisch gesinnten Europäern und Mulatten macht Manche auch irreligiös. Die Religion der Religiösen aber ist die der Furcht. Der Fetisch wird als Herr, in dessen Hand sie seyen, verehrt und angebetet. Von Liebe ist keine Rede. Von Dank weiß der Neger nur, weil ihn der Fetisch nach seiner Ansicht straft, falls er nicht dankbar ist. Ihre Religion ist ferner die des Bauches; das Herz hat nichts damit zu thun. Die Gebete zu dem Fetisch handeln zwar von Segnungen; diese aber sind nachher genannt, sie sind: Hab und Gut und — Rum. Die Fetischpriester sind sammt und sonders Schurken, und es wäre kein Unrecht, wenn die Obrigkeit sie abschaffen würde. Sie sind die besten Giftmischer (darin bestehen ihre Gottesurtheile), die schändlichsten Betrüger, und viele von ihnen die allerabscheulichsten Hurer. Da heißt es dann auch: wie der Hirte, so die Heerde. Ferner ist es dem Priester gemäß keine Schande zu lügen, und so den andern auch nicht. Von dem Europäer zu stehlen thut auch nichts, nur muß man nicht so dumm seyn und sich erwischen lassen. Es ist empörend, wie gemein sie in solchen Sachen sind.

„Die Neger sind selten vermöglich; die meisten von ihnen sind faul, obgleich betriebsamer als die Aquapimneger. Viele von ihnen jedoch stehen nur auf zu arbeiten, wenn, wie sie sagen, „der Hunger sie frißt." Ausgaben haben sie viele, namentlich wegen den Trinkgelagen, welche vorkommen so oft Jemand von der Familie stirbt; es thut aber nichts. Wenn der Bauer zu Hause unvermeidliche Ausgaben und kein Geld hat, aber einen Stall voll Vieh, so geht er hin und verkauft 1 oder 2 Stück davon. So macht es das Familienhaupt bei den Negern. Oder er geht hin und verkauft eines seiner Kinder oder Enkel oder sonst Jemand von der Familie, Fleisch von seinem Fleisch und Bein von seinem Bein. — Der Besitz der Vermöglichen besteht in Sclaven und Handelswaaren, und etwa in einem Stück Plantage.

„Das Verhältniß der Neger zu den Missionaren betreffend, glaubt Stanger zu beobachten, daß es gegenwärtig ein zutraulicheres ist als es je war. Wir können sagen, die Leute sind uns meist geneigt. Dürfte man nur als Christ darauf loshausen wie zuvor, so würden bald Manche Christen werden. Es meldeten sich jedoch schon länger Mehrere zur heil. Taufe; wir eilten aber absichtlich nicht sehr mit ihnen; fünf, welche Schulknaben sind oder noch vor Kurzem waren, erhalten nun Taufunterricht. Sie sollen bei ihrer Taufe öffentlich ein Glaubensbekenntniß in ihrer Sprache ablegen, zu welchem Zweck der kleine lutherische Katechismus übersetzt wird.

„Im Laufe des verflossenen Jahres wurde die Zahl unserer Gemeindemitglieder durch die Taufe eines unserer Schulmädchen vermehrt. Ihr Name ist Christine Quist; sie ist etwa 17 Jahre alt und steht gegenwärtig unter der besondern Aufsicht von Frau Stanger. Eine zweite wurde confirmirt. Die Zahl unserer (erwachsenen) Getauften hier und in Tessing wäre nun 19; davon starben aber schon in früheren Jahren 3, und 3 andere mußten ebenfalls schon früher wegen groben Sünden ausgeschlossen werden; folglich sind es nur 13, die eigentlich mit uns in Verbindung stehen. Von ihrem Benehmen können wir sagen, daß sie es im Allgemeinen redlich meinen, nur sind wenige von ihnen entschieden genug; sie fürchten sich vor Menschen, räumen auch zuweilen ihrem faulen Fleisch noch zu viel Recht ein. Sie bekennen jedoch Christum entschieden; besonders thun dies die in Tessing, welche, so viel wir wahrnehmen können, wenigstens theilweise einen guten Einfluß auf ihre Umgebung ausüben. Ihr christliches Wachsthum geht aber immer noch langsam und möchte bisweilen unsere Geduld ermüden. — Doch was für Geduld hat der HErr mit uns!

„Wie schon oben bemerkt, wird Sonntags zwei Mal Gottesdienst gehalten; jeden Tag versammeln sich Morgens Lehrer, Dienstboten und andere Arbeiter zur Andacht in unserm Schulzimmer, zu welcher auch Andere Zutritt haben.

Sie wird begonnen mit Gesang; dann folgt das Lesen eines Capitels oder Abschnittes aus der Heil. Schrift; nachher wird eine kleine Ansprache gehalten (kurze Erklärung und Anwendung des Gelesenen); den Schluß bildet Gebet und Gesang. Weitere Wochengottesdienste haben wir noch nicht eingeführt, weil es nicht unsere Hauptabsicht seyn kann, durch Dollmetscher eine Gemeinde zu sammeln, sondern so bald als möglich die Sprache selbst zu erlernen, um mit eigenem Munde den Heiden den Rath Gottes zu ihrer Seligkeit verkünden zu können. Mit Katechesen hat Stanger in der Landessprache einen Anfang gemacht und scheint meistens verstanden worden zu seyn. Gebete und Liturgie taugen nur dann, wenn sie für die Neger extra gemacht sind. Stanger ist daran einige Versuche zu machen und sie in der Landessprache zu schreiben. Da es aber nur Versuche sind, so kann für diesmal noch nichts darüber berichtet werden.

„Die Predigt wurde nach der Einweihung der Capelle eine Zeitlang fleißig besucht; dann aber ließ es nach. Seit einigen Monaten sendet Stanger alle Sonntag Morgen die Hausknaben in der Stadt herum, um die Leute daran zu erinnern, daß es Sonntag sey, und sie einladen zu lassen, zum Gottesdienst zu kommen. Seither ist die Zahl der erwachsenen Zuhörer (Neger und Mulatten) um zwei Drittheile gewachsen. Um dieselbe Zeit fing der engl. Lieutenant an, einen Theil der hiesigen Garnison jeden Sonntag zur Kirche zu schicken. Ihre Zahl ist gewöhnlich 15—20. Die Zahl der Erwachsenen beim Kirchenbesuche beläuft sich auf etwa 80 im Durchschnitt. Die faulsten und schlechtesten Besucher sind die Aeltesten. Sie besuchen uns im Hause, um zu betteln, und als Locher und Zimmermann ihnen letzthin bei einer solchen Gelegenheit Vorwürfe machten, so versprachen sie feierlich, sie wollen nächsten Sonntag Alle kommen; aber nicht Einer kam. In der letzten Zeit kam fast jedesmal einer der Fetischpriester in die Predigt; es scheint aber mehr um zu hören, was man gegen sie sagt, als um des Wortes Gottes willen.

„Die sacramentlichen Handlungen werden ungefähr nach der Ordnung der Kirche in Württemberg vorgenommen. Die Predigt geschieht bis jetzt durch Dollmetscher.

„Besuche in der Stadt werden von uns Allen gemacht, so viel die Umstände und Gesundheit es erlauben. Wir werden meist freundlich aufgenommen, aber leider sehr viel belogen. Ladet man im Verlauf einer Woche vielleicht 50 ein, zum Gottesdienst zu kommen, so versprechen es alle 50 nächsten Sonntag ganz gewiß zu kommen; wenn dieser Sonntag kommt und man schickt nicht noch einmal nach ihnen, so kommt auch nicht Einer. Von dieser Regel gibt es Gott Lob auch Ausnahmen. Wir treffen nicht so viel Anhänglichkeit an den Fetisch, als Liebe zu den alten Gewohnheiten und Sünden bei ihnen an.

Schulen.

A. Knabenschule. Lehrer: Peter Johnson und Nicolaus Smied; und Monitoren: Lumodi (Dollmetscher), Thomas Quartai und Paul Mensa (Zöglinge).

„Die Schule besteht aus zwei Abtheilungen: nämlich einer älteren, die ungefähr im Durchschnitt 50 Knaben — und einer jüngeren, die 30 Kinder, worunter etwa 10 Mädchen, umfaßt. Auf der Schulliste stehen im Ganzen 110 Kinder; aber einige von ihnen kommen fast gar nicht, andere sehr unregelmäßig zur Schule; auch wird durchschnittlich der fünfte Theil durch Krankheit abgehalten, besonders durch den so häufigen Guineawurm, der eine große Plage der Eingebornen ist. Die Zahl der Schüler hat seit dem vorigen Jahr abgenommen, was theils vom Mangel an tüchtigen Lehrern (einer derselben ist schon mehrere Monate krank), theils von der großen Gleichgültigkeit der heidnischen und heidnisch-gesinnten christlichen Eltern herkommt.

„Die Unterrichtsgegenstände sind folgende: 1) Bibellesen I. und II. Classe. 2) Bibelgeschichte I—V. Classe. 3) Lese- und Buchstabierübungen III—V. Cl. 4) Engl.

Sprachübungen I—V. Cl. 5) Ga- (Accra-) Sprachübungen, schriftlich und mündlich, I—III. Cl. 6) Auswendiglernen von Ga- und englischen Bibelsprüchen, Theilen des Katechismus in beiden Sprachen und englischen Liederversen I—V. Cl. 7) Schön- und Rechtschreiben in beiden Sprachen I—III. Cl. 8) Die ersten Schreibübungen IV. und V. Cl. 9) Singen I—V. Cl. 10) Kopf- und Tafelrechnen I—V. Cl. Br. Stanger ertheilt ferner seit einiger Zeit der I. Classe sammt den Zöglingen Katechismusunterricht.

„Die Lehreinrichtung ist, freilich wie es die hiesigen Verhältnisse mit sich bringen, in mangelhafter Weise die englisch-lankastersche. Sie wurde auf der Küste und vielleicht auch hier schon vorgefunden und bisher beibehalten; hätten wir auch nur Einen tüchtigen Lehrer, oder wäre es einem von uns möglich mehr Schule zu halten als bisher, so würden wir mehr das treffliche Werk von Herrn Insp. Zeller: „Lehren der Erfahrung," in Anwendung zu bringen suchen. Allein die Lehrer können kaum je Einer Classe tüchtig vorstehen, und Krankheit und sonstige Arbeit machen es unmöglich, daß immer einer von uns Schule hält. So mußte der bisherige Mechanismus gelassen und einstweilen Einzelnes verbessert werden. Die Hauptfächer werden wo möglich immer von einem von uns gegeben, und dabei wird uns klar, daß der Mangel unserer Schulen hauptsächlich bei den Lehrern zu suchen ist, denn die Kinder sind in der Regel aufmerksam. Freilich ist das Schulwesen auch schwierig aus Mangel an passenden Hülfsmitteln; das Unterrichten geschieht zum größten Theil in einer fremden und dabei noch in Alphabet und Zusammensetzung unregelmäßigen Sprache, nämlich der englischen. In der Landessprache ist noch nichts Passendes gedruckt, daher in der Schule erst Anfänge zum Unterricht in derselben gemacht. Wir hoffen bald ein erstes Lesebuch sammt einem Katechismus für die Schule zu vollenden.

„Die Ordnung in der Schule ist gut, so lange wir in derselben sind; entfernen wir uns aber, so gibt es oft Ausbrüche von Unordnung. Den Lehrern können wir bis jetzt nicht erlauben die Kinder selbst zu bestrafen, sondern sie müssen dieselben uns zur Bestrafung bringen.

„Der Schulbesuch läßt, wie schon gesagt, Manches zu wünschen übrig, was aber nicht so schnell besser wird, ehe wir eigentliche Christenkinder haben.

„Die Kleidung der Knaben ist sehr einfach: bei Mulatten Hemd und Hosen, selten eine Jacke, noch seltener Schuhe und Strümpfe; bei Negern das „Teckle", ein schmales, und darüber das „Mamma", ein breites Stück Tuch um die Lenden. Letzteres fällt über die Kniee herab und reicht auch zur Bedeckung des Oberleibes; zugleich ist es Nachts die Decke (vergl. 2 Mos. 22, 26. u. f.). Die Kleider erhalten die Kinder meist von uns, wofür uns die Regierung entschädigt.

„Die Reinlichkeit der Kinder ist verhältnißmäßig ordentlich, da jeder Neger sich häufig wascht.

„Das Schullocal besteht aus zwei ziemlich guten Schulzimmern im untern Stock des Missionshauses. Die Schulgeräthe bestehen aus einem Tisch und Stuhl für den Lehrer, und Bänken, auf denen die Schüler im Viereck um den Lehrer oder Monitor her sitzen, einigen Schreibtischen, Wand- und Schiefertafeln, die in einer Kiste aufbewahrt werden, sammt einer leider seit langer Zeit nicht mehr gehenden Wanduhr.

„Die Fortschritte der Schule sind im letzten Jahr, mit Ausnahme der ältesten Classe, welcher wir uns mehr persönlich annehmen konnten, nicht sehr groß gewesen. Die Trägheit und der Mechanismus der Lehrer sind groß, und sie sind meist Miethlinge; aber wir können eben nicht schnell bessere bekommen; deswegen thut Geduld und Anhalten im Gebet um Ausgießung des Heiligen Geistes über Lehrer, Schüler, Alte und Junge noth. Die Frucht wird nicht ausbleiben.

„Die erste Classe liest die Bibel und versteht wenigstens das Geschichtliche ziemlich. Die zweite hat angefangen im Neuen Testament zu lesen. Im Ga-Unterricht ist wenigstens ein Anfang gemacht; die erste Classe kann es ziemlich schreiben und lesen. In der Bibelgeschichte sind die Kinder recht aufmerksam und machen liebliche Fortschritte. Sie wird in der ersten Classe in Englisch und Ga von uns, bei den übrigen Classen in Ga von den Monitoren gegeben.

„Manche Kinder zeigen gute Gaben, nicht geringer als in Europa; an einigen läßt sich auch eine Arbeit des Geistes Gottes nicht verkennen. Unter den Knaben sind auch zwei jüdische, deren Vater eine Stelle im dänischen Statthalteramt bekleidete. Er war nur im Geheimen Jude und ließ seine Kinder taufen. Es sind liebliche Kinder, sehr begabt und fleißig.

„Ende Mai übernahm Br. Zimmermann die Leitung der Knabenschule, und behielt sie, wiewohl wegen seiner Krankheit mit viel Unterbrechungen, bis Ende November, von wo an er sie wegen zunehmendem Unwohlseyn an Locher abgab. Locher hatte schon vorher immer Singunterricht gegeben.

B. Mädchenschule.

„Die Lehrerinnen daran sind: Frau Kath. Mulgrave und Jgfr. Regine Hesse. Letztere war früher Schülerin in unserer Mädchenschule, wurde im Januar 1850 confirmirt und als Lehrerin, oder besser damals noch Monitorin angestellt. Sie schloß sich damals schon recht an Frau Mulgrave an, und diese hält sie nun auch wie ihr eigenes Kind. Sie wächst seither in leiblichen und geistigen Fähigkeiten, wandelt in der Furcht Gottes und macht uns Freude. Frau Mulgrave gibt ihr außer der Schule weitern Unterricht im Lesen, Schreiben und Rechnen, so daß, wenn sie selbst abgehalten ist, Regine die Schule allein zu halten im Stande ist.

„Die Zahl der Kinder in der Mädchenschule von Frau Mulgrave ist 22; sie wird aber bald durch Zusatz von den Mädchen aus der jüngern Abtheilung der Knabenschule vermehrt werden. Dort sind nämlich 20 Mädchen auf der Liste, besuchen aber die Schule schlecht. Die Zahl der Schulkinder nahm ab. Die Sage, daß sie, da nun die dänische Regierung weg sey, jetzt keine Kleider mehr erhalten werden, bewog Manche wegzubleiben oder so selten zu kommen, daß man sie endlich ganz wegschickte, da sie doch nur kamen, um etwa auch noch ein Kleid zu erhalten, und fast nichts lernten. Ueberhaupt ist es sehr schlimm, daß die Meisten nur um der Kleider willen kommen; doch gibt es eine kleine Anzahl, die uns Freude macht.

„Unterrichtsgegenstände und Lehrweise rc. ist wie in der Knabenschule. Die Disciplin ist in der Mädchenschule namentlich auch deswegen leichter, weil der Frau Mulgrave wegen ihrer Treue und Gottesfurcht viel mehr Autorität zugestanden werden kann, als unsern Lehrern in der Knabenschule.

„Außer der Schule sucht Frau Mulgrave unter dem weiblichen Geschlechte zu arbeiten und sie zum Gottesdienste einzuladen, sieht aber bis jetzt wenig (jedoch nicht gar keine) Frucht.

„Fernere Versuche für die Erziehung des weiblichen Geschlechtes wird Frau Stanger machen, die seit mehrern Monaten 4 Mädchen um sich hat; eins ist schon aus der Schule, zwei gehen darein, von denen eins ein Schwesterchen der zwei oben angeführten Judenknaben ist, ein liebes Kind; das vierte geht noch nicht zur Schule. Da dies aber erst ein Anfang ist, so kann noch nicht viel darüber gesagt werden. So viel ist schon zu sehen, daß unser eigenes Hauswesen schon ein ganz anderes Aussehen dadurch bekommen hat, daß das weibliche Geschlecht nicht, wie es anderwärts der Fall ist, hinausgejagt und so zu sagen in den hintern Hof verwiesen ist.

„Theuerste Väter! Das Bild, das wir von unserer Schule geben mußten, ist nicht das lieblichste, allein es ist wahr. Ist es aber anders zu erwarten, da meist nur weltliche Zwecke Eltern und einen Theil der Kinder bewegen, die Schule zu benützen? sind diese sonst zu erhalten, so werden die Kinder weggenommen. An wahrhaft bekehrten Lehrern fehlt es gänzlich.

„Wahrlich, auch die Schule ist's nicht, was die Leute bekehrt, sondern das Wort vom Kreuz; weil aber dies in der Schule den Kinderherzen nahe gebracht werden kann, so dürfen wir die Schule nicht aufgeben. Beruft einmal hier der HErr ein Gemeindlein, so wird's an guten Lehrern und an gehorsamen Schülern nicht mehr fehlen.

Institut zur Erziehung von Gehülfen.

„Kaum dürfen wir diesem Fach einen solchen Namen beilegen. Anfangs des Jahres hatten wir nur 2 Zöglinge: Thomas Quartai und Paul Mensa, zugleich als Monitoren täglich 4 Stunden in der Schule beschäftigt. Im Mai wurden sie von Br. Zimmermann zur Leitung übernommen, welcher ihnen mit den Lehrern täglich eine Stunde Bibellesen in engl. Sprache gab, das Gelesene ins Ga übersetzen ließ und kurze Erklärungen beifügte. Außer diesem las er mit ihnen allein wöchentlich 4 Stunden in Hansen's Uebersetzung des Evang. Johannes, wobei er besonders auf das Sprachliche einging, und lehrte sie nach einem einfachen Alphabet (dem von Hrn. H. Venn in London vorgeschlagenen) das Ga lesen und schreiben. Die Krankheit Zimmermann's brachte viel Unterbrechung und Wechsel in den Gang des Unterrichts, und war darum den Zöglingen sehr nachtheilig. So war er genöthigt am Ende November dieselben an Br. Stanger abzugeben, der ihnen mit der ersten Classe der Knabenschule Religionsunterricht, hauptsächlich in der Landessprache, und ihnen allein engl. Sprachunterricht gibt, wobei er sich ausschließlich an das Englische hält, um sie in die Sprache hineinzutreiben. Locher gibt ihnen Bibelunterricht, Rechnen und Schönschreiben.

„Gegen Ende des Jahres wurden noch zwei weitere Zöglinge vorläufig aufgenommen, Namens Obobi und Quarkoi, welche uns einzig passend schienen. Für die älteren ist es gut, daß sie einmal Mitschüler bekommen, indem sie uns wegen ihres Stolzes bange machten.

„Dies ist besonders bei dem sehr fähigen Thomas Quartai der Fall. Er ist in Cap Coast erzogen und getauft, jetzt etwa 17 Jahre alt, nicht ohne geistliches Leben, fleißig und ziemlich geordnet. Seit einiger Zeit benützen wir ihn als Dollmetscher; aber sein Hervorragen über Andere bringt ihn in Gefahr des Hochmuths. Doch kennt er das Gebet und übt es.

„Paul Mensa, gleichen Alters, seit etwa 5 Jahren in unserm Hause, von Br. Schiedt getauft, ist weniger edeln Characters als Quartai, sehr flüchtig und gleichgültig, auch weniger begabt, doch nicht ungeschickt, besonders zu einigen Unterrichtsfächern und zu äußern Arbeiten. Er versteht das Pflanzen der Erzeugnisse sowohl als das Kochen. Zu Zeiten hat auch er Gnadenzüge.

„Obobi, seit Br. Stanger's Ankunft sein Hausknabe, ein Häuptlingssohn aus Poni im benachbarten Adampe-Land, wirklich fürstlichen Characters, ist etwa 18 bis 19 Jahre alt, besuchte seit seinem Hierseyn die Schule und genießt nun mit Quarkoi und Andern Taufunterricht. Er ist weniger begabt, dagegen energisch und fleißig, und bei aller rauhen Oberfläche nicht ohne bußfertigen und weichen Sinn des Herzens.

„Quarkoi, ein Bruder Quartai's, seit 5 Jahren in der Schule und im Dienst der Frau Mulgrave, ist ein anstelliger Knabe, hat auch von Frau Mulgrave ein gutes Zeugniß erhalten; nur haben wir hie und da über Ausbrüche des Stolzes und Trotzes zu klagen. Auch er genießt Taufunterricht.

„Alle Vier sind Neger; Mulattenzöglinge laufen, wenn sie etwas gelernt haben, des leidigen Handels wegen eher weg; dennoch aber hoffen wir wieder aus unserer ersten Classe Einige aufzunehmen.

„Nun noch etwas über die Tessingschule.

„Die Schule in Tessing wurde vor 4 Jahren angefangen und damals stark besucht. Schlechte Lehrer, wie sie sich nach und nach Einer um den Andern herausstellten, der Eine durch ein entschiedenes Lasterleben, Andere durch Trägheit und Vernachlässigung ihres Berufes, brachten sie bald herunter, und die Kinderzahl war schon vor 2½ Jahren so gering, daß sich die Missionare oft darüber beriethen, ob sie noch fortgeführt werden solle oder nicht. In diesem Jahr machten wir noch einen Versuch, welcher, im Fall er mißlingt, für jetzt der letzte seyn soll. Wir hatten anfangs gute Hoffnungen. Der Lehrer, Simon Reinhold mit Namen, war eifrig für die Schule und die Getauften. Bald aber ließ er nach; er glaubte, er sollte mehr Geld haben, fing an neben der Schule Handel zu treiben und vernachlässigte sein Geschäft dermaßen, daß man nicht mehr sagen konnte, die Kinder kommen nicht zur Schule, sondern der Lehrer kam nicht, obgleich die Kinder kamen. Da wir Keinen hatten, von dem wir hätten Besseres hoffen dürfen, so gaben wir die Schule auf. Die Getauften kommen jedoch fleißig hieher zur Kirche, und wir besuchen sie öfters in Tessing.

„Befürchtungen haben wir eigentlich keine besondere für unsere Mission, als etwa die: der langsame Gang und die Schwierigkeiten und Nöthen unseres Werkes möchte die Geduld mancher Freunde in der Heimath zu viel in Anspruch nehmen. Hoffnungen jedoch haben wir viele, die sich aber nicht leicht in Worte fassen lassen; sie sind aber desto sicherer begründet in den Verheißungen Jehovahs.

„Für den Druck ist in der Accrasprache bis jetzt noch nichts fertig; es sind jedoch eine Anzahl Bibelsprüche und ein kleiner Katechismus übersetzt; auch sind Vorbereitungen zur Anfertigung einer Grammatik und eines Lexicons gemacht. Alle diese Sachen aber bedürfen noch einer genauen Revision, indem es bei den ersten Arbeiten sehr wichtig ist, daß es namentlich mit der Orthographie und dem Ausdruck sehr genau genommen wird, wenn man für die Zukunft sich nicht will allzu viel Schwierigkeiten bereiten.

„Von den uns von der Bibelgesellschaft in London gegebenen engl. Bibeln und Neuen Testamenten wurden außer unserm Schulgebrauch etwa 20 Bibeln und eben so viele Neue Testamente theils gegen Bezahlung, theils unentgeltlich an englisch-lesende Neger und Mulatten abgegeben.

„Endlich zum Schluß bemerken wir noch, und möchten alle Missionsfreunde aufs Neue daran erinnern, daß unser Werk Geduld und Glauben der Heiligen erfordert. Halten Sie daher noch ferner mit uns an in Gebet und Arbeit, bis der HErr den Früh- und Spatregen seines Geistes über uns, über Kirche und Schule, über die ganze Mission und über alles Fleisch ausgießt. Amen!

Christiansburg, den 29. Januar 1851.

J. Stanger.
Chr. Wilh. Locher.
J. Zimmermann."

C. Mission in China.

Die Krise, in welcher unsere Mission in China unserem letzten Jahresbericht zufolge sich befand, ist, wie wir hoffen, nunmehr glücklich beendigt. Sowohl die persönlichen Angelegenheiten als die amtliche Stellung unserer Missionare sind geordnet.

Die Verheirathung Missionar Hamberg's, welche aus verschiedenen Gründen beanstandet worden war, ist nunmehr von der Committee genehmigt, nachdem sich ergeben hat, daß Hr. Dr. Gützlaff bei den Schritten, welche er in dieser Angelegenheit that, die Vollmachten überschritten hat, welche ihm von Miss. Hamberg ertheilt worden waren; und nachdem Letzterer solche Erklärungen an die Committee eingesendet hat, welche derselben die Gewißheit verschaffen, es werde diese eheliche Verbindung den geliebten Bruder in keiner Weise abhalten, in das Innere von China sich zu begeben, sobald dies irgend räthlich und ausführbar erscheine.

Damit hat sich dann auch die amtliche Stellung Br. Hamberg's, die zu unserem Bedauern gerade in einer Zeit, wo für ihn der Verwicklungen mit Hrn. Dr. Gützlaff wegen die volle Einigkeit mit der Committee ein sehr erwünschter Stützpunct hätte seyn müssen, unhaltbar werden zu wollen schien, wieder vollkommen befestigt. Die Committee, so unerwünscht ihr sein Streit mit Hrn. Dr. Gützlaff war, nimmt deshalb auch keinen Anstand, hier öffentlich auszusprechen, daß sie von der Redlichkeit und Wahrhaftigkeit Miss. Hamberg's sich aufs Neue überzeugt hat.

Ueber sein Verhältniß zu Hrn. Dr. Gützlaff und zum chinesischen Verein, während der Abwesenheit des Hrn. Doctors und nach seiner Zurückkunft, hat er sich in einem in Hongkong erschienenen Schriftchen, dem die betreffenden Actenstücke beigegeben sind, ausgesprochen. Wir können deshalb hier auf diesen an die Missionsgesellschaften in Europa versandten Rechenschaftsbericht verweisen, und lassen daher unmittelbar Hamberg's neuesten Bericht vom 19. Juni folgen.

1. Station Hongkong.

Missionar: Th. Hamberg (seine Braut, Fräul. Motander aus Schweden, ist in China ohne Zweifel bereits angekommen.)

Der Bericht Miss. Hamberg's lautet:

„Mit besonderem Vergnügen empfing ich Ihren werthen Brief vom 31. März, wodurch ich erfahre, daß die verehrte Committee meinen Brief vom Januar günstig aufgenommen und meine Bitten genehmigt hat.

„Was Sie über mein Bleiben in Hongkong sagen, habe ich bemerkt, und stimme ganz mit Ihnen darin überein, daß nicht Hongkong, sondern das Innere des Landes das eigentliche Arbeitsfeld für uns seyn solle, und ich bitte Sie, sich versichert zu halten, daß ich nicht in Hongkong bleibe, um mich dem Hineingehen ins Innere zu entziehen, sondern um einmal mit Hoffnung des Erfolges hineingehen zu können. Sie wissen, daß nach den Verträgen es den Ausländern verboten ist ins Land zu gehen; jeder Fremde, der im Lande angetroffen wird, soll ergriffen und den Behörden in Canton überliefert werden. Indessen ist es nicht unmöglich im Innern zu leben, welches die Beispiele von den Barmer Brüdern, von Lechler und mir selbst zeigen. Die Ursache davon muß aber weniger in der Liebe des Volkes zum Evangelium gesucht werden, als in dem Vortheil, der durch das Daseyn der Missionare dem Volke bereitet wird. Es ist natürlich, daß wenn in einem chinesischen Dorfe jährlich etwa tausend Thaler verwendet werden, das Volk einen Vortheil dabei sieht, zumal wenn noch dazu Arzenei und Bücher vertheilt und Knaben umsonst erzogen werden. Man kann aber dennoch nicht sagen, daß dadurch viel für die Mission gewonnen worden ist; ja man hat sogar gefunden, daß diejenigen, die dem Missionar am nächsten standen und den größten Vortheil von ihm hatten, auch die Thätigsten waren, um das Christenthum zu verhindern. Ich habe diese Erfahrung durchgemacht, möchte sie aber nicht gerne wieder machen. Nur Einen habe ich getauft, während ich im Innern wohnte, und dieser Eine war von meinen Leuten gekauft, das hat man mir jetzt gestanden. Ich komme deshalb zurück zu meinem Grundsatz: Wir müssen unabhängig stehen von Chinesen und Gehülfen; wir müssen selbst predigen können; dann erst werden wir gute Gehülfen bekommen und etwas Wahres wirken können.

„Weil Sie wahrscheinlich im September nach Indien reisen werden, so bitte ich, Ihnen meinen Bericht schon jetzt übersenden zu dürfen. Ich bedaure, daß ich nicht im Stande bin, interessant zu schreiben; darf aber auch hoffen, daß das wahre Interesse für die Mission in der Heimath nicht zu sehr von den Berichten aus der Heidenwelt abhängig ist. Wer Glauben hat, der handelt weil er glaubt, nicht weil er sieht; wer aber im Glauben beharret, der wird gewiß auch schauen dürfen.

„Die Schwierigkeiten der chinesischen Mission werden Ihnen jetzt so ziemlich bekannt seyn. Alle andern Sprachen auf der Erde haben eine Verwandtschaft mit einander; aber die chinesische steht abgesondert da, ein Mittelding zwischen Sprechen und Singen. Fast jedes Land unter der Sonne ist wenigstens so offen, daß der friedliche Fremde Eintritt finden kann; nur in China und der Umgegend nicht. Hier ist der Name eines Fremden mit dem des Teufels verbunden. Raub und Mord sind die Gedanken und Gefühle, die beim Anblick eines Fremden in den Herzen der Chinesen sich regen, und nur Furcht kann sie zurückhalten. Fast jedes

Land erkennt die Uebermacht der christlichen Völker; aber China nicht. Nur da, wo die Merkmale der englischen Kanonen noch vor den Augen stehen, fürchtet man die Macht der Fremden; sonst glaubt das Volk kaum, daß außer China ein anderes Land da ist, das Land oder Reich genannt werden kann. Ham Tung, der junge Tartaren-Fürst, der nun sein erstes Jahr auf dem kaiserlichen Throne zählt, hat schon zwei seiner ersten Minister abgesetzt, weil diese den Fremden zu geneigt waren, das heißt, weil sie von der Macht der Fremden eine zu hohe Idee hatten. Die hohen Aemter von Muhtchangah und Kijing sind nun natürlich von solchen Ministern besetzt, die ganz nach den Ideen des jungen Kaisers ihren Rath geben. China scheint so lange jede Reform verhindern zu wollen, bis eine Total-Revolution unvermeidlich wird.

„Um Ihnen einen Ueberblick über das Land in der Nähe von Hongkong zu geben, lasse ich hier einige Bemerkungen folgen. Die Provinz Kwangkung ist in 91 Districte und Departemente eingetheilt, in welchen etwa 20 Millionen Menschen leben; ich glaube gewiß, daß Sin-on allein eine halbe Million zählt; da ist aber auch jedes Stück Land zwischen den hohen, unfruchtbaren Bergen so angebaut und besetzt, daß fast nichts mehr daran zu machen ist. Es kommen deshalb viele Chinesen hieher, um Arbeit zu suchen, und Tausende fahren nach Californien, um durch Goldwaschen oder Bergbau ein Auskommen zu finden; daß schon lange Zeit viele Tausende von Chinesen in Java, Siam, Molane, Borneo und an andern Orten zu finden sind, wissen Sie schon; aber jetzt fängt man an chinesische Arbeiter sogar für Südamerica und Westindien engagiren zu wollen. Leider ziehen die Chinesen nicht früher aus, bis sie Frau und Kinder schon haben, und weil diese immer zu Hause bleiben, so nimmt die Bevölkerung auch bei den Auswanderungen noch immer zu.

„Es wäre mir lieb, Ihnen eine genaue Schilderung der Mission in China geben zu können; aber die genauen Angaben fehlen mir. Ich muß mich deshalb darauf beschränken, Ihnen die Hauptzüge der hiesigen Missionen zu geben.

„Die römische Mission nimmt vor Allem die Aufmerksamkeit in Anspruch; seit Jahrhunderten geht sie ihren stillen aber sicheren Gang. Hunderte von Missionarien und Kirchen, Hunderttausende, ja wohl, wie man behauptet, Millionen von Katholiken sind in China, während die Protestanten gleichsam ohnmächtig dastehen, ohne Etwas ausrichten zu können. Es ist wichtig für uns, die Ursache dieser Verschiedenheit genau zu untersuchen; es genügt hier nicht zu sagen, daß die Bekehrten der römischen Kirche keine wahren Christen sind, und daß wir ihnen keine weitere Aufmerksamkeit zu schenken brauchen. Ich glaube nicht daß die Chinesen zu der römischen Kirche übergehen weil diese Kirche mangelhaft ist, sondern ich glaube im Gegentheil, daß ein inneres Bedürfniß sie dazu veranlaßt, und wenn sie nicht wahre Christen werden, so liegt der Fehler in der Gestalt dieser Kirche. Merkwürdig bleibt aber bei allen Mängeln die Gewalt, welche die römische Kirche unter den Heiden ausübt. Die Katholiken haben sowohl in Hongkong, als fast überall in China, wohl geordnete, schön eingerichtete, fest gebaute, mit dicken Mauern umgebene Kirchen und Wohnhäuser; mehrere tausend Thaler werden auf ein solches Gebäude verwendet. Hier lebt der Pater verborgen. Die Messe, Ceremonien, Gottesdienste sind wie in Rom. Er hat keine Zeit zum Missioniren, so groß ist die Zahl der Anfragenden, Neophyten, der Katechumenen und Mitglieder der Gemeinde, die immer seine Aufmerksamkeit in Anspruch nehmen. Wenn er aber ausgeht im Boot oder Palankin, so ist er von seinen chinesischen Christen begleitet; er reist als ein Mandarin und verläßt nie die Würde seiner hohen Stellung.

„Die protestantischen Missionare treten als Individuen unter den Heiden auf, um die christliche Lehre zu predigen. Es ist zu befürchten, daß die Chinesen gar wenig von der Predigt verstehen. Die Missionare erwarten, daß die Chinesen in Folge solcher Predigt Christen werden sollen, und man prüft sie so lange, bis man davon überzeugt worden ist; erst dann folgt die Taufe als ein Siegel des schon vorhandenen Christenthums. Der Missionar errichtet Schulen, um auf die Kinder einzuwirken, und vertheilt christliche Bücher; aber auch mit wenig Erfolg. Nicht ohne Interesse ist folgender Auszug aus einem katholischen Bericht, von Schanghai geschrieben, worin Sie sehen können, mit welchem Auge der katholische Missionar die protestantische Thätigkeit ansieht. Er schreibt: „Kiangnan, Juli 1846. „Wir Europäer gelten zwar hier immer noch als Contrabande, fangen aber doch nachgerade an, im himmlischen Reiche Freiheit zu genießen. Indeß gehen wir vorsichtig zu Werke, „um unsere Neulinge nicht zu erschrecken, die sich meist noch „nicht von der Furcht erholt haben, in welcher sie während des Krieges mit den Engländern lebten. Darum „lassen wir uns so wenig als möglich in Städten und „Dörfern öffentlich sehen, außer in der Umgegend von „Schanghai. Die Engländer treten in dieser Hinsicht kecker „auf. Trotz der Verträge machen sie Ausflüge von 20 „bis 30 Stunden ins Innere. Cigarren rauchend und europäisch gekleidet durchziehen sie die Städte, und Niemand „wagt es, sie anzuhalten. Freilich sowie sie fort sind macht „der Mandarin ein großes Wesen, läßt die Thorwärter „schlagen und schickt den Fremden Leute nach, aber mit der „heimlichen Weisung, sie nicht einzuholen. Dies alles „thun sie, ihr Gesicht zu zeigen, wie die Chinesen „sagen, und um sich vor den Ober-Mandarinen verantworten zu können, falls man sie zur Rede stellte. Auch halten „die englischen Geistlichen ihre Umzüge und vertheilen Bibeln „zu Millionen — sowohl an solche, die sie begehren, als „auch an solche, die sie nicht begehren — ohne jedoch in der „ganzen Provinz Kiangnan dadurch nur Einen Proselyten „zu machen. „Wo der HErr nicht das Haus bauet, da „arbeiten umsonst, die daran bauen.“ Die Wahrheit dieser „Worte ist hier handgreiflich. Gewiß, wenn die protestantischen Geistlichen sehen, daß alle ihre Arbeit fruchtlos ist, „während die katholischen Missionare ihrer Arbeit nicht Meister werden können, so ist dies nicht dem Mangel an gutem

„Willen zuzuschreiben, viel weniger noch dem Mangel an „Geld. Woher denn wohl dieser Unterschied? Mit dem ge„ringsten Scharfblick kann man nicht umhin es zu erkennen: „„Ist Gott für uns, wer kann wider uns seyn? Ist Gott „wider uns, wer wird für uns seyn?““

„So schreibt der katholische Missionar; und wenn wir zugeben müssen, daß viel Wahres an den angeführten Factas ist, so wollen wir doch nicht in seinen Ausruf: »Si deus contra nos,« mit einstimmen. Glauben hat die protestantische Kirche gewiß, und wohl mehr als die römische; aber der Gläubige muß auch in Furcht wandeln, damit er in seinem Thun den Willen Gottes recht treffe. Wenn wir die verschiedene Thätigkeit der römischen und evangelischen Kirche betrachten, so finden wir zwei große vorherrschende Gegensätze in der Art ihres Auftretens. In der römischen Kirche ist die Idee der Kirche obwaltend; die Kirche steht da in ihrer ganzen imponirenden Kraft mit Sacramenten und Ceremonien; der Priester ist ihr sichtbares Haupt und Repräsentant Jesu Christi; wenn diese Idee zur Spitze geführt wird, so hebt sie das Bedürfniß des Glaubens auf. In der reformirten Kirche ist die Idee des Glaubens vorherrschend; Kirche und Sacramente treten sehr zurück. Der Missionar spricht wie eine Privatperson zu einem Andern, und nachdem er davon überzeugt worden ist, daß dieser seine Grundsätze und Lebensart angenommen hat, das heißt gläubig geworden ist, so erkennt er ihn als einen gläubigen Christen. Hier ist nun die protestantische Kirche auf dem Wege Kirche und Sacrament beinahe ganz wegzuwerfen, wenigstens sind sie entbehrlich und werden mehr als Anhängsel zu dem Glauben, als wie Grund und Stütze desselben betrachtet. Die römische Kirche ist eine leichtfertige Mutter, die jedoch ihre Kinder selbst erzeugt und erzieht; die reformirte aber eine strenge Stiefmutter, die nur bereits wohlerzogene Kinder adoptiren will. Wo kann sie aber erwarten solche Kinder zu finden? Außer der Kirche? — Hier glaube ich liegt der Fehler der protestantischen Missionsthätigkeit. Wir müssen eine Gemeinschaft haben, wo das Wort Gottes gepredigt und die Sacramente verwaltet werden, und sowohl Wort als Sacrament würden ihre objective Geltung finden; nur dann kann der subjective Glaube zum wahren Leben und Frieden in Gott kommen; nur dann kann der Heide zu dem Glauben geführt werden, daß er nur aus der freien Gnade Gottes in Christo Jesu ein Kind Gottes geworden ist. Ich rede hier natürlich nicht von der ganzen protestantischen Kirche, sondern nur von den Zweigen derselben, worin ich solches Benehmen wahrgenommen habe. Von dem Erfolg der Schulen kann ich nicht reden, weil ich nicht damit bekannt bin; es wird aber immer schwer bleiben, durch Schulen allein eine christliche Gemeinde zu bilden. Auf die Vertheilung von Schriften unter Heiden halte ich nicht viel; ich glaube, erst wenn durch die Predigt ein Bedürfniß im Herzen geweckt worden, ist die Zeit gekommen, mit Nutzen ein christliches Buch zu geben. Sonst habe ich erfahren, daß Missionar Doty in Emui etliche Familien getauft hat, und die Brüder in Sai hiong wirken auch im Segen, so daß nun auf den verschiedenen Stationen zu Fuk jun, Sin kiao und Sai hiong etwa 50 Getaufte sind.

Protestantische Missionare in China (Januar 1851):

Londoner Missionsgesellschaft: 15 Missionare; nämlich in Canton 1, Hongkong 3, Emui 5, Schanghai 6.

Amerikanische Missionsgesellschaft: 13 Missionare; in Canton 5, Emui 2, Fuh-tschau 6.

Rheinische Missionsges.: 3 Missionare in Hongkong.

Americanische Baptisten-Mission: 5 Missionare; in Hongkong 2, Ningpo 3.

Kirchliche Missionsges. in England: 7 Missionare; in Fuhtschau 2, Ningpo 3, Schanghai 2.

Bischöfliche Kirche in Nordamerica: 2 Missionare in Schanghai.

Mission der presbyterianischen Kirche America's: 12 Missionare; in Canton 3, Ningpo 8, Schanghai 1.

Mission der allgemeinen Baptisten in England: 1 Missionar in Ningpo.

Missionsgesellschaft in Basel: 1 Missionar in Hongkong und 1 Missionar in Jamtsao.

Südlicher Baptisten-Verein in America: 4 Missionare; in Canton 1, Schanghai 3.

Sabbathianer-Baptisten-Gesellschaft in America: 2 Missionare in Schanghai.

Bischöfliche Methodisten-Missionsgesellschaft: 3 Missionare in Fuh-tschau.

Bischöfl. Methodisten-Missionsgesellschaft im Süden von Nordamerica: 2 Missionare in Schanghai.

Presbyterianische Kirche in England: 2 Missionare; in Canton 1, Emui 1.

Schwedische Missionsgesellschaft in Lund: 1 Missionar in Fuh-tschau.

Unabhängig: 1 Missionar in Canton.

„Insgesammt 75 Missionare, wovon 12 in Canton, 10 in Hongkong, 8 in Emui, 12 in Fuh-tschau, 15 in Ningpo, 18 in Schanghai.

„Aus meinem Brief vom Februar wissen Sie schon, daß ich am 9ten desselben Monats die kleine Capelle nahe bei meiner Wohnung zum Predigen öffnete. Vier Jahre waren beinahe verflossen seit unserer Ankunft in China, und obgleich meine Sprache noch mangelhaft ist, schien die Zeit gekommen zu seyn, daß ich selbst dem Volke predigen sollte; der HErr hatte mich schrittweise dahin geführt. Zuerst konnte ich nur mit meinem Lehrer sprechen, dann mit meinen Gehülfen; endlich übernahm ich den Unterricht im China-Verein und wurde dadurch schließlich in den Stand gesetzt, selbst einigermaßen verständlich predigen zu können. Die Capelle wurde oft ziemlich zahlreich besucht; selten weniger als dreißig, selten über sechszig Leute, wovon gewöhnlich zwei Drittheile Männer waren, kamen zur Anhörung der Predigt. Ich predigte anfangs nur zwei Mal in der Woche, nämlich Sonntag Vormittags und Mittwoch Abends; als ich aber sah, daß Leute gerne zur Hausandacht in meine Wohnung kamen, so entschloß ich mich, jeden Montag, Mittwoch und Freitag Abends in der Capelle zu predigen, was ich seit dem 25. März gethan habe. An den übrigen Abenden kommt eine schöne Anzahl in meine Wohnung, so daß wir auch Abends in der Hausandacht oder Bibelstunde 30 bis 40 Leute zusammen sind.

„Am 13. April wurden die Frauen meiner Gehülfen, sechs an der Zahl, mit sechs Kindern, im Ganzen zwölf Personen, getauft. Vier von diesen Frauen zeigen ein sehr lebendiges Interesse für das Christenthum, und freuen sich Andern zu erzählen was sie selbst gehört und gefaßt haben. Sogar die Kinder zeigen großen Abscheu vor dem Götzendienst und wollen nur dem wahren Gott dienen. Der kleine, fünfjährige Sohn von Chong kong ging neulich mit seinem Bruder in den neu eingeweihten Götzentempel hier, wo viel Volk versammelt war, und als er einem Götzen nahe kam, gab er diesem einen Schlag mit der Hand. Die Umstehenden fragten, wie er so etwas thun dürfe; er aber entgegnete: „Ich diene dem wahren Gott und fürchte die Götzen nicht."

„Am 11. Mai (also 3 Monate nach Eröffnung der Capelle) wurden 24 Personen durch die Taufe in die Kirche Christi aufgenommen, nämlich sechs Männer, acht Frauen und zehn Kinder. Sie waren fast täglich in die Versammlung gekommen, und außer der allgemeinen Erkenntniß des Christenthums, die sie durch Predigt, Bibelerklärung und persönliche Gespräche erlangt hatten, bekamen sie noch die zehn Gebote, das Vater Unser und das apostolische Glaubensbekenntniß zum Auswendiglernen. Die hiesige Gemeinde beträgt also gegenwärtig mit meinen Gehülfen 43 Seelen, welche getauft sind. Am 18. Mai feierten wir zusammen das heil. Abendmahl, woran 28 Personen theilnahmen.

„Solches ist das Resultat unserer Predigt seit dem 9. Februar. Freilich ging nicht Alles so leicht wie es auf dem Papier erscheint. Ich mußte befürchten, daß man nur um Geld zu suchen, um einen irdischen Vortheil zu bekommen, zur Capelle kam; unsere Feinde verbreiteten das Gerücht, daß ich Leute kaufe, um meine Capelle zu besuchen, und daß ein Jeder nach drei Monaten freie Wohnung und drei Thaler per Monat bekommen würde. Ein öffentliches Placat wurde gegen Jai und mich in der Straße angeschlagen; Andere warnten die Leute vor der Taufe: ich lasse die Täuflinge Wasser trinken, worin Todtengebeine gemischt seyen. Wiederholt versuchte man auch, während ich in der Capelle war, in mein Haus zu kommen, um zu stehlen; aber ohne Erfolg. Ich kann aber nicht alle dergleichen Unannehmlichkeiten aufzählen. Der HErr hilft durch Alles hindurch.

„Wir lesen nun Morgens das Alte Testament; zwei Capitel werden täglich durchgegangen. Abends nehmen wir ein Capitel des Neuen Testaments. Gerne hätte ich Singen mit ihnen angefangen; aber ich fühle, daß es eine schwere Aufgabe zu lösen ist. Die Hakkas singen nie und haben fast kein Ohr für Musik. Ich wollte sie auch im Schreiben mit lateinischen Buchstaben unterrichten, bin aber noch nicht so weit gekommen. Meine eigenen Studien sind mir noch immer wichtiger. Ich habe nun eine vollständigere Bearbeitung meines Wörterbuchs in der Hakka-Sprache angefangen, welches, wenn es einmal fertig ist, etwa 20,000 Beispiele oder Sätze enthalten wird; außerdem studiere ich die alte und neue Litteratur von China. Ich habe auch die Geschichte der Märtyrer und Verfolgungen der christlichen Kirche mit meinen Leuten angefangen, was nach der Vorlesung in gut Chinesisch von ihnen geschrieben wird.

„Von dem Hrn. G. Pearse habe ich dieses Mal wieder einen Brief erhalten, worin er vorschlägt, daß die Missionare hier eine Committee bilden sollen, wodurch die Mittel des englischen Vereins an die chinesischen Agenten verabfolgt werden können. Ich schrieb ihm kürzlich, daß keine solche chinesischen Agenten hier seyen, keine chinesischen Evangelisten, die ohne weitere Aufsicht ausgesandt werden können, und für die eine Committee verantwortlich seyn könnte; die einzige Weise, etwas zu Stande zu bringen, wäre, wenn die Vereinsglieder in England sich entschließen würden, die unter unserer Aufsicht stehenden Gehülfen zu unterhalten, und die ganze Sache mit der Gesellschaft in Basel zu ordnen. Wir können hier in keinerlei Verbindung mit einem andern Verein treten, ohne Auftrag dazu von unserer Gesellschaft.

„Vor einigen Tagen erhielt ich einen Brief von Br. Lechler; er befindet sich wohl. Ich hoffe, der diesmalige Brief von Ihnen bringt ihm die Nachricht, daß er bald einen Bruder zur Hülfe zu erwarten hat.

„Ich komme jetzt gerade von Chong kongs Frau; sie liegt dem Tode nahe. Menschen können nichts mehr machen, aber der HErr kann sie noch beim Leben erhalten. Sie sagte mir, sie verlasse sich auf den Heiland; aber um der Kinder willen möchte sie noch lieber gesund werden. Ich habe für sie gebetet, der Wille des HErrn geschehe. Menschlich gerechnet würde ihr Abscheiden den Andern Furcht einjagen und die Mission hindern; aber der HErr weiß, was uns Allen gut ist.

„20. Juni. Heute um 3 Uhr wurde Chang wui gin, die Frau von Chong kong, begraben; gestern Abend rief sie noch ihre beiden Knaben zu sich, faßte ihre Hände und sagte: „Kinder, glaubet an den Heiland!" Nachher sagte sie zu ihrem Manne: „Wenn ich todt bin, so rufe Miss. Hamberg und die Brüder, daß sie hier zusammen beten; ich hoffe durch die Erbarmung Gottes in den Himmel zu gehen." Nachher hörte man sie nur sehr leise die Worte wiederholen: „HErr Jesu, errette mich!" und so verschied sie stille. Fast alle Getauften folgten dem Sarg nach dem Grabe hin in stiller Ordnung. Kein Heulen oder Pfeifen hörte man an ihrem Grabe, und doch sind wohl wenige chinesische Frauen so gestorben, wie sie. Ihr Mann ist in tiefer Trauer, denn er liebte seine Frau sehr und hat, wie sie, ein sehr mildes Temperament; wenn er aber von der Verstorbenen redet und ihre letzten Worte wiederholt, so schimmert eine innere, heilige Freude durch seine Thränen hindurch. Wir dürfen glauben, daß diese chinesische Schwester nun zur Ruhe in Gott gegangen ist. Ich spreche lieber von den Todten, als von den Lebenden, denn die Rechnung ist eine abgeschlossene, und man kann Debet und Credit vergleichen; ich glaube, ihre Schulden sind alle bezahlt, und das ewige Leben steht in ihrem Credit zum Lobe des Heilandes, dem sie dienen wollte.

Hongkong, den 19. Juni 1851.

Th. Hamberg."

2. Station Jamtsao, Provinz Quantung, District Tiotschio.

Missionar: R. Lechler.

Der Bericht dieser Station lautet also:

„Die Station Jamtsao ist in der chinesischen Provinz Quantung gelegen und gehört zu dem das östliche Ende der Provinz beschließenden Kreis Tiotschio. Der Bezirk oder das Oberamt, zu welchem Jamtsao gehört, heißt Tenghai, welches sich an der Meeresküste hin erstreckt in einer Länge von etwa 4 deutschen Meilen. Die Kreisstadt Tiotschio ist etwa 6 Stunden weit entfernt von Jamtsao in nord-westlicher Richtung. Ein von Kiajingtschu herabkommender Fluß, der sich unweit Jamtsao ins Meer ergießt, dient als Verbindungsmittel mit Tiotschio in Ermanglung von ordentlichen Straßen. Jamtsao selbst liegt hart am Meeresufer, und der größere Theil der Bevölkerung, etwa 7000 Seelen, nährt sich vom Fischfang, Muschelbrennen oder Seesalzhandel. Zur Zeit der Ebbe tritt das Meer eine weite Strecke zurück, und Jung und Alt macht sich dann auf, mit Holz-Schlittschuhen auf dem zurückgelassenen Schlamm umherzufahren, um die Schlammthiere, wozu besonders der Aal gehört, zu fangen. An anderen Plätzen, wo das Ufer sandig ist, wird das Seewasser in Beete geleitet, der Sonnenhitze zur Verdichtung ausgesetzt, und auf diese Weise Salz bereitet.

„In einer Entfernung von etwa vier Stunden gegen Süd-Osten liegt die Insel Namo, auf welcher ein chinesischer Seeadmiral mit einer Kriegsflotte stationirt ist. Trotzdem sind aber auch seit mehreren Jahrzehnten an dem westlichen

Ende der Insel einige englische Schiffe vor Anker, welche Opium verkaufen. Da aber die chinesischen Schleichhändler eine gute Summe Geldes an die Mandarinen bezahlen, so lassen diese die Schiffe gerne in Ruhe, gegen welche sie ohnehin in offenem Kampfe nichts vermöchten. In nördlicher Richtung von Jamtsao erhebt sich eine Gebirgskette mit etlichen sehr schönen Kuppeln, die mich oft an die Schwarzwaldsgebirge, wie man sie von Basel aus sieht, erinnern. Ueber diese Gebirge hin geht es in den Hakka-District, den man jedoch erst in mehreren Tagereisen erreichen kann. Die Berge sind beinahe kahl, nur spärlich mit einer Zwergart von Fichten bewachsen. Thee wächst noch nicht in dieser Gegend; die Ebenen aber sind sehr fruchtbar. Reis ist das allgemeinste Korn, das auf den Feldern gebaut wird; von unsern Getraidearten sieht man hier nur Waizen und Gerste; sodann bildet das Zuckerrohr, die Tabakspflanze, süße Kartoffeln, der Betelnußpfeffer und eine große Menge von Gartengewächsen die Erzeugnisse des Landes. Oel wird aus einer bohnenartigen Frucht gewonnen, die über der Erde blüht, die Schoten aber dann in den Boden senkt, weshalb sie den Namen Erdbohnen haben. Die Baumzucht ist in sehr schlechtem Stande; dennoch ist das Land reich an verschiedenen, zum Theil sehr schmackhaften Früchten; dazu gehören die Orangen, Zitronen, Melonen, Pumalos, Bananen, Trauben, Birnen, Pflaumen und eine Menge tropischer Früchte, für die es bei uns keine Namen gibt. Blumengärten sieht man keine, weil das für eine unnütze Verschwendung des Bodens gehalten würde; dagegen lieben es die Chinesen, etliche Blumen in Scherben zu pflanzen, und hier ist vor Allem die chinesische Aster zu erwähnen; zunächst nach ihr kommt eine weiße Iris, für welche sie eine große Vorliebe haben. Sodann gibt es einheimische Blumen, welche nach ihren Eigenschaften benannt sind, wie z. B. hundert Tage roth, fünfblätterige Iris, nachtkommender Wohlgeruch 2c. Von unsern Blumen habe ich gesehen: die Sonnenblume, Herbstrose, Monatrose, den Mohn, Hahnenkamm, Asklepias, Hortensia, Volkamarin und Geranien.

Auch Myrthen- und Tulpenbäumen bin ich begegnet. Von Viehzucht bildet eigentlich nur die der Schweine einen Nahrungszweig in dieser Gegend; die Kühe, von denen der Büffel und die braune Kuh vorkommen, dienen blos zum Ackerbau; Milch und Butter genießen die Chinesen nicht; mit Käse kann man sie zum Erbrechen bringen, und vor Ochsenfleisch haben sie einen Ekel, wie wir vor Pferdefleisch. Ziegen und Schafe sind sehr selten. Gänse, Enten und Hühner werden vielfältig gezogen; das Ei tritt fast an die Stelle der Milch, während das Fleisch beim Götzenopfer gebraucht wird. Auf den Bergen halten sich Rebhühner, Fasanen und anderes Gefieder auf, und an dem Meeresstrand ergeht sich der Granich, Pelican, die wilde Gans und wilde Ente. Wildbret gibt es beim Mangel an Wäldern hier keins.

„Das Volk in dieser Gegend ist durchschnittlich von gutem Körperbau; sie sind hier auf den Dörfern arbeitsam und deshalb auch gesund. Graubärte ist eine sehr allgemeine Zierde der Gesellschaft, und 70—80jährige Großmütter beschließen ihre Tage ruhig im Kreise ihrer Enkel und Urenkel. Das gesellschaftliche Leben unter den Chinesen hat eine sehr schöne Seite; ich meine den patriarchalischen Anschein, die Ehre, die dem Alter gezollt wird, und das Familienbewußtseyn, welches unter der Volksmasse sehr lebendig ist. Alles ist hier Bruder und Schwester, Onkel und Tante, Schwager und Schwägerin, und der Höflichkeits- und Artigkeits-Ausdrücke im Umgang ist gar kein Ende. Wo man hinkommt, wird man mit Thee und Tabak bewirthet, ja sogar die Reisschale wird einem oft mit freundlicher Einladung zur Disposition gestellt. Diese Seite ist natürlich sehr ansprechend, und besonders für einen Fremden gewinnend. Daneben besteht aber auch die Grundlosigkeit des heidnischen Elendes, als die andere Seite, welche man bei näherem Umgang mit Schmerzen kennen lernen muß. Hier ist vor Allem der Kindermord namhaft zu machen; wie sehr zeigt sich hier nicht der verkehrte Sinn eines heidnischen Herzens! Ein Chinese kann gefühllos an einem im Wasser liegenden, röchelnden Mädchen vorübergehen, während er ein auf der Straße liegendes Blättchen Papier, worauf einige Charactere geschrieben sind, ehrfurchtsvoll aufhebt und mit sich nach Haus nimmt. Hier in Jamtsao ist ein Mann, welchem 12 Töchter geboren wurden, und zehn davon hat er mit kalter Hand ums Leben gebracht. Es ist schwer, auch nur eine überschlägige Anzahl der weiblichen Kinder zu ermitteln, welche auf diese Weise ihr Leben verlieren; ich glaube, daß die wahre Anzahl derselben die Vermuthungen weit übersteigt, welche hie und da in Beschreibungen von China ausgesprochen sind. Doch ist auch zu bemerken, daß es Leute gibt, welche, in der Absicht gute Werke zu verrichten, solche arme Geschöpfe aufsuchen und erziehen. Sonst gehen im gesellschaftlichen Leben Betrug und Lüge, Mißtrauen und Habsucht im Schwange. Vielweiberei und öffentliche Hurerei werden ins Grelle getrieben; der Fleck trifft aber mehr die Männer; die Weiber, welche verheirathet sind, zeichnen sich im Allgemeinen durch eheliche Treue aus.

„Das Gesetz ist in China beinahe zum todten Buchstaben geworden. Die Mandarinen selbst müssen sich vor den Räubern fürchten, und Alles was ein Mandarin seinem Berufe gemäß thun sollte, mißt er erst ab nach dem Maßstabe des Gewinnes, der für ihn aus einer Sache erwachsen könnte. Es ist deshalb nicht zu verwundern, daß Ungerechtigkeiten, Bestechungen und Bedrückungen sehr häufig vorkommen. Ein großes Uebel, das sich wie ein schleichendes Gift über ganz China hin verbreitet, nach und nach Jung und Alt, Mann und Weib, Reich und Arm ergreift und körperlichen, sittlichen und pecuniären Ruin nach sich zieht, ist das Opium-Rauchen.

„Die Hauptursache des sittlichen Verderbens liegt natürlich in China wie anderswo und überall in der Abwesenheit derjenigen Religion, welche den Menschen lehrt, aus Furcht und Liebe gegen Gott sein Leben nach den Geboten desselben einzurichten. Die Religion der Chinesen ist ihrer Theorie nach sehr nahe beisammen; aber in der Praxis hat sich das religiöse Bedürfniß ins Unendliche ausgedehnt und Gegenstände der Anbetung da erschaffen, wo sich dem verweltlichten Menschengeist irgend etwas Imposantes und Außergewöhnliches entgegen gestellt hat. Die Theorie ist einfach die, daß alle Menschen sündlos zur Welt kommen, und vom Himmel mit Vernunft begabt im Stande seyen, in Uebereinstimmung mit dem Himmel zu leben; und in der Ausübung derjenigen Tugenden, welche gewöhnlich die fünf Cardinal-Tugenden genannt werden, die in wohlwollender Liebe, Gerechtigkeit, Anstand, Weisheit und Treue bestehen, glückselig zu seyn. Leider ist es aber der Fall, daß diese glänzende himmlische Ausstattung wiederum verdunkelt wird durch die Materie und die niedere Lust der Welt und des Fleisches. Deshalb zerstören Alle, welche dieser Lust folgen, ihre ursprüngliche Reinheit und Gerechtigkeit; sie bringen Verwirrung in die Welt, weil sie das Gleichgewicht zwischen Himmel und Erde nicht mehr zu halten vermögen, sondern irdisch geworden sind. Die Aufgabe des also gefallenen Menschen besteht daher darin, daß er sich wieder ermanne, sich seiner ursprünglichen Rechtschaffenheit bewußt werde und mit aller Gewalt auf die Vervollkommnung seiner Natur hinarbeite. Dazu muß er aber ja nicht glauben, die Götter zu Hülfe nehmen zu müssen; er kann wohl Ehrfurcht vor ihnen haben, aber er muß sie ferne halten von sich. Dagegen muß er seine Ahnen verehren, denn sie sind seines Daseyns Ursprung; und die Pflicht der kindlichen Liebe erreicht den Grad der Vollkommenheit nur dadurch, daß sie auch über das Grab hinüber fortgesetzt wird. Der Sohn und Enkel muß deshalb stets Geld, Lebensmittel und Kleider, sogar auch Branntwein und Opium, in die andere Welt hinüberschicken, was sehr leicht geht, indem man diese Sachen nur verbrennt; der Rauch findet den Weg dann über die Kluft hinüber und entladet dort getreulich Alles wieder in seinem ursprünglichen Zustand. Diese Art von Götzendienst ist die allgemeinste, und liegt dem Kaiser sowohl ob als dem Bettler. Dafür erwarten die Nachkommen, daß die Geister der Voreltern ihnen schützend nahe seyn, ihnen viele Kinder und hohe Ehrenstellen, nebst Reichthum und langem Leben verleihen sollen. Dies, kann man sagen, ist das ganze religiöse Element, das sich in der Lehre des Confucius findet. Er konnte aber nicht verhindern, ja es muß gerade als Folge seiner öden Leere in diesem Punct angesehen werden, daß der Pantheismus dennoch in seiner gröbsten Form in China erschienen ist und Ausbreitung gefunden hat. Man muß aus den classischen Schriften des Alterthums schließen, daß vor und zur Zeit des Confucius noch mehr Bewußtseyn eines Gottes vorhanden war, der erhaben ist über Alles, der höchste Herrscher (Schangti) genannt wurde, welchem besonders im Schuking der Umsturz ungerechter und grausamer Dynastien, und die Belehnung mit dem chinesischen Thron an tugendhafte Regenten zugeschrieben wird. Diesem Schangti wird noch heute von dem Kaiser Anbetung gebracht; aber eine geringere Person als er darf den Schangti nicht anbeten. Der Kaiser betet aber außerdem noch die Berge und Flüsse und die Götter, die über das Getreide präsidiren, an, geschweige daß die gegenwärtige Dynastie es sehr mit dem Buddhismus hält, und der Kaiser, der auch „aller Geister Herr" genannt wird, einen Götzen um den andern kanonisirt. Aber auch das Volk hat mehrere Schangti's, wie z. B. einen edelsten kaiserlichen Schangti, einen düsteren Himmels-Schangti und einen himmelvereinigenden Schangti 2c., welchen Allen an ihren betreffenden Festen Opfer gebracht werden. Außerdem existiren eine Menge von Schutzgöttern, welche meistens ausgezeichnete Personen von der Han- und Song-Dynastie waren, und deren Geschichte nebst den Wundern, die sie gethan, und insbesondere ihren hülfreichen Erscheinungen nach ihrem Tode in einem besondern Buche veröffentlicht und zu ihrer Verehrung aufgefordert ist. Jeder Stand hat seinen besondern Gott, wie es bei den Griechen und Römern der Fall war: da ist ein Gott der Wissenschaften, ein Kriegsgott, ein Gott des Reichthums, ein Gott der Aerzte und Apotheker; eine Göttin, welche die Ehen leitet und Fruchtbarkeit gewährt; eine Göttin, welche die Schiffe beschützt, und wieder ein Gott, der den Ackerleuten Glück und reiche Ernte spendet; endlich einer, der das Häuserbauen beaufsichtigt und noch einer, der die Leichname bewacht. Ich habe ein ganzes Dutzend davon in Bereitschaft, um sie mit nächster Gelegenheit nebst anderen Gegenständen nach Basel zu senden für das Committeezimmer zur Beleuchtung der chinesischen Sitten und Gebräuche. Buddha hat bedeutende Eroberungen in China gemacht; allenthalben sind Klöster, wo seine Mönche und Nonnen hausen, die sich durch Betteln nähren. Die Weiber sind es hauptsächlich, welche ihm ihr Zutrauen schenken; doch auch viele Männer und sogar Schüler des Confucius.

„Was nun den religiösen Zustand des Volkes betrifft, so ist derselbe auf eine sehr niedere und verächtliche Stufe herabgesunken: Genußsucht und schmutzige Habsucht sind Haupttriebfedern zur Ausübung ihrer Religion. Ihr Gebet ist: „Gott, sey mir gnädig, daß ich reich und angesehen werde, fünf Söhne und zwei Töchter bekomme rc." Derselbe Gott wird auch von den Räubern und Dieben angerufen: „Gott, sey mir gnädig, daß ich heute Nacht im Stehlen glücklich sey;" der Kartenspieler bittet, daß er gewinnen möchte rc. Wird die Bitte nicht erhört, so ist es auch der Fall, daß das Götzenbild genommen und auf den Boden geworfen wird. Die Weise ihrer Verehrung besteht darin, daß dem Götzen Speisen vorgesetzt werden; aber dies geschieht mit der glückseligen Aussicht, die Opfergaben nachher selbst essen zu dürfen. Deshalb sagt das Sprüchwort: „Ehe man ein Herz hat, die Götter zu ehren, denkt man erst in seinem Sinn, wie viel Schmalz man nachher aussieden wolle." Meine Gehülfen sagen ganz offen in ihrer Predigt: „Nicht wahr, wenn der Götze oder der Großvater einmal erscheinen würde, um das Fleisch wegzunehmen, so würde das Opfern bald aufhören; aber wenn einer ein Opfer bringen will, so rathschlagt er erst, ob ihm ein Huhn, oder ein Schweinskopf, oder sonst etwas besser schmecken würde, und darnach richtet er sein Opfer ein." Auch die heidnischen Festspiele, mit welchen sie ihre Götter zu ehren vorgeben, sind nichts Anderes als das Product ihrer Fleischeslust, und nur ein Herz, dem die Befriedigung dieser Lust das Liebste ist, ist im Stande eine solche sündige Gesinnung auch auf eine Gottheit überzutragen und zu wähnen, daß einem Gott damit eine Ehre geschehen könnte.

„Es könnte auffallen, daß dem Confucius, der doch so hoch von den Chinesen geehrt wird, nicht auch der Titel eines Schangti gegeben wurde. Die Ursache liegt ohne Zweifel darin, daß „ti" immer eine Herrscherwürde in sich schließt, wozu Confucius es nie gebracht hat; auch wird von ihm keine Erscheinung angeführt, noch Protectionen ihm zugeschrieben. Er wird verehrt als der allerheiligste Lehrer der Vorzeit, durch dessen erneuernde Prinzipe Himmel und Erde in ihren Angeln befestigt werden. Er war der Mensch κατ᾽ ἐξοχὴν, der in ausgezeichneter Weise die Aufgabe zu lösen im Stande war, die die chinesische Philosophie dem Menschen stellt. Wie er war, so wurde er geboren, hat nie etwas verloren, noch wieder zu gewinnen nöthig gehabt, und eine große Reformation ist es, was man noch von ihm und seiner Lehre erwartet und weshalb man ihn anbetet.

„Was endlich über die Sprache zu sagen ist, so ist wohl schon genugsam bekannt, daß es eine Hieroglyphensprache ist mit einer Anzahl von 40—50,000 Schriftzeichen; dieselben sind ihrer Bedeutung nach ohne Abänderung durch ganz China im Gebrauch; aber die Weise, wie sie ausgesprochen werden, ist sehr verschieden. Der Dialect in dieser Gegend wird der Hocklo-Dialect genannt, und wird gewöhnlich für den schwierigsten gehalten. Die Laute verhalten sich zu denen im Mandarin-Dialect wie breites Schwäbisch oder Schweizerdeutsch zu der reinen Schriftsprache. Die Schwierigkeit besteht darin, die in der Sprachweise des Volkes gebräuchlichen Ausdrücke aufzufassen, und die Töne, in welchen sie gesprochen werden müssen, richtig nachzuahmen. Es hat bisher kein Hülfsbuch oder Lexicon bestanden, welches einem die Erwerbung des Volksdialectes erleichtert hätte. Die Wörterbücher, welche vorhanden sind, erklären entweder nur die Bedeutung und Aussprache der Charactere, oder sie sind in andern Dialecten als dem Hocklo geschrieben; wenn man sich deshalb da Raths erholen will, so wird man gewöhnlich nicht verstanden. Ich ließ es mir um deswillen angelegen seyn, eine Sammlung der im Hocklo-Dialect gebräuchlichen Ausdrücke und Formeln zu machen, welche, wenn sie vollendet seyn wird, einem nachkommenden Bruder viel Nutzen und Erleichterung schaffen wird. Dasselbe hat auch Hamberg gethan im Hacka-Dialect, und er gedenkt seine Arbeiten später dem Druck zu übergeben. Die Aussprache der Charactere pflanzt sich unter den Chinesen ganz nur durch Tradition fort; in den chinesischen Wörterbüchern steht neben jedem Zeichen wieder ein anderes bekannteres, das seine Aussprache angibt. Dies ist freilich leicht thunlich, wenn man bedenkt, daß die 50,000 Charactere selbst in dem an Silben reichsten Hocklo Dialect doch nur 1000 Laute zur Aussprache haben, so daß also durchschnittlich immer noch auf 50 Zeichen ein und derselbe Laut kommt. Die chinesische Litteratur zu studiren ist eine Lebensaufgabe, der sich übrigens Viele mit ganzer Hingabe widmen. Ein Gelehrter zu seyn ist die größte Ehre in China, und obgleich unter Zehn kaum Einer auf Anstellung rechnen darf, so studiren sie doch Tag und Nacht, gehen zum Examen, und wenn es Einer nur so weit gebracht hat, den niedrigsten Grad der Gelehrtenwürde erreicht zu haben, so ist er höchlich erfreut und läßt sich gerne schlechte Kost oder armseliges Leben gefallen. Schulhalten ist ein Nahrungszweig, auf den sich die Gelehrten am allgemeinsten legen. Jedem steht es zu, wenn er nur im Stande ist etliche Knaben zusammen zu bringen, eine Schule zu eröffnen; den Gehalt geben ihm aber nur seine Schüler, und Mancher erndtet jährlich nicht mehr als 20—30 Thaler, Andere aber auch hundert und mehr. Die Knaben lernen nichts als Lesen und Schreiben; keine Arithmetik oder Mathematik, Geographie oder Astronomie. Von Jugend auf müssen sie sich die Bücher des Confucius wörtlich einprägen, und werden nach und nach angeleitet den Sinn zu verstehen und selbst Aufsätze darüber zu schreiben. Die höheren Examen bestehen auch nur darin, daß ein Thema aus Confucius gegeben wird, worüber Aufsätze geschrieben werden müssen; dabei kommen aber in Betracht: 1) Styl, 2) Kaligraphie und 3) der Sinn. Die Examinanden müssen auch Verse dichten und werden in der chinesischen Geschichte examinirt. In Jamtsao selbst bestehen zuweilen 4 bis 6 Schulen. Die Volksclasse hier gehört zum niederen Stande und besteht aus Ackerleuten, Fischern und andern Handwerksclassen.

„Um Jamtsao her liegen in einer Entfernung von weitestens zwei Stunden 16 Dörfer zerstreut, von denen Jamtsao das größte ist, und die ganze Einwohnerzahl mag sich wohl auf eben so viele Tausend belaufen. Zwei Stunden einwärts im Gebirge liegt eine Dorfgruppe, die den Namen Angtsupon hat; ihre Bevölkerung kann ich aber nicht genau angeben; die Zahl der Dörfer beläuft sich auf 18. Auf der Insel Namo liegen 22 Dörfer mit zum Theil sehr zahlreicher Bevölkerung. Auf der Insel Haisoa liegen 18 Dörfer, weniger stark bevölkert; doch sind es wohl 12,000 Seelen. Tscheatschiu liegt auf einer Landzunge nahe dabei, und es sind dort auch gegen 18 bis 20 Dörfer bevölkert. Das am weitesten entfernte ist Tscherne, wo man Hokkien nahe kommt; es hat auch 18 Dörfer um sich und eine dichte Bevölkerung.

„Endlich ist noch Tsan sim zu erwähnen, 3 Stunden nördlich gelegen, mit 10 bis 12 Ortschaften, als die letzte der von mir besuchten Gegenden; hoffentlich aber nicht die letzte, die von Missionaren wird bereist werden können; denn China wird seine Städte und Dörfer aufthun müssen, und dem Schwarm seiner Bevölkerung wird die Predigt des Evangeliums mitgetheilt werden können.

„Das Personal der Station besteht gegenwärtig noch aus mir allein. Als Gehülfen sind gegenwärtig bei mir Kinglun, Aoc, Angtschin und Toa, Heng als Sprachlehrer und Bai als Schullehrer. Ihr Geschäft ist theils, mit mir auszugehen und für mich zu sprechen, so lange ich noch nicht im Stande bin so fließend zu sprechen, daß eine gemischte Versammlung mich verstehen könnte; theils müssen sie von Zeit zu Zeit mit Tractaten und Testamenten allein kleinere Reisen machen und mir so den Weg bahnen. Sind wir zu Hause, so müssen sie lernen. Das Zeugniß, das ich ihnen geben kann, ist, daß sie brauchbar sind, wenn man Aufsicht über sie haben kann; man darf ihnen aber noch keine selbstständige Arbeit anvertrauen: sie sind noch nicht frei (Joh. 8.) und müssen noch παιδαγωγοὶ haben und mit viel Geduld getragen werden. Dienstboten sind zwei in meinem Haus. Einer Namens Tschiosihia, der speciell mir dient, und ein anderer, Namens Aseang, der mehr für die Gehülfen ist.

„Meine eigenen Arbeiten bestehen hauptsächlich in drei Dingen. Das erste und wichtigste ist noch das Studium der Sprache; denn was ist ein Missionar, ohne daß er die Sprache des heidnischen Volkes, unter dem er wirken soll, gründlich kennt und bemeistert? Die chinesische Sprache macht einem nun freilich etwas lange Weile; aber so der HErr nur täglich neuen Muth und Freudigkeit schenkt, so wird der Berg nicht unerstiegen bleiben. Die Arbeit, welcher man sich jetzt mit Gründlichkeit befleißt, kommt einem Anderen auch wieder zu Statten; der Vorkämpfer hat immer etwas extra auszufechten. Um Ihnen einen kleinen Ueberblick zu geben, wie man die chinesische Sprache lernen muß, bemerke ich nur folgende Punkte. Man muß 1) die Zeichen kennen lernen und zwar a) ihre Gestalt, die Zahl der Striche und wie sie gezogen werden müssen — b) unter welchen Schlüssel sie geordnet sind — c) ihre Aussprache — d) den Ton — e) die Bedeutung und f) die richtige Anwendung in verschiedener Construction. Mit dieser Kenntniß ist man dann fähig, das Neue und Alte Testament nebst Producten von Fremden, als Tractate 2c. zu lesen. Sprechen kann man aber noch nicht. 2) So auch die Volkssprache, welche zu erwerben beinahe unmöglich ist, ohne daß man sich ausschließt von allen andern Sprachen und unter den Chinesen lebt. Als Minimum eines Zeitraums wollte ich fünf Jahre setzen, in welchen Einer, wenn er gesund bleibt und fleißig ist, sich einen ziemlichen Vorrath von Sprachkenntniß sammeln kann. Am Ende dieses Zeitraums wird man von seiner Umgebung ohne Anstand verstanden, versteht aber noch nicht Alles was sie sagen, und man darf es wagen, öffentlich zu sprechen. 3) Ein Missionar kann aber nicht umhin, sich auch mit der chinesischen Literatur zu befassen, und da ist es auch wieder, als ob er ans Danaiden-Faß gekommen wäre. Man schlägt ein Buch auf und versteht vielleicht keinen Satz davon; was man liest, und Alles was man bisher verarbeitet hat, erscheint einem ganz gering und fast wie gar nichts; aber Zeit und Beharrlichkeit, verbunden mit dem Segen von Dem, der da Weisheit gibt, hilft auch diese Schwierigkeiten überwinden.

„Der zweite Gegenstand meiner Beschäftigung ist der Unterricht und die Leitung des Gottesdienstes. Wir lesen Morgens das Alte Testament und Abends das Neue, oder gegenwärtig das Leben Jesu, welches, von Herrn Gützlaff bearbeitet, sehr getreue Auszüge aus den Evangelien gibt, und es wird darüber Erklärung gegeben. Außerdem gebe ich ihnen eine Stunde Glaubenslehre, wobei sie die Stellen aus der Bibel auswendig lernen. Ueber das Gelesene lasse ich sie entweder selbst etwas schreiben oder ich dictire ihnen.

„Das dritte Hauptgeschäft endlich besteht in Predigtreisen. Diese werden gewöhnlich so gemacht, daß ich mit so vielen meiner Gehülfen als mir nöthig scheint und meinem Diener mich auf den Weg mache. Der Diener meiner Gehülfen nebst einem oder zwei von letztern bleiben dann zu Haus. Wir gehen sofort zu Land oder zu Wasser in eine von uns voraus bestimmte Gegend, und durchziehen die Dörfer, eines nach dem andern. Oft ist die Zuhörerschaft sehr groß und die Tractate werden gewöhnlich mit großer Begierde aufgenommen, was hauptsächlich der Liebe der Chinesen zu den Schriftzeichen zuzuschreiben ist. Einzelne Blätter, wie die zehn Gebote, das Vaterunser 2c., kleben sie dann in ihren Häusern an die

Wand und dabei freuen sie sich sehr über das weiße Papier, auf welchem gewöhnlich unsere Tractate gedruckt sind. Die Predigt fällt noch zum größten Theil den Gehülfen zu; doch spreche ich selbst auch, wenn gleich nur kurz. Es ist aber nöthig, daß man mit den Gehülfen geht, theils um sich zu vergewissern was geschieht, theils um Gelegenheit zu haben zu hören wie sie predigen, damit man weiß wo man sie zurechtweisen, wo eines Besseren belehren, und wo man sie von der Predigt, die immer ein Ausdruck des Herzenszustandes ist, auf ihr eigenes Herz leiten muß. Im letzten Halbjahr habe ich meine Gehülfen öfters allein auf kleine Reisen gehen lassen, theils Anfangs wegen Unwohlseyns, hauptsächlich aber wegen einer Arbeit in der Sprache, die ich mit meinem Lehrer vornahm, und wo ich nicht gern eine Unterbrechung machen wollte. Im nächsten Halbjahr hoffe ich mit Gottes Hülfe wieder selbst einige Wanderungen machen zu können.

„Die Heiden, welche das Wort hören, sind an Zahl oft viele, wenn man sie aufsucht und zu gelegener Zeit zu ihnen kommt; aber solche, die aus eigenem Antrieb kommen und das Heil ihrer Seelen suchen, deren Zahl ist noch sehr gering. An Sonntagen ist mein Haus oft ziemlich voll von Zuhörern; aber der Getauften sind es erst drei von Jamtsao. Die größte Anzahl der Abendmahlsgenossen war zwölf, worunter Glieder des chinesischen Vereins und von Amerikanern Getaufte waren. Alle elf, welche von mir getauft wurden, haben auch das heil. Abendmahl empfangen. Katechumenen, welchen ich bald die heil. Taufe ertheilen zu dürfen hoffe, sind zwei da: mein Diener Tschiostiahia und ein anderer Tagelöhner Namens Ato.

„Von einer solchen kleinen Gemeine läßt sich natürlich nicht viel sagen. Alles ist noch in seinen Anfängen, und es herrscht ein Geist der Kindheit — wie gerne wollte ich sagen, auch der Kindschaft; aber das findet noch auf Wenige Anwendung. Vom Götzen- und Ahnendienst versichern sie mich, sich zu enthalten, und ich habe auch Beweise dafür. Aber die Götzen in ihren Herzen kennen sie noch nicht einmal alle; der Geist der Gnade wird sie aber nach und nach davon frei machen.

Selbstbiographien der Gehülfen Lechler's.

1. **Gou Kinglun**, 56 Jahr alt, aus dem District (Kreis) Tiotschio, Bezirk (Oberamt) Kitjo. „In meiner Jugend lernte ich lesen und widmete mich dem Studium der chinesischen Literatur bis in meine zwanziger Jahre. Dann trieb ich Handel in der Stadt Kitjo bis in mein 51stes Jahr. Damals hörte ich, daß Jongsensang (aus derselben Stadt) die wahre Lehre des Evangeliums des Erlösers in Hongkong verkündige (als Gehülfe des americanischen Missionars Dean). Ein Neffe von mir, Gou a De, war auch nach Hongkong gegangen und hatte Briefe in seine Heimath zurückgesandt, worin er von Jesu dem Erlöser sprach, von dessen Verdienst, der Versöhnung der Menschen, der Vergebung der Sünden und der Erlösung der Seele. In demselben Jahr im sechsten Monat ging ich sodann nach Hongkong und besuchte den Jongsensang nebst meinem Neffen a De. Diese führten mich dann zu Herrn Gützlaff, welchem ich meine Aufwartung machte. Herr Gützlaff freute sich und behielt mich bei sich in seiner Amtswohnung, um Morgens und Abends mit der ganzen Versammlung dem Gebet und Gottesdienst beizuwohnen. Nachher, als ich einige Erkenntniß von der wahren Lehre hatte, verließ ich die Finsterniß und folgte dem Licht, bekannte meine Sünden und bekehrte mich. Im Lauf des siebenten Monats verdankte ich es des himmlischen Vaters Gnade, daß ich durch Herrn Gützlaff die heilige Taufe empfing. Im neunten Monat erhielt ich den Auftrag von Herrn Gützlaff nach Canton zu gehen und mich an Herrn Roberts Gemeinde anzuschließen. Herr Roberts behandelte mich mit vieler Liebe, und ich war bei ihm etwa 10 Monate. Jeden Tag hatten wir Morgens und Abends

Gebet und gingen in verschiedene Straßen und Plätze, um das Evangelium zu verkündigen. In meinem 52sten Jahr schrieb Herr Gützlaff an Herrn Roberts und befahl mir nach Tiotschio zu gehen, um Bücher zu verbreiten und die wahre Lehre des Evangeliums zu verkündigen. In meinem 53sten Jahre kam ich wieder nach Hongkong, um Herrn Gützlaff meinen Bericht zu erstatten. Damals war Herr Lechler in Hongkong angekommen, und ich ging hin, um ihm meine Aufwartung zu machen. Von da an stellte mich Herr Gützlaff unter die Leitung des Herrn Lechler, um ihm behülflich zu seyn als Bücherverkäufer. Auf Befehl von Herrn Lechler ging ich dann wieder nach Tiotschio mit Büchern, sie zu vertheilen. In meinem 54sten Jahr im vierten Monat begleitete ich sodann Herrn Lechler nach Namo, Tungow und Tienkang. In dem darauf folgenden Jahr kamen wir nach Jamtsao in dem Oberamt Tenghai, und seither habe ich mich bei meinem Herrn Lehrer und Pastor aufgehalten und ihn unterstützt in der Ausbreitung des Christenthums. In diesem Jahre bin ich nun mit meiner ganzen Familie hieher gezogen, wo wir jetzt wohnen. Im Rückblick auf die vergangenen Jahre gedenke ich vor allem der Gnade Gottes und des Heilandes und dann der Liebe meines Lehrers u. s. w."

2. Gou a De. „Anno Christi 1813 bin ich geboren in dem Dorfe Poanna, Oberamt Kitjo, Kreis Tiotschio. In meinem sechsten Jahre bin ich auf Befehl meiner Eltern in die Schule gegangen bis in mein zwanzigstes Jahr, von wo an ich mich des Handels befliß bis in mein dreißigstes Jahr. Anno Christi 1842 hörte ich von Leuten, die von Hongkong gekommen waren, daß mein Verwandter Jongsensang in Hongkong mit den Fremden das Geschäft eines Predigers treibe und daß alle sieben Tage ein Sonntag sey, an welchem viele Leute zur Kirche gehen, um die Predigt zu hören. Nachdem ich dies gehört hatte, legte ich einige Monate darauf mein Handelsgeschäft nieder und suchte ein Schiff, um nach Hongkong zu fahren. Dort angekommen, ging ich zu meinem Verwandten Jongsensang

in die Kirche, wohnte bei ihm und hörte beständig die Predigt. Er führte mich auch bei Herrn Gützlaff ein, und ich hörte seiner Hochwürden Unterweisung, und fand mich sodann stets in der Versammlung zum Gebet ein. Gedankt und gepriesen sey Gott und der Erlöser Jesus, der mir seinen Heiligen Geist in das Herz gab, unter dessen Einfluß ich erweckt werden und zur Buße kommen konnte. Ich suchte sofort bei Herrn Gützlaff um die heilige Taufe nach, welche ich auch empfing, und also ein Jünger Jesu (Christ) wurde. Amen."

3. „Angtschin, der Schüler (ich) ist geboren im Jahr 1800, Morgens 8 Uhr im ersten Monat des Jahres. Mein Geburtsort ist Lingkoiton im Stab Ampou, Oberamt Haijong, Kreis Tiotschio. Von meinen Voreltern her haben wir einen Lichterhandel in Ampou getrieben; nachher ging das Capital aus und der Handel hörte auf. In meinem siebenten Jahr verlor ich meinen Vater, und da meine Familie sehr arm war, mußte ich mit Tagelohn mein Brot verdienen und konnte mich nicht dem Studium der Bücher widmen; doch lernte ich mehr oder weniger Charactere, soviel es möglich war neben der mühevollen Erwerbung des täglichen Brotes. Vor etwa 22 Jahren ging es wieder besser, und ich hatte im Lichterhandel einen guten Verdienst. Später begegnete ich dem Bruder Lim a gni, bei dem Geschäft des Predigens, und ich empfing einen Tractat von ihm. Als ich diesen las, verstand ich nur oberflächlich den tiefen Sinn; doch verstand ich, daß wir alle armselige Leute sind, elend, schwach und unvermögend. Wir haben Sünden und wissen es selbst nicht einmal, deshalb müssen wir uns bekehren und unsere Hoffnung auf die Versöhnung unserer vorigen Sünden setzen. Anno 1847 im fünften Monat ging ich mit Lim a gni nach Hongkong und studirte die Lehre des Evangeliums bei Herrn Gützlaff, und am 21ten Tag des sechsten Monats empfing ich die heilige Taufe. Auch bekam ich mehrere Male einen Gehalt mit dem Auftrag, das Evangelium zu verkündigen, was ich auch that in Haijong, Tenghai, Ampou und vielen

andern Orten, welche hier nicht alle aufzuzählen sind. Im ersten Monat des laufenden Jahres traf ich in Haijong ein, und als ich wieder nach Hause kehren sollte, hatte ich kein Reisegeld; mit Gottes Gnade aber fand ich ein Kriegsschiff in Canton, auf welchem ich unentgeltlich nach Tiotschio fahren konnte. So kam ich nach Jamtsao zu Herrn Lechler, von dem ich mit vielem Dank einigen Gehalt bekam. Im Ganzen danke ich der Gnade und dem Schutze Gottes, der Sündenvergebung durch den Heiland Jesum Christum und der Unterweisung, durch den Lehrer empfangen, und vertraue auf Christi Gnade, um selig zu werden. Früher habe ich in Sünden gelebt; aber jetzt fürchte ich mich abermals zu übertreten."

4. „Tang tsung toa aus Jamtsao, Oberamts Tenghai, Kreis Tiotschio, geb. im Jahr des Erlösers 1805. Von meinem 10ten bis 20sten Jahr bin ich in der Schule gewesen und habe die Bücher lesen gelernt. Im 20sten Jahr verließ ich diese Beschäftigung und wurde ein Krämer. Alles, was ich verstand, war nur die Lehre des Tschinkong und Confucius; aber von der Seelen Seligkeit hatte ich noch nicht einmal gehört. Wir haben es der Gnade Gottes zu verdanken, daß er einen Missionar als Pastor in unseren Kreis gesandt, durch welchen die Thüre zur Verkündung des Evangeliums geöffnet wurde. Wir Bewohner von Tiotschio haben die Predigt gehört, und derer, die dem Unterricht gefolgt sind, ist eine ziemliche Anzahl. Ich selbst, obgleich von beschränktem Verstande, wurde, als ich die Verkündigung der Wahrheit hörte, bekümmert um meiner Seele willen und des ihr bevorstehenden Gerichts; deshalb habe ich mich der Thüre des Lehrers genaht, und nach dem Heil gesucht auf dem Wege des Bekenntnisses der Sünde und der Bekehrung. Als ich nun die heil. Schrift studirte, so verstand ich die Gnade Gottes, welche er den Menschen der Welt widerfahren läßt, und daß wir die Vergebung der Sünde allein erlangen können durch das Vertrauen auf Jesu Verdienst, aber auch, daß es eine himmlische Belohnung gibt, bei der es auf jedes Menschen

eigenen Wandel ankommt. Deshalb danke ich meinem Lehrer, daß er mir die heil. Taufe ertheilt hat und wünsche, mich aufrichtig der Besserung meines Lebens zu befleißen, täglich mit Furcht und Zittern den Lauf nach dem Maßstab der heil. Schrift zu richten, und allezeit das Herz unter den Einfluß des Heil. Geistes zu stellen, damit die Uebertretungen noch mehr erforscht werden und nicht vergeblich an mir gearbeitet worden seyn möchte; dazu schaue ich auf mit hoffendem Blick zu der Gnadengabe des himmlischen Vaters."

5. Heng (mein Sprachlehrer) aus Ampou, Oberamt Haijong, Kreis Tiotschio; Alter nahe an 50. (Er führt erst ein weitläufiges Geschlechtsregister an, was ich in der Uebersetzung auslasse; dann sagt er, daß seine Vorfahren vermöglich gewesen, seine Familie aber jetzt verarmt sey, und er für Ernährung seiner sechs Kinder und vier Enkel von seinem Tusch und Pinsel und seiner Eigenschaft als Schullehrer abhänge. Dann kommt er auf seine Bekehrungsgeschichte, welche ich wörtlich anführe). „Seit meiner frühen Jugend habe ich mich mit dem Studium der Literatur beschäftigt und 28 Jahre lang selbst als Lehrer gearbeitet. Allein was ich erforscht habe betraf nur das Irdische und Menschliche. Ja sogar unsere Wissenschaften der Astronomie und Geographie (d. h. Astrologie und Geomantie) stimmen mit der Lehre der heil. Schrift nicht überein und stehen im Widerspruch. Obgleich ich deshalb die Bücher unserer Weisen zur Noth verstand und selbst erklärte, so war ich doch in himmlischen Dingen blind und unwissend. Es war deshalb ein Glück für mich, daß ich einen alten Freund hatte, Namens Mock tai ju (mein früherer Lehrer), welcher, so oft er zu mir kam, von dem Evangelium sprach, und auf eine bewunderswürdige Weise das Geheimniß (oder die Tiefe) dieser Lehre offenbaren konnte. Davon wurde mein Herz bewegt. Ich wurde mir vollkommen bewußt, daß wir um und um voll Sünde sind und daß wir ohne aufrichtige Buße nicht Vergebung erlangen können. Als ich sofort die Schriften der heil. Apostel las, so begann in mir die Erkenntniß von Jesu Christo dem Heiland, daß Er

mit willigem Herzen gelitten hat, um eine Sühnung für die Sünde der Menschen zu werden, und daß wir nun, wenn wir aufrichtig unser Vertrauen auf Ihn setzen, Vergebung der Sünden erlangen, zu unserer Seelen Seligkeit. Deshalb kam ich im Winter des vorigen Jahres hierher und ersuchte den Hirten um den Empfang der heil. Taufe, damit mir die Gabe des Heil. Geistes zu Theil würde und das alte Herz in mir ertödtet und ich erneuert würde zu der Hoffnung eines Eingangs in das Himmelreich, als ein gewordenes Kind Gottes. Jedoch nach dem Empfang der heil. Taufe hat die Unterweisung des Lehrers mich darauf hingeleitet, daß die eigene Kraft ganz verdorben ist und daß wir uns auf viele Schwierigkeiten gefaßt machen müssen; aber wir wollen mit Furcht und Zittern unermüdlich das gute Werk treiben, wissend, daß so wir nicht müde werden, wir seiner Zeit die Verheißung empfahen. Nur muß ich bekennen, daß, obgleich es mein aufrichtiger Wunsch ist nach dem Willen und den Geboten Gottes zu leben, ich doch bei der Selbstprüfung finde, daß ich nicht einen Morgen lang im Stande bin Uebertretungen zu vermeiden. Ich wünsche von Herzen den Fußstapfen des Erlösers nachzufolgen; aber die Erforschung meiner selbst zeigt mir, daß mein Leben, welches selbst nur so kurze Zeit als ein Abend währt, mit diesem Herzenswunsch nicht übereinstimmt. Wie dürfte ich mich so der Sicherheit und trägen Ruhe überlassen? Sondern je mehr ich mich selbst in Sünden und großem Verderben finde, so will ich desto mehr meine Sünden bekennen und in der Buße der Ablegung derselben mich befleißigen. Ich bitte deshalb Gott, seine Gnade allezeit auf mich herabzuströmen und den Heil. Geist in mein Herz zu geben, daß ich nicht müsse ein Sclave des Teufels seyn, und mein Gebet erfüllet werde, in welchem ich bitte, daß Gott mich zu seinem Kinde mache."

6. Gou a Bai, der Sohn Kinglun's (wieder aufgenommen und als Schullehrer angestellt). „Ich bin aus der Stadt Kitjo, in dem Kreis Tiotschio, jetzt 34 Jahre alt. Von meiner Jugend auf ließ mich mein Vater in die Schule

gehen, und ich brauchte mich nicht mit dem Handel zu befassen. In meinem fünfundzwanzigsten Jahre bekam ich eine Anstellung als Schulmeister, welchem Beruf ich oblag bis in mein 30stes Jahr. Als um diese Zeit mein Vater nach Hongkong ging und ein Christ wurde, so schrieb er zurück an seine Familie und belehrte uns über die wahre Religion Gottes, und über das Verdienst der Versöhnung unserer Sünden durch den Heiland. Er gebot uns auch, daß wir zu Gott beten sollten in der Familie. Obgleich ich zwar bisher die Lehre des Confucius und Mencius studirt hatte, so betreffen diese doch nur die Dinge des gegenwärtigen Lebens; aber die Religion Gottes hat eine Kraft und einen Einfluß auf das Herz und erweckt die Hoffnung des zukünftigen Lebens. Ich verließ deshalb mein altes Geschäft und schickte mich an, das neue Erbe zu suchen, welches in der Errettung der Seele besteht. Sofort ging ich mit dem Bruder Asi nach Hongkong und besuchte Hrn. Gützlaff; dann auch suchte ich meinen Vater auf. Hr. Gützlaff ließ mich bei ihm in seinem Amtshause wohnen, und ich las die Heilige Schrift und wohnte dem Gebete etwa einen Monat lang bei, worauf mir Hr. Gützlaff die heil. Taufe ertheilte; dafür ich Gottes und des Heilandes großer Gnade danke. Nachher kehrte ich mit christlichen Büchern in meine Heimath zurück und verbreitete die Bücher in Kitjo, indem ich zugleich so viel ich von der Wahrheit wußte Anderen verkündigte. Im darauf folgenden Jahr ging ich wieder nach Hongkong, zu welcher Zeit Hr. Lechler daselbst angekommen war. Hr. Gützlaff hielt mich nicht für zu unfähig und beschränkt, um mich nicht unter die Leitung und den Unterricht Hrn. Lechler's stellen zu können. Damals erhielt ich auch den Auftrag, wieder nach Kitjo und Pauling zu gehen und Bücher zu vertheilen. Als nun Hr. Gützlaff ein Jahr später selbst wieder in diese Gegend kam und sich in dem Dorfe Tongou aufhielt, ging ich dorthin, um seine Befehle zu erwarten. Sodann begleitete ich Hrn. Lechler nach Tienkang und Tangsua bue und anderen Orten, und empfing während der Zeit Unterweisung in der Lehre der Heil. Schrift. Nun sind es zwei Jahre, daß wir in Jamtsao wohnen, und es ist Gottes, des Heilandes und des Heil. Geistes Gnade, daß das Evangelium in Tiotschio verbreitet werden kann."

„Jamtsao, im Januar 1851.

R. Lechler."

D. Ostbengalische Mission.

Das Loos der Station Dajapur und damit der ganzen Missionsunternehmung in Ostbengalen ist entschieden. Die Committee erklärte, wie schon der letzte Jahresbericht meldete, im Juli 1850 ihre Bereitwilligkeit, die Station Dajapur zu übernehmen, und setzte die Bedingungen fest, unter welchen dies geschehen könnte. Wir hofften die Gemeinde Dajapur durch die gefaßten Beschlüsse gerettet, die Brüder Bion und Supper der Noth entnommen und ihnen die Aussicht auf ein gesegnetes Fortwirken an ihrer Gemeinde eröffnet zu haben. Die Nachrichten, die uns am 19. November zukamen, vernichteten aber alle diese Hoffnungen mit Einem Schlag und für immer. Schon im September waren die beiden Brüder Supper und Bion zu den Baptisten übergetreten, und damit war ihre Verbindung mit Basel natürlicher Weise für immer gelöst, die Gemeinde Dajapur von uns abgerissen. Wie wir nun erst erfuhren, waren in Missionar Bion, der schon vor seiner Aufnahme in das Missionshaus in Basel in seiner Heimath mit Baptisten in Verbindung gestanden war, früher gehegte baptistische Zweifel wieder aufgewacht, wozu die Nähe und Einwirkung des sehr ehrwürdigen Baptisten-Missionars Robinson und seiner Familie in Dacca beigetragen haben mag. Miss. Supper hatte ihm eine Zeitlang widerstanden, wurde aber nachher dennoch von ihm mitfortgerissen. So schmerzlich indessen dieser Ausgang unserer in Gemeinschaft mit dem sel. Dr. Häberlin unternommenen Mission in Ostbengalen für uns ist, ein Rückblick auf die Geschichte derselben läßt uns auch wiederum klar erkennen, daß das Haupt der Gemeinde selbst aus dem, was die Menschen fehlen, etwas Gutes zu machen weiß zum Lobe seiner Weisheit und Barmherzigkeit.

III.

Die Rechnung von 1850 weist folgende Zahlen nach:

	Schwzfr. Rp.
Die Gesammteinnahme der evangelischen Missionsgesellschaft vom 1. Januar bis 31. December belief sich auf	185,764 - 10
Von dieser Summe erhielten wir:	
1) Aus Deutschland und andern Ländern an laufenden Beiträgen verehrlicher Hülfs-Missionsgesellschaften und Vereine, sowie Liebesgaben und Vermächtnissen einzelner Freunde	98,732 - 52
2) Ebenso aus der Schweiz	74,914 - 85
3) Miethzinse von Localien in Ostindien, Erlös aus verschiedenen unserer Anstalt geschenkten Gegenständen u. s. w. . . .	2643 - 5
4) An Vergütungen und Rückerstattungen .	9473 - 68
Totalsumme mit obiger gleichlautend . . .	185,764 - 10
Die Gesammtausgabe im Laufe des Jahres betrug	178,703 - 49

Diese Summe vertheilt sich auf folgende Weise:

1) Unterhaltungs- und Lehrkosten unserer Missionsanstalt, Vacanzgelder für Zöglinge, Lehrer- und Gehülfengehalte, Bau-

	liches und Unterhaltungskosten der Anstaltsgebäulichkeiten	20,322 = 72
2)	Haushaltungskosten der Missions-Voranstalt, Besoldungen, Lehrmittel, Haus- und Feldzins, Ausgaben für die Zöglinge u. s. w.	8573 = 16
3)	Verwaltungsausgaben: Besoldung des Inspectors und des Bureau-Personals, Postporti, Frachten und Druckkosten, Ausrüstungskosten für Brüder, Missionsreisen, Agenten in der Heimath, besuchende Missionare, Colportage, allgemeine Auslagen u. s. w.	20,553 = 26
4)	Für unsere Africanische Mission . . .	44,443 = 72
5)	Für die elf Stationen unserer Mission in Ostindien und alles damit zusammenhängende	72,252 = 22
6)	Für die Mission in China	8129 = 17
7)	Ausgaben für die Sendboten in Nordamerika	47 = 64
8)	Für die Mission in Ost-Bengalen . .	4381 = 60
Totalsumme gleichlautend mit obiger . . .		178,703 = 49
Es ergibt sich daher eine Mehreinnahme von		7060 = 61

Gewiß ein merkwürdiges, wenn wir nicht sagen sollen wunderbares Rechnungsergebniß. Das letzte Jahr wies ein Deficit von Fr. 10,618. 78 Rp. nach; die laufenden Einnahmen des verflossenen Jahres hätten dasselbe um 11,000 Fr. vermehrt, so daß wir heute mit einer Schuld von mehr als 21,000 Fr. vor unsere Freunde treten müßten. Und dennoch bleiben uns mehr als 7000 Fr. in der Casse. Dies verdanken wir dem vor 24 Jahren schon niedergeschriebenen Testament einer theuren Berner Freundin, welche die evangelische Missionsanstalt zu Basel neben ihren entfernteren Anverwandten und mehreren anderen wohlthätigen Anstalten zum Erben ihres beträchtlichen Vermögens einsetzte. Dankbar blicken wir dieser Wohlthäterin in die Ewigkeit nach. Der HErr aber sey gepriesen für seine wunderbare Güte, mit der Er die Herzen und Hände von Tausenden bewegt, seinen ewigen Gnadenrath in Vollzug zu setzen, nach welchem aller Welt Enden sehen sollen das Heil unseres Gottes.

Ueberblicken wir nochmals die Reihe der Thaten Gottes, deren Zeugen wir seyn durften im verflossenen Jahr, und die wir unsern gel. Freunden und Mitarbeitern in diesen Blättern darzustellen versucht haben, so beweist die Geschichte dieses Jahres noch klarer, als die des verflossenen, daß mit den großen Umwälzungen der letzten Jahre auch die Mission in ein neues Stadium ihrer Geschichte eingetreten ist. Allenthalben Sichtung; darum betrübende Erscheinungen auf dem Missionsgebiet draußen und betrübende Erfahrungen in den Kreisen der Missionsfreunde zu Hause. Die Einen werfen die Maske ab, die sie lange getragen, und die sie nicht mehr zu bedürfen glauben; die Andern üben ein strenges Gericht nicht blos über die falschen Missionsfreunde, sondern auch über die bewährtesten Kinder Gottes. Manchem wird bange der Zukunft wegen. Wer tiefer hineinschaut in die Herzen der Menschen und die Führungen des HErrn, der ruft mit Freuden aus: Es muß also gehen, auf daß die Schrift erfüllet werde. Dennoch bleibt er getreu dem Wort seines gekreuzigten HErrn, und redet nicht blos von den Mängeln der Mission unserer Tage, oder von der Herrlichkeit der Mission der Zukunft, sondern er nützt die Stunde und legt Hand an das Werk; oder wenn er den Wanderstab schon in den Händen hat, zieht er fröhlich seine Straße; der HErr hat's ihn geheißen und zieht mit ihm.

Ist Gott für uns, wer mag wider uns seyn. Amen.

Beilage.

Namen der in der Baseler Missions-Anstalt gebildeten, aber außerhalb unsrer eigenen Missionen arbeitenden Brüder.

A. Im Dienst der englisch-kirchlichen Missions-Gesellschaft.

a. In West-Africa. (Sierra-Leone.)

1. Kölle, Sigmund Wilhelm, von Kleebronn, Württemberg, in Freetown.
2. Graf, Joh. Ulrich, von Grub, Canton Appenzell, in Hastings.
3. Frei, Christian Gottlieb, von Schorndorf, Württemberg, in Waterloo.
4. Schlenker, Christian Friedr., von Kirchheim u. T., in Port-Lokkoh.
5. Schön, Jacob Friedr., von Oberweiler, Baden, derzeit noch in England.
6. Bultmann, Friedr., von Bremen, in Freetown.
7. Ehrmann, Joh. Christian, von Altdorf, Württemberg, in York.
8. Schmid, David Heinr., von Schorndorf, in Bathurst.

(In Joruba.)

9. Gollmer, Andreas, von Kirchheim u. T., in Badagri.
10. Hinderer, David, von Birkenweisbuch, Württemberg, in Abbeokuta.

b. Im Mittelmeer.

11. Hildner, Friedr. August, von Querfurt, Sachsen, in Syra, Griechenland.
12. Wolters, Joh. Gottlieb, von Calcar, Westphalen, in Smyrna.
13. Kruse, Wilhelm, von Elberfeld, Preußen, in Cairo, Aegypten.
14. Linder, Joh. Rud. Gottlieb, von Erfurt, Preußen, ebendaselbst.

c. In Ost-Africa. (Rabbai-Mpia.)

15. Krapf, Joh. Ludwig, von Derendingen, Württemberg.
16. Rebmann, Johannes, von Gerlingen, dto.
17. Erhardt, Jacob, von Bönnigheim, dto.
18. Pfefferle, Christian, von Endingen, dto.

d. In Ostindien.

19. Isenberg, Carl Wilhelm, von Barmen, Preußen, in Bombay.
20. Menge, Carl Cäsar, von Hanau, Kurhessen, in Dschunir.
21. Weitbrecht, Joh. Jacob, von Schorndorf, in Burdwan.
22. Geidt, Bernhard, von Marburg, Kurhessen, dto.
23. Meier, Joh. Joachim, von St. Gallen, Schweiz, dto.
24. Bost, Samuel, von Genf, Schweiz, dto.
25. Merk, Johannes, von Ludwigshafen, Baden, in Kothgur (Pendschab).
26. Blumhardt, Carl Heinr., von Stuttgart, in Kischnagur.
27. Krückeberg, Heinr. Christ. L., von Münden, Hannover, in Tschupra.
28. Linke, Joh. Gottlieb, von Bellwitz, Lausitz, Sachsen, in Bhollobpore.
29. Bomwetsch, Christian, von Schorndorf, in Solo.

30. Lippe, Christian Wilh., von Waiblingen, Württemberg, in Rottenpore.
31. Schurr, Friedrich, von Hattenhofen, Württemberg, in Kapasdanga
32. Leupolt, Carl Benjamin, von Reichenau, Sachsen, in Benares.
33. Fuchs, Johannes, von Plieningen, Würtemberg, in Benares.
34. Hechler, Dietrich, von Vögisheim, Baden, in Tschunar.
35. Pfander, Carl Gottlieb, von Waiblingen, Württemberg, in Agra.
36. Schneider, Friedr. Eduard, von Leipzig, in Secundra (Agra).
37. Kreis, Friedrich August, von Magdeburg, Preußen, ebendaselbst.
38. Hörnle, Christian Theophil, von Ludwigsburg, in Agra.
39. Schreiber, Carl, von Nördlingen, Württemberg, in Karrachi, Sindh.
40. Beuttler, Joh. Georg, von Maichingen, Württemberg, in Cottajam.
41. Schaffter, Paul Pacifique, von Münster, Ct. Bern, in Nallur (Tinnewelly).

e. In Neuseeland.

42. Kißling, Georg Adam, von Murr, Württemberg, in Auckland.

f. Brittisch Guiana. (Süd-America.)

43. Bernau, Joh. Heinrich, von Stolpe, Hinterpommern, in Bartica-Grove.
44. Lohrer, Joh. Jacob, von Thuningen, Württemberg, ebendaselbst.

Noch in der Vorbereitung in England.

45. Mann, Adolf, von Stuttgart, nach West-Africa bestimmt.
46. Stern, Heinrich, von Carlsruhe.
47. Klein, August, von Straßburg, nach Palästina bestimmt.

B. Im Dienst der Londoner Missions-Gesellschaft.

48. Lechler, Joh. Michael, von Münklingen, Württemberg, in Salem (Tinnewelly).

C. Im Dienst der Wesleyanischen Methodisten-Missions-Gesellschaft.

49. Schreiner, Gottlob, von Fellbach, Württemberg, in Umpukane, Süd-Africa.

D. Im Dienst der Londoner Juden-Missions-Gesellschaft.

50. Ewald, Christian Ferd., von Naboldweißach, Baiern, in London.
51. Hausmeister, Jacob August, von Stuttgart, in Straßburg.

E. Im Dienst der schottischen Nationalkirche.

52. Mengert, Joh. Heinrich, von Bremen, in Bombay, Indien.
53. Sutter, Georg Friedrich, von Gersbach, Baden, in Carlsruhe, Judenmissionar für Baden.
54. Lehner, Joh. Christoph, von Rheinheim, Hessen-Darmstadt, in Darmstadt, Judenmissionar für Hessen.

F. Im Dienst der freien Kirche Schottlands.

55. Biesenbruck, Joh. Heinrich, von Felbert bei Elberfeld, in Constantinopel, Judenschullehrer.

Als Pastoren bei christlichen, meist deutschen Gemeinden.

a. Im russischen Reich.

56. Dittrich, August Heinrich, von Fürstenau, Sachsen, in Mosko.
57. König, Carl Ludwig, von Gränichen, Ct. Aargau, in Karaß.
58. Doll, Johannes, von Nabern, Württemberg, in Nicolajew.
59. Steinmann, Laurenz, von St. Gallen, in Josephthal.

60. Fletnitzer, Carl Friedr. Wilh., von Lausigk, Sachsen, Probst in Odessa.
61. Föll, Gottlieb Friedrich, von Marbach, Württemberg, Probst und Consistorialrath in Hochstädt.
62. Bonekemper, Johannes, von Niederbrunnfeld bei Cöln, in Rohrbach.
63. Kylius, Christian Friedr., von Lahr, Baden, in Zürichthal.
64. Hegele, Christian Gottlieb, von Hirschlanden, Württemberg, in Jagadnaja Poljana.
65. Jordan, Friedrich, von Bern, in Fere Champenoise.
66. Breitenbach, Georg Heinrich, von Nörten, Hannover, in Großliebenthal.
67. Bonwetsch, Christoph Heinrich, von Metzingen, Württemberg, in Norka.
68. Groß, Johannes, von Steinbockenheim, Hessen, in Saratow.
69. Hübner, Georg Christoph, von Göppingen, in Freudenthal.
70. Roth, Christian Gottlieb, von Besigheim, Württemberg, in Helenendorf.
71. Pensel, Joh. Gottlieb Friedrich, von Sulza, Weimar, in Glückstbal.
72. Würthner, Jacob, von Schweningen, Württemberg, in Medweditzkoikrestowoi Buserak.
73. Huppenbauer, Johannes, von Untertürkheim, Oberpastor in Tiflis.
74. Dettling, Jacob Friedrich, von Mönsheim, Württemberg, in Marienfeld.

b. In den Vereinigten Staaten von Nord-America.

75. Gerber, Johannes, von Tschangnau, Ct. Bern, Arzt in Indiana.
76. Metzger, Georg Wilh. Immanuel, von Großsachsenheim, Württemberg, in Liverpool, Ohio.

77. Judt, Johann Christian Friedrich, von Stuttgart, in Louisville.
78. Schmied, Friedrich, von Waldorf, Württemberg, in Ann-Arbour.
79. Wall, Georg Wendel, von Owen, Württemberg, in Gravois-Settlement.
80. Rieß, Joh. Jacob, von Tuttlingen, Württemberg, in St. Louis.
81. Rieger, Joseph, von Aurach bei Nürnberg, ebendaselbst.
82. Schaad, Martin, von Oberhallau, Ct. Schaffhausen, in Cincinnati.
83. Dumser, Simon, von Markt-Steft, Baiern, in Monroe, Mich.
84. Knaus, Joh. Jacob, von Schorndorf, in Centreville, Illinois.
85. Jung, Joh. Christoph, von Osweil bei Ludwigsburg, in Quincy.
86. Schrenk, Christian, von Schweningen, Württemberg, in New-Orleans.
87. Steiner, Joh. Melchior, von Langenzenn, Württemberg, in Massillon.
88. Gackenheimer, David, von Gültlingen, Württemberg, in Davidsville.
89. Besel, Carl Friedrich, von Lenkersheim, Baiern, in Mount-Hope.
90. Sigelen, Wilhelm, von Sillenbuch, Württemberg, in Petersburg.
91. Zahner, Joh. Georg, von Oberdigisheim, Württemberg, in Shanesville.
92. Bühler, Joh. Jacob, von Adelberg, Württemberg, in New-Orleans.
93. Dresel, Theodor Hermann, von Altona, Rheinpreußen, in Burlington.
94. Walz, Friedr., von Bretten, Baden, in Wilmington.
95. Braun, Caspar, von Botenheim, Württemberg, in Keesport.

96. Mayer, Daniel, von Rohracker, Württemberg, in Keesport.
97. Will, Johannes, von Hedelfingen, Württemberg, in St. Johannes, Missouri.
98. Schwankowsky, Conrad, von Regensburg, Baiern.
99. Ritter, Josias, von Strümpfelbach, Württemberg, in Toledo, Ohio.
100. Wurster, Immanuel, von Böblingen, Württemberg, in Gettysburg.
101. Streißguth, Wilhelm, von Lahr, Baden, in Neu-Glarus.
102. Schiedt, Friedrich, von Ehningen, Württemberg, in Cincinnati.
103. Steimle, Friedr. Wilhelm, von Alzenberg, Württemberg, in Ellenville, Neu-York.

Brüder in verschiedenen Ländern und Verhältnissen.

104. Jetter, Joh. Andr., von Liebenzell, Württemberg, Prediger in Holbrook, England.
105. Lang, Joh. Jacob, von Schaffhausen, Pfarrer in Beggingen, Ct. Schaffhausen.
106. Gobat, Samuel, von Cremine, Ct. Bern, protestant. Bischof in Jerusalem.
107. Müller, Theodor, von Altdorf, Württemberg, Pfarrer in Dunkeswell in England.
108. Hohenacker, Rud. Friedrich, von Zürich, Botaniker in Eßlingen in Württemberg.
109. Haas, Christian Friedr., von Eßlingen, Württemberg, Pfarrer in Rothfelden, ebendaselbst.
110. Vaihinger, Joh. Georg, von Göppingen, Württemberg, Pfarrer in Nehren, ebendaselbst.
111. Schlienz, Christoph Friedrich, von Kirchheim u. T., Württemberg, Lehrer und Vorsteher auf der Chrischona.
112. Handt, Joh. Christ. Simon, von Acken, Preußen, Schullehrer in Sidney, Neu-Holland.

113. Sessing, Jacob Friedr., von Steinbach, Hessen-Darmstadt, Pfarrer bei einer Negergemeinde in Birnamwood, Jamaica.
114. Gündter, Jacob, von Oberschwandorf, Prediger in Mudgee, Neu-Holland.
115. Fjellstedt, Peter, von Sillrud, Schweden, Inspector der Missionsanstalt in Lund, Schweden.
116. Riis, Andreas, von Lygumkloster, Schleswig, Reiseprediger der norwegischen Missionsgesellschaft.
117. Eckel, Alfred Emanuel, von Straßburg, Prediger auf Trinidad, Westindien.
118. Frei, Heinrich, von Schorndorf, Lehrer auf St. Helena.
119. Eipper, Christoph, von Eßlingen, Württemberg, Prediger in Braidwood, Neu-Holland.
120. Dehlinger, Joh. Jacob, von Schorndorf, Arzt in Württemberg.
121. Mühleisen, Joh., von Zell, Württemberg, dermalen in England.
122. Stanger, Joh. Georg, von Möttlingen, dermalen in Bellary, Indien.

Im vorigen Jahre sind gestorben:

Müller, Joh. Christian, von Wildberg, Württemberg, in Abbeokuta, West-Africa, den 16. Juni.

Clemens, Joh. Conrad, von Pfün, Ct. Thurgau, in Bathurst, Sierra Leone, den 25. Juni.

Bär, Joh. Jacob, von Affoltern, Ct. Zürich, auf Amboina.

Missions-Zeitung.

Die den Gesellschaften beigesetzten Jahreszahlen zeigen das Jahr ihrer Entstehung oder des Anfangs ihrer Missionsthätigkeit an.

Die Zahlen zur Seite der Namen der Missionare oder Stationen u. s. w. in der Missions-Zeitung deuten auf die Gesellschaft zurück, welcher dieselben angehören. Die mit * bezeichneten Missionare sind Zöglinge der Basler-Anstalt.

Abkürzungen: M. (Missionar), K. (Katechet), m. F. (mit Familie), m. G. (mit Gattin), † (gestorben).

Evangelische Missionsgesellschaften im Jahr 1850.

Deutschland & Schweiz.

1. Brüdergemeinde. 1732.

2. Ostindische Missions-Anstalt zu Halle. 1705.

3. Evangelische Missionsgesellschaft zu Basel. 1816.

4. Rheinische Missionsgesellschaft zu Barmen. 1828.

5. Gesellschaft zur Beförderung der evangelischen Missionen unter den Heiden, in Berlin. 1824.

Frauen-Verein für christliche Bildung des weiblichen Geschlechts im Morgenlande, in Berlin.

6. Gesellschaft zur Beförderung des Christenthums unter den Juden, in Berlin. 1822.

7. Evangelischer Missionsverein zur Ausbreitung des Christenthums unter den Eingebornen der Heidenländer (sonst Pred. Goßner's) in Berlin. 1836.

8. Lutherische Missionsgesellschaft in Leipzig. 1836.

9. Norddeutsche Missionsgesellschaft in Bremen. 1836.

10. Chinesische Stiftung in Cassel. 1849.

Niederlande.

11. Niederländische Missionsgesellschaft zu Rotterdam. 1797.

England.

12. Gesellschaft für Verbreitung christlicher Erkenntniß. 1647.

13. Gesellschaft für Verbreitung des Evangeliums. 1701.

14. Baptisten-Missionsgesellschaft. 1792.

15. Allgemeine Baptisten-Missionen. (General Baptists.) 1816.

16. Wesley-Methodisten-Missionsgesellschaft. 1786.

17. Londoner Missionsgesellschaft. 1795.

18. Kirchliche Missionsgesellschaft. 1799.

19. Londoner Juden-Missionsgesellschaft. 1808.

20. Brittische Gesellschaft für Verbreitung des Evangeliums unter den Juden. 1843.

21. Kirchliche Mission für Borneo. 1848.

22. Patagonische Missionsgesellschaft. 1850.

23. Schottische Missionsgesellschaft. 1796.

24. Mission der vereinigten presbyterianischen Kirche Schottlands. 1847.

25. Mission der schottischen Staatskirche. 1830.

26. Mission der freien schottischen Kirche. 1843.

27. Missionen der reformirten presbyterianischen Kirche Schottlands. 1845.

28. Welsche und ausländische Missionsgesellschaft. 1840.

29. Mission der irländischen presbyterianischen Kirche. 1840.

30. Frauengesellschaft für weibliche Erziehung im Auslande. 1834.

Frankreich.

31. Missionsgesellschaft zu Paris. 1824.

Dänemark.

32. Dänische Missionsgesellschaft. 1821.

Schweden.

33. Schwedische Missionsgesellschaft in Stockholm. 1835.

34. Missionsgesellschaft in Lund. 1846.

Norwegen.

35. Norwegische Missionsgesellschaft in Stavanger. 1842.

Nordamerica.

36. Baptisten-Missionsgesellschaft. 1814.

37. Americanische Missionsgesellschaft. 1810. (Board of Foreign Miss.)

38. Bischöfliche Methodisten-Missionsgesellschaft. 1819.

39. Mission der bischöflichen Kirche in Nordamerica. 1830.

40. Mission der presbyterianischen Kirche. 1802.

41. Freiwillens-Baptisten-Mission.

Nachrichten aus den Missionsgebieten.

China. Man hat gefunden, daß mit 17 Buchstaben des engl. Alphabetes nebst einigen Tonzeichen der in Emui gesprochene chinesische Dialect geschrieben werden kann, und bereits wird ein Versuch gemacht, die Bibel und andere Bücher in dieser Schreibart den Chinesen dieser Gegend zu geben. Ein Knabe kann in derselben in wenigen Monaten die Bibel mit Verstand lesen lernen, während bei der alten Schreibart 3 bis 5 Jahre nöthig waren, nur um die Namen der Schriftzeichen auswendig zu lernen, und dann noch 2 bis 3 Jahre, um sie in die Volkssprache übersetzen zu können. Kaum Einer unter zehn Chinesen kann mit Verstand etwas lesen. Es wäre daher die größte Wohlthat für China, wenn der Versuch gelänge.

Schanghai. M. Stronach (17) meldet in seinem Brief vom 18. Februar d. J. von 8 Fuhkien-Chinesen, welche er im Laufe von 10 Monaten durch die Taufe in die christliche Kirche aufgenommen hat. Alle geben durch ihren Wandel Hoffnung, daß sie wirklich vom Tode zum Leben hindurchgedrungen sind.

Hinterindien und Archipelagus.

Bankok. Am 4. Januar erlitt die Baptisten-Mission (36) einen großen Verlust, indem ihre Häuser, die Buchdruckerei u. s. w. ein Raub der Flammen wurden.

Miss. Mason (36) in Maulmain meldet unterm 10. Januar die Vollendung der Uebersetzung der ganzen Bibel in die Karen-Sprache.

Miss. Abbott (36) in Sandowai sagt im Januar: „Der Unterhalt der Pastoren gelingt den Gemeinden über meine Erwartung. — Unsere Karenen-Prediger mehren sich; wir haben ihrer nun 48, mit Einschluß der 6 ordinirten Pastoren. Eine große Classe studirt auch in der theologischen Schule zu Maulmain. — Die meisten der im Lauf des Jahres Getauften gehören zu den Gemeinen in Burma und wurden von den eingebornen Pastoren getauft. Die ganze Zahl der im Laufe des Jahres Getauften wird wohl über 600 betragen, welche alle geordneten christlichen Gemeinen angehören. Viele sind jedoch der verheerenden Cholera zum Opfer gefallen. Auch ist unter den Karen-Christen eine Gesellschaft für innere Mission gebildet worden."

Borneo. Miss. Denninger (4) auf der Station Bintang taufte am 12. Mai 1850 einen Häuptlingssohn aus dem Innern, Namens Java, dem er bei diesem Anlaß den Zunamen Johannes gab. Er hatte ihn auf dessen eigenes Verlangen als Schuldner eingelöst, weil derselbe, um im Worte Gottes unterrichtet werden zu können, beim Missionar zu bleiben wünschte. Er ist ein sehr begabter Mann und wirkt viel durch Wort und Beispiel unter seinen Landsleuten. Zugleich mit ihm wurde ein 17jähriger Jüngling, Namens Ismael, getauft, welchen Johannes Java als eine Frucht seines Zeugnisses darstellt. Dieser erhielt den neuen Namen David.

Von der Frucht der Mission im Allgemeinen schreibt Miss. Hardeland in Palingkau im December vorigen Jahres: „Wer hätte noch vor etwas mehr als 5 Jahren nur die Hoffnung fassen mögen, daß wir hier Hunderte von Schülern haben würden? und jetzt haben wir stark 400 und können mit geringer Mühe fortwährend neue erhalten. Einige Hunderte sonntäglich im Gottesdienst zu haben fällt jetzt auch leichter als vor 6 Jahren das Herzuziehen von höchstens 60, welche unsere Kirchen besuchten. Während wir Anfangs die Sclaven, welche wir auslösen wollten, suchen mußten, bin ich in diesen Paar Monaten von mehreren Hunderten derselben mit Bitten bestürmt worden. Einzelne Kinder, und besonders Mädchen, suchten wir früher für Geld vergeblich zu erhalten; jetzt haben wir schon fünf

Mädchen und drei Knaben im Hause; drei der Mädchen und ein Knabe wurden uns unentgeltlich an Kindesstatt übergeben. Endlich hatten wir noch vor 5 Jahren den Gedanken an Taufen ganz fahren lassen — und seit 5 Monaten meines Hierseyns sind jetzt schon 16 getauft."

Indien. Die letzte Missionszeitung (Seite 157) gab Kunde von der Abschaffung eines Hindu-Gesetzes, das der Einführung des Christenthums bisher das größte Hinderniß entgegengesetzt hatte, und von der Bittschrift einflußreicher Hindus in Calcutta an die Regierung in England um Widerruf dieser Aufhebung. Wahrscheinlich im Zweifel am Erfolg dieser Bittschrift, und um ihrerseits nichts zu unterlassen, das den Fall des Hinduismus aufzuhalten vermöchte, hielten die religionseifrigen Hindus am 25. Mai abermals eine große Versammlung, um zu berathen, ob und auf welche Weise die zum Christenthum übergetretenen und somit ihrer Kaste verlustig gewordenen Eingebornen, wenn ihr Schritt sie reut, wieder in die Kaste aufgenommen werden könnten, was bisher für eine Unmöglichkeit galt. Um solchen Rücktritt möglichst zu erleichtern, wurde eine verhältnißmäßig geringe Schenkung von Geld an die Braminen vorgeschlagen. Die Annahme dieser Maßregel sollte jedoch noch vom Entscheid der angesehensten Religionslehrer Indiens abhangen. Durch diese Erleichterung der Rückkehr in die Kaste hoffen die Hindus, wie es scheint, Hunderte und Tausende von Christen wieder ins Heidenthum zurückkehren zu sehen. — Ein Hindu meinte, man sollte lieber das Englischlernen verbieten, als die Jugend durch dieses Mittel der Verführung zum Christenthum aussetzen, worauf ihm aber bedeutet wurde, wenn das Englische auch nicht in den Himmel führe, so führe es doch zum Reichthum.

Ober- und Niederindien.

Calcutta. Am 8. April wurde hier mit großer Feierlichkeit von den Missionaren der Londoner Missionsgesellschaft der Grundstein zu einer Anzahl von Gebäuden gelegt, welche der Erziehung und Bildung eingeborner Knaben und Jünglinge gewidmet seyn sollen. Folgende Zwecke werden hiebei beabsichtigt: 1) Die Errichtung eines geräumigen Anstaltshauses für die allgemeinen Zwecke christlicher Erziehung, mit Einschluß eines Kollegiums, groß genug, um 1100 Schüler zu fassen. — 2) Eine Wohnung für Theologie Studierende. — 3) Eine Kostschule für christliche Eingeborne und elternlose Knaben und Mädchen. — 4) Ein Haus für einen der da wohnenden Missionare. — Die Gesellschaft hatte schon seit 1837 eine Erziehungsanstalt für Knaben und Mädchen, welche jetzt 600 Schüler und Zöglinge zählt, wozu noch zwei Zweigschulen kommen, deren jede 100 Schüler enthält. Es gab sich aber schon seit mehreren Jahren das Bedürfniß kund die Anstalt zu erweitern und zweckmäßiger einzurichten. — Am Sonntag darauf, den 13. April, war es den Missionaren vergönnt, zwei in ihrer Anstalt erzogene Braminen-Jünglinge von 17 und 19 Jahren zu taufen. Drei andere Zöglinge hatten sich zu gleicher Zeit erklärt Christen werden zu wollen; einer von ihnen war aber noch minderjährig, daher sein Vater von seinem Rechte Gebrauch machte, ihn bei Hause zu behalten. Die beiden andern ließen sich von ihren Verwandten überreden zu ihnen ins Haus zu kommen, wo sie dann von denselben gegen ihren Willen festgehalten wurden. — Nachgehends erhielten noch zwei Zöglinge derselben Anstalt die Besieglung ihres Glaubens an Christum durch die heil. Taufe: einer am 20. April, Namens Kasinath-Datta, und am 7. Mai der andere, Namens Keschab Tschandra Haldar, einer von den zweien, die sich hatten überreden lassen nach Hause zu gehen. — Diese Bekehrungen haben in der nächsten Umgebung große Aufregung hervorgebracht. Drohungen wurden vernommen man werde die Anstalt anzünden, und von den 600 Schülern ist etwa ein Viertheil einstweilen weggeblieben, von denen jedoch die Meisten nur junge Knaben waren.

Benares. Am 18. December taufte Miss. Will. Smith (18) drei Männer und vier Kinder, unter ihnen einen Muhammedaner; und am folgenden Sonntag wurde eine ganze muhammedanische Familie: Vater, Mutter und 3 Kinder, in die christliche Kirche aufgenommen, sowie auch ein verständiger Jüngling aus der Freischule.

Ranschi (Bethesda). Miss. Friedr. Batsch (7) schreibt unt. 18. Januar d. J.: „Im Werke des HErrn sieht es sehr wild aus. Die Erweckung ist so neu und so zerstreut umher im Lande; die Erweckten sind noch so unwissend und alle mit Einem Male in Verfolgung, wie es in Indien noch selten vorgekommen seyn mag. Sie werden von den Semindars Tage lang eingesperrt, geschlagen, ihnen das Vieh, die Feldfrüchte, Haus und Hof genommen und nackt aus dem Dorfe gejagt. So ist es in mehrern Dörfern gegangen.“ Durch solche Behandlung fielen natürlich ihrer Mehrere wieder vom Glauben ab. Unter den Gebliebenen machte aber Einer den Brüdern besonders viele Freude. Er heißt Naumann. Miss. Schatz schreibt von ihm unterm 1. April: „Erst vor ungefähr 8 Tagen schleppten sie ihn gewaltsamerweise nach Sinlia, wo sich eine Unmasse Semindars versammelt hatte; sie baten, sie drohten, sie boten Geld, Feld und Alles an, und drohten, ihm Alles zu nehmen; aber vergeblich. Nun sagte ein Semindar, ich will mir eine neue Art kaufen, nur um dich damit todt zu schlagen, denn du bist's, der unsern ganzen Stamm entehrt und verführt. Naumann erwiederte ihm, daß aus jedem seiner Blutstropfen, die er um Jesu willen vergießen würde, Tausende von Christen geboren werden würden. Da ließen sie ihn laufen.“

Vorderindien.

Americanisch-lutherische Mission im Palnad, Südindien. Eine Madrasser-Zeitung theilt die in einem Brief von dem Missionar dieser Gesellschaft, C. F. Heyer, enthaltene erfreuliche Kunde von einer mächtigen geistlichen Erweckung unter den Eingebornen im Palnad (südlich vom Nisamland) mit, in deren Folge es ihm vergönnt war, vom 16. bis 19. Dec. 125 Bekehrte aus den Heiden zu taufen, nämlich 22 Leute von Polipalli, 7 von Atmakur, 22 von Kolakotta und 34 von Weldurti, 5 von Gudlapad, 5 von Bodalid, 30 von Macherla. Aus den im Brief mitgetheilten Nachrichten erhellt, daß diese Leute wohl unterrichtet waren und Ursache gaben, sie für die Taufe würdig zu halten. Eine schöne Anzahl Taufbewerber war noch im Unterricht. — Schon im Jahr 1849 hatte Heyer 39 Personen getauft. Diese Gegend, auf der Ostseite der Halbinsel, war bereits seit 8 bis 10 Jahren gelegentlich von Missionaren von Guntur, Masulipatam und Radschamundri besucht worden; erst zu Anfang 1849 wurde sie von der lutherischen Missionsgesellschaft in Nordamerica als Station besetzt.

Die lutherische Mission (8) von Trankebar hat im J. 1850 auf ihren 6 Stationen im Ganzen 154 gläubig gewordene Hindus getauft. Die Zahl der Communicanten auf ihren sämmtlichen Stationen belief sich am Ende des Jahres auf 1658. In ihren 26 Schulen waren 310 Christenkinder und 523 andere.

Im Panneivilei-Gebiet, Südindien, wurden im vorigen Jahr von den Missionaren der bischöflichen Gesellschaft (18) 153 Personen getauft.

M. Hawksworth (18) schreibt: „Seit einigen Monaten ist eine sehr erfreuliche Bewegung unter den armen Sclaven in der Umgegend von Mallapalli. Hier zu Land gelten diese armen Tröpfe bei den höhern Classen und selbst bei den gemeinen Arbeitern für durchaus unrein. Jetzt aber haben sie von Jesu gehört, und es ist eine wahre Freude, sie Seinen Namen aussprechen und erzählen zu hören was Er für sie gethan, wie Er für sie gestorben ist und sich nun ihrer annimmt. Ein armer Greis, der über hundert Jahre alt seyn soll, lernt fleißig und macht erstaunliche Fortschritte. Letzten Samstag besuchte ich im Wald eine Schule, welche die Sclaven daselbst errichtet hatten. Ein Mitglied unserer Mallapalli-Gemeinde sagte mir unlängst in Verwunderung und Freude über das Gesehene: „Herr, ich glaube, diese armen Tropfe werden viel bessere Christen werden, als wir sind.“

Belgaum. Am ersten Sonntag vom December vorigen Jahres tauften die Missionare (17) vier Hindus.

Gulladagudda. Am 29. Juni dieses J. taufte Miss. Kies* (3) an diesem Orte 10 Erwachsene und 2 Kinder, die das Wort von Christo angenommen hatten.

Nestorianer. (37) Missionar Stocking gibt in einem Brief vom 23. April den Bestand der Schulen folgendermaßen: „In der

Ebene 39 Schulen, in Tergawer und Baradost 4, in Gawar 2, wo eine neue Station gegründet werden soll. Die Zahl der Schüler ist 668 Knaben und 203 Mädchen. Die Lehrer dieser Schulen, 4 ausgenommen, waren Zöglinge des Seminars. Viele sind wahrhaft gläubig, und alle sollen evangelisch gesinnt seyn."

Armenier. (37) Aus einer Uebersichtstabelle ergibt sich zu Ende 1850 der Bestand der armenisch-protestantischen Gemeinen wie folgt: In Constantinopel 80 Mitglieder, in Brusa 15, in Trebisund 13, in Erserum 9, in Aintab 41, in Ada-Basar 20, in Nicomedia etwa 40. In Divris und Sivas waren die neuen Protestanten und Protestantischgesinnten zu Anfang dieses Jahres schweren Verfolgungen ausgesetzt, wodurch manche der schwächeren zur Verläugnung ihres Glaubens bewogen wurden.

Miss. Peabody in Erserum meldet unterm 10. Mai die Rückkehr eines Bücherhausirers, welcher sagte, daß mehrere Tage lang nach seiner Ankunft in Arabkir sein Zimmer Tag und Nacht voll Besuchender gewesen sey. 20 bis 30 seyen entschieden protestantisch gesinnt und verlangten einen americanischen Missionar.

Aintab. Bei einem achttägigen Besuch in Killis fand Miss. Schneider viel religiösen Ernst in den Versammlungen. Mehrere angesehene Männer hatten sich erst unlängst den Protestanten angeschlossen, und andere waren geneigt ihrem Beispiel zu folgen.

Palästina. Miss. Bowen (18) berichtet von seinem Besuch bei einer eigentlichen protestantischen Gemeinde in Nazareth von etwa 12 Familien, welche ungeachtet einiger Verfolgung fest geblieben. Am Sonntag predigte ihnen Miss. Bowen zum ersten Mal in arabischer Sprache. Miss. Klein (18) ist bestimmt, sich dort bleibend niederzulassen.

West-Africa. Peki, die Station der norddeutschen Missionsgesellschaft (9) (Miss. Zeitg. 1848, H. 4, S. 210 u. 1849, H. 1, S. 136) steht nun einstweilen verwaist, indem Miss. Wolf durch anhaltende schwere Krankheit genöthigt war, Africa zu verlassen, und seine beiden Mitarbeiter Quinius und Groth aus andern Gründen es für nöthig erachteten, mit ihm nach Europa zurückzukehren. Kaum im Hafen von Hamburg angelangt, starb Miss. Wolf an der Wassersucht, mit der er unter großen Leiden so weit gekommen war. — Der Posten sollte jedoch mit Verstärkung baldigst wieder besetzt werden. Zwei Missionszöglinge aus Basel, Wilh. Däuble und Johannes Menge, sind zu dem Zweck nach Bremen gereist. Allein durch den pecuniären Verlust, den die Gesellschaft durch den Betrug ihres Cassenverwalters erlitten, ward die Unternehmung plötzlich wieder in Frage gestellt.

Abbeokuta. (18) Am 1. Dec. 1850 hatte Miss. Townsend die Freude, 24 Männer taufen zu dürfen. Aber bald darauf sollten die dortigen Missionare auch die Bitterkeit eines kriegerischen Anfalls von

Feinden auf den Ort erfahren. Abbeokuta und die dortige Mission war dem grausamen Sclavenhändler König von Dahomi schon lange ein Dorn im Auge, und er hatte daher den Untergang derselben beschlossen. Im Laufe des Decembers rückte er mit einem Heer von mehrern Tausend männlichen und weiblichen Kriegern gegen die Stadt heran, fand aber ihre Bewohner für seinen Empfang gerüstet und mußte endlich nach verzweifeltem Kampfe mit wenigen Hunderten übrig gebliebener die Flucht ergreifen. — Indeß verlautet, daß er sich wieder aufs Neue rüstet und mit dem König von Aschante sich zu verbinden sucht, um einen neuen Angriff auf Abbeokuta zu wagen. Von diesem Feinde des Christenthums und der Gesittung war auch die Verfolgung ausgegangen, von welcher M.Ztg. 1850, H. 1, S. 184 Erwähnung geschah.

Es sind jetzt fünf Jahre, seit die Mission in Abbeokuta zu wirken angefangen, und nach den letzten Berichten zählte sie bereits 200 Getaufte und 300 Taufbewerber.

Fernando-Po. (14) Am 29. Nov. 1850 kamen Miss. Saker und Frau wohlbehalten nach Fernando-Po zurück. Sie fanden namentlich die Mission in Kameruns, auf dem Festlande, in gedeihlichem Zustande. Ende Februar erzählt derselbe von einer großen Gefahr, welcher die Mission und ihre Glieder von Seiten ihrer Feinde ausgesetzt war: „Vor einigen Monaten erlitt unsere Gemeinde eine schwere Prüfung und Verfolgung. Die vom Evangelio gewirkten offenbaren Veränderungen erregten den Haß nicht Weniger, und diese beschlossen dem Besuch der Capelle Einhalt zu thun. Das war aber nicht genug, denn es gingen immer noch Viele. Da versammelten sich die Häuptlinge zu einer Berathung, was zu thun sey; bei ihrer dritten Zusammenkunft wurde beschlossen, die Missionsstation gänzlich zu zerstören und die Lehrer und Lehrerinnen nebst Allen, die zu ihnen halten würden, umzubringen. Der Anschlag wurde gefaßt und die Nacht zur Ausführung bestimmt. Allein der oberste Häuptling wurde unruhig, weil ein junger Prinz, der seit drei Jahren dem Evangelio huldigte, sich nicht von Johnson (dem Missionar) wollte trennen lassen. Er berief die Häuptlinge und machte sie mit seinen Bedenken bekannt; man verzog nun, um Mittel zu finden, ihn aus dem Missionsgehöfte zu entfernen. Die Schwester des Prinzen wurde expreß von Bimbia geholt und veranlaßt in Miss. Sakers Haus zu gehen und Alles zu versuchen, ihn von dort weg zu bringen. Er hörte seine Schwester geduldig an; dann predigte er ihr das Wort Gottes und ermahnte sie ernstlich, der Welt zu entsagen. Als sie sah, daß sie nichts ausrichtete, sagte sie ihm zuletzt noch: „Wenn du nicht zu uns kommst, so wirst du mit den Weißen umkommen, denn diese Nacht wird man hier Alles umbringen." Jetzt erkannte er die ganze Gefahr und antwortete edelmüthig: „Gut, wollen Sie das Evangelium zerstören, das wird ihnen nicht gelingen; und die

Missionare sollen sie nicht umbringen, bis sie mich umgebracht haben; wir wollen mit einander sterben. Ich sehe nun warum man dich zu mir geschickt hat; geh nur und sage den Häuptlingen, ich wolle das Evangelium Gottes nicht aufgeben!" — Als der Häuptling das hörte, entfiel ihm der Muth und er sagte: „Mehr kann ich nicht thun; sterben soll der Jüngling nicht." Das war klug gedacht. Des Prinzen Vater ist König eines großen Landes im Innern, seine Mutter Tochter des alten Königs von Kameruns und daher mit den jetzigen Häuptlingen nahe verwandt. Seine Ermordung hätte daher blutige Kriege zur Folge gehabt. — Dieser Jüngling war schon lange bei seinen Landsleuten ein treuer Lehrer des göttlichen Wortes, und Verfolgung hat ihn nur noch kühner gemacht. Aber die Feindseligkeiten hatten noch kein Ende: Viele wurden in Ketten gelegt und grausam zerschlagen; zwei Mal errettete Johnson eine Frau vom Tode, und viele andere Bedrängnisse hatten die Gläubigen zu erdulden. Eine Folge war, daß die Christen zusammen hielten und Andere sich fürchteten mit ihnen zu thun zu haben. Dennoch versammeln sich regelmäßig gegen hundert derselben. Diese Prüfungszeit ist nun beinahe vorbei. Einen andern Prinzen muß ich bei meinem nächsten Besuch taufen, zwei weitere empfangen täglichen Unterricht und eine große Zahl forscht nach der Wahrheit."

Süd-Africa. Silo. (1) Auf den Wunsch des englischen Capitäns Tylden, daß einstweilen ein Bruder nach Silo zurückkehren möchte, begaben sich am 30. März die Brüder Kschieschang und Bonatz, in Begleitung eines Hottentotten, von Colesberg dahin. Br. Bonatz meldet von ihrer Ankunft daselbst: „Silo gewährte freilich mit seinen niedergebrannten Gassen, allen den Trümmern und den vielen Gräbern, in denen die Leichen nur nothdürftig verscharrt waren, einen so traurigen Anblick, daß ich es nicht beschreiben kann. — Aber was kam uns entgegen, als wir uns dem Orte näherten? Unsere zurückgelassenen Fingus, klein und groß, eilten mit freudestrahlendem Gesicht auf uns zu, und manche weinten und schluchzten so, daß auch der Capitän gerührt schien. — Von unsern Gebäuden stehen noch: die Kirche, deren Dach aber abgebrannt ist, die Mühle, die Schmiede und die Kleinkinderschule, die ehedem unser Wohnhaus war. Alle diese Gebäude fanden wir von den englischen Truppen besetzt. Von unsern Sachen war nichts mehr da. Br. Kschieschang ist in Silo zurückgeblieben, wie wir beschlossen hatten." — Eine spätere Nachricht meldet, daß die Rückkehr sämmtlicher Geschwister nach Silo am am 22. April bereits erfolgt sey. Sie wohnen nun wieder in der Kleinkinderschule. Die Predigt wird gewöhnlich unter freiem Himmel im Garten gehalten, da die Kirche für einen Theil der Besatzung als Caserne dient.

Bersaba. (4) Während die seit 1842 bestehende Station Bethanien (im Namaqua-Lande) in

Folge des bösen Geistes, der sich der dortigen Gemeinde und namentlich des Häuptlings Christian David bemächtigt hatte, aufgegeben werden mußte, konnte Miss. Samuel Hahn im October 1850 mit den treuen Bewohnern der Nebenstation Guldbrandsdalen, wo sich wegen Wassermangel kein Missionar niederlassen konnte, am Fuße des hohen Berges Großbrukaros eine neue Station gründen, welche er im Blick auf die dabei vorgekommenen Umstände Beersaba nannte. — Die Gemeinde von Guldbrandsdalen war durch einen gläubig gewordenen Namaqua-Viehhirten, Christoph Tibot, gesammelt und erbaut worden, und dieser nebst dem christlichen Häuptling Paul Gollath thaten nun ihr Möglichstes, den gewählten Ort wohnlich zu machen und zu einem Christenorte einzurichten.

Schietfontein. (4) Nach den Berichten des Miss. Alheit vom 9. Dec. vorigen Jahres halten sich die dortigen Kaffern, ungeachtet auch Wühler unter sie gekommen sind, um sie zur Theilnahme an der Empörung gegen die englische Regierung aufzuhetzen, standhaft zur guten Sache. Ueberdies durfte Miss. Alheit am 1. Sept. vorigen Jahres 14 Erwachsene und 19 Kinder aus den Kaffern taufen. „Die Zahl der jetzigen Taufcandidaten," schreibt er ferner, „beträgt wieder 30, während der Abendmahlsgänger 45 sind, und die Zahl der Getauften in Allem 121 beträgt."

Die Unsicherheit der Station, in Folge der obschwebenden Umsiedlung nach dem Großfluß, veranlaßte Miss. Alheit im Sept. zu einer Reise an das Cap in Begleitung von zwei Gemeindeältesten. Sie traten am 2. Sept. die Reise an, erreichten am 4. October die Capstadt, und trafen am 17. November wieder in Schietfontein ein. Das Ergebniß der Verhandlungen mit der Regierung war für die Umsiedlung günstig; allein der Kaffernkrieg verzögerte den Umzug, so daß er vielleicht dieses Jahr noch gar nicht zur Ausführung kommen kann. — Von den oben erwähnten 30 Taufcandidaten wurden am 2. März dieses Jahres 25 Erwachsene der heil. Taufe theilhaft, und am Nachmittag desselben Tages brachten diese neuen Gemeindeglieder 29 Kindlein, um dieselben dem HErrn Jesu zu weihen. Am Abend empfingen 70 Communicanten das heil. Abendmahl.

Motito. (31) Miss. Fredoux macht am Schluß seines Briefes vom November vorigen Jahres folgende Bemerkung: „Ehe ich diesen Brief schließe, will ich Sie auf einen auffallenden Gegensatz aufmerksam machen, der Sie ohne Zweifel zum Dank gegen Gott auffordern wird. Während die Korannas in der Umgegend von Mekuatling sich nur zu oft in verheerende Kriege einlassen, bleibt der liebenswürdige Stamm von Mosheu, ein Feind des Waffengeklirrs, friedlich in seinen Hütten, beschäftigt sich mit dem Anbau seiner Felder und pflegt seines Viehes; und statt daß sich die Männer versammeln, um sich über die Mittel und Wege zu berathen, wie sie einen benachbarten Stamm am besten überwinden oder seiner

Habe berauben können, sieht man in seiner Mitte, nur durch den Schall der Glocken herbeigerufen, christliche Zusammenkünfte, in denen nur liebliche Gesänge und Gebete zum Gott des Friedens emporsteigen."

Beerseba (31). Ungeachtet vieler Anfechtungen, Versuchungen und Aufwieglungen, denen diese Station von Seiten der rebellischen Kaffern ausgesetzt war, blieben die christlichen Bewohner des Ortes ihrem Bekenntniß treu, und Miss. Keck hatte am letzten Charfreitag die Freude, 18 Erwachsene und 12 Kinder in den Bund Gottes aufzunehmen.

Morija (31). Auch diese Station hatte durch den Kaffernkrieg mancherlei Noth auszustehen, hatte sich aber demungeachtet zu Weihnachten 1850 eines Zuwachses von 23 neuen Gemeindegliedern durch die Taufe zu erfreuen. — Der Schwiegervater des bekannten Häuptlings Moschesch, ein gebrechlicher Greis, hat sich aus der Nachbarschaft auf die Station bringen lassen, um christlichen Unterricht zu empfangen. — Im April 1851 zählte die Station 329 Communicanten, 307 getaufte Kinder, 161 Ehepaare, Zuhörerschaft 350. — Nach einem spätern Brief von M. Arbousset vom 22. Mai wurde die Kriegsgefahr für seine Gegend immer größer.

Umpumula. Die Missionare der norwegischen Missionsgesellschaft (Miss.-Zeit. 1850, H. I, S. 186.) haben eine neue Missionsstation angelegt, welcher sie den Namen Umpumula (Ruhestätte) gaben. Schreuder, Oftebro und Udland langten nach einer zehntägigen Reise von Uitkomst daselbst an, hielten sich 3½ Monate dort auf und bauten die nothwendigsten Häuser. Larsen und Udland sollten nun in Uitkomst bleiben, während Schreuder und Oftebro die neue Station beziehen.

Guiana und Westindien.

Surinam (1). Von der Station Charlottenburg, von der aus die Brüder einige 90 Plantagen besuchen, meldet Br. Bauch unterm 19. Dec. 1850: „Wieder haben wir auf 3 Plantagen, die bis dahin uns verschlossen gewesen sind, Zutritt erhalten und angefangen die Neger zu unterrichten. Auf der Plantage Dageraad fand vor Kurzem zum ersten Mal eine Taufhandlung statt."

Miss. Wullschlägel schreibt am 22. April: „Gestern hatten wir hier in unserer Kirche in Paramaribo eine Taufe von 29 Erwachsenen. Nachmittags taufte ich noch auf dem Krankenlager eine mehr als 90jährige Negerin. Sie hatte erst bei ihrer großen Stumpfheit wenig Hoffnung gegeben, faßte dann aber doch die Grundlehren des christlichen Glaubens, und man sah aus ihrem sehnlichen Verlangen nach der Taufe, daß der Geist Gottes an ihrem Herzen geschäftig war." — Br. Berthold schreibt von Lilienthal unterm 19. Januar: „Mit Br. Stauf habe ich eine Sonntagsschule angefangen, zu der gegen 70 Erwachsene kommen, die sehr begierig sind zu lernen, um dann selbst die Heilige Schrift zu lesen."

Miss. Glöckler erzählt unterm 16. Nov. 1850: „Neulich suchte ich eine Kranke und wurde zu einer Hütte gewiesen, in der ich einen alten Mann antraf. Ich wollte ein Gespräch mit ihm anknüpfen und fragte nach seinem Namen. Er sah mich aber gar finster an und sagte: „ich gehöre zur römischen Kirche." Mit dieser Einrede suchen sie oft den Missionar alsobald abzuweisen. Auch leugnete er, daß die Kranke in seinem Hause wohne. Ich ließ mich indeß nicht abschrecken, fand die Kranke und kümmerte mich nicht um den mürrischen Alten. Bei wiederholten Besuchen, die ich nun der Kranken machte, wurde indessen der Alte auf das, was ich sprach, indem er alles hören konnte, aufmerksam, und die Worte von unserm Sündenelend und dem Sünderheiland gingen ihm zu Herzen. Er redete mich an, und ich ermahnte ihn, das Heil seiner Seele zu suchen. Nun stellte er sich in der Kirche ein und hatte es gern wenn ich ihn besuchen kam. Nach einiger Zeit wurde er Taufcandidat und sah mit Sehnsucht seiner Taufe entgegen. Er versicherte mich, daß er sich von Herzen sehne von der Knechtschaft des Teufels und der Sünde erlöset zu werden, und versprach den HErrn und seine Gnade anzurufen."

Antigua. Miss. Hamilton (1) meldet unterm 30. März von der Bildungsanstalt bei Cederhall: „Zu Anfang dieses Jahres war ein besonders liebliches geistliches Leben unter unsern Knaben bemerkbar. Es zeigte sich unter ihnen ein solcher Gebetsdrang, daß einige auch des Nachts aufstanden, um zu beten, und draußen im Freien sich von ihren spielenden Kameraden entfernten um in einem Gebüsch sich auf die Kniee zu werfen. Die Hälfte unserer Zöglinge hat nach und nach an dieser Bewegung Theil genommen, und wenigstens fünf derselben sehe ich als ernstlich und kräftig erweckt an. Sehr schmerzlich war es uns dagegen, daß wir im Lauf des Jahres uns genöthigt sahen einen Schüler, der sich schlecht betragen und als Heuchler erwiesen hatte, zu entlassen." — Die Zahl der Zöglinge belief sich auf 23.

Die französische Missionsgesellschaft in Paris hat nun auch einen Missionar, Namens Eldin, nach Westindien, nämlich nach der Insel St. Martin (unter den französischen Antillen) abgeordnet, und derselbe ist Anfangs Juli daselbst angelangt.

Australien. Neu-Holland. Miss. Täger (1) schreibt unterm 6. Januar: „Wir haben nach dem Rath unsers Freundes, des Br. Joseph La-Trobe, den ganzen District von Port Phillipp durchreist, um die Gegend auszusuchen, wo wir uns am zweckmäßigsten zum Wohnen und Bleiben unter den Eingebornen einrichten könnten. Unser Entschluß war endlich der, uns am Landsee Boga (etwa 50 engl. Meilen von ihrem bisherigen Wohnort bei Hrn. Parker) niederzulassen, wo sich viele Papus aufhalten, und zwar von einem Stamm, der für den wildesten gehalten wird.

Die Gegend ist dort schön, der Boden scheint fruchtbar zu seyn. Br. La-Trobe sagt uns zu, daß uns daselbst ein Stück Land überlassen werden soll auf so lange Zeit, als die Mission der Brüdergemeine davon Gebrauch machen werde. Wir wünschen unserer künftigen Station, die wir mit des HErrn Hülfe anzulegen hoffen, den Namen Genezareth zu geben."

Neuseeland. M. R. Maunsell (18) in Waikato schreibt unterm 5. März 1851, seine Anstalt sey nie in so gutem Zustand gewesen wie jetzt. Sie enthält etwa 80 Zöglinge, die nur unter der Leitung des Herrn Maunsell und seiner eingebornen Lehrer stehen. — Auch Miss. J. Morgan berichtet von seiner Erziehungsanstalt in Otawao, die nun 40 Zöglinge enthält, wovon 36 Halbkasten. — Zwölf Rangiawia-Häuptlinge hatten der Königin von England ein Geschenk von Mehl gemacht, das auf ihrer Mühle gemahlen worden, und diese sandte ihnen als Gegengeschenk 2 schön gemalte Bilder der königlichen Familie in prachtvollen Rahmen, was den Empfängern große Freude bereitete.

Inseln der Südsee. Sandwichinseln (37). Miss. Coan meldet unterm 17. Januar von einer Conferenz der Lehrer und Vorgesetzten der Schulen in Hilo und Puna, wobei einer der Lehrer sich in Bezug auf Schulhalten folgendermaßen aussprach: „Viele Lehrer klagen, daß es ihnen nicht möglich sey, Ordnung in ihren Schulen zu handhaben: die Kinder kämen spät oder gar nicht, wie es ihnen beliebe; in der Schule seyen sie lärmig und roh, liefen hinaus und herein nach Belieben und thäten meist was sie wollten. Der Fehler ist nun aber, daß diese Lehrer selbst keine Ordnung beobachten. Sie machen Regeln für die Kinder, ohne sich selbst daran zu binden. Das geht nicht. Die Lehrer müssen selbst die Regeln beobachten. So halte ich es in meiner Schule. Versäumt Eins die Schule oder kommt zu spät, so kriegt es mit der Ruthe eine Anzahl Schläge auf die Hand. Kommt der Lehrer nur 3 Minuten nach der Zeit in die Schule, so wird ihm seine Strafe von den Kindern zugemessen; oft hat meine Hand von ihren Schlägen geschmirzt. Jetzt haben wir keine späten Schüler mehr; alle finden sich vor der Zeit ein; auch kommt weder Lärm noch Unordnung vor." — Ferner sagt Miss. Coan: „Die Gemeinde in Hilo ist in gutem Zustande. Eine Regung des Geistes Gottes scheint sich hin und wieder kund zu thun. Gegen 150 sind im Laufe des Jahres der Gemeinde hinzugefügt worden, und Bewerber um Aufnahme sind immer welche da."

Fidschi-Inseln. Die Missionare (16) erzählen folgendes merkwürdige Beispiel von Gebetserhörung. „Am 12. Sept. 1850, an welchem Tage das Missionsschiff „John Wesley" von Bua-Bay absegelte, machte sich der Häuptling von Bua mit seinen Kriegern auf, die Festung Na-Korombase anzugreifen, in welcher die Tawra-Christen mit ihren heidnischen Verwandten Zuflucht genommen hatten. Der

Miss. Williams von Telewa machte dem Bua-Häuptling Vorstellungen; allein dieser war von seinem Vorsatz nicht mehr abzubringen. Hierauf beteten die Christen von Telewa täglich um Fehlschlagung des ungerechten Krieges, und nach einer Abwesenheit von 13 Tagen kehrten die Krieger zurück, indem sie sagten: „es hat uns eine Furcht überfallen; wir wurden je länger je zaghafter." Und den Tag nach ihrer Rückkehr sprach der Bua-Häuptling zu Miss. Williams: „Die Gebete der Christen sind mächtiger, als unsere Waffen." — Erfreulich ist auch die Nachricht, wie der Häuptling von Dama dem Heidenthum entsagt und mit dem Missionar die Beendigung des Krieges anstrebt. Am Sonntag den 17. Novbr. kündigte Gewehrfeuer im District Dama dem Missionar an, daß der Krieg begonnen, und bald darauf meldete ihm ein Bote, es hätte zwischen den Heiden von Dama und denen von Na-Sau ein Gefecht statt gehabt. Am folgenden Morgen begab sich Miss. Williams nach Dama, um wo möglich Frieden herzustellen. Beim Eintritt in den District stellten sich die Verheerungen des Krieges seinen Blicken dar. Der Missionar und seine Begleiter saßen vereinsamt, bis ein Eingeborner zu den Leuten in den Busch lief, wo sie Zuflucht genommen hatten, und ihnen ihre Ankunft meldete. Sobald der Häuptling von Dama, Tui Bua, Miss. Williams Absicht erfuhr, beschloß er sofort ein Christ zu werden, und fünf seiner Hauptleute schlossen sich an ihn an. Diese hielten nun mit dem Missionar Rath, und es wurde beschlossen, sich nach der Festung derjenigen zu begeben, welche die Feindseligkeiten fortzusetzen wünschten, und sie zu bitten, durch Christwerden dem Kriege ein Ende zu machen. Es wurde von beiden Seiten lange und mit Eifer gesprochen. Die Heiden dürsteten nach Rache, da sie vier Todte und mehrere Verwundete hatten, ohne das Blut ihrer Feinde fließen zu sehen. Doch ergab sich endlich ihr Häuptling Mbalala, legte seine Hand in die des Missionars und sprach: „Gern wäre ich noch etwas länger ein Heide, doch will ich ein Christ werden, weil Ihr mich so innig bittet. Ein junger Krieger beugte sich mit ihm, und in der stillen Mitternachtsstunde beteten sie mit einander zu dem lebendigen Gott. — Williams sagt am Schluß seiner Mittheilungen: „Der Nacken des Heidenthums ist hoffentlich im Dama-District gebrochen. In drei Tagen haben 90 Heiden dem Götzendienst entsagt, von denen 60 kriegsfähig waren. Später kamen noch mehrere aus andern Orten hinzu, so daß am Sonntag den 24. Nov. 115 Personen im Bua-Bezirk ihr Knie vor dem Heiland der Welt beugten."

Rarotonga. Die Missionare (17) in Rarotonga hatten schon lange auf einer benachbarten Inselgruppe Eingang gesucht, aber in Folge des wilden Wesens der Eingebornen und anderer Hindernisse lange ohne Erfolg. Endlich aber fügte es Gott, daß einige Nationalgehülfen von Rarotonga auf einer dieser Inseln, Manaika, Aufnahme fanden und durch ihre Vermittlung die ganze Bevölkerung dieser Insel dahin gebracht wurde, ihre Götzen wegzuwerfen und sich im Christenthum unterrichten zu lassen. Mangel an Lebensmitteln veranlaßte die Lehrer und sämmtliche Einwohner, sich nach der Insel Rakaanga zu begeben, und auch hier wurden die Häuptlinge durch die andern, die dem Götzendienst bereits entsagt hatten, zu dem Entschluß bewogen, ein Gleiches zu thun.

Juden-Mission.

Constantinopel. Die Schule (26) für Kinder spanischer Juden (S. Miss. Zeit. 1850, H. 1, S. 191 u. H. 4, S. 136) wurde, als sie im besten Wachsthum und Gedeihen begriffen war, gegen Ende Mai dieses Jahres durch den heftigen Widerstand der Rabbiner so viel als geleert. Bis zum 24. Mai war die Schülerzahl bis auf 71 gestiegen, worunter 54 spanische Kinder, meist Mädchen, waren, die übrigen bestanden aus deutschen, englischen und griechischen Judenkindern. Jetzt aber erhob sich der Sturm der Feinde des Christenthums, und in wenigen Tagen war nur noch ein spanisches kleines Mädchen übrig, dessen Eltern zu selbstständig dachten, als daß sie sich durch das Drohen der Rabbiner abschrecken ließen. Indessen waren die Missionare voller Hoffnung, daß dieses rohe Verfahren der jüdischen Häupter endlich noch zur Förderung der guten Sache ausschlagen werde.

Kotschin (Indien). Der letzte von der Committee (26) abgestattete allgemeine Bericht enthält Folgendes: „Die Mission unter Herrn Laseron hat gegenwärtig sechs Schulen in Kotschin und den umliegenden Dörfern; diese werden von 110 Kindern besucht, die sowohl in religiöser als allgemeiner Kenntniß hübsche Fortschritte machen. Diese Kinder gehören den schwarzen Juden an. Vor zwei Jahren war es den weißen Juden in der Judenstadt von den Synagogen-Aeltesten verboten, ihre Kinder in unsere Missionsschulen zu schicken. Zwar ist dieses Verbot noch nicht aufgehoben, aber es ist erfreulich, aus einer neuern Mittheilung zu ersehen, daß die Aussichten der Mission selbst in Betreff der weißen Juden sich aufzuheitern beginnen. Bei einigen spätern Besuchen Laserons in der Judenstadt erzeigten sich die Bewohner viel freundlicher gegen ihn, als er seit langem erfahren hatte, und nicht Wenige sprachen ernstlich den Wunsch aus, wieder eine Schule unter der Leitung des Missionars unter ihnen eröffnet zu sehen.“ — Außer den Schulen für Judenkinder beaufsichtigt Laseron noch elf Hinduschulen, die von 467 Heidenkindern besucht und großentheils durch Subscriptionen an Ort und Stelle bestritten werden.

Inhalt

des zweiten Heftes 1851.

In diesen Uebersichten wird über die Geographie, das Natur- und Völkerleben, die Religion, Sprache u. s. w. der betreffenden Gebiete meist aus Originalquellen Mittheilung gemacht, hauptsächlich aber der Gang des Reiches Christi in denselben, die Art und der Erfolg der evangelischen Predigt unter ihren Völkern dargestellt. Auch Lebensbeschreibungen ausgezeichneter Missionarien finden dann eine Stelle, wenn sich an sie die ganze Entwicklung des Missionswerkes in den Ländern wo sie wirkten, anknüpfen läßt. Sonst werden solche hie und da besonders herausgegeben.

II. Die Missions-Zeitung.

In dieser kürzeren Abtheilung werden die neuesten Begebenheiten in der Missionswelt, sowohl die der christlichen Heimath, als die der Missionsstationen aller Gesellschaften kurz mitgetheilt, um die Leser des Magazins mit dem Gang der Missionssache stets auf dem Laufenden zu erhalten. Auch literarische Notizen werden zuweilen am Schlusse angehängt.

III. Neueste Geschichte der Bibelverbreitung.

Es werden die monatlichen Auszüge aus dem Briefwechsel und den Berichten der brittischen und ausländischen Bibelgesellschaft jedem Hefte des Magazins mitgegeben. Sie sind in die angegebene Bogenzahl nicht mit eingerechnet, werden somit auch nicht mitbezahlt, sondern sind ein Geschenk der brittischen und ausländischen Bibelgesellschaft an die Leser des Magazins.

Der ganze Jahrgang, den wir beiläufig auf 40—42 Bogen in groß Octav berechnen, wird in vier in saubern Umschlag gebundenen Quartalheften erscheinen, denen von Zeit zu Zeit entweder Special-Karten über bisher unbekannte Missionsgegenden außereuropäischer Länder, oder Bildnisse ausgezeichneter Missionarien, oder Zeichnungen anderer allgemein interessanter Denkwürdigkeiten beigeheftet werden.

Die Subscriptionen auf das Magazin werden, wie bisher, entweder beim Herausgeber, oder unter der Adresse des „Herrn Bernhard Socin-Heußler“ oder des Hrn. C. F. Spittler in Basel gemacht, und mit möglichster Schnelligkeit besorgt werden. Zur Erleichterung der Transportkosten, welche auf die Abnehmer fallen, würde es sehr zweckmäßig seyn, wenn die einzelnen Subscribenten mit ihren Subscriptionen immer sich zunächst an diejenigen Freunde ihrer Gegend wenden wollten, welche die Sammlung der Subscriptionen auf sich zu nehmen die Güte haben. Wer auf das Magazin subscribirte, wird, wenn er nicht vor dem letzten Quartal des laufenden Jahres dasselbe ausdrücklich abbestellt, stillschweigend als Fortsetzer des nächsten Jahrgangs angesehen und behandelt.

Freunde, die sich mit Subscribenten-Sammlung und Versendung des Magazins zu beschäftigen die Güte haben, werden höflich ersucht, sich ihre etwaigen Auslagen an Briefporto und Versendungskosten von den Abnehmern bei der Bezahlung der Subscription gefälligst vergüten zu lassen.

Auswärtige Buchhandlungen, die mit dem Verkaufe des Magazins sich Commissionsweise beschäftigen wollen, sind berechtigt, nach dem Verhältniß der Entfernung, für den Transport und andere Provisionskosten den Käufern etwas Mehreres als den Subscriptionspreis (welcher in 2 fl. 45 kr. rhein. oder 4 Schweizerfranken besteht) nach Billigkeit anzurechnen.

Wir wiederholen den theuern Missionsfreunden die brüderliche Versicherung, daß durch die gütige Bemühung, womit sie sich bisher mit so viel uneigennütziger Liebe um die Verbreitung des Magazins verdient gemacht haben, der gedoppelte wohlthätige Zweck befördert wird, daß einerseits die Bekanntschaft mit der großen Missionssache und das Interesse für dieselbe immer mehr verbreitet und geweckt und andererseits unsrer Missions-Casse eine sehr wichtige und je länger, je schwerer auf ihr lastende Sorge erleichtert wird, indem der Ertrag des Missions-Magazins mit dem des Evangel. Heidenboten zu Bildung einer Noth-Casse für kranke Missionarien und für die Wittwen und Waisen der Missionarien bestimmt ist.

Die Herausgabe des Magazins wird auch in Zukunft, wenigstens für die nächste Zeit, der frühere Inspector der Missions-Anstalt und nunmehrige Ephorus des evangelisch-theologischen Seminars in Tübingen, Hr. Dr. W. Hoffmann, zu besorgen die Güte haben. Der Jahresbericht dagegen wird jedes Mal von dem nunmehrigen Inspector der Missions-Anstalt, J. Josenhans, bearbeitet werden.

Basel,
den 1. October 1850.

Im Namen
der Committee der evangelischen Missionsgesellschaft
J. Josenhans, Inspector.

für

die neueste Geschichte

der evangelischen

Missions- und Bibel-Gesellschaften.

Jahrgang

1851.

Drittes Quartalheft.

Die Entwicklung

der

evangelischen Missionen im westlichen Africa.

Erste Abtheilung.

Das Susu- und Bullom-Land.

(Mit einer Karte der africanischen Küste.)

Basel.

Im Verlag des Missions-Institutes.

Druck von Felix Schneider.

Man bittet die **VERÄNDERTE** *Bemerkung auf dem Umschlage am Schlusse zu beachten.*

Anzeige.

Das Magazin für die neueste Geschichte der Missions- und Bibelgesellschaften wird in Quartalheften im Verlag unserer Missions-Anstalt und zum Besten derselben herausgegeben. Es enthält folgende Abtheilungen;

I. Übersichten zur Missionsgeschichte.

Aus den Quellen selbst geschöpfte Nachrichten über Alles, was im Gebiete der Ausbreitung des Reiches Jesu Christi unter den nichtchristlichen Völkern der Erde von sämmtlichen christlichen Missionsgesellschaften geschieht. Und zwar wird von jedem einzelnen Missionsgebiete jedesmal eine fünf bis sechs Jahre umfassende Übersicht gegeben. Trifft es sich hie und da, daß ein solches Gebiet nach dieser Zahl von Jahren noch nicht den gehörigen Reichthum des Stoffes darbietet, so wird es übergangen und an einer spätern Stelle ausnahmsweise eingeschaltet. Sämmtliche dasselbe Gebiet behandelnde Hefte bilden eine fortlaufende Missionsgeschichte desselben. Die Reihenfolge der Gebiete, wie sie mit möglichster Strenge befolgt wird, ist:

1) China mit Japan und Hochasien, 2) Hinterindien, 3) die Inseln des indischen Archipelagus und chinesischen Meeres, 4) Oberindien und Niederindien, 5) Vorderindien mit Ceylon, 6) Persien, Armenien und Kaukasien, 7) Kleinasien, Syrien, Palästina und Griechenland, 8) Egypten mit Nord-Africa und Abessinien, 9) West-Africa, 10) Süd-Africa mit Madagascar und den Mascarenen-Inseln, 11) Nord-America, 12) Westindien und Süd-America, 13) das Festland von Australien mit den umliegenden Inseln, 14) die Inseln des großen Oceans, 15) die Missionen unter Israel in allen Gegenden der Erde, 16) Übersicht über die innere Entwicklung sämmtlicher Missionsgesellschaften.

Wo mehrere Länder in einem Missionsgebiete enthalten sind, wird, wenn der Stoff für die Behandlung beider in einem Hefte zu reich ist, bald das eine bald das andere berücksichtigt. Von jedem Jahrgange enthält ein Heft den Jahresbericht der evangelischen Missionsgesellschaft zu Basel mit ausführlichern Nachrichten von den eigenen Missionsstation derselben.

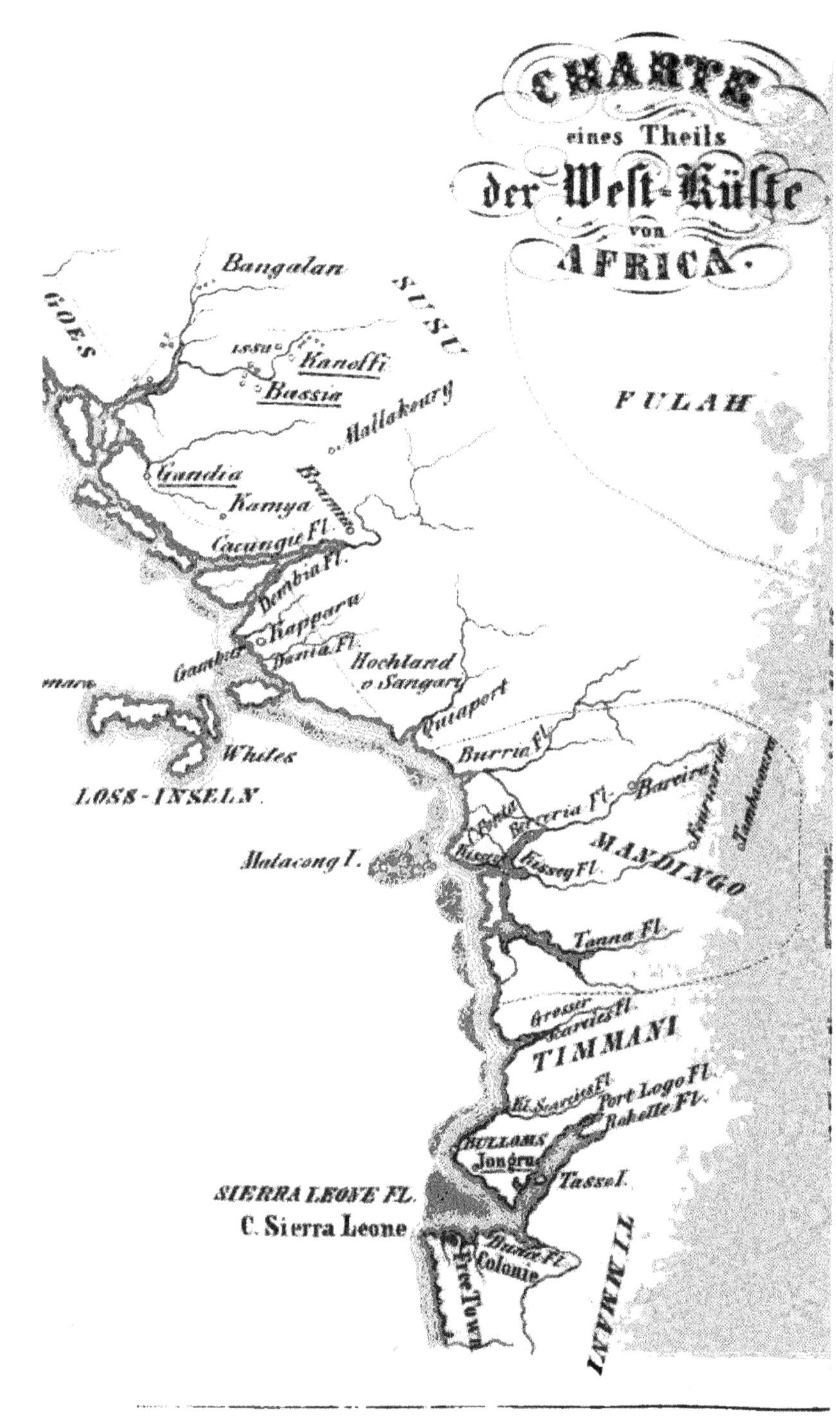
Charte
eines Theils
der West-Küste
von
Africa.
FULAH
Bangalan
SUSU
GOES
Kanoffi
Bassia
Mallakoury
Gandia
Kamya
Cacongue Fl.
Dembia Fl.
Kapparu
Gambia
Dania Fl.
Hochland
o Sangary
Whites
LOSS-INSELN.
Burria Fl.
MANDINGO
Matacong I.
Bissey Fl.
Tanna Fl.
TIMMANI
Port Logo Fl.
Rokelle Fl.
BULLOMS
Tassel.
SIERRA LEONE FL.
C. Sierra Leone
Colonie
Free Town
TIMMANI

Jahrgang 1851.

Drittes Quartalheft.

Die Entwicklung der evangelischen Missionen im westlichen Africa.

Erste Abtheilung.

Das Susu- und Bullom-Land.

(Mit einer Karte der africanischen Küste.)

Vorwort.

Nachdem wir im ersten Quartalhefte dieses Jahrgangs aus D. J. East's Werke: Western Africa, its condition and Christianity, the means of its recovery, London 1844, reichliche Mittheilungen gegeben, werden wir in diesem vorliegenden Hefte uns weiter mit demselben Lande und zwar so beschäftigen, daß wir, da in dem Jahrgang 1839 schon ein guter Theil der Geschichte der westafricanischen Mission gegeben ist, nur eine gedrängte Erzählung derselben, mit ausführlicherer Mittheilung des Neuesten, hier mit einleitenden Betrachtungen zusammenstellen, zu denen auch eine Vorgeschichte Africas, und insbesondere des westlichen, vor der Zeit der evangelischen Missionen gehört. Wir folgen dabei den Werken von Walker und Fox, die hier die besten und neuesten Zusammenstellungen geben. — Unsere Darstellung wird sich durch mehrere Hefte durchziehen.

Der Herausgeber.

Erster Abschnitt.

Urgeschichte Africa's. — Eintritt in die heidnische und christliche Geschichte. — Africanische Kirchen, Lehrer und Secten. — Sinken und Untergang der Kirche in Nordafrica. — Africanische Entdeckungen. — Entstehung und Wachsen des Sclavenhandels. — Behandlung der Sclaven vor der Verschiffung. — Gräuel der Ueberfahrt. — Erste Zeugen gegen den Sclavenhandel. — Granville Sharp, Thomas Clarkson und William Wilberforce. — Vorarbeiten. — Parlamentskämpfe. — Verträge. — Geringe Wirkung der Wachtschiffe. — Zunehmender und verschlimmerter Sclavenhandel. — Einzige Hülfe.

Daß in der göttlich geordneten und geleiteten Geschichte der Menschheit, der Länder und Völker, alles Einzelne unter sich zusammenhängt, und eine wunderreiche Kette von Wirkung und Gegenwirkung durch die Jahrtausende sich zieht, deren Zusammenhang oft erst den spätesten Zeiten klar wird, davon ist Africa ein großes Beispiel.

In uralter Zeit wanderte Hams Geschlecht über die schmale Landzunge herüber aus Asien nach Africa und breitete sich in diesem Erdtheil aus, bis ihm im fernen Westen und Süden das Meer Gränzen setzte. Es war, als sollte es die alte Schmach verbergen, in den Erdtheil gewiesen, der, wie ein Haus ohne Thüren und Fenster, einsam von Meeren und Oceanen umrauscht, Jahrtausende hindurch da lag, ohne daß die übrigen Nationen in ihn einzudringen vermochten, weil seine großen Ströme in dunkler Länder Ferne ins Meer sich gossen, und er nirgends durch Halbinseln und größere Buchten sich dem Annähernden aufschloß. Nur in

Aegypten und in den von ihm südlich gelegenen Ländern Nubien und Habesch schlug noch der Puls des Völkerlebens mit, dessen Herz das vordere Asien in der ältesten näher bekannten Geschichte war. Aus Asien herüber kamen die befruchtenden Bildungskeime, die es zum Wunderland der alten Welt machten; aus Asien herüber zog das Häuflein von Menschen an die Gestade des Nils, das 400 Jahre später als stattliches Volk in seinen zwölf Stämmen durch starke Hand und Wunder Gottes in die Wüste und nach Kanaan geführt wurde. Aus Arabien verpflanzte sich eine asiatische Cultur nach dem Hochlande Habesch, von der wir nicht wissen, wie weit hinein sie in den Erdtheil gedrungen ist. Seitdem blieb durch dieses Land Africa im Zusammenhang der Weltgeschichte.

Seit der Ausführung Israels aus seiner Knechtschaft blieb der nordöstliche Theil Africas mit dem unbestimmt gar weit gestreckten Mohrenlande im Gesichtskreis der heiligen Geschichte; und als ihre Griffel ruhten, brachte Persiens weltherrschender König und nachher Griechenlands Forschungsgeist das seltsame Land und Volk von neuem vor die Augen derer, die in weiterer Umschau sich um das Leben auf der Erde kümmerten. Zuletzt sogar gab es eine Zeit, da hier sich alle Strahlen der Bildung und des Wissens zusammenzogen und Alexandria der Name war, der an alle Weisheit und Wissenschaft des Morgen- und Abendlandes erinnerte. Als das Licht der Welt erschien, drangen seine Strahlen früh nach Africa hinüber (Apostelg. 2, 10. 8, 27. 11, 20. 13, 1. 18, 24.) und zu Carthago, am westlichen Theil der Nordküste des Erdtheils, in der uralten Phönicier-Colonie, die lange die Meere beherrscht hatte, bis Rom selbst den letzten Hauch seiner Kraft aufwandte um sie zu stürzen, in dieser zweiten Hauptstadt Africas leuchteten wie Feuersäulen in die jugendliche Christenheit hinein die großen Lehrer Tertullianus und nach ihm Cyprianus. Tief ins Innere hinein drang das Christenthum, und Carthago blieb der Mittelpunct einer Kirche, die auch nach ihrer Spaltung in Secten groß genug war, um zu der einen großen Kirchenversammlung nach Alexandria 100, zu einer andern 565 Bischöfe zu senden, und wo die arianischen Vandalenkönige Genserich und Hunnerich sogar 766 solche Gemeindevorsteher vorfanden. Mit den großen Kirchenlehrern Aegyptens bildeten die carthagischen in den ersten Jahrhunderten der Christenheit die großen Gegensätze, welche die christliche Lehre ihrer ersten Ausbildung zum System entgegenführten, und die aus Africa hervorgegangenen Irrlehrer in Lehre und Praxis (wir nennen nur die Namen Arius und Donatus) wirkten gleichfalls durch ihre von Africa ausgehende Ueberwindung so, daß heute noch in allen Abtheilungen der Christenheit der tiefe Eindruck unverwischt geblieben ist, den africanischer Sinn und Geist in der Kirche gelassen haben. Noch tiefer selbst griff Africa in die Anschauungen hinein, welche bis heute das Gemeinsame und das Verschiedene der großen Hauptparthien der Christenheit bilden, als im Osten Athanasius und im Westen (wiewohl später) Augustinus die Fahne der christlichen Wahrheit vorantrugen. Die großen Wahrheiten, welche die römische und griechische Kirche mit der fast gesammten protestantischen Welt in Einer Christenheit zusammenhalten, knüpfen sich an den ersten dieser glänzenden Namen; die fruchtbarsten Lebenskeime der Reformation, die sie trennt, sind im Garten des Andern dieser Lichtträger gepflegt worden. Und alle die anregenden Geister, deren Bewegung so stark und mächtig die Kirche in Regung und Kampf erhielten: ein Clemens von Alexandrien, ein Origines, ein Dionysius und Cyrillus — sie lebten und wirkten in Africa! Vollends die edlen Zeugengestalten, die bis zum letzten Hauche im martervollen Tode den Gekreuzigten priesen und deren Gedächtniß auf Erden nicht erlöschen wird, so lange man noch die selig preist, die vom Glauben zum Schauen durch Jesum den Anfänger und Vollender des Glaubens gegangen sind, die edle Potamiäna in Alexandrien, die frommen Dulderinnen Perpetua und Felicitas in Carthago, und neben dem großen Dionysius die zahllosen Märtyrer, deren Namen nur im Himmel aufgezeichnet sind — sie alle bezeichnen Africas Boden als eine Heimath der Kirche des Sohnes Gottes.

Aber wie Africa reich gesegnet war, so gab sein üppiger Boden auch der Verunreinigung der christlichen Wahrheit durch das Unkraut der Secten reichen Wuchs. Zwei Parteien, die tief und lange die Kirche spalteten und innerlich schwächten, die Donatisten und Arianer, sind africanischen Ursprungs, die erste im Westen, die andere im Osten des nördlichen Africa entstanden. Sie führten durch die zerrüttenden Streitigkeiten in der nordafricanischen Kirche nur zu bald einen Zustand herbei, der die weitere Verbreitung des Evangeliums nach dem Süden hin, ins Herz von Africa, hinderte, und bereiteten durch die innere Schwächung derselben ihren völligen Untergang vor. Sie starben im Ganzen eines verdienten Todes, als die Fluth des Saracenenheeres sich über Africa ergoß; denn der größte Theil ihrer Bischöfe und Gemeinden war schon längst geistlich todt, und Tertullian, Cyprian, Athanasius und Augustin waren zwar berühmte Namen, aber ihre Schriften wurden nicht gelesen und ihr Geist war gewichen.

Noch im elften Jahrhundert war ein ärmlicher Rest von Christen dort übrig, schon ganz in die Sitten der Muhamedaner: die Beschneidung, die Enthaltung von Wein und manchen Speisen, versunken. Hundert Jahre nachher war auch dieser verschwunden, und der letzte glimmende Docht am Leuchter des Evangeliums war erloschen. — Nur in Aegypten und Nubien fristete sich das Christenthum, von Sectenhaß der Melchiten (griechischer Katholiken) und der Jakobiten (Monophysiten) und Nestorianer geschwächt, ein kümmerliches — in Habesch ein kräftigeres aber allmählig innerlich verkommenes Daseyn.

Nie zwar blieb die nördliche Küste Africas völlig ohne dort lebende Christen, aber sie waren nur fortgeschleppte Sclaven der allmählig zu Raubstaaten gewordenen moslemischen Herrscherthümer. Wiederholt suchte sich die Christenheit an den muhamedanischen Gewalten dort zu rächen; aber die Heldenthaten der Portugiesen und Spanier, im Geiste der Kreuzzüge geübt, ohne höhere Gewalt den Islam zu überwinden, befestigten nur die rohe Herrschaft der Sultane von Fez und Marokko und der türkischen Deys von Algier. Der Kreuzzug Carls V. nach Tunis endete beinahe mit dem Untergange seines Heeres, und allmählig erniedrigten sich die europäischen Meeresländer zur Zahlung regelmäßigen Tributs an die sogenannten Barbaresken. Frankreichs Eroberung von Algier hat zwar den Pomp der römischen Kirche auf diese längst christlicher Klänge und Formen entwöhnten Gestade hinübergezogen: es wurden Kirchen gebaut, Klöster gegründet, Schulen errichtet, die Christen in Kirchspiele getheilt, auch haben Missionäre das Kreuz aufgepflanzt; aber noch ist es zu nennenswerthen Wirkungen unter den Nichtchristen nicht gekommen. Auch die protestantischen Prediger, welche in Folge französischer Kirchenfreiheit nachkamen, hatten bis jetzt alle Mühe, die Eingewanderten ihrer Gemeinschaft zu sammeln und zu retten. Bis jetzt noch kann man nicht sagen, daß der erloschene Leuchter Nordafricas wieder angezündet sey. — In Tunis erinnert an die alte Herrlichkeit der Kirche nur durch den schmerzlichen Gegensatz das kaum geduldete Häuflein von tausend Christen, meist römischen, weniger griechischen, am wenigsten und nur in den Häusern der Consuln, protestantischen. Einige Klöster und Mönche bilden für die Ersteren den Mittelpunct, wie auch in Tripoli, wo übrigens die Duldung weitherziger ist durch englischen Einfluß.

Erst mußte der Schleier abgezogen werden, der über dem weiten Erdtheil hing, ehe das Wort vom Kreuze ihm näher rückte. Und nochmals war es das Morgenland, das gelobte Land, dem es die Eröffnung des Heilsweges in weiter Ferne verdankte. Zwei Jahrhunderte lang ergoß das christliche Europa seine Heere nach dem Osten in den sogenannten Kreuzzügen. Das heilige Grab ward erobert, Jerusalem wurde die Hauptstadt eines christlichen Königreichs, und andere Herrschaften schaarten sich um sie her. Aber das nur mit dem Schwert und einem innerlich unkräftigen Fanatismus für die Aeußerlichkeit des Christlichen erbaute Wesen war nicht für die Dauer gegründet. Es erlag dem stets erneuerten Ansturme muhamedanischer Mächte. Im Westen aber ging manche Saat auf, die der Sturm gestreut hatte. Die italienischen Städte hatten tausendfach ihre Schiffe das Mittelmeer durchfurchen lassen, und das Königreich Portugal versuchte sich auf dem Ocean. Johann der Erste mit seinen tapfern Söhnen eroberte den Seehafen Ceuta an der nördlichsten Spitze Marokkos (1415). Damals kannte man die westliche Küste des Erdtheiles nur bis zum Cap Nun, soweit das Reich Marokko sich erstreckte. Jetzt war es der Eifer für die Demüthigung der stolzen Mohren (Mauren, muhamedanische Africaner) und die glänzende Aussicht auf Entdeckungen in fernen Landen, mit dem hohen und edlen Wunsch, unbekannten Nationen das Heil in Christo Jesu zu bringen, was die Brust des edlen Prinzen Don Enrique schwellte, eben eines jener tapferen Eroberer Ceutas, daß er Schiff auf Schiff ausrüstete, um sie an den Küsten Africas, durch den neu erfundenen Compaß sicherer geführt, nach Süden steuern zu lassen. Man wagte sich vor bis Cap Bojador, das, weit in die See vorspringend, die Wogen in furchtbarer Brandung bricht, ein Schauspiel, wie es so großartig und Furcht erweckend die sonst nur an ein Binnenmeer gewöhnten Seeleute noch nie gesehen hatten. Sie kehrten angstvoll um. Aber kühnere Männer folgten; das Cap ward umschifft und hinter ihm keine der gefürchteten Schrecknisse gefunden; vielmehr freute man sich bis zum Jahr 1467 nach einander der Entdeckung und Umschiffung von Cap Blanco, Cap Verde und der Halbinsel Sierra Leone. Man lernte die mächtigen Landströme Senegal, Gambia, Rio Grande kennen. Schon 1471 wurde die Goldküste erreicht und El Mina, das noch bestehende Portugiesenfort, erbaut. Der König von Portugal war und hieß durch päpstliche Schenkung „Herr von Guinea". Auch nach des muthigen Prinzen Tod (1463) verfolgte eine Gesellschaft seinen großen Plan, und 1484 erreichte Diego Cam von Elmina aus den großen Congo-Fluß (Zaire) und bepflanzte von ihm aus noch weit nach Süden das Gestade mit Kreuzen, auf denen der Name des Königs von Portugal stand, zum Zeichen der Besitznahme für Christum und seinen Herrscher. Im Jahr 1493 endlich schleuderte der Sturm den weit nach Süden sich vorwagenden Bartolomeo Diaz nach Osten hinüber ins indische Meer, von wo rückkehrend er erst das Sturm-Vorgebirge, vom Könige Cap der guten Hoffnung benannt, und damit die Aussicht auf den Seeweg nach Ostindien entdeckte. In demselben Jahre kam Columbus mit seiner großen Kunde von der Westwelt nach Spanien heim. Als König Emanuel der Große, Erbe des Sinnes und der Entwürfe Don Enrique's (1495), den portugiesischen Thron bestiegen hatte, da wurde Vasco de Gama mit vier Schiffen nach dem Süden und Osten ausgesandt; er überflog weit das von Diaz erreichte Ziel, fand Mozambique, Mombas, Melinda, und landete glücklich auf indischem Boden in Calicut (1498).

Ein furchtbares Uebel und ein Siegeslauf der Wahrheit hatten beide ihren Ausgang von diesen Entdeckungen. Die ersten Negersclaven sind wohl schon durch die Muhamedaner in Marokko nach America gekommen; vielleicht sogar schon früher; denn längst war Africa ein Sclavenland. Als Gonzalez nach der Entdeckung des grünen Vorgebirges (Cap Verde) einige Mohren mit Gewalt auf sein Schiff bringen ließ und sie nach Europa führte, da begann unscheinbar der Sclavenhandel. Denn der ebenso weltkluge als menschenfreundliche Prinz Heinrich hieß ihn sie bei seiner nächsten Fahrt wieder heimbringen und er erhielt zum Tausche für sie nebst Anderem zehn Negersclaven. Er kaufte deren noch viele mit seinen Waaren, und dieser gefährliche Handel entwickelte sich rasch, blieb aber noch immer im Kleinen, weil für die Sclaven keine sehr vortheilhafte Verwendung sich fand. Diese bot Westindien dar.

Von den zwei Millionen Einwohnern, welche Columbus bei seiner Entdeckung auf Hispaniola (Hayti) fand, lebten nach 50 Jahren nur noch 150. Die Uebrigen waren als

Opfer der ungewohnten harten Arbeit im Goldgraben, wozu die hartherzigen, golddurstigen Ankömmlinge, im Durchschnitt der abenteuernde Auswurf der Heimath, sie zwangen, sowie der ansteckenden Krankheiten, welche durch die Berührung der rothen und weißen Menschenart entstanden (Blattern), ins Grab gesunken. Nicht wenige hatte Grausamkeit und Fanatismus gemordet. Im Jahr 1503 hatten die Portugiesen nur versuchsweise etliche schwarze Sclaven hingebracht; vom Jahre 1511 an kamen ihrer mehrere und allmählig viele nach, die dann erst in den Bergwerken und nachher, als Peru und Mexico ihre Metallschätze strömen ließen, die Neger sich als schlechte Bergleute gezeigt hatten, als Ackerbauer verwendet wurden. Carl V. gab seinem Liebling Lebresa, einem Flamänder, das Privilegium (1517), alljährlich 4000 Africaner nach America zu senden, und die Genueser eröffneten nun einen regelmäßigen Handel mit diesen armen Fremdlingen. Die Bemühungen des spanischen Ministers Cardinal Ximanez brachten es dahin, daß Carl den unmenschlichen Handel niederschlug (1542), die Sclaven in Freiheit setzte. Aber nach seiner Thronentsagung lebte er mit neuer Kraft wieder auf. Viele von den edleren Vorurtheilen gegen ihn schwanden, weil die römischen Missionare in guter Meinung, aber blindem Eifer ihm das Wort redeten, indem sie meinten, von ihrem heimathlichen Boden geschieden würden die Schwarzen sich auch leichter von ihrem Aberglauben trennen und für die Wahrheit gewonnen werden. Im Jahr 1562 trat auch ein englischer Seefahrer in die Reihe der Seelenverkäufer, und alljährlich kamen nun von den seefahrenden christlichen Nationen Schiffe im westlichen Africa an, die mit List und Gewalt so viele Neger fingen, als sie konnten, und sie in America wieder verkauften. In reißender Schnelle wuchs die Zahl der Fortgeschleppten, so daß in einem Jahrhundert (1680 bis 1786) über zwei Millionen derselben nur in die brittisch-westindischen Colonieen gebracht wurden. Was auch die Regierungen auf dem Wege der Gesetzgebung thun mochten, um den Handel weniger grausam zu machen, es war fast mehr ein

Abfinden mit dem Gewissen, als ein ernster Wille; denn die Seefahrer thaten jenseits der Meere, was ihr Vortheil gebot. Die Zahl der Negersclaven wuchs mit jedem Jahre; und wenn die Berechnung des edlen Negerfreundes Sir Thomas Fowell Burton richtig ist, nach der jetzt noch nur in Brasilien alljährlich 78,000 und in Cuba 60,000 derselben eingeführt werden, während etwa 8000 von den englischen Schiffen befreit und über 3000 die Opfer der Ueberfahrt werden, so kommt, ohne noch die Einfuhr in Nordamerica mitzuzählen, schon ein alljährliches Opfer von 150,000 Menschen heraus, das Africa bringen muß. Man hat aber mit sicherem Grunde nachgewiesen, daß nicht nur so viele, sondern 250,000 Neger jedes Jahr von Africa auf christlichen Schiffen weggeschleppt werden und daß die Muhamedaner noch ihrer 50,000 nach Nordafrica und Asien kaufen. Also 300,000 neue Sclaven jährlich, und doch werden weder auf die englischen noch auf die französischen Colonieen solche eingeführt, was ja vor einigen Jahrzehnten auch noch der Fall war.

Wie es kommt, daß Africa so viele Sclaven zu verkaufen hat, darüber haben wir schon Kunde gegeben (siehe Heft 1.) Nur Eine Angabe fügen wir noch bei aus dem Munde des menschenfreundlichen americanischen Gouverneurs der Colonie Liberia, der sagt: „König Boatsvaine, unser „mächtiger und zuverlässigster Freund an der Küste, empfing „eine Anzahl Waaren von einem französischen Sclavenschiff, „die er in jungen Negern zu bezahlen versprach. Es ist „ihm Ehrensache genau zu halten was er verspricht. Die „Zeit war nahe, da das Schiff von seiner weitern Fahrt „zurückkommen sollte und er hatte die bedungenen Sclaven „noch nicht. Er sah sich unter den friedlichen Nachbar„stämmen um und ersah sich die Quik-Neger, ein fried„liches, von Ackerbau und Handel lebendes Völklein, zum „Opfer. Seine Soldaten wurden auf die kleinen Dörfer „geschickt, vertheilt, und vollzogen durch plötzlichen nächtlichen „Angriff auf alle zugleich ohne Widerstand und Schwierig„keit in Einer Stunde ihren Auftrag. Der Stamm war sich am Lande geflüchtet hatte. Nur die Kühnheit eines Matrosen nahm die brennende Lunte weg, die in die Pulverkammer gesteckt war. Ein anderes Wachtschiff sah, als es einem der Sclavenschiffe sich näherte, Fässer im Meere schwimmen, und als eines derselben geöffnet wurde, waren zwei Sclavenmädchen hineingepackt. Das gräßliche Bild der in allen möglichen ekelhaften Krankheiten, regungslos eingespannt, in giftiger, verbrauchter Luft, die Lebenden oft noch Tage lang mit den Todten zusammengefesselt im Schiffraume liegenden Neger kann sich doch wohl Niemand vorstellen, ohne dem Geize zu fluchen, der solche Frevel an der Menschheit verübt.

Die Behandlung auf dem Schiffe kann keine andere in der Regel seyn, als eine barbarische. Denn wessen Herz es ungerührt erträgt, dem Todeskampf der Kinder-, Eltern- und Gattenliebe bei der gewaltsamen Trennung vom Heimathsboden zuzuschauen, der kann dem armen Opfer auch ferner nur ein Tyrann seyn. Wie es in den Herzen der Unglücklichen aussieht, das zeigen oft mehr ihre Thaten als ihre Klagen. Sie schweigen, sie rühren sich nicht, Alles ist in ihnen erstorben, Alles für sie gleichgültig. Aber nicht selten ist der Fall, daß zwei Neger, die man mit ihren Elendsgefährten aufs Verdeck bringt, um Luft zu athmen, damit der Händler nicht durch ihren Tod den Preis verliere, sich plötzlich in die Arme fassen und sich ins Meer hinabstürzen. Andere schließen den Mund, verweigern jede Nahrung und sterben Hungers. Der Sclaven-Capitän erfindet die Martern für die „Eigensinnigen". Hat man doch eine Schaufel mit glühenden Kohlen ihnen an den Mund gehalten, daß er verbrannte, mit der Drohung sie diese verschlucken zu lassen wenn sie nicht auf der Stelle essen, oder geschmolzenes Blei auf sie gegossen. Hat man doch ein Kind von 10 Monaten gegeißelt, weil es nicht essen wollte. Die Beine des armen Wesens schwollen. Der Capitän wollte es heilen, ließ warmes Wasser bereiten, fluchte über den Koch, der es zu heiß fand, ließ die Beine des gequälten Kindes hineinthun, daß ihm Haut und Nägel abgingen. Es wurde verbunden, an ein Holz gefesselt, daß es ruhig bliebe, und nach einigen Tagen wieder gepeitscht, weil es nicht essen wollte. Es starb unter den Händen seiner thiermenschlichen Peiniger, dieser — Christen! Und nun zwang der teuflische Capitän die Mutter mit Peitschenhieben ihr Kind selbst in die Wellen zu werfen.

Es thut Noth, auch jetzt noch diese Dinge zu sagen, weil nicht nur die Christenherzen lau sind für Africa und leicht müde werden, wenn der Boden der Missionsarbeit nicht bald seine Frucht gibt, sondern auch selbst in Deutschland die Stimmen nicht schweigen, welche die Aufhebung der Sclaverei und den Kampf gegen den Sclavenhandel als eine Maaßregel blos weltlicher Interessen darstellen und ihre dringende Nothwendigkeit als Gebot der Humanität in Schatten stellen. Wir können die armen Schwarzen nicht weiter begleiten. Wer ihr Schicksal in Westindien kennen lernen will, der sehe sich in andern Schriften um.*)

Solche Gräuel konnten nicht Jahrhunderte lang an der Christenheit vorübergehen und durch Christen verübt werden, ohne daß auch warnende und strafende Stimmen laut wurden. Die Kirche Englands ist unter diesen Stimmen würdig vertreten durch Bischof Saunderson, Bischof Warburton, durch Bischof Hayter von Norwick, durch die edlen Stifter des Methodismus, Johann Wesley und Georg Whitfield, durch den berühmten Archidiaconus Paley. Seine begabteren Geister haben geredet durch Sir Richard Steel und die Dichter Pope, Thomson und Savage. Schottland hat seine Stimme erhoben durch den großen Nationalöconomen Adam Smith und den berühmten Geschichtschreiber Robertson. Die freien Gemeinschaften Englands redeten im Gründer der Quäkergemeinde Georg Fox und in dem frommen Richard Barter. Doch wurde erst im Jahre 1735 der Mann geboren, dessen unermüdlicher Kampf gegen das Sclaven-

*) Z. B.: W. Hoffmann, Missionsstunden. Stuttgart 1847. S. 262 ff., und Missionsstunden. Neue Sammlung. S. 1 ff., S. 18 ff.

wesen, ein Leben hindurch fortgeführt, ihm Nachfolger erweckte, die selbst kaum den Sieg der guten Sache erlebten. Er hieß Granville Sharp, der nur ein armer Kaufmannsdiener und nachher ein Schreiber war, der aber auch dieses kümmerliche Einkommen seiner Ueberzeugung opferte. Damals geschah es sehr oft, daß englische Pflanzer aus Westindien in die Heimath kamen und Sclaven mitbrachten, die sie behandelten wie auf den fernen Inseln. Nicht selten entliefen die Geplagten, und die Zeitungen brachten Anzeigen in Menge von solchen Entlaufenen mit Aufforderung zu ihrer Einlieferung. So ein Sclave war David Strong, der einem Advocaten gehörte und von diesem grausam mißhandelt und zuletzt so geschlagen wurde, daß er halbblind und ganz lahm wurde. Sharp's Bruder behandelte den Armen, den sein Herr jetzt als nutzlos aus dem Hause geworfen hatte, als Arzt. Er wurde glücklich geheilt, in einer Apotheke angestellt, aber von seinem schändlichen Besitzer wieder mit Gewalt eingefangen und fortgeschleppt. Seine Wohlthäter, besonders Granville Sharp, klagten, und der Lordmayor von London erklärte seine Wegnahme als ungesetzlich, weil sie — nicht durch die Obrigkeit erfolgt war.

Es galt in England als öffentliche Meinung, daß ein getaufter Neger auf englischem Boden aufhöre Sclave zu seyn, und ein berühmter Oberrichter hatte in einem Klagefall dieser Art seinen Spruch dahin gethan. Natürlich mühten sich jetzt viele Sclaven um die Taufe und erhielten sie. Ein neuer Richterspruch erging im geraden Gegensatz zu jenem, und jetzt trieben es die Sclavenhalter so frech, daß sie nicht nur jeden entlaufenen Schwarzen durch alle Mittel wieder beischafften, sondern auch Versteigerungen von Sclaven, neben Pferden, Wagen u. A. in öffentlichen Blättern ausschrieben, ja sogar Weiße wegfingen und nach Westindien schleppen ließen. Jetzt warf sich Sharp mit allem Ernst auf das Studium der Gesetze in dieser Hinsicht und schrieb gegen die Rechtswidrigkeit, daß es Sclaven auf englischem Boden geben dürfe. Er klagte, als einem Neger seine Frau nach Barbados geschleppt wurde, und sie mußte zurückgebracht werden. Schreiende Fälle kamen noch immer vor; aber die Leidenden wandten sich an Sharp, und er trat klagend vor die Gerichtshöfe, die er meist als Sieger verließ. Endlich wurde durch feierlichen Richterspruch der Grundsatz nochmals anerkannt, „daß der Sclave frei sey, der Englands Boden betrete." Dies hatte der edle Granville Sharp erkämpft. Es lag daran noch ein weiterer Anstoß. Die öffentliche Meinung war geweckt. Sogar aus Virginien kamen Bittschriften an den englischen Thron gegen den Sclavenhandel; und daß die brittische Regierung sie zurückwies, war einer der Gründe, die für die Trennung der vereinigten Staaten von der brittischen Krone angeführt wurden. Die Gesellschaft der Freunde (Quäker) legten zuerst eine Bittschrift gegen diesen Handel, als eine dem Christenthum gröblich widersprechende Schändlichkeit, auf dem Tische des englischen Parlaments nieder. Sie machte großen Eindruck, wenn sie auch keinen entsprechenden Beschluß auswirkte. Schriften dieser edlen Vorkämpfer verbreiteten von nun an in weiteren Kreisen den Unwillen über diesen schwarzen Flecken in der Ehre des christlichen Englands. Im Jahr 1783 errichteten sie eine Gesellschaft zur Abschaffung der Sclaverei. Von nun an war der kühnere Ruf laut und drang selbst in den Saal des Parlaments: Freilassung der Sclaven! Allein jeder Gedanke daran schien den Staatsmännern unsinnig, weil sie an die Zustände der westindischen Inseln als unveränderliche, durch Jahrhunderte gewurzelte dachten. — Allein überall, und ganz besonders in England, bedarf eine Sache, die in sich die Kraft der Wahrheit und Gerechtigkeit trägt, nur des rechten Mannes, der als persönlicher Mittelpunct für ihre Betreibung alle Strahlen der Theilnahme an ihr sammelt, alle Kräfte für sie in Bewegung setzt. Diesen fand die erbarmende Weisheit Gottes in den Räumen eines Universitäts-Collegiums zu Cambridge, vermittelst einer Preisaufgabe, die von der Rechtmäßigkeit der Sclaverei handelte. Thomas Clarkson hieß der Jüngling, der den Preis für ihre Lösung gewann und der hinfort die Sache, der seine Arbeit diente, sich zur Lebensaufgabe machte. Er ging nach London, gab seine Arbeit mit der Fülle von Thatsachen, die sie enthielt, im Drucke heraus und war bald von einer Schaar ebenso warm für die Neger fühlender Freunde umringt. Schon war die Brüdergemeinde und waren die Wesleyaner seit vielen Jahren in Westindien ins Feld gerückt — nicht mit der Absicht die Sclaven zu befreien, sondern sie zu Christo zu führen; jetzt aber war ihre Freiheit das Hauptaugenmerk, und nur nebenbei wurde ihre Bekehrung hineingezogen. Westindien war noch der Zielpunct, nicht Africa. Unter der Freundesschaar, deren Mittelpunct Clarkson mit Granville Sharp wurde, fanden sich die Häupter der Litteratur, wie ein Samuel Johnson, die geistvolle Hannah More; Männer ersten Ranges unter der Geistlichkeit, wie Bischof Porteus; Glieder des hohen Adels, wie Lord Barham; Staatsmänner wie Edmund Burke. Hinter keinem von Allen aber stand ein junger Mann in Bedeutung zurück, dessen Name hinfort unzertrennlich von der Negerbefreiung bleiben wird: William Wilberforce. Ihn hatte Clarkson's Schrift und Wort gewonnen. Es galt zunächst Thatsachen zu sammeln und durch ihre Verbreitung das allgemeine Gefühl aus dem Schlafe zu stacheln.

Clarkson sammelte überall seine Kunde ein. Handelsschiffe, die aus Africa kamen, konnten wenigstens Proben der herrlichen Fruchtbarkeit dieses Erdtheils und Beweise von dem Verstand seiner Bewohner bringen. Sclavenschiffe lieferten unmittelbare Beweise von dem Elende der Schwarzen; und Männer, wie der berühmte Prediger John Newton, der selbst Slavenhändler und bei den Mohren auch selbst Sclave gewesen war, gaben unschätzbare Blicke in die Tiefe des sittlichen Abgrundes. Die Gesellschaft gegen die Sclaverei wurde (1781) gewonnen. Wilberforce wußte den ersten Minister William Pitt dahin zu bringen, daß auf Befehl des Königs eine amtliche Untersuchung über den Sclavenhandel und seine Wirkungen angeordnet wurde.

Ein merkwürdiger Kampf entstand. Die Macht, der Reichthum und der Einfluß der Sclavenhalter waren sehr groß. Ganze Städte waren in den Sclavenhandel tief verwickelt; vor allem Liverpool. Die vornehmsten Familien des Landes hatten entweder selbst Plantagen in Westindien oder doch Verwandte, deren Vermögen in solchen angelegt war. Alle Mittel wurden aufgeboten, um dem untersuchenden Ausschuß des geheimen Raths die Sclaverei und den Sclavenhandel in günstigerem Lichte erscheinen zu lassen. Auch sie hatten Gründe, Thatsachen, Schlüsse und gewandte Verfechter ihrer Interessen. Schon wankte der Ausschuß; die Schlacht schien verloren, als die Geschütze der Thatsachen, welche die neue Gesellschaft gegen die Sclaverei gesammelt hatte, aufgefahren wurden. Ein Umschlag der Stimmung folgte; die Sache war gewonnen. Es regnete Bittschriften ans Parlament von allen Enden und Orten um Verbot des schmachvollen Handels. Wilberforce war krank, der Bericht des Ausschusses noch nicht fertig, das Parlament eilte seinen Ferien entgegen; da brachte Pitt (1788) das Haus noch zu dem Beschluß, gleich in der Sitzung des nächsten Jahres die Sache mit Ernst vorzunehmen. Allein jetzt war zu fürchten, die Sclavenhändler möchten die Zwischenzeit zu einer furchtbaren Leidenszeit der Neger machen, indem sie die Schiffe doppelt mit ihnen vollstopften, um recht viele noch erst zu verkaufen. Sir William Dolben trug darauf an, vorläufig Beschlüsse zu fassen, welche die Qualen der Ueberfahrt verminderten. Alle Waffen der Lüge und Verdrehung wurden von den Gegnern angewendet, deren einer sich nicht entblödete, diese Ueberfahrt „die glücklichste Lebenszeit des Negers" zu nennen; aber umsonst. Das Parlament nahm seine Vorschläge an. Das neue Jahr kam, und Wilberforce legte seine zwölf Vorschläge vor nach einer Rede, die nach Burke's Erklärung nichts in der neueren Beredtsamkeit, vielleicht nicht einmal in der des Alterthumes übertraf. Aber welch ein Sturm folgte! Es gelang den Freunden der Unterdrückung noch einmal Verschiebung um ein Jahr durchzusetzen; ja es zeigte sich jetzt erst, daß ihrer Macht gegenüber die Festung nicht im Sturme, nur durch lange Belagerung zu nehmen war. Alljährlich trat Wilberforce mit Thatsachen auf, wie sie ihm Clarkson und die Gesellschaft sammelten und die jedes menschlich fühlende Herz erbeben machten, und dennoch fiel alljährlich sein Antrag durch, daß im Jahr 1800 man von weiteren Anträgen bei einem Parlamente abstand, dessen Mehrheit nun einmal entschlossen schien, den Reichthum, der aus menschlichem Jammer gepreßt wurde, allen Forderungen des menschlichen Rechtes, der christlichen Billigkeit und der göttlichen Ordnung vorzuziehen.

Als im Jahr 1804 Irland sein eigenes Parlament verlor und irische Mitglieder ins Reichsparlament eintraten, war der günstige Zeitpunct gekommen. Sie waren meist Feinde der Sclaverei, und mit ihrer Hülfe ging endlich Wilberforce's Vorschlag durch. Aber noch dauerte es drei Jahre, bis auch das Oberhaus überwunden war. Die Abschaffung des Sclavenhandels, nicht der Sclaverei, war die Frucht dieses durch zwanzigjährige Anstrengung erkauften Sieges. Damit aber nicht der Gewinn, den hinfort England von sich warf, von Andern gierig aufgegriffen würde, hatte schon vorher (1806) Wilberforce beantragt, daß die Regierung die auswärtigen Mächte zur Eingehung eines Vertrags gegen den Sclavenhandel bewegen möge. Nur der Krieg hinderte die Ausführung. Erst 1814, auf dem Congresse zu Wien, unterzeichneten die Monarchen eine dahin bezügliche Erklärung. Auch hier waren aber noch Schwierigkeiten zu beseitigen, und die Friedensschlüsse und Conferenzen zu Paris (1815), zu London (1817), die Congresse zu Aachen (1818) und zu Verona (1822) beschäftigten sich mit der Sache. England, Frankreich, Rußland, Oestreich und Preußen kamen überein. Es handelte sich um ein Recht jeder Nation, die des Sclavenhandels verdächtigen Schiffe, mochten sie gehören, wem sie wollten, zu untersuchen und ihre Mannschaft zur Bestrafung abzuliefern. England schloß mit den einzelnen Mächten Verträge hierüber ab: mit Portugal (1810, 1815, 1817, 1823);

mit Schweden (1813, 1824, 1835); mit Dänemark, das schon 1792 seinen Colonieen den Sclavenhandel verboten hatte (1814); mit Spanien (1814, 1817, 1822); mit den Niederlanden (1818, 1822, 1823); mit Buenos Ayres (1825, 1839); mit Columbia (1825); mit Mexico (1826, 1841); mit Brasilien (1826, 1835, 1839); mit Frankreich (1831, 1833, 1841); mit Sardinien (1834); mit den Hansestädten, Toscana, Bolivia und Peru (1837, 1840); mit Neapel (1838); mit Hayti, Venezuela, Chile, Uruguay (1839, 1841); mit Texas (1840); mit Oestreich, Preußen und Rußland (1841); so daß von allen seefahrenden Nationen der Erde nur das kleine Griechenland, die Türkei und — die freien Staaten von Nordamerica — einen solchen Vertrag noch nicht eingegangen haben. Die richterlichen Commissionen für die Aburtheilung der eingefangenen Schiffe haben ihre Sitze zu Havannah, Surinam, Rio de Janeiro und Sierra Leone. Seitdem unterhält die englische Regierung in verschiedenen Theilen der Erde wohl 60 Kriegsschiffe mit nahe an 10,000 Mann und einem jährlichen Aufwand von etwa 7 Millionen Gulden, um den Sclavenhandel zu unterdrücken, und im Ganzen hat sich Großbritannien die Ausrottung dieses die christliche Menschheit schändenden Uebels schon mehr als 150 Millionen Gulden kosten lassen, abgesehen von den Summen, welche in Westindien die Freilassung der Sclaven in Anspruch genommen hat.

Um die Art der Betreibung dieses Handels näher kennen zu lernen, hören wir, was ein Schiffscapitän sagt, der selbst eines dieser Kriegsfahrzeuge befehligt hat:

„Die Sclavenhändler oder ihre Agenten wohnen in und „bei den bestgelegenen Städten oder Dörfern Westafricas, „in welchen die eingebornen Beförderer des Handels leben. „Gewöhnlich errichten sie große, kostspielige, kasernenartige „Bauten, worin etwa 5—600 Schwarze untergebracht wer„den können. Für Weiber und Kinder haben sie besondere „Häuser, und für sich selbst prächtige, mit allem Luxus aus-

„gestattete Wohnungen. Dabei befinden sich noch Factoreien „oder Vorrathshäuser mit denjenigen Waaren, die man am „liebsten im Tausche gegen Sclaven nimmt, nämlich Flin- „ten, Schießpulver, Eisenstangen, Messerschmiedwaaren, „Baumwollengewebe, Branntwein, Tabak, eingesalzenes „Fleisch, Mehl, Reis, Zucker. Diese Vorräthe werden von „Handelsschiffen aller Nationen ihnen zugeführt, deren In- „haber kaum daran denken, daß sie mit diesem sogenannten „„rechtlichen" Handel die Sclaverei unterstützen. Sie wer- „den dafür in Geld bezahlt und segeln fast leer wieder nach „Hause, zum klaren Beweis, daß die Rückladung auf den „Sclavenschiffen gesucht werden muß. Daher kommt es, „daß im Stillen fast alle englischen Kaufleute, die dorthin „handeln, die Fortdauer des Sclavenhandels wünschen. Die „Sclavenschiffe selbst, die über das atlantische Meer herüber- „kommen um Schwarze zu holen, sind gewöhnlich sehr „schnell segelnde, mit großen Kanonen bewaffnete Fahrzeuge, „welche die Flagge keiner Nation tragen. Wenn sie der „Küste sich nähern, verkehren sie mit ihren Gewerbegenossen „durch kleine, leichte Kähne, die sie bei sich haben, oder die „vom Lande kommen, und um die so verabredete Stunde „kommen sie ans Ufer, um ihre Ladung zu empfangen, oft „auch um einen Schwarm bewaffneter Schurken an Bord „zu nehmen, mit deren Hülfe sie die Boote der englischen „Kriegsschiffe angreifen, zu versenken und ihre Mannschaft „zu morden suchen. Da Alles vorbereitet und verabredet „ist, so segeln sie oft schon nach 3 bis 4 Stunden mit ihrer „Ladung davon, und man kann wohl sagen, daß die Hälfte „von ihnen der Wachsamkeit der Kreuzerschiffe entkommt. „Dazu hilft ihnen der Dunst und Nebel der africanischen „Küstenmeere mit dem ruhig-stillen Wasser. Sie wissen „durch allerlei Signale, wie Feuer, Rauch oder die kleinen „Kähne der Kru-Neger, die äußerst schnell am Strande „hingleiten, aufs Genaueste, wo die Kriegsschiffe sich befin- „den, und die Spione, die sie überall haben, melden sogleich, „ob sich ein solches nähert. Auch ist ihnen die Segelkraft „jedes derselben genau bekannt. Ueberdies lockt ein Gewinn

„von 100 bis 120 Procenten an diesem Handel zum Wag„niß auch bei großer Gefahr. Mit sämmtlichen eingebornen „Häuptlingen sind sie ohnedies im Einverständniß; denn die„sen ist der Sclavenhandel der liebste Verkehr. Verträge, „die man mit diesen Barbaren schließt, sind in ihren Augen „nichts als ein Stück Papier. Noch mehr. Der Sclaven„speculant in Cuba oder Brasilien kann sich oft nicht zu „rechter Zeit ein schnelles Sclavenschiff in seinem Lande ver„schaffen und mit demselben unbemerkt abfahren. Dann „geht er mit einem americanischen oder brasilischen Handels„schiffe nach der africanischen Küste, das nur englische Ma„nufacturwaaren führt, die in Manchester oder Birmingham „gerade für den Sclavenhandel bereitet werden. Er legt „dann schon vorher in die Hände eines englischen Banquiers „die Geldsumme, auf die er hernach in Africa mit Wechseln „die Waare zahlt, um welche er die Sclaven eintauscht. Ein „in America gebautes, für den Sclaventransport eingerich„tetes Schiff findet er dann in Africa selbst, wohin es zum „Verkaufe gebracht worden ist.

„Das gegenwärtige System zur Unterdrückung des „Sclavenhandels durch die Wachtschiffe ist von großer Ge„fahr, Angst und vielem Menschenverlust unzertrennlich, ko„stet sehr viel Geld und bringt den unglückseligen Sclaven, „die zur Ausfuhr verdammt sind, unaussprechlichen Jam„mer. Wenn ein Kriegsschiff den Eingang einer Bucht „bewacht, worin das Sclavenschiff liegt, und wohin das „schwerere Kriegsfahrzeug in dem seichten Wasser nicht drin„gen kann, so müssen sie oft Monate lang am Rande des „Hungertodes hinschmachten. Sie sind zu Zwölfen bis „Zwanzigen in Rotten am Hals zusammengefesselt, oder „auch zu Zwei und Zwei an den Beinen zusammengekettet. „Manche sterben wirklich Hungers. Kommt der Augenblick, „da das Sclavenschiff im Nebel oder Sturme entschlüpfen „mag, so ladet man sie halbtodt vor Erschöpfung so nahe „zusammen in den Untertheil des Schiffes, als der Bau „dieser zum raschen Segeln bestimmten Fahrzeuge und das „Verlangen, ihrer Viele auf einmal hinüber zu bringen, es

„gebieten. Jetzt tritt zum Mangel an Nahrung auch noch „der an Wasser und Luft. Wird noch in den westindischen „oder americanischen Gewässern das Schiff genommen, so „gilt es für die Armen, wenn gleich unter günstigeren Um„ständen, eine nochmalige lange Seereise nach Sierra Leone, „wohin die frühere Erschöpfung Viele nicht mehr gelangen „läßt.

„In Africa sind die Häuptlinge ganz von den Scla„venhändlern abhängig. Die Factoreien werden befestigt, „mit Kanonen besetzt, die nach den englischen Kriegsbooten „feuern. Den Wachtschiffen wird oft alle Nahrung abge„schnitten. Die für den Sclavenhandel bestimmten Waaren „sind erbärmlich schlecht. Der Branntwein macht die Neger „wahnsinnig; die Gewehre zerspringen in ihren Händen; der „Tabak ist vergiftet. Die übrigen Tauschwaaren sind schlech„tes Zeug, das um ungeheure Preise dem Africaner anbe„trogen wird."

Wir sehen, daß die brittische Regierung in dem Krieg gegen die Sclaverei den Kampf mit dem schmutzigen Eigennutz ihrer eigenen Unterthanen führt.

Es ist eine durch die Zusammenstellungen von Sir Thomas Fowell Burton erwiesene Thatsache, daß alljährlich wenigstens 170,000 Neger aus Africa fortgeschleppt werden, und daß außerdem durch den Sclavenhandel 280,000 zu Grunde gehen. Diese Angabe stimmt ganz dazu, daß noch jetzt in America und Westindien etwa 6½ Millionen Negersclaven sich befinden.

Alles Gesagte hat zur Genüge bewiesen, was die Gesellschaft für Vernichtung des Sclavenhandels im Blick auf die großen Geld- und Menschenopfer, die Machtentfaltung und allseitige Bemühung des auf den Meeren mächtigsten Reiches der Erde, im Jahr 1839 aussprach: „Das trau„rige Ergebniß ist, daß dieser Handel nicht ausgerottet „wurde, nicht abgenommen hat, ja daß er gerade jetzt noch „im Aufschwung begriffen ist, während zugleich seine zerstö„rende Wirkung, der menschliche Jammer, der ihn begleitet, „vielfach vermehrt ist." — Alle Untersuchungen, alles Nachdenken, alle Erfahrung hat aber gezeigt, daß wenn man die Gesittung Africas, die Vernichtung des Sclavenhandels an seiner Quelle, an die Stelle der Bemühungen, ihn auf dem Wege abzuschneiden oder in seinen Endpuncten zu zerstören, setzen oder beides mit einander verbinden will, für diese Gesittung in Africa, wie in allen Heidenländern, nur Ein Weg möglich ist — das Evangelium. Die Bekehrung Africas — sie allein ist die starke Macht, die das Leben seiner Kinder schützen, den Schandfleck der christlichen Menschheit auswaschen und eine Summe von Elend und Jammer beseitigen kann, der sich nichts Aehnliches in der neuen Geschichte an die Seite setzen läßt.

Zweiter Abschnitt.

Die Entdeckungen des fünfzehnten Jahrhunderts als Missionsunternehmungen. — Die Anknüpfungen in Congo. — Rasche Bekehrungen. — Innerer Unfriede und Abfall — Die frommen Könige. — Der Bischof. — Der Zerfall der Geistlichkeit. — Die Jesuiten. — Die Metzelei. — Allmähliger Untergang des Christenthums. — In Angola gleicher Verlauf. — Katholische Missionen in Ober-Guinea, Sierra-Leone und Senegambien. — Versuch der Brüdergemeinde auf der Goldküste. — Vereinte Missionsunternehmungen englischer und schottischer Gesellschaften im Susu-, Bullom- und Scherbro-Lande. — Unglücklicher Ausgang. — Die unglücklichen Versuche der Methodisten und Baptisten.

Es war der beherrschende Gedanke des edeln Fürsten Don Henrique von Portugal, Herzogs von Viseo, als er seine Entdeckungsschiffe den weit gestreckten Küsten Africas entlang gen Süden segeln ließ, das Christenthum in unbekannte Länder zu tragen, und dem großen Berufe, dessen er sich als Großmeister des Christusordens bewußt war, nachzukommen. Als solcher hatte er geschworen: „alle Verläugner Christi zu bekämpfen und zu bekehren.“ Das Erstere hatte er an den Mohren gethan, denen sein und seiner Brüder Heldenmuth die wichtige Festung Ceuta abgerungen hatte. Nach dieser Eroberung war er Statthalter auf dem muhammedanischen Boden und lernte die Karawanenzüge kennen, die aus den Negerländern im Süden der großen Wüste heraufzogen bis an die Gestade des Mittelmeeres. Allerdings hatten die moslemischen Beherrscher Nordafricas längst reiche Gelegenheit gehabt, das Christenthum der Spanier, Portugiesen, der Italiener, Franzosen und Griechen kennen zu lernen, wie es damals war. Aber die in die äußerlichste Versteinerung gesunkene Kirche des Ostens wie des Westens, die weltliche Papstherrschaft, die kaum bezwungene Rohheit der Sitten konnten nicht den Eindruck auf sie, die selbst bereits entarteten Söhne Muhammeds, machen, der zu wirklicher Gewinnung für die Lehre Christi geführt hätte. Denn vergessen war ja das innerliche Reich Gottes über den „äußerlichen Geberden", verschwunden „Geist und Wahrheit" hinter dem heidnischen Wortgepränge, ferne gerückt die Kraft des Evangeliums durch Werkdienst, Cultuspracht und Formenwesen, Menschenvergötterung längst an die Stelle des Gottesdienstes, Zank und Haß an die der Liebe aus reinem Herzen, Kreuz und Altar, Reliquie und Fahne, Messe und Procession an die des „vernünftigen Gottesdienstes" getreten; ja selbst Christus hatte seinen Platz längst der Maria und den Heiligen, fast sogar dem Papste, den Cardinälen und den Bischöfen räumen gemußt. Zu dem edleren Kern aber, der auch unter diesen Verderbnissen noch in der Kirche lebte, drang das Auge des Muhammedaners nicht. — Dem christlichen Ritter war sein Schwert das große Hauptmittel der Bekehrung, und wenn nun Prinz Heinrich an das Seelenheil der africanischen Heiden dachte, so war es auch das Verlangen des christlichen Ritters, nicht des evangelischen Missionars, was ihn auf seine kühne Entdeckungsbahn trieb. — Genug, er wollte dem Kreuze Christi Völker gewinnen, indem er der Krone Portugal Länder suchte. Es bedurfte wirklich dieser höhern Begeisterung, um gegen das Geschrei und die Schrecken des Aberglaubens anzukämpfen, welche Seefahrten, wie die, auf welche der Prinz seine Leute hinaussandte, als gottlose und freche Versuche erscheinen ließen. Man denke nur an die Schauer der Schifffahrer, als sie nach der Entdeckung der Madeira-Insel Porto Santo lange Zeit von einer gespenstischen Rauchwolke im fernen Ocean geängstet wurden, die unveränderlich an ihrer Stelle blieb, bis der Heldenmuth der Führer sie als die vulcanische Rauchwolke erscheinen ließ, die ob der schönen Insel Madeira schwebte. Um sich gegen diese Mächte zu waffnen, hatte der Prinz sich an den Papst Martin V. gewandt, und diesen und seine Cardinäle für den Missionszug zu begeistern gesucht, den er in Africa vor hatte. Es gelang ihm den Segen des Papstes und vollkommenen Ablaß für alle in diesen Unternehmungen Umkommenden zu gewinnen, und dies wirkte so, daß sie als Märtyrer Christi betrachtet wurden, so fern auch der Sinn dieser wilden Abenteurer von dem Sinne des HErrn war. Doch sagte der kühne Gonzalez in einer Rede an seine Genossen unter Anderm: „Die Absicht unsers Herrn, des Herzogs, ist „nicht so sehr der Handel, als die Bekehrung der Eingebornen zum Christenthum.“ Er erlebte aber nicht mehr was er so dringend ersehnte. Seinem Neffen, König Johann I. war es vorbehalten, Triumphe der katholischen Kirche in den neuentdeckten Ländern zu feiern. Er sandte nach der Entdeckung von Oro de la Mina auf der Goldküste eine in Lissabon gefertigte Kirche dahin, um sie zuerst dort aufzurichten, und erklärte alle Schwierigkeiten für unbedeutend, wenn auch nur Ein Africaner zum Glauben bekehrt würde. Die Messe wurde mit feierlichem Pomp vor den Augen der erstaunten Neger gefeiert, die nicht ahneten, daß es sich hier um Gebete für ihre Bekehrung handelte.

Im Jahr 1484 segelte Diego Cam mit einem kleinen Schiffsgeschwader von dieser neuen Niederlassung El Mina gegen Süden und gelangte zur Mündung des Congoflusses (Zaire). Dort angelangt erfährt er, daß der Beherrscher des dortigen Negerreichs etliche Tagereisen im Innern wohne. Er sandte einige seiner Leute an ihn ab, um ihn einzuladen den Glauben der Christen anzunehmen. Die Abgesandten kehrten nicht zurück, und Diego wußte dafür einige Eingeborne von hohem Range an Bord seines Schiffes zu locken, die er mit nach Portugal nahm unter der Erklärung, sie, nachdem sie die portugiesische Sprache gelernt, in 15 Monaten zurück zu bringen, während welcher Zeit seine Abgesandten als Geißeln dienen sollten. Wirklich lernten die Congo-Neger rasch genug die Sprache der Portugiesen, um am Hofe in Lissabon klarere Vorstellungen von ihrem Lande zu geben, und selbst mit dem besten Eindrucke von dort bei Cam's neuer Ausfahrt in ihre Heimath zurückzukehren. Sie brachten reiche Geschenke für ihren König und die Einladung zum Christenglauben an ihn mit. Cam sah mit Freuden schon am Landungsplatze seine Abgesandten wieder und setzte die Neger ans Land. Damit war der Verkehr aufs Glücklichste und mit vollem Vertrauen eröffnet. Diego wurde an den Wohnplatz des Königs geladen, wo er den schwarzen Monarchen schon durch die Lobpreisungen der Portugiesen aus dem Munde der Reise-Häuptlinge günstig gestimmt antraf, und nur noch die Gesetze, Sitten und Religion seines Landes zu schildern brauchte, um in dem König den Wunsch zu wecken, dieser herrlichen Religion theilhaftig zu werden. Ja er ertheilte dem jungen Häuptling Zazuk, einem der viere, die mit in Portugal gewesen, den Auftrag, als sein Gesandter abermals dahin zu reisen mit der Bitte an den König von Portugal, denselben mit seinen Begleitern dort taufen zu lassen und Lehrer des Christenthums nach Congo zu senden. Dies geschah. Der Abgesandte blieb zwei Jahre in Europa, wo es ihm sehr gefiel, und wurde dann unter der Pathenschaft des Königs und der Königin getauft. Zu jener Zeit hatte auch der König von Benin in Portugal um christliche Lehrer gebeten und sie erhalten, und die Hoffnungen des Prinzen Heinrich fingen an in Erfüllung zu gehen. Als Zazuk heimkehrte, war er von Mönchen mit allen Geräthen und Zierrathen des Gottesdienstes begleitet. Es war im Jahre 1490, daß der neue Christ mit seinen Begleitern wieder in Congo anlangte. Ein feierlicher Empfang ward bereitet. Der König saß in einem großen Parke auf einer

Erhöhung in einem elfenbeinernen Sessel, in reiche, zottige Pelze gekleidet; ein eisernes Armband um den linken Arm; ein Pferdeschweif hing ihm von der Schulter; sein Haupt deckte eine fein gewobene Mütze von Palmblättern. Seine Krieger umgaben ihn mit dem wilden Lärm ihrer Hörner, Trommeln und anderer roher Instrumente; nie hatten die Europäer ein so furchtbares Getöse gehört. Er erlaubte den Portugiesen sogleich den Bau einer Kirche und wollte Einige, die dagegen murrten, sogleich niederhauen lassen, was aber die christlichen Gäste verhinderten.

Der Erste, den die Priester bekehrten, war ein Oheim des Königs, der als Emanuel getauft wurde. Er hatte seinen Sitz nahe am Meere. Dieser Fürst wirkte sich die Erlaubniß aus, alle heidnischen Tempel und Götzen in seinem Bereiche zu zerstören. Als man vor dem Könige und seinem Hofe die heiligen Geräthe des christlichen Gottesdienstes auf sein Verlangen ausstellte, und die Portugiesen sich vor dem Crucifixe niederwarfen, thaten die Neger desgleichen. Die Bedeutung des Einzelnen wurde erklärt, und der König, der schon länger in den Lehren des Christenthums unterrichtet worden war, beschloß eine große Kirche zu bauen, für die er auch so viele Hände aufbot, daß sie in Kurzem dastand. Natürlich war hiemit nur ein Anhauch des Volkes vom Christenthum erreicht, denn Alles haftete nur noch an den Außendingen der Kirche. Der König wurde mit seiner Gemahlin nach dem Namen der portugiesischen Herrscher als Johann und Eleonora getauft, und viele seiner Großen ließen sich mit ihm taufen. Der portugiesische Gesandte Souza war Pathe im Namen seiner Gebieter und schenkte dem König eine prächtige Fahne, worauf ein Kreuz gestickt war, und die der König auf einem Zuge gegen rebellische Unterthanen als Unterpfand des Sieges mitnahm. Bereits waren Tausende seiner Unterthanen nach seinem Beispiel getauft; und daß nun ein glänzender Sieg erfochten wurde, das gab dem Christenthum von Neuem Eingang im Lande. Noch edler aber wirkte die menschliche Behandlung der Besiegten, wie sie die Portugiesen empfohlen.

Der König hatte zwei Söhne, von welchen der eine von ganzem Herzen Christ wurde und in der Taufe den Namen Alphonso erhielt; der andere, Namens Panzo Aquitima, blieb nicht nur selbst Heide, sondern haßte auch die Christen aufs bitterste. Dazu kam noch ein anderer Umstand. Bis dahin war das Christenthum als eine angenehme, sinnlich-schöne Religion dem Congo-Neger erschienen. Jetzt aber begehrten die Dominicaner-Mönche, in deren Händen die religiöse Volksleitung lag, daß jeder Häuptling die Menge von Weibern, die er nach seinem Range hielt, entlasse und nur mit Einer Frau in geordneter Ehe lebe. Damit war der Herzpunct der heidnischen Sitte bedroht. Die Götzen, die Fetische, die Priester kann der Neger preisgeben, von sich werfen, aber seine Weiber nicht, denn mit ihrer Entlassung fühlt er sich zum Bettler erniedrigt, seines Ranges entkleidet. Der alte König konnte sich von dieser Kette auch nicht losmachen; und der wilde Prinz, der auf Kosten seines christlichen Bruders nach der Thronfolge strebte, und die zahlreichen Frauen, die den König beherrschten, brachten es dahin, daß er seiner Taufe vergaß, Heide wurde, seinen Sohn Alphonso verbannte, bis ihm die Augen über die schlechten Absichten Panzo's aufgingen und er den edleren Sohn wieder in seine Macht einsetzte, der sie auch sogleich zur Vernichtung des Heidenthums in seinem Kreise anwandte. Der Alte starb, und auf den Rath seiner Mutter war Alphonso in der Nacht in die Stadt gekommen, und erschien Morgens an der Spitze seiner christlichen Freunde vor dem Palaste, wo er unter lautem Jubel zum König ausgerufen wurde. Um Panzo hatten sich in großen Schaaren die Anhänger der Vielweiberei und der Götzen gesammelt; um Alphonso stand ein Häufchen eingeborner Christen und eine kleine Schaar von Portugiesen. Aber Panzo unterlag in der Schlacht und starb an seinen Wunden. Die Tapferkeit, die Waffen und Kriegskunst, nebst der Begeisterung in den Christen, die sogar wunderbare Hülfe zu erhalten meinten, hatten entschieden. Das Christenthum war jetzt befestigt. Die Abgefallenen traten wieder in die Kirche; die Besiegten wurden zur Taufe gezwungen. Der neue König war ein beredter Mann; er bestieg die Kanzel und predigte seinen Negern das Christenthum, so gut er selbst es verstand. Er lud immer mehr Dominicaner-Mönche in sein Land; sie kamen Jahr auf Jahr; er baute ihnen Häuser und Klöster, schenkte Land und Sclaven, bot den Portugiesen alle möglichen Vortheile, sandte seinen Sohn mit jungen Häuptlingen nach Lissabon um zu Predigern herangebildet zu werden. Auch Augustiner-Mönche und andere Priester kamen jetzt ins Land, und die äußere Gestalt des römischen Christenthums herrschte bald unangefochten. Allerdings sanken viele der Missionare als Opfer des Klima's in ein frühes Grab; aber der Feuereifer daheim und in Congo füllte rasch ihre Reihen; die Nachbarländer Sundi, Pango, Concobella, Maopongo boten neue Arbeitsfelder dar. Die Pracht des Gottesdienstes, die Leichtigkeit der Aufnahme, das königliche Beispiel wirkten mächtig. Tausende auf Tausende ließen sich taufen. — Inzwischen starb Alphonso, und sein Sohn Pedro bestieg den Thron und setzte das Werk des Vaters fort, indem er zugleich auf die Gesittung seiner Neger sehr bedacht war. Der Papst ernannte jetzt den Bischof der kleinen Insel St. Thomas im Golfe von Guinea zum Bischof von Congo. Auf seiner Reise nach St. Salvador (so heißt der Mittelpunct der portugiesischen Niederlassungen in Congo) wurde er von der Verehrung von Tausenden umgeben. Ueber 60 Stunden weit vom Meere her hatte der König eine Straße für ihn bauen und mit Matten belegen, die Bäume an deren Seite schmücken lassen; da warfen sich die Neger vor ihm nieder und brachten ihre Geschenke dar, wofür er brachte — nach was gerade jetzt die stärkste Nachfrage war — geweihtes Wasser und Salz zum Taufen. Der König that Alles um den Prälaten ehrenvoll zu empfangen, was dieser damit erwiederte, daß er seine Cathedrale zum heiligen Kreuz prächtig schmücken, mit schönem Geläute, stattlicher Orgel versehen ließ, und sich mit einem gehörigen Hofstaat von Capitularen und andern Geistlichen umgab. Er theilte die Stadt in Pfarrsprengel und stellte Pfarrer an, gränzte die Bezirke der Missionare im Lande zweckmäßig ab; kurz, er that Manches, was dem Christenthum festen Halt im Lande verleihen konnte. Er lebte nur zu kurz um diesen Zweck völlig zu erreichen, und sein Nachfolger, ein in Portugal erzogener Prinz von Congo, den auf des Sterbenden Wunsch der Papst zum Oberhirten von Congo gemacht, erreichte seine Heimath nicht, sondern starb auf der Ueberfahrt. Der Bischofsitz stand leer. Ein tüchtiger Oberhirte war nöthig; denn längst war die erste Wärme und Frömmigkeit aus der Mission gewichen. Die Mönche hatten in den Provinzen, wo die Bekehrungen so rasch in großen Haufen stattgefunden, allmählig Widerstand erfahren; denn es wurde allmählig klar, wie werthlos manche derselben gewesen. Schon der Genuß eines Mundes voll Salz, dieses bei den Negern so beliebten und doch so seltenen Reizmittels, den die Täuflinge erhielten, hatten nicht wenige herbeigelockt, so daß sie sich nur zum „Salzessen" meldeten um die Taufe zu erhalten. Der Beichtstuhl und die Zudringlichkeit der Missionare in demselben, der Widerwille ihre Sünden zu bekennen, waren ein großer Anstoß. Durch die von manchen der Missionare angewendeten Mittel wurde ihr Einfluß geschwächt, ihre Lage sogar gefährlich. Mit einem großen Stock schlugen sie die Götzen zusammen, wenn die Predigt nicht wirken wollte; heimlich schlichen sie sich oft in die Fetischhäuser und steckten sie in Brand. Ja ein Missionar in Maopongo ergriff, da eine Königin sich nicht seinen Lehren fügen wollte, eine Peitsche und schlug sie damit; er war schamlos genug zu versichern, mit jedem Schlag habe ihre Erleuchtung zugenommen. Als der König die Klagen seines Weibes hörte, war es aus mit der Hofgunst der Mission. Da es mit den Dominicanern, Capucinern und andern Mönchen rückwärts zu gehen schien, so sandte der König von Portugal nach dem Tode des Königs Pedro und seines Nachfolgers Francisco, auf die Bitte des Königs Diego um neue Lehrer, eine Anzahl Angehöriger des neugegründeten Jesuitenordens. Auch ein neuer Bischof kam aus Portugal; aber mit diesen Ankömmlingen schwand auch vollends die Ruhe und friedliche Ordnung. Der neue Kirchenfürst, ein ernster, strenger Mann, wurde von seiner versunkenen Geistlichkeit gehaßt, und der König mußte manche der widerspenstigen Geistlichen nach Portugal oder St. Thomas schicken. Die üppig und übermüthig gewordenen Portugiesen wagten es, einen König außer der königlichen Familie zu wählen. Die Congo-Häuptlinge erkannten nicht so bald, daß die ehrgeizigen Priester die weltliche Herrschaft in ihre Hände nehmen wollten, als sie die Waffen ergriffen und ihre sämmtlichen Werkzeuge niedermetzelten. Die Anstifter selbst aber, die Missionare, wurden verschont. Der König von Portugal wurde durch den getreuen Bericht seines Gesandten gehindert die Metzelei blutig zu strafen, weil er einsah daß die Gemordeten ihr Schicksal verdient hatten. Allein auch von der königlichen Krone Portugals kam der frühere heilsame Einfluß nicht mehr übers Meer nach Africa. Die Sache Christi und der Kirche war zum Mittel herabgesunken. In America hatte man gelernt Goldquellen zu suchen und nur nach ihnen den Werth neuer Colonieen zu schätzen. Die Jesuiten hatten nur weltliche Absichten an den Tag gelegt; die Geistlichkeit war gesunken und mit ihr das Christenthum im Lande. Noch zwar verlangte der neunte christliche König, Alvarez III., Missionare vom Papst; aber er bat um Capuciner und verbat sich die Jesuiten. Die Ordensstreitigkeiten der Dominicaner, Augustiner, Capuciner und Jesuiten trugen nicht wenig dazu bei den Glauben der Christen um die frühere Achtung zu bringen. Die Mönche zogen mit Marienbildern umher und waren entzückt wenn die Neger diese schönen Gestalten verehrten, während sie Heiden blieben wie zuvor. Allerlei Büßungen und heidnische Selbstpeinigungen wurden mit der Kirche in Verbindung gebracht, der Aberglaube der Heiden unter christlichen Namen beibehalten, und der trotz der mancherlei römischen Uebelstände doch schöne Anfang schwand je länger je mehr hinweg, und ließ nur ein armseliges Schein- und Namenschristenthum zurück. Die Reliquien und agnus dei finden sich noch jetzt hie und da unter den Fetischen der Congo-Neger; aber von den Kirchen und Klöstern im Lande ist jegliche Spur verschwunden.

Auch in den benachbarten Provinzen war Alles bald wieder wie vom Sande verweht, was selbst nur auf Sand gebaut war. Jene Bekehrungen von Tausenden in Benin, Awerri und Matamba, wo auch die Fürsten getauft wurden (1652), haben auch nicht Einen Christen, nicht Eine christliche Sitte bis auf unsere Zeit zurückgelassen. Im Königreiche Angola hatte Paul Diaz de Novaii (1578) die Stadt St. Paolo de Loanda gegründet; schon vor seiner Ankunft hatte der dortige Fürst Lehrer verlangt und erhalten, aber sie lange nur eingesperrt und ohne Wirksamkeit gelassen; mit ihm waren einige Jesuiten gekommen, die Anfangs das Bekehrungsgeschäft eben so schnell lohnend fanden, wie die Missionare von Nieder-Congo. Es gelang ihnen und den portugiesischen Colonisten, sich so viel Anhang zu verschaffen, daß in einem Kriege mit den Heiden 15,000 Eingeborne mit den Portugiesen kämpften. Wie gewöhnlich meldeten die Missionare, daß sie gegen eine Million Feinde (so viel hat das ganze Land nicht Einwohner!) nur durch die wunderbare Erscheinung der heil. Jungfrau und des heiligen Jacobus Sieger blieben, während allerdings ein andrer ihrer Geschichtschreiber versichert, 300 Europäer haben es in ihrer Bewaffnung ganz wohl mit 30,000 nackten Heiden aufnehmen können. Größer aber konnte das heidnische Heer auch nicht wohl seyn, wenn schon 15,000 Angolaner mit den Christen stritten. Hinlänglich aber characterisirt es diese Mission, daß sie auf dem Schlachtfeld ihre Siege holte. Die Liebhaberei an den großen Zahlen drückt sich auch in den 20,000 Bekehrten aus, von denen man schon nach wenigen Jahren berichtete. Ganz ihnen gemäß sind die Wunder, die dort geschehen seyn sollten, wie jenes, da ein Fetischmann in großer Dürre Regen machen wollte und auch wirklich ein Donnergewölke sich zusammenzog, das aber, statt Regen zu geben, blos dem Priester durch einen Blitzstrahl den Kopf wie mit einem Schwerte abschlug. — Krieg und Blutvergießen, dazwischen solche alberne Wunder, mit Uebergehung der gewiß nicht verächtlichen wirklichen Arbeiten der Missionare, das sind die armseligen Meldungen von dieser Mission. Dazwischen treten Geständnisse, wie sie den ungründlichen Character derselben am besten bezeichnen, von christlichen Stämmen, die ihre Fetische noch ferner verehrten, noch Schaaren von Weibern hielten und sich höchstens zur Aufrichtung eines Kreuzes, zum Versprechen ihre niedergebrannten Fetischhäuser nicht neu zu bauen, herbeiließen. Die katholischen Berichte wissen nichts darüber zu sagen, warum die römische Kirche in Angola sich heutzutage kaum über die europäischen Ansiedler hinaus erstreckt.

In Ober-Guinea, dem eigentlichen Guinea, wurden die wilden Biafaren in der Beninbucht von den Carmelitern zu christianisiren gesucht. Es gibt keine Berichte über ihr Verfahren und ihren Erfolg. Nur die traurige Thatsache besteht unzweifelhaft, daß dieses Volk in seiner jetzigen Rohheit und seinem gräuelvollen Heidenthum nicht eine Spur früherer christlicher Arbeit verräth.

In Weidah auf der Sclavenküste, bei den Joloffen im äußersten Norden Senegambiens, fanden ähnliche Anfänge ohne Nachwirkung statt. In Sierra Leone fand der eifrig-fromme Pater Barreyra ein fruchttragendes Arbeitsfeld, das aber auch seitdem die Dornen des Heidenthums wieder überzogen. In neuerer Zeit hat der Aufschwung der katholischen Missionen auch in diesen Ländergebieten neue Anfänge herbeigeführt; aber es blieb bei den Anfängen, weil das Klima die Arbeiter hinwegmähete und keine neuen nachrückten. Nur in Senegambien auf den französischen Colonieen hat sich eine zusammenhängendere Mission der römischen Kirche seit lange erhalten.

Nur noch Einer frühern Mission haben wir zu gedenken, die aber der evangelischen Kirche zugehört. Die edle Brüdergemeinde, deren Herz so weit für die geistliche Noth der Menschheit schlug, die so kräftig der Neger in ihren

Sclavenketten sich annahm, daß man in ihren stillen Arbeiten die unscheinbare Wurzel für das herrliche Gewächs der westindischen Missionen, aber damit auch der Sclavenfreiheit und zuletzt der aus Westindien und Sierra Leone nach Africa rückkehrenden Missionsthätigkeit erkennen muß; sie, in deren Siegeswappen Africas Zeichen eine hohe Stellung einnehmen darf, ließ auch die Gelegenheit nicht unbenützt, unmittelbar nach Guinea die Botschaft des Heils zu senden. Auch hiezu gab die Verbindung, in welche der Graf Zinzendorf mit dem edlen Könige von Dänemark gekommen war, den nächsten Anlaß, wie zu den Missionen in Grönland, in Westindien, in Ostindien. In Copenhagen befand sich aus den dänischen Besitzungen an der Goldküste Guineas ein Mulatte, der längst getauft und nun bemüht war sich zum Prediger auszubilden. Der Graf lernte ihn im Jahr 1735 dort kennen; er hieß Christian Protten. Nachdem er sein Studium vollendet, kam er nach Herrnhut, wo er in die Reihe der Missionsarbeiter der Gemeinde aufgenommen und mit Heinrich Huckoff aus Mähren nach seinem heißen Vaterlande ausgesendet wurde. Sie gingen nach Holland, wo die Brüdergemeinde bereits in hoher Achtung stand, und erhielten freie Ueberfahrt auf einem Schiffe der dortigen westindischen Compagnie, die auch mit Westafrica, ohne Zweifel in Sclaven, verkehrte. Das von den Portugiesen einst gegründete Oro della Mina hieß jetzt Georg della Mina oder kurz Elmina, und war den Portugiesen von den Holländern abgenommen. Man empfahl sie bestens an den Statthalter dieser Colonie. Sie kamen glücklich an und wählten sich den Akkra-Stamm, dessen Sprache Protten redete, der an der Küste selbst wohnt, denselben, unter dem jetzt die deutschen Sendboten von Basel und die englischen der Wesleyaner arbeiten, zum Arbeitsfelde. Allein die zwei Ursachen, die heute noch so hindernd im Wege der westafricanischen Missionen stehen, waren auch damals Bollwerke, die nicht leicht überstiegen wurden. Dem Europäer war das Klima feindlich; Huckoff erlag in Kurzem dem Klimafieber, und sein Grab wurde das erste der vielen von protestantischen Missionaren in Guinea. Protten blieb übrig; aber außerhalb des Forts war Alles voll Krieg der Stämme und Dörfer unter einander; kein Schritt sicheren Weges, um das Evangelium zu predigen. Protten war darauf beschränkt, eine Mulattenschule im Fort selbst zu versuchen, und auch das wollte nicht gelingen. So mußte Protten im Jahr 1741 wieder zurückgerufen werden. Allein der Mann hatte das eigenthümliche, unruhig flackernde Feuer in Odem und Gemüth, das den Mulatten überall eigen ist. Es war viel, daß er es bis 1756 in Europa aushielt, immer neu versuchend es zu einer zweiten Aussendung zu bringen. Endlich, da seine Hoffnung hierauf geschwunden war, ging er für sich, und zwar von Dänemark aus, mit Empfehlungen an den Statthalter von Christiansburg (Ussu) im Akkralande, wieder in seine Heimath. Diesmal brachte er wenigstens unter der Förderung des dänischen Statthalters die Mulattenschule zu Stande. Nach fünf Jahren kam er ohne seine Schuld abermals nach Europa, um 1763 mit seiner Frau, einer westindischen Mulattin, die in erster Ehe mit einem dortigen Missionar gelebt hatte, nochmals nach Guinea gesendet zu werden. Allein die Sache kam nicht zu Stande, woran diesmal Prottens voreiliges Wesen nicht ohne Schuld war. Es blieb ihm nur übrig es wieder selbst zu wagen, was er that. Im Jahre 1769 starb er in seinem Vaterlande. Doch erlebte er dort noch mit Freuden die Ankunft mehrerer Missionare; es waren Jacob Meder, ein junger Theologe, und vier Gehülfen, die diesmal auf Verlangen der dänisch-guineischen Handelsgesellschaft, und auf Grund eines Vertrages mit allerlei Privilegien für die Niederlassung der Brüder ausgesendet wurden (1767); sie trafen 1768 in Christiansburg ein. Aber der erste, der ein Opfer des Klimas wurde, war Meder; mit ihm einer seiner Genossen. Die andern litten wenigstens sehr vom Fieber, hatten aber an dem Ehepaar Protten treue Pfleger. Die Nachricht davon bewog zu einer Nachsendung von drei Brüdern unter Joh. Erich Westmann's Führung. Im Jahr 1770 trafen sie ein; ihre Absicht war, sich in

Akim, wo, wie man meinte, das Klima minder gefährlich war, anzubauen. Sobald der dortige Häuptling sich versichert hatte, daß sie nicht des Sclavenhandels wegen kämen, nahm er sie höchst freundschaftlich auf. Ningo hieß der Ort ihrer Niederlassung. Aber man hatte sich hinsichtlich des Klimas abermals getäuscht; ohne Zweifel hatten die Brüder auch noch nicht die nöthige Kenntniß von demselben und dem dagegen zu beobachtenden Verfahren, setzten sich der Sonne aus, thaten, nach ihrer gewohnten Weise, anstrengende Handarbeit, weshalb sie Einer nach dem Andern erkrankten und starben. Westmann blieb allein übrig und wollte, sehr geschwächt, mit einem Sclavenschiffe nach Jamaica gehen, an dessen Bord aber auch er erlag. Diese Todesfälle entmuthigten zu Hause. Man wagte keine neue Aussendung, sondern glaubte sich von Gott auf andere, minder gefährliche Arbeitsfelder gewiesen. So blieb auch die erste protestantische Mission in Guinea ohne Nachwirkung. *

Doch war es nicht mehr lange bis dieses verschlossene Land sich der zusammenhängenden Arbeit der Mission öffnen sollte. Im Jahr 1795 war zugleich in England die Londoner Missionsgesellschaft, und in Schottland die Missionsgesellschaft zu Glasgow entstanden; im Jahre 1796 bildete sich im letztern Lande zu Edinburg die schottische Missionsgesellschaft. Diese drei Vereine verbanden sich, um diesen Hauptsitz des Heidenthums anzugreifen. Im Herbst 1797 kamen von Edinburg die Missionare Henry Brunton und Peter Greig, von Glasgow die Sendboten Peter Ferguson und Robert Graham nach London, um von dort mit zwei weitern Mitarbeitern, Alexander Russell und George Cappe nach Sierra Leone unter Segel zu gehen, das sie auch glücklich erreichten. Ihre gemeinsame Bestimmung war das Fulah-Land. Aber ein unglücklicher

* Siehe Uebersicht der Missionsgeschichte der evangelischen Brüderkirche in ihrem ersten Jahrhundert. Gnadau 1833. Abschn. 1, §. 17. Abschn. 3, §. 7, 8.

Zwiespalt zwischen den Sendboten aus verschiedenen Kreisen und der Krieg, der in jenem Lande wüthete, brachten eine Zersplitterung hervor, in Folge welcher die Londoner Missionare das Land der Bullom-Neger, die Glasgower die Bananen-Insel und die Edinburger das Susu-Land zum Arbeitsfelde erhielten.

Demgemäß verließen Brunton und Greig im Anfang des Jahres 1798 Freetown in Sierra Leone, wo alle sechs Missionare beisammen gewesen waren, und begaben sich nach der der Sierra Leone-Gesellschaft gehörigen Factorei Freeport bei der Negerstadt Tugekiring, um die Susu-Sprache im Umgange mit den Schwarzen zu lernen und sich mit dem Volke in Ausflügen nach den umliegenden Dörfern bekannt zu machen. Der Häuptling von Tugekiring wollte ihnen nicht erlauben ihren Wohnsitz in dieser Stadt zu nehmen, weshalb sie zwölf Stunden weiter aufwärts am Flusse Pongas in Kondaia, unter dem Schutze des Häuptlings Fantimania sich niederließen. Eine Versammlung der benachbarten Häuptlinge, die sie beriefen, hatte die gute Wirkung, den unter dem damaligen Zustand des Sclavenwesens so nahe liegenden Verdacht, daß sie in irgend einer Weise gefährliche Späher seyen, einigermaßen zu beschwichtigen. Nach einiger Zeit konnten sie anfangen zu predigen, merkten aber bald, daß sie wenig Eingang bei den Negern hoffen konnten, die von ihrer Sündhaftigkeit und ihrer Erlösungsbedürftigkeit nichts wissen wollten. Ja es kam hier der seltene Fall vor, daß die Muhammedaner, die nur gelegentlich zum Besuche kamen, sich empfänglicher zeigten als die Heiden. Doch schickten die Susu-Neger ihre Kinder zur Schule, wenn man sie dafür speiste. Bald kam nun mit der nassen Jahreszeit die Wirkung des Klimas. Brunton wurde fieberkrank; Greig pflegte ihn bei Tag und Nacht, wurde noch kränker als er, so daß er einmal am am Flußufer hülflos in Erschöpfung zusammensank und hernach Wochen lang am Fieber bewußtlos und sprachlos darniederlag. Brunton's Fieber wurde zum Wechselfieber; in den freien Tagen kroch er zum Bette seines Leidensgefährten; an den Fiebertagen blieben beide hülflos, weil keine Negerin sich bewegen ließ sie zu pflegen. Ihre erbärmliche, fast dachlose Hütte gab sie förmlichen Ueberschwemmungen der tropischen Regengüsse preis; der Boden derselben wurde zum Morast, so daß Greig einmal wie leblos im Wasser lag, und Brunton nur mit Austreibung der letzten Kraft ihn ins Bette bringen konnte. In der Fieberhitze wollte er immer fort, und mit Mühe bewog Brunton einige Neger ihn ins Bette zu tragen. In dieser Zeit der Angst und Noth tobten die furchtbaren Ungewitter so, daß Donner und Blitze fast beständig ihr Elend begleiteten, der Regen in Strömen goß, der Sturm die stärksten Bäume entwurzelte. Einmal lag Greig wie entseelt da, und Brunton mußte an seine Bestattung denken, als er wieder zum Leben kam. So einsam war die Lage der leidenden Missionare, daß Brunton nur noch Einen Trost hatte, den freundlichen Gesang eines Vogels, der wie eine himmlische Troststimme ihn umgab. Endlich hob sich Greig's Kraft wieder so weit, daß ihn sein Gefährte den Fluß hinab und nach Freetown bringen lassen konnte. Er selbst folgte ihm nach einigen Wochen, und glaubte als er dem Hause dort sich näherte, wo der Kranke sich befand, sein letztes Röcheln zu hören. Er hatte sich getäuscht; er fand ihn besser, doch noch sehr krank; aber Russell am Verscheiden, Cappe sehr krank; die beiden Sendboten von Glasgow waren todt. Brunton mußte als Caplan in Sierra Leone bleiben, Greig kehrte endlich auf die einsame Leidensstätte am Rio Pongas zurück, und konnte nun achtzehn Negern, die ihn besuchten, regelmäßig biblische Stellen erklären, seine Schulkinder leiten, am Sonntag eine Versammlung durch diese zu sich einladen, mit öffentlichem Gebet, Besprechung mit den Kindern und Predigt sein Werk thun. Nach dem Gottesdienst pflegte er mit den Negern zu rauchen und sich mit ihnen geistlich zu unterhalten. In dieser Weise sammelten sich etwa 50 Heiden um ihn, die er mit hoffnungsvoller Freude betrachten konnte. Er besuchte nicht selten die umliegenden Dörfer mit der Predigt des Evangeliums, hie und da von seinem Freunde Brunton, bei dessen gelegentlichen Besuchen in der unvergeßlichen Hütte, begleitet. Die Neger begehrten wiederholt die Taufe, indem ihnen von den Portugiesen her bekannt war, daß sie nach ganz kurzem Unterricht ertheilt wurde. Die evangelischen Missionare aber wollten erst Gesinnung und Ueberzeugung ihrer Jünger ruhig erproben. Durch alle diese Hoffnungen und Aussichten aber geschah plötzlich ein dunkler Strich.

Im Januar 1800 war Brunton eben wieder von einem seiner Besuche nach Freetown zurückgekehrt, als Greig von sieben Fulah-Negern, die durch das Land reisten, einen Besuch erhielt. Er unterhielt sich mit ihnen, pries die christliche Gesittung Europas und zeigte ihnen zur Bestätigung des Gesagten mehrere europäische Artikel, die er besaß. Der Abend ging darüber angenehm hin und der Missionar, durch das zutrauliche Wesen der Neger angezogen und um ihnen einen Beweis von Freundlichkeit zu geben, lud sie ein bei ihm zu übernachten. Sie nahmen es an, aber die Habsucht dieser Wilden war durch seinen Besitz gereizt. In der Nacht erhoben sie sich nach von ihm nicht bemerkter Verabredung und schnitten ihm mit einem von ihm geschenkten Rasirmesser die Kehle durch. Er sprang auf sich zu wehren; da nahm einer der Schwarzen eine Axt und schlug ihn auf den Kopf, daß er niederstürzte, worauf sie ihn mit einem Schwerte durchbohrten und ihm den Hals ganz durchschnitten. Alles dies sah einer der Knaben, die Greig bei sich hatte, der aber beim Anblick der Mordscene sich nicht zu rühren wagte. Fantamia, der Häupling, unter dessen Schutze die Mission stand, war sehr entrüstet und rastete nicht, bis einige der Mörder mit dem Raube in ihrem eigenen Lande ergriffen waren. Sie wurden nach Freeport gebracht, und mit Mühe hielt man die Susu von ihrer Ermordung ab. Der nun ausgesendete Missionar Alexander blieb fürs Erste in Freetown und kehrte nachher, wie auch Brunton, nach Europa heim. Von den Londoner Missionaren war Russell gestorben und Cappe, dem der rechte Missionssinn fehlte, entmuthigt heimgekehrt. Die Sendboten von Glasgow hatten sich nicht auf der Bananen-Insel niedergelassen, weil dort heftiger Krieg herrschte. Sie gingen ins Scherbra-Land, wurden von dem Häuptling Adu freundlich aufgenommen und auch fortwährend so behandelt, starben aber bald in dem Sumpflande, das ihre Wohnung umgab, an Faulfiebern. Etwa um dieselbe Zeit, wie diese bald wieder abgebrochenen Missionsanfänge, wurde noch ein anderer Versuch gemacht, der erst später zu Weiterem führte. Die Methodisten sandten auf Kosten der britischen Regierung im Jahr 1792 einige fromme Neger aus Neuschottland im brittischen Nordamerica nach Sierra Leone. Im Jahr 1796 kamen von England aus etliche wesleyanische Handwerker herüber, um im Fulah-Lande eine christliche Colonie zur Einführung des Evangeliums und der europäischen Gesittung zu gründen. Allein diese Leute waren religiös und sittlich diesem Unternehmen so gar nicht gewachsen, daß sie vielmehr schon auf der Ueberfahrt unter sich in Streit geriethen und bei ihrer Ankunft in Sierra Leone sich schmählich genug aufführten, um zum allgemeinen Gespötte zu werden. Sie waren nicht von den Obern ihrer religiösen Gemeinschaft, sondern von einem gemischten Vereine in England ausgesendet. Ein Glück war es, daß aus der beabsichtigten Reise zu den Fulah-Negern nichts wurde, sondern die unbrauchbaren Menschen nach England zurückreisten, um sich dort gegenseitig zu verklagen. — Auch die englischen Baptisten sandten (1795) die Missionare Grigg und Rodney nach Sierra Leone, die sich zu Port Lokkoh im Timneh (Timani)-Lande, etwa 18 Stunden landeinwärts am Sierra-Leone-Fluß, und im Innern der Bananen-Insel niederließen. Allein der Erstere mischte sich unklugerweise in die innern Streitigkeiten der Schwarzen und mußte auf Befehl des Statthalter die Colonie verlassen; der Letztere fand das Klima zu gefährlich, um länger zu bleiben. So schien es wirklich nach drei Jahrhunderten, als ob die Sünde, Thorheit und Unfähigkeit der Christen, sowohl der katholischen als der protestantischen Kirche, mit den fortgesetzten Verbrechen der Sclavenhändler an der Menschheit, mit dem giftigen Hauch des Klimas und der Wildheit der schwarzen Eingebornen sich verschworen hätte, um Africa die einzige Hülfe zu entziehen, die es aus seinem Elend reißen konnte. Es schien, als ob die Sage von dem noch über dem unglücklichen Lande schwebenden Fluche Hams durch die Ereignisse bestätigt würde; und es bedurfte in der That eines gläubigen Entschlusses, um alle Schranken zu durchbrechen, die Gottes Hand selbst um Africa aufgerichtet zu haben schienen. Aber dieser gläubige Entschluß wurde gefaßt.

Dritter Abschnitt.

Englisch-kirchliche Missionsgesellschaft für West-Africa. — Gründe der Wahl. — Die Susu-Nation. — Vorbereitungen. — Suchen von Sendboten. — Jänicke's Anstalt in Berlin. — Die ersten Missionarien Renner und Hartwig und ihre Erkundigungen in Africa. — Renner, Butscher und Nyländer kommen nach. — Erste Schritte. — Hartwig's Rückkehr. — Butscher in Bassia. — Unterrichtsanstalt. — Prasse's Tod. — Der Sclavenhandel. — Barneth und Wenzel. — Station Kanoffi. — Schlußwort des Gesellschaftsberichts 1809. — Barneth's Tod. — Hinderniß der Predigt. — Reisnoth. — Gefahr vor den Sclavenhändlern. — Wachsthum der Schule. — Ihr innerer Gang. — Reise nach Carcandy. — Die Stämme der Küste. — Die Kinder und der Schutz der Mission. — Scene in Carcandy. — Butscher's Rückreise. — Dessen Reise nach Malaga im Mandingo-Land. — Schwarze Kinder und ihr Unterricht. — Die neuen Missionare Wilhelm und Klein. — Butscher in England. — Laienbrüder.

Die englisch-kirchliche Missionsgesellschaft für Africa und das Morgenland war es, die gleich nach ihrer Gründung im Jahr 1799 es als ihre Aufgabe erkannte, im Westen von Africa das Wort vom Kreuze zu verkündigen. Sie wählte dieses Arbeitsfeld nicht im übermüthigen Gefühle der Kraft, sondern im demüthigen Bewußtseyn der Schuld, welche die Christenheit, insbesondere England, an das viel gequälte Land und Volk abzutragen hatte. West-Africa wählte sie, weil dort der Sclavenhandel seine wahre Heimath hatte; weil dorthin Europa all seinen Fluch und fast noch nichts von seinem Segen getragen hatte. Dazu kam noch das Bestehen der Colonie Sierra Leone mit dem ausgesprochenen Zweck der Gesellschaft, die sie begründet hatte, die Nachbarvölker zu civilisiren. Sie mußte einen vortrefflichen Anhaltspunct für Missionsunternehmungen darbieten. Ihre Blicke waren auf das Innere des Landes mehr als auf die Küstengegenden gerichtet, weil dort die Bevölkerung fest angesiedelt in stattlichen Dörfern und Städten unter geordneter Regierung wohnten, und die Sittenverderbniß, wie der Haß, welche der Slavenhandel ausgebar, nicht so zerstörend gewirkt hatten. Die Flüsse und Ströme boten immerhin mit dem Meer, mit der Colonie und mit England eine leichte und vielfache Verbindung dar. Die Sprachen erstreckten sich je über weite Gebiete und waren nicht allzu schwer zu erlernen. — Auch die bisherigen traurigen Ausgänge der Missionsversuche durften nicht abschrecken, weil im Innern das Klima gesunder war als an den Küsten, wo sich die vielen Todesfälle ereignet hatten, und man inzwischen auch mit dem Leben in diesen Gegenden vertrauter geworden war, wie der allmählig sich bessernde Gesundheitszustand Sierra Leones bewies.

Die Susu-Nation war die erste, auf welche die Aufmerksamkeit der Gesellschaft gezogen wurde. Sie wohnt vom Kissi-Fluß über den Rio Pongas bis zum Nunnez-Fluß, nahe genug der brittischen Colonie. Von Einfluß war auch, daß für dieses Volk durch den zurückgekehrten Missionar Brunton Vorarbeiten in der Heimath möglich wurden. Er bearbeitete in ihrem Auftrag eine Susu-Grammatik nebst Wörterbuch, ein Elementarschulbuch mit dem kirchlichen Katechismus, einen abgekürzten Katechismus, eine kurze Bibelgeschichte, einen etwas größeren Unterricht in biblischer Geschichte und Lehre, einige Gespräche über den Nutzen der Bildung, des Lesens und Schreibens, über die heidnische Religion der Susu und über den Werth des Muhammedanismus in Vergleichung mit dem Christenthum. Dies waren die ersten geschriebenen und gedruckten Bücher in einer westafricanischen Sprache, ein Erfolg, zu dem auch die Quäkerin Hannah Kilham mit ihren unablässigen Aufforderungen zur Bildung der Neger und der Umstand mit beitrug, daß in Clapham bei London bereits eine Unterrichtsanstalt für Africaner bestand. In dieser befanden sich auch einige Susu-Knaben, denen man die gedruckten Sachen vorlegte. Sie lasen und lächelten. Als man sie fragte, warum? war die Antwort: „weil das Buch Susu spricht.“ Endlich war man noch zur Wahl des Susu-Volkes für die erste Arbeit durch den Umstand bewogen, daß seine Sprache weit über seine eigenen Grenzen hinaus gesprochen wird: im ganzen Jallonkadu nach Park und bei vielen Fulahs, Mandingos, Bulloms, und Timmanis. Ihr Gebiet ist größer als Großbritannien. Die Gewinnung der Mittel, welche mit dem Christenthum allgemeine Bildung und Gesittung in Africa einführen sollten, die Besorgung einer arabischen Bibelübersetzung für die Muhammedaner, die Aufstellung des Grundsatzes, daß der Missionar nicht durch Dolmetscher, sondern sobald als möglich in der Sprache der Eingebornen predigen sollte, waren wichtige Vorbereitungen der Mission. Die Hauptsache aber war die Auffindung tüchtiger Sendboten. Man hatte sich mit einer großen Zahl gläubiger Prediger in allen Theilen Englands in schriftlichen Verkehr gesetzt, mit der freudigen Hoffnung, daß die Jugend des Landes zu den Fahnen Christi strömen werde. Darin aber täuschte man sich. Das wilde, fremde, ungesunde Land, die schweren, unbekannten Sprachen schreckten die Bewohner des wohlhabenden Landes ab, und noch war der Pfingstgeist der Mission der Zeit noch fremd. Der Sclavenhandel fand seine Leute, die Leben und Gesundheit an seinen schändlichen Gewinn wagten; die Regierung fand Leute, um gegen Geld und Ehre in allen giftigen Klimaten ihr Werk zu thun; aber das Reich Christi fand sie nicht. Meldungen kamen wohl; aber nicht solche, die man erwartet hatte.

Nach Deutschland richteten sich jetzt die Blicke, woher (von Halle) die Gesellschaft für Verbreitung christlicher Erkenntniß so manche ihrer tüchtigen Arbeiter in den Heidenländern empfangen hatte. Allein in Halle war der frühere Stand des christlichen Lebens, durch A. H. Franke und seine Nachfolger begründet und erhalten, einem schalen Halbglauben gewichen. Die todesmuthige Begeisterung für den HErrn und Sein Reich war nicht die Sache der Halbrationalisten, die von der dortigen Universität kamen; die wenigen tüchtigen Männer standen bald in Aemtern. Da aber kam die Nachricht an, daß ein sächsischer Edelmann, Herr von Schirnding, unter der Leitung des Predigers an der böhmischen Kirche zu Berlin, Herrn J. Jänicke, ein kleines Missionsseminar errichtet habe, in welchem eben jetzt sechs Jünglinge sich zum Dienst Christi unter den Heiden vorbereiteten. Es war am Ende des vorigen Jahrhunderts, angeregt durch die Bildung der englischen Missionsgesellschaften, entstanden. Jener edle Sachse hatte zuerst den Unterhalt allein getragen; später vermochte er das nicht mehr, und es trat eine kleine Gesellschaft zu Berlin und in Ostfriesland für diesen Zweck zusammen. Beiträge kamen nur aus diesem Kreise und der Schweiz, und man war schon auf dem Puncte gewesen, aus Mangel an Mitteln, die Anstalt wieder aufzugeben. Die Anfrage aus England öffnete plötzlich eine Thüre zur Aussendung der Jünglinge, die man zwar gebildet hatte, für die man aber keinen Weg wußte, wie sie in die Arbeit gelangen sollten.

Der erste Missionar, der auf diese Weise nach England am, war ein Würtemberger, Melchior Renner; der zweite ein Preuße, Peter Hartwig. Im Jahr 1802 kamen sie nach England, wo sie sogleich in die africanische Erziehungsanstalt eintraten, um mit den dortigen Susu-Negern zu verkehren und sonstigen Unterricht zu empfangen. Es stand noch bis März 1804 an, ehe sie nach Africa abreisen konnten. Sie kamen glücklich dort an.

Die ersten Monate ihres africanischen Lebens gingen mit Besuchen in den nahen Susu-Dörfern, mit Anknüpfung von Bekanntschaften unter den Negern, mit Arbeiten unter den Colonisten, weil kein Geistlicher gerade in der Colonie war, mit Sprachstudien und Fieberkrankheiten dahin. Im Anfang des Jahres 1805 konnten sie größere Reisen im Norden der Colonie an den Rio Pongas und andere Orte machen, um sich über die Wahl der Niederlassung selbst ein Urtheil zu bilden. Sie fanden das Land von Flüssen und Bächen so durchschnitten, daß es ohne einen Kahn nicht leicht zu bereisen war. In der Niederung war Alles mit Gebüsch und Wald so überwachsen, daß es einer Wildniß ähnlich sah. Ganz versteckt in dem hohen Pflanzenwuchs lagen die Dörfer oder Städte, die man erst ansichtig wurde wenn man ganz nahe war. Kaum hundert Einwohner zählten die meisten derselben. In den dichten Gehölzen hauste der Leopard; aber noch ein gefährlicherer Feind als diese Bestie war der wandelnde Fulah-Neger, dieser trügerische Krämer, dessen Habsucht jeder kleinste Artikel zum Mord reizen kann und dem sein wilder, muhammedanischer Fanatismus die Ermordung eines Heiden oder Christen zur Kleinigkeit, ja wohl gar zu einem Verdienst machte. Unter den Dorfhäuptlingen fanden sich manche verständige und gutmüthige Männer, die den Missionar freundlich bewillkommten, aber allerdings von nichts als Branntwein, Tabak und Schießpulver wissen wollten. Das ganze Uferland war auf einige Meilen landeinwärts von den Sclavenfactoreien beherrscht, die ihren moralisch vergiftenden Einfluß um sich verbreiteten. Erst tiefer im Innern erhob sich das Land zu Hügeln und Bergen, deren Thäler und Abhänge von Schwarzen bewohnt wurden, die zwischen Islam und Heidenthum unstät schwanken. Auch sie sind unter dem Einflusse der Fulahs. Als den schönsten Ort zu einer Niederlassung erkannten die Missionare Bassia, wo der schottische Sendbote ermordet worden war.

Ein anderer Theil des Susu-Landes war Sumbea, worin Wonkapong der Hauptort, den der Statthalter von Sierra Leone wegen seiner Größe (3000 Einwohner), seiner Lage am Meere und seines wohlgesinnten Häuptlings als den besten Platz für die Mission empfohlen hatte. Hier gibt es wohl 50 Dörfer und Städte, je von 500 bis

1000 Einwohnern; die Nachbarn sind unruhige Mandingos, mit denen die Susu nicht selten Krieg führen. Die Sumbea-Susu sind hübsche, kräftige Neger von munterem, zutraulichem Wesen, friedlich und weit weniger tückisch als die Fulahs, fleißiger als die üppigen Muhammedaner und nicht ohne Sinn für die religiöse Wahrheit. Ihr Gott, der Himmelsherr, Njaengi, ist ein gutes Wesen, das Niemandem etwas zu Leide thut; aber in den Walddickichten wohnt der Berri oder Teufel, den man mit Opfern versöhnen muß. Die Madingos haben Schulen, worin nur Knaben im Koran unterrichtet werden. Die Susu-Kinder werden leicht in die Schulen gelockt. Missionar Hartwig bereiste diesen Theil des Susu-Landes, und fand da die Sclaven und Freien in getrennten Dörfern, jene mit einem Freien oder Sclaven als Oberaufseher, der dem Besitzer verantwortlich ist. Entflieht ein Sclave, so verfolgen ihn alle; wird er eingefangen, so wird er verkauft oder auf dem Boden ausgestreckt und ihm der Hals abgeschnitten. Meist sind diese armen Leute aus dem Innern her gekauft. Bereits hatten die Missionare in ziemlichem Umfang sich in den Susu-Stämmen umgesehen und auch die Mandingos und ihre fanatischen Fürsten besucht, sich von den reißenden Fortschritten des Islam unter den dortigen Heiden, von dem traurigen Sclavenleben, dem schändlichen Menschenhandel und noch schändlicherem Menschenraub überzeugt, der dort herrschte, als neue Arbeiter in den Personen von Gustav Reinhold Nyländer aus Reval in Liefland, Leopold Butscher von Ueberlingen am Bodensee und Johann Gottfried Prasse aus der Lausitz eintrafen (1806), nachdem sie durch Schiffbruch, Zurücklassung, drohende Gefangennehmung und Tod ihres Capitäns alle möglichen Unfälle des Seelebens erfahren hatten. Sie fanden Renner in Sierra Leone als Caplan thätig; Hartwig war auf der Reise im Susu-Land, und seine kranke Frau auf dem Heimwege nach England. Nachdem Butscher eine Reise zu den Mandingo und Susu gemacht und dort Hartwig gefunden hatte, ging er (1807) mit Renner und Prasse nach dem

Wohnplatze des Häuptlings Fantimani, des Vaters eines der in Clapham erzogenen Knaben, am Bassia-Flusse, nicht weit von seiner Mündung in hügeligem Lande, in der Umgebung mehrerer Sclavenfactoreien. Sie wurden höchst freundlich aufgenommen und zur Niederlassung dort eingeladen. Aber der Sclavenhandel war das größte Hinderniß dort; der Branntwein herrschte. Die Missionare blieben fünf Monate im Lande und hatten viel Verkehr mit Heiden und Moslemen. Hartwig mußte zurückgerufen und aus der Mission ganz entlassen werden, weil er in grobe Sünden verfiel und alle Warnungen nichts bei ihm ausrichteten.

Endlich (1807) konnte Missionar Butscher an den Bassia gehen, um eine Station zu beginnen. Land durfte er nicht kaufen, denn die Häuptlinge gaben es nur gegen ein Geschenk zu Lehen, und da jeder neue Bewohner das Geschenk hätte wiederholen müssen, so zog er vor zu warten bis die Missionare beisammen wären, um gemeinsam die Gabe zu reichen. Es war wohlgethan; denn als indessen Butscher die umwohnenden Häuptlinge besuchte und sie alle freundlich gestimmt fand, — als er sogar Anerbieten von Kindern der Neger erhielt, um sie zu erziehen, — als ihm gar ein englischer Sclavenhändler ein schönes Haus am Bassia schenkte, wenn er seine Kinder in Unterricht nehmen wollte, da stand Alles auf viel festerem Boden, und die vier Missionare (Nyländer blieb als Geistlicher in Freetown) konnten mit gutem Muth ihre neue Arbeitsstätte beziehen (März 1808). Eigenthümliche Aufschlüsse gab bald der nähere Verkehr mit den Susu über die Wirkungen des Sclavenhandels. „Vor dreißig Jahren," sagte Fantimani, „durfte man Sachen von Werth verlieren ohne Gefahr; „wer sie fand ruhte nicht bis er den Eigenthümer erfragt „hatte, um sie zurückzugeben. Die Häuser waren sicher. „Jetzt behält der Finder was er sieht; der Dieb nimmt „was er kann." — In ihrer Nähe gab es ein Leoparden-Palawer, indem ein Leopard drei Männer sollte fortgeschleppt haben. Es mußte untersucht werden, weil Menschen in Leopardenfellen die Leute öfters überfielen und sie in die

Sclavenfactoreien schleppten. So hatte kürzlich ein Alligator eine Frau gepackt und sie — verkauft. Der Monge (Häuptling) Backe erklärte, wenn ein Leopard am Tag Leute anfalle und nicht dafür getödtet werde, so werde er künftig dafür ihr Dorf niederbrennen.

Die Missionare beschränkten sich vielleicht zu sehr auf den Unterricht der Jugend und hofften zu wenig von der Predigt unter den Erwachsenen. Ein Häuflein Heidenkinder hatten sie gesammelt; mehrere Sclavenhändler boten ihre Kinder an, wobei es zur Erklärung darüber kam, daß die Missionare Ursache hatten dieselben für ihre Feinde zu halten, wie andererseits diese in den Sendboten des Evangeliums nur Späher ihres eigenen Thuns und Lassens gesehen hatten. Missionar Renner sprach sich offen gegen sie aus, und ein leidliches Verhältniß bildete sich. Auch Portugiesenkinder bekamen sie, zwar Nachkommen von Christen, aber durchaus in nichts von den Heiden verschieden. Früher hatten die Portugiesen Mönche unterhalten und römisch-katholische Schulen gehabt; aber die Mönche fielen in Vielweiberei und heidnisches Leben und wurden vollkommen den Susu-Negern gleich.

Der unerwartet frühe Tod des Missionars Prasse und die Kränklichkeit Butscher's (1809) ließ die Missionare in ihrer Wildniß nach der Ankunft neuer Mitarbeiter sich sehnen. Ein Trost in ihrer Trübsal war es, als in Folge des Verbots des Sclavenhandels die schlimmen Besuche der Sclavenschiffer eine Zeitlang ausblieben und die Fulahs jetzt statt Sclaven andere Handelsartikel an die Küste brachten. Vierzehn Monate dauerte dieser Hoffnung erweckende Zustand, als auf einmal der Handel wieder auflebte und Fahrzeug auf Fahrzeug erschien, um unter anderen Namen und Formen den Arm des Gesetzes zu täuschen. Inzwischen gedieh der Anbau der Missionare; die Kinderschaar vergrößerte sich; sie mußten sich theilen und einer von ihnen in Kanoffi oder, wie sie es nannten, Fantimania, im Dorfe des Häuptlings sich niederlassen, wo freilich einmal ein Susu so ungestüm gegen den Missionar wurde, der seinen

Palmwein nicht kaufen wollte, daß er ihn mit dem Dolche bedrohte und nur Fantimani's Dazwischenkunft diesen sicher stellte. Die nun angelangten Missionare Barneth und Wenzel, beide aus Schlesien gebürtig und zu Berlin vorbereitet, der erstere Wittwer, der letztere unverheirathet, eilten im October 1809 den einsamen Arbeitern am Pongas-Flusse zu Hülfe. Sie trafen die älteren Brüder von 33 Kindern umgeben, aber durch die äußeren Angelegenheiten ihrer Stationen so in Anspruch genommen, daß es zur Predigt unter den Erwachsenen noch nicht kommen konnte. Es begreift sich dies, wenn man ermißt, daß der Unterhalt der Susu-Kinder ganz auf den Missionaren lag, die sich aufs äußerste einschränken mußten, um aus ihren Gehalten für diese Kleinen zu sorgen. Man sammelte die Kinder alle zu Bassia unter den alten Missionaren, während die beiden neuen Kanoffi besetzten. Wenzel warf sich mit aller Kraft eines evangelischen Geistes auf die Erlernung der Sprache und machte darin rasche Schritte. Mit Recht konnte die Missionsgesellschaft am Schlusse des in den Schicksalen Europas so denkwürdigen Jahres 1809 mit dem Blick auf ihre Missionen muthvoll sagen: „Die Berechnungen der „geschicktesten Staatsmänner sind zu nichte geworden; ihre „Plane sind gescheitert. Das alte System im Land- und „Seekriege, wodurch die europäischen Mächte sich im Gleich-„gewicht hielten, ist vor einem neuen Verfahren zusammen-„gebrochen, und die Vorsehung hat ungewöhnliche Menschen „erweckt, um Neues wirken zu lassen. Alte, durch langes „Bestehen ehrwürdige Fürstenhäuser, in der Liebe der Unter-„thanen gewurzelt, schwanden vor den neuen Gewalthabern „wie Träume dahin, vor Männern geringen Ursprunges, „aber furchtbar durch Talent, Willenskraft und Glück. Eine „Macht, wie nie eine da gewesen, beherrscht das Festland „Europas. Aus dem Schooße der römischen Kirche hervor-„gegangen und ihr dem äußeren Bekenntniß nach zugethan, „hat sie den Papst zu bedürftiger Abhängigkeit herabgedrückt. „Die muhammedanischen Völker zittern für ihr Daseyn und „sind, indeß Gewitter sich um sie sammeln, im Innern

„geschwächt und getheilt. Inmitten dieser furchtbaren Ereignisse hat Gott England in ungebrochener Kraft, in „ungefesselter Freiheit, stark in Frieden und Krieg, als Asyl „des Flüchtlings, als Schutz der Unterdrückten erhalten; „es herrscht über die Meere wie nie zuvor, und Tausende „seiner Angehörigen brennen vor Verlangen, durch diese „Seemacht den Segen ihres Glaubens hinausgehen zu „lassen zu den Völkern der Erde. Die Pflicht jedes Einzelnen, die Pflicht unserer Nation liegt klar vor uns, wir „fühlen sie. Möge Gott unser Thun segnen!"

Das Jahr 1810, mit schönen Hoffnungen begonnen und durch das immer stärkere Herbeiströmen von Kindern, besonders der Häuptlinge, zu der Schule segensreich eingeleitet, erhielt bald sein Todessiegel. Barneth, der demüthige, liebevolle Mann, entschlief im Frieden. Ein neues Haus mußte zu Bassia gebaut werden, das Butscher mit 25 Knaben bezog, während Renner mit 17 Mädchen im alten blieb. Einladungen und darauf folgende Reisen zu entfernteren Häuptlingen und ihren Gebieten gaben um diese Zeit einem längst die Missionare drückenden Gefühle Ausdruck, dem nämlich: daß ein wesentlicher Mangel in der Mission sey, weil den Erwachsenen das Evangelium nicht gepredigt wurde. Gerade das Mittel, wodurch sie den Eingebornen sich zu nähern gehofft hatten, war zum Hinderniß geworden. Sie hatten Schulen errichtet, Kinder gesucht und gefunden. Aber die Eltern gaben sie nur unter der Bedingung, daß sie Englisch lernen würden. Die Kinder lernten so rasch, daß in Kurzem die Missionare den ganzen Tag die eigene Muttersprache hören und reden mußten. Bald waren 50 Kinder beisammen; die 30 Knaben leitete Butscher, die 20 Mädchen hauptsächlich Frau Renner, deren reinliches und zierliches Wesen auf sie überging, so daß sie in ihrer hübschen, einfachen Kleidung sich allerliebst ausnahmen. Eben als die Mission so fröhlich aufblühte, trat Mangel ein, indem die Tonne Reis bis auf 50 Pfund Sterling (600 fl.) im Preise stieg, während der Vorrath im Missionshause rasch verschwand. Es fiel Butschern ein, sich an William Fananders in dieser Noth zu wenden, und dieser schickte nicht nur sogleich zwei Körbe schönen Reis, sondern ließ auch gleich sagen, er werde einige Tonnen ausdreschen lassen, die man nur abholen dürfe. Butscher nahm ein Boot und fuhr drei Tage lang nach dem Wohnsitze des Häuptlings, der ihn höchst freundlich aufnahm. Als er dem Häuptling sagte, er wolle den Reis holen, aber er habe im Augenblicke das Geld nicht ihn zu bezahlen, erwiederte der großmüthige Neger: „Mein lieber „Herr, ich sehe nicht nach Ihrem Gelde, zahlen Sie mich „wenn Sie können. Ich sehe mehr auf die Absicht, die „Sie in dieses Land geführt hat, Kinder zu unterrichten, „und würde sehr froh seyn, wenn Sie in meinem Gebiete „Schulen errichteten. Ich bitte Sie, nach Weihnachten zu „mir zu kommen und alle meine Kinder nach der Art der „englischen Kirche zu taufen.“

Wir haben oben gesehen, wie der Sclavenhandel in Rio Pongas wieder auflebte und die Herzen der Missionare mit Sorge erfüllte. Glücklicherweise war der entschlossene und feste Statthalter Columbine gleich so dagegen aufgetreten, daß sich lange Zeit kein Sclavenschiff mehr sehen ließ. Für unsere einsamen Ansiedler aber erwuchs daraus wieder neue Gefahr. „Tausend Flüche,“ sagt einer von ihnen, „wurden auf die Sierra-Leone-Leute, wozu man uns „auch rechnet, geschleudert. Unser Leben ist in keiner ge„ringen Gefahr; denn die Sclavenhändler hassen uns als „solche, die dem Statthalter Nachrichten von den Vorgängen „im Lande geben.“ Doch blieben die Missionare bis jetzt gnädig bewahrt.

In Sierra Leone ereigneten sich unterdessen Dinge von schmerzlichem Belange für die Mission. Nyländer wurde unerwartet schnell durch den Tod seiner vortrefflichen Gattin verwaist, und eben damit genöthigt eine Schule für junge Frauen der Colonie aufzugeben. Er sehnte sich herzlich von Sierra Leone weg und warf Blicke des Verlangens nach der Bullom-Küste, wo er gern das Evangelium gepredigt hätte. Ein Freund, der die Colonie besucht hatte, legte es der Committee sehr ans Herz diesem Wunsche nachzugeben, weil sonst die Muhammedaner das wichtige Feld besetzen würden.

Im Laufe des Jahres 1811 verdoppelte sich die Schule von Bassia an Zahl und Größe. Die Häuptlinge erkannten den Erfolg des Unterrichts der Missionare an und wetteiferten, ihre Söhne in des „weißen Mannes Buch“ unterrichten zu lassen. Monge Hate schickte noch zwei seiner Kinder und versprach noch mehrere. Jeder Besuch in der Schule machte ihm neue Freude über die Fortschritte seines Sohnes Banga, des ersten und besten Schülers der Missionare. Als Butscher und Wenzel im Anfange des Jahres William Fananders besuchten, bezeugte er abermals seinen Wunsch nach Schulen, der jetzt um so bedeutender war, als er ein Gebiet im Süden des Fulah Dschalon (Fulah-Landes) gewonnen hatte, das der Mission einen Weg ins tiefe Innere West-Africas öffnen konnte.

Blicken wir ins Innere der Anstalt zu Bassia mit ihren 120 Kindern hinein. Die Knaben in dem neuen für sie gebauten Hause unter Butscher standen immer mit Tagesanbruch auf und gingen zu einem nahen Bache, sich unter Aufsicht ihres Häuptlings zu waschen. Dann stellten sie sich vor Butscher auf, der die Reinlichkeit besichtigte, worauf die Glocke zum Gebet lud und jeder seinen Sitz einnahm. Wer lesen konnte nahm seine Bibel, und einer, der sich dazu vorbereitet hatte, las ein Capitel vor. Dann folgte das Gebet, und nach diesem ging jeder an die aufgegebene Arbeit für die Schule. Von den losgekauften Knaben mußten abwechselnd eine Woche lang je 4 etwa 6 Stunden für die Anstalt arbeiten, Reis ausschlagen und dergleichen. Auch hierüber war ein Häuptling aufgestellt. Ein Knabe mußte im Hofe Wache stehen um Diebe abzuhalten, und ein ganz Vertrauter durfte den Reis für Frühstück und Mittagessen austheilen. Nach der Schule wurden die Knaben im Hause oder Garten beschäftigt. Von den größern wurden zwei auch als Ruderer bei den Bootfahrten gebraucht. Vor dem Frühstück ging man in die Schule, wo englische Grammatik, Geographie und Schreiben dictirter Briefe für Knaben und Mädchen vorkamen. Um 9 Uhr rief die Glocke zum Frühstück, das in Reis und Palmöl bestand. Dann war Privatarbeit bis 10 Uhr, worauf die Schulglocke wieder erscholl. In der Zwischenzeit kaufte Renner die nöthigen Marktartikel und sah nach den Kranken, wenn welche da waren. Die Schule begann mit dem Gesang eines Liedes, dann sprach ein Knabe das Gebet des HErrn, worauf man ein Capitel in der Bibel so las, daß an Jedes ein Vers oder zwei kamen. Sofort wurde das Auswendiggelernte hergesagt, indem die drei Häuptlinge des Tages zuerst, dann die oberste Classe vor Butscher, die andere vor den Häuptlingen hersagten. Zuletzt wurden die Fehlenden gemeldet und gestraft, und die Aufgaben des folgenden Tages gegeben. Eine Reihe Wörter wurde vorgesprochen und nachgelesen, auf der Tafel gerechnet, womit dann die vier Schulstunden um waren, und mit Bibellesen, Gesang und Gebet geschlossen wurde. Um 3 Uhr war Mittagessen: Reis und Rindfleisch oder Palawer-Sauce, oder Fisch oder auch Palmöl, wie es eben die Vorräthe mit sich brachten. Dann kam die Spielzeit; oder Butscher ging mit den Knaben aus, was ihnen das Liebste war. Gegen Abend wurde gerechnet; um sieben Uhr Bibellesen und Gebet. Es wurden nachher noch die schriftlichen Arbeiten durchgesehen, ein Capitel erklärt, worauf die Knaben zu Bette gingen oder noch lasen so lange sie wollten. So ging es Tag für Tag; nur am Sonntag war Abends Sonntagsschule.

Ganz ähnlich hielten es Herr und Frau Renner mit den Mädchen, die mit ihnen zusammenwohnten. Morgens Lesen, Sprachübungen, Katechisiren, Rechnen; dann auf den Ruf der Glocke Verlesung eines Bibelabschnittes durch ein Mädchen; darauf weibliche Arbeiten bis zum Frühstück. Zwischen den Schul- und Erholungsstunden gab es hier zu nähen. Zu den eigentlichen Hausgeschäften wurden nur Mädchen verwendet, die den Missionaren ganz angehörten. Frau Renner war eine wahre Mutter für die Kinder.

Diese ganze Einrichtung kostete zusammen jährlich etwa 6000 Gulden, was für 4 Europäer und 80 Kinder (die andern wurden von den Eltern selbst erhalten) gewiß sehr mäßig ist. Aber sie hatte den Nachtheil, daß die Sendboten des Evangeliums zu viel durch öconomische Geschäfte von ihrer Hauptaufgabe abgehalten wurden.

Um nun von dem engern Kreise der Missionsstation unsere Blicke auch auf das Völkerleben Africas in diesen Gegenden hinauszuwerfen, begleiten wir Missionar Butscher auf einer Reise, die einen Besuch bei dem Häuptling John Pierce, dem Vater einiger Zöglinge der Anstalt, zum Hauptzweck hatte. Er wohnte zu Carcandy am Rio Nunnez. Nach viertägiger Bootfahrt kam man im Flusse an und machte beim ersten Dorfe der Paga oder Bago Halt. Einst war dieser Stamm der mächtige Besitzer des ganzen Rio Pongas, des Landes zwischen ihm und dem Rio Nunnez und einer bedeutenden Küstenstrecke am Meere vom Nunnez bis an den Dambia-Fluß, gegenüber den Los-Inseln. Jetzt haben sie nur noch einzelne Dörfchen unter den Susu inne und die Los-Inseln, auf deren größester, Tamaca, sie in Dörfern leben. Sie waren wie die Bullom ein friedlich sanftes Volk, das eben deshalb den gewaltthätigen Susu zum Raube ward. Da der Landungsplatz morastig war, so kamen die wohl mit Fett eingeriebenen Pagas herbei und trugen sie durch den Schlammboden. Dann führten sie sie zu einem Palmbaum, von dem an 16 verschiedenen Stellen Saft ausfloß und in angehängten Gefäßen aufgefangen wurde. Nachdem sich die Reisenden mit diesem angenehmen Getränke erfrischt hatten, geleitete man sie in die Stadt, die aus Einer eine Viertelstunde langen Straße von gleich weit auseinander stehenden, sich ganz ähnlichen Hütten mit fast flachen Dächern bestand. Die meisten Paga tragen große Nasenringe. Die Männer sind bekleidet, die Frauen außer einem ein paar Zoll breiten Tuchstreifen um die Lenden ganz nackt. Die Sprache ist rauh und hart. Nach einigen Stunden Aufenthalts fuhren die Reisenden weiter und erreichten in zwei Tagen Carcandy, wo sie John Pierce herzlich aufnahm und sogleich vier Ochsen ihnen zum Geschenk einfangen und durch seine Leute den sechs Tagereisen weiten Weg nach Bassia treiben ließ. Er war hoch erfreut über die guten Nachrichten von seinen Söhnen, und versprach noch mehrere zu schicken. Butscher besuchte die weißen und schwarzen Kaufleute umher, die ihn höflich, jedoch zum Theil mit Zurückhaltung aufnahmen, weil sie ihn für einen Späher nach ihrem heimlichen Sclavenhandel hielten.

Am Rio Nunnez leben dreierlei Stämme. An der Küste die Paga oder Bago; im Innern, dem Flusse entlang, die Nalo und die Lantamer. Früher waren die letztern der Hauptstamm, jetzt sind es die Nalo. Zur Zeit von Butschers Besuche aber lebten alle Stämme im Frieden unter Pierce, als ihrem Herrn. Die Fulah kommen dahin mit ihren Sclaven, mit Elfenbein, Gold, Vieh und Anderem. Sie bekamen einen beherrschenden Einfluß und betrachteten diese Neger nicht anders denn als ihre Sclaven, die sie nur deshalb nicht so behandelten, weil sie der Kaufleute bedurften, von denen sie ihre Artikel kauften. Von diesen Fulah tauschte man den Reis gegen Salz ein, weil im Lande sehr wenig gebaut wurde; wahrscheinlich weil der Sclavenhandel die Leute als Knechte, Sclavenfänger und kleine Händler in Anspruch nahm. Der Gewinn bei dem Allem war sehr groß; denn man brauchte nur Einen Sclaven jährlich einzufangen, um ein ganzes Jahr von dem Erlöse zu leben. Daher Trägheit, Schlaffheit, Gleichgültigkeit und die Unfähigkeit, seine Freiheit gegen die Fulah zu vertheidigen, während man sie Andern stahl.

Ohne Butschers Zuversicht auf den Felsen des Heils und die Gerechtigkeit der Sache, der er diente, hätte er hier genug von der Stimmung der Häuptlinge und Händler gegen ihn wahrgenommen, um ihn in Schrecken zu setzen. Die Abschaffung des Sclavenhandels hatte sie sehr erbittert, weil sie ihnen alle Hülfsquellen abschnitt und ihnen alle Beschäftigung, jeglichen Erwerb nahm. Jeder andere Handel mit Africa schien ihnen verächtlich, und sie schämten sich ohne den erwarteten Reichthum heimzukehren. Ihr ganzer Besitz waren Sclaven, und die scharfe Küstenwacht benahm ihnen jede Hoffnung, sie in den Colonieen abzusetzen. Schmugglerschiffe waren ihre einzige Hoffnung, und die Wachsamkeit der Wachtschiffe, die eines nach dem andern wegnahmen, ihr Verderben. Die Häuptlinge verlangten von den Händlern die gewohnten Geschenke, und diese wurden nicht gegeben. Die Händler wiesen darauf hin, daß ja kein Plan mehr so schlau angelegt sey, den die Capitäne der Kreuzer nicht wissen und vereiteln. Wer sollte ihnen das Alles sagen? Wer anders als die Leute in Bassia, die von jedem Schmuggler, der in den Fluß einläuft, nach Sierra Leone Meldung thun. So lange sie im Lande bleiben ist der Handel ruinirt. Die Häuptlinge konnten kaum umhin das zu glauben; denn sie wußten ja, daß man zu Bassia mit der Colonie in lebhaftem Verkehr stehe. Nur ihre Kinder, die dort in der Schule waren, hinderten sie auf die Winke der Sclavenhändler sich einzulassen. So weit ging der Haß der europäischen Kaufleute, daß sie sich an die bigotten Muhammedaner und Christenfeinde, die Fulah und Mandingo, sogar mit Geschenken an den König der ersteren wandten, um die Vertreibung der Missionare zu bewirken. Aber zum Glück wurde eben dieser König vom Throne gestoßen, weil er im Innern einen unglücklichen Krieg geführt hatte.

Eine gute Wirkung von der Niederlage, die der Sclavenhandel erlitten hatte, gab sich bald darin zu fühlen, daß die Sclavenbesitzer ihre Sclaven ins Feld schickten, um ihnen etwas zu erwerben; daß Angestellte sich auf den Ackerbau legten, und so des Landes wahre Hülfsquellen in Bewegung kamen.

Nachdem Butscher all diese Erkundigungen eingezogen, dachte er an die Heimreise; aber sein Schifflein war so schadhaft, daß alle Versuche es nicht mehr seefähig machen konnten. Der Landweg war gefährlich, weil es drei Tagereisen lang durch eine Wüste führte, wo man im Wald übernachten mußte, und weil überdies jetzt dort 200 Fulah lagerten, um entlaufene Sclaven einzufangen. Aber Pierce bot ihm eine wohlbewaffnete Leibwache von zwölf Mann gegen die wilden Thiere und Menschen an. Er ging zu Bette mit dem Entschluß Morgen abzureisen.

Frühmorgens rannte ein Mann in sein Gemach mit dem Geschrei: „Herr Butscher, es ist Krieg! es ist Krieg!" — Butscher eilte auf den Vorplatz hinaus und sah einen Haufen Leute, die Einen mit dem kurzen Schwert kämpfend, die Andern beschäftigt Leute mit Stricken zu binden. Der Factor, bei dem er wohnte, erklärte ihm die Scene dahin: es seyen gestern etwa 150 Leute aus dem Cabba-Land hieher gekommen, um ihre Artikel an die Kaufleute abzugeben; es seyen auch bei ihm einige mit Elfenbein, Calabeschen und Vieh gewesen. Nun wollen die Leute John Pierce's sie fangen; warum, wisse er nicht. Nach dem Frühstück sah Butscher bei Pierce hundert dieser armen Leute in Ketten; immer noch wurden weitere hereingebracht, mit deren Einfangung man sich den ganzen Tag beschäftigte. Auf Butschers Frage nach dem Sachverhalt wurde geantwortet: „Diese Leute kommen aus dem Cabba-Land, das sich in „zwei Königreiche theilt. Das eine gränzt an die Lantamer-Neger und steht freundlich mit ihnen, so daß sich die „Bewohner gegenseitig heirathen. Die zwei Cabba-Könige „waren im Krieg mit einander, und der von Nord-Cabba „verbrannte eine Stadt von Süd-Cabba, wobei auch Weiber und Kinder der Lantamer umkamen. Die Lantamer „waren in Wuth, konnten aber ohne mich nichts machen. „Vor einigen Tagen schickte mir der König von Süd-Cabba „die Nachricht, daß etwa 150 Leute seines Feindes, worunter auch die, welche jene Stadt angezündet und die Weiber „und Kinder getödtet haben, zum Handel an den Nunnez „kommen werden; ich möchte sie doch alle fangen und um „Pulver und Flinten verkaufen lassen, damit er den Krieg „fortführen könne. Der Häuptling der Lantamer erhielt „denselben Auftrag; deshalb haben wir sie nun gefangen." — „Aber ich sollte denken," sagte Butscher, „sie seyen doch „nicht Alle des Verbrechens schuldig, für das sie gefangen

„wurden?" — „Das mag seyn," sagte Pierre; „wenn aber „ein Sclavenschiff hier wäre, würden sie ohne Barmherzig„keit verkauft, schuldig oder unschuldig. Jetzt freilich, da „keines da ist, muß man die Leute verhören, und sie dürfen „vielleicht wieder ruhig nach Hause gehen." — So ging es auch wirklich, und diese 150 armen Menschen hatten ihre Rettung lediglich der Abschaffung des Sclavenhandels zu danken.

Butscher trat seine Heimreise an und wurde in der ersten Nacht von einem Häuptling der Lantamer gastfreundlich beherbergt. In der zweiten mußte er unter ein paar kleinen Bäumen übernachten, wo ein Tornado (Wirbelsturm) sie überfiel und ihr Feuer auslöschte, und sie auch so durchnäßt wurden, daß nur rasches Gehen nach dem Aufgang der Sonne die Kleider wieder trocknete. Sie begegneten glücklicherweise den Fulah-Negern nicht, und auch keinem der wilden Thiere, wie Leoparden, Hyänen, Elephanten, Wildschweinen, deren Spuren sie häufig sahen. Die dritte Nacht war sehr schön, und sie übernachteten unter freiem Himmel. Früh am folgenden Morgen kamen sie in eine Stadt, wo eine Frau, die mehrere der Schulkinder in Bassia kannte, Butscher herzlich bewillkommte. Nach mehrstündiger Ruhe ging es wieder vorwärts. Abends gelangte man nach einer Factorei, und Butscher konnte das freundliche Anerbieten eines Bootes benutzen, das ihn wohlbehalten in die Heimath brachte.

Kaum hatte er sich von der Reise erholt, so sah er sich genöthigt, nach Malaga im Mandingo-Lande zu gehen, weil ein Weißer, der dort gewohnt, und dessen Kind er in der Schule hatte, gestorben war und ein Vermögen von 300 Pfund Sterling hinterließ, zu dessen Verwalter er Butscher ernannt hatte. Die Mandingo wollten sein Vermögen nicht aus dem Lande lassen, wenn es Butscher nicht selbst hole. Es war ein schwerer Auftrag; allein die gewissenhafte Sorge für das Kind forderte die augenblickliche Vollziehung. Er ging zuerst nach Bramia zu William Fananders, der ihm ein Boot gab, um nach Dombrica zu reisen, das er auch nach einem Tage Aufenthalt in Bramia glücklich erreichte, ohne jedoch den ihm bekannten dortigen Häuptling anzutreffen. Von da ging es zu Land auf zum Theil schwierigen Fels- und Waldwegen, wo man eine weite Aussicht bis auf die 32 Stunden entfernten Los-Inseln (Islos de los Idolos) hatte, nach Mania, wo die Missionare schon einmal einen Besuch gemacht hatten. Dann ging es über das gleichfalls wohlbekannte Wonkapong, dessen befreundeter Häuptling ein Boot hergab, mit dem man weiter fuhr. Aber ein gewaltiger Gewitterregen durchnäßte den Reisenden so, daß er 10 Stunden lang in der Nässe aushalten mußte und mit heftigem Fieberschütteln in das erste Mandingo-Dorf kam, wo er sich an einem Feuer förmlich dörrte und im glühenden Durst eine ganze Galone saure Milch trank. Er kam gesund in Malaga an, konnte aber nichts machen, weil das Vermögen des Verstorbenen mit dem eines Andern vermengt war, der sich eben in Sierra Leone befand. Daher reiste er ebenfalls dorthin, wohin ihn auch Nyländer dringend einlud. Nachdem er dort Nyländer mit seiner zweiten Gattin getraut hatte (die erste war tief und allgemein betrauert entschlafen), kehrte er mit sechs aus Sclavenschiffen befreiten Negerknaben aus Congo, die der Statthalter ihm übergab, nach Malaga, und von da nach glücklicher Beendigung seiner Geldgeschäfte nach Bassia zurück. Letzteres war durch die Negerkinder eine etwas schwierige Reise, weil die Mandingos oft solche Kinder wegstehlen und wieder verkaufen. Als der Häuptling von Mania ihn fragte, woher er die Kinder, zu denen auch ein von seinen Eltern ihm übergebener Mulattenknabe gekommen war, habe? und Butscher ihm dies sagte, gab er zur Antwort: „Die Welt dreht sich um die „Sclaven; die, welche man an die Schiffe verkauft, kommen „nach Sierra Leone und werden frei. Ein wenig vor der „Abschaffung des Sclavenhandels kamen Sie in dieses Land „und wurden mit den Häuptlingen bekannt, die Ihnen ihre „Kinder in Unterricht gaben, und jetzt bringen Sie gar „Kinder, die Sclaven gewesen sind, von Sierra Leone und „wollen diese unterrichten. Wenn alle Kinder, die Sie

„jetzt haben, das Buch lernen und groß werden, so werden „sie Ihre Art lernen und üben, und das wird Alles im „Lande ändern. Ich glaube es ist nicht gut, daß die Sclaven das Buch lernen; sie werden gegen ihre Herren aufstehen." — Butscher setzte ihm auseinander, diese Kinder seyen keine Sclaven, sondern so frei wie er selber; aber er zeigte ihm auch, daß die Sclaven gerade wenn sie das Buch recht lernten nicht gegen ihre Herren sich empören würden. Der Mann war ein Muhammedaner und selbst Lehrer der Jugend.

Die Arbeit der Missionare an den africanischen Kindern war nichts weniger als leicht. Es war mehr Strenge nöthig als bei den Kindern civilisirter Eltern. Sie waren meist von ihren Müttern bisher erzogen und hatten daher nie etwas Gutes gehört oder gesehen. Ihre Zungen, an Fluchen und schändliche Worte gewöhnt, waren schwer zum Lobpreisen des HErrn zu bilden. Aber die Veränderung, die mit ihnen nach kurzer Schulzeit vorging, war auch wunderbar; sie waren neue Creaturen.

Ein Freudentag in der Mission war die Ankunft neuer Missionare aus Europa. Es waren Johann Gottfried Wilhelm aus Straßburg und Jonathan Salomon Klein aus Stuttgart, die am 20. Januar 1812, kurz nach dem Tode der Frau Wenzel, in Bassia anlangten. Desto besser war es daß Klein verheirathet war, und zwar mit einer Nichte des frommen Predigers Thomas Scott. Er wurde daher auch zu Missionar Wenzel nach Kanoffi bestimmt, während Wilhelm in Bassia zu bleiben hatte, indeß Butscher nach England gehen sollte, um mit der Committee persönlich zu verhandeln. Eine Druckerpresse mit Zubehör hatten die neuen Brüder auch mitgebracht und wußten sie zu behandeln. Sie waren auch mit einer kleinen Anzahl von arabischen Bibeln für die Muhammedaner versehen, von denen sie einigen der moslemischen Fürsten schön gebundene Exemplare verehrten.

Butscher's Anwesenheit in England führte zu wichtigen Erörterungen über die Einrichtung der Mission in mehrfacher

Rücksicht. Einer der wichtigsten Erfolge war die Bestimmung etlicher Layenbrüder für die Mission: die beiden Hannoveraner Quast und Meißner, und Hermann Meyer von Bremen, die allerlei Handwerke lernten und den Auftrag erhielten, um ein kleines Schiff für die Mission minder kostbar zu machen, einigen Handel für sie zu treiben. Die Besetzung eines dritten Postens am Rio Dombia war ein weiterer Auftrag, den Butscher mitnahm; und die Ermunterung, zur eigentlichen Predigt des Evangeliums vorzuschreiten, nachdem nun die Hindernisse weggeräumt seyen, durch welche die Sendboten im Anfang auf die bloße Einwirkung auf Kinder beschränkt waren, nicht der unwichtigste Punct der Besprechung gewesen. Butscher reiste mit seinen Gefährten und deren Frauen, jetzt selbst verheirathet, ab.

Vierter Abschnitt.

Verhalten gegen den Sclavenhandel. — Ausbruch des Hasses der Sclavenhändler. — Palawer. — Butscher's Rückkehr und Schiffbruch. — Ermordung des Capitäns. — Die Layengehülfen. — Quast's Tod. — Stand der Mission. — Das fromme Negermädchen. — Die Bibeln aus dem Schiffbruch. — Butscher Caplan in Sierra Leone. — Neue Stürme am Rio Pongas. — Meyer auf Abwegen. — Edle Früchte des Unterrichts. — Kirchen in Bassia und Kanoffi. — Englischer Militärbesuch. — Brandstiftung auf den Missionen. — Ueber Predigt bei den Erwachsenen. — Die Verhandlung mit Monge Tschali. — Renner's Lebensgefahr. - Neue Station Gambier. — Aufnahme befreiter Negerkinder. — Peter Hartwig's Umkehr. — Neue Missionare. — Die Hoffnungen der Sclavenhändler. — Verwüstung in Kanoffi. — Hausbrand in Bassia. — Tod Hartwig's und seiner Gattin. — Taufe von 90 Kindern in Bassia; von 48 Kindern in Kanoffi. — Stimmen aus Africa. — Früchte des neuen Lebens. — Monge Backes Umkehr. — Kirchenbrand in Bassia. — Todesfälle.

Der Argwohn, den die Sclavenhändler und ihre Mitverbundenen auf die Missionare als Kundschafter ihres schändlichen Treibens geworfen hatten, war insofern nicht ganz grundlos, als sie nach ihrer Gesinnung allerdings diesen Handel verabscheuen mußten, und als die Behörden in Sierra Leone, die den Auftrag hatten, die Vollziehung der in dieser Hinsicht gegebenen Gesetze aufs Strengste zu überwachen, sich keine bessern Gehülfen hätten wünschen können, als die Missionare. Sie wandten sich auch wirklich an dieselben; aber Renner antwortete mit voller Anerkennung der guten Absicht der Regierung und seiner Pflicht dieselbe zu unterstützen, aber auch mit der Versicherung, daß die Sclavenhändler ihre Sache aufs Geheimste im Dunkel der Nacht treiben, den Missionar fürchten „wie die Hölle", und ihm daher keine Gelegenheit geben sie zu beobachten. Er fügte hinzu, daß es durch die gänzlich schutzlose Lage der Mission und den wachen Argwohn der Eingebornen aufgedrungener Grundsatz der Sendboten sey, mit Niemandem, selbst nicht mit ihrer Committee in London, über diesen Gegenstand Briefe zu wechseln; daß übrigens der schlechte Handel sichtlich abnehme, und von dieser Abnahme bereits die besten Wirkungen zu bemerken seyen. — Aber alle Klugheit konnte den Haß nicht wegnehmen, der immer heftiger gegen die Missionare geschürt wurde. Im October schien sich derselbe nach langer Gewitterschwüle entladen zu sollen.

Es war am 14. October 1812, daß Wenzel's Kinder von Kanoffi athemlos nach Bassia gelaufen kamen, und es hieß, die Fulah haben den Häuptling Fantimani angegriffen. Sogleich gingen die Knechte der Missionare nach Kanoffi, um Klein und Fantimani zu helfen. Wirklich hatten jene feindseligen Neger einige Dörfer in der Nähe niedergebrannt und manche Susu weggeschleppt; aber sie begnügten sich damit, und Klein, der eben auf Fantimani's Rath sich hatte flüchten wollen, konnte in Kanoffi bleiben. — Bei einem Palawer, welches die Susu nach Wiederkehr der Ruhe hielten, kam es zu Tag, daß ein Häuptling Monge Fantimane zu Sumbure mit einem gewissen John Ormond den ganzen Handel angestiftet hatte. Dieser Letztere, ein muhammedanischer Neger, hatte Ansprüche auf Bassia als sein Eigenthum erhoben, die er mit Hülfe der Fulah durchzuführen dachte. Es war daher beabsichtigt gewesen, diese sollten bis auf den Missionsplatz vordringen. Warum sie dies nicht thaten, hat man nicht erfahren. Das Palawer verurtheilte den Anstifter zum Tode, begnadigte ihn aber vorerst und ließ ihn blos einkerkern. Dagegen sollte zu Kanoffi ein Dämonenhaus im Walde wieder aufgebaut und mit einem Menschen-Opfer eine Sühne den Geistern der Ahnen dargebracht werden, deren Beleidigung als letzte Ursache der Kriegsunruhen galt. Renner war durch Zusendung eines Bündels Stöcke dazu eingeladen, von denen man alle Tage einen wegzuwerfen hatte, um den Tag der Zusammenkunft zu wissen. Es war der, an welchem der letzte Stock weggeworfen wurde. Er ging zwar nach Kanoffi, weigerte sich aber der Ceremonie beizuwohnen. Allein dafür wurde ein Palawer in Bassia selbst angesagt, bei dem der Häuptling Monge Backe den Missionaren geradezu sagte, daß man sie als die Ursache des unerhörten Einfalls der Fulah und als die Urheber der Erscheinung der Kriegsschiffe betrachte, mit dem Bedeuten, daß wenn dies wahr sey, er sie wegschicken müsse, wie ein Mann seine Frau, wenn er sich mit ihr nicht vertragen könne. Er berief sich dabei auf die wiederholten Behauptungen der Weißen (Sclavenhändler). Renner antwortete, indem er die Aussagen dieser Leute für lügenhaft erklärte, Beweise forderte, versicherte, daß er den Behörden in Sierra Leone nie schreibe, nachwies, daß die Mission mit den Kriegsschiffen in keine Berührung komme u. s. w. Die Neger verlangten dann, daß die Missionare keine weißen (Mulatten-) Kinder mehr bei sich aufnehmen, sondern nur schwarze, und machten noch einige andere Forderungen, worauf man möglichst einging, so daß die Verhandlung zu einem friedlichen Ausgange führte. Nach längerer Unruhe und wiederholtem Kriegsgeschrei, wobei es sogar zu Berathungen über Bleiben oder Weggehen kam, kehrte Alles wieder ins alte, stille Geleise zurück, und Butscher konnte die Mission bei seiner Rückkehr im Frieden und gedeihlichem Zustande finden.

Kehren wir zu Missionar Butscher zurück, den wir in England verlassen haben, bereit, nach seinem geliebten Bassia zurückzueilen. Am 19. November fand die Einschiffung an Bord des Schiffes Charles unter Capitän Graham zu Portsmouth statt, und so glücklich war die Fahrt, daß man schon am 5. Januar 1813 das westlichste Vorgebirge von ganz Africa, Cap Verde, entdeckte. Nur noch drei bis vier Tage, so konnten die Missionare im Rio Pongas seyn, wenn das Wetter so schön blieb, wie es bisher war. Allein in der folgenden Nacht um 11 Uhr rannte das Schiff bei frischem Winde etwa 8 Stunden südlich vom Gambia-Flusse gegen ein Riff der Tongui-Felsen, 2 Stunden vom Ufer, so heftig an, daß man plötzlich die Segel einziehen mußte. Das Schiff hob sich glücklich über die gefährliche Felskante weg; der Capitän meinte in der finstern Nacht glücklich entkommen zu seyn und ließ die Segel wieder aufziehen, als ein neuer noch heftigerer Stoß ihn überzeugte, daß er in ein Klippen-Labyrinth gerathen sey. Man mußte nun trachten zu ankern, was mit großer Anstrengung gelang. Bei dem ersten Stoße waren die schlafenden Passagiere theils halb nackt, theils ein wenig angekleidet aus den Betten gesprungen und aufs Verdeck gerannt. Die wiederholten Stöße ließen sie den nahen Untergang des Schiffes fürchten. Butscher trat unter die entsetzten Mitreisenden und wies sie an den Heiland, dessen Barmherzigkeit alle Sünden vergebe und Gerechtigkeit vor Gott verleihe. Er schloß seine Gattin in die Arme und sagte: „Liebe! sieh auf Christum, „unsern Heiland. Vielleicht in wenigen Minuten werden „wir vor Seinem Throne stehen, um nie wieder zu scheiden, „sondern bei Ihm zu seyn allezeit;" — und sie antwortete: „Des HErrn Wille geschehe!"

Am Morgen früh sah man zur unaussprechlichen Freude Aller Land. Aber das Schiff war so mitgenommen, indem sein Steuerruder gebrochen, daß der Capitän das große Boot aussetzen und einige Matrosen und Passagiere mit dem von Butscher nach England mitgenommenen Negerknaden Richard Wilkinson unter dem Commando des andern Officiers ans Land schickte. Man wollte einen Theil der Ladung dort abgeben, um dann mit dem leichtern Schiffe weiter zu gehen. Etwa 50 Eingeborne umringten sogleich die Gesandten; Wilkinson versuchte es mit der Susu-, Bagor- und Sulama-Sprache; aber man verstand ihn nicht. Endlich merkte er, daß es Mandingos waren, und nun konnte er sich verständlich machen. Sie antworteten: „Freund, „obwohl Ihr im Unglück seyd, so müssen wir Euch doch „alle zum König bringen, denn jedes gestrandete Schiff ge„hört hier dem Könige." Die Mandingos faßten das Boot an, um seine Bemannung gefangen zu nehmen; da aber diese gut bewaffnet war und eine drohende Stellung einnahm, so liefen sie alle bis auf Einen davon, der seine Flinte hob und zielte, sich aber auch fortmachte, da er die Flinte eines Matrosen auf sich gerichtet sah. Wilkinson wäre fast mit dem Messer eines Negers durchbohrt worden; er zog nun schnell eine Pistole und jagte ihn fort. So eilte man unverrichteter Dinge nach dem Schiffe zurück. Es blieb nun nichts übrig, als den werthloseren Theil der Ladung über Bord zu werfen. Während dies geschah, näherten sich drei kleinere Fahrzeuge von Goree, deren eines ohne Ladung war, die beiden andern Reis geladen hatten. Man bewog sie, diesen in die See zu werfen, und alle drei nahmen nun von der Ladung des Charles. Jetzt legte Alles Hand an, um das erleichterte Fahrzeug an Tauen über das Felsenriff zu ziehen. Fast war es gelungen, als ein Tau riß und das Schiff heftig gegen die Felsen stieß, so daß das Wasser rasch eindrang. Man pumpte fort und fort, und am folgenden Tag machte man neue vergebliche Anstrengungen, in der bewegten See das Schiff zu befreien. Das Wasser stieg im Raume, und man mußte werthvollere Dinge über Bord werfen. Der Sohn des Königs von Cambo kam aufs Schiff und bot Hülfe an. Er wurde ersucht einen Brief an den Gambia zu befördern. Butscher wurde gebeten, mit einem der kleinen Fahrzeuge nach Goree zu gehen, und dort ein Schiff zu verschaffen, das die Ladung des Charles abhole.

Er ging mit seiner Gattin, Quast und dessen Frau und Wilkinson, mußte aber bei kaltem Regen, ohne Nahrung und bei widrigem Winde, wodurch besonders seine der Entbindung nahe Frau sehr litt, aushalten, bis er endlich nach Goree gelangte. Unterwegs hatte er einige kleinere Fahrzeuge bewogen nach dem Charles zu fahren und dem Capitän Nachricht zu geben. Es gelang ihm im Hafen ein Schiff zu finden, mit dem er sogleich ausfuhr, indem er seine Frau und die Genossen im Hause eines befreundeten Kaufmanns lassen konnte. Als man den Charles erblickte, wurde eine Kanone gelöst; aber keine Antwort kam. Wohl aber sah man ein kleines Fahrzeug neben dem Schiffe liegen, ein anderes nicht weit davon. Das Boot wurde ausgesetzt und Butscher eilte mit einiger Mannschaft dem Charles zu. Bald sah man diesen von Eingebornen umschwärmt, die ihn ausluden; aber kein Weißer war zu sehen. Da konnten sie sich nicht näher wagen, sondern fuhren auf eins der kleineren Fahrzeuge zu. Es war eins von Goree, dem er seinen Brief an Capitän Graham mitgegeben hatte. Da erhielten sie die Nachricht, der Capitän und einer der Passagiere seyen von den Eingebornen gemordet worden, und diese hätten das Schiff in Besitz genommen; der Rest der Mannschaft aber sey auf einem der Hülfsfahrzeuge nach Goree geflohen. Diese Leute waren gezwungen, den Eingebornen bei ihrem Raubgeschäft zu helfen, und riethen sehr, sich eiligst auf den Neptun zurückzubegeben, sonst werde es ihnen gehen wie dem armen Capitän Graham. Es kamen aber weitere Boote von Goree her, in der Absicht, das geplünderte Schiff und seine Ladung den Wilden abzunehmen; sie waren mit 40 Bewaffneten bemannt und baten Capitän Gibson, mit dem Neptun ihre Rückhut zu bilden, weil ein größeres Schiff den Schwarzen mehr Respect einflöße. So warf man Anker in der Entfernung, um nicht gleich gesehen zu werden. Eine Kanone vom Neptun wurde in eines der Boote gebracht, und dieses ruderte Morgens gerade auf den Charles los, der unbesetzt war und daher gleich in Besitz genommen wurde, um die Ladung zu bergen. Der Capitän des Neptun sah von seinem Schiffe wie die Eingebornen sich wieder zum Angriff sammelten, und ließ vier Schüsse nach ihnen feuern, die aber Niemanden trafen. Die kecken Leute von Goree, die sich an Bord des Schiffes begeben hatten, wurden meist gefangen, nackt ausgezogen, in Ketten gelegt und zum Könige geschleppt. Dies machte in sofern Allem ein Ende, als selbst ein Kriegsfahrzeug, das der Statthalter von Goree hersandte, nichts mehr thun konnte, weil der barbarische Negerfürst sagen ließ, er würde, wenn man ihm den Charles nicht überließe, diese Gefangenen niedermetzeln. — Der Hergang mit Capitän Graham war gewesen, daß er in einer Unterhandlung mit den Schwarzen auf einem nahen Inselchen, wo es durch die Hitze eines der Matrosen zum Kampfe kam, erschossen wurde.

Butscher kehrte wohlbehalten nach Goree zurück; aber eine Menge wichtiger Dinge: Lebensmittel, Kleider, Baumaterialien, Bücher und Werkzeuge aller Art — waren verloren und auch das Gerettete mußte, weil die Ladung versichert war, in Goree abgegeben werden, um zum Verkaufe zu kommen, weil der Erlös an der Versicherungssumme abgehen mußte. Das war den guten Handwerkern, die Butschern begleiteten und denen es gelungen war ihre meisten Sachen zu retten, zu viel. Er hatte große Mühe ihre Unzufriedenheit zu stillen und sie durch sein Beispiel, da es ihm ebenso ging, zu beruhigen und ihnen zu zeigen, daß es jetzt darauf ankomme, den Glauben zu bewähren, den sie bekennen. Da Einer von ihnen so weit gegangen war, seine Reise nach Africa zu bereuen, so ließ ihm Butscher, da er ihm in der Mission nichts Angenehmes versprechen könne, die Wahl, ob er mit einem segelfertigen Schiffe wieder heimgehen wolle. Es zeigte sich aber erst noch, daß die Handwerker ihre Sachen nicht versichert hatten; sie bekamen daher Alles zurück, während Butscher all sein Hab und Gut bis auf einige Kleider, selbst seine Taschenuhr, mußte verkaufen sehen. Ein Schmerz anderer Art aber wurde den Handwerksbrüdern nicht erspart. Die Frau des Hermann Meyer bekam das Fieber, das, weil sie jegliche Hülfe eines Arztes in den ersten Tagen verweigerte, rasch wuchs und in kurzer Zeit tödtlich endete. Butscher kaufte die meisten zum Verkauf ausgesetzten Sachen, wozu ihm der vortreffliche Statthalter Mac Carthy und der edle Commandant Major Chisholm das Geld liehen. Nach zweimonatlichem gezwungenem Aufenthalt auf Goree gelangten die Missionare endlich glücklich in den Rio Pongas, aber nicht ohne noch an der Mündung dieses Flusses den Missionsgehülfen Quast am Fieber sterben zu sehen. Die äußerlichen Verluste aber wurden alle reichlich wieder ersetzt.

Neun Jahre hatte die Mission jetzt bereits an dieser Küste gearbeitet und noch war, wenn man nach der Hauptsache, nach Bekehrung der Heiden fragt, so gut als nichts gethan. Und warum? weil die Missionare noch immer an der Schularbeit hängen blieben, statt einmal ernstlich und anhaltend mit der Predigt des Evangeliums aufzutreten, wie z. B. die Missionare der Londoner Missionsgesellschaft in Süd-Africa mit gutem Erfolg thaten. Die Committee sah diesen Mangel und ertheilte ihren Sendboten die Weisung, diesen wichtigen Gegenstand in die erste Linie ihrer Thätigkeit zu stellen.

Daß aber auch die bisherige Arbeit keine vergebliche gewesen, davon mögen folgende Auszüge aus dem Tagebuche der Geschwister Klein Zeugniß ablegen:

„Unser ältestes Mädchen Julie antwortet mit Wärme „auf alle Fragen. Sie sagte einmal: da sie noch ein kleines „Kind sey und nichts von Gott und alledem verstehen könne, „was wir sie lehren, sollte man sie zuerst arbeiten lehren und „dann erst an diese Sachen gehen. Auf unsere Antwort, so „wichtig die Arbeit sey, so sey doch die Erkenntniß und „Liebe Gottes noch wichtiger, erwiederte sie: „ja, ich will „Ihn gern kennen lernen und erfahren, wie man Ihm „wohlgefällt, weil ich ja an Reis und Kleider gar nicht zu „denken brauche, sondern Alles bekomme.“ Sie fügte hinzu: „wenn sie mit dem andern Mädchen an den Bach gehe, „so sage sie diesem oft: „wir wollen gute Kinder seyn und „unsern Freunden lieb werden; denn hätten sie uns nicht

„getauft, so hätte man uns nach America geschickt, und „das ist ein schlimmer Ort.“ Sie bemerkte, es mache ihr „jetzt nicht mehr so viel Kummer, daß man sie von Vater „und Mutter weggerissen habe, weil wir ihre Eltern seyen. „Manchmal, wenn sie an den Bach ging, um zu waschen, „verlangten andere Negerinnen dort Seife von ihr und „schlugen sie sogar, weil sie sich beharrlich weigerte. Ein- „mal schlug sie ein Mädchen und forderte sie zum Kampf „heraus. „Nein,“ sagte sie, „ich will nichts davon, ich „fürchte Gott.“ — Was soll denn das seyn, Gott fürchten? „fragte die Andere. — Julie erwiederte: „Er ist nicht hier; „Er ist droben. Du meinst Gott sehe dich nicht; aber Er „sieht dich; Er weiß Alles, was du sagst und thust.“ — „Ein andermal sprachen ihr die Weiber zu, ihnen Seife „zu geben, uns Butter zu stehlen und ihnen zu bringen, „und versprachen ihr Früchte dafür. Nach langem Zureden „von ihrer Seite sagte sie: „Und wenn ich dann sterbe „und Gott mit mir vom Stehlen redet, was soll ich dann „sagen? und wenn ich brenne, was soll ich anfangen?“ — „Darauf sagten die Andern kein Wort mehr. — Eines „Tages kam Marie, unser kleines Mädchen, vom Hofe „hereingelaufen und sagte uns, ein Knabe habe Julie ge- „schlagen. Auf die Frage: hat sie ihn wieder geschlagen? „antwortete Marie: nein! sie hat gesagt, sie fürchte Gott; „und als der Knabe ihr in die Küche nachlief und sie „wieder schlug, sagte sie, sie wolle es Gott überlassen. — „Marie hatte einmal bei Herrn Wenzel ein Bild des ge- „kreuzigten Heilands gesehen und Julien gesagt, der es sehr „leid war, daß sie es nicht auch gesehen habe. Da hier „im Lande kein Bilderdienst herrscht, so dachte ich, es könne „ihr nicht schaden und zeigte es ihr. Da saß sie eine Weile „still da, fing dann an zu seufzen und brach endlich in „eine Thränenfluth aus, worauf ich ihr das Leiden Christi „und dessen Zweck erklärte.“

Aufgemuntert durch solche Wirkungen und in der besten Meinung hatten schon bei Butscher's Anwesenheit manche Missionsfreunde in England den Gedanken gehabt, Geld für die Loskaufung von Kindern aus der Sclaverei zu sammeln und es in die Hände der Missionare zu legen, damit diese Kinder eine christliche Erziehung bei ihnen erhielten. Allein Andere, die an sich dem schönen Gedanken alles Gelingen gewünscht hätten, machten die gegründete Einwendung, daß man damit den Sclavenhandel eher unterstütze, und es wurde wieder aufgegeben. Dagegen bot sich eine schöne Gelegenheit dar, die gesammelten Mittel auf unbedenkliche Weise zu verwenden, indem auf den weggenommenen Sclavenschiffen Hunderte armer africanischer Kinder eingebracht worden waren, die man nun unter die Leitung der Missionare zu stellen beschloß.

Um jene Zeit kam folgende Spur von guten Folgen des furchtbaren Unglücks des Schiffs Charles zu den Ohren der Freunde in England. Auf dem Schiffe waren auch mehrere Kisten Bibeln und Neue Testamente für die Mission und zwölf schön gebundene arabische Bibeln für die muhammedanischen Häuptlinge gewesen, sämmtlich Geschenke der Bibelgesellschaft. Butscher dachte, die meisten Artikel, die auf dem Schiffe geraubt wurden, dürften von den Eingebornen den Kaufleuten am Gambia gebracht werden, um sie zu verkaufen, und schrieb deshalb sogleich von Goree aus an einen derselben, den er kannte. Er nannte ihm die wichtigsten Artikel, besonders die arabischen Bibeln. Wirklich erhielt er auch alsbald Nachricht, daß er sich nicht getäuscht habe, indem wirklich die meisten gestohlenen Sachen in die Hände der Kaufleute gekommen seyen. Nur von den Büchern haben sich wenige gefunden. Die arabischen Bibeln besonders wollen die muhammedanischen Eingebornen nicht hergeben und man habe für eine derselben bis auf 8 Pfund (96 fl.) geboten, ohne sie zu erhalten. Welchen Respect diese Leute vor den Missionaren hatten, zeigt der Umstand, daß einem Negerkaufmann, der Manches von dem Raub des Charles gekauft hatte, seine Freunde sagten, er habe da etwas sehr Gefährliches gethan; denn die Sachen haben dem Buchmann gehört und Gott werde ihm gewiß das Haus anzünden oder ihn sonst strafen, daß er sie gekauft. Sonderbarer Weise brannte wirklich kurz nachher sein Haus ab; vielleicht hatten es die Propheten selbst angezündet. — Butscher sollte auf den dringenden Wunsch des Statthalteramts die Caplansstelle in Sierra Leone übernehmen, weil Nyländer endlich nach langem Sehnen darnach zu den Bullom gegangen war. Die Gesellschaft gab ihm die Erlaubniß dazu, stellte es aber seiner eigenen Ueberlegung anheim. Nach langem und ernstlichem Erwägen nahm er endlich die Stelle an, weil die Mission einen vertrauten Mann in der Colonie durchaus haben mußte; — weil ihm der Statthalter erlaubte, dabei doch der Mission unter den Susu zu leben, wenn er nur öfter käme und die geistlichen Geschäfte in der Colonie verrichte; — weil er auf diese Weise ganz Missionar bleiben konnte und dann doch auch für die 10,000 Seelen in der Colonie gesorgt war. Mission war es ja dort auch, indem er in kurzer Zeit 200 Neger taufen durfte, die aus den Sclavenschiffen befreit und als Lehrlinge und Knechte bei den Colonisten untergebracht worden waren.

Kehren wir auf unsere Station am Rio Pongas zurück. Dort war das Jahr 1813 ein schlimmes, weil der Sclavenhandel wieder zunahm, indem der Krieg zwischen Nordamerica und England demselben Luft machte und sogar unter americanischem Schutze vor sich ging. Mehr als tausend Eingeborne wurden nur in der ersten Hälfte des Jahres aus dem Flusse fortgeschleppt, und natürlich kam den Missionaren weit nicht Alles zu Ohren. Der Sturm, der bisher noch immer an der stillen Missionsniederlassung vorübergegangen war, drohte von Neuem. Dazu kam, daß nun auch Hermann Meyer, der Laiengehülfe, nach nur sechs Monaten seiner Gattin im Tode folgte. Und zwar geschah dies unter betrübenden Umständen. Er war mit der Mission zerfallen, suchte Gewinn, wollte die Tochter eines alten Sclavenhändlers heirathen und war ganz aus dem rechten Geleise gekommen. Es war im October 1813, daß Statthalter Maxwell ein Kriegsschiff in den Rio Pongas schickte, um den frecher werdenden Sclavenschiffen das Handwerk zu legen. Kaum war es erschienen, als es hieß: „Das kommt wieder von den Leuten in Bassia!“ und es wurde gedroht ihre Wohnungen in Brand zu stecken und sie für jeden freien Neger, der durch das Kriegsschiff umkomme, mit ihrem Leben haften zu lassen. Der Häuptling Monge Backe sprach ihnen vom Weggehen, ließ sich aber so weit besänftigen, daß er nur die Wegsendung der Mulattenkinder verlangte, die aber auch verweigert werden mußte.

In dieser Noth wandten sich die Missionare an den Oberhäuptling Fantimani, der sie kräftigst unter seinen Schutz nahm, aber von der Verlegung der Station in das Gebiet eines günstigern Unterhäuptlings sprach. Man wandte sich an Monge Tschati, und dieser fand die Beschuldigung wegen des Kriegsschiffes albern und sinnlos, weil die Missionare kein Boot haben, um Nachrichten nach Sierra Leone zu senden, weil ihre schwarzen Dirnen eine solche Botschaft zu Lande nicht überbringen würden, weil endlich das Kriegsschiff nur einen Tag nach dem Sclavenschiff gekommen sey, weshalb in der Zwischenzeit eine Benachrichtigung des Statthalters geradezu eine Unmöglichkeit wäre. Er bot zugleich der Mission sein eigenes Haus für den Nothfall an, rieth übrigens, nicht zu schnell Bassia zu verlassen, da er erst mit Monge Backe reden wolle. Das Ende von Allem war, daß dieser Letztere selbst die Missionare zum Bleiben aufforderte, und sie blieben. — Noch unter der nachzitternden Bewegung dieser Stürme legte man zu Bassia den Grundstein zu einer kleinen Kirche. Und kurz darauf geschah dasselbe auch zu Kanoffi, wo die Mission unter Wenzel, Klein und ihren Frauen mit Frau Quast inzwischen denselben Gang genommen hatte und die Zahl der Kinder auf 20 Knaben und 13 Mädchen angewachsen war. Ein Knabe dort konnte bereits als Unterlehrer helfen, der, was noch erfreulicher war, mit Andern aus eigenem Antrieb die Schrift las und betete; ein Anderer war sehr tüchtig und fleißig als Zimmermann, und die beiden gaben zugleich brauchbare Dolmetscher ab. Ein Beispiel von der Wirkung des göttlichen Wortes auf die Herzen der Kinder: „Ein Knabe hatte etwas Mais

„gestohlen. Niemand wußte davon, und er behielt das Geheimniß drei Monate bei sich. Aber durch die tägliche „Schriftauslegung unter den Kindern und die Bemühung „die Furcht Gottes in ihre Herzen zu pflanzen, kam er zum „Bewußtseyn seiner schweren Versündigung. Jetzt fragte er „einen der vorhin genannten Knaben um Rath, und dieser „sagte ihm: Du mußt die Sünde dem Herrn Wenzel bekennen! Eines Abends nach dem Gebet folgte der Knabe „Herrn Wenzel aus dem Schulzimmer, und die andern „Knaben kamen gleich nach. Ich fragte, warum sie mit „mir gingen? Der Schuldige nannte sein Vergehen und „den Grund seines Bekennens. Er fürchtete, Gott würde „ihn dafür strafen. Er erhielt eine kurze Ermahnung und „Warnung. Er zeigte die tiefste Reue. Nachher wurde „ihm die Vergebung und Gnade Gottes gezeigt und er „aufgefordert um den heiligen Geist zu beten. Alle Knaben „waren sehr ergriffen und versprachen, nicht zu stehlen.“ — Ein Knabe schrieb sich ein Gebet nieder, das also lautete: „O HErr, öffne Du unsere Herzen, daß wir sie erheben „und Dir für Deine Güte und Erbarmung danken, die Du „uns damit erzeigt hast, daß Du Missionare in dieses „Land führtest, die uns den Weg zum Himmel weisen. Wir „saßen in Finsterniß, aber nun hast Du Deine Knechte „gesendet, die uns mit der Wahrheit des Evangeliums erleuchten, im Namen Jesu Christi, unsers HErrn. Amen. „Wir danken allen unsern Freunden in England, die Kleider „für uns sendeten, um sie anzuziehen und Speise zu „essen. O, möge der HErr unsere Herzen öffnen, daß wir „für sie beten, daß Gott sie in den Himmel hinaufnehme, „wenn sie sterben.“

„O, laß uns fröhlich seyn und uns freuen in dem „Heil, das zu uns gekommen ist. Wenn wir dem Evangelium gehorchen und es thun, so werden wir in der andern Welt selig werden. Aber wir können es nicht selbst „thun. O HErr, hilf uns, daß wir Dein heiliges Wort „verstehen, daß wenn wir zu Hause sind, wir zu Andern „reden und sagen: kommt und sehet, was der HErr an

„meiner Seele gethan hat! Wir wußten nichts von „Christo, Deinem eingebornen Sohne, den Du in die „Welt gesendet hast, um Sünder selig zu machen. Aber „nun, HErr, hast Du durch Deine Barmherzigkeit und „Freundlichkeit Deine Knechte gesendet, um uns Deine „Wunderwerke zu erklären. Hilf uns, HErr, Deinen Wil„len zu thun und Deine Gebote zu halten. O Christus, „höre uns! Wir hörten in Deinem Worte, daß Du Kin„der hörest, wenn sie zu Dir beten. O, laß unser demüthi„ges Gebet vor Dich kommen, HErr, unser himmlischer „Vater. Zu wem sollen wir gehen, als zu Dir? O HErr, „wir müssen kommen und unsere geringen Kniee vor Dir „beugen und zu Dir beten wegen Deiner Güte gegen uns „und gegen Alle. Amen."

Wo solche Blumen sproßten war keine hoffnungslose Wildniß mehr, obgleich das Auge beim ersten Blick nur Dornen und wildes Gesträuch sah, ja selbst die Pflanzungen manches Unkraut, manches kranke Gewächs bargen. Denn die meisten Kinder wurden erst im Alter über sechs Jahren den Missionaren gegeben, und da war der junge Susu-Neger schon an die Trägheit und die Laster der Alten zu gewöhnt, um in den meisten Fällen noch erheblich durch die Missionare gefördert zu werden.

Die beiden Kirchlein kamen noch vor der Regenzeit (1814) glücklich unter Dach. Als nun im folgenden Jahre gar einige Glocken für sie anlangten, deren nie gehörter Ton in Africa seines Eindrucks nicht verfehlen konnte, und eine Orgel, um den Gesang der Kinder zu begleiten, — da stiegen süße Hoffnungen auf ein blühendes und segenverbreitendes Gemeindeleben in den Herzen der Missionare auf. Allein diesen lieblichen Aussichten drohte bald wieder ein neuer Sturm. Alle bisherigen Maßregeln hatten nicht hingereicht, um die zahlreichen Factoreien der Sclavenhändler zu vernichten. Sie waren entlang dem Rio Pongas noch immer zahlreich und dienten als eben so viele Anhaltspuncte für den verbrecherischen Handel im günstigen Augenblicke. Jetzt aber erschienen, ungeachtet Renner dem Statthalter in Freetown die bedenkliche Lage der Mission ans Herz legte, mehrere Boote mit schwarzen Soldaten unter der Führung englischer Officiere. Sie legten bei Bassia an und sagten jeglichen Schutz zu; dann aber begannen sie die benachbarten Sclavenfactoreien niederzubrennen. Das freundliche Benehmen der Officiere gegen die Mission, die sogar ihre Musik zu Ehren derselben spielen ließen, gab natürlich neuen Anlaß zu übler Nachrede. Doch ging es auch diesmal noch friedlich vorüber, weil Missionar Wilhelm bei einem Palawer der Susu-Leute dem Monge Backe zu bedenken gab, es könnte jede Beleidigung der unschuldigen Buchleute leicht Schaden von den englischen Soldaten zur Folge haben, indem diese genau nach dem Benehmen der Nachbarn gegen die Mission gefragt und er, Wilhelm, nur deshalb von Monge Backe's übler Stimmung geschwiegen habe, um ihm keine Ungelegenheit zu machen. Auch in Kanoffi gab es eine ähnliche Scene, indem Monge Backe dort Wenzel bewegen wollte durch einen Brief an den Capitän des englischen Kriegsschiffes, dieses zum Umkehren zu bewegen, was er natürlich nicht thun konnte. Dort unterbrach die Ankunft bewaffneter Boten von freundlich gesinnten Häuptlingen das Palawer und schützte die Mission.

Dies Alles war nur das ferne Grollen des Unwetters, das über die Mission losbrechen sollte. Der französische Sclavenhändler, dessen Factorei die Engländer niedergebrannt hatten, schickte einen Brief für den englischen Commandanten an Wilhelm mit dem Begehren, daß dieser ihn weiter beförderte, was er aber, nicht wissend, was es bedeuten sollte, ablehnte! In der Nacht darauf stand das Häuschen, worin der jetzt verheirathete Banga wohnte, in Brand. Die Negerhäuptlinge verhandelten nach ihrer Art über den Vorfall, aber keine wirksame Schutzmaßregel gegen die wüthende Rachsucht der Sclavenhändler wurde getroffen. Im April erfuhr Kanoffi dieselbe. In der trockenen Zeit, der dieser Monat angehört, war es leicht, aus der Ferne Brand zu stiften. Ein Sclavenhändler steckte das hohe dürre Gras so in Brand, daß die Flamme vor dem Winde her nach dem Missionshause laufen mußte. Wirklich näherte sich das Feuer auf ein paar hundert Ellen Wenzel's Wohnung. Er that was er konnte um es abzuhalten, und ein reichlicher Thau kam ihm so zu Hülfe, daß er seine Knaben, die mit ihm gewacht hatten, schlafen schickte und selbst auch sich niederlegte. Er stand nach wenigen Stunden in der Nacht wieder auf, um nochmals nachzusehen, und abermals war Alles still. Als er kaum zehn Minuten wieder ruhte, hörte er plötzlich die Knaben im Hofe rufen: „Herr! Herr!" Er sprang heraus, die Knaben ihm entgegen mit der Nachricht, ihr Schlafgemach sey ganz helle. Er eilt hinein und sieht die Flamme zum Dach hinauslodern. Nichts war zu machen, um zu löschen oder auch nur eine Kleinigkeit zu retten. Jetzt eilte Wenzel in sein Haus, um die werthvollsten Sachen herauszuschaffen; da aber die Flamme ganz senkrecht emporstieg, so schien keine Gefahr für das Wohnhaus, und er ließ die Sachen, weil so viele Leute herbeiströmten, denen nicht zu trauen war, wieder ins Haus bringen, das auch glücklich verschont blieb. Meißner und seine Frau verloren ihre sämmtlichen Habseligkeiten, und man hatte nur Gott zu danken, daß Niemand beschädigt war, was ohne rechtzeitiges Erwachen der tief schlafenden Kinder wohl geschehen wäre. Ein brennender Grasbüschel vom Dache, der einem der Kinder ins Gesicht fiel, weckte dieses, und als es das Feuer im Dache sah, rief es die Andern wach.

Niemand konnte zweifeln, daß das Feuer angelegt war, und es ist nicht zu wundern, wenn die Missionare jetzt anfingen, über die Möglichkeit ihres Bleibens im Lande nachzudenken. Sie konnten sich nicht verbergen, daß die Colonialregierung nicht nachlassen durfte, den bösen Schlichen der Sclavenhändler, die überall das Gesetz zu umgehen suchten, energisch entgegenzutreten und daß jeder Act der Gerechtigkeit gegen diese Uebelthäter auf die Mission zurückfallen mußte. Es war jetzt doppelt schwer, da die beiden Kirchen, die Gelegenheit zur Predigt des Wortes geben sollten, sich ihrer Vollendung nahten, und so, was zehn Jahre ersehnt war, in naher Aussicht stand. Jetzt erst stand es in klarem, schmerzlichem Lichte vor ihren Augen, welch ein Nachtheil es für die heilige Sache des Evangeliums war, daß die Mission nicht von Anfang an mit ganzem Ernste darauf ausgegangen war, unter den Erwachsenen wenigstens Einige zu gewinnen, die auf festerem Grunde der Gemeinschaft, als sie bei den unsichern heidnischen Häuptlingen möglich war, sich an die Mission anschlossen. Damit hätte sie lebendige Wurzeln im Lande gefaßt, die so leicht nicht auszureißen gewesen wären. Doch läßt sich auch mit Fug sagen, was einst der ehrwürdige Bischof Wilson in Calcutta zu Gunsten der Missionare in dieser Hinsicht gesagt hat: „Die Mission war durch und durch neu. Die Maßregeln, „die hier zu nehmen waren, unterschieden sich wesentlich „von denen, die einem civilisirten Volke gegenüber am „Platze waren. Bibelübersetzungen konnte man hier nicht „rasch zu Stande bringen, zahlreiche Versammlungen nicht „zusammenrufen, Erwachsene nicht leicht bekehren. Unsere „Nationalsünden hatten dieses Alles unmöglich gemacht: wir „mußten die versunkenen Eingebornen erst aus dem Sumpf „wieder heraufheben, worein brittische Grausamkeit sie be„graben hatte; wir hatten uns durch all die Hindernisse „und Vormauern erst durchzugraben, die der Sclavenhandel „um uns gethürmt hatte; wir mußten Jahre lang in „musterhaftem Wohlwollen hinwarten, ehe das Volk wirk„lich an die redliche Absicht eines Weißen glauben konnte, „ihm wohl zu thun; wir mußten nicht allein mit der Ge„fahr des Schiffbruchs, der mehrmals unsere Anstrengungen „vereitelte, mit der Ungesundheit des Klimas, das unsere „besten Sendboten hinraffte, sondern auch mit der Unwissen„heit und den Lastern unsrer gefallenen Natur kämpfen, „wie sie durch lange Uebung in Trug, Gewaltthat und „Blut verstärkt waren, und zwar sowohl bei den durch „unsre Sünden vergifteten Eingebornen, als bei den durch „unsere Heilversuche erschreckten Sclavenhändlern.“ Man kann und soll das sagen, um billig zu seyn; aber wahr bleibt dennoch nach der Gegenstellung anderer Missionen, daß nur die Predigt unter den Erwachsenen einer Mission feste Wurzeln im Boden des Volkslebens geben kann.

Welchen Werthes die Freundschaft der schwarzen Häuptlinge war, gab sich bald zu erkennen. Als die englischen Kriegsboote den Fluß hinabsegelten und Renner, der von Sierra Leone zurückkam, ihnen begegnete, ersuchte ihn Major Appleton, der Träger eines Briefes an Monge Tschati zu seyn, in welchem dieser aufgefordert wurde, 21 Sclaven, die einem verurtheilten, aber unter der Bedingung gänzlichen Aufgebens des Sclavenhandels begnadigten Manne angehörten, an die Regierung auszuliefern, die natürlich die Absicht hatte, ihnen als Freigelassene eine Ansiedlung in Sierra Leone zu geben. Renner übernahm die Sache und unterzeichnete als Zeuge das Papier, wodurch Monge Tschati sich anheischig machte, die Sclaven abzuliefern. Allein der Häuptling weigerte sich hernach, seinem Versprechen nachzukommen, und es mußte ein Kriegsfahrzeug gesendet werden, um ihn zu zwingen, dessen Capitän Renner ersuchte, mit ihm zu Monge Tschati zu gehen. Lassen wir ihn den Hergang selbst erzählen: „Ich und Capitän Cooper „fanden Monge Tschati in seinem Dorfe, von 200 Bewaff„neten umgeben. Seine schriftliche Erklärung wurde ihm „vorgewiesen; aber er hatte die Unverschämtheit, sie zu ver„läugnen. Er wollte das Papier weder gesehen noch unter„zeichnet haben; Alles sey von mir gefälscht und gemacht; „ich sey der Jamsa- (Streit-) macher im Lande. Ich hatte „ihn nun zu überweisen, daß er selbst unterzeichnet habe; „ich nannte ihm den Mann, der als Uebersetzer gedient; „aber er wollte nichts hören und verbot mir zu reden, was „selbst einem Sclaven erlaubt ist. Der Häuptling forderte „den Capitän auf, er solle mich doch gleich mit nach Sierra „Leone nehmen und mich nicht mehr von den Meinigen „Abschied nehmen lassen. Ich mußte ihm sagen, er könne „mich nicht wegschicken, ich gehe auch nicht nach Sierra „Leone, sondern nach Bassia. Er fragte: wer denn sonst „uns aus dem Flusse schicken könne, wenn er nicht? Ich „sagte ihm, Monge Backe könne uns von Bassia weg-

„schicken, aber auch er uns nicht befehlen wohin wir gehen „sollten. „„So will ich Monge Backe sagen, daß er die „„fremden Schurken wegjagt,““ war Tschatis grobe Ant„wort, der er noch viele ähnliche Reden folgen ließ, unter „denen immer die Versicherung wiederkehrte, ich sey der „größte Schurke.“ Natürlich glaubte Jedermann, Renner habe das Kriegsschiff herbeigerufen. Er verließ den wilden Häuptling, um nach Bassia zu gehen. Allein kaum war er eine Viertelstunde gegangen, als ihn zwanzig Bewaffnete einholten und mit Gewalt zu Monge Tschati zurückbrachten. Damals wäre Renner das Opfer seiner Wuth geworden, hätte nicht ein abergläubisches Gelübde ihn gebunden Niemanden mehr zu tödten — ein Gelübde, das er seinen Leuten ablegte, nachdem er einem Manne den Kopf abgeschnitten. Er schickte Renner mit seinem eignen gleichfalls gefangenen Sohne Banga in sein neues Dorf ins Gefängniß, und dieser, der sehr treuen Sinnes war, sagte: „wenn mein „Vater Sie tödtet, so muß er mich auch tödten, denn Sie „haben mich erzogen und sind mein Vater.“ Nach einer schlaflosen Nacht, in der Renner jeden Augenblick den Henker erwartete, sandte er zu Monge Tschati und ließ seine Freilassung verlangen, die er aber erst nach täglich wiederholter Forderung und endlich beigefügter Erklärung, sich nicht mehr anders als durch Gewalt zurückhalten zu lassen, erhielt. — So wurden die Arbeiter wenigstens wieder auf ihren Wohnplätzen gesammelt, um gemeinsam zu leiden. Denn sowohl bei Renner als bei Wilhelm that das Klima seine schlimme Wirkung: sie wären fieberkrank und sehr geschwächt; Wenzel litt an Gehör und Gesicht, und Meißner, der letzte der Layenbrüder, starb, wie auch die Wittwe des verstorbenen Quast.

Wir müssen uns nach dem im Lande des Häuptlings William Fananders, zu Biamia, auf dessen vielfältiges Verlangen und durch Vermittlung Butscher's angelegten und nach dem Präsidenten der Missionsgesellschaft Gambier benannten neuen Stationsorte umsehen. Es handelte sich auch hier zunächst um eine Schule, und von den Arbeitern wurde Klein mit seiner Gattin dahin gesendet. Lassen wir dieselbe nach dieser kurzen Erwähnung, um in die Heimath, in die Plane und Bewegungen der Missionsgesellschaft zurückzuschauen.

Es war nun (1814) der oft angeregte und warm empfohlene Gedanke, africanische Kinder aus der Sclaverei nicht loszukaufen, sondern, wenn sie durch englische Wachtschiffe befreit waren, in tüchtige christliche Erziehung zu bringen, der Ausführung nahe gerückt. Es war eine Summe von jährlichen 500 Pfund Sterling (6000 Gulden) für diesen edlen Zweck vorhanden; man hatte sogar den Kindern schon im Voraus die Namen ihrer christlichen Wohlthäter beigelegt, ungewiß, welches Kind jeder Name treffen würde, und es waren 114 solche Namen bereits aufgezeichnet, folglich für die Erziehung eben so vieler Kinder im voraus gesorgt. Es war auch der Plan der fraglichen Erziehungsanstalt soweit schon fertig, daß sie nicht nur eine christliche Schule, sondern zugleich ein Bildungsort für Ackerbauer und Handwerker, für künftige Schullehrer und sogar Prediger werden sollte. Hier, meinte man, könnten auch die Wittwen und Waisen der Missionare ihre Heimath und beziehungsweise nützliche Thätigkeit finden. Von da sollte ein geistiger Einfluß auf die ganze heidnische Umgebung ausgehen und hier der Mittelpunct aller Missionsbestrebungen seyn. Eine Anzahl neuer tüchtiger Arbeiter war unerläßlich, um in Sierra Leone ein solches Institut zu gründen.

Der Leser erinnert sich, daß schon im Jahr 1807 einer von den ersten im Jahr 1804 ausgesendeten Missionaren, Peter Hartwig, wegen trauriger sittlicher Verirrungen entlassen worden war. Er hatte sich seitdem sieben Jahre unter vielen Trübsalen und Mühseligkeiten bei den africanischen Stämmen herumgetrieben und die Noth hatte ihn zu bitterer Reue über sein früheres Benehmen und zu dem ernstlichen Wunsche gebracht, wieder in den Dienst des Heilandes zu treten, der ihn geschlagen hatte und von dem er auch die Heilung erwarten durfte. Er meldete sich dringend um Wiederaufnahme in die Missionsarbeit, um seine Sünde wenigstens einigermaßen gut zu machen. Dies konnte nun zwar nicht gewährt werden, bis erst sichere Proben geänderten Herzens und Lebens vorlagen. Andererseits war seine tüchtige Kenntniß der Susu-Sprache, die den andern Missionaren immer noch fehlte, und seine ziemlich gute Bekanntschaft mit den Grundsprachen der heil. Schrift keine geringzuschätzende Hülfe. Er wurde deshalb auf der Station Gambier als Uebersetzer der Bibel in die Susu-Sprache angestellt. Seine rechtschaffene Gattin, die eben damals, als er mußte entlassen werden, sich krank in England befand und auf die Nachricht von seinen Verirrungen besser fand, fürs Erste nicht nach Africa zurückzukehren, entschloß sich jetzt, auf die bessere Kunde von seiner Reue hin, eine gute Stelle in der Heimath aufzugeben und Alles anzuwenden, um ihren Gatten auf dem guten Wege zu befestigen. Zugleich gingen die Missionare Sperrhacken und Hughes mit ihren Frauen, der Letztere als Schulmeister, der früher von Brunton aus dem Susu-Lande mitgebrachte Africaner Dschelorum Harrison, der seitdem mit seinem Erzieher in Karaß am Fuße des Kaukasus gelebt hatte und nach dessen Tode nach England zurückgekehrt war, und ein anderer schwarzer Knabe, Thomas Morgan, mit an Bord des Schiffes, um der Mission zuzueilen. Nach glücklicher Seefahrt kamen sie Alle wohlbehalten in Sierra Leone an, wo Butscher, Wenzel, Renner und Nyländer sie herzlich willkommen hießen. Frau Hartwig fand ihren Gatten gleichfalls dort, aber krank an der Wassersucht. Sperrhacken wurde Nyländer zugetheilt für das Bullom-Land, Harrison war ein Verwandter von William Fernandez und sollte bei ihm als Schulmeister arbeiten.

Dieser erfreulichen Erlebnisse bedurften die Missionare im Anblick des Ueblen, das auf sie einstürmte. Es war das Jahr 1815 mit seinen großen Weltereignissen in Europa herangerückt, und die Folgen dieser Ereignisse machten sich fernhin jenseits der Meere fühlbar. So mußten jetzt die Colonieen am Senegal und Gambia, welche die Engländer den Franzosen abgenommen hatten, an diese zurückgegeben werden, und es läßt sich wohl begreifen, daß die Sclavenhändler im Stillen triumphirten, indem sie hofften, unter dem Schutze Frankreichs ihren bösen Handel schwunghafter als je zu treiben. Auch an den Häuptlingen und ihren Negern war diese Ermuthigung des Werkes der Finsterniß bald spürbar, und Wenzel hatte es dieser zum Theil zuzuschreiben, daß er seine schönen Pflanzungen, die ihn bald von den Betrügereien der Umwohner im Verkauf ihrer Lebensmittel an ihn unabhängig gemacht hätten, eines Morgens fast gänzlich zerstört sah; jedenfalls aber war der Beschluß der Palawerhaltenden Negerfürsten: die Missionare dürfen im Lande bleiben, wenn sie versprechen, Pulver und Tabak wohlfeiler zu verkaufen und den Reis theurer zu kaufen als bisher, dieses Ursprungs. — Bei jener Gelegenheit entging Wenzel nur durch stilles, ruhiges Verhalten im Angesichte der gewaltsamen Vernichtung der Früchte seines Fleißes persönlicher Mißhandlung. Fast noch beleidigender als dies Alles war die Erbauung eines Götzenhauses ganz nahe an der von Wenzel errichteten Kirche, wo das erste Opfer eine ihm gestohlene Ziege war. Aber auch dies war das Schlimmste noch nicht. Hören wir, was in Bassia geschah, aus Renner's Worten:

„Am Sonnabend den 21. Januar hörten wir im Hofe „den Ruf: Feuer! Meine Frau war mit mir im Zimmer, „und ich ging hinaus mit den Worten: es kann nichts „seyn, das Feuer in der Küche ist schon gelöscht. Aber „als ich heraus trat, sah ich unser Haus an der Ostseite „brennen, und zwar schien die brennende Stelle kaum eine „Elle im Umfang. Ich sah aber gleich, wie rasch die „Flamme wuchs und wie wenig man löschen konnte. Ich „rief daher die Mädchen gleich aus dem Hause, ohne sie „etwas mitnehmen zu lassen, damit sie keine Gefahr liefen. „Meine Frau, die nicht gehen konnte und im Bette lag, „suchte auch heraus zu kommen, die Knaben trugen ihren „Koffer und bald war sie im Freien. Wir sorgten zuerst „für die Rettung unserer Betten, die auch glücklich zu „meiner Frau hergebracht wurden. Da das Feuer bald

„den Eingang des oberen Stockwerks erreichte, so konnte „man nichts mehr heraustragen; was man herabwarf, „ward zertrümmert und von den Eingebornen gestohlen. Ich „selbst verlor die Geistesgegenwart so, daß ich meinen werth„vollen Koffer zu retten vergaß, während ich darauf stand „und Sachen herunterholte, die viel weniger werth waren. „Endlich wuchs die Gefahr, Alles verließ mich, und ich „mußte mich, ehe das Dach einstürzte, über einen Mangrove„Baum retten. Kaum war ich im Hofe, so wankte das „Haus und sank zusammen. Mich führten die Eingebornen „fast mit Gewalt weg. Gerettet wurde nur wenig. Wilhelm's „Haus fing durch die Hitze auch Feuer. Meine Frau legten „wir in ihrem Bette neben der Kirche in der Druckerei „auf den Boden; wir Andern, die Kinder und ich, hatten „nichts als die Erde, worauf wir uns in der Kirche „lagerten. Wilhelm nahm die Mädchenschule, seine Knaben „den Hof zum Nachtlager, weil sie sich nicht getrauten, im „Schulhause ganz nahe bei dem noch brennenden Hause „sich niederzulegen. Der folgende Tag war der Sonntag; „aber weder unsere Kleider, die vom Feuer beschädigt waren, „noch unsere verwirrten Gemüther verkündeten den Tag „des HErrn; auch hatten wir keine Bibel, kein Gesangbuch, „überhaupt kein Buch mehr. Am Montag Morgen hieß „es wieder: Feuer! Feuer! Ich konnte es kaum glauben, „aber es war so. Das Schulhaus brannte, und auch „dieses wurde verzehrt. Wir mußten die Knaben jetzt in „den Trümmern des Wohnhauses zwischen den noch stehen„den Mauern unterbringen, die wir mit Palmblättern gegen „Sonne und Thau überdeckten.

Renner eilte mit Wenzel nach Sierra Leone, um Rath zu schaffen. Dort war man im Klaren, daß die Brandstiftung das Werk eines Sclavenhändlers war, der Bassia und Kanoffi den Untergang gedroht hatte. Es wurde beschlossen die Häuser wieder aufzubauen und Wilhelm zum Erlernen der Susu-Sprache nach Kanoffi zu versetzen. Gleich als sollte dieses Jahr das rechte Schmerzensjahr der ohnedies so trauervollen Mission seyn, so starb der kaum aus dem Verderben herausgeholte Hartwig unter der zarten Pflege seiner edeln Gattin, und sie folgte ihm an dem durch ein Schiff eingeschleppten gelben Fieber nach kurzer Frist nach; endlich hatte auch Butscher den Tod seiner vortrefflichen Frau zu beweinen. Wie leicht hätte schon damals der Gedanke, diese so gefährdeten Arbeitsstellen aufzugeben, in den Herzen der Leiter der Gesellschaft in England über die Hoffnungen siegen können, die man für Africa unterhielt.

Statt aber an den Rückzug zu denken, sprach man eben damals viel von den Mitteln, regelmäßigen und raschen Verkehr mit der Mission einzuleiten; von einem eigenen Missionsschiff, wie es die Brüdergemeinde für ihre Stationen in Labrador schon längst hatte. War doch auch neben Feuer und Verwüstung, neben Krankheit und Tod jetzt mehr als irgend früher Leben in der Mission zu verspüren. Am 4. Juni 1815 wurden in Bassia 90 Kinder und eine erwachsene Person getauft. Eine Menge Susu-Neger sah staunend zu und hörte zum ersten Mal das Wort des Lebens in der Kirche, freilich noch immer in englischer Sprache, die aber Manchen nicht ganz unbekannt war. Nicht wenige der Kinder hatten zuvor Proben inneren Lebens gegeben, wie sie am Tauftag alle die heilsame Erkenntniß der Wahrheit bekannten.

Welchen Werth dies hatte, mag ein Wort aus einem Briefe der Frau Renner, die selbst eine Eingeborne war, andeuten:

„An meinen Kindern habe ich Tag für Tag zu beschneiden, wie ein Gärtner seine wild wuchernden Bäume. „Schade, daß diese africanischen Kinder so viel Tadel und „Zucht erfordern. Sie sind von Hause aus zäh und hartnäckig, und halten ihre gewohnte Weise fest, so lange sie „können. Sie erben von ihren Eltern eine sclavische Neigung und Gefühlsweise; nichts thun sie freiwillig, zu „Allem müssen sie getrieben werden. Lieber wollte ich 200 „Kinder christlicher Eltern leiten, als nur 50 Kinder heidnischer Eltern. Doch geht es so ziemlich gut, und ich hoffe „nicht umsonst ausgesäet zu haben."

Lassen wir dieser Stimme aus Africa noch eine folgen von Dschelorum Harrison über den Sclavenhandel (28. Juni 1815, also bald nach der Schlacht von Waterloo, deren Kunde er aber noch nicht haben konnte): „Wir „sind sehr betrübt über die schmerzliche Nachricht vom Kriege „mit Frankreich. Wir hoffen aber er werde doch nicht zur „Wiederbelebung der unmenschlichen Wünsche der Sclavenhändler führen, die diesen Theil Africas schon so lange „zerrüttet haben. Grüßen Sie mir ehrerbietigst Hrn. Wilberforce und sagen Sie ihm, ich nehme es auf mich, im „Namen aller Sclaven meines unglücklichen Vaterlandes „und in meinem eigenen, Dank zu sagen für seine menschenfreundlichen Gesinnungen gegen unser schmählich behandeltes Land. Welch herrlicher Anblick ist es jetzt, es im „Frieden zu sehen! Ruhig liegt es da, still und frei von „Krieg und Sclavenschiffen. Keine Familie wird auseinandergerissen! Nirgends sieht man zahllose Sclaven, Mann „und Weib, an-einander gekettet. Die Sclavenhändler, die „Feinde der Menschheit, verlassen Einer um den Andern das „Land. Der Gedanke bewegte mich stark, daß wo das „Evangelium erscheint, Satans Reich sinkt. Gebe Gott „Seinen Knechten Gnade und Ausdauer Sein Werk fortzuführen bis es vollendet ist, und erwecke Er aus uns „selbst solche, die nie den Dank vergessen, den wir dieser „gesegneten Küste schuldig sind. Mögen wir unserm edlen „Wohlthäter immerdar dankbar bleiben!"

Kanoffi blieb nicht lange hinter Bassia zurück. Am 7. August 1815 wurden dort 48 Kinder durch die Taufe Christo übergeben. Zweihundert Eingeborne, selbst Monge Backe, der sich zum Bessern wendende Häuptling, waren zugegen.

Daß nicht in allen diesen Kindern eine tiefe und durchgreifende Bekehrung vorausgesetzt werden muß, ist begreiflich. Aber Erkenntniß Gottes in Jesu Christo war da, so wie auch Eifer für das Gute und Willigkeit sich in den heiligen Schranken des Evangeliums leiten zu lassen. Und bei Manchen auch noch mehr, wie folgende Beispiele beweisen. Das erste sey ein Gebet von einem Knaben:

„HErr, unser himmlischer Vater! allmächtiger und „ewiger Gott! Du hast uns einen neuen Morgen sehen „lassen. Schenke es uns, daß wir in keine Art von Sünde „fallen, sondern vor Dir wandeln den ganzen Tag in Dei„ner Furcht und Liebe. Laß unser armes Gebet zu Deinem „heiligen Throne aufsteigen, und zürne nicht mit uns immer„dar. Das bitten wir Dich um Jesu Christi willen. Amen. „Es gibt keinen andern Namen als Jesu. Wir kommen „und beugen unsere geringen Kniee und bitten um Ver„gebung unsrer Sünden! Amen."

Ein anderes sind die Betrachtungen eines africanischen Knaben über die in Christo geoffenbarte Liebe Gottes: „Wir „sind nun von der Hölle erlöset durch unsern HErrn, den „Heiland der Welt, Jesum Christum, den eingebornen Sohn „Gottes. Und was ist nun unsre Pflicht? Es ist unsre „Pflicht, Gott für Seine Güte zu preisen, daß Er die Welt „also geliebt hat, daß Er Seinen eingebornen Sohn für „uns in den Tod gab. Bedenken wir welche Schmerzen „Er litt, als er auf Golgatha ans Kreuz genagelt wurde, „um uns von Sünde und Satan zu erretten und zu Gott „zu bringen. Jetzt sind wir Brüder durch den Namen un„sers HErrn Jesu Christi, des Gottes des Friedens, der „Gnade und der Liebe. — Gott ist so gut, daß Er Seinen „Sohn gesendet hat, uns von der Gewalt des Teufels los„zukaufen, daß wir nun Söhne Gottes heißen. Laßt uns „jetzt in Gebet und Danksagung leben und froh seyn, daß „wir Theilhaber des himmlischen Reiches sind. Wir haben „Gott nichts für Seine Güte zu geben, die Er uns erzeigt „hat. Aber Sein Lob ist in unserm Munde. Laßt uns „daher unsere Herzen erheben und nicht gleichgültig seyn „wegen unsrer Seelen, sondern zu aller Zeit an Gott für „Seine Güte denken, und an Jesum Christum, unsern Hei„land. Er wird unser Gebet annehmen. Die Gnade unsers „HErrn Jesu Christi sey mit uns Allen. Amen. — O HErr

„Jesu Christe, nimm unser demüthiges Gebet an und gieße „Deinen Segen über uns aus um Deines großen Namens „willen. O Gott, erhalte uns. Du hast Deines eingebor„nen Sohnes nicht verschont, Du hast Ihn nicht umsonst „uns gegeben. Solltest Du mit Ihm nicht Alles schenken „denen, die Dich darum bitten? Um alles dies bitten wir „Dich im Namen unsers HErrn Jesu Christi. Amen."

Mit auch nur einigen solchen edeln Mustern der Arbeitsfrucht konnten die Missionare doch wohl sich beruhigen, daß sie nicht vergeblich gearbeitet haben.

Dieser Tauftag war der Gipfel einer herrlichen Festzeit in Kanoffi; denn Tags zuvor war die neue Kirche feierlich eingeweiht worden, und Tags nachher wurde Wilhelm mit Frau Meißner darin getraut. Auf Monge Backe machte alles dies den Eindruck, daß er nach der Taufhandlung die Missionare bei Seite nahm und sagte: „Ich sehe immer „deutlicher, wozu Ihr in dies Land gekommen seyd: Kinder „und Alte zu lehren, und dagegen habe ich nichts. Ihr „seyd keine Kaufleute; oft habt Ihr ein wenig Waare, oft „nichts. Ihr gehet Euern Weg im Lehren fort, und das „kann uns gut seyn. Aber die Leute werfen mir vor, ich „könnte so viel Geld von Euch bekommen als ich wollte, „und sorge nicht für mein Volk. Ich möchte daher sagen: „ist denn Niemand da, der für unsere leiblichen Bedürfnisse „sorgt? Der Statthalter hat den Sclavenhandel abgeschafft, „die Factoreien verbrannt und läßt kein Sclavenschiff in den „Fluß; das können wir schon ertragen; aber könnte er nicht „anders helfen und selbst eine Factorei im Lande errichten, „damit wir unsere Sachen verkaufen können?" — Renner erwiederte, der Statthalter werde sich schwerlich in Handelsgeschäfte einlassen, weil er vom König Georg ausgesendet sey, um Palawer zu reden, nicht um Handel zu treiben. Aber vielleicht könne die Missionsgesellschaft etwas dafür thun. Er möchte nur nach Bassia kommen und seine Gedanken sagen, dann werde man sie aufschreiben und nach England schicken. Renner dachte an eine Verpflichtung aller Häuptlinge zum Aufgeben des Sclavenhandels, wogegen eine gemeinsame Factorei für die Susu-Nation errichtet, und so ein ehrlicher Handel an die Stelle des unehrlichen gesetzt würde. Damit sprach Renner schon 1815 den Gedanken aus, der 30 Jahre später der herrschende bei den einsichtsvollsten Freunden Africas wurde und es noch heute ist. Daß es Monge Backe Ernst war, zeigte er sogleich nachher. Denn kaum waren die schönen Festtage in Kanoffi vorüber, als nach einjähriger Stille plötzlich ein Sclavenschiff im Flusse erschien und eine Masse Branntwein, Tabak und Schießpulver brachte, dafür aber 240 arme Neger fortschleppte. Im Augenblicke war das sonst so ruhig und still gewordene Land in Einer Bewegung; aller Fleiß, alle Ordnung, alle Genügsamkeit dahin, jede Leidenschaft aus ihrem Schlummer geweckt, was um so gefährlicher war, als fünf weitere Schiffe nachfolgen sollten. Monge Backe aber enthielt sich jeden Verkehrs mit dem Schiffe, und sah seine Unterthanen sehr ungern im Handel mit demselben. Er sprach sich so aus, daß es ohne Zweifel, wäre er der alleinige Herr des Landes gewesen, zur Abschaffung des Sclavenhandels gekommen wäre.

Die Folgen der Erneuerung des Sclavenhandels für die Mission ließen nicht lange auf sich warten. Es war eben wieder eine Zeit der allgemeinen Trauer in der Mission, da zuerst in Sierra Leone dem neu angelangten Missionar Schulze, der mit der vorigen Sendung von Missionaren nicht hatte abgehen können, weil seine Braut nicht zu rechter Zeit aus Deutschland angelangt war, seine Gattin durch das Fieber entrissen wurde, dann aber er selbst in Kurzem ihr nachfolgte; ferner der noch kurz in die Mission bei den Bulloms eingetretene Sperrhacken dem Klima erlag; auch ein Kind Butscher's zu seinem großen Schmerze hinschied, als eines Abends am ersten Adventsonntag, während Harrison Unterricht darin gab, die neue Kirche in Bassia in Flammen stand. Das Dach brannte weg. Die Eingebornen deuteten auch diesmal wieder auf die Kinder und deren Unvorsichtigkeit als die Ursache des Brandes, wie bei dem vorigen so sichtlich von Außen angelegten Feuer. Auch diesmal zweifelten die Missionare nicht, welche teuflische Hand hier gewirkt habe. Um aber jeden Schatten von Argwohn gegen die Kinder zu entfernen, hielt Renner am folgenden Sonntag nach der Predigt eine feierliche Anrede an dieselben und fragte, ob jedes von ihnen vor Gott die Hand aufheben und sagen könne: „nicht schuldig!“ Da erhob sich eins nach dem andern von ihnen, hob die rechte Hand empor und sagte: „nicht schuldig!“

Dieser Vorfall machte klar, daß des Bleibens der Missionare nicht mehr lange seyn konnte, eine Ueberzeugung, der sie um so ungerner Raum ließen, als eben jetzt es anfing in der Mission zu tagen. Manche Erwachsene fanden sich jetzt beim Gottesdienst ein, Andere setzten sich neben den Kindern auf die Schulbänke und lernten Lesen und Schreiben. Aber auch unter diesen Umständen galt es im Glauben zu sprechen: „HErr, Dein Wille geschehe!“

Fünfter Abschnitt.

Bickersteth's Visitationsreise. — Die Farth nach Gorée. — Sierra Leone. — Die Fahrt nach Gambier. — Die Station. — Verkehr mit Heiden. — Die frommen Mädchen. — Bassia und Kanoffi. — Die Schulen und die Predigt darin. — Reise nach Bramia und Wahrnehmungen. — Das Palawer in Lissa. — Falschheit und Habsucht der Neger. — Nochmalige Erhaltung der Mission durch Fernandez. — Abschied. — Bickersteth's Bericht. — Predigt. — Schulen. — Versöhnung. — Mac Carty's Rath. — Neue Missionsgehülfen. — Vor- und Rückschritte. — Erste Predigten in der Susu-Sprache zu Lissa, Dschesulu, Bassia. — Sclavenschiff und Kriegsschiff. — Neue Feindschaft der Häuptlinge. — Stockung der Predigt. — Nochmaliger Beschluß zu bleiben. — Böse Plane gegen die Missionare und ihre Verhinderung. — Aufhebung der Susu-Mission. — Leben und Sterben des Negerjünglings Simeon Wilhelm.

Alle die vorhin geschilderten Ereignisse sagten klar und deutlich, daß es mit der Mission zu einem Wendepunct gekommen war, an dem es galt, entweder die Stationen außerhalb der Colonie Sierra Leone gegen die Willkühr der Häuptlinge und die Feindschaft der Sclavenhändler sicher zu stellen, oder sie aufzugeben und fürs Erste alle Kräfte auf die Colonie selbst zu verwenden. Einen so entscheidenden Schritt nach der einen oder der andern Seite aber wollte die Committee in England nicht auf die unvollständigen Anschauungen und Kenntnißnahmen hin wagen, wie sie durch Briefwechsel und Besprechung mit einzelnen aus jenen Gegenden heimgekehrten Beamten gewonnen werden konnten. Erst sollte ein Mann von sicherm Urtheile, vertraut mit allen Grundsätzen, Planen, Wünschen und Ansichten der Gesellschaft an Ort und Stelle sich eine klarere Einsicht in die Sachlage gewinnen, und diese in den Schooß der Leiter derselben zurückbringen. Dazu ward der würdige Geistliche Eduard Bickersteth erwählt, der eben damals als Hülfssecretär der Gesellschaft eintrat; ein Mann, dessen Namen seitdem und auch jetzt nach seinem vielbetrauerten Abscheiden alle wahren Christen in England mit Verehrung und Liebe nannten und nennen.

Am 24. Januar 1816 reiste er ab, und am 22. Febr. erreichte er nach glücklicher Fahrt Goree. In seinem Tagebuch heißt es: „Jetzt sehen wir Africa! — Africa! den „Gegenstand so vieler Hoffnungen, so vieler Gebete! das „Land des Fluches, der noch gegen den Segen des Evan„geliums ausgetauscht werden soll. Das wird freilich der „größeste Triumph der erlösenden Liebe seyn, wenn die Ket„ten der Sünde, die Schlimmste aller Sclavereien, durch die „Macht des Kreuzes Christi von den Nationen und Ländern „abfallen, die sie Jahrhunderte lang als Gefangene des „Satans getragen!"

Hier in Goree begann damals das Missionsgebiet der Gesellschaft. Es wurde oben gemeldet, daß unter den im Anfang des Jahres 1815 in Sierra Leone angelangten Missionaren sich auch der Schullehrer Herr Hughes mit seiner Gattin befand. Sie waren für die Colonie bestimmt. Allein die Gesundheit der Frau wurde sehr bald so angegriffen, daß ihre Rückkehr nach England unerläßlich schien.

Sie schifften sich Beide ein; aber die Krankheit stieg rasch, und sie sahen sich genöthigt in Goree zu bleiben, wo damals noch Oberstlieutenant Chisholm, derselbe, der Butschern so freundlich behülflich gewesen, als Statthalter regierte. Dieser edle Officier nahm sie herzlich auf und trug ihnen an, eine Schule auf seine Kosten zu errichten. Dies geschah, und bald waren 80 Kinder um sie gesammelt. Frau Hughes erholte sich, und ein neues Arbeitsfeld der Mission schien sich aufs Günstigste zu eröffnen. Dort erfuhr Bickersteth die neuen Todesfälle in der Mission. Er wohnte bei Herrn Hughes, und freute sich eben so sehr der hohen Achtung in der er stand, der schönen Wirksamkeit der er mit Treue sich hingab, als ihn das Volk erbarmte, das wie Schafe ohne Hirten war. Fünftausend fast nackte schwarze Einwohner wimmelten auf dem Inselchen durcheinander. Niemand zeigte ihnen den Weg des Lebens. Wie gerne hätte er, mit ihm der Statthalter, für die Anstellung eines englischen Geistlichen dort Sorge getragen; aber es war ja so höchst ungewiß, ob das Eiland nicht an Frankreich zurückgegeben würde, wie es denn auch bald nachher geschah. Er selbst ergriff jede Gelegenheit zu predigen und Gottesdienste zu halten, und sorgte, daß Herr Hughes dieselben möglichst fortsetzen konnte. Er sprach mit den Schulkindern, prüfte sie und unterrichtete sich über alle Verhältnisse der Insel und ihrer Umgegend. Er gewann die Ueberzeugung, daß die Gesellschaft ihre dortigen Arbeiter beibehalten sollte.

Am 1. März verließ er das Eiland, um nach Sierra Leone zu segeln, wo er glücklich anlangte, nachdem er auch einen Tornado, einen der Wirbelstürme, die vom Lande her wehen, überstanden hatte. Der Anblick der Halbinsel ist höchst malerisch. Die hohen Berge, die sich hinter dem Ufersaume erheben, ihr frisches lebendiges Grün, die hohen Palmbäume, der Wechsel der Scene mit dem Fortgange des Schiffes, zuletzt der breite Sierra-Leone-Fluß, die vielen Fahrzeuge, die Stadt Freetown, die vielen Canoes mit den umherrudernden Kru-Negern — all dies bietet einen herrlichen Anblick. Einen desto traurigern gab dem tieffühlenden

Manne das erste Sclavenschiff, dessen er hier ansichtig wurde, indem mehrere derselben eben von den Kreuzern eingebracht worden waren. Am 15. März ging er mit Nyländer und Wenzel zu Schiffe, um nach dem Rio Pongas zu segeln. Zuerst ging es nach den Los-Inseln, um den dorthin verlegten Missionsplatz Gambier zu besuchen. Es gelang nach einiger Schwierigkeit, da sie im lecken Boote von der Nacht überfallen den Curs verloren und eine Zeitlang in den Ocean hinein fuhren, während sie sich dem Lande zu nähern glaubten. Eine von Bickersteth für den Nothfall mitgenommene Laterne und ein Compaß, den er in der Tasche hatte, halfen aus der Noth, und spät in der Nacht langten sie zu Gambier an, wo sie Klein mit seiner Frau, die längst schlafen gegangen waren, mit großer Freude empfingen.

Der folgende Tag war ein Sonntag, den Bickersteth damit begann, den Kindern, die Klein in Erziehung hatte, den 84sten Psalm zu erklären, wobei ein Mädchen ziemlich geläufig den Dolmetscher machte. Um 11 Uhr rief Klein in Ermanglung einer Glocke seine Leute mit einer Klapper zum Gottesdienste, wozu auch Leute des ganz nahen Negerdorfes Kapparu kamen, das 400 Einwohner, meist Bagis, zählt, die aber Susu sprechen. Bickersteth las ein Lied vor, welches von dem Mädchen gedolmetscht und hernach gesungen wurde. Nyländer las die Gebete in der Susu-Sprache, und Bickersteth predigte durch seinen jungen Dolmetscher über Joh. 3, 16. vor aufmerksamen Zuhörern. Am Nachmittag, da fast nur die Kinder anwesend waren, wurde es eben so gehalten. Am Abend kam der Häuptling Monge Zeara. Man hatte ihn, weil es so spät in der Nacht war, nicht gleich nach der Landung, der Sitte gemäß, besuchen können, und ihn Morgens nicht angetroffen, weil er auf die Lugar (Reisfelder) gegangen war. Es wurde ihm die nöthige Entschuldigung gemacht, die er freundlich aufnahm, und dann der Zweck des Besuches aus England mitgetheilt. Er gab die besten Schutzversprechungen für die Mission und nahm dann Abschied. Am folgenden Tage erschien der Oberhäuptling Demba, dem mehrere Dörfer gehorchten. Auch ihm wurde dargelegt, weshalb der Abgeordnete hier sey, und daß die Mission nicht Handel zum Zweck habe, sondern daß in England gute Menschen leben, die Gott lieben und aus Liebe für Africa beten. Sie haben ein von Gott selbst gegebenes Buch, das sie lehre wer alle Dinge erschaffen habe. Dabei wurde der Hauptinhalt der Bibel, besonders die Erlösung durch Christum, vorgelegt und gesagt, jene frommen Leute in England haben für Africa das Beste zu thun geglaubt, wenn sie Männer senden um ihr Buch zu lehren, damit die Neger in diesem Leben glücklich werden und durch die Vergebung ihrer Sünden um Christi willen selig sterben können. Der Gegenstand schien ihm nicht zu behagen; er sagte: „Ja, die weißen „Männer lehren das Gesetz von England." Ich erwiederte, es sey nicht das englische Gesetz, sondern das Gesetz Gottes, das wir lehren wollen. Er sagte: „Ihr müßt nur nicht „Gewalt brauchen." Bickersteth sagte: „Unser Zweck ist, „Euch zu sagen was wir wissen, und Euch zu bitten daß „Ihr es glaubet"; worauf er antwortete: „Wir müssen „Alle Gott Rechenschaft geben, wenn wir sterben." Darauf wurde ihm bemerkt, wir haben Alle gesündigt, und das Buch zeige den Weg, wie selbst diejenigen, die Böses gethan haben, Verzeihung erhalten und also die Rechenschaft bestehen mögen. Dies schien ihm zu gefallen, und er versprach der Mission allen Schutz und hundert Kinder, wenn sie wolle. Bickersteth sagte ihm noch von dem innern Frieden, welchen das Christenthum gebe, und erklärte ihm den Unterschied zwischen guten und bösen Leuten unter den Weißen. Er verstand denselben wohl und wendete ihn geich auf die Missionare und Sclavenhändler an, worauf er noch sagte: wer jene beleidige, der schlage sein Weib vor seinen Augen.

Bickersteth überzeugte sich von der schweren Aufgabe, welche die Missionare in ihrer Einsamkeit und unter den schwierigen Verhältnissen zu lösen haben, und besprach sich mit ihnen über die besten Förderungsmittel ihrer Arbeit. Er prüfte die Kinder und fand diejenigen, welche schon länger bei der Mission waren, sehr gefördert. Drei derselben fand er zur Taufe reif und sprach darüber mit ihnen, was sie sehr erfreute. Julie sprach ihren Wunsch aus, dem HErrn Jesus recht zu dienen, klagte über ihr sündiges Herz und über das oftmalige Verschwinden ihrer guten Gedanken. Betty, eine Sclavin, die als Dienerin anderer Kinder hergeschickt war, sagte: „Herr, ich möchte mit Ihnen gehen." Auf die Frage warum? erwiederte sie: „Um von Gott „zu hören." Als sie deshalb an Herr und Frau Klein gewiesen wurde, sagte sie: „Ja, Herr, aber ich fürchte, man „möchte mich wegnehmen und wider Gott sündigen lassen"; worin eine Anspielung auf die Unzucht der Sclavenbesitzer lag. Es wurde ihr geantwortet: „Bete viel, so wird dich „Gott davor bewahren. Er hat verheißen, uns nicht über „unser Vermögen versucht werden zu lassen."

Nach einigen weitern Unterredungen mit den Häuptlingen und einem herzlichen Abschiede von den Kindern reiste Herr Bickersteth, dem schon Wenzel nach Kanoffi vorausgeeilt war, nach den Los-Inseln, wo er von den dort wohnenden Europäern vernahm, daß die Häuptlinge zutrauenswerthe Männer und die Missionare von den Beunruhigungen der Sclavenhändler sicherer seyen, weil Gambier zu nahe für diese an Sierra Leone liege. — Dann ging es auf einem mit Timneh-Negern bemannten Schiffe, denen die Reisenden das Wort Gottes verkündigten, in den Pongas-Fluß, und an dessen flachen, schweigenden Ufern hinauf, an den zerstörten Stellen des Sclavenhandels vorüber, nach Bassia. Hören wir Bickersteth selbst erzählen: „Eine „Biegung des Flusses, und wir erblickten Bassia. Kaum „waren die dortigen Knaben unsers Schiffes ansichtig ge„worden, als sie ans Ufer rannten und Jeder mir zuerst „die Hand geben wollte. Ich hatte eine Zeitlang nichts zu „thun als Hände zu schütteln. Dann wurde ich von Hrn. „Renner und Hrn. Harrison mit ihren Frauen herzlich „begrüßt. Bald nachher sah ich die Mädchen. — Das „arme Bassia liegt in Trümmern. Die Schule ist ein Schutt„haufen; von der Kirche stehen nur die Wände da; das

„alte Wohnhaus ist eine halbe Ruine. Das jetzige neuge„baute Wohnhaus ist dagegen stattlich. Dann sind zwei „Knabenhäuser und die Wohnung Harrison's da. Die „Schule wird in der halb abgebrannten Kirche gehalten. „Es war ergreifend, dort die Knaben Jesum durch Lieder „preisen zu hören und ihre Andacht beim Gebete zu sehen. „Renner sprach ein herrliches Gebet."

Am folgenden Tage gingen die Reisenden nach Kanoffi, und wurden von Wilhelm und Wenzel mit ihren Frauen freudig empfangen. „Es liegt herrlich, nur eine „Stunde flußaufwärts. Eigentlich paßt es für die Erzie„hungsanstalt besser, weil es nicht so nahe an einem Neger„dorf sich befindet, wie Bassia. Die ganze Familie wohnt „in einem großen Hause. Die Kirche sieht hübscher aus „als manche in England. Das Haus Gottes steht da, aber „leider kein lebendiger Tempel; denn kaum kommt ein Ein„geborner zum Gottesdienst. Wilhelm zeigte mir den Anfang „seiner tüchtig gearbeiteten Grammatik und eines Wörter„buches der Susu-Sprache, woran er nicht fortarbeiten kann, „weil er jetzt keinen tüchtigen Gehülfen hat."

Nach Bassia zurückgekehrt beschäftigte sich Herr Bickersteth mit den Schulkindern und mit der ferneren Behandlung der Mission hinsichtlich der so nöthigen Predigt unter den Erwachsenen. Dann besuchte er den alten Monge Backe und sagte ihm von der Liebe der Weißen, welche die Missionare gesendet. Der Häuptling antwortete: „Nicht alle „Weißen lieben den schwarzen Mann, denn sie nehmen sie „aus dem Lande fort und zwingen sie zu arbeiten; das ist „nicht Liebe." Bickersteth gab diesen Unterschied zu, und wies auf den Wandel und die Aufopferung der Missionare hin. Gegen sie hatte er nichts einzuwenden und sagte: „Man „kann ja sehen wie sie unterrichten; man darf sicher glau„ben was Herr Renner sagt; er sagt immer die Wahrheit." — Als Bickersteth von den Brandstiftungen sprach, sagte er: „Ich bin unschuldig. Nennet mir die Leute und ich will „sie strafen."

Ein Durchgang mit den Knaben, wobei Bickersteth mit jedem besonders sprach, überzeugte ihn, daß hier nicht umsonst gearbeitet wurde. Kaum dürfte in einer englischen Schule die Mehrheit so auf Herzensfragen antworten, wie hier. Er fand ein Werk des heiligen Geistes in den Kinderherzen. Die Zwischenzeiten benützte der Reisende, um Land und Volk umher zu sehen und über die schmähliche Abgötterei zu trauern. Ueberall sah er die elenden Strohhütten mit ein paar armseligen Scherben und ähnlichem Geräthe, die Wohnung der großen Ameisen, ein lebendiges Bild dieses Heidenthums. Er bestieg einen Felsen, von dem der Volksaberglaube behauptet er bewege sich zuweilen, und wer ihn besteige müsse augenblicklich sterben.

Der weitere Aufenthalt Bickersteth's in Bassia überzeugte ihn noch mehr von dem Segen dieser Schulen. „Ich kann die lieben Kinder nicht ansehen," sagte er, „ohne bewegt zu werden. Ist es doch ein herrlicher Anblick „um 90 Kinder von Sclavenhändlern und wilden Häuptlingen, die aus der Mitte der Heidenwelt uns übergeben „sind, um des weißen Mannes Buch zu lernen. Es ist „dies doch gewiß ein gutes Zeichen der Zeit für Africa, „das unsere Hoffnung frisch erhalten muß. Allerdings „seufzt das Herz bei dem Gedanken, daß Manche, vielleicht „die Meisten dieser Kleinen in die Sitten und Sünden „ihres Landes zurückfallen werden. Doch kann auch hie „und da Eines so tief ergriffen werden, daß es Africa zum „Segen wird." — Eine weitere Bemerkung ist die: „Ich „glaube nicht, daß man mit mehr persönlicher Gefahr „in einem der Negerdörfer hier herum wohnen würde, „als man in England hat. Nur die Bettelei ist eine „schlimme Zugabe. Verfolgung würde wahrscheinlich nicht „ausbleiben, wenn das Evangelium einmal die Wirkung „hätte, daß sich Einige von den Landessitten abwendeten. „Natürlich müßte man sich europäischer Bequemlichkeiten „entschlagen. Sollte es in England nicht viele Christen „geben, die das aus Liebe zu ihrem Heilande gerne thäten?"

Hören wir eine der für das Verständniß der Neger und ihrer Kinder eingerichteten Reden, wie sie Herr Bickerstehl hielt:

„Gehet hin in alle Welt und prediget das „Evangelium aller Creatur! Ich will Euch sagen, „wie des weißen Mannes Religion anfing. Im Anfang „machte Gott Himmel und Erde und Einen Mann und „Ein Weib, und es war Alles sehr gut. — Er sagte „ihnen, sie dürfen Alles thun, nur Eines nicht. — Aber „gerade dieses Eine thaten sie, weil der Teufel sie ver„suchte. Gott war zornig über sie, und sie hatten den Tod „verdient. Aber weil Gott sehr freundlich und gut ist, so „versprach Er, einst seinen einzigen Sohn, Jesum Christum, „in die Welt zu senden, um die verlornen Sünder zu „retten. — Nach diesem wurden der Menschen sehr viele, „und sie wurden auch sehr böse. Aber Gott hielt sein „Versprechen. Jesus Christus kam. Ich will Euch von „seiner Herrlichkeit erzählen ehe Er kam, von seinem „Leben auf Erden, von seinem Tode für uns, von seiner „Auferstehung von den Todten und von seinem Befehl an „seine zwölf Jünger. Sie und ihre Nachfolger überbrach„ten ihn den weißen Männern in England. Der nämliche „Befehl ist uns, seinen Dienern, gegeben. — Was ist also „das Evangelium? Gottes Botschaft für verlorene Menschen. „Kann mir Einer von Euch sagen, wie Gott einem Men„schen verzeihen kann, wenn er Böses gethan hat? Das „Evangelium sagt uns das. Ist das nicht eine gute Bot„schaft? Wem gehört es an? Allen Menschen, den „schwarzen und weißen. Einige gelehrte Männer (Männer, „die viel Bücher wissen) sagen, wir sollen nicht gehen um „die schwarzen Leute zu lehren; aber Gott sagt es uns „besser. Ich spreche in dem Namen des großen Gottes. „Es ist nicht der Häuptling von Sierra Leone, der uns „sendet, auch nicht der Häuptling von England, sondern „Gott sendet uns zu Euch. Kinder! ich spreche zu Euch; „Susu-Leute, zu Euch!"

Er war unermüdlich in dieser einfachen Weise zu predigen und wurde wohl verstanden. Den Kindern konnte er nicht genug Lieder zum Auswendiglernen geben.

Eine Reise nach Bramia, am Dembia-Flusse, zu dem Häuptling William Fernandez, dem besondern Freunde der Mission, gab Herrn Bickersteth Gelegenheit, die eintönigen, schwachbewohnten Uferlandschaften am Pongas-Flusse, der auf beiden Seiten mit hohen Mangrove-Bäumen (Rhizophoren) begränzt ist, die engen Fußpfade zu Land durch dickes Gestrüpp und mannshohes Gras, die armseligen Negerhütten, die mit Grigris ringsum behangen sind, worunter er auch einmal ein portugiesisches Grigri, nämlich ein Crucifix, fand, die Unzufriedenheit der Häuptlinge mit der Abschaffung des Negerhandels und den Segen, den dieselbe dem Lande bereits gebracht, den Fanatismus der muhammedanischen Mandingos, die fest an ihren Propheten und Koran und an die versöhnende Kraft der Opfer glauben, mit eigenen Augen zu sehen. Auf dem Rückwege zu Fuße fühlte er die heiße Sonne auf offenem Wege; sah die Spuren wilder Thiere; setzte die Eingebornen durch Schreiben in Erstaunen und durch sein langes Haar in Schrecken; lernte die Ameisen (Termiten) kennen, die ihm über Nacht das Leder aus dem Hute fraßen; sah ihre geordneten Wanderzüge; war Zeuge von der Art der Africaner ihre Kleider zu waschen, indem sie dieselben ins Wasser tauchen und dann mit einem Stein darauf schlagen; lernte den Ackerbau der Neger, ihre Häuser und sogenannten Städte kennen,— und mit diesem Reichthum von africanischen Anschauungen, deren fast jede ihn die Mission besser verstehen lehrte, und mit den besten Zusicherungen des Häuptlings, den er besucht hatte, kam er in Bassia wieder an. Dort predigte während seiner Anwesenheit und bei einem Besuche, den William Fernandez zum ersten Mal und in höchst ehrender Weise dieser Station machte, Renner in der Susu-Sprache. Wie schwer es ihnen war sie zu lernen, zeigte was der des Englischen kundige Fernandez nachher sagte. Statt

„Aenderung der Gesinnung“ sagte er: „Bindung der Gesinnung“; statt „zwei Menschenclassen“ lautete es in seinem Munde: „zwei Menschengläser“; das Wort „auf immer“ wußte er gar nicht im Susu zu geben; statt „im Buch geschrieben“ sprach er aus: „mit dem Fuß geschrieben“ und Aehnliches. Dennoch war Bickersteth auch nach Mittheilungen der Eingebornen fest überzeugt, daß die Predigt in der Landessprache unerläßlich sey.

In Lissa, wo Monge Backe wohnte, wurde ein Palawer gehalten, um dessen willen Fernandez gekommen war, auf dessen Ankunft eine Rotte von 400 Fulah, die Monge Backe brandschatzten, sich sogleich davon machte; auch Herr Bickersteth wurde eingeladen. Es waren von dem Hause des Häuptlings und den benachbarten Häusern etwa 150 Neger versammelt, die sich alle auf Matten niedersetzten. Einer erhob sich und hielt eine lange Rede, die zugleich eine Aufforderung an Bickersteth war sich auszusprechen. Er erhob sich und hielt ganz in dem den Negern verständlichen Styl eine Rede, worin er die Motive der Mission, ihren Zweck, die Hauptwahrheiten des Christenthums darlegte, den Irrthum beseitigte, als wären die Missionare Sendboten der englischen Regierung oder des Statthalters von Sierra Leone, auf den Wandel der Missionare hinwies, von den Kindern und den Fortschritten sprach, die er bei ihnen gefunden. Dann aber sagte er, man müsse Bassia wegen der Zerstörung der Gebäude aufgeben; Wenzel müsse nach Sierra Leone und Renner nach Kanoffi; dort aber müsse man später mehr Land haben, um die Kinder, wenn sie groß werden, anzusiedeln. Ferner begehrte er, daß die Missionare ohne Unkosten in alle Dörfer gehen dürfen, um zu predigen. Der Häuptling Fernandez war Dolmetscher, weil die andern, die es versuchten, nicht fortkamen. Darauf hielt Monge Backe eine lange Rede, deren kurzer Sinn war: wenn die Missionare Wohlthäter des Landes seyn wollten, warum sie ihnen denn keine Flinten und kein Pulver gegen die Fulah geben und keinen Handel treiben? Von geistigen Dingen war kein Wort in der Rede. Nochmals suchte Bickersteth den Zweck der Mission klar zu machen. Da stand wieder Einer auf und redete lange gegen die Mission, brachte aber nichts vor, als was der Häuptling schon gesagt hatte. Richard Wilkinson, der undankbare Schüler der Missionare, sprach sehr arglistig und feindselig gegen seine besten Freunde, die Missionare. Ihm antwortete Fernandez. Der Beschluß war, daß es der Mission an Land nicht fehlen solle und daß das Predigen in allen Dörfern keinen Anstand habe. Nach vier Stunden wurde das Palawer geschlossen, das ohne Fernandez Anwesenheit wohl vier Tage gedauert hätte.

Nichts war geeigneter als diese Versammlung, um Bickersteth einen tiefen Blick in das Leben der Neger und die Stellung der Mission zu ihnen zu geben. Wenzel, den sie sonst nicht hatten leiden mögen, war jetzt, weil er nach Sierra Leone sollte, in ihren Augen das Opfer von Renners Umtrieben, obgleich er ihnen sagte, er selbst wünsche seine Versetzung, weil er zu leidend sey um in den Dörfern umher zu predigen. Zu Renner sagten sie, er solle es in Kanoffi nur nicht machen wie in Bassia. Er aber, der sie kannte, stopfte ihnen gleich den Mund mit der Antwort: „ich werde in Kanoffi seyn wie ich in Bassia war. Kommt „ein armer Mann hungrig, so gebe ich ihm Reis; kommt „Jemand zum Handeln, so kaufe ich wenn ich's brauche, „und kaufe nicht wenn ich's nicht brauche; ist er unver„schämt, so jage ich ihn fort."

Bei der ganzen Verhandlung war Fernandez der Anwalt der Mission, antwortete auf alle Anschuldigungen, ja ließ sie mit seinem kecken energischen Wesen oft nicht einmal zum Worte kommen. Als er nachher noch fast die ganze Nacht zu Lissa bei den Susu-Leuten blieb, kam es erst heraus wo es fehlte. Sie warfen ihm das Geschenk vor, das er von der Missionsgesellschaft erhalten hatte, und beklagten sich, daß sie von den Missionaren nur wenig bekämen, und diese gar keinen Ersatz für den verlornen Gewinn von den Sclavenhändlern gewähren. Wirklich kam auch Monge Backe nach Kanoffi, um nachträglich ein grösseres Geschenk zu verlangen, das ihm Herr Bickersteth nach ernstlichen Erklärungen über sein Benehmen, und mit der Drohung, sämmtliche Missionare am Ende zurückzuziehen, auf seine Versprechungen hin gewährte. Desto köstlicher war nachher beim Besuch in einem Dorfe die Erklärung eines Negers, daß das Palawer zu Lissa Vielen die Augen über die wohlthätigen Absichten der Missionare geöffnet habe, und daß Bickersteth's Rede ihm so wohl gethan, daß er sich sehr freuen werde die Missionare predigen zu hören. Gleiches durfte er von Häuptlingen und andern Leuten in verschiedenen Dörfern vernehmen.

Der Abschiedstag unsers Reisenden nahte. Vorher aber wollte er noch das heilige Abendmahl mit den ältern der getauften Kinder feiern. Er hielt mit ihnen eine Unterredung, und hörte da nicht allein richtige Antworten auf die Fragen, das Mahl des HErrn betreffend, sondern auch sehr erfreuliche Mittheilungen über den Ernst des innern Lebens in den Kindern. Ein letzter Besuch wurde dem Monge Backe gemacht, alles früher Gesagte wiederholt, und das Hören des göttlichen Wortes ihm ans Herz gelegt, was er freundlich aufnahm und dann sich für diese Welt von dem Reisenden verabschiedete. Nach einem rührenden Abschiedsgottesdienste ging es zu Schiffe und dann den Pongasfluß hinunter. Zu Kapparu sagten die Häuptlinge für die Mission in Gambier dasselbe zu, wie die um Kanoffi. Nach herzlichem Abschiede von den Kindern segelte Hr. Bickersteth nach Sierra Leone, von wo aus er noch die Bullom-Mission besuchte, auf der wir ihn später wieder finden werden. Am 7. Juni verließ er endlich Freetown und kam im August nach England zurück.

Er erstattete einen ausführlichen Bericht an die Committee, und ging dabei von der Ueberzeugung aus, daß die Predigt des Evangeliums unter dem Volke allem Andern vorangehen müsse. Er erkannte die großen Schwierigkeiten an, die in West-Africa diese Arbeit zu überwinden habe. Er wies auf die Sclavenhändler, welche die ersten Sendboten noch in voller Macht gefunden, die ihnen ihre

Kinder übergeben und eben dadurch ihre Vertreibung aus dem Lande selbst verhindert hätten; — auf die Schwierigkeit der Sprache; — die Unmöglichkeit, Dolmetscher zu finden; — auf Krankheit; — auf die Hindernisse von Klima, besonders in der Regenzeit; — auf die Anforderungen der Kinder an die Missionare; — auf die großen Opfer, die der umherwandernde Prediger täglich zu bringen habe. Allein er hob auch hervor, daß der Sclavenhandel jetzt nichts mehr vermöge; die Processe wegen Zauberei, die es sonst so schwer für den Fremdling machte, ein Dorf zu betreten, jetzt viel seltener seyen; — daß man sicher reisen könne und das Land sich allmählig mehr bevölkern werde; — daß die Missionare sich in den Negerdörfern ausiedeln können, wenn sie wollen, und sie nun so der Sprache sich recht bemächtigen werden; — daß man je länger je mehr Dolmetscher finde; — daß die Missionare entschlossen seyen, sich der Predigt zu widmen; — daß freilich auch große Versuchungen den Prediger erwarten, er aber anderseits den Heiden viel näher komme, als der auf einer Station festgesiedelte Erzieher; — daß endlich die Bekehrung erwachsener Heiden der Mission viel kräftigere Gehülfen zuführen müsse, als die Schulen thun können.

Die Schulen erschienen ihm in zweiter Linie als höchst wichtig. Dagegen zweifelte er, ob der Nutzen größerer Erziehungsanstalten, wo man den ganzen Unterhalt der Kinder übernehme, die allerdings dann auch vom heidnischen Wesen abgesondert und ganz unter christlichen Einfluß gebracht werden, den Schaden aufwiege, den die Nöthigung, große Gebäude, große Vorräthe zu halten, viel Zeit auf den Ankauf der letzteren zu verwenden, dadurch mehr als Handelsmann, denn als Prediger zu erscheinen, den Häuptlingen als ein reicher Mann große Geschenke zu machen — unausbleiblich stifte. Ueberdies habe der Missionar neben diesen Schularbeiten für alle andere Missionsthätigkeit weder Zeit noch Kraft noch Lust übrig. Und dann frage sich erst noch, was von all der Mühe und Arbeit zurückbleibe, wenn die Kinder einmal wieder zu Hause bei den Ihrigen leben?

Allein aufgeben sollte man die Schulen nicht. Darf man auch nicht darauf hinweisen, daß die Muhammedaner gerade durch Schulen, und zwar erst noch bezahlte, ihren Glauben in Africa fortpflanzen, weil uns dies auf keinen Fall in gleicher Weise gelingen könnte, weil unsere Lehre eben so sehr gegen die fleischliche Natur des Menschen ist, wie die ihrige derselben schmeichelt: — so muß doch beachtet werden, daß in vielen Kindern bereits schöne Kenntnisse und bleibende Eindrücke christlicher Wahrheit niedergelegt sind. Noch wissen wir nicht wie groß die Tragweite des Werkzeuges ist, das wir in unsern Schulen besitzen. Aber allerdings sollte die Zahl der Kinder beschränkt werden, theils um den Missionar für die Predigt freier zu machen, theils um den Heiden mehr das Gefühl beizubringen, daß die Aufnahme ihrer Kinder in die Schule eine Wohlthat für sie, nicht für die Mission sey, theils auch, um die Kosten der einzelnen Kinder genauer berechnen zu können. Noch wichtiger wäre, daß für die Zeit, wenn einmal die Heilige Schrift und andere Bücher in der Susu-Sprache vorhanden seyn werden, die Kinder alle das Susu lesen und schreiben lernten, sowohl um ihren Eltern höhern Nutzen zu bringen, als auch vorzüglich, um das Evangelium durch sie zu verbreiten. Der nächste wichtige Schritt wären Dorfschulen, von einem Eingebornen oder Europäer gehalten, die aber nur den Unterricht gäben. Solche Schulmeister, besonders wenn sie das Klima von Jugend auf gewöhnt wären, könnten ein Handwerk oder etwas Ackerbau treiben und dem Missionar das Handelsgeschäft abnehmen. Sie wären der Anhaltspunkt der Reisepredigt und würden deren Wirkungen befestigen. Schulen für Erwachsene dürften sich daran anschließen. Welch ein Netz eingreifender Wirksamkeit könnte so über das Land gebreitet werden! Die Uebersetzung der Heil. Schrift und anderer Bücher und kleiner Schriften, sowohl für die Heiden als Muhammedaner, dürfte mit der Zeit von großem Nutzen werden. Die Arbeit dafür muß aber jetzt schon anfangen.

Wir übergehen was der Berichterstatter über den Kostenpunct, die Gehalte der Missionare, die Beaufsichtigung und Leitung der Mission durch ein tüchtiges Haupt an Ort und Stelle, die wenigstens alle drei Jahre ein Mal erforderliche Visitation der Missionsposten, die Erkaufung eines Missionsschiffes, die Ernennung einer Anzahl der tüchtigsten Negerknaben zu Schulmeistern, den Mangel an englischen Geistlichen, die sich der Mission hingäben, und gegen den Einwurf sagt, man sollte nach so vielen Opfern an Menschenleben in ein solches Klima nicht weiter Sendboten gehen lassen. Er gab zum Schlusse seines Berichtes eine Uebersicht der Getauften in der Mission, wovon auf die Susu-Gegenden 170 Seelen kamen.

Das wichtigste und schwerste Geschäft aber, das Bickersteth in West-Africa zu vollbringen hatte, war die Untersuchung der Zwistigkeiten gewesen, die unter den Missionaren selbst wie eine giftige Seuche herumschlichen, und die vielleicht das stärkste Hinderniß eines segensreichen Fortgangs der Mission waren. Er war ohne Menschengefälligkeit dieser Hyder zu Leibe gegangen, und hatte zu seiner Freude gefunden, daß trotz dieses Uebelstandes keiner der Missionare aufgehört hatte in Sinn und Wandel ein wahrer Christ zu seyn. Nur hatten sie, einsam gestellt, fern von den Stärkungen welche die christliche Gemeinschaft darbietet, gereizt durch den Einfluß des Klimas, in vielfache Reibung gesetzt durch die schwierige der Willkühr des Meinens und Gutfindens so sehr preisgegebene Aufgabe, die Schwachheiten und Unarten nicht zu tragen vermocht, die der Eine unausbleiblich am Andern entdeckte, und so einander die Arbeit erschwert, statt sie sich zu erleichtern; den fröhlichen Gang des Ganzen aber aufgehalten. — In dieser Hinsicht besonders war der Besuch von großem Werthe gewesen und hatte Vieles ausgeglichen, was nur ein Dritter, der unpartheiisch hereintrat, ausgleichen konnte.

Die Berichte des trefflichen Reisenden und ein Rath des würdigen Statthalters von Sierra Leone, des Herrn

Mac Carthy, trafen nicht zusammen. Der Erstere rieth die Fortsetzung der Mission auf dem Festlande, aber in engerem Zusammenhang mit der auf der Halbinsel; der Letztere erneuerte seinen schon 1814 gegebenen Rath, diese unbeschützten Missionen aufzugeben, alle Kräfte auf Sierra Leone zusammenzuziehen, wo die immer neu entstehenden Ansiedlungen befreiter Neger ein großes und dankbares Arbeitsfeld biete, das nach Arbeitern dringend rufe; wie denn die Neger selbst Kirchen für künftige Prediger bauten. Dann aber sollte von dort aus Schritt für Schritt das nahe liegende Festland erobert werden. Man muß gestehen, daß der Plan des Statthalters der bessere war, wie auch der Erfolg zeigte.

Inzwischen schickte die Gesellschaft für jetzt neue Lehrer in den Personen der Herren John Horton, Bernhard Johnson, Heinrich Düring und Christoph Jost hinaus, die noch während Bickersteth's Besuch in Sierra Leone anlangten. Auf der andern Seite schien der Sclavenhandel seine letzten Kräfte zusammenzunehmen, um der Mission am Rio Pongas ein Ende zu machen. Ein Häuptling am Rio Nunnez, der seine Söhne in Bassia unterrichten ließ, und sich auch bisher der Theilnahme am Sclavenhandel entzogen hatte, ließ sich endlich bewegen auf denselben einzugehen, und sogar den ältesten in Bassia erzogenen Sohn als Schreiber dabei zu gebrauchen. Der Sohn war ein gläubiger Christ und gab sich sehr ungern dazu her. Die Missionare suchten trotz dieser Vorzeichen einer Wendung der Dinge zum Schlimmern ihre Zeit auszukaufen. Sie übersetzten die Morgen- und Abendgebete der englischen Liturgie in die Susu-Sprache, und das Evangelium Matthäi wurde in derselben vollendet und in England gedruckt. Die Gottesdienste wurden regelmäßig gehalten. In der Zahl der Kinder aber machte der plötzliche Tod von fünf derselben, die in der Regenzeit an Krämpfen starben, einen Riß, indem fünf und zwanzig andere von den Eltern weggenommen wurden, weil sie diese Todesfälle nur als Wirkung von Bezauberung durch Renners Versetzung nach Kanoffi sich erklären konnten. Der Tod des Schullehrers Jost, und die Rückkehr seiner Frau nach England bald nach ihrer Ankunft in West-Africa ließ wenigstens in der Susu-Mission kein neues Hinderniß für den Anfang der Predigt unter den Heiden eintreten. Am ersten Advent-Sonntag 1816 ging Missionar Renner, nach vorheriger Benachrichtigung Monge Backe's, von der ganzen Missionsfamilie begleitet nach Lissa. Der Häuptling hatte seine Leute vorher ermahnt, ihre besten Kleider anzulegen und still zuzuhören. Der öffentliche Ausrufer hieß die Bewohner sich versammeln, „um den Gruß der Fremden zu empfangen.“ Renner wurde unter einen großen, dichtschattenden Baum geführt; der Ausrufer machte bekannt, daß jetzt „gebetet“ werde; Alles setzte sich still auf den Boden. Renner öffnete seine Bibel und begann mit freudigem Aufthun seines Mundes das Wort des Lebens zu predigen. Er sprach diesmal von der Bibel als dem einzigen Lebensbuch, der Quelle des Heils und Friedens; sagte, daß er immer aus derselben schöpfen werde wenn er zu ihnen komme; wies auf den allgemeinen Predigtbefehl Christi an Seine Apostel hin, und ließ dann die Kinder mit Gesang schließen. Monge Backe ließ den Prediger zu sich herrufen, sagte, es sey gut von Gott zu reden, er und seine Leute werden es immer gern hören, er möge kommen so oft er wolle; ja er sprach seine Absicht aus ein Bethaus zu bauen. Er erfrischte die Missionsfamilie mit etlichen Früchten und Palmwein, bat sich aber einen Ochsen zum Geschenk aus, der ihm, weil es das erste Mal war, gegeben wurde. In der folgenden Nacht und einige Wochen nachher unterblieben die gewöhnlichen nächtlichen Tänze. Monge Tomba, dem der nächste Sonntag zugedacht war, bat um einen späteren, weil er verreisen müsse und seine Leute ohne ihn nicht beten können. Es wurde daher von Wilhelm in Ober-Bassia gepredigt. Inzwischen hatten die Neger zu Lissa ihre Kirche schon fertig gebaut. Den 15. Dezember ging er nach Dschesulu, wo Monge Tomba ein Dach zur Predigt errichtet und ein Mittagessen bereitet hatte. Einige dort wohnende Portugiesen sprachen ihm zu, auch ein Bethaus zu bauen. Doch war hier die Stille von Lissa nicht zu finden; auch wurde der Tag nicht als ein heiliger gehalten wie dort. In Bassia ging es in ähnlicher Weise vor sich, und überall baten die Leute ums Wiederkommen. Als die Reihe wieder an Lissa kam, war dem Häuptling doch das Bethaus noch nicht fertig genug, um „Bet-Palawer" darin zu halten, und er wich aus, als Wilhelm ihm zusprach nicht länger zu warten; in Bassia gab es eine andere Entschuldigung. Am Neujahrstag kam es wieder zu nichts, weil ein americanisches Schiff im Flusse lag und Kanonen abfeuerte, so daß Alles fortlief, um zu sehen ob ein Kriegsschiff in der Nähe sey. Bald verlautete, der Americaner sey von einem solchen weggenommen. Der Capitän desselben war mit einigen Leuten am Lande und jammerte sehr, worauf die Neger einstimmten: „Ja, unser Land geht zu Grunde! Die Europäer „senden uns ihre Religion ins Land, um ihren Verrath „damit zu verbergen. Wir brauchen das nicht. Wenn kein „Schiff kommt und Handel mit uns treibt, warum behaupten sie immer sie wollen uns Gutes thun?" — Da mußte der Prediger traurig wieder abziehen.

Am 4. Januar heißt es im Tagebuch der Mission: „Heute schallt den ganzen Tag die Trommel zu Lissa und „Dschesulu; man tanzt und schmaust, und schimpft über „Renner, der das Kriegsschiff wieder soll hergerufen haben; „Seit die Schmauserei vorüber ist ließ ich Monge Backe „fragen, warum er nicht versprochenermaßen nach mir ge„schickt habe, um zu predigen? — Er ließ mir antworten, „es seyen Fremde da zum Schmausen, da würde es nur „Unordnung geben; ich solle mich über die Gerüchte wegen „Renner (der abwesend war) nicht ängstigen, er wolle das „schon ins Reine bringen. Monge Tomba von Dschesulu „sagte mir auf die Frage nach dem Bethause: seine Leute „wollen jetzt keinen Unterricht haben. — Ich machte mich „an die Uebersetzung des Evangeliums Marcus, bis die „Gemüther wieder ruhiger und offener seyn möchten. Monge „Backe ließ mir sagen, jetzt sey nichts zu machen, das Kriegs„schiff müsse erst fort seyn, dann würden die Leute wieder

„ruhiger werden. Die Sclavenhändler hatten wieder Alles „gegen uns aufgewiegelt, weil der Befehlshaber des Kriegs„schiffes die Sclaven oder die dafür bezahlten Güter des „Americaners forderte, die Susu-Leute aber sich weigerten, „eines von beiden abzuliefern. — Renner ist von Sierra „Leone zurück, das Kriegsschiff ist fort, und er beabsichtigt „jetzt Besuche zu machen und ohne vorher vom Predigen „etwas zu sagen, darin zu thun was er kann. Allein auch „das geht nicht, denn eben kommt das Kriegsschiff wieder „den Fluß herauf."

Im Februar drangen die Häuptlinge in Renner, ihnen Pulver und Flinten zu geben, um das Kriegsschiff anzugreifen, wie sie auch wirklich schon mit dessen Mannschaft scharmützelten. Es wurde natürlich verweigert, weil die Engländer die Beschützer der Mission seyen. Jetzt wurden Drohungen gegen die Missionare laut. Renner bat Monge Backe um Erlaubniß auf das englische Kriegsschiff zu gehen, um wo möglich Frieden zu stiften; es sollte ein Susu-Mann mitgehen, um zu sehen was er thue. Es wurde nach ziemlichem Widerspruch die Erlaubniß gegeben. Renner fuhr in der Nacht mit Harrison zu dem Schiffe, indeß Wilhelm mit seiner Frau und den Kindern sich bereit hielt, auf die erste Gefahr nach Bramia zu Monge Fernandez zu fliehen. Eben in diesem Augenblick kamen drei Männer als Sicherheitswache von Fernandez, zugleich mit einer Weisung für Lissa, die Missionare in Ruhe zu lassen. Renner brachte die Nachricht zurück, daß die Engländer sich auf einem Flußinselchen gelagert hätten, das Schiff aber nach Sierra Leone gesegelt sey, um Verstärkung und Verhaltungsbefehle zu holen. Es wurde jetzt beschlossen, daß Renner und Wilhelm auch nach Sierra Leone gehen sollten, um sich über die nächsten Schritte mit Herrn Garnon, dem neuen Caplan der Colonie, zu berathen. Harrison und Frau Wilhelm blieben zurück. Sie kamen glücklich mit der Weisung zurück, die Mission noch nicht zu verlassen, und trafen zu Hause Alles in Ruhe. Das Kriegsschiff verließ den Fluß, und Fernandez kam nach Lissa zum Palawer. Als dieses vorüber war, wurde es klar genug, daß die Neger, auch Fernandez mit ihnen, zur Aufrechthaltung des Sclavenhandels und zum Kampf mit dem Kriegsschiff entschlossen waren, wenn es etwa wiederkehren sollte, und daß dieser Zustand die Mission in die Länge unhaltbar machen mußte. Wie viel besser konnte dagegen das stille Gambier gedeihen, wo kein Sclavenhandel war und die Predigt willig aufgenommen wurde.

Das große Palawer zu Lissa am 14. März 1817, wobei 3—4000 Neger versammelt waren, und das Zeuge von der leidenschaftlichen Aufregung war, in welche die Sclavenhändler das Volk hineingetrieben hatten, ließ bald ahnen was kommen würde. Es war der Antrag gestellt worden die Missionsgebäude in Asche zu legen, und Monge Backe hatte diese Barbarenhandlung nur durch die Erklärung abgewendet, daß er aus Rücksicht auf seinen guten Namen dies nicht dulden könne, indem sich „kein Weißer mehr zu ihm niedersetzen würde.“ Der zweite Vorschlag war: die Mission zu plündern; aber auch das gab der Häuptling nicht zu: „meine Fremden sollen das Land mit ihrem Eigenthum „verlassen.“ Erzürnt über die Hartnäckigkeit des alten Mannes kamen sie zu einem noch schlechteren Beschlusse: Renner zu ermorden, weil er ja, als er ins Land gekommen, erklärt habe, man dürfe ihm das Leben nehmen, wenn die Engländer je Krieg mit den Susu anfangen. „Der Krieg ist „jetzt da und wir dürfen ihn umbringen nach seinen eigenen „Worten.“ Renner hatte aber in Wahrheit gesagt, sie mögen ihn umbringen, wenn die Engländer je ihr Land wegnehmen. „Außerdem,“ fährt der arglistige Redner fort, „ist Renner der Affe, der unsere Felder verwüstet, unser „Land verderbt, unsere Cassada zerdrückt, unsere Bananen „und Plantanen frißt; so einen Affen, der uns Alles ver„derbt, dürfen wir doch wegschaffen.“ Ein anderer Redner sagte, von jeher habe man jeden, der Jamsa mache (Betrug spiele) im Lande getödtet. Daß Renner ein Jamsa-Mann sey, könne Niemand bezweifeln, also müsse er sterben. Damit war fast Alles einig; aber wie erstaunten sie, als Monge

Backe über diesen Vorschlag in Wuth gerieth und ausrief: „Niemand darf einen Fremden umbringen als ich, und ich „will nicht, leide es auch von keinem Andern.“ Fernandez erklärte sich entschieden für die Mission und forderte Sicherheit für ihre Arbeiter, sprach aber aus, wenn die Susu einmal Christen seyen, so werden sie den Sclavenhandel selbst abschaffen.

War die Gefahr vor den Beschlüssen des Palawers auf diese Weise glücklich abgewendet, so schützte Gott die Mission auch noch vor der, die von 4000 Wilden drohte, die, wenn sie in solcher Anzahl beisammen waren, bald von Hunger getrieben sich allerlei Gewaltthat erlaubten und schwer im Zaume zu halten waren.

So viel war gewiß, daß mit der Predigt unter dem Volke jetzt nicht fortgefahren werden konnte, weil die Leute voll Argwohn und Groll gegen die Prediger waren und sie gar nicht hören wollten. Unter Furcht und Hoffnung ging das Jahr 1817 dahin, und am 16. Februar 1818 hielten sämmtliche Missionare eine Zusammenkunft zu Freetown, worin die Aufhebung der Mission zu Kanoffi, als das einzige Mittel das Leben der Missionare sicher zu stellen, beschlossen wurde. Im Mai kam Renner mit seiner Gattin und sechszig Kindern (die Andern hatte man den Eltern zurückgegeben) in Sierra Leone an. Es waren in den 10 Jahren der Mission 393 Kinder, die aus der Negersclaverei befreit waren, in ihr erzogen worden.

Ehe wir diese Mission verlassen, schauen wir nach England zurück, um mit einem tröstlichen Blick auf sie schließen zu können.

Als Herr Bickersteth sein Geschäft in West-Africa vollendet hatte und sich zur Heimkehr anschickte, da bat ihn Simeon Wilhelm, einer der ältern Zöglinge in Bassia, aufs Dringendste, ihn mitzunehmen. Da auch sein Vater sich dieser Bitte anschloß, so wurde ihr willfahrt. Es war ja auch den Freunden dort willkommen eine der schönsten Blüthen aus ihrem Garten mit Augen zu sehen und ihrer weiteren Entwicklung mit Hoffnung zu folgen. Sein Vater

Balla ist ein angesehener Neger am Rio Pongas. Simeon wurde im Jahre 1800 geboren; mit 9 Jahren trat er in die Anstalt zu Bassia. Er war ein edles Kind, voll Unschuld, Bescheidenheit, Redlichkeit und Zartsinn. Wie viel Liebe er hatte zeigte der Umstand, daß ein Tadel seines Lehrers Wilhelm ihn gleich in Thränen ausbrechen ließ, was sich dann gewöhnlich wiederholte wenn er ihn das nächste Mal wieder sah. Er war nicht sehr begabt, aber fleißig. Im Jahr 1815 schrieb der Knabe an den Secretär der Gesellschaft: „Ich nehme mir die Freiheit, Ihnen zu „schreiben, um Ihnen vor Allem für die große Güte zu „danken, daß Sie Missionare gesendet haben, um arme „Knaben den Heilsweg zu lehren. — Ich schreibe Ihnen „damit Sie sehen wie es mit meinen Kenntnissen steht; ich „kann lesen und ein wenig rechnen, das ist Alles. Ich muß „Ihnen auch sagen, daß man unser Haus angezündet hat, „und die Leute behaupten der Teufel habe es gethan; wir „glauben aber nicht, daß dieser böse Geist die Macht hat „Häuser anzuzünden. Die Leute sind auch so albern und „meinen, wenn wir wieder bauen und dem Teufel kein Opfer „bringen, so brenne das Haus wieder ab. — Wenn wir „groß werden, möchten wir alle Missionare werden, um die „Susu den Weg Christi zu lehren."

Er zeichnete sich durch wahre Frömmigkeit aus und die Liebe Jesu ging ihm besonders tief zu Herzen. So kannte ihn Bickersteth, als er, zu der unaussprechlichen Freude des bald siebzehnjährigen Jünglings, ihm erlaubte mit nach England zu reisen. — Nicht lange war er in London gewesen, als seine Lunge zu leiden anfing. Es mußte an Rücksendung nach Africa gedacht werden. Als davon in seiner Gegenwart die Rede war, schwieg er. Kaum aber hatte Bickersteth sein Gemach verlassen, als der Knabe nach ihm schickte. „Meister, Sie senden mich in mein Land? „ich habe noch nichts Rechtes gelernt, kann meine Lands„leute nichts lehren, bin zu nichts gut." — Bickersteth antwortete ihm: „Du weißt, Simeon, daß wenn du hier „bleibst, du wahrscheinlich sterben wirst und du gar nichts

„nützen kannst; gehst du aber nach Hause, so kannst du in „Africa viel Gutes lernen." Da erhob er sich aus dem Bette, schlug seine Arme Herrn Bickersteth um den Hals und sagte: „Meister, wenn ich sterbe, so ist es Gottes Wille; Gott „thut recht. Aber wenn ich lebe und hier bleibe, so lerne ich „und kann meine Landsleute von Jesu Christo unterrichten. „Ich mag Sie nicht verlassen." Auf diese Erklärungen hin glaubte man ihn in England behalten zu sollen. Er hat auch in England durch sein Beispiel im Segen gewirkt; denn Niemand, der ihn sah, konnte diese Demuth, Dankbarkeit und Liebe wieder vergessen. Seine Andacht bei Gottesdiensten, seine Freude am Worte Gottes waren musterhaft. Die Sonntagsheiligung war ihm Herzenssache. Einmal brachte ein Träger einen Pack am Sonntag und mißbrauchte bei der Ablieferung Gottes Namen. Der gute Simeon konnte sein Gefühl darüber nicht zurückhalten. „Ihr böser Mann," sagte er, „Ihr mißbraucht Gottes „Namen und noch dazu am Sonntag!" — Wie fein sein Gewissen hinsichtlich der Wahrhaftigkeit war, zeigt folgender Zug. Er war einmal länger als gewöhnlich ausgegangen und hatte sich so ermüdet, daß er bei der Abendandacht einschlief. Als er darüber getadelt wurde, schwieg er still, auch da er versprechen sollte dies nicht wieder vorkommen zu lassen. Am andern Tage war er sehr still und traurig und aß nichts; als man in ihn drang den Grund davon zu sagen, kam es heraus, daß er das verlangte Versprechen nicht geben konnte, weil er des Haltens nicht völlig gewiß war und darüber sich unglücklich fühlte.

Geben wir noch einige Auszüge aus seinen Briefen an Dschelorum Harrison, seinen Verwandten, der bereits in der Schule am Rio Pongas arbeitete:

„Die Güte des HErrn ist groß gegen mich, daß Er „mich nach England brachte und mir gute Freunde zeigte „wie unsere Verwandten in Africa. Was soll ich Ihm „für Seine Wohlthaten geben? was muß ich thun, um „nach Seinem Willen zu leben? Ich will zu Ihm beten „und Seine Gebote halten, und was ich bitte, das soll mir

„werden. O Gott! lehre mich Dich lieben! — Ich hoffe „du wirst mich in deinem Gebet nicht vergessen. Ich bitte „für dich, daß der HErr dich in deiner Arbeit segne. Ich „bin sehr froh zu hören, daß Herr Renner gute Nachrichten „aus Kanoffi geschrieben hat, daß er zu Lissa gepredigt hat „und sie seine Predigt gerne angenommen haben und auch „zu Bassia. Aber zwei Dinge machen mir Schmerzen, „über die ich ganz unruhig bin: daß Georg gestorben ist „und daß einige Eingeborne ihre Kinder weggenommen haben, „und daß James Pearce todt ist und David Pearce ist zu „seinem Vater gegangen und Sebastian auch. Ich war „ganz betrübt; alle meine Kameraden sind weg, nur Caulker „bleibt noch. Ist das nicht ein ganzer Trauerbrief? Aber „wenn wir auf Jesum blicken, werden wir einander wieder„sehen, wenn es Ihm gefällt. Nun, Gott unser Vater, „höre unser Gebet, um Deines Sohnes Jesu Christi willen! „Schreibe mir bald eine Antwort und suche auch von meinem „Vater etwas zu bekommen, das du einschließen kannst."

Simeon lernte Arabisch, weil dieß unter den Muhammedanern Ansehen und sogar Einfluß gab. Er schrieb sich in dieser Sprache und englisch manche Bemerkungen über Schriftstellen und auch ganze Predigten nieder, wie er sie sich an seine Landsleute gerichtet dachte. Ueber Joh. 3, 16. sagt er: „Ich glaube, der Grund warum die Weltmenschen „nicht Buße thun, ist, daß sie sagen: ich will mir den Schein „geben und so wird mich die Welt für einen Christen halten. „Nein! das ist nicht genug. Bekenne die Religion! die „Menschen mögen dich hassen, weil du ein Christ bist; „aber wenn du blos den Schein hast, haßt dich Gott desto „mehr, weil du kein Christ bist." Ein andermal schreibt er: „Wer das Fieber hat und die Arznei nicht nehmen will, „die ihn heilen kann, der muß dafür leiden. So geht es „am jüngsten Tage dem, der den Heiland nicht hat an„nehmen wollen, der für ihn gestorben ist. — Du weltlicher „Mensch, du hast deinen Leib mit der Welt vollgestopft „und deine Seele hungern lassen. Der Christ nährt seine „Seele!". Noch eine Bemerkung von ihm lautet: „Es ist

„schwer in den Himmel zu kommen. Alle Sünde muß da „weg. Darum laßt uns Gottes Gnade ins Herz fassen „durch den Tod Jesu Christi. Wenn wir bitten, werden „wir nehmen. Wie kann man so verstockt seyn, Gott nicht „um das zu bitten, was Er zu geben verheißen hat? „Du mußt durch den Kampf dieser Sündenwelt gehen, „wenn du ein Christ seyn willst; du mußt dem Beispiel „deines Heilands nachfolgen, der die Todesangst trug. „Vergleiche deine Noth mit Seinem Leiden am Kreuze."

Sein letzter Brief sagt: „Ich möchte Ihnen gern die „Neuigkeiten aus Africa sagen, daß man Kirchen gebaut hat „und daß einige Leute getauft und Christen werden wollen. „Mohrenland fängt an, seine Hände nach Gott dem himm„lischen Vater auszustrecken. Wenn nur bald die Zeit käme, „da alle Enden der Erde den HErrn ihren Gott anbeten „und alle Nationen Ihm lobsingen, da Europa und Africa „mit verschiedenen Zungen und doch vereint die Liebe des „Heilands preisen werden. Beten Sie für Africa und Indien, „daß die Missionsgesellschaft nicht vergeblich arbeite." —

Vom 16. Juli (1817) an konnte er das Bette nicht mehr verlassen. Er lag meist sanft und ruhig da, sprach wenig, war aber stets für Alles äußerst dankbar, und wenn man ihn fragte: ob er an Jesum denke? antwortete er stets freundlich mit Ja! Er war der Vergebung seiner Sünden gewiß, hatte Frieden mit Gott und sprach dies auf Befragen immer aus. Nur Eins beunruhigte ihn: die Kosten, welche seine Krankheit mache, ob man Ihm gleich sagte, daß dies gar nichts zu bedeuten habe. Er sagte einmal: „Ich habe einen Schilling, nehmen Sie ihn „doch, daß es nicht soviel kostet." — Er ließ sich oft aus der Bibel vorlesen und versank dann oft in eine tiefe Stille, so daß er einmal eine ganze Nacht darin verharrte und nur die Worte: „wahre Buße! Vergebungsgnade! Heiligung!" leise aussprach, auf Befragen aber sagte: er müsse jetzt ganz stille seyn und beten. Einmal strömte er seine Liebe in einem feurigen Gebete aus, das Herrn Bickersteth Thränen entlockte. In diesem dankte er Gott für alle an ihn gewendete Gnade, bat Ihn in Africa arbeiten zu dürfen, flehte um Segen und Vergeltung für Alle die ihm Gutes gethan, die Missionare in Africa, die Freunde in England, Alle namentlich. — Da um diese Zeit Herr Bickersteth eine Rundreise zu machen hatte, um für die Mission zu predigen, so wurde der geliebte Kranke der Pflege des für West-Africa bestimmten Missionars Becker übergeben. Dieser erzählte, welche himmlische Freude mit Worten und Mienen er ausgesprochen habe, als er einen Brief des Abwesenden erhielt. Einmal in den Fieberträumen rief er aus: „O mein armer „Vater! meine arme Mutter! meine armen Brüder! — „HErr, erbarme Dich ihrer! sie kennen Dich nicht!" und drückte nachher den lebhaften Wunsch aus, um ihretwillen wieder gesund zu werden.

Am 26. August, nur wenige Tage vor seinem Heimgang, fragte er den Arzt: ob er wieder genesen könne? Dieser antwortete: „Nein!" — Da rief er laut: „Gibt es „denn gar keine Hülfe mehr?" — Der Arzt sagte: „Nein! „wir können nichts mehr thun, wir können dem Willen „des HErrn nicht widerstehen; Er liebt dich und will dich „in den Himmel nehmen." — Da rief er laut aus: „O HErr! sieh mit Erbarmen auf einen armen elenden „Neger, der hier liegt. O HErr! höre das Gebet eines „sterbenden Negers! Bekehre meine Landsleute und sende „wahre Prediger zu ihnen! O HErr! sey mir gnädig, „dem schlimmsten aller Sünder. Bei Deinem Todeskampf „und Blutschweiß in Gethsemane, bei dem Blut, das am „Kreuz aus Deinem Leibe strömte, erbarme Dich meiner!" Alle Umstehenden konnten sich der Thränen nicht erwehren. Er nahm herzlich Abschied; er ermahnte zum Gebet und zuletzt rief er mit wahrem Entzücken aus: „Ich gehe zum „Heiland! ich gehe zum Heiland!" — In dieser Freudenstimmung blieb er, und noch am Morgen früh um 2 Uhr des 29. Augusts, seines Todestages, strömte er mit gewaltiger Stimme sein inneres Leben in einem Gebete aus, das man im ganzen Hause hörte. Um 10 Uhr entschlief er. Das war ein Siegel Gottes auf die westafrikanische Mission.

Sechster Abschnitt.

Die Bullom-Mission. — Nyländer's alte Sehnsucht. — Endlicher Versuch. — Der Aberglaube der Bullom. — Die wunderliche Anbetung. — Auffassung der christlichen Wahrheiten. — Der barmherzige Samariter im Bullomgewande. — Die Grigri-Probe. — Der Kolloh. — Jongru-Pomoh. — Die Muhammedaner und die Bibel. — Die Schule. — Sperrhacken. — Der gestorbene Knabe. — Das Wunder des Lesens. — Andringen der Kinder. — Spracharbeiten. — Ackerbau. — Bickersteth's Besuch. — Die Station. — Audienz beim Könige. — Dorfbesuch. — Palawer mit den Häuptlingen. — Verkehr mit dem Volke. — Die Bibel in der Moschee. — Hexenprocesse. — Lebendigbegraben der Zauberer. — Nyländer's Kampf mit dem König Georg um das Leben seiner Tochter. — Die Bullom-Predigt. — Die abnehmende Zugänglichkeit der Neger. — Aufhebung der Mission. — Des Königs Fabeln. — Die Station Gambier. — Offenes Feld. — Leoparden-Palawer. — Verlegung auf die Los-Inseln. — Die Station Goree — Untergang der Mission. — Reisen außerhalb der Colonie Sierra Leone. — Die Plantanen- und Bananen-Inseln. — Rückzug ins Centrum.

Wir müssen in der Geschichte dieser Missionen auf der Festlandsküste West-Africas um einen bedeutenden Schritt zurückgehen, um auch die Arbeit unter den Bullom-Negern in ihrem Gange zu begleiten.

Es war schon im Mai 1809, daß Missionar Nyländer, der als Prediger der Colonie in Freetown seine Arbeitsstelle hatte, von dieser aber immer nach den eigentlichen Heidenländern sehnsüchtig ausschaute, einen Besuch des Häuptlings der Bullom, des sogenannten Königs Georg empfing. Sein Wohnsitz war von der Halbinsel nur durch den breiten Fluß getrennt, und daher konnte dorthin das Evangelium leicht von der Colonie aus kommen. Der König lud Nyländer dringend ein, sich bei ihm anzusiedeln, und versprach, seine Kinder regelmäßig in eine zu errichtende Schule zu schicken. Auch sein Sohn, der künftige Thronerbe, gab die freundlichsten Zusicherungen. Die Freunde in

Sierra Leone stimmten einem solchen Plane um so lieber bei, weil dort die Sclavenhändler gänzlich verdrängt waren, weil die Nähe der Colonie jede Hülfe erleichterte, weil das Klima gesunder war, als das der Halbinsel, weil dort in drei Sprachen, die alle gesprochen wurden, Arabisch, Susu und Bullom, gewirkt werden konnte. — Allein fürs Erste nahm ihn sein Amt in der Colonie noch zu sehr in Anspruch. Nach dem Tode seiner Frau wachte seine Sehnsucht nach der eigentlichen Missionsarbeit mit neuer Stärke wieder auf, und da um jene Zeit ein mit der Missions-Committee sehr verbundener Mann, der eine Reise nach West-Africa gemacht hatte, auf die Errichtung einer Station bei den Bullom drang, weil sonst die Muhammedaner den Boden besetzen würden, so fehlte nichts mehr zur Erfüllung seiner Wünsche, als daß er sein Predigtamt mit gutem Gewissen niederlegen konnte. Dies konnte jedoch erst im Herbst 1812 geschehen, und er machte sich sogleich auf, um bei Jongru, einem Dorfe von 200 Einwohnern, die sich bis jetzt dem muhammedanischen Einflusse gänzlich entzogen hatten, sich niederzulassen. Er wurde sehr freundlich aufgenommen und fing sogleich eine Schule mit zwei Knaben und zwei Mädchen von der Congo-Nation an, die er mit Erlaubniß des Statthalters mitbracht.

Die Bullom-Neger, die jetzt nur noch, Freetown gegenüber, an der Ostseite der Mündung des Flusses wohnen, nur eine bis zwei Stunden Weges von der Stadt, hatten ehemals ihre Sitze bis an den Scarcias-Fluß im Norden ausgedehnt, von wo sie durch die Timneh (Timmani) vertrieben wurden. Nördlich vom Scarcias haben sie aber auch jetzt noch einen Küstenstrich bis an den Kissy-Fluß inne. Südlich von Sierra Leone erstrecken sich ihre Wohnsitze an den Scherbro-Fluß, die Bananen- und Plantanen-Eilande. Auch von ihren frühern, den ganzen Lauf des Kissy-Flusses einnehmenden Sitzen wurden sie von den Susu vertrieben, so daß sie einst eine mächtige Nation müssen gewesen seyn. Jetzt sind sie sehr unwissend und roh, leben im wildesten Aberglauben und haben grausame Volksgebräuche, die sich an den Dämonendienst und Zauberglauben anknüpfen. Wen man für einen Zauberer hält, der wird mit Keulen todtgeschlagen oder ertränkt, im mildesten Falle als Sclave verkauft. Ihrer Sprache, die etwa 40 Stunden weit an der Küste gesprochen wird, hatte sich Nyländer im Voraus so sehr bemächtigt, daß er Grammatik und Wörterbuch und die Uebersetzung einiger Capitel des Matthäus in sie abfassen konnte. Der erste Brief des Missionars Nyländer von seiner neuen Station meldet (Mai 1813), daß er sein neuerbautes Haus bezogen und den Häuptlingen den unerläßlichen Eintrittsschmaus gegeben habe. Seine Schule bestand nur noch aus elf Negerkindern; aber er hatte bei der freundlichen Stimmung sämmtlicher Häuptlinge die beste Aussicht ihrer mehrere zu bekommen. Er war in der kurzen Zeit schon Zeuge davon gewesen, wie man mit Hülfe eines kleinen Korbs, worin der böse Geist wohnen soll, die Zauberinnen ausfindig macht, die dann auf die gräßlichste Weise aus dem Leben geschafft werden.

Einen Vorsprung hatte diese Mission vor der unter den Susu durch die Sprachkenntniß des Missionars und durch seine Neigung und Gewohnheit sich nicht auf die Schularbeit zu beschränken, sondern sich in religiösen Verkehr mit dem Volke zu setzen. Die Ueberlegenheit des Europäers über den Neger, die ihn zum Hören einladen sollte, machte der träge Africaner gern zur Ausflucht; bei den Bullom hieß es: „Weiß Mann Buch wissen, das macht ihn alles „Gute wissen. Schwarz Mann nicht Buch wissen, muß „ganz dasselbe thun wie seine Väter vorher.“ Deshalb sprach Nyländer dem König öfter von Uebersetzung des Buches und dem Lesenlernen der Kinder, was diesem so wohl gefiel, daß er selbst bei der Uebersetzungsarbeit mithalf.

Welch lächerlichem Aberglauben die Bullom nachhängen, geht z. B. aus ihrer Verehrung von Kanonenkugeln, Flaschenstöpseln und dergleichen Dingen hervor, deren sie habhaft werden konnten, worüber dann freilich die Gescheidteren sich in der bekannten Weise erklärten, daß sie diese Dinge nicht an sich, sondern blos als die Sinnbilder des bösen Geistes anbeten. Nyländer sah einmal einen alten Mann vor seinem Hause knieen, eine Pfanne vor ihm, worin etliche Goldstücke, zwei Widderhörner, ein Stück Eisen und zwei Schwerter lagen. Auf die Frage, was er da mache? antwortete er: er bete zu Gott, und weil der höchste Gott kein Opfer von ihm haben wolle, so lege er ihm diese Sachen vor und bitte ihn um Segen für sich selbst und seine Leute. Nyländer sagte ihm, wie das Gebet Gott wohlgefalle, aber er wolle kein Gold und Hörner und dergleichen Sachen, er sehe das Herz an, nicht die Gaben. „Er weiß deine „Gedanken, deine Worte; Er weiß auch, warum du die „Hörner ihm vorlegst, und segnet dich nicht, weil du ihm „ein paar Stücke Gold zeigst.“ Der Alte erwiederte: er wisse das wohl, aber er könne es nicht anders machen, weil er das Buch nicht gelernt habe, und dazu sey er zu alt. Ein junger Mann, dem Nyländer von dem Leiden Christi erzählte, rief aus: „O das gefällt mir gar nicht, daß sie „den Sohn Gottes getödtet haben und ich kenne ihn nicht. „Wenn er wieder zurückkommt, wird er alle Kinder der „Leute umbringen, die ihn getödtet haben und wird sie nicht „begraben, er wird sie verbrennen.“ Als ihm Nyländer Matth. 5. vorsprach und ihn fragte, was er bei den Worten denke: „selig sind, die da geistlich arm sind“, gab er zur Antwort: „O das ist gut, du sagst, Gott muß dem „Menschen Gutes thun, er muß ihm viel Geld geben, viel „Weiber, viel Sclaven und Alles, weil der Mensch armer „Kerl, er kein Geld haben, kein gut Pomul (Schutzgeist), „sein Pomul arm; Gott muß ihm gut Pomul geben; „stark seyn geht über Alles.“ Nyländer hatte genug zu thun, um dem Manne seine saubere Schriftauslegung zu benehmen. Als er ihm von den geistlichen Reichthümern und vom Himmel sprach, da sagte er: „O! ich möchte an „den Ort gehen, wenn ich todt bin; aber ich weiß das Buch „nicht, wie kann ich hingehen!“ —

So freundlich auch der König war und so sehr er den Unterricht der Jugend auch im Christenthum wünschte, so gab er doch auf die Aufforderung, eine Gebetsversammlung zu veranstalten, oder eine Kirche zu bauen, die unveränderliche Antwort: „Unsere Leute gehen ins Feld alle „Tage; sie wissen nicht wann der Sonntag kommt, und „wenn Einige in die Kirche kommen, so verstehen sie den „Engländer nicht."

Sehr ansprechend ist die Art, wie der König in seinem Neger-Englischen, das wir so gut als möglich nachahmen, die Frage beantwortete: warum die Bullom beim Gebet zu Gott eine Pfanne mit Hörnern, Gold und dergleichen vor sich haben? Er sagte: „Bullom-Leute alt, gar zu alt, „über alle Leute. Wenn Bullom sich vergehen, Satakah machen „(anbeten), sie sich ganz waschen und die Haut mit Oel reiben. „Wenn Mandingo-Mann zum Beten gehen, er Hand und „Füße waschen. Aber weiß Mann sagen: nichts waschen! „ich kann zu Gott immer beten, es mag Tag seyn, es mag „Nacht seyn, ich weiß beten; mich waschen, mich nicht „waschen, alles eins. Einmal der allmächtige Gott in den „Weg legen Mann haben Krawkraw (Beulen). Bullom, „sich gewaschen, den Weg kommen, den Mann liegen sehen „im Weg, er sagen: O ich gewaschen, ich den Mann nicht „aufheben und wieder schmutzig. Er vorbeigehen. Mandingo-Mann kommen, den Mann liegen sehen im Weg, „er sagen: O, ich habe mein Hand und Fuß gewaschen „ich kann den Mann nicht aufheben und wieder schmutzig. „Weiß Mann kommen, er den Mann in der Straße an„sehen, er sagen: Ach, armer Mann, muß dir helfen, denn „wenn ich dich liegen lasse und gehe, Andere hinter mir kommen, „mir Uebel nachsagen! Er ihn nehmen, in sein Haus tragen. „Darum gibt Gott weiß Mann sein Buch und gute Sachen, „und weil Bullom vorbeigehen, ihn nicht nehmen, Gott „zornig. Er sein Buch von Bullom wegnehmen und ist „fort von uns. Wenn wir Gold, Widderhörner und „Anderes vor Gott hinlegen, wir ihn bitten, er muß wie„der in unser Land kommen. Wenn wir unsere Freunde „besuchen, so ist es Brauch ein Huhn und Plantanen „oder Reis mitzubringen; wenn wir Gott grüßen, können

„wir nicht gar nichts bringen. Das ist der Grund, „warum wir die Sachen hinlegen.“ — Nyländer ergriff freudig den Faden, der in dieser Erzählung des Königs gegeben war, um das Gebet zu dem Einen lebendigen Gott, aber ohne Opfer und Gaben, recht ans Herz zu legen, damit Gott in der That zu den Bullom wiederkomme. Er setzte zugleich auseinander, daß er kein Kaufmann sey, sondern nur diese Versöhnung der Bullom mit Gott zum Gegenstand der Arbeit habe.

Einmal brachte Jemand einem der Knaben bei Nyländer ein Grigri von seiner Mutter, das er an die Brust hängen und sich dadurch vor Kugeln sichern sollte. Nyländer war dabei und sagte: „Das ist ein schlechter Schutz; wenn Ihr „sonst nichts habt, dieses Stückchen Leder wird's nicht thun.“ Man kam überein es zu versuchen. Der Grigri wurde an einen Baum befestigt, und der Knabe, für den es bestimmt war, schoß mit Schroten darnach. Sie fuhren alle in den Baum, keiner traf das Grigri, worüber der Mann, der es brachte, hoch erfreut war, daß es sich selbst geschützt habe. „Ja,“ sagte Nyländer, „aber es soll ja nicht sich selbst „schützen, sondern den, der es umhängen hat, und das „war diesmal der Baum.“ Man wiederholte die Probe, und diesmal bekam das Grigri ein Loch. Es wurde dann aufgeschnitten. Es bestand aus einem starken doppelten Lederstück, das zusammengenäht war, und innen ein Stückchen mit Fett eingeriebenen Zeuges mit einem Papier enthielt, worauf etliche arabische Buchstaben geschrieben waren. Ein Kru-Neger, der dabei war, sagte: „O! Mandingo-„Grigri nichts werth; mich Fetisch wissen, er viel besser.“ Der Fetisch des Kru-Mannes wurde auch auf die Probe gestellt und durchschossen. Das Schießen hatte den König erschreckt; er kam herbeigelaufen; auch ein Muhammedaner kam. Nyländer erzählte, sie haben nur ein Mandingo-Grigri versucht und es schlecht gefunden. Der Mann sagte: „Das Grigri ist gut, aber nicht gegen Schuß, sondern „gegen schlechte Leute.“ Er versicherte ein Grigri zu haben, auf das Nyländer nicht werde schießen können, ohne daß die Flinte zerspringe. Einige Täge nachher brachte er sein gepriesenes Grigri. „Freund," sagte Nyländer, „ohne mir „Mühe zu nehmen Euer Grigri zu prüfen, weiß ich doch „daß es nichts werth ist. Es ist Schade um das Pulver, „das man verschießt." — „Aha!" versetzte der Muhammedaner, „Ihr fürchtet für Euer Gewehr." Nyländer sagte: „Nein, es ist nur Schade ums Pulver! Aber wenn Euer „Grigri so gut ist, so hänget es um und stellet Euch vor „mich hin; ich will darnach schießen." — „Ich komme nicht „um Krieg zu haben," sagte der Muhammedaner wieder, „sondern Ihr sollt nach dem Grigri schießen, wie nach den „andern. Ich weiß, es ist gut; Gott lebt darin." — „Welche Art von Gott muß das seyn, die in diesem Stück „Leder wohnen kann?" — „Nein," sagte er, „Gottes Name „ist darin." Nyländer fragte ihn: ob er Arabisch lesen könne? Er verneinte es. Nyländer fuhr fort: „Gott verbietet uns „irgend ein Grigri zu machen oder uns auf Etwas außer „Ihm selbst zu verlassen. Er befiehlt uns: Du sollst meinen „Namen nicht vergeblich führen! Und wenn Ihr Gottes „Namen hundertmal auf ein Stück Papier schreibt und „dann saget: das Papier ist mein Gott und wird mich „vor allem Schaden behüten, so ist Gott zornig über Euch. „Er haßt eure Grigri. Wenn ich nun auf euer Grigri „schieße und treffe es, wollt Ihr dann alle eure Grigri „wegwerfen und zu mir kommen, um Gottes Buch „lesen zu lernen und den Himmelsweg zu finden?" — Der Mann war verwirrt, schwieg und ging davon. — Das Grigri ist arabisch geschrieben und besteht aus Folgendem, worin die großen Buchstaben ohne Zweifel Anfangsbuchstaben von Koran-Worten sind. Der gesperrt gedruckte Name gehörte wohl seinem ersten Käufer und Träger an:

„Im Namen Gottes des Erbarmenden, des Gnädigen!

„Dieß ist geschrieben zur Hülfe, daß du wandeln mögest bei Nacht und bei Tag, und daß die Huld Gottes mit „dir sey. Kein lebendiges Wesen, kein böser Geist, Hund „oder Sohn des Menschen soll dich fangen, wenn Gott will.

„Und dieses Siegel gibt Ruhe: BSTSKS und „WFSHSKSK, BSMFFTA, BSLMLLSFTFS, „BSSHLLSHLLFLK. Wird es sie nicht überwäl- „tigen, wenn sie nach Schaden trachten? Und Gott soll „dich von den Menschen sondern, wenn Gott will; Sicher- „heit ist seinem Namen kund. Dschinalakaki ist sein „Name, der Sohn Nabor."

Die furchtbarste Macht, vor welcher der Bullom bebt, ist Kolloh, der Teufel. Er verläßt die finstern Wälder nur, wenn etwa ein Häuptling stirbt, oder die Verwandten eines Gestorbenen die öffentliche Klage, die Schmausereien und Tänze unterlassen, welche die Ruhe des abgeschiedenen Geistes fordert. Mit diesen Verstorbenen hat der Kolloh Verkehr, und da kommt er dann und plagt die Hinterbliebenen bei Nacht, bis sie das Unterlassene nachholen. Sein Bild ist eine gräuliche Gestalt, vor der Alles davonläuft: fast mannshoch, aus Bambusstäben in Form eines eirunden Korbes bestehend, mit einem Netz überzogen und an der Nase mit Stachelschweinstacheln besetzt, Maul und Naslöcher weit offen. Der Priester oder Kolloh-Mann trägt ihn auf dem Kopf in jedes Haus, dessen jüngere Bewohner an den nächtlichen Tänzen, Trinkgelagen und Geheul Theil zu nehmen versäumen, und jagt sie mit Gewalt heraus, weshalb die Leute, wenn sie sich den Tag über müde gearbeitet haben, oft in den Feldern sich für die Nacht niederlegen, um Ruhe zu haben. Dieser Kolloh-Mann ist nackt, über und über mit weißem Ton beschmiert, trägt um den Leib, die Kniee und Knöchel Fransen von Packmatten- oder Plantanenblättern, kündigt sich mit einer Schelle an, hat eine Ruthe in der Hand, ruft, wenn Jemand an seiner an der öffentlichen Straße gelegenen Hütte vorübergeht, ein langes E—e—e! Wer ihm begegnet muß eilends umkehren oder sich verstecken, sonst fängt er ihn und schleppt ihn auf ein Paar Tage in seine Behausung, wo er ihn seine Künste lehrt, die er aber schwören muß nicht zu verrathen, widrigenfalls ihm augenblicklich der Leib schwellen und er sterben würde. Besonders stellt er Kindern nach, die dann seine

Jünger sind und mit ihm, eine kleine Schildkrötenschale schlagend, umhergehen müssen. Natürlich ist es dabei auf Erpressungen abgesehen, und der Teufelspriester steht sich gut bei seinem Handwerk.

„Er kam," sagt Nyländer, „auch einmal vor mein „Haus und sang sein E—e—e! Die Kinder rannten alle „davon um sich zu verstecken. Ich fragte was das bedeuten „solle, und man sagte mir: es sey der Teufel, der durch den „Tod des großen Häuptlings des Landes sehr beunruhigt „sey, und der mache mir nun seine Aufwartung. Ich ant„wortete: „Ich brauche keine Aufwartung von ihm; ich bin „gekommen den Teufel aus dem Lande zu treiben.""

Der Ort, wo Nyländer sich niedergelassen, hieß Jongru, weil das der Name des Residenzortes von König Georg war, an dem er sich zuerst aufgehalten, obgleich sein Haus eigentlich in ziemlicher Entfernung davon auf einem Grundstücke stand, welches der Statthalter von Sierra Leone von dem Bullom-König zu Lehen trug, und welches der Statthalter und der König wenigstens zeitweilig an Nyländer übertrugen. Die Häuptlinge erklärten, es müsse Jongru Pomoh (Klein-Jongru) heißen, weil es nicht zwei Jongru geben dürfe und es doch das Kind von Jongru sey.

Die muhammedanischen Bullom waren sehr begierig nach arabischen Bibeln, und Nyländer mußte um eine weitere Sendung derselben bitten. Er überreichte dem König eine, weil dieser oft Besuch von Muhammedanern empfing, mit den Worten: „Das ist das Buch, welches die Menschen „weise und gut macht. Es ist Gottes Wort. Er spricht „in diesem Buche zu uns durch Mose, die Propheten und „Apostel und durch Seinen Sohn Jesus Christus. Es ist „das Buch, welches ich in die Bullom-Sprache zu über„setzen und Kinder und Alte zu lehren gedenke." Der König freute sich des Buches sehr und empfahl es gleich seinen Besuchern mit den Worten: „Das ist des weißen Mannes „Buch!" Mehrere gelehrte Muhammedaner, d. h. solche, die lesen konnten, besuchten Nyländer, lasen mit ihm einige Schriftstellen und waren erstaunt, daß ein Weißer dies Buch in ihrer Lieblingssprache geschrieben hatte. — Einige Zeit nachher kam er zum König und fand da zwanzig Muhammedaner in ernsthaftem Gespräch umhersitzend, einen alten moslemischen Lehrer in der Mitte, der die Bibel vorlas. Dieser Lehrer kam und bat um ein Exemplar, das ihm mit Freuden gegeben wurde. Er schien schon ziemlich mit dem Neuen Testamente bekannt. Er dankte sehr und sagte: „Wenn ich heimkomme, werde ich das Buch allen meinen „Leuten vorlesen." Er war der Einzige, der nach Nyländer's Urtheil verstand, was er las, während die Mandingo die Bibel nur als ein großes, schöngebundenes Buch in ihrer Lieblingssprache verehrten und Einer sogar sagte: „Das „Neue Testament ist sehr gut, es enthält viele vortreffliche „Grigri!" —

Nach einigen Jahren treuer Arbeit sah sich Nyländer von einer ziemlichen Zahl von Kindern von den Gegenden des Sarcias-Port Lokko- und Rokelle-Flusses und andern der Nachbarschaft, außer den Bullom, umgeben, aber auch sich so durch die Schularbeit festgebunden, daß er seinem ursprünglichen Plan, predigend umherzureisen, nicht nachzukommen vermochte. Es gelang ihm nicht einmal, die Eltern zu besuchen und kennen zu lernen, die ihm auf den bloßen guten Namen hin ihre Söhne anvertraut hatten. Er hatte noch überdies sehr viele Zeit auf sein Bauwesen, das natürlich mit der zunehmenden Schülerzahl sich ausdehnte, auf die Sammlung von Vorräthen für die Regenzeit und auf die Anschaffung von Schafen und Ziegen, sowie die Abwehr der ihm so viel schadenden Leoparden zu verwenden. Krankheit und Familienleiden, wie der Tod eines Sohnes, kamen noch dazu. Wie froh war er daher an Missionar Sperrhacken einen Gehülfen zu erhalten, der wenigstens den englischen Theil der Schule in die Hand nehmen konnte, während er die Bullom-Schule und die Predigt in der Landessprache behielt.

Eine Probe von dem geistigen Einflusse der Missionare gab der traurige Vorfall, daß ein junger Sohn des Bullom-Königs in der Missions-Anstalt starb. Die Leute wollten,

Er wußte nur Einen Ausweg, und den wählte er. Er gab den Kindern je ein Stückchen Land, das sie selbst anbauen und pflanzen, dessen Erträgnisse aber auch ihnen gehören sollten. Mit Freuden thaten dies die Kinder und freuten sich der selbst gewonnenen Lebensmittel. — Erst dann konnte er weiter gehen und auf Kaffee-, Reis- und Baumwollenpflanzungen es anlegen, um den Eingebornen ein Beispiel darin zu geben als er 36 Knaben und 7 Mädchen erhielt, die von den Sclavenschiffen befreit waren, die täglich in der Handarbeit mit einander abwechselten, so daß ihre Schulbildung nicht darunter litt und nur ausnahmsweise alle zusammen aufs Feld gingen, um in einigen Abendstunden noch Unterricht zu erhalten.

Ein schwerer Schlag für diese schön aufblühende Mission war Sperrhacken's früher Tod. Nur ein halbes Jahr war er Nyländer'n treulich zur Seite gestanden.

So sind wir auch in diesem Arbeitsfelde zu dem Frühjahr 1816 gelangt, in welchem Bickersteth's Besuch erfrischend wirkte. Er hatte Jongru Pomo aufs Letzte aufgespart und kam dahin bereits bereichert durch die Anschauungen und Erfahrungen vom Susu-Lande. Hören wir seine Schilderungen und Erzählungen: „Jongru „Pomo liegt hübsch am Gestade, aber etwas erhöht. „Den Ufersaum nimmt ein sumpfiger Strich ein; weil aber „das Haus hoch steht und der Sumpf klein ist, so schadet „er nichts für die Gesundheit. Nyländer war nicht zu „Hause, weil er mir auf einem andern Wege entgegengefahren „war. Ich unterhielt mich nach dem Hausgottesdienste mit „den Kindern. — Die Wohnung finde ich insofern un„gesund, weil in dieser Jahreszeit, da es Tage und Nächte „durch regnet, wobei der Donner rollt, wie man ihn in „England nie hört, und die Blitze beständig flammen, die „Bambusdächer und die lehmernen Fußboden sie sehr feucht „machen, während sie in der heißen Zeit desto staubiger „sind. Als um 3 Uhr Herr Nyländer angelangt war, „gingen wir gleich zu König Georg nach Jongru. Das „Dorf hat 50 Häuser; manche seiner Bewohner sind erst

„kürzlich weggezogen. Wir fanden einige Mandingo-Neger, die „zu einer seltsamen Art Geige auf die lächerlichste Art tanzten „und plapperten. Dalla Modu, der Mandingo-Häuptling, „war auch da. Ich wurde bald dem Könige vorgestellt, der über „100 Jahre alt seyn soll, aber noch kräftig aussieht. Ich sagte „ihm, ich sey von England gekommen, um unsere Freunde „zu besuchen, und er fragte nach den Herren Wilberforce, „Macauley und Thornton. Ich sprach meinen Wunsch „aus, die Häuptlinge beisammen zu sehen, um über Land- „bau und über meine Besuche in den Städten, um vom „Christenthum zu reden und mit ihnen zu verhandeln. Er „versprach, sie auf Samstag zu berufen. Er scheint ein „guter, verständiger Alter zu seyn. — Nachher besuchten „mich mehrere Mandingo; auch der Häuptling, der etwas „Englisch versteht. Sie sind im Ganzen gescheidter als die „übrigen Neger; aber man hat doch sehr Mühe, ihren „eingelernten Gebeten gegenüber ihnen auch nur eine an- „nähernde Vorstellung vom Herzensgebete beizubringen. — „König Georg erwiederte meinen Besuch. Er gilt wegen „seines Alters und Characters als der Oberhäuptling, dem „die Schlichtung der schwierigsten Palawer zukommt. Wir „sprachen mit ihm darüber, wie es zu machen sey, daß seine „Leute am Sonntag zum Gottesdienst kommen; wir werden „eine große Glocke läuten lassen, die man in wenigstens „sechs Städten hören werde. Er meinte, sie würden all- „mählig schon von selbst kommen. Worauf Nyländer sagte: „wohl, aber es muß ein Anfang gemacht werden. — Der „König kam dann auf die vielen Palawer zu sprechen, die „auf diesen Tag fallen; worauf ich ihm bemerkte: „Gott „„hat gesprochen: Gedenke des Sabbathtages, daß du ihn „„heiligest," und hat gute Männer hierher gesandt, um „dies zu verkündigen, fügte aber hinzu: was willst du sagen, „o König, wenn du nach dem Tode vor Gott kommst und „Gott dich fragt, warum du den Tag nicht heilig gehalten „habest? Du kannst nicht sagen: ich habe es nicht gewußt; „denn wir haben dir's gesagt. Darauf erwiederte er nur „noch: „„ganz wahr!""

Bickersteth besuchte das Dorf Kunnin, nur eine Viertelstunde von Jongru, aber größer, und sah dort unter einem Schuppen einige hundert Steine, deren je einer beim Tode eines Einwohners aufgestellt wurde; er sah aber auch vor jedem Hause eine Darstellung des Geistes, der es beschützte oder den es fürchtete. Es waren meist Töpfe, und Jemand sagte, in seinem Topf sey ein Pomul (Dämon). Auf die Frage: wo? wies er auf einen runden Stein, den man ihn vergebens überreden wollte wegzuwerfen. Einer nahm sein Grigri beschämt vom Halse, als ihm Vorstellungen über die Albernheit dieses Gebrauchs gemacht wurden; aber es wegzuwerfen konnte er sich nicht entschließen. Ein Weib warf sogar ein: „Für was schreibt ihr denn Buch (Briefe)?" Die Antwort war: „um einem „Freunde in der Ferne zu sagen was wir denken oder was „wir wollen, aber nicht um uns vor Gefahr zu schützen; „das kann nur Gott. Deshalb beten wir zu Ihm. Ihr „sehet, daß Gott für den weißen Mann sorgt ohne Grigri."

Am 4. Mai 1816 war der Palawer bestellt und Herr Bickersteth ging mit Nyländer nach Jongru, wo sie beim König Georg noch vier Häuptlinge und etwa fünfzig andere Leute trafen. Zuerst stellte Nyländer den Besuch vor, was aber so zuging, daß er Einem seine Worte sagte, dieser einem Andern, bis sie endlich an den König kamen. „Dann," erzählt Bickersteth weiter, „gab ich Geschenke und sagte, „ich sey von England gekommen, um sie und unsre Missionare „zu besuchen, und ich freue mich sie beisammen zu finden und „mit ihnen zu reden. Zuerst habe ich ihnen zu sagen, daß es „für ihre Kinder besser wäre, wenn sie die Hälfte des Tages „arbeiteten, die andere Hälfte lernten, sonst seyen sie zu „nichts zu brauchen, wenn sie groß werden. Dazu brauchen „wir aber mehr Land. — Nach einiger Berathung leuchtete „ihnen dies ein; sonst würden die Kinder, wenn sie heimkommen, nichts verstehen als Essen und Englisch reden. „Dies wurde also beschlossen. Dann setzte ich ihnen den „Segen des „Buchlernens" auseinander, indem ihre Kinder, „wenn sie dem Gelernten folgen, Gott und ihren Heiland

„Jesus Christus lieben, ihre Eltern ehren, einander lieb„haben und still, friedlich und fleißig seyn würden.

„Dann erinnerte ich sie daran, daß Herr Nyländer „sie am Anfang der trockenen Jahreszeit benachrichtigt habe, „daß er zu kommen und seine Freunde in ihren Städten „zu besuchen und mit ihnen von Gott zu reden wünsche. „Das werde er nun bald anfangen. Ich wünsche zu wissen, „ob die hier anwesenden Häuptlinge ihre Leute jedesmal „zusammenrufen wollen, um ihn zu hören. — Sie sprachen „nun unter sich, machten dann einige Einwendungen, daß „sie zu alt seyen um zu lernen, die wir beantworteten, „worauf sie auch diesen Punct nach unsern Wünschen ent„schieden.

„Hierauf sagte ich, sie wünschen vielleicht zu erfahren, „weshalb Herr Nyländer hieher gekommen sey; nicht um „durch Handel Geld zu bekommen, überhaupt nicht um „etwas für sich zu gewinnen, sondern im Gegentheil, um „mit Unkosten mühsam am Unterricht ihrer Kinder zu „arbeiten. Ich müsse ihnen dies sagen. Wir haben ein „Buch, von dem wir wissen, daß es von Gott komme. „Dabei ging ich nun auf den Inhalt der Bibel ein: die „Gewißheit des Todes, die Unsterblichkeit der Seele, die „zwei Zustände, den Himmel für die Guten, die Hölle für „die Bösen, den Weg zur Seligkeit durch den Sohn Gottes, „und zeigte ihnen wie Gott in diesem Buch von uns ver„lange, daß wir Andere das lehren, was Er uns selbst „gelehrt habe.

„Sie sagten, das gefalle ihnen ganz wohl, deshalb „haben sie auch ihre Kinder gebracht, was sie sonst „nicht gethan hätten. Sie haben auch dem König von „Scarcies davon gesagt und der habe auch zwei seiner „Kinder geschickt. Darauf dankte ich ihnen im Namen der „Gesellschaft für den Schutz und die Unangefochtenheit, „worin Herr Nyländer bei ihnen gewohnt habe, und ver„sicherte sie, daß wir nur ihr Wohl im Auge haben. Sie „versicherten, daß Herr Nyländer Gutes bei ihnen wirke, „und forderten uns auf zu sagen, welches Land er haben

„wolle? Dies geschah, und ich sagte ihnen noch von der „Glocke, die sie alle Sonntage in ihren Dörfern hören „würden; dann sollen sie aber auch kommen. Sie klagten, „daß sie nichts verstehen können; ich versprach ihnen aber, „Herr Nyländer werde sich Mühe geben, ihre Sprache so „zu lernen, daß er in ihrer Sprache mit ihnen reden könne.

„Soweit wäre diese Versammlung ganz glücklich ab„gelaufen gewesen, als irgend ein Störefried es ihnen in „den Kopf setzte Rum zu verlangen. Wir mußten ant„worten: „O nein, den können wir nicht geben. Rum „„verderbt den Kopf. Wir wollen Euch Gutes lehren.“ „Sie meinten, man müsse ihnen doch etwas dafür geben, „daß sie hieher gekommen, um alles das zu hören. Wir „antworteten: „Wir würden Böses thun, wenn wir euch „„Rum gäben; das ist gar nicht gut; wir können's nicht „„thun!“ — Bruder Nyländer sagte: „Ihr macht mich „„zu Schanden über mein Bullom-Volk vor dem weißen „„Mann, meinen Fremden.“ Sie schienen sich am Ende „ihrer Forderung zu schämen. Aber jede Zusammenkunft „mußte eben den fleischlichen Sinn in seiner vollen Kraft „offenbaren, bei den Bullom, wie bei den Susu.“

In den folgenden Tagen kamen doch einige Bullom-Neger zum Hausgottesdienst, und der König zum sonntäglichen. Es war jetzt ein eingeborner Gehülfe, Stephan Caulker, als Schullehrer auf der Station eingetreten und somit die Predigt möglich gemacht. Bickersteth beschäftigte sich mit den Kindern, wie auf den Susu-Stationen, predigte, lehrte, katechisirte und vertheilte Preise unter sie. Einmal ging er nach Jongru und war dort Zeuge bei der Erbauung eines Ahnenhauses, wo die Steine für die Verstorbenen gesetzt werden sollten. Es wurde dazu eine abscheuliche Musik mit Schildkrötenschalen und Trommeln geschlagen, getanzt, Verbeugungen vor dem neuen Hause gemacht, die an wenig geringeres als Anbetung der Abgeschiedenen denken ließen. Eine alte Zauberin war da, die nach der Zauberei verdächtigen Personen spähen mußte. Sie hatte ein Schwert in der einen und einen Stab in der andern Hand. Andere Weiber hatten den oberen Theil des Gesichts und der Beine blau angemalt. — Als ein paar Bullom-Weiber auf die Station kamen, zeigte er ihnen das Bildniß seiner Frau. Sie fuhren erst erschrocken zurück, plapperten zusammen, sahen es wieder an, griffen darnach, drehten es um, zu sehen was dahinter sey und endlich grüßten sie es erstaunt: „Wie befinden Sie sich, weiße „Frau?" Als er ihnen sagte: „Ihr seht, die Weißen „wissen Manches, was die Bullom nicht wissen, und es „gibt noch bessere Dinge als das, die sie wissen, von „Gott und vom Weg in den Himmel nach dem Tode. Herr „Nyländer predigt diese Sachen am Sonntag, wollt Ihr „kommen und ihn hören?" — Da sagten sie zuerst, sie verstehen nicht Englisch, und als ihnen bemerkt wurde, daß es in ihrer Sprache geschehen werde, fragten sie: „Wollt Ihr uns dafür bezahlen, wenn wir kommen?" Doch versprachen sie zuletzt am nächsten Sonntage zu kommen.

Bickersteth machte während seines Aufenthaltes in Jongru Pomo noch etliche Ausflüge in benachbarte Dörfer, wo er überall dieselben Zustände, kleine Bevölkerungen von 20 bis 30 Häusern, mehrere Teufelshäuser und viel Aberglauben fand. In Madinia, der Mandingostadt Dalla Modus, sah Alles besser, wohlhabender aus; das ganze Leben stand der Civilisation näher. Dort war die arabische Bibel willkommen. Er schenkte sie dem Fürsten. Als er nachher den muhammedanischen Gottesdienst mit ansah, die Gebete, die Verbeugungen und Ceremonien, war er höchst erstaunt, als Dalla Modu seine Bibel herbeibrachte und sie herumbot, und noch mehr, als er ihn in der Moschee anredete und ihm dankte und Gottes Segen wünschte, daß er ihm dieses vortreffliche Buch gebracht, das zu besitzen sie alle sich freuen. Er antwortete mit Hinweisung auf den Inhalt der Bibel und bat sie denselben zu lesen; er selbst wolle für sie beten, daß sie Segen dabei empfangen. Am 11. Mai verabschiedete sich Herr Bickersteth von König Georg und legte ihm nochmals die Zwecke der Mission ans Herz. Er sprach sich sehr dankbar dafür aus, daß ein Missionar da sey und man nun „Englisch „lernen könne viel wohlfeiler und ohne daß man Rum „trinken und herumlaufen lerne." Er bat der englischen Gesellschaft seinen besten Dank zu bringen. Noch wurde wegen Errichtung einer Tagschule in Jongru Verabredung getroffen, und dann verließ Bickersteth das Bullom-Land und kehrte nach Sierra Leone zurück.

Nach seiner Abreise mußte Johnson nach der Colonie gehen, Jost sollte in Jongru bleiben, starb aber; an seine Stelle sollte Cates kommen und inzwischen Stephan Caulker aushelfen. Nyländer selbst wurde krank und brachte mit Mühe seine Uebersetzung der Evangelien zu Ende. Ohne Hülfe und geschwächt konnte er an Predigtarbeit wenig denken. Wenn hier der Sclavenhandel der Mission nicht im Wege stand, so war dagegen Aberglauben und Zauberwesen ein stärkerer Damm als bei den übrigen Völkerschaften. Darüber meldete Nyländer:

„Etwa ein Dutzend Zauberer kamen neulich vor Ge„richt. Die Meisten bekannten sich schuldig. Einer sollte „eine Schlange in des Königs Haus geschickt haben, um „ihn zu tödten; ein Anderer eines Jägers Flinte verzaubert „haben, so daß er nichts mehr traf, er mochte schießen wie „er wollte; ein Dritter hatte einen alten Mann verzaubert, „daß er kein Geld bekommen konnte; noch Einem gab man „Schuld, mit der Zauberflinte einen Mann erschossen und „diese unter das Dach seines Hauses gestellt zu haben, um „noch Jemand in demselben umzubringen. Nur Zwei läug„neten alle Schuld. Der Eine hat das rothe Wasser ge„trunken und wurde schuldig gefunden, der Andere hat es „noch zu trinken. Wer gestand und um Verzeihung bat, „dem wurde die Strafe erlassen; nur die Schmach der „Hexerei bleibt auf ihm liegen. Die Andern aber bekommen „schwer zu leiden."

Etwas später sagte er: „Noch geht die Anklägerei fort „Viele werden elendiglich mißhandelt, Manche ins Susu„Land gegen Vieh vertauscht, das man dann verschmaust, „um den Verkauften „ein gutes Geschrei zu machen". Ich

„fragte einen Mann, ob er Kinder habe? „Ja," sagte er, „mich viele Kinder haben, nicht mehr. Sie alle böse zu „viel, sie machen Hexen-Palawer, diese Leute sie fangen und „verkaufen, nicht mehr. Sie etwas Rum kaufen, zu Ge„schrei machen. Das Alles." — So tröstet man sich hier „mit etwas Rum und „Geschrei".

„Ein junger Mann, Dschem Kamba, war mein „Knecht und besuchte ziemlich regelmäßig Kirche und Haus„gottesdienst. Als er einmal seine Mutter besuchte, gab „sie ihm zwei kleine, glatte Steine, die sie für ihn auf„gehoben hatte und hieß ihn sie täglich waschen und mit „Oel einreiben; sie würden ihn dann beschützen, denn es „seyen zwei gute Geister. „Mutter," sagte er, „das sind „Steine, wie können sie mich schützen? Der weiße Mann zu „Jongru Pomo sagt, nur Gott kann uns helfen, all unser „Grigri ist unnütz. Diese Steine können mich nichts helfen. „Ich will zu Gott schauen. Er soll mich schützen." Die „Mutter stritt, und Dschem warf endlich die Steine ins „Feuer. Das war nun eine Schändung des Heiligthums. „Als die Nachbarn davon hörten, hieß es, er werde den „Teufel zornig machen und „bös Palawer" aufs Land „bringen. Da erklärte er rund heraus, er kümmere sich nichts „mehr um den Landesbrauch und wolle leben wie er es „zu Jongru Pomo höre. Sie fragten ihn, ob er sich für „einen weißen Mann halte, weil er die Gebete dort höre; „ob er klüger seyn wolle, als sie Alle; sie wollten ihm „zeigen, wie er sey.

„An einem Sonntag nach dem Gottesdienst wollte „Dschem seine Mutter besuchen und fand die Leute wie sie „mit Tanzen und Anklagen gegen Zauberer beschäftigt waren. „Er sagte ihnen, es sey des HErrn Tag, da sollte man „nicht tanzen, sondern nach Jongru Pomo gehen und „hören was der weiße Mann sage. Dann, setzte er „bei, werdet ihr von selbst das Tanzen und die Hex„Palawer aufgeben, denn das ist nur Teufelswerk. Zornig „drohten sie ihn zu strafen, weil er den Teufel erzürne. „Er sollte etwas Rum zur Versöhnung des Teufels

„und der ins Feuer geworfenen Geistersteine schaffen, was „er aber rund abwies.

„Am folgenden Morgen wurde er vor den König be„schieden und dort beschuldigt eine Zauberflinte gemacht und „in seinem Hause aufgestellt zu haben, um Jemanden um„zubringen. Dschem antwortete: ich habe in meinem Leben „keine Zauberflinte gesehen, weiß auch nicht wie man sie „macht. Wer Euch das gesagt hat, der lügt. — Man „drang in ihn zu gestehen, dann habe das Palawer ein „Ende. Nein, war seine feste Antwort, ich darf nicht Euch „zu Gefallen lügen. Jetzt bot man ihm an, mit einem „glühenden Eisen über den Arm zu streichen oder das rothe „Wasser zu trinken, um seine Unschuld zu beweisen. Er „erwiederte: ich bin kein Narr, um mich mit dem Eisen zu „verbrennen, und was das rothe Wasser betrifft, so will ich „erst in meinen Kopf sehen (mich besinnen).

„Er kam zu mir und sagte mir Alles, auch daß er „entschlossen sey das rothe Wasser zu trinken, um seine „Unschuld zu beweisen. Ich zeigte ihm, daß er damit gar „nichts beweisen könne. Er bestand auf dem Trinken, um „seine Familie aus der Schmach zu bringen; Gott werde „ihm helfen. Ich rieth ihm zu beten und wohl zu über„legen. Mutter und Freunde lagen ihm an, er möchte „doch gestehen, um das Wasser nicht trinken zu müssen; „aber er lehnte die Lüge standhaft ab. Da alles Zureden „vergeblich war, rieth man ihm, an einem entlegenen Ort „das rothe Wasser zu trinken, damit er nicht von den „Feinden verzaubert werde und er schuldig erscheine. Nein, „sagte er, hier will ich's trinken vor meinen Feinden, „und wenn Gott mit mir ist, kann kein Zauberer und kein „Teufel das rothe Wasser verderben. So wurde denn der „Tag anberaumt und ihm inzwischen gewaltig zugesetzt „lieber vorher zu gestehen; denn wenn er schuldig sey, müßte „er an dem Tranke sterben. Besonders umgaben ihn am „Tage vorher die Seinigen und seine Ankläger mit heftigem „Zudrängen. Der Tag kam. Er wurde auf den Platz „geführt, nackt ausgezogen und mit Plantanen-Blättern

„umgürtet. Morgens hatte er etwa zwei Theelöffel voll „Reis bekommen. Brach er diesen mit dem rothen Wasser „aus, so war er unschuldig. Dschem bestieg das Gerüste „und trank acht Kalabeschen (mehr als vier Schoppen) „rothes Wasser, die man ihm so schnell beibrachte als er „schlucken konnte. Er warf sogleich Alles wieder heraus „nebst dem Reis; aber ehe er das Gerüst verlassen konnte, „wurde er ohnmächtig. Da hieß es, er sey zwar un„schuldig, aber es müsse doch ein „Hexen-Palawer" in „seinem Bauche seyn, weil ihn der Teufel fast umbringe. „Nein, sagte er, ich trank nur euch zu Gefallen und um „euch zu zeigen, daß ich kein Zauberer bin; aber wenn „ihr mich noch für schuldig haltet, so bringt mich zu euerm „Sengha, daß er mich tödte, wenn er kann. — Damit „war die Sache beendigt; nach einigen Tagen kam Dschem „wieder zur Arbeit; aber er war nicht mehr für die Wahr„heit so zugänglich wie zuvor. Ermahnung deshalb hatte „keine Wirkung.

„Längere Zeit nachher kam eine verrufene Zauberin, um „Schutz bei mir zu suchen. Es war Dschems Weib. Ich „gab ihr keinen Aufenthalt, bis ich nach ihrer Sache gefragt „hätte. Und was war es? Dschems Schwester hatte ein „paar Tage Kopfschmerzen gehabt. Von wem konnte das „herrühren, als von dem gottlosen Dschem, der die heiligen „Steine ins Feuer geworfen hatte? Da ich bald hernach „Sierra Leone besuchte, so nahm ich Dschem als Ruderer „und auch sein Weib mit und ließ sie dort. Bald darauf „starb ein Weib an den Blattern und es hieß, Dschems „Zauberflinte habe sie getödtet. Jetzt wären beide unfehlbar „verloren gewesen.

„Ich hörte von einem Weibe, das an den Blattern sehr „krank sey, und von einer Andern, die eben auch von der „Seuche ergriffen worden und die jene verzaubert habe. Ich „besuchte erst die gefährlich Kranke, dann die sogenannte „Zauberin Brunsung, die ich unter einem Baume in Ketten „in starkem Fieber fand; die Blattern fingen eben an her„vorzubrechen. Ich bat die Leute sie doch loszulassen, da-

„mit sie bequemer in einem Hause liegen könne; sie weigerten „sich aber und hießen mich, da der König nicht da sey, mit „dem Dorfhäuptling reden. Ich wandte mich vergeblich an „ihn; sie sey ein böses Weib, war die Antwort, das im „Schirong (eine Art Fegfeuer) gewesen, wo die bösen Gei„ster und die Heren hausen. Darunter dachte man sich einen „nächtlichen Aufenthalt der Seele bei den bösen Geistern, „um Zauberei zu lernen, während der Leib auf der Erde „bleibe. Dort sollte sie die Blattern gekauft und der Kran„ken gebracht haben. „Wenn sie so geschickt ist, so könnt „ihr viel Geld durch sie verdienen," sagte ich; „laßt sie los „und heißt sie heute Nacht wieder in den Schirong gehen „und Blattern kaufen, die sie dann mir anheren soll, und „wenn ich sie bekomme, zahle ich euch 10 Barem (5 Pfund „Sterling) dafür." — Einer meinte, ich habe sie schon ge„habt, da köpne man sie mir nicht mehr anheren. „Ei," „sagte ich, „wenn sie zaubern kann, so muß sie machen kön„nen, daß mein Stock morgen die Blattern hat; ja, ich sage „euch, wenn sie zaubern könnte, so stände sie nicht vor euch „in Erwartung gepeitscht zu werden; sie würde euch Alle „blind machen, daß ihr sie nicht fangen könntet. Aber sie „weiß gar nichts von dem Heren-Palawer, und ihr thut „sehr Unrecht gegen sie. Das gefällt Gott nicht; Er sagt: „„Liebet eure Feinde," und ihr plaget eure eigenen Kinder „für nichts. Er sagt: „Thut wohl denen, die euch Böses „thun", und dieses Weib hat nichts Böses gethan, und doch „lasset ihr sie in der freien Luft liegen und schlaget sie und „thut sie in den Stock, und sie ist noch dazu krank. Das „ist hart, gar zu hart." Da sie aber ohne den Willen des „Mannes der kranken Frau nicht losgelassen werden durfte, „so wurde dieser geholt und Alles noch einmal verhandelt. „Der aber weigerte sich und wollte gehen. Ich beredete ihn „noch ein wenig zu bleiben und sagte: „Wenn irgend Eine „die Andere mit den Blattern angesteckt hat, so ist es Dein „Weib, das diese, welche ihr eine Here nennet, krank machte; „denn dein Weib hatte sie zuerst." — Alles war umsonst. „Jetzt bat ich für sie, als für ein armes, krankes Weib, das

„nackt unter einem Baume liegen müsse, ohne einen helfen„den und tröstenden Freund. Endlich gab der harte Mann „nach und sie wurde losgemacht. Jetzt ging ich weg. Aber „die Verwandten jener andern Kranken machten sich über „sie her, verhörten sie und peitschten sie grausam, bis sie die „Zauberei gestand.

„Zu der Kranken wurde der Arzt gerufen, und der zog „durch seine Zauberkunst aus ihrem Kopf einen Wurm, den „man in Sierra Leone den Vierzigfuß nennt, einen Beutel „der die gewöhnlichen Herengeräthe, Messer, Löffel u. A. „enthielt, eine Schnecke, einen Strick und endlich die Pocken! „Das arme Weib wurde nun abermals gepeitscht und ge„fragt, ob sie alle diese Dinge der Andern in den Kopf „gethan habe, was sie gestand, und noch einen Mann und „zwei Weiber als ihre Mitschuldigen dabei angab. Der „Mann läugnete aufs Bestimmteste und erbot sich zu der „Probe des rothen Wassers; die zwei Weiber wurden ge„peitscht und in Strafarbeit geschickt; eine davon muß aber „sterben, sobald die Kranke stirbt. Brunsung aber muß der „Kranken warten und ihr die Fliegen wehren.

„Nach etwa zehn Tagen kam das unglückliche Weib zu „mir, mit Blattern bedeckt, zwischen denen die Striemen der „Geißelung sichtbar waren, und flehte um Schutz, weil man „sie suche, um sie umzubringen. Tage und Nächte lang war „sie in den Wäldern gewesen; aber sie hatte nichts zu essen „und nichts um ihre Blöße zu decken. Ich ließ sie ins „Haus, ging zum Häuptling und bat ihn, sie in Ruhe zu „lassen bis sie hergestellt sey, was er mir zugestand. Mit „Thränen dankte die Arme. In einigen Tagen brachte man „ihr Kind mit der Nachricht, Niemand nehme sich desselben „an; da ich die Mutter habe, so solle ich auch das Kind „nehmen. Ich that es auch und brachte den dreijährigen „Knaben der hocherfreuten Mutter. Ich erfuhr, daß ihre „Widersacher in ihrer Wuth sie morden würden, wo sie sie „fänden. Ja man drohte mir eines meiner Kinder wegzu„nehmen und zu behalten, bis ich sie ausliefere. Ein Anderer „sprach davon, in mein Haus zu dringen und ihr hier die

„Kehle abzuschneiden. Ich beklagte mich über all dieses beim „Häuptling, und es wurde nochmals zugesichert, daß sie „unbelästigt bei mir bleiben dürfe, bis der König von Port „Lokko heimkehre.

„Mein Entgegentreten in mehrern Fällen hat auf viele „der jüngeren Bullom-Neger dahin gewirkt, daß sie diese „Zaubereigeschichten als das erkennen, was sie sind: als „ein Werk der Unwissenheit und Finsterniß; aber sie wagen „nicht davon etwas verlauten zu lassen, weil der Aberglaube „der Alten sie unfehlbar dann selbst als Zauberer anklagen „würde.

„Ein armer Sclavenknabe, Namens Jerketsch, hatte „die Jaws, eine einheimische Krankheit, den Blattern ähn„lich, aber noch viel schlimmer, ekelhafter und eben so an„steckend. Niemand wollte ihn um sich haben; er hatte kein „Haus, keine Nahrung, keine Kleider, keinen Freund, der „sich seiner annahm. Er kam zu uns und bat um ein we„nig Reis von unsern Knaben. Ich konnte ihn wegen der „Kinder nicht ins Haus aufnehmen; er bat mich, nur „Orangen von unsern Bäumen holen zu dürfen, was er alle „Tage that und dann wieder ging. Einige Tage blieb er „aus; Niemand wußte von ihm. Ich forschte nach und „hörte, er sey der Zauberei schuldig befunden und mit des „Königs Zustimmung — lebendig begraben worden.

„Ich konnte darüber nicht schweigen. Da der König „hörte, daß ich es erfahren, kam er selbst mit vielen Leuten „zu mir. Ich begrüßte ihn wie gewöhnlich und fragte, was „ihn und seine Leute herführe? Er klagte, daß einige seiner „Leute sehr schlecht seyen, und daß er Einen davon habe „begraben müssen. „Das thut mir leid," sagte ich, „daß „Eure Leute so schlecht sind; nichts als Gebet zu Gott kann „sie gut machen. Würdet Ihr anfangen mit Euern Leuten „zu Gott zu beten, es würde bald anders."

König: „Sie zu viel schlecht. Wir Einen begraben „letzte Woche. Noch zwei Wochen, wir wieder ein Weib „begraben."

Miss.: „Was ist das? ist das Weib todt und Ihr „wollt zwei Wochen mit dem Begräbniß warten? was „ist das?"

König: „Sie Hexe seyn. Sie meine Tochter. Sie „viele Leute vorher umbringen. Sie ihren Bruder tödten „wollen, meinen Sohn, Euch und mich auch. Ich muß sie „sanft in den Boden legen, muß sie da schlafen lassen."

Miss.: „Was? Ihr wollt Eure Tochter umbringen? „Lebt nicht Tom? lebt Ihr nicht? Warum sie umbringen? „Hat sie etwas Böses gethan, so schicket sie aus dem Lande „und sagt ihr sie müsse sterben wenn sie wieder komme. „Schicket sie nach Sierra Leone und sagt ihr, sie müsse dort „bleiben."

König: „Nein, ich habe Kinder dort, die würde sie „tödten. Sie ist meine eigene Tochter und ich möchte sie „nicht umbringen. Ich lasse sie nur eine Grube in den „Sand graben, und dann muß sie hinein liegen, bis die „Fluth kommt und Sand darauf wirft. Niemand soll sie „stören, Niemand sie schlagen, Niemand ihr Blut auf dem „Boden vergießen."

Miss.: „Aber Ihr vergrabet das Blut im Boden, und „das Blut Eurer Tochter wird aus dem Boden herauskom„men und zu Gott wider Euch schreien. Glaubet mir, Kö„nig, Gottes Hand wird sehr schwer auf Euch liegen; das „gefällt Gott nicht, und wenn Ihr's thut, so verderbet Ihr „Euer Land. Hätte das Weib Jemandem den Hals abge„schnitten, hätte sie Jemanden mit dem Stock oder der Art „todt geschlagen oder Jemanden absichtlich ertränkt, dann „sagt Gott: „Wer Menschenblut vergießt, deß Blut soll „wieder von Menschen vergossen werden." Aber Ihr sagt, „sie habe die Leute nur durch ihre Grigri getödtet. Damit „kann man Niemanden tödten. Verlaßt Euch darauf, Ihr „erzürnet Gott, wenn Ihr sie umbringet."

König: „Sie ist meine Tochter, und wenn ich sie nicht „tödte, verderbt sie alle meine Kinder und tödtet mich. Wenn „Ihr Hühner kaufet und ein Huhn hat eine böse Krankheit „und Ihr fürchtet, alle Hühner werden diese Krankheit be-

„kommen, werdet Ihr nicht lieber das Eine Huhn um„bringen?"

Miss.: „Die Hühner hat uns Gott zur Nahrung ge„geben, darum dürfen wir sie tödten; aber den Menschen „hat Gott nach seinem Bilde gemacht und gesagt: „Wer „Menschenblut vergießt, deß Blut soll wieder von Menschen „vergossen werden. Gott kann auch Leute senden, die Euch „tödten."

König: Mich nicht umbringen wollen; nur in den „Boden legen; das Alles."

Miss.: „Euer eigenes Kind wollt Ihr umbringen, „König? Nein, dazu seyd Ihr doch zu gut; ich kann's „nicht glauben. Ihr liebet Eure Kinder zu sehr, und Gott „wird es rächen. Es kommt ein Tag, da wir Alle vor „Gott erscheinen müssen und Rechenschaft geben, und Gott „wird sagen: „König Georg, warum hast du deine Tochter „umgebracht?" "

König: „Mich wissen, dies Palawer sprechen, mich „sagen: Allmächtiger Gott: warum mir ein schlechtes Kind „geben?"

Miss.: „O König, Ihr seyd ein alter Mann, älter „als mein Vater und Großvater; aber ich bitte Euch, laßt „mich reden. (Dies ist eine Höflichkeitsformel der Bullom). „Wenn wir todt sind, ich und Ihr und alle Leute, die hier „herumsitzen, und das Weib auch, das Ihr umbringen wollt, „müssen wir vor den allmächtigen Gott kommen, und wenn „Er dann spricht, können wir nichts sagen. Wenn Gott „sagt: „Warum hast du deine Tochter getödtet?" so kannst „du nur deinen Mund in den Staub legen und sagen: „HErr, erbarme Dich meiner!"

König: „Nein, mich das Palawer wissen, das Weib „schlecht zu viel."

Der Missionar machte den Vorschlag, sie lieber zu verkaufen als umzubringen, wenn sie wirklich so schlecht sey.

König: „Ja, um 240 Barem könnt Ihr sie haben „und mit ihr thun was Ihr wollt."

Miss.: „Ich bin nicht ins Land gekommen Sclaven „zu kaufen; aber lieber wollte ich Geld zahlen, als daß Ihr „sie umbringet. Wenn ich 240 Barem zahlen würde, wä„ren dann damit alle die Leute bezahlt, die sie getödtet ha„ben soll?"

König: „Wenn ich sie tödte, kein Palawer; wenn ich „sie nicht tödte, Palawer für mich. Wenn Ihr mir 240 „Barem gebt und kommt Jemand Palawer machen, so kann „ich ihm etwas geben und für das Weib bitten."

Miss.: „Ich kaufe keine Sclaven, ich habe nicht ein„mal so viel Geld, um 240 Barem zu zahlen; aber ich „bitte, mordet Eure Tochter nicht."

König: „Nein, nicht tödten, schlafen lassen im Boden, „daß die andern Hexen sich fürchten und mir nicht mehr die „Leute umbringen."

Miss.: „Sehet, König, ich habe drei eigene Kinder, „und wenn Jemand ihnen Leids thun wollte, würde ich „für sie kämpfen; und Ihr, so ein guter alter Vater, Groß„vater und Urgroßvater redet davon, Euer eignes Kind zu „begraben? Nein, das kann nicht seyn."

Er versicherte wieder, in zwei Wochen werde es geschehen. Ich sagte:

„Gut, König; wenn Euer Herz so schlecht ist, daß Ihr „entschlossen seyd, Euer eigenes Kind lebendig zu begraben, „so lasset mich die Zeit wissen. Saget mir den Tag an, „wann Ihr es thun wollt; aber ich bitte Euch nochmals „für das arme Weib. Mir thut das Herz weh, wenn ich „denke, daß König Georg, ein guter alter Vater, sein Kind „begraben will, ehe es todt ist."

Damit endete das Palawer. In wenigen Tagen wurde das Weib aus dem Stock genommen und transportirt.

Das war die Umgebung, die Nyländer durch seinen Glauben in Hoffnung anschauen, und der er mit ungebrochenem Muthe das Evangelium verkündigen sollte.

Er schrieb nach diesen Vorfällen: „Ich setze mein altes, „wackliges Haus wieder in Stand und fürchte es wird „aus dem Bau eines neuen, wozu ich Vorbereitungen ge-

„macht, nichts werden. Unser Gott weiß, ob ich noch viel „länger ein Haus auf Erden nöthig haben werde. Wenn „ich nur droben, da Jesus ist, zu seinen Vorhöfen eingehen „darf! Mein Leiden wird schlimmer; Gehen und Sprechen „fangen an mir schwer zu fallen. Doch so lange ich mich „rühren kann, will ich nicht müßig stehen; das Uebrige „überlasse ich dem, der für uns sorget. Gedenken Sie mei„ner vor dem Gnadenthron; ich bedarf sehr der brünstigen „Fürbitte der Kinder Gottes. Ich bin jetzt über zehn Jahre „in diesem dürren Heidenlande. Fragen Sie nach der Frucht „meiner Arbeit, was soll ich sagen? Von den sechs Jah„ren in Sierra Leone kann ich keine, von den vier Jahren „unter den Bullom nur sehr wenig aufweisen. Nun ist „mein Tag fast dahin; wie soll ich hoffen auch meinen „Pfennig zu erhalten? Wenn der HErr Jesus mir nicht „zur Seite tritt, so müßte ich eher das Gegentheil erwarten. „Aber nein! treu ist Er, der verheißen hat: ich will dich „nicht verlassen noch versäumen!"

Dennoch mit sinkenden Kräften unternahm der treue Mann noch die Predigtarbeit in der Landessprache. Die erste Predigt hielt er unter einem Baume vor etwa 50 Bullom-Negern. Die Leute waren hoch erfreut, als sie ein Lied in ihrer Sprache singen hörten. Zuerst plauderten die Leute zwischenhinein; da stand der König auf und sagte, er sey in England gewesen und in englischen Kirchen, da dürfe Niemand während der Predigt ein Wort sprechen; so müsse es hier auch seyn. Hierauf blieb es ganz still. Die Predigt war einfach, knüpfte an ihre religiösen Vorstellungen an, zeigte die Nichtigkeit der Grigri u. s. w. „Sie gefiel „sehr; die Leute wünschten, daß ich öfter predige, sprachen „von Erbauung eines Predigthauses, verglichen mein Pre„digen und Thun mit dem der Muhammedaner zu meinem „Vortheil." Am nächsten Sonntag hatte er 30 Zuhörer, von denen aber schon einige Tabak für ihr Zuhören verlangten, der ihnen natürlich verweigert wurde.

Er wollte nun auch eine Predigtreise machen, kam aber fürs erste Mal nur bis M a m b u l l o, wo es ihm nicht gelang eine Versammlung zusammenzubringen, weil die Neger auf ihren Feldern und in den Wäldern zerstreut seyen; letzteres um ein annäherndes Heer von Mandingo zu beobachten, die bedrohlich schienen. In den Nachbardörfern predigte er jede Woche einmal und fand willige Zuhörer, die auch nach der Predigt allerlei Fragen machten, die zu tieferem Eingehen Gelegenheit gaben. Aber bald mußte er unter Anderm sagen: „Es ist leicht die befreiten Sclaven in „Sierra Leone in Kirchen zusammenzubringen. Aber der „freie Africaner ist herrenlos; er kommt gern zu einem Pa„lawer, wo es Palmwein oder Rum zu trinken oder Tabak „zu rauchen gibt; auch die Predigt werden Manche, so lange „sie etwas Neues ist, gern ein paar Mal besuchen. Aber „bald wird sie ihnen etwas so Altes, daß sie lieber in ihren „Hütten sitzen bleiben, um eine Pfeife Tabak zu rauchen, „als daß sie ein paar Schritte weit zur Predigt gehen."

Ein näheres Beispiel davon: „Ich fragte einen meiner „Nachbarn, der öfter zum Gottesdienste gekommen war, „warum er nicht mehr komme? — „Dady (Vater), mich „hab zu viel Arbeit diese Zeit." — Gut, aber weißt du „nicht, daß Gott sechs Tage zur Arbeit gibt und Einen zum „Beten? Wenn du das nicht achtest, nicht zu Gott betest, „kann Er dich ja nicht segnen. — Ich sprach noch vom „Tod und Ewigkeit. — „Dady, Ihr sprechet wahr; aber „mich nicht wissen hören Englisch." — Als ich ihm diese „Entschuldigung auch abschnitt, sagte er: „Gottes Buch sagt, „alle Menschen haben schlechte Herzen" (das gilt dem Bul„lom für die gröbste Beleidigung). — Ich antwortete: diese „Herzen müssen verändert werden, und das kann nur Gott.

„Wenn du nicht weißt, ob du ein schlechtes Herz hast, „so höre Gottes Buch: „Du sollst nicht zu viel trinken"; „wenn du so viel Rum oder Palmwein trinkst, bis du den „Kopf verderbst (berauscht wirst), so ist dein Herz schlecht.

„Gottes Buch sagt auch: „Du sollst nicht mehr als „Ein Weib haben; du sollst nicht dem Andern sein Weib „stehlen" (Ehebruch treiben). Wenn du nun zwei oder drei „Weiber hast, oder dem Andern leise sein Weib nimmst, das

„ist schlecht, das zeigt, daß du ein schlechtes Herz hast, und „wenn du in diesem Palawer stirbst, kannst du nicht in den „Himmel gehen.

„Wiederum sagt Gott: „Du sollst keine andre Götter „neben mir haben, ich allein kann dir helfen;" und was ist „das, was du da um den Knöchel trägst? (es war ein „rundes Fleckchen Scharlachtuch, mit weißem Faden gebun- „den.) — „O!" erwiederte er, „das mein Grigri, mich „dreimal in den Fuß geschnitten, und letzte Woche mich in „Dorn getreten, mich krank, mich nicht gehen. Das für „Fuß gut bleiben, kann nicht mehr schneiden." — Also das „machst du zu deinem Gott? Es hilft dir aber nichts, du „mußt es wegwerfen. — „Nein, Dady! dann mich Fuß „brechen." "

Das ganze Jahr 1817 hindurch ging Nyländer treu- lich der Predigt nach. Anfangs kamen die Leute, bald aber wurden sie müde und blieben weg. Nur der alte König Georg blieb regelmäßiger Zuhörer. Mit tiefer Wehmuth drückt Nyländer sich über die Meisten so aus: „Der Schall „der Trommel, ein Krug Palmwein und ein paar Tabaks- „blätter sind den Meisten viel lieber als christlicher Unter- „richt!" — Die Schule gab nur in die ferne Zukunft hinaus eine Hoffnung, und noch mußte Nyländer seufzen: „Ach! daß der Name Jesu durch die Bekehrung auch nur „Eines Bullom-Negers verherrlicht würde!" Zuletzt fand nun gar der bisher ferne gehaltene Sclavenhandel auch hier Eingang, und von nun an war das Zauberwesen, wie es oben geschildert wurde, noch ärger, und die Völlerei mit Rumtrinken stieg. Jetzt wurde der bisher stets freundlich behandelte Missionar mit feindlichen Augen betrachtet. Er war der Damm gegen das einreißende Unwesen. Die Häuptlinge haßten ihn und es blieb am Ende nichts übrig, als auch diese Mission zu verlassen (1818). Seitdem sind die Bullom-Neger noch mehr verwildert. — Dem alten Kö- nig war das Abziehen des Missionars leid; er hatte des- halb noch in der letzten Zeit bei Besuchen die Kinder ermahnt, nicht an böse Geister zu glauben, sondern auf Gott zu trauen, und hatte Nyländer den Wink gegeben, nicht vor der Schwierigkeit zurückzuschrecken, indem er eine Fabel erzählte, wie der Sohn einer Wittwe über Land zog, nachdem er seinen Reisacker für sie angepflanzt. Das Weib habe einmal Reis holen wollen, ihren Korb zu schwer gefunden, ehe sie ihn aufgehoben, und sich nach Hülfe umgesehen. Da habe sich der Teufel dazu erboten den Korb zu tragen, wenn sie ihm ihren Sohn überlasse sobald er heimkehre. Sie habe es gethan, nachher aber den Korb aufgehoben und gefunden, daß er ganz leicht sey und der Teufel sie also zu ihrem großen Schmerze betrogen habe. So gehe es, wenn man sich die Sachen zu schwer dünken lasse. Dies erzählte er den Kindern.

Wenden wir uns von dieser mit Schmerzen aufgegebenen Mission noch einmal nach Gambier und Goree zurück. Den Zustand des erstern Arbeitsfeldes nach Bickersteths Abreise schildert Miss. Klein so:

„Die große Achtung, in welcher hier „Buchmänner" „aller Art stehen, ist trotz des tiefen Aberglaubens der Leute „der Pflanzung des Christenthums günstig. Man hat hier „keine bittern Vorurtheile gegen das Evangelium und behan„delt uns mit großer Achtung. Wir leben still und unan„gefochten. Dagegen theilen unsere Leute die Armuth, „Bettelhaftigkeit und Schamlosigkeit mit allen Africanern. „Ich gebe so wenig als möglich, um dieses Wesen nicht zu „mehren; aber etwas muß man doch schon aus Mitleiden „thun. — Ich gehe mit meiner Frau viel mit den Leuten „um, und streue im Gespräch den guten Samen so weit ich „kann. Den Erfolg kennt Gott. — Ein Häuptling, der „öfter in Sierra Leone war, sagte mir: „Man kann Euer „Buch nicht hören, ohne sich sehr über seine Sünden vor „Gott zu fürchten. Wenn man daraus hört, was Gott zu „uns sagt, so kommt Einem Wasser aus den Augen. Wenn „man nur das Geringste stiehlt oder betrügt, so fürchtet „man Gottes Strafe." — Wie grausam auch dort der „Aberglaube wirkt, davon ein Beispiel: Ein Leopard schlich „bei Nacht ins Dorf Kapparu in eine Hütte, wo zwei

„Knaben unter Einer Matte schliefen. Er sprang auf sie, „riß dem Einen ein Stück der Kopfhaut ab, rannte aber, „erschreckt durch das Rauschen der Matte, fort. Der arme „Knabe wurde ärztlich behandelt; aber nach ein paar Ta„gen hörte ich, daß man ihn an Händen und Füßen ge„bunden habe, um ihm den Hals abzuschneiden. Ich eilte „hin, um den Leuten ihre schändliche Grausamkeit und den „Unsinn vorzustellen das arme Kind zu morden, ihnen „Gottes Wort vorzuhalten und Seinen Zorn anzudrohen. „Der Knabe kam zu mir und sagte, die „Duras" oder „Sandwerfer, die den Beruf zu haben glaubten die Zauberer „zu entdecken, hätten erklärt, er müsse entweder am Ufer „geschlachtet oder mit gebundenen Händen und Füßen in die „Straße gelegt werden, damit ihn der Leopard hole, und „bat mich flehentlich, ihn loszukaufen. Ich verwies ihn zu„nächst aufs Gebet, wandte mich aber weiter an den Häupt„ling, der mir sagte, der Knabe sey frei und könne also „nicht losgekauft werden; man müsse aber vor Allem den „Zauberer finden, denn der Leopard nehme Niemand, in dem „kein Zauber stecke." — Als endlich der abwesende Monge Demba nach Hause kam und Klein ernstlich mit ihm sprach, wurde das ganze Palawer zur Freude der verständigeren Muhammedaner, zum großen Mißfallen Anderer, niedergeschlagen, und Monge Demba versicherte, daß des weißen Mannes Wort die Rede Gottes sey, der er nicht widerstreben dürfe. So rettete Klein dem Knaben, und mit ihm vier Andern, die bereits als Zauberer bezeichnet waren, das Leben.

Die Predigtarbeit Kleins bewog ihn, die Schule an den Neger Jacob Brunton zu übertragen, weil er selbst auch noch dem Uebersetzungsgeschäft leben mußte. Eben war er im besten Zuge damit und mit seinen Predigtreisen, als der Beschluß der Committee die Station Gambier gleichfalls aufhob (1818), und die Mission auf die Los-Inseln versetzte, wo sie zuerst gewesen war, ehe sie nach Kapparu übersiedelte. Diese Eilande kamen nämlich damals in den Besitz Englands, und Statthalter Mac Carthy machte darauf aufmerksam, daß sie einen viel geeigneteren Boden darböten, als das Festland; daß Predigtreisen auf diesem von dort aus eben so leicht seyen, während die nächste Umgebung auch in Kapparu nicht gerade mehr versprach, als anderwärts, sobald der erste Reiz der Neuheit vorüber war. Mit Freuden vernahmen Klein und seine Frau diesen Wechsel, weil auch ihnen die Eilande aus früherer Erfahrung viel günstiger für ihr Werk erschienen. Klein war damals in der Uebersetzung des Alten Testamentes in die Susu-Sprache schon bis ins erste Buch der Könige vorgerückt.

Die Mission in Goree hatte durch den Wechsel der Herrschaft, wie man im Voraus fürchten mußte, zu leiden. Im Jahr 1816 nämlich wurde in Folge des Pariser Friedens diese den Franzosen abgenommene Besitzung an Frankreich zurückgegeben. Damals waren die Schulen unter Hrn. Hughes und seiner Frau auf 112 Kinder angewachsen. Mit der französischen Besitznahme trat ein Wendepunct ein. Als bald nachher Prediger Garnon, zum Caplan von Sierra Leone ernannt, nach der Insel kam, war sie in raschem Abnehmen begriffen, denn es fehlte die pflegende Hand des edeln brittischen Statthalters, des Oberstlieutenant Chisholm. Im Januar 1817 waren es nur noch 32 Knaben und 31 Mädchen. Das Erlernen der englischen Sprache war jetzt den Eingebornen nicht mehr wichtig. Die französische trat an ihre Stelle. Ein katholischer Priester bemühte sich, den Negern dies klar zu machen. Hughes und seine Frau verließen die Colonie und gingen nach England.

Wir wären damit am Ziele unsrer Erzählung angelangt, wenn wir nicht der Vollständigkeit wegen noch einiger Versuche zu gedenken hätten, die zur bloßen Untersuchung und gelegentlichen Evangelisirung des Festlandes von West-Africa in diesen Regionen gemacht wurden.

Es war schon im Januar 1818, daß Missionar Johnson von Regentstown in Sierra Leone mit den eingebornen Lehrern Tamba und Cates eine Reise durch eine Anzahl von Dörfern der Eingebornen auf der Halbinsel Sierra Leone selbst machten. Als Tamba in Wilberforce die Schwarzen in der Kosso-Sprache anredete und ihnen Christum predigte, waren sie so erstaunt, daß ein Mädchen bald ihre Eltern bald den Redner anstarrte, um sich zu überzeugen, daß jene auch hörten was sie und nicht Alles auf Täuschung beruhe. In dem Dorfe Tongier predigte Johnson englisch, Tamba in der Scherbro-Sprache und wurden wohl verstanden, aber mit Stumpfheit angehört; jeder Häuptling antwortete auf die Frage: ob er seine Leute jeden Sonntag zusammenrufen würde, wenn ein Prediger käme, mit: nein! was wir jetzt gehört haben ist genug! Zu Brunba waren fast nur Weiber zu Hause und hörten, aber unter Lachen und Getöse, der Predigt zu. So ging es in mehrern Orten; zuletzt aber geriethen die Reisenden in pfadlose Wälder, in leere Dörfer, hatten nichts mehr zu essen, mußten im Freien beim Geheul der wilden Thiere schlafen. Endlich gelangten sie nach Monschow und Robiß, wo aber ihre Arbeit schon deswegen zu Ende ging, weil da die Timani-Sprache herrschte, die keiner von ihnen verstand.

Eine zweite ähnliche Reise galt den Bananen- und Plantanen-Inseln im Süden und Südwesten von Sierra Leone und wurde von Herrn Johnson mit einer Anzahl Zöglinge aus dem Seminar zu Regentstown unternommen. Diese Inselchen gehörten einer Negerfamilie Caulker, von der der älteste Bruder Thomas sein Besitzthum, die Bananas, im Jahr 1819 an England verkaufte, der zweite, Georg, Häuptling der Plantanen, in England erzogen und wahrhaft belehrt worden war. Ihn beseelte der glühende Wunsch, seinem Völkchen das Evangelium zu bringen. Er übersetzte daher in die Scherbro-Sprache (ein Zweig der Bullom-Sprache) die anglicanischen Morgen- und Abendgebete, das Buch Mose, die Psalmen, das Neue Testament, Watt's Katechismus und viele Lieder. Stephan endlich war ein Zögling von Bassia, von Renner (1815) getauft, nachher der treue Mitarbeiter Nyländer's erst in

Jongru, hernach in Kissey, von wo er 1821 als Schulmeister in seine Heimath ging.

Im October 1820 wurden zuerst die Bananen-Inseln erreicht. An Georg Caulker fand Johnson einen tüchtigen Mann, der sehr wünschte eingeborne christliche Lehrer zu erhalten, die an ihm einen sichern Halt finden würden. Es wurde verabredet, daß Tamba nächstens eine Besuchsreise durch die Dörfer machen sollte. Von da gingen sie nach der Mündung des Ribbi-Flusses im Scherbroland, wo die Einwohner gleich freundlich wurden, als sie aus Tamba's Munde ihre Sprache hörten. Am andern Tage (es war im Dorfe Ribbi) versammelte sich das Volk; Tamba sprach zu ihnen, sie waren sehr offen; der alte Häuptling schlug vor, den Sonntag zu halten. Von da ruderten sie nach den Plantanen, wo sie bei Thomas Caulker eine freundliche Aufnahme fanden.

Der versprochene Besuch Tamba's fand bald nachher statt. Ihn begleitete Cates. Sie wanderten erst durch manche Dörfer der Halbinsel, Jesum predigend, dann auf die Eilande, wo sie überall kleine Häuflein Volkes um sich sammelten. Ein Mann rief aus: „O HErr, wir Dich „nicht kennen. O HErr, wir haben Dein Gesetz gebrochen! „Lehre uns, o HErr, und rette uns! Wir wissen nichts „das gut ist, sondern böse! O HErr, vergib uns alles „das Böse das wir gethan haben und lehre uns. Amen!“ Auf einer der Inseln sagte ein alter blinder Mann: „Wir „sind froh dies Buch zu hören,“ und alle riefen beistimmend: „Ja, ja! Diese Worte sind für unsere Seelen.“ Der Alte setzte hinzu: „Ich bin alt, mein Leben ist in der „Hand Gottes; ich weiß nicht wann Gott mich hinweg„nehmen wird. Ich will auf Gott sehen, Er thue „was Er will. Aber William Tamba, ich bin blind, ich „kann nicht sehen. Schneide Löcher in ein Stück Holz, „damit ich weiß wann es Sonntag ist. Ich will sie jeden „Morgen zählen, daß wir es nicht vergessen.“ Das geschah denn auch. — Auf den Plantanen war die Aufmerksamkeit und Freude dieselbe, und der Häuptling selbst sprach warm und herzlich zu seinem Volke. — Wir begleiten den Reisenden nicht weiter, indem die Ereignisse sich ziemlich gleich wiederholten. — Im Jahr 1821 kam Stephan Caulker auf seine heimathliche Insel als Schullehrer, und sieben Jahre lang arbeitete er mit Treue und Segen an etlichen und dreißig Kindern, predigte das Evangelium, und seine Brüder unterstützten ihn aufs treulichste. Selbst Kriege zwischen den Scherbro- und Kusto-Negern und die abscheuliche Anstalt des Purra konnten sie nicht schrecken; zuletzt aber erlahmte ihnen doch durch die immerwährende Abnahme der Schule der Muth, und im Jahr 1828 hörte die Arbeit auf. Es war einmal von der Ansiedlung eines europäischen Missionars auf den Inseln die Rede gewesen, aber sie war nicht zu Stande gekommen. Damit sind wir durch den Umkreis, auf welchem die ersten Missionsarbeiten begannen, gewandert, und wenden uns im folgenden Hefte dem Mittelpuncte zu, in welchem sich die Arbeitskräfte zusammenzogen. Die Zeit für Ausdehnung war noch nicht da. Erst mußten mehr als dreißig Jahre angestrengten Wirkens vieler Knechte Gottes in Sierra Leone das Große vollbracht haben, was jetzt dort vor Augen steht, ehe man wieder, wie es jetzt geschieht, an die Völkerschaften der Küste denken und so den Stab zur Wanderung ins Innere Africas ergreifen konnte, wofür jetzt vom äußersten Osten, wie vom äußersten Westen und Südwesten her die Angesichter der Kämpfer des Kreuzes gerichtet sind, während selbst aus dem fernen Süden die Vorposten des streitenden Heeres herauf nach Norden rücken. Mögen sie bald im Herzen des Erdtheils sich begegnen mit dem Jubel: Africa ist gewonnen!

Missions-Zeitung.

Die den Gesellschaften beigesetzten Jahreszahlen zeigen das Jahr ihrer Entstehung oder des Anfangs ihrer Missionsthätigkeit an.

Die Zahlen zur Seite der Namen der Missionare oder Stationen u. s. w. in der Missions-Zeitung deuten auf die Gesellschaft zurück, welcher dieselben angehören. Die mit * bezeichneten Missionare sind Zöglinge der Basler-Anstalt.

Abkürzungen: M. (Missionar), K. (Katechet), m. F. (mit Familie), m. G. (mit Gattin), † (gestorben).

Evangelische Missionsgesellschaften im Jahr 1851.

Deutschland & Schweiz.

1. Brüdergemeinde. 1732.

2. Ostindische Missions-Anstalt zu Halle. 1705.

3. Evangelische Missionsgesellschaft zu Basel. 1816.

4. Rheinische Missionsgesellschaft zu Barmen. 1828.

5. Gesellschaft zur Beförderung der evangelischen Missionen unter den Heiden, in Berlin. 1824.

Frauen-Verein für christliche Bildung des weiblichen Geschlechts im Morgenlande, in Berlin.

6. Gesellschaft zur Beförderung des Christenthums unter den Juden, in Berlin. 1822.

7. Evangelischer Missionsverein zur Ausbreitung des Christenthums unter den Eingebornen der Heidenländer (sonst Pred. Goßner's) in Berlin. 1836.

8. Lutherische Missionsgesellschaft in Leipzig. 1836.

9. Norddeutsche Missionsgesellschaft in Bremen. 1836.

10. Chinesische Stiftung in Cassel. 1849.

Niederlande.

11. Niederländische Missionsgesellschaft zu Rotterdam. 1797.

England.

12. Gesellschaft für Verbreitung christlicher Erkenntniß. 1647.

13. Gesellschaft für Verbreitung des Evangeliums. 1701.

14. Baptisten-Missionsgesellschaft. 1792.

15. Allgemeine Baptisten-Missionen. (General Baptists.) 1816.

16. Wesley-Methodisten-Missionsgesellschaft. 1786.

17. Londoner Missionsgesellschaft. 1795.

18. Kirchliche Missionsgesellschaft. 1799.

19. Londoner Juden-Missionsgesellschaft. 1808.

20. Brittische Gesellschaft für Verbreitung des Evangeliums unter den Juden. 1843.

21. Kirchliche Mission für Borneo. 1848.

22. Patagonische Missionsgesellschaft. 1850.

23. Schottische Missionsgesellschaft. 1796.

24. Mission der vereinigten presbyterianischen Kirche Schottlands. 1847.

25. Mission der schottischen Staatskirche. 1830.

26. Mission der freien schottischen Kirche. 1843.

27. Missionen der reformirten presbyterianischen Kirche Schottlands. 1845.

28. Welsche und ausländische Missionsgesellschaft. 1840.

29. Mission der irländischen presbyterianischen Kirche. 1840.

30. Frauengesellschaft für weibliche Erziehung im Auslande. 1834.

Frankreich.

31. Missionsgesellschaft zu Paris. 1824.

Dänemark.

32. Dänische Missionsgesellschaft. 1821.

Schweden.

33. Schwedische Missionsgesellschaft in Stockholm. 1835.

34. Missionsgesellschaft in Lund. 1846.

Norwegen.

35. Norwegische Missionsgesellschaft in Stavanger. 1842.

Nordamerica.

36. Baptisten-Missionsgesellschaft. 1814.

37. Americanische Missionsgesellschaft. 1810. (Board of Foreign Miss.)

38. Bischöfliche Methodisten-Missionsgesellschaft. 1819.

39. Mission der bischöflichen Kirche in Nordamerica. 1830.

40. Mission der presbyterianischen Kirche. 1802.

41. Freiwillens-Baptisten-Mission.

---

1. Nachrichten aus der Heimath.

Nordamerica. Die Missionsgesellschaft der bischöflichen Methodisten-Kirche im Süden gibt in ihrem sechsten Jahresbericht folgende Uebersicht ihrer Missionen: Die innern Missionen umfassen in den entblößten Theilen des regelmäßigen Werkes 126 Missionsstationen, 106 Missionare, 22,059 weiße und 1458 farbige Gemeindeglieder. In den Missionen unter den Farbigen sind 103 Stationen, 99 Missionare und 30,315 Gemeindeglieder. Die deutschen Missionen umfassen 10 Stationen, 7 Missionare und 262 Gemeindeglieder. Unter den Indianern 31 Stationen, 27 Missionare und 4216 Gemeindeglieder. In China sind 2 Missionare, in Californien 3. Im Ganzen sind es 271 Stationen, 244 Missionare und 58,310 Gemeindeglieder. Die Einnahmen des letzten Jahres betrugen 113,801 Thaler (zu $2\frac{1}{2}$ fl.), worunter 20,818 Thaler von der Regierung der Vereinigten Staaten für durch Erziehung der Indianer geleistete Dienste. Im ersten Jahre nach ihrer Absonderung war die Einnahme dieser Gesellschaft 68,529 Thaler; im zweiten 73,697; im dritten 62,613; im vierten 65,495; im fünften 85,793, worunter 6272 von der Regierung.

2. Nachrichten aus den Missionsgebieten.

Hinterindien. Missionar Dr. Dawson (36) in Rangun schreibt unterm 14. Juni 1821: „Es sind uns sehr erfreuliche Nachrichten über den Zustand der Karen-Gemeinen in den benachbarten Wäldern zugekommen. Vor etwa vier Wochen kamen ein Gehülfe und 2 andre Karen-Christen uns besuchen und blieben über den Sonntag. Sie waren sehr erfreut uns zu sehen und sagten, die Gemeine, zu welcher sie gehören, genieße noch immer geistliches Wohlergehen und Einigkeit, und während des vorigen Jahres seyen 7 Seelen bekehrt und getauft worden. Die Regierung verfolge sie nicht mehr um der Religion willen, es werden ihnen aber schwere Abgaben auferlegt." Zöglinge in der Kostschule waren 23. — Miss. Beecher (36) in Sandoway schreibt unterm 10. Juli 1851: „Seit meinem letzten Schreiben haben sich Jünglinge und Knaben aus verschiedenen Gegenden Burmahs und von den Gemeinden an der Küste zur Aufnahme in die Anstalt gemeldet. Sie brachten Briefe von vielen Pastoren und auch mündliche Nachrichten, woraus wir ersehen, daß es mit den Gemeinden gut steht und manche an Zahl und Gnade zunehmen. Maung Jay hat seit seiner Ordination im December 97 Personen in der Umgegend von Bassein getauft." — „Die Conferenz von eingebornen Predigern, um ihren Verein für innere Mission vollends zu Stande zu bringen, wurde laut Verabredung in der letzten Zusammenkunft zu Ong Kjung bei Bassein gehalten. Es war eine hübsche Zahl eingeborner Prediger zugegen, und noch viel mehr wären gekommen, wenn nicht der Argwohn der burmesischen Regierung es unräthlich machte, daß viele Karenen an Einem Orte zusammenkommen. Fast von allen Gemeinden wurden Beiträge eingesandt, die sich auf mehr als 100 Rupien (120 fl.) beliefen. Dieses Geld wurde unter zwei eingeborne Prediger vertheilt, einen Pwo und einen Sgau, deren jeder ausschließlich unter den Heiden seines eigenen Stammes zu arbeiten hat. Etwa 50 Rupien waren bereits früher eingegangen, die zum Unterhalt eines andern bereits ernannten Missionars bestimmt sind, der aber durch Krankheit in seiner Familie noch aufgehalten ist."

Ober- und Niederindien.

Calcutta. Am 10. Juli wurde in der alten Kirche ein angesehener, reicher und gelehrter junger Bramine, Namens Geianandra Mohan Tagor, durch seinen Volksgenossen, den

Prediger Krischna Mohan Banerdschia, getauft. Als Zögling im Hindu-Collegium war seine Aufmerksamkeit schon vor zehn Jahren auf das Christenthum gelenkt worden. Durch vieles Lesen und Studiren europäischer Schriften, sowohl für als wider das Christenthum, kam er immer mehr zu der unwiderstehlichen Ueberzeugung von der Wahrheit desselben, so daß er alle Anläufe seiner Verwandten und Freunde, die ihn von seinem Entschluß abzubringen suchten, zu überwinden im Stande war.

Tschupra. Miss. Dr. Ribbentrop (7) erzählt unterm 28. April 1851: „Wir haben selige Tage und namentlich zwei unvergeßliche Sonntage Ende vorigen und Anfangs dieses Monats gehabt. Der junge reiche Bramine, der so oft zu uns gekommen und wieder gegangen, ist nun endlich ins Netz gelaufen und hat Acker, Geld, Vater, Weib, Kinder und Brüder verlassen, um Jesu nachzufolgen. Und das hat denn in der ganzen Gegend einen solchen Sturm verursacht, daß wir fast selbst mit umgeweht wurden. Unser friedlicher Hof war in einen Kampfplatz verwandelt, und wir haben mit unsern leiblichen Armen und Händen um unsere Leute fechten müssen. Es war an einem heißen Abend unter Donner und Blitz, als unser Freund wie ein verscheuchtes Lamm ganz müde gejagt zu uns kam. Es kam noch ein junger Muhammedaner dazu, der seit einigen Jahren das Evangelium gelesen und bis zu einem Grade auch in seiner Stadt bekannt hat. Und Beide entschlossen, den Sonntag darauf die Taufe zu empfangen, brachen sie in diesem Vorsatz zuvor die Kaste. Den Braminen mußten wir geheim halten, da er sich vor der Gewaltthätigkeit seiner Verwandten fürchtete. Wunderbarer Weise wurden wir jedoch bei der frei öffentlich in der Kirche vollzogenen Taufe von Niemand gestört, sondern erst kurze Zeit nachher, als der ganze Hof voll Neugieriger wurde, benutzten die Verwandten und Freunde die Gelegenheit zu dem Versuch, ihn mit Gewalt wieder in ihre Mitte zu bekommen. Ihre Anstrengung war jedoch umsonst, indem, als die Gefahr am größten war, von der englischen Oberbehörde Hülfe kam und die Bösewichter wie Spreu auseinander trieb. — Es ist nun Alles aufgeregt in der Umgegend und voll Aerger und Verläumdung, daß wir Einen genommen hätten, dem sie nicht nachsagen können, daß er wegen Hungerleidens Christ geworden wäre. — Der Sonntag nach der Braminentaufe war fast noch schöner. Da haben wir mitten in den Himmel gesehen. Der alte Simeon, der Erstling in Tschupra, ist an diesem Tage selig geworden und hat uns noch einen stillen Himmelsgruß zugewinkt. Ich habe nie eine solche Leiche gesehen. Selbst die Heiden und Muhammedaner, die sie sahen, staunten — so selig war sein Gesicht Stunden lang nach seinem Tode."

Vorderindien. Madras. Miss. Grant (25) schreibt: „Obschon wir in Bezug auf das Christum offen vor der Welt bekennen unsrer Zöglinge leider noch immer nur erst in Hoffnung reden können, so dürfen wir denn doch in andrer Hinsicht mit Gewißheit sprechen. Viele unsrer Zöglinge, welche als hartherzige, ungläubige Hindus — durch und durch Götzendiener — zu uns kamen, die ob den evangelischen Lehren oft die Nase rümpften und ihre Verachtung gegen uns als Christen kaum zu verbergen vermochten, ungeachtet sie aus unsern natürlichen Kenntnissen Vortheil zu ziehen hofften, sind keine Götzendiener mehr; sie besuchen ihre Tempel nicht mehr, schämen sich des Aberglaubens ihres Volkes und erklären, im Herzen Christen zu seyn, obschon sie aus Furcht die Kaste zu verlieren und wegen der Folgen solchen Verlustes es nicht wagen die in ihnen vorgegangene Veränderung offen zu bekennen." — Dann beklagt aber hinwiederum der Missionar das todte Wesen der bereits getauften Hindus, alt und jung, welche vom Geist Christi kaum mehr kund geben, als die unbekehrten Zöglinge der Anstalt.

Madura. Miss. M. Millan (37) in Dindigel klagt in seinem Brief vom 25. März 1851 über die zunehmenden Feindseligkeiten der römischen Priester in jener Gegend. Indeß durfte er sich doch auch des Segens freuen, den Gott seiner Arbeit geschenkt; denn er schreibt: „Vor 2 Jahren hatte ich noch sehr wenig Hoffnung hier herum Frucht zu sehen. Es waren nur etwa 10 Familien an verschiedenen Orten, die sich zum HErrn bekannten, und diese schienen fast keinen Einfluß auf ihre Umgebungen auszuüben." Dann fügt er bei: „Jetzt stehen 50 Familien mit der in 7 Dörfern wohnenden Verikel-Gemeinde in Verbindung. Der Zuwachs in einem Jahr war 40 Familien; die Seelenzahl ist 175, von denen 12 Communicanten sind. Diese Leute sind so stark geworden, daß sie sich wenig um die Drohungen der Andern kümmern. Wenn ihre Feinde sagen: „Wir verstoßen euch aus der Kaste; wir geben euern Söhnen unsre Töchter nicht zu Frauen; auch wollen wir euern Hochzeiten und Begräbnissen nicht beiwohnen", so antworten jene: „Wir fragen nichts darnach; wir sind stark genug für uns selbst zu sorgen." Und jetzt reden sie davon, sich unter einander zu verbinden, daß sie ihre Söhne und Töchter gegenseitig austauschen, ohne entweder zu den Katholiken oder Heiden zu gehen."

Canaresische Mission. Den Missionaren (17) von den 3 Stationen Bellary, Bangalor und Belgaum war es im vorigen Jahr gestattet, 25 Männer, 15 Weiber und 46 Kinder zu taufen. Die Gesammtheit der Getauften war 153 Personen männlichen und 16 weiblichen Geschlechts. 23 Männer und 14 Frauen sind im Laufe des Jahres unter die Communicanten aufgenommen worden, deren ganze Zahl aus 76 Männern und 86 Frauen besteht. Die Mission hat 6 Kostschulen, 4 englische und 24 gemeine Schulen, in welchen 1010 Knaben und 188 Mädchen von 34 Lehrern und 8 Lehrerinnen unterrichtet werden.

Cannanur. Miss. Hebich* (3) taufte am 21. Sept. 68 Personen und nahm 2 aus der römischen Kirche in die Missionsgemeinde auf. „Ein Tag des Segens voll Friede und Freude“ — jubelte er.

Armenier. (37) Nach dem letzten Bericht des Miss. Hamlin ist die Zahl der Zöglinge im Seminar zu Bebek (bei Constantinopel) gegenwärtig 28: 21 Armenier und 7 Griechen. Er bemerkt dabei: „Wollten wir den griechischen Jünglingen freien Zutritt gestatten, so würden wir sogleich von ihnen bestürmt werden; denn noch jetzt fragen die Griechen nach Weisheit.“ — Von den aus diesem Seminar hervorgegangenen jungen Männern sind 17 unmittelbar mit dem Missionswerk verbunden, und von diesen haben 11 ihre religiösen Eindrücke in der Anstalt empfangen. Zwei von den 17 sind Pastoren in Constantinopel; Einer ist Pastor in Trebisond; Zwei sind bevollmächtigte Prediger und Lehrer; Einer ist Lehrer im Seminar; und die Uebrigen sind Uebersetzer, Lehrer u. s. w. an verschiedenen Orten. Auch sind 7 junge Leute von bewährtem Charakter in America um nützliche Gewerbe zu lernen. Der Dolmetscher des Emir Bey war vorher in Bebek. Das armenische Collegium in Paris, sowie das in Skutari, hat einen Professor aus unsrer Anstalt; und der Director der von Dr. Davis gegründeten Ackerbauschule des Sultans ist einer der Zöglinge. — „Zwei, die eine Zeitlang bei uns waren, setzen jetzt ihre Studien mit gutem Erfolg in Paris fort. Einer derselben, jetzt auf Besuch bei seinen Verwandten, schreibt ein armenisches Werk über Chemie, das erste der Art im Armenischen.“ — Von Aintab sagt der Bericht: Die Zahl derer, die sich zu gänzlicher Enthaltsamkeit von allen geistigen Getränken verpflichtet haben, sey etwa 300. „Es ist in Aintab eine ganz angenommene Sache, daß sobald Einer Protestant wird, er das Trinken aufgibt. Ja einer der ersten Schritte zum Protestantismus ist die völlige Enthaltsamkeit von Allem was berauscht. Enthaltsamkeit ist eine Art Prüfstein des Protestantismus geworden, so daß wenn ein Armenier im Verdacht ist sich ihm zuzuneigen, ihm das Schnappsglas hingehalten wird, und je nachdem er es annimmt oder ausschlägt, wird er für einen Armenier oder Protestanten erklärt.“ — Die katholischen Missionare schmuggeln ihren Götzendienst fast überall mit Branntwein ein, während die Protestanten diesen als dem Christenthum hinderlich zu verbannen suchen. — Das Bedürfniß nach evangelischen Lehrern ist so groß, daß die Missionsarbeiter in diesem Theile des Weinbergs sehr dringlich um Aussendung von 11 neuen Missionaren bitten, nämlich um 2 für Sivas, 2 für Kaisaria, 2 für Arabkir, 2 für Tokat, 1 für Diarbekr, 1 für Ersrum und 1 für Aleppo, an welchen Orten und in deren Umgegend das Werk Gottes bereits einen Anfang genommen hat.

Constantinopel. (37) Der Bittschrift einer Anzahl Griechen in Constantinopel entsprechend, daß ihnen ein evangelischer Prediger das Evangelium in ihrer Sprache verkündigen möchte, kamen die Missionare (37) im Juni 1851 überein, daß Miss. Ladd in Brusa sich nach Constantinopel begeben und dieses Geschäft übernehmen soll. Dabei wurde er aber angewiesen, sich so viel wie möglich der türkischen Sprache zu bedienen, damit sowohl Griechen als Armenier ihn verstehen können. Brusa sollte dann von einem eingebornen Pastor besetzt werden.

Süd-Africa. Von Clarkson erzählt Missionar Ab. Küster (1): „Neulich kam ein Kirchendiener zu mir und sagte: „Wir (die Fingus) haben uns in unsern Herzen aufgefordert gefühlt, für die Enoner Brüder und Schwestern, die mit ihren Kindern als Flüchtlinge hier sind, eine besondere Sammlung zu veranstalten; Alle trugen mit großer Freude und Willigkeit dazu bei, und wir haben auf diese Weise 2 Scheffel Welschkorn zusammengebracht, die wir dir nun zur Austheilung bringen wollen." Ich sprach meine Freude darüber aus, und schlug ihnen vor, diese Liebesgabe noch aufzuheben, da jetzt von der Regierung für die Flüchtigen gesorgt werde, wohl aber nachmals eine Zeit größerer Noth und Bedürftigkeit für sie kommen könnte, wenn nach Beendigung des Krieges diese Unterstützung aufhören werde. Dieser Rath wurde gern angenommen, und die gesammelte Gabe sofort in Säcken herbeigebracht. Bei dieser Gelegenheit baten die Fingus, wir möchten es ihnen doch gleich anzeigen, wenn wir von Nothleidenden etwas hörten; sie würden jederzeit mit Freuden bereit seyn, nach dem Vermögen, das ihnen der HErr gegeben, solchen zu Hülfe zu kommen."

Natal-Colonie. Miss. Posselt (5) schreibt unterm 24. April 1851, wie auch die Natal-Colonie vom Kafferkrieg bedroht und beunruhigt war, aber dennoch verschont blieb. Dann sagt er von seiner Mission unter der heidnischen Bevölkerung: „Mein Anfang unter den Kaffern ist nicht ungesegnet gewesen: Vier wurden am ersten Weihnachtstage getauft, ein Mann und dessen 16jährige Tochter, und zwei Jünglinge von 18 und 23 Jahren. Die kleine Erstlingsgemeine aus den Heiden besteht nun aus 7 Erwachsenen. Die Abendschule hat ihren Fortgang und es sind mehrere Jünglinge da, welche Lust am Gesetze des HErrn bezeigen."

Thaba-Bossiu. (31) Nachdem Miss. Casalis nach 2jähriger Abwesenheit wieder auf seine Station zurückgekehrt war, hatte er zu Ostern die Freude, inmitten von Kriegen und Kriegsgeschrei 6 Erwachsene zu taufen, die durch die Predigt seines Stellvertreters, Miss. Dyke, zum Glauben an Christum gekommen waren. Er sagt, die Capelle sey bei diesem Anlaß voll aufmerksamer Zuhörer gewesen, und die umwohnenden Heiden hätten sich gewundert, daß die Christen bei den sie umwogenden Stürmen noch ein Fest feiern konnten.

Nord-America. Tscherokesen-Indianer. Miss. Johns (36) schreibt unterm 26. August 1851: „In dem von uns südlich wohnenden Theile des Volks war schon seit geraumer Zeit die Aufmerksamkeit auf das Evangelium im Zunehmen und hat sich auf Menschen ausgedehnt, welche bis vor Kurzem unsern Versammlungen ferne geblieben, oder ihnen nur aus Kurzweil beiwohnten. Unsre monatlichen Versammlungen in Lees-Kreek hatten sich insbesondere der Gegenwart des HErrn zu erfreuen. Viele Indianer wurden ernstlich um das Heil ihrer Seelen bekümmert, und eine schöne Zahl derselben, die Beweise von Sinnesänderung gaben, sind getauft worden.“ Im Ganzen sind seit dem März dieses Jahres 110 Personen der Taufe theilhaftig worden.

Miss. Hunt (18) in Lac la Ronge schreibt: „Wir möchten unsre kleine Hütte in der Wildniß, wo die Indianer einsam herumirren, nicht mit dem schönsten Landgut mit seinen Busch- und Blumengärten vertauschen. Wir sind inmitten eines Feldes, das Gott gesegnet hat.“ Dann fügt er die merkwürdige Thatsache bei, daß in seinem zwar großen aber dünn bevölkerten District nicht Ein Indianer sey, der sich nicht als Christ bekenne und getauft sey. — Von der schon seit 11 Jahren bestehenden Station Cumberland (Miss.-Z. 1846, H. I, S. 233.) schreibt Miss. Hunter (18): „Unsre Gottesdienste an den Sonntagen sind herrlich und erquickend, und der Sonntag wird jetzt auf dieser Station in Ruhe und Stille verbracht. Unsre neue Kirche wird recht voll, und die Gottesdienste werden in der Volkssprache gehalten.“ — Ganz anders steht es noch mit der Station Manitobe (Miss.-Z. 1845, H. IV, S. 158). Da sieht es im Geistlichen wie äußerlich noch ganz winterlich aus. Die Herzen der dortigen Indianer sind wie von einer dicken Eiskruste umgeben und scheinen durch nichts erweicht werden zu können. So klagt der dortige Missionar. Doch war die sechsjährige Arbeit auf dieser Station auch nicht ganz umsonst, denn als im letzten Februar der Bischof des Bezirks die Station besuchte, konnte Miss. Cowley ihm einen Indianer zur Taufe vorstellen, die demselben dann am 1. März zu Theil wurde, und ehe der Bischof wieder abreiste, war es ihm gestattet, noch mehrere Andre zu taufen. — Miss. James (18) hat beim „weißen Hund“, süd-östlich vom Rothfluß, eine neue Station angelegt, und ihr den Namen Islington gegeben. — Ein ähnlicher Anfang ist am Muse-See, zwei Tagreisen von Cumberland, und zu Fort Pelly, süd-westlich von Manitobe, gemacht worden. Dieses ist der äußerste Vorposten in der Richtung nach denjenigen Districten, wo die Rothhäute (Indianer) am zahlreichsten sind. Die christlichen Indianer Philipp Kennedy, John Humphible und H. Pratt sind auf diese neuen Posten gestellt.

Guiana und Westindien.

Surinam. (1) In Beekhuizen, nahe bei Paramaribo, ist die beabsichtigte Gehülfenschule nun wirklich eingerichtet worden, und Br. Voß hat die Leitung derselben übernommen. Es sollen in derselben schwarze und farbige Jünglinge zu Lehrern erzogen werden, die dann später auf Plantagen, deren Eigenthümer es erlauben, die arme, verlassene Jugend unterrichten können. Sechs Zöglinge waren bereits eingetreten, und mehrere waren noch erwartet.

Hayti. Miss. W. Towler (16) in Puerta-Plata schreibt unterm 15. April 1851: „Im letzten Vierteljahr haben wir 17 Personen auf Probe in unsre Kirchengemeinschaft aufgenommen, meist aus unsern Schulen und der Bibelclasse, und unsre Versammlungen waren ungewöhnlich gut besucht. An unsern Predigtplätzen auf dem Lande sind kürzlich mehrere Abtrünnige zurückgekehrt und scheinen jetzt auf gutem Wege zu seyn. Diese Plätze, einer etwa 10, der andere etwa 13 Stunden von hier, werden alle 14 Tage besucht, wo dann die Leute, die noch vor Kurzem ihre Sonntage mit Trinken und weltlichen Belustigungen verbrachten, nett und reinlich gekleidet zur Predigt kommen, und die Gehölze wiederhallen vom Preise Gottes. Trunkenheit war hier fast allgemein im Schwange; ich stiftete deswegen gegen Ende vorigen Jahres einen Mäßigkeitsverein, welchem Viele beitraten, und dies dient zu einem Uebergang zu unserer Kirche."

Australien.

Australischer Missionsverein der Kirche Englands. Dieser neue Verein wurde am 29. October 1850 in Sidney (Neu-Holland) in einer zahlreich besuchten Versammlung gegründet. Seine Mittel sollen durch freiwillige Beiträge aus den 6 Bischofs-Sprengeln von Sidney, Neuseeland, Tasmania, Adelaide, Melbourne und Newcastle aufgebracht werden, und sein Zweck ist die Verbreitung des Evangeliums unter den heidnischen Stämmen in der Provinz Australien, Neu-Caledonien und den andern Inseln des westlichen stillen Oceans. Die Regierungsstatthalter der australischen Colonieen sollten gebeten werden, die Patronen des Vereins zu seyn, und der Bischof von Sidney der Präsident ex officio, die Bischöfe der australischen Sprengel Vice-Präsidenten; die Bischöfe von Neuseeland und Newcastle Missionsbischöfe; zwei Rechnungsführer, ein Geistlicher und ein Laie, sowie zwei Secretäre, ebenfalls ein Geistlicher und ein Laie, sollten ernannt werden; der Präsident und die Vice-Präsidenten, sammt den Rechnungsführern und Secretären sollten eine Committee bilden zur Ausführung der Beschlüsse, und das St. Johns-Collegium auf Neuseeland sollte vorläufig zu einem Missions-Collegium bestimmt werden.

Inseln der Südsee.

Tahiti. Der französische Statthalter hatte auf Sonntag den 4. Mai, als dem Stiftungstag der französischen Republik, große Festlichkeiten angeordnet. Die Missionare (17), darüber betrübt, daß die Feier des Sonntags auf eine solche Weise entweiht werden sollte, sandten eine Bittschrift an den Statthalter, um ihn zur Verlegung dieser Festlichkeiten auf den folgenden Montag zu bewegen. Aber umsonst. Nun predigte Missionar Howe am Sonntag vorher über Jesaias 58, 13. 14, mit besonderer

Anwendung auf die Festverordnung. Hierauf wurde der Prediger zum Verhör gezogen und ihm bedeutet, entweder müsse er sich wegen dieser Predigt beim Statthalter entschuldigen, oder dem Gesetz gemäß gerichtet und gefangen gesetzt werden. Da nun Miss. Howe sich nach seinem Gewissen nicht entschuldigen konnte, so stand ihm die Gefangenschaft bevor. — Es ist hier wohl auf den Unterschied zu achten, daß Miss. Howe nicht um der Predigt des Evangeliums willen vor Gericht gezogen wurde, sondern um der Predigt des Gesetzes willen. — Auch die Königin Pomare wurde gezwungen gegen ihren Willen an den Lustbarkeiten Theil zu nehmen; sie soll aber dabei sehr traurig gewesen seyn.

Sandwich-Inseln. Die Missionare (37) sagen in ihrem allgemeinen Bericht, dat. vom 3. Juni d. J.: „Viel und mannigfaltig sind die Veränderungen, die seit 2 Jahren auf diesen Inseln stattgefunden haben. Es sind Gesetze eingeführt worden, die dem Volke freies Lehenrecht sichern; auch Fremde können Grundeigenthum erwerben und besitzen. Ein Markt ist eröffnet für alle überschüssigen Erzeugnisse, und Schiffe kommen von Zeit zu Zeit, dieselben wegzukaufen; und seit einem Jahr haben 151 Menschen von 13 verschiedenen Nationen dem Könige den Huldigungseid geschworen. — Nie zuvor haben die Leute in zeitlichen Dingen solche Fortschritte gemacht. Dies kann man ersehen aus dem Bau besserer und dauerhafterer Häuser; aus ihren kostbarern Anzügen; aus der Anschaffung von Hausrath und den Bequemlichkeiten des Lebens; aus der Anlegung neuer und Ausbesserung alter Straßen; aus der Anschaffung von Lastthieren, von Land- und Ackerbaugeräthschaften; aus der Sammlung von Vorräthen in fast allen Theilen der Insel; und aus der Wahlart ihrer Rathsglieder durch Stimmzettel. — Laut dem Bericht des Ministers für den öffentlichen Unterricht, der vor dem König und der gesetzgebenden Versammlung verlesen wurde, haben im Jahr 1850 die gemeinen und Extraschulen 43,146 Thaler (zu 2½ fl) gekostet. Daran hat die Regierung 32,085 bezahlt, die übrigen 11,061 Thaler sind aus freiwilligen Beiträgen bestritten worden. Gemeine Schulen sind es im Ganzen 543, und Schüler 15,308. Von diesen Schulen sind 441 als protestantisch angegeben, und 102 als päpstlich. Von den Schülern sind 12,949 protestantisch und 2359 päpstlich.

Fidschi-Inseln. Missionar Lawry (16) bemerkt in seinem Tagebuch unterm 29. April 1850 von seinem Besuch auf diesen Inseln (von Lakemba): „Es ist in der That erfreulich zu sehen, welch ein Unterschied in der Kleidung dieser Leute wahrzunehmen ist, seit ich vor 3 Jahren hier war. Damals war Alles widerlich und ekelhaft; Männer und Weiber gingen fast nackt herum, und die Söhne und Töchter großer Häuptlinge völlig so, daß sie sich schämten Jemandem zu begegnen. Jetzt ist Alles anders; Jedermann hat wenigstens ein Stück Zeug um die Lenden gewickelt. Gestern sah ich die Truppen Eingeborner nach und aus der Capelle gehen, und da waren alle ohne Ausnahme nach Geschmack und Umständen anständig gekleidet. Auch ihr Gesang ist viel besser; einige unserer Melodieen sangen sie recht ordentlich."

Judenmissionen.

Pesth. Unterm 27. Aug. 1851 gibt Miss. Wingate (26) Bericht von der öffentlichen Prüfung ihrer Schule in Beiseyn des von der Regierung angestellten protestantischen Schulinspectors. Der auf die israelitische Gemeinschaft gemachte Eindruck war wieder ein sehr günstiger, so daß 150 neue Schüler, fast lauter jüdische Knaben und Mädchen, auf die Liste kamen. Das Verzeichniß enthielt bereits 320 Namen. Aber ungeachtet der Schulinspector der Regierung einen sehr günstigen Bericht über die Schule abstattete, war diese doch in Gefahr unterdrückt zu werden, die nur dadurch abgewendet wurde, daß die Schule pro forma unter die helvetische reformirte Kirche Ungarns gestellt wurde. — Von der Thätigkeit der Bibelträger sagt Miss. Wingate: „Während sie voriges Jahr 4000 Exemplare absetzten, haben sie im letzten halben Jahr bereits wohl 8000 verbreitet. Das Neue Testament ist in den Händen vieler Juden in allen Theilen Ungarns. Leider aber ist das Pesther Bibellager von der Polizei geschlossen worden unter dem Vorwand, es würden politische Schriften mit den Bibeln eingeschmuggelt."

Inhalt

des dritten Heftes 1851.

Seite.

Seite.

In diesen Uebersichten wird über die Geographie, das Natur- und Völkerleben, die Religion, Sprache u. s. w. der betreffenden Gebiete meist aus Originalquellen Mittheilung gemacht, hauptsächlich aber der Gang des Reiches Christi in denselben, die Art und der Erfolg der evangelischen Predigt unter ihren Völkern dargestellt. Auch Lebensbeschreibungen ausgezeichneter Missionarien finden dann eine Stelle, wenn sich an sie die ganze Entwicklung des Missionswerkes in den Ländern wo sie wirkten, anknüpfen läßt. Sonst werden solche hie und da besonders herausgegeben.

II. Die Missions-Zeitung.

In dieser kürzern Abtheilung werden die neuesten Begebenheiten in der Missionswelt, sowohl die der christlichen Heimath, als die der Missionsstationen aller Gesellschaften kurz mitgetheilt, um die Leser des Magazins mit dem Gang der Missionssache stets auf dem Laufenden zu erhalten. Auch literarische Notizen werden zuweilen am Schlusse angehängt.

III. Neueste Geschichte der Bibelverbreitung.

Es werden die monatlichen Auszüge aus dem Briefwechsel und den Berichten der brittischen und ausländischen Bibelgesellschaft jedem Hefte des Magazins mitgegeben. Sie sind in die angegebene Bogenzahl nicht mit eingerechnet, werden somit auch nicht mitbezahlt, sondern sind ein Geschenk der brittischen und ausländischen Bibelgesellschaft an die Leser des Magazins.

Der ganze Jahrgang, den wir beiläufig auf 40—42 Bogen in groß Octav berechnen, wird in vier in saubern Umschlag gebundenen Quartalheften erscheinen, denen von Zeit zu Zeit entweder Special-Karten über bisher unbekannte Missionsgegenden außereuropäischer Länder, oder Bildnisse ausgezeichneter Missionarien, oder Zeichnungen anderer allgemein interessanter Denkwürdigkeiten beigeheftet werden.

Die Subscriptionen auf das Magazin werden, wie bisher, entweder beim Herausgeber, oder unter der Adresse des „Herrn Bernhard Socin-Heußler“ oder des Hrn. C. F. Spittler in Basel gemacht, und mit möglichster Schnelligkeit besorgt werden. Zur Erleichterung der Transportkosten, welche auf die Abnehmer fallen, würde es sehr zweckmäßig seyn, wenn die einzelnen Subscribenten mit ihren Subcriptionen immer sich zunächst an diejenigen Freunde ihrer Gegend wenden wollten, welche die Sammlung der Subscriptionen auf sich zu nehmen die Güte haben. Wer auf das Magazin subscribirte, wird, wenn er nicht vor dem letzten Quartal des laufenden Jahres dasselbe ausdrücklich abbestellt, stillschweigend als Fortsetzer des nächsten Jahrgangs angesehen und behandelt.

Freunde, die sich mit Subscribenten-Sammlung und Versendung des Magazins zu beschäftigen die Güte haben, werden höflich ersucht, sich ihre etwaigen Auslagen an Briefporto und Versendungskosten von den Abnehmern bei der Bezahlung der Subscription gefälligst vergüten zu lassen.

Auswärtige Buchhandlungen, die mit dem Verkaufe des Magazins sich Commissionsweise beschäftigen wollen, sind berechtigt, nach dem Verhältniß der Entfernung, für den Transport und andere Provisionskosten den Käufern etwas Mehreres als den Subscriptionspreis (welcher in 2 fl. 45 kr. rhein. oder 4 Schweizerfranken besteht) nach Billigkeit anzurechnen.

Die gütige Bemühung, welche die theuren Missionsfreunde mit so viel uneigennütziger Liebe der Verbreitung des Magazins gewidmet haben, hat bisher theils zur Weckung und Verbreitung des Interesses für die große Missionssache wichtige Dienste gethan, theils unserer Missions-Kasse eine bedeutende Sorge erleichtert, indem der Ertrag des Missions-Magazins mit dem des evangelischen Heidenboten zur Bildung einer Nothkasse für kranke Missionarien und für die Wittwen und Waisen der Missionarien bestimmt war. In letzterer Beziehung müssen wir jetzt insofern eine Veränderung treffen, als das Wachsthum unseres Werkes uns zur Aufnahme einer bedeutenden Schuld und in Folge dessen dazu genöthigt hat, den Ertrag dieser beiden Zeitschriften der Aufbringung der Zinsen und der allmähligen Tilgung der Schuld selber zu widmen: aber es ist einleuchtend, daß wir unter diesen Umständen unsere lieben Freunde nur um so herzlicher um die Fortsetzung ihrer freundlichen Bemühung zur Verbreitung dieser Blätter zu ersuchen veranlaßt sind.

Die Herausgabe des Magazins wird auch in Zukunft, wenigstens für die nächste Zeit, der frühere Inspector der Missions-Anstalt und nunmehrige Ephorus des evangelisch-theologischen Seminars in Tübingen Hr. Dr. W. Hoffmann, zu besorgen die Güte haben. Der Jahresbericht dagegen wird jedes Mal von dem nunmehrigen Inspector der Missions-Anstalt, J. Josenhans, bearbeitet werden.

Basel,
im November 1851.

Die Committee der evangelischen Missionsgesellschaft.

Magazin

für

die neueste Geschichte

der evangelischen

Missions- und Bibel-Gesellschaften.

Jahrgang

1851.

Viertes Quartalheft.

Die Entwicklung

der

evangelischen Missionen im westlichen Africa.

Zweite Abtheilung.

Die Halbinsel Sierra Leone.

Basel.

Im Verlag des Missions-Institutes.

Druck von Felix Schneider.

Anzeige.

Das Magazin für die neueste Geschichte der Missions- und Bibelgesellschaften wird in Quartalheften im Verlag unserer Missions-Anstalt und zum Besten derselben herausgegeben. Es enthält folgende Abtheilungen;

1. Übersichten zur Missionsgeschichte.

Aus den Quellen selbst geschöpfte Nachrichten über Alles, was im Gebiete der Ausbreitung des Reiches Jesu Christi unter den nichtchristlichen Völkern der Erde von sämmtlichen christlichen Missionsgesellschaften geschieht. Und zwar wird von jedem einzelnen Missionsgebiete jedesmal eine fünf bis sechs Jahre umfassende Übersicht gegeben. Trifft es sich hie und da, daß ein solches Gebiet nach dieser Zahl von Jahren noch nicht den gehörigen Reichthum des Stoffes darbietet, so wird es übergangen und an einer spätern Stelle ausnahmsweise eingeschaltet. Sämmtliche dasselbe Gebiet behandelnde Hefte bilden eine fortlaufende Missionsgeschichte desselben. Die Reihenfolge der Gebiete, wie sie mit möglichster Strenge befolgt wird, ist:

1) China mit Japan und Hochasien, 2) Hinterindien, 3) die Inseln des indischen Archipelagus und chinesischen Meeres, 4) Oberindien und Niederindien, 5) Vorderindien mit Ceylon, 6) Persien, Armenien und Kaukasien, 7) Kleinasien, Syrien, Palästina und Griechenland, 8) Egypten mit Nord-Africa und Abessinien, 9) West-Africa, 10) Süd-Africa mit Madagascar und den Mascarenen-Inseln, 11) Nord-America, 12) Westindien und Süd-America, 13) das Festland von Australien mit den umliegenden Inseln, 14) die Inseln des großen Oceans, 15) die Missionen unter Israel in allen Gegenden der Erde, 16) Übersicht über die innere Entwicklung sämmtlicher Missionsgesellschaften.

Wo mehrere Länder in einem Missionsgebiete enthalten sind, wird, wenn der Stoff für die Behandlung beider in einem Hefte zu reich ist, bald das eine bald das andere berücksichtigt. Von jedem Jahrgange enthält ein Heft den Jahresbericht der evangelischen Missionsgesellschaft zu Basel mit ausführlichern Nachrichten von den eigenen Missionsstation derselben.

Jahrgang
1851.
Viertes Quartalheft.

Die Entwicklung
der
evangelischen Missionen im westlichen Africa.

Zweite Abtheilung.

Die Halbinsel Sierra Leone.

Erster Abschnitt.

Sierra Leone. — Entdeckung, Namen, Lage, Anblick und Producte. — Die Stadt Freetown und ihre Bevölkerung. — Ursprung der Ansiedlung von England aus. — Erste Nöthen der Pflanzer. — Sierra-Leone-Gesellschaft. — Die Neuschottländer. — Französische Barbarei und zweite Zerstörung von Freetown. — Wiederaufbau. — Die Rebellion. — Sieg durch die Maronen. — Angriffe der Schwarzen. — Uebergang der Colonie an die Regierung. — Resultate. — Das africanische Institut und seine Wirksamkeit. — Die Admiralitäts-Gerichtshöfe. — Die befreiten Sclaven. — Allmähliges Wachsen, Veredlung der Colonie. — Die Bildung der freien Neger. — Ihr Zustand bei der Ankunft. — Weitere Geschichte der Colonie. — Major Gray's Zeugniß. — Handelsverkehr. — Die schwarzen Geschworenen. — Ermordung des Statthalters Macarthy. — Nachfolger. — Die Volkselemente der Colonie. — Zeugniß von Dr. Ferguson und Lady Norton. — Macaulay über die Wirkung der Colonie nach Außen. — Rankin und Macaulay über das böse Klima. — Singleton und Dr. Nicholl über die Lebensart der Weißen. — Kirchspiele und Dörfer.

In der weiten, flachen Küstenlinie West-Africas, wo dem sich annähernden Seefahrer die schlanken Palmbäume aus dem Meere zu wachsen scheinen, weil er ihre wehenden Kronen schon lange gewahr wird, indeß die gelbe Sandfläche des Gestades noch hinter den Wellengipfeln verborgen liegt, erhebt sich die Halbinsel Sierra Leone, als eine der wenigen Ausnahmen, stolz mit ihren Bergpyramiden, die fast senkrecht vom Meere aufsteigen und bald mit üppigem Grün bis auf den Gipfel gekleidet, bald schroff und öde sich in ihren höchsten Spitzen in Wolken und Nebel hüllen. Ihr Name schon verkündet als Entdecker die Portugiesen, die 1463 zum ersten Mal diesen prachtvollen Anblick über die Wellen emporsteigen sahen, und die Bergkette das „Löwengebirge“ nannten; schwerlich weil es von Löwen bewohnt war; denn das war und ist es nicht; sondern weil die Berge auf Gipfel und Fuß in Sturmwind und Wogen ein Löwengebrüll vernehmen lassen. Die bisherigen Besitzer nannten die Halbinsel Romarong (Berg).

Der Sierra-Leone-Fluß, in seiner Mündung mehr einem breiten Landsee ähnlich, trennt sie vom Lande der Bullom-Neger und macht sie zur Halbinsel. Tiefer im Lande entsteht er erst aus den Flüssen Port Lokko im Timne-Lande und Rokelle, von welchen der Letztere tiefer ins Land schiffbar ist. Der breite Sierra-Leone-Fluß schneidet in schönen Buchten südlich ins Land der Halbinsel und umfluthet schöne Eilande wie Tasso, Gambia, Bance, alles früher Stätten des Sclavenhandels. Das Land ist hoch hinauf an den Bergen prachtvoll bewaldet, und in den Ebenen am Strom, in den kleinen Flußthälern und herrlichen Buchten der Berge bietet es dem Anbau einen üppigen Boden dar. Sumpfstellen und einzelne steinigte Flächen dienen blos als Graswaiden. Der tropische Ackerbau in Reis, Zucker, Kaffee, Indigo, Baumwolle, Pfeffer, Ingwer, Brotfrucht, Jams, in den edelsten Südfrüchten und den feinern Gemüsearten hat hier eine reiche Ausbreitung gefunden.

Die genaue Gränze der Colonie läßt sich nur schwer bestimmen, da zu verschiedenen Zeiten noch einzelne Landstriche von den eingebornen Häuptlingen abgetreten wurden, und die Halbinsel selbst diesen Namen nicht recht verdient, gewöhnlich aber sie als das Colonie-Land genannt wird. Ihre Hauptstadt ist Freetown (Freistadt), liegt etwa 2 Stunden von dem nordwestlichsten Vorsprung der Halbinsel, dem Cap Sierra Leone, an der Südseite der Strommündung, wo dieselbe nur etwa 2½ Stunden breit ist und eine Bucht bildet, in der Schiffe jeder Größe sicher ankern können. Es ist eine reizende Stelle: links bricht sich das Ufer in kleine Buchten zwischen sanft ansteigenden Hügeln, auf denen schlanke Palmen ragen; vorne strahlt die weite blaue Wasserfläche im beständigen Sonnenglanz, jenseits welcher ein niedriger, dunkler Waldrand das Bullom-Land andeutet. Dort hinüber nach Osten streckt sich das von den Flüssen Port Lokko, Rokelle und Bance durchschnittene Land der wilden Schwarzen hin. Die Stadt erhebt sich auf einem rasch ansteigenden Grunde über den Strom, und zieht sich dann sachte aufwärts, um zuletzt an eine reichbewaldete Hügelkette zu lehnen, deren Gipfel 1500 Fuß hinanragen. Zwischen ihr und den Bergen zieht sich ein reiches, welliges Gelände fort. Die Stadt ist weit und regelmäßig gebaut; rechtwinkligt durchschneiden sich die 80 Fuß breiten Straßen, und die am Flusse hin, doppelt so breit, empfängt den frischern Lufthauch des atlantischen Oceans. Die Häuser stehen vereinzelt in blühenden Gärten, sind jetzt nach Verschwinden der früheren Erdhütten fast alle von Stein gebaut, von stattlichen Bäumen umschattet, und noch überdies durch vorspringende Dächer und durch eine Piazza oder Veranda, einen Schattenplatz auf Säulen, gegen die Sonnenglut geschützt. Gepflasterte Straßen, die in diesem Klima eine Qual der geblendeten Augen wären, gibt es dort nicht. Ein schöner Rasen deckt den Boden mit kurzem westindischem Grase, das man ansäet und das alle sonstige Vegetation verdrängt, die früher üppig und buschig in der Regenzeit auf den Straßen emporwucherte. Da wo die Straßen plötzlich an felsigen Abschüssen enden, liegen viele Negerhütten der ärmlichsten Art und bilden eine keineswegs reizende Vorstadt. Die Hauptgebäude der Stadt sind das Haus des Statthalters, das Commissariat, der Gerichtshof, das Markthaus, das Fort Thornton, die Kaserne und die Kirche, nebst einer Anzahl Capellen verschiedener Gemeinschaften.

Die Bevölkerung besteht, außer den wenigen Europäern, aus den Ansiedlern, freien Negern aus America, den Maronen, einer gemischten Classe freier Neger aus Jamaica, den Fula und Mandingo, den Kru-Negern von der Körnerküste, einigen Familien der Joloffen vom Senegal und einer Menge von den Sclavenschiffen befreiter Neger von verschiedenen Stämmen. Jede dieser Classen bewohnt ihren eigenen Stadttheil, die Colonistenstadt, die Fulastadt u. s. w. Der Markt von Freetown ist lebhaft und sammelt Schaaren von Umwohnern, allmählig auch von den wilden Eingebornen. Der Ausfuhrhandel, besonders in Palmöl, Gummi, Bauholz, Elfenbein, Reis, Gold, Arrowroot (Pfeilwurz), Ingwer, Kaffee, Pfeffer, Indigo beschäftigt viele Fahrzeuge und beträgt jährlich viele Millionen an Werth.

Gehen wir nun in die Geschichte der Colonie zurück. Als im Jahr 1772 die Entscheidung des Lord Mansfield, Oberrichters der Kings-Bench in London, den Grundsatz festgestellt hatte, daß der Neger durch Betretung des brittischen Bodens frei werde, da gab es in Kurzem an 400 Schwarze, die als Sclaven nach England gekommen, jetzt von ihren Herren, die sie nicht mehr nach Belieben behandeln durften, weggejagt, nicht wußten wovon sie leben sollten. Sie bettelten in den Straßen der großen Hauptstadt herum. Der edle Granville Sharpe, auf dessen Betreiben jener Richterspruch geschehen war, wurde von ihnen um Hülfe angegangen; aber er wußte keine durchgreifende Maßregel für sie zu finden. Im Jahr 1783 äußerte Dr. Smeathman, der früher in West-Africa gelebt hatte, den ersten Gedanken einer freien Neger-Colonie in Sierra Leone; er starb aber ehe derselben Folge gegeben werden konnte. Granville Sharpe hatte beinahe gleichzeitig denselben Gedanken, der jetzt durch das Urtheil eines Landeskundigen bestätigt war; er legte ihn der Regierung vor, fand Eingang bei ihr, weil auch sie nicht wußte was mit den schwarzen Straßenbettlern anzufangen, und im Jahr 1787 schiffte man 400 solche Leute mit etwa 60 Europäern, meist Weibern, nach Sierra Leone über. Es blieben immer noch fast eben so Viele in England zurück, indem manche entlaufene Sclaven in Nord-America bei Ausbruch des dortigen Unabhängigkeitskrieges in die Reihen des englischen Heeres getreten, und nun nach dem Frieden (1783) theils nach Neuschottland, theils nach England mitgenommen worden waren, weil die Billigkeit verbot, sie, die tapfer mitgekämpft, der Rache ihrer unversöhnlichen Feinde in America zu überlassen. Nur Mißtrauen hinderte sie sich zur Ansiedlung zu melden, weil man ausstreute es ginge nach Botany Bay in Australien, statt nach West-Africa. — Sie hatten ihr Zurückbleiben nicht zu bedauern, denn die erste Gesellschaft hatte, durch widrige Winde im Canal lange zurückgehalten, in Folge mitgebrachter Uebel, unmäßigen Lebens, gewohnter Unreinlichkeit, von Seuchen schwer zu leiden, und kam noch überdies in der Regenzeit in Africa an, wo für gute Unterkunft auf dem vom König Tom gekauften Landstrich nicht gesorgt werden konnte. Ihre Zahl schmolz bald auf die Hälfte zusammen. Die andre Hälfte fing an eine Stadt zu gründen; allein auch von ihr liefen wieder Manche ins Innere, ohne Plan und Zweck, blos weil sie für den Anfang nichts zu leben hatten, und auch die wichtigsten Personen zur Leitung der jungen Colonie, wie der Hauptagent, der Geistliche, der Baumeister und der Gärtner, entweder weggestorben oder so erkrankt waren, daß sie heimkehren mußten. Nur die rasche Nachsendung von Lebensmitteln und tüchtigen Männern rettete vom Untergang, indem in Folge davon auch viele der Ausreißer zurückkehrten.

Bald aber drohte ein neues Verderben. Eben war im Herbst 1789 die Colonie im Begriffe sich besser zu entwickeln, als der Kriegsrath eines benachbarten Häuptlings den Beschluß aussprach und ankündigte, die Stadt einzuäschern, und zwar zur Wiedervergeltung dafür, daß ein englisches Kriegsschiff dasselbe mit der Residenz des Häuptlings gethan hatte. In drei Tagen mußten die Ansiedler ihre Sachen fortschaffen, in die Wälder fliehen, um von da aus ihre kaum erbauten Wohnungen in den Flammen aufgehen zu sehen. Auch jetzt war Granville Sharpe wieder der Retter, wie das vorige Mal, denn er hatte jenes Schiff abgesendet. Er brachte es zur Gründung einer St. Georgs-Bay-Gesellschaft, nachher Sierra-Leone-Gesellschaft genannt, die von der Regierung anerkannt wurde, und einen Herrn Falconbridge mit Hülfsmitteln aussandte, dem es gelang, die zerstreuten Ansiedler in eine neue

Niederlassung bei der Fura-Bay zu sammeln, die er mit den nöthigen Waffen versah und Granville-Town nannte. — Falconbridge ließ die kleine Colonie von etlichen und sechszig Ansiedlern in guter Verfassung zurück und kehrte heim, wo bald hernach die glänzenden Namen Wilberforce, Thornton, Clarkson und Granville Sharpe an der Spitze der neuen Gesellschaft prangten, während zugleich ein Capital von mehrern Millionen Gulden aufgebracht wurde, um die neue Ansiedlung in kräftigen Stand zu setzen. Dazu war eine Vermehrung der Colonisten unerläßlich.

Es ist bereits bemerkt worden, wie von den Negersoldaten im americanischen Kriege Manche nachher in Nova-Scotia (Neuschottland) ihren Aufenthalt fanden. Von diesen kam Einer, Namens Peters, im Jahre 1791 nach London, um im Namen der Andern, denen das Klima dort nicht zusagte, auch die gegebenen Versprechungen nicht gehalten worden waren, um Uebersiedlung nach Sierra Leone zu bitten. Da die Regierung sich bereit erklärte die Ueberfahrt zu bezahlen, so wurde Lieutenant Clarkson, der Bruder des bekannten Negerfreundes, nach Neuschottland abgesendet, der aber dort zu seinem Erstaunen die Zahl der Ueberfahrtslustigen weit über aller Erwartung fand. Um bei solcher Zahl die Colonie nicht nothleiden zu lassen, wurden erst von England über hundert Europäer nach der Ansiedlung gesendet (1792), worauf dann erst über 1100 freie Neger auf 16 Schiffen aus Nord-America eintrafen. Inzwischen war es gelungen, die Negerfürsten umher mit dem Ansiedlungsplane zu versöhnen, und die neue Stadt, jetzt Freetown genannt, blühte rasch empor. Zwar minderten Seuchen die Colonistenzahl und rafften besonders viele Europäer weg; aber dies konnte das Anwachsen der Stadt nicht aufhalten.

Alles ging vortrefflich, als im September 1794 ein französisches Schiffsgeschwader erschien und die Stadt auf barbarische Weise plünderte und zerstörte, was der Gesellschaft einen Schaden von 600,000 Gulden verursachte. — Vernichtet schien jetzt auf einmal der durch mühselige Arbeit (indem man Stunden weit die Wälder ausgehauen hatte, um das Klima zu verbessern) erworbene Wohlstand, vernichtet alle Bedeutung der Colonie, an welche bereits fern wohnende africanische Häuptlinge Gesandtschaften um freundlichen Verkehr geschickt und ihre Kinder zur Erziehung hergesendet hatten. Die Franzosen verfuhren dabei mit der ganzen brutalen Rohheit, die damals dieses Volk unter seinen verabscheuungswerthen Führern während der Revolution auszeichnete. Die Pflanzer flohen alle aufs Land oder in die Wälder. Als sie zurückkehrten, fanden sie alle Bücher zerrissen, besonders die Bibeln mit dem ärgsten Hohn zertreten, die Druckerpressen zerschlagen, wissenschaftliche Sammlungen vernichtet, die physicalischen Apparate zertrümmert, alle Arzneiwaaren unbrauchbar gemacht, die Kirche geplündert und ihre Kanzel, Uhr und Bücher zerstört. Nachher brannte noch die Stadt, von den Barbaren angezündet, nieder. Auch die Schiffe der Compagnie waren weggenommen, und alles Eigenthum derselben, sowie der Privatleute, sogar die mitgebrachten Briefe, geraubt. Dieses ganze Verfahren haftet um so schmachvoller an der Ehre der französischen Nation, als der National-Convent feierlich versprochen hatte, um des edeln Zweckes willen die Colonie und die Fahrzeuge der Gesellschaft unbelästigt zu lassen, und als die Franzosen dazu in England gebaute, nach englischer Weise aufgetakelte Schiffe mit englischen Flaggen und englisch verkleideten Matrosen gebrauchten, und sogar fortschossen, als der Statthalter längst die Waffenstillstandsflagge aufgezogen hatte. Daß die französischen Sclavenhändler ihre Hand dabei mit im Spiele hatten, ist nur zu gewiß. Auch nach ihrem Absegeln fing die französische Flotte noch etliche Handelsfahrzeuge auf, die der Gesellschaft gehörten, und setzten ihre Mannschaft hülflos und ohne Lebensmittel an der nächsten Küste ab. Manchen davon gelang es, nach Sierra Leone zu kommen, wo sie Hunger, Krankheit und Elend in vollem Zuge, und die Leiden der Kranken durch die muthwillige Vernichtung der Arzeneien gesteigert fanden. Der Haß der Sclavenhändler that das Mögliche, um diese Lage noch zu verschlimmern, während die heidnischen Negerhäuptlinge den Nothleidenden zu Hülfe kamen. Doch hatte der Anfall der Barbaren auch sein Gutes, indem er die vorher die Colonie in Gefahr setzende Unzufriedenheit der neuschottländischen Ankömmlinge zur Ruhe brachte und dem Sclavenhandel, dessen Zerstörung einer der Zwecke der Expedition war, an Einfluß etwas benahm, was der Colonie zu gute kam.

Der Muth der Directoren der Sierra-Leone-Gesellschaft war bewundernswerth. Sie rüsteten neue Schiffe aus, sandten Hülfe und Vorräthe aller Art, ermunterten zu neuem Anfassen der Sache, und nach vier Jahren stand die Stadt schon wieder mit 300 Häusern, mit schönen öffentlichen Gebäuden und Werften, etwas besser gegen Anfälle geschützt, von 1200 Menschen bewohnt, da. Ackerbau, Handwerke und Handel blühten, und der Hafen wimmelte von Schiffen und Negerkähnen. Mit dem steigenden Wohlstand erhob auch die Schlange der Zwietracht wieder ihr Haupt, und die Neuschottländer drohten mit offener Rebellion, so daß die Gesellschaft um größere Gewalt für den Statthalter und seinen Rath bei der brittischen Regierung bitten mußte, was auch (1800) gewährt wurde. Allein fast wäre diese Verordnung, welche die Colonie unabhängig von auswärtiger Gerichtsbarkeit machte, zu spät gekommen. Die Rebellen standen gerüstet da, um die Aufsicht der Gesellschaft mit Gewalt abzuschütteln. Sie waren die Mehrzahl, und der Statthalter wollte es eben wagen sie anzugreifen, als ein großes Transportschiff in den Hafen lief, das 550 Maron-Neger aus Neuschottland, aber auch 45 Soldaten mit einem Offizier an Bord hatte. Die Rebellen wurden flüchtig; ein Angriff auf sie wurde gemacht; sie wurden geschlagen, Mehrere getödtet, Andere gefangen genommen und theils hingerichtet, theils nach Goree transportirt, theils an die Bullomküste verbannt, die aber später auf Besserung wieder kommen durften.

Die neuangelangten Maronen hätte der Statthalter gerne auf den Bananen-Inseln untergebracht; aber die

Sclavenhändler regten die Eingebornen auf, und man mußte sich begnügen sie in Granville-Town sich anbauen zu lassen, was auch mit Erfolg geschah. Die Gesellschaft erhielt von der brittischen Regierung Entschädigungen für einen Theil ihres Kriegsverlustes, und die Mittel zur Erbauung eines Forts zu besserem Schutze für die Zukunft. Das gab Muth, und in der Colonie schien sich auch ein geregelter Gang immer sicherer zu finden, als abermals einer der plötzlichen Stöße sie erschütterte, die so oft ihre Existenz in Frage stellten. Diesmal kam er wieder von den Eingebornen, die aus dem Timmani-Lande herüber, aber geführt von zehn der rebellischen Neuschottländer, am 18. November 1801 bei Tagesanbruch ganz plötzlich die Pallisaden um das Statthalterhaus zu stürmen versuchten. Allein die Besatzung setzte sich zur Wehr und sie wurden zurückgeschlagen. Eine Verstärkung der Garnison von Goree aus und ein Vertrag mit den Schwarzen ließ künftig mehr Sicherheit hoffen; doch sahen sich die Leiter der Gesellschaft genöthigt, die Regierung um kräftigeren Schutz anzugehen. Denn es war nicht zu verkennen, daß die Neger rings umher theils durch den Haß der Sclavenhändler, theils aber durch die Rachsucht der unter sie verbannten Rebellen gegen die Colonie aufgestachelt wurden, und nichts war sicherer als ein neuer Angriff, der auch nicht lange auf sich warten ließ, und mit stärkerer Macht, beinahe 400 Eingebornen, gemacht wurde. Er war zwar fruchtlos, aber er verfehlte seine Wirkung auf die Colonisten nicht, die im Gefühle der beständigen Unsicherheit von einem Aufgeben der ganzen Sache sprachen. Alle diese Umstände führten aber zu einem Ziele, das für den Bestand der Colonie nicht erwünschter seyn konnte. Die Regierung hatte alle Ursache die Aufrechthaltung der Colonie zu wünschen; sie konnte aber dieselbe nicht kräftig genug unterstützen, so lange sie in Privathänden war. Die Directoren der Gesellschaft sahen dies je länger je klarer, schlugen ihren Committenten vor, die Colonie an die brittische Krone abzutreten, fanden williges Gehör, und im Jahre 1808 wurde Sierra Leone eine Colonie der brittischen Krone. Es waren für eine Privatunternehmung der Hindernisse zu viele gewesen, wenn man an den Haß der noch so zahlreichen Sclavenhändler, die Aufgeregtheit der Neger umher, die bei dem Sclavenhandel mit betheiligt waren, den Krieg mit Frankreich, den Charakter eines großen Theils der Ansiedler, die nothwendige Schwäche einer Privatregierung, und den Mangel an militärischer Kraft bedenkt. ..

So schwer auch die Geldverluste waren, mit welchen die Directoren ihre Geschäftsleitung niederlegten, sie konnten sich doch das Zeugniß geben, unter den schwierigsten Umständen treu und fest bei ihrem Plane beharrt, die Ansiedlung zu Stande gebracht und erhalten, und dem Sclavenhandel, der eben aufgehoben war, einen gewaltigen Stoß versetzt zu haben. Sie hatten dem Werke christlicher und allgemeiner Bildung in Africa einen Boden bereitet und mit Erfolg begonnen, hatten ein Verlangen nach derselben in Schaaren von Wilden geweckt, den thatsächlichen Beweis von der Möglichkeit eines einträglichen Ackerbaues auf africanischem Boden, die Befähigung der Neger zu einem gesitteten und geordneten Gewerbs- Handels- und Staatsleben geliefert, den durch den Sclavenhandel befleckten Namen Englands durch ein neues Verfahren unter den Wilden zu Ehren gebracht, kurz „in einem centralen Theile Africas eine „Colonie aufgestellt, die jetzt fähig war sich zu erhalten und „zu vertheidigen, die durch Gottes Segen ein Handels-Emporium, eine Gewerbeschule, eine Quelle von Kenntniß, „Gesittung und religiöser Veredlung für die Bewohner dieses Erdtheils werden und später an Großbritannien die „auf sie verwendeten Wohlthaten durch Eröffnung eines immer weitern Handelsmarktes für seine Manufacturwaaren „zurückzahlen dürfte.“

Ein weiterer Trost für die edlen Männer bei ihrem Rücktritt war die gleichzeitige Gründung des „africanischen Instituts“, eines Zusammentrittes vieler frommer, ernster und edeldenkender Leute zu einem Verein, der die Veredlung und Gesittung Africas zum ausgesprochenen Zweck hatte. Diese Gesellschaft trat mit Abschaffung des Sclavenhandels und mit Abschließung eines festeren Friedens mit den Negerhäuptlingen (1807) in demselben Augenblicke ans Werk, da auch die Colonie von Außen und Innen sich befestigte, und die Errichtung des Forts das allgemeine Sicherheitsgefühl ihrer Bewohner erhöhte. Der Ackerbau blühte sichtlich auf; die Ansiedler bauten sich schönere Wohnungen, was ihren Wohlstand verkündete; die Ungesundheit des Klimas und ihre Wirkung nahmen ab; die Neger schickten zahlreicher ihre Kinder zur Erziehung in die Colonie. Die Zahl ihrer Einwohner belief sich damals auf 1871. Die Männer, welche seit 1792 als Statthalter nicht den leichtesten Theil der Last getragen hatten, waren James Clarkson, William Dawes, Z. Macaulay, T. Ludlam, Capitän Day und T. B. Thompson.

Das africanische Institut wurde von der brittischen Regierung, die in solchen Dingen von jeher den gesundesten Tact unter den europäischen Regierungen gezeigt hat, indem sie nicht in kleinlicher, kanzleistubenmäßiger Beschränktheit nichts für recht gethan hielt, was sie nicht selber gethan hatte, sondern wo tüchtige Kräfte redlicher Männer sich darboten, derselben sich bediente und ihnen offene Bahn zum Wirken gab, mit der Leitung der Angelegenheiten Sierra Leones betraut, und führte dieselbe zwanzig Jahre lang mit schönem Erfolge.

Das Ziel, welches die africanische Anstalt in diesen zwanzig Jahren stetig verfolgte, war: die Künste, Gewerbe, Bedürfnisse und Genüsse des civilisirten Lebens zugleich mit der sittlichen und religiösen Bildung desselben durch die Colonie, als den Canal dazu, in Africa selbst einströmen zu lassen. Sie richtete daher ihr Augenmerk auf die Erhebung der Landessprachen zu Schriftsprachen, ihre grammatische Bearbeitung, ihre geistige Veredlung, die Schaffung einer nützlichen Literatur in denselben und die Errichtung von Schulen für jegliche Volksbildung; ferner auf die Erhöhung des Landertrages durch Anbau von Kaffee, Reis und Indigo, wie durch Seidenzucht. Ihr letztes Ziel war aber, oder vielmehr ihr vorletztes, um das eben geschilderte letzte zu erreichen, die Vernichtung des Sclavenhandels, der nach seiner gesetzlichen Abschaffung frech und ungescheut sein Haupt erhob und unter fremder, besonders americanischer Flagge geführt wurde. Diese erreichte sie aber nicht, sondern nach zwanzigjährigem unablässigem Kampfe gelangte sie zu der Ueberzeugung, daß nur durch die Aufhebung der Sclaverei selbst diesem Ungethüm der Kopf abgeschlagen werde. Sie überließ daher am Ende das Feld der im Jahr 1823 errichteten „Gesellschaft gegen die Sclaverei" (Antislavery Society), die im Jahre 1833 den Triumph erlebte, wenigstens auf den brittischen Colonieen alle Sclaven freigesprochen zu sehen.

Zunächst wurde (1808) die Verordnung gegeben, daß in manchen Colonieen Gerichtshöfe der Vice-Admiralität errichtet werden zur Aburtheilung der von den brittischen Wachtschiffen eingebrachten mit Sclaven beladenen Fahrzeugen. Auch Sierra Leone wurde als ein solcher Ort bezeichnet. Zugleich wurde verordnet, daß die Sclavenschiffe, weil eigens zu diesem Zwecke gebaut, immer zerschlagen, und das Holz, Eisen u. s. w. nebst den Geräthschaften verkauft, Führer und Mannschaft bestraft und die Sclaven von dem Statthalter der Colonie als freie Leute versorgt werden. Schaaren von Negern aller west- und inner-africanischen Stämme und Sprachen wurden so in Sierra Leone gesammelt und zuallererst gekleidet, genährt, in die bestehenden Dörfer vertheilt oder zu Gründung neuer Dorfschaften veranlaßt. Das erste Sclavenschiff wurde am 10. November 1808 aufgebracht. Es folgten gleich mehrere andere nach und wurden ohne Appellation verurtheilt. Wie erstaunten die Sclaven, als man sie ans Ufer brachte und diejenigen welche zu Soldaten taugten in die Kaserne, die andern als Lehrlinge zu den Colonisten brachte, während noch andern Unterricht im Ackerbau gegeben wurde. Den Häuptlingen umher gingen jetzt die Augen auf. Nie hatten sie einen andern Gedanken gehabt, als daß kein Weißer an ihre Küsten komme, der nicht zuletzt ihn selbst mit den Seinigen gern zu Sclaven machen möchte. Jetzt waren sie überzeugt, daß es Engländer gab, die den Sclavenhandel nicht trieben, ihn vielmehr verabscheuten und den Handelsmann oder Arbeiter, der sich in ihre Gewalt begäbe, nicht wegfingen, sondern schützten. Wie tiefgewurzelt der Argwohn war, zeigt folgende Anekdote: Admiral Mathew Buckle befehligte ein kleines Geschwader an der africanischen Küste und hatte einen breiten Wimpel an Bord des 50 Kanonenschiffes Assistance. Eines Tages, da er vor Anker lag, kam ein Neger mit seinem Kanoe, das mit Früchten und all seinen Habseligkeiten beladen war. Der Commodore war auf dem Quarterdeck, und der Neger redete ihn an: „Was Schiff das?“ Er antwortete im Negerenglischen: „König-Georg-Schiff! „Kriegsschiff!“ Der Neger antwortete zweifelnd: „Nein, „ihr Bristolschiff (Sclavenschiff).“ Der Commodore wiederholte seine vorige Versicherung; aber der Neger, in plötzlich steigender Angst, rief: „Dam your heart (verdammt euer „Herz), ihr doch Bristolschiff!“ sprang ins Wasser und überließ sein Kanoe seinem Schicksale. Natürlich ließ der Commodore das Kanoe ans Ufer bringen.

Durch diesen Menschenzufluß mußte natürlich die Bevölkerung der Colonie schnell wachsen. Im Jahr 1811 hatte sie schon 4000, und 1815 bereits 10,000 Einwohner; im Jahr 1820 waren es 12,521, und 1833 gar 29,764. Aber nicht blos die Zahl wuchs, sondern auch die Ordnung und die sittliche Festigung des Lebens. Die befreiten Neger wurden der weit größern Menge nach Bauern und befanden sich dabei wohl, während die Ansiedler sich mehr auf Handwerke und Handel legten. Allmählig verschmolzen auch durch Heirathen die verschiedenen schwarzen Abtheilungen der Ansiedler, wie denn überhaupt nach und nach ein geregeltes Eheleben unter ihnen und dann auch unter den Befreiten zur Sitte wurde. Die Colonisten erschritten rasch eine höhere Stufe der Bildung. Sie trugen und benahmen sich als gesittete Leute, waren wohl unterrichtet, schickten zum Theil ihre Kinder nach England, um ihnen eine höhere Bildung zu geben; sie verwalteten Aemter als Alderman, Schulze, Vorsteher 2c., traten als Geschworne auf. Die Befreiten würden viel rascher vorgerückt seyn, wäre es nicht jedem Statthalter überlassen geblieben sie nach seiner Weise zu behandeln, so daß der Eine mehr auf Schulunterricht, der Andere mehr auf Erlernen von Handwerken, der Dritte vorzüglich auf Errichtung neuer Dörfer und Landbau drang, und diese Verfahrungsweisen mit einander wechselten. Im Allgemeinen hatten sie das Zeugniß des Fleißes und bescheidenen Wesens; sie ernährten sich selbst, waren, so lange man sie nicht zu Besserem anwies, mit Wenigem zufrieden. „Sobald sie jedoch etwas länger da sind, verlassen sie die „Lehmhäuschen am Ende der Dörfer und bauen sich or„dentliche Wohnungen, treiben ein gutes Geschäft und wer„den geachtete Leute. Noch Andere bringen es höher, indem „sie in hölzernen Häusern mit steinernem Unterbau wohnen, „die europäisches Geräthe enthalten, und Läden eröffnen, „gute Geschäfte machen und oft sehr wohlhabend werden. „Ja es gibt solche befreite Africaner, die es bis zu einem „steinernen zweistöckigen Wohnhaus mit Piazza, wie schönem „Garten, mit Mahagony-Meubeln, Sophas, Teppichen auf „den Fußböden und all den Artikeln des eleganten Lebens „gebracht haben, die man wahrlich nicht im Hause des frü„her in Sclavenketten gelegenen Schwarzen suchen würde. „Das sind meist Kaufleute, von denen man Manche reich „nennen kann." Auch ein schönes Miliz-Regiment gibt es in Sierra Leone, das ganz aus dieser Classe der Einwohner besteht.

Um diesen Fortschritt zu würdigen, stehe hier die Scene ihrer Ankunft in Sierra Leone mit den Worten eines Augenzeugen:

„Die Gefangenen werden gezählt, nach Zahl, Geschlecht „und Alter für den Gerichtshof aufgeschrieben. Das war „ein widerwärtiges Geschäft. Da der Unterraum des „Schiffes zur Trennung der Männer und Weiber zertheilt „war, so ließ man zuerst die Männer herauf, zählte sie und „trieb sie dann so gedrängt als möglich weg, um auch die „Weiber durch das Loch aus ihrem engen, heißen, finstern „Gefängniß heraufzuziehen. Ein schwarzer Bootsmann faßte

„sie, Eine nach der Andern, und zog sie vor uns hin, wo „er sie einen Augenblick festhielt, bis der Beamte rasch ent„schieden hatte, ob sie über oder unter vierzehn Jahren sey. „Dann schleuderte sie der Bootsmann schnell in den ekel„haften Kerker zurück, wo ein Anderer mit Peitsche oder Stock „sie zwang, die beengte Stellung anzunehmen, welche das „Zusammendrängen der Menge forderte. Die armen Wei„ber und Mädchen unterwarfen sich im Ganzen dieser Be„handlung mit stiller Ergebung, wenn sie nicht krank waren „und den Gebrauch ihrer Glieder hatten. Denn ein Monat „der Einsperrung im Schiffe hatte sie damit vertraut gemacht. „Nur Wenige litten stärker. Von diesen hörte man schwache „Jammertöne heraufschrillen, wenn sie in den engen Winkel „im Bauche des Schiffs gedrängt wurden. Ich stieg hinun„ter, um die Lage der Unglücklichen zu sehen. Die Höhe „zwischen Boden und Decke war nur 2 Fuß und 2 Zoll. „Die Höllenqual dieser Lage kann man sich denken. Keiner „kann Kopf oder Hals heben, Keiner seine Stellung im „Mindesten verändern; krumm gebogen liegen sie da, und „Manche werden so steif, daß sie ihr Lebenlang nicht mehr „aus dieser Krumme kommen. In den Straßen von Free„town sah ich sie in allen Biegungen. Viele lernen nie „mehr aufrecht stehen."

Der Hülfsarzt von Sierra Leone, R. Clark, sagt: „Viele, wenn sie aus dem Sclavenschiff ins Hospital kom„men, sind so abgemagert, daß nur die über die Knochen „gespannte Haut noch da ist. Ihre Gesichtszüge verrathen „das tiefste und schmerzvollste Leiden. Bei Vielen ist jedes „Gefühl in tiefster Schwermuth oder in wilder Raserei un„tergegangen. Diese hohlen, oft funkelnden, oft erstorbenen „Augen, diese Gestalten ohne irgend eine Schwellung, diese „Geschwüre, diese langen magern Finger mit den klauenar„tigen Nägeln, dieser gräßliche Schmutz — es ist ein furcht„barer Anblick."

Es kann nicht anders als in Erstaunen setzen, wenn man die zwei gegebenen Schilderungen mit einander vergleicht; man kann aber auch nicht umhin England zu segnen, das dem fluchwürdigen Negerhandel mit unnachgiebiger Energie in den Weg tritt.

Wir heben aus der Geschichte der Colonie nur noch einzelne Thatsachen hervor, um zu zeigen, daß der Versuch ein seines hohen Preises werther war. Im Anfang des Jahres 1818 lautet ein Bericht: „Heute ist es zehn Jahre, daß die „Colonie von der Sierra-Leone-Gesellschaft an die Regierung „überging. Im Jahr 1807 wurden 57 Menschen in der „Colonie geboren, 36 starben, 14 wurden verheirathet; „jetzt gibt es in einer Woche mehr Trauungen als damals „in einem Jahre.“ Der Statthalter berichtet: „In unsern „Schulen finden sich jetzt Alt und Jung, beider Geschlechter, „wohl 2000 Schüler. Der Handel ist in diesem Jahre „um 39,000 Pfund Sterling in der Einfuhr gewachsen; „die Ausfuhr wuchs gleichfalls rasch. Es wurden bis „1819 nicht weniger als 73 Sclavenschiffe dorthin gebracht „und 11,280 armen Negern die Freiheit wiedergegeben. „Negerdörfer entstanden, so Leicester (1809), Regents-„town (1812), Gloucester (1816), Leopold und „Kissey (1817), Charlotte und Bathurst (1818), „Kent, York, Wellington und Waterloo (1819), „meist in den schönen Thälern des Berglandes gelegen „und durch schöne Straßen unter sich und mit Freetown „verbunden.“

Im Jahr 1821 besuchte Major Gray die Halbinsel und gab der Colonie folgendes Zeugniß: „Seine Excellenz, „der Statthalter Sir Charles Macarthy, eben von „England angekommen, war im Begriff die Dörfer der „befreiten Africaner mit seinen Beamten und Officieren zu „besuchen. Ich ging mit und sah die wundervollen Fort-„schritte seit meinem ersten Besuche. Vor vier Jahren hatte „man keine Ahnung davon, daß an dieser oder jener Stelle „jetzt ein Dorf stehen würde, so hübsch, so rein, so regel-„mäßig als das säuberlichste in England, mit Kirche, „Schule und bequemer Missionswohnung. Wie war ich „oft erstaunt, wenn wir einen Berg herabkamen, wo ich „vor vier Jahren undurchdringlichen Wald fand, ein wohl-

„gebautes Dörflein zu sehen. Und wie sehr stieg meine „Freude, wenn wir erst im Dorfe waren und nun die „reinlichen Hütten erblickten, das anständige saubere Wesen „der Neger, besonders der Kinder, die sich immer versam„melten, um ihren Daddy (Vater), wie sie den Statthalter „nannten, mit Freuden zu empfangen, der dann seinerseits „sein Wohlgefallen über die Fortschritte seit seinem letzten „Besuche aussprach. Weite Strecken Landes um die Dörfer „waren urbar gemacht und lieferten Früchte genug für die „Bewohner und für den Markt der Hauptstadt. Er be„suchte überall die Schule, um sich von den gemachten „Fortschritten zu überzeugen, und insbesondere in der höhern „Schule zu Regentstown, wo in der That die Leistungen „in Arithmetik, Geographie und Geschichte eine viel höhere „Fähigkeit beurkundeten, als man gewöhnlich den Negern „zuschreibt. Gewiß können sie wahrhaft nützliche und ge„bildete Glieder der Menschheit werden. Die Fortschritte „der Colonie in vier Jahren, die ich mit Augen gesehen, „geben mir die Ueberzeugung, daß sie bald mit den west„indischen Inseln wird wetteifern können."

Trotz der häufigen Wegnahme von Sclavenschiffen ging der Sclavenhandel fort; ja eben der Umstand, daß es immer wieder welche wegzunehmen gab, bewies dies unwidersprechlich. Man hörte von grauenhaften Thaten in Africa und auf dem Meere; ja man mußte ein Zunehmen des gottlosen Handels unter französischer, spanischer, portugiesischer, niederländischer Flagge wahrnehmen. Die Verträge waren der Art, daß im Jahr 1822 von sechszehn Sclavenschiffen nur eins weggenommen werden durfte. Dutzende von solchen ohne Ladung mußte man hinausgehen lassen, obwohl ihre Bauart und der Ort ihrer Landung keinen Zweifel übrig ließen.

Inzwischen ging die Colonie sichern Schrittes voran. Der Verkehr derselben erstreckte sich allmählich tiefer ins Innere, fast bis an den Nigerstrom. Aus Futa Dhiallan kamen Karawanen mit Gold und Elfenbein, um brittische Waaren einzutauschen, und mancher Handelsmann in Freetown nahm an einem Tage 500—1000 Pfund Sterling (6—12,000 Gulden) in Goldstaub ein. Der Statthalter spricht (1822) seine volle Zufriedenheit über die sittlichen, geselligen und nationalöconomischen Fortschritte der Colonie aus, während ein Artikel der Freetown-Zeitung eine Vergleichung der Colonie wie sie vor einigen Jahren war mit ihrem jetzigen Zustand anstellt und die schönen Wohnhäuser, die herrlichen Pflanzungen, das Verschwinden der Wälder, die rege Thätigkeit des Handels, die Bildung der Bewohner vor Augen stellt. Als der Oberrichter die zum Theil schwarzen Geschwornen im Jahr 1822 anredete, konnte er ihnen sagen, er habe nichts für sie zu thun, und bemerken, als die Bevölkerung der Colonie noch 4000 Seelen gewesen sey, da habe er jährlich 40 Verbrecher auf der Liste gehabt, jetzt bei 16,000 Seelen nur 6 Fälle und darunter nicht Einen aus den Dörfern, wo Schule und Kirche bestehen. Wohl machte die ungesunde Jahreszeit, besonders wenn eine Seuche dazu kam, oft furchtbare Risse in die Reihe der Beamten, der Missionare, Aerzte, Kaufleute, aber die Blüthe der Niederlassung stieg dennoch, und selbst ein so furchtbarer Schlag, wie die Ermordung des von den Ashantes in der Schlacht verwundeten und gefangenen edlen Statthalters Macarthy, der sofort getödtet wurde, konnte dieselbe nicht aufhalten. Mit diesem trefflichen Manne, ihrem General, waren von den 11 ihn umgebenden Officieren noch sieben im Kampfe mit der Uebermacht der Barbaren gefallen (1824). Sein Nachfolger, General Turner, trat ganz in seine Fußstapfen, aber seine Gesundheit erlag den Anstrengungen, die er für das Wohl der anvertrauten Ansiedlung machte; er starb 1826. Vier Statthalter sanken nach einander in den nächsten sieben Jahren ins Grab, und einer mußte nach England heimkehren.

Diese Todesfälle, die vielen Krankheiten, die großen Ausgaben ließen in den Augen Vieler das Aufgeben der ganzen Colonie als rathsam erscheinen. Es kam glücklicherweise nicht dazu, sondern nur zur Vereinfachung der Ausgaben und Zurückrufung der europäischen Truppen. Nur die Officiere sollten hinfort aus England kommen. Im Jahr 1835 zählte die Colonie 35,000 Seelen, wovon nur 200 Europäer waren, sämmtlich Beamte, Militairs, Prediger, Lehrer, mit Ausnahme etlicher Kaufleute. Im Jahre 1838 war die Bevölkerung auf 40,000 und 1846 auf 50,000 angestiegen. Freetown war eine Stadt von 15,000 Einwohnern geworden.

Was für Leute es waren, aus denen diese gesittete Bevölkerung entstand, hat der Verlauf unserer Erzählung schon gezeigt. Werfen wir noch einen Blick darauf zurück, um die Umgestaltung desto höher zu schätzen. Von den Neuschottländern brauchen wir nichts mehr zu sagen. Sie waren in ihren Erwartungen getäuscht; man hatte ihnen nicht Wort gehalten, weil ihrer dreimal so viele waren, als die Gesellschaft voraus angenommen hatte. Sie wurden mißtrauisch, unzufrieden, rebellisch und brachten die Colonie an den Rand des Untergangs.

Die Maronen waren die einzigen damals freien Neger in Jamaica, früher entlaufene Sclaven, wilde Jäger wilder Thiere in den Bergwäldern der Insel, Späher nach später entlaufenen Sclaven voll Arglist, sehr oft auch Raubgesindel das die Straßen beunruhigte. Man bekriegte sie, weil sie zu lästig und zahlreich wurden und nahm ihrer Viele gefangen, die nach Sierra Leone geschafft wurden. Durch sie hielt man die alten Colonisten im Zaume; aber dadurch war auch der Haß zwischen beiden für viele Jahre gepflanzt. Die befreiten Africaner sind die Hauptmasse. Ihren Zustand bei der Ankunft haben wir schon geschildert. Geben wir noch eine Schilderung vom Jahre 1845 aus der Feder des Missionars Frey:

„Auf dem Wege von Kissey nach Freetown war ich „Augenzeuge eines Elends, das ich nie vergessen werde. „Etwa 400 befreite Africaner beider Geschlechter, Alt und Jung, „gingen dem Kissey-Hospital zu. Gerade kamen sie vom „Sclavenschiff und ihr Zustand war herzzerreißend. Einige „konnten nicht gehen, mußten getragen werden; Andere „humpelten an Stöcken mühselig fort, Skeletten ähnlicher

„als Menschen, sie waren dem Hungertode nahe. Es sind „seitdem 100 davon gestorben."

Das waren die Elemente, welche in eine christliche gebildete Gesellschaft verarbeitet werden sollten und wurden. Wir haben schon oben die Stufenfolge geschildert, auf welcher sie, diese kaum noch menschlichen Wesen, wie durch eine Todtenauferstehung zum Range ächter Menschen emporstiegen. Dr. Ferguson, der Arzt der Colonie, der öfters die Geschäfte des Statthalters versehen hat, sagt: „Im „Ganzen kann ich von den beherzten Africanern sagen, „daß sie die ruhigsten, harmlosesten, zufriedensten, gut„müthigsten und freundlichsten Leute sind, die ich je gesehen. „Ueber ihre Herzensfrömmigkeit maße ich mir kein Urtheil „an, aber in äußerlicher Sonntagsheiligung sind sie muster„haft und ihre Leidenschaft für Tanz, Gesang und andere „lärmende Belustigungen schweigt; Alle findet man beim „Gottesdienst in den vielen protestantischen Kirchen und „Capellen der Colonie."

Hören wir noch das Zeugniß einer gebildeten Dame, der Lady Norton: „Auch bei der menschenfreundlichsten „Stimmung gegen die Neger, die man mit nach Sierra „Leone bringen mag, wird man beim Verschwinden des „ersten Reizes der Neuheit fast in Verzweiflung gerathen „durch die Trägheit, Dummheit und den Mangel an An„schicklichkeit in den Personen, von denen man als Dienst„boten ganz abhängig ist. Du magst lehren, überreden, „Vorstellungen machen, Vorlesungen halten, Eines nach „dem Andern, sie hören dir mit der gutmüthigsten Stumpf„heit zu, aber weder deine Redekunst noch dein Beispiel „ändert das Geringste und du wirst bald an jeder guten „Eigenschaft des Negers zweifeln und sie Alle kurzweg „in Bausch und Bogen verwerfen.

„Da kein Wunder lange währt, so wird man all„mählig eben weniger empfindlich, fühlt kleine Unbequem„lichkeiten minder, sieht sich nach den Ursachen dieser Halb„barbarei in einer fünfzigjährigen brittischen Colonie um, „und wenn man die gehörig erwogen hat, so schließt man

„mit einer dem ersten Urtheil ganz entgegengesetzten Mei„nung ab, indem man vielmehr von den Schwierigkeiten, „mit denen die Colonisten zu kämpfen hatten, als von „ihren Vortheilen ausgeht. Vierhundert Jahre lebten sie „unter dem tiefsten Druck, und ein billiges Urtheil darf sie „nicht neben unsere niedere Volksclasse im freien England „stellen wollen. Hiehergebracht in äußerster Unwissenheit „und Rohheit, wo Sprache, Sitten, Gesetze, Alles gänz„lich neu für sie ist, wo der Europäer viel zu wenige sind, „um sie mit einem Musterleben höherer Bildung zu umgeben, „wo außer dem geduldigen, frommen und unermüdlichen „Missionar Niemand diese unwissenden Heiden führt, lehrt „und anleitet, muß man nur erstaunen, daß die Mehrzahl „so weit vorangeschritten ist, besonders wenn man bedenkt, „daß immer neue Schiffsladungen von Negern im elendesten „Zustand ankommen und die alten Vorurtheile und Rohheiten „wieder anfrischen. Nichts geht über die Mühe und Sorge „der Missionare, in deren Reihen der Tod so furchtbar hauste „und deren Zahl, auch wenn sie voll bliebe, weit nicht „hinreichte um Allen die gründliche Bildung zu geben, die „nöthig wäre, ehe wir die Früchte an Geist, Herz und Ge„müth erwarten dürften, die unsre heilige Religion hervor„zubringen geeignet ist. Und doch ist ihre Arbeit belohnt „und man darf glauben, daß die dichten Versammlungen in „den Kirchen der Mehrzahl nach nicht blos aus Namen„christen bestehen. Noch viele, viele der befreiten Africaner „sind Wilde im vollen Sinne des Worts, während andere, „die entweder nie eine Schule besucht oder sie verlassen haben „ehe sie etwas lernen konnten, um als Lehrlinge bei den „rohesten und unwissendsten ihrer Landsleute, die kaum etwas „von dem Schliff der Civilisation äußerlich angenommen „haben, sonst aber Barbaren sind wie die Sclaven ihrer „Heimath, von früher Kindheit an als Lehrlinge untergebracht „zu werden. Aber lesen wir von dem grauenhaften Aber„glauben, den furchtbaren Gebräuchen, der elenden Ver„sunkenheit der Stämme im Innern und betrachten dann die „stillen, nüchternen, friedlichen Leute von denselben Stämmen

„die wir auf dem Markte oder auf ihren Fischernachen „oder an der Arbeit auf ihrem kleinen Felde sehen, die uns „bei Tische bedienen oder als Handwerker und Geschäftsleute „arbeiten, so müssen wir doch zugeben, daß es dem Neger „nicht an Geistesgaben, sondern nur an einem weitern Felde „fehlt, wo ihn Beispiel und Ermuthigung den ihm von Gott „gegebenen Verstand entwickeln lehren würde.“

Hören wir auch noch Zeugnisse von den Wirkungen der Colonie nach Außen. Herr Kenneth Macaulay, der durch eine Schrift nicht wenig dazu beitrug, der brittischen Regierung jeden Gedanken an Aufgeben der Colonie zu benehmen, sagt: „Jaradi, ein barbarischer Häuptling „an der Spitze eines bedeutenden Heeres, schenkte seinem „Feinde Sanassi das Leben auf den Wunsch des Statt„halters von Sierra Leone, mit dem er sonst in keiner Be„ziehung stand. Der mächtige Fula-König steht mit der „Colonie in enger Verbindung und hat den Weg zwischen „ihr und dem Innern geöffnet. Der König von Bambarra „hat Gesandte an den Statthalter geschickt. Häuptlinge „von Kenghary, Bonri und Balia sind selbst nach Sierra „Leone gekommen, um Handelsverbindungen anzuknüpfen. „Die Sumbra-Susu übergaben die Los-Inseln an die Colonie, „während die Americaner mit ihnen eifrig darum unterhan„delten. Als eben Sir Charles Macarthy's Niederlage „und Tod bekannt geworden waren, riefen die feindlichen „Scarcias-Stämme die Entscheidung der Colonie an, und „die Nord-Bullom traten das Gebiet ab, wo die Tökbäume „wachsen. Die Scherbro-Bullom baten in der Noth die „Colonie um Hülfe, und ihre Gegner, die Kusso, sandten „um Frieden. Die Bewohner von Port Lokko stellten sich, „als vor zwei Jahren ihr Häuptling starb, freiwillig unter „die Colonialregierung und nach General Turners Tode „unterwarfen die Susu und Mandingo ihre langen blutigen „Streitigkeiten der Entscheidung derselben, wobei der König „sogar sich bereit erklärte, auf Verlangen seinen Turban (Krone) „abzulegen; sie stellten sogar ihre Ufergebiete zur Verhinde„rung der Sclavenausfuhr unter brittische Gerichtsbarkeit.

„Der König von Barra, nachdem er dem französischen Statt-
„halter des Senegal die Pacht von etwas Gartenland rund
„abgeschlagen, überließ freiwillig den Engländern in der
„Colonie die Gerichtsbarkeit über den Gambia-Fluß und
„eine halbe Stunde landeinwärts auf seiner Nordseite, und
„half selbst das englische Fort bauen, das die Mündung
„des Flusses beschützt.“

Das Klima allerdings hat Sierra Leone einen bösen Namen gemacht; man nennt es „das Grab der Weißen“, und doch ist es noch das beste in West-Africa. Glauben wir ja nicht, daß man dort in beständiger Todesfurcht schwebe, wie man etwa in der Heimath es sich vormalt. Ein Reisender, Namens Rankin sagt (1834):

„Man braucht hier nur kurz mit den Europäern um-
„zugehen, um diese trübe Aussicht zu verlieren. Sieht man
„ihnen ins Gesicht, so merkt man nichts von Todesfurcht.
„Tüchtige Reiter, rüstige Kaufleute, lustige Beamte begegnen
„Einem überall in einer Heiterkeit, die wahrlich nicht den
„steten Gedanken an den Schreckenskönig verräth. Die Kirche,
„stellt man sich vor, müsse da mit Leuten gefüllt seyn, die
„stündlich ihr Ende erwarten. Man besucht sie und sie ist
„fast leer. Da sitzen ein paar schwarze Soldaten, etliche
„schwarze Knechte und ein stattlicher Aufzug von Sonntags-
„schulkindern, aber kaum einer von den unglücklichen Weißen,
„die sich auf ihre unvermeidliche Bestattung vorbereiten. Wo
„sind sie? Sie genießen die Ruhestunden nach den Sorgen
„der Woche; sie reiten auf den Rennplatz oder schaukeln sich
„auf der Strommündung nach der Piraten- oder Lokko-Bucht,
„oder sie plaudern daheim. Man wirft sein Auge auf die
„Kirchenwände um die Tafeln zu mustern, die hier das
„Andenken der zahllosen Opfer des Klima verewigen sollen.
„Er findet aber blos zwei Marmortafeln, je eine auf jeder
„Seite der Kirche, und beide gelten erst noch einer und der-
„selben Person, und auch die war kein Weißer, der
„dem Klima zum Märtyrer wurde, sondern ein junger,
„schwarzer Mann, der in einem Treffen am Gambia fiel.

„Nun wird der Reisende gastlich in eine Tischgesellschaft „geladen. Man spricht von Allem, nur nicht von dem, „was er erwartet, von der allgemein drohenden Gefahr. „Man bestürmt ihn mit Ausflug-Plänen. Er muß den „Gambia sehen, zu den Bananas hinabfahren, eine Tour „um die Halbinsel machen, und wenn er etwas wagen kann, „muß er über den Strom hinüber und die unsichere Gast„freundschaft des schwarzen Despoten Dalla Mohammedu „versuchen. Niemand deutet auf einen baldigen Besuch des „Leichenbestatters hin. Er erschrickt etwa über die zahl„reichen Spuren eines heißen Klimas auf seiner Stirne; „der Arzt versichert ihn, daß es recht gute, gesunde Zeichen „sind. Nur die, welche sich in süßen Monopolträumen wiegen „und Bewerber in Amt und Handel nicht gern sehen, reden „ein düsteres Wort."

Macaulay zählt nicht weniger als 31 Personen her, die von 8—25 ja bis zu 37 Jahren in Sierra Leone gewohnt haben. Einige davon starben endlich auch dort, die Andern leben noch oder sind anderswo gestorben. Er fügt bei: „Von den in Calcutta begrabenen Europäern „starben die meisten unter 25 Jahren und zwar im Anfange „ihres Aufenthalts. In Jamaica soll die europäische Be„völkerung in sieben Jahren, in Neu-Orleans in der Hälfte „dieser Zeit wechseln; zwei Drittheile der Europäer in der „Havanna sterben in den ersten sechs Monaten nach ihrer „Ankunft; in den niederländisch-indischen Colonien ist's noch „schlimmer; und als Ansiedler von Portugal nach Mozam„bique verurtheilt zu werden, galt immer für ein Todes„urtheil."

Andererseits ist es freilich unläugbar, daß besonders von den Missionaren Viele frühe wegstarben, wobei aber auch an die Unterlassung der vom Klima geforderten Vorsichtsmaßregeln und an die vom Amte selbst veranlaßten Gemüths- und Leibes-Anstrengungen zu denken ist. Schon der Umstand, daß 21 Statthalter in sechszig Jahren da waren, spricht dafür.

Herr Singleton, den die Gesellschaft der Freunde zu sprachlichen Untersuchungen nach Sierra Leone schickte, sagt unter Anderem (1821): „Nicht ein Viertheil der hier „gestorbenen Europäer hat eigentlich seinen Tod dem Klima „zuzuschreiben. Wenn die Leute im Ernst an das schlimme „Klima glaubten, über das sie reden, würden sie dann „nicht sich zu schützen suchen, statt daß sie meist das Gegen„theil thun? Die rechte Lebensart hier ist: man steht früh „um 6 Uhr auf, ißt eine Suppe, arbeitet bis 8 Uhr, um „dann zu frühstücken, bleibt über die Hitze des Tages mit „seinem Geschäft im Schatten, speist um 4 Uhr und zwar „immer mit Salat, trinkt wenig, steht bald vom Tische auf „um eine Stunde und mehr zu gehen, nimmt dann seinen „Kaffee, ein Glas Wein mit Wasser und geht bald zu Bette. „Mit dieser Lebensart kann ein kräftiger Mann zwanzig, „dreißig Jahre hier leben." — Nehmen wir dagegen die Schilderung des Hospital-Inspectors von der Lebensart der meisten Europäer dort: „Sie frühstücken beim Aufstehen, „setzen sich um 11 Uhr zum zweiten Frühstück von Suppen, „Fleisch und sehr gewürzten Speisen, trinken dabei so viel „Wein wie bei einem Mittagessen, nachher noch Brannt„wein mit Wasser, welchen letztern sie oft bis 6 Uhr Abends „fortschlürfen; nirgends ißt und trinkt man so viel als hier."

Die Höhe des Landes, die Meeresluft, die Lichtung der Wälder, das Abfließen der Wassermassen von der Regenzeit — dieses Alles sichert Sierra Leone ein gesundes Klima.

Seit 1817 unter Statthalter Sir Charles Macarthy ist die Insel in Kirchspiele getheilt, von denen Freetown eins bildet: St. Georgs-Kirchspiel. Die Andern heißen (wir setzen die Namen der Negerdörfer oder Städte daneben): St. Andreas (Gloucester), St. James (Bathurst), St. Peter (Leopold), St. John (Charlotte), St. Charles (Regent), St. Paul (Wilberforce), St. Patrick (Kissey). Diese Dörfer waren gegründet: Leicester 1809, Regent und Wilberforce 1812, Gloucester 1816, Kissey und Leopold 1817, Charlotte und Bathurst 1818, Kent und Los-Inseln 1819,

Bananas und Waterloo 1820; Allen-Town, Calmont und Grassfield 1826, später noch Newland, Denham, Frasertown, Rokelle, Hamilton, Goderich, Aberdeen, Murray u. a. m.

Zweiter Abschnitt.

Erste geistliche Sorge für die Colonie. — Die Missions-Caplane Renner, Nyländer und Butscher. — Der bekehrte Krüppel. — Die Jugend. — Das christliche Institut von Sierra-Leone. — Caplan Garnon. — Bickersteth's Uebersichts-Bericht. — Erste Organisation in Kirchspiele und Besetzungen. — Gesegnete Anfänge in Regent, Kissey, Gloucester, Wilberforce. — Die Anstalt zu Leicester. — Wechsel in den Personen. — Erstes Jahresfest der Missionsgesellschaft. — Fortschritte auf den Stationen. — Freetown. — Bibelgesellschaft. — Conferenzen. — Musterschule. — Ankunft, Rückkehr und Tod der Arbeiter. — Nyländer's Muth. — Besetzungen. — Abermals Wechsel. — Der geistliche Zustand der Hauptstadt — Entmuthigungen durch Seuchen und Todesfälle. — Kirche als Markt. — Untersuchung über die Diät. — Aussendungen. — Regierungs-Commissäre. — District-Eintheilung. — Wegnahme der Schulen. — Verlegung der Anstalt nach Regent und Freetown. — Hänsel in Freetown. — Besetzungen. — Neue Kirche zu Freetown. — Institut zu Fura-Bay. Sinken des Christenthums in der Colonie. — Schwache Besetzung der Stationen — Eintritte, Todesfälle, Rückkehren. — Schwacher Zustand der Colonie. — Fura-Bay. — Charfreitags-Scene in Freetown. — Muhammedaner. — Wechsel. — Todesfälle. — Besserer Zustand in Fura-Bay. — Neue Gründung. — Gemeindeleben in Freetown.

Die Sierra-Leone-Gesellschaft ließ schon ihre ersten Ansiedler nicht nach West-Africa abgehen, ohne ihnen einen Prediger des Evangeliums mitzugeben. Allein er war deren einer, die schon auf der Ueberfahrt erkrankten und starben. Nicht sogleich aber bald fand er einen Nachfolger, und je und je wurde ein Geistlicher der englischen Kirche willig gefunden, sein Leben an das Heil der schwarzen Ansiedler zu setzen. Nicht immer jedoch war dieß der Fall, und so geschah es, daß das stärkste Mittel der Gesittung am wenigsten angewendet werden konnte.

Wie froh waren daher die Bessern in der mit tausend Nöthen kämpfenden Ansiedelung, als im Jahr 1804 die ersten Sendboten der kirchlichen Missionsgesellschaft nach Sierra Leone kamen. Es war gerade lange Zeit kein Geistlicher mehr in der Colonie gewesen und der Statthalter Herr Ludlam drang in sie, zuerst, um sich ans Klima zu gewöhnen, in Freetown zu bleiben und dort die Geschäfte des Caplans zu übernehmen. Es war Missionar Renner, der sich demselben widmete. Er fand tiefe Unwissenheit, aber auch einzelne Seelen, die dem zukünftigen Zorn zu entrinnen trachteten; er durfte ihrer mehrere zur Taufe vorbereiten und taufen; er hatte Kranke zu besuchen, Sonntagsschulen zu leiten und das Evangelium einer kleinen Anzahl andächtiger Zuhörer zu predigen. Nur unterbrach ihn eigene wiederholte Fieberkrankheit sehr in diesem Geschäfte. Als 1805 die weiteren Sendboten Nyländer, Butscher und Prasse ankamen, reisten die frühern mit den beiden letztern nach dem Festlande, um ihrer Missionsunternehmung nachzugehen; Nyländer blieb als Caplan in Freetown, wo er die erste regelmäßige Schule errichtete. Renner hatte in der Colonie 114 Kinder und 9 Erwachsene getauft und Hartwig 4 weitere. Nyländer taufte 26 Kinder, einige erwachsene Maronen und zwei Mandingo. Es waren unter den Erwachsenen wahrhaft bekehrte Seelen. Nyländer hatte 30 Kinder von Maronen, 4 eingeborne und 6 Neuschottländer-Knaben nebst 6 erwachsenen Maronen in Unterricht, was ihn so sehr in Anspruch nahm, daß er nur wenig sonst thun konnte, bis später Schulmeister aus England kamen. So sehr er sich auch nach dem eigentlichen Missionsfelde sehnte, er mußte doch bleiben, weil ohne ein Voranschreiten der Colonie im Christenthume den Missionen der rechte Stützpunct fehlte; weil es thöricht gewesen wäre, an den eingebornen Heiden zu arbeiten, die eben so heidnischen Pflanzer aber ihrem Elende zu überlassen.

Die Schulen wuchsen schnell zu 150 Kindern heran; Bücher wurden gesucht; Gesunde und Kranke und besonders auch Gefangene ergriffen das Wort von der Gnade in

Christo Jesu mit Freuden, und ein sichtliches Werk Gottes war im Gange. Aber endlich mußte der Sehnsucht des Missionars doch Raum gegeben werden und er ging zu den Bullom-Negern, wo wir ihn schon auf seinem Kampfes- und Leidenswege begleitet haben. Als im Jahre 1813 Butscher mit neuen Gehülfen aus England zurückgekehrt war, gab ihm die Committee den Auftrag, an seine Stelle zu treten, wo er zugleich als Mittelpunct der Küstenmission dienen sollte. Er fand den Posten, da die Colonie bereits 10,000 Seelen zählte, wichtig genug, um mit der ganzen Kraft seines frommen Eifers und seiner glaubensvollen Energie darauf einzugehen. Erst am Anfang des Jahres 1814 trat er das Amt an, hatte aber bis dahin schon 200 von den befreiten Negersclaven getauft, über die er schrieb:

„Einige der Erwachsenen, die ich taufte, geben mir „eine sehr erfreuliche Erzählung von dem Werke Gottes an „ihrem Herzen. Neulich taufte ich einen Timne-Neger und „nannte ihn Charles. Ich hatte ihn im Susu-Lande ge„kannt. Vor vielen Jahren hatte er bei einem Sclaven„händler gearbeitet. Bei einem der Gelage des Händlers „erhielt er den Befehl, eine große Kanone abzufeuern, die ihm „ein Bein abschlug. Jetzt war er nicht mehr zum Menschen„fang zu brauchen, er lernte nähen und erwarb sich damit „seinen Unterhalt. Ich fragte ihn, warum er getauft werden „wolle? Er antwortete in seinem gebrochenen Englischen: „Dady (Vater), mich bös Mann. Gott mich etwas zeigen „schon lange, aber mich nicht bekümmern. Da mich Bein „verlieren. Ich sehr krank, denken, ich muß sterben. Ein„mal, ich krank, ich daliegen. Ich immer derselbe, mich „schlafen und mich nicht schlafen, mich sehen groß, groß „sehr schwarz Loch, mich sterben und Leute mich in groß „schwarz Loch tragen. Mich zu viel (sehr) schreien, mich „nicht hin wollen. Gute Leute kommen, mich herausnehmen „ehe ich ganz drunten; da mich wieder zu mir selber kommen. „O! mich denken, Gott hat mir etwas gezeigt, daß mich „sorgen und auf Gott sehen, daß ich nicht in groß schwarz

„Loch gehen, wenn ich sterbe. Aber mich Alles wieder vergessen, als ich gesund wurde, mich nicht um Gott kümmern, „nur um Landesart kümmern. Einmal mich sehen Herrn „Butscher in Bassia. Mich Arbeit wollen, aber Sie sagen, „Sie machen mit den Knaben die Beinkleider selbst, aber „mich vier Stück Tabak schenken. Mich gehen von einem „Ort zum andern und nähen. Mich oft finden Unruhe „im Herzen wegen Gott. Mich viele Grigri tragen, aber „sie nicht machen mein Herz niedersitzen (ruhig). Endlich „Gott mich hieher gebracht. Einmal mich an der Capelle „vorbei; mich hineinwollen, aber mich denken, mein „Kleid zu schlecht. Leute mich nicht wollen, mich wieder „zurückgehen und so mich zweimal thun. Mich Unruhe „im Herzen; mich wieder gehen und dießmal mich hineingehen. Schlaf kommen zu mir, mich nicht wissen, was „es ist, aber mich muß schlafen. O! das mein Herz zu „sehr ängsten, mich anfangen zu beten. Mich wieder gehen, „mich hören von Jesus Christus. O! mein Herz jetzt „niedersitzen, mich alle Grigri wegwerfen, sie nichts nützen, „aber mich jetzt wissen, Gott mich nützen. Ich fühlen in „mein Herz. O gesegnet sey Sein Name!“

Unter den Getauften waren fünfzig Congo-Neger. Was aber jetzt am meisten die Sorge der Mission in Anspruch nahm, das waren die 1000 Kinder der Colonie, für deren tüchtige Erziehung zu sorgen die kirchliche Missionsgesellschaft Allem voranstellte. Sie beschloß zum Zwecke des Unterrichts im Christenthum, in Ackerbau und Handwerk und in noch höherer Bildung, zum Theil mit dem Ausblick auf künftige Ausbreitung des Christenthums durch Eingeborne, die Errichtung eines christlichen Instituts in Sierra Leone, wozu denn auch einige Hülfe an den neuausgesendeten Arbeitern sich finden sollte (1815). Damit sollte der Mission ihr festester Mittelpunkt gegeben und zugleich durch Erbauung einer Kirche in Freetown und Anstellung eines höher besoldeten Caplans, worauf mit dem Statthalter Maxwell die kirchliche Missionsgesellschaft bei der Regierung drang, die Arbeitskraft derselben freier gemacht werden. Zugleich aber war der nachfolgende Statthalter Macarthy beständig der Ansicht, daß Sierra Leone ein viel wichtigeres und dringenderes Arbeitsfeld wäre, als die Susu und Bullom.

Die Regierung ging auf die Wünsche ein, und ein Mann von regem Missionssinne, der Prediger Garnon, kam als Prediger in Freetown an und machte Butscher's Hände frei zur Errichtung der obengenannten Bildungsanstalt. Nicht ganz eine Stunde Wegs von Freetown, in den Leicester-Bergen, hoch und gesund gelegen, baute er drei Häuser mit den nöthigen Nebengebäuden für Knaben, Mädchen und Vorsteher. Er bezog sie mit vierzig Kindern.

Jetzt trat der Besuch von Herrn Bickersteth ein, der jenen Missionen eine so bestimmte Wendung gab.

Auch hier war der Besuch erfrischend, belebend. Eine Bibelgesellschaft wurde gestiftet, manches Herz gestärkt, erquickt, die Predigt belebt. Nicht lange war der edle Mann weg, als der treffliche Leopold Butscher (1817) im Frieden seines HErrn entschlief. Andere Missionare waren inzwischen eingetreten.

Wir müssen aber erst noch auf diesen Besuch zurückgehen. Herr Bickersteth berichtet:

„Zum Unterricht der Kinder der 9—10,000 Einwohner sind 12 Lehrer und eben so viele Lehrerinnen nöthig. „Statthalter und Beamte sind hülfreich zu allem Guten. „Für die armen Negersclaven, die im jammervollsten Zustande „hier anlangen, ist religiöser Unterricht das dringendste Bedürfniß. Bei ihrer stets wachsenden Zahl und der centralen Wichtigkeit der Colonie muß durch eine größere Zahl „von Missionaren gesorgt werden. Freetown ist in rascher Entwicklung; eine Kirche wird nächstens gebaut. Ganz „nahe liegt Krumanstown, wo 700 freundliche, gescheidte Kru-Neger auf Unterricht warten. In der Soldatenstadt mit 600 schwarzen Bewohnern steht es eben so. „Bei der Bildungsanstalt auf den Leicester-Bergen liegt „Leicestertown mit 150 Bewohnern, Joloffen, Bambaren und Feola. Hier kann von der Anstalt aus gesorgt werden. — Cabenda oder Congotown, dermalen Cosso-

„town (seit 1811), haben 400 Congo- und Cosso-Neger, „die nach Unterricht dürsten und ganz verlassen sind. Kis„seytown liegt eine Stunde von Freetown, nahe dem alten „Granville, hat 400 Einwohner, die Kirche und Schule „gebaut haben und jubeln, daß ich ihnen Wenzel von „Kanossi als Prediger versprach. Bassatown, an der „See über Caberda hinaus, mit 150 Negern, habe ich nicht „gesehen. Regentstown (ehemals Hogbrook), 2 Stun„den von Freetown, ist der größeste Ort, mit 1100 Ein„wohnern, meist Foy-Negern. Hier ist eine einfache, hübsche „Kirche, aus Steinen gebaut, nächstens fertig, und ein Haus „für den Prediger im Bau begriffen. Der Schulmeister, „Herr Hirst, mußte auf den Wunsch des Statthalters Stadt„vorsteher werden, und Herr Johnson mit seiner Gattin tritt „an seine Stelle. Wie sehr bedaure ich keinen Prediger für „den Ort zu haben! — Newtown, zwischen hier und „Kissey, erst zwei Jahre alt, mit 250 Bewohnern, Joloffen, „Mandingo und Susu, ist noch ganz so armselig, wie die „gewöhnlichen Negerdörfer. Sie sind noch sehr zurück auch „im Englischen; doch geht der Landbau vorwärts. Neue „Plätze sollen hier in der Nähe angelegt, und Leopold „und Charlotte genannt werden."

Somit hatte die Missionsgesellschaft eigentlich nur wenig für die Colonie gethan. Renner's, Nyländer's und Butscher's Predigerdienste und die Anstalt von Leicester waren Alles. In dieser machte sie sich anheischig, 200 Kinder selbst zu erhalten, wenn die Regierung alle Weiteren auf sich nähme. Die durch Bickersteth's Besuch zur Ueberzeugung gewordene Nothwendigkeit der Aufhebung der festländischen Missionen wies nun auf Zusammenziehung der Kräfte in der Colonie hin, die inzwischen durch die befreiten Africaner zu einem eigentlichen und höchst wichtigen Missionsfeld geworden war. — Bickersteth gab der Leicester-Anstalt eine festere Einrichtung und stellte sie unter Butscher mit den Gehülfen Horton und Düring; die Kinder sollten, mit Ausnahme der zu Höherem Bestimmten, die Hälfte des Tages lernen, die andere Hälfte Handarbeit thun. Auf den Ländereien durften sich auch Erwachsene niederlassen, die dann mit der Anstalt eine Gemeinde bilden sollten.

Die Eintheilung der Halbinsel in Kirchspiele durch den Statthalter, von der Regierung gut geheißen, war nicht ein bloßes Spiel mit Einrichtungen. Sie schloß die Verpflichtung der Regierung in sich, Kirchen für diese Pfarreien zu bauen, und die Aufgabe der Missionsgesellschaft wurde es, für jede derselben einen tüchtigen Geistlichen auszusenden und das ganze Schulwesen in ihre Hand zu nehmen. Bis jetzt war nur Freetown durch seinen Caplan, Leicester durch Butscher, Kissey durch Wenzel mit dem Schulmeister Brennant versorgt, und Johnson in Regent wurde nun durch die Missionare lutherisch ordinirt. Nach Gloucester kam Düring, nach Congo- und Cossotown, die man zusammen Wilberforce nannte, Cates; letztre Beide nur als Schullehrer.

Ueberblicken wir den Gang der einzelnen Stationen in dieser ersten Zeit. Hier steht als die älteste Regent * voran, das bald nach der obigen Angabe um 700 Einwohner verstärkt wurde. Johnson beschreibt die romantische Lage des Ortes so: „Er ist von hohen Bergen umgeben, die „über einander aufragen und bis an den Gipfel mit immer„grünem Wald und Buschwerk bedeckt sind. Zwischen den „schmalen Felsklippen stürzen kleine Rinnsale herab, die sich „im Thale zum Bach vereinigen, der unsre Stadt in zwei „Theile scheidet, und an dessen Ufer herrliche Wiesen als „Waideplatz sich dehnen. Kirche, Schule und Missionshaus „stehen auf einer Anhöhe von ihrem eigenen angebauten „und umzäunten Felde umgehen; da umblühen uns unsre „Pflanzungen von Cocospalmen, Cassada, Plantanen, Ba„nanen und Kaffee. Rechts und links dehnt sich die Stadt „aus, und gegenüber auf der andern Anhöhe ebenfalls. Hin„ter uns und noch höher liegt ein Landhäuschen des Statt„halters. Ich überblicke von meinem Hause überall die ganze „Stadt."

* Wir lassen der Kürze wegen künftig das Town weg und setzen Regent, Gloucester, Leicester, Cosso u. s. w.

Wie gesegnet Johnson's Arbeit war, davon zeugen die folgenden Stücke seines Tagebuches:

„14. Juli 1816. Nach dem Gottesdienste erschienen „drei Weiber an der Thüre meines Hauses, um „Buch zu „lernen". Ich gab ihnen Alphabetcharten und unterrichtete „sie. Um 10 Uhr wieder Gottesdienst; Haus und Vorplatz „voll lauschender Zuhörer. Nachmittags wieder so, und „Abends noch einmal. Zwischenein ein Gang mit einem „Knaben auf ein Dorf, um das Wort zu erklären. Am „folgenden Tage Kleidervertheilung, wobei Alle, die ich nicht „kannte, auf den Erfolg meines Besuchs in ihren Häusern „und Feldern verwiesen wurden. Ich mußte erst von ihrem „Fleiße mich überzeugen. — Ich zeigte am Sonntag die „Eröffnung der Schule an. Als am Montag die Glocke „erscholl, kamen neunzig Knaben und etliche Mädchen, die „ich aufschrieb, in Classen theilte und Monitoren über sie „setzte; am Abend wurde die Schule der Erwachsenen mit „31 Männern und 12 Weibern begonnen und gleicherma„ßen eingetheilt. Der Hausgottesdienst wird von Schaaren „besucht." Die Schulen wuchsen schnell. Die Kirche gab noch mehr Raum zur Predigt.

„6. Nov. Manche sind gekommen, über ihre bösen „Herzen zu klagen. Das Werk der Gnade fängt an. Ich „bereitete sie vor, und Herr Butscher taufte 21 Erwachsene „und einen Knaben nebst 3 Kindern. Jene genossen mit „uns das heil. Abendmahl. Die einzelne Besprechung zeigte „das Wirken des heil. Geistes. Ein junger Mann wollte „getauft seyn; ich mußte ihm aber sagen, das gehe nicht so „lange er in wilder Ehe lebe. Tief betrübt ging er. Als „er wieder kam, setzte er sich mit dem Gesicht gegen die „Wand in tiefer Schaam, erzählte, was in ihm vorgegan„gen, und war glückselig, als ihm Taufe und Abendmahl „zugesagt wurde, wenn er sich dann sogleich ordentlich trauen „lasse. In drei Stunden wurde er getauft, communicirte, „wurde getraut. Auch seine Frau ist angefaßt."

Missionar Wilhelm und Renner besuchten die Gemeinde, predigten und staunten über den raschen Fortschritt, den schönen Gesang; vor Allem darüber, daß fast in jeder Predigt, in jeder Gebetsstunde Einzelne ergriffen und aus dem alten Wesen herausgehoben wurden. Johnson war ein gesegneter Mann. Leider entriß ihm das Fieber seinen eingebornen Gehülfen Georg Lancaster. — Bald konnte Johnson durch Vorlesung einiger Thatsachen und Darstellung des Elendes der Heiden zur Stiftung eines Missionsvereines anregen. In der dazu gehaltenen Versammlung sprachen siebenzehn Neger. Einer erklärte, monatlich eine halbe Krone (anderthalb Gulden) zu geben; über Hundert ließen sich für monatlich sechs Kreuzer einschreiben; ein Knabe bot ein Dreikreuzerstück an, und auf die Frage: woher er das Geld habe? antwortete er: „Mich schon lange drei Kupfer haben; „ich bitte Massa, zwei nehmen, ich einen behalten."

Und wer waren diese Leute? „Neger von zwei und „zwanzig Völkern, voll Hasses gegen einander, eben von den „Sclavenschiffen befreit, so roh, daß sie die geschenkten Klei„der verkaufen oder wegwerfen wollten, und sie erst dann „anzuziehen sich bewegen ließen, als Johnson's Dienstmäd„chen das Beispiel dazu gab. Keiner lebte in regelmäßiger „Ehe; zehn bis zwanzig waren in einer Hütte zusammen„gedrängt; oft starben an einem Tage 6 — 8 der abgezehr„ten Gerippe; nur sechs Kinder wurden in einem Jahr „geboren. Grigri trug Jeder. Teufelshäuser wurden gebaut. „Scheußlicher Aberglaube tyrannisirte die Herzen. Keiner be„gehrte es besser zu haben; an Ackerbau dachten sie nicht, „schon weil sie die Plünderung ihrer Ernten fürchteten. „Lieber lebten sie im Walde oder vom Diebstahl. In der „ersten Woche stahlen sie dem Missionar dreißig Hühner, „die sie roh fraßen, und die Ebos, die wildesten unter Al„len, aßen am liebsten die Abfälle der Nahrungsmittel. Von „diesen Ebos waren etwa 40 zu der africanischen Miliz „eingetheilt gewesen, aber weil sie zu wild waren, wieder „weggeschickt und nach Regent eingetheilt worden. Was sie „für Leute waren, zeigt der Vorfall, daß sie einem Mann „9 junge Schweine stahlen und lebendig in einen Topf mit „kochendem Wasser warfen. Eben so wollten sie einen Hund

„lebendig sieden und dann aufessen; einen an Krankheit Ge„storbenen gruben sie aus und verzehrten ihn."

Ueber diese Leute war ein anderer, auch noch nicht lange befreiter Neger gesetzt, der erst sehr streng war, dann aber, von der Gnade ergriffen, für sie betete, sie mit mächtiger Liebe an sich und auch in die Kirche zog. Viele wurden wahrhaft bekehrt. Alle sind ordentlich verheirathet, gesittet, anständig, und sanfte, fleißige Leute.

In Kissey hatte Wenzel mit seiner Gattin und James Curtis, aus der Anstalt zu Bassia, 400 Neger, wozu auch die Dörfer Bambra und Thoma gehörten; dazu kam noch der für Gambier bestimmt gewesene Schullehrer Brennant aus England. Hier ging es nicht so rasch. Doch hatten die Neger selbst eine Art Kirche gebaut und regelmäßiger Gottesdienst nebst Schule waren bald im Gange. Kaum eingetreten, bekam der Missionar einen Zuschuß der traurigen Creaturen, die von den Sclavenschiffen kamen, über 100 Personen stark, Alle von der Ebo-Nation. „Sie waren nicht ans Reisessen gewöhnt und fielen gleich „über alle Insecten und Gewürme her, die sie fangen konn„ten, noch mehr über meine Enten und Hühner. Trotz aller „Bewachung bei Tag und Nacht war es unmöglich sie in „den Häusern festzuhalten; sie liefen die Nacht durch stehlend „umher. Die Wirkung war, daß Ruhr und Pocken sie in „Schaaren wegrafften."

Gloucester, in romantischem Thale gelegen, enthielt Leute aus fünf Stämmen unter Herrn und Frau Düring. Er fand sie finster und verschlossen; doch konnte er bald von Gottesdiensten mit Gesang, Gebet, Bibelerklärung, von Versammlungen, worin die Erwachsenen wie die Kinder katechisirt werden, von Schulen für Kinder und Erwachsene melden. Auch hier war der Faden der Arbeit angesponnen.

Zu Wilberforce, der Vereinigung von Cosso, Congo und Bassa, war der englische Schullehrer Cates, ursprünglich für die Bullom-Mission bestimmt, auf andere Schwierigkeiten gestoßen. Seine Leute warfen zum Theil den alten Aberglauben leicht weg und beteten „wie der weiße

Mann", meinten aber damit des Himmels gewiß zu seyn. Diesen war der demüthige Heilsweg zu gering. Andere, noch ganz dem Grigri-Wesen ergeben, wollten von Gottesdienst und Schule nichts wissen.

Sehen wir nun dem weiteren Fortgange zu. Nach Butscher's Tode mußte der Caplan Garnon sich der christlichen Anstalt in Leicester mit ihren 250 Kindern annehmen, wozu ihm bei dem freiwilligen Rücktritt Hortons die Ankunft des zweiten Caplans Collier wie gerufen kam. Auch Missionar Decker mit dem jungen, in England erzogenen Africaner Marwell traf ein. Cates wurde an die Schule berufen, Decker nahm seine Stelle in Wellington, und Wilhelm von Kanoffi trat an die Spitze der Leicester-Anstalt, statt nach dem Gambia zu gehen, wie früher beabsichtigt war. Allein der Schlag, den sie durch Butscher's Hinscheiden erlitten, wurde fortgefühlt, und es fand sich bald, daß der Statthalter und mit ihm die Committee in England die Ueberzeugung gewann, die Anstalt müsse von den blos in gewöhnlichen Schulkenntnissen zu unterrichtenden Kindern befreit und diese auf den Dörfern untergebracht, dagegen zu höherer Bildung begabter Africaner bestimmt werden. So schien nun Alles auf eine schöne Entwicklung angelegt zu seyn, wozu die herrlichen Beispiele von Bekehrung in Regent, von denen die besuchenden Arbeiter Zeugen waren, die edlen Bekenntnisse der Neger von dem „Palawer zwischen dem bösen und guten Herzen" in ihnen, davon daß „das Buch sie kenne", indem sie auf Röm. 7, 19—24. wiesen, von der „Angst ihrer Herzen" wegen der Sünde, von dem „Feuerbrand der Freude im Herzen" über die Erlösung — natürlich immer neue Hoffnung geben. Allein der HErr griff mit ernster Hand in diese freudige Hoffnung. Der edle Garnon unterlag dem Fieber; seine sehr geschwächte Gattin mußte nach England heimkehren; Collier mußte, selbst tief geschwächt, seine Frau begraben sehen; Wenzel entschlief, wohl in Folge langer, treuer Anstrengung, in Kanoffi (1818), und auch Decker in Wilberforce stand bereits am Grabe seiner Gattin. Es war wahrhaftig ein Werk des Glaubens, daß die Missionare unter solchen Umständen nicht nur den Muth nicht verloren, sondern gleich darauf in einer Zusammenkunft (Herr Gamsey war jetzt als zweiter Caplan angestellt) den Beschluß zur Gründung einer Missionsgesellschaft von Sierra Leone faßten, die doch gleich über 700 Gulden Beiträge christlicher Neger einsammeln durfte. Der Verein zu Regent feierte sein erstes Jahresfest, bei welchem sein Schatzmeister, der dortige Arzt Macaulay Wilson, ein Sohn des Bullom-Königs, erzählte: „Ich kam mit sechs Jahren in das Haus des „Statthalters Macaulay und wurde hier, wie in England, „an tägliches Gebet gewöhnt, aber ohne eigentlich zu wissen „was es zu bedeuten habe. Von England heimgekehrt bot „man mir gute Stellen bei Sclavenhändlern an, die ich aber „vermöge der eingesogenen Gefühle und Grundsätze nicht „annahm, sondern mich an den wesleyanischen Missionar „anschloß. Aber ich fiel wieder zurück, lebte in der Sünde, „und erst Johnson's Predigt traf mich ins Herz und zog „mich zu Jesu." — Andre Neger sprachen auch. Einer so: „Ich danke Gott für das, was Er an mir gethan. Als „ich verkauft wurde, meinte ich erst sie werden mich essen, „aber ich wußte nicht, daß Jesus Christus mich den guten „Weg führte, wie er sagt: „Ich will den Blinden den Weg „führen, den er nicht kennt." Wir sollten bedenken, wie „Wenige hier wohnen, die in demselben Schiff kamen; kaum „die Hälfte. Sie sind todt, und an welchen Ort sind sie „gegangen? Als ich kam wußte ich nichts und lachte übers „Gebet. Ich wäre in der Hölle, hätte mich nicht Gott verschont und mir die Augen aufgethan. Einige sagen: „Wenn „ich zur Hölle gehen, mich bald sterben, groß Feuer mich „tödten, dann nichts mehr fühlen." Aber Gott sagt: „Nicht „sterben in der Hölle." — Wirf einen Stein ins Feuer, er „verbrennt nicht. Nein! Feuer kann ihn nicht verbrennen, „er immerdar leben. Gott sagt: „Die Gottlosen haben Herzen von Stein, und Feuer kann sie nicht schmelzen."

„Die Leute sagen: Woher weißest du, daß man in die „Hölle kommt? ist denn je Einer gestorben und wieder ge-

„kommen? Das müssen wir nicht glauben; wir sehen nicht „Alles. Wir sehen Gott nicht, aber wir sehen Sonne, „Mond, Bäume und alle andern Dinge. Hat auch Einer „gesehen, daß ein Berg oder ein Stein sie machte? Wir „wissen doch, daß Gott sie gemacht hat."

„Wir müssen glauben, daß Jesus sein Blut für die „Sünder vergossen hat, und für unsere Landsleute beten. „Können wir nicht englisch sprechen, so müssen wir in un„serer Sprache beten. Jesus kann hören, denn Er weiß „unsere Gedanken. Wenn wir nicht für den König arbeiten „und haben wenig Geld, so müssen wir wenig geben. „Wenn wir nach Freetown gehen, gesetzt wir haben nur „ein paar Kupfer, wir brauchen nicht mehr; wir brauchen nicht „Haus und viele Sachen dort, weil wir nicht dort wohnen. „So sind wir Fremde in der Welt und sollen dem HErrn trauen „und mit Wenigem vergnügt seyn, daß wir etwas sparen, „um Missionare zu unsern Landsleuten zu senden. — Gesetzt, „wir glauben nicht; wir müssen Rechenschaft geben von „jedem Wort das wir hören, und dann werden wir nichts „sagen können. Aber wenn wir Jesu gehören, so wartet „Er uns in den Himmel zu nehmen, wo keine Krankheit ist „und kein Kummer und wir das Lied Mosis und des Lam„mes singen!"

Auch in Gloucester trug das Leben in der Gemeinde dieselben Früchte. Die Glieder der neuen Missionsgemeinde überstiegen hundert. „Ein Mann," sagt Düring, „der „nichts von der Regierung zu seinem Unterhalt bezieht, „wollte für drei Pfennige monatlich aufgeschrieben seyn. „Ich fragte ihn, ob er es auch überlegt habe, daß es alle „Monate sey? Er antwortete mit: Ja! — Auf meine „Frage, wo er denn das Geld hernehmen wolle, erwiederte „er lebhaft: O! ich immer Holz mitnehmen, wenn ich nach „Freetown gehen, dafür 6 Pfennige (18 Kreuzer) bekommen. „Wenn der Monat aus ist, ich die Hälfte von einer Ladung „nehmen und der Gesellschaft geben. — Auf die Frage, ob „er denn dafür in dieser Welt etwas zu erlangen hoffe? „antwortete er: Nein! ich nur wünschen, daß mein Land-

„und alle andern Länder bessere Dinge wissen und daß nach „und nach sie das Nämliche thun was wir jetzt thun!"

Bei einer Zusammenkunft der Missionare konnte Johnson melden, daß er bereits 111 Abendmahlsgenossen und viele Bewerber zähle. An Weihnachten taufte er 46 Erwachsene. Auch Düring, der jetzt ordinirt war, konnte sagen: „Der Tag graut und Satan sieht sein Reich einen „Schlag um den andern empfangen. Meine Leute fangen „an sich als Menschen zu fühlen. Der Drang nach Unter„richt wächst mit jedem Tage." Von Einem, der sehr eigensinnig und trotzig war, sagt er: „Der Löwe ist ein „Lamm geworden!" Von einem Andern, der wegen seines Hochmuths der wilde Tom hieß: „Er ist jetzt durch Ernst „und Liebe ein helles Licht in der Gemeinde"; von einem heuchlerischen Ehepaar: „Sie schmücken das Evangelium „durch ihren redlichen Wandel". Ein neuangelangter Schullehrer schrieb, nachdem er einer Samstagabends-Stunde beigewohnt hatte: „Von welcher Glaubenseinfalt bin ich Zeuge „gewesen! von welcher Herzensdemuth! von welcher Ge„wissenszartheit! — Die Neger sind gewohnt ihrem Seel„sorger Alles zu sagen. Der Erste, der aufstand, sagte: „„Herr, diese Woche ist mein Herz traurig zu viel. Ich „denke jeden Tag, der Koth ist besser als ich!" — Und „das ist ein musterhafter Mann. — Ein Anderer sagte: „„Alle Tage sagt mir mein Herz, ich schlecht Mensch über Alle!" „Andere beichteten andere Sünden mit der redlichsten Ge„wissenhaftigkeit. Es waren 40 bis 50 Leute von verschiede„nen Graden christlicher Erkenntniß und innern Lebens da. „Wahrlich, Mohrenland streckt seine Hände nach Gott aus!"

Nach Kissey kam an Wenzels Stelle Hr. Nyländer, der 25 Bullom-Kinder mitbrachte und mit seinem Gehülfen Stephan Caulker 400 Kinder übernahm. Renner brachte 60 Kinder mit von Kanoffi nach Leopold, wo er sich niederließ. Neuangekommene Arbeiter vermehrten die Kraft; es waren Schullehrer, von denen Herr Morgan mit seiner Frau nach Regent, Herr Taylor und Frau nach Charlotte, Herr Bull in die Leicester-Anstalt eingetheilt wurden.

Verfolgen wir nun zuerst das Missionswerk auf den einzelnen Hauptstationen bis in die neueste Zeit. Wir beginnen billig mit der Hauptstadt Freetown.

Hier war der Mittelpunkt der Mission. Als die dortige Bibelgesellschaft (1819) ihr Jahresfest feierte, fand man, gleichsam ein Vermächtniß des entschlafenen Garnon, daß eine angefangene Untersuchung von Haus zu Haus gezeigt hatte, wie von 240 christlichen Familien kaum eine ohne ein Glied war, das lesen konnte, und wie 400 Bibeln und Testamente im Gebrauche waren. Man durfte sich des reichen Segens freuen, den die Bibel der Colonie trug, und der Früchte, welche diese hinwieder brachte, indem sie in nicht ganz zwei Jahren doch 300 Pf. (3600 Gulden) Beiträge gegeben hatte. Hier in Freetown kamen zuweilen sämmtliche Missionare zu wichtigen Berathungen zusammen; von hier gingen Segensflüsse in alle Dörfer aus. Hier und in der nächsten Nähe war die Musterschule der Mission, aus der die künftigen Lehrer hervorgehen sollten. Aber auch die Schmerzen der Mission fanden sich hier zusammen. Hier starb am 10. Mai 1819 einer der neuangelangten Lehrer, Herr Bennet; bald nachher erkrankte Jesty mit seiner Gattin und die letztere entschlief in seligem Frieden Gottes; hier starb nicht lange hernach der wackere Cates nach etwas längeren Leiden, die er sich auf einer Missionsreise geholt, und bald nach ihm der eifrig fromme Ober-Caplan Collier; aber die Missionare selbst wurden durch das vor ihnen geöffnete Grab so wenig entmuthigt, daß Nyländer schreiben konnte: „Es geht ein Gerücht, man „wolle Africa wegen der vielen Todesfälle aufgeben. Lassen „Sie sich nicht entmuthigen; wir schlagen die Schlachten „des HErrn und siegen selbst im Fallen. Nur frische „Truppen senden Sie in den heiligen Krieg. Der Same, „den unsere entschlafenen Brüder gestreut, wächst fort. „Wie oft habe ich in Freetown vom verstorbenen Prasse, „dessen Arbeit öffentlich gar nicht bekannt wurde, sagen „gehört: „O! das war ein herrlicher Mann; durch seinen „Zuspruch sind mir die Augen aufgegangen, daß ich anfing

„mein Heil zu suchen.“ — „Ja!“ sagte ein Europäer von „Bennet, der doch nur 14 Tage in Kissey wohnte, „das „war ein frommer Mann! seine Unterhaltung machte auf „mich einen so tiefen Eindruck, daß ich entschlossen bin aufzu„schauen und ein besseres Leben anzufangen. Sperrhackens „Grab an der Bullom-Küste wird stets verkündigen, daß Leute „da waren, die die Versöhnung in Christo Jesu anpriesen. „Des seligen Garnon's Predigen und Wandel werden nie „vergessen werden. Er war geliebter und geschätzter als man „allgemein weiß. Und ist es denkbar, daß Cates Reise an „der Küste hinab vergeblich war? Nimmermehr. Es war „gut, sagt der HErr, daß es in deinem Herzen war, mir „ein Haus zu bauen. David wollte einen steinernen Tempel „bauen, Cates war ein lebendiger Tempel und seine Werke „folgen ihm nach.“ — So sprachen sich die Arbeiter Alle wie Ein Mann aus. Keinem war der Muth entfallen. Nyländer mußte jetzt in Freetown wieder arbeiten. Morgan, Taylor und Jesty erhoben sich vom Krankenlager. Einer schrieb nach Hause: „Senden Sie uns einen zweiten Cates, „einen Elisa statt unsers Elias.“ —

Es war unter diesen Umständen, besonders da auch Herr Jesty auf dem Wege nach der irdischen Heimath in die himmlische abgerufen worden war, daß am Ende Januars 1820 Johnson mit seiner Frau und Schwester, Lisk, Berkley mit ihren Frauen und die Jungfrauen Price und Bauffler zur Verstärkung der Mission eintrafen. Die Anstalt von Leicester wurde jetzt nach Regent verlegt, wohin denn auch Bull mitzog. Wilhelm ging mit seiner Gattin nach dem neuerrichteten Dorfe Waterloo, Lisk mit Frau nach Hastings, Randall (ein Engländer, der als Zimmermann in Regent durch Johnson erweckt und freiwillig als Lehrer nach Kent gegangen war) mit seiner Frau (Price) nach Kent, Taylor und Frau nach Charlotte, während Renner bis zur Ankunft des neuen Caplans Gamsey und Flood zu Freetown blieb, und daß seine Gattin mit dem in England gebildeten Africaner Allen die Station Leopold versah. Unter Renner arbeiteten an den Schulen der Hauptstadt Berkley und seine Gattin, die Jungfrau Bauffler und der Eingeborne Fox mit seinem Weibe. So war, da Nyländer in Kissey, Düring in Gloucester und Becker in Wilberforce blieb, wieder Alles besetzt. Die Predigt des Evangeliums erscholl mit frischer Kraft von Neuem und Leben schien aus dem Tode zu erwachsen.

In Freetown war das Werk, da die Bevölkerung fast ganz christlich und von den Caplanen als regelmäßigen Geistlichen geführt war, natürlich im Stillen, da von den Schulen, die in gutem, festem Gange voranschritten, weniger gesagt werden kann. Die wackere Lehrerin Maria Bauffler durfte nur ein halbes Jahr an ihren 137 Mädchen arbeiten, als sie schon zu ihres Herrn Freude einging. Auch der neue Caplan Gamsey, der mit seinem Amtsbruder bei der ersten Landung in Freetown aus der doppelten Gefahr durch Umschlagen des Bootes, worauf sie 10 Minuten, bis Hülfe kam, im Wasser blieben und vom Rachen eines in der Nähe befindlichen Haifisches auf eine fast unglaubliche Weise gerettet worden war, durfte sich der neuen Heimath nicht lange freuen. Krankheit führte ihn nach England zurück, wo um jene Zeit auch der ausgezeichnete Statthalter General Maccarthy durch seine Berichte den Muth der Freunde Africas und der Mission neu anfrischte. Die Ankunft neuer Gehülfen brachte wieder Aenderung in die Besetzung der Stationen, wovon wir bei jeder derselben berichten werden. Wir stellen daher hier nur die allgemeinen Züge zusammen, welche den Fortschritt christlichen Sinnes und Lebens in der Colonie bezeichnen.

Im Jahr 1821 war die Stadt Freetown von 5000 Menschen bewohnt. Die englische Kirche wurde von den meisten Europäern und ihrer Dienerschaft, von Farbigen, Soldaten, befreiten Africanern, die an den öffentlichen Arbeiten angestellt waren, von vielen Schulkindern regelmäßig besucht. Sie war nur zu klein für die Bevölkerung. Lange schon wünschten die Caplane eine zweite, um sich in die Bewohnerschaft theilen zu können. Dafür hatten die Prediger viel Mühe, indem sie den Soldaten in ihre Casernen und Quartiere nachgehen mußten. Zu der Methodisten-Capelle hielten sich wenige Europäer, aber viele wohlhabende Farbige, die meisten Schulkinder und einige freie Africaner. Ihre täglich zweimaligen Gottesdienste, ihre sonstigen Betstunden, ihre vertrautern Zusammenkünfte schlossen sie fest an einander. Sie hatten eine zweite Capelle in Congo und arbeiteten viel unter der schwierigen Bevölkerung der Portugiesenstadt, wo sie viel mit dem Uebermuth der Muhammedaner zu kämpfen hatten. Auch der Küster der Pfarrei von Freetown, ein farbiger Mann Namens Domingo Jordan, hielt eine eigne Capelle, worin er eifrig predigte. Ein anderer Farbiger, Hektor Petros, predigte den Baptisten, beides wackere Männer. Endlich gab es noch kleinere Häuflein, wozu besonders die Neuschottländer hielten. Der Sonntag wurde im Ganzen still und andächtig gefeiert. In der Nähe der Stadt lag Bambara-Town, von befreiten Africanern und allerlei zusammengelaufenem Volke bewohnt, meist Heiden, etlichen Muhammedanern, wenigen Christen; ein Heidendorf in der christlichen Colonie. Hier war der Sitz des Lasters, von dem auch die Soldaten immer wieder angesteckt wurden. Der Arm der Mission reichte nicht dorthin, weil die Caplane und Schullehrer bei dem steten Wechsel durch Krankheit und Todesfälle kaum für das Nächste Kraft und Zeit fanden. So mußte Lisk mit seiner Gattin schon im Jahr 1822 die Colonie verlassen, und die Schule des wichtigen Platzes blieb der treuen aber nicht ausreichenden Thätigkeit des Negers Fox überlassen, bis (1823) Herr Bunyer ankam und sie übernahm. Als zweiter Caplan trat der Prediger Palmer Herrn Flood zur Seite, und Herr Bunyer theilte sich mit Vaughan, Fox und den Frauen so in die Schularbeit, daß jeder seine eigene Abtheilung der Kinder bekam, und sie in der Abendschule der Erwachsenen mit einander wechselten. Aber nicht lange so brach die furchtbare Seuche des gelben Fiebers über die Colonie herein; eine Menge Europäer, darunter auch mehrere der höchsten Beamten, wurden hingerafft; in der Mission war Bunyer das erste Opfer, und Missionar Schemel folgte ihm. Aber auch er blieb nicht der Letzte: die beiden Caplane sanken ins Grab, Frau Bunyer fiel, Baughan, der einzige Europäer an den Schulen in Freetown, folgte seiner Gattin im Tode; Andere mußten nach Europa zurück; und abermals sah es auf dem Missionsfelde aus wie nach einem verwüstenden Sturme. Nur Frau Schemel nebst dem treuen Fox und seinem Weibe war noch in Freetown für die mehr als 500 Schulkinder da, eine weit nicht ausreichende Lehrkraft. Glücklicherweise kam das Ehepaar John Pope eben aus England an, um gleich hier seine Arbeit zu finden. Der alternde, gediegene und erfahrene Nyländer trat überall in die Lücken; Regent, Gloucester, Charlotte, Leopold, alle forderten neben seiner eignen Gemeinde Kissey seine Hülfe, und jetzt war auch wieder die Kanzel der Hauptstadt leer, und er mußte an die Stelle der Entschlafenen treten. Es zeigte sich auch bald, wie dringend nöthig diese Säuglinge in der Gnade des Vaters bedurften; denn überall zeigte sich Verdrossenheit, Widerspenstigkeit, und sogar in der musterhaften Gemeinde zu Regent kam es zu gewaltthätigen Auftritten.

In der Gesammteinrichtung der Mission hatte die mehrfache Erfahrung der plötzlichen Sterblichkeit die Wirkung, daß hinfort die Gesellschaft sämmtliche Geistliche zu ernennen und zu besolden, die brittische Regierung nur das Schulwesen und die Gebäude zu bestreiten hatte. So wurde es leichter durch augenblickliche Versetzungen und immer neue Nachsendungen der Stockung der Arbeit zu begegnen. Um so dringender wurde dies, da in Freetown auch Pope und Frau Schemel (1824) nach kurzem Zusammenwirken starben und Nyländer, der immer bereite Ausfüller der Lücken, schwer erkrankte. Die offenkundige Erfahrung und das allgemeine Gefühl sprach sich (1828) in den Worten aus: „Unsre Leute sind wie Schafe ohne Hirten. Es steht sehr „schlecht. Warum kommen keine Missionare? Wo ist der „Eifer der Engländer? wo sind die Leute, die den Heiland „lieben? Will Niemand mehr sagen: Hier bin ich, sende

„mich!" Auch der gewaltsame Tod des edeln Statthalters Mac-Carthy wirkte auf die Stimmung. Endlich wurde das Flehen erhört. Es kam in der Person des Predigers Raban ein neuer Caplan, mit ihm Herr Weeks, der als tüchtiger Schulmeister in Freetown den Faden der Arbeit in die Hand zu nehmen hatte. Seine andern Begleiter Knight, Coney und Pierce werden wir auf den Stationen wiederfinden.

Ein schmerzlicher, wenn gleich längst erwarteter Schlag war für die Mission der Heimgang des edeln Veteranen Nyländer, nach fast zwanzigjährigem Missionsdienst in Africa, am 23. Mai 1825. Da auch Brooks, Knight und Frau Coney, die kaum Angelangten, schon vor ihm gestorben waren, und Taylor mit Gattin krank nach Hause mußte, auf dem Wege aber auch starb, so stand die Zahl der Arbeiter ohne Hoffnung alsbaldiger Hülfe wieder eben so unzureichend und fast entmuthigt da wie zuvor, und es war recht ein sinnbildlicher Ausdruck von dem damaligen Fortschritte des ökonomischen Flors der Colonie bei sichtbarem Rückschritte des geistlichen Lebens, daß in Freetown die halbausgebaute neue Kirche, deren Fortbau durch allerlei Umstände unterbrochen war, als Markt für Lebensmittel gebraucht wurde. Die Zahl der geistlich Angefaßten in der Stadt, der regelmäßigen Kirchenbesucher, war gesunken, wie auch auf den Dörfern fast überall die heilige Flamme des neuen Lebens herabgebrannt, und nur ein glimmender Aschenhaufe zu sehen war. Nicht wenig trug dazu bei, daß auch die redlichsten Missionare doch nicht in einem solchen Feuer hingebender Liebe brannten, wie dies bei einem Nyländer, Johnson, Düring und Taylor der Fall gewesen.

Die Committee in England hielt es für ihre Pflicht, eine genaue Untersuchung über die Ursachen der großen Sterblichkeit unter den Missionaren anstellen zu lassen. Ein Ausschuß von Aerzten und andern Sachverständigen ging gründlich darauf ein, indem sie mit vielen Aerzten und andern Personen, die in Sierra Leone gelebt, mit Missionaren, Schulmeistern, mit Militärs und Beamten sprachen, und alle schriftlichen Documente gründlich durchgingen. Das

Ergebniß war, daß Vorschriften hinsichtlich des diätetischen Verhaltens gegeben wurden, die in andern Tropenländern sich bereits erprobt hatten. Ermuthigt durch die Hoffnung, künftig nicht mehr so viele ihrer Arbeiter plötzlich hinweggerissen zu sehen, sandte die Committee zwei Ehepaare, die Geistlichen Butts und Scholding, für Regent und Gloucester aus. Allein kaum angelangt starben wieder die beiden Frauen fast zugleich mit dem neuen Statthalter General Turner und der Wittwe des edeln Missionars Renner. Dagegen kehrten die Wittwen Taylor und Pope mit dem Ehepaar Gatesman nach Sierra Leone zurück, die Erstere, um in Freetown mit dem Ehepaar an den Schulen zu arbeiten, was aber schon wieder durch die nöthige Heimkehr des Herrn Darey mit seiner Frau von Leopold verhindert wurde, indem Gatesman diese Lücke auszufüllen hatte; die Zweite, um sich mit Missionar Weeks zu verehelichen. In Freetown hatte Herr Raban eifrigst gewirkt und in der Lager- oder Gibraltarstadt eine Capelle errichtet, wo er regelmäßig predigte, war aber auch schon durch Krankheit gehindert, so daß Betts von Regent ihm zu Hülfe kommen mußte.

Im Jahr 1826 kam eine Untersuchungs-Commission der englischen Regierung nach Sierra Leone. Sie sollte den Gesammtzustand der befreiten Africaner, die zweckmäßige Verwendung der für sie gezahlten Gelder, die Fortschritte und Hemmungen derselben in religiöser, sittlicher und gesellschaftlicher Bildung untersuchen. Es waren Major Rowan und Herr Wellington. Ihre Berichte und die Ideen eines neuen Statthalters Sir Neil Campbell wirkten dahin, daß, um Geld zu sparen, die Schulen aus der Hand der Mission in die von farbigen Schulmeistern gegeben, die Kinder aber ihren Eltern zum Unterhalt überlassen, oder gegen Ersatz durch ihre Arbeit an Africaner abgegeben wurden. Damit waren die Schulen fast vernichtet, und ein bedeutender Wirkungskreis der Mission verschlossen. Die Folge war bald sichtlich, nämlich daß die Schulen leer blieben, so daß mau wieder der alten Einrichtung sich nähern mußte. Besser war die Eintheilung der Dörfer in Districte, nämlich den Ost- oder Flußdistrict (Kissey, Hastings, Waterloo, Calmont und Allen); im Süden Freetowns, am Bance-Fluß, hin dem Timneh-Lande zu, den Mittel- oder Bergdistrict (Wellington, Leicester, Gloucester, Regent, Bathurst, Charlotte, Granfield), und den West- oder Marodistrict (Jork, Kent, Bananas). Außerdem wurde den Missionaren die politisch-öconomische Aufsicht auf ihren Wunsch abgenommen und wieder von der Regierung aus für Caplane in Freetown gesorgt, weil sich gezeigt hatte, daß diese der Mission nur wenig leisten konnten. Raban war bereits krank nach England heimgekehrt (1827), dem die Missionare Gerber, Betts, Frau Gatesman, deren Mann bereits gestorben war, folgten, während Schulmeister Pierce den Dienst der Mission mit dem der Regierung vertauschte. Dagegen wurde die christliche Erziehungsanstalt, die 1819 von Leicester nach Regentstown verlegt worden war, und dort in 7 Jahren zu ihren 9 anfänglichen Zöglingen nun 28 neue aufgenommen hatte, jetzt aber von diesen allen nur noch fünf zu den ihrigen zählte, indem sie als Schulmeister angestellt waren, während alle übrigen gestorben, krank, weggenommen, davon gelaufen oder wegen Unbrauchbarkeit entlassen waren, wieder mit Ernst ins Auge gefaßt. Missionar Hänsel kam in Freetown an mit dem Auftrag, an die Spitze dieser Anstalt zu treten, mit der bestimmten Absicht, Schullehrer aus den schwarzen Gemeinden herauszubilden. Sie wurde nach Freetown verlegt. Allein auch hier war wenig zu hoffen, so lange der Schulmeister, vom Missionar ganz unabhängig, blos unter der weltlichen Behörde stehen sollte. Konnte man Zöglinge der Mission dieser für ihr Inneres nachtheiligen Stellung preisgeben? — Hatte Hänsel neben der Schularbeit, die sich bei den hohen Anforderungen an die Eigenschaften der Zöglinge nur auf wenige Jünglinge erstrecken konnte, noch Caplans-Geschäfte, worin er Herrn Betts unterstützte und ihm nach seiner Rückreise in die Heimath folgte, so waren dieselben um nichts befriedigender. Da stand der englische Caplan, überlastet mit kleinlichen äußerlichen Pfarramtsgeschäften, und hatte kaum Zeit seine Predigt zu halten, während neben ihm der wesleyanische Missionar, von jener Quälerei frei, Kranke und Gesunde besuchte, in die Gefängnisse ging, die Blinden und Lahmen von den Landstraßen und Zäunen hereinholte, deßhalb als wahrer Missionar geliebt und gesucht war, seine Kirche voll hatte und Capelle auf Capelle in der Stadt errichten konnte. Er that eigentlich den Missionsdienst ganz allein, indeß der Caplan als Beamter seine edle Zeit mit Nebendingen zubringen mußte. Doch brachte es Hänsel am Ende dahin, daß die längst halb ausgebaute Kirche vollendet und wenigstens theilweise zum Gottesdienst, der Rest zur Pfarrwohnung eingerichtet, und daß Wilhelm an die Missionscapelle in der Gibraltar-Stadt berufen wurde.

Wie schlimm es im Ganzen im Jahr 1827 um die Mission stand, geht zur Genüge daraus hervor, daß Wilhelm und Metzger (der seiner Zeit mit Gerber aus Basel und England gekommen war) eine Zeitlang die einzigen Prediger in der ganzen Mission waren. Als Davey, der als Schulmeister krank nach Hause ging, als Prediger wiederkehrte, konnte ihm wenigstens einer der drei Districte (der mittlere) ganz übergeben werden. Er suchte in jedem Dorfe wenigstens jeden Sonntag ein Mal zu predigen, und wenn seine Berichte über den Geist der Gemeinden nicht günstig lauteten, so war dies wahrlich unter den gegebenen Umständen nicht zu verwundern. Doch dauerte dieser Zustand nicht lange, da Gerber neuverheirathet wieder kam und sich dann mit Metzger, der auch längst seine Gattin verloren aber eine von Frau Renner gebildete Schwarze geheirathet hatte, in den Fluß-District theilen konnte, indem er seinen Sitz in Wellington, dieser in Waterloo nahm. Tamba war ihr Gehülfe. Der gleichfalls wiederkehrende Betts nahm mit dem Gehülfen Neville den Meerdistrict, und das nun angekommene Ehepaar Heighway (Lehrer) nebst Edmund Boston (Lehrer) und Frau Taylor wurden dem Bergdistrict zugetheilt. So war wenigstens wieder einigermaßen das Feld besetzt; aber der durchgreifende Einfluß des Evangeliums fehlte in Folge der oben geschilderten Anordnungen in Betreff der Schulen; das christliche Gesammtleben der Colonie war noch immer im Sinken und wartete auf neues Wehen des Pfingstgeistes. In den Dörfern lebten damals 11,603 Neger.

Hätte man nun endlich auf stetiges Arbeiten rechnen dürfen, so wäre es dennoch gegangen. Aber Heighway starb, Frau Weeks mußte die Colonie verlassen, Tamba war krank, und so konnte auch die schöne Feier der Eröffnung der St. Georgen-Kirche zu Freetown (13. Jan. 1828) und ihr starker Besuch von Sonntag zu Sonntag, ja sogar der sichtlich unter den Negern erwachende Wunsch nach höherer Bildung ihrer Kinder, als die Dorfschulen geben konnten, nicht vermögend seyn, den gesunkenen Muth der Arbeiter aufzurichten. Endlich war ein Platz für die Erziehungsanstalt gewonnen, wo sie ihres Bleibens haben konnte. Es war ein Landgut des frühern Statthalters, General Turner, in reizender Lage an der Fura-Bay, nur eine halbe Stunde von Freetown und nahe bei Kissey. Sechs Zöglinge zogen mit Hänsel dort ein: Samuel Crowther, John Harwey, James Jones, John Pope, John Wright und William Tamba, der Sohn des schwarzen Lehrers. — Allein wie fern lag den unter der Last der Gegenwart seufzenden Arbeitern die Hoffnung, von hier aus Hülfe zu erlangen. Während man in der Heimath um des Klimas willen die Erziehung Eingeborner zu Missionsarbeitern als ein Hauptaugenmerk betrachtete, war man an Ort und Stelle fest überzeugt, daß die besten Eingebornen ohne europäische Anlehnung und Aufsicht dem Strom des Verderbens nicht zu widerstehen vermöchten, daß daher eine Vermehrung der Streitkräfte aus der Heimath noch lange unerläßlich bleibe.

Dieser Verderbensstrom ging zum Theil von den Weißen aus. Es waren nicht mehr die edeln Statthalter Columbine, Marwell, Maccarthy und andere fromme Männer, die an der Spitze der Colonie standen; es war nicht mehr der christliche Sinn eines guten Theils der europäischen Einwohner, der die Heiden erbaute, sondern zerstörende Beispiele von Sittenlosigkeit, von Fleischeslust und weltlichem Sinn wirkten höchst nachtheilig in den Gemeinden, und die ernstesten Zeugnisse der Prediger in Freetown und sonst vermochten dagegen nur wenig. Die Schulen fingen an mehr einzureißen als aufzubauen, so daß die Missionare sich genöthigt sahen, ihre Verbindung mit denselben abzubrechen, weil ihr Erscheinen darin nur als Rechtfertigung für den falschen Geist derselben gefaßt wurde, und selbst christliche Missionsschulen daneben zu errichten, nachdem sie umsonst alles Mögliche gethan, um die Colonialbehörden auf andre Wege zu bringen. Die Unterbringung der befreiten Neger als Lehrlinge wurde bereits so weit getrieben, daß für Unterricht derselben keine Zeit mehr blieb, und die Leute, welche man an den Staatsschulen anstellte, waren meist nicht einmal der englischen Sprache kundig, geschweige fähig im Christenthum zu unterrichten. Leider mußte auch die geringe Besetzung der Districte noch vermindert werden, weil man die Kirche in Freetown nicht leer stehen lassen konnte, und also Herr Betts seine Arbeitsstelle verlassen mußte, ohne einen Nachfolger zu haben. Als Herr Weeks mit seiner Gattin aus England zurückkam, mußte erst Regent bedacht und Kissey mit einem Lehrer versehen werden. Waterloo dagegen blieb leer, weil Gerber, der bisher dort gewohnt, den letztern Ort nebst Wellington zu übernehmen hatte. Daß in dieser Zeit auch noch Metzger für kürzere Zeit nach England ging, war nebst dem Tode der Frau Wilhelm kein geringer Ausfall. — Als nun auch eine Seuche die Colonie befiel, die manche der edelsten Missionsfreunde hinwegnahm, war es ein großer Trost, daß von der Missionsfamilie Niemand betroffen wurde, und ein noch größerer, als endlich die Regierung da, wo Missionsschulen waren, die ihrigen aufgab und das Schulwesen wieder der Mission übertrug.

In dieser Weise, sinkend wo es an Arbeitern fehlte, steigend wo tüchtige Kräfte wirkten, mit wenig glänzenden Aussichten in die Zukunft, zog sich die Mission Jahre lang fort, von denen nicht viel zu erzählen ist. Es kam endlich in der Person des Herrn Morgan wieder ein Caplan, Raban und Metzger trafen wieder ein, Murrell, Graham mit Gattin und Warburton traten neu ein; drei Africaner, die Raban nach England gebracht, kamen mit und traten in die Anstalt zu Fura-Bay. Frau Taylor war nun die Gattin von Missionar Betts, der hinfort von Gloucester aus die Colonie-Schulen zu Freetown beaufsichtigen sollte. Man fing jetzt an Sonntags-Schulen zu errichten, was nur möglich war seit wieder Geistliche zur Leitung vorhanden waren. In Freetown fanden sich nur in der Gibraltarstadt allein 130 Kinder dazu ein.

Es ging sichtlich wieder vorwärts; nur konnten die meist neuen Arbeiter die große Tugend des Missionars: das Stehen und Leben in der Geistes- und Gemüthswelt des fremden Volkes, nicht haben. Raban fühlte dies tief als er schrieb: „Einfachheit ist's, wonach ich mit allen Kräften „strebe. Man kann hier in allen Reden und Mittheilungen „nie zu tief heruntersteigen. Wir sollten einfachere Gebete „für Kinder haben, einfachere Lieder für sie und die Alten, „ganz einfache Katechismen, ein höchst einfaches Wörterbuch „nebst Sprachlehre; selbst unsre bewundernswürdige Liturgie „ist noch zu hoch für unsre Leute." Je mehr der tüchtige Mann dies einsah, ein desto größerer Verlust war seine abermals nöthig gewordene Rückkehr nach Europa, die mit dem Tode des Herrn Boston nahe zusammenfiel. Er kam zwar wieder zurück, brachte die Katechisten Tubb, Young und Lloyd mit, mußte aber später wieder gehen, mit ihm Betts, nach ihm Hänsel; Tubb wurde krank, Frau Graham starb, und so blieb die Schaar der Kämpfer immer zu klein. Doch konnte von der Anstalt zu Fura-Bay, an der Wilhelm mit Young stand, gesagt werden: „Die „Knaben schreiten nicht allein in der Bibelkenntniß, sondern

„auch in der Einsicht in die Heilsvorschriften voran." — Bald kam auch Hänsel wieder auf seinen Posten zurück.

Als Raban mit Betts von seiner dritten Heimreise zurückkam, auf der er die Früchte seiner Studien africanischer Volkssprachen der Presse übergeben hatte, brachte er zwei Töchter Nyländers mit, die in England gebildet worden waren, um nun unter Warburton's Leitung in Bathurst an den Kindern zu arbeiten. Außer ihnen kam Herr Rogers; aber ungeachtet des Eintritts von Missionar Kißling von der aufgegebenen Mission der Gesellschaft zu Basel in Liberia, der gleich nach England hatte reisen müssen, war man genöthigt Hastings aufzugeben, weil Betts und Gerber abermals, und Lloyd zum ersten Mal die Colonie meiden mußten.

Hänsel war um diese Zeit (1832) genöthigt, die eingebornen Gehülfen wegen schlechten Betragens aus der Anstalt zu entlassen. Er traf seine Zöglinge nicht im erfreulichsten Zustand. Sie waren eigensinnig, verschlossen, widrig, und während manche Missionare sie vielleicht getauft hätten, sah er sich noch ferne von diesem erwünschten Ziele. Ja er war genöthigt, vier derselben nach langen vergeblichen Ermahnungen wegzuschicken. Aehnliches zeigte sich auf den Stationen, und man kann wohl sagen, es war die härteste Kampfzeit der Mission, wobei nur der Gedanke einigen Trost gewährte, daß der Feind der Seelen solche Anläufe nicht machen würde, wenn er nicht den Lebenskeim in ihr entdeckt hätte, aus dem ein herrliches Gewächs der Gnade sich entwickeln kann. — Missionar Rogers starb bald nach seiner Ankunft; dafür aber erschien Kißling und Schön (von Basel), Bates und Gillespie. Allein wie immer schien dies nur die Losung zu größern Ausfällen in der Arbeiterzahl. Bates starb; Hänsel, Betts, Metzger, Raban, Gillespie und Anna Nyländer kehrten heim; auch Wellington mußte aufgegeben werden.

So gingen die Jahre 1833 und 1834 ziemlich mühselig dahin, und eine der schlimmsten Folgen europäischer

Ansiedlung: die Einfuhr von Branntwein — zeigte sich mehr und mehr als ein Haupthinderniß des Evangeliums, während in Freetown und an andern Orten doch auch einzelne tröstende Erweckungen den Muth der Arbeiter belebten. Rückkehr der hergestellten Arbeiter, Eintritt neuer (Ashwell und Collins), Todesfälle (Wilhelm nach 23jähriger Arbeit, Frau Kißling, Ashwell und Gillespie) und Abreise geschwächter Brüder und Schwestern (Warburton) bezeichneten es wie seine Vorgänger. In Freetown besorgte Kißling das Institut, in welchem der Geist Gottes arbeitete, und Collins die Sonntagsschulen, worin es ihm gelang ein Verlangen nach dem Besitz der Bibel zu wecken. — Das nächste Jahr brachte nur die Geschwister Warburton zurück, wofür aber Weeks wegging, während Raban ohnedies ein ab- und zugehender war. Zwei Zöglinge konnten aus der Anstalt in Fura-Bay in den Schuldienst treten. In Freetown mußte die Colonie-Schule zwar aufgegeben werden, aber die Regierung setzte sie fort, und die Wiederbesetzung von Hastings und Wellington, die steigende Zunahme der Hörer in Gibraltarstadt, der Eintritt Samuel Crowther's als Gehülfe ins Institut, war mehr als Ersatz. Die neuangelangten Mitarbeiter (Schlenker, Croley, Graf und Townsend) fanden sich rasch in ihre Arbeit, und die Zurückgekehrten griffen mit frischen Kräften wieder ein. Der Bann des Klimas schien doch allmählig zu weichen und die Todesfälle wurden seltener. Die Mission hob sich wieder und man fing wieder an, Lebenshauche von oben zu spüren, die auch in Freetown dem Ankömmling entgegenweheten. Dort wirkte der würdige Caplan Morgan; nur die Vorstadt war Missionsgebiet. Hier wurde manche Seele in der Stille durch Christum zu Gott geführt, ohne daß sich für diejenigen viel davon sagen läßt, die für ihre Theilnahme an der Mission sich gern durch rührende und anregende Geschichten bezahlt sehen.

Es war eine wunderliche Mischung von christlicher, muhammedanischer und heidnischer Bevölkerung in Freetown.

Wie es zuging, bringt folgende Zeichnung des Katechisten Young klar vor Augen:

„Charfreitag 1837. Ich hielt diesen Morgen Gottes„dienst in der Capelle zu Gibraltar. Es war schön, alle „Läden geschlossen, allen Verkehr still stehen zu sehen. „Die Leute strömten nach den verschiedenen Gotteshäusern. „Eine Anzahl Colonisten hielt einen Tanz nicht weit von „meinem Hause. Ich ging zu ihnen. Mit vieler Mühe „brachte ich Trommeln und Geschrei zum Schweigen und „sagte: „Ich komme nicht um Palawer zu machen, aber „haltet ihr so des HErrn Tag?" Ein Weib antwortete: „„Wir sind Alle betrunken und wollen nichts hören!" „Ein Anderer bemerkte, auf ein Haus deutend: „Wir haben „dort getrunken und Niemand hat uns gestört." Ein Dritter „rief mir zu: „Wir prügeln Sie, wenn Sie nicht gehen." „Einer gab mir sogar einen Stoß und Einer wollte mich „zum Tanze fortreißen. Wieder rief Einer: „O geht heim!" „Ich antwortete: „Ihr redet zu eurer eigenen Verdammniß. „So solltet ihr es nicht machen. Ihr solltet den Tag heilig „halten, euch vor Gott demüthigen, eure Sünden bekennen, „Ihn in Jesu Christo um Vergebung anflehen, der für euch „am Kreuze gestorben ist." Auf die Bemerkung eines Mannes: „„Seyen Sie nur nicht böse über uns!" erwiederte ich: „„Ich bin ein Bote des Friedens, ich komme nicht um „Palawer zu machen; aber euer Geschrei und eure Trunken„heit ist eine Schmach für den Gott des Friedens, dessen „lieben Sohn ihr entehret." Sie fingen ihr wildes Wesen „wieder an und ich ging; aber zehn Minuten später hörten „sie auf und gingen still auseinander." — Das war wahrlich noch Heidenthum genug! — Um jene Zeit errichtete Herr Young auch eine Schule in diesem Stadttheil, zu der gleich 144 Kinder kamen.

Von den Muhammedanern nur einige Beispiele. Herr Schön erzählt (1837):

„Nach dem Morgengebet in der Capelle begegnete ich „in der Straße einem Muhammedaner und fragte ihn:

„„Wen betest du an?“ Er antwortete: „Gott allein.“ „Auf die Frage: „Was ist Gott?“ sagte er: „Das weiß „ich nicht; ich will meinen Pfarrer holen, der kann Euch „Alles sagen.“ „Aber“, bemerkte ich, „du solltest doch auch „wissen, was du anbetest. Gott ist Geist, ist ewig, un„endlich weise, heilig, gütig und gerecht, und hat Seinen „Sohn Jesum Christum gesandt, um Ihn erkennen zu lehren, „und du verwirfst Ihn zu deiner Verdammniß.“ Er sagte: „Muhammed ist vor Jesus geboren und zwar von derselben „Familie; er war ein Mensch wie Ihr; er war ein Vetter „von Jesus, ein guter Mann, und hat 121 Namen.“ „Ich: „Dann war er also ein Mensch mit denselben Leiden„schaften wie wir, mit denselben sündlichen Neigungen „wie wir, mit derselben verderbten Natur wie wir, mit „demselben Bedürfniß der Erlösung wie wir.“ Er fragte: „„Was ist ein Christ?“ und ich gab ihm die Antwort: „„Wir werden so genannt, weil wir die von Jesu Christo „gelehrte Religion von Herzen ergreifen und offen bekennen, „daß alle Menschen von Natur in That, Wort und Ge„danken Sünder vor Gott sind und wir ohne Buße und „Glauben an den Sohn Gottes das ewige Leben nicht sehen „können.“ Er antwortete: „Ich glaube, daß Jesus der „Sohn Gottes ist, aber ich bete nicht zu Ihm, wie Ihr. „Ich glaube, Jesus hat alle Seine Leute an Muhammed „übergeben, und Gott kann diesem die Macht geben, sie selig „zu machen.“

Missionar Young erzählt von einem muhammedanischen Grobschmied, der in seine Schule kam und sich von einer Abtheilung in die andere mit immer steigendem Erstaunen über das Schreiben der Kinder, (besonders weil es nicht, wie in seiner Heimath, dem Fula-Lande, von der Rechten zur Linken, sondern umgekehrt gehe) führen ließ. Er drückte dem Missionar einmal über das andere die Hand und sagte: „Ich liebe Euch sehr um Eurer Arbeit willen; Ihr seyd ein „rechter Mann, Gott sey mit Euch und segne Euch.“ Young erwiederte: „Das Evangelium Jesu Christi, das „ich lehre, gebietet mir, Euch auch zu lieben. Es lehrt mich,

„daß alle Menschen von Natur Sünder sind und Niemand „gut ist, denn der einige Gott."

Eine böse Seuche ging abermals durch die Colonie; aber die Missionare blieben verschont, und das Gnadenwerk Gottes schien eher kräftiger zu werden. Die neue Ankunft von wiedergenesenen oder ganz frischen Arbeitern (Kißling, Graf, Bultmann, Beal, Payton, Smith und Stedmann) gab zu neuer Vertheilung der Kräfte Anlaß, durch welche auch Waterloo und Kent wieder in die Reihe der Stationen eintraten. Aber bald kamen wieder die Lücken, indem die Frauen Schön (Nyländer's Tochter), Graf und Weeks starben, die Missionare Schön, Bultmann, Schlenker, Warburton nach England zurückkehren mußten. Dazu kam, daß die letzten drei Jahre eine Masse von nicht weniger als 13,000 befreiten Sclaven in die Colonie geworfen hatten, die nur schwer mit den vereinzelten Arbeitskräften zu überwältigen war; daß in Gibraltarstadt die zu kleine Capelle, deren Erweiterung Kißling längst beabsichtigte, von einem Orkan zerstört wurde, während 100 Kinder darin waren, die nur durch Flucht unter die starken Bänke der Zerschmetterung entgingen. Auch das Schulhaus sank in Trümmer und die Feinde triumphirten schon. Allein die neue Kirche stand bald größer und schöner da, und im neuen Schulhause sammelten sich statt der 150 Kinder, die es gefaßt, nun 450 um Herrn Beal. Die christliche Erziehungsanstalt zu Fura-Bay, so lange sie auch schon mit dem ausgesprochenen Zwecke bestand, christliche Lehrer zu bilden, und so manche ihrer ehemaligen Zöglinge in den Dörfern umher als Gehülfen arbeiteten, war doch immer noch nicht geworden was sie seyn sollte. Der unablässige Wechsel ihrer Vorsteher hatte jeden Plan der Art vereitelt. Es zeigte sich eben auch hier, wie in allen derartigen Unternehmungen, daß „der Wind wehet wo er will", und daß man für wahre Herzensbekehrung keine „Anstalten" errichten kann. Jünglinge, von denen man sich das Beste versprach, mißriethen, und wo ein guter Anfang gemacht war, da vernichtete der Wurm der Verführung das edle Gewächs.

Andrerseits aber kam die verloren geglaubte Frucht erst spät noch zum Vorschein, wie in folgendem von Herrn Weeks erzählten Falle:

„Ein Jüngling, der aus der Schule zu Regent in die „Anstalt zu Fura-Bay übergegangen war und diese durchlaufen hatte, war als Hülfslehrer in Dienst getreten. „Nach vier Jahren mußte er wegen schlechten Wandels „entlassen werden. Er kam jetzt in sehr schlechte Gesellschaft. „Nach einem Jahr fand er aus Erfahrung wie hart der „Weg der Sünde ist. Er hatte die bittern Früchte eines „ausschweifenden Lebens zu ernten. Aber sein Herz war „furchtbar verhärtet, und lange machte weder Armuth noch „Krankheit den geringsten Eindruck darauf. Endlich machte „sein Leiden ihn unfähig, das Haus zu verlassen; er mußte „sich legen, um nicht wieder aufzustehen. Etwa zwei Mo„nate vor seinem Tode fing er an ernsthaft über seinen „Zustand nachzudenken. Er erschien sich als ein elender „Sünder und sagte mir, er fühle was es heiße, Gott muth„willig beleidigt zu haben, weil er seine Pflicht recht wohl „gekannt habe. Ich wies ihn auf Jesum, dessen Blut rein „mache von aller Sünde; aber er meinte, das gelte muth„willigen Sündern nicht. Bei einem weitern Besuche schien „doch eine ferne Hoffnung auf noch zu erlangende Gnade „in seiner Seele aufzudämmern. Ich mußte ihm vorlesen, „mit ihm beten. Seine leichtsinnigen Gesellschafter besuchten „ihn nicht, thaten nichts für ihn. Er war mit seinen ar„men alten Eltern mit ihrem Unterhalt ganz an die Wohl„thätigkeit gewiesen. Endlich ging er ganz in Fäulniß über, „und es war nicht leicht zehn Minuten in seinem Gemache „auszuhalten. Je näher er dem Tode kam, desto besser stand „es mit ihm. Am Morgen seines Todestages ließ er mich „rufen. Er seufzte tief auf in seinen Schmerzen und ver„sicherte mich in feierlichem Tone, heute werde er sterben, und „fuhr fort: „Ich habe nach Ihnen geschickt, um Ihnen zu „sagen, daß ich eine selige Gewißheit meiner Begnadigung „habe, daß Jesus Christus mir als Heiland geoffenbart „worden ist, daß ich vor Freuden fast meine Schmerzen ver-

„gesse.“ Er sprach einige Verheißungen Gottes für die „Seinen aus, denn er war mit der Bibel wohl bekannt, „nahm mir das Versprechen ab, daß bei seiner Beerdigung „der Leichnam in die Kirche getragen werde, gab die Lieder „an, die man singen sollte, und fügte bei: „Noch eine Bitte „wage ich — daß Sie nächsten Sonntag eine Leichenrede „halten und meinen gottlosen Kameraden sagen, es sey „mein letzter Wunsch, daß sie von ihren Sündenwegen ab- „lassen, auf denen sie gehen. Sagen Sie allen Schulkindern, „allen Leuten, sie mögen doch Gott treu und redlich dienen, „das mache so glücklich auf dem Sterbebette.“ Nach einigen „weitern Aeußerungen schloß er: „Und nun haben Sie die „Güte mit mir zu beten.“ Eine Stunde nachher starb er.

Der rasche Wechsel der Arbeiter ging fort. Manche raffte das Klima weg. Neue erschienen in Schmidt und Haastrup, Frey und Gollmer aus Basel, Rhodes und Reynolds aus England. Schön machte um diese Zeit (1840) die Niger-Expedition mit und ging dann nach Europa. Mit ihm war auch Samuel Crowther weggegangen, um dort mitzuwirken, und zwar gerade zur Zeit als die Anstalt in Fura-Bay wuchs, indem sie bis auf 27 Zöglinge sich hob. Herr Jones, ein Africaner, trat an die Spitze der Anstalt, und ihre Fortschritte waren um so erfreulicher, als durch jene Expedition, sowie durch den Eintritt der Söhne eines Negerfürsten, der Blick der Hoffnung wieder weiter ausgeworfen wurde auf die Länder des Erdtheils und man diese Schule als eine Pflanzung für künftige Prediger betrachtete. — Es wurde deshalb auch der Kosten werth geachtet, für dieselbe ein neues Gebäude an der Fura-Bay und zwar, wie der Stadthalter Dr. Ferguson bei der Grundsteinlegung bemerkte, auf der Stelle zu errichten, wo vierzig Jahre vorher eine Sclaven-Factorei gestanden hatte. Man trennte jetzt die Anstalt in ein höheres Seminar und eine Vorschule.

Wir wollen, indem wir über ein Jahrzehent voll wichtiger Bewegungen, die aber erst später zu schildern sind, hinwegschreiten, nur kurz zusammenfassen, indem wir den neuesten Stand dieser Anstalten schildern. In der Vorschule wird in den gewöhnlichen Schulfächern, aber auch in Mathematik, Latein und Griechisch unterrichtet. Herr Payton, Herr Beal und der in England gebildete Neger Macaulay waren in neuester Zeit ihre Lehrer. Es gehen aus ihr theils brauchbare Schulmeister für die Mission, theils Zöglinge für das Seminar hervor. Ihrer mehr als 100 sind seit 1845 durch die Schule gegangen. Die höhere Anstalt, das Seminar, konnte erst 1848 in das neue Gebäude einziehen. Sie fing mit 6 Zöglingen an, stieg aber allmählig bis über zwanzig hinauf. Herr Jones steht noch an der Spitze, mit ihnen Missionar Kölle aus Basel und Missionar Nicol, ein Eingeborner. Hier werden die mathemathischen und Sprachstudien fortgesetzt, das Hebräische kommt noch dazu und es wird zu theologischen Studien fortgeschritten. — In Freetown besteht jetzt noch überdies unter Jungfrau Julie Saß mit Helene Crowther, der Tochter des Missionars, eine höhere Bildungsanstalt für eingeborne Töchter.

Auch die Mission in der Stadt Freetown wollen wir nicht durch alle die sich gleichartigen Wechsel verfolgen, sondern fassen im neuesten Berichte zusammen:

Eine neue Kirche für 1000 Zuhörer wurde im westlichen Theile der Stadt unter Herrn Beal's kundiger Leitung gebaut. Er eröffnete dort eine Sonntagsschule, wurde aber von Lernbegierigen so überdrängt, daß er mit der Mehrzahl der Zöglinge der Vorschule und 10 Mädchen, die er dazu herangebildet, weit nicht ausreichte, um der Masse Unterricht zu ertheilen; eine Wochenschule zählte bald 200 Kinder. Die Bewohner der umliegenden Stadttheile waren angefaßt; sie geben bedeutende Beiträge für die Kirche und für die Aussendung von Hausbesuchern in die Familien; kurz, das Evangelium ist im Siegen begriffen, und bald wird bei der so bedeutend erhöhten Bevölkerung mit der Hülfe Gottes die Höhe der ersten schönen Zeit wieder erstiegen seyn.

Heben wir nun in den folgenden Abschnitten die einzelnen Züge des Missionswerkes auf den Stationen hervor, um zum Schlusse dann wieder Alles in Einen Brennpunct zusammenzufassen.

Dritter Abschnitt.

Station Regentstown. — Johnson's Abschied. — Schilderung der Station. — Erweckungen. — Briefe der Bekehrten an Johnson. — Eindruck der Todesfälle auf die christlichen Neger. — Johnson's Rückkehr und Begrüßung. — Reden der Neger beim Missionsfeste. — Der Schächer. — Blick in die Nacht. — Die Feuersbrunst. — Redlichkeit der Leute. — Fleiß. — Lenksamkeit. — Herzensbewegungen. — Blicke ins innere Leben. — Empfang neuer Bewohner. — Bestätigung des prophetischen Worts aus dem Munde der Schwarzen. — David Noah. — Wachsen der Gemeinde. — Wirkung der Predigt aufs Gewissen. — Zartgefühl des Gewissens. — Umkehr des Abtrünnigen. — Tiefere Auffassung der Communicanten. — Liebe und inniges Vertrauen zum Missionar — Die Geschichte der blinden Bathy. — Johnson's Abreise und Tod. — Rasches Sinken des Gemeindelebens. — Schneller Wechsel der Missionare und weitere Abnahme. — Allmählige Besserung. — Ein verlorner Sohn. — Ein seliges Kind. — Die Sünde wider den heiligen Geist.

Wir beginnen unsere Wanderung durch die Stationen der Halbinsel mit Regent, wo unter Johnson's tüchtiger Arbeit, wie wir bereits gesehen haben, das Christenthum am schönsten aufblühte.

Diese Gemeinde sollte jetzt (1819) einige Zeit ihren getreuen Hirten missen, indem Johnson seine kranke Frau nach England zu begleiten hatte. Wilhelm sollte in der Zwischenzeit von Leicester aus dort helfen, Morgan ganz dorthin ziehen, während auch Cates da blieb. Drei Tage vor seiner Abreise, am Osterfeste, taufte Johnson 110 Erwachsene und 6 Kinder und theilte das Abendmahl 253 Schwarzen aus. Es war ein africanischer Pfingsttag, nur getrübt durch den Schmerz des Abschiedes. Hunderte von Negern begleiteten ihn und konnten sich fast nicht von ihm trennen. „Massa," riefen sie, „gesetzt kein Wasser hier (aufs Meer deutend), mich den ganzen Weg mitgehen, bis keine Füße mehr." Wie es damals in Regent aussah, schildert die Gattin des einen der neuangelangten Schullehrer, Frau Jesty, die noch Johnson's dort vor ihrer Abreise besuchte. In Freetown schon war sie erstaunt, eines Morgens ein geistliches Lied vor ihrer Thüre singen zu hören. Es waren die fünf Träger, welche Johnson mit dem Palankin gesendet hatte, sie abzuholen. Als sie den hohen Leicester-Berg erstiegen hatten, hieß sie Halt machen, um sie ruhen zu lassen. Da begann der Führer der Fünfe eine Rede an die Andern, voll Kraft und Einfalt, in ächt biblischer Sprache, über die Vergebung der Sünden, das Verderben des Menschenherzens. Die Leute hörten in athemloser Stille zu und Frau Jesty rief innerlich aus: „Welche „Wunder thut das Wort Gottes!" — Weiter sagte sie: „Hier wohnt der Athem der Liebe Gottes, des Gebets und „Lobes Gottes. Außer dem, was man in den Morgen- „und Abendbetstunden hört, nimmt man dieses Liebesleben „immer wahr; überall hört man Psalmengesänge schallen; „nirgends ein Streit, nirgends ein Zeichen des Aberglaubens! „Täglich kommen fünf bis sechs Leute, um Herrn Johnson „ihre Hungersnoth zu klagen; jeden Tag werden weitere „Seelen gläubig." — Herr Jesty schildert den Kirchgang der Kinder, Paar um Paar, die Mädchen in blendendes Weiß, die Knaben in weiße Beinkleider und rothe Jacken gekleidet. „Die Kirche ist voll ehe die Glocke ertönt, Alles „voll Andacht, und Thränen rollen über manche Wange „nieder. Am Abend nach dem vierten Gottesdienst kamen „120 Kinder und sangen Herrn Johnson ein Abschiedslied. „Es war das Ergreifendste, was ich je gesehen und gehört."

Auch in Abwesenheit des gesegneten Mannes, der hier die Schlummernden geweckt, wirkte sein Wort und der dadurch gegebene Anstoß noch nach. Herr Morgan, der durch den Tod des wackern Cates (1819) eines tüchtigen Mitarbeiters beraubt war, schrieb:

„Noch immer wird hier emsig nach dem Heilswege ge„fragt. Wir haben kürzlich einige Taufbewerber sorgsam „geprüft und Einen aufgenommen, der wirkliches Leben „zeigte. Das Haus war fast voll von Leuten, die auch „nach der Prüfung verlangten, die aber noch zu weit zurück „sind. — Letzten Monat wurde ich zu einem sehr kranken „Gemeindeglied gerufen. Er sagte mir, er werde sterben, „möchte mich aber vorher noch sprechen, und auf die Frage: „warum? fuhr er fort: „Mehrere Monate lang, ehe mein „geliebter Lehrer (Johnson) fortgehen, mein Herz mir sagen, „das Ding von Jesus, das er sagen, nicht wahr, weil „Niemand (nämlich außer Johnson) mir das Ding sagen. „Aber als Sie kommen, Sie ganz das Nämliche sagen, dies „das erste Mal und Gott meine Augen öffnen. Nun ich „denken, gesetzt Sie und Herr Johnson uns Ein Ding sagen „von Jesus, dann ich gewiß, daß der HErr Sie lehren, „und dann ich gewiß, Alles wahr." Er war sehr beküm„mert über seinen langen Unglauben.

„Als ich neulich von einem entlegenen Theile der „Stadt nach Hause ging, fand ich einen Mann, der aus„ruhte und körperlich sehr zu leiden schien. Ich machte „verschiedene Fragen an ihn, unter Anderm auch die: seit „wann er nichts mehr habe arbeiten können? Er antwor„tete: „Ich nichts arbeiten, seit ich in dies Land kommen." „Miss. „Wer gibt dir denn Reis?" Er. „Der König, „Massa." Miss. „Du weißt, du hast auch ein Herz." „Er. „Es hier wohnen, Massa," womit er an die Seite „deutete. Miss. „Gut, was arbeitet dein Herz, wenn der „Leib ruht?" Er lachte; aber ich machte ihm klar, wie „trügerisch sein Herz sey, und was aus ihm werden müsse, „wenn Gott dieses alte Herz nicht wegnehme und ihm ein „neues gebe. Der arme Mann war bewegt, kroch ganz „nahe zu mir heran und sagte: „Massa, Alles was Ihr „sagen, mich leben in meinem Herzen, zu viel wahr; aber „wer Euch Alles das sagen?" — Seitdem fragt er ernst„lich, was er thun müsse um selig zu werden."

Die Bewegung in der Stadt nach dem Heile in Christo war noch im Steigen. Aber Einzelne fielen auch wieder von dem Glauben ab, den sie bekannt hatten, was Herrn Morgan tief bekümmerte. Als er eines Tages daran dachte und sich in sein Kämmerlein begeben wollte, um da seinen Kummer zu den Füßen seines Heilandes auszuschütten, fand er auf der Treppe einen Mann und ein Weib sitzen, die sehr traurig aussahen. Er meinte es handle sich um Schlichtung eines Streites und sagte: „Ich nehme so spät „in der Nacht kein Palawer mehr an, geht nach Hause!“ — als das arme Weib, in Thränen ausbrechend, rief: „Nein, Massa; sondern ich muß Euch sagen: mein Herz „geht bald ins Feuer, wenn ich nicht mit Euch reden.“

Wie innig und warm die Neger ihres theuern Predigers in England gedachten, zeigten ihre herrlichen Briefe an ihn. Theilen wir einige davon mit, aber mit der Erinnerung, daß ihre Schreiber noch kurz zuvor wie eine Heerde Vieh im Unterraum eines Sclavenschiffes zusammengedrängt waren, weil man glaubte, nach ihrem geistigen Zustande seyen sie nur dieser Behandlung fähig.

Einer schrieb (26. Mai 1819): „Theurer Vater in „Christo Jesu! Ich habe einige Zeilen an Sie geschrieben, „Ich hoffe Sie sind wohl in dem HErrn, und Ihre Frau. „Ich hoffe Sie werden meine Brüder und Schwestern von „mir grüßen, wenn ich sie auch nicht kenne; aber ich bin „gewiß, wir werden einmal zur Rechten unsers HErrn Jesu „Christi zusammenkommen. Wenn ich an das Amt (als „(Lehrgehülfe der Schule) denke, das mir der HErr über„tragen hat, so fürchte ich mich. Wenn ich die Bibel lese, „so finde ich, daß Gott sagt: Fürchte dich nicht, ich bin mit „dir! und: Wenn ihr Glauben habt wie ein Senfkorn, so „möget ihr zu diesem Berge sagen: hebe dich von hinnen „dorthin! so wird er sich heben, und euch wird nichts un„möglich seyn. Und wenn ich im Testament lese, so finde „ich, daß Jesus sagt: Wer an mich glaubet, der hat das „ewige Leben; ich bin das Brod des Lebens. — Das ist „meine Hoffnung; aber ich fürchte mich wieder, weil der

„HErr gesagt hat: Thue Buße; wo aber nicht, so werde „ich dir bald kommen und mit dir kriegen durch das Schwert „meines Mundes. Das macht mir Angst. Grüßen Sie „alle meine Brüder und Schwestern; sie mögen doch für „mich beten, daß ich im Glauben bleibe. Ich fürchte mich „nicht. Was können mir Menschen thun? denn der HErr „ist mein Schild und meine Hoffnung. Beten Sie für „mich, denn ich brauche es. Die Gnade unsers HErrn „Jesu Christi sey mit Ihnen und mit allen Seinen Kindern. „Amen."

Ein Anderer schrieb: „Ich ergreife diese Gelegenheit, „Ihnen ein paar Zeilen zu schreiben, geliebter Bruder! Ich „hoffe, Gott wird Sie schützen und bewahren, wenn Sie „durch die mächtige Tiefe gehen, und wir werden uns nach „Gottes Willen wieder sehen. Ich denke alle Tage an Sie „und frage, wie es Ihnen in Ihrem Herzen zu Muthe ist, „geliebter Brüder! Ich hoffe, Sie sind wohl in dem HErrn „Jesu Christo, Sie und Frau Johnson, und ich bete zu „Gott, daß Er Sie erhalte, bis Sie wieder nach Africa „kommen, daß wir einander wieder sehen.

„Ich danke dem allmächtigen Gott für Seine Güte „gegen mich. Ich weiß, der HErr ist mein Heiland und „mein Gott. Ich bete für alle guten Leute, die in England „sind, und den Secretär. Ich hoffe, sie werden in Jesu „wohl seyn und mehr Missionare nach Africa senden, un„sern armen Landsleuten das Evangelium zu predigen. „Mein Meister, haben Sie die Güte, mir ein Gesangbuch „zu schicken. Mein Weib fragt, wie Sie sich befinden, Frau „Johnson!"

Der Verfasser des ersten dieser Briefe schilderte im September den Zustand der Colonie während der Seuche: „Ich war in Charlotte-Town, als Herr Taylor krank war, „und ich rede das Wort Gottes zu den Leuten. Einmal „kommen wir zur Missionsbetstunde zusammen. O! damals „viele weiße Leute krank! und viele von ihnen sterben!

„Und um diese Zeit wir verlieren eine unsrer Schwe„stern, Marie Moddy; sie zu Bette gebracht und das Kind

„starb und sie erkältete sich, und ich komme sie zu sehen und „frage: „Wie geht's?" sie sagt: „Ich fürchte mich zu viel." „Ich frage: „Was fürchtest du?" und sie sagt: „ich Sünde „gethan." Und ich sagte: „Bete zu dem HErrn Jesus „Christus, nur Er kann dir helfen." Und ich betete mit „ihr, und am nächsten Tage kam ich wieder und sagte: „„Wie ist dir zu Muthe im Herzen?" und sie sagte: „O, „mein Herz zu schlecht." Und ich sagte: „Betest du zu Jesu „Christo?" Und sie antwortete: „Ja, zu wem sollte ich „beten, wenn ich nicht zu dem HErrn Jesu Christo beten?" „Und ich sprach noch mehr mit ihr und betete mit ihr und „ging fort. Den andern Tag ich wieder kommen, und sie „kann kaum sprechen. Ich betete mit ihr und blieb bei ihr. „Nach und nach starb sie. Damals Herr Cates krank und „Herr Morgan krank, und der arme Herr Cates sterben. „Ich denke die Reise ins Bassa-Land,* das zu viel für ihn. „Das Land so lang zum Gehen und die Sonne so heiß. „Aber ich kann das nicht beweisen; ich denke, seine Arbeit „gethan und seine Zeit vorüber. Als er krank, ich kam ihn „zu besuchen und fragte: „Wie geht es, Herr Cates?" und „er sagt: „Ich werde gewiß sterben." Und nach und nach „er nach Freetown gehen und sehr schwach werden. Aber „er war ein Glaubensmann und starb am Freitag um 5 „Uhr. Und am Samstag wir gehen ihn begraben und wir „sehen ihn an, und wir gehen in Herrn Jesty's Haus und „Herr Jesty sagen, er glauben, Gott wolle diesen Ort ver„lassen, weil so viele Weiße sterben. Ich fürchte zu viel „und ich betrachte viele Dinge in meinem Geiste; ich denke „Heuchler wohnen unter uns und Gott will uns strafen; „aber ich traue wieder auf den HErrn, Er die Seinen ken„nen und sie nie verlassen. Dann Herr Collier krank wer„den und Herr Morgan wieder krank werden und unser „Freund sagen: „Gott bald diesen Ort verlassen," und ich „sagte: „ich vertraue dem HErrn Jesus Christus, Er die „Seinen kennen und nicht verlassen noch versäumen." Und

* Siehe Heft 3.

„nächsten Sonntag Herr Collier sterben um 11 Uhr. Frau „Morgan sterben, Herr Bull krank! O! diese Zeit alle „Missionare krank! Wir gingen am Montag nach Freetown, „Herrn Collier zu begraben, und wir kommen wieder heim „und halten Gottesdienst, und diese Zeit mich zu viel im „Herzen ängstigen. Niemand mich zu lehren und ich war „bekümmert um meine armen Landsleute. Herr Cates ge„storben, Herr Collier gestorben, Herr Morgan krank. O! „was muß ich thun für meine Landsleute! Aber ich trauen „auf den HErrn Jesum Christ; Er weiß, was zu thun, und „ich ging zu beten und sagte: „O HErr! nimm nicht alle „die Lehrer von uns weg!"

Als endlich Johnson zu seiner Heerde zurückkehrte, war große Freude. In der letzten Zeit hatte Missionar Wilhelm mit seiner Gattin dort gearbeitet und war sehr beliebt geworden. Auch die eingebornen Gehülfen hatten ihr Mögliches gethan. Allein Keiner hing so mit den ersten geistlichen Lebensanfängen der Gemeinde zusammen, wie Johnson. — Er hatte Abends in Freetown gelandet und blieb dort, weil es zu spät war um noch Regent zu erreichen. Allein die Nachricht wurde rasch dorthin gemeldet, und eine Schaar Leute kam, ihn zu begrüßen. „Nie," sagt er, „in „meinem Leben hatte ich so viele Händedrucke zu geben und „zu empfangen; doch kam es diesmal nicht, wie bei meinem „Abschied, dazu, daß mir die Nägel von den Fingern los„gingen."

Es war am 31. Januar 1820, als Wilhelm im Gottesdienste ankündigte, der Statthalter werde am folgenden Tage kommen und er wolle dann die Kirchenglocke läuten, damit man sich versammle. Nach dieser Ankündigung folgte noch Gesang und Schlußgebet. Eben wollte man aus der Kirche gehen, als ein Mann, der Johnson hatte landen gesehen, hereineilte und rief: „Alle Leute hören! Herr Johnson mich schicken zu kommen und euch sagen, er kommen. „Er in der Stadt wohnen!" Da begann ein Getöse und ein Bewegen, als man nie gesehen. Manche konnten nicht warten bis die Thüre frei war, und sprangen zum Fenster hinaus. Einige gingen in der Nacht nach Freetown; Andere blieben wach und sangen die ganze Nacht. „Ich ging", fügt der Berichterstatter, ein Neger, bei, „um 5 Uhr Mor„gens nach Freetown, und war sehr froh Herrn Johnson „wieder in diesem Lande zu sehen. Ich danke dem HErrn „Himmels und der Erde, daß Er uns im Lande der Leben„digen erhalten hat, um uns wieder zu sehen. Ich hoffe, „Er wird uns auf sein ewiges Reich zubereiten, wo wir „mit Ihm herrschen werden immer und ewiglich."

„Gestern," sagt Johnson vom ersten Sonntag nach seiner Rückkehr, „war ein herrlicher Tag. Die Kirche war „drei Mal ganz voll. Ich predigte über die Worte: Kom„met her zu mir Alle, die ihr mühselig und beladen seyd, „ich will euch erquicken. Nach der Predigt reichte ich das „heil. Abendmahl 255 Schwarzen und 8 Weißen." Den Hunger nach dem Worte des Lebens fand er noch so groß, als vor seiner Abreise. Ein Gemeindeglied sagte ihm: „Massa, ehe Ihr von hier fortgehen, Ihr predigen, Ihr „sagen: Gesetzt, Jemand schlägt Reis; wenn er fertig schla„gen, er die Wurfel nehmen und wurfeln, und dann die „Spreu alle wegfliegen und der Reis rein werden. So „Gott thun mit seinen Leuten. Er die Spreu wegwurfeln. „Ja, Massa, mich so gewesen, seit Ihr nach England ge„hen. Gott uns wurfeln diese Zeit, wahrhaftig!"

Die Missionssache war während Johnsons Abwesenheit etwas liegen geblieben. Er feuerte wieder an, und bald wurde ein Jahresfest gehalten. Ein Redner erzählte dabei von seiner Bekehrung und sagte unter Anderm: „Als ich „leben in meinem Lande, Krieg kommen, sie mich fangen, „und als ich im Schiff wohnen, ich zu viel krank; aber „Gott weiß was gut für mich. Ich sehe viele Leute ins „Wasser springen, ich will auch hinein; aber Gott ließ mich „nicht, Er brachte mich hieher. Sonst wäre ich nicht ge„kommen. Weißer Mann nicht kommen für nichts hieher, „er uns von Jesus sagen, und Jesus jeden Sünder kennen; „Er sie retten wollen, aber Keiner kann selbst kommen, Gott

„muß ihn ziehen. Christus sagt: Lasset euer Licht leuchten „vor den Leuten. Bedenket es: scheinen eure Lichter?"

Ein Zweiter sprach: „Ich nicht Vater und Mutter „kennen, aber Gott ist mein Vater und Mutter. Weiße „Leute mich fangen und verkaufen. Ich kam hieher; meine „Augen blind, mein Herz hart. Kein Menschenwort kann „meine Augen und Ohren öffnen. Der HErr Jesus meine „Augen und Ohren öffnen, und ich nahm sein Wort an. „So lange ich lebe, will ich zu meinen Landsleuten reden; „aber sie nicht hören, was ich sage. Ich bete, daß sie hö- „ren und selig werden. Sie gehen in den Busch, nehmen „ein Bugabug-Nest (weiße Ameisen, Termiten) und machen „einen Gott. Sie nehmen Stecken, machen ein Feuer, Reis „kochen und einen Theil verbrennen ihrem Gott."

In einer dritten Rede hieß es: „Gott hat Großes an „uns gethan, aber ich habe Ihn verläugnet wie Petrus; „o! möge Er sich meiner erbarmen. Ich kann nichts thun. „Ich bitte Gott uns helfen, daß Gottes Wort die Erde be- „decken, wie Wasser den Meeresgrund."

Ein Vierter sprach: „Durch das kostbare Blut Jesu „werde ich gerechtfertigt. — Meine Landsleute liegen in „Finsterniß. Sie beten ihre eigenen Götter an. Was Herr „Taylor sagte vom Gerichtstag, daß wir unsre Landsleute „da sehen werden, und daß wir vielleicht durch die Kupfer „(Geld), die wir geben, viel Freude haben. Ihr müßt „nicht sagen — weiße Leute mich hieher bringen. Sie sind „nur Werkzeuge: es ist Gott, der uns hergebracht, damit „wir von Jesus dem Sünderheilande hören."

Nach einer Predigt über den Schächer am Kreuze kamen die Leute zu Johnson, und ein alter Mann sagte: „Massa! mein Herz singen; mich froh zu viel!" Miss. „Was macht denn dein Herz singen?" Neger: „Ach Massa! „Ihr sehen, der arme Schächer, er gar nicht gut, er schlecht, „als sie ihn an das Kreuz hängen — er nicht wissen, daß „Jesus der Heiland. Aber wenn er am Kreuz hängen, „Gott lehren, Er ihm schlecht Herz zeigen, Er ihn machen

„beten zu Jesus: HErr, gedenke an mich! Jesus nicht sa„gen: mich dich nicht brauchen, du zu schlecht, zu Dieb zu „viel; nein! Er nicht so sagen, sondern ihn annehmen und „sagen: Heute sollst du mit mir im Himmel seyn. Ich „sehen, Jesus arme Sünder nehmen; das mich fröhlich ma„chen zu viel. O! mein Herz singen. Wahrlich, mich schlecht, „mich sehr schlecht, mich Sünde zu viel. Aber Jesus Chri„stus kann mich gut machen. Er armen Schächer nehmen, „mich nehmen, mich ebenso. Gottlob! Gottlob!"

Blicke in die Nacht dieser ehemaligen Heiden, wie sie diese Redestücke thun lassen, erhielt der Missionar sonst noch manche und tiefere. Dies zeigt folgende Erzählung einer Negerin: „Als ich sehr jung war, meine Mutter sterben, „bald hernach bös krank ins Land kommen. Leute ganz „gut aussehen, plötzlich umfallen und sterben; so viele Leute „sterben, daß man sie nicht begraben konnte. Manchmal „sechs oder sieben Leute auf einem Platze stehen und drei „oder vier davon umfallen und sterben. Mein Vater mich „nehmen und in ein ander Land laufen, weil er bös krank „fürchten. Mein Vater krank, aber nicht sterben; mich „auch krank. Einmal Vater mich schicken, Cassada holen. „Zwei Männer mich auch auf dem Weg begegnen, mich „fangen, mich zum Häuptling nehmen, sagen, mich Dieb, „und Häuptling sagen, mich verkaufen. Massa, mich nicht „Dieb damals. Sie wollten mich verkaufen, darum diese „Lüge sagen. Wie sie mich wegbringen wollen, mein Vater „kommen, er sehr krank. Er mich ansehen, sie sagen mich „Dieb, und sie gehen mich verkaufen. Mein Vater anfangen „sie zu bitten, aber sie nicht hören; — mein Vater stehen „und weinen. Und, Massa! seit Ihr das Palawer von „Missionar sagen, von unsern Vätern und Müttern, mich „keine Ruhe haben." Hier brach sie in Thränen aus und fuhr fort: „Mein Vater immer vor meinen Augen stehen. „O armer Mann! er nichts wissen von Jesus Christus." Jetzt weinte sie laut. Nach einiger Zeit begann sie wieder: „Sie schleppen mich zwei Tage fort, dann mich verkaufen. „Ich weiß nicht, was sie für mich bekamen. Ich ein wenig

„bleiben, dann Leute mich an andern Ort bringen, mich „wieder verkaufen mit vielen Leuten. Mich sehr krank „damals, o! mich so schwach! mich nichts als Bein. „Der Mann, der mich kaufen, mich ansehen, dann sagen: „„Das Mädchen nicht gut, sie sterben. Ich will sie tödten, „sie nicht gut zum Verkaufen.“ Ein Weib da wohnen, „ich glaube eins von sein Weib — sie den Mann bitten, „mich nicht umbringen.“ — Abermals weinte die Erzählerin bitterlich und schloß dann: „O Massa! Gott dieses Weib „senden, mein Leben zu retten. Dieses Weib nicht kommen „und für mich bitten; wo wohne ich jetzt?“ —

Ein junger Mann erzählte in einer der religiösen Versammlungen am Samstag Abend: „Als ich in meinem Lande, „der König sterben. Der Häuptling viele Sclaven sammeln, „denn das ist Sitte, wenn der König sterben, viele Sclaven „umbringen. Ich Sclave seyn, aber nicht dem König ge„hören, einem andern Manne gehören. Dann mein Herr „mich nehmen, auf den Platz bringen, wo sie die Leute „tödten wollten; er sagen: „Der Knabe nichts gut; ich „will ihn für eins der Weiber vertauschen, die sie um„bringen wollen.“ Er gehen und mich nehmen und wir „zu dem Ort kommen. Ich zwei Häuser voll Sclaven sehen, „die man umbringen will, und mein Meister mich für ein „Weib austauschen und sie mich unter die Leute thun, die „man für den König, der sterben, umbringen will. Gut — „ich stehen, ich zittern — ich nicht wissen, was thun. „Nach und nach Häuptlinge kommen und alle die Leute „beschauen. Wenn sie kommen, ich sie scharf ansehen, — „sie mich nicht in Acht nehmen. Ich ganz nahe an der Thür, „ich hinausspringen und in den Wald laufen. Ich da drei „Tage, ich Gras essen; ich hören wie sie die Leute um„bringen, ich zu viel fürchten, sie schreien, sie kreischen — „o! zu viel! ich aus dem Wald laufen in ein ander Land. „Die Leute dort mich fangen, meine Hand binden, sie zu „meinem Häuptling schicken und sagen, seinen Sclaven ge„fangen. Der Häuptling zwei Männer senden, mich holen. „Aber der Mann, der mich fangen, mich nicht loslassen;

„sie ihm müssen Tuch geben und ihn bezahlen. Gut, — „die zwei Männer zurückgehen, in drei Tagen sagen wieder- „kommen und mich holen. Der Tag kommen und ich warten. „Aber ich wieder davongehen in ein ander Land. Die Leute „mich wieder fangen, mich fortschleppen und verkaufen. Ich „auf Schiff, als englisch Schiff kommen und hieher bringen. „Das hat der HErr Jesus Christus gethan."

Es ist schon bemerkt worden, daß um jene Zeit Herr Bull mit 13 Knaben nach Regent übersiedelte, weil die Anstalt in Leicester in ihrer bisherigen Gestalt aufgegeben wurde. Die Zahl wurde durch den Eintritt geförderter Schulknaben, meist aus Regent, verdoppelt; aber Bull's Abreise wegen Krankheit vermehrte die Sorgen Johnson's.

Herr Morgan konnte bei seiner Heimkehr nach England Zeugniß über das gründliche Bekehrungswerk der Station ablegen. Er erzählte unter Mehrerem: „Als Herr „Cates starb, hörte man in der Gemeinde vielfach die Aeu- „ßerung: „Wir haben etwas sehr Böses gethan. Gott ist „sehr zornig; Er nimmt alle unsere Lehrer weg. Nach und „nach wird Niemand bleiben, uns Gutes zu sagen. Wir „müssen beten, liebe Brüder und Schwestern! wir müssen „in unsre Herzen sehen. Etwas Böses wohnt darin." — „Als es einmal in unserm Hause brannte, war ich über „das plötzliche Verschwinden der Weiber betroffen, die vorher „das Haus fast gefüllt hatten. Ich erfuhr nachher, daß „sie in die Kirche gegangen waren, um zu beten. — Als „ich daran war, die bei diesem drohenden Unfall zerstreuten „Bücher wieder zu ordnen, kamen ein paar Mädchen. Auf „die Frage: was sie wollen? sagten sie: „Nichts, Massa, „nur sagen: Gott hört immer, wenn Jemand gehen zu Ihm „reden." — Woher weißt du das, mein Kind? — Kind. „„Massa, als Feuer kommen diesen Morgen, ich wissen, daß „Massa Haus nicht brennen zu viel. Jeden Morgen höre „ich Sie und Herrn Cates beten, Gott dieses Haus bewah- „ren und alle Mädchen und Knaben darin; und als Feuer „kommen, ich zu Sarah sagen: Ach, Gott sehr gut. Er

„hören, was Massa diesen Morgen zu Ihm sagen; Er „nicht lassen dieses Haus brennen zu viel.“ Eine einfache „Erklärung des Vaterunsers wirkte auffallend auf die Ne„ger. Wenn ein Fall von Leidenschaft vorkam, hielten sie „einander vor: „Wenn Gott unser Vater, das nicht seinem „Kinde gleichen.“ Etliche sagten: Ja, so einen Vater „brauchen wir; oder: Gott kann nicht unser Vater seyn, „weil wir nicht so herzlich verlangen, daß sein Reich zu un„sern Landsleuten komme; oder: Wir sind ungehorsame „Kinder, weil wir seinen Willen nicht auf Erden thun, wie „er im Himmel gethan wird. Einige weinten bei dem Ge„danken, wie Er sie von der Versuchung und vom Bösen „erlöse. Sie brannten alle vor Liebe und konnten des Prei„ses seiner Macht und Herrlichkeit nicht satt werden. Vier „oder fünf Mal mußte ich diese Erklärung wiederholen, weil „sie immer wieder darum baten.

„Wie ehrlich diese Leute, die von Hause aus Diebe „waren, durch ihre Bekehrung wurden, zeigt der Umstand, „daß bei dem Brande fast Alles im Hause weggetragen „und nicht der kleinste Artikel nachher vermißt wurde. Einem „Knaben gerieth eine Schachtel mit der Casse für die Ar„beiter in die Hände. Er hielt sich im Garten auf, hatte „sie unter dem Arm und hielt ein Schwert in der Hand, „um den Schatz zu bewachen.

„Auch ihr Fleiß war zu bemerken. Obwohl sie fast „keine Zeit hatten, so hielten sie doch die kleinen Gärten bei „ihren Wohnungen in der schönsten Ordnung, und oft „wurde die Zeit des Mittagessens von der ganzen Familie „zur Gartenarbeit benutzt. Wer lesen gelernt hat, den sieht „man in den Augenblicken der Erholung oft, von den Nach„barn umringt, das Wort Gottes vorlesen; Manche gehen „damit zu den Kranken, Alten, den Leichtsinnigen, Abtrün„nigen und Gottlosen in ihre Häuser.“

Wie lenksam diese Neger waren, davon nur Ein Beispiel, aber ein schlagendes:

„Als man westindische Negerregimenter auflöste und „sie zu dem Ende nach Sierra Leone schickte, erwachte eine

„besondere Theilnahme unter den Leuten; sie wollten die „Soldaten sehen. Es waren das lauter befreite Neger, und „Mancher glaubte hier einen Angehörigen zu finden. In „jedem Gesicht sah man einen Hoffnungsstrahl leuchten. „Als am Abend die Nachricht kam, daß die Truppen am „folgenden Morgen landen würden, wurde es nach der „Abendandacht das allgemeine Gespräch. Beim Morgen„gebet wurde die Kirche besonders voll. Es war von der „Versuchung die Rede, in die man so leicht komme, und „wurde gebetet, daß Niemand heute nach Freetown gehen „möchte. Es that dem Seelsorger weh, dies verlangen zu „müssen, weil ihr Gefühl ihm lobenswerth schien. Aber „er hatte Ursache, die Folgen zu fürchten. Nachher kam ein „alter Christ, anzuzeigen, daß sein Bruder unter den Sol„daten sey. „Gut," sagt der Missionar, „und du möchtest „ihn sehen?" — „Ja, Massa, aber heute gehe ich nicht." „Miss. „Ich muß Jemand nach Freetown schicken; wenn „du noch ein Gemeindeglied findest, das mitgehen will, so „will ich euch beide hinsenden." Er kam nach zwei Stun„den wieder und meldete: „Massa, mich nicht sehen, daß „Einer gehen will. Alle Leute, was zur Kirche gehört, „sagen: Mich nicht hingehen, wo Gott sagt, Versuchung „wohnen.""

So wartete der zärtlich liebende Bruder zwei volle Tage, bis er das Angesicht des theuern Angehörigen sehen konnte. Dafür aber wußte es der Missionar zu vermitteln, daß die Brüder beisammen wohnen durften.

Die Art der Erweckungen bezeichnet der Fall eines Weibes vom Ebo-Stamme, die zum Missionar kam und kaum vor Bewegung reden konnte. Er wollte sie an den beliebten Gehülfen William Tamba weisen, als sie den Wunsch aussprach, getauft zu werden: „Mich zu Gott beten „um den heiligen Geist, mich zu Jesu Christo nehmen. Mich „zu Jesus Christus beten, mich zum Vater nehmen." Auf weitere Fragen konnte sie fast nichts antworten; ihr Herz war zu voll. Manche schrieben Briefe an den Missionar, worin sie sich oft eigen ausdrückten, wie Einer einmal sagte:

„O, ich kann nicht viel sagen von meiner Angst, denn wenn „ich aufstände zu klagen Alles was mein Herz fühlt, es „bringt bittere Sachen gegen mich; die Leute würden ihre „Ohren stopfen und davonlaufen, denn mein Herz bringt „bittere Sachen gegen mich." — Den innern Kampf schilderten sie gern unter dem Bilde zweier Herzen; z. B.: „Mich in den Wald gehen, Holz hauen; Ein Herz sagen: „du beten gehen; das andere Herz sagen: nicht beten gehen, „deine Arbeit thun! dann das erste Herz sagen: du mußt „beten zu Jesus Christus! und das Andere sagen: nicht „achten, was dieses Herz sagt! Dann das Erste wieder „sagen: doch besser beten! und ich mein Schwert wegwer„fen und mich beten zum HErrn Jesus Christus, und mein „Herz vergnügt zu viel. Dann das erste Herz sagen: ah! „du siehest, hättest du nicht gebetet, du nicht so vergnügt!" Manchmal kamen sie weinend zum Missionar und zeigten ihm an, sie haben zwei Herzen bekommen, lebhaft die Zwiegespräche der zwei Herzen schildernd. Als er einer Frau in diesen Umständen einmal Römer 7. vorlas und an die Worte kam: „Ich elender Mensch, wer wird mich erlösen „von dem Leibe dieses Todes", da rief sie aus: „Das mich! „das mich! ganz das Nämliche!"

Auch die Langmuth Gottes gegen sie malten sie in ähnlicher Weise: „Massa!" sagte ein Neger, „ich bin wie „ein Hund, der seinem Herrn davongeht und überall herum„läuft: er findet kein Haus, keinen Ort zu wohnen; er „wird hungrig und kommt wieder zu seinem Herrn, weil „Niemand ihn ins Haus nimmt und ihm etwas zu essen „gibt. So finde ich keinen Frieden, wenn ich dem HErrn „Jesus Christus entlaufe; überall Angst, und ich muß um„kehren, denn Er gibt mir Ruhe." — „Schon drei Jahre," sagte ein Anderer, „bin ich bei der Kirche (Communicant); „einigemal bin ich von dem HErrn fortgelaufen, aber Er „nicht von mir fortgelaufen; Er hält mich fest. Wenn ich „laufen, Er Angst hinter mich senden; wie Er Jonas zu„rückbringen, so mich zurückbringen. Einmal so viel Angst, „daß ich mich hängen will; aber Er mich nicht thun lassen.

„Ich dann wünschen, daß ich nicht das Wort Gottes hören, „weil es mich so plagt. Mich wundern, daß Gott mich so „lange behalten. Welche Erbarmung!"

Oft klagten sie mit Thränen, daß sie so wenig Frieden haben, so wenig Gebetsgeist, so kalt und träge sich fühlen. Mit den rührendsten Worten schütteten sie diese Kümmernisse vor ihrem Seelsorger aus. Eine Frau kam bitterlich weinend, und als sie endlich reden konnte, sagte sie: „Der „HErr hat mich so viel geliebt, und das macht mich wei„nen! Mein Vater wurde im Krieg getödtet, meine Mut„ter sterben und dann schleppten mich die Leute von einem „Ort zum andern und verkauften mich wie ein Thier auf „den Märkten. Oft konnten sie mich nicht verkaufen, weil „ich so klein war, und dann wollten sie mich umbringen; „aber der HErr half mir." Sie weinte wieder. „Ich fühle „alle Worte in meinem Herzen, die Sie letzten Abend ge„sagt; Sie zeigen uns wie die Leute stehen, die Gnade im „Herzen haben, und Alles mich fühlen. Mich weinen wol„len, mich fühlen, wie große Dinge der HErr Jesus für „mich gethan, und was mich betrübt, ist, weil ich Ihn so „wenig liebe."

Ein merkwürdiges Beispiel zu 1 Cor. 7, 32—34, erzählt Johnson: „Bei einem Hausbesuch fand ich zwei Frauen, „beide Gemeindeglieder, mit Nähen beschäftigt; Alles sah „hübsch und reinlich aus. Man stellte mir sogleich eine „Bank und lud mich ein zu sitzen. Eine der Frauen war erst „kurz mit einem ordentlichen christlichen Mann verheirathet. „Auf die Frage, wie es gehe? antwortete sie: „Nicht so gut „wie vorher. Da zum Gebet gehen, Niemand mich hin„dern, allein in diesem Hause wohnen, keine Unruhe haben. „Wenn ich in die Kirche gehen, ich froh, Niemand mich „hindern, und das Wort, das ich höre, war mir süß zu „viel! Manchmal die Leute mich fragen: warum nicht hei„rathen? Mich nichts antworten, aber mich wissen, mich „Frieden haben und mein Herz von Jesus Christus leben. „Aber bald nachher die Leute schlecht von mir reden; mich „allmählig fürchten und unruhig werden. Da mein Mann

„schicken und fragen: ob ich heirathen wolle? Ich weiß „nicht was sagen, aber ich denke, ich muß sagen: Ja! „Gut, ich sage ja und wir heirathen. Mich jetzt viel Unruhe; mein Mann ein guter Mann, aber mich Unruhe „um ihn haben. Wenn mich an den HErrn Jesum Christum denken, mein Mann kommt mir in den Sinn. Und „so stehe ich; oft wenn ich in der Kirche bin, denke ich, es „wäre besser nicht verheirathet, dann würde ich nur an „meine Sünden denken und an den HErrn Jesum. Oft „weiß ich nicht was thun; ich höre predigen, aber ich kann „es nicht fühlen. Nur letzten Sonntag war es, als ob Sie „die ganze Zeit zu mir allein sprächen. Ich mich bücken „und viel weinen."

Krankheit und Noth wußten diese Neubekehrten ächt christlich zu tragen. „Ich kam," erzählt Johnson, „zu einem „Kranken, der, wie sein Weib, Abendmahlsgenosse war. Er „sagte mir, er sey an dem Tage erkrankt, da er sein einzig „Kind begraben habe. „Massa, Gott mich jetzt strafen, aber „wenn ich nicht sein Kind wäre, Er nicht so thun. Wenn „ich Kind haben und ich lieben, wenn Kind Böses thun ich „peitschen. Warum? weil ich es liebe!" "

Das Evangelium des Friedens wirkte auch in den Haushaltungen herrlich. So sagte ein Neger auf die Frage, wie er mit seinem Weibe auskomme? „Manchmal ich ein „Wort sagen, das meinem Weibe nicht gefallen, oder mein „Weib thun, was mir nicht gefällt. Aber wenn wir streiten wollen, dann geben wir uns die Hand, schließen die „Thüre und beten, so haben wir wieder Frieden."

Natürlich war das immer neue Zuwachsen heidnischer Einwohner von den Sclavenschiffen der Fortentwicklung des neuen Lebens in den Gemeinden nicht gerade günstig. Anderseits gab es aber auch Anlaß, die edelsten Gefühle hervorzurufen. Als einmal der Oberaufseher der befreiten Sclaven, Herr Joseph Raffel, an Johnson die Nachricht gab, daß über 200 Neger, die auf einem genommenen Sclavenschiff angekommen seyen, sämmtlich in Regent angesiedelt werden sollten, ging er mit sichern Leuten aus der Gemeinde nach Freetown, um die Neulinge abzuholen, was sehr nöthig war, weil die schwarzen Soldaten in der Stadt stets trachteten, Weiber aus den Ankömmlingen an sich zu ziehen. In Regent war inzwischen große Freude. Man kochte und rüstete auf die Landsleute. „Als wir Angesichts von Regent „erschienen, kam Alles mit Jubelruf aus den Häusern ent„gegen gelaufen. Als die Leute die schwachen, kranken Ne„ger ansichtig wurden, eilten sie auf sie zu, luden sie auf „den Rücken und trugen sie in die Stadt.

„Als die armen Ankömmlinge erschöpft am Boden lagen, „erkannten manche unsrer Leute ihre Verwandten und Freunde, „und es entstand da ein allgemeiner Ausruf: „O Massa! „meine Schwester! mein Bruder! mein Landsmann! Er „wohnen in derselben Stadt!“ u. s. w. Die armen Ge„schöpfe wußten nicht wie ihnen geschah; kaum aus dem „erstickenden Unterraum des Sclavenschiffes erlöst, wußten „sie nicht, sollten sie lachen oder weinen, als sie die An„gesichter derer sahen, die sie längst todt geglaubt hatten, „und die sie jetzt sauber gekleidet und oft mit gesunden „Kindern in den Armen erblickten. Es war über alle Be„schreibung. Wir Alle konnten uns der Thränen nicht ent„halten. — Die Schulkinder eilten nach Nahrungsmitteln „für die Ausgehungerten, die Alten ihnen nach, und bald „waren diese mit Speisen aller Art überhäuft und hielten „eine Mahlzeit, wie lange her keine mehr sie gelabt hatte. „Endlich mußte ich die Leute bitten, den Ermatteten Ruhe „zu lassen. Ich brachte sie in den Schulen unter. Morgens „war die Kirche beim Frühgebet ganz voll. Dann brachte „man den Befreiten Nahrung. Ich suchte die Kinder für „die Schule heraus, 68 Knaben und 61 Mädchen; die „Andern vertheilte ich in den Familien. Manche durften „da Bruder und Schwester mit hereinnehmen. Ein Knabe „im Seminar fand seine jüngere Schwester. Am Abend nahm „ein Schulmädchen eins der neuen, dem sie einige Kleidungs„stücke angelegt, mit nach der Kirche. Als aber das Kind „die Menge Leute sah, lief es schreiend davon und war „schwer zu überzeugen, daß hier kein Sclavenmarkt sey,

„wo es von Neuem sollte verkauft werden. Unsere Kirche „ist nun schon wieder zu klein.“

Eine interessante Thatsache meldet Johnson noch in Bezug auf die Schilderungen der heiligen Schrift vom Heidenthume. Er hatte über Jesaia 44, 9—20 gesprochen, und ein junger Neger äußerte sich darüber so:

„Massa, die Worte von gestern Abend treffen mich sehr. „Sie haben die Bibelverse verlesen und gezeigt, wie unsere „Landsleute stehen. Mich sagen: wer hat Massa das Alles „gesagt? er nie in meinem Lande gewesen. Sie sagen: „Leben eure Landsleute nicht so? Ja, das wahr, Gott „weiß alle Dinge. Er die Dinge in die Bibel setzen. „Massa, ich so gewiß, die Bibel Gottes Wort, denn „Mensch kann nicht das Alles hinsetzen, weil er nicht sehen. „Diese Zeit ich in meinem Lande leben bei einem Mann, „der Grigri machen. Er mich in den Wald nehmen, mich „auch Grigri machen lehren. Er zeigt mir einen Baum „und sagen: das Grigri-Baum. Er Axt nehmen und „Bäume umhauen. Er einen Gott machen, er Blätter „nehmen und was zurückbleibt, ich heimtragen. Da wir „heimkommen, er Feuer machen, und alle Leute kommen „und um das Feuer sitzen. Sie kochen und essen; wie „Essen vorbei, er die Blätter nehmen und im Feuer ver„brennen; dann alle Leute aufstehen, mit Händen klatschen „und rufen: Aha! Aha! — Massa, Sie dann lesen (V. 20): „„es gibet Asche und täuschet das Herz“ — und es traf mich „wieder. Denn wenn sie geschrieen: Aha! nehmen sie die „Asche und machen Arzenei für die Kranken. Sie gesehen, „Grigri wie Koth, das von der Asche; man trägt es an „sich und ißt es auch. — Ja, die Bibel Gottes Wort!“

Die Bevölkerung von Regent war jetzt über 1500 Seelen stark und der Ort hatte an Wohlstand und Schönheit sehr gewonnen. Neben Johnson stand als Mitarbeiter (1821) Herr Norman mit seiner Frau und 47 Eingeborne als Gehülfen und Lehrer beiderlei Geschlechts. An ihrer Spitze that sich David Noah hervor, von dem Johnson sagte:

„Er ist von Tagesanbruch bis Nachts 10 Uhr in be-„ständiger Arbeit, was hier kein Europäer aushalten würde. „Er führt die Tag- und Abendschulen, theilt an 1200 „Menschen Lebensmittel aus, hält über das Alles Ver-„zeichnisse und Rechnungen, mißt Jedem sein Land zu, „wacht über den guten Zustand der Häuser und Gehege, „betet mit den Kranken, holt jeden Dienstag die Vorräthe „in Freetown, schreibt Hochzeiten und Taufen ein, besorgt „alle Geschäfte des Küsters (Clerk) — kurz, er ist Alles „in Regent und geht oft auch noch für mich nach Gloucester „und Bathurst. Das Alles thut er mit Freuden und denkt „nicht daran, daß es zu viel sey. Hat er 5 Minuten frei, „so bringt er sie in meinem Arbeitszimmer mit den Büchern „zu; während der Schule macht er oft noch Rechnungs-„übungen, die er Abends nach 10 Uhr in ein Buch einträgt, „worauf er noch sein Tagebuch schreibt, ehe er zu Bette geht." Ihm zur Seite standen die Seminarzöglinge John Johnson und William Bickersteth, und dem Missionar half John Sandy bei dem Tauf- und Abendmahlsunterricht.

Im Jahr 1822 wuchs die Einwohnerzahl auf 1750, die der Schulkinder über 900, die der Communicanten auf 472, und zum fünften Mal mußte die Kirche erweitert werden. An die Stelle der geringen Hütten traten stattliche Häuser, und es gab bereits Bauern, die für 50 und mehr Pfunde (600 Gulden und darüber) Früchte in einem Jahr verkauften. Dafür wuchs auch die jährliche Liebessteuer für die Mission auf 74 Pfund (888 Gulden).

Dabei wirkte die Kraft der Predigt immer noch so ursprünglich, so Leben schaffend, wie zuvor. Wir geben Beispiele:

„Eine Frau wollte nach der Predigt über Hebr. 9, 27. 28. „wissen, ob ich nicht sie besonders gemeint habe? Sie war „bei einer Freundin gewesen, um zu fragen, ob Massa nicht „auf sie gedeutet habe? Sie zweifelte daran gar nicht und „sagte: „Massa, Alles wahr, was Sie gestern Morgen „von mir sagten; als Sie auf mich deuteten, stand ich

„gerade so." Sie weinte sehr. Sie war üblen Rufes gewesen. „Ich wies sie zum HErrn."

„Nach einer andern Predigt kam ein sehr schlechter Mann „zu mir in vollem Schrecken und sagte: „Am Sonntag Sie „über die Worte predigen: komm und laß uns miteinander „rechten! — Sie sprachen von einer Frau, die einen bösen „Mann hatte, der sie mißhandelte. Aber die Frau war „eine Christin. Sie behandelte ihren Mann sehr freundlich „und suchte es ihm so angenehm als möglich zu machen. „Ein anderer Mann bemerkte dies und fragte das Weib: „wie sie ihren Mann so freundlich behandeln könne, der „doch Alles thue um sie unglücklich zu machen? Sie „antwortete: sie thue das, weil ihr armer Mann es nur „in dieser Welt gut haben könne, weil er unbekehrt sey, „und sie habe Mitleiden mit ihm, wenn sie an das furchtbare Schicksal denke, das ihn dort erwarte. — Nun, „gerade so steht's mit mir. Mein Weib dient Gott treulich, „und oft plage ich sie für nichts. Sie erträgt Alles, und „es ist mir, als sähe ich sie jetzt mit thränenden Augen „und seufzend mich anblicken. Ich dachte oft, es sey nur „Einbildung; aber seit Sie uns von dem Mann und seiner „Frau gesagt haben, finde ich keine Ruhe mehr. Ich fürchte „in der andern Welt unglücklich zu werden. Sie sagten: „wenn ein Mann auf dem Schiffe ins Meer falle und „man werfe ihm ein Rettungsseil zu, er wolle es aber „nicht fassen, so sey es seine Schuld, wenn er ertrinke. „Ich habe jetzt sechs Jahre lang das Wort Gottes von „der Errettung der Sünder durch Christum gehört, aber „ich habe das Seil nicht gefaßt. Mir ist Angst, es möchte „jetzt zu spät seyn. Aber Gott sagt doch noch: komm „und laß uns mit einander rechten!"

Eine Frau äußerte: „Ich glaube, ich liebe den HErrn „Jesum; aber ach! mein Herz streitet wider mich. Die „Gedanken, die in mein Herz kommen, sind nicht tauglich, „daß Jemand sie in den Mund nehme. Oft denke ich, „ich hasse Jedermann; ich mag mit Niemand reden; ich „hasse mich selbst. O! ich bin so böse! Meine Sünden

„so viel und so groß! Aber ich habe doch Hoffnung, wenn „ich denke, was der HErr für mich gethan hat. Er ist „mein großer Heiland. Er wird mich retten. Wenn ich „umkomme, will ich zu Seinen Füßen umkommen!“

Wieder Eine sagte: „Vor zwei Jahren war ich krank, „vor einem Jahre wieder sehr krank. Diesmal mein Herz „sehr vergnügt. Ich kann diesmal sagen, wenn ich auf dem „Krankenbette lebe: Jesus immer lieblich! Ich glaubte ich „werde sterben, aber ich war gewiß, daß ich in den Himmel „komme. Aber diesmal ist mir Angst, weil Sie in der „Kirche sagen, Gottes Kinder haben Leiden, und Sie sehen, „Massa, mich jetzt nicht Leiden haben, mich nicht krank, „mein Mann nicht krank, mein Kind nicht krank; mich „und mein Mann leben ruhig miteinander; wir haben „immer etwas zu essen und Kleider anzuziehen. Mich nicht „Leiden haben, und das macht mich Angst, daß wir nicht „Jesu Christo angehören.“

Ein Mann, der zur Taufe vorbereitet wurde, kam mit sichtlichem Kummer und sagte: „Mein lieber Lehrer, „ich komme, Ihnen meine Noth zu klagen. Vorletzten „Sonntag, als Sie nach Gloucester gingen zu predigen, „habe ich den Sabbath gebrochen und ich habe keine Ruhe „mehr Tag und Nacht; es hilft nichts, es zu verbergen. „Mein Landsmann kam zu meinem Hause und sagte: „„Komm, laß uns spazieren gehen.“ Ich sagte: „Nein! „ich habe lange Zeit schlecht gethan, ich will jetzt Gott „dienen. Mein Landsmann, du mußt nicht mehr so thun; „du siehst, mich hören das Wort Gottes und wir müssen „Rechenschaft geben von dem, was wir hören.“ Dann „kam ein anderer meiner Landsleute und er sprechen und „sprechen, bis ich zuletzt mit ihnen ging; aber mein Herz „ganz unruhig. Als wir auf dem Wege gehen, wir sehen „Sie kommen. Und wir Alle laufen in den Wald, uns „zu verstecken, bis Sie vorbei seyen. Als ich mich verstecken, „mein Herz mich schlagen, daß ich mich vor einem Menschen „verstecke und doch Gott hinter dem Busch mich sehen. „Ich dachte der Boden würde sich öffnen, mich verschlingen.

„Ich bekam so Angst, daß ich zuletzt zittern. Es war gerade, „wie wenn Gott hinter dem Busch hervorsehen. Am Ende „fiel ich auf die Kniee und betete, daß Jesus Christus sich „über mich erbarmen. Ich stehe auf — Sie waren vorbei. „Ich nehme Abschied von meinen Landsleuten und ging heim, „aber ich habe keine Ruhe mehr. Was soll ich thun? ich „fühle keinen Frieden, ich fürchte Gott wird mich nicht an„nehmen."

„Eines Sonnabends ging ich auf dem Vorplatze meines „Hauses auf und nieder, als ein 17jähriges Schulmädchen, „eine Abendmahlsgenossin, die sich sonst sehr gut hielt, mit „einem andern Mädchen leichtsinnig schäckernd und schwatzend „die Anhöhe heraufkam. Dies war ungewöhnlich, weil „um diese Zeit die Gemeindeglieder, wenn sie sich auf den „Sonntag gerüstet hatten, sich in die Stille zurückzogen „und in der Bibel lasen. Als sie am Hause vorüber war, „rief ich ihr zu: „Mary! was ist morgen für ein Tag?" „Sie blieb stehen, senkte die Augen zu Boden, stockte einen „Augenblick, sah dann mit trauriger Miene auf und sagte: „„Es ist des HErrn Tag." Dies reichte hin und ich setzte „meinen Gang fort. Als ich mich umwandte, sah ich sie „am andern Ende des Vorplatzes stehen; Thränen rollten „über ihre schwarzen Wangen und als ich mich näherte, „neigte sie sich tief und sagte: „Ich danke, Herr!" — „worauf sie nach dem Schulhause ging, ohne Zweifel, „um dort auf die Kniee zu sinken und ihre Bibel zu lesen."

„An einem Abendmahlssonntag war das Frühstück in „einem Hause noch nicht fertig, als es läutete. Der Mann „zog sich an und ging ohne zu frühstücken, indem er nur „sagte: „Anna, du hättest den Reis etwas früher fertig „machen sollen." Sie antwortete nichts; aber während „der Predigt fiel es ihr so aufs Herz, daß sie nicht wagte, „das Abendmahl zu empfangen. Sie ging fort, worüber „aber der Mann erschrak und nachher zu mir kam, ver„sichernd, daß er es nicht böse gemeint habe und auch weg„gegangen wäre, hätte er gewußt, was sein Weib im Sinne „habe. Ich ließ die Frau kommen und sah, daß Alles blos

„aus Gewissenszartheit geschehen war, weil sie glaubte, „ihren Mann beleidigt zu haben. Sie gingen im Frieden „nach Hause."

„Einen Mann, den ich vor zwei Jahren vom Abend„mahl ausgeschlossen hatte, nahm ich wieder auf. Er war „ganz verstockt geworden, mied die Kirche, weil sie ihn un„ruhig machte und lebte ganz nach seinen bösen Neigungen. „Als Einer unserer Abendmahlsgenossen beerdigt wurde, „ging er aus bloßer Neugierde mit auf den Begräbnißplatz. „Er wollte nicht gesehen seyn und stellte sich hinter mich. „Er erzählte mir nachher, er habe sich während der Rede „mit etwas Anderem absichtlich in Gedanken beschäftigt; „aber auf einmal habe ich den Kopf gewendet mit den „Worten: „Was sagst du, Abtrünniger? kannst du vor „deinen Gott treten? bist du bereitet?" Der arme Mann „sagte: „Ich meinte, Sie sehen mir ins Gesicht und es „war gerade, als hätte mich Jemand an den Kopf geschlagen. „Ich ging heim, aber die Worte folgten mir überall; ich „hatte keine Ruhe mehr." Er kehrte wahrhaftig um und „fand Gnade."

„Einmal hatte ich vor dem Abendmahl viel Kälte in „der Gemeinde wahrgenommen. Ich ließ daher die Abend„mahlsgenossen den Tag vorher in der Kirche zusammen „kommen. Es regnete sehr und nur die Hälfte kamen, „daher ich den folgenden Tag auf neun Uhr sie nochmals „einlud. Als die Uhr neun schlug, kam Alles, außer den „Kranken, in zwölf Abtheilungen, wie die Stadt eingetheilt „war, und ich war voll Freude als mir dies die Aeltesten „anzeigten. Jetzt las ich Schriftstellen vor, erklärte, er„mahnte, forderte zur Selbstprüfung auf und schloß mit Gebet. „Da traten zwei junge Männer hervor und bekannten, „daß sie im Streit mit einander gelebt und sich versöhnen „wollten. Es geschah leicht, weil Jeder erklärte Unrecht „zu haben. Eine Frau beschuldigte sich, von einer andern „hinter ihrem Rücken Uebles geredet zu haben. Sie ging „und bat sie um Verzeihung. Mir aber rollte eine Freuden„thräne herab. — Jetzt ließ ich die Glocke anziehen und

„die übrige Gemeinde erschien. Es war aber wohl zu merken, „daß das „Licht“ und „Salz“ schon in der Kirche war.“

Daß zwischen einem solchen Hirten und einer solchen Herde die innigsten Bande der Liebe bestanden, bedarf keiner Versicherung. Als nun zu jener Zeit Johnson seine schon kranke Frau nach England mußte gehen lassen, ohne Hoffnung sie auf Erden wieder zu begrüßen, da sahen ihn seine Neger oft stumm mit Thränen in den Augen an. Bei Manchen kam es auch zur Aeußerung in lautem Weinen. Es ging eine Ahnung durch die Gemeinde, daß der theure Mann ihr auch bald möchte entrissen werden, und Manche sprachen diese Furcht aus; Einer mit den Worten: „Der „Leuchter kann umgestoßen werden.“ Das Vertrauen der Gemeindeglieder zu ihm war gränzenlos. In allen wichtigen Angelegenheiten suchten und befolgten sie seinen Rath. Wenige Heirathen wurden geschlossen, ohne daß die Braut vorher zu Johnson ging und offen ihn fragte, was sie thun solle? So brachte ein Mädchen ihm das Geschenk eines, wie sie sagte, „dummen Mannes“, gewesenen Soldaten in Freetown, der sie heirathen wollte und ihr mit etwas Geld ein Grigri schenkte. Diese waren in Regent verschwunden, und Johnson konnte nicht einmal etliche auftreiben, um sie nach England zu schicken. Ein Mädchen gab einem jungen Manne seine Geschenke zurück, weil er gelogen hatte, und sie erklärte: Das thut kein Christ.

Auch an den Kindern war Johnson's Arbeit sehr gesegnet. Er hatte die Gewohnheit, Kinder, die sich verfehlt hatten und die man ihm zur Bestrafung brachte, in eine Ecke seines Zimmers zu setzen und mit ihnen, ab- und zugehend, zu reden. So kam einmal ein Mädchen, das andre geschmäht hatte. Er machte ihr Vorstellungen und malte ihr die Folgen, wenn sie so fortmache. Er gab ihr dann die Geschichte der blinden Betty zu lesen. Eine Weile las sie, dann brach sie in eine Thränenfluth aus. Er war nicht allein, konnte also nicht mit ihr reden. Nachher sagte sie auf sein Befragen mit lautem Weinen: „Ein Wort in dem „Buch hat mir sehr weh gethan. Das arme Mädchen war

„blind und sie sagen: der HErr hat Großes für mich gethan! „Nun, Gott hat für mich auch Großes gethan und ich kann „sehen und bin doch so böse!" — Sie bat unter vielen Thränen um Verzeihung; aber Johnson sagte ihr, das nütze sie nichts; wenn sie nicht wahrhaftig Buße thue und Gott um Vergebung aller ihrer Sünden bitte, so stehe es nachher so schlecht um sie als zuvor. Sie bat, er möchte doch für sie beten, sie wolle es thun. Sie ging hin und er schenkte ihr die Geschichte von der blinden Betty. Aber nach einigen Wochen war sie wieder leichtsinnig. Da auf einmal befiel sie eine Augenentzündung, daß sie gar nichts mehr sah; sie war trostlos und weinte unaufhörlich, was das Uebel noch verschlimmerte. Die blinde Betty war immer in ihrem Sinn. Endlich wurde sie ruhig, still, fröhlich. Die Gnade des HErrn erwies sich an ihr; sie kam bekehrt aus dem Krankenhause wieder.

Die Ahnung der liebenden Gemeinde war nicht ungegründet. Johnson verließ im Frühling 1823 anscheinend gesund die Colonie, um seine sterbende Gattin noch einmal zu sehen. Aber auf dem Schiffe erkrankte er heftig und starb unter der treuen Pflege einer seiner bekehrten Frauen, die er mitgenommen hatte, um ein Kind des Missionar Düring nach England zu bringen. Vor seinem Tode gab er dieser treuen Seele Aufträge an die Committee in London, um einen rechten Mann für Regent zu bitten, und an David Noah, daß er nach Kräften in den Riß trete und den HErrn anrufe, ihn fähig zu machen. Vor seiner Abreise hatte er noch einen dringenden Brief väterlicher Ermahnung an seine Gemeinde geschrieben. Mit tiefer aber ächt christlicher Trauer empfing die Gemeinde die schmerzliche Nachricht von dem Schlage, der sie getroffen hatte. Es wurde ausgesprochen von Gliedern derselben, der HErr habe das gethan, um die Herzen der Bekehrten von dem Werkzeug ab- und zum Urheber der Gnade hinzuziehen. Es war freilich ein schlimmer Umstand, daß jetzt auch Norman, der an der Anstalt und als Stütze für Noah und andere Gehülfen auch in der Gemeinde stand, mit seiner Gattin wegen Krankheit das Feld räumen mußte. Er wäre auch nicht fähig gewesen, die Gemeinde, die eines starken Mannes bedurfte, unter ihren Gegnern fest zu erhalten. Geschah es doch schon bald nach Johnson's Abreise, daß etwa 100 Leute sich in Regent zusammen rotteten, sich weigerten zu arbeiten und in wirklichen Kampf mit den Bessern kamen, wobei mehrere verwundet, ja selbst Herr Norman geschlagen und mit Steinen geworfen wurde. Sie unterlagen zwar und ihrer fünfzig wurden festgenommen und bestraft. Aber es war schmerzlich, auch Abendmahlsgenossen unter den Schuldigen zu sehen. Wie klar stellte sich da heraus, daß diese jungen Pflanzungen des Evangeliums nur unter sorgsamer europäischer Pflege bestehen und gedeihen konnten. Nyländer mußte sich Regents von Außen her annehmen, während die Eingebornen sonst die Arbeit an derselben thaten. Die Anstalt sank unter diesen Umständen rasch; sie hatte nur noch 13 Zöglinge, als Herr Lisk in sie eintrat. Auch die Gemeinde erhielt wieder ihren Seelsorger an Herrn Brooks — aber wie ganz anders sah es jetzt schon aus. Aeußere Umstände, nämlich das Aufgeben öffentlicher Arbeiten in der Nähe und die Zurückziehung der Unterstützungen der Regierung hatten die auf 2000 gestiegene Bevölkerung auf 1300 vermindert. Herr Brooks fand den Kirchenbesuch und den des Abendmahls fast auf die Hälfte herabgesunken, und konnte sogar zweifelnd fragen, ob die frühere gute Meinung vom Zustande der Gemeinde nicht eine übertriebene gewesen sey? Allerdings mußte er immer noch anerkennen, daß ein guter gesunder Kern da sey und daß es kaum ein geordneteres und saubereres Dörflein in England gebe, als dieses Regent. Die Anstalt war fast aufgelöst. — Es war eben klar, daß die Schafe nicht jeder neuen Stimme gleich gehorchten. Auch war der Wechsel nur allzurasch: Herr Betts war bereits Herrn Brooks gefolgt, und er verlor sogleich seine Gattin. Es war die Zeit der größten Sterblichkeit in der Colonie und überhaupt die dunkelste Zeit der Mission in der Mitte der zwanziger Jahre. Ein Wort des entschlafenen Johnson's bewahrheitete sich: „Hat der

„Africaner einmal eine üble Meinung von einem Europäer, „so ist nichts mehr zu machen. O! daß Missionare und „Schullehrer sich es gleich Anfangs zur Hauptaufgabe „machen mögen, die Herzen zu gewinnen. Ich weiß aus „Erfahrung, daß der Missionar, der die Liebe seiner Leute „besitzt, mit zwei Worten zu rechter Zeit, ja mit einem „traurigen Blicke mehr ausrichtet, als ein Anderer durch „die stärksten Mittel. Ich habe welche gekannt, die mit „der bittendsten Sprache nichts vermochten. Warum? — „weil die Leute nicht glaubten, daß es von Herzen gehe."

Die Zahl der Communicanten sank auf weniger als ein Viertheil herab; in der Anstalt waren nur noch zwei Knaben übrig. Und selbst in dieser kleinen Zahl waren nur wenige, bei denen zeitliche Sorgen nicht das Trachten nach dem Reiche Gottes fast erstickten. Nach der hochlodernden und weitleuchtenden Flamme nur noch ein Aschenhäufchen mit wenigen glimmenden Kohlen. Auch David Noah war nach Waterloo versetzt. Nur kümmerlich wurde von andern Stationen her, als auch Herr Betts und Lisk nicht mehr da waren, für die Gemeinde gesorgt. Doch hob sie sich zwischenein wieder etwas. Endlich im Jahr 1830 wurde wieder an dem begabten Missionar Raban ein eigener Prediger für Regent ausersehen und ihm Herr Graham zum Gehülfen gegeben. Aber wir wissen ja bereits, wie kurz immer der Aufenthalt Raban's in der Colonie war und daß er fast stets auf der Reise hin und her sich befand. Auch Graham durfte nur kurz arbeiten. Dennoch hob sich der Zustand der Station wieder, es kam ein Hauch in die Kohlen, und überhaupt schien um diese Zeit (1831) die dunkelste Nacht vorüber zu seyn. Herr Betts wurde wieder der Geistliche; mehrere Katechisten nach einander (Lloyd, Weeks, der schon einmal kurze Zeit da gewesen) wirkten dort. Grobe Sünden des Fleisches traten ans Licht; man mußte Ausschließungen vornehmen. Der alte edle Geist einfältiger Frömmigkeit wollte nicht wiederkehren. Als später (1835) Missionar Schön dort wirkte (die Andern waren weggegangen), wurde die Kirche wieder voll; manche Abtrünnige baten um Wiederaufnahme; es gab wieder Taufbewerber, und John Attana, der wackere Negergehülfe, konnte von ihnen sagen: „Sie wurden genau geprüft, so weit menschliche Einsicht reicht, und redlich gefunden. Sie sind unausgesetzt im Gebrauche der Gnadenmittel." Auch Missionar Schlenker, der nachher Schön an die Seite trat, spricht von einem ernsteren Zuge in Regent. Als später (1837) Weeks, der frühere Katechist, jetzt Prediger, Regent von seiner Station aus besorgte, durfte er wenigstens auf Sterbebetten noch Früchte früherer Aussaat erblicken. Es fuhren Manche im Frieden von hinnen. Die Abtrünnigen kehrten zum Theil wieder, voll Erstaunen über die Langmuth Gottes gegen sie. Einer sagte: „Ich komme „zu Ihnen in großer Seelennoth. Meine Sünden reden „mit mir, wie ein Mensch mit dem andern redet, und wenn „ich alle meine begangenen Sünden und alle erfahrene Gnade „betrachte, und wie mich Gott verschont hat, so wird mein „Herz zu voll, daß ich nicht weiß, was ich thun soll. „Der Tod kam in mein Haus und nahm mir mein Kind, „und nach einer Weile kam der Tod wieder in mein Haus, „ging an mir vorbei und nahm mein Weib weg; und noch „eine Weile, so kam er wieder, ging an mir vorbei und „nahm wieder eins meiner Kinder weg, und im letzten Mai „glaubte ich, er komme jetzt mich selbst zu holen. Mir war „sehr Angst, denn ich wußte nicht, wie ich mit Gott stehe. „Es gefiel Gott, mich noch ein wenig zu verschonen, und „als ich vor drei Wochen etwas besser wurde, ging ich „in die Kirche und hörte Sie über Psalm 9, 17. predigen. „Als ich heim ging, lag das Wort schwer auf mir, und „ich sagte mir: ja, ich habe Gott vergessen, und wenn Gottes „Wort wahr ist, so werde ich in die Hölle geworfen. „Ich fühle, daß ich das verdiene und kann keine Ruhe finden." — Eine Frau erzählte, wie sie, sich über ihr Sündenleben tief schämend, ihren Mann aufgefordert habe, mit ihr zum Missionar zu gehen. Er wollte aber erst nachkommen, sie sollte zuerst gehen. Da sagte sie: „Ja, ich muß meine

„eigene Seele retten, ich kann nicht auf dich warten — „so will ich's eben allein versuchen."

Auch der Werth der Schule fing an wieder mehr geschätzt zu werden, und da man, um dem leichtsinnigen Ab- und Zulaufen zu steuern, Geldstrafen eingeführt hatte, ohne deren Erlegung ein Weggeschickter nicht wieder aufgenommen wurde, so gab es Fälle, da die Eltern die äußerste Anstrengung machten, um die Strafgelder aufzubringen.

Nach mancherlei Wechseln war Herr Weeks im Jahre 1840 wieder in Regent. Damals schrieb er: „Ich freue mich „Ihnen melden zu können, daß unsre neue Kirche fast fertig „ist. Unsre Gottesdienste sind wohl besucht; auch mit den „Sonntags- und Wochenschulen geht es voran."

„Ich habe 112 Gesuche um Aufnahme vor mir, „darunter manche Abgefallene, aber auch 70 Taufbewerber. „Es ist großes Verlangen nach Unterricht wahrzunehmen „und ein ernstliches Trachten, dem zukünftigen Zorn zu „entrinnen. Die Abgefallenen kommen wieder und trauern „sehr über ihre Sünden."

Er erzählt von einem 12jährigen Schulmädchen, das oft krank gewesen und nun hoffnungslos darniederlag. Als er ihr auf ihre Frage, ob er an ihre Genesung glaube, nicht mit Ja antwortete und sie ermahnte, Vergebung ihrer Sünden zu suchen, gab sie auf die Frage, ob sie sich sündig fühle? zur Antwort: „Ja, ich bin eine sehr große Sünderin, „aber Jesus Christus hat gesagt: Lasset die Kindlein zu mir „kommen. — Ich hoffe, Er wird mich selig machen; ich „werde bald sterben!" Sie hatte richtig geahnt und starb im Frieden Gottes.

Im folgenden Jahre war Missionar Haastrup in Regent eingetreten. Ihm kam es vor, daß unter Andern ein frommer Jüngling die Befürchtung aussprach, er möchte die Sünde gegen den heiligen Geist begangen haben, die nicht vergeben werde. Der Missionar erklärte ihm aus dem Worte Gottes klar und überzeugend, worin diese bestehe, und daß ſie Keiner begangen haben könne, dem ſeine Sünden noch ernſtlich leid ſeyen.

Wir ſchließen hier die beſondern Nachrichten von dieſer ſo merkwürdigen Station, indem wir uns zu den übrigen wenden, um zuletzt noch einmal die ganze Miſſion zuſammenfaſſend, in dem letzten Jahrzehent zu ſchildern.

Vierter Abſchnitt.

Der Berg-Diſtrict. — Glouceſter und Leiceſter. — Düring's Arbeiten. — Der bekehrte Joloff. — Die Auferſtehungspredigt. — Kraftwirkungen des Wortes. — Die Gemeinde und ihr kranker Miſſionar. — Aufnahme der Ankömmlinge. — Liebesthaten. — Schwierigkeit der Geſittung. — Miſſionsfeſtreden der Neger. — Die Kraft des neuen Lebens. — Arbeit des göttlichen Wortes in der Seele. — Tiefe Selbſterkenntniß. — Düring's Rückkehr aus Europa und Empfang. — Tod im Meere. — Rückblick in die Noth der Anſiedlung. — Wechſel der Arbeiter und mühſame Erhaltung der Station. — Charlotte. — Taylor's erſte Arbeiten und Aengſten. — Tröſtende Zeichen. — Umwandlungen. — Gemeindezucht. — Ausſprüche der Bekehrten. — Fortwirken des Lebens. — Abreiſe und Tod des Miſſionars. — Sinken der Gemeinde. — Raſcher Wechſel der Arbeiter. — Spätere Lebenszeichen. — Bathurſt. — Lage und Geſchichte. — Früchte der Predigt. — Leopold.

Wir wenden uns nach der nahe gelegenen Station Glouceſter (ſprich: Gloßter), zu der auch die frühere in Leiceſter (Leßter) gehörte.

Hier war Herr Düring in demſelben Jahr 1819, in welchem zu Regent die Flamme des chriſtlichen Glaubens und Sinnes ſo hoch emporſchlug, mit der Arbeit beauftragt. Auch er richtete die Samſtag-Abend-Verſammlungen zum Behufe freierer Beſprechungen, der nöthigen Kirchenzucht, der Aufnahme neuer Gemeindeglieder ein, und hatte dieſelben ſchönen Früchte davon. Auch das Katechiſiren von Alt und Jung bewährte ſich trefflich und machte der Gemeinde große Freude. Er hatte damals 13 Abendmahlsgenoſſen und 15 Taufbewerber. Kaum ein Tag verging, ohne daß ein in Folge der einfältigen Predigt vom Kreuze geängsteter Sünder zum Lamme Gottes gewiesen wurde. Er hatte in seinem Dorfe auch Muhammedaner, die sich dort wie überall als hartnäckige Feinde des Christenthums erwiesen und nicht selten seine geistlichen Kinder höhnisch abfertigten. Einer derselben kam aber bei einem Neger, der Arabisch und Englisch lesen konnte, an den Unrechten, wurde durch eine Vergleichung zwischen Bibel und Koran abgefertigt und schwieg. Dies hatte sogar die Folge, daß von den Moslemen einige zum Gottesdienste kamen.

Im Anfang war Leicester noch eine besondere Station um der dortigen Erziehungsanstalt willen, die nachher nach Regent, von da nach Freetown und Fura-Bay verpflanzt wurde. Missionar Wilhelm, dessen Arbeitsfeld später Waterloo wurde, wirkte daselbst. Vernehmen wir aus seiner Feder die Erzählung von einem Joloff-Neger:

„Er hatte lange her die Taufe gewünscht, aber nur „auf Grund eines ihm merkwürdig dünkenden Traumes „und seiner guten Vorsätze nicht mehr an Trunk und Streit „sich zu betheiligen, sondern das Buch-Palawer zu hören. „Er betete in eindringlichen Worten um die gnadenvolle „Gegenwart Jesu als des Heilandes der Seelen, außer „dem es keine Hülfe und Hoffnung gebe; um Vergebung „der Sünden und Seligkeit durch Ihn. Er sagte: „Massa, „zu der Zeit, als weiße Leute mich in einem großen Schiff „hieher bringen, mich nicht wissen, an welchen Ort sie mich „führen; mich denken, mich Sclave seyn müssen mein Lebenlang. Wohl, der Zeit mich nichts wissen, mich nichts hören „von Gott — nicht mehr — mich nach und nach sehen, „mich können arbeiten für mich selbst, mich verkaufen, was „in meinem Garten wachsen, mich frei. Wohl, alles das „kann nicht genug — Gott mich bringen hieher, mich lernen „müssen Seele retten, mich hören all dieses Palawer lange „Zeit. Die Zeit Herr Butscher hier wohnen, Herr Garnon, „der Zeit Sie; mich glauben, was Sie sagen, wahr, „Buch wahr. Mich hier kommen, mich nicht Geld suchen, „nichts in dieser Welt, kann mir nicht helfen. Einmal

„mich Ihnen Traum sagen, jetzt nicht mehr weiß. Mich „armer Sünder, mich Herz böse, mich Jesum brauchen. Er „mein Herz kann Gutes thun, Er meine Seele kann retten, „das mich beten. Mich Landsleute plagen, mich fragen: „„Was? du nicht mehr mit uns gehen?“ Sie mich fluchen. „Jetzt Christtag; sie bringen viel Rum, sie sagen: „Warum „nicht mit uns hinsitzen?“ Mich sagen: „Das nicht kann „mein Herz froh machen! mich verlieren Ruhe, mich nicht „kann beten. Mich hören Massa Wilhelm sagen: Christtag „lange her — Christus der Sohn Gottes in die Welt kommen, „Sünder selig zu machen. Ich Sünder, Christus nicht kom„men sagen, ich soll mich diese Nacht betrinken.““

„In dieser Weise gab er in gebrochenen Sätzen sein „inneres Leben kund. Sein Weib ist ganz andern Sinnes: „die ärgste Zänkerin in der Stadt. Noch nicht lange mußte „ich Abends hinunter, weil sie den gräulichsten Lärm gegen „ihren Mann auf der Straße anfing, daß er Fleisch statt „Fische von Freetown mitgebracht, indem es noch keine „frischen Fische gab. Der Mann gab ihr ganz ruhig Ant„wort: „Fally! du den andern Tag gehen, Fisch statt Fleisch „bringen, mich zufrieden, mich kann essen, mich Gott dafür „danken. Ist gleich, mich kann Fleisch oder Fisch essen, „mich darüber nicht schwatzen.“ Allein sie schrie nur ärger. „Ich mußte ihr, da Zureden nicht half, mit dem Kerker „drohen. Da rief sie: „Kerker? Herr, für wen ist er gemacht? „Für die Leute, um da zu wohnen. Ich scheere mich nichts „um den Kerker!“ — Das sind die Scenen in einem solchen „anfangenden Christenvolke.

In Gloucester war es etwas besser; ja es schien diese Arbeitsstelle der in Regent kräftig nacheifern zu wollen, indem Leben aus Gott, Fleiß, Wohlstand, allgemeine Gesittung miteinander fortschritten. Herr Düring sagte:

„Ich predigte über die Auferstehung Christi und hielt „mich lange bei ihren seligen Früchten für uns auf. Nach„mittags katechisirte ich die Kinder und fragte unter Anderm: „Wer wird zum ewigen Leben auferstehen? — Eine Frau, „die lange mit Zweifeln zu ringen gehabt, antwortete:

„„Die Gutes gethan haben." Ein Knabe fragte: „Wer „sind aber die, welche gute Werke thun können?" Antwort: „„Die Gläubigen." Ich fragte: „Kann denn der Mensch „nicht auch Gutes thun ohne zu glauben?" Die Frau er„wiederte: „Nein, ohne den HErrn Jesum können wir „nichts Gutes thun." — Am Abend nach dem Gottesdienste „kam diese Frau mit Andern voll Freude zu mir und sagte: „„In der Morgenkirche all mein Herz lachen; so lange wir „zum Sacrament niederknieen, mein Herz sagen: von der „Scheitel bis zur Fußsohle ist nichts als Sünde. Aber, „Massa, zugleich mich erinnern: siehe das ist Gottes Lamm, „das der Welt Sünde trägt! — und als Sie lesen: Also „hat Gott die Welt geliebt u. s. w., o Massa, mein Herz „brechen wollen, Wasser in meine Augen laufen. O Massa! „mich nicht wissen, was thun!"

In einer der Abendstunden sagte ein Neger: „Mein „Herz mich quälen, Massa, wenn ich könnte, ich ihm „davon laufen; aber wenn Sünde in mein Herz kommen, „wie große Wolke, etwas sagen: o! ich elender Mensch!" — „Ein Anderer sagte: „Massa, Sie einmal predigen: wenn „ein Mensch mehr Sünden hätte, als alle Menschen zu„sammen, so kann er doch Vergebung empfangen und rein „werden durch das Blut Jesu Christi, das rein macht von „aller Sünde. Das mein Herz fröhlich machen und alle „Angst fortgehen." — Ein Junge von 17 Jahren erklärte: „„Massa, seit Sie vom heiligen Geiste predigen, mein Herz „vergnügter, weil mein Herz sagt, das wahr, wir können „nicht zu Jesu Christo kommen, wenn der heilige Geist „uns nicht lehren.""

Düring's Gesundheit litt bald so, daß er oft längere Zeit nicht predigen konnte. Dies gab ihm Gelegenheit, die Liebe seiner Neger kennen zu lernen. „Massa," sagte Einer, „wenn wir beten gehen und Prediger nicht da, „mich betrübt, mich denken, unsere Sünden zu groß, Gott „Prediger wegnehmen. Aber, Massa, wenn Sie wieder „an Ihrem Platze stehen, dann mich danken wollen dem „HErrn Jesus Christus! aber mein Herz voll, nicht mehr —

„weinen, weinen — über mich kommen." — Er empfing die rührendsten Zeugnisse, mit welchem Ernst die Leute um seine Herstellung beteten.

Auch in der Schule ging es voran. Wenn Düring dahin kam und beim Bibellesen einer Classe um Erklärungen gebeten wurde, so hielten gewöhnlich die Lehrer aller Classen inne, um es auch zu hören. Es war auch in den Kindern eine solche Liebe zum Unterricht, daß Einer, der nebenher bei einem Schneider in der Lehre war und von der Arbeit davon lief, am dritten Tage wiederkam und erklärte, er könne nicht ohne die Schule seyn. Als ihm erklärt wurde, er dürfe nicht wieder hinein, bat er ihn zu peitschen, ihn einzusperren, nur von der Schule ihn nicht auszuschließen.

Die Krankheitsleiden des Missionars, die allmählig stärker wurden, kamen sogar der Gemeinde zu statten, indem sie den Ernst, den Eifer und die Liebe steigerten. Es bedurfte jetzt keines Zwanges mehr, um die Schule zu füllen, sondern Alle brannten darnach, zu lernen. Eines Abends am Sonntag, als er noch krank war, besuchten ihn einige Neger, die aber bald darauf in die Kirche gingen. Nur Einer blieb zurück. Auf die Frage: „Gehst du nicht in die Kirche, Tom?" sagte er: „Nein, Massa, mich bei Ihnen „bleiben." Er nahm die Bibel und las Jesaia 14, 1. 2., dann hielt er inne und sagte: „Massa, ich hoffe Sie werden „mir nicht böse werden, wenn ich eine Frage mache." Als er darüber beruhigt wurde, sagte er: „Wie ist's Ihnen „im Herzen, Massa?" Der Missionar antwortete: „Tom! „ich muß dir in deinen eigenen Worten antworten: Alles „ist dunkel!" — „O Massa! der HErr verheißen, Er will „Finsterniß zu Licht machen vor den Seinigen und sie nicht „verlassen." — „Ich weiß, Tom, daß der HErr mich nicht „verlassen wird und Keinen, der ganz auf Ihn baut. „Aber jetzt sehe ich es nicht." — „O Massa, wissen Sie „nicht, wie oft Sie gesagt haben: Glauben ist nicht Fühlen!" — „Richtig, Tom, aber ich möchte die Gewißheit haben, „daß ich ein Eigenthum Jesu bin, und die habe ich jetzt nicht. „Das meine ich." — „Gut, Massa, ich sehen, wie der

„heilige Geist Sie lehren. Sie manchmal sagen, wenn „der HErr Sie nicht lehren, Sie nicht wieder lehren können. „Ich manchmal denken, wie kann das seyn, daß Massa „Alles wissen, was in meinem Herzen ist. Sie haben jetzt „viel Noth. Aber mich sehr froh. O Massa! wenn der „HErr Jesus nicht mit Ihnen ist, Sie uns nicht Gutes „thun!"

Auch Gloucester erhielt seinen Zuwachs an neu befreiten Sclaven und Düring holte sie mit etlichen Leuten in Freetown ab, sah aber bald, als es in die Berge hinein ging, daß er nicht gesunde Leute genug habe, um die armen Geschöpfe fortzubringen. Zum Glück war ein Neger voraus gelaufen und hatte noch mehr Leute aufgeboten, die jetzt die armen Sclaven den Berg hinauf auf dem Rücken schleppten. Wie ganz anders als früher, wenn ein Sclavenschiff ankam! Da kamen wohl auch die Neger neugierig herbei, um zu sehen, ob nicht ein Verwandter darunter sey, aber von den Andern nahmen sie keine Notiz. Ein Weib nahm eine befreite Sclavin mit in ihr Haus. Auf die Frage der Frau Düring, warum? gab sie die Erklärung: „Madam! jetzt „zwei Jahre, ich hieher kommen. Nachbarin mich nehmen, „Gutes thun, von HErrn Jesus Christus sagen. Ich will „nun dasselbe thun, was sie an mir gethan haben."

Diese Liebe war aber nicht blos ein Werk des Augenblicks. Sie dauerte fort in der langen zärtlichen Pflege der Kranken, in der Sorge für ihre geistliche Wohlfahrt.

Es war gar nicht leicht mit diesen Neulingen. Ein Beispiel davon:

„Nach der eben geschilderten Aufnahme, da sie noch „müde waren und ihnen die Gemeinde mehr Nahrung vor„setzte, als sie essen konnten, waren sie ganz ruhig. Am „folgenden Tage, dem Sonntag, sahen sie die Leute reinlich „und säuberlich gekleidet in die Kirche gehen. Sie dachten „nicht anders, als man werde jetzt die Gesunden von ihnen „verkaufen, die Andern umbringen. Am Montag vertheilte „ich sie zweckmäßig an die Familien. Das bestärkte ihre „Furcht und sie erhoben ein lautes Jammergeschrei. Mit

„Mühe wurden sie beruhigt. Es brauchte einige Wochen, „bis sie an ihre Freiheit glaubten. Jetzt aber nahmen sie „gar sonderbare Begriffe von ihrer Freiheit an. Sie „nahmen ohne Weiteres die Hühner, Schafe, Ziegen ihrer „besten Freunde weg, die arbeiteten, um es ihnen gut zu „machen. Was war da zu thun? Ihnen sagen das sey „unrecht? Das habe ich unzählige Mal gethan. Nur „Zucht konnte hier die Auflösung der Gemeinde verhüten. „Ich versuchte es mit Einsperrung; aber vier Männer, „die einem einzigen Neger zehn Hühner genommen hatten „und die ich eine Woche lang einkerkern ließ, raubten in „der ersten Nacht, da sie wieder los waren, zwei Schafe, „eine Ziege und ein Schwein in Einem Hause. Sie wurden „gefangen und am nächsten Morgen erhielt jeder sechs „Streiche mit einem ledernen Riemen, die ihnen der Ge„fangenwärter gab, aber ohne daß sie entkleidet wurden. „Dies wirkte und hinfort war das Stehlen zu Ende." —

Am Missionsfest sprach William Davis, der mit William Tamba die americanischen Abgeordneten, die einen Niederlassungsort für eine Colonie freier Schwarzen ausmitteln sollten, ins Bassa-Land bei Cap Mesurado begleitet hatte, und erzählte von dem dortigen Götzendienst und Zauberwesen. Es war seine Heimath. Die Neger dort wollten die Predigt nicht hören. Sclavenhandel war ihr Leben. Er sagte: „Die Leute, die mich verkauften, „wollten mein Gesicht nicht sehen; sie verbargen ihre Ge„sichter, wenn sie mich sahen."

David Noah, den unsere Leser schon kennen, war auch einer der Redner. Er sprach mit Hinweisung auf die Rettung aus der Unwissenheit der Heimath, dem Sclavenjoch und Sclavenschiff, von der Freiheit der Gnade Gottes und wies auf Joseph und seine Brüder hin, um die Zwecke Gottes bei ihrem eigenen Verkauftwerden klar zu machen. „Er errettete seine Brüder vom Hunger. Auch „wir sollen unsere Brüder erretten, die uns verkauften."

Ein dritter Redner schildert seinen Gang so: „Als ich „in dieses Land kommen, man mir sagen: gehe zurück!

„ich gern thun. Als ich von Kirche hören, ich sagen: „die Leute nicht klug. Dies Land nicht wie mein Land, „in mein Land Leute tanzen. Als ich in Stadt wohnen, „Leute sagen: wenn du fluchst, schwörst, lügst — in die „Hölle kommen. Aber die Leute das selbst thun. Sie sagen, „ich kann Gott finden, wenn ich faste und bete. Ich sagen: „was ist das? ich Ihn nicht sehen. Als ich hieher kommen, „ich höre Massa predigen: wenn eines Menschen Herz „nicht geändert wird, muß er in die Hölle gehen. Das „mich beunruhigen, mich nicht mehr gehen wollen. Ein „andermal ich gehen, Massa sagen: es sey denn, daß „Jemand von Neuem geboren werde, kann er das Reich „Gottes nicht sehen. Ich sagen: wie muß man von Neuem „geboren werden? Ich niederknieen und beten, ich wieder „aufstehen, ich nicht bedenken, was ich bete, mein Herz ganz „von der Welt leben, ich sagen: die Leute machen mich närrisch. „Nach und nach Massa Samstag-Abendstunde halten — „ich gehen und von Traum reden. Massa sagen: ich soll „beten, Traum nichts. Mein Herz sehr unruhig. Ich sagen, „ihr wisset Gott nicht in eurem Lande, ihr versuchen zu „Ihm beten. Ich nicht Ruhe finden; ich liegen, keine Ruhe; „ich auf, keine Ruhe; ich denke schon in der Hölle zu wohnen. „Ich sehr froh, wenn Gottes Wort zu unsern Landsleuten gehen u. s. w."

Noch einen Beweis von der Kraft der Predigt in dieser Gemeinde:

„Ein Mann, der an Weihnachten die Taufe empfangen „hatte, ging letzten Mittwoch nach Kissey, um Gras zur „Bedachung seines Hauses zu schneiden. Nachdem er bis „zum Mondenschein hart gearbeitet, ging er in das Haus „eines Bekannten, um dort bis Tagesanbruch zu ruhen. „Er fand Niemanden als ein Kind im Hause, das keine „rechte Nachricht von den Leuten zu geben wußte. Er „wußte nicht recht, was er thun sollte, ob bleiben oder „zu seinem Grase zurückkehren; endlich entschloß er sich doch „zum Erstern und legte sich auf eine Bank. Er konnte „jedoch trotz seiner Müdigkeit nicht schlafen; es ahnte ihm

„eine Störung. Während er so da lag, fiel ihm ein, „was ich einmal von dem Aufgeben der alten Sünden„genossen und dem Aufnehmen des Kreuzes Christi gesagt „hatte. Er wurde dadurch so unruhig, daß er fortgehen wollte. „Eben als er es that, kam der Eigenthümer des Hauses „mit seinem Weibe, beide betrunken, streitend und einander „schlagend nach Hause. Das Kind war in der größten Ge„fahr, und der junge Mann rettete es vor der Brutalität „der Eltern. Dies wirkte so plötzlich auf die Frau, daß „sie sogleich aufhörte, ihr Kind nahm und den Mann mit „seiner Wuth allein ließ. Er wollte ihr gleich nachrennen; „aber der junge Mann verhinderte es. Diese Unterbrechung „drohte unangenehme Folgen; denn jetzt schimpfte der Mann „über den Besuchenden und wollte ihn schlagen, als eben „ein Mann dazu kam, mit dessen Hülfe er beruhigt wurde. „Unser Freund wollte gehen, aber der Hausbesitzer wollte „ihn jetzt nicht fortlassen und meinte ein unwiderstehliches „Mittel anzuwenden, wenn er seine Rumflasche zeige. Das „half aber nichts, sondern er erklärte ihm, er trinke keinen „Rum und auch er würde es besser unterlassen. „Hättest du „nicht Rum getrunken, so hättest du dein Weib nicht ge„schlagen.“ „Wo wohnst du denn jetzt?“ fragte der Andere. „„Zu Gloucestertown,“ war die Antwort. „Aha! Herr „Düring dich zum Narren machen! Denkst du denn, Herr „Düring nicht Rum trinken?“ „Nein, mein Massa nicht „Rum trinken, und wenn er auch trinken, ich es nicht thun. „Es macht die Leute toll, ich nie sehn Massa toll seyn — „er nicht Rum trinken.“ Er sprach dann von der Sünde „der Trunkenheit, was die beiden Heiden so ergrimmte, „daß sie ihn hinauswarfen. Er war darüber vergnügt „und betete auf dem Wege zu seinem Grase, Gott möge „sich der Seelen der beiden Männer erbarmen. Die Leute „können nicht so thun, wenn sie Gott fürchten und lieben, „aber sie hassen Gott und alles Gute. Es ist wahr, was „Massa sagen, alle Menschen stehen in gewisser Art wie „die Juden, die den HErrn Jesum Christum tödten.“

„Einmal“ — schreibt Düring — „war ich wieder „so matt und gedrückt, daß mir all mein Predigen ver„geblich vorkam. Da kamen zwei Männer zu mir und „verlangten mich zu sprechen. So müde ich war, ich durfte „sie nicht wegschicken, denn ich wußte ziemlich, was sie „wollten, weil sie gerade nach dem Gottesdienste kamen. „Einer derselben nahm das Wort: „Massa, Sie wissen, ich von „Anfang hier wohnen, als Sie von den Bergen kommen; mich „jedesmal in die Kirche gehen, Alles hören, was Sie sagen, „aber mich nicht glauben; mich viele Leute sehen Christen „werden — mich sie Alle hassen, oft sagen: sie lügen „Massa an (mit den Buß-Erklärungen). Aber manchmal „etwas mir sagen: gesetzt sie Wahrheit reden, dann du auf dem „Weg zur Hölle, weil nicht auch so fühlen. Dann ich sehr „fürchten, ich anfangen zu beten, um diese Zeit meine Furcht „von mir weg gehen. Als meine Furcht von mir weg gehen, „mich nicht mehr beten, mehr Sünde thun als vorher — „aber meine Furcht wiederkommen, nicht allein im Hause „bleiben können bei Nacht. Ich fürchten, es will mich etwas „fangen. Nach und nach etwas mir sagen: geh nicht in „die Kirche, dann wird deine Furcht weggehen. Ich lange „so machen; aber einmal Sie mir auf der Straße begegnen „und sagen: „Du willst das Wort Gottes nicht in der „Kirche hören, nun sollst du es hier hören, auf daß du „keine Entschuldigung habest.“ Jedes Wort durch mein Herz „gehen, aber ich wieder die Christen hassen, mich vergnügt, „wenn sie unruhig, mich wieder sagen: sie lügen. — Aber „jetzt“ — und damit fing er an zu weinen — „jetzt kann „ich nicht mehr so sagen — mich sehen, mich haben ohne „Ursache gehaßt. Ja, ich haßte Gott und alle die Seinen „mehr als alle Leute in der Welt.“ — Er weinte laut „und war so bewegt, daß ich heute nicht mit ihm weiter „reden konnte.“

Wie tief die Selbsterkenntniß ging, beweist folgendes Bekenntniß einer redlichen Christin:

„Ich kann nicht sagen, ich bin eine Christin. Wenn „ich in die Kirche gehe plagt mich mein Herz mit allen

„Thorheiten. Wenn ich Gottes Wort predigen höre, bin „ich vergnügt; wenn ich heim komme, lese ich den Text und „bin wieder vergnügt. Aber alles das geht von mir weg „und mein Herz plagt mich wieder. Die Leute nennen mich „Christin, aber ein Christenherz kann nicht in dieser Art „stehen. Aller meiner Brüder und Schwestern Herzen ste„hen nicht so, denn sie sind wahre Christen. Ich liebe sie, „aber ich hasse mich selbst. Ich möchte ganz ohne Sünde „seyn; aber je mehr ich es wünsche, desto mehr Sünde sehe „ich. — Ja, Hölle ist schlecht, der Teufel ist schlecht, aber „mein Herz über alle."

Auch diese Gemeinde mußte am Ende ihren Seelenhirten krank nach England gehen sehen. William Tamba versah seine Stelle an ihr so gut er eben konnte. Er schrieb an Düring nach England: „Es geht so gut es eben gehen „kann. Ich gebe mir Mühe, die Leute ordentlich zusammen„zuhalten, und ich glaube sie sind vergnügt. Sechs der „Abgefallenen sind mit wahrer Buße wieder gekommen. „Einer ist tief gefallen; ich hatte ihn zwei Mal gewarnt. „Aber seyen Sie nicht betrübt, das kommt in den besten „Gemeinden vor. Ich habe das schon mehr erlebt. Aber „die Zahl wächst. Vier Leute sind als Taufbewerber an„genommen worden." Später schrieb er: „Die Zahl der „Communicanten ist auf 102 gewachsen, und Viele fragen „nach dem Weg des Friedens. Der ängstliche Tamba zit„tert, er möchte die Gemeinde mit Heuchlern füllen."

Im Jahr 1823 kam Düring aus Europa zurück. Wie er empfangen wurde, das schildert er selbst: Achtzehn Tage lang hatten die Gemeindeglieder in Freetown auf ihn gewartet, weil sie Nachricht von seiner baldigen Ankunft hatten. Noch an Bord des Schiffes wurde er erkannt, und als er im Boote noch weit vom Ufer war, hörte er schon rufen: „Das ist unser Massa! das ist Herr Düring; ja „das ist er! Gott sey Dank!" — Als das Boot ans Land stieß, zogen sie ihn im wörtlichen Sinne heraus, hingen sich an ihn, daß er sich nicht rühren konnte; Viele weinten vor Freude, Andere riefen: „Wollt ihr heute den Massa um-

„bringen?" und dieser Jubel dauerte von 11 Uhr Morgens bis 3 Uhr Nachmittags. Es war gerade Markttag, und ehe Herr Düring weit gekommen war, hatte er halb Gloucester vor sich. Dann fing aber die Bewegung nochmals an, als sie Frau und Kinder begrüßten, so daß Herr Düring wenigstens ein wenig Ruhe fand. Selbst in des Oberrichters Haus verfolgte ihn die Zudringlichkeit der Leute; er mußte es verlassen und ins Missionshaus gehen, damit nicht der ganze Schwarm sich dorthin zog. Von Freetown bis nach Gloucester begleiteten sie ihn mit Schießen und Lärmen; in der Nähe der Heimath aber wurde erst Alles still, und dann sangen sie ein geistliches Lied. Sie wollten ihn in sein Haus tragen, was er aber nicht duldete. „Gott sey gelobt! Massa ist wieder da!" war das Loosungswort der Stadt. Kaum im Hause angelangt, hörte er die Kirchenglocke schallen. Er ging in die Kirche und fand sie gedrängt voll. Eine Betstunde wurde gehalten.

Mit frischem Muthe und neuer Hoffnung, die aufgesproßten Saaten seiner Arbeit vor Augen, ging Düring von nun an an die Arbeit. Predigen, katechisiren und über ihre Sünden bekümmerte Seelen trösten, Verwundete heilen und pflegen, die herrlichsten Bekenntnisse aus redlichen Herzen anhören, Kranke besuchen, die sich ihrer Leiden in Christo rühmten, war jetzt sein beständiges Geschäft. Er durfte auch 25 Heiden taufen. Dieselben Erfahrungen, wie zuvor, erfrischten den Muth; aber die körperliche Kraft war diesem Arbeitsleben nicht mehr gewachsen. Er erkrankte mehrfach wieder, zuletzt so, daß wenig Hoffnung des Lebens mehr blieb. Sein Krankenzimmer war oft ganz voll von Negern, die auf den Knieen lagen und um seine Erhaltung flehten. Noch einmal sollte er mit seiner Gattin nach England zurückkehren. Er ging an Bord eines Schiffes, aber es kam nie in England an. In einem der furchtbaren Stürme, die im englischen Kanal im November 1823 wehten, sank es unter.

Hören wir, um recht zu ermessen, die Erzählung dieses treuen Knechts Christi von seiner ersten Ansiedlung in Gloucester:

„Ich hatte wohl von dem traurigen Zustande gehört, „in dem die Africaner aus den Sclavenschiffen kommen. Aber „der Anblick selber war etwas, wozu wir in unserm civili„sirten Leben keine Vorstellung gewinnen. Es war mir „gleich klar, daß es galt, den Leuten Alles oder Nichts zu „seyn. Viele hatten die Ruhr, Andere waren mit Geschwü„ren bedeckt, Manche starben. Das Schwerste war, daß sie „Alles, was man für sie that, als Anstalt zu ihrer Ver„kaufung deuteten. — So war es in Leicester, meiner ersten „Station. Jetzt aber sollte ich eine neue gründen. — Als „ich zuerst an den Ort ging, nahm ich einen Hirschfänger „mit; weil ich aber nicht wußte, was ich damit machen „sollte, dachte ich ihn durch einen der Knaben zurückzuschicken. „Der aber schien ihn nicht forttragen zu wollen, so daß ich „ihn als Stock in die Hand nahm und am Ende sehr froh „war ihn zu haben, weil ich mir oft damit den Weg durchs „Gestrüpp bahnen mußte. Endlich fand ich den Ort, wo „im Walde 107 befreite Africaner mit einem Europäer la„gerten, der sie beaufsichtigte.

„Es war der 18. December 1816, an dem ich dorthin „geschickt wurde. Ein ganz geringer Geviertraum Waldes „war gelichtet; zwei Hütten standen da, die eine halb be„deckt, die andre ganz offen. Die Kranken waren weder „vor der Sonne noch vor dem starken Nachtthau geschützt. „Es galt zuerst Häuser zu bauen, um die Leute vor der „Regenzeit unterzubringen. Aber wie machen? die Wenig„sten konnten arbeiten; die Andern lagen Gerippen ähnlich „umher und mußten hin und her getragen werden. Allein „die Sache mußte angegriffen werden.

„Ich hatte bald Raum genug gelichtet, um 14 Häuser „für die Neger und eins für mich nebst einem Schulhause „zu bauen. Jene waren gut genug; aber mein Haus und „die Schule waren größer, so daß die Leute nicht verstan„den sie regendicht zu machen. Als die Regenzeit kam, „waren wir zwar gegen den Wind geschützt, aber wir muß„ten im Hause zum Essen, Sitzen und Gehen stets den „Regenschirm offen haben, und über unsre Betten noch ein

„zweites Dach bauen. Und doch war ich in dieser Lage „beständig wohl.

„Dann ging es an die geistliche Arbeit, zuerst an die „Anordnung des Sonntags. Nur Wenige verstanden was „ich wolle und hatten Mühe genug, es den Andern be„greiflich zu machen. Dann kam die Abendschule, endlich „die Gottesdienste, die Anfangs mit Widerwillen besucht „wurden; zuletzt aber ging auch das. Nach sechs Monaten „fing ich an eine Sorge für ihre Seelen an den Leuten „zu merken, und war der glücklichste Mensch in der Welt. „Nach einem Jahre hatte ich 8 Abendmahlsgenossen. Am „Ende des Jahres 1817 wurde mehr Wald ausgehauen „und wurden mehr Häuser gebaut, darunter eines für den „Aufseher und ein Reisvorrathshaus. Auch in der Rasch„heit, mit der diese Bauten fertig wurden, zeigte sich die „Kraft des Christenthums. Sechs unsrer Maurer waren „bekehrte Leute, und sichtlich wuchs die Anstelligkeit und „Fertigkeit mit dem geistlichen Leben. Auch ein besseres „Wohnhaus wurde fertig, und ich konnte den Gedanken an „den Bau einer Kirche wagen. Im September 1818 wurde „der Grundstein gelegt, und im Juli 1820 stand das Got„teshaus für 1500 Personen fertig da."

William Tamba trat wieder als Stellvertreter ein; Frau Renner übernahm die Sorge für den weiblichen Theil der Gemeinde; als Gehülfe arbeitete Marcus Joseph Tamba. Die Gemeinde zählte 127 Abendmahlsgenossen, 14 Bewerber, 80 Mädchen und 20 Frauen, 72 Knaben und 80 Männer in den Schulen. Allein bald senkte sich auch hier die Flamme wie in Regent. — Man hoffte Besseres, als Missionar Knight in die Arbeit dort trat; allein schon 1825 sank er ins Grab, und Herr Brooks in Regent folgte ihm. Es war die Todeszeit, die Stunde der Mitternacht. Noch zwar konnte von Gloucester gesagt werden: „400 kommen zum Gottesdienst, 170 auch in der „Woche, 138 zum heiligen Abendmahl. Die Leute sind sehr „verlangend nach der Taufe ihrer Kinder; Manche versam„meln sich zum Gebet. Die Ordnung, Reinlichkeit, Stille

„des Sonntages sind erfreulich; der Wandel der Christen „ist des Bekenntnisses würdig.“ Und von Leicester: „50 „kommen am Sonntag, 25 an Wochentagen zur Kirche; es „sind 9 Communicanten. Die Leute sind der Wahrheit ge„neigt. Die Schulen werden gern, fleißig und mit Erfolg „besucht.“ Es waren nach einander Lisk, Scholding, Harding als Arbeiter dort angestellt. Aber man konnte doch schon vom Aussehen der Kirche, die kein ganzes Fenster mehr hatte, und deren Thurm man hatte abbrechen müssen, auf den geistlichen Zustand schließen. „Gloucester „ist nicht todt, sondern es schläft,“ schrieb Herr Scholding. Es ging aber noch weiter herab, so daß Herr Boston im Jahr 1827 sogar manche der Einwohner ins Heidenthum zurückgefallen fand, und nur durch wiederholte Hausbesuche das christliche Leben wieder etwas emporzubringen vermochte. Doch hob sich die Gemeinde nicht mehr über die Hälfte ihres vorigen Bestandes.

Im Jahr 1830 wurde Herr Betts an die Spitze der Station berufen. Nach ihm war der ganze Bergdistrict, und darin auch Gloucester, unter Kißlings geistlicher Leitung. Als die Gesammtzahl der Arbeiter dies wieder erlaubte, kam Warburton, und als dieser krank sich zurückziehen mußte, Missionar Schön dahin. Er meldet (1834): „Daß der christliche Sinn wieder zunimmt, ersieht „man nicht blos aus dem häufigen Besuche des Gottes„dienstes, sondern auch aus dem herzlichen Anliegen, womit „die Neger zur Erbauung einer neuen Kirche beitragen.“ Noch stärkere Beweise davon konnte Herr Warburton, der später wieder eintrat (1837), und der Katechist Croley sammeln, wenn sie an Krankenbetten den Frieden Gottes und die Leidensgeduld sahen, wie sie nur aus Gemeinschaft mit dem HErrn erwachsen konnten, oder die grauhaarigen Greise mit ihrer Bibel in der Schule sitzen sahen, um noch am späten Lebensabend ins Wort und Reich Gottes einzudringen. Dagegen schreibt der nachherige Missionar von Gloucester, Herr Collier, wie die edlere Sitte unter den dortigen Leuten abgenommen habe, indem die Fälle von thätlicher Mißhandlung der Frauen durch ihre Männer stets häufiger würden. Einzelne Männer kauften sich im Scherbro-Lande heidnische Weiber, und wollten nun ihre angetrauten Gattinnen verstoßen. Da dies aber nicht ging, so behandelten sie dieselben roh und grausam. Meist ertrugen sie diese Leiden, oft noch schwere Krankheit dazu, mit ächt christlicher Geduld.

Es kann dieses genügen, um den Gang dieser Station in ihrer Eigenthümlichkeit zu erkennen, und wir schreiten weiter.

Charlotte war eine der Arbeitsstellen im Bergdistrict, wo Herr Taylor mit seiner Gattin zu wirken anfing, nachdem sie einige Jahre nichts weniger als das Bild einer blühenden Gemeinde dargeboten hatte. Es waren die wildesten der befreiten Neger, eine Art Menschenfresser, die man hier angesiedelt und bisher vergeblich durch strenge Mittel zu civilisiren gesucht hatte. Es waren ihrer zuerst nur 250, und sie wurden auch durch die Predigt des Evangeliums nicht sogleich ergriffen und erneuert; doch war ein Fortschritt zum Bessern wahrzunehmen, und Taylor durfte melden: „Eines Morgens, als meine Frau in der Mädchen„schule eine Classe abhörte, brach eines derselben in Thränen „aus und konnte vor Schluchzen nicht antworten, als sie „nach der Ursache gefragt wurde. Erst Nachmittags, als sie bei „der Arbeit neben meiner Frau saß, gab sie auf eine neue „Frage die Antwort: „Weil mich nicht mehr wissen" (näm„lich das Gelernte). — Das war das erste Zeichen von „Herzensregung. — Eines Tages kam ein Mann mit einer „Schulkarte in der Hand zu mir und sagte: „O thu, Massa, „ich bitte, thu!" Auf meine Frage: was soll ich dir thun? „brachte er heraus: „Mich heute Nacht zwei Zeilen lehren, „ich so gern Buch lernen." — Nachher fragte ich nach sei„nem Herzen und er sagte: „O Massa! mein Herz mich „plagen, großer Stein da wohnen." Ich fragte ihn, ob er „sich denn nicht rechtschaffen vorkäme; er stehle, fluche und „schwöre ja nicht. Er antwortete: „O Massa! mich lügen, „mich stehlen, mich alles Böse thun; mich von Gott steh-

„len, was Ihm gehört" (er meinte sich selbst)." — Sogar ein Sinn für die Rettung der Heiden sprach sich in Missionsgaben für dieselben aus. Daneben aber kamen noch Betrunkene in die Schule; grausame Mißhandlungen fielen vor, und der Missionar rief oft zweifelnd aus: „Ich arbeite umsonst!" Doch durfte er dies nicht lange sagen, denn es geschah in einem Weibe, die bisher auf alles Schlechte recht erpicht gewesen war, ein Wunder der Herzensänderung, das er mit den Worten bezeichnet: „Der Löwe ist ein Lamm geworden." Sie schilderte in den stärksten Ausdrücken, wie sie die schlimmste Sünderin sey, schlimmer als Räuber und Mörder, und rühmte die Barmherzigkeit des HErrn, der sie dennoch am Leben lasse. — Ein Mann folgte nach, der öfters so betete: „O HErr! unsre Herzen sind allzusammen „wie Stein, er nichts fürchten. Aber, o HErr! mache uns „immer mehr die Sünde fürchten. Unsre Herzen zu stark. „O HErr, mache sie weich. O HErr! fange mich, wie „man die Fische im Wasser fangen, und laß mich nicht mehr „von Dir, sondern bewahre mich vor Sünde!"

Von einem Communicanten, der wegen einer schmutzigen Handlung von der Versammlung am Sonnabend ausgeschlossen war, erzählt er, wie er zu seiner Frau gekommen und sie um Fürbitte bei ihrem Manne angesucht habe: „Wenn Jemand ein Kind haben und das Kind Böses thun „und er es strafen, er es nicht zum Hause hinauswerfen; „er muß es in seinem Hause behalten. Mich Böses thun, „wahr — Massa mich sehr viel strafen. Aber wo muß ich „hingehen? was muß ich thun?" — Er kam mit den Andern. Auf die Frage, wie er dazu komme, blieb er sprachlos. Taylor las aus Epheser 5. über den Geiz vor, und überließ es den Anwesenden zu entscheiden. Es war ergreifend, den Haß gegen die Sünde und das Erbarmen mit dem Sünder zu sehen. Einer sagte: „Wir alle Sünder, „wir wissen was Versuchung ist; der Teufel kommen und „uns versuchen, ganz sanft und fein, und wir in Sünde „fallen, ehe wir merken oder bedenken." Mit Ausnahme von Einem, der es sehr streng nahm, ließen sie den Armen wieder zu.

Wunderbar war der Anblick, wie Leute, die zuvor nichts als Haß und Bitterkeit gewesen, stets in Zank und Hader gelegen, besonders Eheleute, jetzt ein schönes Bild des Friedens darboten.

Die Bevölkerung von Charlotte stieg durch mehrfache Zuweisung neuer Neger auf 676, und diese Zufuhren unglücklicher Sclaven gaben auch hier zu Aeußerungen christlich milder Theilnahme Anlaß, die das verborgene Samenkorn des Glaubens, aus dem die Liebe geht, recht augenscheinlich darthaten. Neben der That ging aber auch das Wort her, wie folgende Neger-Aeußerungen zeigen:

„Wer auf sich selbst traut, ist wie ein Mann, der ohne „Schiff oder Kanoe in sein Land gehen will: er springt „ins Wasser und schwimmt, bis ihn der Haifisch packt; dann „geht er unter. Wer auf sich selbst traut, sinkt in die Hölle „hinab. Mein Herz steht wie ein Mann, der Pulver und „Flinte hat; er viel schießen. So meine Sünden schießen „Jesum jeden Tag. Aber Er Gott und nicht sterben kön„nen. Wenn Er nicht Erbarmen zeigt, bin ich in der Hölle.

„Ich stehen wie ein kleines Kind, nicht mehr in der „Mutter Schooß liegen. Und wenn es etwas will, es „weinen, aber nicht sagen können, was es will. So bin „ich unwissend, ich nicht sagen, was und wie ich beten soll, „aber ich weine und Jesus hört mich.

„Ich stehen wie Gras im Bach. Wenn das Wasser „niedrig, er sein Haupt aufheben und schön aussehen, wenn „groß Wasser kommen, ihn niederdrücken und über ihn hin„laufen. Oder wie Gras in der Gasse wachsen; ein Mann „gehen und niedertreten, aber er noch leben, nur nicht groß „werden.

„Ein armer Bettler da wohnen, großer Herr ihn rufen „und 600 Pfund geben. Er kann nicht sagen, wie ihm „danken, nicht wahr — er ihn ansehen. So mich stehen, „wenn ich sehen alle Barmherzigkeit Jesu.

„Mich stehen wie ein Mann, der Reis pflanzen und „nicht Busch abhauen. Reis kann nicht wachsen. So Gnade „nicht wachsen in mir vor Sünde."

Als in Regent und Gloucester bereits durch die Abreise der Missionare das erste jugendliche Leben zu erlöschen drohte, durfte Taylor noch in seiner Gemeinde fortwirken. Nicht daß die damals (1823) anfangende böse Zeit nicht auch ihren einschläfernden Hauch in derselben hätte spüren lassen, aber es konnte doch, so lange dieser Hirte da stand, zu keiner Zerstreuung der Heerde kommen. In leiblicher Hinsicht blühte das Gemeinwesen. Es war zum Erstaunen für den, der vorher den Wald gesehen, der hier Alles bedeckte, nun ein reinliches Dorf mit 250 Häusern, rings umher bebautes Land, in der Mitte des Städtchens eine im Bau begriffene Kirche, und in den Häusern viele der Bequemlichkeiten des europäischen Lebens zu erblicken. Es war ein feierlicher Tag, an welchem in Anwesenheit vieler der Arbeiter der Mission und der Oberbehörden der Grundstein der Kirche gelegt wurde: ein Festtag, der noch lange in den Seelen nachhallte. Allein es war auch der Schluß der schönen Zeit. Bald nachher mußte auch Taylor krank vom Platze weichen und starb auf der Heimreise nach Europa (1825) nach siebenjähriger Arbeit. Sein letztes Wort an seine Gehülfen vor seiner Abreise war: „Ihr, meine Brüder, kennet wohl die Leiden, die ich mit meiner geliebten „Gefährtin im letzten Vierteljahre durchzumachen hatte. „Das Schwerste unter Allem ist, daß wir die Colonie verlassen müssen. Es ist mir der tiefste Schmerz, besonders „wenn ich an den verlassenen Zustand denke, in dem ihr seyn „werdet. Ich gehe, aber mein Herz bleibt in Sierra Leone. „Möge der HErr Jehovah die Kraft eines Jeden von uns „unter diesen schweren Prüfungen seyn; möge Alles unsern „Seelen und dem Werke, an dem wir stehen, zum Besten „dienen."

Bald nachher hieß die Meldung über diese Gemeinde: „Am Sonntag 140, in der Woche 114 Besucher des Gottesdienstes. Die Theilnahme an den Gnadenmitteln ist

„nicht, was sie seyn sollte. Man weiß nicht gewiß, wie „die Eltern vom Unterrichte ihrer Kinder denken, und wie „die Kinder selbst dazu stehen. Manche muß man in die „Schule zwingen, Andre haben Freude daran. Die meisten „Einwohner bemühen sich um Anstand in Kleidung und „Benehmen. Von der Frömmigkeit der Gemeindeglieder „zeugen ihre gegenseitige Liebe, ihre Betstunden am Sonntag „und in der Woche, ihre Theilnahme mit den Kranken, ihre „Bereitwilligkeit zu Missionsbeiträgen."

Im folgenden Jahre konnte Schulmeister Pierce, der die Wittwe Missionar Wenzels, eine Eingeborne, geheirathet hatte, in Charlotte eintreten. Sie bekamen gleich eine Aufgabe durch die Zuweisung einer Anzahl Kinder, die krank und elend von Sclavenschiffen kamen. Aber auch diesen Arbeiter behielt die Station nicht lange. Dagegen kam Frau Taylor als Lehrerin wieder. Die Nachrichten im Jahr 1828 waren traurig: „Die Sendlinge des falschen Propheten „durchwanderten damals die Colonie. Sie waren zahlreich, „als Eingeborne vom Klima nicht gefährdet, voll fanati„schen Eifers, und in den hirtenlosen Gemeinden, bei der „Unklarheit, die noch in den zwischen Heidenthum und Chri„stenthum dämmernden Gemüthern herrschte, fanden sie of„fenes Feld. In Charlotte rissen sie Viele hin."

Als 1830 der uns schon bekannte Weeks mit seiner Gattin die Gemeinde übernahm (Frau Taylor war als Gattin des Miss. Betts weggezogen), stand es schwach genug, und er durfte nicht so lange bleiben, weil andre Stationen seiner dringender bedurften, um das gesunkene Leben wieder zu heben. Und doch war der Funke nicht erloschen. Dies zeigte sich, als später Missionar Schön (1834) den Bewohnern vom Ausbau ihrer vor 10 Jahren angefangenen Kirche sprach, und sie bereitwillig mit Beiträgen sich einfanden. Aber noch einmal gingen sechs Jahre ohne kräftige Erneuerung dahin, als Herr Beal der Gemeinde vorzustehen berufen wurde (1840). Erst damals wurde die Kirche wirklich und zwar von der Regierung ausgebaut, und Missionar Haastrup (von Basel), der zugleich Regent und Bathurst versah, predigte darin. Doch konnte Herr Beal sich eines Briefes freuen, den er von einem Gemeindeglied empfing, und der so lautete:

„Mein Herr! es ist mir ein angenehmes Geschäft, „Ihnen diese Zeilen zu schreiben. Wenn ich rückwärts und „um mich blicke, und über die Güte und Barmherzigkeit „Gottes nachdenke, der mich aus meiner Heimath in dieses „Evangeliumsland gebracht und mir einen Sohn gegeben „hat, so kann ich mich nur in Gott freuen. Auch wenn „ich viele Kinder wild und roh herumlaufen sehe, kann ich „nur meinen Dank gegen die Missionare an den Tag legen „für Alles, was sie an mir und den Meinigen gethan ha„ben. Da mir Gott in seiner Gnade einen Sohn geschenkt „hat, so war es mir ein Anliegen, denselben Gott, das heißt „seinem Dienste, wieder zu weihen. Da aber dies nicht seyn „kann, so muß ich ihn nun aus der Schule nehmen und „ein Handwerk lernen lassen.

„Ich danke Ihnen für alle Güte, die Sie ihm in so „vielem Unterricht erwiesen haben, und ich bitte Sie Alle, „für mich und meinen Sohn zu beten. Ich kann Gott nicht „genug danken, daß ich einen Sohn habe, der Gottes Wort „lesen kann, und ich flehe zu Ihm, daß er es nicht blos „lesen, sondern auch daran glauben möge. Auch mein Weib „spricht ihren Dank gegen Sie Alle aus."

Bei der endlichen Einweihung der Kirche, deren Bau die Gemeindeglieder durch große Anstrengungen erleichtert hatten, waren 6—700 Menschen zugegen.

Bathurst ist der nächste Ort des Bergdistrictes, nach dem wir uns zu wenden haben. Es liegt im Gebirge zwischen Charlotte (im Süden) und Regent (im Norden). Es war der älteren Dörfer (seit 1817) eins, dessen Leitung zur Zeit der Blüthe Regents unter Johnson dem öfters genannten William Tamba, und als er nach Gloucester versetzt wurde, dem Eingebornen William Davis anvertraut war. Herr Johnson führte die Aufsicht und hatte dort eine kleine aber wohlgeordnete Gemeinde. Im Jahr 1823 wurde es möglich, in der Person des Herrn Schemel (von Basel) einen eigenen Missionar dorthin zu stellen, dem dann bald, weil er starb, Herr Gerber (von Basel), der zuvor in Kissey gearbeitet, folgte. Er traf die Zahl der Abendmahlsgenossen auf 19 angewachsen, mußte aber damit beginnen, etliche auszuschließen.

Allein nicht lange erlaubte die geschmolzene Zahl der Missionsarbeiter diese Einrichtung. Es mußte Bathurst mit Leopold und Charlotte zusammen dem Herrn Davey, einem englischen Schulmeister, übergeben werden. Das Dorf lag den beiden andern so nahe und hatte so wenig Aussicht auf Erweiterung durch Zuwachs neuer Einwohner, daß diese Anordnung zu genügen schien. Als (1826) die Commission der Regierung dort war, hatte Bathurst keine Schule, und der zerfallene Zustand mancher Wohnung wies auf ein Abnehmen der Bevölkerung hin. Das Haus des Aufsehers der Regierung (welches damals immer der Missionar war) und das Schulhaus waren neun Jahre alt und sehr im Verfall. — In der Zeit, da der Tod so stark unter den Arbeitern der Mission mähete, konnte natürlich nicht viel für solche Dörfer gethan werden, und noch im Jahr 1833 war nur ein Katechist (Weeks) und ein Missionar (Kißling in Kissey) für den ganzen District thätig. Doch war es in diesem Jahre, daß einmal wieder eine Lebensbewegung in Bathurst sich zeigte, indem fünf Erwachsene die Taufe verlangten und nach gehöriger Vorbereitung erhielten.

„Es war" — schreibt Herr Weeks — „ein ergreifender „Anblick, ein Mädchen von neunzehn Jahren neben einer „alten fünfzigjährigen Wittwe vor der Gemeinde dem Altar „nahe sitzen zu sehen. Die Wittwe ist aus dem Susu-Lande „und kam schon 1818 mit Renner in die Colonie. Es war „ein herrlicher Segenstag."

Jetzt gab es auch Schulen in Bathurst und zwar in gutem Gange, deren Monitoren viel zur Förderung der Schrifterkenntniß in den Familien beitrugen. Auch hier wurde der Neubau des Schulhauses durch die freiwilligen Beiträge der Einwohner erleichtert.

Als nachher Missionar Schön sich in Bathurst niederließ, fand er zwar die kleine Gemeinde in stillem Gange, aber sonst im Dorfe das Heidenthum mit lärmenden Festen und Gelagen noch ziemlich herrschend und den Muhammedanismus im Zunehmen. Im Jahr 1840 meldet Herr Murphy: „Ich besuchte den Gottesdienst zu Bathurst „und war von der andächtigen Aufmerksamkeit betroffen, „mit der Alle auf den geliebten Lehrer horchten. Der „Sonntag war stiller und gefeierter als in England." Herr Murphy hatte Herrn Beal zum Nachfolger, und auch er schien mit dem Erfolg seiner Arbeit zufrieden. Wir wollen, um nicht zu wiederholen, Beispiele, die den bereits gegebenen gleichen, nicht erzählen, sondern wenden uns nach

Leopold, wo der treue, vielgeprüfte Renner nach seiner Rückkehr vom Susu-Lande gearbeitet und nach mancherlei Unterbrechung sich im Jahr 1818 wieder angesiedelt hatte. Seine africanische Gattin war in den Mädchenschulen thätig; die Eingebornen William Allen und John Ellis halfen für die Knabenschule. Seine Susu-Knaben waren auf Verlangen der Ihrigen an den Rio Pongas heimgekehrt, viele ältere Schüler zu Handwerken übergegangen, so daß nur noch 30 Knaben, 53 Mädchen und 30 Erwachsene in den Schulen blieben. Er hatte 40 Abendmahlsgenossen, darunter waren 20, die vom Rio Pongas mitgekommen. Still aber im Segen ging die Station fort. Wir überspringen einige Jahre, während welcher Renner in Kent seinen Wohnsitz nahm, und finden dieselbe 1822 unter Missionar Davey mit seiner Gattin in so gutem Stande, daß 600 regelmäßige Besucher der Kirche gezählt wurden. Sie mußte erweitert werden. Er fing an, Missionsbeiträge in Naturalien von seinen Leuten einzuziehen. Mit Freuden wurden sie gegeben. In den folgenden Jahren wirkte auch auf sie der rasche Wechsel der Missionare und der Mangel an Arbeitern. Doch wirkte die frühere tüchtige Arbeit immer noch.

Fünfter Abschnitt.

Fluß-District. — Kissey. — Nyländer's Rückblick. — Gehülfen. — Wachsthum der Station. — Lebensgeschichte eines Schwarzen. — Nyländer's Heimgang. — Wechsel der Missionare. — Geistlicher Rückgang. — Bekehrung von vier Götzendienern. — Der Grigri-Mann und das Jesus-Palawer. — Täuschungen und Rückfälle. — Tod des Unbekehrten. — Die sterbende Christin. — Neue Lebenszeichen. — Die Blatterngöttin. — Die Hausbesucher und ihre Kämpfe und Siege. — Wellington. — Die Arbeiter. — Aufgaben und Wiederbesetzung. — Freude der Neger. — Innere Zerspaltung der Stadt. — Die Königsjungen und Königsmänner. — Christenthum mit Heidensitten. — Der kranke Classenführer. — Hastings. — Arbeiterwechsel. — Die Götzenlieferung. — Sterbebetten. — Gründe gegen den Kirchenbesuch. — Der Sectenmann. — Waterloo. — Wilhelm's gesegnetes Wirken. — Der Alligator. — Die schnelle Brautwerbung. — Die Zeit der Dunkelheit. — Die Jagd auf christliche Schriften. — Die Landessitten und der schwarze Redner dagegen. — Früchte. — Die neuen Dörfer. — Marcces-District. — Kent. — Der Anfang daselbst. — Baldiges Sinken. — Lange Verlassenheit. — Schön's Besuch, Ansiedlung, erste Arbeit. — Die selbstgerechte Negerin. — Der edle Sclave. — Die Aufopferung der Missionare. — Neue Dörfer. — York. — Johnson's Besuche. — Die Soldatenfrau und ihr Mann. — Die Banana-Inseln.

Steigen wir nun vom Bergdistricte herab in den Flußdistrict, so haben wir vor Allem Kisseytown, die nächste an Freetown und zwar südlich von ihr, da wo der Bance-Fluß in den Sierra-Leone-Fluß mündet, gelegene Station zu nennen. Hier wurde zuerst der tüchtige und erfahrene Nyländer angesiedelt. Sein Stephan Collier war mit ihm gekommen. Durch sein tägliches Morgen- und Abendgebet wirkte er im Segen und 200 der Einwohner kamen dazu; in der Kirche hatte er 300 Zuhörer. Es blieben also noch einige Hunderte, die Kinder mit eingeschlossen, übrig. Dann aber wohnten auch noch zerstreut umher über 450 Seelen, so daß er fast 1000 im Ganzen zählen mußte. Er fand die Arbeit viel leichter und erfreulicher, als bei den Bullom. Hören wir den von den Leiden, die das vorgerückte Alter in dem heißen

Klima brachte, hie und da etwas gedrückten Mann sich aussprechen:

„Zähle ich die Jahre, die ich in Africa zugebracht, „so ist dies die fünfte Weihnacht, die ich hier verlebt. Ich „muß mit dem Knechte Gottes ausrufen: „wer bin ich, „HErr, und was ist meines Vaters Haus, daß du mich „hieher gebracht hast!“ Etwa dreißig von uns, jünger und „brauchbarer als ich, liegen im Grabe, und ich wirke noch „in des HErrn Weinberg. Ich habe Manche das Alphabet „gelehrt, die jetzt größer sind als ich. Ich habe gesucht Jesum „Christum den Gekreuzigten bekannt zu machen, wo ich Gelegen-„heit fand. Ich habe getrachtet Theile des Neuen Testaments „zu übersetzen; wurde immer wie der Blinde einen Weg geführt, „den ich nicht sah, aber von einer Hand, die nie irre führt. „Ich habe mit Thränen gesäet, auf Hoffnung gearbeitet und „darauf gebaut, daß Gottes Wort nicht leer zurückkommt. „Nie aber habe ich eine Frucht meiner Arbeit gesehen, bis zuletzt; „denn ich darf glauben, daß Einige meiner Pflegebefohlnen „eine wahre Herzensneuerung erlebt haben, die sie in ihrem „Wandel darlegen.“

Mit dem geistlichen Zustand verbesserte sich auch der leibliche. Rings um Kissey war Alles angebaut: herrliche Reisfelder, schöne Cassada- und Erdnuß-Pflanzungen; Kirche, Schul- und Pfarrhaus waren im Bau und versprachen etwas Hübsches zu werden. Die Lage, dem Timneh-Lande gegenüber, und die Gelegenheit Kalk aus Muscheln zu brennen, hatte dem Handel und der Gewerbsamkeit bereits Bahnen geöffnet.

Herr Buckley wurde dem wackern Streiter zum Gehülfen geschenkt; Frau Wenzel kam nachher als Wittwe dahin. Nyländer hatte unter wiederholten Krankheitsanfällen unverdrossen fortgearbeitet, als er im Jahr 1822 berichten konnte, daß von den 1069 Einwohnern 600 regelmäßig zur Kirche kommen, 400 seine täglichen Gebete mitmachen, 100 Knaben und Mädchen in der Schule seyen, 50 Handwerker in den Abendschulen sich versammeln, 35 Communicanten den Kern einer Gemeinde bilden. Allein abgesehen von den vielen körperlichen Leiden des Veterans mußte er auch noch Freetown, Gloucester, Regent, Wellington in den Kreis seiner Arbeit und Sorge ziehen, wenn Tod oder Krankheit dort tiefe Lücken rissen. Seine Schulen wuchsen zwar gewaltig, zu über 800 Kindern; der Kirchenbesuch steigerte sich auch; allein die Hauptsache, die Zahl der Abendmahlsgenossen wollte nicht steigen, weil er sich den Leuten nicht eingehend genug widmen konnte; die Betstunden waren aber gerne benützt und ein Trost des Seelsorgers. — Ein Missionsfest (1822) war ihm ein Labsal. Da erzählte ein eingeborner Lehrer:

„Ich bin aus dem Bassalande, aus welchem es „Gottes Gnade gefallen hat, mich durch den schrecklichen „Sclavenhandel hieher zu bringen. Meine Mutter starb „als ich ein kleines Kind war. Einige Jahre war ich bei „meinem Vater herangewachsen, als er mich mit meinem „ältern Bruder zu einem der Häuptlinge des Landes schickte, „wo wir etwa 14 Tage blieben. Der Häuptling schickte „einige Leute in ein anderes Land auf den Handel und ich „sollte mitgehen. Wir gingen drei Tage, bis der Ort er„reicht war. Am folgenden Tage wurde ich gerufen, und „als ich kam merkte ich aus dem Gespräche, daß ich ver„kauft war. Ich weinte sehr; aber ach! das half nichts; „ich war jetzt ein Sclave. Ich sah um mich, und Niemand „da als Fremde; meine Landsleute hatten sich fortgemacht. „Als ich weinte kam ein mitleidiger Neger zu mir her und „sagte: ich sey nur als Pfand auf einen Monat gegeben, „dann dürfe ich heimgehen. Aber das war nicht wahr. „Da war kein Erbarmen; sie fingen an mich wie ein Thier „zu behandeln. Sie führten mich bald auf eine Insel zu „einem Weißen Namens John Mills. An den verkauften „sie mich. Etwa drei Wochen war ich sein Sclave gewesen, „als Gott Engländer sandte, mich und Andere zu befreien. „Etwa fünf Uhr Morgens landeten fünf Boote voll Sol„daten und Matrosen. Wir wurden von dem Häuptling „in den Wald geschleppt. Ich und noch ein Knabe suchten „wegzulaufen; aber man fing uns bald ein, und Mills

„übergab uns an die Engländer. So kamen wir nach „Sierra Leone. Wir waren etwa einen Monat zu Freetown, „dann ging es nach Regent, das damals Hogbrook hieß. „Anfangs waren wir dort von nichts als Wald umgeben. „Es gefiel uns nicht, aber wir durften nicht fort. Ein „ganzes Jahr waren wir dort ohne einen Weißen; es war „ein elendes Leben, ohne Gott und ohne Hoffnung. Dann „kam Herr Hirst, der sich Mühe gab mich das Gebet „des HErrn zu lehren; aber mein Herz hatte keine Freude „daran. Er hielt auch Versammlung; ich kam aber nur „um Possen zu treiben. — In diesem traurigen Zustand „war ich, als Herr Johnson kam und mich dort behalten „wollte. Es leuchtete mir aber nicht ein und ich ging nach „Freetown zu Hrn. Ressel (dem Aufseher der befreiten Sclaven). „Aber der sah bald, daß nichts mit mir anzufangen sey, „und schickte mich wieder nach Regent. Er war froh, mich „los zu werden. Herr Johnson machte mich zum Aufseher „über die Reisvorräthe. Ich ging mit den Leuten in die „Kirche. Da gefiel es Gott, mich aus der Finsterniß der „Natur in Sein wunderbares Licht zu versetzen. Ich sah „mich elend und verloren und fand das Lamm Gottes, „das der Welt Sünde trägt. Ich warf mich Jesu zu Füßen „und fand den Frieden Gottes, der über alle Vernunft ist. „Ich kämpfte mit der Welt, dem Teufel und dem Fleische „und unterlag leider oft. Aber durch Gottes Erbarmen „stehe ich doch noch da, und ich bin der guten Zuversicht, „Er wird mich durch Seine mächtige Kraft bis ans Ende „erhalten. Ja, Gutes und Barmherzigkeit werden mir „folgen mein Leben lang."

Nicht lange nach diesem Freudentag wurde Nyländer ernstlich krank. Er sagt: „Der Eine heißt mich nach Frank„reich, der Andere nach Spanien, der Dritte nach England „gehen, um gesund zu werden. Aber ich fühle mich wieder „kräftiger und will nicht fort. Da derselbe Jehovah in „Africa herrscht, wie in England, so will ich auf Seinen „Befehl warten." Der Befehl kam, Nyländer entschlief im Mai 1825.

Missionar Metzger (von Basel), der Marie Hickson, eine Eingeborne, heirathete, wurde sein Nachfolger, wie er nach kürzerem Wirken in Wilberforce schon eine Zeitlang sein Mitarbeiter gewesen. William Bickersteth war sein schwarzer Gehülfe. Es schien ein innigeres Wesen sich einfinden zu wollen, indem mehr gebetet wurde, wozu besonders die Taufe von 22 Erwachsenen den Anstoß gab; aber im Ganzen war die Gemeinde im Geistigen sehr zurück, während sie leiblich besser als andere gedieh. Im Jahre 1830 wurde Metzger nach Wellington versetzt, Boston blieb als Lehrer da und Murrell kam als Prediger dazu. Allein Keiner von Beiden konnte länger dort wirken. Boston starb. Gerber (von Basel) trat in Kissey als Missionar ein. Ihm machte die Gemeinde den Eindruck, als wollte es bald in ihr tagen. Aber er mußte krank die Colonie verlassen, ehe er mehr sehen konnte. Metzger übernahm die Gemeinde wieder, und er fand die Dinge etwas trüber:

„Ich bin wieder" — sagt er — „im Staube vor Gott „über die Entdeckung zweier weiterer Gemeindeglieder, die „in die beklagenswerthen Sünden gefallen sind, die unsere „Leute nur „Landessitten" nennen. Einige haben ihre Grigris „unter den Kleidern getragen und sind wohl mit diesen Lügen„zeichen am Leibe selbst zum heiligen Abendmahl gegangen. „Spreche ich von Wegwerfung derselben, so ist's als muthete „ich ihnen zu, das rechte Auge auszureißen."

„Wir mußten abermals fünf Personen ausschließen: „zwei Abendmahlsgenossen und drei Taufbewerber. Vier „dieser Fälle waren grobe Unzuchtsünden und einer höchst „grausame Mißhandlung eines siebenzehnjährigen Dienst„mädchens, die ihre Frau so band und schlug, daß die „Stricke und Schläge ins Fleisch drangen, und zwar, um „sie zu zwingen — die Concubine ihres Mannes zu werden. „Das Mädchen ließ sich nicht zwingen; sondern floh aus „dem Hause. Ich mußte eingreifen; denn lange genug „hatte man die Leute machen lassen. Ich gab das Mädchen „in den Schutz des Policeidieners, bis der Beamte nach „Hause kam. Der Mann wurde zu zwei Monaten Zwangs-

„arbeit verurtheilt und das Mädchen diesen schlechten Händen „abgenommen. Der Fall ist gewiß häufig, daß die armen „Lehrmädchen die Opfer derer werden, die sie beschützen sollten. „Seit diesem Eingreifen von meiner Seite haben Mehrere „dieser Unglücklichen mir ihre Lage entdeckt, und ich habe „stets die Obrigkeit dagegen aufgerufen."

Tröstlicheres meldete Herr Young, der Katechist von Kissey, über die Bekehrung von vier Götzendienern:

„Einer von ihnen wurde durch die Worte ergriffen: „„Gott wird abwischen alle Thränen von ihren Augen." „Er verehrte einen Gott Aschawon, dessen Bild, eine Büste „nur 5 Zoll hoch aus rother Erde, er anbetete. Er warf „sie in wörtlichem Sinne weg. — Ein Anderer diente dem „Schijung, einer häßlichen 26 Zoll hohen Schlangengestalt „aus Eisen. Bei ihm ging es durch furchtbare innere Kämpfe. „Ich stand bei ihm, als er sein Götzenhaus mit allen Ge„räthen vernichtete und einen dem Schijung heiligen Pflau„menbaum umhieb. Diese Beiden wurden von ihren Lands„leuten um ihrer Bekehrung willen verfolgt, blieben aber treu."

Als Metzger (1833) nach England ging, übernahm Schön den ganzen Fluß-District, konnte sich aber, weil Hastings und Wellington eine Zeitlang ganz aufgegeben wurden, auf Kissey beschränken. Er fand 117 Abendmahlsgenossen und 28 Taufbewerber vor, und immer neue meldeten sich, während freilich auch Getaufte ausgeschlossen werden mußten. Ein Mann, der Andere zum Götzendienst verführte, weil er mit Grigri handelte, kam um „Jesus-Palawer" zu hören. Auf die Frage, was er denn von Jesu wisse? gab er zur Antwort: „Herr Metzger sagen, wir müssen an Ihn „glauben; Herr Young sagen, wir müssen an Ihn glauben; „und jetzt Sie kommen und sagen, wir müssen an Ihn glauben; „und ich jetzt an Ihn glauben. Schreiben Sie meinen Namen „ins Buch, ich nicht mehr Grigri glauben; Grigri ist nichts, „kann nichts helfen." Er blieb fest gegen die harten Anfechtungen seiner bisherigen Genossen und wandelte sicher. Welche Täuschungen aber oft diese Armen irre führten, zeigt der Fall eines kranken Gemeindegliedes, dem seine Volksgenossen einredeten, nur der Götze könne ihm seine Gesundheit wiedergeben. Er war Willens zu opfern, und sagte dies mit aller Offenheit einem andern Gemeindegliede, er wolle nur das Gebet zu Gott aufgeben, bis er durch Hülfe des Götzen wieder gesund sey, dann aber dem HErrn wieder dienen. Dieser und andere Christen sprachen ihm ernstlich in Herz und Gewissen — aber umsonst. Er starb auch in diesem schwankenden Zustand. — Ein Anderer, der schon lange Gemeindeglied und gegen dessen Wandel nichts einzuwenden war, schritt gar zur Entlehnung von Grigri mit der Absicht, zwei andere Männer, davon der Eine auch Communicant, weil er ihm einen Erwerb abgeschnitten habe, zu verzaubern. Er wurde trotz seines Läugnens überführt und behauptete nun nur noch, er habe ihn nicht umbringen wollen. Nach einigen Tagen gab er, freiwillig zu Herrn Schön kommend, vor, er habe die Grigri blos entlehnt, um einen Husten zu heilen, die Zeugenaussagen seyen falsch u. s. w.; sein Gewissen sey dadurch beunruhigt, daß er in ungünstigem Lichte dastehe. Es half auch nichts, ihm zu zeigen, daß die Sünde in beiden Fällen wesentlich die gleiche wäre.

Auch der eingeborne Gehülfe John Attana meldet den Tod eines solchen unklaren Menschen in folgenden Worten:

„Tomboquay war kein Abendmahlsgenosse, auch kein „Bewerber. Im Februar 1833 ging er auf sein Feld, „Plantanen zu holen, wo ein Baum, den man angebrannt „hatte, auf ihn fiel und ihn erschlug. Ich ging hin, „um nach ihm zu sehen. Sein Weib, früher Abendmahls„genossin, jetzt Abtrünnige, sagte mir, sie habe ihn oft „aufgefordert ins Gotteshaus zu gehen, er habe aber nicht „gewollt. Der Mann ist in eine unbekannte Welt hinüber„gegangen."

Als Missionar Schön nach Gloucester versetzt war, kam Herr Kißling dafür an das Institut in Fura-Bay und versah zugleich die Gemeinde Kissey. Das Heidenthum, das sein Haupt dort so hoch erhoben hatte, war wieder im Rückzuge und Viele kamen herzu und baten um Unterricht zur Taufe. Etliche Kinder starben in einfältigem Herzensglauben. Eine erwachsene Person, die von Nyländer unterrichtet und seitdem ihrem Bekenntniß treu geblieben war, begehrte sterbend das heilige Abendmahl und erklärte auf die Fragen des Seelsorgers: „Ich sehne mich „nach diesem den Glauben stärkenden Mahle — ich wünsche „bei Jesu zu seyn — ich weiß daß ich ein Kind Gottes bin, „Er hat mich als eine große Sünderin berufen — sein Blut „hat mich rein gemacht von aller Sünde, Er wohnt in „meinem Herzen — ich fürchte mich nicht.“ Sie empfing das heilige Mahl und rief aus: „HErr Jesu! nun laß „mich sterben, rufe mich heim!“ Einer Freundin, die mit ihr einer Classe von Abendmahlsgenossinnen vorgestanden hatte, empfahl sie die anvertrauten Seelen aufs Herzlichste: „Sorge doch, daß sie in Frieden leben; achte sie um des „HErrn willen hoch.“ Sie ließ ihre Anvertrauten zu sich kommen und sprach zu jeder ein mahnendes Wort. Zuletzt rief sie auch ihren Mann, erinnerte ihn voll Liebe, wie oft sie ihm zugesprochen, dem zukünftigen Zorn zu entrinnen, und sagte mit Bezug auf das Gleichniß vom Feigenbaum: „Was willst du mit einem solchen Baum thun?“ Er sagte: „Ihn umhauen.“ — „So wird der HErr dich umhauen, „wenn du nicht Buße thust. O! laß mich doch nicht am „großen Gerichtstage als Zeugin gegen dich auftreten.“ — Auch das war ermuthigend, daß manche Leute von den verlassenen Stationen, wohin jetzt nach Missionar Wilhelms Tode auch Waterloo gehörte, sechs bis sieben Stunden weit herkamen, um regelmäßig den Gottesdienst in Kissey zu besuchen.

Es war wirklich (1835) ein neuer Lebenshauch zu verspüren. Herr Collins, der neu eingetretene Gehülfe, schildert den Sonntag zu Kissey so, daß man an die schönen Zeiten von Regent und Gloucester erinnert wird. Er sagt von der Sonntagsschule für die Erwachsenen, daß über 400 dieselbe besuchen und ein schöner Trieb nach lebendiger Erkenntniß der Wahrheit sich kund gebe. Herr Kißling durfte neun Erwachsene taufen, von denen die meisten Spätfrüchte der Arbeiten von Nyländer, Butscher und Wilhelm waren, bei denen sie als Kinder im Unterricht gewesen. Auch die Zunahme christlich getrauter Ehen war ein gutes Zeichen. Kißling hatte 73 Trauungen im Flußdistrict in einem Vierteljahr. Auch das Gewissen that seine Arbeit wieder merklicher. „Ein junger Mann" — erzählt Kißling — „kam zu mir „in tiefem Kummer, um mir zu sagen, daß er vor mehrern „Jahren eine schwere Sünde begangen und sie noch durch „Läugnen und Lügen verschlimmert habe. Er habe keine „Ruhe und wisse, daß Gott ihm nicht verzeihen könne, „ehe er denen, mit welchen er damals gelebt, die Sache „gesagt und ihnen bekannt habe, daß ihre Beschuldigung „gegen ihn wahr gewesen sey; es sey ihm leid, daß der „böse Gedanke in ihm aufgestiegen und er desselben nicht „Meister geworden sey. Ich fürchtete, der Reuige möchte „zu viel Gewicht auf das blos äußere Eingeständniß legen „und sprach ihm von der dringenden Nothwendigkeit wahrer „Herzensbuße. Er antwortete mit Nachdruck: „Herr, ich „habe lange ernstlich Gott um Vergebung angefleht; aber „mein Herz sagte mir, ich müsse zuerst vor denen gestehen, „gegen die ich einst geläugnet habe." Ich half ihm in der „Sache; er fand Frieden und sehnte sich jetzt nach Aufnahme „in die Gemeinde." — Ein Anderer war in gleicher Noth, weil er früher fremdes Eigenthum begehrt und genommen hatte. Er hatte bereits wieder erstattet was er konnte. Aber manche entwendete Gegenstände waren nicht mehr da, oder die frühern Eigenthümer todt. Der Missionar rieth ihm an, ihren Erben den Werth der Sache zu zahlen. Er bestimmte selbst sogleich die Summe; sie war aber das Doppelte von dem Werth der entfremdeten Sachen. Als ihm der Missionar das bemerkte, war seine Antwort: „Allerdings, Herr, aber damals als ich die Sachen nahm, „galten sie noch einmal so viel als jetzt. Ich muß den damaligen Werth bezahlen."

Im Jahr 1836 stieg die heilige Flamme noch höher. Kissey trat an die Spitze der jungen Kirche. Mit jedem

Vierteljahr wuchs die Zahl derer, welche die Taufe oder nach ihrem Abfall die Wiederaufnahme nachsuchten. Die rührendsten Bekenntnisse wurden da abgelegt.

Kissey zählte damals gegen 3000 Einwohner und war ein stattliches, wohlgebautes Städtchen. Seine Kirche war am Sonntag voll, seine Schulen flossen über, und die Regungen des göttlichen Lebens waren unverkennbar. Warburton bekam jetzt hier seinen Arbeitskreis, mußte aber bald sehen, daß auch das Heidenthum seine Wurzelranken noch in dem neuen Leben forttrieb, wenn er erfuhr, daß allerlei Amulette gegen Krankheit und den Einfluß der abgeschiedenen Seelen auf die Lebenden getragen, und sogar die Blatterngöttin Schapuna noch gefürchtet werde, die man nämlich dadurch ehrte, daß in einem Hause, wo Jemand an den Blattern starb, kein Klagen und Weinen, sondern nur Loben des Verstorbenen, „der nach seinem Belieben gethan habe", gehört werden durfte, Alles um die Göttin nicht zu erzürnen. Ob man ihr nicht auch insgeheim noch Opfer brachte, steht dahin.

Auch im Jahr 1838 ging nach den Berichten des damaligen dortigen Missionars Schlenker das Werk des HErrn fort. Der regelmäßige Kirchenbesuch stieg auf 1200, und man fühlte den Ernst der Versammlung und das Verlangen nach göttlicher Erleuchtung. Natürlich war man auch auf neue Anregungsmittel in den Gemeinden bedacht, und eines derselben, die Einrichtung der Hausbesuche durch weiter geförderte Gemeindeglieder, erwies sich wirklich gesegnet. Das „Gott-Palawer", wie die Neger es nannten, d. h. die Abendversammlungen in den Häusern, wurden wie der Katechist Stedman sagte: „die eigentliche Grund„lage des Gemeindelebens." Einer derselben, Namens Blakiston, gab sich besonders Mühe, die Abtrünnigen aufzusuchen und mit ihnen die Bibel zu lesen. Hören wir etwas aus seinem Tagebuch:

„3. August 1840. Heute sah ich zwei Abendmahls„genossen. Einer kam nur wenig zur Kirche. Ich frage „ihn: „Warum gehst du nicht in die Kirche?" — Er sagt:

„„Ich habe Noth gehabt, die mich hinderte.“ Ich sage: „„Deine Noth sollte dich zu Gott treiben.“ Er fängt wieder „an zu klagen. Ich sage: „Halt ein, Bruder!“ Ich nahm „seine Bibel und las Römer 8, 35—39, sprach zu ihm „viele gute Worte und bat ihn, wieder in die Kirche zu „gehen. Er sagte: „Ja!“

„Ich gehe weiter und komme zu einem andern Manne; „ich frage ihn: „Du gehst in die Kirche?“ Er sagt: „Nein!“ „Ich sage: „Warum nicht?“ Er sagt: „Ich bin ein armer „Mann.“ Ich sage: „Hörst du nicht was die Bibel sagt: „Reich und Arm, Alle müssen gehen und beten?“ Der Mann „sagt: „Aber sieh mein Kleid an!“ Er hatte ein Leintuch „ohne Aermel und Kragen an. So ich ihm sage: „Wenn „der Tod heute kommt, kannst du nicht zu ihm sagen: „sieh! ich bin ein armer Mann!“ Der Mann sagt: „Ich „will gehen.“ Ich sagte ihm auch: Gott hat den Regen „gesendet, das Erdreich weich zu machen. Wir müssen Cas„sada pflanzen und Ingwer und Kleider bekommen und in „die Kirche gehen.“

Die Früchte dieser Arbeit waren unter Anderm, daß Missionar Schlenker im October 42 Heiden auf einmal taufen konnte. Da er im Jahr 1841 zur Timneh-Mission bestimmt wurde, trat David H. Schmid (von Basel) an seine Stelle. Er war erstaunt und hoch erfreut, als er zum ersten Mal 1100 Neger im Gottesdienst beisammen sah, und mit 300 derselben das Mahl des HErrn feiern durfte. Achtzig Bewerber warteten auf seinen Unterricht zur Taufe.

Schließen wir den Bericht dieser Station mit einigen weitern Mittheilungen aus Blakiston's Tagebuch.

„20. October 1841. Am Sonntag Morgen ging ich „in ein Haus und fand drei Männer, ein Weib und etliche „Kinder, zu denen ich sagte: „Guten Morgen, Familie, gu„ten Morgen! Ihr bereit machen in die Kirche zu gehen?“ „Der Herr des Hauses sagte: „Mich nicht zur Kirche ge„hören, mich nicht gehen können.“ — Ich sage: „Die Leute, „die jetzt noch nicht zur Kirche gehören, können nachher

„nicht gehen?“ was macht dich nicht können? Jedes Kind „in seines Vaters Hause wohnen. Wenn du nicht in Got„tes Haus gehst, so vergissest du; denkst, es gibt keinen „Gott.“ — „Ich an Gott denken, wenn ich essen oder arbei„ten oder in meinem Hause leben; Besucher, was macht „dich hieher kommen?“ — „Ich wissen, ihr hier wohnen, „und ich euch lieben. Wenn du an Gott und Jesus Chri„stus denkst, solltest du zu Gottes Haus gehen; wenn du „heute stirbst, gehst du in die Hölle, du gottloser Mann.“ — „„Wer sagt dir, mich gottlos, wenn mich sterben, mich in „die Hölle gehen?“ — „Halt, Freund, die Bibel sagen, nicht „ich. Leset Psalm 9, 16: „Die Heiden sind versunken in „der Grube.“ — „Mich nicht gottlos!“ — Ich schlug Rö„mer 3, 10. 11. auf: „Da ist nicht, der gerecht sey, auch „nicht Einer u. s. w.“ Du hast kleine Kinder, du hast Mühe „mit ihnen, du ernährest sie. Aber die Kinder werden groß, „kommen nicht mehr zu deinem Hause, was sind sie dann? „— „Schlecht.“ — „So bist du. Gott hat dich erschaffen „und dir Alles gegeben, und du sagst: du kannst nicht zu „ihm kommen. Nimm dich in Acht! wenn du Gott ver„gissest, wird dich Gott auch vergessen. Der Sonntag ist „des HErrn Tag. Wenn dir Jemand einen Thaler schenkt „und sagt: iß diesen! und schenkt dir auch einen Heller und „sagt: behalte diesen für mich! und du issest beide, den Tha„ler und den Heller, was bist du dann?“ — „Ein Dieb.“ „— „Das bist du. Gott gibt dir sechs Tage zur Arbeit „und behält nur Einen für sich, daß wir in die Kirche ge„hen und sein Wort hören, und du sagst: „Ich kann nicht „gehen.““

Wellington ist die nächste Station, nur eine Stunde südlich von Kissey, auch noch an der breiten Mündung des Bance-Flusses gelegen, indem für die Mission so schönen Jahre 1821 erst gegründet. Es hatte bald nach seiner Gründung schon 300 Häuser, die von 200 Ackerleuten, 40 Kalkbrennern, 30 Sägern, 10 Schindelmachern, einigen Zimmerleuten, Maurern und einem Schmiede bewohnt waren. Das Land umher wurde rasch angebaut und lieferte reichen Ertrag. Für die geistlichen Bedürfnisse hatte Nyländer von Kissey aus mit seinen Gehülfen zu sorgen. Damals war Beckley sein Mitarbeiter, der aber bald nach Missionar Renner's Tod in Kent sein Arbeitsfeld fand. John Sandy kam nach Wellington und hatte die Freude, schöne Regungen in einzelnen Herzen wahrzunehmen. Allein nicht lange so fiel er selbst, der den Neger noch nicht recht gegen den Christen vertauscht hatte, in grobe Sünde und mußte entlassen werden. Missionar Metzger mußte sich entschließen, in Wellington seinen Wohnsitz zu nehmen. Allein da dies durch Krankheit nur kurz möglich wurde, kam der uns wohl bekannte William Tamba dahin, der sich die Liebe der Bewohner in hohem Grade zu gewinnen wußte. Macfoy, ein Farbiger aus America, folgte ihm, und seine Frau hielt die Mädchenschule. Nachher kehrte Metzger zurück und Tamba wurde sein Gehülfe. Im Jahr 1827 durfte der Missionar 19 Männer und 39 Frauen und Mädchen, meist von der Aku-Nation, taufen. Die Zahl der Abendmahlsgenossen hob sich auf 191, während die Kirche von 460 Negern besucht wurde. Nochmals mußte Tamba eine Zeitlang allein stehen, und nochmals kehrte Herr Metzger auf diese seine alte Station zurück (1830). Ein tüchtiger Schulmeister trat in der Person des Herrn Warburton ein, der eine von 150 Leuten besuchte Sonntagsschule eröffnete.

Im folgenden Jahre sagt Metzger von der Gemeinde:

„Ich habe allen Grund, von Fortschritten derselben zu „reden. Die Gottesdienste werden zahlreich besucht; in den „Frühbetstunden des Sonntags spreche ich kurz über ein „Capitel und bete, wenn ich nicht ein Gemeindeglied zu „letzterm auffordere. Tamba hält in der Woche gleiche „Betstunden, nur kürzere; die Abendmahlsgenossen halten „unter seiner Leitung in kleinen Abtheilungen Abendversammlungen. Einmal in der Woche unterrichte ich die Taufbewerber, einmal die Bewerber ums heilige Abendmahl. „Tamba thut mit den Letztern dasselbe."

Da aber der Mangel an Arbeitern stieg und der Gang der Station doch kein auffallend günstiger war, wurde sie aufgegeben und erst 1835 wieder durch Herrn Colliers besetzt. Metzger hatte die Colonie mit Nordamerica vertauscht. Die große Freude, mit welcher die Bewohner nach zwei Jahren wieder einmal einen Missionar als ihren eignen Seelsorger begrüßten, zeigte, daß doch die frühere Arbeit nicht vergeblich gewesen. Die Leute sehnten sich jetzt nach dem, was sie, so lange es da war, nur wenig geachtet hatten. Nach einigen Wochen war die Schule mit 170 Kindern besetzt, und der Zudrang zur Sonntagsschule war überwältigend. Es war aber auch zu 3400 Einwohnern angewachsen. Sechs Jahre vorher hatten die dortigen Leute eine kleine Kirche gebaut, die sie jetzt, weil die Ameisen das Holzwerk zerfressen hatten, wieder erneuern mußten. Auch dies brachten sie zu Stande. Eine große Schwierigkeit lag hier für den Missionar in dem Umstand, daß die Bewohnerschaft, aus verschiedenen Stämmen zusammengewürfelt, nicht in Ein Ganzes verwachsen, sondern nach Landsmannschaften getrennt war. Selbst in der Ansiedlung trennten sie sich nach den Sprachen, so daß das Eine Dorf oder, wie der Neger sagt, die Stadt Wellington aus vielen Städten, der Akustadt, Ebostadt, Calabarstadt, Congostadt u. s. w., jede unter ihrem Häuptling, bestand. Dazu kamen noch die verabschiedeten Soldaten, die man hier angesiedelt hatte, als eine besondere und sehr einflußreiche Classe. Als es einmal die Herstellung eines neuen Zaunes um die Kirche galt und deshalb eine Bürgerversammlung gehalten wurde, zeigte sich die Schwierigkeit, so vielerlei Leute unter Einen Hut zu bringen. Die Soldaten, zuerst um ihre Ansicht gefragt, wollten den Bau nach der Regenzeit vornehmen; der Beamte aber bestand auf augenblicklichem Bau. Er wandte sich an die Häuptlinge der befreiten Africaner, die sich gewöhnlich „Königsjungen" nannten. Diese waren willig, und das wirkte, denn nun wollten die Soldaten als „Königsmänner" hinter den „Jungen" nicht zurückbleiben.

Hören wir nun auch über den geistlichen Stand der Gemeinde, was ihr Geistlicher, Hr. Kißling, und der wackere Schullehrer Colliers sagen. Der Erstere meldet (1836):

„Die Leute in Wellington scheinen den seltsamen Ge„brauch zu haben, wenn Jemand stirbt, auf den Knieen „mit auf den Leichnam gelegten Händen zu beten. „Ob darin der ernste Gedanke an den Tod liegen soll, „oder eine Art Verehrung des Abgeschiedenen, ob eine Für„bitte für ihn oder ein Flehen um seine Fürbitte ist mir „nicht klar.

„Noch sind die rohen Sitten des Heidenthums, be„sonders in Behandlung der Frauen nicht verschwunden. „Ein Mann schlug sein Weib, blos weil sein Frühstück „nicht zeitig genug fertig war, so barbarisch, daß es ge„fährlich für sie geworden wäre, wenn man ihn nicht ge„hindert hätte fortzuschlagen. Man mußte das arme Weib „in ein anderes Haus tragen, um sie seiner Wuth zu ent„reißen. Hochmuth und Trägheit sind hier besonders zu „Hause, und Grausamkeit und Wollust erwachsen daraus. „Die Communicanten wandeln nicht wie es zu wünschen „wäre."

Collins redet noch besonders von der Trunksucht und leitet daraus die vielen groben Sündenfälle in der Gemeinde ab, sowie von der Schlaffheit und Arbeitsscheu, womit die Leute viele Zeit verschlendern und verschlafen. Besonders seyen die Todesfälle, bei welchem die Stammgenossen mehrere Tage im Sterbehaüse versammelt bleiben, Anlässe zu Trinkgelagen und abergläubischen Uebungen. Nicht einmal alle Gemeindeglieder sehen diese Unsitte ein und bleiben weg. Selbst in der Kirche wurde viel Aufgeregtheit und Unordnung erlebt. Doch wirkte die Anwesenheit des wackern Collins viel Gutes. Als er (1837) krank weggehen mußte, war die Kirche ganz auf Kosten der Gemeinde in jeder Hinsicht neu und sauber hergestellt, was doch vom Eifer der Christen zeugte.

Schließen wir, um doch auch hier das Werk des heiligen Geistes wahrzunehmen, mit einem Bericht vom Missionar Schlenker (1840) die Schilderung dieser Station:

„Ich besuchte einen kranken Classenführer. Er freute „sich mich zu sehen und gab auf die Frage nach seinem „geistlichen Befinden die Antwort: „Ich fürchte mich nicht „zu sterben, wenn der HErr mich ruft, ja ich freue mich. „Wenn ich krank bin, ist mein Glaube an den HErrn stark, „aber wenn ich wohl bin, dann läuft mein Herz oft wieder „von Jesu weg. Mir ist ganz wohl, nur mein Leib hat „Schmerzen."

„Ein junger Mann kam zu mir und bat um Unterricht. „Auf die Frage, was ihn dazu veranlasse, sagte er: „Seit „der Zeit Gott mir helfen, mein Herz keine Ruhe fühlen „in Landessitte dienen. Ich will darum dem HErrn Jesus „dienen. Als ich gefangen wurde und ein Sclave, Gott „mir helfen, ich gut laufen, und als sie nachher mich tödten „wollten, Gott mir wieder helfen, daß sie mich nicht fangen. „Wenn ein Freund mir in der Noth helfen und ich ihm „nicht danken, wird er mir wieder helfen, wenn ich wieder „in Noth komme? Wenn ich dem HErrn jetzt nicht diene, „wird Er mir nicht mehr helfen."

Südlicher noch als Wellington, aber mehr nach dem Innern der Halbinsel zu, vom Bance-Fluß nicht weit entfernt und bereits am Fuße des Gebirges, liegt Hastings, auch eines der 1820 errichteten neuen Dörfer. Dorthin war zuerst Herr Lisk als Katechist gesetzt worden und hatte guten Boden gefunden. Er mußte aber diesen Wirkungskreis schon 1821 mit einem in Freetown vertauschen, und Hastings blieb Herrn Wilhelm in Waterloo überlassen. Die Hauptbevölkerung waren hier verabschiedete Soldaten, ein wildes Volk. Eine Zeitlang wirkte der Nationalgehülfe William Davis, dann ein anderer von Regent aus gesendet dort, und man konnte an dem Eifer, mit dem die Bewohner sich zum Bau einer Kirche hergaben und an der Verbesserung des sittlichen Wandels der Soldaten etwas von dem Einflusse des Evangeliums wahrnehmen. Eine Knabenschule war dort im Gange.

Um uns nicht zu wiederholen, schreiten wir über die ersten Jahre der Station weg, die im Ganzen waren wie in der vorigen Arbeitsstelle. Nach Missionar Wilhelm's Versetzung nach Freetown war Missionar Gerber, der früher in Kent gearbeitet, dann seine Gesundheit in Europa wieder gesucht hatte, einige Monate lang in Waterloo thätig und besuchte Hastings je und je. Unter ihm arbeitete dort derselbe William Tamba, dem wir schon so oft auf seinen Evangelistenwegen begegneten. Erst im Jahr 1828 war einmal wieder besser für die verlassene Heerde gesorgt, indem Herr Weeks als Katechist dort wohnte. Obgleich die angefangene steinerne Kirche noch nicht halb fertig war und der Gottesdienst für 1000 Seelen in einem elenden Strohhaus gehalten werden mußte, so war doch der HErr „bei ihr drinnen".

Allerdings kam es dort vor, daß in Folge eines Verbotes der Götzenopfer durch die Regierung der Missionar als Friedensrichter über manche Heiden zu sprechen hatte, die ihren Gräueln Hühner geschlachtet hatten. Der Hidon war der Götze, dem sie dienten, eine scheußliche Figur. Sie betete man um alle Hülfe an; ihr wurde gedient, wenn ein Kranker gesund wurde. Als Weeks sein Bedauern über den Aberglauben aussprach, versicherte der Polizeidiener, es seyen eine Menge Grigri in Hastings. „Ich verlangte," sagt Weeks, „daß man mir alle Götzen, denen man opfere, „bringen sollte, und man brachte mir vier Körbe voll der „verschiedensten Art. Ich sandte nach den bisherigen Besitzern. „Es waren alles Aku-Neger. Ich erklärte ihnen durch „einen Dolmetscher, sie sollten, da sie von den Engländern „hiehergebracht seyen und ihnen Freiheit, Schutz und Eigenthum verdanken, nun auch trachten die englischen Gesetze „und vor Allem die des großen Gottes zu halten. Ich „erläuterte ihnen sodann den Befehl des Statthalters, von „dem sie noch gar nichts gehört zu haben versicherten. „Es hatten sich allmählig 150 Akus vor meinem Hause „versammelt. Ich fragte einen der Grigri-Männer Fagsu „nach den Göttern, die vor mir lagen, und er erzählte mir „durch den Dolmetscher, (denn er verstand kein Wort „Englisch) wie er ihm acht Jahre gedient. Der Gott hieß

„Schangu und er hatte ihm zum ersten Mal in einer „langen Krankheit geopfert und war gesund geworden. „Suchte er Arbeit, stahl man ihm etwas und er wußte „den Dieb nicht, fragte ihn Jemand nach dem Diebe, „der ihn bestohlen — Schangu half immer und bediente sich „Fangbus, damit die Sache nicht unter die Weißen komme „und Palawer errege. Der Dieb muß dann von Schangu „gezwungen wiederkommen, man paßt ihn ab und straft ihn. „Schangu ist der Donnergott und ein grober Holzblock sein „Bild. Man flieht zu ihm bei Ungewittern. Wird Jemand „vom Blitz erschlagen, so hat er den Schangu erzürnt. — „Ein anderer Gott ist Ellibar (der Teufel), der die „Menschen zum Bösen nöthigt und den man nur verehrt „um Klugheit zum Bösen zu erlangen und nicht entdeckt „zu werden. Wenn seine Anhänger unter sich Streit haben, „so rufen sie den Ellibar an, den Gegner umzubringen, „und das ist der ärgste Fluch. — Ein dritter Gott heißt „Orchung (Wassergott), in dessen Namen man Kinder „tauft, indem man Kopf, Brust und Rücken benetzt. Das „sichert vor Krankheit u. s. w."

Wir haben schon oben gesagt, daß Hastings mit Wellington zwei Jahre lang ganz aufgegeben war. Im Jahr 1835 erhielt Kißling einen Brief von mehrern Bewohnern der Dörfer, worin sie dringend bitten, sich ihrer doch wieder anzunehmen. So wurde der Eingeborne Eduard Bickersteth dorthin gesendet, um der Schule wahrzunehmen, während John Attana als Katechist eintrat. Er fand die Gemeine in wunderliche Schwärmereien verlaufen; sie meinten, man müsse es auf Erden zum leiblichen Anschauen Gottes bringen, nicht so viel in der Bibel lesen, weil die Missionare lange genug und ohne Nutzen darin gelesen hätten; es sey viel besser, sich aufs eigene Gefühl zu verlassen. — Es gelang dem wackern Manne in nicht langer Zeit das wilde Unkraut zu entfernen, das die guten Aehren überwachsen hatte. Doch brauchte es viel Arbeit, um der Unwissenheit abzuhelfen und durch Belehrung der Einzelnen christliche Zucht und Sitte wieder einzuführen. Der Kirchen-

und Schulbesuch wuchs allmählig wieder, und Manche, die ins Heidenthum zurückgefallen waren, kehrten um und dienten von Neuem dem Lebendigen. Ein Beispiel von dem bessern Zustande (1836) gibt der treue Katechist:

„Ich ging Nachmittags aus, um mit den Leuten über „ihren Herzenszustand zu reden. Als ich ein Haus betrat, „rief mir der Bewohner entgegen: „Ich bin verloren! „ich bin verloren!“ Ich bat ihn, sich deutlicher gegen mich „auszusprechen. Er sagte: „Ich fürchte mich zu sterben „und in die Ewigkeit zu gehen, ich würde nicht in den „Himmel kommen, weil ich eine große Sünde begangen habe. „Ich war einmal Gemeindeglied, bin aber wegen einer „groben Sünde ausgeschlossen worden.“ Ich ersuchte ihn, „mir die Sünde zu nennen, die ihn in solche Verzweiflung „stürze, weil ich sonst nicht wisse, ob ihm zu helfen sey. „Da erzählte er, wie er einmal sich mit einem Messer den „Hals habe abschneiden wollen, weshalb er in das Hospital „gebracht worden sey. Seit seiner Heilung und Heimkehr „war er in keine Kirche mehr gegangen. Ich suchte ihn „zu trösten, indem ich ihm Worte der heiligen Schrift vorhielt, „rieth ihm Gott um Vergebung durch das Blut Jesu Christi „anzuflehen und die Kirche fleißig zu besuchen.“

Missionar Schön erzählt (1837) einen ergreifenden Vorfall:

„Ich besuchte diesen Morgen einen unserer Abendmahls-„genossen, dem ich mehrmals ohne Erfolg Arzenei gegeben „hatte und den ich sehr krank, aber doch ganz beim Bewußt-„seyn fand. Er konnte vor Schwäche nicht viel sprechen, „war aber sehr erfreut, als ich ihm anbot, mit ihm zu beten. „Die Frau und drei Kinder knieeten, in Thränen ganz auf-„gelöst, um den sterbenden Gatten und Vater. Sein Weib „sagte: „Was soll ich thun? Du gehen und mich mit „diesen drei Kindern zurücklassen!“ Thränen rollten über „seine Wangen, als er sie Blick und Hände zum Himmel „erhebend an den Gott der Wittwen und Vater der Waisen „wies. Der Anblick war ergreifend. Als ich ihm die Hand „gab um Abschied zu nehmen, wies er auf sein Weib und

„seine Kinder — ein stummer Auftrag den ich nie vergessen „werde, so lange ich im Stande bin ihn zu erfüllen."

Missionar Graf kam nachher (1838) auf die Station, wo er den Schmerz hatte, seine Gattin sterben zu sehen. Er fand, daß die Thätigkeit des Missionars allein nicht hinreiche, um eine solche Gemeinde richtig zu waiden. Er hatte nämlich außer Hastings noch mehrere Orte zu besorgen. Dazu wählte er sich Gehülfen aus der Gemeinde, die Hausbesuche machten und ihm darüber berichteten. Eine Hauptaufgabe derselben war, die Leute zur Theilnahme am Gottesdienste zu ermahnen. Ihre Berichte bei der ersten Zusammenkunft lauteten: „Die Leute versprechen gewöhnlich, in die „Kirche zu gehen, aber nicht sogleich, wie einst Felix. „Einige wollten warten bis die im Bau begriffene neue „Kirche fertig sey, Andere sich erst noch besinnen, was sie „thun wollten. Einer meinte er sey zu alt und es sey „nicht mehr der Mühe werth etwas Neues anzufangen. „Manche wollten schon öfter entschlossen gewesen seyn, „aber der Satan habe immer etwas Hinderndes dazwischen „gebracht. Ein erklärter Trunkenbold sagte, das Kirchgehen „nütze ihn nichts, denn dort gebe ihm Niemand etwas zu „trinken. Ein abergläubiger Götzendiener erzählte, er sey „einmal schon auf dem Wege gewesen, als ihm die Lieb„lingsschlange, die er in sein Haus zu locken und anzubeten „pflege, begegnet sey, was ein unglückliches Zeichen gewesen. „Ein Mann gab sogar auf die Frage: warum er seine „Kinder nicht taufen lasse? zur Antwort: weil er gehört „habe, daß getaufte Kinder frühe sterben."

Nachdem zwischenhinein die Missionare Collins und Bultmann in Hastings gearbeitet hatten, kam Graf wieder dahin zurück und hatte im Jahr 1842 die Freude, neunzehn Heiden, worunter das Haupt einer götzendienerischen Secte, zu taufen. Der Mann, der sonst an den Festzeiten in einem häßlichen Anzug aus Gras durch die Gassen gezogen war und Alles in Unordnung gebracht hatte, schämte sich jetzt dieser Albernheiten und bekannte sich herzlich zu Jesu Christo. Er lernte noch lesen und war unermüdlich, was sein Knabe in der Schule erlernt hatte, von diesem sich anzueignen.

Bleiben wir auch mit dieser Station hier stehen und wenden uns noch nach Waterloo, der südlichst gelegenen Arbeitsstelle im Fluß-Districte. Auch dieser Ort war mit Wellington und Hastings im Jahr 1818 vom Statthalter gegründet worden und hatte damals gleich eine Bevölkerung von 7—800 Seelen. Er liegt an der östlichen Gränze der Colonie gegen die Timneh-Neger. Die Einwohner waren großentheils entlassene Soldaten aus Westindien, ein wildes, unordentliches Volk. Der erste Missionar dieser Station war Wilhelm, der von der Mission auf dem Festlande herübergekommen war. Er war der Mann dazu. Denn seine Festigkeit mit Milde gepaart verfehlte nie, wenn er unter dem lärmenden Haufen erschien, denselben zur Ruhe zu bringen. Schon nach einigen Monaten hatte er es dahin gebracht, daß der Gottesdienst von den Soldaten und den befreiten Africanern regelmäßig besucht wurde und daß sich sogar eine kleine Zahl von Seelen zu gemeinsamem Gebet versammelte. So schwer es mit den Schulen ohne Lernmittel und Gehülfen ging, besonders als Wilhelm auch noch Hastings als Geistlicher zu bedienen bekam, so ging es doch. Schon zwei Jahre nach der Gründung konnte ein Reisender sagen: „Was uns auf unserer Reise am „meisten erfreute, war das Städtchen Waterloo. Der Um„fang des angebauten, dem Urwald abgewonnenen Landes „ist unglaublich. Die Reisfelder fanden wir eben reif. „Der Ort selbst ist regelmäßig angelegt, hat die besten „Häuser auf der Halbinsel; Pfarrhaus und Schulen sind „hübsch und bequem. Der größte Antheil an diesem Guten „gebührt dem tüchtigen Pfarrer Wilhelm und seiner eben „so tüchtigen Frau. Die von ihr unterrichteten Mädchen, „kaum von der Kette der Sclaverei losgelassen, ihre Lection „lesen oder ihre Näharbeit verrichten zu sehen, ist eine wahre „Freude. Und alles dies ist das Werk unausgesetzter Sorg„falt und Aufmerksamkeit." — Sogar eine Missionsgesellschaft, die Beiträge lieferte, gab es damals schon in Waterloo.

Als im Jahre 1822 Lisk mit seiner Frau als Schulmeister ankam, wurde die eingreifende Wirksamkeit, die dem auf dem fernen Vorposten stehenden Missionar oft so sehr durch Widerspenstigkeit seiner Pflegebefohlenen erschwert war, noch weiter erleichtert. Wenn auch die Flamme des geistigen Lebens nie aufloderte, wie in Regent, so ging doch das Christenthum seinen stillen, stetigen Gang durch alle Hindernisse fort. Ein besonderer Segen war es allerdings auch, daß Wilhelm wie Nyländer längst an das africanische Klima gewöhnt, eine Reihe von Jahren auf dem Platze bleiben konnte, ohne nach Europa zurückzureisen, und daß die Gemeinde gleich von Anfang an ihm einen festen, erfahrenen, mit dem africanischen Volkscharacter vertrauten Führer hatte.

Aus dem Jahre 1826 heben wir nur zwei Mittheilungen Wilhelms über seine Station hervor, die Eine sehr schmerzlicher Art: „Wir haben kürzlich ein Schulmädchen auf „traurige Weise verloren. Ich war von 11 — 12 Uhr in „der obersten Classe der Schule beschäftigt gewesen, als die „Mädchen zum Waschen ans Wasser gingen. Eines der „Mädchen wagte sich zu nahe an den Strom und ein „Alligator tauchte plötzlich auf, packte sie und zog sie „unter das Wasser. Wir sahen nichts mehr von ihr. — „Derselbe traurige Vorfall kam fast an derselben Stelle „vor zwei Jahren vor.“ — Die andere ist heiterer Art: „Die Regierung hatte 56 africanische Weiber, die sie erhielt, „nach Waterloo geschickt. Aber Niemand wandte sich an mich, „um eine derselben zu heirathen. Neuerdings wurden dreißig „weitere hergeschickt, für welche aber die Regierung den „Unterhalt nur auf drei Monate zusagte, weil sie voraus„setzte, sie würden binnen dieser Zeit sich verheirathen und „von ihren Männern ernährt werden. Ich mußte aber „den Oberaufseher benachrichtigen, daß dazu keine Hoffnung „sey, weil jetzt 86 solcher auf Heirath angewiesener Weibs„personen in der Stadt wohnten. Da erhielt ich die Weisung „von Herrn Joseph Reffell, die dreißig neu angelangten „nach Kent zu schicken, wo es mehr unverheirathete Männer „gebe, die sich nach Frauen umsehen würden. Herr John-

„stone, der gegenwärtige Vorsteher von Kent, erhielt zu„gleich den Auftrag, die Frauen durch seine Policeidiener „abholen zu lassen. Als dies hier in Waterloo bekannt „wurde, daß die Polizei von Kent die ledigen Weibsperso„nen holen wolle, weil sie in Kent leichter Männer finden, „war plötzlich Alles mit Heirathsgedanken auf den Beinen, „und in zwei Tagen hatte ich nicht weniger als 55 Paare „aufgezeichnet, die ich am folgenden Sonntag proclamiren „sollte, und nachdem dies geschehen, kamen am Montag „und Dienstag noch ein Paar nach dem andern, daß für „die Polizeimänner von Kent nur sieben Personen übrig „blieben. Das war ein glücklicher Vorfall; denn um den „Unterhalt der Regierung nicht zu verlieren, hatten die Leute „heimliche Ehen geschlossen, ohne getraut zu werden.“

Inzwischen war die Mission in ihre dunkelste Zeit vorgerückt. Der Tod hatte die Reihen der Arbeiter so gelichtet, daß auch Wilhelm nicht in seinem stillen gesegneten Wirkungskreise bleiben durfte. Er mußte die Predigerstelle in Freetown für die Gibraltarstadt übernehmen und dennoch mit Metzger, weil sonst Alles krank oder todt war, die Sorge für alle Dörfer eine Zeitlang tragen. Endlich am Ende des Jahres 1827 kam Gerber nach Waterloo. Wie tief die Einwohner wieder zurückgesunken waren, sagt sein Bericht von seinem nicht ganz ein Jahr dauernden Aufenthalt: „Das Dorf ist ganz in Abgötterei versunken. „Götzenmacher und Götzenanbeter gibt es genug. Nach „ihnen kommen die Grigri-Leute und hinter diesen mehr „als 100 Muhammedaner, die eifrig Proselyten machen „und darin nicht immer unglücklich sind.“ Doch gab es Lichtpuncte in der Finsterniß: „Ich besuchte eine Abend„versammlung im Hause eines Communicanten und fand „da einen fünfzehnjährigen Knaben. Auf meine Frage: „warum er da sey? antwortete er: um seine Seele zu retten. „Als ich wieder fragte: wer ihm das gesagt habe? erwie„derte er: sein Meister lese jeden Abend mit ihm in der „Bibel und lehre ihn so.“

Als Gerber weg war, blieb Waterloo nur der schwachen Arbeit von Eingebornen und zuletzt gar einige Jahre sich selbst überlassen. Erst 1837 konnte es wieder besetzt werden. Herr Young kam als Katechist dahin. Er sagt vom Januar 1838: „Ich sah zwei Personen im Vorplatze meines Hauses „ein Buch lesen. Ich ließ wie zufällig ein Heft des „Kinder-„freundes“ dorthin fallen. Gleich sahen es einige Weiber „vom Markte und liefen herbei. Die andern Marktleute „ließen alsbald ihre Körbe und Waaren stehen und drängten „sich herzu, um Bücher zu bitten. Das gab großen Lärm, „und in wenigen Minuten war Alles, Männer, Weiber „und Kinder, in vollem Laufe nach meinem Hause. Es „war ein außerordentlicher Anblick und tief ergriff es mich, „an hundert meiner Mitsünder die Hände so begierig nach „diesen kleinen Schriftchen ausstrecken zu sehen, als wäre „es die unentbehrlichste Nahrung. Ich war in Noth über „die Vertheilung; denn ich durfte die Schriften nicht unter „die Leute werfen, wollte ich nicht einen Kampf um sie „veranlassen, der die Bücher verderbt und den Leuten „Schaden gethan hätte. Ich bat sie daher um Stille „und redete zu ihnen auf dem Vorplatze. Dann ging ich „hinunter, stellte mich unter einen Plantanenbaum und „suchte die Schriften in die Hände derer zu geben, die lesen „konnten. Aber das Geschrei wuchs und die Leute ver-„drängten einander. Ich war genöthigt, die Bücher festzu-„halten und die Leute zur Ruhe zu bringen. Sie riefen Alle: „„Herr, mein Pickanini (Kind) kann lesen! Gott segne Massa! „Gott sey Dank für Massa!“ — Diesen Abend brachte mir „ein Mann zwei Cassadawurzeln und fünf Cocosblätter „zum Geschenk und sagte: „Mein Herz Sie zu viel lieben, „Massa! ach! Sie nicht wissen, wie sehr mich Sie lieben!““

So froh waren die armen Leute nach langer Entbehrung der Predigt des Wortes.

Im Jahre 1839 konnte Missionar Payton berichten, wie eifrig Erwachsene und Jugend in Kirchen- und Schulbesuch sich zeige, wie verlangend die Leute nach dem Besitze der Bibel seyen und welche Kämpfe und Siege in der Gemeinde stattfinden. Er erzählt: „Diesen Abend besuchte ich viele „Hütten. In einer fand ich eine größere Anzahl Leute „beisammen, die mir sagten, sie seyen von Freetown ge„kommen, um mit ihren Freunden in Waterloo „Landes„sitte zu machen". Ich sprach sanft mit ihnen und mahnte „sie von diesem heidnischen Wesen ab. In wenigen Mi„nuten war auch der Hof voll von Leuten. Jetzt ging ich „tiefer auf die christliche Wahrheit ein und sagte auch, es „sey nicht recht, daß sie schlechte Leute von Freetown zu sich „kommen lassen, daß sie mich auch in der Nacht mit dem „Lärm ihrer Trommeln stören. Die meisten Leute riefen: „„Wahr, Massa, wahr und mich sehr leid dafür; sie werden „unsere Stadt verderben und unsere Kinder auch diese Weise „lehren; sehr leid, Massa. Aber das geht den Aufseher an!" „womit sie sagen wollten, die Obrigkeit sollte Derartiges „nicht dulden. Ein Mann, der mehr Muth zu haben schien, „stieg auf eine Bank und sprach mit Nachdruck und Wärme: „„Meine Landsleute! hört ihr nicht, was Meister sagen „über diese Landessitte? und es ziemt sich, daß wir zusammen „stehen wie Ein Mann Herz und diese Landssitte-Leute „nicht in unsere Stadt lassen von Benguana oder Freetown. „Zu viele Leute dieser Art leben jetzt hier. Und ich sage „euch, wahrlich, wir sollen in die Gesellschafts-Kirche „(Missionskirche) gehen. Die Gesellschaftsleute thun jetzt „viel Gutes für uns. Sie machen Schulen für unsere „Kinder, und Sonntagschule und Abendschule für große Leute. „Ehe Herr Young kam und in unserer Stadt niedersaß, „da liefen unsere Kinder wild herum. Ich danke Gott für „das, was die Gesellschaft mir gethan hat. Ich kann die „Bibel lesen — und wer mich lehren? Nicht Königsleute. „Ich sage Euch, es waren Gesellschaftsleute." Diese Rede machte den guten Eindruck, daß die Trommler und Tänzer sogleich Waterloo verlassen mußten.

Nach einigen Jahren war Herr Young wieder an der Spitze der Station und konnte beim Rückblick auf Früheres sagen: „Vor 3½ Jahren hatte ich mit viel Widerstand zu „kämpfen. Nach fünfmonatlicher Arbeit hatte ich nur drei

„Seelen Christo gewonnen, jetzt haben wir 57 Abendmahls-„genossen, 34 Taufbewerber, und 11 Erwachsene sind in „die Gemeinde neu aufgenommen worden. Einer kam aus „dem Götzendienste her.“

Herr Young hatte jetzt auch die neuentstandenen Dörfer Mocco und Benguana zu besuchen, wie dann später auch die Leitung von Kent nebst Hastings an die von Waterloo angehängt wurde und unter Missionar Collins und Bultmann stand.

Es entstanden überhaupt im Süden allmählig neue Dörfer, wie schon im Jahre 1826 Campbell-Town oder Calmont, wo nur zu gewissen Zeiten von Wellington oder Waterloo, oder auch von Kent aus das Wort Gottes verkündigt werden konnte, weil es stets an der gehörigen Zahl von Arbeitern fehlte. Ein ähnliches Dorf war Allentown, nach dem Namen des edeln Quäkers William Allen, der viel dafür that; ferner Graßfield, auf dem Wege zwischen Charlotte und Hastings. Sie waren kleiner und wurden wenigstens äußerlich in Ordnung gehalten. Auch Russell-Town im Süden, Tumbo, Akutown erhoben sich im Süden und wurden als Nebenstationen nach Kräften und Umständen besorgt, wie im Norden Wilberforce, das Anfangs eine der Hauptstationen zu werden schien und je und je von einem Europäer, wie längere Zeit von Missionar Decker, nachher noch öfter von eingebornen Gehülfen besetzt war.

Wir wenden uns zum Schlusse noch nach dem Meeres-District. Hier liegt vor Allen am atlantischen Meer, nahe dem Cap Shilling, der südlichsten Spitze der Halbinsel, der Ort Kent, schon vor 1818 gegründet, und von einem Zimmermann Randall, einem Engländer, der in Regent unter Johnson tiefere christliche Eindrücke empfangen hatte, auf sein eigenes Verlangen, als Schulmeister besetzt. Er arbeitete eifrig, brachte sogar einen Missionsverein zu Stande, ließ sich aber als Lehrer im Zorne zu übermäßiger Züchtigung eines Schulknaben hinreißen, der in Folge davon starb, was ihm eine gerichtliche Untersuchung zuzog, worauf er natürlich seinen Posten verlassen mußte. Dafür kam nun (1821) der uns längstbekannte treffliche Missionar Renner nach Kent, wodurch die Neger in jeder Hinsicht gewannen. Leider entschlief er bald. Nehmen wir als die beste Schilderung, was Johnson von Regent aus von seinem Besuche dort (1822) meldet:

„Der Ort liegt schön vom Meere aus. Hinter ihm „steigen die Berge hoch an. Einige Felsen vor dem Haupt„gebäude, worauf eine Flagge weht, machen ihn einer „Festung ähnlich. Herr Beckley (Gehülfe Renner's) nahm „uns nebst Frau Renner freundlich auf. Der Erstere sagte „mir, es besuchen noch nicht alle Einwohner den sonntäg„lichen Gottesdienst, aber es sey doch ein sichtliches Gnaden„werk in den Herzen. Ich predigte Abends vor aufmerk„samen Zuhörern. Ich besuchte das Grab Renner's und „des americanischen Missionars Bacon (von den Bananas)." — Bei seinem zweiten Besuche war Herr Johnson von den Herren Ressell und Flood (Caplan) begleitet. Es waren 16 Communicanten da und man feierte des HErrn Mahl; mehrere Kinder wurden getauft, etliche Ehen eingesegnet. — Nachher meldet Beckley, daß die Herzenshärtigkeit mancher Neger ihm zu schaffen mache. Als er sich mit der Lehrerin Miß Johnson verehelicht hatte, Frau Renner aber in Gloucester in Thätigkeit getreten war, erweiterte sich seine Arbeit in den Schulen und auch ein Missionsverein kam zu Stande. Allein im Jahr 1826 war Beckley's Kraft erschöpft, er mußte nach England gehen. Gerber kam nach Kent und fand die Schulen nicht im besten Stande. Auch sonst war seit Beckley's Abgang viel Unordnung eingerissen. Nach einiger Zeit hob sich die Station, ein Fragen nach dem Heilsweg entstand und die beständigen Palawer verstummten. Gerber durfte dreißig Neger auf Taufe und Abendmahl vorbereiten. Heiden wandten sich von den todten Götzen zu dem lebendigen Gott. Allein auch Gerber blieb nur kurz, sein Nachfolger noch kürzer, und Kent war ohne Missionar und blieb es neun Jahre lang, bis Missionar Schön mit dem Lehrer Croley (1837) dort eintraf.

Noch immer bestanden die Schulen, aber mit geringer Schülerzahl, wenig Nachdruck und Erfolg. Sie waren bekanntlich längere Zeit in den Händen der Regierung und hatten mit der Mission nichts zu thun. Jetzt traten sie wieder unter die Missionare. Zwischenein war Missionar Schön (1833) einmal in Kent gewesen und hatte dort gepredigt, getraut, den Einwohnern einen wahren Freudentag bereitet. Als er die Flagge aufgezogen sah, fragte er nach der Ursache, da es ja weder Sonn- noch Festtag sey, und erhielt die Antwort: „Ihnen zu Ehren, Herr, und „den Brautleuten; solchen Tag wir nicht sehen lange Zeit." Man hatte auf den nördlicheren Stationen immer gehört, daß es dort stehe, wie zur Zeit des Apostels Paulus in Corinth. Schön fand auch wirklich „Spaltungen und Zank" vor, ließ sich aber nicht darauf ein, sondern legte die Nothwendigkeit der Buße zu Gott und des Glaubens an Seinen lieben Sohn Jesum Christum den Leuten ans Herz. — Als er aber einmal dort wohnte, fand er bald genug, welche Mauer seinem Wirken an der Selbstgefälligkeit und Anmaßung der Leute entgegengebaut war. Er trat aber fest und klug dagegen auf; es gelang ihm die Mauer allmählig niederzureißen und einen Eindruck zu machen, daß die Kirche bald viel zu klein wurde und die Schulen sich hoben. Herr Young, der nach Croley's Erkranken und Abreise sein Gehülfe geworden, sagt: „Die Leute sind hier erstaunlich unwissend und gleichgültig. Oft war ich daran, „meine Bibel zuzumachen, niederzusitzen und zu weinen, „wenn ich so viele Erwachsene schlafen oder stumpf hinstieren, die Kinder aber Possen treiben sah." Er führt folgendes Beispiel an: „Ich besuchte am Abend eine kranke „Frau. „Kennst du Gott, der dich liebt und dir aus deiner „Noth helfen kann?" fragte ich. „Er auf dem Gipfel wohnen, „ich habe nie etwas gegen Ihn gethan. Ich habe nie meinem „Nächsten Böses gethan." — „Aber du kennst Gott nicht, „auch nicht dein eigenes Herz; du hast kein Bewußtseyn „von Sünde." — „Mein Herz gut," sagte sie, ich nie Böses „thun." — „Du bist allerdings durch dein Kranksein an

„Manchem gehindert, was Gott erzürnen könnte. Das ist „eine große Gnade." — „Mein Herz", sagte sie, „nie so reden, „mich nie in meinem Leben Böses thun." Ich versicherte sie, „daß sie doch eine Sünderin sey. „Mich nichts davon wissen." „„Bist du nie ungeduldig und mißvergnügt, wenn dein Mann „und deine Kinder dir nicht kochen, wie du es willst, oder dir „nicht Wasser holen, wenn du es brauchst?"— „Ja," sagte sie, „wenn mir Daddy (Vater) die Brühe verderben, ich ihm „Palawer machen." Da knüpfte ich an, und langsam „Schrittchen auf Schrittchen gelang es, sie auf ihr sündiges „Herz und zu dem Heilande zu führen, den sie so wenig „kannte."

Das Leben aus Gott blieb aber doch auch hier nicht aus. Später meldet Missionar Bultmann, der jetzt seit elf Jahren in Kent arbeitet: „Ich freue mich sagen zu dürfen, daß die „Gemeinde in Zahl und Kraft wächst. Viele fragen nach „der Wahrheit und eine Anzahl von Christen steht in Sinn „und Wandel fest auf dem Grunde des Evangeliums. „Einige Wenige haben das innige Verlangen, die an sich „erlebten Gnadenwunder des Heilandes ihren finstern Lands„leuten zu verkündigen. Ja, einer der Communicanten er„klärte mir, daß nächst seinen Eltern, die höchst wahr„scheinlich nicht mehr leben, er am sehnlichsten wünsche, „den Mann zu finden, der ihm zuerst die Kette um den „Hals gebunden und ihn als Sclaven verkauft habe, und „ihm zu sagen, daß er nicht nur keinen Groll gegen ihn „im Herzen trage, sondern ihm für das unendliche Wohl, „das er durch seine Grausamkeit ohne Wissen ihm verschafft, „seinen wärmsten Dank aussprechen möchte und gern Alles „thue, ihm dieselben Segnungen zu verschaffen, die er durch „Gottes Gnade zu genießen habe. Er malte mit der größten „Ruhe und Milde die wirklich grausamen Umstände seiner „ersten Gefangennehmung, wie seine jungen Glieder (er „war damals Knabe) mit Ketten gefesselt wurden, die „nicht blos um Hals und Leib, sondern auch um Füße „und Hände geschlagen waren; wie er nachher mit roher „Gewalt von der letzten seiner kleinen Schwestern losgerissen

„wurde, die er zärtlich liebte, und sprach dann auf eine sich „als aufrichtig selbst beweisende Weise das innigste Mit- „leiden mit dem aus, der ihn so behandelt hatte. Er „versicherte, daß er oft aus Sorge um das Seelenheil „dieses Mannes ganze Nächte nicht schlafen könne und für „jetzt nichts Anderes zu thun im Stande sey, als ernstlich „und unablässig für ihn zu beten."

Welchen tiefen Eindruck die aufopfernde Liebe der Missionare auf die Schwarzen machte, beweist folgende Aeußerung eines Negers in Kent gegen einen Missionar: „Massa lange bleiben. — Ach! weiß Mann er nicht Tod „fürchten, wie schwarz; wenn er sehen Gefahr so, er kann „nicht gehen. Aber Weißer, er kommen, er sterben, der „Andere wieder kommen. Ach, wahr, weiß Mann, er uns „arme schwarz zu viel lieben. Ich hoffe, Gott will sein „Leben erhalten." Ein Anderer sagte, als er Geld für die Mission sammelte und Etliche murreten: „Was! ihr mit „zwei oder drei Kupfer geizen? Gesellschaft für manches Jahr „Missionare her senden. Herr Renner kommen, er sterben; „Herr Gerber kommen, er sterben" (letzteres ist übrigens „nur von Gerber's Gattin wahr, er selbst ging nach Nord- „America und lebt noch); „Herr Davey kommen, er sterben; „Herr Bates kommen, er sterben und Viele mehr für uns." Mit großem Nachdruck fügte er bei: „Was denket ihr davon? „kann schwarz Mann so thun? wir kann ein Kind schicken, „er sterben; wir das andere auch schicken? nein, niemals!"

Bultmann machte verschiedene Besuche in den neuen Dörfern Neu-Tumbo, Alt-Tumbo und Loccotown jetzt Russell-Town (1842), die alle nur 4—5 Stunden von Kent liegen und meist nur 200 Einwohner unter ehemaligen Sclaven als Aufsehern haben und bei denen hie und da von der Station aus ein Besuch gemacht wird. Einer dieser Aufseher ist ein wahrhaft frommer Mann; seine Frau kam aus der Susu-Mission mit Wilhelm; sie sind den armen Africanern wie Vater und Mutter.

„Zu Locco sind 122 Kinder und nur etwa 80 Er- „wachsene, alle vom Locco-Stamme, lauter Entflohene

„aus einem Kriege, von Mahara im Timneh-Lande." Er sagt von einem dieser Besuche, wie ergreifend ihm in dieser „Schweizerlandschaft" der Ton des Hornes gewesen sey, mit dem die Neger in Ermangelung einer Glocke zum Gottesdienst gerufen haben.

York, nördlich von Kent, am Ocean gelegen, war gleichfalls eine der im Jahre 1819 errichteten Stationen. Sie wurde von Kent aus besorgt. Auch dorthin kam Johnson auf der obengemeldeten Besuchsreise (1822) und sagt: „Herr Johnstone, der Aufseher, empfing uns herz„lich. Die Leute hatten freiwillig ein Gotteshaus gebaut. „Um 7 Uhr gingen wir in dasselbe und fanden es übervoll. „Als ich über Apostelgesch. 16, 31 sprach und schilderte, „wie Gott den Menschen haben wolle und wie er sey, „fiel ein Weib zitternd zu Boden und Andere schienen auch „tief ergriffen. Ich bat sie, ihr Gefühl im Zaume zu halten, „damit ich auch noch auf die Verheißungen zu sprechen „kommen könne. Als ich fertig war, drückten sie mir die „Hand, dankten und baten mich, morgen nochmals zu „predigen, was ich gerne versprach. Vor Tagesanbruch „scholl schon die Glocke; ich eilte mich anzukleiden und fand „die Kirche schon voll. Sie drangen nachher in mich, „ihnen doch einen Lehrer zu senden, was ich versprach. „Ich traute nachher acht Paare und taufte fünf Kinder. „Viele meldeten sich zur Taufe; ich mußte es aber abschlagen, „weil sie erst des Unterrichts bedurften. Ich gab dem Lehrer „William Allen Anleitung zu solchem Unterricht."

Bei einem spätern Besuche fand er den Stand der Dinge noch besser. Es war ein ganzer Umschwung seit seinem ersten Besuche eingetreten. Vorher gab es viele Betrunkene, und er sah selbst welche; der Gemeindevorsteher hatte bis dahin kaum mit Sicherheit bei Nacht ausgehen können. Jetzt war das Alles ganz anders. Er wiederholte seine Besuche noch öfter und durfte es erleben, daß er 33 Neger dort taufen und 40 zum Abendmahl zulassen konnte. Der Ort hatte 495 Einwohner.

Heben wir aus der spätern Geschichte dieser Station noch etwas aus. Missionar Gerber erzählte von der Frau eines verabschiedeten Soldaten, die in Freetown in einer Privatversammlung erweckt worden war und nachher in York sich alle Mühe gab, ihren Mann auf den Weg des Glaubens zu bringen. Nach langer Geduld und vielem Gebet gelang es endlich. Er folgte Jesu treulich nach und wurde nicht müde, seine Landsleute zu ermahnen, daß sie dem zukünftigen Zorn möchten zu entrinnen suchen. Er war lahm, 50 Jahre alt, konnte weder lesen noch schreiben, hat es aber durch unablässige Anstrengung dahin gebracht, das Neue Testament lesen zu lernen. Er baute ein kleines sauberes Grashaus, worin er jeden Morgen und jeden Abend eine Versammlung hält. Es haben sich 29 Männer und Weiber mit ihm zur Nachfolge des HErrn verbunden. Die Meisten wandelten ächt christlich und waren die besten Einwohner. Wie Schade, daß man ihnen keinen Missionar geben konnte!

Endlich haben wir noch die Banana's, die kleinen Eilande südlich von Sierra Leone zu beachten, die wir schon einmal besucht haben. Herr Beckley besuchte sie regelmäßig und predigte 60—70 Eingebornen das Wort. Allein diese Besuche hörten auf, als die Stationen der Halbinsel den Missionar zu Kent so stark in Anspruch nahmen und als vollends Kent so viele Jahre leer stand. Sie gehören zur Colonie, denn sie wurden von der Familie Caulker im Jahr 1812 an England abgetreten. Gerber hielt sich ein Jahr lang dort auf, wußte sich aber nicht ins Volk hineinzuleben, so daß er wenig ausrichtete. Es war dies aber auch nicht leicht; denn dorthin sandte man diejenigen von den befreiten Sclaven, die man in den Dörfern der Halbinsel zu keiner Ordnung zu bringen vermochte. Es war ein Strafplatz, und die Leute waren zu arm um nur zu heirathen. Die wenigen Weiber der Inseln lebten ohne alle Aufsicht und Einwirkung auf sie ungebunden dahin. Die heidnischen Scherbro-Bullom waren noch die besten Bewohner der Inseln. Die Missionare Collins und Croley besuchten sie und gingen darauf den Spuren des berühmten Predigers Newton nach, der auf diesen und den Plantanen-Inseln so viel Jammer durchlebte. Auch Schön kam zuweilen hinüber, um Kinder zu taufen und das Wort zu predigen. Eine Zeitlang wirkten dort americanische Missionare, von denen Einer, Herr Jonas, mit einer von Nyländers Töchtern verheirathet war.

Damit haben wir die Stationen Sierra Leones von der kirchlichen Missionsgesellschaft bis in die neuern Zeiten durchwandert, und können die allgemeinen Bewegungen der dortigen Mission sofort ins Auge fassen und ihren jetzigen Zustand betrachten.

Sechster Abschnitt.

Die Niger-Expedition und die africanische Civilisations-Gesellschaft. — Eindruck derselben in Sierra Leone. — Crowther. — Die Kirchenversammlung in Bathurst. — Der Missionseifer der Aku-Neger. — Townsend's Untersuchungsreise ins Aku-Land. — Die Rückwanderungen in die Heimath. — Die Nufi-Neger. — Crowther's Ankunft aus England. — Das Zeugniß aus Westindien und aus England. — Innere Zeugnisse. — Taufen auf den Stationen. — Sammlungen für christliche Zwecke. — Kraft des Wortes Gottes im Leiden. — Charlotte Bell. — William David. — — Der alte Soldat. — Wiederaufnahme von Wilberforce. — Besetzung von Russell und Tumbe. — Kämpfe und Bekehrungen. — Der Gebetsgeist im Leben und Sterben. — Vorbereitungen für auswärtige Missionen. — Der verlorene und gefundene Bruder. — Die Schriftsprache der Wei-Neger. — Aussicht auf eine Mission am Gallaas-Flusse. — Die Kausleute aus Bornu und Haussa in Sierra Leone.

Haben wir zuerst den Wurzelstamm dieser Mission in seinem Wachsthum beschaut, sodann die einzelnen Zweige verfolgt, so nehmen wir jetzt wieder in der Krone des Baumes das Ganze zusammen, indem wir die neueste Geschichte derselben ins Auge fassen.

Wir haben längst gesehen, wie die Missionare in ihren Gemeinden einen Eifer für die Evangelisirung der Heimath ihrer Pflegebefohlenen in diesen zu entzünden wußten, und in welch eindringlichen Worten manche der Negerchristen die geistliche Noth der Heimath schilderten, und ihr Gefühl für dieselbe ausströmten. Es ist unter diesen Umständen zu begreifen, daß eine Nachricht aus England mit Jubel in Sierra Leone mußte begrüßt werden: die von der Ausrüstung der bekannten Niger-Expedition. Im Jahr 1839 hatte Sir Thomas Fowell Burton, der edle Erbe des entschlafenen Wilberforce, sein berühmtes Buch über den Sclavenhandel herausgegeben, das den ganzen Gräuel desselben nach allen Seiten mit den glühenden Farben der durch sichere Quellen belegten Wahrheit vor die erstaunte Welt legte; im folgenden Jahre hatte er den zweiten Theil mit den Vorschlägen zur Abhülfe erscheinen lassen (1840). Zugleich war (1839) eine Gesellschaft ins Leben getreten, die bereits diesen Weg der Abhülfe einschlagen wollte: der Verein für Ausrottung des Sclavenhandels und Gesittung Africas. — Die Regierung rüstete 3 Dampfschiffe mit aller ersinnlichen Rücksicht auf den Charakter der Unternehmung und das Klima West-Africas aus, und besetzte sie mit einem ausgezeichneten Officier-Corps und tüchtiger Mannschaft. Ihre Aufgabe sollte seyn, durch den Niger-Strom in das Innere West-Africas zu dringen, wo der Sclavenhandel seine rechte Heimath hat, und dort mit den Häuptlingen Verträge abzuschließen, durch welche sich diese verpflichten sollten, hinfort vom Sclavenhandel abzustehen, dagegen rechtmäßigen Handel mit England zu treiben. Die Mannschaft, die sich in den Arbeiten der Schiffe der Sonne aussetzen mußte, bestand fast ganz aus Africanern. Mit Aerzten, Natur- und Sprachforschern, Gärtnern u. s. w., kurz Allem, was die Civilisations-Plane der Gesellschaft wünschenswerth machten, war die Expedition gehörig versehen. Missionar Schön und Samuel Crowther gingen im Auftrag der kirchlichen Missionsgesellschaft mit, und der frühere Missionar in Aegypten,

Prediger Theodor Müller (von Basel), wurde als Geistlicher der Expedition angestellt. An einem passenden Orte am Niger-Strom sollte eine Musterlandwirthschaft eingerichtet werden, um den Negern in der bessern Benützung ihres reichen Bodens ein Beispiel zu geben. Die Schiffe kamen (Juni 1841) in Sierra Leone an. Es war ein feierlicher Tag, als der Caplan zu Freetown, Herr Morgan, vor 1500 Africanern und den Officieren der Expedition eine herrliche Predigt, und am Nachmittag noch eine Betstunde hielt. Dolmetscher wurden aus den Stämmen der Haußa, Aboh, Kakanda, Joruba, Bornu, Nufi, Benin, Filatah, Eggarra gewählt, und Sierra Leone nahm in dieser Weise seinen Antheil an der großen Unternehmung, der Tausende von Christenherzen in der Colonie zujauchzten. Man hätte zehn Mal so viele Leute haben können als man brauchte; Alles wollte mit. Herr Beal zu Bathurst schildert den Eindruck der Expedition in der Colonie:

„Sie ist der allgemeine Gegenstand der Unterhaltung „bei Schwarzen und Weißen. Die Neger denken an Rückwanderung in ihre Heimath; aber nur wenn die Missionare mitgehen; wenn „die Königin dort Städte macht." „Heute war einer der Capitäne, dem Africa am Herzen „liegt, bei der Prüfung unserer Schulmonitoren und fragte, „ob einige Knaben sich entschließen könnten mitzugehen, um „den Dienst auf den Dampfschiffen zu lernen. Nach einiger „Berathung kam es dazu, daß etliche Knaben bei ihren „Eltern anfragten; aber zu unserm Erstaunen wollten diese „trotz der guten Belohnung nichts davon wissen. Allein „die Knaben ließen nicht nach, und am folgenden Morgen „kamen die Eltern zu uns, und nun wurde es klar, daß „ihre Weigerung nicht von der Furcht herrührte, ihre Kinder „zu verlieren, sondern von der andern, sie aus den Händen „des Missionars zu lassen. Als ihnen aber begreiflich gemacht wurde, daß sie durch dieses Opfer das Werk des „HErrn fördern und ihre Kinder unter der Aufsicht der „mitgehenden Missionare und Schulmeister stehen sollten, „eilten sie nach Freetown, um ihre Söhne anzubieten. Es

„wurden auch wirklich zwei von Bathurst und vier von „andern Stationen gewählt. Das Erstaunen der Neger, „als sie Erlaubniß erhielten die Dampfschiffe mit ihren „Maschinen zu besehen, war groß. Ein Neger-Schulmeister „sagte: „Das sieht aus wie Gottes Werk; so etwas habe „ich noch nie gesehen.““

Wir können hier die Expedition nicht verfolgen, und verweisen auf unsere frühere Darstellung derselben.* Das Klima und die zahlreichen Todesfälle nöthigten zur Rückkehr, ehe man die Zwecke alle erreicht hatte. Aber viel war dennoch gewonnen und das Opfer nicht vergeblich gebracht.

Es war aber auch eine klare Einsicht darüber gewonnen worden, daß nur durch Eingeborne die großen Ziele des Evangeliums und der Humanität in Africa erreicht werden können. Wo sollte man die Arbeiter nehmen? Auf diese Frage deutete Jedermann nach Sierra Leone. Es war jetzt klar, wofür die zahlreichen Opfer an theuern Menschenleben, an heißer Arbeit, an großen Geldsummen von der brittischen Regierung, von den Negerfreunden und von der Missionsgesellschaft hatten gebracht werden müssen. Jetzt erst blickte man mit neuer Hoffnung auf die emporgeblühte Anstalt in Fura-Bay hin, aus der Sendboten für die innern Länder Africas hervorgehen sollten. Ein Missionsgeist wehte über die Colonie, und man erging sich in schönen Hoffnungen. Missionar Townsend erhielt den Auftrag, nach Badagry und ins Aku-Land zu gehen, um dort zu untersuchen, was mit Rückwanderung christlicher Akus aus der Colonie und mit Missionsarbeiten zu machen wäre. Seine günstigen Berichte und die Ordination Samuel Crowther's, des ersten Neger-Missionars aus Sierra Leone, hoben den Missionsgeist. Zugleich wurde eine gewisse Selbstständigkeit in edlem Sinne in den Gemeinden rege. Missionar Gollmer (aus Basel, jetzt selbst in Badagry) erzählt von seiner Station Bathurst: „Am letzten Sonntag „Abend und heute erscholl eine Glocke durch die Stadt.

* Siehe Missions-Magazin, Jahrgang 1845, Heft 1.

„Auf meine Frage, was es zu bedeuten habe? ward mir „die Antwort: es gelte einer Versammlung auf dem Marktplatze, um Geld zu einer neuen Kirche zu sammeln. Es „war mir wohl schon von der Sache gesagt worden, aber „ich wußte nicht welche Schritte gethan seyen. Ich ging „auch auf den Markt und fand viele Leute beisammen. „Vier der angeseheneren Einwohner stiegen auf den Tisch „des Fleischers und redeten: „Meine Landsleute! Gott hat „mich in dieses Land gebracht, und hier habe ich das Wort „Gottes gelernt, das meiner Seele wohl thut. Die weißen „Männer, Missionare, sind gekommen, nicht um Geld, sondern uns die gute Art zu lehren. Nun, meine Landsleute, „wir kommen diesen Morgen wegen des Kirchen-Palawers „zusammen. Dieses Schulhaus reicht nicht mehr, und so „bekommen wir allmählig keine Kirche; wir sitzen mit unsern Kindern da und haben keinen Ort, Gott zu verehren. „Gesetzt, wir versuchen etwas zu thun; wir können sterben „und unsre Kinder können dort anbeten und können sagen: „Das haben unsre Väter gethan. Die Missionsgesellschaft „wird uns helfen, aber wir müssen suchen ihr zu helfen; „wenn wir Geld geben, so können die Missionare alle Geld „geben, und so bekommen wir allmählig eine Kirche.“ — „Auch ich bestieg nach den vier Rednern den Tisch und „sprach zu, ihren Glauben mit ihren Werken zu zeigen; „aber auch denen, die nicht zur Kirche gingen, künftig zu „kommen.“

Herr Beal erzählt von dem Eifer der Aku-Leute für die Evangelisirung ihrer Heimath: „Ich wurde beim Gang „durch die Gassen von einigen angesehenen Aku-Negern „angesprochen: „Herr, wir haben Briefe an alle Prediger „gesendet, und wollen in allen Dörfern Geld sammeln, um „an die Gesellschaft zu schicken und die Herren zu bitten, „daß sie so gütig seyen, einen Missionar in unser Land zu „schicken.“ — Ich antwortete: „Das freut mich sehr, und „ich bin überzeugt, es wird der Bitte willfahrt werden.“ — „Sie sagten: „Wir sind sehr bekümmert um unsre Landsleute; sie haben das Evangelium nicht.“ — Ich wies sie

„aufs Gebet, was sie zusagten.“ — Allein sie schritten auch zur That. Herr Davies meldet: „In Kissey wurde eine „Versammlung nach vorgängiger Bekanntmachung gehalten, „daß es der Berathung über Aussendung eines Missionars „ins Aku-Land gelte. Es kamen Viele, und der Beschluß „wurde mit zahlreichen Unterschriften bedeckt. Selbst die „Knaben in der Schule setzten ihre Namen darunter und versprachen kleine Beiträge.“ Als Herr Townsend abreiste, war Alles auf den Beinen, weil seine Reise dem Aku-Lande galt. Nicht daß sie blos mit Fingern auf ihn deuteten, wenn er durch die Straßen von Freetown ging, und sagten: „er geht ins Aku-Land!“ und ihm den Segen Gottes laut nachwünschten; sie sorgten auch für seine Ausrüstung, indem sie allerlei Artikel dazu fertigten; sie sammelten Geld, um die Reise für einige Neger zu bezahlen, die mit ihm gehen sollten. Der Eigenthümer des Schiffes, mit dem er und die Auswanderer mit ihm gehen sollten, war selbst ein Aku-Neger. Als man bei ihm anfragte, ob Townsend auf seinem Schiffe die Fahrt machen könne, hielt er einen Augenblick die Antwort zurück und sagte dann: „Ja, ich froh, „wenn Sie in meinem Schiffe gehen; aber ich nicht haben „gut Platz für weiß Mann und so viele Auswanderer.“ Herr Townsend erwiederte, das habe nichts zu sagen, dagegen sey es ihm von großem Werth, mit so vielen Aku-Leuten zu reisen, und dadurch in der Sprache weiter zu kommen. „Ganz gut,“ sagte der Schiffsherr, „weil jetzt „keine Zeit zu machen beste Kajüte.“ Den Missionar nahm er ohne Bezahlung mit, für die Andern forderte er einen mäßigen Preis.

Ein Neger, Namens Langley, der schon 20 Jahre in der Colonie lebte, wohin er von einem Sclavenschiffe kam, der in der Schule zu Regent und im Seminar gebildet war, nachher als Schulmeister in Kent und andern Orten gearbeitet hatte, zuletzt in ein obrigkeitliches Amt getreten und ein wohlhabender Kaufmann in Freetown geworden war, ein wahrer Christ, thätiger und freigebiger Missionsfreund, erließ eine Einladung an seine Brüder

(1842), einen Dankbrief an die africanische Gesellschaft in England mit einer Geldsumme aus Beiträgen abgehen zu lassen, ein Actenstück, das eben so sehr seiner Bildung als seinem Herzen Ehre machte.

Als die Nachricht von Townsend's glücklicher Ankunft in Badagry und im Joruba-Lande, so wie von seiner freundlichen Aufnahme dort erscholl, war Freude in vielen Negerhütten; als er aber gar von der Reise zurückkehrte, und nun klar wurde, daß eine Rückkehr in die Heimath für die Christen möglich war, da hieß es: „Nächstes Jahr gehe ich „heim!" aus Vieler Mund. Als die Nachricht nach Hastings kam, und die von dort mitgegangenen Begleiter des Reisenden heimkehrten, brach Jubel aus, und die Nachricht flog von Dorf zu Dorf. Viele rüsteten sich im Geiste schon zum Aufbruch in die geliebte Heimath. Dies wirkte sehr auf die Lernbegierde der Gemeindeglieder. Einer sagte Hrn. Davies: „Ich suche zu lernen was ich kann, damit ich, wenn der „HErr will, mein Land besuchen und die dortigen Leute mit „der Kraft der Religion Jesu bekannt machen kann." Und als nun wirklich eine Anzahl Egga-Neger von Joruba heimkehrten, da verlangten ihre Kinder Schulzeugnisse, um, wenn dort einst eine Missionsschule errichtet würde, leichter in sie aufgenommen zu werden. Sie rissen sich nur mit Schmerzen von der Schule und den Lehrern los (1843). Herr Davies berichtet:

„Heute kam einer meiner Schulknaben, ein ansprechen„der Junge, zu mir. Auf meine Frage nach seinem Be„gehren sagte er, er sey gekommen, um mir zu sagen, daß „er die Schule verlassen müsse, weil er mit seinem Vater „ins Joruba-Land ziehe. Ich fragte ihn, ob er gerne gehe? „worauf er sagte: „Ich würde viel gerner gehen, wenn „Sie mitgingen; denn dort sind viele Leute, die sich sehr „freuen würden, Sie zu sehen." Auf meine Bemerkung: „„Die Leute kennen mich ja nicht, warum sollten sie sich „freuen, mich zu sehen?" gab er zur Antwort: „Herr, den„ken Sie nicht daran, wie Viele schon von hier dorthin ge„gangen sind? Sie Alle beten viel, ehe sie gehen, daß weiß

„Missionar kommen und sie Gottes Buch lehren." Ich „versicherte ihn, daß Gott bald weiße und schwarze Lehrer „hinsenden würde, die mit Freuden den Weg zur Seligkeit „verkündigen werden. Das freute den kleinen Jungen sehr. „Ich fragte, was er thun wolle, bis diese Lehrer kommen? „— „Ich will sie nähen lehren und lesen lehren und thun „was ich kann, um sie gut zu machen." — Als er Abschied „nahm, sagte er: „Herr, wollen Sie so gut seyn und das „für die Missionsgesellschaft annehmen? es ist Alles was „ich habe." Er gab mir einen Pfenning (3 Kreuzer), und „große Thränen rollten über seine schwarzen Wangen. — „„Ja," sagte ich, „mit Freuden nehme ich es in Em„pfang!" "

Und Missionar Graf meldete:

„Die letzte Abtheilung unserer Auswanderer nach Jo„ruba nahm Abschied von uns. Unter ihnen war An„dreas Wilhelm, mein mehrjähriger Arbeitsgehülfe als „Hausbesucher. Seine völlige Hingabe an Gott, sein reg„samer Eifer für die Verherrlichung Seines Namens, seine „unerschrockene Furchtlosigkeit unter aller erfahrenen Verfol„gung hatten ihn bei sehr mäßigen Gaben zu einem äußerst „nützlichen Werkzeuge gemacht. Einige Tage vor seiner Ab„reise kam ihm der Wunsch, der Missionsgesellschaft ein „Zeugniß seiner Dankbarkeit nicht allein für den selbst em„pfangenen Segen, sondern auch für die Aussicht auf Mis„sionare für seine Heimath zu stiften. Er kam mit seinem „Weibe überein, daß sie ihr Haus nicht verkaufen, sondern „mit dem Gartenlande, worin es stehe, der Gesellschaft „schenken wollten. Wenn auch das Haus nicht von großem „Werth ist, obwohl es zu den besseren gehört, so ist doch „das für einen Neger große Opfer unschätzbar."

Als ein Exemplar von Schön's und Crowther's Bericht über die Niger-Expedition einem Nufi-Neger in die Hände kam, und sie die Schilderung ihres Volkes und seiner Sitten nebst der Andeutung darin lasen, daß dorthin ein Missionar gesendet werden könnte, erwachte auch in ihnen das Heimweh.

Missionar Warburton sagt: „Heute brachte mir Herr „Bartholomäus, ein Nufi-Neger, Katechist zu Gloucester, „in Begleitung von zehn seiner Landsleute 10 Pfund (120 „Gulden) für die Gesellschaft von Nufi-Leuten (sie sind in „der Colonie nicht zahlreich) in Kissey, Wellington, Hastings, „Waterloo, Charlotte, Bathurst und Gloucester, mit der „dringenden Bitte um einen Missionar für Rabbah, die „Hauptstadt ihres Landes. Die Geber waren etwa hun„dert, und unter den Ueberbringern waren ein Muhamme„daner, vier Methodisten, drei die zu keiner Kirche gehörten. „Sie übergaben ein dringendes Bittschreiben an die Gesell„schaft in England."

Als (1843) Missionar Crowther, als nunmehriger ordinirter Prediger, in der Colonie wieder ankam, als er in Freetown die Kanzel bestieg und predigte, und sogar in der Joruba-Sprache Erbauungsstunden hielt, da war es als ob jetzt erst den Negern das Bewußtseyn der christlichen Würde und Weihe aufginge, zu der sie durch die Arbeiten der Missionare erhoben worden seyen. Jeder fühlte sich in dem Landsmann geehrt, und selbst nicht christliche Neger waren stolz auf denselben und machten ihm Ehrenbesuche. Es war im Januar 1844, daß er die Gottesdienste in der Landessprache seiner Heimath eröffnete. Er stand zugleich in Abwesenheit des Herrn Jonas der Anstalt in Fura-Bay vor. Endlich segelte er nach Badagry ab. Wir wenden uns nach Sierra Leone selbst zurück, indem wir dieser Tochter-Mission später folgen werden, und bemerken nur noch, daß die Zubereitungen für die Ausbreitung des Evangeliums durch die Uebersetzungen, welche Crowther in die Joruba-Sprache, Schön in die Haußa-Sprache und andere Missionare in andere Dialecte des innern Africa, wie die Bornu-Sprache, machten, ihren festen Weg fortgingen.

Um ein Zeugniß aus der Ferne für die Mission einzuleiten, müssen wir in einem andern Erdtheil die schwarze Bevölkerung ins Auge fassen.

In Westindien war bekanntlich im Jahr 1835 die volle Freilassung der Sclaven erfolgt; sie waren freie Arbeiter geworden. Da zeigte sich eine Folge dieser Maaßregel, die wohl zu erwarten gewesen war. Die Pflanzer wollten wohlfeile Arbeiter haben. Die ehemaligen Sclaven, sehr leicht befriedigt in ihren Bedürfnissen und durch eigenen Ackerbau gesichert, wollten nicht um geringe Preise arbeiten; ja es war in den ersten Jahren die peinliche Erinnerung an das Sclavenleben natürlich sehr geeignet, denselben auch die Lohnarbeit für die alten Gebieter zu entleiden. So gingen die Arbeitslöhne sehr in die Höhe, und man glaubte die Zahl der freien Arbeiter dort möglichst mehren zu müssen. Die Regierung begünstigte daher die Auswanderung freier Neger nach Westindien. Auch in Sierra Leone warb man Auswanderer, und für den Anfang nicht vergebens. Eine Parthie derselben kam nach Jamaica, und Missionar Sessing daselbst, auf der Station Birnamwood, schrieb über sie (1842): „Vor einigen Monaten kam ein Schiff mit „Auswanderern aus Sierra Leone in Annotto-Bay an. „Ein benachbarter mit uns befreundeter Grundbesitzer suchte „einige davon als Arbeiter zu bekommen, zweifelte aber, ob „es ihm gelingen würde, weil die Nachfrage sehr groß war. „Er ging jedoch an Bord, ehe sie landeten, und fragte die „Leute im Gespräch, ob sie mich kennen, da ich in Sierra „Leone gewesen sey. Als sie meinen Namen hörten, drängten sie sich um ihn und fragten, wo ich sey, weil sie einen „Brief an mich haben. Kaum hörten sie, daß meine Kirche „nur eine Stunde von der Pflanzung des Herrn liege, als „sie Alle bei ihm bleiben wollten. Er miethete 32 von ihnen mit William Johnson an der Spitze. Ungeachtet „ihnen nachher vortheilhaftere Anerbietungen gemacht wurden, erklärten sie: „Wir sind schon versagt."

„Etwa acht derselben besuchten uns und brachten einen „Brief von unserm alten Freunde, Herrn Weeks. Sie sahen sehr gut aus. Keine Spur von dem scheuen, argwöhnischen Wesen, das sonst auf jedem Sclavengesicht „geschrieben steht; sie lächelten uns an als Leute, die von „eigentlicher Sclaverei nichts erlebt haben. Schnell waren „wir im Gespräche mit ihnen in unsern alten lieben Wir-

„kungskreis Sierra Leone versetzt. Wir hatten uns dort „längst vergessen geglaubt, aber dem war nicht so. Sie „brachten uns hübsche Geschenke an feinen Geflechten und „Palmöl, das hier nicht wächst, und das uns in einer „Palawerbrühe wieder wie ehemals mundete. — Es waren „lauter Leute von Bathurst, einer der ältesten Stationen. „Etwa zwei Drittheile waren getauft. Keiner war Abend„mahlsgenosse.

„Am folgenden Sonntag kamen etwa zwölf von ihnen „hübsch gekleidet und mit ihren Bibeln, Gebet- und Gesang„büchern versehen, in meine Kirche. Anfangs beachtete man „sie nicht; aber als sie die Antworten im Gebet in ihrer „gewohnten, langsam feierlichen Weise gaben, richteten sich „Aller Augen auf sie. Jeder wollte wissen, woher diese „fremden aber angenehmen Stimmen kommen, und als er „es bemerkt hatte, wußte er nicht was daraus machen. „Nach dem Gottesdienste kamen sie in meine Bibelstunde, „und hier wuchs das Erstaunen meiner Schüler, als sie „Männer und Weiber lesen hörten, und sie in meiner Ein„richtung sich zurechtfanden, wie wenn sie immer dabei ge„wesen wären. Einer meiner Leute sagte nachher: sobald „diese Leute lesen, verliere er den Muth, er könne nicht fort„machen. Ihre Antworten zeigten große Vertrautheit mit „der Bibel, und bewiesen ihren Unterricht in den Schulen „der kirchlichen Missionsgesellschaft in Sierra Leone.

„Anfangs waren sie zur Probe auf drei Monate, mit „einem Taglohne von 1½ Schilling, eingetreten. Nach „Ablauf dieser Zeit wurde ein fester Vertrag auch zu 1½ „Schilling geschlossen, nur kam noch Haus und Feld dazu. „Jetzt bauen sie ihre Lebensmittel selbst. Von ihrem Herrn „wollten sie nicht wieder weg, weil sie nichts zu klagen hat„ten. Er selbst ist mit ihnen höchst zufrieden. Sie sind „eingezogen, ordnungsliebend und ruhig. Der einzige Lärm, „den sie machen, ist, wenn sie Abends im Preßhause bei„sammen sitzen und beim Kochen ihres Abendbrodes geist„liche Lieder singen. Sie sind äußerst gewissenhaft im Ein„halten der Arbeitszeit, und nehmen nicht einen Heller mehr

„an, als sie verdient haben. Ihr Arbeitgeber machte es sich „zur Regel, am Freitag Abend seine Leute zu bezahlen. „Einmal schickte er einen Boten in die Stadt um Geld, der „noch nicht zurück war, als sie vom Felde kamen. Er drückte „darüber sein Bedauern gegen den Obmann aus, der sie „leitete, mit dem Anfügen, er könne nichts dafür. Der „Obmann fragte ihn: wie viel Geld es denn seyn müßte? „worauf ihm die Antwort ward, mit 5 Pfund würde es „reichen, ohne daß dabei an Weiteres gedacht wurde. Aber „wie erstaunte er, als nach 15 Minuten Johnson wieder „erschien, 5 Pfund in Münze auf den Tisch legte und sagte: „„Hier, Meister, wenn es gefällig ist, können Sie die Leute „zahlen und mir es nachher zurückgeben.“ Das war mehr, „als der Meister je von einem Neger erlebt hatte. Er war „45 Jahre lang als Buchhalter, Aufseher und Grundbe„sitzer in Jamaica gewesen, aber ein so edles Benehmen „eines Schwarzen war ihm nie vorgekommen. Das Geld „kam noch am nämlichen Abend, aber zu spät; denn der „Herr war ein gewissenhafter Jude, der um Alles nicht „am Sabbath Geld angerührt hätte. Am Sonntag früh „Morgens legte er das Geld bereit, ließ Johnson kommen „und sagte: „Hier, Johnson, dein Geld; ich danke dir sehr „dafür.“ Aber was thut der Neger? Er lächelte und sagte: „„Nein! Herr, das ist mein Sabbath; lassen Sie es liegen, „wenn's gefällig ist. Morgen will ich es holen.“ — Ich „machte am folgenden Tag einen Besuch bei den Leuten „und sah selbst das Geld noch daliegen, während mir der „Herr erzählte, was er noch nie in Jamaica erlebt habe. „Ich erwiederte: „Da sehen Sie den Segen religiöser Bildung; „dafür gebührt der Ruhm nächst Gott den wackern Missio„naren der kirchlichen Missionsgesellschaft. Sie sehen hier „die Wirkungen der Sclaverei und der Freiheit mit Religion „einander gegenüber.

„Noch ein Zug von diesen Leuten. Zwei von ihnen „sollten im Auftrage der Agenten für die Answanderung „nach Sierra Leone zurückreisen. Am Tage vor ihrer Abreise „schrieb Alles, Männer und Weiber, Briefe, und am Abend

„hielten sie eine Versammlung und legten Geld für die „Missionsgesellschaft zusammen. Es wurden 20 Thaler „(50 Gulden), welche die Reisenden den Missionaren in „Sierra Leone überbringen sollten."

Da wir einmal an Zeugnissen von Außen sind, so „nennen wir auch noch das der englischen Regierung:

„Das höchste Lob gebührt den unschätzbaren An„strengungen der kirchlichen und wesleyanischen Missionare. „Durch ihre Arbeit ist fast ein Fünftheil der Bevölkerung „in den Schulen, fast mehr als in irgend einem Lande, „und ihre Arbeit zeigt sich in der geistigen, sittlichen und „religiösen Hebung der ganzen Colonie."

Herrlicher noch waren die inneren Zeugnisse, die Fortschritte selbst, wie sie z. B. Missionar Ehemann bei seiner Ankunft (1844) aussprach: „Es ist herrlich, was der „HErr hier gethan hat, wie die Kirchen nicht auf einer „Station blos, sondern auf allen, die ich besuchte, voll „andächtiger Zuhörer sind, und wie sich das Leben aus „Gott in Christo an den Gemeindegliedern darlegt;" — oder wie Missionar Gollmer von einem kürzeren Aufenthalte in Regent spricht: „Wie oft habe ich schon gewünscht, „unsere Freunde möchten sehen können, was Gott an den „armen Africanern thut. Schon der Anblick der zahlreichen „Zuhörerschaften, noch mehr aber die Andacht, wie man sie „in ihren Antworten und ihrem Singen wahrnimmt, würden „die Freunde zu Hause trösten, die ihre Hand an den afri„canischen Pflug gelegt haben und diejenigen überzeugen, „die etwa meinen, es sey noch nicht Zeit zur Bekehrung „Africas."

Die Zahl der Taufen Erwachsener, wobei nicht zu übersehen, daß mehrjähriger Unterricht vorausging, wuchs. Gollmer in Bathurst sagt (1843): „Ein herrlicher Tag „war die Taufe von fünfzehn Heiden, Männer und Weiber, „worunter mehrere Ehepaare. Das herrlichste aber war „die demüthige, vertrauende Hingabe an den HErrn, die „ich im Unterricht an ihnen wahrnahm. Sie Alle lasen „ihre Bibel und wußten das Gebet des HErrn, die zehn

„Gebote und den Glauben auswendig. Es war eine heilige „Freude in ihnen."

Weeks meldet von Regent: „Ich taufte heute zehn „Männer und achtzehn Weiber. Es war ergreifend, sie „in ihren weißen Kleidern um den Altar stehen zu sehen. „Die meisten davon waren vier bis fünf Jahre im Unter„richt gewesen. Sie waren von acht verschiedenen Völkern „und wie ich glaube, alle redliche Kinder Gottes."

Frey von Waterloo und Benguema: „Ich „taufte fünfzehn Männer und elf Frauen. Alles war sehr „bewegt, besonders die Täuflinge. An Allen hatte ich längst „bei meinen Hausbesuchen die Reinlichkeit, den stillzufriede„nen Sinn, die redliche Hingabe an den HErrn mit Freuden „gesehen. Einer, ein Aku, war ein Erz-Götzendiener gewesen, „der vierzehn Jahre lang neben dem Grigriwesen ein scheuß„liches Götzenbild mit täglicher Speisung und vielen Opfern „verehrt und doch keine Gewissensruhe gefunden hatte. „Endlich ging er in die Sonntagsschule und Kirche, ward „überzeugt und wollte rein ab mit dem Götzen machen. „Doch fand er das nicht so leicht, verwies ihn zuerst in „die Küche, endlich aber lieferte er ihn an Herrn Young „aus und meldete sich um die Taufe.

„Zwei Andere waren Mutter und Sohn; letzterer ein „junger Mann, auch Akus. Sie waren Beide beim Ver„kaufen getrennt, auf verschiedene Sclavenschiffe gebracht, „Beide befreit und nach Sierra Leone geführt worden. „Zufällig fanden sie sich nach mehrern Jahren, und der Sohn, „der bereits angefaßt war, bewog seine Mutter mit in die „Kirche zu gehen. Beide sind jetzt wahre Christen."

Auf dieser Station war jetzt Alles in Blüthe; die Gemeinde besitzt eine schöne Kirche für 900 Zuhörer, hatte 51 Abendmahlsgenossen, 70 Taufbewerber, 257 Sonntagsschüler, 377 Schulkinder.

Von Kissey hieß es (1844) im Berichte Missionar Haastrup's: „Ich taufte heute die männlichen Tauf„bewerber, 28 an der Zahl. Es war Alles bewegt."

Einige Wochen später: „Bei der Taufe der 36 weiblichen „Taufbewerber war eine Frau zugegen, die lange krank „gelegen, und die, wenn sie sich nicht gehörig erholt hätte, „sich in die Kirche wollte tragen lassen."

Abermals schreibt Frey von Waterloo: „Ich nahm „fünf junge Männer und zwei Weiber als Taufcandidaten an. „Von Benguema, wo Alles in schönem Wachsthum steht, „meldeten sich auch fünf."

In Regent fand Denton 157 Männer und 196 Frauen als Gemeindeglieder; in Kissey war die Zahl der Communicanten auf 300 angewachsen. In Kent hatte Bultmann zwei blinde Communicanten, die in ihrem Hause mit großer Innigkeit Versammlungen hielten. Die Mutter eines Zöglings im Seminar, der nach England zu höherer Bildung gegangen war, kam zu ihm und brachte Geld mit den Worten: „So arm ich bin, sagt mir doch „mein Herz, ich müsse für die Sache Jesu Christi thun „was ich kann. Gott segne die Gesellschaft!"

John Attana schrieb von Wellington: „Unsere „Communicanten treten ohne äußern Anlaß von selbst zusam-„men, um eine außerordentliche Sammlung für die Missions-„gesellschaft zu machen. Ich ließ mich daran erinnern, um „zu sehen, ob es ganzer Ernst sey; aber sie kamen wieder „und wir versammelten uns in der Kirche." Eine Reihe neuer Kirchen wurde gebaut; zu einem Denkmal des Negerfreundes Sir Th. Jowell Burton von den Negern beigetragen; sie traten zu Gesellschaften für die Unterstützung ihrer Armen zusammen. Wie konnte es fehlen, daß auch über den Kranken- und Sterbebetten dieser gläubigen Seelen der Friede Gottes schwebte und sie selig aus der Zeit gingen. Auch davon noch einige Beispiele.

„Ich besuchte", sagt Herr Beal 1842, „eine an einem „bösen Geschwüre am Bein leidende Kranke, die sich nicht „bewegen und auch nicht schlafen konnte. Ich fragte: „„Findest du das hart? kommt dir Gott unfreundlich vor?" „„O nein, Massa. Gott sehr gut gegen mich. Jesus gut „und freundlich. Wenn Er nicht gut, ich nicht leben bis heute.

„Ich nicht Grigri trauen, ich nicht Götzen trauen, sondern „ich Gott bitten und Er mir Geduld geben. Er durch „Krankheit schicken und mich willig tragen."

Herr Davies erzählt: „Ich besuchte John Taylor „und fand ihn in Folge langer Krankheit sehr verändert. „Als ich nach seinem Befinden fragte, hob er mit Mühe „beide Arme, deren Bewegung fast gelähmt war, empor „und sagte: „Sie sehen, daß mein himmlischer Vater diese „arme Hütte nach und nach abträgt. Aber das hat nichts „zu sagen, ich bin sehr fröhlich; denn mich wissen, daß „Er gehen und mich wieder neu machen." Ich las ihm „2 Cor. 5, 1 vor von dem ewigen Bau im Himmel, und „er sagte lächelnd: „Mich auf Jesum sehen, denn mich „manchmal zu viel darnach verlangen. Mich sagen: mich „muß nicht eilen, mich muß warten bis Jesus mich rufen.""

Herr E. Jones schreibt: „Charlotte Bell war die „Tochter christlicher Eltern, die von Regent nach Freetown „zogen. Sie war etwa fünfzehnjährig und Monitorin in „unsrer Schule, zeigte aber keinen religiösen Ernst, galt „vielmehr für ein leichtsinniges Mädchen. Einer unsrer „eingebornen Gehülfen verlobte sich mit ihr und liebte sie „sehr. Ich machte ihm aber ernste Vorstellungen über seine „Verbindung mit einer so ungeistlichen Person. Er stimmte „zu, gestand die Sache nie von dieser Seite gehörig bedacht „zu haben, erklärte aber nicht mehr zurückgehen zu können, „da eine feierliche Verlobung statt gefunden habe. Damals „war sie noch blühend in Jugendkraft; das Leben lag in „heiterer Aussicht vor ihr. Auf einmal ergriff sie die Aus„zehrung; ihre Gestalt schwand, ihre Kraft sank dahin. „Sie blieb aus der Schule weg; aber noch dachte sie an „keine Gefahr. Bald konnte sie nicht mehr aus dem Hause, „endlich nicht mehr aus dem Bette. In dieser Zeit ging ich „einmal an ihrem elterlichen Hause vorüber, als der Vater „heraus kam, mir zu sagen, wie sehr die kranke Tochter „mich zu sehen wünsche. Ich ging hinein und fand sie „furchtbar abgezehrt. „Danke Ihnen, mein lieber Prediger," „sagte sie, die abgezehrten Finger emporhaltend, „danke,

„daß Sie kommen. Ich habe mich schon lange nach Ihnen „gesehnt.“ Ich sprach mein Bedauern aus, sie so schwach „zu finden, meine Hoffnung, ihr Leiden möchte ihr zum „Segen werden, und wies auf die Gnade hin, die ihr im „christlichen Unterrichte zu Theil geworden. Sie unterbrach „mich: „Ja, ich danke der Missionsgesellschaft und den „Missionaren, daß sie mich Gutes lehrten. Wissen Sie „nicht mehr, wie Sie an einem Dienstag Abend über das „Gleichniß vom Säemann predigten? Ich war damals „ein gottloses Mädchen, aber ich konnte nicht vergessen, „was Sie gesagt haben.“ Sie gab mir dann den Inhalt „der Predigt, die ich schon vor einem Jahre gehalten, „ziemlich gut an. „O ja,“ fügte sie bei, es ist gut für mich, „daß ich ins Leiden kam. Ich lernte Gott kennen, ich lernte „Jesum lieben.“ — Im weitern Gespräch fand ich Ursache „über ihre gründliche Schriftkenntniß zu staunen, und Jeder„mann, der sie hörte, theilte diese Verwunderung. Ich be„suchte sie von nun an oft und fand sie nie anders, als „mit der Bibel in der Hand. Ich konnte ihr noch mit „ihren Eltern und ihrem Verlobten zusammen das heilige „Abendmahl reichen. Zuletzt entschlief sie schmerzlos. Vor „ihrem Tode sagte sie zu ihrer Mutter: „Wenn ich gestorben „bin, müßt ihr nicht trauern; Niemand soll weinen. Ich „gehe an einen guten Ort. Ihr müßt keine Trauerkleider „anlegen; lieber weiße Kleider; denn wo ich hingehe, da ist „Alles weiß.“ — Am folgenden Morgen vor Tagesanbruch „bat sie ein Fenster zu öffnen, dann noch eines, und ihren „Vater zu beten. Dann drang sie in ihn, sich wieder „schlafen zu legen. Aber sie hatte keine Ruhe; der Husten „quälte sie heftig, und auf die Frage der Mutter: „Was „ist's, mein Kind?“ antwortete sie: „Nichts, Mutter, „schlafe nur.“ Allein bald hernach stellten sich die Zeichen „des Todes ein; der Vater war nicht schlafen gegangen, „sondern hatte sie bewacht. Sie bat um nochmaliges Gebet, „sagte einen schönen Liedervers her, wurde still und ent„schlief.“

Ein schmerzlicher Todesfall war (1843) der des wackern William David, frühern Schulmeisters in Gloucester, nachherigen Gehülfen in Fura-Bay. In seinem längern Kranksein eröffnete er Herrn Jones einmal seinen Kummer, daß er fürchte kein rechtes Kind Gottes zu seyn, weil es ihm immer so gut gegangen sey, während doch geschrieben stehe, daß der HErr züchtige, welchen er lieb habe.

Eine fromme arme Wittwe in Regent, noch von Johnson's Zeit her erweckt, starb auch. Auf die Frage, wie ihr bei der Annäherung des Todes zu Muthe sey? gab sie zur Antwort: „Ich weiß, daß ich eine arme Sünderin bin, und „habe nichts, darin ich ruhen kann, als Christum, meinen „Heiland; und der Trost, den Er mir seit meinem Krank-„werden gegeben hat, ist sehr groß. Ich danke Ihm von „Herzen, daß Er dieses Leiden so lange hat währen lassen. „Ich sehe nicht auf die Welt, um Trost für meine Seele zu „suchen, ich sehe auf Christum, nur auf Ihn. Seine Ver-„heißungen sind viel und groß, und darauf kann ich ruhen. „Gott hat einen Theil Seiner Verheißung an mir erfüllt: „Er hat für mich arme Wittwe seit dem Tode meines „Mannes gesorgt; Er wird auch den andern Theil erfüllen „und für meine zwei lieben Kinder sorgen. Ihm überlasse „ich sie."

Herr Graf erzählt von einem alten Soldaten der, so lange er gehen konnte, stets der Erste in der Kirche war, und mit der unermüdlichsten Andacht an allen Gnadenmitteln Theil nahm. Keine Frühstunde, keine ungünstige Witterung hielt den alten, schwächlich gewordenen Veteranen ab, fröhlich und rasch zur Kirche zu wandern. Auch als er endlich gebückt und zitternd am Stabe gehen mußte, kam er noch eben so regelmäßig. Er sprach wenig; nur wenn er die Gnadenführungen Gottes in den Wechseln seines Soldatenlebens schilderte, wurde er lebhaft und beredt. Einige Tage vor seinem Tode rief er auf seinem Bette: „Ich möchte gehen! ich möchte gehen!" Auf die Frage: wohin? antwortete er: „Zu Jesu Christo; das wird besser „für mich seyn." An seinem Todestage lag er still, wie gewöhnlich, da; auf einmal sprach er: „Ich gehe! ich gehe!" und entschlief sanft.

Wir schließen hiemit diese Reihe von Thatsachen, obwohl es leicht wäre, denselben noch Dutzende anzureihen. Allein die gegebenen reichen hin, um die Kraft des neuen Lebens in den Gemeinden zu beurkunden.

Wir begnügen uns daher auch, ohne in gleicher Weise, wie wir vom Jahr 1818 bis 1845 fortgegangen sind, auch die letzten Jahre der Mission im Einzelnen zu durchgehen, nur den neuesten Stand derselben in wenigen Zügen zu zeichnen.

Es war im Jahr 1848, dem Jubiläums-Jahr der Gesellschaft, daß sie sich mit Freuden befähigt sah, das alte Wilberforce, das sie Jahrzehnte lang unbesetzt hatte lassen müssen, wieder mit einem Missionar zu versehen. Herr Rhodes, der schon auf andern Arbeitsstellen der Colonie gewirkt hatte, ließ sich dort nieder und wird sich dort, da manche kleine Dörfer, je mit einigen Hunderten von Negern, sich anschließen werden, bald ein geordnetes Kirchspiel gestalten. Der eingeborne Katechist, der sich zunächst dort niederließ, sagte:

„Wilberforce ist eines der ältesten Dörfer der Colonie, „aber in jeder Hinsicht weit zurück. Von seinen 1349 Ein„wohnern sind die meisten tief in Götzendienst, Aberglaube, „Unwissenheit und heidnische Unsittlichkeit versunken. Aber „die Schule wächst, die Predigt wird gehört. Es ist hier „ein Arbeitsfeld, Badagry wohl zu vergleichen."

Die Berichte seitdem lauten wie etwa die von neuen Ansiedlern im Urwald, die uns nur sagen können, daß die Wildniß allmählig sich lichtet und mehr vom blauen Himmel über ihre Hütten hereinleuchtet. Das Fragen nach der Wahrheit fängt an unter den Heiden sich zu regen, und ein zweites Dorf Aberdeen hat sich bereits an die Mission angeschlossen, um einen Lehrer gebeten und ihn erhalten.

Wie im Norden der Halbinsel, so auch im Süden, konnten neue Stationen besetzt werden. Russell-Town und Tumbo, die wir oben nur als von Kent aus besucht flüchtig berühren konnten, haben an dem erfahrenen Missionar Young einen eigenen Hirten erhalten, der sie auf die Höhe christlicher Gesittung hinaufzuheben bemüht ist, und zugleich die wilden Scherbros in den Waldrevieren besucht. — Von Wellington und Allentown wurden vierzig Taufbewerber getauft, in der Kissey-Road-Kirche von Freetown seit 1846 nicht weniger als 300; auf den meisten Stationen war aber das Wachsen an Zahl nicht bedeutend, weil viele der befreiten Sclaven nach Westindien gingen oder neue Dörfer bildeten, also die Bekehrungen aus der alten Bevölkerung nur hervorgehen mußten. Dagegen hatten die Missionare gegen die Mischung heidnischer und christlicher Sitte viel zu kämpfen, indem sie den Hülfsgesellschaften oder Clubs der Neger, wo Heiden und Christen zusammen waren und Schmausereien und Gelage zur Hauptsache wurden, mit Erfolg christliche Hülfsvereine für die Armen entgegensetzten, und die Todtenwache abzuschaffen suchten, die aus dem christlichen Gebrauche des Wachens mit Gesang und Gebet bei den Leichnamen der Verstorbenen zu ähnlichen Gelagen zu entarten drohten. Wahre Bekehrungen blieben aber doch nicht aus. Ein Fall war, daß ein Mann von wahrer Löwennatur zum Lamm wurde in Christo. Er war in seiner Heimath ein Räuber gewesen, derer einer, die dem Kriege nachziehen und von seiner Beute leben, ein starker, gewaltiger Mensch. Endlich wurde er gefangen und als Sclave verkauft. Der Käufer gab jedem seiner Sclaven einen Korb, den er auf dem Kopf tragen sollte. Der Räuber weigerte sich, erklärend, er habe nie einen Korb getragen. Man stellte ihm den Korb auf den Kopf; er ließ ihn zu Boden fallen. Er wurde gebunden, stark gepeitscht und zum Fortgehen befehligt. Der Korb wurde ihm wieder auf den Kopf gestellt, und er ließ ihn wieder fallen. Abermals wurde er gepeitscht, aber er blieb hartnäckig. Jetzt nahm der Besitzer Feuer (glühendes Eisen) und brannte ihm den Rücken, bis Vorübergehende aus Mitleiden für ihn baten. Er blieb fest, und sein Herr drohte ihn zu tödten. Seine Antwort war: „Gut, ich bin dein „Geld, schneide mir den Kopf ab, aber ich trage keinen „Korb.“ Nun mußte der Sclavenhändler nachgeben, ließ ihn aber dafür auf der langen Reise ohne alle Nahrung und verkaufte ihn so bald als möglich. So blieb er auf dem Sclavenschiff, so in der Colonie nach seiner Befreiung. Jetzt ist er sanft, mild und demüthig.

Vom Gebetsgeiste der Gemeindeglieder zeugt die Versicherung, die Einer dem Missionar gab, daß wenn seine Frau auch das Klimafieber bekäme, er sich nicht zu fürchten habe, denn sie Alle würden beten und Gott gewiß Wunder thun. Herr Beal erzählt: „Ich besuchte einen kranken „Communicanten. Er that folgende Aeußerungen: „Herr, „ich weiß nicht, ob diese Krankheit zum Tode ist oder nicht. „Aber wenn ich sterbe, fürchten Sie nichts für mich: ich „gehe zu Jesus. Nicht fürchten, Lehrer; nicht fürchten, „Lehrer; nicht fürchten. Ich fühle zwar keine Freude, aber „ich glaube.“ “ — Weiter sagt er: „Gestern hörte ich, daß „Samuel Wilson plötzlich gestorben sey. Ein Gemeindeglied „schilderte mir sein Ende. Den Tag vor seinem Tode war „er besser, sprach ungehemmt, ging aus, die neue Kirche zu „sehen. Er sagte zu seiner Frau, hier wollen sie, wenn „die Kirche fertig sey, mit einander beten, und sie solle sich, „wenn er etwa von ihr genommen werde, nur durch Nie„manden binden lassen, nicht dahin zu gehen. Sie gingen „heim und legten sich zu Bette. In der Nacht erwachte die „Frau und fand ihn nicht. Sie stand auf, ihn zu suchen, „und fand ihn im Wohnzimmer auf den Knieen. Nach „langem Warten rief sie ihm, aber er bat um Stille, weil „er mit seinem Schöpfer beschäftigt sey. Er betete fort bis „Tagesanbruch. Dann kamen Freunde, denen er versicherte, „er sey besser und ganz glücklich in Jesus. Etwas später „legte er sich auf sein Sopha; sein Weib deckte ihn mit „einem Tuche zu; er schien einzuschlafen; aber seine Seele „war entflohen.“

Davies von Regent berichtet: „Ich besuchte einen „kranken Communicanten. Er sah aus, als ginge es dem

„Tode zu. Ich fragte ihn, ob Jesus seiner Seele köstlich „sey. „Ja," sagte er, „Er kann ja nicht anders seyn. Er „machte zuerst Freundschaft mit mir, und dann, als Er mir „Seine Liebe gezeigt hatte, machte ich Ihn zu meinem „Freunde. — Ich habe Ihn erprobt und möchte Ihn um „die ganze Welt nicht geben. Mein Jesus ist mein Alles."

Die Bildung eingeborner Arbeiter war und blieb ein Hauptaugenmerk der Gesellschaft. Die Neger Nicol und Marwell wurden in London ordinirt. Die Schulen, von den Dorfschulen an bis zum Seminar in Fura-Bay hinauf, thaten ihren Dienst. Die Missionare studirten die Sprachen der Heiden; Missionar Graf die Susu-Sprache, Missionar Kölle die Bornu-Sprache, Missionar Schmidt gab ein Wörterbuch der Timne-Sprache heraus. Ein Häuptling von Abbeokuta schickte seinen Sohn nach Sierra Leone, um ihn dort unterrichten zu lassen. Merkwürdig genug fand der Knabe dort zufällig einen seiner Brüder, der als Sclave befreit und in ein westindisches Regiment versetzt worden war. Er suchte und fand ihn bei der Parade. Eine rührende Erkennungsscene fand statt, und man wandte sich sogleich an den Statthalter um Freilassung des Soldaten. Diese konnte aber nur durch einen Befehl des Feldmarschalls Herzog von Wellington erzielt werden. Die Neger setzten eine Bittschrift auf, und schon das nächste Postschiff brachte die Verabschiedung des Soldaten unter der Bedingung, daß er in der höhern Missionsschule gebildet und dann nach Hause geschickt werde.

Im Jahr 1848 benachrichtigte Capitän Forbes von dem Kriegsschiff Bonnetta die Missionare in Sierra Leone, er habe bei Cape Mount Leute von einem Negerstamm gefunden, der eine Schriftsprache besitze, und daß er ein Buch und einen Mann habe, der es lesen könne. Der Mann versichere, die Schrift sey aus dem Innern gekommen. Dies weckte lebhafte Neugierde, weil es als Thatsache bisher war betrachtet worden, daß von den 150 africanischen Sprachen und Mundarten nicht Eine von den Eingebornen selbst zur Schriftsprache sey herausgebildet worden. Missionar Kölle erhielt den Auftrag, der Sache nachzugehen. Er machte die Reise unter viel Gefahr und Krankheit, fand aber, daß die Schrift eine ganz neue Erfindung sey und nur dem kleinen Wei-Stamme an der Küste angehöre.

Kölle lernte den Erfinder der sinnreichen Schrift, einen religiösen Heiden, kennen, der einmal die römische Schrift von einem americanischen Missionar gelernt und nur etwa 100—200 Zeichen für die Sylben erfunden hatte. Ein Traum gab ihm den Gedanken dazu an, und der König des Stammes half ihm, in Schulen seine Kunst das ganze Volk lehren. Die Schulen, wie der Stamm selbst, sind seitdem durch Krieg vernichtet oder doch zerstreut. Die Nähe von Liberia sprach gegen Errichtung einer eigenen Mission dort. Allein neuerdings hat man in Erfahrung gebracht, daß die Wei-Sprache am Gallinas-Fluß bei Cape Mount, diesem Hauptschlupfwinkel des Sclavenhandels, gesprochen wird. Capitän Dunlop hat dort gegen 2000 Sclaven befreit und nach Sierra Leone gebracht, mit ihnen Söhne der Häuptlinge zu christlicher Bildung. Der Sclavenhandel ist dort abgeschafft. Kölle hat das Land wieder besucht, und die Errichtung einer Mission daselbst steht in Aussicht.

Wie die Bemühungen Englands zur Abschaffung der Sclaverei auf fernere africanische Länder wirken, zeigt Miss. Kölle's Mittheilung: „Zwei Kaufleute aus Bornu und „Haußa, im tiefen Innern Africas, kamen nach Sierra „Leone. Auf ihren Reisen an die Goldküste hatten sie von „einem Lande der Weißen gehört, wo man um Gottes „Willen alle Sclaven, die man im Meere wegnehme, frei „mache, und wo alle africanischen Völker frei neben einander „leben. Sie beschlossen, nicht heimzukehren, bis sie dieses „Land gesehen haben. So kamen sie nach langer Reise in „Sierra Leone an. Hier wurden sie voll Erstaunens. „„Wahrlich,“ sagten sie, „weiße Leute sind Gottes Leute!

„Wenn Einer nicht weißen Mann fürchtet, kann er Gott „nicht fürchten?“ Jeder erhielt ein arabisches Neues Testa„ment zur Heimreise.“

So wirkt jetzt die mühevolle und opferreiche Mission in Sierra Leone wie ein Leuchtthurm ihr helles Licht in die finstern Gebiete Africas hinein. Wer könnte noch zweifeln, daß zuletzt doch auch diese Reiche Gottes und Seines Gesalbten werden müssen.

Missions-Zeitung.

Die den Gesellschaften beigesetzten Jahreszahlen zeigen das Jahr ihrer Entstehung oder des Anfangs ihrer Missionsthätigkeit an.

Die Zahlen zur Seite der Namen der Missionare oder Stationen u. s. w. in der Missions-Zeitung deuten auf die Gesellschaft zurück, welcher dieselben angehören. Die mit * bezeichneten Missionare sind Zöglinge der Basler-Anstalt.

Abkürzungen: M. (Missionar), K. (Katechet), m. F. (mit Familie), m. G. (mit Gattin), † (gestorben).

Evangelische Missionsgesellschaften im Jahr 1851.

Deutschland & Schweiz.

1. Brüdergemeinde. 1732.

2. Ostindische Missions-Anstalt zu Halle. 1705.

3. Evangelische Missionsgesellschaft zu Basel. 1816.

4. Rheinische Missionsgesellschaft zu Barmen. 1828.

5. Gesellschaft zur Beförderung der evangelischen Missionen unter den Heiden, in Berlin. 1824.

Frauen-Verein für christliche Bildung des weiblichen Geschlechts im Morgenlande, in Berlin.

6. Gesellschaft zur Beförderung des Christenthums unter den Juden, in Berlin. 1822.

7. Evangelischer Missionsverein zur Ausbreitung des Christenthums unter den Eingebornen der Heidenländer (sonst Pred. Goßner's) in Berlin. 1836.

8. Lutherische Missionsgesellschaft in Leipzig. 1836.

9. Norddeutsche Missionsgesellschaft in Bremen. 1836.

10. Chinesische Stiftung in Cassel. 1849.

Niederlande.

11. Niederländische Missionsgesellschaft zu Rotterdam. 1797.

England.

12. Gesellschaft für Verbreitung christlicher Erkenntniß. 1647.

13. Gesellschaft für Verbreitung des Evangeliums. 1701.

14. Baptisten-Missionsgesellschaft. 1792.

15. Allgemeine Baptisten-Missionen. (General Baptists.) 1816.

16. Wesley-Methodisten-Missionsgesellschaft. 1786.

17. Londoner Missionsgesellschaft. 1795.

18. Kirchliche Missionsgesellschaft. 1799.

19. Londoner Juden-Missionsgesellschaft. 1808.

20. Brittische Gesellschaft für Verbreitung des Evangeliums unter den Juden. 1843.

21. Kirchliche Mission für Borneo. 1848.

22. Patagonische Missionsgesellschaft. 1850.

23. Schottische Missionsgesellschaft. 1796.

24. Mission der vereinigten presbyterianischen Kirche Schottlands. 1847.

25. Mission der schottischen Staats-Kirche. 1830.

26. Mission der freien schottischen Kirche. 1843.

27. Missionen der reformirten presbyterianischen Kirche Schottlands. 1845.

28. Welsche und ausländische Missionsgesellschaft. 1840.

29. Mission der irländischen presbyterianischen Kirche. 1840.

30. Frauengesellschaft für weibliche Erziehung im Auslande. 1834.

Frankreich.

31. Missionsgesellschaft zu Paris. 1824.

Dänemark.

32. Dänische Missionsgesellschaft. 1821.

Schweden.

33. Schwedische Missionsgesellschaft in Stockholm. 1835.

34. Missionsgesellschaft in Lund. 1846.

Norwegen.

35. Norwegische Missionsgesellschaft in Stavanger. 1842.

Nordamerica.

36. Baptisten-Missionsgesellschaft. 1814.

37. Americanische Missionsgesellschaft. 1810.
(Board of Foreign Miss.)

38. Bischöfliche Methodisten-Missionsgesellschaft. 1819.

39. Mission der bischöflichen Kirche in Nordamerica. 1830.

40. Mission der presbyterianischen Kirche. 1802.

41. Freiwillens-Baptisten-Mission.

Nachrichten aus den Missionsgebieten.

China. Miss. Talmage (37) in Emui schreibt unterm 14. Juli 1851: „Seit unsern letzten Nachrichten hatten wir das Vergnügen, einen Mann und zwei Frauen der Chinesen zum Tische des HErrn kommen zu lassen. Sie waren am letzten Sonntag vom März von Herrn Doty getauft worden. Der Mann, etwa 50 Jahre alt, durfte indeß nur kurze Zeit vor seinen Landsleuten von Christo zeugen, denn schon am 29. Mai entschlief er im Glauben an den Heiland."

Auch der chinesische Missionsgehülfe Min-Gen (40) in Ningpo hat das Ziel seines Glaubens erlangt und ist in des HErrn Reich eingegangen.

Indischer Archipelagus. Borneo. Für die Missionare (4) in Palingkau wurde eine schöne

Summe Geldes Behufs Loskaufung von Sclaven gesammelt. Missionar Hardeland meldet mit seinem Brief vom 15. April 1851 den Empfang von einem Theil derselben, und gibt über dessen Verwendung folgenden Bericht: „Ich empfing an Liebesgaben bis jetzt 1304 Thaler; für 1250 habe ich bereits Sclaven ausgelöst, und zwar 79 Seelen, bestehend in 15 Familien (nebst einigen einzelnen Kindern), aus 18 Männern, 20 Frauen, 27 lernfähigen und 12 kleinen Kindern. Jeder Losgekaufte kommt also auf nicht volle 16 Thaler. Die Leute wohnen in einer Reihe von 9 Häusern dicht hinter unserm Hause. Sie leben ganz als freie Menschen, nur müssen sie vom Götzendienst ablassen, den Gottesdiensten beiwohnen und, wer da kann, muß lernen. Besonders freue ich mich der losgekauften Frauen. Das weibliche Geschlecht war auch für uns bisher ganz unzugänglich; alle Versuche und Bemühungen, ihnen näher zu treten, waren vergeblich. Die losgekauften Sclavenfrauen waren die ersten, welche lernten und den Gottesdiensten beiwohnten, anfänglich zum allgemeinen großen Erstaunen, jetzt aber doch schon mit dem guten Erfolge, daß auch einzelne andere, freie Frauen sich Sonntag Nachmittags zu einem Gottesdienste bei mir einfinden."

Celebes. Miss. Schwarz (11) in Langowang schreibt unterm 7. Mai 1851: „Im vorigen Jahre habe ich etwa 1200 Personen von verschiedenem Alter, und 700 Kinder von christlich verehlichten Eltern getauft, 226 Ehepaare eingesegnet und 150 Mitglieder aufgenommen, und habe also durch Gottes Segen im letzten Jahr eine reiche Ernte gehabt." — „Am Neujahrstage," so meldet M. Schwarz ferner, „habe ich die neue, große, hübsch und stark gebaute Kirche zu Kawang-Kowang eingeweiht, und an diesem festlichen Tage 100 Erwachsene durch die heil. Taufe der christlichen Kirche einverleibt. Auch zu Rembocken durfte ich am 12. Januar die endlich vollendete große, zierlich, stark und gut gebaute Nothkirche einweihen und viele Kinder taufen. Am 18. Januar nahm ich 105 Mitglieder auf."

Miss. Rooy (11) in Tondano (M.-Z. 1849, H. 4, S. 141 und 142) schreibt: „Ist das Reich Gottes in vielen Gegenden des Menahasse im Kommen, so ist es auf Tondano, wenigstens äußerlich, herrschend. Tondano darf wohl als ein Wunder unserer Zeit betrachtet werden. Hier fühlt, hört und sieht man, daß man in einer christlichen Gemeinschaft lebt. Die Saat des Evangeliums hat hier besonders guten Boden gefunden und wunderschnell gewurzelt und gekeimt. Besonders sind es die jungen Gemeindeglieder, die sich durch religiöse Erkenntniß und Fleiß im Werke des HErrn auszeichnen. Die erst kurz aufgenommenen Heiden beschämen nicht allein die schon lang bestehenden Christengemeinden in Indien, sondern auch viele Muttergemeinden in der Heimath durch größere Liebe zum Worte Gottes, durch Glauben, Liebe und Lauterkeit des Wandels; denn es kann von Tondano gesagt werden, daß es Einen an die ersten Zeiten der christlichen Kirche erinnert. Der Trieb zur Prüfung der Wahrheit, den man bei den Meisten wahrnimmt, ist fast unglaublich, und die Kenntniß und Einsicht, die sie dadurch im göttlichen Zeugniß empfangen, ist bei Vielen oft ganz überraschend." — Im Jahr 1850 taufte Miss. Riedel im District von Tondano: junge Leute unter 16 Jahren 640, von 16 – 80 Jahren 645.

Ober- und Niederindien.

Calcutta. Im Juli 1851 sind neuerdings 2 Zöglinge der Anstalt (17) durch die Taufe der christlichen Gemeinde beigefügt worden. Der erste, ein Bramine von 20 Jahren, Namens Ambika Tschoron Mukardschi, der andere von der den Braminen nächst stehenden Kaste, Namens Brodscho Madhob Boos. Mit Einschluß dieser haben also in kurzer Zeit 6 Zöglinge dieser Anstalt die heilige Taufe empfangen.

Miss. Mac Kay (16) berichtet unterm 8. August von der Taufe zweier Zöglinge ihrer Anstalt, Bhaban und Ram Tschandra, und erzählt sodann von zwei andern jungen Leuten folgende rührende Begebenheit:

„Diese zwei Jünglinge waren Brüder von einer angesehenen Hindustani-Familie, und in ihrem Aeußern und Betragen sehr einnehmend. An demselben Abend, als Bhaban und Ram Tschandra getauft wurden, verließen sie ihr elterliches Haus und kamen zu uns. Es ergab sich nun, daß sie früher Zöglinge in Seal's Collegium waren (eine den Missionsschulen entgegen errichtete Hindu-Anstalt). Die dort gehörten Vorlesungen erregten ihr Nachdenken, und nun wurden sie durch einen Freund (ebenfalls in dem Collegium) zu unserm Katechisten Behari Lal gebracht, um von ihm etwas vom Evangelium zu hören. Behari empfahl ihnen unsre Anstalt, in welche sie dann vor etwa 8 Monaten aufgenommen wurden. Sehr bald wurden sie von der Wahrheit des Evangeliums überzeugt, und sie zeigten so viel Erkenntniß, Ernst und offenbaren Glauben, daß ich sie ohne Bedenken gleich hätte taufen können. — Am folgenden Morgen wurden sie wie gewöhnlich von ihren Verwandten besucht. Ihr Vater, ein ausnehmend verständiger Mann, von einnehmendem, freundlichem Wesen, war zwei Mal des Vormittags bei ihnen, aber sie blieben unbeweglich. Etwas nach 3 Uhr, als wir gerade vom Essen aufstanden, hieß es, die Mutter sey an der Hausthüre. Meine Frau wollte sie in ein Zimmer führen, wo sie mit ihren zwei Söhnen ganz für sich wäre; sie lehnte es aber mit der Bemerkung ab, die Ehre ihrer Familie wäre dahin, wenn sie unter eines Europäers Dach ginge. Ihr Palankin wurde daher unter einem unsrer Fenster abgestellt, und ihre beiden Söhne zu ihr gebracht. Sobald sie ihrer ansichtig ward, wurde sie wie wahnsinnig: sie riß sie zu sich, drückte sie in ihre Arme und hielt sie weinend und laut heulend fest. Sie wollte ihnen keine Vorwürfe machen; sie erklärte, sie wolle ihrem Gewissen volle Freiheit lassen; aber um Alles dessen willen, was sie für sie gethan und gelitten habe, — um aller der Liebe willen, mit welcher sie sie gepflegt, besonders ihren Erstgebornen, bitte sie dieselben, nur für diese Eine Nacht mit ihr nach Hause zu gehen, um ihren Eltern doch noch ein paar letzte Stunden zu widmen und mit ihnen zu weinen, ehe sie für immer von ihnen schieden. Sie wandte sich mit den rührendsten Ausdrücken an meine Frau, ob sie denn weniger fordern könne, und ob sie nicht dasselbe gethan hätte, wenn ihr Sohn in gleicher Lage wäre. Fast zwei Stunden lang währte dieses Trauerspiel; andere Verwandte standen weinend umher; aber das Schluchzen, Geschrei und Flehen der Mutter war ununterbrochen, und sie ließ ihre Söhne keinen Augenblick aus ihren Armen. Bleich und am ganzen Leibe zitternd, aber sanft, liebreich und ehrerbietig redeten sie mit ihrer Mutter, behielten aber dabei eine wirklich wunderbare Festigkeit. Sie versicherten sie, daß die Taufe in ihrer Liebe zu ihr nichts ändern würde: und wenn sie sich auch durch ihre Thränen bewegen ließen, mit ihr zu gehen, ihre Ueberzeugung doch fest bleiben würde; sie würden doch wieder zu uns kommen, und dann würde derselbe Jammer aufs Neue beginnen. Auf Alles gab sie nur die Eine Antwort: „Kommt nur für diese Nacht; morgen könnt ihr wieder gehen, wenn ihr wollt." Die Jungen fragten mich, ob sie sich von ihrer Mutter losreißen und sie verlassen sollten; da ich aber wußte, wie dies mißdeutet werden würde, konnte ich ihnen nicht dazu rathen. Endlich gab die menschliche Natur nach; die Ankunft eines Oheims, eines Mannes von ausgezeichnetem Aussehen und offenbar sehr gescheidt, gab den Ausschlag. Der Aeltere sprach zu mir mit Thränen in den Augen: „Ich gehe mit meiner Mutter, komme aber morgen wieder;" und der jüngere folgte seinem Beispiel, indem er sagte: „Haben sie meinen Bruder, so wollen sie mich auch." So gingen sie, traurig, bleich und niedergeschlagen. Seitdem haben sie einem unsrer Katechisten geschrieben, sie seyen festgehalten."

Vorderindien. Trankebar. Nach dem Jahresbericht der Gesellschaft (8) hatte dieselbe nach Anfang dieses Jahres auf ihren 7 Stationen 3000 Gemeindeglieder. Im Laufe des Jahres 1850 waren 154 aus der Heidenwelt und 89 von Christenkindern getauft worden. In 26 Schulen wurden 833 Kinder unterrichtet. Zur Seite standen den 6 Missionaren 15 Katecheten, 3 Leser, 33 Schullehrer, 14 untere Kirchendiener. 2 Eingeborne, die in dem Seminar von Trankebar vorbereitet worden, bestanden am 28. März das Candidaten-Examen und hielten bald darauf ihre ersten Predigten.

Madras. Der Prediger Hamilton von der schottischen Kirche schreibt: „Ich habe die Eröffnung einer neuen christlichen Schule in Wellor, 70 Meilen von Madras, zu berichten, wo bisher noch keine solche Schule gewesen ist. Sie kam durch den Eifer und die Freigebigkeit des Lieutenants Walter Cook zu Stande, und er bediente sich meiner nur, um einen Lehrer, Bücher, Bibeln ꝛc. zu erhalten. Laut Herrn Cook's letztem Brief war die Schule von etwa 70 Kindern, Hindu und Muhammedaner, besucht. Es freut mich, sagen zu können, daß sowohl in Madras, als das Land hinauf, manche Beamtete und Militärpersonen auf ihren Stationen ähnliche christliche Schulen unterhalten."

Armenier. (37) Miss. Dwight in Constantinopel gibt in seinem Brief vom 21. September Nachricht von dem ersten protestantischen Kirchenrath im türkischen Reiche, um eine in einer der evangelischen Gemeinden entstandene Streitigkeit zu schlichten. Pastor Johannes hatte den Vorsitz, und Pastor Simon war Schreiber, und Herr Dwight konnte nicht genug die Geschicklichkeit und den Anstand rühmen, womit dieses schwierige Geschäft beigelegt wurde.

Marsowan. Die wenigen Protestanten hier waren auf Betrieb der armenischen Obern 24 Stunden von da in Verbannung und Gefangenschaft verurtheilt worden. Als aber im Juli (1851) Miss. Powers Marsowan wieder besuchte, wurden die Obern durch Aufregung des Volkes zum Befehl ihrer gänzlichen Befreiung gezwungen. Während Miss. Powers zehntägigem Besuch daselbst war sein Zimmer jeden Abend voll Besuchender. Auch die Morgen- und Nachmittagsgottesdienste waren von Männern und Weibern immer zahlreich besucht. Bei seiner Abreise ließ Powers einen Nationalgehülfen da, welcher nachher berichtete, auch sein Zimmer sey jeden Abend voll wahrheitsuchender Seelen; Viele hätten sich schriftlich als Protestanten erklärt und von der armenischen Kirche für immer losgesagt.

Aintab. Miss. Crane schreibt unterm 29. Juli 1851: „Nicht lange nachdem wir die Leiche unsers heimgegangenen Bruders Dr. Smith zu Grabe begleitet hatten, ja an demselben Tage, war es klar, daß Gottes Geist in unsrer Mitte war. Noch nie hatte ich das Wort des Lebens heilsbegierigern Zuhörern zu theilen. Ich habe in derselben Gemeine schon mehr Weinen, mehr Rührung gesehen; aber der tiefe Ernst, der jetzt so viele Herzen durchdrang, machte, daß es mir schien, als käme es bei meinen Predigen wirklich auf Leben und Tod der Seelen an. Ein tiefes Gefühl von Sünden als gegen Gott begangen schien ein Hauptzug des Werkes zu seyn. Viele herrliche Genüsse habe ich im Gespräch mit Personen gehabt, die zu fragen kamen: „was muß ich thun, daß ich selig werde?" Auch Abtrünnige kamen und bekannten ihre Sünden und ihre Kälte, und baten um unsre Fürbitte." — „Ein Umstand, der uns nicht weniger mit großer Hoffnung erfüllte, war der Antheil, den einige junge Leute, welche wir bald in nähere Vorbereitung zum Predigtamt treten zu sehen hoffen, an dieser Erweckung nahmen. Am Nachmittag des Sonntags nach Dr. Smith's Tode kamen sie ungefordert auf mein Zimmer mit dem Vorschlag, eine Gebetszeit anzuordnen. Und hätten Sie hören können, wie sie aus vollem Herzen um die Ausgießung des heil. Geistes auf ihre Brüder flehten, Sie hätten gewiß dem Gefühl nicht widerstehen können: „Wahrlich, Gott ist an diesem Orte und ich wußte es nicht.“ Mitunter konnten sie ihre Gefühle nur durch Thränen ausdrücken. Als sie sich von ihren Knieen erhoben, war ihre erste Frage: „Was können wir thun, um Gottes Segen herab zu bringen?“ Mehrere Wochen lang nahmen die Versammlungen zu, und der Betsaal war immer gedrängt voll.“ — „Der letzte Sonntag,“ schreibt Crane, „war einer der feierlichsten, die wir noch gehabt.“ — Von Killis kam um diese Zeit ein dringendes Begehren um das andere, um einen Missionar zu erhalten, aber keiner konnte geschickt werden. Aehnliche Begehren kamen auch von andern Orten. — Die weitere Entwicklung erzählt Crane folgendermaßen: „In den letzten Wochen war eine außerordentliche Bewegung in der armenischen Kirche dieses Ortes. Es war unlängst eine Sendung von Miss. Goodell's Commentar angekommen, welcher von den eigentlichen Armeniern nicht weniger gesucht zu seyn schien, als von unsrer eigenen Gemeinschaft. Anfangs wurde er nur in kleinen Kreisen gelesen. Dabei blieb es aber nicht lange. Das Licht schien zu helle, um im Winkel verborgen zu seyn. Leute, welche den andern zuvor waren, wurden zum Reden aufgefordert. Schnell wurde ein Zelt errichtet, demjenigen ähnlich, in welchem unsre Gemeinde sich wöchentlich versammelt, und einige der oben erwähnten jungen Leute, die sich zum Predigtamt vorbereiteten, wurden aufgefordert, eine Anrede zu halten. — Das kam aber dem Bischof zu Ohren, welcher die Versammlung auseinander zu jagen befahl, mit dem Beisatz, die Kirche sey der Ort für sie. Am folgenden Sonntag glaubte er noch entschiedener auftreten zu müssen und bedrohte Alle, welche die Bücher der Protestanten gelesen oder sonst etwas mit ihnen zu thun gehabt. Hierauf erhob sich einer der Angesehenern aus den Erweckten, trat ihm vor der ganzen Versammlung entgegen und beschuldigte ihn, daß er die Kenntniß des Heils ihnen vorzuenthalten suche. Dann wandte er sich zu den Priestern und hielt ihnen Ezech. 34, 2. vor. — Tags darauf wurde der Bischof vor den türkischen Gerichtshof gefordert, um auf verschiedene schwere Anklagen zu antworten. Der Geist der Freiheit war auf die Leute gekommen, und hier vor dem türkischen Gericht erklärten sie öffentlich, sie wollen nicht mehr, daß dieser über sie herrsche. Die Freunde des Bischofs nahmen seine Partei, wurden aber vom Volke übertäubt. Der Entscheid war, daß der Bischof Verbannung verdient habe, und er erhielt sofort Befehl, binnen 2 Tagen die Stadt zu verlassen. Und so entschlossen war das Volk, daß es nicht einmal Bürgschaft annehmen wollte, sondern auf Vollstreckung des Urtheils beharrte. Der Bischof wurde daher in strenger Gewahrsame gehalten; aber ehe die zwei Tage vorbei waren, kehrte er, wahrscheinlich durch Bestechung, statt in die Verbannung zu gehen, in sein Haus zurück, jedoch mit sehr geschwächtem Ansehen."

Syrien. Hasbaia ist endlich vorigen Sommer durch den jungen vielversprechenden Arzt und Pastor Johannes Wortabet als Station förmlich besetzt, und am 5. Juli eine ordentliche Gemeinde von 16 Personen (11 Männern und 5 Frauen) daselbst eingerichtet worden. — Sidon ist als eine Station durch die Missionare Thomson und Van Dyck besetzt worden.

West-Africa. Fernando-Po. (14) Miss. Wheeler schreibt unt. 22. Juli 1851: „Wir mußten zwar Einige von der Gemeinde ausschließen; indeß wurden Andre hinzugethan, nämlich 11 dieses Jahr. Einer ist bereit und Andre geben gute Hoffnung. Die Abtrünnigen verlangen sehr, wieder aufgenommen zu werden; allein ich finde nöthig, hierin sehr bedachtsam zu seyn."

Ussu. Am 24. August taufte Miss. Stanger* (3) 5 junge Neger von 10 bis 20 Jahren. Einige derselben waren schon längere Zeit im Dienste bei der Mission; andre waren Schullehrerzöglinge.

Süd-Africa. Sarepta. (4) Am 9. Febr. 1851 hatte M. Terlinden die Freude, 3 Personen zu confirmiren und 10 Erwachsene zu taufen. Die Confirmanden waren 2 Männer von 38 und 18 Jahren, und 1 Frau von 18 Jahren. Die Getauften: 2 Männer von 67 und 29 Jahren, und 8 Frauen von 16 bis 52 Jahren.

Bethanien. (4) Dem Superintendent Hahn ist es bei seinem Besuch in Bethanien gelungen, die Bethanier mit Knudsen wieder in Friede und Liebe zu vereinigen, und Knudsen hat die Station wieder übernommen; doch wird er erst im Februar oder März 1852 dahin gehen können. (Siehe Miss.-Ztg. 1851, H. 2, S. 280.)

Berseba. (4) Auch dieser Gemeinde hatte sich im Februar der böse Geist der Bethanier bemächtigt, indem die Leute hartnäckig auf der gemeinschaftlichen Ausführung eines Raubzuges gegen die friedlichen Damras bestanden. Miss. S. Hahn hatte einen langen schweren Kampf mit ihnen zu bestehen, und drohte die Station zu verlassen, wenn sie nicht dem Worte Gottes gemäß leben wollten. — Am 13. März konnte dann Hahn beifügen: „Meine Entschiedenheit, das Vertrauen auf Gott und die Werthschätzung seines Wortes mit Hintansetzung alles Irdischen scheint einen gewaltigen Eindruck auf die Gemeine gemacht zu haben, und sie können sich nicht in unsre Verläugnung, noch viel weniger in unsern Glauben finden. Unser Stilleseyn und Festhalten an Gottes Wort scheint eine solche heilsame Wendung zu machen, daß wir noch unter ihnen bleiben werden, und dazu kommt das Wort Gottes dermaßen in Ansehen, als ich es noch nie unter diesem Volke gefunden habe. Sie hatten erwartet, daß ich mit dem Donner des Sinai unter sie fahren würde, und über alles Vermuthen komme ich nun mit dem Worte vom Kreuz und dessen Anziehungskraft, wodurch sie so geschlagen worden sind, daß Reue und Beschämung bei den Vorgängern zu Wege kam." — Merkt euch das, ihr, die ihr immer glaubt des Gesetzes (der 10 Gebote) zu bedürfen, um die Heiden von ihrer Sünde zu überzeugen und sie zur Buße zu leiten!

Der Engländer Galton drang im Jahr 1850 bis Mondongo, der Hauptstadt des Awampo-Volkes, vor (südl. Breite 17° 57', östl. Länge 34° 15' Ferro). — Von Süden kommend fand er auf einer Strecke von 100 deutschen Meilen quer durch das Land nur unfruchtbare Steppen mit Dorngebüsch bewachsen. Von Mondongo an hören aber die Dornbüsche gänzlich auf, und eine fruchtbare Ebene mit Kornfeldern und zahlreichen Palmen und prächtigen Fruchtbäumen breitet sich aus. Vom Owampo-Lande west- und nordwärts sollen zahlreiche kornbauende Stämme leben, die alle den Owampo ähnlich sind und wie sie Kafir reden.

Grönland. (1) Die dänische Regierung fängt an, dem Missionswerke der Brüdergemeine in Grönland immer mehr Schwierigkeiten in den Weg zu legen. So ist es den Missionaren in Friedrichsthal verboten worden, den auswärts wohnenden Mitgliedern ihrer Gemeine die Rückkehr zum Wohnen daselbst, wenn sie darum bitten sollten, zu gestatten; ferner ist ihnen verboten worden, zureisende heidnische Grönländer in ihre Gemeinschaft aufzunehmen; diese sollen sämmtlich an die dänische Mission gewiesen werden. — In Neu-Herrnhut ist am 22. October 1850 die neu eingerichtete Gehülfenschule mit 6 Zöglingen von 13 bis 21 Jahren eröffnet worden. (S. Miss.-Ztg. 1850, H. 3, S. 168.)

Westindien. Trinidad. Bekanntlich waren vor mehreren Jahren Dr. Kalley's Bemühungen in Madeira in Bekehrung der dortigen katholischen Bewohner so gesegnet, daß eine große Zahl den Irrthümern der römischen Kirche entsagte und sich der Wahrheit zuwandte. Als nun Dr. Kalley gewaltsam von Madeira vertrieben wurde, und die durch ihn gläubig gewordenen ebenfalls grausame Verfolgungen zu erleiden hatten, flohen dieselben in großer Anzahl nach der westindischen Insel Trinidad, und von ihnen schreibt Miss. Law (14): „Ihrer viele sind nach America gegangen, doch ist immer noch eine ziemliche Anzahl hier. Jeden Sonntag Vormittag halte ich gleich nach dem englischen Gottesdienst ihnen eine portugiesische Predigt, welcher gewöhnlich 50 bis 60 von ihnen beiwohnen. Auch halte ich jeden Mittwoch Abend eine portugiesische Versammlung."

Bahamas. (14) Miss. Rycroft klagt in seinem Brief vom 19. August 1851: „Hier ist die Ernte groß, aber der Arbeiter sind wenige; nahe an 60 Gemeinden in den Bahamas über 600 Meilen Wasser zerstreut, und nur 3 europäische Missionare! Auch St. Domingos Schatten erreicht uns noch, wenn wir herum fahren, um unsre Gemeinden zu besuchen."

Rum-Kay. Von dieser kleinen Insel, nicht weit nördlich vom

Wendekreis des Krebses, schreibt Miss. Littlewood (16) unterm 25. August 1851: „Seit ich Ihnen letzten Monat schrieb, hat uns der HErr sichtlich gesegnet: die jetzige Capelle ist viel zu klein geworden für die Zuhörer, so daß wir die Sonntagsschule vor dem öffentlichen Gottesdienst immer entlassen müssen. Es ist nun endlich beschlossen worden eine neue zu errichten; da aber Geld hier eine solche Seltenheit ist, so wird es viele Zeit brauchen. Die Sonntagsschulen machen uns viel Freude; die in Port Nelson erhielt in einer Woche einen Zuwachs von 17 Letzten Sonntag taufte ich Mehrere, die in diesen Schulen unterrichtet worden waren. Mehrere Andere fragen nach der Wahrheit, die ich in Kurzem auch in die Gemeinde aufzunehmen hoffe."

Australien. Am 30. Juni wurde unter Vorsitz des Statthalters Br. Joseph LaTrobe in Melbourne eine zahlreich besuchte Versammlung zur Beförderung der Mission (1) unter den Eingebornen Australiens gehalten. Der Bischof von Melbourne, sowie andere Geistliche verschiedener Benennungen, waren zugegen. Die Brüder Täger und Spieseke sprachen sich über das, was bisher geschehen ist, und über ihren Sinn, sich unter dem Beistande des HErrn dieser Mission zu widmen, aus. Es regte sich große Theilnahme, und eine Committee wurde zur Unterstützung der Mission ernannt. Die Regierung läßt am See Boga das von den Brüdern bezeichnete Stück Land für die Mission abmessen.

Inseln der Südsee. Sandwich-Inseln. (37) Im Jahr 1850 sind auf den 21 Stationen dieser Inseln 949 neue Mitglieder in die christliche Kirche aufgenommen worden. Die Gesammtzahl der Mitglieder zu Ende des Jahres war 21,054. — Diese verschiedenen Gemeinden haben im Lauf des Jahres wenigstens 20,000 Thaler (50,000 fl.) für die Mission, sowohl ihre eigene als auch andere, beigetragen.

Fidschi-Inseln. Missionar Lawry (16) schreibt während seines zweiten Besuches auf den Fidschi-Inseln im Jahr 1850: „Wir haben von einer entfernten Insel Nachricht erhalten, daß 100 Personen sich zum Christenthum bekannt haben. Die Insel heißt Guru. Thakumba war schon lange gebeten worden, einem eingebornen Lehrer Aufenthalt daselbst zu gestatten, er ließ es aber nicht zu. Vor etwa einem Jahr gab er endlich nach, und auf das dringende Ansuchen vieler dortiger Leute wurde ihnen ein Lehrer gesandt, und der Erfolg war, daß von den 10 – 1200 Einwohnern, welche Guru enthalten mag, etwa 100 ihren Glauben an Christum erklärt und ihre Götzen weggeworfen haben."

Vatinamu, der Oberhäuptling von Bua, wo Miss. Williams wohnt, hatte, wie dieser nachher erfuhr, den Vorsatz gefaßt, ihn (Miss. Williams) zu ermorden und dessen Frau zu sich zu nehmen. Vorher wollte er aber noch einen benachbarten Feind bekriegen und wurde unterwegs an einem Ort, der von seinem Feind bestochen war, gelödtet, gebraten und aufgezehrt. So hat Gott das Leben seines Dieners und dessen Frau beschützt und ihren Feind aus dem Wege geschafft.

Unter dem 13. August heißt es in Missionar Lawry's Tagebuch: „Wir hielten Schulprüfung in Lakemba. 250 Kinder aus verschiedenen Theilen der Insel waren zugegen, sammt einem Haufen Leute mit dem König und den Häuptlingen an ihrer Spitze. Die jungen Leute marschirten, sangen und sagten Bibelsprüche und den Katechismus auf, nebst anderm Erlerntem, zur großen Zufriedenheit aller Anwesenden. Auch legten sie ihre Gaben an Kriegswaffen, Kleidungsstücken, Muscheln und Merkwürdigkeiten aller Art dar. — Die Tongesen nahmen auch an den Verhandlungen des Tages Theil, und trugen durch ihre schönen Formen, feinen Gesichtszüge und geschmackvollen Anzug nicht wenig zur Hebung der Sache bei. — Als Alles vorbei war kam der König mit einem Häuptling und setzte sich zu uns in Herrn Lyth's Hause. Auf die Frage, was er von der Menge, vom Aussagen der Sprüche und des Katechismus denke, sagte er: „Mein ganzes Volk ist voller Furcht" (ein gewöhnlicher Ausdruck, um Erstaunen zu bezeichnen). „Wir müssen sogleich noch eine solche Zusammenkunft haben, denn alles Volk ist voll Verlangen." — Die letzten Berichte von Miss. Williams vom 21. Februar 1851 waren wieder betrübender Art. Bald nach der im zweiten Heft, Seite 294 erzählten erfreulichen Begebenheit brachen wieder neue Feindseligkeiten aus. Ein Häuptling, Namens Rawatha, hatte den Krieg noch nicht aufgegeben. Der christliche Häuptling Ratu Elija ging mit dem ebenfalls christlichen Häuptling Ra Georg und dessen Oheim Tui Bua zu ihm hin, in der Absicht, ihn zum Frieden zu bewegen. Während nun diese auf die Rückkehr einer mit Friedensanträgen nach der Festung abgeordneten Gesandtschaft warteten, wurde aus einem Hinterhalt auf sie geschossen. Der Häuptling Georg und ein junger Lehrer fielen. Tui Bua, glaubt man, sey an diesem Verrath betheiligt gewesen, um eine lang gehegte Rache an Ratu Elija zu nehmen, den er bei diesem Anlaß zu opfern hoffte; da nun aber statt seiner sein eigener Neffe fiel, so floh Tui Bua in ein nahes Dorf, warb da eine Schaar Heiden, und hielt mit diesen den Dama-District über einen Monat lang in beständiger Unruhe. Die Christen vermieden, auf des Missionars Rath, jeden Angriff, und beschränkten sich auf Vertheidigung ihrer 3 Festungen. Der Schaden, den die Christen durch diese Heiden am Eigenthum erlitten, war bedeutend; doch kam Keiner derselben ums Leben. Die neuerlich entstandenen kriegerischen Angriffe, sagen die Missionare, stellen sich immer mehr als Kriege des noch übrigen Heidenthums gegen das Christenthum heraus. — Indeß fügt der Missionar dieser traurigen Erzählung bei: „Inmitten der überhandnehmenden Schwierigkeiten dringen wir vorwärts. Fast jedes Gemeindeglied, das lesen kann, ist im Besitz eines Neuen Testamentes. — Vor einem Monat kamen 2 junge Leute 60 Meilen weit her und baten um Arbeit, damit jeder ein Neues Testament bekommen könne. Seitdem kamen zwei Andere von demselben Orte mit derselben Bitte. — Mit den Schulen in Na Sawn geht es sehr gut."

Ungeachtet aller Gefahren, denen die Missionare ausgesetzt waren, war es ihnen vergönnt, eine Zunahme von 329 neuen Mitgliedern zu berichten, nebst 535 auf Probe und 3333 Kindern in den Schulen, 411 mehr als im vorigen Jahr.

Judenmissionen.

Deutschland. Die schottische Kirche (25) hat Speyer (Rhein-Baiern) als einen neuen Posten für die Mission unter den Juden besetzt durch den Prediger Rudolf Stern, Sohn von Professor Stern in Karlsruhe, bisherigen Pfarrer in Beuerthal bei Heidelberg.

Die Missionare (26) in Pesth (Ungarn) und Lemberg (Galizien) mußten auf Befehl der Regierung ihre bisherigen Posten verlassen und die östreichischen Lande meiden.

Namen-Register.

1. Personen-Register.

(Die römischen Zahlen bedeuten das Heft, die arabischen die Seitenzahl.)

2. Orts- und Sach-Register.

Inhalt

des vierten Heftes 1851.

Seite.

Berichtigung.

In der dem 3. Hefte 1851 beigegebenen „Charte eines Theiles der Westküste von Africa“ ist Ganbia fälschlich unterstrichen, dagegen Gambier nicht unterstrichen, und fälschlich Gambur statt Gambier geschrieben.

Monatliche Auszüge

aus dem

Briefwechsel und den Berichten

der

brittischen und ausländischen

Bibel-Gesellschaft.

Jahrgang 1851.

Herausgegeben von der brittischen und ausländischen Bibelgesellschaft.

Nro. I. Januar 1851.

Monatliche Auszüge

aus

dem Briefwechsel und den Berichten

der

brittischen und ausländischen Bibelgesellschaft.

Herr Richard Cockle, der Aufseher der Bibelvorräthe.

Man kann sich denken, wie viel in einem so umfassenden Werke, wie der Druck von Millionen Bibeln in verschiedenen Größen, Formen, Sprachen, auf gute Ordnung, klare Uebersicht, sachverständige Berechnung, rasche Bewegung ankommt. Diese schönen Eigenschaften alle waren in dem wackern Manne vereinigt, den die Bibelgesellschaft am 24. Oktober 1850 durch den Tod verloren hat und dem sie für seine langen, treuen Dienste zu bleibendem Danke verpflichtet ist.

Früher waren die Druckangelegenheiten und das Bücherlager der brittischen und ausländischen Bibelgesellschaft unter der Leitung und in dem Hause des Buchhändlers Seeley in Fleetstreet, wo Herr Cockle schon auf's Thätigste für die Interessen der Gesellschaft Sorge trug. Später kaufte die Gesellschaft ihr jetziges Haus in Earl-Street, wohin denn auch alle Bibelvorräthe geschafft wurden, und Herr Cockle übernahm dann das verantwortungsvolle Amt eines Depositärs oder Aufsehers des Bibellagers. Vier und dreißig Jahre lang bis zu seinem Tode verwaltete er dasselbe mit Treue und Tüchtigkeit, mit einem warmen Eifer, der nur aus einem für die Verbreitung des Wortes Gottes glühenden Herzen stammen konnte.

Er war aber auch in Allem, was man für sein Fach wissen mußte, so einheimisch, wie selten Jemand. Die Gesellschaft und das Publikum verdankt vielleicht ihm am allermeisten alle die Verbesserungen, die in der äußern Schönheit der Bücher und in der Wohlfeilheit der Bibeln und Testamente im Laufe der Zeit eingeführt werden konnten.

Die Bibel hat aber auch ihre Kraft an ihm in langer und schwerer Krankheit erwiesen; er hat sie nicht blos verbreiten geholfen, sondern selbst an ihren Schätzen sich gestärkt. Das Gedächtniß solcher Arbeiter an großen Gesellschaften, wie Herr Cockle war, liegt natürlich denen am nächsten, welche mit den Geschäftssachen derselben beauftragt sind. Es ist jedoch billig und der Wahrheit gemäß, daß die Namen, die sonst hinter dem Werke selbst ganz verborgen bleiben, wenigstens nach ihrem Hingange genannt werden, dem Herrn zum Lobe. Die letzten Worte des sterbenden Mitarbeiters aber sollen vor Allem gelten: „Der Herr wird Sein Werk selbst treiben."

Aus Ireland.

(Von Herrn J. Irwine, im Namen der Gesellschaft für Sonntagsschulen in Ireland.)

Die 28,500 Bibeln und Neue Testamente, welche Sie uns voriges Frühjahr (1850) so freigebig geschenkt haben, reichen dießmal bei weitem nicht aus; wir müssen nochmals um ein Geschenk von 5,500 Exemplaren bitten und möchten noch 500 weitere kaufen.

Unsere Gesellschaft hat in den mehr als vierzig Jahren ihres Bestehens nie so viele Bibeln gebraucht als in den letzten drei Jahren. Die erfreuliche Ursache davon ist das rasche Zunehmen evangelischer Erkenntniß und wahren Heilsverlangens unter der römisch-katholischen Bevölkerung im Süden und Westen unserer Insel, besonders in der Provinz Connaught. Um 4600 Exemplare ist das Begehren in dieser Provinz in den letzten drei Jahren größer gewesen als in den drei Jahren von 1843—1846, und zwar sind es meist Kinder von Römisch-katholischen, oder Bekehrte oder auch erwachsene Katholiken, an welche sie auf Verlangen abgegeben wurden. Einer unserer Agenten besuchte im Sommer eine Menge von Schulen und erzählte, wie ein sichtbares Werk Gottes ihm da fast überall entgegengetreten sei, wie mit Begierde die Katholiken die Hände nach Unterricht im Worte Gottes ausstrecken, welche Erkenntniß bereits vorhanden sei. Ich bemerke dabei, daß wir die Bibeln an Schulen nur auf Verlangen des Lehrers geben und nur nach der Zahl der bereits lesenden Schüler uns richten. Nur solche Schüler erhalten Bibeln, welche sie auch außer der Schule schon benutzen können, so daß sie in die Hände der Eltern und Freunde kommen. Wenn irgend etwas die Bibelgesellschaft bewegen kann auf unsre Bitte einzugehen, so mag es der Umstand sein, daß all dieses Verlangen durch die Erkenntniß geweckt wurde, die durch die frühern Bibelgaben derselben in's Volk gekommen ist. — Die gewünschten Bibeln wurden verwilligt.

Aufruf der Comittee zu vermehrter Thätigkeit in der Bibelsache.

Die Comittee der brittischen und ausländischen Bibelgesellschaft meint ihrer Pflicht nicht eingedenk und gegen die Zeichen der Zeit gleichgültig zu sein, wenn sie es unterließe im jetzigen Augenblicke zu erneuten und kräftigen Anstrengungen für die weitere Verbreitung der heiligen Schrift in der Heimath und in der ganzen Welt aufzufordern.

Sie erwägte mit demüthigem Danke gegen Gott, daß sie seit sechs und vierzig Jahren nur allein in den Sprachen der vereinigten Königreiche fünfzehn Millionen Bibeln und Neue Testamente hat verbreiten dürfen und dazu noch Millionen in fremden Sprachen; aber bei jedem Schritte begegnet ihr die Thatsache und neuere Nachforschungen geben schmerzliche Bestätigungen, daß noch Schaaren unserer Landsleute das heilige Buch nicht besitzen und daher der Anforderung nicht nachkommen können: „suchet in der Schrift!“ Unter diesen Umständen ist es die klare Pflicht Aller, welche die Bibel verehren und lieben und besonders Aller, die sich für den Zweck vereinigt haben, sie Allen zugänglich zu machen, daß sie sich zu neuen kräftigen Anstrengungen erheben, besonders wenn, wie jetzt, außerordentliche Anläufe gemacht werden zur Verbreitung einer Religion, die dem ungehemmten Gebrauch des göttlichen Wortes der Schrift feindselig entgegentritt.

Die Committee ersucht daher die Vorsteher, Committeen und Sammler aller Hülfs- und Zweiggesellschaften und Vereine im ganzen Reiche, sogleich Schritte zur Erforschung des Zustandes unserer Bevölkerung in Hinsicht der Bibel und zur Abhülfe des Bedürfnisses zu thun. Sie fordert sie auf, ihre Committeen zu verstärken, ihren Bezirk durchzugehen, durch jedes Mittel, das christlicher Eifer und christliche Klugheit an die Hand gibt, ihre Arbeiten auszudehnen, bis es keine Familie, ja wo möglich keine Person mehr gibt, die kein Exemplar der heiligen Schrift besitzt. Die Committee glaubt fest, daß wenn diese Bemühungen in demüthigem Vertrauen auf die Hülfe des Höchsten stattfinden, Sein Segen diesem Werk des Glaubens, dieser Arbeit der Liebe nicht fehlen wird.

Aber die Committee geht noch weiter. Sie bittet nicht allein für die Volksgenossen, die keine Bibel haben und ihren Inhalt nicht kennen, sondern auch für die Myriaden in fremden Landen, deren Noth noch dringender ist. Vergessen wir nicht, daß Länder in und außerhalb der Christenheit auf uns brittische Christen hinblicken und in hohem Maaße von unsrer Theilnahme die Gabe des geschriebenen Gotteswortes erwarten. Bedenken wir, daß die bisherigen Hülfsmittel der Gesellschaft nicht hinreichen, um den Forderungen der Zeit zu genügen, daß ihre Einnahme nicht Schritt hält mit den wachsenden Ausgaben. Halten wir im Auge, welchen Dank Britannien nächst Gott der Bibel für all seine geselligen, politischen und religiösen Segnungen schuldet. Mögen diese Erwägungen einen klaren und gebietenden Ruf erheben zu erweiterter Freigebigkeit und Thätigkeit, zu persönlicher und gemeinsamer Anstrengung begleitet mit Gebet. Nie möge unsre Arbeit enden, bis die Bibel an ihrem rechten Platze steht bei Allen, und die Lehren fehlbarer Menschen dem allein wahren Worte Gottes weichen. Bexley, Präsident.*)

Die Bibel unter den Seeleuten.

(Aus dem Berichte der Bibelgesellschaft von Norfolk und Norwich.)

Einer sagte: „Als man die alte London-Brücke baute, kostete eine Bibel so viel als einer der Pfeiler derselben. Ein Mann hätte dreißig Jahre arbeiten müssen, um sich das Wort Gottes kaufen zu können. Welch eine Gnade in dieser goldenen Zeit zu leben!“ — Ein anderer, ein Norweger, pries die Bibelgesellschaft, die Bibel und ihren Urheber. Er wurde der Bemannung seines Schiffes zum Segen. Der Untersteuermann war tief ergriffen, und der Capitän, ein gleichgültiger Mann, kam zu ernstem Nachdenken. Einige Matrosen nannten ihn, wenn er vor ihnen in der Bibel las und betete „verrückt“ und meinten, er könne nicht mit in See gehen; aber sie sehen es jetzt anders an und merken, daß die Bibel ihn im Sturme, wie in der Stille, so glücklich und froh sein läßt.

---

*) Auch dieser edle Mann, Lord Bexley, ist seitdem schon in die ewige Heimath eingegangen. Die nächste Nummer wird von diesem neuen beklagenswerthen Verluste reden.

Der Capitän eines holländischen Schiffes zeigte mir mit tiefem Gefühl eine Bibel, die ihm seine sterbende Frau gegeben und deren Durchlesung ihm sichtlich von Segen gewesen war. Ein schwedischer Schiffscapitän wollte zwölf Testamente als Geschenke für seine Freunde mitnehmen, als den größesten Schatz, den er heimbringen könne. Ich bedauerte, ihm nur neun geben zu können. Auf einem andern schwedischen Schiffe hatte sich jeder Matrose in London ein Testament gekauft. Die Franzosen wollen meist nichts von meinen Büchern. Der Untersteuermann eines wälischen Schiffes hatte im Schiffbruch Alles verloren, aber wie er sagte, seinen edelsten Schatz, seine Bibel gerettet. Der Matrose eines Lichterschiffes schreibt mir: von unsern neun Leuten halten sieben in Erbauung und Gebet zusammen, und es kommt kein rauhes Wort mehr vor!

Herausgegeben von der brittischen und ausländischen Bibelgesellschaft.

Nro. II. Februar 1851.

Monatliche Auszüge

aus

dem Briefwechsel und den Berichten

der

brittischen und ausländischen Bibelgesellschaft.

Denkstein dem entschlafenen Hauptsecretär der brittischen und ausländischen Bibelgesellschaft, Herrn Prediger Andreas Brandram,

errichtet von der Committee derselben.

Am 26. Dec. 1850 entschlief zu Brighton der unschätzbare Secretär der Gesellschaft, Herr A. Brandram. Die Committee beugt sich in stiller Unterwerfung vor dem Willen des Höchsten, kann aber nicht umhin ihr tiefes Gefühl von dem Verluste, welchen sie erlitten hat, vor ihren Freunden auszusprechen.

Vor sieben und zwanzig Jahren, nach dem Tode des ersten geistlichen Secretärs der Gesellschaft, des Predigers John Owen, übernahm Herr Brandram nach einigem Zaudern die Stelle des Verewigten. Ohne dieselbe ausgezeichnete Rednergabe wie sein Vorgänger zu besitzen, brachte er in den Dienst der Gesellschaft eine gleich starke Willenskraft, einen gleichgebildeten Geist, eine ebenso ausgezeichnete Geschäftsgewandtheit und eine ebenso aufrichtige Anhänglichkeit an die Grundsätze der Gesellschaft. Der ausgezeichnete wissenschaftliche Ruf, der ihm von der Universität her schon voranging, sein männlicher, gerader, entschiedener Sinn, seine ächte, schmucklose Frömmigkeit gewannen ihm rasch die allgemeine Achtung und ein Zutrauen, das er nie wieder verlor.

Einmal entschlossen das Amt anzunehmen, gab er sich den Pflichten desselben mit ganzer Seele hin, diente mit vollem Herzen einer Sache, die ihm, wie er vom Todtenbette aus an die Committee schreiben ließ, als ein Werk Gottes in unserer Zeit erschien.

Seine Anhänglichkeit an die Einrichtung der Gesellschaft war nicht weniger bemerkenswerth als seine unablässigen Bemühungen, die große und wichtige Aufgabe derselben zu verfolgen. Er war so stark von der Ueberzeugung durchdrungen, daß das Gelingen derselben nächst Gott am festen Halten an den Grundsätzen der Gesellschaft abhänge, daß ihn nichts von der Linie derselben wegdrängen konnte. Gegen jeden Versuch sie zu ändern stand er fest da; persönliche Aussichten galten ihm nichts, wenn es sich um Erhaltung und Wohlstand der Gesellschaft handelte.

Man kann von ihm wohl sagen, daß er reichlich arbeitete. Jahr auf Jahr wurde mit der erweiterten Thätigkeit der Kreis seines Wirkens größer. Von seinem Eintritte an übernahm er einen großen Theil der umfassenden Correspondenz daheim und in die Fremde; in manchfacher Weise wachte er über ihre manchfachen Angelegenheiten, reiste außerdem viel im Königreiche umher, um Jahresfesten der Hülfsvereine beizuwohnen. Dazu kamen seine eignen und seine Predigergeschäfte, zusammen eine Arbeitsmasse, die nur wenige so lange hätten zu tragen vermocht und die auch endlich diese kräftige Mannesgestalt erdrücken mußte. Der Erfolg war, daß als einmal Krankheit über ihn kam, alle Federn der Lebenskraft auf einmal gebrochen waren und er schnell in die tiefste Schwäche verfiel, und aus dieser nur wieder sich erhob, um abzuscheiden und bei Christo zu sein allezeit.

In seiner Krankheit war er ruhig und ergeben in den Willen seines himmlischen Vaters, indem er oft in der Stille der Nacht leise sagte: „Dein Wille geschehe!" Am Morgen seines Todes rief er aus: „mein Heiland! mein Heiland!" und dann ging er in die Ruhe ein.

Von ihrem geliebten Freunde kann die Committee nur sagen, daß er Vorzüge in sich vereinigte, die sich selten zusammen finden: Kraft des Leibes und des Geistes, Talent und Gelehrsamkeit, sicheres Urtheil, Entschiedenheit im Wollen, Redlichkeit in allen Dingen, Unabhängigkeit des Geistes, und das Alles beherrscht durch christliche Grundsätze. Ein edles Zartgefühl war mit diesem Allem verwoben und der stete Einfluß der Liebe, welche „das Band der Vollkommenheit" ist.

So fest er in Lehre und Praxis zur anglicanischen Kirche sich hielt, so konnte er doch in wahrer Weitherzigkeit mit seinen Brüdern aus andern Gemeinschaften der allgemeinen Kirche wirken. Er sah nicht auf eigne Bequemlichkeit, scheute keinen Tadel, sondern arbeitete, litt sich, wachte und betete; in allen Dingen aber empfahl er sich dem Wohlgefallen Gottes, nicht der Menschen.

Während die Committee ihren Schmerz über den Verlust eines so lieben Mitgehülfen ausspricht, ein Schmerz, der nicht bloß von seiner Familie, nicht bloß von seiner Gemeinde, sondern auch von der Kirche Christi im Ganzen wird mitgefühlt werden, fühlt sie sich auch zum Danke gegen Gottes Güte gedrungen, der ihr so lange seine treuen Dienste ließ; sie fühlt sich getrieben zum Gebete, daß Er, das Haupt über Alles, ein Werkzeug erlesen wolle, um ein mit Seiner Ehre und dem höchsten Wohl der Menschen so sehr verbundenes Werk im Segen fortzuführen.*)

*) Dieses Gebet ist erhört worden, indem ein sehr tüchtiger Mann die leere Stelle übernommen hat: Herr Bickersteth, Sohn des allgemein bekannten ausgezeichneten Predigers.

Von Missionar Dr. F. Gogerly.

Zu Colombo auf Ceylon (Sept. 1850).

In meinem letzten Berichte sagte ich, wir hätten noch 3000 ganze singalesische N. Testamente und 2017 Exemplare der Evangelien und Apostelgeschichte in Vorrath. Bis zum letzten Juli vertheilten wir von den ersteren 1289, von den letzteren 1679, seitdem auch noch viele. Bis zu Ende des Jahres werden wir bei der beständigen Nachfrage nur noch 1000 Exemplare der Bücher von 1. Mosis bis Ruth, 1000 vom ganzen Alten Test. und 1000 vom N. Testament in der kleinern Ausgabe übrig haben. Der erste Theil der Bibel wird aber bis dorthin durch die Presse gegangen sein. Druck und Einband werden alle unsre Mittel in Anspruch nehmen; der Papiervorrath, womit Sie uns erfreuten, ist bald aufgebraucht. Wir wissen kaum was wir machen sollen, um unsrer Noth abzuhelfen. Der Kampf zwischen Buddhismus und Christenthum geht mit aller Macht fort, und ein Forschungsgeist ist erwacht, der diese Nachfrage nach der heiligen Schrift hervorbringt. Die Römisch-katholischen sind durch einen Wechsel von gedruckten Streitschriften zwischen einem bekehrten singalesischen Katholiken und einem der europäischen Priester aufgeregt, worin beide Streitenden sich auf Schriftstellen berufen. Dieß erregt bei den Katholiken ein Verlangen die Bibel selbst zu lesen. Dazu kommt noch die stetig zunehmende Nachfrage der Protestanten. Unter diesen Umständen ist es sehr zu bedauern, daß wir so wenige Bücher verkaufen können, weil die Leute fast gar kein Geld haben. Am Ende 1852 müssen wir das N. Testament vertheilen können, und voraussichtlich werden wir ein Jahr später kein Exemplar mehr haben. Drucken wir eine neue Auflage, so muß sie wenigstens 3000 Bibeln und 5000 Testamente stark sein. Dazu sollten wir abermals mehr als 900 Ries Papier und den Einband mitgerechnet 1000 Pfund (12,000 Gulden) Geld haben. Etwas vom Betrage des Einbaudes können wir hier auf der Insel erheben, aber auf mehr haben wir nicht die entfernteste Aussicht. Die brittische und ausländische Bibelgesellschaft hat große Summen für Ceylon ausgegeben und wir, die wir unter den Eingebornen arbeiten, haben reiche Früchte davon gesehen. Die Aussichten thun sich weit auf, aber sie fordern Verstärkung der Arbeit, und mit dieser muß die Vermehrung der Bibeln Hand in Hand gehen. Die Menschenherzen und besonders die Herzen der Kinder Gottes sind in Seiner Hand. Wir dürfen mit Ausspenden der Bibel nicht aufhören, so lange wir nur noch Ein Exemplar haben; unsre Noth aber legen wir Ihm vor. Die Gesellschaft hat schon so viel für Ceylon gethan, daß wir ihr bloß unsre Lage vortragen, nicht aber eine Bitte um weitere Hülfe wagen können.*)

Von Herrn Barker in Smyrna.

(Den 6. Nov. 1850.)

Ich kann nicht umhin Ihnen folgende Thatsache zu melden: Dieser Tage besuchte ich den amerikanischen Missionar, Herrn Benjamin. Er hatte so eben ein Pfund Sterling (12 fl.) erhalten, die er an gewisse Armenierinnen in Smyrna von Jemandem auszahlen sollte, der ihnen vor etwa neun Jahren einige Goldfäden entwendet hatte. Das Geld war der Werth des Entwendeten nebst Zinsen. Es kam aus einem entfernten Dorfe im Distrikte Arabkir von Jemandem, der die Bibel las. Die fraglichen Armenierinnen wurden gefunden. Sie erin-

*) Es wurde das Nöthige bewilligt, um 3000 Exemplare des N. Testaments zu drucken.

nerten sich zwar jenes Verlustes, hatten aber nicht den entferntesten Verdacht auf die Person gehabt, die das Geld schickte.

Ich freue mich zu finden, daß die Committee meine Bitte um türkische Bibeln genehmigt hat, denn sie werden sehr verlangt. Außer denen, die ich nach Diarbekr, Salonica und andern Orten sandte, erhielt ich so eben eine Aufforderung, 60 türkische Testamente nach Aleppo zu schicken. Sie sind, glaube ich, vorzüglich für Christen bestimmt. Aber da jetzt die Eingebornen des Landes weise zur Seligkeit werden, können sie sich ja nicht enthalten, diese gesunde und gesegnete Erkenntniß denen mitzutheilen, die um sie her wohnen, Türken, Juden oder Namenchristen. — Einem vornehmen, sehr angesehenen Türken, gab ich dieser Tage auf seine Bitte eine türkische Bibel, ein Testament und die Psalmen, einem andern vornehmen Türken eine arabische Bibel. Salonica wird mit jedem Tage wichtiger. Der amerikanische Judenmissionar Herr Dodd, dem ich viele bulgarische Testamente schickte, hat noch um Nachsendungen in verschiedenen Sprachen gebeten. Die Herren Lord und Goldberg sind von dort aus mit einem großen Bibelvorrath auf eine Reise in's Innere der Türkei gegangen. Herr Schnell hat 304 Bibeln, Testamente u. s. w. darunter 174 bulgarische verkauft. Wir haben keine mehr von den letztern. Unser Agent in Constantinopel hat die seinigen auch alle ausgegeben und verlangt wieder 200.

Bibelreisen in England.

Alljährlich reisen in England zum Besuche bei den Bibelvereinen im Lande, um sie zu ermuntern, und an Orten, wo keine solche bestehen, um sie ins Leben zu rufen, die Hülfssekretäre und andere Freunde der Gesellschaft umher: eine Einrichtung, wodurch in der Thätigkeit derselben frisches Leben beständig erhalten wird. Nicht Alles aus den Berichten dieser Einsender hat Interesse für unsere Leser, da Manches nur auf englische Leser berechnet ist. Nur beispielsweise wollen wir, wie wir alles Merkwürdige daraus stets ausheben, auch einmal den minder anregenden Theil eines solchen Berichtes geben. Er ist von Prediger J. Philipps in Hereford:

Wieder einmal bin ich nach einer Abwesenheit von sechs Wochen zu Hause angelangt und danke dem Vater der Barmherzigkeit für Seine gnädige Durchhülfe und Seinen Segen, während dieser Zeit oft angestrengter und gemüthbewegender Arbeit.

Sie werden aus den Beilagen ersehen, daß ich auf zweimal acht und achtzig Versammlungen angewohnt und dabei gesprochen habe. Ueberdieß wurde noch an jedem Sonntag dreimal gepredigt, meist vor großen Versammlungen aus verschiedenen Gemeinschaften, die nur ihre gemeinsame Theilnahme an der Bibelsache zusammenriefen.

Die Zahl der Theilnehmer an den öffentlichen Versammlungen war so groß oder größer als in frühern Jahren. Die Geistlichen der englischen Kirche zeigten mehr warmen Eifer, die der außerkirchlichen Gemeinschaften nicht weniger als bisher. Besonders regte es sich in den Dörfern der Grafschaften Merioneth und Carnarvon (in Wales, dem überhaupt die Reise hauptsächlich galt). Ich kann nur mit Freuden Gott danken, daß, wo so viele Geistliche abweichender Ansichten beisammen waren, wie in Conway, Carnarvon, Pwllhely und Festiniog, doch ein so herrlicher Geist liebender Eintracht herrschte, und daß die Versammlungen vor jeglichem Worte des Streites und liebloser Widrigkeit bewahrt blieben, wie sie den Anwesenden selbst und der gemeinsamen Sache des Christenthums so sehr schaden.

Die Berichte der Vereine sind günstig. Denn in Betracht der „schlechten Zeiten“, besonders in den Ackerbaugegenden, ist das Bleiben der Einnahmen auf der frühern Höhe ein Beweis davon, daß der Glaube und die Selbstverläugnung vieler unserer Freunde zugenommen haben.

Viele und werthvolle Hülfe haben mir die Geistlichen Herr Friederich Ford von der St. Peterskirche zu Chester und mein alter Freund, Herr W. Roberts von Clynnog bei Carnarvon, geleistet. Der Erstere war mit mir bei drei Versammlungen, der Letztere begleitete mich wohl an zwanzig Orte. Sehr vielen Freunden haben wir für ihre gastfreundliche Aufnahme zu danken, die eine Deputation auf so wohlthuende Weise ermuntert und zugleich der Gesellschaft die Reisekosten so sehr erleichtert.

In frühern Briefen sprach ich von der Freigebigkeit unserer wälischen Freunde in Manchester, Liverpool und Chester. Jetzt darf ich noch dasselbe von unsern Freunden in Shrewsbury rühmen, bei denen ich den letzten Sonntag zubrachte. Der Verein dort besteht nicht aus den Reichen, aber aus den Willigen. Ihre Beiträge waren 23 Pfund 5 Schillinge (279 Gulden), so viel als manche größere Stadt jährlich an freien Beiträgen giebt.

Herausgegeben von der brittischen und ausländischen Bibelgesellschaft.

Nro. III. März 1851.

Monatliche Auszüge

aus

dem Briefwechsel und den Berichten

der

brittischen und ausländischen Bibelgesellschaft.

Gedächtniß des entschlafenen sehr ehrenwerthen Lord Bexley, Präsidenten der brittischen und ausländischen Bibelgesellschaft.

Die Committee kann nur mit tiefem Gefühl ihres Verlustes von diesem Todesfall sprechen. — Schon vor dem Hinscheiden Lord Teignmouth's, des ersten Präsidenten der Gesellschaft, wurde Lord Bexley häufig ersucht, der Stellvertreter seines ehrwürdigen Freundes zu sein, und als er hernach auf das einstimmige Ansuchen der Committee sein Nachfolger wurde, war er noch unabläßiger und nachdrücklicher ihren Arbeiten zugewendet. Selten fehlte der edle Lord an der Spitze der Committee-Versammlungen oder der noch wichtigern Commissionen, deren Geschäfte er stets mit feinem Anstand leitete. Nur in den letzten 2—3 Jahren mußte die Committe die Freude seiner Anwesenheit entbehren, durfte aber oft von ihm Rath empfangen, den seine reiche Erfahrung so werthvoll machte.

Es ist kaum möglich an Lord Bexley's letzte Jahre zu denken, ohne daß das Bild seines Freundes und Mitarbeiters, des entschlafenen Brandram, mit hervortritt, der gewöhnlich der pünktliche und kluge Vermittler der

Rathschläge des ehrwürdigen Präsidenten war. Die beiden Namen Bexley und Brandram bleiben der Gesellschaft unzertrennlich.

In Lord Bexley's frühern Jahren traten seine Dienste für die Gesellschaft großartig hervor. In dem Streit, der sie in ihrer ersten Jugend bedrohte, war Er unter den entschiedensten und klügsten Vertheidigern ihrer Sache. Er war der tief- und weitblickende Advokat der brittischen und ausländischen Bibelgesellschaft in der Zeit, da die Klugen und Gelehrten und die Weltweisen sie anzweifelten und übel von ihr redeten. Damals war sie nicht populär, und ihre Verfechter setzten sich nicht blos dem Spotte der Welt, sondern nicht selten dem Verluste des Vertrauens derer aus, die sie ganz anders angesehen hätten, wenn sie nicht auf diese Seite getreten wären. Herr Vansittart (der frühere Name Lord Bexley's) überschlug die Kosten und trat mit freudiger und bewußter Entschiedenheit für eine Sache auf, die ihm persönliche Opfer auferlegen konnte. Er war der erste, oder doch einer der zwei ersten Staatsminister, die ihre Namen an diese heilige Sache hefteten. Mitten im furchtbarsten Kriege, in den England je verwickelt gewesen, und unter dem Druck der Finanznoth, die er mit sich brachte, fand Lord Bexley als Herr Vansittart, damals Kanzler der Schatzkammer, noch Zeit, die Bibelgesellschaft als Friedenswerk und als einen der mächtigsten Hebel für die Evangelisirung der Welt zu vertheidigen. Sein Eifer für die Verbreitung der Schrift floß aus eigner persönlicher Erfahrung von ihrer Kraft und ihrem Werthe. Sein wahres, klares Wesen gegen Jedermann, die Demuth seines Herzens vor Gott, sein Glaube, seine Hoffnung, seine Liebe hingen an dieser Bibel, und all dieß hatte unter Gottes Gnade sie zur Quelle. Als der noch allein am Leben gebliebene Minister des ehrwürdigen Monarchen, dessen Wunsch es war, daß Jedermann in seinem weiten Reiche die Bibel besitzen möchte, durfte Lord Bexley, der erst Präsident wurde, als er schon das gewohnte Lebensziel der Menschen erreicht hatte, noch siebenzehn Jahre lang diese hohe Stelle zieren. Die persönliche Frömmigkeit, welche die erste und Haupteigenschaft für Jeden bildet, der an eine solche Stelle berufen ist, trat bis ans Ende seines Lebens in seinem ganzen Wesen und Wandel, in seiner stillen, lautlosen Wohlthätigkeit, in seinem Geben, Reden und Schweigen hervor. Er genoß bis ins Alter von 84 Jahren die Auszeichnung, die ein Mann, kaum weniger ausgezeichnet in christlicher Hingabe an die Sache der Bibelgesellschaft, seinem noch immer beweinten Vorgänger Lord Teignmouth einst zuschrieb: der Mittelpunkt des weitesten Kreises zu sein, den diese Welt je gekannt hat!

Berichte der einheimischen Agenten.

Herr C. S. Dudley sagt, mit Hinweisung auf die tiefen Lücken, welche Gottes Hand in dem leitenden Personale der Gesellschaft gerissen: „Alles was wir um uns sehen und aus der Ferne hören, der Kampf der Grundsätze und Ansichten und alle Wechsel, deren Zeugen wir sind, muß unsre Blicke desto fester auf den Einen großen Gegenstand heften, der uns verbindet, auf die allgemeine Verbreitung des heiligen Buches, das wie sein göttlicher Urheber und Geber unveränderlich ist. — Im letzten Jahre, da ich die Siebenzig erreichte, durfte ich 162 öffentlichen Versammlungen und mehr als 120 Committee-Sitzungen und Conferenzen anwohnen. In meinem District wurden 358 Versammlungen im Ganzen gehalten. — Es sind jetzt 40 Jahre, seit Er, der in wunderbarer Erbarmung oft unwürdige Werkzeuge für seine Gnadenzwecke gebraucht, mein Herz zu dem Werke der

Bibelgesellschaft wendete. Es möge einem alten Diener erlaubt sein zu sagen, daß, während es stets mein innigster Herzenswunsch war, die Sache der Gesellschaft vorwärts zu bringen, ich nie so tief von ihrer überschwenglicher Wichtigkeit überzeugt war, als jetzt."

Prediger T. Phillips sagt: „Ich habe 189 Versammlungen im Jahr 1850 mitgemacht, mehr als in irgend einem frühern Jahre. Es wurden deren 304 in meinem Distrikte gehalten. Es haben nur 126 Vereine (etwa ein Drittheil derselben) keine Versammlung gehalten. Davon sind aber 80 in Wales, wo man nur wälisch spricht und wo man gerne sie gehalten hätte, wenn ich nur hätte kommen können. Es haben sich eine neue Hülfsgesellschaft und sieben Vereine gebildet. Erstere zu Maentwrog in der Grafschaft Merioneth im frühern Kirchspiel des Archidiaconen Prys, einer der Uebersetzer der wälischen Bibel, wo man noch immer mit Liebe und Ehrfurcht an ihn denkt. Eine wohlthätige Dame unterschrieb für jährlich 2 Guineen (25 fl.) und gab ein erstmaliges Geschenk von 10 Pfund (120 fl.). Von derselben Dame kamen seitdem 100 Pfund an die Muttergesellschaft. Ich habe vielfach die Gelegenheit benützt, die Kinder in Sonntags- und Wochenschulen für die Sache der Bibelgesellschaft zu interessiren und vielen Anklang gefunden. Siebenzigmal habe ich für die Bibelgesellschaft gepredigt und zwanzigmal haben es Andere gethan. Die Cambrischen (wälischen) Vereine in den Städten habe ich besucht und die Erfolge waren schön. Ein neuer wurde in Birmingham gestiftet. Ein Bibelbericht in wälischer Sprache wurde in 11,000 Exemplaren verbreitet."

Herr T. J. Bourne meldet: „Nie habe ich in den 12½ Jahren meines Dienstes schönere Erfolge erlebt; am herrlichsten waren die letzten 10 Wochen meines Feldzugs. Die Berichte der Vereine, die Versammlungen, die Gaben, alles war im Steigen. Ich habe 204 Versammlungen besucht, die 1065 Pfund (12,780 Gulden) ertrugen. In Liverpool hat die Hülfsgesellschaft mehr als 20,000 Exemplare heiliger Schriften ausgegeben."

Herrn Prediger Kants Bericht lautet: „Ich besuchte 137 Versammlungen. Die Commiteesitzungen rechne ich nicht. Außerdem habe ich 35 Versammlungen in dem offenen Distrikt mitgemacht. Davon war eine, auf der Börse von Manchester, einzig in ihrer Art, weil sie fast gänzlich aus Lehrern von Sonntagsschulen bestand und zwar in solcher Zahl, daß ich die Repräsentanten von 27,000 Kindern der großen Stadt von allen evangelischen Gemeinschaften vor mir hatte. Es wurden mehr als 5000 Eintrittsbillete verlangt, konnten aber des Raumes wegen nur 2500 ausgegeben werden."

Aus dem gemeinsamen Uebersichtsberichte der Agenten: Es wurden 145 neue Vereine gestiftet. Die Gesammtzahl derselben ist in England und Wales 3313, nämlich: Hülfsgesellschaften 428,
Zweiggesellschaften 366,
Bibelvereine 2519.

Die Zahl der Versammlungen, bei welchen die Gesellschaft amtlich vertreten war, belief sich auf 1323. Außerdem stieg die Zahl anderer Versammlungen auf die noch nie erreichte Höhe von 471, also die Gesammtzahl der Versammlungen auf 1794. Dieß ist wichtig, weil von diesen Zusammenkünften die Existenz der Gesellschaft in bedeutendem Grade abhängt und weil die Entstehung so vieler Gesellschaften für Zwecke des Reichs Gottes seit der Gründung der Bibelgesellschaft in der That eine wachsende Thätigkeit für diese erfordert.

Aus dem vierten Jahresbericht der südafrikanischen Hülfsgesellschaft für 1849/50.

Aus einem Briefe eines Missionars der Rheinischen Missionsgesellschaft, des Herrn Alheit zu Schietfountain, der dort unter einem Kaffernstamm arbeitet, heben wir Folgendes aus:

Es ist mir große Freude Ihnen zu sagen, daß das Lebenswort vielen Seelen täglich köstlicher wird. Alt und Jung sucht mit seinen unvergänglichen Schätzen vertrauter zu werden. Jedem, der sich für die Schriftverbreitung interessirt, wird es eine Freude sein, in unsern Abend- und Sonntagsschulen zu sehen, wie Alle sich beeifern, die Bibel lesen zu lernen. Seit meinem letzten Briefe an Sie hat nicht nur die Zahl der Bibelleser sehr zugenommen, sondern nicht Wenige sind durch die Predigt des Lebensworts aus dem Tode ins Leben gekommen. Damals hatten wir 9 Getaufte, darunter nur zwei Erwachsene; jetzt sind es 119, worunter 45 Erwachsene. Von den letztern habe ich gute Hoffnung, daß es ihnen ein Ernst ist. Neben ihnen haben wir noch 20 Erwachsene in täglichem Unterricht für die Taufe. Unter den Bastarden und Hottentotten, die sich zu unserer Gemeinde halten, habe ich weniger Frucht als bei den Kaffern. In unserer Wochenschule haben wir 137 Kinder, wovon 100 regelmäßig kommen und 60 lesen können. Auch 40 Erwachsene lesen ziemlich gut.

Von der Hülfsgesellschaft in Liverpool.

Wir haben einen Bibelträger angestellt und dürfen mit dem Erfolg seiner Arbeit wohl zufrieden sein. Gott hat uns in Seiner Gnade den rechten Mann finden lassen, einen Mann von unermüdlicher Geduld, brennendem Eifer, rastloser Energie, tief durchdrungen vom rechten

Geiste. Er ging mit einem Hausirschein in die elendesten und dichtst bevölkerten Theile der Stadt. Er hat die Schauplätze des Elends und die Höhlen des Lasters durchforscht, in welche die Damen, deren Agent er war, nicht dringen konnten. In einem Jahr hat er 2266 Bibeln und 4763 N. Testamente, im Ganzen 7029 heilige Schriften verkauft. Dieser Theil der Arbeit ist sehr wichtig. Das Geschehene ist nur ein Anfang, und neue Thüren öffnen sich bereits. Zunächst sollte der Hausirer nur dem Damenverein dienen, weil die Frauen nicht überall hingehen durften. Aber es hat sich jetzt ein neues Feld unter den fremden Seeleuten im Hafen dargeboten. Es sind ihrer wohl 10,000 im Jahre. Wer kann den Segen berechnen, wenn sie willig sind, die Bibel zu kaufen und in ihre Heimath mitzunehmen? Wir setzten eine Commission nieder, um hier Nachforschungen anzustellen. Von den Ergebnissen jetzt nur so vieles, daß ⅘ dieser Matrosen lesen können, daß aber von ihnen kaum einer auf 35 eine Bibel hat und daß sie fast alle gerne eine kaufen möchten. Die Commitee hat sich daher sogleich an die Muttergesellschaft gewendet und diese jegliche Hülfe zugesagt.

Von Herrn von Pressensé in Paris.

Der Bibelträger vom Departement von A. meldet von seinem Besuche in einer Gegend, wo er voriges Jahr auch gewesen. Er durfte Früchte seiner Arbeit sehen. Er traf auf ein junges Weib, das er damals in großer Noth gesehen, weil ihr Mann sie verlassen hatte. „Es hat sich sehr geändert, sagte sie; Friede und Ordnung wohnen wieder in unserem Hause, und das verdanken wir dem Lesen Eures Buches, meiner lieben Bibel. Als ich sie gekauft hatte, fand sie mein Mann einmal am Feierabend auf dem Tische. Er schlug sie aus Neugierde auf; aber er war so angezogen, daß er zwei Stunden lang fort las. Was ist das für ein Buch und woher hast du es? war seine Frage. Ich sagte ihm von Eurem Besuche und Euern Ermahnungen, und er wurde ganz ernsthaft. Ohne mir zu sagen, was in ihm vorging, las er nun alle Tage darin; und ich dachte, das müsse doch ein schönes Buch sein, und las auch. Jetzt wurde mein Mann ganz anders. Er ging den schlechten Gesellschaften aus dem Wege und Trunk und Gewaltthätigkeit verschwanden allmählich. Endlich gab uns der Tod eines Anverwandten den Anlaß, uns gegeneinander auszusprechen, und wir fanden, daß die Bibel andere Menschen aus uns Beiden gemacht hatte. Wir wußten jetzt, daß wir arme Sünder sind, verdammt und verloren, wenn wir unserm Heiland Jesus Christus nicht nachfolgen. Seitdem lesen wir unsere Bibel gemeinschaftlich, Herr, und beten miteinander. Nichts mehr von Trinken, von Zorn und Fluchen bei meinem Manne; er ist sanft wie ein Lamm. Ich zanke und klage nicht mehr; ich habe Frieden, den Frieden, von dem Ihr das letztemal sprachet."

„Im nämlichen Dorfe fand ich einen Mann, dem ich eine Bibel anbot. Sein Weib war dabei. Ihr kennt mich nicht mehr, sagte er, aber ich kenne Euch. Vor einem Jahre kaufte ich dieses Buch von Euch und es ist uns zum Segen geworden. Wir haben es gelesen und eingesehen, daß wir Sünder sind und daß Jesus der Heiland der Sünder ist. Mein Weib war eine der bigottesten Personen, sie lebte nur von Messe und Beichte." — Da fiel die Frau ein: „ja, ich fluchte Allen, die es nicht machten wie ich; aber jetzt ist's anders. Ich baue nicht mehr auf Menschenwort, sondern auf Gottes Wort. Ich glaube was Er glauben heißt und suche zu thun, was Er gebietet."

Herausgegeben von der brittischen und ausländischen Bibelgesellschaft.

Nro. IV. April 1831.

Monatliche Auszüge

aus

dem Briefwechsel und den Berichten

der

brittischen und ausländischen Bibelgesellschaft.

Agenten-Berichte.

Von Herrn T. J. Bourne (Rugby).

So eben komme ich von einem Ausflug in den Töpfereien zurück, womit eine zehnwöchentliche Reihe von Versammlungen sich schloß. Nie hatte ich in den 12½ Jahren meiner Amtsführung mehr Ursache für den Erfolg meiner Arbeit dem Herrn zu danken.

Ich glaube nicht an Vorbedeutungen, und dennoch gestehe ich den Eindruck, den einige Vorfälle am Anfang der Reise auf mich machten. Als ich mich dazu fertig machte, kam ein Testamentsvollstrecker, ein Mann von ärmlichem Ansehen zu mir und bat mich ein Legat von 5 Pfund (60 fl.) für die Zweiggesellschaft und 6 Pfund 5 Schill. (75 fl.) für die kirchliche Missionsgesellschaft anzunehmen. Beides war von seinem Bruder, der den größten Theil seines Lebens Knecht bei einem achtbaren Pächter in der Gegend gewesen war. Eine herrliche Lehre an solche, die in diesen Tagen der Putzsucht oft zu vergessen scheinen, was sie für das Reich Gottes leisten könnten. Er sagte mir, daß vier arme Geschwister jedes 100 Pfund (1200 fl.) von dem Verstorbenen erhielten, die er erworben und erspart habe. — Kurz nachher erhielt ich ein Briefchen, worin die Freude des Schreibers über die gesegnete Arbeit unsrer Gesellschaft ausgesprochen war, wie er sie aus dem Jahresbericht ersehen. Beigefügt war: „Hier mein Scherflein zu der Sammlung“. Es war ein halber Sovereign (6 fl.) und zwar von einem — Kaminfegerjungen.

Die erste Versammlung war nicht zahlreich, aber desto aufmunternder durch das Anwachsen der Liste der freien Beiträge. Es war ein Trauerschleier auf den Gemüthern durch das Andenken an eine frühere Versammlung, bei der der edle Präsident, der entschlafene Sir Robert Peel, Alles durch seine beredte Ansprache gehoben und die Steuer um 30 Pfund (360 fl.) vermehrt hatte. Eine seiner letzten Handlungen war es gewesen, für sich und seine Gemahlin fünf Jahre einer jährlichen Subscription von 5 Guineen an einer Hülfsgemeinde der Nachbarschaft nachzuzahlen mit dem Ausdruck des Bedauerns, daß man nicht zur Zeit das Geld abgeholt habe. Wieder eine Lection für unsere Sammlung zu wirken, so lange es heute heißt.

Meine nächste Versammlung war in Liverpool, sehr erfreulicher Art. Der Bischoff hatte den Vorsitz und war von zahlreichen geistlichen Freunden der Bibelsache von verschiedenen Gemeinschaften umgeben. Dr. Mac Neile und Andere sprachen mit ihrer gewohnten Kraft. Die Artigkeit der Direktoren der Londoner Nordwestbahn ließ mich mit einer heimkehrenden Lokomotive nach Wanington fahren, um zum Postzuge zu kommen; dadurch erreichte ich Berwick-on-Tweed noch zur Zeit, um dort einer Versammlung beizuwohnen. Dann ging ich nach Northumberland und durch die Grafschaft Durham, und überall waren die Versammlungen hoch erfreulich: fast überall zahlreicher als je, die Berichte besser, die Beiträge gewachsen, einigemale gar verdoppelt.

Von Prediger W. Roberts (Clynog in Wales).

Ich durchzog wieder den Distrikt Carnarwon mit seinen zehn Kirchspielen und sprach in siebenzehn Capellen oder Schulhäusern verschiedener Gemeinschaften: Independenten, Wesleyaner, Calvinistische Methodisten, Nationalkirche. Meist waren die Schieferbrecher meine Zuhörer, die gläubigsten und freigebigsten Leute in ganz Wales. Im Kirchspiel Llanberis, das 2 Stunden lang und eine Stunde breit ist, bringen sie jährlich 100 Pfund zusammen.

Aus der römisch-katholischen Zeitung: La Bilancia, Giornale di Milano. (Die Wage, ein Mailänder-Journal) 14. Dezember 1850.

Die Bischöfe der Kirchenprovinz Lombardei, in besonderer Conferenz zu Mailand versammelt, an die ehrwürdigen Pfarrgeistlichen und die geliebte Geistlichkeit ihrer Diöcesen. Frieden und Segen!

Von all den Heimsuchungen, welche der Herr uns in dieser letzten Zeit aufgespart hat, ehrwürdige Brüder und liebe Kinder in Jesu Christo, ist unsern Herzen die schwerste zu sehen, wie unser Land mit Büchern und Flugschriften jeder Art überschwemmt wird, die dahin trachten, das, was jedem wahren Christen über Alles theuer seyn sollte, verächtlich und die heiligsten Dinge lächerlich zu machen, ja durch hinterlistige Angriffe auf den christlichen Wandel die Festigkeit unsers allerheiligsten Glaubens zu untergraben. Ihr seyd selbst Zeugen davon, und wir sind gewiß, daß Euere Klagen längst zu Gott aufgestiegen sind über seine Kinder in der Kirche, die, von der lebendigen Waide abgeirrt, nach des Apostels Wort, „die heilsame Lehre nicht leiden können, sondern „nach ihren Lüsten sich selbst Lehrer aufladen, nachdem „ihnen die Ohren jücken, die ihre Ohren von der Wahr„heit wenden und den Fabeln folgen.“

Und um die Gefahren von denen die Gläubigen bedroht sind und den Schmerz ihrer Bischöfe noch weiter zu mehren, haben die Feinde unsers gemeinsamen Glaubens, die stets bereit sind, den günstigen Augenblick zu einem Angriff auf uns zu ergreifen, die bürgerlichen Störungen des Landes eifrigst dazu ausgebeutet eine Menge verfälschter Bibeln unter uns zu verbreiten, um den Glauben der Einfältigen zu untergraben, und ihr Werk der Finsterniß, die Lehrverfälschung, unter uns zu treiben. Keinen Schlich lassen sie unversucht, weder den schönen Einband ihrer Bücher noch die große Wohlfeilheit, um sie auszubreiten und ihren Zweck zu erreichen. Wahrlich, es ist schmerzlich gestehen zu müssen, daß, vielleicht um die Beständigkeit unsers Glaubens zu prüfen, vielleicht aber auch als Strafe für unsere Untreue, der HErr diese Versuche nicht ganz vergeblich sein ließ, so daß in manchen katholischen Familien nicht blos in den Städten, sondern auch in Marktflecken und Dörfern, ihre Bibeln ungestraft umhergetragen und besonders bei den Frauen und der Jugend beiderlei Geschlechtes angebracht werden. Verzeihet uns, o ehrwürdige Brüder, wenn das Uebel, das schon so hoch gestiegen ist, uns aus ängstlicher Sorge für die Heerden Jesu Christi zu der Furcht bewegt, es möchten einige unserer Geistlichen lässig in der sorgsamen Hut gegen die Gefahren gewesen sein, die ihre Heerden und deren Glieder bedrohten, indem sie unterließen die Gläubigen sorgfältig in den heiligen Kirchenregeln zu unterrichten und die Hartnäckigen und Ungehorsamen fest zurechtzuweisen und zu strafen. Unsre Herzen sind von Traurigkeit überwältigt, wenn wir die heilsamen Verbote der Kirche von Manchen, die sich für ihre Kinder ausgeben, mißachtet und gering geschätzt sehen, und wir würden es als eine schmähliche Pflichtwidrigkeit betrachten, wenn wir nicht alle in unserm Amte liegenden Mittel anwendeten, um ein so großes Uebel aufzuhalten, und so viel an uns ist, die Gefahr zu beseitigen und die unsrer Aufsicht anvertrauten Gläubigen gegen die listigen Umtriebe der Glaubensfeinde zu warnen.

Aus diesen Gründen, ehrwürdige Brüder, erschien es uns, die wir im Namen des HErrn in besondrer Conferenz zu gegenseitiger Berathung über die Maaßregeln zur Wohlfahrt unsrer Diöcesen versammelt sind, bei den verschiedenen Anforderungen an unsren Hirteneifer vor Allem höchstwichtig, Euch unsre Gedanken zu eröffnen ehe wir zu unsern Sitzen wieder heimkehren, und zugleich Euch bei der Liebe unseres HErrn Jesu Christi zu beschwören, daß Ihr Euch mit uns in Verdopplung Eurer Wachsamkeit und Sorgfalt vereiniget, damit der Feind keine Ursache finde, sich seiner Siege in dem Theil des Ackerfeldes zu rühmen, der uns zur Behütung und zum Anbau vertraut ist.

Es ist unnöthig, Euch zu erinnern, wie wiederholt die Kirche durch den Mund der römischen Päbste ihren Kindern verboten hat, die Bibel in irgend einer gemeinen Sprache zu lesen, und wie sie nicht einmal die Uebersetzungen von katholischen Verfassern, wenn sie auch ganz verdachtlos waren, zugelassen hat, wofern sie nicht vom apostolischen Stuhl zuvor gebilligt und mit Anmerkungen aus den Schriften der heiligen Väter oder gelehrten katholischen Schriftstellern versehen waren. Seine Heiligkeit Papst Clemens VIII hat noch überdieß erklärt, daß kein Bischof das Recht hat Bibeln der genannten Art von sich aus zuzulassen und das Lesen derselben zu erlauben.

Es ist Euch ferner wohl bekannt, wie streng zu allen Zeiten die Maaßregeln der römischen Päbste gegen Bibeln jeder Art waren, die aus den Druckpressen der Ketzer hervorgingen, um sie nicht in die Hände der Gläubigen fallen zu lassen. Dahin gehören aber in jeder Hinsicht die verstümmelten und vielfach irrthumsvollen Abdrücke Diodati's, die zum schreienden Schaden der Gläubigen und unserm tiefsten Schmerze unter uns so viel verbreitet worden sind. An Euch wenden wir uns wieder, ehrwürdige Brüder und geliebte Söhne in Jesu Christo! die ihr auf die weisen Anordnungen der Kirche und der römischen Päbste merket und ihnen gehorsamet, — an Euch, die der Herr angewiesen hat in allerlei Weise mit uns in der Arbeit des Hirtendienstes zu wirken, in dem wir Euch bitten, durch Wort und Beispiel, in Lehre, Predigt, in fleißigem Gebrauch des Beichtstuhls und im Privatgespräch auf das strengste Halten dieser Anordnungen der Päbste zu dringen. Redet oft über die traurige Wahrheit, daß nichts, was von den Feinden der Kirche kommt, zur Erbauung führen, sondern nur verderben und zerstören kann. Hebet die Nothwendigkeit hervor, den allerheiligsten Gesetzen der Mutter streng zu gehorchen, um ihre Kinder zu werden und in ihr das Heil zu finden. Ueber Alles aber seid achtsam, daß nicht verbotene Bibeln oder schlechte Bücher, die vom wahren Glauben und reiner Sittenzucht abführen, in die christlichen Familien sich einschleichen. Lasset die Gläubigen die heilige Schrift lesen, aber in der Gestalt, wie sie die Kirche darbietet; denn sie ist die einzige Bewahrerin und Dolmetscherin der heiligen Schrift.

Ermahnet ernstlich und innigst die Familienväter und Herrschaften, die Lehrer der Jugend, damit Eure vereinte Wachsamkeit und Sorge ein kräftiges Heilmittel werde; und wo Eure Ermahnungen keine Statt finden, da gebrauchet heilsame Strenge. Wachet besonders über die Jugend, die aus Unerfahrenheit dem Gifte der Verführung mehr preisgegeben ist.

Theilet, Geliebte, die Schmerzgefühle und sehnsüchtigen Wünsche Eurer Bischöfe. Nehmet ihren Zuruf als den des göttlichen Hirten Jesu Christi selbst an. Er erhöre gnädig das Flehen, das wir Ihm darbringen! Er lasse uns die Hülfe Seiner Gnade angedeihen! Er mache

Alles durch den Einfluß Seines heiligen Geistes fähig zu Seiner Verherrlichung und zum Heil der Seelen zu arbeiten. In der angenehmen Hoffnung, daß Ihr Euer Gebet mit dem unsrigen vereinigen werdet, umarmen wir Euch in unserm gemeinsamen Hirten und Vater Jesu Christo und sprechen in ungeheuchelter Liebe über Euch und alle eure Heerden den bischöflichen Segen.

Gegeben im erzbischöflichen Palaste zu Mailand, den 1. Dezember 1850.

† Bartolomeo Carlo, Erzbischof.
† Carlo, Bischof von Como.
† Giuseppe, Bischof von Crema.
† Gaetano, Bischof von Lodi.
† Giovanni, Bischof von Mantua.
† Angiolo, Bischof von Pavia.
† Antonio, Bischof von Cremona.
† Girolamo, Bischof von Brescia.

Aus Warschau.

Unter den russischen Juden regt sich jetzt ein lebhaftes Verlangen nach der heiligen Schrift. Vor etwa 14 Tagen kam ein Jude von Wilna, dem frühern Sitz einer Universität, der noch jetzt dafür bekannt ist, daß viele dortwohnende Juden eine Ehre darein setzen, hebräische und rabbinische Litteratur zu fördern, und kaufte 200 Alte Testamente nebst 159 einzelnen Theilen desselben. Er bat auch um mehrere Neue Testamente, um sie unter seinen Bekannten zu vertheilen. Gestern kam ein anderer aus der großen Provinzialstadt Kowno und kaufte 53 Bibeln und 50 einzelne Theile; auch er wollte hebräische Neue Testamente für seine Freunde haben. Ihn begleitete ein Jude aus der Gouvernementshauptstadt Minsk, der mich bat ihm 50 Bibeln und noch mehr Bibeltheile in hebräischer und jüdischer Sprache aufzuheben, die er nächste Woche abholen wolle. Am Abend erschien noch ein Dritter und kaufte 6 Bibeln und 4 Theile für Breszа-Litewski, die aber nur die Vorläufer einer größern Bestellung sein sollten.

Die Druckerpressen der Missions-Gsellschaft sind in eifriger Thätigkeit um 6000 polnische Neue Testamente mit Psalmen für die Bibelgesellschaft zu drucken.

Von Macleod Wylie in Calcutta.

Zuerst habe ich den wärmsten Dank unsrer Comittee für das abermalige Geschenk von 1000 Ries Papier zum Behufe der Hindui-Kaithi-Bibel auszusprechen. Unsre Arbeit geht in dieser Richtung erfreulich fort. Wir hoffen nächstens 20,000 Exemplare des Evangeli Matthäi in großen Lettern nach Mangbye hinaufzusenden. — Das nepalesische Lucas-Evangelium hat die Presse verlassen und ist sehr gut gerathen. Herr Start arbeitet jetzt an der Apostelgeschichte. — Unser letzter Jahresschluß lieferte schöne Ergebnisse. Unsre festen Beiträge haben sich von 4800 Rupies auf 6000 (7200 Gulden), unser Verkauf hat sich von 1500 Exemplare auf 2200 gehoben; und während wir 1849 im Ganzen 16,000 heilige Schriften verbreiteten waren es 1850 fast 30,000. — Jetzt handelt es sich um das beste Verfahren mit dem bengalischen N. Testament, das reifliche Erwägung fordert.

Herausgegeben von der brittischen und ausländischen Bibelgesellschaft.

Nro. V. Mai 1851.

Monatliche Auszüge

aus

dem Briefwechsel und den Berichten

der

brittischen und ausländischen Bibelgesellschaft.

Das Jahresfest der brittischen und ausländischen Bibelgesellschaft, 7. Mai 1831.

Zum erstenmal nahm der neue Präsident Lord Ashley den Vorsitz. Er eröffnete, nachdem einer der Secretäre Jesaja 55 vorgelesen hatte, mit folgender Rede:

„Nicht bloß als Vorsitzer dieser Versammlung, sondern auch als Präsident der Gesellschaft, habe ich die Ehre vor Ihnen zu stehen. Wenn ich durch Gottes Segen einigermaßen dem Eifer und den Diensten meines betrauerten Vorgängers nachzueifern im Stande bin, so kann dies nur zum Nutzen dieser großartigen Anstalt gereichen. Meine Berufung auf diesen Posten ist eine große Ehre. Sie wäre es zu allen Zeiten, aber die Gegenwart gibt ihr noch einen ungewöhnlichen Nachdruck. Wir haben den Beruf, die großen Grundsätze der Reformation und die unveräußerlichen Rechte unsterblicher Seelen mit ganzem Ernste zu vertreten: das Recht des eigenen Urtheils und der Gewissensfreiheit, das Recht der vollen, freien, allgemeinen Verbreitung des allerheiligsten Wortes Gottes. Es wird heute, am siebenundvierzigsten Jahresfeste der Gesellschaft, nicht nöthig sein ihre Grundsätze darzustellen und zu vertheidigen. Soviel sie im Anfange Widerspruch fanden, eine lange

Erfahrung, ein reicher Erfolg haben ihre Siegel darauf gedrückt. Eine furchtbare Mahnung gibt uns jetzt der Sturm auf unsre protestantische Stellung. Alles mahnt uns an die Zeit, da unsre Ahnen die Macht der römischen Kirche durchbrachen; Alles mahnt uns an die Pflicht und das Vorrecht, ihr Werk aufrecht zu halten. Nah und fern sterben Tausende dahin ohne Erkenntniß der Wahrheit; auf der andern Seite verkümmern Tausende an Ueberladung mit dem Gift, das ihnen unter dem schönen Namen der Einsicht und Philosophie beigebracht wird. Die Evangelisirung der Nationen, der Friede der Welt hängt von der vollen, freien, allgemeinen Verbreitung der heil. Schrift ab. Es gibt für uns und für unsre Kinder keine Hoffnung außer in einer christlichen Zukunft; und ich denke die neuern Ereignisse haben uns in unmißdeutbarer Weise gezeigt, daß nur die Bibel der Grund- und Schlußstein für die Wohlfahrt der Völker ist. Wenn dem so ist, so geziemt uns die Vortheile zu überschlagen die wir besitzen, die Aufgaben zu erwägen welche diese große Sache uns stellt. Wir haben die unbeschränkteste bürgerliche und religiöse Freiheit. Unsre Königin beherrscht Reiche in allen Erdtheilen und Himmelsstrichen. Wir treiben einen unbegränzten Handel: unsre Schiffe segeln in jede Bucht des Oceans. Es fehlt in unserm Lande nicht an Einsicht, an Thatkraft, an Reichthum, und ich glaube auch nicht ganz an Eifer für eine solche Sache. So kann unter diesem Segensstrom nur unsre Gleichgültigkeit den Fortgang des mächtigen Werkes aufhalten. An uns ist es also das Beispiel zu geben und das Unsrige zu thun um dem großen Vorwurf zu entgehen und so furchtbaren Schaden abzuwenden. Gott sei gelobt! unsre Geschichte sagt, daß viel geschehen ist; aber sie zeigt auch, daß noch viel zu thun ist. Und welcher Auftrag, ich frage, kann selbst für das mächtigste der Reiche glorreicher sein, als so zu sagen, der Träger des Wortes Gottes für alle Geschlechter, Zungen und Völker zu werden? und welche Lage edler, als das Magazin des Lebenswortes zu sein, das von hier aus jedem lebenden unsterblichen Wesen zufließt, — in der Sprache zufließt die es versteht? Nicht rühmen wollen wir uns dessen, aber Gott dafür danken, auch dafür, daß dieß nicht der plötzlich aufgeschossene Gedanke einer Nothzeit, nicht eine augenblickliche Zuflucht in Gefahr ist. Wir machen nicht ein Sterbe-Legat; wir wollen nicht erst im Testamente den frommen und wohlthätigen Gebrauch unsrer Mittel nachholen, den wir auf der Höhe unsers Lebenstages versäumt; sondern unsre Arbeiten fingen durch die Gnade Gottes in der vollen Kraft und Blüthe unsrer Nationalgröße an, und darum stand unsre Nation mitten unter Trümmern aufrecht da, ein lebendiges Beispiel für die Menschheit, daß für Zeit und Ewigkeit, für Nationen wie für Personen, das geoffenbarte Wort Gottes das Eine Nothwendige ist, das beste Theil, das nicht von uns genommen werden kann."

Der Secretär las sodann Entschuldigungsbriefe wegen Ausbleibens von der Versammlung von den Bischöfen von Winchester, Chester und Norwich, vom Grafen Carlisle und Lord Glenelg, von dem so eben aus Africa heimgekehrten Prediger J. J. Freeman vor. Der vorgelesene Berichtauszug sagte, daß in dem Jahre vom 1. März 1850 bis 1. März 1851 die Gesammteinnahme der Gesellschaft 103,330 Pfund Sterl. 2 Schill. 8 Pence (1,239,961 Gulden 36 Kreuzer) über 140,000 Gulden mehr als im vorigen Jahre gewesen war. Darunter befinden sich 49,534 Pfd. 14 Schill. 10 P. (544,416 Gulden) für verkaufte heilige Schriften. An solchen wurden ausgegeben:

Aus den Niederlagen in England	788,073	Exempl.
Aus den Niederlagen im Auslande	349,544	"
im Ganzen	1,137,617	"

und seit dem Bestehen der Gesellschaft bis jetzt 24,247,667 Exemplare.

Die Ausgabe überstieg die Einnahme um einige Hunderte von Pfunden; aber die Gesellschaft hat bereits Ausgaben im voraus beschlossen und eingeleitet im Betrage von mehr als 738,000 Gulden. Heben wir aus den gehaltenen Reden das Wichtigste aus.

Das berühmte Parlamentsglied Sir Robert Inglis sagte: „Mylord! ich erhebe mich um den Antrag zu unterstützen, den mein edler Freund (der Marquis von Cholmondeley) gestellt hat. Obwohl ich weiß, daß der Theil des vorgelesenen Berichtes, der sich auf Eurer Herrlichkeit (Lord Ashley's) Annahme des großen Amtes, wozu Sie jetzt berufen sind, von andern Rednern berührt werden wird, so kann ich mir doch die Freude nicht nehmen lassen im Vorbeigehen wenigstens der Gesellschaft und Ihnen Glück zu dieser Wahl zu wünschen. Der Gesellschaft, daß sie immer die thätigsten Diener Christi, die je den Willen Gottes zu Seiner Verherrlichung und zum Heil ihrer Mitgeschöpfe zu thun suchten, als Präsidenten gewonnen hat; Ihnen Mylord, zu der innigern Verbindung mit der Verbreitung des Wortes Gottes unter dem Menschengeschlecht. Ich überlasse es Andern von Eurer Herrlichkeit betrauertem Amtsvorgänger, meinem edlen entschlafenen Freunde Lord Bexley zu sprechen; ich überlasse es Andern auf die Einzelnheiten des verlesenen Jahresberichtes hinzuweisen. Nur zwei Punkte traten mir entgegen, welche ich nicht ohne stärkere Hindeutung lassen kann, indeß ich den Antrag auf den Druck des ausführlichen Berichtes unterstütze. In einem Theile Italiens, heißt es darin, der jetzt im Kriegsstande sich befindet, ist die Verbreitung der heiligen Schrift, die zuvor ganz verboten war, jetzt durch militärische Occupation viel freier geworden: der Zorn des Menschen wirkt zum Preise Gottes. Dann die Versammlung, bei der so viele Taüsende, ja Zehntausende nicht allein aus unserm Lande, sondern wohl aus fast allen Theilen der Erde hier zusammen kommen werden, — eine Vereinigung, „wie die Erde noch keine gesehen hat.“ Gewiß schließen wir alle, wie der Bericht that, mit den Worten: „möge sie gesegnet und geheiliget werden.“ Wenn wir die Beiträge jeglicher Kunst und jeglichen Himmelsstrichs zu der großen Sammlung sehen, laßt uns, nicht mit Stolz, sondern mit demüthigem Danke bedenken, daß diese Gesellschaft den Beitrag liefert, ohne welchen aller Reichthum der Welt ein Quark, mit dem aller Schmerz und alle Armuth der Welt Seligkeit und Reichthum wird. In dem großen Palaste der Nationen steht eine unscheinbare Bude; aber sie enthält, was Gott bereitet und die Gesellschaft bisher ausgetheilt hat zur Gesundheit der Heiden. Wenn ich sehe, was Gott durch diese Gesellschaft gethan hat — denn Er bewahre uns, daß wir nicht sein Werk uns selbst zuschreiben; es ist ja Sein Wort — wenn ich höre, daß für unsre deutschen Brüder allein mehr als anderthalb Millionen Exemplare des Wortes Gottes gedruckt wurden, für unsere französischen Brüder über drei Millionen, für unsre Brüder in Schweden etwa 500,000, für unsre Brüder in Spanien 271,000, sogar für Italien nicht weniger als 200,000; wenn ich wahrnehme, daß, wie die Waffen Englands unter Gottes Leitung verschiedene Theile der Erde zu erobern berufen wurden, die Bibelgesellschaft den Schritten der Sieger folgt und in zuvor kaum bekannten Regionen das herrliche Buch, das Buch der Bücher verbreitet, so kann ich ja nicht umhin zu fühlen, daß hier ein großes Werk gethan wird. Kaum hatten wir das Pendschab erobert, so waren auch 7000 heilige Schriften dort ausgestreut. Was kann davon die Wirkung sein? ja, was kann Eine Bibel ausrichten? Wir haben oft gehört, und ich denke aus glaubwürdigem Munde, was ein einziges, wie man es nennt, zufällig ausgerissenes, zufällig hingeworfenes, zufällig aufgelesenes Blatt der Bibel wirkte. Ohne auf solche Thatsachen allzuviel Werth zu legen, darf ich doch sagen: wo die ganze Bibel verbreitet wird, da muß Gottes Segen folgen. Der Herrscher jenes großen Landes Pendschab, der Enkel eines der ausgezeichnetsten Eroberer die das Morgenland je sah, wurde, wie allgemein geglaubt wird, in früher Jugend von einem Braminen in der Bibel unterrichtet, die wahrscheinlich aus den Pressen der Gesellschaft gekommen war; und wir haben alle Ursache zu glauben, daß dieser Jüngling jetzt durch das Buch aller Bücher bekehrt ist. Ich frage, Mylord, was wäre aus der Welt — was aus England geworden ohne die Bibelgesellschaft? Es kann etwa sein, daß für unser Land durch andre Mittel doch wäre gesorgt worden; indeß bezweifle ich es; aber für Europa, für die Welt wäre nicht gesorgt. Es sind Sprachen in dem Verzeichnisse der Uebersetzungen genannt, das ich hier in der Hand habe, deren Name sogar vor 60 Jahren den größesten Sprachforschern noch unbekannt war. Viele derselben waren ohne Schrift; Ihr habt sie zu Schriftsprachen erhoben. Sie waren ohne Sprachlehre; Ihr habt die, welche sie sprechen, dieselbe brauchen gelehrt. Vor Allem aber habt Ihr den Inhalt der Bibel in die Herzen gelegt. — Aber, es sey uns nicht genug die Bibel durch ganz Europa, ja in alle Lande getragen zu haben. Wer hier sich erhebt, der soll zuerst sein eigenes Herz und Leben von der Bibel beherrschen lassen. Denn, daß wir die Bibel dem Neger, dem Eskimo, dem Chinesen oder einem Abkömmling der von uns als die civilisirteste betrachteten angelsächsischen Nation in die Hände gegeben, das hilft uns persönlich nichts, wenn wir sie nicht im eignen Herzen tragen und dieß im Leben beweisen."

Der Bischof von Cashel hob die Wichtigkeit der Bibelgesellschaft für England selbst und im Ganzen in einer Zeit hervor, da der Kampf zwischen evangelischer Lauterkeit und papistischer Verfälschung, zwischen Licht und Finsterniß so rege sey; er deutete auf die Thatsache zurück, daß unter denen, die von der englischen Kirche abgefallen und zur römischen übergegangen seien, kaum Einer sich fände, der sich zuvor an der Bibelgesellschaft betheiligt. Daher also, vom unbiblischen Sinn kommen diese Abfälle. Dagegen sei es die Bibel, die in Irland 10,000 Katholiken in die evangelische Kirche herübergeführt habe. Die römischen Bischöfe in Italien klagen wohl über die Ueberschwemmung mit „verfälschten" Bibeln. Aber man müsse antworten, wie jener Irländer seinem Priester, der ihm dasselbe gesagt: „warum gebt ihr uns denn keine bessern?" — Die uns bekannten Uebertritte in Irland seien aber nicht Alles. Von den Zehntausenden, die nach Amerika auswandern, nehmen sehr viele die Bibel mit. Daheim wären sie zu feig, sie offen zu lesen, sich gar zu ihr zu bekennen und die römische Kirche zu verlassen. Aber auf der Ueberfahrt lesen sie, in Amerika treten sie über. Aus einem Armenhause wurde kürzlich eine Anzahl Weiber nach Amerika geschafft. Fünf derselben wurden dort sogleich protestantisch. Als diese Nachricht in der alten Heimath ankam, fragte ein Nachbar die Schwester einer dieser Uebergetretenen: „o Marie, was wird deine Mutter machen, wenn sie hört, daß deine Schwester protestantisch geworden ist?" — „O," antwortete diese, „das kann ich dir sagen: sie wirds gerade auch so machen und zwar recht bald."

„Ja, meine Freunde," fuhr der Bischof fort, „in einem Lande (Irland) ist ein Werk im Gange, und zwar durch die Verbreitung der heiligen Schrift, da wo man sie nicht öffentlich predigen kann, — ein Werk, dessen ganzen Umfang nur einst der große Tag des Herrn offenbaren wird. Mehr als je freue ich mich daher jetzt der Bibelgesellschaft. — Auch ich frage wie mein Freund vorhin: was sollte aus England, aus Irland, aus der Welt werden ohne die Bibelgesellschaft? Es ist ihr gegangen wie allen menschlichen Anstalten; sie hat Schweres erlebt. Es schmerzt mich, wenn ich auftrete, diejenigen nicht mehr zu finden, die man hier an der Spitze zu sehen gewohnt war; aber es ist der Herr, und der, auf den wir uns verlassen, ist ja nicht der Präsident oder irgend einer der Beamten der Gesellschaft, sondern „Jesus Christus", gestern und heute und derselbe in alle Ewigkeit." Erlauben Sie mir, Mylord, zu sagen, daß Sie den ruhmvollsten Posten einnehmen den es gibt; wie ich auch glaube, daß die schönste Ausstellung im Krystallpalaste die 170 Bibeln in verschiedenen Sprachen sind."

Missionar Dr. Duff von Calcutta: „Mylord, ich trete auf, um die so beredt angekündigte Motion zu unterstützen. Da ich, glaube ich, der einzige asiatische Repräsentant der Gesellschaft hier bin, so darf ich mir wohl einige Mittheilungen über den Orient erlauben. Sie haben von Irland gehört und von andern Ländern, und Sie werden auch von Amerika hören, denn es ist ein Vertreter der großen amerikanischen Nation hinter mir, die nächst England am meisten für die Welt, für die Bibelsache gethan hat. Ich glaube, die Gesellschaft in Asien, mit der ich seit zwanzig Jahren zu arbeiten begnadigt wurde, war der erste Nachkömmling der brittischen und ausländischen Bibelgesellschaft in jenen weitgestrekten Ländern. Sie verdankte ihre Entstehung einem Manne, dessen Namen allen christlichen Kirchen theuer geworden ist, einer Predigt des seligen Henry Martyn schon im Jahr 1810."

(Fortsetzung folgt.)

Herausgegeben von der brittischen und ausländischen Bibelgesellschaft.

Nro. VI. Juni 1851.

Monatliche Auszüge

aus

dem Briefwechsel und den Berichten

der

brittischen und ausländischen Bibelgesellschaft.

Das Jahresfest der brittischen und ausländischen Bibelgesellschaft, 7. Mai 1851.

(Fortsetzung.)

„Er dachte nicht an eine Verbindung mit dieser Gesellschaft; sondern mit dem weiten Herzen, das in Mitleiden mit den Millionen um ihn her schlug, die dem Verderben anheim fielen, warf er seine Blicke umher und weinte über ihr Elend. In jenen finstern Tagen der brittischen Herrschaft durfte er ja an die Verbreitung der Bibel in Indien gar nicht zu denken wagen. Aber er sah um sich und fand Hunderte und Tausende von Namenchristen, denen die Bibel so fremd war als den Heiden. Er fand in der Stadt Calcutta einige Tausende von den alten Ueberresten der portugiesischen Ansiedler und ihren Nachkommen unter dem Fluche des furchtbaren Abfalles, der heute so edel als der große Widerchrist bezeichnet wurde. Die Anhänger des Papstthums in Indien wußten nichts von der Bibel. Er blickte nach dem Süden Indiens und sah nicht Tausende, sondern Hunderttausende von neu geworbenen Anhängern Roms, deren keinem die Bibel bekannt war; und als ich vor anderthalb Jahren durch jene Gegend reiste, so wurde mir die Thatsache klar, daß in den letzten 2 bis 300 Jahren nicht

Ein Blatt der Bibel den Hunderten und Tausenden römischer Proselyten in die Hände gegeben, nicht Ein Blatt in eine indische Sprache übersetzt wurde. Im Gegentheil. Es wird dort ein Buch: „Geschichte Christi" verbreitet, und woraus besteht es? aus zehntausend Legenden, abenteuerlicher als die des Talmud. Und das gilt als Wahrheit: als das Leben unsers Herrn und Heilandes. Es ist bekannt, daß der große Sultan Akbar in seiner Weitherzigkeit Männer von allen Glaubensweisen zu sich einlud, der berühmte Jesuite Xavier auch kam, um ihm zu sagen was das Christenthum sey. Des Sultans Herz war für die Wahrheit offen, komme sie woher sie wolle; der Islam hatte ihn nicht befriedigt. Xavier klügelte in ächt jesuitischer Schlauheit: „ich habe einen Muhamedaner vor mir, der mit Legenden gesättigt ist. Sage ich dem die Wahrheit in aller Einfalt der Bibel, so ist ihm das langweilig und zu einfach". Darum fabricirte er für ihn ein Neues Testament, das er mit allen möglichen persischen Legenden vollstopfte, und dieß überreichte er ihm als Religionsbuch der Christen. Der Sultan las es, und mit der edlen Herzenseinfalt und dem redlichen Scharfblick, für die er bekannt ist, gab er es dem Jesuiten mit den Worten zurück: „wenn das euer Schaster ist, so hab' ich dergleichen Legenden schon genug und brauche nicht um mehr zu Euch zu kommen." — Kehren wir nun zu den Arbeiten der Gesellschaft im Osten zurück. Gleich nach Henry Martyns Predigt kamen etliche Männer zu ihm (Calcutta besaß damals eine Anzahl edler Männer von verschiednen Kirchen), wie Corrie, der nachmalige Archidiakon und Bischof von Madras; Thomason, dem dem die Gesellschaft eine ausgezeichnete arabische Bibelübersetzung verdankt, und fragten: was haben wir zu thun? Damals fuhr man noch nicht mit Dampf, und Nachrichten aus Indien brauchten ein Jahr nach England. Aber das Gerücht von der Entstehung dieser Gesellschaft hatte doch den Weg durchs atlantische Meer und ums Cap nach Indien gefunden. Sie beschlossen ein Comittee zu bilden und sich schriftlich an diese Gesellschaft mit der Bitte zu wenden, sie unter ihren Schutz zu nehmen. Diese freute sich, ihr ältestes asiatisches Kind, ihren Erstgebornen anzunehmen. Sie hatte im Sinne, ganz Indien mit Biben zu versehen — ach nein! nicht ganz Indien, nur alle Namenchristen dort; denn damals hatte die Regierung noch Angst vor der Bibel. Man fürchtete sich vor Missionaren und Männern von Ruf; das wurde gesagt und gedruckt. Die Flugschrift ist noch zu haben, worin ein damals bekannter Schriftsteller versicherte, Napoleon Bonaparte hätte mit all seiner schlauen Erfindungsgabe keinen sichrern Plan ersinnen können, um ganz Indien durch einander zu werfen und die Engländer ins Meer zu fegen, als den der brittischen und ausländischen Bibelgesellschaft, die heilige Schrift in alle Sprachen Indiens übersetzen zu lassen. Und dennoch, um die gänzliche, gründliche Thorheit dieser Vorhersagung zu erweisen, ist jetzt die Bibel in alle Hauptsprachen Indiens und sogar in solche übersetzt, deren Namen sogar, wie schon bemerkt wurde, dem großen indischen Sprachkenner Sir William Jones unbekannt waren. Ueberall in Indien ging die Bibelübersetzung in den Fußstapfen unsrer Eroberung. Statt das Land zur Empörung zu stacheln, hat die Bibel den Engländern zehnfache Achtung bei den Eingebornen erworben, weil sie sahen, daß die Sieger einen Glauben und einen Gott hatten. Es ist wenig mehr als ein Jahr her, daß ich im Nordwesten Indiens durch ein Gebiet wanderte, das selten ein Engländer betritt, und einen Radscha besuchte, der dort noch unabhängig herrscht. Bei ihm fand ich zwar nicht eine ganze Bibel, aber doch ein Neues Testament, das unter der Leitung dieser Gesellschaft übersetzt war. Er hatte es gelesen und sprach, ungeachtet er kein Christ war, doch Gesinnungen aus, die mehr von einem brittischen Christen als von einem Hindufürsten zu erwarten gewesen wären: er wurde ein weit besserer Fürst und Herrscher, als er ohne sie gewesen wäre. Die Männer unsrer Zeit wurden von den Riesenanstrengungen dieser Gesellschaft begeistert, und in Madras hieß es: „können wir von Calcutta keine Bibeln bekommen, so müssen wir selbst eine Bibelgesellschaft stiften." So war es auch in Bombay, Ceylon und andern Orten. Das sind die Töchter der Calcutta'er Gesellschaft, die Enkeltöchter der ehrwürdigen Mutter hier in London, und diese selbst haben schon wieder ihre Urenkel, so daß „vom Cap Comorin bis Lahore des Moguls," wie es bei Milton heißt, man überall Agenten dieser großen Anstalt und Bibeln in vielerlei Uebersetzungen trifft, bereit den heilenden Balsam auszugießen über die wundersam verschiedenen Nationen.

Ich betrachte diese Gesellschaft jetzt, wie Andere es thaten, als die Macht, die im Angesicht der ganzen Welt den vereinten Protest des brittischen Volkes gegen die wuchernden Irrthümer und Täuschungen jeder Art, die gegen Gottes Wort anlaufen, erhebt. Sie ist der leibhafte Protest des Brittenvolks gegen jeden herzlosen Deismus und empörenden Socialismus, gegen jeden gotteslästerlichen Pantheismus und welken Skepticismus. Sie ist das aufgehobene Panier des Zeugnisses unsrer Nation für die große Thatsache, daß die Bibel allein unfehlbare Wahrheit enthält. Um dem Geringsten verständlich zu werden, würde ich es so darstellen: Gesetzt Jemand würde in der dunkeln Mitternachtsstunde in die herrlichste Landschaft auf der Erde geführt, könnte er ihre Schönheiten erkennen und genießen?" Nein. Warum nicht? Nicht weil die Landschaft ihre Züge geändert hat, sondern weil es ihm an Licht fehlt, sich ihrer zu erfreuen. Was er sehen kann, ist rein nichts; was er hören kann, mag etwa das Rauschen des Windes im Walde oder das Brausen eines nahen Wassersturzes sein, oder das Murmeln eines sprudelnden Baches. Wartet er ruhig zu, so mag etwa der Flimmer eines Meteors plötzlich einige der hervorspringendsten und gesondertsten Gegenstände beleuchten und ihm in seinem Feuerglanze einen raschen, aber seltsamen, unklaren, unbestimmten Blick gestatten. Plötzlich mag der große Thurm finster und gestaltlos vor ihm stehen; es mag der rauhe, zerkluftete Fels mit seinem Gipfel der Finsterniß entgegentrotzen; es mag der milde See sich zeigen, dunkel, kalt und wellenlos wie die Wasser der Lethe. Endlich aber dämmert es am Himmel, und in jeder Richtung, wohin er schaut, tauchen zahllose Gestalten aus der dunkeln, chaotischen Verwirrung, noch immer in unbestimmten Umrissen. Endlich umhängt die glorreiche Sonne den Gipfel jeder solchen Höhe mit strahlenden Purpurdecken; sie erhebt sich am Horizont, und vor dem erstaunten Auge des Beschauers breitet sich eine mit allem Schönheitsglanz von Erd' und Himmel reich ausgestattete Scene aus, die in tausend Glanzlichtern diese lichten Strahlen brechen, die so mit einer Fluth von Strahlenglanz das Ganze überschüttete. Und durchwandert er nun die ödern Theile der Erde oder seiner Landschaft, und bringt nicht bloß das helle Tageslicht, sondern bringt auch das aufschließende Licht der Wissenschaft mit, so wird auch dieser vorher so kahl und dürr erschienene Theil von zahllosem Reichthum wimmeln; die unscheinbare Pflanze wird ihm Heilkraft liefern, der glühende Sand seine fruchtbaren Ströme geben lassen und unter der zerrissenen, kahlen Felsdecke mag er verborgene Adern köstlicher Metalle entdecken, aus dem urharten Fels die unerwarteten Schätze heraufbeschwören. Und das ist noch ein schwaches, trübes Bild gegen das, was der Christ erfährt, wenn Gottes Wort ihn erleuchtet. Ist der Mensch unerneuert, unbekehrt, unwiedergeboren, so ist sein Geist in Finsterniß gehüllt, in das schaurige

Dunkel der Nacht. Führet ihn plötzlich in den heiligen Bezirk der Offenbarung, und ich frage, ob er fähig sei dessen Herrlichkeiten wahrzunehmen oder zu genießen? Nein. Und warum nicht? Sie sind da, diese Herrlichkeiten, aber er hat das geistliche Licht nicht, sie zu erkennen. Seine geistliche Blindheit umhüllt das Ganze mit Nacht; es ist wie in den schwarzen Mantel mystischer Dunkelheit gehüllt. Was er hört, ist etwa das Krachen furchtbarer Drohungen; oder der Donnerknall eines erwarteten Gerichts schreckt ihn auf und versetzt ihn in bloßes Staunen. In Kurzem läßt etwa die Vernunft einige Schimmer der Wahrheit flimmern, und sein erstauntes Angesicht sieht etwas von der Schönheit dieser Welt: eine schlagende Wahrheit blitzt ihm Ueberzeugung ins Gewissen. Sieht er noch weiter forschend zu, so begegnen ihm vielleicht einige Spuren von Zusammenhang in der anscheinenden Verwirrung: ein Umriß des Abfalls, ein Lichtfunke der großen Erlösung. Noch länger geharrt, und der Dämmerschein der Vernunft erbleicht, das Licht göttlicher Erkenntniß geht durch Gottes Gnade hell auf, ja, die Sonne der Gerechtigkeit mit Heil unter ihren Strahlenflügeln steigt über seiner erweckten Seele empor, und er fängt nun an zu entdecken, daß Anfang, Mittel und Ende der ganzen Schrift Jesus Christus ist, der Herr der Herrlichkeit, das Ende des Gesetzes, die Erfüllung der Weissagung, die Summe des Evangeliums — dann versteht sein Verstand auf geistliche Weise, was Gottes Wort sagen will; es breitet sich vor ihm wie eine wunderliebliche weite Landschaft aus; es ist ein herrliches, noch verwickeltes Ganzes von geistlichen Dingen; dann mag er im Entzücken eines von der Gnade erweckten Herzens die Vögel des Paradieses auf den Bäumen singen hören und die sonnigen Quellen rings um sich sprudeln sehen, und Paradiesesduft haucht ihm süß und herrlich aus allen Lüften entgegen. Wenn diesem ersten

Lichte des Verständnisses wachsende Gnade folgt und er in seinem Fragen nach Wahrheit fortgeht, so wird er sicherlich zur Schmach seiner frühern Vernünftelei, zum Hohn seines Pantheismus finden, daß selbst der ärmste Fleck noch himmlische Schätze birgt, und selbst unter den so wenig einladenden Haufen von Lehren wird er die köstliche Perle finden; die harten, rauhen Texte werden ihm Balsam liefern, besser als der von Gilead; die unschönen Baumstämme der Weissagung oder Verheißung werden einen lieblichen Duft geben, und die dürren und öden Geschichten lebendiges Wasser, das ins ewige Leben quillt."

In der Rede des Grafen von Harrowby, der zuerst seinem längst engverbundenen Freunde Lord Ashley in warmen Worten Glück wünschte zu der höchsten Ehrenstelle des christlichen Englands, treten hauptsächlich folgende Worte hervor:

„Wir sind nicht vor Allem eine antipäbstliche Gesellschaft; wir sind das nur insofern die römischen Gegner uns zu solchen machen. Wir wollen nicht vergessen, daß wir früher die Schrift auch durch römische Katholiken verbreitet haben, und hoffen, daß die Zeit wieder komme, da wir solche als Mitarbeiter an unserm großen Werke betrachten dürfen. Wenn wir im Bericht eine starke Sprache gegen Rom führen mußten, so ist das nicht unsre Schuld. Unsre Grundlage ist unverändert dieselbe. Wenn aber feindliche Hindernisse sich auf unsern Weg lagern, so müssen wir sie wegschieben, heißen sie wie sie wollen. Finden wir gegenwärtig die römisch-katholische Kirche in angestrengterer Thätigkeit als je zuvor, um den Lauf des Wortes Gottes zu hindern, so müssen wir mit desto entschiednerer Willenskraft unsern Weg fortsetzen. — Mylord, es ist traurig die Stellung zu betrachten, die sich die römisch-katholische Kirche jetzt gibt. Vor einigen Jahren, als liberale Ansichten Vortheil brachten, zeigten sich römische Katholiken bereit, mit allen Christen auf gemeinsamer Grundlage zusammen zu wirken. Das ist jetzt ganz anders. Das erste, was der jetzige Pabst that, war, daß er ein Dekret gegen die Bibelgesellschaft erließ. — Die Berufung auf die Mängel unsrer Uebersetzung ist bloßer Vorwand u. s. w."

Dr. Murray, der Abgeordnete der americanischen Bibelgesellschaft, sprach nach den üblichen Eingängen: „Unsre Gesellschaft ist ein Kind der Ihrigen, und die Mutter wird gerne wissen wollen was es treibt. Die Gesellschaft, die ich hier zu vertreten die Ehre habe, besteht aus Christen verschiedener Gemeinschaften. Aber damit geht es uns wie einst den Juden in ihrem schönen Palästina. Es waren zwölf Stämme, aber Ein Israel. Ich freue mich dieses edle Einheitsgefühl auch hier in England zu finden. Unsre Gesellschaft wurde 1816 gestiftet. Damals wurde noch wenig Saamen ausgestreut, aber es war Senfkornsaamen, und jetzt wirkt sie vom atlantischen Ocean bis an die Südsee. Sie hat jetzt in den vereinigten Staaten 1200 Ortsvereine und 2200 Zweiggesellschaften. Im letzten Jahre hatte sie eine Einnahme von fast 300,000 Dollars (750,000 Gulden) und gab in den Staaten 600,000 Schriften aus. — Bei der Stiftung unsrer Gesellschaft war unsre Bevölkerung noch viel kleiner; jetzt stehen große Städte mit Hunderttausenden von Einwohnern, wo man damals noch das Kriegsgeheul des Indianers hörte; Dampfschiffe, deren Zahl ich aus Furcht der Uebertreibung beschuldigt zu werden lieber nicht nenne, gehen jetzt auf den Flüssen, wo damals nur der Birkenkahn des Indianers das Wasser durchschnitt; unsre Bibeln gehen jetzt übr ein weites Land, wohin damals der Fuß eines Weißen nicht drang.

(Fortsetzung folgt.)

Herausgegeben von der brittischen und ausländischen Bibelgesellschaft.

Nro. VII. Juli 1851.

Monatliche Auszüge

aus

dem Briefwechsel und den Berichten

der

brittischen und ausländischen Bibelgesellschaft.

Das Jahresfest der brittischen und ausländischen Bibelgesellschaft, 7. Mai 1851.

(Fortsetzung.)

Dr. Murray sagt in seiner Rede weiter:

„Erlauben Sie mir, Mylord, noch eine Bemerkung. Sie haben von unsern Kriegen mit Mexiko, von unsrer Einverleibung von Texas, von unserm goldenen Californien, vom unserm Oregonlande gehört. Dorthin drängt sich jetzt die Strömung der Bevölkerung, wo vor der Einverleibung der Protestantismus noch so eifersüchtig verbannt war, wie in Italien selbst. Aus Texas könnte man den Flächenraum der brittischen Inseln herausschneiden und würde den Landverlust kaum merken. Diese weiten Länderstrecken füllen sich mit Leuten fast aller Länder der Erde. Wir begegnen dem brittischen Auswandrer an den Gestaden von Texas; und hat ihm seine heimische Gesellschaft keine Bibel mitgegeben, so bieten wir ihm eine an. Wir begegnen Auswandrern aus China, aus Persien, von den Sandwich-Inseln; sie alle strömen zusammen, um etwas von dem Goldsand Californiens zu holen; und in ihrem glühenden Durst nach dem Golde das verbleicht und vergehet, suchen wir ihnen die unvergänglichen Schätze der Gerechtigkeit darzubieten. Unsre Arbeiten sind, Gott sei Dank! sehr gesegnet gewesen. — Noch einen Punkt, Mylord. Mein Herz wurde warm als ich im Berichte die Uebersetzungen nennen hörte, die schon unter allen Nationen und Zungen im Umlaufe sind. Aber Mylord, es gibt Völker und Zungen in America, die in Europa ganz unbekannt sind. Wir haben Indianer verschiedener Stämme, die sich bis jetzt hartnäckig gegen die Civilisation gesträubt haben. Sie streifen im Walde nach dem Büffel und dem Hirsch; sie fischen in den Strömen, und hie und da in den weiten Prairieen pflanzen sie den Mais und wenn er reif ist pflücken sie ihn, aber sonst sind sie jeder Gesittung hartnäckig fremd geblieben. Wir übersetzen ihnen die Bibel; wir senden ihnen Missionäre, und ich habe selbst einen Weißen gesehen, der die Genüsse der Civilisation opferte, mit seiner Frau hinging, bei ihnen zu leben, ihre Sitten theilweise annahm und bis auf die unterste Sprosse hinabstieg, um sie das ABC des Christenthums zu lehren und von da allmählich mit ihnen aufzusteigen, damit Schaaren zu dem unverweklichen, unvergänglichen Segen gebracht würden. Als dieser Mann, fast wie ein Indianer gekleidet, in der General-Versammlung unsrer Kirche erschien, war mirs als müßte ich ihm zu Füßen sitzen. Das ist Gottes Werk, der Männer erweckt, die, die Hand an den Pflug legend, nicht zurücksehen. — Noch ein Wort, Mylord, über Erziehung. Wir haben ein System öffentlicher Schulen, dem wir durch keinen andern Zwang als der öffentlichen Meinung die ganze in unser Land strömende Jugend unterwerfen. Wir haben Freiheit der Rede, der Presse, Freiheit jeder Art zum Guten. Kommen diese Leute zu uns, so legen wir die Schulen unter sie, die Bibel über sie, und zwischen diesen beiden Mühlsteinen mahlen wir sie zu guten Bürgern. — Man hat hier Angriffe von römischer Seite. Wir fürchten sie nicht für England. — Warum hat England seinen Ankergrund behauptet, während andere Staatsschiffe vom Sturm der Revolution hin und her geschleudert wurden? Warum, Mylord, konnten Sie heute sagen, Englands Schiffe dringen in jede Bucht, die sich dem Ocean öffnet? Warum hört man überall Englands Trommelschlag als Verkündiger des herrlichen Glanzgestirns, das in seinen Gebieten nicht untergeht? Warum? — England hat die Bibel! Warum steht Mexico so tief, der Vereinigte Staatenbund so hoch? Mexico hat die Bibel nicht, wir haben sie. Nehmt Großbritanien die Bibel und es wird bald Italien gleichen. Seine Ruhmesdenkmäler werden zerfallen, sein Ruhm selbst muß der Geschichte angehören. Noch etwas habe ich zu sagen zum Schluß, und ich werde vielleicht deßhalb Entschuldigung finden, weil es zeigt was die Bibel für das Herz des Menschen thut. Vor dreißig bis vierzig Jahren, Mylord, ging auf einer der Fluthströmungen der Auswanderung, die von diesem Lande hinüberwogen ein junger von früh an in päbstlichem Irrthum erzogener und ganz davon durchdrungener Knabe nach den Vereinigten Staaten. Dort gab man ihm als Jüngling die Bibel in die Hand. Sie machte Eindruck auf sein Herz und seinen Geist. Jahre sind dahin gegangen, seit diese Bibel gelesen wurde. Der junge Mann wurde ein alter und steht diesen Morgen in Exeter Hall als Abgeordneter der americanischen Bibelgesellschaft."

Prediger Hugh Stowell: „Mylord! es paßt sehr gut, daß Sie den Vorsitz in einer Gesellschaft übernahmen, die man im strengsten Sinne „Freiheitsgesellschaft" nennen könnte. Sie brachen durch Gottes Gnade (denn Ihm allein gebührt die Herrlichkeit, die Sie verzehren würde, statt Sie zu schmücken, wenn Sie sie nicht Gott gäben) durch manche Bande, und Sie schicken sich jetzt an noch viel drückendere Ketten, die des Geistes, zu zerreißen, die dem Menschen seinen großen Freiheitsbrief, die große Offenbarung seiner Hoffnung vorenthielten,

Gotteswort „in seiner eigenen Zunge, worin er geboren ist." Ja Mylord, Sie sind in die Tiefe der Kohlenbergwerke hinabgefahren, um dort die Ketten der Unterdrückten zu brechen; Sie sind in die Fabriken gedrungen, um Licht hineinfallen zu lassen auf die unbillig Ueberlasteten, die ungerecht Angestrengten. Sie haben die armen Auswürflinge der Hauptstadt zu finden gewußt und den Provinzen ein Beispiel gegeben. Sie haben den armen, zerlumpten, haus- und heimathlosen Waisen nicht verachtet. Sie haben gedacht und mit Recht, es gebe einen Balsam in Gilead für seine Wunden und einen Arzt, die Krankheit seiner Seele zu heilen. Die Bettel-Schulen (Ragged-Schools, wörtlich zerlumpten Schulen) Englands sind die Apotheken, die Krankenhäuser Englands geworden, die mehr dazu helfen als irgend sonst etwas, um die Tochter unsres Volks gesund zu machen und die Quellen ihrer sittlichen Krankheit tief unten in den Gründen des Elendes und Verderbens zu trocknen.

Mylord, es ist ganz richtig gesagt worden, unser Kampf und Streit mit dem Pabstthum komme hauptsächlich von seinem Widerstand gegen Gottes Wort. Der Pabst hat uns einen nicht geringen Dienst erwiesen. Wir waren langsam uns durch den magnetischen Mittelpunkt unsrer gemeinsamen Bibel zusammenziehen zu lassen; aber er hat uns durch den Angriff auf uns alle zusammengetrieben. Und ich darf wohl die Behauptung wagen, daß, obwohl meine Dissenter-Brüder ihre Ansichten nicht aufgeben und ihre Gemeindeform lieb behalten, obwohl meine Kirchenbrüder fest bei ihrer Kirche bleiben und an deren Einrichtungen festhalten, wir dennoch inne geworden sind, es sei des Gemeinsamen mehr zwischen uns als des Verschiedenen. Wir können uns um unser Centrum schaaren, und wenn sie in Rom rufen: „die Kirche, die Kirche ists, woran wir glauben!" so rufen wir mit viel katholischerer, ursprünglicherer, wahrerer, bestimmterer und gewisserer Stimme: „die Bibel, die Bibel ist unser Centrum!“ Es war Ein Fehler nach meiner Ansicht in der Unterbringung der Bibelübersetzungen in der großen Ausstellung. Sie erinnern sich, daß der Lebensbaum mitten im Paradiese stand. Dieser zweite Lebensbaum, dessen Blätter Jesum darstellen, denn Er ist in der Schrift geoffenbart, hätte in der Mitte des Krystallpalastes als Centrum des Ganzen, gerade unter der großen Kuppel stehen sollen, daß jedes Auge sich darauf gewendet und man gesagt hätte: „Hier ist die Kraft dieser großen Nation, hier die Grundlage ihres Thrones, die Wache ihrer Freiheit, die Quelle ihrer Kunst, der Born ihrer unvergänglichen Weisheit. Von hier kommt Alles, was sie groß, herrlich, frei, zum Neid und Wunder der civilisirten Welt macht.“

„Der Bischof von Bombay: Mylord, obwohl ein Fremder in dieser Versammlung, bin ich noch ein alter Genosse der Gesellschaft, an die ich mich schon im Jahre 1811 anschloß und mit der ich seitdem in thätiger Mitarbeit verbunden blieb. Ich kann nicht umhin ein Wort über den Grundsatz der Gesellschaft zu sagen, die Bibel nun ohne Anmerkung zu verbreiten. Wie oft war ich in Indien Zeuge davon in Committeen, daß nur diese Regel es möglich machte zusammen zu wirken. — Erlauben Sie mir einige Mittheilungen aus meiner indischen Erfahrung in der Bibelsache. Zuerst von den Uebersetzungen und der raschen Arbeit daran. Als ich vor 36 Jahren nach Indien kam, gab es noch gar kein Stück der Bibel in der Maratta- und Gudscheratti-Sprache. Jetzt ist die ganze Bibel in beiden Sprachen, die in meiner Präsidentschaft überwiegend gesprochen werden, vorhanden. Aber auch genau und mit Sorgfalt sind sie gemacht. Schon frühe hatten die amerikanischen Missionare eine marattische Bibelübersetzung gefertigt; nach einigen Jahren folgte das Neue Testament im Gudscheratti nach, das die Missionare der Londoner Gesellschaft zu Surat ausarbeiteten. Beide waren nicht vollkommen; aber die Hauptsache war da. Ich hörte allerlei Bedenken gegen die letztere derselben. Da ging ich einmal auf eine Station, die ich monatlich einmal besuchte und nahm eines der gudscheratischen Evangelien mit. Ich gab es einem gescheidten Hindujüngling, zeigte ihm ein Kapitel und hieß es ihn lesen. Es erzählte einige Wunder und ein Gleichniß des Herrn. Er las eine halbe Stunde lang, dann hieß ich ihn das Buch zumachen und mir sagen, was er gelesen habe. Er gab mir den Umriß des Gelesenen sehr genau und sogar einige wichtige Einzelnheiten wieder. Es las für sich noch viel darin, verglich es mit dem Englischen, das er verstand, und sagte mir, die Uebersetzung sei nicht genau, sie habe hie und da ein Wort ausgelassen. Ich bat ihn, den nächsten Monat alles Ausgelassene aufzuschreiben. Als ich wieder kam, zeigte er mir eine lange Liste. Aber was war es? nur, was in unsrer Uebersetzung gesperrt gedruckt ist, und das mußten natürlich die aus dem Grundtexte Uebersetzenden weglassen. — Uebrigens sind beide Uebersetzungen revidirt worden und zwar von einer Committee von Missionaren und mit der Sprache vertrauten Beamten. Jeder schrieb seine Bemerkungen und Vorschläge in ein Exemplar, und zuletzt trat man zusammen und entschied über die zu machenden Aenderungen. Seit wir mit der Sprache ganz vertraute und hinreichend gebildete eingeborne Missionare haben, können wir eine vollkommenere Uebersetzung hoffen. — Was die Vertheilung anbelangt, so haben wir, um nicht den Schatz zu verschleudern, wie Jedermann von Missionaren ein Buch verlangte, das Gesetz gemacht, daß die heil. Schrift nicht mehr ganz umsonst abgegeben werden darf, und die Vertheilung hat sich dadurch nicht gemindert; wohl aber wissen wir daß, wer jetzt die Bibel bekommt, sie auch benützt. — Die Bibelgesellschaft zu

Bombay, und ich glaube auch die zu Calcutta, hat Bibeln nach Persien senden müssen, zum Gebrauch der armenischen, der assyrischen, chaldäischen Kirchen, und auch nach Africa für Abessinien. Um zu beweisen, daß sie dort gelesen werden, will ich nur Eines Vorfalls erwähnen. Es kam ein syrischer Bischof zu mir nach Bombay, der keine der indischen Sprachen verstand und mit dem ich nur durch einen Armenier verkehren konnte, der Hindustani und zugleich des Bischofs Sprache verstand. Ich sah ihn öfter, und unsere Besprechungen drehten sich beständig um Bibelstellen und ihre gegenseitige Erklärung durch einander. Ich legte ihm und er mir solche Stellen vor. Ich staunte, wie bewandert der Mann in allen Theilen der Bibel war. Bei seinem letzten Besuch sprach ich das Vergnügen aus, welches mir die Unterhaltungen mit ihm gewährt hätten. Er nahm das Neue Testament in die Hand und sagte: brannte nicht unser Herz in uns, da Er uns die Schrift öffnete auf dem Wege?" Obwohl unser Verkehr nicht die Früchte getragen hatte, die ich wünschte, so schien mir dieß doch zu zeigen, daß er von der Kraft der Wahrheit etwas fühlte. — Wie weit einzelne Bibelexemplare herumkommen, davon auch ein Beispiel. Als die Emire von Scinde in Bombay waren, machte ich ihnen einen Besuch. Sie waren meist verständige Männer und in der persischen Litteratur wohl bewandert. Ich gab einem von ihnen ein persisches Neues Testament von Henry Martyn. Er sah es an, las etwas darin und sagte: „das Buch habe ich schon mehr gesehen, ich habe es gelesen als ich in Heiderabad wohnte." Ich freue mich sagen zu können, daß kürzlich die Frauen dieser Emire um persische Bibeln eingekommen sind. Ich bin überzeugt, daß viele Bibeln da und dort unter den morgenländischen Kirchen zerstreut vorhanden sind. Laßt uns beten um den Segen des Herrn in Ausgießung Seines Geistes nach Seiner Verheißung. Ich habe stets geglaubt, daß die Bibel und nicht das Eingreifen protestantischer Missionare zur Wiederbelebung dieser Kirchen führen wird. Die Bibel hat von jeher erweckt. Als Josiah das Gesetzbuch fand und seinen Inhalt mit der Wirklichkeit seines Volkes verglich, gab es eine Erweckung in Israel. War es nicht die Verbreitung der Bibel in Deutschland und England, was die Reformation herbeiführte u. s. w."

Nach diesen Rednern sprachen noch Prediger Jackson, Präsident der Wesleyanischen Conferenz, die Prediger Bickersteth, Baptist W. Noël, der Graf von Chichester, Prediger Browne, Sekretär der Gesellschaft und zuletzt der neue Präsident Lord Ashley.

Neuseeland.

Von Archidiakonus Williams.

17. Juli 1581.

Ich ersuche Sie der Committee der brittischen und ausländischen Bibelgesellschaft mein Gesuch gütigst vorzulegen um den Druck von 10,000 Exemplaren des neuseeländischen Neuen Testaments für den Gebrauch der kirchlichen Mission in Neuseeland *) noch abgesehen von dem, was die wesleyanische Mission bedürfen wird. Ich schlage diese größere Auflage vor, weil ich gewiß bin, daß das Neue Testament in größerer Ausgabe sehr viel Nachfrage finden wird und daß die Neuseeländer es gerne bezahlen werden.

*) Die Bitte wurde genehmigt und der Druck ist in Ausführung begriffen.

Herausgegeben von der brittischen und ausländischen Bibelgesellschaft.

Nro. VIII. August 1851.

Monatliche Auszüge

aus

dem Briefwechsel und den Berichten

der

brittischen und ausländischen Bibelgesellschaft.

Von Missionar Moffat in Südafrika.

Kuruman, 20. März 1851.

Ich freue mich Ihnen anzeigen zu können, daß die von Ihrer Committee geschenkten fünfzig Rieß Druckpapier glücklich und als eine Hülfe zu rechter Zeit angelangt sind. Ich kann dießmal nur kurz schreiben. Wir sind durch Gottes Gnade im Stande unsre Arbeit stets fortzuführen. Natürlich geht unter unsern Umständen der Druck wie die Uebersetzung langsam von statten. Wir waren aufgehalten, weil wir einen zu kleinen Typen-Vorrath hatten; aber ich wende mich, mit diesem Briefe abgehend, an unsern Sekretär um Vermehrung desselben. Wie ich zuletzt schrieb, hat jetzt Herr Ashton das ganze Druckgeschäft zu leiten, hilft mir aber auch sehr bedeutend im Uebersetzen. Die 500 Exemplare des Jesaja, der Sprüchwörter und des Predigers sind längst vertheilt, und wir hätten noch viel mehrere brauchen können. Die neue durchgesehene Ausgabe in 1000 Exemplaren ist fertig und wartet nur noch aufs Einbinden. Eben haben wir mit dem Pentateuch (5 Büchern Mose) angefangen; ich lege eine Druckprobe des ersten Buchs Mose bei. Obwohl der letzte Sommer, der eben zu Ende geht, sehr heiß und dürr, daher für die Eingebornen eine Nothzeit war, so wurden doch ziemlich viele Neue Testamente verlangt. In dem neuesten Bericht der Hülfsgesellschaft von Capstadt sehe ich einige Irrthümer; statt 1000 oder 1500 Neuen Testamenten, die dort als unter den Betschuanen im Umlauf begriffen angegeben werden, sind es 3500 oder mehr, statt 200 Exemplare von Jesaja u. s. w. wurden sämmtliche 600 bereits ausgegeben. Nur die Hälfte des Alten Testamentes ist, so viel wir wissen, übersetzt. In meinem nächsten Brief hoffe ich Fortschritte darin melden zu können. Das letzte Jahr brachte viele Unterbrechungen; ich war einmal ein ganzes Vierteljahr von der Station weg. Die Aussichten ins künftige Jahr sind besser, wenn der Kaffernkrieg unsere Gegenden ungestört läßt.

Italien.

(Aus einer Rede des Herrn Sam. Waldegrave zu Bedford 9. Juni 1851 gehalten.)

Während meines viermonatlichen Aufenthaltes in Nizza waren vier große französische Bibelkisten im Zollhaus eingesperrt. Nizza ist ein Freihafen. Alles darf frei herein, nur die Bibel nicht. Man wandte sich an den sardinischen Minister des Innern um die Bibeln frei zu bekommen. Die Antwort war, daß er nichts gegen die Freigebung habe, wenn der Bischof von Nizza seine Zustimmung gebe. Es ist leicht zu begreifen, daß bei diesem nicht viel zu hoffen war. Hatte er doch erst kürzlich ein Mandement (Hirtenbrief) zur Warnung gegen die Versuche der Bibeleinführung unter seiner Heerde erlassen und zur Ablieferung jedes Exemplars an die Priester aufgefordert. — In den Beichtstühlen der italienischen Kirchen sieht man gewhönlich Listen derjenigen Sünden angeschlagen, die ohne Bitte bei der höhern Kirchenbehörde keine Absolution erhalten können. Ich besitze ein Exemplar dieses Papiers, wie es in der Diöcese von Nizza gebraucht wird; es ist völlig das Gleiche mit denen, die man in den Beichtstühlen findet. Es ist in zwei Theile getheilt. Oben sind die gewöhnlichen casus reservati (für die Entscheidung des Bischofs bestimmten Sünden). Ich mag nicht sagen, was unter dieser Rubrik steht, zum Theil dasselbe, was man im ersten Capitel des Römerbriefs gegen Ende geschrieben findet. Unten sind bloß zwei Hauptverbrechen aufgeführt, wer sie aber begeht, der ist excommunicatus ipso facto (eben damit im Kirchenbann). Und was sind nun diese Verbrechen, die sogleich eine so furchtbare Strafe nach sich ziehen? das erste ist der Eintritt in ein protestantisches Bethaus mit der Absicht die Predigt zu hören. Das zweite ist die Unterstützung der Bibelgesellschaft oder irgend einer andern Gesellschaft für Verbreitung schlechter Bücher. Das darf man in einem Lande sagen, wo die Schriften von Eugen Sue und Strauß' Leben Jesu offen verkauft werden dürfen und an den Schaufenstern der ersten Buchläden stehen. Ein Freund sagte mir, in manchen der Listen in den Beichtstühlen fehlen die beiden letzten Verbrechen; er habe aber gefragt woher das komme und die Antwort erhalten, das seien noch die alten Listen, während die neue vom Bischof bei seiner Einsetzung erlassene die vollständigere sei. — Hat sich die Kirche Roms verändert oder nicht? und wenn verändert, hat sie sich gebessert?

Aber ich habe noch mehr für die Behauptung zu sagen, daß die römische Kirche ihre Kinder um die Bibel betrügt. Während der paar Monate, in welcher die römische Republik bestand, wurden 3642 Exemplare des italienischen Neuen Testaments gedruckt. Die Bücher waren eben fertig, als die Franzosen Rom besetzten und die päpstliche Herrschaft wieder herstellten. Eine der ersten Handlungen der wieder eingesetzten Regierung war die Beschlagnahme dieser Testamente, oder vielmehr ihre Legung unter Siegel und Belassung unter Verschluß des americanischen Gesandten. So lange diese Gefangenen in seinem Hause waren, erhielten sie täglichen Besuch von der Polizei, um zu sehen, ob die Siegel unverletzt seien. Aber auch diese Ueberwachung reichte nicht hin. Die päbstliche Regierung entschloß sich zuletzt den Werth der Bücher (700 Scudi) zu zahlen, um sie ganz in ihre Gewalt zu bekommen. Und welchen Gebrauch machte sie von dieser Gewalt? Man sagt, die Testamente seien sämmtlich verbrannt worden. Als man am gehörigen Orte nachfragte, zeigte sich, daß dieß Gerücht irrig war. Aber dieselbe Person, die diesen Aufschluß ertheilte, gestand, daß sie Befehl erhalten habe, sie nach und nach zu verbrennen.

Doch ich habe auch noch mittzutheilen, was mir selbst am 25. April dieses Jahres widerfuhr. In den verschiedenen Zollhäusern Italiens sind Bücher und Waffen die einzigen Artikel, denen die Beamten ernstlich nachspüren. Ich hatte auf der Reise nur zwei Bücher bei mir, die ganz und gar nicht zu den Streitschriften im römischen Sinn gehörten: es war Bischof Jewells Vertheidigung der englischen Kirche in lateinischer Sprache und eine kleine italienische Taschenbibel von Diodati. Meine Frau hatte sie vor 12 Jahren gekauft und sie trug ihren Familiennamen nebst der Jahrzahl 1839 auf dem Titelblatt, bewies auch durch den Zustand des Einbandes langen Gebrauch. Als wir von Neapel nach Rom zurückkehrten, war zufällig diese Bibel in einem der Koffer. Als wir zu Terracina, der Gränzstadt des Kirchenstaats ankamen, wurde dieser Koffer am Zollhause geöffnet und die italienische Bibel gefunden. Bei ihrem Anblick rief der Untersucher mit einem Schreckensblick: Una Bibbia! (Eine Bibel!). Ein Zweiter rief: Una Bibbia Italiana! (Eine italienische Bibel!) und ein Dritter: E Diodati!

(es ist Diodati!). Ich war gerade nicht da. Als ich zurückkam, versicherte ich, sie sei nur für meinen Gebrauch und werde nicht weggegeben; aber umsonst. Der Oberbeamte nahm die Bibel, machte sie auf, blickte auf die Rückseite des Tittelblattes und rief: E viene dalla Propaganda! (sie kommt von der Propaganda d. h. die Bibelgesellschaft). Die Bibel wurde weggenommen. Ich dachte, wir selbst werden doch jetzt weiter reisen können. Aber nein! drei und eine halbe Stunde wurde ich zu Terracina in Haft gehalten, und erst nachdem ich zweimal in das Haus des Statthalters gegangen und mich fast mit Gewalt in sein Krankenzimmer gedrängt hatte, erhielt ich die Erlaubniß weiter zu reisen. Ehe ich jedoch fort durfte, nahm man mir mein englisches Kirchengebetbuch mit einer kleinen Abhandlung über einen Theil der Offenbarung Johannis, worin kein Bezug auf das Pabstthum genommen ist, ab. Die Beamten verstanden nicht Englisch, aber sie sagten, die Bücher könnten viel Schlimmes enthalten. Alles dieß geschah in Folge eines an jenem Morgen von Rom angelangten Schreibens, das alle heimlichen Bücher wegzunehmen und die Besitzer festzuhalten befahl. Als ich dieß Alles dem Legaten des Districts vorstellte, bedauerte er das Geschehene, der Finanzminister zu Rom gleichfalls, beide sagten, es sei ein Mißgriff gemacht worden. Aber kann man sagen, daß eine Regierung, unter der solche Mißgriffe möglich sind, ihrem Volke den freien Gebrauch der Bibel verstatte? Ich muß hinzufügen, daß trotz wiederholter Versprechungen weder die Bibel noch eines der andern Bücher mir zurückgegeben wurde.

In einer italienischen Hauptstadt soll ein Engländer einem Eingebornen, der Englisch verstand, eine englische Bibel geschenkt haben. Einmal in der Nacht, da der Empfänger nicht zu Hause war, kam ein Haufe bewaffneter Polizeisoldaten in dasselbe und durchsuchte es zum großen Schrecken der Familie. Sie kamen, um die Bibel, die englische Bibel, zu suchen, die im Hause sein sollte. In einer andern Stadt Italiens sah eine arme Frau die Polizei in das Haus kommen, wo sie wohnte. Während die Polizeileute die Treppe hinaufgingen, ließ sie ihr Kind die Thür zuhalten, bis sie ihre Bibel aus dem Fenster geworfen hatte, die ein freundlicher römischer Katholik auf ihre Bitte hin aufhob und versteckte.

Als ich in Florenz war, hatte ich das Vergnügen, den Grafen Guicciardini zu besuchen. Er war im Gefängniß. Er ist ein Mann von Rang, Vermögen und tadellosem Ruf, ein treuer Unterthan, der sich gar nicht mit der Politik eingelassen hatte. Als ich mit dem Freunde, der mich begleitete, wartete, fragte ich den Gefängnißwärter, ob der Graf von jedem politischen Verdachte frei sei? „Ja", war die Antwort, „er ist parfaitement pur (vollkommen rein)." Und doch saß er im gemeinen Kerker. Was hatte er gethan? Er war mit sechs andern um einen runden Tisch sitzend angetroffen worden, wo sie in der Bibel lasen. Das war sein ganzes, sein einziges Verbrechen. Doch ich muß etwas weiter ausholen. Toskana war vordem der freisinnigste der italienischen Staaten. Es waren dort drei protestantische Kirchen, eine englische, schottische, französische, unter öffentlichem Schutz. In der französischen Kirche durfte monatlich ein italienischer Gottesdienst für die in Florenz wohnenden Waldenser gehalten werden. Als vor einigen Jahren der Großherzog seinen Unterthanen eine Verfassung gab, durfte der italienische Gottesdienst noch öfter gehalten werden. Das Wort Gottes von Seinem treuen Diener gepredigt, wurde durch mitfolgende Zeichen bekräftigt. Es sollen gegen 200 Florentiner dem Glauben gehorsam geworden sein und mehr als tausend angefangen haben nach dem Weg gen Zion zu fragen. Die toskanische Regierung, wie sie jetzt ist, geleitet vom päbstlichen Nuncius und von den östreichischen Truppen gestützt, wurde beunruhigt. Der italienische Gottesdienst wurde geschlossen und die Hirten der jungen Gemeinde mußten das Land verlassen, einer unter der schmählichsten Behandlung, indem man ihm Ketten anlegte und ihn von Gefängniß zu Gefängniß bis an die Gränze transportirte. Und warum diese grausame Behandlung? Weil es an den Tag kam, daß er nach der Schließung des Gottesdienstes zu Hause mit einigen Gliedern seiner verfolgten Heerde in der Bibel las. Denn die Leute hatten, weil sie nicht mehr öffentlich zusammen kommen durften, angefangen, sich in ganz kleinen Häuflein in Privathäusern zusammen zu finden. Darüber abermals erschrocken, ließ die Regierung ein Edikt ergehen, das jedermann verbot, Unzufriedenheit mit der römisch-katholischen Staatsreligion durch Zeichen, Wort oder That auszudrücken. Unter den Gläubigen ist Guicciardini der einzige Mann von Rang, die andern sind arme Leute. Zuerst scheute sich die Regierung ihn anzurühren. Sie bot ihm die Erlaubniß an, die französische Kirche zu besuchen, wenn er sich von den Brüdern losmachen würde. Seine Antwort war, ihre Sache sei die seinige und er könne sie nicht im Unglück verlassen. Die Regierung antwortete ihm, dann müsse er auch sich von jeder öffentlichen oder Privatzusammenkunft mit ihnen zu gemeinsamer Erbauung und Gebet zurückhalten. Da ihm nicht einmal diese Freiheit in seiner Heimath gelassen wurde, so wollte er Toskana verlassen und nach England gehen. Den Abend vor seiner Abreise besuchte er einen armen Gläubigen, um Abschied zu nehmen. Ohne alle vorherige Verabredung kamen noch vier andere dazu. Wie Christen thun, wenn sie zusammenkommen, nehmen sie ihre Bibel, um etwas zu lesen. Eben soll der Sprechende Matth. 10, 32 (wer mich bekennet vor den Menschen, den will ich auch bekennen vor meinem himmlischen Vater) ausgesprochen haben, als acht Gensdarmen eintraten und sie nach dem Borghello, dem gemeinen Kerker des Bezirks, führten, wo der Graf für die erste Nacht in eine schmutzige Zelle geworfen wurde. Zu rechter Zeit wurde er mit seinen sechs Genossen verhört und zu sechsmonatlicher Haft in den Maremmen von Toskana (einer ungesunden Sumpfgegend) verurtheilt. Das öffentliche Document, das dieses Urtheil ankündigte, sagt ganz ausdrücklich, daß es nur Strafe sei für das Lesen und Besprechen eines Capitels im Evangelium Johannis.

Die Strafe wurde nachher in sechsmonatliche Verbannung aus Toskana verwandelt.

Aus England.

Von dem Agenten Herrn Bourne.

Ich habe wenig besonders Neues zu melden. Die Versammlungen waren im Ganzen gut und warfen viele Gaben ab; Besuch und Sammlungen eher etwas über den Mittelschlag, das bei der gegenwärtigen Anziehung der Hauptstadt durch die Ausstellung ein Gegenstand besondern Dankes ist. In den letzten zwei Monaten war ich meist in den Ackerbaugegenden, wo man viel klagte und fürchtete. Doch ging es gut. Die Zunahme unsrer Dorfvereine hat Vielen die Nothwendigkeit näher gelegt, das heilige Buch zu besitzen. Ein Freund im Norden hat den Wunsch ausgedrückt, einen Bibelträger für Cumberland zu erhalten, das, wie ich hoffe, bald gelingen wird. Die Ernte und die große Ausstellung haben hie und da meine Arbeiten etwas gehindert, doch nicht viel.

Herausgegeben von der brittischen und ausländischen Bibelgesellschaft.

Nro. IX. September 1851.

Monatliche Auszüge

aus

dem Briefwechsel und den Berichten

der

brittischen und ausländischen Bibelgesellschaft.

Aus der Südsee.

Von Prediger Thomas Adam an die Hauptsekretäre der wesleyanischen Missionsgesellschaft und von diesen an die Bibel-Committee übergeben.

Wawau, Freundschaftsinseln 1. Oct. 1850.

Geehrte Väter im Evangelio! Gemäß einer Anordnung unserer letzten District-Jahresversammlung übersenden wir hiebei unserm verehrten Visitator zu Fidschi ein verbessertes Exemplar unsers Neuen Testaments in der Tonga-Sprache und erbitten uns eine große Auflage von der Bibelgesellschaft. Wir haben gethan was in unsern Kräften stand, um dem Volke das lautere, unverfälschte Wort Gottes in seiner Sprache zugänglich zu machen; und nun sind unsre Augen nach England gerichtet; wir bitten herzlich um Hülfe. Wir vertrauen diese verbesserte Uebersetzung mit großer Zuversicht unserm verehrten Generalvisitator mit der Bitte an, sich für uns bei der verehrten Bibel-Committee zu verwenden, damit sie uns helfe den Samen der ewigen Wahrheit auszustreuen. Wir fühlen alle die Pflicht, die auf uns liegt, das Wort Gottes in seiner Reinheit zu verbreiten, um so gebietender, weil der Irrthum bei uns Fuß gefaßt hat. Vier römische Priester sind in Tonga, die sich übrigens noch keines Erfolges rühmen können, weil ihnen das Licht des lautern Evangeliums schon vorausgegangen ist. Sie kämpfen sichtlich mit andern Waffen als denen des Geistes und gehen auf andere Siege als die über rebellische Sünder aus, um sie zu freudiger Unterwerfung unter den König aller Könige zu bringen. Das römische Wesen wird in Tonga ganz treffend als getauftes Heidenthum bezeichnet. Seine Angehörigen machen nur einen kaum merklichen Uebergang und sind in der That noch Heiden.*)

Nordamerika.

Aus dem fünfunddreißigsten Jahresberichte der americanischen Bibelgesellschaft. Mai 1850.

Kalifornien. Das Nachfolgende von Herrn Buel wird unsern Freunden wichtig sein und die Wichtigkeit unsrer Arbeit in Kalifornien beweisen:

Die chinesischen Schriften, deren Empfang ich neulich anzeigte, habe ich ziemlich unter den Chinesen verbreitet. Sie nehmen dieselben immer sehr freundlich an; oft machten sie sich sogleich mit lebhafter Neugierde daran, den Inhalt zu untersuchen.

Am Mittwoch hatten wir öffentliche Uebergabe der bei Herrn Woodworth (Vice-Consul für die Chinesen im hiesigen Hafen) von dem Prediger Herrn Bonney (Missionar in China) eingegangenen chinesischen Bücher an die Chinesen. Auf Einladung des Herrn Woodworth und anderer Freunde der Sache waren der Mayor der Stadt, die Geistlichkeit und die meisten Bürger zugegen. Zur festgesetzten Stunde sah man die Chinesen über die Piazza nach dem zur Uebergabe anberaumten Orte ziehen. Solch' eine Prozession ist noch nie über americanischen Boden gegangen. Sie kamen zwei und zwei, etwa hundert an

---

*) Es wurde der Druck von 10,000 Neuen Testamenten in der Tongasprache angeordnet.

der Zahl, meist in Nationaltracht und mit Gesichtern und Haltung, wie sie dem americanischen Auge ungewohnt sind. Es war ein einziger, dem Patrioten und Christen gleich anziehender Anblick. Es war die erste eigentliche Versammlung eines fremden Volkes, das einen nicht unbeträchtlichen Theil der Bevölkerung an diesen Gestaden bilden wird, dessen eigenthümliche Art, Charakter und Sitte von der anglo-americanischen Weise verschlungen werden oder sich doch damit und mit den andern hier zusammenströmenden Nationen der Erde zu einem ganz neuen Volksleben mischen muß, das aus Allem zusammengesetzt sein wird, was die einzelnen Nationen Besonderes hatten. Es war für den Christen ein ergreifender Anblick, die Söhne Schins aus seiner Hand das Wort der Wahrheit empfangen zu sehen, den Vertretern einer Nation die Sprüche Gottes überreichen zu dürfen, die vor wenigen Jahren noch gegen allen christlichen Einfluß vermauert und in den Schleier heidnischer Finsterniß eingehüllt war.

Auf der Platform befanden sich mit den Chinesen mehrere Prediger des Evangeliums, der Mayor, drei Mitglieder der Bibel-Committee von San Francisco, Hr. Nevins von der Tractatgesellschaft und andre Bürger der Stadt. Die Chinesen standen, mehrere Mann tief, auf beiden Seiten. Sie waren verschieden gekleidet, und obwohl der chinesische Typus an allen unverkennbar war, so zeigten doch mehrere Gesichter so hervorstechende besondre Züge, daß sie allgemeine Aufmerksamkeit auf sich zogen. Einer besonders richtete aller Augen auf sich durch die Würde seiner Erscheinung und sein nachdenkliches Aussehen. Auch Ahi, einer der Angesehensten hob sich durch sein gescheidtes Gesicht hervor.

Der ehrwürdige Prediger Herr Williams, Herr Hunt und der Mayor Oberst Geary machten geeignete Bemerkungen, die durch einen Chinesen aus New-York Namens A-sing gedolmetscht wurden. Die Aufmerksamkeit der

Chinesen wurde auf das Zeichen hingelenkt, das ich in China empfangen hatte, mit dem Bedeuten, daß, wo sie das Zeichen sehen würden, die Bücher zu erhalten wären. Herr Woodworth, der Vice-Consul, überwachte die Austheilung. Die also ausgestreute Saat wird, wie wir hoffen dürfen, vom Einfluß des heiligen Geistes begleitet sein. Es ist eine neue Wendung in der Kirchengeschichte, daß die Heiden in hinreichender Zahl unter unsre Gemeinden hereintreten, um ihnen das Wort Gottes predigen zu können. Diese Chinesen sind ohnedieß nur die Vorboten einer großartigen Auswanderung aus ihrem Lande an diese Gestade. Die Versammelten waren kaum ein Zehntheil derer, die bereits von der Küste bis in die Berge und in den Bergwerksrevieren zerstreut sich im Lande befinden. Mit jeder neuen Welle, die ans Ufer schlägt, sollte man gleich eine Austheilung der chinesischen Bibel an Jeden in Berührung setzen. So können Tausende von Chinesen in ihren Besitz kommen. Dieses Geschenk, vom Gebet der Christen und den wesentlichen Wirkungen des heiligen Geistes begleitet, kann heilsam auf ihre Herzen wirken. Der Allmächtige, der durch Mittel wirkt, kann diese californische Bewegung zur Einführung des Evangeliums unter den Chinesen in weitern Kreise benützen.

Westindien.

Von Prediger J. P. Knox.

St. Thomas 15. Juli 1851.

Ihr gütiges Schreiben vom 25. Januar, mit der Anzeige der Testamente, habe ich richtig erhalten. Diese 400 Testamente und Psalmen mit den 693 Bibeln, die Herr Mac Murray mir anvertraute, legten einen Schatz von 1093 Exemplaren heiliger Schriften zur unentgeltchen Vertheilung unter den des Lesens kundigen freien Negern in meine Hände. Sogleich vertheilte ich denselben zwischen zwei bischöflichen und einem lutherischen Prediger auf St. Croix und den bischöflichen und lutherischen Predigern und mir selbst auf St. Thomas, je nach der Größe der Gemeinden. Nach St. Croix kamen demgemäß 643, wir behielten 450 Exemplare. An die Brüdergemeinden gab ich davon nichts, weil ich mir denken mußte, sie seien durch Ihr früheres reiches Geschenk hinreichend versorgt.

Die Geistlichen auf St. Croix haben den Empfang ihres Antheils bereits mit großem Dank gegen Ihre Güte anerkannt. Der englische Prediger, Herr Wade, schreibt: „die Bibeln werden eine große Wohlthat für meine Gemeinde sein, von der viele Glieder lesen können. Ich kann den Beschluß der brittischen und ausländischen Bibelgesellschaft leicht durch meine Sonntagsschule ausführen, an der 5—600 Neger regelmäßig Theil nehmen." — Prediger F. J. Hawley versichert mich, daß er die gewissenhafteste Vertheilung in seiner Gemeinde von mehr als 1000 Communicanten vornehmen werde. Der lutherische Prediger Hanschell schreibt: „ich werde die Bibeln vorzüglich an die freien Neger der Insel geben, und nur wenn, wie ich fürchte, unter ihnen nicht Leute genug sind, die lesen können, hoffe ich die Gesellschaft, von der die edle Gabe kommt, werde erlauben den Rest an die ärmern Glieder der lutherischen Gemeinde, die lesen können, abzugeben. Erlauben Sie mir, durch Sie der wohlthätigen Gesellschaft, deren Werkzeug Sie in dieser Sache gewesen sind, den herzlichen Dank meiner Gemeinden auszusprechen. Die reiche Gabe wird sicher großen Segen stiften.

Auch die hiesigen Geistlichen gaben mir auf mit dem meinigen auch ihren Dank für das Liebesandenken in so reicher Gabe zu bezeugen. Auch wir leben derselben frohen Hoffnung wie Herr Hanschell. Unsre ehemaligen Sclaven befinden sich wohl, sie sind zufrieden und fleißig. Die Pflanzer werden sich besser dabei stehen, als beim alten System.

Türkei.

Von dem Agenten Herrn Barker.

Smyrna 6. August 1851.

Sie werden sich freuen zu vernehmen, daß von den zwei Niederlagen (Smyrna und Constantinopel) allein 4056 heilige Schriften vertheilt worden sind, 301 Exemplare mehr als im vorigen Halbjahr, in welchem überdieß auch die Niederlage von Adrianopel noch mit inbegriffen war. Die Geldeinnahme dahier war 152 Pfd. 16 Schill. 8 Pf. (1834 Gulden).

Es kann der Committee nur angenehm und befriedigend sein, zu erfahren, daß, während sie die so sehr gesuchte kleinere Ausgabe der türkischen Bibel drucken läßt, mir Nachrichten davon zugekommen sind, wie die Türken in Constantinopel anfangen das Wort Gottes aufzusuchen und zu lesen. Es ist ein kleiner Anfang; aber Alles muß ja erst anfangen, und wer weiß, ob das nicht das Wenige von Sauerteig ist, welches den ganzen Teig durchsäuren wird? denn früher oder später muß ja die Bibel alle Täuschungen und falschen Religionen niederwerfen.

Die Reformation unter den Armeniern geht sehr gut fort, und unsre Boten, die Bibeln, thun ihre Arbeit tüchtig, indem sie nicht nur der Missionsarbeit den Weg bahnen, sondern auch selbst ohne menschliche Beihülfe das gute Werk ausführen.

Ich freue mich, Ihnen nachfolgenden interessanten Brief von dem americanischen Missionar in Constantinopel, Herrn Everett, übersenden zu können.

„Constantinopel 30. Juli 1851.

„Mein Herr! Ihnen ist es immer eine Freude vom Blühen des Wortes Gottes zu vernehmen. Je mehr Bibeln verbreitet werden, wenn sie nicht gerade auf den dürresten Boden fallen, desto größer wird die Nachfrage. Ungeachtet wird iesеs Jahr keine stärkeren Anforderungen um Bücher an Ihre Gesellschaft gemacht haben, so können wir doch vielleicht von einer guten Aussaat und ihrem Aufgeben zur Ehre Gottes reden. An vielen Orten unsres Arbeitsfeldes wächst die Nachfrage nach der heil. Schrift und ihr Verkauf.

„Ich theile Ihnen einige Thatsachen mit, wie sie an unsre General-Versammlung schriftlich gelangt sind.

„In dem großen Umkreise der Station Erzerum sind im letzten Jahre mehr Bibeln verkauft worden, als in zwei bis drei vorangegangenen Jahren zusammen. Nicht allein fragt man viel nach der armenischen Bibel, sondern das Verlangen nach ihr wächst rascher als das nach andern guten Büchern. Zu Diarbekr hätte man auf einem Besuche zehn Bibeln auf einmal abgeben können, wenn man sie zur Stelle gehabt hätte. Sogar die Feinde der Missionare schickten heimlich durch armenische Protestanten um Bibeln.

„Es fehlt nicht an merkwürdigen Vorfällen. Ein Jüngling, der den Missionarien nie nahe gekommen, nie in einer ihrer Versammlungen gewesen war, verließ die Stadt Erzerum, nahm das Neue Testament mit und las unterwegs darin. Nachem er den Ort seiner Bestimmung erreicht hatte, lehrte er vier Familien das Testament lesen, und diese haben seitdem an die Missionare um Bücher und einen Lehrer geschickt. — Vier Arbeiter in einer Töpferei verschafften sich ein Testament und lasen es miteinander, und bald sprachen sie laut von dem Gelesenen vor den Leuten. Sie wurden vor den Bischof gerufen, des Protestantismus bezüchtigt und mit Bastonade und Kerker bedroht. Aber sie erklärten, nie einen Missionar gesehen oder gehört zu haben, bekannten aber ganz frei, daß sie das Wort Gottes gelesen haben und verhehlten auch ihren Entschluß nicht es ferner zu lesen, möge geschehen was da wolle. Zu Aintab und in der Umgegend regt sich eine starke Nachfrage nach guten Büchern, vor allem aber nach der Bibel, aus der man alle Streitfragen entscheiden will. So wächst das Bibelverlangen im ganzen Lande. — Ihre hebräischen Bibeln wurden reißend abgesetzt, bis man den Preis erhöhte. Dieß that für den Augenblick Einhalt und das war gut, indem die Frucht vom Verkauf des hebräischen Alten Testaments bei Juden, die es nicht verstehen, doch in gar zu weiter Ferne liegt, um die große Ausgabe daran zu rücken und den reißenden Absatz zu befriedigen. Auch steckten Speculationen jüdischer Buchhändler dahinter. Das bulgarische Testament findet viele Liebhaber. Man fragt oft und viel und dringend nach dem Alten Testament. Mehr als sechzig jüdische Neue Testamente wurden im letzten Halbjahr verkauft, und was noch merkwürdiger ist, wir verkaufen jetzt viele türkische Bibeln und Testamente an Türken."

Herausgegeben von der brittischen und ausländischen Bibelgesellschaft.

Nro. X. October 1851.

Monatliche Auszüge

aus

dem Briefwechsel und den Berichten

der

brittischen und ausländischen Bibelgesellschaft.

Frankreich.

Von dem Agenten Herrn von Pressensé.

Paris, 18. Juli 1851.

In einem Dorfe des Departements der Oise ging ein Bibelträger zu einem Haufen Arbeitsleute hin, die eben von ihrer Arbeit ausruhten. Er ließ sich in ein Gespräch mit ihnen ein und sie waren bald lebhaft angezogen. Jeder wollte ein Neues Testament kaufen, und da sie hörten daß es nur 50 Centimes koste, schrieen sie vor Erstaunen über die Wohlfeilheit auf. Sie fragten wie das möglich sei? und da sie hörten, wie es durch die Opfer der Bibelfreunde möglich werde, sagte einer der Arbeiter: „das sind sehr gute Leute; aber da wir gerade Geld verdienen, so wollen wir ihre Ausgaben nicht vergrößern. Kameraden, das wäre eines Franzosen nicht würdig. Laßt uns vierzig Centimen mehr für jedes Buch bezahlen." Alle stimmten bei und kauften das Testament zum kostenden Preise.

In einem Wirthshause trat ein Bibelträger zu einem Tische, an dem gerade fünf Personen ihr Nachtessen einnahmen. Er hatte eine Bibel in der Hand. Einer der Speisenden stand gleich auf, nahm aus Ehrfurcht vor der Bibel seine Mütze ab und fing mit großem Nachdruck seinen Gefährten zu zusprechen an, sie sollten sich doch jeder eine Bibel kaufen. Nachher erzählte er, einer seiner Nachbarn habe vor drei Jahren eine Bibel gekauft und seit der Zeit habe er mit ihm an den Abenden darin gelesen. Der Mann war sichtlich zur Erkenntniß der Wahrheit gekommen.

Ein Bibelträger schreibt:

„In einem einzeln gelegenen Bauernhause bei Chaumont in der Haute Marne war ich Zeuge einer Scene, die ich in meinem Leben nicht vergessen werde. Ich kam hinein und bot der Familie das Neue Testament an. Der Vater stand auf, gab mir die Hand und zeigte mir fünf oder sechs wohlerhaltene Neue Testamente mit den Worten: „die sind für die Kinder.“ — „Gut“, sagte ich, „aber dieses Buch geht die Alten auch an, und um das Ganze der göttlichen Offenbarung kennen zu lernen, muß man auch eine ganze Bibel haben.“ Auf dieß ging der Bauer zu einem Wandkasten, holte eine Bibel heraus, drückte sie ans Herz und sagte: „O! möge Gott uns fähig machen ihren Inhalt zu verstehen und sie immer mehr zu lieben! Dabei standen Frau und Kinder auf und sagten: Amen! in einem Ton, den ich nie vergessen werde. Der Vater schlug die Bibel auf und las laut und langsam den 145sten Psalm vor. Als er an den 18ten Vers kam, den er noch langsamer las, hielt er inne und wandte sich an die Seinigen mit den Worten: „saget, saget, ist es nicht wahr, daß „der Herr nahe ist denen, die ihn anrufen, die ihn mit Ernst anrufen? saget ob nicht, seit wir auf die Worte dieses Buches hören, Gott in unserm Hause ist und wir so glücklich sind als wir nur sein können.?“ — „Ja!“ riefen mit Einer Stimme Mutter und Kinder. — „O Herr!“ fuhr die Mutter, zu mir gewendet, fort: „ehe es dem Herrn gefiel zu uns zu kommen, waren wir beklagenswerthe Leute und machten einander unglücklich. Jetzt aber ist

Alles anders. Der Himmelsfriede wohnt in unsern Herzen, wir lieben Gott und Alles beweist, daß Er uns liebt. Gehen Sie, gehen Sie mit dem heiligen Buche zu Allen, die es noch nicht haben, und sagen Sie ihnen, damit sie es ja auch kaufen, was Sie in unserm Hause gesehen haben. Sagen Sie ihnen, daß einmal die Bibel lesen mehr werth ist als tausend und Millionen Messen hören, und daß wir nur mit Hülfe der Bibel Kinder Gottes werden."

Einer unsrer Freunde befand sich kürzlich sehr spät am Abend in einer äußerst einsamen Gegend. In einiger Entfernung bemerkte er am Horizonte, aber in der entgegengesetzten Richtung von der, die er einschlagen mußte, um das Dorf zu erreichen, wo er übernachten wollte, eine Art von Schloß. „Wie wäre es" dachte er, wenn ich dorthin ginge um meine Bücher anzubieten? aber nein, es ist zu weit, ich käme zu sehr von meinem Wege ab, ich bin müde, und in den Schlössern kauft man ja doch nicht viele Bibeln." Er schritt weiter dem ersehnten Dorfe zu, als es wieder in ihm hieß: „Es ist nicht recht, du sollst jedes Haus besuchen, das du triffst, dann wird Gott dich segnen." Jetzt drehte er rasch um, und in zwanzig Minuten stand er vor dem Hofthor. Der Pförtner nahm ihn freundlich auf, hörte ihm aufmerksam zu und kaufte eine Bibel. Während dessen kam eine der Mägde herein. Auch sie hörte was der Fremde sagte und war bald entschlossen eine Bibel zu kaufen. Sie eilte ins Haus um das Geld zu holen und kam in einigen Minuten, von einer Dame begleitet, wieder, die augenscheinlich die Besitzerin des Schlosses war. „Sie verkaufen die Bibel?" sagte sie, „schon lange habe ich mir eine gewünscht und bin sehr froh diese Gelegenheit zu haben. So waren gleich drei Bibeln verkauft. Aber während der Bibelträger mit der Dame sprach, zeigte der Pförtner seine Bibel vier Freunden, die in einem Nebenzimmer sich befanden, und bewog sie seinem Beispiele zu folgen und Jeder eine Bibel zu kaufen. Also waren sieben Bibeln verkauft. Der Bibelträger hatte nur Eine noch, aber auch die ließ die Dame nicht fort, sondern kaufte sie für eine ihrer Schwestern, weil sie einen tiefen Eindruck von dem bekommen hatte, was der Mann von der Bibel sagte. Der Bibelträger verließ das Schloß mit leerem Büchersack, vollem Geldbeutel und einem Herzen, das noch voller war von Freude und Dank.

England.

Von dem Präsidenten und Sekretär der Wesleyanischen Conferenz.

August 1851.

An den sehr ehrenwerthen Grafen von Shaftesbury (Lord Ashley), Präsidenten und die Committee der brittischen und ausländischen Bibelgesellschaft.

Mylord und meine Herren! Wir haben die Ehre Ihnen den nachfolgenden Beschluß zu übersenden, der auf den Antrag der Jahres-Committee der wesleyanischen Missionsgesellschaft einstimmig und von ganzem Herzen von der wesleyanischen Conferenz angenommen wurde.

„Die Conferenz ergreift diese Gelegenheit um das tiefste Dankgefühl der wesleyanischen Missionsgesellschaft gegen die Brittische und ausländische Bibelgesellschaft auszusprechen für die reiche, in langen Jahren geleistete Mithülfe derselben, die sie in Geschenken von Bibeln und Druckpapier, sowie in Geldunterstützung für verschiedene Uebersetzungsarbeiten an der heiligen Schrift ihr geleistet hat; sie empfiehlt noch einmal diese edle Anstalt der fortdauernden kräftigen Unterstützung der Methodisten-Gesellschaften und Gemeinden in der ganzen Welt.“

Mit wahrem Vergnügen ergreifen wir die Gelegenheit, welche dieser Beschluß uns darbietet, Eurer Herrlichkeit und der Committee unsre volle Herzenszustimmung zu diesem Beschlusse und unsre demüthige Hoffnung auszüdrücken, so wie unsers Gebetes Sie zu versichern, daß Eure Herrlichkeit lange an der Spitze der Brittischen und ausländischen Bibelgesellschaft möge erhalten werden und daß ihr wichtiges und gesegnetes Wirken sich immer weiter ausbreiten möge.

Wir haben die Ehre zu bleiben, im Namen der Conferenz, Mylord und meine Herren

Ihr ergebenster
John Hannah, Präsident,
John Farrar, Secretär.

Aus dem einundvierzigsten Jahresbericht der Hülfsbibelgesellschaft zu Kendal.

Juni 1851.

Während wir uns freuen, von dem Fortbestehen und Fortwirken unserer Gesellschaft und dem befriedigenden Zustand ihrer Hülfs-Vereine Bericht geben zu dürfen, was uns zum Danke gegen Gott und zu frischer Thätigkeit treibt, haben wir auch mit Schmerzen einen neuen Anlaß zu melden, der uns die Vergänglichkeit aller Menschenkraft in dem Hinscheiden edler und frommer Arbeiter in des Herrn Weinberg vor die Seele führt. Es hat dem großen Meister gefallen, seit unserm letzten Jahresfeste unsern Präsidenten und einen unsrer Vice-Präsidenten, beide gleich ausgezeichnet durch Alter, Hingabe und Liebe zu dieser Gesellschaft, zu sich zu rufen.

Herr William Wilson Carus Wilson war von Anfang dieser Gesellschaft an ihr Mitglied und seit 1816, also 35 Jahre lang, ihr Präsident. Seine feste und lautere Liebe zur Bibelwahrheit machte ihn zu einem sichern und einflußreichen Freunde aller Anstalten für Verbreitung des Evangeliums. In ehrwürdigem Greisenalter, das uns schon längst sagte, daß wir seiner treuen Mithülfe bald würden entrathen müssen, endigte er seinen Erdenlauf im Anfang dieses Jahres voll lebendiger Hoffnung auf die Verheißungen des heiligen Buchs, das er so lange geliebt und verbreitet hat.

Herr William Dilworth Crewdson war einer der Gründer dieser Gesellschaft, fünfzehn Jahre lang der unermüdliche Secretär und nachher 26 Jahre lang einer der Vicepräsidenten derselben. So durfte er 41 Jahre lang an der gesegneten Bibelsache arbeiten. Es lagen ihm die Arbeiten der Hauptgesellschaft daheim und draußen gleich sehr am Herzen, und seine weitherzige Liebe wurde jedesmal zu kräftiger Theilnahme geweckt, wenn neue Arbeitsfelder sich öffneten. Mit wehmüthiger Freude erinnern wir uns daran, mit welchem heiligen Ernste er jedesmal in unsrer Mitte für diese neuen Arbeitszweige auftrat. Sein Ton und Ausdruck sind noch in unsern Herzen. Möge die herrliche Gewißheit, daß er und unser ehrwürdige Präsident zu ihrem Gnadenlohne eingegangen sind, uns alle zu neuer Arbeit und neuem Gebet um Kraft von oben treiben, damit wir das Werk des Herrn fortführen mögen!

Europa.

(Von einem Correspondenten auf dem Festlande.)

10. September 1851.

Mit diesem geringen Vorrathe und Gottes Segen fingen wir unsre Reise an und erreichten um halb zwei Uhr Morgens A—, wo wir mit Mühe ein Unterkommen fanden. Wir fragten nach einem Frauenzimmer, deren Namen uns unbekannt war, von der wir aber wegen ihrer Treue gegen den Heiland unter schwerem Leiden gehört hatten. Wir fanden sie glücklich und konnten bei ihr unsre Wohnung nehmen. Wir lernten in ihr wirklich eine sehr anziehende, einfache, verständige und entschiedne Christin kennen, wie sie Andre mit all ihren Bemühungen und Arbeiten durch ihr Benehmen in ihrer Lage zu Schanden macht. Sie wurde durch die Frau von Staël, jetzt Herzogin von Broglie, mit der Wahrheit bekannt. Diese Dame gab ihr ein Neues Testament, das ihr gesegnet wurde. Seitdem war sie eine edle Zeugin des Evangeliums und hat die heil. Schrift nach Kräften verbreitet, auch Alles, was ihr der heilige Geist von Licht schenkte, Andern mitgetheilt. Sie hatte dabei den Widerstand ihres Gatten, die Verläumdungen der Priester und aller derer, die sich von ihnen aufhetzen ließen, zu überwinden. Diese Priester sind so weit gegangen, ihren Kindern die Taufe zu verweigern und sie nicht in die Kirche zu lassen, wenn sie ihre Mutter dahin begleiten wollte. Dieß mußte natürlich auch hemmend in ihre Wirksamkeit eingreifen. Aber sie steht fest und spricht ihr unerschütterte Gottvertrauen aufs herzlichste aus. Ihr Mann hielt einige Esel, die er an die Badgäste vermiethet, und der Stall dieser Thiere war der Zeuge ihrer Treue, mit der sie versuchte die Ehre ihres Heilandes zu fördern. Da las sie in ihrem Testament, und wenn jemand zuhören wollte, las sie daraus vor. Ein Bäckergeselle hörte übel von ihr reden, konnte aber nichts Genauers erfahren, als daß sie ein von der Kirche verbotenes Buch lese. Er war neugierig, ging in den Stall und machte ihr Vorwürfe über den Ungehorsam, schlechte Bücher zu lesen. Sie vertheidigte sich in ihrer Art und sagte, sie wolle eine Wette eingehen, daß auch der Priester nicht wagen würde das Buch für ein schlechtes zu erklären, denn es sei Gottes Wort und zwar in einer katholischen (De Sacy's) Uebersetzung. Der Bäcker meinte: „das läßt sich leicht ausmachen; gib mir das Buch und ich trage es zum Priester und frage ihn. „Ganz recht,“ sagte das arme Weib, und der Bäcker ging. Er fragte den Pfarrer gerade heraus: „Herr, seid so gut und saget mir, ob das ein schlechtes Buch ist!“ Der Priester wollte ausweichen, sagte aber am Ende: „das Buch ist nicht gerade schlecht, aber die Kirche verbietet es zu lesen, weil es von unverständigen Leuten leicht mißbraucht werden kann.“

Diese Logik leuchtete aber dem Bäcker nicht ein, der dafür an diesem Tage seine erste Lektion im Stalle erhielt und jetzt ein eifriger und herzlicher Christ ist, der das arme Weib unterstützt. Ich habe den Bäcker gesehen und ihm in Jesu Namen meinen warmen Segen gegeben; ich habe ihm gesagt, Millionen denken wie er und beten für ihn, die ihn nie sehen, ja nie seinen Namen hören würden, und ich habe der Gemeinde zu N. ans Herz gelegt, diese lieben Leute durch jeglichen Beweis christlicher Liebe zu stärken. Auch Ihrem Agenten habe ich empfohlen, ihnen 40 — 50 Exemplare der heiligen Schrift zum Verkauf anzuvertrauen. Das sind Brände aus dem Feuer gerissen.

Herausgegeben von der brittischen und ausländischen Bibelgesellschaft.

Nro. XI. November 1851.

Monatliche Auszüge

aus

dem Briefwechsel und den Berichten

der

brittischen und ausländischen Bibelgesellschaft.

Nordamerica.

Von dem Lord Bischof von Rupertsland.

Red-River in Rupertsland 25. Juni 1851.

Mit tiefem Schmerz las ich Ihren Brief mit der Todesnachricht von dem guten Lord Bexley, dem vortrefflichen Präsidenten der Bibelgesellschaft und der zweiten fast gleichzeitigen vom Entschlafen des energischen und fleißigen Secretärs, Herrn Brandram. Solche Verluste lassen sich lange fühlen, da die Lücken nicht gleich mit Männern ihrer Erfahrung und praktischen Weisheit sich ausfüllen lassen.

Rupertsland und insbesondere die Niederlassung Red River ist dreißig Jahre lang der Gesellschaft vielen Dank schuldig geworden. Vor zwei Monaten sah ich einen alten Indianer, der sich viele Mühe gab in der Wochenschule auf der Station des Herrn Cowley buchstabiren zu lernen, um das Wort Gottes lesen zu können, das sein grosses Lebensziel ist; und erst letzten Sonntag sah ich einige alte Frauen im Indianerdorf, wie sie aus dem grossgedruckten Testamente in der Sonntagsschule mühsam Vers auf Vers heraus zu bringen sich mühten.

Westindien.

Von einem bischöflichen Prediger.

12. August 1851.

Ihren gütigen Brief mit der Bibelkiste habe ich richtig erhalten. Ich bitte sehr um Nachsicht, daß ich nicht selbst geschrieben und von der Vertheilung der Bücher Rechenschaft abgelegt habe. Es war weder Undank noch Mangel an tiefem Gefühl der großen Güte, die Sie mir erwiesen haben, was mich davon abhielt. Wäre ich fähig in dieser heiligen Sache lässig oder vergeßlich zu sein, die herrlichen Früchte Ihrer Gabe würden furchtbar gegen mich zeugen. Denn ich darf wohl ohne Uebertreibung sagen, daß nie eine gleiche Anzahl von Bibeln, die Sie auf unsre Inseln schickten, mehr Gutes gestiftet hat. Nicht nur sind meine Schulen, in denen großer Mangel an Gottes Wort war, jetzt mit Bibeln versehen, sondern die Kinder sind auf ihre dringende Bitte mit heiligen Schriften bedacht worden, um daheim ihren Eltern vorzulesen. Eine allgemeine Veränderung zum Bessern zeigte sich bei den Schulkindern, wie in den Familien. Dieß wird von Allen wahrgenommen, und wir haben jetzt nicht mehr Raum auch nur für einen einzigen Schüler. Ja in der ganzen Bevölkerung regt sich seitdem ein besserer Geist. Wir haben, Gott Lob! mit dem Pabstthum einen erfolgreichen Kampf bestanden. Die Priester gingen bei den Eltern der Schulkinder herum, in der Absicht ihnen die Bibeln wieder abzunehmen. Die Leute weigerten sich aber geradezu und sie bekamen nicht eine einzige Bibel. Jetzt griffen sie zu ihrem Lieblingsmittel, öffentlich in der Kirche auf diejenigen hinzudeuten, die es wagten ihnen ungehorsam zu sein; ja sie nannten sogar ihre Namen und riefen die fürchterlichsten Flüche auf ihre Häupter herab. Aber auch das half nichts. Schaaren von Kindern verließen ihre Schulen und kamen in die meinigen. Noch an den zwei letzten Sonntagen verfluchten sie siebenzehn Personen. Ihre Heftigkeit ging über alle Gränzen und fiel, wie gewöhnlich, nur auf sie selbst zurück. Ihre Leute bestehen kühn auf ihrem Rechte zum Bibellesen. Einige haben nicht vergebens im Worte Gottes geforscht. Zweifel an der Richtigkeit ihres Glaubens und der Sicherheit ihrer geistlichen Stellung wurden in ihnen rege. Sie wandten sich an die Priester um Lösung derselben, und wie diese keine genügende Antwort gaben, traten sie aus der römischen Kirche aus. Zwanzig sind auf diese Art seit Anfang des Jahres ausgetreten und einmal geschah es öffentlich vor der Gemeinde. Es war ein besondrer Fall. Eine Frau, die mit ihren Kindern die englische Kirche verlassen und sich an die römische angeschlossen hatte, bat seit sechs Monaten um Wiederaufnahme in die Kirche Christi. Da ich alle Ursache hatte ihren Wunsch als redlich anzusehen, so konnte ich nicht länger zögern; doch fand ich es nöthig, daß des Beispiels wegen Angesichts der Gemeinde eine öffentliche Lossagung von all den Irrthümern stattfinde, worein sie sich mit ihren Kindern hatte verlocken lassen. Die furchtbare Herrschaft, welche diese Priester und Diener des Menschen der Sünde über die Gemüther und Gewissen ihrer getäuschten Anhänger in dieser Colonie übten, ist in vielen Familien und in großem Maße jetzt gebrochen. Sie wagen nicht mehr die entweihenden Hände an die Bibeln zu legen, um sie zu vernichten, wie früher. Die Schriften der religiösen Tractatgesellschaft, die Christum und die Bibel ehren und von denen für etwa 50 Pfund (600 Gulden) auf unsrer Insel verkauft worden sind, haben viel zu der Bewegung und zu dem Verlangen nach eigenem Forschen im Worte Gottes beigetragen. Ich erhielt auch noch vier Dutzend große Bibeln von der Frauengesellschaft für Negererziehung. Als ich alle weggegeben hatte, kaufte ich noch welche auf eigene Kosten von Antigua, Barbados und erschöpfte hier die Niederlage ganz. So brachte ich 500 Exemplare in Umlauf. Ich mußte, wie die Sachen standen, die Bibeln umsonst abgeben und zwar sogleich wenn ein Verlangen darnach rege wurde, wenn ich etwas ausrichten wollte. Man hätte sie nicht gesucht; die Leute waren zu selbstsüchtig, schlugen den Werth derselben zu wenig an, um sie zu kaufen; die Furcht vor den Priestern hielt Andere ab; aber als ich die Bibeln anbot, wurden sie mit ungeheuchelter Freude angenommen. Die Leute hielten, was sie versprachen, indem sie sie lasen und den Inhalt werth schätzten; und keine Priestermacht kann sie bewegen sie aufzugeben oder sich das Vorrecht des freien Suchens darin verkümmern zu lassen.

Die gesegneten Wirkungen der Austheilung französischer Bibeln waren ebenso bedeutend. Die Tochter einer alten, sehr geachteten französischen Dame, der Frau eines Stabsoffiziers, kaufte eine für ihre Mutter. Diese war nämlich, obschon ihr Mann und ihre Kinder Protestanten, die Töchter sogar wahre Christinen waren, eine fanatische Katholikin geblieben. Sie nahm die Bibel an und las sie. Das herrliche Licht der Wahrheit in Christo brach in ihr dunkles Herz hinein. Anfangs war sie in großem Kummer, oft in Thränen, daß sie solange in grobem Irrthum hingelebt habe. Das Papstthum hatte keinen Zauber mehr für sie, und ihr befreiter Geist konnte nicht mehr in der Knechtschaft bleiben. Dasselbe schöne Ergebniß wurde an zwei jungen Franzosen erlebt, die als fromme Leute im Sinne des strengsten Aberglaubens ihrer Kirche gelten. Unter dem jüngern Geschlechte sind Dutzende, die, wenn sie ihre Eltern nicht scheuten, gleich übertreten würden, die aber in Glauben und Wandel wahre Christen sind. Auch auf den französischen Inseln Martinique und Guadaloupe hat die Bibel Gleiches gewirkt. Ich ergriff eine günstige Gelegenheit, um den größern Theil der französischen Bibeln, die mir gütig anvertraut worden waren, nebst andern, die ich gekauft hatte, dorthin zu bringen. Auch eine Anzahl von „Bunyans Pilgerreise" und dem „Sünderfreund" und französischen Tractaten legte ich bei. Sie wurden mit freudigem Danke wie die Bibeln aufgenommen und wirkten wie Leben im Tode. Ich habe die schönsten Berichte erhalten, und die 15 französischen Bibeln, die Herr B. für G. bestellt hat, sind für Jemand, der durch Ihre Güte und meine Hand zum erstenmal die heilige Schrift zu Gesichte bekam.

Wenn ich all diese gesegneten Wirkungen ins Auge fasse und den Umstand dazu nehme, daß dieselben zur Wiederbelebung der Hülfsgesellschaft auf dieser Insel geholfen haben, so darf ich hoffen, daß mein Verfahren die Billigung Ihrer Gesellschaft finden wird und daß, was etwa von meiner Seite als Nachlässigkeit erscheinen könnte, mir gütigst verziehen und kein Hinderniß sein wird, mir abermals mit einer Anzahl Bibeln beizustehen.

England.

Von dem Agenten Herrn Prediger T. Phillips.

Hereford 1. October 1851.

Ehe ich nach Nord-Wales gehe, lassen Sie mich der Committee kurze Notizen vom letzten Vierteljahr vorlegen. Ich habe 39 öffentliche Versammlungen gehabt und neunzehn Mal für die Gesellschaft gepredigt.

Den Julius und einen Theil des Augusts brachte ich in den Grafschaften Glamorgan und Monmouth, besonders in den Eisenwerken und Kohlengruben zu. Die Versammlungen, die Steuern waren gut, die Schriftvertheilung ist im Wachsen. Den Rest des Augusts und Anfang Septembers widmete ich dem Besuch der walischen Gesellschaften in Manchester und Liverpool. Auch hier zeigten die Versammlungen die Zunahme des Werks. Dorfversammlungen hielt ich so viele als sonst. Bei einer wurde mir ein Papier mit 1 Schilling 6 Pfennige (54 Kreuzern) in die Hand gesteckt, worin stand:

„Ich habe die kleine Summe hier gespart, als ich eine Fahrt nach Hereford, die mir meine gute Mutter erlaubte, unterließ. Ich gebe sie jetzt der Bibelgesellschaft als Dankopfer für die Barmherzigkeit Gottes. Ich hoffe andere werden bewogen werden es ebenso zu machen, um die Religion des Erlösers, der wir soviel verdanken, auszubreiten.

Ein unnützer Knecht.“

Ich habe Geschenke von 10 und 20 Pfund mehrmals in den letzten Monaten erhalten, aber diese kleine Gabe hat mich doch noch mehr gefreut. Denn das verspricht kräftigere Mithülfe der jungen Geber in reiferem Alter.

Von dem Agenten Herrn G. T. Edwards.

Rampton, Grafschaft Newark 30. Sept.

Hiemit sende ich Ihnen eine Uebersicht von 56 Versammlungen im letzten Vierteljahre, die ich in Derbyshire, in Huddersfield, in Northumberland, in Yorkshire hielt. Fast überall waren die Versammlungen und die Bibelvertheilungen größer als je vorher. Ein kleiner Vorfall, der mir in einem der schönen und stillen Theilen von Yorkshire begegnete, zeigt, daß die Bibelgesellschaft unter den niedern Volksklassen noch warme Freunde hat. Als ich, begleitet von dem Schatzmeister, nach dem Orte der Versammlung ging, sah uns von einer der säuberlichen Hütten eine Frau vorübergehen, kam heraus, bedauerte, daß sie durch häusliche Pflichten gehindert sei zu kommen und drückte meinem Gefährten eine halbe Krone als ihr Opfer in die Hand.

Bericht des Bibelträgers für Ausländer an die Secretäre der Hülfsgesellschaft zu Liverpool.

Vom 16. August bis 13. September habe ich verkauft 5 französische, 33 spanische, 1 schwedisches, 1 holländisches, 7 portugiesische, 29 dänische, 6 italienische und 75 deutsche Testamente, 6 deutsche, 1 holländische und 4 italienische Bibeln, im Ganzen 168 Exempl. heiliger Schriften. Es waren außer den deutschen wenige fremde Schiffe im Hafen.

Ich nehme mir die Freiheit, Ihnen folgenden Vorfall zu melden. Auf einem italienischen Schiffe, das ich zweimal besuchte ohne etwas zu verkaufen und von dem mich bei meinem dritten Besuche der Kapitän selbst fortgehen hieß, verkaufte ich an den Kapitän beim vierten Besuch 1 Bibel und 1 Testament, an die Matrosen 2 Bibeln, 1 Testament.

Am 11. dieses Monats war es ein Jahr seit Ihre Güte mir dieses Geschäft übertrug. Ich erlaube mir daher die Zahl der heiligen Schriften anzugeben, die ich vom 11. September 1850 bis zum 13. September 1851 verkauft habe. Es sind:

	Bibeln	Testamente		heil. Schriften
Französische		207		207
Spanische	2	254		256
Portugiesische		126		126
Italienische	59	270		329
Flämische		10		10
Schwedische	1	80		81
Holländische	6	138		144
Dänische		412		412
Deutsche	16	874		890
Englische	2	5		7
Griechische Psalter			9	9
	86	2376	9	2471

Davon 867 Testamente und 61 Bibeln an römische Katholiken, 1518 Testamente und 25 Bibeln an Protestanten.

Aus Nordamerica.

Herr Smith, der Reiseagent der Bibelgesellschaft in Nova Scotia erzählt, wie er unter allerlei Gefahren von Schneestürmen und Eismassen seine Wege machen müsse, weil die Leute im Winter mehr Zeit haben für die Sache des Reiches Gottes; wie er an einem Beinbruch, den er im Dienste erlitten, lange darnieder gelegen. Er meldet:

Am Ende eines sehr mühevollen Tages kam ich aus einem dicken, großen, finstern Walde heraus und sah eine niedre, aber neugebaute Hütte, bei der ich anhielt, um mein Pferd zu füttern. Von den ältlichen Bewohnern derselben, einem Ehepaar mit seinen Kindern, meist Töchtern, sprach nur der Mann Englisch, und erzählte mir, wie sie kürzlich abgebrannt seien und Alles verloren haben. Sie schienen mir aber in ihrer neuen Wohnung ganz vergnügt. Ich hörte mit Vergnügen, daß dort herum jedes Haus wenigstens Eine Bibel habe; daß alle, die lesen können, wenigstens ein Testament besitzen. Als sie hörten wer ich war, erschöpften sie sich in Gefälligkeit und Gastfreiheit. Nach einigem christlichem Gespräche, worin ich aufgeweckte Leute vor mir fand, fragte ich was ich Ihnen erweisen könne. Die Frau sagte mit tiefer Bewegung, die höchste Gunst, die ich ihr erweisen könnte, wäre, wenn ich wieder käme, eine gälische Bibel von grobem Druck mitzubringen, weil sie die ihrige verloren habe; nur fürchte sie nicht Geld genug zu haben, um sie zu kaufen. Ich schickte gleich eine hin.

Herausgegeben von der brittischen und ausländischen Bibelgesellschaft.

Nro. XII. Dezember 1851.

Monatliche Auszüge

aus

dem Briefwechsel und den Berichten

der

brittischen und ausländischen Bibelgesellschaft.

Neusüdwales (Neuholland).

Von Herrn J. Comrie in Sydney.

1. Mai 1851.

Die Jahres-Versammlung unsrer Hülfsgesellschaft wurde am 28. Januar in der freien Kirche gehalten und war sehr besucht. Es sind Exemplare des dabei verlesenen Berichtes an Sie abgegangen. Dort werden Sie das Genauere über die Austheilung Ihres schönen Geschenkes von 500 Bibeln und 1500 Testamenten in den Sonntagsschulen der Colonie finden. Sie werden daraus ersehen, daß man doppelt so viele Bibeln verlangte als wir geben konnten, wofür wir dann Testamente gaben. Noch jetzt gehen immer neue Anfragen um Bibeln und Neue Testamente von den Sonntagsschulen im Innern des Landes ein, die wir alle abschläglich bescheiden müssen. Wenn es Ihnen möglich wäre uns wieder ein ähnliches Geschenk zu machen, so würde es dankbar angenommen und sogleich verwendet werden. *)

Sie werden im Berichte auch einen Aufruf an unser Publikum zum Behufe einer einzurichtenden Büchervertragung für unsere Buschbewohner finden, wofür zu unsrer gro-

---

*) Es wurden abermals 500 Bibeln und 1500 Testamente bewilligt.

ßen Freude 125 Pfund (1500 Gulden) als Anfang eines Fonds dazu eingegangen sind.

England.

Rede des Lord Bischofs von Norwich bei dem Jahresfeste der Hülfsbibelgesellschaft von Norfolk und Norwich am 24. Sept. 1851.

Christliche Freunde! Die brittische und ausländische Bibelgesellschaft ist, wie ich glauben darf, allen heute in St. Andrews Hall Versammelten zu vertraut, als daß ich mich näher auf ihren Charakter und Zweck einzulassen hätte. Wenn wir bei diesen Feiern zusammen kommen, so geschieht es um zu einem heiligen Grundsatz und einem daraus erwachsenden Handeln uns zu bekennen. Der Grundsatz lautet: Die Bibel allein enthält Gottes Wort! das Handeln ist: wir müssen sie verbreiten so weit unsre Macht reicht; verbreiten in jedem Theil der Welt Gottes! verbreiten ohne Menschenwort und Erklärung, die mit ihr vermischt oder in frecher Nebenstellung zu ihr gestellt werden könnten. Und wenn ich bedenke wer sie sind die hier sich versammelt haben; daß sie zu den verschiedenen Gemeinschaften des Christenglaubens gehören; daß wir hier sind um jeden besondern Kirchennamen für jetzt von uns zu thun und nur den großen Namen „Bibelchristen" zu tragen: so ist es mir, als ob kein edleres Menschenzeugniß für das göttliche Ansehen und die alleinige Herrschaft der Bibel könnte abgelegt werden. Unser Zusammentreten ist die kräftigste Widerlegung des Brandmals, das die Kirche, gegen welche wir alle zusammen protestiren, uns anheften will: der Protestantismus trage darin ein Zeichen göttlichen Mißfallens an sich, daß er unausbleiblich zur Zerreißung der christlichen Einheit führe; daß nur in jener Kirche diese Einheit sei, und wer von ihr sich losreiße in die Zerbröckelung der Secten eingehe, alle Einheit aber ihm dahin sei. — Nun, was auch immer unsre verschiedenen Ansichten seien, sollen wie die Anklage für wahr erklären, daß wir kein Band der Gemeinschaft unter uns haben, solange uns noch die Bibel zusammenhält? Sollen wir dieses Einheitsband gering achten lassen, das, wie wir wissen, vom heiligen Geiste kommt? Niemand kann wahre christliche Einheit höher achten als ich. Mit Freuden würde ich, wenn auch aus weiter Ferne, dem Tage entgegenblicken, da die vollkommenere Einheit, wie sie innerhalb der einzelnen protestantischen Kirchenabtheilungen besteht, durch das Ganze der protestantischen Welt ginge. Mit Freuden würde ich, wenn auch aus weitester Ferne, dem Tag entgegenblicken, da der Geist Gottes so auf uns Alle wirken wird, daß wir alle neben einander in demselben Gotteshause knieen und Gott dieselben Gebete mit Einem Herzen und Einem Munde darbringen und über demselben Buche Gemeinschaft haben, das uns Allen gleich theuer ist, mit einer Erleuchtung von Gottes Geist über seinen Inhalt, die uns befähigt dieselbe Glaubenslehre darin zu finden, wie wir jetzt den Einen Herrn und Gott und Vater über uns Alle darin sehen. Aber lasset uns nicht leeren Worten folgen. Das ist nicht die Einheit, wie sie die Kirche fordert, gegen die wir alle protestiren und deren Mangel sie uns zum Vorwurf macht. Nein! ihre Einheit entsteht nicht durch Einstimmung in der Auslegung des Wortes Gottes; sie entsteht durch Einstimmung in der Beseitigung dieses Wortes, nicht durch Einstimmung zwischen Mensch und Mensch in dem Urtheil das uns Gott gegeben um Sein Wort zu verstehen, sondern durch Einstimmung dieses Urtheil zu unterdrücken und gebunden an menschliche Auctorität auszuliefern. Freunde, wenn wir zu wählen haben zwischen einer Einheit um diesen Preis und einer Einheit, die nur in dem Bande der heiligen Schrift und der Liebe, die sie fordert, besteht, so lasset uns die letzten ergreifen.

Die jetzige Zeit ruft uns mit unmißdeutbarer Stimme laut genug auf, weniger als bisher an das zu denken was uns trennt, und uns mit erhöhter Kraft und Eintracht um das Buch zu sammeln, das uns alle so nahe angeht. Ein mächtiger Kampf wogt zwischen der Geltung dieses Buches und der Geltung menschlichen Ansehens. Ich habe gehört und bin gewiß daß alle, die es auch gehört haben, meinen Schrecken und mein Erstaunen theilen, daß ein Buch durch unser Land, das Bollwerk der Bibel, geht, — ein Buch ausgegangen von der Kirche, die das Bollwerk des Menschenansehens ist, geschrieben von einem ihrer gelehrtesten Glieder, einem Manne, der durch seinen Eifer als Neubekehrter und seine Stellung in jener Kirche mit der Auctorität der Kirche selbst redet, — ein Buch, das behauptet, die Legendenmährchen von kindischen Mirakeln, von denen gewiß kaum ein Protestant dachte, daß erleuchtete römische Katholiken im Ernste daran glauben, — daß diese Mährchen gleichen Glauben fordern, wie das Wort Gottes, das die Wunder unsers herrlichen Erlösers meldet, und daß die Glaubwürdigkeit des letztern mit der Glaubwürdigkeit jener Fabelbücher stehe und falle.*) Wenn jene Lehre darauf ausgeht, solche Schreibereien zu der Höhe der heil. Schrift hinanzuheben, so kann ich mir keinen frechern Angriff auf die Majestät dessen denken, der Urheber der Bibel ist. Will sie aber — und das scheint mir die Absicht — vielmehr die Schrift zu diesen albernen Mährchen herabreißen, dann ist der mögliche Erfolg nur ein beklagenswerther, indem dieß die Fundamente jedes menschlichen Glaubens erschüttert und zur Verwerfung beider führen muß. Die Bibel und die

*) Der Bischof meint die „Vorlesungen über den Katholicismus in England" von dem zur römischen Kirche übergetretenen ehemaligen anglicanischen Geistlichen und akademischen Lehrer Newman in Oxford. Newman hat seitdem in einem Schreiben an den Bischof diese Deutung seiner Aussprüche als berechtigt in Abrede gestellt.

glorreichen Wunder, worauf das Christenthum ruht, werden verhöhnt und in dieselbe Kategorie mit den elenden Fabeleien gesetzt werden, die nur unter den Unwissendsten und Leichtgläubigsten in der römischen Kirche sich Glauben verschafften. Aber dieß sind nicht die einzigen Gründe um kräftiger als je in der Bibelsache aufzutreten. Jetzt gerade sollten wir uns um sie sammeln und reichlich geben die köstliche Gabe, wie wir sie reichlich empfangen haben. Gott hat uns in Seiner Vorsehung unmißdeutbare Zeichen gegeben, die uns einladen Sein Buch durch alle Bahnen zu verbreiten, die Er uns in jedem Theile der Welt gebrochen hat. Die Bibel wird von der heidnischen Bevölkerung Indiens gelesen und durchforscht. Sie geht, wie ich aus sicherer Quelle weiß, durch die Hände der Eingebornen ins Innere von China. Es ist vielleicht unmöglich in den Buchläden zu Rom eine Bibel zu kaufen und schwierig sie in den Buchläden zu Paris zu finden; aber wenn wir in die Privatwohnungen treten könnten, würden wir sie vielfach finden, sorgfältig verschlossen als kostbarer Schatz. Und können wir zweifeln, daß dieser ausgeworfene Same zu rechter Zeit seine Frucht bringen und eine Ernte herbeiführen wird, wie sie unser Land jetzt darbietet? Wir dürfen nur furchtlos mit unsrer Arbeit voranschreiten und das Uebrige Gott überlassen.

Auch das müssen wir nicht vergessen, daß zwar die auswärtigen Arbeiten der Gesellschaft die anziehendsten und anregendsten für die Einbildungskraft sind; daß sie aber auch noch ein Feld hat, das für uns nicht minder wichtig ist: die Heimath. Sie ist eben so sehr brittische und ausländische Bibelgesellschaft, und wenn die brittische Seite ihrer Arbeit nicht so reizend für die Phantasie ist, so geht sie uns doch noch näher an. Daheim bedürfen wir immer mehr der Bibelverbreitung. Es wachsen überall Volksmassen heran, die damit ausgestattet werden müssen.

Wir haben allenthalben mit gesellschaftlichen Uebeln: mit Armuth, Laster, Verbrechen und den Versuchungen dazu zu kämpfen. Und wie wollen wir dem Allem entgegen wirken? Was wir auch thun mögen, laßt uns nicht vergessen, daß es nichts hilft, wenn wir Gottes Wort dabei übergehen. Was wir in die eine Hand nehmen mögen, in der andern muß die Bibel sein. Eines wünschte ich uns Allen tief einzuprägen. Wenn Ihr eifrig und thätig seid Gottes heiliges Wort zu verbreiten, und Euer Glaube fest besteht auf der Kraft Gottes durch die Schrift, mißtrauet nicht dieser Kraft und der Wirkung dieses Buches, wenn Ihr selbst das Ergebniß Eurer Arbeit nicht sehet. Wir sind bloß die Werkzeuge, um den Samen auszustreuen; der Herr wird zu Seiner Zeit ihn Frucht bringen lassen. Andere werden die Früchte erndten von dem was die Gesellschaft jetzt thut. Wir sehen vielleicht nicht, daß die Heiden von ihrem großen Irrthume sich wenden; aber dieß Buch wird doch seinen Zweck erreichen. Wir sehen vielleicht nicht, wie es Anklang in den Massen unsers Volkes findet; aber es wirkt vielleicht im Verborgenen fort. Es ist ein Geheimniß zwischen der Seele des Einzelnen und ihrem Gott, in das wir nicht eindringen können. Alle die großen Erfolge, auf die wir zurückblicken und sie dankbar dem Geiste Gottes zuschreiben, waren Ergebnisse verborgenen Wirkens. Was ist die Geschichte der Reformation? denkt Jemand, sie sei ein Werk des tyrannischen Benehmens Heinrichs VIII? oder war sie durch einen Parlamentsbeschluß herbeigeführt? Nein, eine viel stärkere Macht als beide arbeitete schon lange vorher. Das Volk dieses Landes war längst auf sie durch die Verbreitung der Bibel in den Städten und Dörfern vorbereitet worden. Was geht jetzt in Irland vor? Wir wurden plötzlich und eben so sehr wurde die päbstliche Kirche überrascht durch die Bekehrung, ich weiß nicht wie Vieler, im Westen

Irlands. Wie kam es? Ich weiß nur, daß die freie Verbreitung der heiligen Schrift in irischer Sprache voranging. Verzweifelt daher nicht, wenn wir auch gar nichts von den Früchten unsrer Arbeit sehen. Gott wird sie schon zu rechter Stunde hervortreten lassen. Auch dann laßt uns den Muth nicht verlieren, wenn der Herr Werkzeuge von uns nimmt, von denen unser Werk abzuhängen schien. Das Alles sind nur Prüfungen unsers gläubigen Vertrauens. Wir müssen die Bibelsache nicht als unser, sondern als Sein Werk anschauen; wenn unsre Hoffnungen scheitern, so darf uns das nur als Prüfung und Ermahnung gelten nicht zu viel von uns selbst zu halten. Solche Prüfung brachte uns das letzte Jahr. Wir sehen den nicht an seinem Platze, dessen Arbeit so eins und dasselbe war mit jeder Bewegung dieser Gesellschaft, daß ich es für kaum möglich erkläre an diese Gesellschaft zu denken, ohne daß einem zugleich der Name Andreas Brandram in den Sinn kommt. Gott hat ihn zu seiner Rechenschaft gerufen, wo Er zu ihm sagen wird: „Ei du frommer und getreuer Knecht, gehe ein zu deines Herrn Freude!“. Uns mag es erlaubt sein hier öffentlich den Ehrenzoll seinem Andenken abzutragen, und viele von uns, die ihn noch näher kannten, mögen ihren Schmerz über den Verlust eines Mannes laut werden lassen, der unsre Achtung, unsre Liebe, unser Vertrauen besaß. Aber wir dürfen das Hinscheiden dieses Werkzeuges Gottes, so wichtig es war, nicht mit Entmuthigung betrachten. Es ist des Herrn Werk und Er wird dafür sorgen; laßt uns nur Jeder seine Pflicht daran thun. Laßt uns eifrig trachten der Gesellschaft in Verbreitung der Schrift zu helfen; vor Allem aber laßt uns ringen, daß die Wirkung dieser Bibel auf unser eigen Leben in leserlicher Schrift sage, daß dieses Buch das Wort Gottes ist.

Aus der Heimath.

Herr E. S. Dudley berichtet von einer Jahresfeier der Bibelgesellschaft zu Bristol, bei der Lord Teignmouth, der Sohn des ersten Präsidenten der Bibelgesellschaft, eine vortreffliche Rede hielt. Er machte einen tiefen Eindruck. Es waren sechszig evangelische Geistliche dabei, worunter achtundvierzig von der anglicanischen Kirche. Am Vormittag führte Herr Harford, am Nachmittag der edle Quäker George Thomas den Vorsitz. Es fielen nicht weniger als 185 Pfd. St. (2220 Gulden) Opfer. Die Gesellschaft hat im Ganzen schon 246,644 Bibeln und Testamente verbreitet. Daher auch Bristol die größere Stadt in England ist, wo verhältnißmäßig die heilige Schrift am meisten in den Familien verbreitet ist. Dennoch wurde eine genaue Untersuchung beschlossen, ob nicht etwa da und dort in einem Hause die Bibel noch fehle? — In ähnlicher Weise wurde auch in Bath eine Jahresversammlung gehalten.

Herr P. Kent meldet (Juli 1851), wie er in London, in den Grafschaften Cambridge, Essex, Herts, Kent, Middlesex, Oxford und Surrey an 74 Versammlungen Theil genommen. Von Kent und zwar von dem Seeplatze Folkstone erzählt er, wie dort 100 ungarische Flüchtlinge gelandet und man nach ihrer leiblichen Unterbringung sich beeilt habe, ihnen das Wort Gottes zu verschaffen. Jeder erhielt ein Exemplar, und es war erfreuend zu sehen, wie sie um einen aus ihrer Mitte, der ihnen vorlas, herumsaßen. Sie waren aufs tiefste dankbar für das herrliche Geschenk.

Herr Edwards thut um dieselbe Zeit Meldung von 41 Versammlungen, die er besucht und die alle die wachsende Theilnahme an der Bibelsache bewiesen haben.

Herausgegeben von der brittischen und ausländischen Bibelgesellschaft.

In diesen Uebersichten wird über die Geographie, das Natur- und Völkerleben, die Religion, Sprache u. s. w. der betreffenden Gebiete meist aus Originalquellen Mittheilung gemacht, hauptsächlich aber der Gang des Reiches Christi in denselben, die Art und der Erfolg der evangelischen Predigt unter ihren Völkern dargestellt. Auch Lebensbeschreibungen ausgezeichneter Missionarien finden dann eine Stelle, wenn sich an sie die ganze Entwicklung des Missionswerkes in den Ländern wo sie wirkten, anknüpfen läßt. Sonst werden solche hie und da besonders herausgegeben.

II. Die Missions-Zeitung.

In dieser kürzern Abtheilung werden die neuesten Begebenheiten in der Missionswelt, sowohl die der christlichen Heimath, als die der Missionsstationen aller Gesellschaften kurz mitgetheilt, um die Leser des Magazins mit dem Gang der Missionssache stets auf dem Laufenden zu erhalten. Auch literarische Notizen werden zuweilen am Schlusse angehängt.

III. Neueste Geschichte der Bibelverbreitung.

Es werden die monatlichen Auszüge aus dem Briefwechsel und den Berichten der brittischen und ausländischen Bibelgesellschaft jedem Hefte des Magazins mitgegeben. Sie sind in die angegebene Bogenzahl nicht mit eingerechnet, werden somit auch nicht mitbezahlt, sondern sind ein Geschenk der brittischen und ausländischen Bibelgesellschaft an die Leser des Magazins.

Der ganze Jahrgang, den wir beiläufig auf 40—42 Bogen in groß Octav berechnen, wird in vier in saubern Umschlag gebundenen Quartalheften erscheinen, denen von Zeit zu Zeit entweder Special-Karten über bisher unbekannte Missionsgegenden außereuropäischer Länder, oder Bildnisse ausgezeichneter Missionarien, oder Zeichnungen anderer allgemein interessanter Denkwürdigkeiten beigeheftet werden.

Die Subscriptionen auf das Magazin werden, wie bisher, entweder beim Herausgeber, oder unter der Adresse des „Herrn Bernhard Socin-Heußler" oder des Hrn. C. F. Spittler in Basel gemacht, und mit möglichster Schnelligkeit besorgt werden. Zur Erleichterung der Transportkosten, welche auf die Abnehmer fallen, würde es sehr zweckmäßig seyn, wenn die einzelnen Subscribenten mit ihren Subscriptionen immer sich zunächst an diejenigen Freunde ihrer Gegend wenden wollten, welche die Sammlung der Subscriptionen auf sich zu nehmen die Güte haben. Wer auf das Magazin subscribirte, wird, wenn er nicht vor dem letzten Quartal des laufenden Jahres dasselbe ausdrücklich abbestellt, stillschweigend als Fortsetzer des nächsten Jahrgangs angesehen und behandelt.

Freunde, die sich mit Subscribenten-Sammlung und Versendung des Magazins zu beschäftigen die Güte haben, werden höflich ersucht, sich ihre etwaigen Auslagen an Briefporto und Versendungskosten von den Abnehmern bei der Bezahlung der Subscription gefälligst vergüten zu lassen.

Auswärtige Buchhandlungen, die mit dem Verkaufe des Magazins sich Commissionsweise beschäftigen wollen, sind berechtigt, nach dem Verhältniß der Entfernung, für den Transport und andere Provisionskosten den Käufern etwas Mehreres als den Subscriptionspreis (welcher in 2 fl. 45 kr. rhein. oder 6 neuen Schweizerfranken besteht) nach Billigkeit anzurechnen.

Die gütige Bemühung, welche die theuren Missionsfreunde mit so viel uneigennütziger Liebe der Verbreitung des Magazins gewidmet haben, hat bisher theils zur Weckung und Verbreitung des Interesses für die große Missionssache wichtige Dienste gethan, theils unserer Missions-Kasse eine bedeutende Sorge erleichtert, indem der Ertrag des Missions-Magazins mit dem des evangelischen Heidenboten zur Bildung einer Nothkasse für kranke Missionarien und für die Wittwen und Waisen der Missionarien bestimmt war. In letzterer Beziehung müssen wir jetzt insofern eine Veränderung treffen, als das Wachsthum unseres Werkes uns zur Aufnahme einer bedeutenden Schuld und in Folge dessen dazu genöthigt hat, den Ertrag dieser beiden Zeitschriften der Aufbringung der Zinsen und der allmähligen Tilgung der Schuld selber zu widmen: aber es ist einleuchtend, daß wir unter diesen Umständen unsere lieben Freunde nur um so herzlicher um die Fortsetzung ihrer freundlichen Bemühung zur Verbreitung dieser Blätter zu ersuchen veranlaßt sind.

Die Herausgabe des Magazins wird auch in Zukunft, wenigstens für die nächste Zeit, der frühere Inspector der Missions-Anstalt und nunmehrige Ephorus des evangelisch-theologischen Seminars in Tübingen Hr. Dr. W. Hoffmann, zu besorgen die Güte haben. Der Jahresbericht dagegen wird jedes Mal von dem nunmehrigen Inspector der Missions-Anstalt, J. Josenhans, bearbeitet werden.

Basel,
im November 1851.

Die Committee der evangelischen Missionsgesellschaft.

Lightning Source UK Ltd.
Milton Keynes UK
UKHW011230310119
336488UK00006B/481/P

9 780364 668726